福建年鉴

2021

中共福建省委　福建省人民政府　主办

福 建 年 鉴 编 纂 委 员 会 编纂

海峡出版发行集团 | 福建人民出版社

THE STRAITS PUBLISHING & DISTRIBUTING GROUP | FUJIAN PEOPLE'S PUBLISHING HOUSE

图书在版编目（CIP）数据

福建年鉴．2021/福建年鉴编纂委员会编纂．--福州：福建人民出版社，2021.12
ISBN 978-7-211-08805-8

Ⅰ.①福…　Ⅱ.①福…　Ⅲ.①福建－2021－年鉴　Ⅳ.①Z525.7

中国版本图书馆 CIP 数据核字（2021）第 276926 号

福建年鉴 2021

编　　纂：	福建年鉴编纂委员会		
责任编辑：	何水儿		
出版发行：	福建人民出版社	**电　　话**：	0591-87533169(发行部)
网　　址：	http://www.fjpph.com	**电子邮箱**：	fjpph7211@126.com
地　　址：	福州市东水路 76 号	**邮政编码**：	350001
经　　销：	福建新华发行（集团）有限责任公司		
印　　刷：	福州德安彩色印刷有限公司		
地　　址：	福州金山工业区浦上 B 区 42 幢		
电　　话：	0591-28059365		
开　　本：	889 毫米×1194 毫米　1/16		
印　　张：	37		
字　　数：	1389 千字		
版　　次：	2021 年 12 月第 1 版		2021 年 12 月第 1 次印刷
书　　号：	ISBN 978-7-211-08805-8		
定　　价：	380.00 元		

本书如有印装质量问题，影响阅读，请直接向承印厂调换。

编制单位：福建省地图出版社 审图号：闽S[2021]243号 资料截至2020年12月

《福建年鉴》编纂委员会

省委办公厅

省人大常委会办公厅

省政府办公厅

省政协办公厅

省纪委、省监委办公厅

省委组织部

省委宣传部

省委统战部

省委政法委

省委政策研究室

省委改革办

省委国安办

省委网信办

省委编办

省委军民融合办

省委台港澳办

省委省直机关工委

省委巡视办

省委老干局

省委非公企业和社会组织工委

省委党校

省委党史研究和地方志编纂办公室

省档案局（馆）

福建日报社

省社会主义学院

省委保密办

省委机要局

省委文明办

省高级人民法院

省人民检察院

省军区

省发展和改革委员会

省教育厅（省委教育工委）

省科学技术厅

省工业和信息化厅

省民族与宗教事务厅

省公安厅

省民政厅

省司法厅

省财政厅

省人力资源和社会保障厅

省自然资源厅

省生态环境厅

省住房和城乡建设厅

省交通运输厅

省水利厅

省农业农村厅

省商务厅

省文化和旅游厅

省卫生健康委员会

省退役军人事务厅

省应急管理厅

省审计厅

省政府外事办公室

省国资委

省林业局

省海洋与渔业局

省市场监督管理局

省广播电视局

省体育局

省统计局

省人防办

省医疗保障局

省金融监管局

省信访局

省政府新闻办

省机关事务管理局

省数字办

省粮食和物资储备局

省监狱管理局

省文物局

省药品监督管理局

省政府发展研究中心

省社会科学院

省农业科学院

省供销合作社联合社

省总工会

共青团福建省委

省妇联

省科协

省侨联

省台联

省社科联

省文联

省残联

省贸促会

省中华职教社

省国家安全厅

中国人民银行福州中心支行

省税务局

省通信管理局

中国银保监会福建监管局

中国证监会福建监管局

福州市人民政府

厦门市人民政府

漳州市人民政府

泉州市人民政府

三明市人民政府

莆田市人民政府

南平市人民政府

龙岩市人民政府

宁德市人民政府

平潭综合实验区管委会

编辑说明

一、《福建年鉴》是中共福建省委和省人民政府主办、福建年鉴编纂委员会编纂、福建年鉴社具体承编、福建人民出版社出版、国内外公开发行的综合性年刊，是对外集中展示福建省年度发展概况的权威性资料文献，具有政府公报性质。

二、《福建年鉴》以马克思列宁主义、毛泽东思想、邓小平理论、“三个代表”重要思想、科学发展观、习近平新时代中国特色社会主义思想为指导。汇集全省年度经济、政治、文化、社会、生态等领域发展状况。《福建年鉴》1985 年创办，每年出版一卷。2021 卷为第 37 卷。

三、《福建年鉴》的框架结构由类目、分目、条目组成。全书条目统一用黑体加【】表示，下一层次标题用楷体区别。

四、《福建年鉴 2021》着重反映 2020 年福建省的基本情况。全书设福建名片、福建要闻、特载、八闽关注、大事记、省情概貌、自然资源管理、生态环境、中共福建省委员会、福建省人民代表大会、福建省人民政府、中国人民政治协商会议福建省委员会、纪检监察、民主党派和工商联、群众团体、法治、军事、应急管理、外事侨务港澳事务、闽台交流合作、经济管理、市场监督、财政税务、金融、城乡建设、农业农村、工业、民营经济、海洋经济、数字福建、交通邮政、信息业、商贸流通服务业、对外及港澳台经济贸易、中国（福建）自由贸易试验区·福州新区、教育、科学技术、社会科学、文化旅游、卫生体育、社会生活、市县概况、人物、统计资料、附录、索引等 46 个类目，约 140 万字。

五、《福建年鉴 2021》在各个类目中，有侧重、多角度、全方位地展现了福建省各部门在疫情防控阻击战、脱贫攻坚战中所采取的坚强有力的措施，再现了福建人民万众一心、同舟共济的动人情景。同时，年鉴中还记述了福建省在全方位推动高质量发展超越中所做的努力与取得的丰硕成果。

六、《福建年鉴 2021》所用稿件，由省直各部门，各市、县（区）政府及有关单位提供。引用的统计数字，凡国家有统一规定范围、口径和计算方法的，均按国家统一规定统计，并经省统计局审核。地区生产总值和各产业增加值、工业总产值、农林牧副渔业总产值等指标的绝对值、比重按现价计算，增长速度按可比价格计算；其他价值量指标的绝对值及增长率，一般按当年价格计算。

七、为便于读者查阅，本卷在卷首设有目录，英文目录编至栏目；卷后配有索引，采用内容分析法，内容按汉语拼音字母顺序排列。

数知福建

福建省森林覆盖率 66.8%

土地面积 12.40 万平方千米

年末户籍人口 3921.61 万人

常住人口 4161 万人

设区市 9 个、平潭综合实验区，县（市、区）85 个

地区生产总值 43903.89 亿元

第一产业增加值 2732.32 亿元

第二产业增加值 20328.80 亿元

第三产业增加值 20842.78 亿元

三次产业结构 6.2:46.3:47.5

人均地区生产总值 105818 元

社会消费品零售总额 18626.45 亿元

货物出口总额 8473.17 亿元

货物进口总额 5607.43 亿元

实际利用外商直接投资 502347 万美元

地方一般公共预算收入 3079.04 亿元

一般公共预算支出 5216.10 亿元

居民消费价格指数 102.2

全社会用电量 2483.00 亿千瓦小时

货物周转量 9020.34 亿吨千米

旅客周转量 661.97 亿人千米

港口货物吞吐量 62132.47 万吨

航空货运量 23 万吨

铁路货运量 3750 万吨

公路货运量 91137 万吨

邮电业务总量 4764.94 亿元

国内旅游收入 4927.72 亿元

国际旅游外汇收入 206863 万美元

城镇居民人均可支配收入 47160 元

农村居民人均可支配收入 20880 元

城镇居民人均住房建筑面积 43.80 平方米

农村居民人均住房建筑面积 80.70 平方米

城市人均公园绿地面积 15.03 平方米

普通高等学校在校学生数 94.72 万人

医院、卫生院床位数 202189 张

粮食种植面积 83.44 万公顷

粮食产量 502.32 万吨

福建名片　数字福建　续写华章

■ 2020 年 10 月 11—14 日，第三届数字中国建设峰会“有福之州 · 对话未来”系列主题活动在福州三坊七巷历史文化街区举办。活动邀请两院院士、资深教授、业界专家等共同参与，就数字新经济助力“双循环”、数字时代的城市治理现代化等主题展开讨论，探讨数字技术的发展方向和未来前景。图为在郭柏荫故居举办“PKS 筑未来”金融科技生态之夜专场活动，正式发布中国电子 PKS 金融全栈解决方案（林忠玉　摄）

着眼于抢占信息化战略制高点，着眼于增创福建发展新优势，21 年前，时任福建省省长习近平亲自绘制了数字福建蓝图。福建，成为数字中国的思想源头和实践起点。

20 余载耕耘奋进，数字福建勇立潮头；“十三五”跨越发展，数字福建换挡提速。连续四届数字中国建设峰会，激发新动能；数字经济规模突破 2 万亿元，增速领先；数字政府从“一网通办”到“一网好办”，百姓满意；信息化综合指数、互联网普及率、数字政府服务能力、数字经济发展水平均居全国前列……

2018 年 4 月，首届数字中国建设峰会在福州隆重举行。习近平总书记致贺信，肯定福建在电子政务、数字经济、智慧社会等方面取得的长足进展，提出：“加快数字中国建设，就是要适应我国发展新的历史方位，全面贯彻新发展理念，以信息化培育新动能，用新动能推动新发展，以新发展创造新辉煌。”2020 年 10 月 12 日，第三届数字中国建设峰会召开，习近平总书记再次致贺信，强调要立足推动高质量发展，形成新发展格局，更好发挥信息化在推动经济社会发展、推进国家治理体系和治理能力现代化、满足人民日益增长的美好生活需要等方面的重要作用。

从提出建设数字福建，到省“十五”计划纲要数字福建被列为重点建设项目，再到“十三五”数字福建专项规划目标，数字福建建设始终强调以总体设计来规划实施建设，顶层设计，一脉相承。先后制定实施了 4 份数字福建五年规划。2016 年，“十三五”数字福建专项规划提出，到 2020 年基本实现“数字化、网络化、可视化、智慧化”的目标。2016 年以来，仅省发改委、省数字办牵头制定的关于数字经济发展的政策文件就有近 20 个。权威部门评测，福建是数字经济领域政策体系最完备的省份之一。

有了顶层设计统筹和长期规划引领，福建省以“一盘棋”思路谋划，沿着当年确定的建设目标、机制和发展理念，一年接着一年抓，数字福建建设有序推进。目前福建是国家数字经济创新发展试验区，成为电子政务综合改革、电子证照、公共信息资源开放、政务信息系统整合、健康医疗大数据、“一带一路”空间信息走廊等信息化建设领域的全国试点省份；全省信息化、“两化”融合发展指数以及互联网普及率均位居全国前列；通过国家“两化”融合管理体系贯标评定企业数量居全国第二位。数字福建建设，正抢占发展制高点。

《福建省“十四五”数字福建专项规划》即将出台，对“十四五”期间数字福建建设提出新的目标、任务和举措，将进一步提升建设水平，强化关键技术创新应用，做大做强数字产业，增强发展数字经济本领，推动数字福建破浪前行。

牢记嘱托，行稳致远。当前，福建省方向明确、步伐坚定，正加快构筑省域竞争新优势，形成数字发展新高地，全力以赴开创数字福建建设新局面。

福建名片

全方位推动高质量发展超越

2020年8月，福建省委召开十届十次全会提出把全方位推动高质量发展超越作为新时代新福建建设的鲜明主线和重大战略。

“十三五”期间，全省地区生产总值接连跃上3万亿元、4万亿元台阶，全国排名从2015年第11位上升至2019年第8位，经济增速居东部地区前列；人均地区生产总值接近11万元，全国排名从2015年第7位上升至2019年第5位。

坚持创新发展，内生动力持续增强。新增国家高新技术企业1400家、企业技术中心7家、工程研究中心9家，省级科技特派员创业和技术服务实现乡镇全覆盖。十大乡村特色产业全产业链总产值突破2万亿元，数字经济增加值预计超2万亿元，千亿元产业集群达20个，“清新福建”“全福游·有全福”品牌效应进一步扩大。集中开工建设997个重大项目、总投资7640亿元，开展“全闽乐购”等系列活动，网络零售额增长24.7%。全省依申请审批服务事项网上可办率超过97%，“一趟不用跑”“最多跑一趟”占比达到98%。

坚持协调发展，城乡区域统筹更加均衡。闽东北、闽西南协同发展区加快建设，衢宁铁路、福平铁路开通运营，平潭海峡公铁大桥建成通车。福州新区、厦门环东海域新城建设全面提速，南平行政中心搬迁平稳顺利。80%以上陆域乡镇实现30分钟上高速。实施乡村振兴“百镇千村”试点示范建设，农村人居环境整治三年行动全面收官。建立“一键报贫”等监测和帮扶机制，有效防止返贫。一批重大项目加快推进，老区苏区所有县城实现15分钟内上高速。

坚持绿色发展，经济生态实现良性互动。国家生态文明试验区39项改革经验推广全国，数量居全国首位，武夷山国家公园体制改革试点任务全面完成，生态环境损害赔偿“1+10”制度体系基本健全。PM2.5浓度下降16.7%，设区城市空气质量优良天数比例达98.8%，主要流域Ⅲ类以上水质比例达97.9%，设区城市建成区基本消除黑臭水体，县级以上集中式生活饮用水水源地100%达标，土壤风险防控试点扎实推进。单位GDP能耗下降0.73%，森林覆盖率66.8%、连续42年保持全国首位，城市公交车中新能源汽车占80.9%，城镇新增建筑中绿色建筑面积占比达77%，设区城市建成区垃圾分类全面铺开。

坚持开放发展，以开放促改革促发展。积极融入共建“一带一路”，东盟成为福建省第一大贸易伙伴，丝路海运航线达70条，自贸试验区新增6项成果在全国复制推广。闽台贸易额增长11%，实际使用台资增长86.8%，海峡论坛、海峡青年节、两岸企业家峰会等重大活动成功举办。率先开展省疾控中心综合改革，国家级普惠金融改革试验区持续推进，政府债务余额控制在限额以内，网贷机构全部退出市场，省属企业整合重组全面铺开，省港口集团顺利组建，农村集体产权制度改革整省试点任务全面完成。

坚持共享发展，人民群众获得感不断提升。决战脱贫攻坚战取得决定性胜利，现行标准下全省45.2万农村建档立卡贫困人口全部脱贫，2201个建档立卡贫困村全部退出，23个省级扶贫开发工作重点县全部摘帽，闽宁对口扶贫协作援宁群体被中宣部授予“时代楷模”称号。28件省委省政府为民办实事项目全面完成。城镇新增就业54.62万人，失业人员再就业24万人，开工棚户区改造4万套、公租房2.49万套、老旧小区改造24.1万户。新开工建设226所公办幼儿园，学前三年入园率98.8%，随迁子女公办学校就读率保持在90%以上，省儿童医院、省疾控中心、福州新区滨海新城综合医院基本建成，居家社区养老服务照料中心实现街道和中心城区全覆盖，农村养老设施覆盖率达72.1%。群众安全感率99.03%。扎实开展安全生产专项整治三年行动和各领域安全隐患大排查大整治，严格食品药品安全监管，食品评价性抽检、药品抽检合格率分别为99.49%、99.89%。

■2020年，在“十三五”收官之年，泉州经济总量首次突破万亿元大关，连续22年居福建首位。图为摄于2020年的泉州中心城区东西塔鸟瞰图(吴寿民　摄)

福建名片 扶贫与乡村振兴

2019年底，福建全省45.2万现行扶贫标准下农村建档立卡贫困人口全部脱贫，2201个建档立卡贫困村全部退出，23个省级扶贫开发工作重点县全部摘帽。全省提前一年实现全面打赢脱贫攻坚战。2020年，福建省以实现农业全面升级、农村全面进步、农民全面发展为总目标，着力做好发展规划、工作重点、推进机制、保障措施“四个衔接”，推动“五个转变”。

推进产业扶贫向产业兴旺转变。扶持贫困户实施13.6万个产业扶贫项目，帮助贫困人口通过发展特色产业实现稳定脱贫。推进十大现代农业产业园、八大优势特色产业集群和27个国家产业强镇建设，全省十大乡村特色产业全产业链总产值超过2万亿元。建设高标准农田148万亩，扶持建设千亩设施农业示范基地120多个。规模以上休闲农业经营主体发展到3706家，年接待游客4751万人次。

推进扶贫搬迁向生态宜居转变。福建省实施大规模“造福工程”扶贫搬迁，27年来累计搬迁群众172万余人，整体搬迁自然村7300多个，建设各类集中安置区（点）3400多个。脱贫攻坚任务全面完成后，福建省把工作着力点从“有房住”逐步转向“住得好”。推进农村人居环境整治，全面推行农业绿色生产，加大农业生态环境保护力度。

推进解决“三保障”向公共服务均等化转变。全省贫困家庭适龄儿童辍学现象基本消除，贫困人口全部参加医疗保险，贫困户住房应改尽改、应搬尽搬，23个省级扶贫开发工作重点县农村集中供水率达92%。全省新改建农村公路1622千米、完成投资47亿元，列养率100%，交通物流节点已覆盖全省100%的县、91.3%的乡镇。全面推进乡村小规模学校标准化建设与评估，完成11063个村卫生所一体化建设，推动70所中心乡镇敬老院改造升级为农村区域性养老服务中心，新建农村幸福院1100所，农村养老服务设施覆盖率超70%。推进乡村便民服务中心标准化建设，全省所有建制村已基本建成乡村振兴服务站。

推进农民全面脱贫向全面发展转变。将工作重心转向推动农民全面发展，做到既“富口袋”又“富脑袋”。新培育高素质农民3万人、新招收大专学历农民2000名。新培育农民合作社示范社1000家，创建1000家示范家庭农场，新增家庭农场5000家。全省农村居民人均可支配收入20880元，比上年同期增长6.7%。

推进驻村帮扶向强基固本转变。2001年以来，累计选派1.8万多名党员干部全覆盖帮助2201个建档立卡贫困村整顿软弱涣散基层党组织、发展集体经济。近年来，福建省将脱贫攻坚有效的组织机制方式推广运用到乡村振兴中。统筹资金3亿多元支持543个村发展壮大村级集体经济，2020年全省80%以上的村集体经营性收入超过10万元。持续推进乡村“雪亮工程”建设，推行“一村一警务助理”，全省群众安全感率达98.9%。

■2020年，周宁县依托独具特色的传统文化和自然生态资源，发展乡村旅游、生态农业，助力乡村振兴。图为7月19日周宁县浦源村荷花池里的灯光秀吸引了众多游客（张永定 摄）

福建名片

生态环境保护与绿色发展

■ 2020 年，位于中国笋竹之乡——福建永安的和其昌竹业股份有限公司以毛竹为主要原料生产竹木胶合板，做到了“以竹代木”甚至“以竹胜木”，有效缓解林木资源过量消耗。图为 12 月 20 日该公司生产线作业场景（游庆辉 摄）

2000 年，时任福建省省长习近平前瞻性地提出了建设生态省的战略构想。2014 年，福建省成为全国首个生态文明先行示范区，2016 年成为全国首个国家生态文明试验区。2020 年，全省生态环境系统深入贯彻落实习近平生态文明思想，坚定不移推进生态省建设。

国家生态文明试验区建设迈出新步伐。22 个县成为国家生态文明建设示范县，3 个县成为“绿水青山就是金山银山”实践创新基地，创建工作位居全国前列。39 项改革经验推广全国，数量居全国首位。武夷山国家公园体制改革试点任务全面完成。创新推出“三明林票”“南平生态银行”等改革试点。生态环境损害赔偿制度体系基本健全。排污权、碳排放权、用能权交易总额持续扩大。完成生态保护红线、环境质量底线、资源利用上线和生态环境准入清单“三线一单”正式编制实施，生态保护红线评估调整工作基本完成。

污染防治攻坚战成效显著。清洁能源装机比重达 56%、高出全国 7 个百分点以上。98.6% 煤电机组实现超低排放。臭氧污染有效遏制，PM2.5 浓度同比下降 16.7%。主要流域优良水质比例同比提高 1.4 个百分点，小流域优良水质比例同比提高 4.1 个百分点，设区城市建成区基本消除黑臭水体。实施饮用水安全“六个 100%”工程，县级以上集中式生活饮用水水源地 100% 达标。土壤环境风险防控试点扎实推进。近岸海域优良水质比例 82.9%，三都澳海上养殖综合整治成为养殖产业绿色转型的样板。

绿色生产生活方式加快形成。严格能耗总量和强度“双控”，完善绿色制造体系地方评价标准，发布第三批省级绿色工厂 68 家、绿色供应链管理企业 18 家、绿色园区 6 个。178 家“僵尸企业”实现全部出清。全年退出煤矿 7 处、产能 126 万吨/年。坚持节约集约用地，超额完成国家下达的批而未供、闲置土地处置任务，连续 21 年实现耕地占补平衡。推进农业绿色发展，畜禽粪污综合利用率达 90%。扎实开展绿色生活创建行动，城市公交车中新能源汽车占 80.9%，城镇新增建筑中绿色建筑面积占比达 77%，设区城市建成区生活垃圾分类全面铺开。

城乡人居环境明显改善。推动 16 条小流域水质实现跨类别提升，全面完成 143 个农村“千吨万人”水源地环境问题整治，106 个县级以上水源地实现水质在线监测和视频监控全覆盖。全面完成国家下达的 61.05 万亩受污染耕地安全利用和 2.7 万亩严格管控任务；完成 2571 座、9009 个埋地油罐防渗改造任务。实施农村生活污水治理为民办实事项目，投资 7.1 亿元完成村庄治理 320 个，全省 60% 行政村建成“绿盈乡村”。

福建要闻 | “十三五”回顾

2020年是“十三五”规划收官之年，也是具有里程碑意义的一年。“十三五”时期，全省地区生产总值接连跃上3万亿元、4万亿元台阶，人均地区生产总值接近11万元，新时代新福建建设迈出了新步伐。

1 2 3
4

1.“十三五”期间，福建坚持人与自然和谐共生，获批建设首个国家生态文明试验区，生态文明体制机制创新走在全国前列。图为 2020 年 1 月拍摄的福州城市森林步道（张永定 摄）

2.“十三五”期间，福建 70 万户居民搬出棚户区（旧屋区）住进新房，27.9 万户居民住进公租房。图为 2020 年 5 月拍摄的厦门洋唐居住区，这是福建省目前建成投入使用的最大的保障性住房综合体（施辰静 摄）

3.“十三五”期间，福建省河湖长制不断完善，综合治水持续见效，河流生态走廊新增 4500 多千米，水土流失率降至 7.75%。图为 2020 年 5 月 22 日全省首个县级河长指挥调度中心在沙县投入使用（游庆辉 摄）

4.“十三五”期间，福建省海洋经济总量持续攀升，海洋生产总值保持 10% 以上的年增长速度，占全省地区生产总值的三分之一强。图为 2020 年 5 月 9 日拍摄的位于连江县安凯乡沙澳湾的一处鲍鱼养殖基地（游庆辉 摄）

福建要闻｜“十三五”回顾

■ “十三五”期间，福建省坚持深化改革扩大开放，实际使用外资、对外投资年均增长 5.9% 和 7.4%。图为 2020 年 9 月 8 日 2020 厦门国际投资贸易洽谈会暨丝路投资大会（简称“厦洽会”）开幕，厦洽会携手阿里巴巴集团打造云平台，线上同步举行“云上投洽会”（王东明　摄）

■ “十三五”期间，福建加快建设台胞台企登陆的第一家园，台湾百大企业超过一半在闽落户，农业利用台资项目数和实际到资规模保持大陆首位。图为 2020 年 9 月 18 日莆田台资企业海峡股权交易中心台资板举行授牌鸣锣仪式（张斌　摄）

■ “十三五”期间，福建数字经济增加值突破 2 万亿元、占地区生产总值比重 45% 左右。图为 2020 年 10 月 12 日第三届数字中国建设峰会在福州开幕（张斌　摄）

■“十三五”期间，福建海丝核心区建设走深走实，丝路海运航线达70条。图为2020年8月1日福州港“丝路海运”快捷航线在江阴港区举行首航仪式（王毅　摄）

■“十三五”期间，福建清洁能源装机容量持续提升，从2015年的2531.5万千瓦增长至2020年的3509万千瓦，清洁能源占全省装机容量的55.1%。图为2020年8月7日拍摄的建设中的平潭海上风电项目（张斌　摄）

■“十三五”期间，福建“两纵三横”综合运输通道全面建成，基本形成域内互通、域外互联、便捷通畅的现代综合交通运输体系。图为2020年9月27日9时59分衢宁铁路首发列车驶过西陂塘跨海特大桥（张文奎　摄）

■“十三五”期间，福建省获批建设国家创新型省份、福厦泉国家自主创新示范区，2020年全省国家高新技术企业突破6200家，是2015年的3倍多。图为宁德时代新能源科技有限公司自动化电池模组生产线（张永定　摄）

1. 2020 年 2 月，古雷炼化一体化项目建设现场，5 套超千吨级大型塔设备历时 2 个多月顺利完成吊装工作（游斐渊　摄）
2. 2020 年 6 月 22 日，位于莆田城厢区灵川镇的福厦高铁湄洲湾跨海大桥项目现场，首个 1000 吨预制箱梁通过我国自主研制的全球首台千吨级高铁箱梁运架一体机完成架设，标志着中国高速铁路桥梁架设技术实现重大提升，高铁建设再添“大国重器”（林罗晓　摄）

1 2 3 4

5

3. 2020 年 9 月 24 日凌晨，新建福州至厦门铁路西溪特大桥跨越杭深铁路转体桥成功转体，这是国内同类型跨度最长、吨位最重的连续梁转体工程（王协云　摄）

4. 2020 年 11 月 16 日，起重船将重达 2200 吨的巨无霸墩台吊送至预定点位精准入海，标志着厦门第二东通道——翔安大桥正式进入“海上组装”阶段（王协云　摄）

5. 2020 年 12 月，全国首座跨海公铁两用桥、世界最长跨海峡公铁两用大桥——平潭海峡公铁两用大桥全面通车（王东明　摄）

2019 年底，福建省现行标准下农村建档立卡贫困人口全部脱贫，2201 个建档立卡贫困村全部摘帽，23 个省级扶贫开发工作重点县全部退出。脱贫摘帽后，2020 年福建站在新的历史起点上，全面实施乡村振兴战略。

1. 2020 年 1 月 12 日，沙县郑湖乡村民晾晒板鸭。沙县板鸭可以追溯到宋代，郑湖乡是沙县板鸭的发源地，全乡板鸭产业实现年产销量 80 万只，产值 4000 多万元（游庆辉　摄）
2. 2020 年 5 月 6 日，永泰县洑口乡的“80 后”养蜂能手杨经挺（左）手把手教农户养蜂。2018 年，杨经挺返乡创业发展生态农业，通过养蜂、购销土特产带领村民致富（叶义斌　摄）
3. 2020 年 9 月 26 日，泰宁县大田乡举办第三届“农民丰收节”“农民健身百村行”暨乡第十届农民趣味运动会。图为割稻比赛现场（陈启芳　摄）
4. 2020 年 7 月 7 日，漳浦县石榴镇攀龙村村民喜获丰收。通过土地流转，该村将零散的土地集中起来，改造乡村面貌，完善基础设施建设，吸引不少蔬菜、芦荟、火龙果等特色农业产业企业入驻（游斐渊　摄）

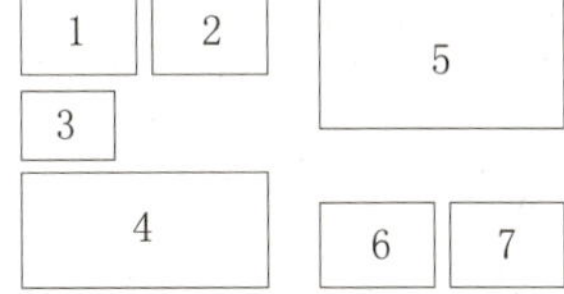

5. 屏南县棠口镇在大力发展高山花卉产业的同时，通过打造“龙漈花海”网红打卡地，吸引周边游客前往游玩，推动全域旅游。图为 2020 年 3 月 20 日游客在“龙漈花海”游玩（朱晨辉　摄）

6. 2020 年 7 月 15 日晚，南平市建阳区莒口镇村民在中心广场观看电影，乡村的夜晚文化生活“有声有色”（伊凡　摄）

7. 2020 年 10 月 17 日，霞浦县松港街道下村村民摆起画画集市，现场作画供游客欣赏、认购。近年来，下村发展“文化脱贫工程”项目，举办乡村油画、雕刻等培训班，打造文化艺术村，推进文旅产业发展（郑培銮　摄）

福建要闻|直播经济

“直播经济”是一种新的经济发展模式，具有互动性强、平台广泛、时空限制小等特点。作为“互联网 +”的一种发展方式，直播经济基于各类平台，以移动端为主，其内容包括电商、体育、财经、教育、社交、音乐等各个能够产生经济效益的领域。新冠病毒肺炎疫情影响下，面对面社交受到严格控制，网络直播快速发展，直播经济呈现井喷式增长。

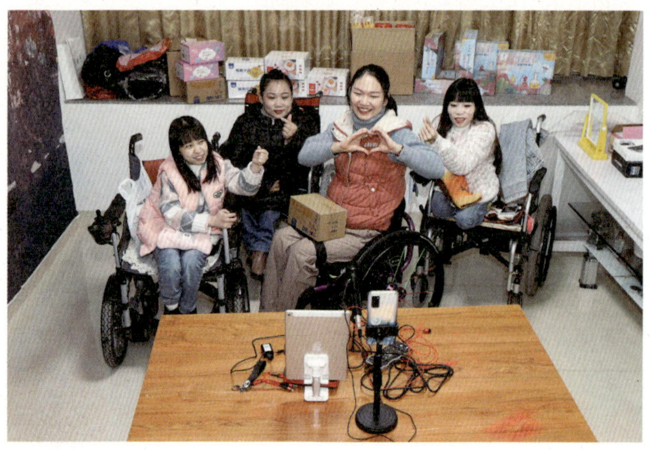

1 2 5
3 4
6 7

1. 2020 年 3 月 7 日，云霄县陈岱镇大山顶村枇杷果园里，陈文君和家人通过手机直播在线卖枇杷（游斐渊　摄）
2. 2020 年 7 月，福建省芳华越剧团“90 后”小生赵烨通过手机录制短视频。2018 年，初试抖音短视频的赵烨一夜爆红，得到鼓励的她经常通过手机分享自己的戏曲日常（朱晨辉　摄）
3. 2020 年 9 月 12 日，泉州市丰泽区蟳埔女黄丽泳利用业余时间为邻居直播海鲜带货（陈英杰　摄）
4. 2020 年 12 月 17 日，泉州市泉港区山腰街道富临华庭小区，4 位轮椅上的姑娘通过网络直播跟全国各地的网友交流、分享人生经历（庄丽祥　摄）

5. 2020 年 8 月 14 日，福建千玺文化传媒有限公司后台客服人员与直播带货人员配合进行销售服务。2020 年上半年，石狮市纺织服装网络零售总额 378.3 亿元，同比增长 41.5%，有良性活跃经营卖家（网店）超过 3.8 万家，从业人员超过 15 万人（王东明　摄）

6. 2020 年 10 月，邵武市沿山镇里居村李华、李康父子在田间拍摄短视频。他们通过手机平台分享乡村农事成了“网红”，吸引了 80 万以上的粉丝（卢国华　摄）

7. 2020 年，莆田市城厢区 0594C&M 众创供应链平台打造电商人才孵化基地，推出实体店店主“百人网红培养计划”。图为 3 月 24 日实体店店主接受直播实践培训（蔡昊　摄）

福建要闻｜文体活动

1. 2020 年 7 月 18 日，福州市仓山区盖山镇叶厦村福极圣宫，福州锦麟轩八将团的“00 后”们在“95 后”黄杜飞的带领下训练。由“95 后”和“00 后”组成的福州锦麟轩八将团学习研究“福州八家将”民俗表演已近十年（林双伟　摄）
2. 2020 年 8 月 8 日，华安县高安镇坪水村畲家人民在魔公瀑布下举办泼水节（黄子君　摄）
3. 2020 年 12 月 14 日，福州福立社脱口秀演出现场观众满座。注重与观众互动搞笑的脱口秀表演开始成为年轻人都市文化生活的新时尚（朱晨辉　摄）
4. 2020 年 11 月 7—8 日，南平市建阳区考亭村举办非物质文化遗产展示推介活动。国家级非物质文化遗产建瓯挑幡表演引来游客纷纷拍照。建瓯挑幡是闽北特有的民间绝技，已有 350 多年历史（伊凡　摄）

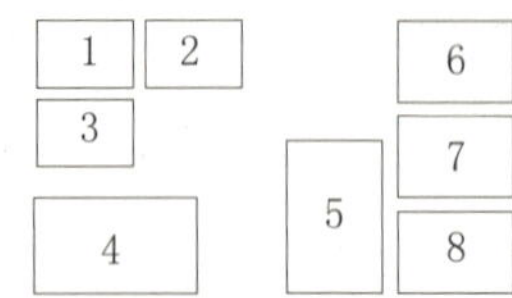

5. 2020 年 9 月 11 日，武夷山市下梅村一场传统走茶表演重现晋商南下贩茶的场景。当天，“弘扬晋商精神　重走万里茶路”活动在武夷山下梅村万里茶道起点鸣锣发车（伊凡　摄）
6. 2020 年 11 月 14 日，为期 4 天的 2020 年全国 U17 女子水球锦标赛在将乐县举行，7 省市代表队 90 名运动员参赛（张斌　摄）
7. 2020 年 11 月 21 日，“两岸一家人·‘偶’们共传承”两岸青少年木偶传承研学营活动在福州市启动。活动以“木偶戏”为主线，邀请泉州市提线木偶戏传承保护中心、晋江市掌中木偶艺术保护传承中心、漳州市布袋木偶传承保护中心 3 个木偶剧团参与（张旭阳　摄）
8. 2020 年 12 月 9 日，平均年龄 70 岁的泉州蟳埔奶奶操练数十年前的女民兵队列训练，训练视频走红网络，成为渔村的新晋网红（王柏峰　摄）

1. 2020 年 3 月 10 日，泉州市鲤城区欣佳酒店楼体倒塌事故中，一位被困 68 个小时的男子终于获救，该男子是此次事故中被救出的第 62 名被困者。3 月 7 日傍晚，欣佳酒店发生楼体坍塌事故（张斌　摄）
2. 2020 年 7 月 1 日上午，闽江地下航线（台江—马尾）首航仪式在台江区举行。“闽江地下航线”原是解放战争初期在闽江流域建立的一条水上秘密交通线，这条红色航线重新起航，带领游客体验和感受革命情怀（郑帅　摄）

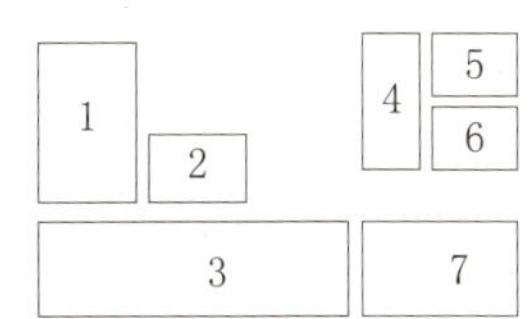

3. 2020 年 6 月 21 日晚，漳州市红星美凯龙家居广场外，100 辆汽车排列成摊位矩阵，开启的后备箱变成“摆摊神器”，拉开了 2020 漳州“汽车后备箱”夜市文化节的序幕（游斐渊　摄）
4. 2020 年 6 月 21 日，漳州市民观看“金边日环食”。福建省观测到日环食的下一次机会要等到 54 年后（陈建和　摄）
5. 2020 年 11 月 1 日，第七次全国人口普查正式启动。图为泉州市丰泽区蟳埔社区，普查员入户采集最新人口信息（陈起拓　摄）
6. 2020 年 11 月 3 日，“建有福之州　做有福之人”2020 年新福州人集体婚礼在福州市工人文化宫举行，百对新人身着礼服或民族婚庆服饰，一起步入婚姻殿堂。这是福州市总工会连续第十一年为新福州人举办集体婚礼（陈暖　摄）
7. 2020 年 12 月 17 日，直升机海上救援演练在厦门市举行。当天，厦门市空中救援中心揭牌，标志着厦门海陆空立体化救援体系基本形成（郑晓东　摄）

福建要闻 | 抗美援朝 70 周年

1950 年 10 月，中国人民志愿军赴朝作战，拉开抗美援朝战争的序幕。2020 年是抗美援朝 70 周年，全国上下开展纪念活动，弘扬伟大的抗美援朝精神。

■ 2020 年 9 月 28 日，96 岁的三明市志愿军老战士张桢敬军礼（姜克红　摄）

■ 2020 年 10 月 22 日，长汀县铁长乡下张地村志愿军老战士吕连葵回忆战争时期自己的司号员经历（郑秋生　摄）

■ 2020 年 10 月 25 日，曾参加过上甘岭战役的泉州南安 95 岁志愿军老战士吴清波敬军礼（王毅　摄）

■ 2020 年 10 月，仙游县城东中心小学邀请三位志愿军老兵追忆往昔，致以慰问（游晓璐　摄）

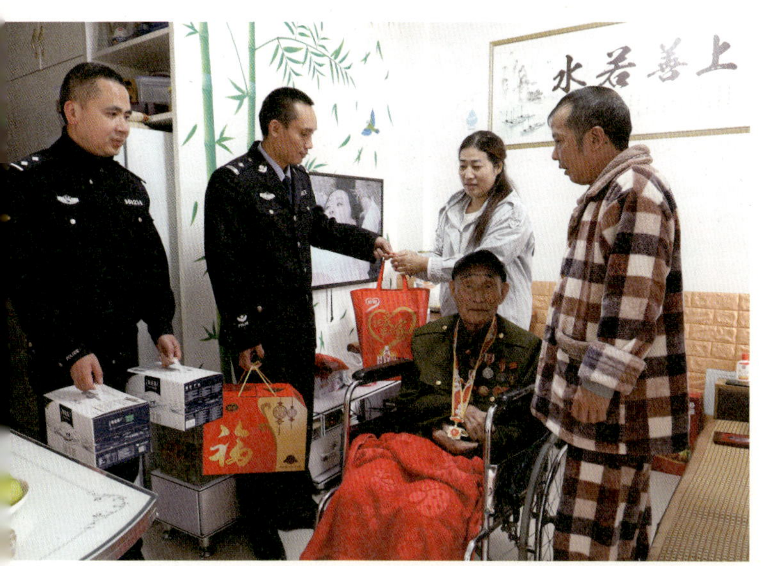

■2020 年 10 月 25 日，寿宁县托溪乡派出所民警一行来到该乡 96 岁的志愿军老战士蔡先银家中，看望慰问老人，一起共度重阳佳节（范陈春　摄）

■2020 年 10 月 25 日，“纪念抗美援朝出国作战 70 周年图片展”在福州市安民巷 53 号新四军驻福州办事处旧址举行。展览展出历史图片近 200 幅，以抗美援朝中的福建子弟兵战斗为重点，还邀请几十位在榕的志愿军老兵现场分享光荣历史（叶诚　摄）

■2020 年 10 月 28 日，年近九旬的抗美援朝老兵、全国最美志愿者黄以孟在福建师范大学给师生们做讲座，回忆那段艰苦岁月，并分享他的志愿服务经历。几十年来，黄以孟“离休不离岗，离休不离党”，积极投身志愿服务活动（林明金　摄）

2020 年初，新冠肺炎疫情突袭大江南北，一场抗击疫情的人民战争、总体战、阻击战全面打响。从寒冬到初夏，经过 3 个多月的艰苦努力，福建医疗救治工作取得了重大胜利，疫情防控进入常态化，生产生活秩序加快恢复，八闽大地重焕勃勃生机。

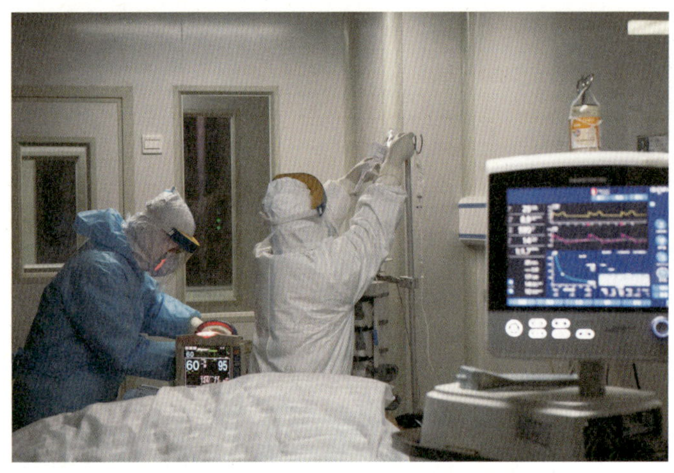

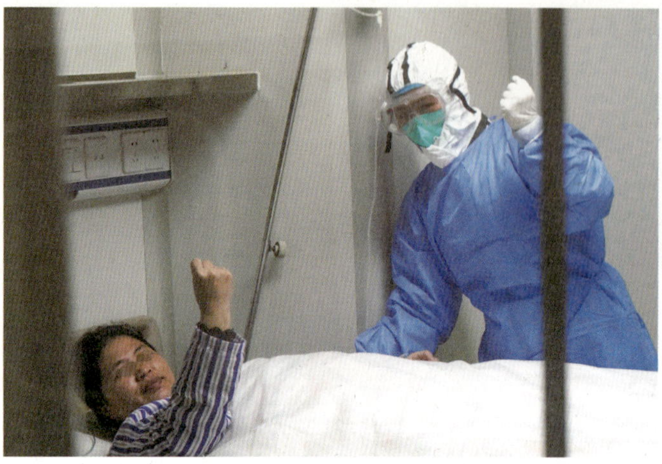

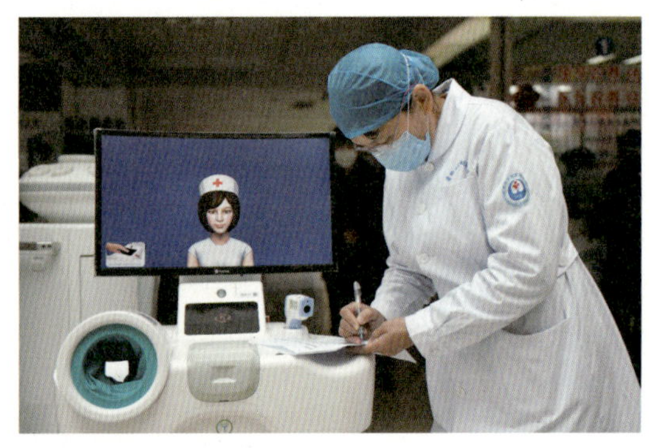

1. 2020 年 1 月 31 日，福州肺科医院隔离病房，医护人员照顾罹患新冠肺炎的重症病人（王毅　摄）
2. 2020 年 1 月 29 日，三明市第一医院感染科隔离病房里，医患共同努力对抗病魔（周志鸿　摄）
3. 2020 年 2 月 7 日，莆田学院附属医院在全省首家引入 3 款共 5 台新型机器人设备，用于院感防疫、发热门诊初筛、隔离病房服务等多个方面（林罗晓　摄）
4. 2020年2月1日，福州市疾控中心检测室工作人员对接收的病毒标本进行登记。疫情之初，疑似病例的咽拭子与血清标本的接收、流转及检测工作，均由福州市疾控中心完成（叶义斌　摄）
5. 2020 年 2 月 12 日，周宁县妇幼保健院密切接触者隔离医学观察点，医护人员给 3 岁的雄雄和 5 岁的雯雯姐弟俩测量体温。由于孩子的家人均已确诊送医治疗，医护人员成了他们的“临时爸妈”，24 小时轮班值守（黄起青　摄）

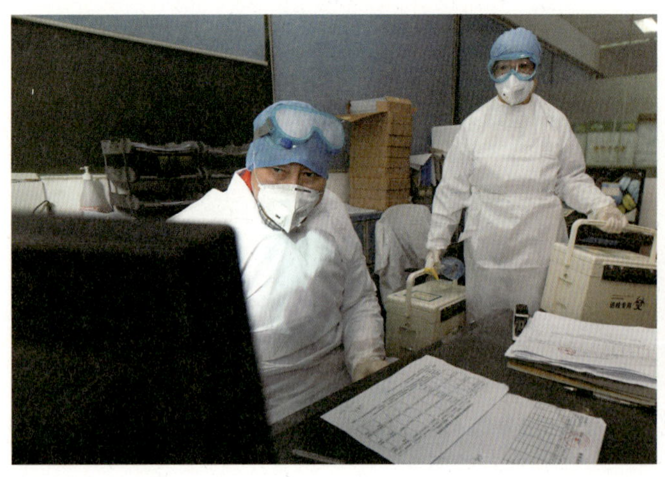

6. 2020 年 2 月 13 日，福建医科大学附属协和医院选派的 139 人组成的医疗队援助湖北。图为医生林凯（左）与女儿吻别（王东明　摄）

7. 2020 年 1 月 27 日上午，福建首批 137 人组成的医疗队从福州出发驰援湖北（游庆辉　摄）

8. 2020 年 2 月 9 日，厦门市支援湖北抗击新冠肺炎疫情医疗队出征。图为医疗队员踏上机场摆渡车，隔着车窗玻璃为自己加油鼓劲（黄嵘　摄）

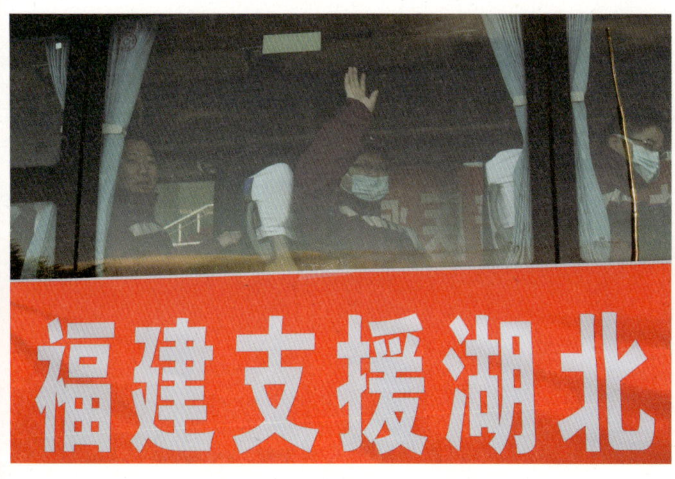

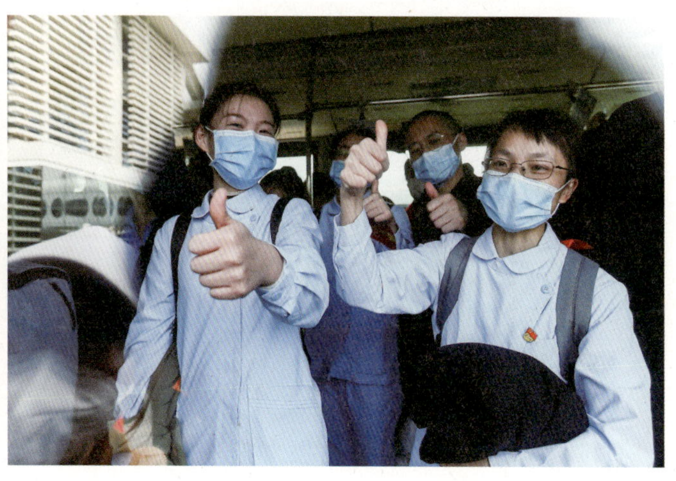

■2020 年 1 月 27 日，泉州高速出入口，交警引导车辆进入检查点进行驾乘人员体温检测（陈起拓　摄）

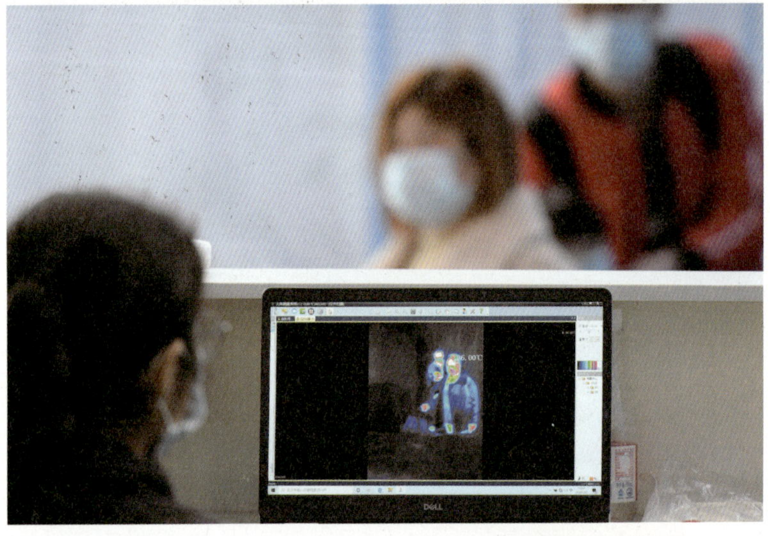

■2020 年 1 月 27 日，高铁泉州站工作人员逐一检测乘客体温（陈起拓　摄）

■2020 年 1 月 31 日，永安市火车南站加强重点区域消杀防控工作，全力保障城区公共环境的卫生安全（游庆辉　摄）

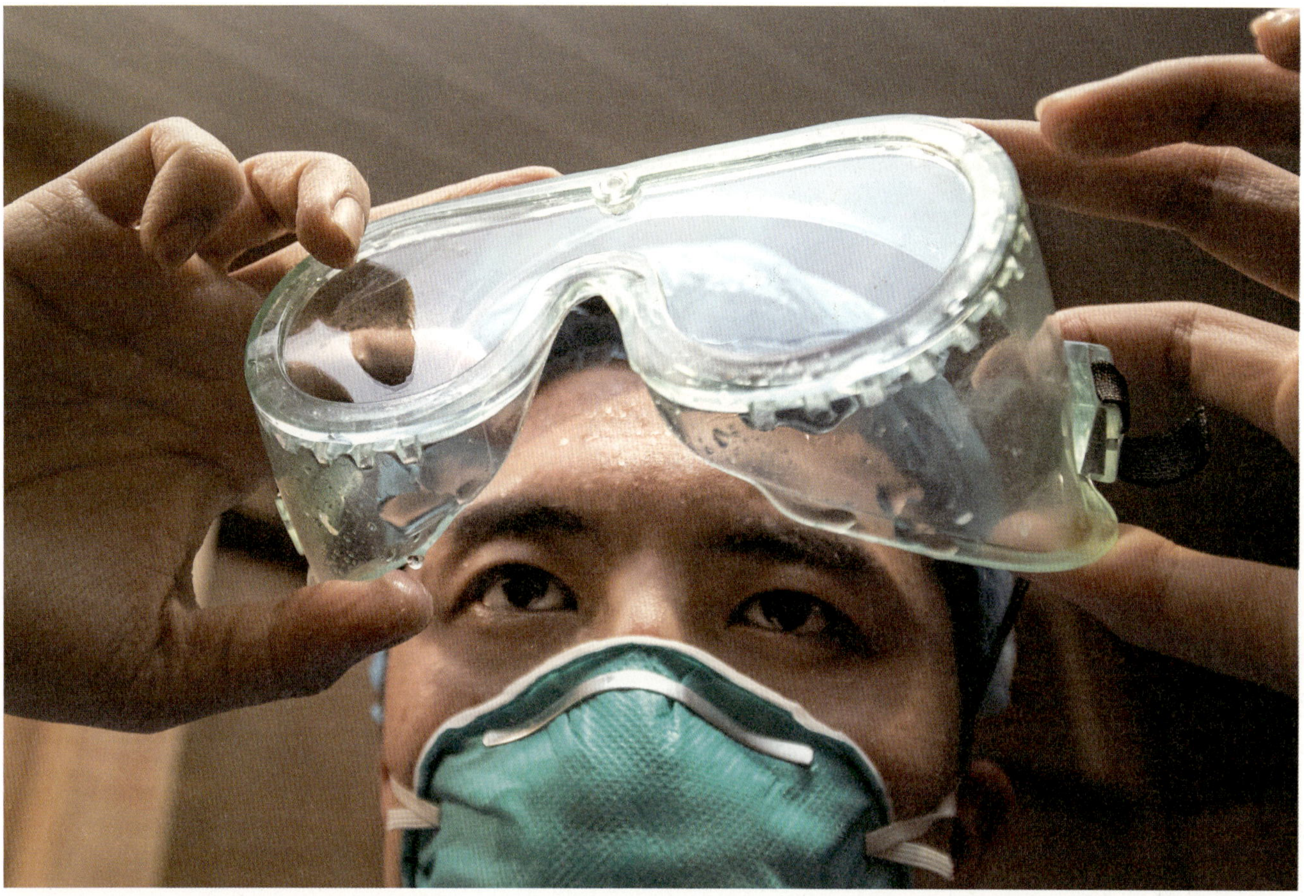

■ 厦门高崎国际机场是福建省重要的出入境通道。驻扎在此的工作人员，每天穿着密不透风的防护服，进行接机、清舱和人员查验等工作，挑战着生理极限，在高温和防疫的双重考验下坚守国门一线。图为高崎边检站工作人员穿着不透气的防护服长时间工作之后大汗淋漓之状（施辰静　摄）

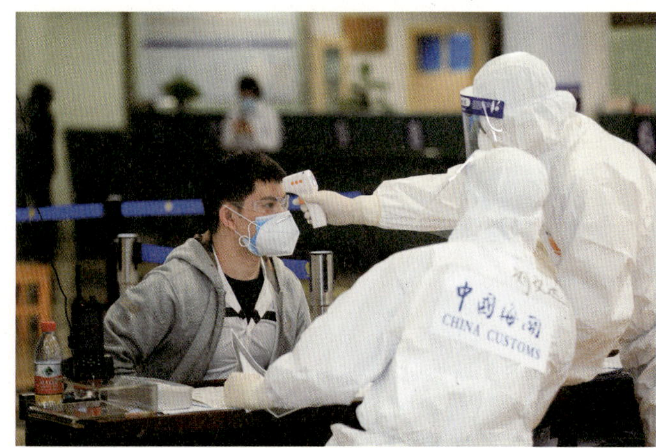

■ 图为厦门高崎国际机场中旅客在入境大厅接受海关工作人员的医学排查、采样等（施辰静　摄）

■ 图为厦门高崎边检站民警核对来自境外的货机机组人员的护照信息（施辰静　摄）

福建要闻｜新冠肺炎疫情防控 · 社区管理

1. 2020 年 1 月 29 日，泉州开元寺大门紧闭。疫情期间，宗教、旅游场所按规定关门谢客（陈起拓　摄）

2. 2020 年 1 月 30 日，永安市曹远镇汶四村党员干部、村民和志愿者在村口设岗轮流执勤，控制人员流动（游庆辉　摄）

3. 2020 年 2 月 2 日，沙县凤岗街道的社区党员向从武汉返乡居家留观的市民送代购的生活用品（游庆辉　摄）

1

4 5

2 3

6 7

4. 2020 年 2 月 8 日，厦门市湖北游客定点隔离酒店里，酒店工作人员为隔离人员送上元宵汤圆（施辰静　摄）
5. 2020 年 2 月 12 日拍摄的福州市鼓楼区一幢商住楼门口。因疫情防控需要，大量酒店、餐饮等服务企业关停（张永定　摄）
6. 2020 年 2 月 12 日，省市疾控工作人员在福州市中医院进行流行病学调查，排查该院接诊的新冠肺炎确诊病例的密切接触者（张永定　摄）
7. 2020 年 2 月 16 日，福州醉得意餐饮的员工在门店忙碌着准备外卖团餐。疫情防控期间，福州餐饮企业关停堂食服务，改为提供外卖团餐（王东明　摄）

福建要闻 | 新冠肺炎疫情防控 · 战疫归来

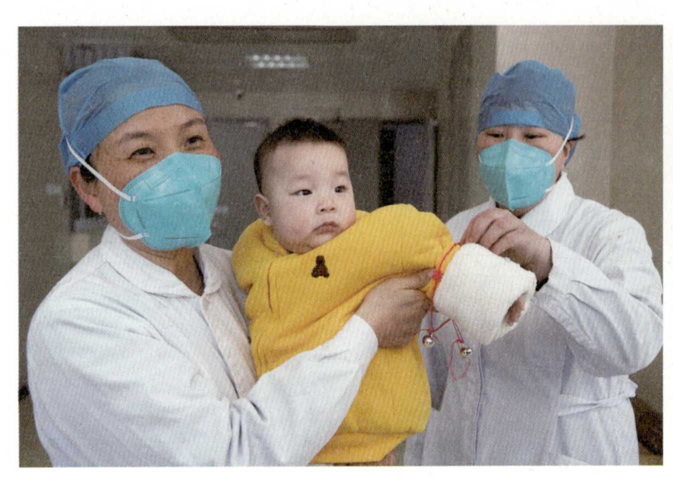

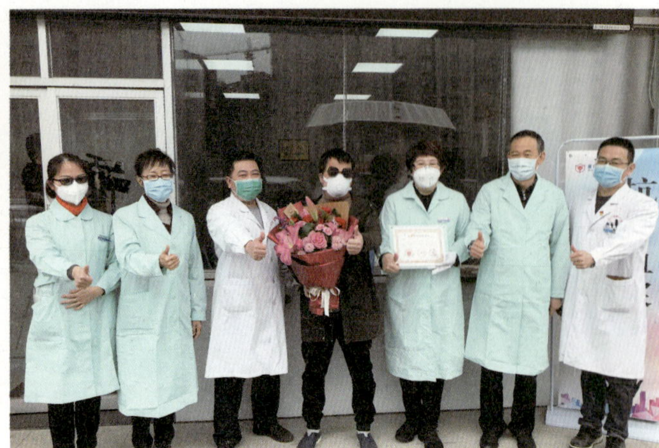

1. 2020 年 2 月 17 日，福建省确诊的最小新冠肺炎患者（5 个半月）在福州肺科医院治愈出院（王毅　摄）
2. 2020 年 3 月 5 日，厦门市首位经评估符合捐献条件的新冠肺炎康复者颜先生（中）捐出自己的血浆，助力尚在与新冠肺炎病魔抗争的患者（施辰静　摄）
3. 2020 年 3 月 18 日晚，福州市点亮千面户外大型 LED 屏幕，致敬“最美逆行者”。这组以“共同战‘疫’　我的同乡英雄”为主题的巨幅人物海报以福建省支援湖北医务工作者为主人公（王东明　摄）

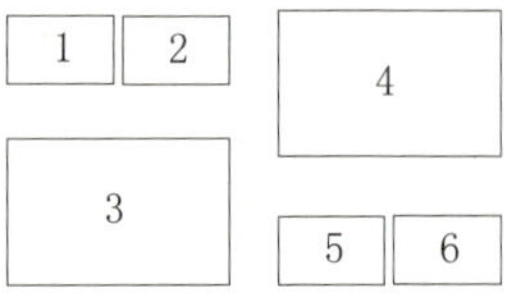

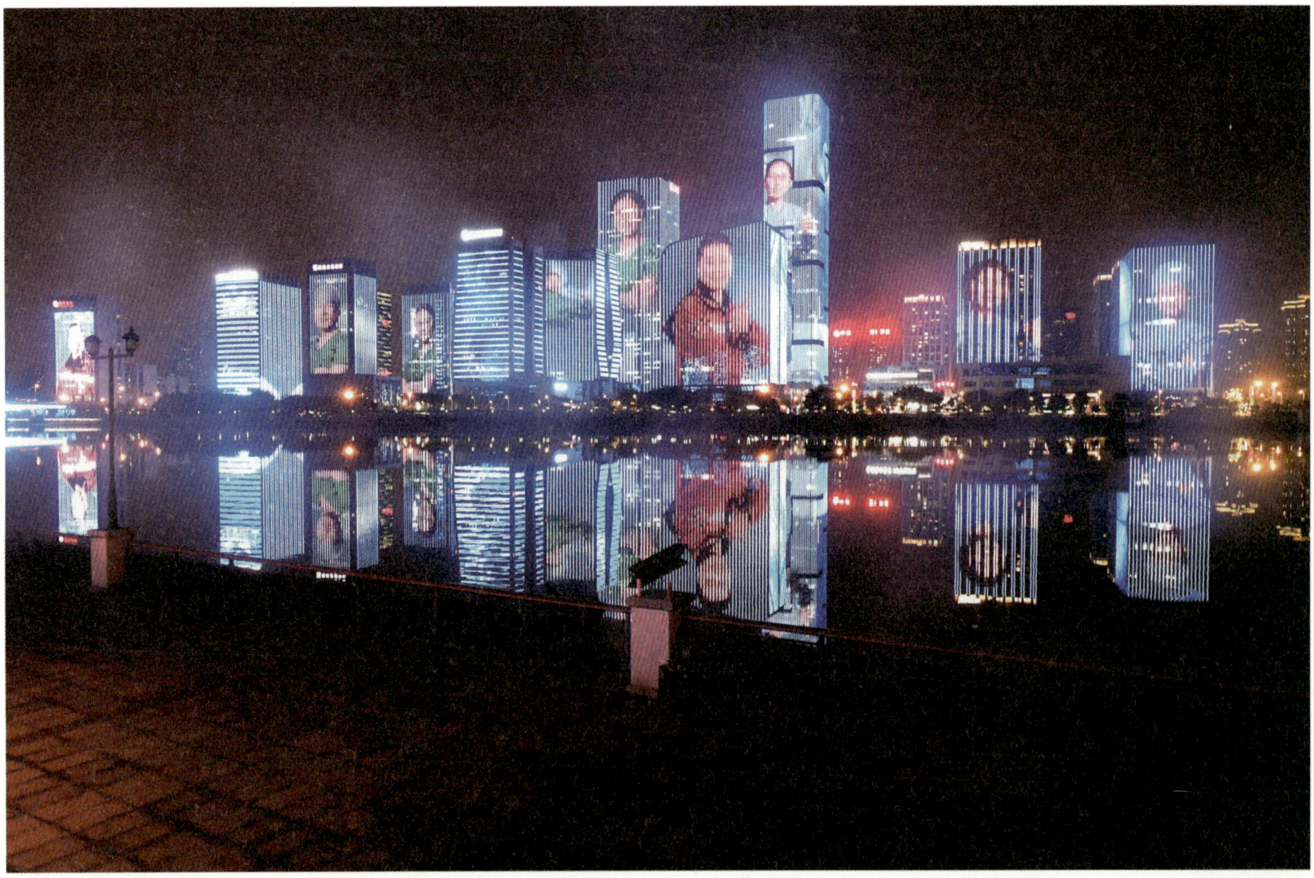

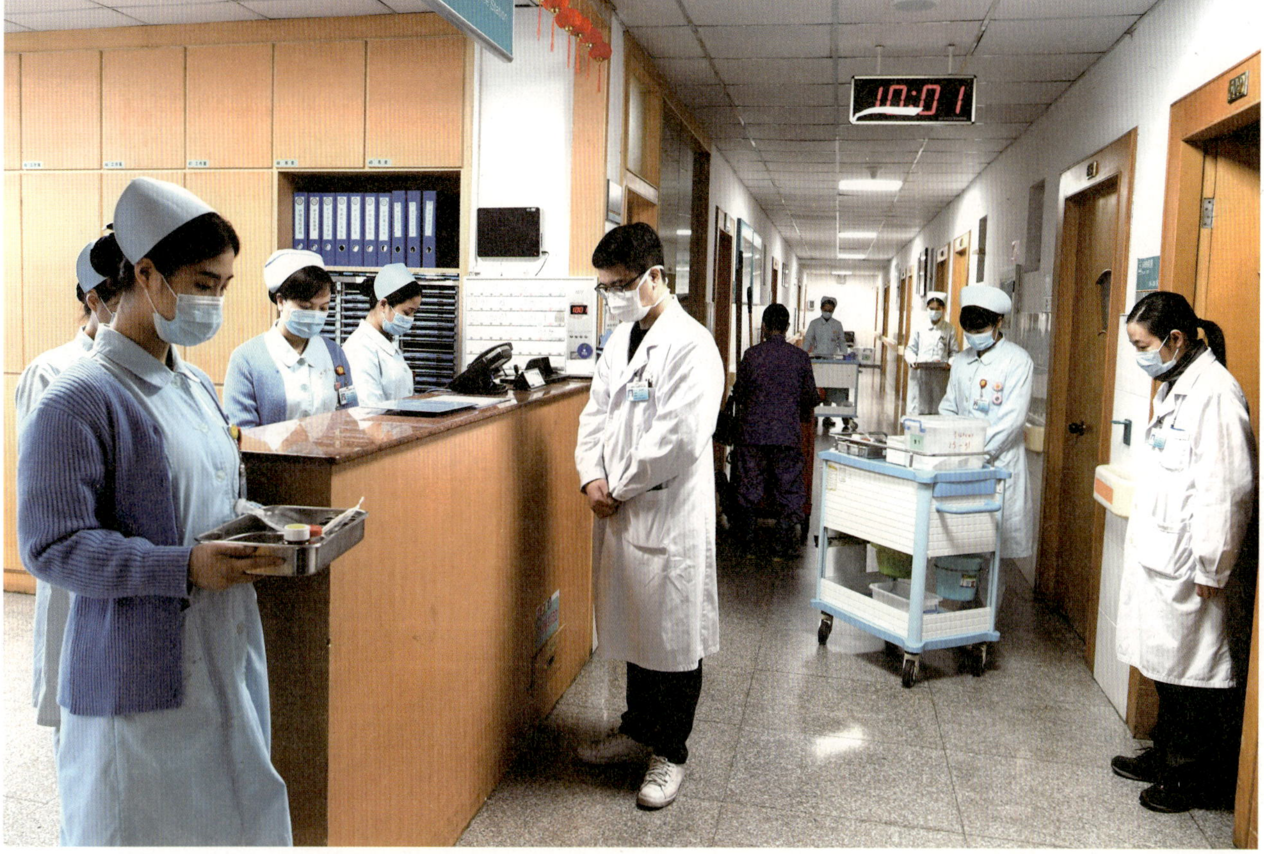

4. 2020 年 4 月 4 日 10 时，全国举行哀悼活动，表达全国各族人民对抗击新冠肺炎疫情斗争中牺牲烈士和逝世同胞的深切哀悼。图为福州市第一医院的医护人员肃立默哀（王东明　摄）

5. 2020 年 4 月 6 日，福建医科大学附属第一医院医护人员返回医院，受到医院工作人员以及亲朋好友的热烈欢迎。当天，福建对口支援湖北宜昌医疗队首批 194 人结束 14 天隔离休养，将返回家中（王东明　摄）

6. 2020 年 4 月 14 日，福建医科大学附属协和医院 139 人组成的第四批援鄂医疗队结束隔离休养回家，援鄂医护人员激动落泪（王东明　摄）

福建要闻｜新冠肺炎疫情防控·复工复产

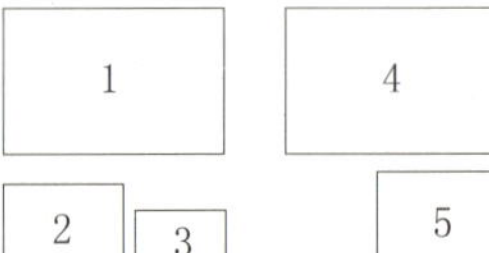

1. 2020 年 2 月 18 日，通过点对点包车，来自贵州省习水县的务工人员到达晋江市美旗城（陈起拓　摄）
2. 2020 年 2 月 20 日，福建省晋江市一服饰公司员工在对生产区域进行消毒（姜克红　摄）
3. 2020 年 3 月 20 日，新福厦高铁项目乌龙江特大桥建设工地上，施工人员在做好防疫措施的前提下进行施工。当天，该项目全线 863 个工点全部复工（张永定　摄）

4. 2020年3月2日，台企国乔泉港石化项目落户福建。因疫情影响，签约仪式搬到网上举行，福州、泉州、高雄三地连线共同见证项目签约（张永定　摄）

5. 2020年4月8日，武汉“解封”后，由武汉汉口站开往福州站的首趟旅客列车D3263次动车抵达福州。当日，从湖北武汉地区开往福州站的旅客列车一共7趟，其中高铁动车3趟（王东明　摄）

福建要闻|新冠肺炎疫情防控·疫后生活

■2020 年 2 月 22 日，泉州滨海公园里人们戴着口罩逛公园（陈起拓　摄）

■2020 年 3 月 21 日，福州市马尾区亭江镇长安村志愿者用视频连线的方式代替不能返乡的美国华侨祭扫亲人（张人峰　摄）

■2020 年 4 月 9 日，三明市三元区岩前镇一单位食堂，人们用餐时用隔离板分割餐桌（张斌　摄）

■2020 年 5 月 20 日，晋江市一对刚领证的新人戴着口罩接吻（陈巧玲　摄）

目录

福建省人民代表大会

福建省人民政府

中国人民政治协商会议福建省委员会

纪检监察

民主党派和工商联

群众团体

法　　治

军　事

应急管理

市场监督

农业　农村

民营经济

海洋经济

数字福建

交通 邮政

信　息　业

商贸流通服务业

对外及港澳台经济贸易

中国（福建）自由贸易试验区·福州新区

教　　育

科学技术

文化 旅游

·平潭综合实验区·

人物

统计资料

附录

索引

Content

Fujian Provincial People's Government

Fujian Provincial Committee of the Chinese People's Political Consultative Conference

Discipline Inspection and Supervision

Democratic Parties and Federation of Industry and Commerce

Mass Organization

Rule of Law

Military

Contingency Management

Foreign Affairs, Overseas Chinese Affairs, Hong Kong and Macao Affairs

Fujian—Taiwan Exchanges and Cooperation

Economic Management

Market Supervision

Finance and Taxation

Financial Industry

Urban and Rural Development

Agriculture and Countryside

Industry

Private Economy

Ocean Economy

Digital Fujian

Transportation and Post

Information Industry

Commercial Circulation and Service Industry

Foreign trade, Trade with Hong Kong, Macao and Taiwan

Fuzhou New Area of China (Fujian) Pilot Free Trade Zone

Education

Science and Technology

Social Sciences

Culture and Tourism

Health and Sports

Social Life

Counties and Cities

Personage

Statistics

Appendix

Index

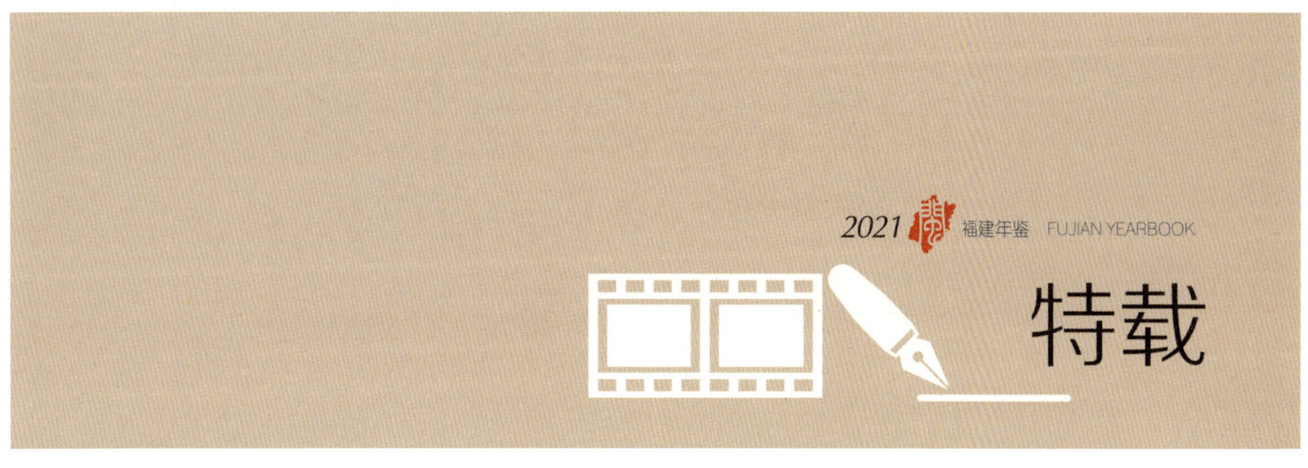

“老少边岛贫”如何旧貌换新颜？宁德四级书记为你揭晓答案

30年前，这里积弱贫穷；30年后，这里逐浪崛起。这个地方就是——福建省宁德市。

2020年12月30日上午，福建省“决胜全面小康，决战脱贫攻坚”主题新闻发布会第十场——宁德专场在福州举行。发布会邀请到宁德市委书记郭锡文、福安市委书记叶其发、古田县凤埔乡党委书记许巧清、福鼎市磻溪镇赤溪村党总支书记杜家住，讲述脱贫攻坚奔小康的故事。

抓好“四个一”，形成“宁德模式”

郭锡文

宁德践行“扶贫先扶志”“靠山吃山唱山歌、靠海吃海念海经”“提升脱贫一线的核心力量”，集各方之智啃“硬骨头”、举全市之力攻坚拔寨，形成扶贫开发的“宁德模式”。发布会上，郭锡文介绍了宁德脱贫攻坚的实践与启示。

他说，贯穿“宁德模式”始终的鲜明主线，就是坚持精准方略、强化精准施策。在具体工作中，主要是抓好“四个一”。

一、坚持“一户一本台账”，着力把贫困的底数摸准

全面实施精准识别的“网底工程”，对贫困户进行严格甄别。对所有乡村人口进行全面筛查，精准锁定“十三五”现行标准贫困人口7.2万人。在此基础上，按户按人建立脱贫档案，对贫困人口实行动态管理，并在福建率先出台强化疫情期间产业就业帮扶、基本生活补贴等“七条措施”，确保宁德全市没有出现一例因疫返贫。

二、坚持“一户一个计划”，着力把脱贫的路径找准

宁德聚焦“三保障”存在的短板弱项，逐一细化、实化攻坚举措。

对居住在“一方水土养活不了一方人”地区的贫困人口，深化推进搬迁扶贫工程，将1.3万贫困户集中搬迁到便于生产生活的地方。

对因病致贫群众，出台建档立卡贫困人口健康扶贫补充保险政策，使贫困群众住院医疗报销比例达90%以上，减轻贫困群众医疗负担。

对供学困难的贫困家庭，从幼儿园到大学毕业，全程实行2000～5000元的差别化资助，28.92万人次贫困家庭少年儿童得到教育资助。

对无力自主脱贫的贫困群众，将沿海和山区县农村低保年标准分别提高到7560元、5100元，数量达6.3万人之多的贫困群众实现应保尽保。

对有能力实现自我脱贫的群众，开展“一户一增收”产业扶贫行动，引导他们实现自主脱贫。“十三五”期间，宁德累计帮助1.8万贫困户找到适合生产项目，2.1万劳动力实现转移就业。

三、坚持“一户一套办法”，着力把扶贫的措施落准

帮助群众选定稳定脱贫项目后，按照“缺什么就帮什么”，大力推行金融扶贫、科技扶贫等10种扶贫模式，坚持因户因人施策、一户一策推动。

四、坚持“一户一支队伍”，着力把扶贫的力量选准

坚持工作力量向脱贫一线集结，干部队伍向脱贫一线下沉。“十三五”期间，宁德共有2090名驻村第一书记、蹲点干部和1000多名科技特派员驻扎在脱贫攻坚一线。同时，结合推进乡村振兴，在福建率先推行“乡村振兴指导员”制度，目前共选派388名具有乡村情怀、工作经验丰富的临近退休领导干部返乡担任“乡村振兴指导员”。

此外，宁德培育形成锂电新能源、新能源汽车、不锈钢新材料和铜材料等四大主导产业集群。在四大主导产业的带动下，近两年福建考核地方的12项经济指标中，宁德地区生产总值等多项主要性指标增幅持续领跑。

解决绝对贫困后，未来如何解决好相对贫困问题，防止返贫问题发生？主要是抓好两个方面工作。

一方面是把脱贫攻坚的成果巩固好。落实好“四个不摘”要求，进一步健全完善防止返贫监测和帮扶机制，把宁德7.2万建档立卡户和收入略高于建档立卡户标准“边缘人口”作为监测对象，持续强化帮扶措施，确保脱贫群众不返贫。

另一方面是走好乡村振兴的路子。重点以实施乡村建设行动为抓手，着力做好“根子、里子、面子”三篇文章。

其中，“根子”是产业。宁德已实现2135个行政村每村至少有一个发展致富的产业，并按照规模化、标准化、品牌化、信息化、企业化的“五化”理念，推动茶叶、食用菌、果蔬、中药材、畜禽、水产、林竹、花卉苗木和乡村旅游业等“8+1”特色产业发展。“里子”是品质，即推动教育、医疗、卫生、文化等公共资源向乡村倾斜，逐步建立全面覆盖、普惠共享、城乡一体的基本公共服务体系。“面子”是形象，即全域推进农村人居环境综合整治，推动“两高一线”沿线环境整治向宁德所有行政村覆盖。

探索“支部+”模式，走出扶贫新路子

叶其发

“全市建档立卡贫困户9352人全部脱贫，79个贫困村实现全部摘帽，历史性消除绝对贫困，全面建成小康社会目标顺利完成。”发布会上，叶其发介绍了福安脱贫攻坚的做法，可归纳为“三个一”。

一、培育好一个产业

福安构建起以茶叶、葡萄为主，水蜜桃、脐橙等其他果业和畜牧、水产、林竹同步发展的“2+N”特色农业产业体系，使每个贫困村至少都有一个主导产业，并鼓励支持贫困群众积极融入，发展生产，脱贫致富。5年来，福安累计下达产业扶贫发展资金6949.13万元，扶持贫困户产业发展项目1.87万个，基本将所有建档立卡贫困户纳入到农业产业发展体系，仅茶叶和葡萄这两大类每年就给1669户贫困户带来人均1万元以上收入。

比如，坦洋工夫红茶是社口镇坦洋村带动群众脱贫的主要产业。一直以来，全体村民做好“茶”文章、分享“茶”经济，带动了群众增产增收。目前全村家家有茶，人人涉茶，年产干茶736.65吨、产值6224万元，农民人均年收入20496元。

二、建强一个好支部

福安不断加强农村基层党组织建设，坚持把党支部建在产业链上，从群众中优先选取致富带头人担任村党组织书记，从机关单位中择优选派乡村振兴指导员、第一书记、科技特派员下沉扶贫一线，强化党组织在引领脱贫攻坚中的作用。

比如，为了引导下白石镇下岐村的连家船民有序搬迁，下岐村党支部充分发挥党员“三带”作用，即带头主动搬迁上岸、带领挂钩户搬迁、带动观望等待群众搬迁。经过20多年的努力，下岐村民人均年纯收入从1997年的不足1000元，增长到2020年底的22814元，村集体收入每年达到了63万元。

三、创新一套好机制

福安通过探索“支部+”模式，走出了一条党建引领“造血”式扶贫的新路子。

比如，穆云畲族乡产业发展不平衡，全乡有6个产业薄弱村。2019年以来，当地通过探索“支部+公司+专业合作社+基地+农户”模式，成立“福安市农垦穆云农业发展有限公司”，带动休闲观光农业发展并实行农产品包购包销，有效带动群众增收。

凝聚组织力量，挖掘“产业扶贫”优势

许巧清

“提起古田，大家就想到翠屏湖和‘中国食用菌之都’，我们凤埔乡，就位于美丽的翠屏湖畔，以食用菌为主导产业。”发布会上，许巧清从三个方面介绍了古田县凤埔乡脱贫奔小康的做法。

一、牢固树立“弱鸟先飞”的追赶意识

一是弘扬“闽东精神”。坚持把《摆脱贫困》等作为必读篇目。乡党委书记在加强自身学习的同时，带领发动全乡100多名党员干部深入村企、田间地头，宣讲新思想、扶贫政策，坚定打好脱贫攻坚战的必胜信念和信心。

二是推行“晨巡晚议”。对库区移民村——苏墩村党员干部60多年坚持清晨入户巡村、晚间聚民议事的做法进行总结提升，形成“晨巡晚议”制度在全乡推广，乡党政班子成员带头挂村联户，示范带动全乡200多名党员干部靠前为群众解难题、办实事、化纠纷，仅2020年就为群众解决难事烦心事150多件。

三是打造“田间课堂”。加强与福建农林大学、古田菌业研究院合作共建，引进专家学者8人，就地培育本土青年创业人才10名，为群众提供种养殖技术指导300多人次，带动20多户贫困户发展食用菌、反季节蔬菜种植等产业项目。

二、着力凝聚“摆脱贫困”的组织力量

一是让带头人能力素质强起来。采取从经济能人中“引”、从返乡大学生中“培”、从机关优秀干部中“派”等办法，吸引42名本乡人才进村“两委”，其中经济能人占比达65%。探索村干部“连片互助专项攻坚”做法，成功推进了一批重难点工作。

二是让党员先锋意识强起来。深入开展“三亮三晒一争创”活动，在脱贫一线设立230多个党员先锋岗、党员帮扶岗等，筛选100多名党员干部、致富能手，与贫困户结成帮扶对子，带动贫困户发展增收项目60多个。

三是让阵地服务功能强起来。针对偏远农村“办事难、发展难、服务难”三难问题，在西溪村成立中心村大党委，设立党建综合服务平台，便民服务、电商服务等涵盖周边7个偏远村，带动区域内贫困户66户254人改善生活条件、发展生产项目。

三、深入挖掘“产业扶贫”的组织优势

一是党支部组建在产业链上。积极构建“党委搭台、企业唱戏、社会参与、群众受益”的联动扶贫机制，成立食用菌产业园区“大党委”，组建4个食用菌龙头企业党支部，吸收30多个贫困人员及500多名群众在家门口就业，实现“支部引领、产业铺路、群众致富”。

二是红色金融服务在产业链上。针对部分群众发展食用菌出现菌包感染问题，引导绿华菌包厂党支部与金融机构合作共建，推出“保险＋信贷”红色金融服务，为350多户种植户近4300万袋银耳提供种植保险，保额8500多万元；为230多户银耳种植户授信贷款额度2500多万元。

三是合作社领办在产业链上。积极开展农村党支部领办合作社工作，推进“一村一基地”，引领建立食用菌、反季节蔬菜等专业合作社、产业扶贫基地14个，落实补助资金176万元，吸纳100多名党员群众发展产业。

2018年，凤埔乡全乡135户485人全部脱贫。2020年，凤埔乡建档立卡贫困户人均收入达到13569元，较2015年底增长343%。

从“输血”到“造血”，走出乡村旅游扶贫路

杜家住

“曾经的赤溪村，是个四周崇山峻岭几乎与世隔绝的贫困村，村民过着‘家家竹木屋、顿顿揭锅难’的艰辛生活。”发布会上，杜家住回忆起赤溪村的往昔，不禁感慨。

30多年来，赤溪村的村民们持续发扬“滴水穿石”的闽东精神，艰苦奋斗、顽强拼搏地走出了一条从“输血”到“造血”的科学扶贫、精准扶贫之路。

他介绍，赤溪村推进脱贫攻坚与乡村振兴的做法主要有三个：

一、做好“组织建设”的文章，探索党建发展新路径

首先，着力抓队伍建设。赤溪村加强党组织带头人和党员队伍建设，将党支部升格为党总支，下设3个支部。全村分为8个网格，由村两委、党员代表认领责任片区，开展零距离服务，了解村民意见建议，充分发挥党组织凝心聚力的战斗堡垒作用。

其次，着力创新党建机制。在农村综改区域推行“中心村大党委”试点，创建党员先锋指数管理办法，对优秀党员进行褒奖和激励。推出“晨巡晚议”工作机制，通过“一人一本账、一事一记录”，让党员心中有了一本明白“百姓账”。利用村民说事室在晚饭后集体议事，进一步畅通群众参与村级事务渠道。帮助解决就学就医、产品销售等民生难题，提高村民的满意率和幸福感。

二、做优“经济发展”的文章，激发乡村产业新动能

赤溪村依托当地资源优势，确定“1＋N”大旅游发展格局，走出一条乡村生态旅游扶贫路。2019年实现村集体经济收入130万元，人均可支配收入22698元，全村经济总收入4132万元。

一是积极利用自然生态资源，大力推动乡村旅游。赤溪村以发展大旅游格局主动融入福鼎全域生态旅游发展，成立赤溪旅游投资公司和万博华旅游公司，通过资源整合，先后开发了竹筏漂流、户外拓展、玻璃栈道和田园观光等旅游项目。建成旅游集散中心、畲家客栈等旅游配套设施。2019年，全村共接待游客27万人次。收入稳定在10万元以上的家庭近180户，占全村的44%。

二是不断挖掘特色农业产业。成立股份经济合作社，采取“党支部＋合作社＋基地＋农户”的运作模式，探索以企带村、村企联建的创新工作机制，共同发展畲村白茶、食用菌、水产养殖等农业产业，带动村民增产增收。

三、做实“党群关系”的文章，激发乡村振兴新动力

赤溪村党总支探索建立“党群双向互评互动”工作机制，通过量化排名，利用公共舆论和奖惩制度，促使党员干部不断提高工作能力和服务水平，激发农民群众参与基层社会治理的积极性和自觉性。实施坡屋顶、畲族风情街道路改造等项目，发动村民们积极参与，形成合力共同开展“家园清洁”活动，整改房前屋后多处乱搭盖点，整治面积达1500平方米。

“赤溪村30多年来，在党的好政策大力支持下，全面实现了脱贫。按照赤溪大旅游圈发展格局，如今，我们正逐步健全乡村治理常态机制，积极建设美好家园，为打造赤溪乡村旅游、走上乡村振兴之路奠定良好基础。”杜家住满怀信心地表示。

（转载自人民网2020年12月30日　陈　涛）

“2020年闽台关系十大新闻”出炉

2020年12月30日，福建省人民政府台港澳事务办公室、福建省人民政府新闻办公室组织部分中央和境外驻闽媒体、福建省主要媒体召开评审会，结合省台港澳办官网和“闽台e家”网络投票结果，评选出“2020年闽台关系十大新闻”，分别是：

1. 十九届五中全会通过《中共中央关于制定国民经济和社会发展第十四个五年规划和二〇三五年远景目标的建议》，支持福建探索海峡两岸融合发展新路

中共中央十九届五中全会通过。《建议》中提出，支持福建探索海峡两岸融合发展新路。

2. 海峡两岸妈祖宫庙为共同抗击疫情连线祈福

2月16日，“天佑中华、祈福武汉”——海峡两岸妈祖宫庙携手抗疫线上祈福活动，分别在妈祖故乡福建湄洲岛和台湾台中同时举行，活动由福建湄洲妈祖祖庙和台中大甲镇澜宫、台湾妈祖联谊会共同发起举办。这是新冠肺炎疫情发生以来两岸首场线上交流活动，海峡两岸暨海内外广大妈祖信众通过新媒体直播平台共同参与本次线上祈福活动。

3. 投资500亿元新台币的台湾国乔石化项目落户泉州

3月2日，国乔泉港石化项目签约仪式以视频三方连线方式，同时在福州、泉州和台湾高雄举行。台湾国乔石化股份有限公司计划在福建泉州泉港石化工业园投资500亿元新台币，新建丙烷脱氢及聚丙烯项目。

4. 福建向台胞颁发大陆首批职业技能等级证书

5月16日，福建省向4名台湾同胞颁发了职业技能等级证书，包括公共营养师、芳香理疗师两类职业。这是大陆第一批面向台湾同胞颁发的职业技能等级证书。2020年，福建已推进14项专业技术职业资格直接采认、20项技能人员职业资格直接采认，平潭完成134项两岸职业资格比对，其中95项直接采认。

5. 第八届海青节搭建“云”上交流新平台

8月15日，第八届海峡青年节集中活动在福州市正式启动。本届青年节采用线下与线上相结合形式，精心设计了14项活动，重点做好“云上峰会”“云加油”“云直播”“云游海峡”等4场线上交流活动，开展广覆盖、即时性、互动性、可持续的两岸青年交流，是新冠肺炎疫情发生以来规模最大的两岸青年交流活动。

6. 第十二届海峡论坛成功举办

9月19日，第十二届海峡论坛在厦门开幕。论坛创新线上线下结合的交流模式，近2000名两岸各界代表参与论坛线下活动，9万名岛内台胞线上参与论坛大会，是2020年新冠肺炎疫情发生以来规模最大、参加台胞人数最多的两岸交流活动。

7. 首届“海丝杯”海峡两岸（泉州）工业设计大赛收官

12月1日，历时5个多月的首届“海丝杯”海峡两岸（泉州）工业设计大赛，在福建泉州台商投资区圆满收官。本次大赛以“设计赋能·新城创未来”为主题，面向两岸征集了2870件创新设计作品。台湾艺术大学刘禹彤的作品获大赛“智造+科技创新”组金奖。

8. 2020两岸企业家峰会年会在厦门和台北同步举行

12月9日，2020两岸企业家峰会年会以视频连线方式在厦门市和台北市同步举行，两岸知名企业家、工商团体负责人、中小企业和青年创业者等700多人参会。与会两岸工商界人士热议共享“十四五”重大机遇、探索两岸深度融合新模式等议题。

9. 祖国大陆距台湾最近铁路通车运营

12月26日，福（州）平（潭）铁路正式开通，标志着大陆距台湾岛最近的铁路正式运营，结束了平潭不通铁路的历史。该铁路从福州站至平潭站，全长88千米，全程最快35分钟可达。

10. 闽台经贸逆势增长

据福建省商务厅数据显示，2020年1—11月，闽台贸易额达749.7亿元，同比增长11%；新批准台资项目1047个；实际到资34.6亿元。闽台产业、贸易、金融等方面持续深化交流合作，金圆统一证券有限公司是核准设立的两岸首家合资证券公司。截至12月，福建共有4家台企上市，是大陆2020年台企上市数量最多的省份。台资企业拓内销线上推介对接活动吸引百家台企和两百多家大陆对接企业参与。福建自贸试验区正式挂牌成立5年来，已推出89项对台交流合作创新举措，50多个领域产业率先对台开放。

（转载自人民网2020年12月30日　林晓丽）

为民办实事，提升百姓获得感

2020年，福建省委和省政府坚持以习近平新时代中国特色社会主义思想为指导，全面贯彻落实中共十九大和十九届二中、三中、四中、五中全会精神，年初研究确定28项为民办实事项目，切实保障和改善民生。省委和省政府主要领导高度重视，多次作出批示，要求健全督查督办机制，确保把实事办实、把好事办好。各级各有关部门严格按照工作部署，努力克服疫情影响，科学安排进度，狠抓工作落实，兜牢民生底线，全面完成28项为民办实事项目，进一步提升人民群众获得感。

治理“餐桌污染”，建设食品放心工程。省级财政补助资金下达2.08亿元，完成年度计划的121.64%。全省开展食品安全检查执法20.3万次，出动执法人员49.2万人次，查处违法行为5891起，查获不合格食品169.3吨；公安机关破获涉食品安全犯罪案件2009起，抓获犯罪嫌疑人3148名，捣毁各类“黑作坊”“黑窝点”1752个。推进食品安全示范建设，新增认证“三品一标”农产品438个，评定10个“福建十大农产品区域公用品牌”和30个“福建名牌农产品”，创建连江县等9个食品安全社会共治示范县（市）、漳州市万达商圈美食街等2条省级食品安全示范街和100家“明厨亮灶”示范单位。深入开展食品安全“一品一码”全过程追溯体系建设，全省15.51万家食品生产经营主体在“一品一码”追溯平台上注册，注册率达99.09%，累计上传追溯数据6.61亿条。继续做好食品安全风险监测和食源性疾病预防预警工作，全省监测24个食品类别样品约2万份；将食源性疾病监测范围扩大到所有开展食源性疾病诊疗的医疗机构，覆盖所有二级以上医院。食品安全各项抽检指标达到年度计划目标要求，主要农产品抽检总体合格率99.3%，加工食品抽检总体合格率99.1%。全省食品安全状况总体良好，没有发生较大及以上级别的食品安全事故。

巩固提升农村饮水安全。省级财政补助资金下达15.27亿元，完成年度计划的101.8%。全省持续推进农村饮水安全巩固提升工程建设，受益人口193.47万人，完成年度计划的128.98%。

提升城市供水水质。省级财政补助资金9030万元全部下达。全省完成老旧水厂工艺提升改造26座，完成年度计划的130%；新建改造城市供水管网1321千米，完成年度计划的132.1%；完成供水设施“一户一表”改造6.9万户，完成年度计划的276%；建成城市供水水质监测信息系统。

实施养老服务工程。省级财政补助资金2.05亿元全部下达。全省建设农村区域性养老服务中心78个，完成年度计划的111.43%；居家社区养老服务照料中心50个，完成年度计划的100%；农村幸福院1643个，完成年度计划的328.6%。

提高医疗服务供给能力和水平。省级财政补助资金15.21亿元，完成年度计划的115.14%。深化医改，落实第二批国家组织药品集中采购试点、开展福建省未通过一致性评价药品及医用耗材集中带量采购等工作；试点开展人工关节等4类医用耗材省级集中带量采购，中选产品价格平均降幅52.86%；公立医院按病种收付费改革病种达960个以上，省市3家医院首批试点实施C—DRG收付费改革。对符合条件的社会资本举办二级及以上非营利性医疗机构，按照标准给予持续运营补助，共补助37家医院1839万元。全省县域远程医疗服务覆盖达90%以上。增加优质医疗资源供给，福建医科大学附属第一医院奥体院区项目（一期）已进入地下室负二层施工，省精神卫生中心门诊楼已封顶并进行内外二次装修，福建省疾控中心和省儿童医院续建项目投入使用，省妇产医院续建项目已封顶并进行内外二次装修和古建筑修缮施工，福建省立金山医院（二期）和福建医科大学附属第三医院（二期）已奠基。

提升基本公共卫生服务能力。省级财政补助资金（含中央）下达18.84亿元，完成年度计划的102.11%。各地已完成提标任务，将基本公共卫生服务项目政府补助标准从每人每年69元提高到74元，新增经费主要用于慢性病患者及重点人群健康管理等基本公共卫生服务项目的提质扩面，适当提高村级基本公共卫生补助水平，巩固完善居民健康档案管理、预防接种、健康教育等现有基本公共卫生服务项目内容。

建设普惠性幼儿园。省级财政补助资金（含中央）下达7.88亿元，完成年度计划的131.33%。全省新开工建设公办幼儿园226所，完成年度计划的113%；新增学位7.1万个。

开展婴幼儿照护服务试点。省级财政补助资金2040万元全部下达。根据国家卫生健康委制定的托育机构设置标准和管理规范，在全省建成20个婴幼儿照护服务试点。

继续实施造福工程（地灾隐患点、边远地区等困难群众搬迁安置）。省级财政补助资金1290万元全部下达。全省落实造福工程搬迁2944人，完成年度计划的106.63%。

实施老旧小区改造工程。省级财政补助资金（含中央）下达22.07亿元，完成年度计划的234.79%。全省完成老旧小区改造422个7.37万户，完成年度计划的422%。

实施保障性安居工程。省级财政补助资金（含中央）下达21.97亿元，完成年度计划的101.71%。保障性安居工程项目方面：全省新开工棚改和公租房项目6.5万套，完成年度计划的101.56%；基本建成5.5万套，完成年度计划的229.17%。租赁住房供应项目方面：福州市新增5990套，完成年度计划的119.8%；厦门市新增11300套，完成年度计划的141.25%。

实施就业优先工程。省级财政补助资金下达6.94亿元，完成年度计划的105.95%。多渠道扩大就业创业，全省城镇新增就业54.62万人；城镇登记失业率3.82%，控制在年度目标5.0%以内。统筹实施高校毕业生基层服务，落实“三支一扶”招募635名、大学生志愿服务欠发达地区招募300名、服务社区招募300名。落实职业技能提升行动实施方案，全省完成各类补贴性培训77.9万人次，完成年度计划的311.6%。扶持110个大中专毕业生创业项目，发放补助资金500万元。

持续开展水土流失综合治理。省级财政补助资金下达2.71亿元，完成年度计划的135.5%。全省完成水土流失综合治理6.36万公顷，完成年度计划的127.16%。

持续推进安全生态水系建设。省级财政补助资金下达4.04亿元，完成年度计划的101%。全省完成综合治理河长508.2千米，完成年度计划的127.05%。

提升小流域综合治理及环境监管能力。省级财政补助资金3.36亿元全部下达。全省实施43条小流域综合治理项目，推进小流域环境监管能力建设，落实落细“四有”管护机制，其中22条小流域水质获得跨类别提升。全省小流域Ⅰ～Ⅲ类水质比例同比提升4.1个百分点，达96.9%。

新建和改造市政生活污水管网。省级财政补助资金下达2.6亿元，完成年度计划的104%。全省补齐城市污水收集处理设施短板，新建和改造污水管网1433千米，完成年度计划的143.3%。

治理农村生活污水垃圾。省级财政补助资金下达3.07亿元，完成年度计划的120.39%。全省推进农村生活污水治理，推进27个县（市、区）358个村庄开展连片治理，完成治理村庄320个，完成年度计划的160%。推进农村户厕无害化改造，完成改造9.12万户，完成年度计划的121.6%。推进农村生活垃圾治理，完成乡镇生活垃圾转运系统提升项目79个，完成年度计划的158%。

推行垃圾分类。省级财政补助资金下达0.58亿元，完成年度计划的138.1%。福州市、厦门市城市建成区生活垃圾分类覆盖率均达90%以上，其他设区市城市建成区分类覆盖率达60%以上。15个镇街完成示范片区建设。全省9个设区市和平潭基本建成餐厨垃圾处理厂，福州市、厦门市建成厨余垃圾处理厂，福州、厦门、漳州、泉州、龙岩等市和南平市光泽县建成大件垃圾处理厂。

保护利用城乡历史文化。省级财政补助资金下达5.44亿元，完成年度计划的108.8%。“十街”项目方面，全省完成10个历史文化街区（传统街巷）保护利用，累计完成投资4亿元。“十镇、百村”项目方面，全省完成10个历史文化名镇、100个历史文化名村和传统村落保护利用，累计完成投资12.5亿元。“千屋”项目方面，全省完成1000处历史建筑测绘建档、挂牌保护等保护利用，累计完成投资4.5亿元。

实施“四好农村路”。省级财政补助资金（含中央）下达13.91亿元，完成年度计划的146.42%。全省完成农村公路建设与改造1886.2千米，完成年度计划的188.62%；危桥改造221座，完成年度计划的147.33%；农村公路安保提升5235.5千米，完成年度计划的349.03%。

继续实施道路交通安全隐患整治工程。省级财政补助资金（含中央）0.7亿元全部下达。全省完成道路交通安全隐患整治420处，完成年度计划的100%。

建设城市停车设施。省级财政补助资金0.4亿元全部下达。全省城市建成区新增路外公共停车泊位1.5万个，完成年度计划的150%。

持续推进“厕所革命”。省级财政补助资金（含中央）1.27亿元全部下达。全省新建改建公共厕所6120座，其中城市1012座、乡镇613座、农村4495座，完成年度计划的291.43%；建设旅游厕所589座，完成年度计划的112.62%。

提高农村居民最低生活保障标准。省级财政补助资金（含中央）下达11.68亿元，完成年度计划的107.25%。全省各县（市、区）农村低保标准均高于省定最低标准4050元/年（最低达7152元/年）。

提高残疾人补贴标准。省级财政补助资金4.95亿元全部下达。各地已完成提标任务，其中困难残疾人生活补贴标准从每人每月70元提高到80元，重度残疾人一级护理补贴标准从每人每月110元提高到115元，重度残疾人二级护理补贴标准从每人每月60元提高到85元。

实施全民健身工程。省级财政补助资金0.9亿元全部下达。全省建成投用60个笼式足球场和2个智慧体育公园，另有16个智慧体育公园和3个全民健身中心在建，将于2021年底前建成；采取线上线下相结合的方式，开展全民健身活动3000多场次，参与人数达150万人次。

支持现代乡村建设。省级财政补助资金（含中央）下达0.8亿元，完成年度计划的135.6%。全省新型职业农民培训4.54万人，完成年度计划的151.33%。22个全国试点县（市、区）均建立文明实践中心、配套成立志愿服务促进中心，建设乡镇实践所 284 个、村居实践站 4849 个，其中 20 个全国试点县（市、区）实现乡镇实践所全覆盖；组建志愿服务队伍 1.5 万支，常态化开展内容丰富、形式多样的文明实践志愿服务活动。

实施农业保险保费补贴政策。省级财政补助资金下达 2.92 亿元，完成年度计划的 112.31%。省农业农村厅、省财政厅、福建银保监局联合印发《福建省设施农业保险实施方案》。全省水稻种植（制种）保险承保面积 737 万亩，森林承保面积 10839 万亩，养殖业承保能繁母猪、育肥猪、奶牛 488 万头，农村住房叠加保险承保 732 万户，承保渔工 72288 人次、渔船 7983 艘，产业扶贫家庭综合保险累计承保 125995 户次，承保蔬菜、水果、花卉等 6.5 万亩，以及食用菌约 5000 万袋、蛋鸡 533 万羽、肉羊肉牛 0.77 万头、兔 331 万只，总保费 10.62 亿元，提供风险保障金额约 3468 亿元。

坚决打好新冠肺炎疫情防控战

坚持人民至上、生命至上，坚持依法防控、科学防控、精准防控，坚持“外防输入、内防反弹”防控策略，毫不放松抓紧抓实抓到位疫情防控工作，巩固拓展疫情防控和经济社会发展成果。截至 2021 年 2 月 5 日，福建省已连续 345 天无本土新增确诊病例、疑似病例。

突出抓紧抓早，掌握疫情防控主动权。一是迅速构建疫情防控体系。省委书记、省长任省应对疫情工作领导小组组长，下设 10 个专门工作组，由相关省领导担任组长；成立工作专班，建立完善联防联控、群防群控机制。把好入闽、社区和村居、单位、家庭和个人“四道关口”，守好入闽健康检测、居家或集中观察、上班初期健康跟踪管理“三道防线”。二是迅速支援抗疫前线。累计派出援鄂医疗队 12 批次 1393 人，中国援外抗疫医疗专家组 2 支，内地核酸检测支援队（福建组）赴香港 185 人。与马来西亚沙捞越州、罗马尼亚阿拉德省、波兰奥波莱省等国家和地区分享抗疫经验。三是迅速开展医疗救治。成立省级新冠肺炎救治专家组，建立全省统一的新冠肺炎防治远程会诊指导平台，建立中西医结合救治工作机制和中西医联合会诊制度，实现定点救治医院全覆盖，确保“应收尽收、应治尽治”。收治率达 100%，中医药参与率 100%，治愈率 99.74%，优于全国平均水平。2020 年 3 月 7 日，福建成为全国第三个新冠肺炎住院患者清零的省份。

突出重点关键，筑牢疫情防控坚固防线。一是强化外防输入。开通“闽侨健康热线”，建立“一对一”海外乡亲医疗咨询微信群。落实全程闭环管理。截至 2021 年 2 月 5 日，境外入闽人员隔离医学观察 25.08 万人，发现确诊病例 249 例，无症状感染者 380 例。二是强化人物同防。加强重点人员排查和健康管理，落实重点场所、机构防控措施。福州、厦门等地建立冷链食品集中监管仓，落实进口冷链食品全批次核酸检测、全过程溯源监管、全过程闭环消毒。紧盯进口冷链食品、物资疫情传播风险，严格落实 8 类重点人群核酸检测“应检尽检”。截至 2021 年 2 月 5 日，全省累计核酸检测 1530 万余人份、环境样本 13.52 万份、食品 12.52 万份。三是强化多病共防。加强秋冬季高发传染病的防控，防止流感和新冠肺炎疫情双重叠加。

突出常态长效，巩固疫情防控成果。一是全面落实疫情防控准备。全省确定定点医院 91 家，设置后备定点医院，扩充准备床位数达 1.9 万张，落实方舱医院设置点选址。准备隔离场所 220 家，隔离房间 2.44 万间。落实防疫物资储备。开展应急演练和培训，组建疫情防控专家队等专业队伍。二是以核酸检测为核心扩大预防。加快核酸检测提标扩能，建立健全核酸实验室检测网络，全省具备检测能力机构 295 家，满负荷日检测能力 84.2 万份。建成 12 个城市核酸检测基地和 4 个国家公共检测实验室。全省二级以上公立医院发热门诊全部配备核酸快速检测设备，报告时间由 4—6 小时缩短至 90 分钟。建立片区机动支援机制，确保 5—7 天内完成当地全员核酸检测。三是强化信息技术支撑。充分发挥“数字福建”建设优势，大数据汇聚共享助力多渠道监测和多点触发预警。八闽健康码助力全省“一码通行”，制码超过 3400 余万人次，亮码超过 3 亿次。自 2021 年 2 月 5 日起，省内各类重点场所推广扫码通行，实现快速核验、精准管控。四是强化疫苗接种。全省确定 490 个接种点，按照“轻重缓急”原则，明确细化 10 类重点人群接种优先顺序。2020 年 12 月 17 日启动第一批重点人群接种工作，截至 2021 年 2 月 5 日，全省新冠疫苗累计接种 857503 人次。

（转载自中新社福州 2020 年 8 月 15 日　龙　敏　林春茵）

闽宁对口扶贫协作援宁群体获“时代楷模”称号

2020年7月3日，中共中央宣传部向全社会宣传发布“闽宁对口扶贫协作援宁群体”的先进事迹，授予他们“时代楷模”称号，这是第101个“时代楷模”。8月24日，中共福建省委印发《关于开展向“时代楷模”闽宁对口扶贫协作援宁群体学习活动的决定》，号召全省广大党员、干部群众向他们学习。

“闽宁对口扶贫协作”是习近平同志在福建工作期间，亲自部署、亲自推动的重要战略决策，承载着他的殷切嘱托。1996年以来，“闽宁对口扶贫协作援宁群体”主动扛起对口帮扶宁夏脱贫攻坚的历史使命，11批180余名福建挂职干部接力攀登，2000余名支教支医支农工作队员、专家院士、西部计划志愿者敢于牺牲，与宁夏人民一起用智慧和汗水创造东西部对口扶贫协作帮扶的“闽宁模式”。

他们有爱国奉献、牢记使命的忠诚品格。24年来，闽宁对口扶贫协作援宁群体始终牢记习近平总书记“闽宁对口扶贫协作是一项政治任务，我们要坚决完成”的殷切嘱托，以“不到长城非好汉”的气概和“敢拼会赢”的精神，将单向扶贫拓展到两省（区）经济社会建设全方位多层次、全领域广覆盖的深度协作，取得一系列丰硕成果，用实际行动践行习近平总书记“到2020年全面建成小康社会，任何一个地区、任何一个民族都不能落下”的庄严承诺。

他们有勇于担当、真情帮扶的为民情怀。24年来，闽宁对口扶贫协作援宁群体始终牢记习近平同志亲自制定的“优势互补、互利互惠、长期协作、共同发展”的方针和“联席推进、结对帮扶、产业带动、互学互助、社会参与”的工作机制，视宁夏人民为亲人，做闽宁纽带、结山海深情，哪里有贫困哪里就有他们的身影，帮助宁夏人民全力摆脱贫困，书写幸福生活的新篇章。

他们有开拓创新、敢拼会赢的奋斗精神。24年来，闽宁对口扶贫协作援宁群体始终牢记习近平同志“创新帮扶机制，拓宽合作领域”等重要要求，在极其艰苦的物质生活条件下，战天斗地、驰而不息，与宁夏人民一起用智慧和汗水创造东西部扶贫协作帮扶的“闽宁模式”，探索总结出“把建立长效机制作为前提、把解决问题作为核心、把产业带动作为关键、把生态环境保护作为基础、把激发内生动力作为根本”等一系列宝贵经验，成为我国贫困地区通过对口扶贫协作走向全面小康的成功典范和缩影，为全球减贫治理贡献中国智慧、中国方案。

他们有不畏艰苦、久久为功的顽强意志。24年来，闽宁对口扶贫协作援宁群体始终牢记习近平同志“要发扬红军长征精神，要静下心来，耐得住寂寞，搞好对口帮扶工作”等重要要求，在宁夏西海固这个曾被视为“不具备人类生存的基本条件”的贫困地区，大力弘扬“接力攀登”精神，一任接着一任干，一棒接着一棒跑，推动闽宁协作取得丰硕成果。

“摆脱贫困与政党的责任”国际理论研讨会在福建举行

2020年10月12日，由中共中央对外联络部和中共福建省委联合举办的“摆脱贫困与政党的责任”国际理论研讨会在福州市开幕。中共中央总书记、国家主席习近平向会议致贺信。

习近平指出，消除贫困、改善民生、实现共同富裕，是中国特色社会主义的本质要求，是中国共产党的重要使命。中共十八大以来，我们从全面建成小康社会要求出发，把脱贫攻坚作为实现第一个百年奋斗目标的重点任务，作出一系列重大部署和安排，全面打响脱贫攻坚战，困扰中华民族几千年的绝对贫困问题即将历史性地得到解决。我们有信心、有能力坚决夺取脱贫攻坚战全面胜利，提前 10 年实现《联合国 2030 年可持续发展议程》的减贫目标，完成这项对中华民族、对人类社会都具有重大意义的伟业。

习近平强调，当前，在各方共同努力下，全球减贫事业取得长足进展，但面临的困难和挑战仍然很严峻，迫切需要包括各国政党在内的国际社会凝聚共识、携手合作，坚持多边主义，维护和平稳定，加快推动全球减贫进程。希望与会嘉宾通过交流经验、总结规律，共商推进全球减贫事业，增强战胜贫困信心，为实现《联合国 2030 年可持续发展议程》目标贡献智慧和力量。

老挝人革党中央总书记、国家主席本扬，纳米比亚人组党主席、总统根哥布，津巴布韦非洲民族联盟—爱国阵线主席兼第一书记、总统姆南加古瓦，中非共和国团结一心运动创始人、总统图瓦德拉，马拉维大会党主席、总统查克维拉，阿根廷总统费尔南德斯，苏里南进步改革党主席、总统单多吉等通过书面或视频方式致贺，高度评价在以习近平同志为核心的中共中央领导下中国脱贫攻坚取得的历史性成就，一致认为各国政党应发挥政治引领作用，凝聚各方共识，促进国际减贫合作。来自 100 多个国家的约 400 位政党代表和驻华使节、国际机构驻华代表、发展中国家媒体驻华代表、智库学者等通过线上或线下方式参会。

福建省抗击新冠肺炎疫情表彰大会在榕举行

2020 年 11 月 25 日，福建省抗击新冠肺炎疫情表彰大会在福州举行，表彰全省为抗击新冠肺炎疫情作出重大贡献的先进个人和先进集体。省委书记于伟国出席并讲话，强调要深入学习贯彻习近平总书记在全国抗击新冠肺炎疫情表彰大会上的重要讲话精神，认真学习贯彻中共十九届五中全会精神，增强“四个意识”、坚定“四个自信”、做到“两个维护”，大力弘扬伟大抗疫精神，进一步凝聚全方位推动高质量发展超越的磅礴力量，奋力谱写全面建设社会主义现代化国家的福建篇章。省长王宁主持表彰大会。省政协主席崔玉英出席。

省委副书记胡昌升宣读《中共福建省委、福建省人民政府关于表彰福建省抗击新冠肺炎疫情先进个人和先进集体的决定》《中共福建省委关于表彰全省优秀共产党员和全省先进基层党组织的决定》。分别授予林伟等 550 名同志“福建省抗击新冠肺炎疫情先进个人”称号，授予福州市卫生健康委员会机关党委等 300 个集体“福建省抗击新冠肺炎疫情先进集体”称号；授予陈丽等 76 名共产党员“全省优秀共产党员”称号，追授李望厦等 4 名共产党员“全省优秀共产党员”称号，授予盛辉物流集团有限公司党委等 60 个基层党组织“全省先进基层党组织”称号。

于伟国代表省委和省政府向受到表彰的先进个人和先进集体表示热烈祝贺；向为抗疫斗争作出重要贡献的广大医务工作者、疾控工作者、科技工作者、社区和农村工作者、驻闽部队和武警官兵、公安民警、新闻工作者、企事业单位职工、工程建设者、下沉干部、志愿者和广大人民群众，向各级党政机关和企事业单位广大党员、干部，致以崇高敬意；向积极参与抗疫斗争的各民主党派、工商联和无党派人士、各人民团体以及社会各界，向踊跃提供援助的香港同胞、澳门同胞、台湾同胞和海外华侨华人，国际友好省、城和友好人士，表示衷心感谢；向为抗击疫情而英勇献身的烈士们和在疫情中不幸罹难的同胞们，表达深切思念和沉痛哀悼。

福平铁路开通运营，中国首座公铁两用跨海大桥投用

2020 年 12 月 26 日，福（州）平（潭）铁路正式开通运营，成为祖国大陆离台湾岛最近的铁路，其重点控制性工程——平潭海峡公铁大桥同步投入使用。上午 9 时 43 分，G5322 次列车驶出平潭站，标志着平潭开启高铁时代，结束了不通铁路的历史。福平铁路是京福高铁的重要延伸，线路全长约 88 千米，设计时速 200 千米，福州至平潭区间最快 35 分钟可达。全线设福州、福州南、长乐、长乐东、松下、平潭 6 座车站，其中福州站、福州南站为既有站，其余为新设站。

福平铁路于 2013 年动工，自福州站东咽喉引出，向东穿越金鸡山、于福州市南三环西侧并行，至东山上跨南三环、福州机场高速公路，在杭深铁路上游跨闽江，按方向别疏解引入福州南站，出站后跨乌龙江至长乐设站，出站后折向南

至长乐规划的南部组团设长乐东站，出长乐东站后至松下，设松下站，以桥梁跨越海坛海峡人屿岛、小练岛、大练岛至平潭主岛设平潭站。全线桥隧占比79.04%，其中有9座隧道、3座桥梁邻近或跨越既有铁路线，建成了乌龙江特大桥、平潭海峡公铁两用大桥等重难点工程。

平潭海峡公铁大桥作为福平铁路重点控制性工程，是中国首座公铁两用跨海大桥，也是当前世界上最长的跨海公铁两用大桥。起于福州长乐区松下镇，途经4座岛屿抵达平潭主岛，沿途海域风大、浪高、岩硬，被称为建桥“禁区”。大桥于2019年9月成功贯通，全长16.34千米，上层为设计时速100千米的六车道高速公路，下层为设计时速200千米的双线Ⅰ级铁路。

第八届海峡青年节集中活动启幕 两岸青年同心“战”疫共话未来

2020年8月15日，2020海峡青年（福州）峰会在福州举行，也拉开了第八届海峡青年节集中活动的帷幕。本届峰会以“幸福·家园·梦想”为主题，讲好台湾青年来大陆两岸融合发展故事，立足福州、辐射全省、放眼两岸，把惠台利民政策转化为促进两岸融合发展的实效。

本届峰会采用线下与线上相结合形式进行，除在福州设立主会场外，在海峡两岸台青聚集地同步设立了6个分会场，两岸青年10万余人通过线下和线上参与了“云上峰会”。

福建省委副书记、代省长王宁致辞并宣布第八届海峡青年节集中活动正式启动，福州市市长尤猛军、全国台企联会长李政宏现场致辞；中共中央台办、国务院台办主任刘结一，中华全国青年联合会主席汪鸿雁在北京分会场通过视频连线参与活动并致辞；中国国民党前主席、中华青雁和平教育基金会董事长洪秀柱，台湾嘉宾连胜文通过视频方式与两岸青年交流。

刘结一表示，祖国大陆抗击新冠肺炎疫情的非凡历程，凝聚着两岸同胞血浓于水的亲情，包含着在大陆广大台胞台企和许多台湾青年的贡献。祖国大陆率先有效控制疫情，经济社会发展展现出韧性和活力，以国内大循环为主体、国内国际双循环相互促进的新发展格局必将推动发展迈上新水平，为台湾青年来大陆取得更大发展提供了广阔天地。

王宁表示，福建将秉持“两岸一家亲”的理念，积极探索海峡两岸融合发展之路，研究推出更多惠台具体措施，努力为两岸青年在福建创新创业创造提供更多更好的发展空间，让两岸青年更好地安心安身安家。

李政宏也指出，大陆正处于深化改革开放的机遇期，“一带一路”建设、福建自由贸易试验区、粤港澳大湾区等孕育着无限商机；同时，大陆各地发布优惠条件，为台湾青年提供了广阔天地。希望广大台湾青年把握大势，积极参与到两岸交流中，抓住大陆发展的机遇，到大陆开创新天地。

当天举办的峰会再现了疫情下的两岸共情故事，邀请创作抗疫原创歌曲《陪你等天晴》的高雄台青歌手宋彤、武汉台青导演薛颖穜、福州台青咖啡师郭屹凡、厦门台青医生黄馨莹和北京台青抗疫社区志愿者陈文成以音乐故事会的方式，讲述两岸青年共同抗疫的感人故事。

来自台湾苗栗的黄馨莹，现任厦门长庚医院呼吸与危重症医学科病房主任、主治医师，兼任医院新冠肺炎隔离病区专责医师。当看到疫情发展严重，原定于大年初二返台的她主动退掉机票，选择留守医院。黄馨莹说：“身为呼吸重症科医师，我只有站在一线，才无愧于这一身白衣。”

中国人民大学国际关系学院副院长金灿荣、中国人民大学重阳金融研究院执行院长王文、新党台北市议员侯汉廷等两岸专家和青年代表，通过连线对话形式，就“后疫情时代两岸青年在中国经济发展中的责任与担当”主题进行对话和交流。两岸专家均认为，台湾青年应正确认识世界和认识中国大陆，准确把握大陆发展的新机遇。

王文接受中新社记者采访时表示，受新冠疫情和两岸关系复杂态势影响，两岸各类交流活动或延期或取消，第八届海峡青年节成为疫情以来首场且规模最大的两岸青年交流活动，平台地位更加凸显。

多位台湾青年认为，本届峰会议题更实，注重提升台湾青年的获得感和认同感，增强台湾青年对来大陆发展的信心。台湾青年方意茹说：“大陆为台湾青年提供了无限的成长舞台和发展机会。”

编辑：吴朝庭

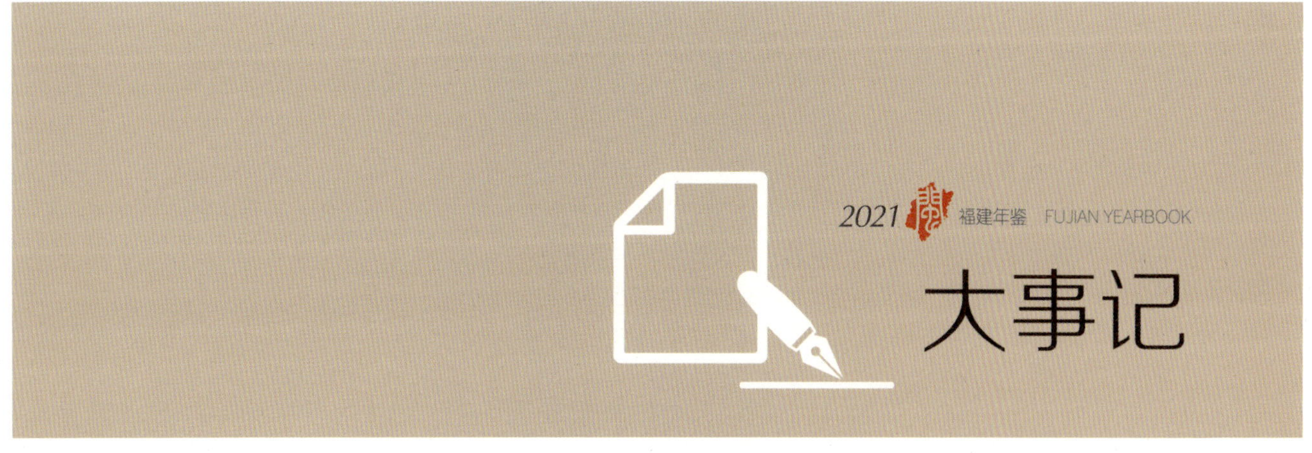

1月

10日 国家科学技术奖励大会在北京举行。福建省14项成果获2019年度国家科学技术奖，包括国家自然科学奖二等奖2项，国家技术发明奖二等奖2项，国家科学技术进步奖一等奖1项、二等奖9项。其中，由福建省单位主持完成的3项，即厦门大学田中群等完成的“电化学表面增强拉曼光谱学研究”获国家自然科学奖二等奖，福建农林大学兰思仁等完成的“中国特色兰科植物保育与种质创新及产业化关键技术”、福建中医药大学陈立典等完成的“脑卒中后功能障碍中西医结合康复关键技术及临床应用”获国家科学技术进步奖二等奖；参与完成的11项。

10日 由厦门大学附属第一医院申报的2020年重大新药创制国家科技重大专项“抗肿瘤新药临床评价技术示范性平台”项目在厦门市启动。这标志着福建省医院承担国家级临床医学研究中心GCP（药品临床试验管理规范）平台项目实现“零”的突破。

10—14日 中国人民政治协商会议第十二届福建省委员会第三次会议在福州召开。大会收到提案836件，经审查立案765件。

11—14日 福建省第十三届人民代表大会第三次会议在福州召开。大会表决通过《关于福建省人民政府工作报告的决议》《关于福建省2019年国民经济和社会发展计划执行情况及2020年国民经济和社会发展计划的决议》《关于福建省2019年预算执行情况及2020年预算的决议》《关于福建省人民代表大会常务委员会工作报告的决议》《关于福建省高级人民法院工作报告的决议》《关于福建省人民检察院工作报告的决议》。

13日 福建省水稻产业技术创新联盟成立大会在福州举行。该联盟由省农科院水稻研究所、省种子管理总站、福建农林大学农学院等单位共同发起。

19日 省农科院溪口草试验基地入选国家首批30个草品种区域试验站。该试验基地占地超过4公顷，是中国东南丘陵区的典型代表，主要用于草种质资源保存、优良品种展示，开展草品种评价选育、配套建植管理技术研究、应用模式示范等工作。

22日 国家卫健委确认福建省首例输入性新型冠状病毒感染的肺炎确诊病例。患者为男性，70岁，连江县人，1月17日由武汉返回连江，1月20日到连江县医院就诊被收治入院隔离治疗。

22日 省农科院畜牧兽医研究所动物病毒室承担完成的“番鸭细小病毒病、小鹅瘟二联活疫苗”获农业农村部颁发国家一类新兽药证书。该项技术成果属全球首创，也是中华人民共和国成立以来福建省获得的第4项国家一类新兽药证书。

27日 福建省首批医疗队从福州出发驰援湖北武汉。此次医疗队共有医护人员137名，均来自三级综合医院和承担传染病救治任务的传染病专科医院。

29日 福建省新型冠状病毒感染的肺炎防治远程指导中心启用。该中心落户福建省立医院。

2月

3日 福建省新型冠状病毒感染的肺炎确诊病人首例治愈出院。患者吴先生，36岁，莆田市城厢区人。到武汉出差返回后，于1月19日出现发热症状，1月24日就诊于莆田学院附属医院发热门诊后即被隔离治疗，1月28日确诊为新型冠状病毒感染肺炎病例。

6日 省委办公厅、省政府办公厅印发《福建省应对新型冠状病毒感染的肺炎疫情扎实做好“六稳”工作的若干措施》，并发出通知，要求各地各部门认真贯彻落实。

14日 福建省依托闽政通APP，上线“八闽健康码”服务。

17日 由厦门金圆投资集团有限公司联合台湾地区统一综合证券股份有限公司发起设立的金圆统一证券有限

公司获得证监会核准设立，落地厦门。这是两岸首家合资证券公司，注册资本金12亿元，其中金圆集团持股51%、统一证券持股49%。

21日 泉州市泉港区人民法院依法适用速裁程序，公开开庭审理并当庭宣判一起涉疫情诈骗案。被告人陈某韬被依法判处有期徒刑7个月，并处罚金5000元。这是全省首例宣判的涉疫情诈骗案，该案从立案到宣判并送达判决书仅用时72个小时。

26日 由中国柒牌送检的“无菌型医用一次性防护服”按照国家标准检验全部检测合格，并获得产品注册和生产许可审批。中国柒牌成为全省首家“转产”并获得无菌型医用防护服生产许可的服装企业，也是泉州市首家获得无菌型医用防护服生产资质的企业。

28—29日 受新冠肺炎疫情影响滞留台湾的45袋邮件，搭乘28日邮航货运包机从台湾飞抵福州长乐国际机场，并于29日空运到北京。这标志着台湾—福州—北京临时邮路开通。

3月

7日 泉州市鲤城区欣佳酒店所在建筑物发生坍塌事故，造成29人死亡、50人不同程度受伤，直接经济损失5794万元。

13日 晋江市农业农村局、晋江农商银行村务卡联名卡在金井镇围头村发放。这是福建省首张特别定制的村务卡，标志着晋江市村级集体资金使用开启非现金支付，为加强农村集体“三资”（资金、资产、资源）监管探出新路。

16日 国家林草局、民政部、国家卫健委、国家中医药管理局等四部门公布96家第一批国家森林康养基地名单。福建省4地5单位入选。其中，以县为单位的国家森林康养基地有福州市晋安区、武平县、将乐县、顺昌县；以经营主体为单位的国家森林康养基地有福建省梅花山旅游发展有限公司建设的梅花山森林康养基地、福建省邵武市国有林场二都场建设的邵武市二都森林康养基地、三明市三元格氏栲森林旅游公司建设的三元格氏栲森林康养基地、福建岁昌生态农业开发有限公司建设的岁昌森林康养基地、浦城县旅游投资开发有限公司建设的匡山生态景区（一期项目建设工程）。

18日 福建省支援湖北首批返闽的3支医疗队240人，完成支援任务，从武汉抵达福州，平安凯旋。省委书记于伟国、省长唐登杰现场迎接医疗队员回家。

20日 福建省第十三届人民代表大会常务委员会第十七次会议通过《福建省人民代表大会常务委员会关于切实保护关心爱护医务人员、营造尊医重卫良好风尚的决议》，这是全国首个关于切实保护关心爱护医务人员、营造尊医重卫良好风尚的决议。

22日 全国首台单柱半潜式深海渔场主体工程完工，由半潜船运送至福鼎市台山列岛附近海域进行安装调试。该项目总投资1亿多元，能抵御17级台风。

23—24日 福建省对口支援宜昌抗击疫情前方指挥部、医疗队，以及第一、二批支援湖北医疗队共402人完成任务，先后平安返闽。省委书记于伟国、省长唐登杰在福州迎接援鄂人员归来。

25日 福建省与马来西亚沙捞越州携手抗击新冠肺炎远程医疗合作启动，福建省新冠肺炎医疗救治临床专家组的10位专家与沙捞越州的15位医疗专家远程对话。这是福建省首场跨国远程医疗合作。

3月 福州市医保局上线“云药房”服务，慢病患者通过实体药店的“云药房”进行网上购药、医保结算，享受药品配送到家的便捷服务。这是网上定点药店对接国家医保电子凭证后实现的全国首单医保在线结算。

4月

3日 由福州市晋安闽台王审知研究会、台中市王姓宗亲会共同发起举办的“庚子年闽台两地连线共祭开闽三王祈福典礼”活动，分别在福州闽王纪念馆与台湾台中闽王纪念馆同时举行，台北、高雄、金门等地30多家开闽三王宫庙与宗亲会相约在线祭拜。

5日 应加拿大邀请，福建省医疗专家、疾控专家与加拿大医疗专家、流行病学专家通过视联网远程会诊系统举行“中加抗疫与防护经验交流会”。

8日 由湖北汉口方向开来的D3263次动车组载着360名旅客停靠福州站。这是4月8日武汉解封后发往福州的首趟旅客列车，车上来自武汉的旅客有183人。

9日 受中国政府派遣、由国家卫生健康委组建、福建省卫生健康委选派的第三批中国赴意大利抗疫医疗专家组一行14人完成工作任务，平安飞抵浙江省温州市。

10日 龙岩大桥项目高约121米、重约1.6万吨的宝石型扁平状大桥主塔，以约每分钟一度的速度逆时针进行原地旋转。主塔完成69度转体，实现“独塔单转”，这在世界斜拉桥建设中尚属首次。

15日 妈祖诞辰1060周年春祭典礼在湄洲岛举行。因疫情影响，与往年祭典不同的是，此次活动没有邀请嘉宾，没有组织现场观众，但增加网络互动。

19日 福建投资集团莆田平海湾海上风电场二期项目12号风机机位海上负压桶安装成功。这是世界首座成功安装的海上风电桩—桶复合基础，基础直径25米、高7米、总重量350吨，为在海域复杂地质岩层的风电施工提供了创新工艺。

22日 中国人寿财险福建省分公司与省

渔业互保协会在莆田市启动水产养殖赤潮指数保险试点工作。莆田市海发水产开发有限公司现场投保600份海水养殖赤潮指数保险，保险期间为4月23日0时起至9月30日24时，累计保额60万元。这是全国首单海水养殖赤潮指数保险保单。

23日 福建省厦门、南平两个案例分别以第一、第二名入选全国十个实践“绿水青山就是金山银山”典型案例。厦门市通过开展陆海环境综合整治和生态修复保护，以土地储备为抓手，推进公共设施建设和片区综合开发，促进土地资源升值溢价。南平市探索推广生态银行模式，创立“林木收储＋整合优化提升＋生态旅游＋康养”等新业态的顺昌“森林生态银行”、“资源＋朱子文化＋新生态”的五夫镇“生态银行”，将分散的自然资源使用权和经营权集中流转并进行专业化运营，被誉为“生态产品价值实现机制的生动实践”。

25日 省委办公厅、省政府办公厅发布公告，明确明溪县、宁化县、政和县、连城县、周宁县、柘荣县6个县2019年度退出省级扶贫开发工作重点县。至此，福建23个省级扶贫开发工作重点县全部摘帽，标志着福建省扶贫开发工作取得阶段性成效。

26日 厦门知识产权司法协同中心挂牌成立。该中心是福建省首个以知识产权法庭为依托、协同治理为核心、科技融合应用为抓手、资源共享共用为特色的知识产权保护联合工作平台。

27日 福建（宁德）锂电新能源产业知识产权运营保护中心揭牌仪式在宁德举行。标志着福建省首家锂电新能源产业知识产权运营保护中心成立。

27日 国务院批复同意在雄安新区等46个城市和地区设立跨境电子商务综合试验区。福建省漳州市、莆田市、龙岩市获批入列。

29日 《船政舰船图鉴》一书在位于福州市马尾区的中国船政文化博物馆首发。该书是船政舰船研究领域第一本图文辞典式著作，填补系统性研究空白。

29日 三明市河长制办公室与三明市中级人民法院共同设立的水执法与云司法数助治理中心揭牌。该中心是全国首个水执法与云司法数助治理中心。

4月 厦门在全省率先开展大数据和机电元器件两个新增专业的职称改革试点。这一创新举措，填补福建省大数据、机电元器件人才职称评审的空白。

4月 商务部、中央网信办、工业和信息化部联合发布公告，认定12个园区为首批国家数字服务出口基地。福建省的厦门软件园入选。

5月

8日 由福建农林大学教授、闽台作物有害生物生态防控国家重点实验室主任尤民生主持，深圳华大基因研究院、英属哥伦比亚大学、墨尔本大学、天津大学、阿德莱德大学、布鲁克大学、查尔斯特大学、大英博物馆等多家单位共同完成的1项合作成果在《自然·通讯》发表。该研究探明和确证危害六大洲的小菜蛾起源地为南美洲，进一步奠定福建农林大学在小菜蛾研究领域的国际领先地位。

8日 福建省投资集团所属晋江闽投电力储能科技有限公司完成晋江百兆瓦时储能站试点示范项目建设，获得福建能源监管办颁发的全国首张独立储能电站电力业务许可证（发电类）。

12日 厦门市思明区人民法院发布《民间借贷审判情况通报（2017—2019）》白皮书，总结梳理三年间民间借贷案件特点、难点、应对机制及风险提示。这是福建省首份民间借贷审判白皮书。

16日 福建省在福州向4名台湾同胞颁发职业技能等级证书。这是大陆首次面向台湾同胞开展职业技能等级认定，标志着两岸技能人才交流工作取得新突破。

18日 福建省公安厅森林警察总队转隶入列暨揭牌仪式在福州举行。原福建省森林公安局更名为福建省公安厅森林警察总队，加挂福建省公安厅森林公安局牌子。

18日 厦门港务控股集团、中国远洋海运集团有限公司、中国旅游集团有限公司共同举行邮轮产业合作项目“云签约”，标志着国内首个高端邮轮免税综合体落户厦门。

20日 福州市创业银行在中国邮储银行台江支行挂牌设立。这是福建省首家创业银行，符合条件的创业者最高可申请500万元的财政贴息创业担保贷款。

29日 北京市科委和三明市政府共同举办京闽合作工作推进座谈会，双方围绕科技合作、园区共建、产业对接、科技孵化、招商引资等进行深入沟通洽谈，并为京闽合作首批20名科技特派员颁发聘书。

6月

1日 《福建省红十字会条例》经省十三届人大常委会第十九次会议表决通过。条例共5章27条，主要规定立法目的、组织体系、职责与保障、行为规范、法律责任等内容，自2020年8月1日起施行。

1日 坐落于连城县揭乐乡黄坊村的福建龙迪洁能科技有限公司垃圾处理厂成功通电，标志着国内首个固体生活垃圾气化发电项目正式并网。该发电项目总投资1亿元，是国内固体生活垃圾通过气化发电的首个“一站式”规范落地项目。

9日 福建省公布2020年第一批无公害农产品认定名单。78家单位的116个农产品符合无公害农产品认定程序和条件，获颁发“无公害农产品证书”，准许使用无公害农产品标志。

11—14 日 全国人大常委会副委员长沈跃跃率全国人大常委会执法检查组到闽，开展《全国人大常委会关于全面禁止野生动物交易、革除滥食野生动物陋习、切实保障人民群众生命健康安全的决定》和野生动物保护法执法检查。

12 日 省商务厅联合阿里巴巴集团共同举办的“全闽乐购”直播节启动仪式在福州举行。

14 日 龙泰家居新三板精选层挂牌申请无条件通过股转系统审核。龙泰家居拟公开发行不超过 2000 万股普通股，兴业证券担任该次挂牌的保荐机构和主承销商。这是福建首家、全市场第五家过会的新三板精选层项目。

15 日 福州道庆洲过江通道项目取得关键性进展——跨江主桥合龙。该桥梁是福建省第一座公轨两用大桥，桥梁上层为双向六车道一级公路，下层为轨道交通福州地铁 6 号线。

15—18 日 全国政协副主席万钢率全国政协专题调研组到闽，就“科技创新企业发展面临的困难和建议”开展调研。

17—19 日 甘肃省党政代表团到闽学习考察。两省在福州召开扶贫协作座谈会，就进一步深化东西部扶贫协作、携手打赢脱贫攻坚战进行深入交流。福建省委书记、省人大常委会主任于伟国，甘肃省委书记、省人大常委会主任林铎在会上讲话。福建省委副书记、省长唐登杰出席座谈会。代表团先后考察福州水系综合治理展示馆、福州软件园、瑞芯微电子和厦门燕之屋生物工程、弘信电子科技、天马微电子等项目，并就深入推进定西市与福州市、临夏州与厦门市扶贫协作进行交流。

18 日 全国首个共青团快递从业人员权益维护中心在三明市成立。

19 日 福建省与塞尔维亚伏伊伏丁那省通过视频连线签署结好协议书。这是福建省第 29 对国际友好省，全省范围内第 110 对友城。

28 日 福建省向非洲国家捐赠防疫物资启运仪式在福州举行。该批物资将陆续从厦门口岸运往津巴布韦、尼日利亚、加纳、刚果（金）、埃塞俄比亚、马达加斯加及中非 7 个国家。

29 日 “武夷山国家公园”高铁冠名列车首发仪式在福州站举行。18 时 49 分，G1660 次列车缓缓驶出福州站，“武夷山国家公园”高铁列车开启赴沪旅程。

30 日 由中国石油天然气股份有限公司对口帮扶长汀老区的项目——中国石油福建长汀催化剂项目全面投产，填补福建省内空白。

30 日 国家高速公路重点项目莆炎高速福州段通车。

30 日 “全福游产业振兴广电一卡通”启动仪式暨全福卡上线发布会在福州举行。启动仪式上，福建首张省级旅游年卡“全福卡”启动销售。

30 日 紫金矿业刚果（金）项目和外协单位的 229 名人员乘坐埃塞俄比亚航空承运的刚果（金）包机，从上海起飞，奔赴刚果（金）3 个项目现场。这是福建省首班企业复工复产国际客运包机。

6 月 省政府连续批复多个地方行政区划调整，同意撤销连江县潘渡乡、江南乡、下宫乡和安溪县参内乡、长坑乡，分别设置潘渡镇、江南镇、下宫镇和参内镇、长卿镇。

7月

1 日 全国铁路实行新的列车运行图。东南首开直达东北的高铁动车。沈阳南至武汉 G1272/3、G1274/1 次延长至福州终到始发，福州至沈阳间首次开行高铁动车，全程运行时间约 14 小时，较普速旅客列车压缩旅行时间近 25 小时。龙岩至福鼎的 D6383/2、D6381/4 次列车由周末线改为日常线每日开行。

2 日 省十三届人大常委会第二十次会议在福州召开。会议决定：任命王宁、崔永辉为福建省人民政府副省长，接受唐登杰辞去福建省人民政府省长职务的请求，王宁代理福建省人民政府省长职务。

3 日 中央宣传部向全社会宣传发布“闽宁对口扶贫协作援宁群体”的先进事迹，授予他们“时代楷模”称号。

7 日 国家发展改革委印发《关于做好 2020 年国家骨干冷链物流基地建设工作的通知》，福州国家骨干冷链物流基地列入建设名单，为全省唯一入选的基地。

8 日 新建福厦高铁控制性工程——木兰溪特大桥万吨主塔完成逆时针 90° 转体。该项技术在国内铁路建设中首次应用。

8 日 全球锂离子电池负极材料供应商、石墨烯领域领军企业贝特瑞集团深瑞石墨烯导热膜项目签约仪式在永安举行。永安市石墨和石墨烯产业园管委会、贝特瑞新材料集团股份有限公司、深圳市深瑞墨烯科技有限公司共同签署“三方项目投资协议”，计划投资 1 亿元在永安建设年产 40 万平方米石墨烯导热膜生产线。

9 日 2020 厦门工业博览会暨第 24 届海峡两岸机械电子商品交易会在厦门国际会展中心拉开帷幕。这是疫情后在厦门举办的首个产业展，历时 4 天，聚焦智能制造，重点设置智能制造展、工模具及功能部件展、橡塑工业展、机床及激光设备展、台湾展区、印刷包装暨广告设备展、环保暨流体机械展、轨道交通暨智慧物流展、中国国际水展等九大专业展区，展出规模约 6 万平方米，吸引 600 多家两岸机电企业参展，参会专业客商超过 2.3 万人。

8—10 日 福建省南平、三明等地部分县（市、区）普降暴雨到大暴雨，局地特大暴雨，共造成南平市 6 个县

（市、区）58个乡镇（街道）5.67万人受灾，直接经济损失9.39亿元。

9日 福州市区域互联网医院平台上线并开出首张“云处方”。这是福建省首个区域互联网医院平台，也是全国首个基于健康医疗大数据打造的区域互联网医院平台。

10日 福建省首家县级气象灾害决策指挥系统在漳浦县交付使用。

12日 国内首台10兆瓦海上风电机组在三峡集团福建福清兴化湾二期海上风电场成功并网发电。标志着中国风电开发能力实现历史性跨越。

17日 “两岸e账通”项目启动仪式在平潭举行。标志着全国首个银行直联两岸电商平台跨境人民币服务上线。

18日 闽西南协同发展区技工院校校企合作联盟在厦门成立。该联盟由厦门技师学院发起，联盟单位包括厦门、漳州、泉州、龙岩、三明5个设区市的8所院校和200余家企业。

20日 福建省恢复旅行社及在线旅游企业经营跨省（区、市）团队旅游及“机票＋酒店”业务，所有A级旅游景区接待游客量由原先的不得超过最大承载量的30%提升至50%。

22日 省十三届人大常委会第二十一次会议在福州举行。会议决定：任命赵龙为福建省人民政府副省长，补选王宁为十三届全国人大代表。会议表决通过《福建省人民代表大会常务委员会关于加强公共卫生工作、确保人民生命健康安全的决定》《福建省家庭教育促进条例》《福建省各级人民代表大会常务委员会规范性文件备案审查条例》。

31日 华侨城平潭“欢乐南岛”项目在深圳华侨城集团总部签约。该项目是华侨城入驻福建打造的第一个大型文旅综合体。

7月 莆仙戏《踏伞行》入选2020年度全国舞台艺术重点创作剧目名录、2020年度国家舞台艺术精品创作扶持工程重点扶持剧目，成为福建省唯一入选剧目。

8月

1日 由省交通运输厅、省发改委、福州市政府主办，省交通运输集团承办的福州港“丝路海运”快捷航线首航仪式，在福州港江阴港区举行。

3—6日 全国政协副主席、台盟中央主席苏辉率调研组到闽，围绕“破除制约农村要素集聚的体制机制障碍，提升乡村治理效能”开展台盟中央2020年党派大调研。

5日 省药监局为福建海西新药创制有限公司颁发全省首张药品上市许可持有人“药品生产许可证”，标志着福建省首家研发机构作为上市许可持有人研发的药品上市销售。

10日 国家奶业科技创新联盟在武夷山市举办发布会，宣布福建长富全部巴氏鲜奶顺利通过中国优质乳工程验收，成为全国首家全部巴氏鲜奶连续获得中国优质乳标准认证的企业。

11日 国务院下发《关于同意全面深化服务贸易创新发展试点的批复》，厦门市成为福建省唯一试点城市。

11日 福建海警局查获一起特大海上非法采矿案，一举摧毁3个集采、运、储、销的区域性涉砂犯罪团伙，初步查证涉案海砂1500余万吨，涉案金额5亿元。

15日 第八届海峡青年节重点活动——2020海峡青年（福州）云上峰会主会场在福州开幕。峰会以“幸福·家园·梦想”为主题。

18日 福建省第一家破产法庭——厦门破产法庭在厦门市中级人民法院挂牌成立。

18—20日 全国政协副主席、九三学社中央常务副主席邵鸿率九三学社中央督导检查组到闽督导检查九三学社福建省委工作。

20日 “八闽楷模”发布仪式在福建省广播影视集团演播厅举行。中共福建省委宣传部决定授予洋口国有林场杉木育种科研团队“八闽楷模”称号，号召广大党员干部群众向他们学习，鼓舞和激励全省人民在新时代新福建建设中为全方位推动高质量发展超越而努力奋斗。

21日 福建省童昌综合医院质子治疗项目合作签约仪式在南安市举行。福建童昌医院（由厦门源昌集团投资兴建）与迈胜医疗集团达成战略合作意向，计划投资3亿元，引进2台迈胜最新一代小型化质子治疗设备。这是全省首个质子肿瘤治疗项目。

21日 明溪县野生鸟类收容救护站在明溪县城关乡大坪村建成，为迁徙候鸟提供救护服务。这是全省首家县级鸟类医院。

27日 京闽（三明）科技合作“云签约”视频会议举行。三明市政府与中关村发展集团签约，共建三明中关村科技园、三明中关村科技产业基地。视频会上，共有19个项目对接签约，总投资100.7亿元。

30日 由省退役军人事务厅主办，省人社厅、中国海峡人才市场协办，建设银行福建省分行、省退役军人服务中心承办的“建行杯”福建省首届退役军人创业创新大赛在福州举行。

9月

3日 国家公布第三批国家级抗战纪念设施、遗址和著名抗日英烈、英雄群体名录。福建省大田县“第二集美学村”旧址入选抗战遗址名录，邱金声、蓝和春、江如枝、邱子华、王明星等入选著名抗日英烈名录。

4日 华为（福州）物联网云计算创新中心驻地云上线仪式暨马尾区产业对接活动在福州市马尾区物联网创新中心举行。这是华为在全国范围内打造的首个物联网产业云，也标志着智慧马尾的建设进入新阶段。

4日 《武夷山市经济生态生产总值（GEEP）核算》项目在北京通过专

家组验收。这是全国完成的首例经济生态生产总值（GEEP）核算，为探索山区生态环境资产管理模式、加速“两山”转化提供有益参考。

8日 全国抗击新冠肺炎疫情表彰大会在北京人民大会堂举行。福建省有25人获得“全国抗击新冠肺炎疫情先进个人”称号、10个集体获得“全国抗击新冠肺炎疫情先进集体”称号，3人获得“全国优秀共产党员”称号、3个基层党组织获得“全国先进基层党组织”称号。

8日 2020“丝路海运”国际合作论坛在厦门召开。

8—11日 2020厦门国际投资贸易洽谈会暨丝路投资大会召开。大会期间有2300多个项目达成合作协议，协议总投资额超8000亿元。

10日 福州长乐国际机场二期扩建工程启动。二期扩建工程总投资215亿元，设计年旅客吞吐量3600万人次。

12日 国产二价宫颈癌疫苗（HPV疫苗）福建首针接种启动仪式在厦门市海沧区石塘社区卫生服务中心举行。

15日 省十三届人大四次会议在福建会堂召开。会议补选王宁为福建省人民政府省长。

18日 2020年中国航天大会在福州开幕。大会集中签约项目56个，意向投资金额1200多亿元。

19日 海峡论坛首届两岸文创IP大赛颁奖仪式在厦门举行。该次大赛征集到作品254件。最终12件作品脱颖而出。

20日 第十二届海峡论坛在厦门举行。中共中央政治局常委、全国政协主席汪洋在大会上发表视频致辞。

22日 全国首个省级普惠型补充医疗保险——“八闽保”上线。凡是福建省基本医疗保险参保人（除厦门外）且为在保状态，不限年龄和职业，无须体检，均可直接投保。

23日 全国首家金鱼主题博物馆——国潮金鱼博物馆在福州三坊七巷开馆。

24日 为表彰对福建经济社会发展作出突出贡献的外国专家和国际友人，省政府决定授予阮星（Christopher G. T. Rensing）等10人第十一届福建省“友谊奖”。

24日 由全国总工会主办、省总工会承办，以“同心抗疫、共谋职工福祉”为主题的2020年海峡职工论坛在厦门举行。

24日 一架由美国康尼航空执飞的波音747－400全货机从福州机场飞往美国洛杉矶，标志着福州—洛杉矶全货机航线开通。这是福州机场开通的首条洲际大型全货机航线。

25日 第三届全国青年企业家峰会在福州举行。作为该次峰会的重要活动，福建省产业项目招商推介会同日举行，现场签约项目21个，总投资685亿元。

25日 全国首家两岸合资证券公司——金圆统一证券有限公司在厦门揭牌开业。

25日 全国曲艺界最高奖——第十一届中国曲艺牡丹奖评奖结果揭晓。南平南词演员肖向丽获“牡丹奖表演奖”，南音国家级传承人苏统谋被授予“中国文联终身成就曲艺艺术家”称号。

27日 T8006次列车从宁德站驶出，开往浙江衢州，标志衢宁铁路正式开通运营。自此，福建省松溪、政和、屏南、周宁等4县结束不通铁路的历史。

10月

10日 海峡两岸首个以纸艺文化为主题的展示馆——厦门市当代纸艺文化馆开馆。

12—13日 由中共中央对外联络部和中共福建省委共同主办的“摆脱贫困与政党的责任”国际理论研讨会在福建举行。来自100多个国家的约400位政党代表和驻华使节、国际机构驻华代表、发展中国家媒体驻华代表、智库学者等通过线上或线下方式参会，围绕“中国脱贫攻坚与国际减贫事业”“摆脱贫困与人类可持续发展”“政党在摆脱贫困中的责任和作用”等议题开展交流。会议开幕式向全球直播。

12—14日 第三届数字中国建设峰会在福州召开。峰会由国家互联网信息办公室、国家发展和改革委员会、工业和信息化部、福建省人民政府共同举办。签约数字经济项目426个，总投资3316亿元，其中福建省首家卫星互联网产业园项目——福州达华卫星产业园完成签约，落地福州长乐滨海新区。

14日 福建省的新大陆数字技术股份有限公司在数字中国建设成果展览会上向全球发布全新一代二维码安全解码芯片IOTC－0610。

19日 第三届中国粮食交易大会在福州开幕。大会参展企业2600多家，专业参会人数超过1.5万人。

20日 全国双拥模范城（县）命名暨双拥模范单位和个人表彰大会在北京举行。福建省19个市（县）获全国双拥模范城（县）称号，实现全省所有设区市连续五届“满堂红”。

21—22日 最高人民检察院党组书记、检察长张军率调研组一行到福建调研，就落实党中央决策部署、加强基层检察院建设进行督导。省委书记于伟国、省长王宁分别参加有关调研活动。

22日 全国首座高铁无砟轨道跨海斜拉桥——福厦高铁安海湾特大桥主塔封顶。

22日 首个国家区域医疗中心揭牌仪式在复旦中山厦门医院举行。

22日 由应急管理部森林消防局主办，福建省森林消防总队承办的森林消防队伍“火焰蓝”首届特种救援技能比武在福州开幕。应急管理部党委委员、森林消防局局长徐平出席活动。

31日 以“提升社区和城市品质”为主题的2020年世界城市日中国主场活动在福州举行。联合国秘书长古特雷斯、联合国人居署执行主任谢里夫，俄罗斯建设、住房和公用设施部副部长斯塔希斯恩通过视频发表致辞。省长王宁出席并宣布活动开幕。住房和城乡建设部副部长姜万荣，省委常委、福州市委书记林宝金，副省长李德金出席并致辞。

10月 闽粤联网电力运营有限公司成立。该公司是国家电网公司和南方电网公司首次合作成立的合资运营公司。

11月

1日 “2020中国福建（永安）石墨烯创新创业大赛暨项目成果对接会”闭幕。工业和信息化部赛迪研究院在会上发布《中国石墨烯产业发展竞争力指数（2020）》，福建省发展环境指数位居全国第二。这是国家级智库发布的首个石墨烯产业竞争力发展指数。

4—5日 第三届全国集成电路“创业之芯”大赛全国总决赛及颁奖仪式在晋江举行。

6日 全国第一家受理生态环境资源纠纷的仲裁院——南平生态仲裁院成立。

10日 中央文明办公布第六届全国文明城市入选城市名单和复查确认保留荣誉称号的前五届全国文明城市名单。福建省宁德市、上杭县、福清市、德化县入选第六届全国文明城市。

11日 福建省与巴布亚新几内亚东高地省缔结友好省关系20周年线上庆祝活动举行。福建省委书记于伟国、东高地省省长努姆分别出席庆祝活动并致辞。省长王宁与努姆在两省加强友好交流合作协议“云签约”仪式上，代表双方签署协议。

11日 中澳康复合作联盟成立大会在福州举行。该联盟由福建医科大学附属第一医院、墨尔本大学健康学院、南通大学附属医院、南京医科大学第一附属医院、复旦大学附属华山医院、四川大学华西医院、首都医科大学宣武医院、上海中医药大学康复医学院联合发起，旨在更好地推动康复医学学科建设，加强中澳两国康复领域的交流合作。

14日 2020年“科学探索奖”颁奖典礼在北京举行。福建籍科学家徐集贤、史大林、陈兴分别在能源环保、天文和地球科学、化学新材料领域获奖。

15日 “旺旺·时报文学奖暨第一届金沙书院两岸散文奖”颁奖仪式在厦门举行。这是台湾时报文学奖创办40年来首度与大陆合作举办的大型文学类征文评奖活动。

17日 福建省与罗马尼亚阿拉德省通过视频连线签署结好协议书。这是福建省第30对国际友好省，全省范围内第114对友城。福建省副省长崔永辉与阿拉德省省长尤斯汀·琼卡分别代表双方签字。

17—19日 第十五届国际标准奥林匹克竞赛采取线上方式举行，并通过网络全程直播。福建省厦门外国语学校代表队（崔逸飞、阮煜昕、洪悦骞3位同学）从近40支参赛队伍中脱颖而出，获金奖。这是中国青少年首次获得该奖项金奖。

19日 国务院办公厅对国务院第七次大督查发现的43项典型经验做法给予表扬。福建省构建生态环境亲清服务平台助力企业“绿色领跑”、福建省创新“1234”稳就业工作法保持就业形势总体平稳、福建省将乐县打造“绿水青山”赢得“金山银山”3项典型经验做法，获得通报表扬。

20日 2020福建企业100强发布大会暨福建企业家大讲坛在宁德市举行。会上，发布2020福建企业100强榜单。

24日 2020年表彰全国劳动模范和先进工作者大会在北京举行。福建省有45人获“全国劳动模范”称号、23人获“全国先进工作者”称号。

25日 全省抗击新冠肺炎疫情表彰大会在福州举行，表彰福建省为抗击新冠肺炎疫情作出重大贡献的先进个人和先进集体，以及在抗击新冠肺炎疫情中表现突出的优秀共产党员和先进基层党组织。全省表彰“福建省抗击新冠肺炎疫情先进个人”550人、“福建省抗击新冠肺炎疫情先进集体”300个，表彰“福建省优秀共产党员”76人、“福建省先进基层党组织”60个，并追授4名共产党员“福建省优秀共产党员”称号。

25—28日 第33届中国电影金鸡奖颁奖盛典系列活动在厦门举行，共有81项568场次活动上演。

26—29日 第三届21世纪海上丝绸之路博览会暨第二十二届海峡两岸经贸交易会，以“线上展会＋线下展销”的方式在福州举行。

27日 “华龙一号”全球首堆——福清核电5号机组首次并网成功。标志着中国进入核电技术先进国家行列。

27日 闽琼桂三省区自助机政务服务“跨省通办”开通上线仪式在福州举行。三省区代表共同点亮启动仪式大屏，启用全国首个“跨省通办”自助机政务服务平台。

29日 闽宁两省区在福州召开进一步深化互学互助对口协作座谈会。福建省委书记于伟国主持并讲话，宁夏回族自治区党委书记陈润儿讲话，福建省省长王宁、宁夏回族自治区主席咸辉分别介绍脱贫攻坚情况，福建省政协主席崔玉英、宁夏回族自治区政协主席崔波出席。

12月

1日 福建省委召开领导干部会议。中央组织部副部长李小新出席会议并宣布中央决定：尹力任中共福建省委委员、常委、书记，于伟国不再担任中共福建省委书记、常委、委员职务。

1—4日 全国人大常委会副委员长艾力更·依明巴海率调研组到闽，就教育法修改开展专题调研。省委书记尹力、省长王宁与调研组一行在福州进行座谈。

2日 《八闽文库》第一辑《福建文献集成》初编200册首发式在榕举行。省委常委、宣传部部长、《八闽文库》出版工程领导小组组长邢善萍出席首发式并讲话。《八闽文库》出版工程是福建省第一次大规模、系统化地全面调查、整理、出版全省历代文献典籍的重大文化工程。

4日 三明市中级人民法院公开宣判，判令被告荷兰收藏家奥斯卡·范奥维利姆在判决生效之日起30日内向原告福建省大田县吴山乡阳春村民委员会、东埔村民委员会返还案涉"章公祖师"肉身坐佛像。

6日 三明中关村科技园开园暨北京科技特派员三明项目对接会活动开幕。三明中关村科技园揭牌开园。

7—8日 全国总工会党组书记、副主席、书记处第一书记李玉赋率调研组到闽调研，并出席在厦门举行的2020年全国工会职工书屋建设成果展示交流活动。

8日 国际灌排委员会（ICID）第71届执行理事会公布2020年世界灌溉工程遗产名录（第七批），福建省福清市天宝陂成功入选。

8—12日 2020年全国年鉴研讨会暨中国地方志学会年鉴分会年度会议、第四届全国年鉴论坛、第五期全国年鉴主编培训班在三明市沙县举行。来自全国地方志工作机构的180余名年鉴工作者参加会议。

9日 2020两岸企业家峰会年会以视频连线方式在厦门市和台北市同步举行。中共中央政治局常委、全国政协主席汪洋向两岸企业家峰会理事会发贺信，代表中共中央和习近平总书记对年会召开表示祝贺。

11日 福清市农村综合改革标准化试点启动大会召开。这是国内首个以畜禽粪污资源化利用为试点对象的农业社会化服务标准化试点项目，也是全省首个国家级农业社会化服务标准化试点项目。

17日 中国、马来西亚联合申报的"送王船——有关人与海洋可持续联系的仪式及相关实践"项目通过联合国教科文组织评审，被列入人类非物质文化遗产代表作名录。"送王船"是广泛流传于中国闽南地区和马来西亚马六甲沿海地区的民俗活动。

21日 福建省与加拿大新斯科舍省举行结好协议书线上签字仪式。王宁、斯蒂芬·麦克尼尔2位省长代表双方签署《中华人民共和国福建省与加拿大新斯科舍省建立友好省关系协议书》并致辞。中国驻加拿大大使丛培武、加拿大驻华大使鲍达民在仪式上致辞。

22日 "海丝一号"卫星搭载长征八号运载火箭，于12时37分在文昌卫星发射中心发射升空。该卫星由厦门大学、省招标采购集团、三明投资集团、天仪研究院和中国电科38所等单位联合策划研制，是国内首颗对标国际先进指标的、基于有源相控阵天线的轻小型SAR遥感卫星。它的成功发射，实现福建省卫星从0到1的新突破。

23日 全国林业改革发展综合试点市授牌仪式在三明市举行。国家林草局为全国首个林业改革发展综合试点市——三明市授牌。

26日 福平铁路开通运营。9时43分，G5322次列车驶出平潭站，标志着平潭岛开启高铁时代，结束不通铁路的历史。

（翁祖彪）

编辑：吴朝庭

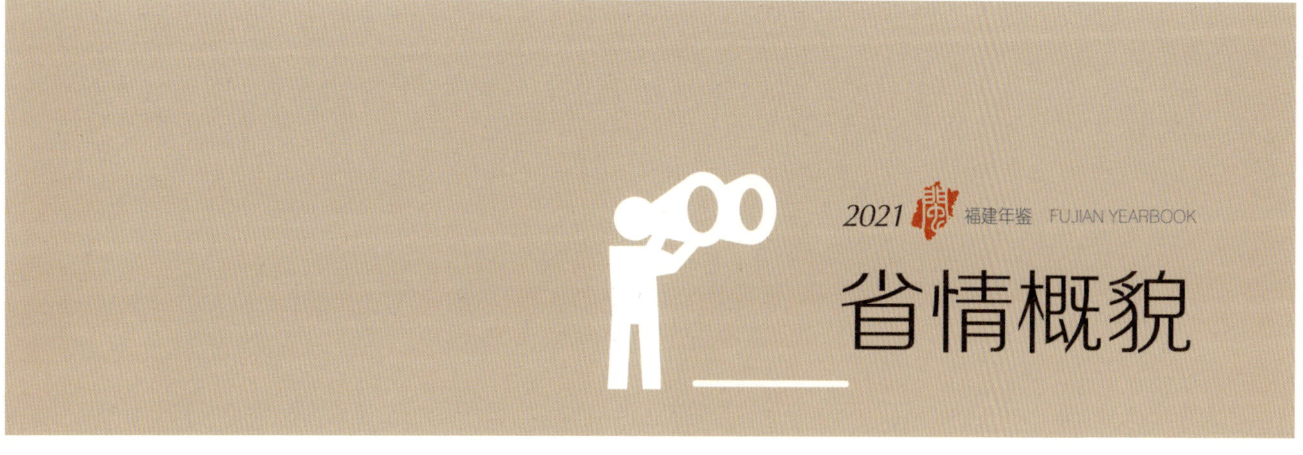

省情概貌

自然地理

【位置面积】 福建位于中国东南沿海，介于北纬23°32′～28°19′，东经115°51′～120°52′之间。东隔台湾海峡与台湾省相望，西界江西省，南接广东省，北毗浙江省。陆地面积12.4万平方千米，海域面积13.6万平方千米。福建境内地形以山地丘陵为主，具有平原、台地、丘陵、山地4类地貌类型。沿海一带主要为平地、丘陵地，西部和北部主要以丘陵、山地为主，最高峰黄岗山海拔2160.8米。地平面形状似一斜长方形，东西最大间距约480千米，南北最大间距约530千米。全省大部分属中亚热带，闽东南部分地区属南亚热带。

【地形地貌】 福建省境内峰岭耸峙，丘陵连绵，河谷、盆地穿插其间，山地、丘陵占全省土地总面积的80%以上，素有“八山一水一分田”之称。地势总体上西北高东南低，横断面略呈马鞍形。因受新华夏构造的控制，在西部和中部形成北（北）东向斜贯全省的闽西大山带和闽中大山带。两大山带之间为互不贯通的河谷、盆地，东部沿海为丘陵、台地和滨海平原。

闽西大山带以武夷山脉为主体，长约530千米，宽度不一，最宽处达百余千米。北段以中低山为主，海拔大都在1200米以上；南段以低山丘陵为主，海拔一般为600～1000米。位于闽赣边界的主峰黄岗山海拔2160.8米，是中国大陆东南部的最高峰。整个山带，尤其是北段，山体两坡明显不对称：西坡陡，多断崖；东坡缓，层状地貌发育。山间盆地和河谷盆地中有红色砂岩和石灰岩分布，构成瑰丽的丹霞地貌和独特的喀斯特地貌景观。

闽中大山带由鹫峰山、戴云山、博平岭等山脉构成，长约550千米，以中低山为主。北段鹫峰山长百余千米，宽60～100千米，海拔1000米以上；中段戴云山为山带的主体，长约300千米，宽60～180千米，海拔1200米以上的山峰连绵不绝，主峰戴云山海拔1856米；南段博平岭长约150千米，宽40～80千米，以低山丘陵为主，一般海拔700～900米。整个山带两坡不对称：西坡较陡，多断崖；东坡较缓，层状地貌较发育。山地中有许多山间盆地。

东部沿海海拔一般在500米以下。闽江口以北以花岗岩高丘陵为主，多直逼海岸。戴云山、博平岭东延余脉遍布花岗岩丘陵。福清至诏安沿海广泛分布红土台地。滨海平原多为河口冲积海积平原，这些平原面积不大，且为丘陵所分割，呈不连续状。闽东南沿海和海坛岛等岛屿风积地貌发育。

陆地海岸线3751.5千米，以侵蚀海岸为主，堆积海岸为次，岸线十分曲折。潮间带滩涂面积约20万公顷，底质以泥、泥沙或沙泥为主。港湾众多，自北向南有沙埕港、三都澳、罗源湾、湄洲湾、厦门港和东山湾等六大深水港湾。岛屿星罗棋布，有岛屿2214个，海坛岛为全省第一大岛，原厦门岛、东山岛等岛屿筑有海堤与陆地相连而形成半岛。

（杨柏兴）

【气候】 2020年，福建省主要天气气候特点是：各季气温皆偏高，其中冬季、雨季（5—6月）平均气温为历史同期最高。各季降水均偏少，其中雨季降水比上年同期减少14%。13次高温过程，为历年最多。春夏秋三季皆出现高温过程，其中6月出现4次，历史罕见；7月11—24日的高温过程中，平和、南靖、南安和永春日最高气温刷新本站历史纪录。台风登陆个数少，影响以大风为主，程度较轻。

气温。全省年平均气温20.6℃，偏高1.1℃，为1961年以来历史最高。长乐、连江和闽侯等42个县（市）年平均气温达历史最高值。2019/2020年冬季平均气温并列历史同期最高（2016/2017年冬季），长乐、连江、罗源等25个县（市）冬季平均气温刷新或持平历史同期纪录。

降水。全省平均年降水量1372.1毫米，较常年偏少281.0毫米（16.9%）。云霄、厦门市区、南安等8个县（市）年平均降水量为历史最少。各季节降水均偏少，秋季降水量为1961年以来历史同期最少，连江、永泰、长汀等14个县（市）破历史同期最少纪录。

日照。全省年平均日照时数1748.7小时，较常年偏多46.6小时，呈夏季偏少、其余季节偏多的时段分布特征，连江和大田夏季日照时数为历史同期最少。12月日照时数较常年同期偏少56.2小时，为全年偏少最多的月份。

（孙雁冰）

【水文】 2020年，福建省遭遇4场致灾性暴雨、1个登陆台风和7个影响台风，出现秋冬连旱。主要呈现4个特点：降雨量偏少，时空分布不均，局地短时强降雨多发；江河径流、水库蓄水偏少，仅出现2站次超保证洪水；高温日数增多，气象干旱一度发展；台风个数较多，但总体影响不大。

雨情。全省平均降雨量1372.2毫米，较常年偏少17.0%。时间上，3月、9月偏多33.6%、45%，其余月份偏少；空间上，内陆多于沿海、北部向南部递减。全年出现11次强对流、22场暴雨，以局地短历时暴雨居多，多以单日暴雨为主，强度偏弱，6月4—9日过程为最强，9月8—12日过程次之。7月9日，光泽县城区日降雨231.4毫米，破当地同期纪录。7月25日闽清、9月8日翔安突发小时雨强超100毫米强降雨。

水情。全省有11条河流发生超警戒以上洪水31站次，其中闽江支流富屯溪上游发生超保证洪水2站次；主要江河年径流量535.35亿立方米，较常年偏少35%，较上年偏少46%。

风情。全年生成台风23个，其中8个影响福建省（含渔场海域）。第6号台风“米克拉”以12级强度登陆漳浦，闽南渔场实测最大6.5米狂浪，龙海隆教畲族乡实测最大15级大风（50.4米/秒），漳州大部普降暴雨到大暴雨。

潮情。受天文大潮影响，沿海潮位站共出现超警戒高潮位157站次，超警戒幅度0.03～0.94米，其中九龙江口10月18日出现超保证0.02米高潮位。

旱情。夏季共经历13次高温过程，高温日数52天，为1961年以来同期第二多，中南部地区出现不同程度气象干旱。入秋后气象干旱再度发展，12月中旬经历1次明显降雨过程，旱情缓解。

灾情。暴雨洪水导致全省6个设区市4019处水利设施损毁，其中堤防61处7.84千米、护岸1317处、水闸8座、塘坝198座、灌溉设施1607处、水文测站28个、机电井221眼、机电泵站25座、小型水电站22座、其他水利设施532处，直接经济损失5.84亿元。

冷空气。全年福建省主要有8次冷空气过程，分别出现在1月26—28日、1月30日至2月1日、2月16—19日、3月28—30日、10月23—25日、11月9—11日、12月14—16日和12月30日至2021年1月2日，其中2月16—19日、12月14—16日和12月30日至2021年1月2日的过程达寒潮标准。

强对流。全年经历11次强对流天气。首场强对流天气发生在2月13日，明显早于常年。雨季和夏季多发强对流天气，5月出现4次冰雹天气，历史少见，其中5月6日全省8个地市共35个县（市、区）出现冰雹，为有气象记录以来单日降雹范围最广。

高温。春夏秋三季皆出现高温过程，共计13次，为1961年以来次数最多，其中，6月出现4次，历史罕见。7月11—24日过程为全年最强，7月26日至8月2日过程次之。

气象干旱。2019年的夏秋冬气象连旱持续到2020年初，2020年1月24—26日，福建省自北而南降水过程解除此次夏秋冬气象干旱。2020年，福建省出现两次气象干旱过程。第一次为6月中旬至9月中旬，6月中旬起福建省中南部持续温高雨少致气象干旱发展，逾半数县（市、区）出现气象重旱；8月下旬起，4次暴雨过程陆续解除福建省大部地区气象干旱。第二次为10月上旬至12月中旬，气象干旱自北部沿海向内陆发展，12月中旬降水过程使得全省旱情均有所缓解。

汛末水库蓄水状况。全省水库蓄水总量比上年同期偏少10%。其中，21座大型水库蓄水69.65亿立方米，占正常高蓄水总量的66%，较常年同期偏少10%；121座中型水库蓄水15.58亿立方米，占正常高蓄水总量的56%，较常年同期偏少9%。（张智杰 孙雁冰）

资 源

【土地资源】 截至2019年12月31日（福建省第三次国土调查结果），全省土地总面积12.40万平方千米，占全国土地总面积的1.3%，其中，耕地931993.49公顷、园地918407.70公顷、林地8811353.00公顷、草地74902.08公顷、湿地188553.23公顷、城镇村及工矿用地704896.55公顷、交通运输用地217543.34公顷、水域及水利设施用地373095.85公顷。（杨柏兴）

【水资源】 2020年，福建省水资源总量760.31亿立方米，人均1913.70立方米。其中地表水759.01亿立方米、地下水和地表水不重复量1.30亿立方米。行政分区中，地表水资源量最多的是南平市，为239.40亿立方米，最少的是平潭综合实验区，为1.01亿立方米，分别占全省地表水资源量的31.54%、0.13%。地表水资源量中，闽江435.43亿立方米、九龙江73.57亿立方米、汀江50.42亿立方米、晋江27.40亿立方米、交溪29.12亿立方米、木兰溪7.24亿立方米。其中闽江地表水资源量最多，占全省主要江河水资源总量的57.37%。全年外省入境水量11.97亿立方米，全省出境水量77.26亿立方米。全省入海水量604.10亿立方米（不含过境水量）。（张智杰）

【矿产资源】 截至2020年底，列入福建省矿产资源储量表的非普通建筑用砂类固体矿产118种，其中能源矿产1种（煤）、金属矿产28种、非金属矿产89种。上表矿区1755个，按矿产资源储量规划划分，大型矿区73个、中型矿区249个。（杨柏兴）

【生物资源】 野生动物资源。根据动

物地理区划，福建省属于东洋界华中区丘陵平原亚区和华南区闽广沿海亚区交错地带，记录到脊椎动物近1700种，约占全国种类的1/3，其中哺乳类147种、鸟类557种、爬行类123种、两栖类46种、鱼类820种。全省分布国家重点保护陆生野生动物189种，其中国家一级保护陆生野生动物46种、国家二级保护陆生野生动物143种。

野生植物资源。植物种类以亚热带成分为主，区系成分较复杂，种类繁多。据近年调查统计，全省有高等植物5064种，占全国高等植物种类的15.7%。其中蕨类382种、裸子植物70种、被子植物4251种、苔藓植物361种。国家重点保护野生植物52种，其中国家一级保护植物8种、国家二级保护植物44种，包括蕨类植物10种、裸子植物12种、被子植物30种。福建特有植物39科113种。

【森林资源】 根据第九次全国森林资源清查结果，福建省森林覆盖率66.80%，继续保持全国第一，森林面积811.58万公顷，森林蓄积量72937.63万立方米。与第八次全国森林资源清查相比，森林面积净增10.31万公顷，森林覆盖率由65.95%提高到66.80%，森林蓄积量净增1.21亿立方米。（郭　洁）

【海洋资源】 福建自古以来就有“闽在海中”的说法，海域面积13.6万平方千米，比陆域面积大10.3%，为中国的海洋大省之一。海岸线漫长曲折，北起福鼎沙埕港，南至诏安宫口港，总长3751.5千米，居全国第二位；直线长度535千米，海岸线曲折率1∶7.01，为全国之最；由于海岸曲折，岛屿众多，因而形成许多港湾，全省有大小港湾125个，其中深水港湾22处，自北而南较大的港湾有沙埕港、三沙湾、罗源湾、福清湾、兴化湾、湄洲湾、泉州湾、深沪湾、厦门湾、旧镇湾、东山湾、诏安湾等。其中能直接满足5万吨级以上船舶自由进出港的天然深水良港有厦门湾、沙埕港、湄洲湾、兴化湾、罗源湾、三沙湾、东山湾等7处，占全国1/6多。纳入港口规划的岸线467.1千米，其中深水岸线210.9千米，可开发建设20万吨级以上的大型深水港岸线总长47千米，共23处，可建设20万吨级以上深水港口泊位80个。

沿海岛屿星罗棋布，全省有海岛2214个，其中面积大于500平方米的1321个，位居全国第二；沿海岛屿总面积1155.8平方千米，总岸线长度2503.8千米，有居民岛屿100个（含台湾地区管辖的10个）。沿海滩涂广布，浅海滩涂可利用养殖面积1500平方千米。近海生物种类3000多种，贝、藻、鱼、虾种类数量居全国前列。可作业渔场面积12.51万平方千米，有闽东、闽中、闽南、闽外和台湾浅滩五大渔场。

海洋矿产资源种类多，海岸带和近海发现60多种矿产，有工业利用价值的20余种。全省山多海阔，山海兼容，优越的亚热带海洋性气候，多种多样的海岸类型，景色秀丽的岛屿，千姿百态的海蚀景观，与沿海众多富有宗教、文化、军事、历史内涵的名胜古迹和新兴的港口城市，构成理想的观光度假胜地，其中被列为国家重点风景名胜区的有鼓浪屿、清源山、太姥山、海坛岛和国家旅游度假区的湄洲岛以及“海上绿洲”东山岛等。沿海地热梯度较大，地热资源丰富，具有开采价值的热水区域较多。沿海风能资源丰富，可利用时数7000～8000小时。沿海可利用潮汐发电的海水面积3000平方千米，潮汐能理论装机容量3425万千瓦，可开发装机容量1033万千瓦，占全国的49.2%，居全国首位。（林　武）

环境质量

【大气环境质量】 2020年，福建省9个设区城市空气质量优良天数比例98.8%，比上年同期提高0.5个百分点，比全国平均水平高11.8个百分点。9个设区城市环境空气质量综合指数范围2.32～3.01，首要污染物为臭氧。空气质量从相对较好开始排名，依次为南平、厦门、龙岩、泉州、福州、宁德、莆田、三明、漳州；平潭综合实验区环境空气质量综合指数2.00，优于其他设区市。全国168个重点城市环境空气质量排名中，厦门排名第四位，福州排名第八位。二氧化硫、氮氧化物排放量比2015年下降29.42%、16.40%，碳排放强度比2015年下降20%。全省降水pH年均值5.52，酸雨出现频率23.0%，比上年同期下降0.7个百分点。

【水环境】 2020年，福建省在降雨量比上年减少18%、径流量减少46%的不利气象条件下，水环境质量保持优良水平、达到历史高位。主要河流水质总体保持优，集中式生活饮用水水源地水质保持优，主要湖泊水库水质有所提升。全省12条主要河流Ⅰ～Ⅲ类水质比例为97.9%，比上年同期上升1.4个百分点。全省小流域Ⅰ～Ⅲ类水质比例为96.9%，比上年同期上升4.1个百分点。全省118个县级及以上集中式生活饮用水水源Ⅰ～Ⅲ类水质比例为100%，与上年同期持平。全省19个淡水湖泊水库Ⅰ～Ⅲ类水质比例为94.7%，比上年同期上升10.5个百分点。全省近岸海域优良水质（一、二类水质）比例为82.9%，优于国家“十三五”末72%的考核目标。

【声环境】 2020年，福建省城市声环境质量持续保持稳定，全省24个城市道路交通噪声昼间平均等效声级为68.0dB（A）。其中，道路交通噪声评价为一级的城市14个，占58.3%；二级的城市7个，占29.2%；三级的城市2个，占8.3%；四级的城市1个，占4.2%。全省24个城市区域环境噪声昼间平均等效声级为56.1dB（A），各城市区域声环境质量总体处于二级和三级水平。其中，区域声环境质量达到二级的城市14个，占58.3%；三级的城市9个，占37.5%；四级的城市1个，占

4.2%。 （省生态环境厅供稿）

人文历史

【八闽史迹】 闽地境内重峦叠嶂，河谷和盆地错落其间；气候温和湿润，资源丰富。优越的自然条件适宜于人类生息、繁衍。据2007年福建省文物局统计，全省有古遗址3537处、古墓葬954处。其中，已知旧石器文化遗址或旧石器出土地点、化石地点45处；旧石器时代向新石器时代过渡期的小石器地点数百处；新石器时代和青铜器时代文化遗存3000余处。遗址主要分布在闽江、晋江、九龙江、汀江及其支流河溪两岸，形成闽江下游和闽东沿海区、闽江上游闽北河谷区、闽南粤东沿海区、闽中内陆和闽西地区4个区系。到新石器时代后期，早期先民活动地域扩展到闽中内陆、闽西腹地，基本遍及闽地全境。

古闽先民生产生活主要特征有：沿海地区，先民依山面海，从事以海洋为主的活动，生产生活具有鲜明的海洋文明特征；内陆地区，先民依水而居、水宿山行，从事采集、狩猎和山地农业为主，生产生活具有独特的农业文明特征。

古闽先民促进多元文化的交流融合。闽江流域是古闽文化发展的中心地区之一，在这一文化体系中，闽江下游是土著文化核心地区，早期古文化发展序列清楚，一脉相承，土著文化内涵比较单纯而富有特色，延续性比较明确；上游地区由于地理位置影响，受到来自境外的不同文化更深刻的影响，内涵相对复杂一些。古闽文化在吸收外来文化辐射的同时，闽江流域也逐步产生向外的文化影响和传播。 （李连秀）

【闽籍开国中将】

刘　忠（1906.10—2002.8），福建上杭人。1929年参加中国工农红军，同年加入中国共产党。中华人民共和国成立后曾任西康军区司令员、川西军区司令员、中国人民解放军军政大学副校长等职。1955年被授予中将军衔。

苏　静（1910.12—1997.11），曾用名苏孝顺，福建龙海人。1932年参加中国工农红军，1936年加入中国共产党。中华人民共和国成立后，任中南军区副参谋长，解放军总参谋部军务部部长，国家计划委员会副主任等职。1955年被授予中将军衔。第一届全国政协委员、第五届全国政协常委，中共第九届、十届、十一届中央委员。

张南生（1905.8—1989.8），福建连城人。1929年参加革命，1930年加入中国共产党，同年参加中国工农红军。中华人民共和国成立后曾任中国人民志愿军政治部代主任、北京军区副政委等职。1955年被授予中将军衔。

陈仁麒（1913.7—1994.3），原名陈景麟，曾用名陈仁祺，福建龙岩（今新罗）人。1930年参加中国工农红军，1931年加入中国共产主义青年团，1932年转为中共党员。中华人民共和国成立后，任中共赣西南区委第二书记兼四十八军政治委员，江西省人民政府委员，第二十一兵团政治委员，海南军区政治委员兼中共海南区委第二书记，中南军区政治部副主任、主任，中共华南局委员，解放军炮兵政治委员，成都军区第二政治委员兼四川省委常委等。1955年被授予中将军衔。中共第九届中央候补委员。1983年离职休养。

罗元发（1910.11—2010.5），福建龙岩（今新罗）人。1926年参加农民协会。1928年加入中国共产主义青年团，1929年转为中共党员，同年参加中国工农红军。中华人民共和国成立后，历任北疆军区司令员兼中共北疆区党委书记，西北军区空军司令员，北京军区副司令员兼军区空军司令员，中国人民解放军空军副司令员兼国防科委副主任，国防科委顾问等职。中国共产党第七次全国代表大会代表、第九届候补中央委员。1955年被授予中将军衔。

罗舜初（1914.12—1981.2），福建上杭人。1929年春参加上杭农民暴动，同年冬参加中国共产主义青年团。1931年参加中国工农红军，1932年10月转为中共党员。中华人民共和国成立后曾任中国人民解放军海军参谋长、沈阳军区副司令员等职。1955年被授予中将军衔。

袁子钦（1908.12—1968.2），原名袁致卿，福建上杭人。1929年参加中国工农红军，1930年加入中国共产党。中华人民共和国成立后曾任中国人民解放军总政治部副主任等职。1955年被授予中将军衔。

郭化若（1904.8—1995.11），又名郭俊英，福建福州人。1925年加入中国共产党，1927年9月在广东大埔县三河坝参加南昌起义部队。中华人民共和国成立后曾任南京军区副司令员、军事科学院副院长等职。1955年被授予中将军衔。1982年选为中共中央顾问委员会委员。

傅连暲（1894.9—1968.3），字日新，福建长汀人。1933年参加中国工农红军，1938年加入中国共产党。中华人民共和国成立后曾任卫生部副部长等职。1955年被授予中将军衔。

【闽籍开国少将】

丁甘如（1917.10—1995.3），福建上杭人。1930年加入中国共产主义青年团，1932年参加中国工农红军，1933年转为中共党员。中华人民共和国成立后曾任成都军区副参谋长、成都军区司令部顾问等职。1961年晋升为少将军衔。

王　直（1916.7—2014.4），福建上杭人。1929年5月参加革命，1931年参加中国工农红军，1932年加入中国共产主义青年团，1934年转为中共党员。中华人民共和国成立后曾任福州军区副政委、福建省人大常委会副主任等职。1955年被授予少将军衔。

王　胜（1909.11—1996.2），原名王近森，福建上杭人。1929年加入中国共产党，1930年参加中国工农红军。中华人民共和国成立后曾任福建军区龙岩军分区司令员、装甲兵学院副院长等职。1955年被授予少将军衔。

王平水（1915.10—1993.2），福建永定人。1931年加入中国共产主义青年团，1932年转为中共党员，同年参加中国工农红军。中华人民共和国成立后曾任空军政治部副主任、兰州军区空军政委、军事学院副政委等职。1955年被授予少将军衔。

王全珍(1906.12—1970.10)，福建永定人。1928年参加农民暴动，1929年参加中国工农红军，1932年加入中国共产党。中华人民共和国成立后曾任海军南海舰队副司令员等职。1961年晋升为少将军衔。

王奇才(1903.10—1976.2)，原名王笃行，福建上杭人。1929年参加农民暴动，同年参加中国工农红军并加入中国共产党。中华人民共和国成立后曾任河北省军区政委等职。1955年被授予少将军衔。

王贵德(1914.8—2017.4)，福建上杭人。1929年参加农民暴动，同年12月加入中国共产主义青年团，1931年2月参加中国工农红军，1932年2月转为中共党员。中华人民共和国成立后曾任贵州省军区政委等职。1955年被授予少将军衔。

王香雄(1918.4—1988.12)，福建上杭人。1932年加入中国共产主义青年团，同年参加中国工农红军，1933年转为中共党员。中华人民共和国成立后曾任济南军区空军副司令员等职。1964年晋升为少将军衔。

王集成(1907.2—1983.5)，原名王富堂，福建上杭人。1930年参加中国工农红军，同年加入中国共产党。中华人民共和国成立后曾任华东军区空军政委、铁道兵副政委等职。1955年被授予少将军衔。

孔俊彪(1917.1—2001.3)，又名孔祥光，福建宁化人。1933年初加入中国工农红军，同年加入中国共产主义青年团，1935年转为中共党员。中华人民共和国成立后曾任兰州军区副政委等职。1955年被授予少将军衔。

孔瑞云(1917.10—1992.12)，福建上杭人。1930年加入反帝大同盟。1931年加入中国共产主义青年团，1932年参加中国工农红军，1933年转为中共党员。中华人民共和国成立后曾任新疆生产建设兵团副司令员等职。1964年晋升为少将军衔。

叶青山(1904.12—1987.7)，原名叶志泉，福建长汀人。1929年参加中国工农红军，同年加入中国共产党。中国人民解放军卫生事业的创始人之一。中华人民共和国成立后曾任卫生部部长助理兼中央保健局局长、北京军区后勤部副部长等职。1955年被授予少将军衔。

卢　克(1912.5—1994.2)，原名卢敬美，福建永定人。1929年加入中国工农红军，同年加入中国共产主义青年团，1932年转为中共党员。中华人民共和国成立后曾任河北省军区副政委等职。1955年被授予少将军衔。

卢仁灿(1915.2—2007.3)，福建永定人。1929年参加革命，1930年加入中国共产主义青年团，次年转为中共党员。中华人民共和国成立后曾任海军副政委等职。1955年被授予少将军衔。

刘　昌(1913.10—1992.10)，福建长汀人。1929年参加农民暴动，1930年参加中国工农红军，1932年加入中国共产主义青年团，1933年转为中共党员。中华人民共和国成立后曾任内蒙古军区政委等职。1955年被授予少将军衔。

刘　彬(1912—1989.4)，福建上杭人。1928年参加农民暴动队，后改编为红军赤卫队，1929年编入闽西红军，同年加入中国共产主义青年团，1931年转为中共党员。中华人民共和国成立后曾任河北省军区副司令员等职。1955年被授予少将军衔。

刘永生(1904.5—1984.1)，福建上杭人。1927年参加农民运动，1928年6月加入中国共产党。中华人民共和国成立后曾任福州军区副司令员、福建省军区司令员、福建省副省长、省人大常委会副主任等职。1955年被授予少将军衔。

刘振球(1911.10—1997.6)，福建上杭人。1929年参加中国工农红军，1930年加入中国共产党。中华人民共和国成立后曾任福建省军区第一副司令员等职。1955年被授予少将军衔。

刘禄长(1914.1—1980.2)，福建上杭人。1929年加入中国共青团，1930参加中国工农红军，1932年转为中共党员。中华人民共和国成立后曾任福州军区炮兵司令员、军委炮兵副司令员等职。1955年被授予少将军衔。

孙克骥(1917.1—2005.3)，曾用名陈卓凡、朱永桦，福建武夷山人。1932年加入中国共产主义青年团，1937年加入中国共产党，1938年加入新四军。中华人民共和国成立后曾任云南省军区政委、南京军区副政委等职。1955年被授予少将军衔。

苏启胜(1909.8—1967.2)，福建永定人。1928年参加闽西农民暴动，1929年随红军赤卫队编入中国工农红军，同年加入中国共产党。中华人民共和国成立后曾任海军政治部主任等职。1955年被授予少将军衔。

杜西书(1919.12—1994.12)，原名杜希秀，福建邵武人。1932年参加中国工农红军，1933年加入中国共产主义青年团，1934年转为中共党员。中华人民共和国成立后曾任海军北海舰队副政委等职。1961年晋升为少将军衔。

李　平(1914.5—1964.3)，福建上杭人。1929年参加中国工农红军，1930年加入中国共产党。中华人民共和国成立后曾任中国民用航空总局副局长兼党委副书记等职。1955年被授予少将军衔。

李兆炳(1909.10—1992.6)，福建漳州人。1926年加入中国共产主义青年团，1932年在漳州参加中国工农红军，1935年加入中国共产党。中华人民共和国成立后曾任中国革命博物馆馆长等职。1955年被授予少将军衔。

杨尚儒(1903.7—1986.1)，福建连城人。1929年10月参加农民暴动，1930年1月参加中国工农红军，同年3月加入中国共产党。中华人民共和国成立后曾任空军后勤部政委等职。1955年被授少将军衔。

吴　岱(1918.11—1996.11)，福建长汀人。1931年加入中国共产主义青年团，1933年参加中国工农红军，1934年转为中共党员。中华人民共和国成立后曾任北京军区副政委、中共天津市委第二书记等职。1955年被授予少将军衔。

何廷一(1915.2—2007.11)，原名何廷英，又名何俊卿，福建长汀人。1929年加入中国共产主义青年团，同年加入中国工农红军，1933年转为中共党员。中华人民共和国成立后曾任空军副司令员等职。1955 年被授予少将军衔。

邱子明(1914.3—1999.3)，福建上杭人。1929 年加入中国共产主义青年团，1930 年转为中共党员。1932 年参加中国工农红军。中华人民共和国成立后曾任铁道兵副政委等职。1955 年被授予少将军衔。

邱国光(1918.5—2001.2)，福建上杭人。1930 年加入中国共产主义青年团。1932 年参加中国工农红军，同年转为中共党员。中华人民共和国成立后，历任华南军区后勤部部长，广州军区后勤部部长、军区副司令员，解放军后勤学院副院长。1955 年被授予少将军衔。中共第九届中央委员。

邱相田(1916.11—1984.8)，福建上杭人。1930 年加入中国共产主义青年团，1935 年转为中共党员。中华人民共和国成立后曾任解放军装甲兵副政委兼政治部主任等职。1955 年被授予少将军衔。

张力雄(1913.10—)，福建上杭人。1929 年加入中国共产主义青年团，1931 年转为中共党员，1932 年参加中国工农红军。中华人民共和国成立后曾任云南省军区政委、江西省军区政委等职。1961 年晋升为少将军衔。

张云龙(1910.11—2006.5)，福建永定人。1929 年参加永定县赤卫大队，1930 年编入中国工农红军，同年加入中国共产主义青年团，1931 年转为中共党员。中华人民共和国成立后曾任北京军区副司令员等职。1955 年被授予少将军衔。

张元培(1913.6—1981.10)，字绍南，福建永定人。1930 年 2 月参加红军，1931 年 2 月加入中国共产主义青年团，1932 年 2 月转为中共党员。中华人民共和国成立后曾任解放军总后勤部副部长等职。1955 年被授予少将军衔。

张日清(1917.7—2004.10)，原名张家珍，福建长汀人。1930 年参加中国工农红军，1931 年加入中国共产主义青年团，1932 年转为中共党员。中华人民共和国成立后曾任北京军区副政委兼山西省军区政委等职。中国共产党第九届中央委员会候补委员。1955 年被授予少将军衔。

张水发(1919.5—2007.12)，原名张明，福建连城人。1931 年加入中国共产主义青年团，1932 年参加中国工农红军，1935 年转为中共党员。中华人民共和国成立后曾任昆明军区司令部副参谋长等职。1964 年晋升为少将军衔。

张廷发(1918.4—2010.3)，福建沙县人。1933 年 9 月参加革命，同年 12 月加入中国共产主义青年团，1936 年转为中共党员。中华人民共和国成立后，历任中国人民解放军空军第一副参谋长、参谋长、副司令员、政治委员、司令员，中共中央军委常委。1955 年被授予空军少将军衔。中共第十一届、十二届中央委员、政治局委员，后任中央顾问委员会委员。

张宜步(1913.5—2011.3)，福建永定人。1931 年参加中国工农红军，1932 年加入中国共产主义青年团，1934 年转为中共党员。中华人民共和国成立后曾任华东军区海军后勤部部长、海军舟山基地副司令员等职。1964 年晋升为少将军衔。

张新华(1911.3—2003.5)，福建宁化人。1932 年在宁化参加中国工农红军，同年加入中国共产党。中华人民共和国成立后曾任福建军区炮兵司令员，南京军区炮兵副司令员等职。1955 年被授予少将军衔。

张雍耿(1917.11—1994.1)，福建宁化人。1931 年参加中国工农红军，同年加入中国共产主义青年团，1933 年转为中共党员。中华人民共和国成立后曾任沈阳军区空军政委、济南军区空军政委等职。1955 年被授予少将军衔。

陈　挺(1911.4—2005.2)，福建福安人。1930 年加入中国共产党，1932 年参加闽东兰田暴动，随后加入中国工农红军。中华人民共和国成立后曾任江西省军区副司令员、福建省军区副司令员等职。1961 年晋升为少将军衔。

陈青山(1919.10—2003.3)，福建惠安人。1941 年加入中国共产党。同年参加海南岛琼崖民众抗日自卫团独立总队。中华人民共和国成立后曾任广州军区政治部主任等职。1964 年晋升为少将军衔。

陈茂辉(1912.7—2015.3)，福建上杭人。1929 年 7 月参加中国工农红军，同年加入中国共产主义青年团，1931 年 3 月转为中共党员。中华人民共和国成立后曾任江苏省军区副政委、第三政委等职。1955 年被授予少将军衔。

陈忠梅(1918.6—2000.3)，福建永定人。1929 年参加中国工农红军，1931 年加入中国共产主义青年团，1932 年转为中共党员。中华人民共和国成立后曾任山东省军区副司令员等职。1955 年被授予少将军衔。

陈海涵(1914—1994.6)，福建上杭人。1928 年参加农民暴动，同年加入中国共产主义青年团，1930 年转为中共党员。中华人民共和国成立后曾任广州军区副司令员等职。1955 年被授予少将军衔。

林　伟(1914.10—1979.1)，福建武平人。1931 年参加工农赤卫队，同年 9 月参加中国工农红军，1935 年 9 月加入中国共产党。中华人民共和国成立后曾任海军通信学校校长，解放军总参谋部通信兵部副主任等职。1955 年被授予少将军衔。

林　遵(1905.8—1979.7)，曾用名林准，又名林尊之，福建福州人。1949 年 4 月加入中国人民解放军海军，1977 年加入中国共产党。中华人民共和国成立后曾任海军学院副院长、海军东海舰队副司令员等职。1955 年被授予少将军衔。

林忠照(1911.11—1992.11)，福建龙岩（今新罗）人。1929 年加入中国共产主义青年团，1930 年参加中国工农红军，1932 年转为中共党员。中华人民共和国成立后曾任福州军区炮兵政委、福州军区政治部副主任等职。1955 年被授予少将军衔。

林接标(1914.2—1989.5)，原名林接义，曾用名林介彪，福建长汀人。1928 年参加农民暴动，1929 年加入中国共产主义青年团，1932 年参加中国工农红军，1933 年转为中共党员。中华人民共和国成立后曾任空军政治部副主任等职。1955 年被授予少将军衔。

范阳春(1913.10—1994.2)，福建永定人。1928 年参加县赤卫团，1930 年加入中国共产主义青年团，1931 年参加中国工农红军，1932年转为中共党员。中华人民共和国成立后曾任通信兵副政委兼政治部主任、总参谋部通信部副政委等职。1955年被授予少将军衔。

罗　斌（1914.11—1967.7），又名罗振兴、罗思富，福建武平人。1930年参加红军游击队，1932年加入中国共产党。中华人民共和国成立后曾任公安部队后勤部副政委、武装警察部队后勤部副政委等职。1962年晋升为少将军衔。

罗洪标（1917.2—2009.10），曾用名罗广丰，福建长汀人。1929年10月参加农民暴动，1930年1月加入中国共产主义青年团，同年6月参加中国工农红军，1931年12月转为中共党员。中华人民共和国成立后曾任兰州军区副参谋长等职。1961年晋升为少将军衔。

钟　池（1915.12—1978.3），福建长汀人。1929年参加中国工农红军，同年加入中国共产主义青年团，1935年转为中共党员。中华人民共和国成立后曾任成都军区政治部副主任等职。1964年晋升为少将军衔。

郭成柱（1912.3—1972.8），又名郭春林，福建龙岩（今新罗）人。1929年参加中国工农红军，同年4月加入中国共产主义青年团，1931年转为中共党员。中华人民共和国成立后曾任广州军区副政委等职。1955年被授予少将军衔。

郭廷万（1913—1989.10），福建龙岩（今新罗）人。1929年参加农民暴动，同年由赤卫队编入闽西红军，1931年加入中国共产主义青年团，1932年转为中共党员。中华人民共和国成立后曾任福建省军区副司令员兼福州市卫戍区司令员等职。1961年晋升为少将军衔。

涂则生（1912.12—1971.7），福建长汀人。1929年参加中国工农红军，1930年加入中国共产主义青年团，1932年转为中共党员。中华人民共和国成立后曾任福州军区炮兵司令员、福建省军区副司令员等职。1955年被授予少将军衔。

涂通今（1914.9—），福建长汀人。1932年参加中国工农红军，1933年加入中国共产主义青年团，同年转为中共党员。中华人民共和国成立后曾任解放军第四军医大学校长等职。1960年晋升为少将军衔。

翁祥初（1908—1997.3），福建上杭人。1929年5月参加农民暴动，同年7月加入中国共产党，1930年由赤卫队编入红军。中华人民共和国成立后曾任华北军区后勤部军需部政委、华北军区后勤部政治部副主任等职。1955年被授予少将军衔。

黄　烽（1916.5—2001.9），原名黄宝澄，福建福安人。1938年参加新四军，同年加入中国共产党。中华人民共和国成立后曾任福州军区空军政治部主任等职。1964年晋升为少将军衔。

黄炜华（1914.10—2001.12），福建上杭人。1930年参加中国工农红军，同年加入中国共产主义青年团，1932年转为中共党员。中华人民共和国成立后曾任广州军区空军副司令员等职。1955年被授予少将军衔。

黄鹄显（1914.2—1986.4），福建上杭人。1931年3月参加中国工农红军，同年加入中国共产党。中华人民共和国成立后曾任解放军装甲兵副参谋长、装甲兵学院院长兼党委书记等职。1955年被授予少将军衔。

彭胜标（1909.3—2003.3），原名彭佑先，福建长汀人。1929年参加古城农民暴动并加入赤卫队，同年10月编入中国工农红军，同年11月加入中国共产党。中华人民共和国成立后曾任安徽省军区副政委等职。1955年被授予少将军衔。

彭德清（1910.11—1999.6），曾用名彭楷珍、陈国华，福建同安人。1926年参加农民协会和农民赤卫队，1927年加入中国共产主义青年团，1930年转为中共党员。中华人民共和国成立后曾任华东军区海军副司令员等职。中央顾问委员会委员。1955年被授予少将军衔。

赖光勋（1914.11—2003.1），福建永定人。1930年参加中国工农红军，1932年加入中国共产主义青年团，1933年转为中共党员。中华人民共和国成立后曾任新疆军区副司令员兼参谋长等职。1955年被授予少将军衔。

蓝文兆（1919.1—2001.4），原名高禄水，福建武平人。1932年参加中国工农红军，1933年加入中国共产主义青年团，次年转为中共党员。中华人民共和国成立后曾任解放军炮兵政委、兰州军区副政委等职。1964年晋升为少将军衔。

蓝庭辉（1913—1983.9），畲族，福建上杭人。1929年参加上杭暴动，随后参加中国工农红军，同年加入中国共产主义青年团，1930年转为中共党员。中华人民共和国成立后曾任铁道兵副司令员等职。1961年晋升为少将军衔。

雷　钦（1915.10—2014.11），畲族，福建上杭人。1930年加入中国共产主义青年团，1931年参加中国工农红军，1932年转为中共党员。中华人民共和国成立后曾任解放军总后勤部军械部副政委、大连市政协副主席等职。1961年晋升为少将军衔。

阙中一（1914.10—1995.8），原名阙桂兰，福建永定人。1928年参加农民暴动，1929年参加中国工农红军，1930年加入中国共产主义青年团，1932年转为中共党员。中华人民共和国成立后曾任海军舟山基地政委等职。1955年被授予少将军衔。

廖成美（1916.9—2001.12），福建龙岩（今新罗）人。1934年参加红军游击队，1935年编入红军主力部队。1934年加入中国共产主义青年团，同年转为中共党员。中华人民共和国成立后曾任解放军二炮副司令员等职。1955年被授予少将军衔。

廖步云（1914.7—2008.12），福建武平人。1931年参加中国工农红军，1933年加入中国共产主义青年团，1934年转为中共党员。中华人民共和国成立后曾任四川省军区政委等职。1964年晋升为少将军衔。

熊　奎（1912—1994.3），原名熊来福，福建永定人。1930年加入中国共产主义青年团，1931年参加中国工农红军，1933年转为中共党员。中华人民共和国成立后曾任云南省军区副司令员等职。1955年被授予少将军衔。

熊兆仁（1912.10—2019.4），福建永定人。1929年参加中国工农红军，1931年加入中国共产主义青年团，1933年转为中共党员。中华人民共和国成立后曾任福建生产建设兵团政委、福州军区副参谋长、福建省政协副主席等职。1955年被授予少将军衔。

（省委党史方志办供稿）

建置 区划

【建置沿革】 古近代时期。“闽”最早出现在周朝，西周时福建称闽越，《周礼·夏官》称七闽。战国末，无诸据有福建及其毗邻的浙南、赣东、粤东地区，自称闽越王，建都于冶（今福州），此为福建有政权之始。秦时平百越，削去无诸王号。秦始皇三十三年（前214年），设置闽中郡，治东冶（今福州），福建为闽中郡辖区的一部分，从此福建作为一个行政区划出现在中国的版图上。汉高祖立无诸为闽越王，都东冶。西汉昭帝始元二年（前85年）立为冶县（后复名东冶），东汉改为东侯官。汉建安八年（203年），析东侯官置建安县，此时福建有侯官、建安、南平、汉兴和东冶5个县。三国吴永安三年（260年）设置建安郡，治建安（今南安市丰州镇），辖建安、南平、将乐、建平（建阳）、东平（松溪）、昭武、吴兴（浦城）以及候官、东安（南安、同安）共9县。西晋太康三年（282年）设置晋安郡，治原丰，属扬州。南朝梁天监年间析晋安郡置南安郡，治南安；陈永定年间析晋安郡置闽州，改晋安郡为丰州。隋开皇元年（581年）废郡，改丰州为泉州，大业元年（605年）更名为闽州，大业三年（607年）又废州改设为建安郡。唐武德元年（618年）改建安郡为建州，治闽县（今福州）；武德五年设置丰州，治南安，武德六年分置泉州，治闽县；贞观初年丰州并入泉州；垂拱二年（686年）析出泉州南部设置漳州，治漳浦（今云霄）；圣历二年（699年）泉州析地设置武荣州，治南安；景云二年（711年）武荣州更名为泉州，治晋江，后改泉州为闽州，治闽县（今福州）；开元十三年（725年）闽州更名为福州；开元二十一年（733年）设置福建经略使，“福建”之称由此始；天宝元年（742年）改属江南东道，改福建经略使为长乐经略使；乾元元年（758年）以长乐郡为福州都督府，经略使改为都防御使；上元元年（760年）升格为节度使；大历六年（771年）置都团练观察处置使；乾宁三年（896年）置为威武军节度使，治福州。五代时后梁开平三年（909年）封王审知为闽王，贞明六年（920年）在福州设立大都督府；长兴四年（933年）福州升为长乐府；开运二年（945年）改长乐府为东都。宋雍熙二年（985年）设立福建路，下辖福、泉、建、汀、漳、南剑六州和邵武、兴化两军，时全省有42个县。元至元十四年（1277年）在泉州设立行宣慰司，第二年改为行中书省，后行省迁回福州。明代改设福建布政使司，治福州，辖8府1州60县。清代继承明制，省辖府、县两级，省府之间设道；康熙二十三年（1684年）福建省增设台湾府；光绪十二年（1886年）台湾从福建析出设立台湾省；清末，全省行政区划为宁福、兴泉永、汀漳龙、延建邵4道，福州、福宁、兴化、泉州、汀州、漳州、延平、建宁、邵武9府，永春、龙岩2州，58县、6厅。

民国时期。福建省行政区划废府、州、厅，实行省、道、县三级制。民国元年（1912年）全省划分为东路、南路、西路、北路4道。民国三年（1914年）以原辖区改为闽海道（闽东）、厦门道（闽南）、汀漳道（闽西）、建安道（闽北）4道。合并闽县、侯官为闽侯县；建安、瓯宁为建瓯县；改永春、龙岩2州为永春、龙岩2县；同安县析厦门岛设置思明县，析浯州岛（金门岛）和大、小嶝岛置金门县；改永福县为永泰县；全省4道、61县。民国四年（1915年），诏安县析桐山岛和漳浦县的古雷岛设置东山县。民国十四年（1925年），废除道制，实行省、县两级制。民国十七年（1928年），设置华安县。民国二十二年（1933年），十九路军在福州发动“福建事变”，成立中华共和国人民革命政府，定福州为首都，将福建划为闽海、延平、兴泉、龙汀4个省和福州、厦门两个特别市，辖64个县。民国二十三年（1934年）人民革命政府解散，又成立福建省政府，7月实行行政督察专员公署制度，将全省划分为10个行政督察区公署，辖64个县，8月光泽县由江西省划归福建省管辖。民国二十四年（1935年）设立厦门市，撤销思明县。民国二十七年（1938年）福建省政府迁往永安，全省行政区划为7个行政督察区、1个市、62个县、7个特区。民国二十九年（1940年），建瓯析出部分行政区域设置水吉县，沙县、永安和明溪析出部分行政区域设置三元县。民国三十年（1941年）福州沦陷，第一区专署迁往福安。民国三十二年（1943年）全省行政区划调整为8个行政督察区、2个市、64县、2个特区。民国三十三年（1944年）闽侯县更名为林森县。民国三十四年（1945年）9月设置周宁县，10月设置柘荣县，11月省政府迁回福州。民国三十五年（1946年）福州市成立，全省行政区划调整为9个行政督察区、2个市、66个县。民国三十六年（1947年）全省行政区划调整为7个行政督察区，福州、厦门2个市，67个县，10个区，899个乡（镇）。

中华人民共和国时期。1949年8月24日，福建省人民政府成立，9月，省人民政府公布福建省行政区划通令，将全省行政区域分为福州、厦门2个市，8个行政督察专区和67个县。1950年3月，8个专区依次更名为建瓯、南平、福安、闽侯、泉州、漳州、永安、龙岩专区；9月，泉州专区更名为晋江专区，漳州专区更名为龙溪专区，建瓯专区更名为建阳专区；德化县由永安专区划归晋江专区，林森县复名为闽侯县；11月，设立泉州市、漳州市（县级）。县以下的行政区划，仍维持旧政权的区划。1951年，福州市设立鼓楼、大根、小桥、台江、仓山、水上、盖山、鼓山、洪山9个区；废除国民党政权的901个旧乡（镇）、10265个保和131978个甲。1952年，福州市设立新店区，厦门市设立开元、思明、鼓浪屿3个区。1954年，厦门市设立禾山区。1955年，撤销福州市盖山、鼓山、洪山、新店4个区。1956年，撤销建阳专区，所辖各县划归南平地区；撤销闽侯专区，所辖闽侯县划归省直辖，长乐、连江、罗源3县划归福安专区，永泰、福清、平潭

3县划归晋江专区；撤销永安专区，所辖三元、明溪2县划归南平专区，大田划归晋江专区，永安、清流、宁化、宁洋4县划归龙岩专区；撤销水吉县，其行政区域分别并入建阳、建瓯和浦城县；撤销宁洋县，其行政区域分别并入漳平、永安和龙岩县；撤销柘荣县，其行政区域并入福鼎县；福州市撤销大根、小桥、水上3个区，其行政区域分别并入鼓楼区、台江区和仓山区；三元、明溪2个县合并为三明县；析南平县城区，设立南平市（县级）。1957年，全省辖2个地级市、5个专区、3个县级市、7个市辖区、63个县、337个区、4223个乡。

1958年，中国基层政权改制为政社合一的人民公社，全省共建656个人民公社；撤销厦门市禾山区，闽侯县划归福州市，同安县由晋江专区划归厦门市。1959年，恢复闽侯专区，辖原福州市的闽侯县，原南平市的闽清县，原福安专区的长乐、连江2县和原晋江专区的永泰、福清、平潭3个县，专署驻闽侯县；原南平专区的松溪、政和2县划归福安专区。1960年，设立三明市（地级），以三明县城区为三明市行政区域，南平专区的三明县归三明市管辖；清流、宁化2县合并设立清宁县，清宁县驻原宁化县政府驻地，原清流县部分行政区域分别并入永安、连城2县；松溪、政和2县合并设立松政县，松政县驻原松溪县政府驻地；龙溪、海澄2县合并设立龙海县，龙海县驻石码镇；撤销南平县并入南平市（县级）；福州市设立马尾区。1961年，恢复柘荣县；撤销清宁县，恢复清流县、宁化县。1962年，撤销松政县，恢复松溪县和政和县；连江县、罗源县分别从闽侯专区和福安专区划归福州市；龙岩专区的永安、清流、宁化3县划归三明市。1963年，设立三明专区，三明市改为县级市，三明专区辖三明市和三明、永安、清流、宁化4个县；福州市撤销马尾区；福州市的连江、罗源2县和南平专区的古田、屏南2县划归闽侯专区；晋江专区的大田县划归三明专区。1964年，以南平市、建瓯县、顺昌县的部分行政区域析出建西县；三明县更名为明溪县。1965年全省共辖2个地级市、7个专区、6个市辖区、4个县级市、63个县、1258个人民公社。

1966年，厦门市开元区更名为东风区，思明区更名为向阳区。1968年，福州市鼓楼区更名为红卫区，台江区更名为赤卫区，仓山区更名为朝阳区；福州市、厦门市均设立郊区。1970年，撤销建西县，其行政区域并入顺昌县；撤销柘荣县，其行政区域分别并入福安、福鼎2县；撤销松溪、政和2县，合并设立松政县；福州市撤销郊区，设立马江区和北峰区；福安专区的松政县划归南平专区；闽侯专区的古田、屏南、连江、罗源4个县划归福安专区；晋江专区的莆田、仙游2个县划归闽侯专区；厦门市的同安县划归晋江专区；南平专区的尤溪、沙县、将乐、泰宁、建宁5个县划归三明专区；南平专区驻地由南平市迁驻建阳县；福安专区驻地由福安县迁驻宁德县；闽侯专区驻地由闽侯县迁驻莆田县。1971年，各专区更名为地区；南平地区更名为建阳地区；福安地区更名为宁德地区；闽侯地区更名为莆田地区。1973年，莆田地区的闽侯县划归福州市；晋江地区的同安县划归厦门市。1974年，恢复柘荣县；撤销松政县，恢复松溪县和政和县。1975年，福州市撤销北峰区设立郊区。1976年全省辖2个地级市、7个专区、9个市辖区、4个县级市、62个县、835个人民公社、129个镇（街人民公社）。

1978年，厦门市设立杏林区；福州市设立环城区，撤销马江区；福州市红卫、赤卫、朝阳3个区分别更名为鼓楼区、台江区、仓山区。1979年，厦门市东风、向阳2区分别更名为开元区和思明区。1981年，撤销龙岩县，设立龙岩市（县级）。1982年，福州市设立马尾区，撤销环城区。1983年，撤销三明地区，设立三明市（地级），三明市设立梅列区和三元区；撤销莆田地区，所属闽清、永泰、长乐、福清、平潭5个县划归福州市管辖，莆田、仙游2个县划归晋江地区；撤销邵武县，设立邵武市（县级）；设立莆田市（地级），莆田市设立城厢区和涵江区，辖原晋江地区的莆田、仙游2个县；宁德地区的连江、罗源2个县划归福州市。1984年，撤销人民公社，设立乡镇建制；撤销永安县，设立永安市（县级）；全省辖4个地级市、5个专区、14个市辖区、6个县级市、59个县、189个镇，1076个乡，18个民族乡。

1985年，撤销晋江地区，设立泉州市（地级），泉州市设立鲤城区；撤销龙溪地区，设立漳州市（地级），漳州市设立芗城区。1987年，厦门市设立湖里区，郊区更名为集美区；晋江县析出石狮市。1988年，建阳地区驻地从建阳县迁驻南平市，并更名为南平地区；撤销宁德县，设立宁德市（县级）。1989年，撤销崇安县，设立武夷山市（县级）；撤销福安县，设立福安市（县级）。1990年，撤销福清县，设立福清市（县级）；撤销漳平县，设立漳平市（县级）。1992年，撤销晋江县，设立晋江市（县级）；撤销建瓯县，设立建瓯市（县级）。1993年，撤销南安县，设立南安市（县级）；撤销龙海县，设立龙海市（县级）。1994年，撤销南平地区，设立南平市（地级），原县级南平市改设延平区；撤销长乐县，设立长乐市（县级）；撤销建阳县，设立建阳市（县级）。1995年，福州市调整5个市辖区行政区域，同时将郊区更名为晋安区；撤销福鼎县，设立福鼎市（县级）。1996年，撤销同安县，设立厦门市同安区；漳州市析出芗城区和龙海市部分行政区域，设立龙文区；撤销龙岩地区，设立龙岩市（地级），原县级龙岩市改设新罗区。1997年，泉州市析出鲤城区部分行政区域，设立丰泽区和洛江区。1999年，撤销宁德地区，设立宁德市（地级），原宁德市改设蕉城区。2000年，泉州市析出惠安县部分行政区域，设立泉港区。2002年，莆田市撤销莆田县，设立荔城区和秀屿区，同时调整城厢区和涵江区行政区域。2003年，厦门市撤销开元区、鼓浪屿区，其行政区域并入思明区，同安区析出东部5镇设立翔安区，杏林区划出1街道办事处和1镇归集美区管辖，杏林区政府驻地迁驻海沧镇，并更名为海沧区。2014年，南平市撤销建阳市（县级），设立建阳区；南平市政府驻地由延平区迁驻建阳区；龙岩市撤销永定县，设立永定区。2017

年，福州市撤销长乐市（县级），设立长乐区。截至2020年底，全省辖9个设区市、29个市辖区、12个县级市、44个县、185个街道、658个镇、245个乡、19个民族乡。（陈　荔）

【行政区划】　乡改镇情况。2020年6月17日，福建省人民政府批准三明市人民政府撤销三元区城东乡，下辖7个行政村就近并入毗邻街道。2020年6月28日，福建省人民政府批准福州市人民政府撤销连江县潘渡乡、江南乡、下宫乡，设立潘渡镇、江南镇、下宫镇。2020年6月28日，福建省人民政府批准泉州市人民政府撤销安溪县参内乡、长坑乡，设立参内镇、长卿镇。设立街道办事处情况。2020年4月26日，宁德市人民政府批准霞浦县松港街道析置松山街道。全年共有5例乡改镇，1例撤销乡、1例增设街道。（陈　荔）

2020年福建省行政区划统计表

全省合计	设区市政府所在地	9个设区市　29个市辖区　12个县级市　44个县
福州市	鼓楼区	鼓楼区　台江区　仓山区　马尾区　晋安区　长乐区　闽侯县　连江县　罗源县　闽清县　永泰县　平潭县　福清市
厦门市	思明区	思明区　海沧区　湖里区　集美区　同安区　翔安区
莆田市	城厢区	城厢区　涵江区　荔城区　秀屿区　仙游县
三明市	梅列区	梅列区　三元区　明溪县　清流县　宁化县　大田县　尤溪县　沙　县　将乐县　泰宁县　建宁县　永安市
泉州市	丰泽区	鲤城区　丰泽区　洛江区　泉港区　惠安县　安溪县　永春县　德化县　石狮市　晋江市　南安市　金门县
漳州市	芗城区	芗城区　龙文区　云霄县　漳浦县　诏安县　长泰县　东山县　南靖县　平和县　华安县　龙海市
南平市	建阳区	延平区　建阳区　顺昌县　浦城县　光泽县　松溪县　政和县　邵武市　武夷山市　建瓯市
龙岩市	新罗区	新罗区　永定区　长汀县　上杭县　武平县　连城县　漳平市
宁德市	蕉城区	蕉城区　霞浦县　古田县　屏南县　寿宁县　周宁县　柘荣县　福安市　福鼎市

福建省行政区划统计表（截至2020年12月）

级别/数量/地市	县级				乡级					说明
	区	市	县	小计	街道	镇	乡	民族乡	小计	
福州市	6	1	6	13	43	102	42	2	189	含马祖乡
厦门市	6			6	26	12			38	
漳州市	2	1	8	11	13	87	20	3	123	
泉州市	4	3	5	12	30	110	22	1	163	含金门县
三明市	2	1	9	12	13	77	49	2	141	
莆田市	4		1	5	8	40	6		54	
南平市	2	3	5	10	24	72	43		139	
龙岩市	2	1	4	7	14	89	29	2	134	
宁德市	1	2	6	9	14	69	34	9	126	
合计	29	12	44	85	185	658	245	19	1107	含金门县、马祖乡

华侨华人　台胞

【华侨华人】　福建是中国重要侨乡，华侨华人在福建经济社会发展中发挥着重要而独特的作用，是福建的一大特点、独特优势和宝贵资源。截至2020年底，闽籍华侨华人约有1580万人，约占全球华侨华人总数的1/4，仅次于广东，居全国第二位。分布在世界188个国家和地区，以亚洲、北美洲、欧洲为主，东南亚地区占87%，人数排名前三的是印度尼西亚（400万人）、马来西亚（360万人）和菲律宾（180万人）。改革开放以来，福建省新侨数量增长迅速，约有200万人，位居全国前列，新侨区也从传统的东南亚一带向美、欧、澳、非等地扩展。

闽籍侨胞具有人数众多、分布广泛、实力雄厚、人才辈出等特点。截至2020年底，海外闽籍侨胞总资产超过1万亿美元，约占全球华商企业资产的1/4。东南亚国家约70%的民营经济掌握在华侨华人手中，其中一大批闽籍侨胞创办经营的企业甚至控制当地的经济命脉。在几个主要东南亚国家的富豪排行榜中，闽籍华人都占有很高比重。海外闽籍社团约有2000个，其中侨务部门联系掌握的重点社团有400余个，不少社团还以社团联会形式组成更大的社团联合体。社团和社团联会把海外闽籍乡亲紧密团结在一起，功能也逐步从传统的联谊向商贸、科技、教育、文化等领域延伸，成为福建省对外交流合作的重要桥梁与纽带。改革开放以来，全省实际利用侨资约1000亿美元，约占全省实际利用外资总额的80%，侨胞在福建的捐赠总额280亿元，为经济社会发展作出重要贡献。（卢　旭）

【台胞】　截至2020年底，福建省定居台胞19000多人。其中，全国人大代表3名，全国政协委员3名，福建省人大代表4名，省政协委员14名。

（周清英）

人　口

【概况】　2020年，开展第七次全国人口普查。福建人口普查数据显示：自2010年第六次人口普查以来，全省常住人口保持较快增长，人口素质稳步提升；少儿人口增加，两孩生育政策取得成效；老年人口上升加快，人口老龄化加深；人口流动继续增强，新型城镇化进程持续推进。

【年末常住人口】　2020年末，福建全省常住人口4161万人。其中，男性人口2151万人，占全省常住人口的51.7%；女性人口2010万人，占48.3%；男性比女性多141万人，人口性别比为107.0（以女性人口为100）。与2010年相比，10年内全省常住人口增加468万人，增长12.7%，年均增长1.2%，比2001—2010年的年均增长率提高0.4个百分点。

【人口自然增长】　2020年末，福建全省人口出生率9.21‰，10年内呈现先升后降的特征。从2013年党的十八届三中全会启动实施“单独两孩”政策，到2015年党的十八届五中全会启动实施“全面两孩”政策，促使全省人口出生率从2013年的12.2‰持续回升至2017年的15.0‰，之后又开始回落，2018年回落1.8个千分点，2019年回落0.3个千分点，2020年回落3.7个百分点。而同期死亡率稳定在5.13‰至6.2‰的低水平（2020年末全省人口死亡率5.13‰），人口自然增长率从2013年的6.19‰上升至2017年的8.8‰，再回落到2020年的4.08‰。2020年，全省人口出生率和自然增长率处于历史低值水平，主要受两方面因素影响：育龄妇女持续减少。全省15～49岁育龄妇女数量在2011—2020年的10年内共减少123万人，减幅11.0%。妇女生育率维持较低水平。2020年，全省妇女生育率1.36，大大低于2.1的人口可更替水平。

【人口城镇化水平】　2020年末，福建全省城镇常住人口2861万人，比2010年增加752万人，年均增加75.2万人；乡村常住人口1300万人，比2010年减少284万人，年均减少28.4万人。全省常住人口城镇化率68.8%，高于全国平均水平4.9个百分点，比2010年提高11.6个百分点，年均提高约1.2个百分点。

【人口年龄结构】　2020年末，福建全省0～14岁、15～59岁、60岁及以上人口分别为804万人、2692万人和665万人，占总人口的比重依次为19.3%、64.7%和16.0%。2011—2020年，人口年龄结构呈现少儿人口和老年人口占比提高、劳动年龄人口占比下降的总体特征。全省0～14岁少儿人口在2011—2020年的10年增加232万人，占总人口的比重提升3.8个百分点，反映出“两孩”生育政策取得积极成效，改善了人口年龄结构，增加了全省的低龄人口。15～59岁劳动年龄人口10年减少8万人，占总人口比重下降8.4个百分点。60岁及以上老年人口10年增加243万人，占总人口比重提升4.6个百分点，上升幅度比2001—2010年的升幅高2.7个百分点，人口老龄化加深、速度加快。

【人口素质】　2020年，福建全省常住人口中，每10万人拥有大专及以上、高中（含中专）学历的人口数分别为14148人、14212人，比2010年分别增加5787人、336人。同期，文盲率由2.44%下降为2.34%。全省15岁及以上人口的人均受教育年限9.66年，比2010年增加0.64年。

【流动人口】　2020年，福建全省常住人口中，市辖区内人户分离人口280.34万人，比2010年增长237.6%；流动人口1366.12万人，比2010年增长33.4%。其中，省内流动人口877.14万人，比2010年增长47.9%；省外流入人口488.99万人，增长13.3%。

【家庭规模】　2020年，福建全省家庭户人口中，平均每个家庭户2.68人，比2010年的2.98人减少0.30人，主要是受妇女生育保持在较低水平、迁移流动人口持续增加、年轻人婚后独立居住等因素影响。全省一人户比例由2010年的12.1%提高到2020年的27.3%，二人户比例由2010年的17.2%提高到2020年的26.3%，一人户与二人户的比例合计占全省家庭户的一半以上。

（郑　盈）

语　言

【概况】　福建是汉语方言最复杂的省份之一，全国各大方言区中，福建占着5种。闽方言和客家方言也都有在区外相互穿插分布的。闽南话在闽中、闽北、闽东都有方言岛。客家话在闽北、闽东也有不少小方言岛。在武平县的中山镇通行的“军家话”是比较接近赣方言的方言岛。

【闽方言】　福建分布最广的是闽方言，境内的闽方言又分为5个区。闽东方言区，分布在闽江下游的福州、闽侯、长乐、福清、平潭、永泰、闽清、连江、罗源、古田、屏南等11个县市（区）的是南片，以福州话为代表；分布在福安、宁德、周宁、寿宁、柘荣、霞浦、福鼎等7个县市的是北片，以福安话为代表。莆仙方言区，分布在莆田、仙游、涵江3个县市（区），以莆田话为代表。闽南方言区，分布在泉州、厦门、漳州3个市，包括厦门、金门、泉州、晋江、南安、惠安、永春、德化、安溪、同安、大田、漳州、龙海、长泰、华安、南靖、平和、漳浦、云霄、东山、诏安以及龙岩、漳平等地，以厦门话为代表；泉州、漳州、龙岩3种口音都有些差异。闽中方言区，分布在永安、沙县、梅列、三元等4个县（市、区），以永安话为代表。闽北方言区，分布在建瓯、松溪、政和、南平、顺昌（东南部）、建阳、崇安、浦城（南部），以建瓯话为代表。

【客家方言】 福建客家方言分布在闽西的宁化、清流、长汀、连城、上杭、永定、武平以及闽南的平和、南靖、诏安的西沿，以长汀话为代表。在闽、客、赣3种方言之间，明溪、将乐、顺昌一带也可以说是过渡区，因为那里的方言兼有3种方言的特点。

【吴方言】 福建省吴方言分布在浦城县的中北部和浙江省连界，当地的语言是和浙江方言相近的吴方言。

【官话方言岛】 福建省的官话方言岛主要在南平市区和西芹一带以及长乐区的琴江村，浦城的临江镇。这3个地方为官话方言岛。

【畲语】 福建省畲语主要指居住在闽东的福安、罗源、宁德等地，闽北的建瓯、建阳、顺昌等地，以及闽中的永安、漳平等地的畲族同胞所讲的方言，也是一种保留着一些本族语言特色，并和客家话相近，又吸收一些当地闽方言成分的带有混合性质的语言，通常也称为畲语。（李如龙）

民族宗教

【民族】 福建省是少数民族散居省份，56个民族成分齐全，根据2010年第六次全国人口普查数据，全省少数民族人口79.69万人，占全省总人口的2.16%。世居的少数民族有畲族、回族、满族、蒙古族等。其中，畲族人口全国最多，共有36.55万人，占全国畲族人口的51.58%，占全省少数民族人口的45.87%；回族人口11.6万人，占全省少数民族人口的14.56%，是全国回族发祥地之一；高山族人口423人，占大陆高山族人口的10.55%，是大陆高山族人口较多的省份之一。全省有19个民族乡（其中畲族乡18个、回族乡1个）、1个省级民族经济开发区（福安畲族经济开发区）和567个民族村。

（郑 铤）

【宗教】 截至2021年底，佛教、道教、伊斯兰教、天主教、基督教五大宗教经依法登记的宗教活动场所6945处，其中佛教3592座、道教1087座、伊斯兰教5座、天主教161座、基督教2100座。依法登记的宗教教职人员13864人，县以上爱国宗教团体327个。福建佛学院、福建神学院、闽南佛学院、海峡道教学院4所宗教院校学生1075人。全省10平方米以上民间信仰活动场所29753处，省级民间信仰活动场所联系点250处，备案登记民间信仰活动场所153处。（高 静）

经济社会发展

【概况】 2020年，福建省地区生产总值43903.9亿元，比上年增长3.3%；一般公共预算总收入5158.4亿元，增长0.2%；地方一般公共预算收入3079亿元，增长0.9%；居民消费价格总水平上涨2.2%；城镇登记失业率3.8%；城镇居民人均可支配收入4.72万元，增长3.4%；农村居民人均可支配收入2.09万元，增长6.7%；节能减排任务全面完成。

【疫情防控】 2020年，福建省落实党中央、国务院决策部署，坚持把人民群众生命安全和身体健康放在第一位，打赢新冠肺炎疫情防控的人民战争、总体战、阻击战，从公布首例确诊病例到住院患者清零只用46天，先后派出12批1393名医护人员，完成驰援湖北武汉、宜昌任务，组建2支医疗专家组赴意大利、菲律宾协助抗疫，组建1支核酸检测队赴香港协助新冠病毒核酸检测工作，为抗疫大局作出积极贡献。

【创新驱动发展战略】 2020年，福建省坚持创新发展，营造有利于创新创业创造的良好发展环境，推进质量变革、效率变革、动力变革迈出新步伐，加快建设现代化经济体系。创新支撑更加有力，新增国家高新技术企业1400家、企业技术中心7家、工程研究中心9家，省级科技特派员创业和技术服务实现乡镇全覆盖。产业发展提质增效，十大乡村特色产业全产业链总产值突破2万亿元，数字经济增加值突破2万亿元，千亿元产业集群达20个，“清新福建”“全福游·有全福”品牌效应进一步扩大。内需潜力有效释放，集中开工建设重大项目997个、总投资7640亿元，开展“全闽乐购”等系列活动，网络零售额比上年增长24.7%。营商环境不断优化，全省依申请审批服务事项网上可办率超过97%，“一趟不用跑”“最多跑一趟”占比98%。新增减税降费超过600亿元，累计减轻企业负担超过1300亿元，新登记市场主体比上年增长40.3%。

【重要领域改革】 2020年，福建省公立医院运行机制改革等多项经验在全国推广，4个设区市纳入国家城市医联体建设试点，26个县（市、区）纳入国家紧密型县域医共体试点，率先开展省疾控中心综合改革。统筹推进宁德、龙岩国家级普惠金融改革试验区和三明、南平省级绿色金融改革试验区建设。政府债务余额控制在限额以内，隐性债务存量有效化解，网贷机构全部退出市场。省属企业整合重组全面铺开，省港口集团顺利组建。农村集体产权制度改革整省试点任务全面完成。全域土地综合整治试点深入开展。三明获批建设全国首个林业改革发展综合试点市。

【对外开放和闽台融合发展】 2020年，福建省抓住新一轮高水平对外开放的机遇，深度融入“一带一路”建设，着力形成全面开放新格局。开放水平提升，东盟成为福建省第一大贸易伙伴，“丝路海运”航线70条，自贸试验区新增6项成果在全国复制推广。闽台融合发展取得新进展，闽台贸易额比上年增长10.9%，实际使用台资增长77.3%，举办海峡论坛、海峡青年节、两岸企业家峰会等重大活动。

【城乡区域统筹发展】 2020年，福建省落实主体功能区战略，建立协调联动的城乡区域发展体系，拓展发展新空间，增强发展新动能。闽东北、闽西南协同发展区加快建设，衢宁铁路、福平铁路开通运营，平潭海峡公铁大桥建成通车。福州新区、厦门环东海域新城建设全面提速，南平行政中心平稳搬迁。城乡融合持续深化，加快完善城乡路网体系，80%以上陆域乡镇实现30分钟上高速。实施乡村振兴“百镇千村”试点示范建设，农村人居环境整治三年行动全面收官。老区苏区加快发展，精准落实帮扶措施，建立“一键报贫”等监测和帮扶机制，有效防止返贫，老区苏区所有县城实现15分钟内上高速。

【生态省建设】 2020年，福建省践行习近平生态文明思想，做好经济发展与生态保护相协调相促进的文章，让青山常在、绿水长流、空气常新。国家生态文明试验区建设持续深化，39项改革经验向全国推广，数量居全国首位，武夷山国家公园体制试点任务全面完成，生态环境损害赔偿“1+10”制度体系基本健全。污染防治攻坚战成效显著，中央生态环境保护督察整改取得阶段性成效，PM2.5浓度比上年下降16.7%，设区城市空气质量优良天数比例达98.8%，主要流域Ⅲ类以上水质比例达97.9%，设区城市建成区基本消除黑臭水体，县级以上集中式生活饮用水水源地100%达标。绿色生产生活方式加快形成，单位GDP能耗比上年下降0.73%，城市公交车中新能源汽车占80.9%，城镇新增建筑中绿色建筑面积占比77%，设区城市建成区垃圾分类全面铺开。

【民生福祉】 2020年，福建省坚持以人民为中心，加强普惠性、基础性、兜底性民生建设。决战脱贫攻坚战取得决定性胜利，现行标准下全省45.2万名农村建档立卡贫困人口全部脱贫，2201个建档立卡贫困村全部退出，23个省级扶贫开发工作重点县全部摘帽，闽宁对口扶贫协作援宁群体被中宣部授予“时代楷模”称号。28件省委、省政府为民办实事项目全面完成，城镇新增就业54.62万人，失业人员再就业24万人，开工棚户区改造4万套、公租房2.49万套、老旧小区改造24.1万户。公共服务不断完善，新开工建设226所公办幼儿园，学前三年入园率98.8%，随迁子女公办学校就读率保持在90%以上，省儿童医院、省疾控中心、福州新区滨海新城综合医院基本建成，居家社区养老服务照料中心实现街道和中心城区全覆盖，农村养老设施覆盖率72.1%。社会大局保持稳定，平安建设向更高水平迈进，群众安全感率99%。开展安全生产专项整治三年行动和各领域安全隐患大排查大整治，各类事故起数和死亡人数持续下降。严格食品药品安全监管，食品评价性抽检、药品抽检合格率分别为99.49%、99.89%。

（省政府办公厅供稿）

经济体制改革

【现代产业体系】 2020年，福建省实施“八项行动”、一二三产“百千”增产增效行动，突破“难、硬、重、新”重点工作，打通政策链、服务链、操作链，稳定供应链产业链。实施新一轮技改专项行动，实施新兴产业倍增工程，省重点技改项目总投资2901亿元。完善园区建设标准化体系，推进16个试点园区标准化建设，发布2项中国标准化协会团体标准，填补国内外空白。推动先进制造业与现代服务业深度融合，全省有17家企业获评国家级工业设计中心，数量位居全国前列。举办第三届数字中国建设峰会，全省签约数字经济项目426个，总投资3316亿元。加快5G网络建设，建成5G基站2.1万个，实现全省县级以上重点区域覆盖。

【市场主体活力激发】 2020年，福建省研究制订国企改革三年行动实施方案（2020—2022年），92项“双百企业”综合性改革任务完成65项，10家员工持股试点企业完成6家。推进混合所有制改革，省属企业混改比例达42.88%，比上年同期提高4个百分点。创新发展“晋江经验”，出台支持民营企业改革发展的若干措施，实现省、市、县三级促进中小企业发展工作协调机制全覆盖，新登记市场主体比上年增长40.3%，民间投资增长3.4%。深化服务民营企业“三个一百”活动，全省市县区党政主要领导召开民营企业座谈700多场次，帮助企业解决各类困难问题4700多个。出台中小企业梯度培养正向激励实施方案，加快打造“个转企”“小升规”“规转股”“股上市”的企业成长链条。深化产融合作，新增泉州、莆田2个国家产融合作试点城市。

【创新创业创造能力增强】 2020年，福建省推进福厦泉国家自主创新示范区建设，释放外溢效应，全省83%的高新技术企业、72%的科技小巨人企业在福厦泉地区成长。建立推进省创新实验室建设长效工作机制，全年引进人才60名，新增仪器设备101台。像扶持企业上市一样扶持高新技术企业发展，全省的国家高新技术企业总数超过6000家、省级超过3000家。完善创新研发投入激励机制，全年核定研发经费投入分段补助金额11.55亿元，比上年同期增长24.6%。福州新区、泉州丰泽、厦门火炬高新区获批国家级双创示范基地。建立省重点产业产学研协同创新重大项目目录制度，着力突破“卡脖子”技术。完善科技成果转移转化服务体系，全年推介先进适用成果880多项、企业技术需求110多项，技术合同交易金额比上年同期增长31.5%。

【“放管服”改革】 2020年，福建省健全“马上就办、真抓实干”工作机制，推行“不见面审批”，建立政务服务“好差评”制度，提高群众办事满意度。全面实施市场准入负面清单，实现与全国一体化在线政务服务平台相衔接，推动“非禁即入”普遍落实。在福州高新区、平和县、翔安区等8个地方开展相对集中行政许可权改革试点。全省投放1000多台“e政务”自助服务机，打造政务服务24小时自助服务区和15分钟便民服务圈。全省44家省级单位实现省、市、县、乡、村“五级”共5461项行政审批服务事项标准化规范统一。全省82项高频政务服务事项实现“省内通办、异地可办”，打破居民办事户籍地或居住地限制。基本完成全省行业协会商会与行政机关脱钩改革。推进教育、科技、交通、医疗卫生领域财政事权和支出责任划分改革。

【营商环境优化】 2020年，福建省贯彻落实《优化营商环境条例》，全面清理与条例不符合的法规规章和规范性文件。梳理企业和群众反映强烈的14方面痛点难点堵点问题，优化营商环境指标，全省企业开办时间压缩至3个工作日以内，其中福州、厦门、漳州、宁德等地压缩至1个工作日以内；不动产一般登记时限压缩至5个工作日，抵押登记办理时限压缩至3个工作日；贸易通关时间压缩2/3以上；企业年纳税申报次数减为6次，整体纳税时间减少30%。累计降本减负1100亿元，清理拖欠民营企业中小企业账款，全省无分歧欠款清偿率100%。推行投资项目“不见面”审批在线办理，2—12月当天赋码累计3.4万项，新增批复2.5万项，总投资4.3万亿元。强化信用异常企业监管力度，全面打造“双随机、一公开”监管升级版。

【区域发展】 2020年，福州都市圈规划编制列入国家年度新型城镇化建设和城乡融合发展重点任务，《福州临空经济示范区总体方案》获批复。易地扶贫搬迁任务全面完成，省老区苏区建档立卡贫困人口全部脱贫，贫困村全部退出，省级扶贫开发重点工作县全部摘帽。龙岩、三明等12个原中央苏区县纳入中央国家机关及有关单位对口支援范围。一批山海协作重大项目取得突破，衢宁铁路、福平铁路建成通车，福州至长乐机场城际铁路（F1线）、厦门轨道交通6号线漳州（角美）延伸段等项目开工建设。福建省对口支援新疆西藏工作在国家绩效综合考核中被评为优秀等次。推进“海丝”核心区建设，“丝路海运”“丝路飞翔”等工作加快推进。

【就业平稳发展】 2020年，福建省实施就业优先政策，出台福建省进一步做好稳就业保就业工作若干措施，营造公平就业制度环境，加大对灵活就业、新就业形态支持。组织实施“十个一批”扩岗行动，全省高校毕业生就业率97.12%。完善就业形势和失业风险监测，帮扶困难人员就业，实现失业人员再就业20.85万人，就业困难人员实现就业2.87万人。健全公共就业服务和终身职业技能培训制度，2020年全省开展各类补贴性职业技能培训62.53万人次，超额完成全省培训任务目标。实施深化户籍制度改革促进基本公共服务均等化若干措施，出台促进劳动力和人才社会性流动体制机制改革的若干措施。

【社会保障】 2020年，福建省强化基本公共卫生服务，年人均补助标准提高到74元。实施全民参保计划，推进养老保险人员全覆盖，超额完成年度任务。完善社会救助兜底保障政策措施，在全国率先做到将“支出型贫困”纳入低保范围。注重巩固脱贫成果，全省所有县（市、区）政府全面建立困难群众基本生活保障工作协调机构或联席会议制度。阶段性加大价格临时补贴力度，全年发放价格临时补贴4.86亿元，惠及保障对象737万人次。扩大养老服务有效供给，全省建成居家社区养老服务照料中心662所，实现街道和中心乡镇全覆盖。完善住房保障体系，开展政策性租赁住房试点，加大老旧小区改造力度，稳定房地产市场。

【教育体系建设】 2020年，福建省加快普惠性民办幼儿园认定管理，明确普惠性民办园参照公办园标准给予补助，增加普惠性学前教育资源供给。全面落实“公民办同步招生”和随迁子女入学政策，2019—2020学年全省随迁子女在公办学校就读比例达到92.4%，高出全国6.6个百分点。推进高考综合改革，实施高职院校分类考试招生，2020年高考本科录取率64.6%。实施一流本科专业和一流本科课程“双万计划”，提高本科教育办学质量。巩固提高残疾人义务教育水平，残疾儿童入学率超过98%。深化产教融合，加快发展现代职业教育，开展第三批“1+X”证书制度试点工作，促进“书证融通”。

【公共卫生服务体系发展】 2020年，福建省系统推进公共卫生体系改革发展，推进省疾控中心综合改革，设立并实质运行省预防医学研究院。推进市、县两级疾控中心标准化建设，实现预防接种全程可溯，提升传染病和不明原因疾病监测能力。探索基层医防融合机制，三明市率先在市、县公立医院组建“医防融合办公室”。加强公立医院感染科建设，推进发热门诊改造提升，增强传染病检测和防控救治能力。将“中医药元素”同步融入医改大局，推动中医药全程深度参与抗疫。

【医药卫生体制改革】 2020年，福建省实施健康福建行动计划，将主要健康指标纳入各级党委、政府绩效考核指标，推动健康促进与管理。引入国内优质资源，推进国家区域医疗中心建设，复旦中山厦门医院、福州滨海新城医院（复旦华山福建医院）列入首批试点。巩固提升公立医院综合改革成果，公立医院绩效考核从三级医院拓展到二级医院，全省98%以上的公立医院制定章程。推进医疗资源上下联动，紧密型县域医共体建设全省覆盖。扩大异地就医定点范围，开展门诊费用跨省直接结算试点工作。建立健全医保扶贫长效机制，实现医保“村村通”。创建“互联网＋医疗健康”示范省，上线运行26家互联网医院。支持社会办医，至年底全省社会办医床位增至3.88万张。

【应急物资保障体系建设】 2020年，福建省完善医疗物资储备体系，全省各地均建立医疗物资储备机制和滚动轮替制度，基本能够满足满负荷运转30天需求。完善应急处置准备，建立县及以下流调协查制度，组建各级流调和消杀等专业队伍。健全完善信息共享协作机制，提升疫情防控信息分析处理和流行病学调查溯源能力。研究出台《关于健全福建省公共卫生应急物资保障体系的实施方案》，加强公共卫生应急专用设施建设投入，提高应对突发重大公共卫生事件的物资保障能力和水平。

（李江城）

精神文明建设

【公民道德建设工程】 2020年，福建省委文明办推动各类文明创建主体把学习贯彻习近平新时代中国特色社会主义思想作为首要的政治任务，贯穿于精神文明创建全过程各方面，组织形式多样的理论宣讲、实践创新活动，兴起“大学习”热潮，引领广大干部群众树牢“四个意识”、坚定“四个自信”、做到“两个维护”。重点围绕疫情防控，通过倡议书、视频、动漫、海报、手抄报、歌谣、快板、剪纸等多种形式，组织创作《文明守护　防控疫情》《居家防护　人人行动》《文明福建　爱卫同行》等作品，刊播禁止随地吐痰、请勿乱丢废弃口罩、文明祭扫、使用公勺公筷等公益广告，营造同心战“疫”的浓厚氛围。组织开展“我推荐我评议身边好人”学习宣传活动，全年上榜“中国好人”36人、“福建好人”102人。举办“崇德向善·榜样力量——福建省道德模范、身边好人故事汇”展演活动，在央视频等平台同步直播，全网直播观看量519.7万人次，点赞、转发、社群互动量40.5万人次。组织生活困难道德模范慰问帮扶活动，累计慰问32人次，发放慰问金74万元，德者有得、好人有好报的价值导向更加鲜明。突出地方特色和民族传统，结合疫情防控实际，通过省、市、县联办形式，推动各地适时开展“我们的节日”主题活动，在德化县举办“重阳孝父母”大型主场活动，线上线下参与群众20万人次。推行“八不”行为规范，强化宣传引导、社会监督和媒体曝光，督促各类创建主体制定内部问责处罚办法，有力约束“微违法”和伤风败俗行为。制定《关于习近平总书记对制止餐饮浪费行为的重要指示精神贯彻落实措施分工方案》，推进餐饮浪费治理工作。开展“文明旅游　为中国加分”主题活动，在重点区域和重要点位强化文明旅游宣传引导，深化旅游行业文明创建，常态化抓好从业人员培训，落实行前教育、文明督导员等举措，公民旅游文明素质进一步提升。开展诚信缺失突出问题专项整治行动，健全完善诚信红黑榜发布制度，创建第三批23个诚信经营示范街区，社会诚信意识和规则意识不断增强。

【群众性精神文明创建活动】 2020年，福建省委文明办健全暗访督查、结对帮建、通报点评、创城奖惩等机制，出台《福建省精神文明创建评先审核中行使“一票否决”的实施细则》《福建省精神文明创建动态管理措施（负面清单）》，完善福建省文明创建工作测评系统和上线测评小程序，新增入户问卷调查功能，测评数据采集即时性、便捷性、科学性进一步加强。制定届期文明创建评选表彰推荐实施办法，组织新一届省级文明城市、文明村镇、文明单位、文明校园、文明家庭创建总评，推荐产生表彰候选名单。召开全国文明城市创建工作视频培训会，总结分享经验并进行网上交流展示。开展实地考察、材料审核、问卷调查实操培训，推动参评城市相互学习借鉴、整改提升。做好全国文明城市县级提名城市年度测评推荐工作，宁德、福清、上杭、德化4个市（县）入选第六届全国文明城市。福州市、厦门市等9个市（县）保留全国文明城市称号。福建省获全国文明城市的设区市占比居全国第三位。结合实施乡村振兴战略，突出文明乡风引领，开展第二批省级“文明乡风联系点”建设工作，重点培育38个乡风文明联系点，惠安县山霞镇等67个村镇入选第六届全国文明村镇，福清市阳下街道溪头村等110个村镇保留称号。做好全国文明单位推荐、复查工作，中共福建省委党校等95个单位获第六届全国文明单位称号，国家税务总局福州市税务局等207个单位保留全国文明单位称号。落实文明单位退出机制，取消三明市泰宁县金湖风景旅游区、中国人民财产保险股份有限公司福州市分公司、莆田市涵江区涵东街道顶铺社区等3个单位全国文明单位称号。落实“六个好”标准，强化师德师风、学风校风建设和文明行为习惯养成教育，福建农林大学等21所学校被评为第二届全国文明校园，福建师范大学等14所学校保留全国文明校园称号。组织开展第二届全国和福建省文明家庭推荐评选活动，陈清洲等14户家庭获第二届全国文明家庭称号，评选出第12届省级五好家庭100户、省级最美家庭200户，专项扶持建设公民思想道德教育馆 9 个。

【新时代文明实践中心建设】 2020 年，福建省委常委会专题研究新时代文明实践中心建设工作，省委、省政府把试点工作列入 2020 年为民办实事项目，统筹精神文明创建经费 720 万元，支持 20 个全国试点县（市、区）开展工作。各地累计投入 7000 多万元建设新时代文明实践中心和所、站。省、市两级试点工作指导组成员单位采取政策倾斜、资金扶持、调研指导、联办活动等多种形式，带动各系统文明实践热起来、优质资源沉下去。全省建成县级实践中心 54 个、乡镇实践所 646 个、村居实践站 7685 个，其中有 20 个试点县（市、区）及 7 个非全国试点县（市、区）实现所、站全覆盖建设。厦门、泉州等地整合爱国主义教育基地、心理健康辅导站、青少年宫、科普教育基地、文体活动场所等阵地资源，推动建设近 600 个“文明实践点”，延伸文明实践“最末梢”、畅通联系群众“微循环”。全省各地组建新时代文明实践志愿服务队 1.4 万支，常态化开展各种文明实践活动逾 10 万场次，线上线下受益群众 2100 多万人次。厦门市、三明市探索建立市级新时代文明实践工作指导中心，强化市域统筹，推动全域实践。省委文明办、省委讲师团实施“新时代宣讲师”项目，组织各行各业人才开展“宣讲＋志愿服务”活动，推动党的创新理论深入人心。省“扫黄打非”领导小组办公室、省委文明办联合实施“文明实践·扫黄打非”项目，教育引导群众自觉抵制低俗庸俗之风。省委宣传部、省委文明办编印《福建省新时代文明实践创新案例》，宣传展示福清市“新思想学习驿站”、海沧区“台胞文明助理”、上杭县“薪火相传”宣传工作法等一批典型经验。

【未成年人思想道德建设】 2020 年，福建省委文明办围绕“扣好人生第一粒扣子”主题，开展传承红色基因、弘扬优秀传统文化、学习宣传新时代好少年、学雷锋志愿服务、“阳光成长”心理健康、“劳动美”社会实践 6 项主题活动。开展“携手战疫情 别样少年心”主题作品创作展播活动，征集手抄报书画作品 3200 件、短视频 820 件和征文作品 1447 件。清明节推出“传承红色基因 弘扬英烈精神”网络活动，组织未成年人通过向抗疫英雄致敬、学习革命先烈事迹。“七一”举办福建省 2020 年“童心向党”歌咏展演活动，引导未成年人听党话、跟党走。开展福建省新时代好少年推选活动（莆田专场），发布福建省新时代好少年 15 名，1 人入选全国新时代好少年，编写好少年事迹丛书《逐梦少年在路上》。举办 2020 年度乡村学校少年宫项目建设培训班，落实 2020 年度 51 所中央项目建设，下达专项修缮装备资金 765 万元，做好已建项目校年度评估考核并下达日常运转补助资金 1468 万元。

【学雷锋志愿服务制度化】 2020 年，福建省委文明办围绕抗击新冠肺炎疫情、决战决胜脱贫攻坚、新时代文明实践、爱国卫生运动、群众性精神文明创建等中心工作和重点任务，组织动员各类群体参与志愿服务，弘扬志愿服务精神。协调配合省民政厅、司法厅等部门开展志愿服务立法专题调研，《福建省志愿服务条例》（草案）通过省政府常务会议审议并提交省人大常委会分组审议。推进志愿服务项目向品牌化方向发展，召开爱国卫生运动现场推进会和推进学雷锋志愿服务暨新时代文明实践工作电视电话会议，举办各类专题培训班 50 多场次，推动志愿服务项目孵化培育。举办“2020 年福建省志愿服务项目大赛”，评选出金奖 10 个、银奖 20 个、铜奖 30 个、优秀奖 100 个。参与第五届中国青年志愿服务项目大赛，8 个项目获金奖、11 个项目获银奖、11 个项目获铜奖。4 个项目获“最美志愿服务项目”，63 人获评五星级志愿者。全省有实名注册志愿者 590 多万人，注册志愿服务团体 5.89 万个，开展志愿服务项目近 66 万个，累计开展志愿服务时长 1 亿多小时。 （江化林）

编辑：林忠玉

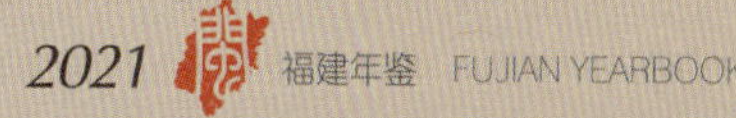

自然资源管理

综　　述

【调查监测评价】 2020年，福建省制定《福建省第三次全国国土调查统一时点更新调查暨2019年度土地变更调查工作方案》《统一时点更新调查成果省级检查方案》，组织开展第三次全国国土调查（简称"三调"）初始成果国家核查后整改完善和统一时点更新调查，全省84个县级单位"三调"统一时点更新成果按时提交国家核查。组织完成2020年度地理国情监测工作。

【依法行政】 2020年，福建省开展自然资源法治建设3年行动，推动《福建省实施〈中华人民共和国土地管理法〉办法》《福建省测绘条例》等修订工作。认真做好行政复议、行政应诉和行政公益诉讼工作，办理复议应诉等各类案件187件。会同省检察院出台《关于在涉海洋公益诉讼和生态检察工作中加强协作配合的意见》，规范公益诉讼工作。受理群众来信3068件、群众来访1409次；办结12345便民服务平台诉求107件，群众满意度100%。

【行政服务改革】 2020年，福建省自然资源厅推动海域登记事项入驻省网上办事大厅，完善行政审批服务事项71个。开展行政审批服务事项"五级十五同"细化梳理，形成自然资源部门标准化目录事项清单。推进工程建设项目审批制度改革，"多审合一""多证合一""多测合一"等改革措施细化落地。推进测绘资质改革工作，测绘地理信息审批事项全部"网上办"。

【科技创新】 2020年，自然资源福建省卫星应用技术中心揭牌并启动建设。建立福建省自然资源系统74名科技创新人才信息库。《耕作层土壤剥离再利用项目设计规范》地方标准获得2020年福建省标准贡献奖三等奖。《旱地改造为水田土地整治项目建设标准》地方标准发布实施。自然资源数据标准体系初步建成。

（杨柏兴）

国土资源管理

【土地开发利用】 2020年，福建省自然资源厅印发《若干产业项目用地管理分类目录（2020年本）》，探索混合工业产业用地供应。开展集体建设用地和农用地基准地价制定工作，完善城乡公示地价体系。

国有土地供应。全省共完成供应各类国有建设用地1.5万公顷，其中住房用地供应0.27万公顷，商服用地供应713.3公顷，工业用地供应0.42万公顷，交通水利等基础设施用地供应0.45万公顷，公共管理等其他用地供应0.33

2020年8月13日，副省长李德金（左一）到省测绘院华林基地调研自然资源动态监管工作，观看资源一号、二号全省高分频率影像

（省自然资源厅供稿）

万公顷。

节约集约用地。开展批而未供和闲置土地处置专项行动，处置批而未供土地 0.54 万公顷，处置率 18.36%；处置闲置土地 0.13 万公顷，处置率 47.1%。组织开展 2019 年度全省建设用地节约集约利用状况整体评价及国家级和省级开发区集约用地专项评价工作。龙岩市集约用地做法列入《国家生态文明试验区改革举措和经验做法推广清单》，获得国务院大督查土地利用计划指标奖励 133.3 公顷。

【耕地保护】 2020 年，福建省政府办公厅印发《进一步加强耕地保护监督工作方案》。省、市、县、乡四级政府层层签订责任书，明确各地耕地保有量及基本农田保护面积、年度补充耕地任务等。全省共完成补充耕地总面积 0.24 万公顷，连续 21 年实现全省耕地占补平衡。开展省级政府耕地保护目标履行情况自查、耕地“非农化”检查整改。全省永久基本农田保护面积 107.3 万公顷，超过国家下达福建省的 71.3 万公顷保护任务。划定永久基本农田储备区 1.89 万公顷，部署永久基本农田核实整改。规范设施农业用地管理，印发《关于规范和加强设施农业用地管理的通知》。批准实施旧村复垦项目 365 个，整治规模 773.3 公顷。（杨柏兴）

矿产资源管理

【矿业权管理】 截至 2020 年底，全省探矿权总数 643 个，按勘查矿种分类，能源矿产 37 个（其中煤炭矿产 21 个），金属矿产 500 个，非金属矿产 106 个。全省采矿权总数 1084 个，其中煤炭 44 个、铁矿 58 个、铅锌矿 50 个、金矿 17 个、银矿 8 个、铜矿 12 个、锰矿 12 个、钨矿 2 个、锡矿 3 个、钼矿 10 个。全省办理采矿权登记项目 416 个，办理探矿权勘查登记项目 141 个。15 处机制砂矿山完成采矿权出让，可年产机制砂 3030 万立方米。探索海砂采矿权与海域使用权“两权合一”出让。

【矿产资源保护监督】 2020 年，福建省部署矿产资源规划编制工作，印发《关于开展矿产资源规划（2021—2025）编制工作的通知》《县级矿产资源总体规划（2021—2025 年）编制要点》。部署矿产资源国情调查，开展全省矿山越界违法开采专项检查和矿产图斑检查，印发《福建省自然资源厅 福建省财政厅关于进一步明确政策性关闭矿山退还矿业权出让收益（价款）计算有关问题的通知》，明确政策性关闭矿山退还矿业权出让收益（价款）计算事宜。印发《关于水泥配料用砂岩等八个矿产列入我省不设探矿权直接以招标拍卖挂牌方式出让采矿权矿产范围的通知》，进一步完善矿产资源管理制度。（杨柏兴）

自然资源产权管理

【自然资源和不动产确权登记】 2020 年，福建省开展农村房地一体不动产登记，全省农村地籍房屋调查全部完成。农村宅基地登记发证率 84.7%，省集体建设用地登记发证率 81.9%。优化不动产登记“外网申请、内网审核”，实现一般不动产登记网上办事全覆盖，全年全省通过“外网申请”登记办结量 142.9 万宗。

【自然资源资产管理】 2020 年，福建省探索推进全民所有自然资源资产所有权委托代理试点前期工作，印发《福建省自然资源厅关于开展全民所有自然资源资产所有权委托代理机制试点工作的通知》。指导试点县（市、区）开展全民所有自然资源资产清查，指导南平市开展土地储备资产负债表编制试点工作。完成 2019 年度全民所有自然资源报告编制工作。坚持土地出让网上公开，持续清理到期未缴土地出让金。指导各地积极探索生态产品价值实现机制，厦门市五缘湾片区生态修复与综合开发、南平市“森林生态银行”和“水美经济”案例入选自然资源部《生态产品价值实现典型案例》。

【自然资源要素保障】 2020 年，福建省对重大项目实行“一清单三保障”工作机制。开展自然资源要素保障现场办公，由厅领导带队 10 多次分赴各地开展现场办公、现场审批，审批用地用海用矿 52 宗，指导解决问题 500 宗。按照“一个项目、一名分管、一个专班、一跟到底”要求，成立 5 个工作组，抽调骨干力量 255 人组成工作专班，全程跟踪服务。提前应对新土地管理法实施，分类指导，差别化调控用地结构，对疫情防控用地应保尽保，对新兴产业用地重点倾斜。

【海域海岛管理】 2020 年，福建省加强海域海岛管理，制定《关于明确围填

2020 年 6 月 5 日，福建省自然资源厅、福建海警局举行执法协作座谈会暨疑似违法用海图斑交接仪式（省自然资源厅供稿）

海历史遗留问题项目用海报批有关要求的通知》《关于进一步指导做好海域使用管理有关工作的通知》。全年省级审批渔港、陆岛交通码头等不涉及新增围填海项目26宗，用海总面积1066公顷。推动重要产业集中区围填海历史遗留问题处置，泉州芯谷南安石井临港高新区B片区、晋江集成电路产业园区、莆田石门澳产业园区、古雷炼化一体化基地、福州江阴港城经济区东部片区等5个片区获自然资源部批复备案。基本完成全省海岸线修测工作，开展无居民海岛开发利用现状补充调查，启动养殖用海调查工作，会同省海洋渔业局制定下发《福建省养殖用海调查工作方案》。

（杨柏兴）

生态环境保护

【国土空间规划】 2020年，福建省政府办公厅印发《关于成立福建省国土空间规划工作领导小组的通知》，编制形成省级国土空间规划文本，市、县全部启动规划编制。总结推广省级示范村规划编制典型经验，推动规划帮扶拓展至县（市）。完成生态保护红线评估调整。推进城镇开发边界划定工作，福州、厦门、泉州、漳州4个试点地区编制形成试划方案，其余市县正按要求加快推进。开发完善国土空间规划“一张图”应用、规划成果审查与管理、监测评估预警等功能，建成并试运行“阳光规划”系统。强化规划队伍建设，依托省内知名高校联盟，分32期开展公益在线直播培训，参训达6000人次。

【生态修复】 2020年，福建省推进闽江流域山水林田湖草生态保护修复工程，完成治理172处，治理面积525.7公顷。组织各地申报中央海洋生态保护修复项目，福州市滨海新城海岸带保护修复工程等4个项目共获得中央资金2.5亿元。实施2020年历史遗留废弃矿山生态环境综合治理，探索市场化生态修复模式，全省共投入资金1.76亿元，完成治理面积467.4公顷。开展2020年度绿色矿山遴选工作，全省21家矿山纳入省级绿色矿山名录，其中3家矿山入选全国绿色矿山名录。（杨柏兴）

地质勘探管理

【地质勘查】 2020年，福建省重点开展长汀县水土流失治理综合地质调查与生态系统修复示范等7项工作。部署开展77个县（市、区）以耕地为主的农业地质调查评价工作，全省实现耕地1∶5万调查全覆盖。完成《福建省找矿突破战略行动实施方案（2011—2020年）》实施情况总结评估工作，实现找矿突破战略行动10年目标。省级财政出资新安排开展4个稀土矿和1个萤石矿等战略性矿产地质勘查项目。

【地质灾害防治】 2020年，福建省印发《福建省2020年地质灾害防治方案》，下达专项资金1.558亿元，开展地质灾害综合治理项目90个；启动30个县级单元1∶5万地质灾害风险调查评价，完成8个县工作任务；部署建设8处地质灾害专业监测点和100处结合地质灾害监测预警点；启动地质灾害搬迁494户、落实搬迁到位260户。福建省“高陡边坡一盘棋管理模式”获自然资源部推广。（杨伯兴）

测　绘

【测绘地理信息工作】 2020年，福建省规范和加强基础测绘项目及专项经费管理，修订并印发《福建省自然资源厅基础测绘项目管理规定》。联合省教育厅、省人社厅、团省委举办第一届福建省大学生虚拟仿真测图技能大赛。开展福建省卫星导航定位服务系统社会化应用，免费对外提供实时定位服务，完成25个县数字县域地理空间框架建设。

【省地理信息公共服务平台建设】 2020年，福建省开展省地理信息公共服务平台（天地图·福建）数据的更新融合，“天地图·福建”在全国天地图省级节点综合技术评估中连续8年被评为五星级称号。编制宁化、清流等15个原中央苏区县、革命老区县224幅乡镇“一乡一图”地图。正式上线福建省标准地图服务系统，发布224幅系列标准地图。开展“规范使用地图，一点都不能错”2020年测绘法宣传日暨国家版图意识宣传周活动。

【测绘执法监察】 2020年，福建省全面开展农村乱占耕地建房问题专项整治工作，福建省农村乱占耕地建房专项整治行动厅际协调机制办公室印发《福建省农村乱占耕地建房问题摸排工作实施方案》，全省提取下发农村乱占耕地建房疑似图斑125.4万个，对新增乱占耕地建房“零容忍”。建立健全“天上看、网上管、地上查”动态执法监测机制，下发通报15期，约谈16个市、县（区）。全省处置“两违”案件5.6万宗，处置违法建筑面积5032万平方米。全省立案查处自然资源违法案件3722宗，省自然资源厅挂牌督办案件7宗，公开通报案件8宗。（杨柏兴）

编辑：郑　莱

生态环境

综　述

【生态环境状况】　2020年，是福建生态省建设20周年和国家生态文明试验区建设5周年。全省生态环境系统统筹疫情防控和生态环境保护，推进生态省建设，加快国家生态文明试验区建设，水、大气、生态环境质量继续保持全优。全省12条主要河流Ⅰ～Ⅲ类水质比重为97.9%，比上年同期上升1.4个百分点。全省小流域Ⅰ～Ⅲ类水质比重为96.9%，比上年同期上升4.1个百分点。全省118个县级及以上集中式生活饮用水水源Ⅰ～Ⅲ类水质比重为100%。全省19个淡水湖泊水库Ⅰ～Ⅲ类水质比重为94.7%，上升10.5个百分点。全省近岸海域优良水质（一、二类水质）比重为82.9%，优于国家72%的考核目标。9市1区空气质量优良天数比重98.8%，比上年提高0.5个百分点，比全国平均水平高11.8个百分点。城市声环境质量继续保持稳定，辐射环境质量总体保持良好。

【生态保护修复】　2020年，福建省整合政府、市场和社会各方资源多元共治，分初级版、中级版和高级版梯次推进建设富有“绿化、绿韵、绿态、绿魂”的盈实富美生态振兴乡村，全省60%村庄达到“绿盈乡村”建设标准，国家发展改革委将福建省“绿盈乡村”建设模式、厦门“海上环卫”机制列入《国家生态文明试验区改革举措和经验做法推广清单》向全国推广。推进海洋生态保卫战，系统设置党政领导生态环境保护目标责任书考核评分细则，重点对近岸海域生态环境质量、区域突出海洋生态环境问题治理等工作情况进行严格考核。连续4年开展“绿盾”自然保护地强化监督，率先将遥感监督延伸向国家公园、市县级自然保护区等部分自然保护地，推进人工智能AI技术与遥感结合试点，逐步健全“天上看—地面查—网上管”常态化监管机制，基本实现对自然保护区“天空地”一体化监督全覆盖。宁化县、建宁县、安溪县、顺昌县、邵武市和武平县等6个（至2020年，全省共22个）市县获得国家生态文明示范市县命名；永春县和东山县（至2020年，全省共3个）被授予“绿水青山就是金山银山”实践创新基地称号。

【生态环境治理】　2020年，福建省全面推进蓝天、碧水、净土、碧海四大工程，实施大气精准治理减排项目500个，完成9市1区高污染燃料禁燃区等“三区”划定，开展“长空亮剑”监督帮扶，精准“点穴式”管控，强化污染天气联防联控，有效减少污染天数。推动16条小流域水质实现跨类别提升，完成143个农村“千吨万人”水源地环境问题整治，106个县级以上水源地实现水质在线监测和视频监控全覆盖。完成2571座、9009个埋地油罐防渗改造任务。实施农村生活污水治理为民办实事项目，完成投资7.1亿元，完成村庄

2020年10月11—15日，第三届数字中国建设峰会在福州市海峡国际会展中心举行，第三届数字中国建设峰会数字生态分论坛同时开展。图为生态论坛分会场　（省生态环境厅供稿）

治理320个，全省60%行政村建成“绿盈乡村”。推进三都澳海上养殖综合整治、九龙江—厦门湾生态综合治理攻坚战，实施“一湾一策”水质提升工程。省政府办公厅出台专项工作方案，持续推进海漂垃圾综合整治，排查各类入海排放口3692个。

【环境安全保障】 2020年，福建省强化突发环境事件应急预案动态管理，印发水源地预案22份，备案企事业单位预案2006份，更新印发《福建省应当依法进行突发环境事件应急预案备案企业名录》（2020年版），3668家企事业单位列入备案名录。建立环境安全管理“515”工作机制，开展环境安全隐患大排查大整治，全省共组织排查环境风险企业6103家次，排查整改隐患2336个。妥善处置突发环境事件，全省共发生突发环境事件6起，未发生较大、重大或特别重大突发环境事件。（陈必文）

生态环保督察

【生态环境执法监管】 2020年，福建省制定《福建省碳排放暂行管理办法》《固定污染源废气 非甲烷总烃的测定 便携式催化氧化—氢火焰离子化检测器法》等地方性规章标准。开展第八期“清水蓝天”环保专项执法行动，全省共办理环境行政处罚案件2294件，处罚金额18346.55万元，办理《中华人民共和国环境保护法》4个配套办法案件596起，移送涉嫌环境污染犯罪案件47起。深化环境信用体系建设，分批完成6756家企业环境信用动态评价和18家企业应约评价，完成企业环境信用动态修复1130多家次。出台《福建省生态环境监督执法正面清单》，1469家企业列入正面清单管理，通过“非现场执法”检查4022家次。强化生态环保网格化监管，全省开展网格巡查1432922人次，上报网格监管事件436961件、中央生态环保督察信访件整改情况巡查记录22351条。

【中央生态环保督察问题整改】 2020年，福建省建立健全省领导包案整改、第三方监督评估、群众共同参与共同治理共享成果等6项工作机制，推动解决一大批群众身边的突出生态环境问题。截至2020年底，第一轮中央生态环境保护督察72项整改任务完成66项，达到序时进度的6项；转办的4903件信访件全部办结；第二轮中央生态环境保护督察反馈的“13＋3”个问题涉及的38项具体整改任务，完成9项；第二轮中央督察交办的4433件信访件办结4374件，阶段性办结59件。

【第二轮省生态环保例行督察】 2020年，福建省委办公厅和省政府办公厅出台《福建省生态环境保护督察工作实施办法》《福建省省直有关部门生态环境保护责任清单》。2020年10月16—30日，对三明、南平和龙岩3个设区市开展第二轮省生态环境保护例行督察，传导督察压力，推动突出生态环境问题整改落实。衔接省委和省政府与各地党委和政府签订年度生态环境保护目标责任书，组织各考核单位系统设置党政领导生态环境保护目标责任书考核评分细则，重点对各地绿色发展、环境质量、生态保护、环境治理与监管、区域突出问题解决、目标责任落实及生态文明体制机制改革创新等工作进行严格考核。

（陈必文）

土地环境管理

【土壤污染防治】 2020年，福建省全面完成314个重点行业企业用地样品采集、分析检测及数据上报，编制形成福建省企业用地调查成果集成报告；全面完成国家下达的4.07万公顷受污染耕地安全利用和0.18万公顷严格管控类任务；排查土壤污染状况调查地块160块，确定污染地块25块，动态更新《福建省建设用地土壤污染风险管控和修复名录》。

【重点行业专项检查】 2020年，福建省开展“守护净土”重点行业企业专项排查，整治问题企业94家；稳步推进泉港、建阳、尤溪等10个县（市、区）土壤环境风险防控试点，建立农用地分类管控、企业隐患风险排查以及全过程风险管控等11项制度。（陈必文）

水环境管理

【水功能区划编制】 2020年，福建省推进水功能区与水环境控制单元区划体

2020年10月11日，生态环境部土壤与农业农村环境监管技术中心部主任李海生（右）与福建省生态环境厅厅长付朝阳（左）签订土壤、地下水与农业农村污染综合防治战略合作框架协议。图为签订仪式　　（省生态环境厅供稿）

系和管控手段有机融合，全省共划分564个国控、省级水功能区，其中国控110个水功能区（不含省界缓冲区）水质达标率为94.5%，省级464个水功能区Ⅰ～Ⅲ类功能区占比达到98.5%，水功能区水质持续保持优良。在全国率先出台《福建省集中式饮用水水源保护区勘界立标技术方案（试行）》，完成207个农村“千吨万人”饮用水水源保护区划定和142个“千吨万人”饮用水水源地环境问题整治。

【水污染治理】 2020年，福建省全面完成农村生活污水治理3年行动考核验收，指导84个县（市、区）完成专项规划编制；组织实施为民办实事项目，完成投资7.1亿元，完成村庄治理320个；开展黑臭水体治理，完成福清、诏安、南安3个县（市）农村黑臭水体治理试点方案编制。调整划定66个县（市、区）659个畜禽养殖禁养区，调减面积1.1万平方千米。加强地下水污染防治，完成2571座加油站、9009个埋地油罐防渗改造任务；开展地下水“双源”调查，全面调查重点污染源5017个、集中式地下水型饮用水源19个。2020年，全省地下水质量极差控制比重为11.4%。

【排污口设置管理】 2020年，福建省深入推进全省10061个入河排污口排查整治，“一口一策”制定设置不合理入河排污口整治方案，完成9421个入河排污口整改，其中闽江流域3225个全面完成排查，组织运用“福建省入河排污口监管”APP，实现入河排污口线上云监管，推动流域水质稳定提升。

【流域水环境保护】 2020年，福建省全面完成水污染防治行动计划收官，实施重点流域精细化管理，将全省12条主要流域细分为55个国控单元和148个省控单元，实施一批精准治理减排项目，率先通过大众媒体平台向社会实时发布全省地表水环境质量状况。探索创新小流域“拆、截、清、治、引、构”综合治理模式，组织开展43条小流域综合治理为民办实事项目，安排省级财政资金3.46亿元，推进小流域污染治理、生态修复以及环境监管能力建设等。生态环境部高度肯定并向全国推广福建省小流域综合治理经验。（陈必文）

大气环境管理

【大气污染防治】 2020年，福建省全面完成“打赢蓝天保卫战”各项目标任务。深化治污减排，下达中央资金1.04亿元，指导推动福州江阴工业区、泉州泉港和泉惠石化园区重点企业升级改造，组织实施工业炉窑污染治理、钢铁行业和65蒸吨及以上燃煤锅炉超低排放改造、重点行业VOCs治理项目500个，持续削减大气污染物排放总量。

【机动车环保监管】 2020年，福建省加强新生产机动车和在用机动车环保监管，强化路检路查和入户监督抽测，抽查抽测6100多辆次。开展非道路移动机械摸底调查和编码登记，累计编码登记7.9万多台。全省9市1区全面完成高污染燃料禁燃区、高排放机动车限行区、高排放非道路移动机械禁止使用区划定。

【大气环境日常管理】 2020年，福建省聚力厦漳泉、环湄洲湾等重点区域，聚焦春末夏初等重点时段，强化区域联防联控和污染天气应对，开展“长空亮剑”监督帮扶，实施精准“点穴式”管控，推动区域空气质量的整体提升。

（陈必文）

海洋环境管理

【海洋污染防治】 2020年，福建省开展“一湾一策”推进九龙江—厦门湾、闽江口、三都澳等重点海湾河口综合治理，累计清退不符合规划海水养殖面积2.29万公顷，沿海地区新建改造乡镇污水管网771千米。联防联控入海主要污染，完成海洋督察反馈的2678个入海排口第二轮排查监测，整治32个非法及设置不合理排污口；提请省政府办公厅出台《进一步加强海漂垃圾综合治理行动方案》，落实省级奖补资金保障，组织航拍抽测122个、314千米重点岸段，指导地方精准清理海漂垃圾超1000吨。

【海洋生态环境治理】 2020年，福建省生态环境厅牵头省直11部门制定实施《福建省近岸海域污染防治专项整改工作方案》，解决突出海洋生态环境问题。联合自然资源、海警等部门开展“碧海2020”专项执法行动，办结采砂破坏海洋环境案84宗，收缴罚没款842.9万元；办结海洋违法倾废案2宗，收缴罚款28万元。（陈必文）

危险废物管理

【固体废物污染防治】 2020年，福建省突出加强对定点医院、集中隔离点和涉外机场码头环境监管，及时出台《医疗废物环境规范化管理指南》《新冠肺炎疫情环境风险防控工作指南》《福建省应对新冠肺炎疫情医疗废物应急处置设施运行管理规程》等指导性文件，发现并整改178个薄弱环节，全省规范处置医疗废物、涉疫垃圾3.3万吨，做到日产日清。统筹推进全省固体废物（危险废物）、医疗废弃物综合治理、危险废物专项整治3年行动等5个专项工作，建立全省危险废物产生、拥有危险废物自行利用处置设施和持有危险废物经营许可证的3类环境重点监管单位清单，全年立案查处涉固体废物（危险废物）方面环境违法案件272起、处罚1190.5万元，刑事移送案件23起。

【生态云固体废物处置】 2020年，福建省深化应用“福建省生态云固体废物环境监管平台”，全省共有危险废物利用处置持证单位97家，总核准利用处置能力 186.9 万吨/年，新增 30.7 万吨/年，增长 19.6%。年底，全省有涉危险废物企业用户 10170 家，累计运行电子联单 28.8 万余份；全省危险废物产生量 145.0 万吨（不含医疗废物），利用处置量 145.5 万吨（含上年度贮存量），跨省转移危险废物 7.6 万吨。（陈必文）

核安全管理

【核与辐射安全监管】 2020 年，福建省依托省级核与辐射环境监管系统，赋予每一枚放射源唯一的二维码，高风险移动放射源实时 GPS 定位，实现“固定放射源精准定位，移动放射源过程管控，一图一卡一册守底线”的云监管。开展核与辐射安全隐患排查 3 年行动，加强停破产企业放射源安全管理，及时收贮 127 枚废旧放射源。

【核安全机制与宣传】 2020 年，福建省印发《福建省核安全工作协调机制》《福建省辐射事故应急预案》，构建协调核电安全、辐射安全联防联控、涉核项目社会风险防范、涉核安全生产与防控 4 项机制，实行“全省一盘棋、每月一主题、每季一演练”常态化工作模式，完成 13 场覆盖全省 43 个成员单位联动专项演习。通过“上云端、入校园、摆摊子、下乡村”等方式，组织核安全知识宣传活动 40 余场，实现重点市县和核电厂周边 10 千米行政村科普宣传全覆盖和常态化。举行闽粤桂琼浙 5 省核应急合作联席会议，组织省内外有关单位参加新闻发布专项演练观摩交流，达成《核安全公众沟通合作实施细则》，共同提升核安全保障能力。（陈必文）

节能减排

【概况】 2020 年，福建省二氧化硫、氮氧化物、化学需氧量和氨氮排放量较 2015 年分别下降 29.42%、16.40%、4.49%和 3.78%，碳排放强度较 2015 年下降 20%。（陈必文）

【节能降耗】 2020 年，福建省规模以上工业万元增加值能耗下降 1.87%，2016—2020 年累计下降 21.9%，完成“十三五”目标任务。严格落实能耗“双控”目标责任，组织开展各设区市能耗“双控”目标责任考核。加强重点用能单位节能，组织开展国家重点用能单位“百千万”行动。加强重点用能单位节能监管，对 230 家重点用能单位开展节能诊断服务。对 120 家重点用能单位开展能源管理体系建设辅导评价工作，760 家重点用能企业与省级能耗在线平台联网，建立在线监测系统。开展节能监察工作，发布实施《福建省工业和信息化节能监察管理暂行办法》，完成国家重大工业专项节能监察任务 99 家次，省级日常和专项监察任务 361 家次。深化用能权交易试点工作，完成纳入 2019 年度用能权试点的水泥制造、火力发电、钢铁等 9 个高耗能行业 100 家重点用能企业的指标清缴工作，成交用能权指标 99.67 万吨标准煤，成交金额 2082.34 万元。

【绿色制造和循环经济试点示范】 2020 年，福建省推动绿色制造体系建设，35 家绿色工厂、4 家绿色供应链管理企业、1 个绿色园区、116 款绿色设计产品入选工信部第五批绿色制造名单。截至 2020 年底，全省有 76 家绿色工厂、11 家绿色供应链管理企业、2 个绿色园区、151 款绿色设计产品入选工信部绿色制造名单。公布第三批绿色制造体系名单，包括绿色工厂 64 家、绿色供应链 18 个、绿色园区 6 个、绿色设计产品 20 项。截至 2020 年底，有 143 家绿色工厂、28 家绿色供应链管理企业、14 个绿色园区、117 款绿色设计产品入选省级绿色制造名单。推进循环经济和资源综合利用，福安经济开发区、福建（龙岩）稀土工业园区、三明高新技术产业开发区金沙园、福建浦城工业园区等 4 家园区列入全省循环化改造财政资金支持园区。开展省级循环经济示范单位创建工作，87 家企业、6 家园区列入第四批循环经济示范试点。推进企业清洁生产，开展企业超能耗限额强制性清洁生产审核。厦门宏鹭升建筑新材料有限责任公司、厦门森露达环保科技有限公司列入工信部第三批《建筑垃圾资源化利用行业规范条件》。百威雪津啤酒有限公司入选国家 2020 年重点用水企业水效领跑者名单。（林　芝）

编辑：郑　莱

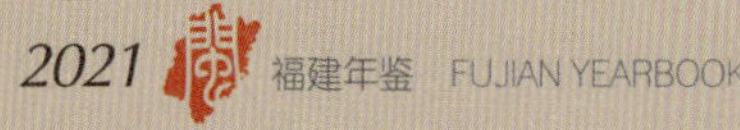

中共福建省委员会

重大决策

【概况】 2020年，中共福建省委以习近平新时代中国特色社会主义思想为指导，深入贯彻落实习近平总书记重要讲话重要指示批示精神，全面贯彻落实党的十九大和十九届二中、三中、四中、五中全会精神，增强“四个意识”、坚定“四个自信”、做到“两个维护”，紧紧围绕统筹推进“五位一体”总体布局和协调推进“四个全面”战略布局，坚持稳中求进工作总基调，坚持新发展理念，统筹推进疫情防控和经济社会发展，全方位推动高质量发展超越，保持经济持续健康发展和社会大局稳定，“十三五”规划主要目标任务全面完成，新时代新福建建设迈出新步伐。

【习近平总书记相关批示精神和党的十九届五中全会精神学习贯彻】 2020年，中共福建省委及时召开常委会会议、专题会、理论中心组学习会等，认真学习领会习近平总书记每次重要讲话重要指示批示，研究部署贯彻落实具体措施。习近平总书记对福建工作的重要指示批示，省委全面建立台账、逐条细化实化，形成工作清单、任务清单、责任清单，动态管理、挂图作战、压茬推进。

省委召开省委十届十次全会，通过《深入学习贯彻习近平总书记重要讲话重要指示批示精神，全方位推动高质量发展超越的决定》，着力推进科技创新、产业结构、居民收入等方面超越。

党的十九届五中全会后，及时召开省委常委会（扩大）会议，传达学习全会精神，制定学习宣传贯彻全会精神的通知，省委常委带头调研宣讲，带动各级集中宣讲845场，直接受众16.7多万人次。召开省委十届十一次全会，对深入学习贯彻党的十九届五中全会精神、谋划推进福建“十四五”发展和二〇三五年远景目标进行部署，明确科技创新、产业发展、扩大内需、闽台融合等12个方面60项重点任务。

【新冠肺炎疫情抗击】 2020年，中共福建省委坚决听从习近平总书记和党中央号令，坚持人民至上、生命至上，带领全省上下打响疫情防控的人民战争、总体战、阻击战。截至3月7日，福建省境内住院病例、确诊病例、疑似病例全部“清零”。从公布首例确诊病例到实现本土患者清零只用了46天。疫情防控取得重大战略成果。

严格按照“坚定信心、同舟共济、科学防治、精准施策”总要求和“四早”“四集中”“四率”等一系列决策部署，严守入闽管理、社区和村居管理、单位管理、家庭和个人卫生健康防护“四道关口”，严把入闽健康检测、居家或集中观察、上班初期健康跟踪管理“三道防线”，做到村村防控、居居防控、家家防控、人人防控。采取有力措施“外防输入、内防反弹”，织密外防输入、核酸检测、无症状感染者管控、重点场所防控、社区（村居）精准防控“五张网”，筑牢数字、海上、口岸、村居、全员“五道防线”，对进口冷链物流加强“一线两重点”检验检测，坚决防止疫情反弹。

成立省级医疗救治专家组，设立91个定点救治医院和省级远程指导中心，以全省最好专家、最优救治方案，精心救治每一位患者。全力服务抗疫大局，先后派出12批1393名医护人员，治愈患者2013人；组建2支医疗专家组赴意大利、菲律宾协助抗疫，完成国家交给的任务。

全省3.8万名党员医务人员奋战在救治第一线，11万名机关党员干部到疫情防控和复工复产最吃劲的地方帮助工作、解决难题，2.9万支党员突击队日夜奋战，5.2万个基层党组织、120多万名党员坚守在最前沿，让党旗在疫情防控第一线高高飘扬，基层党组织成为坚强战斗堡垒。

【三大攻坚战】 2020年，福建省打赢脱贫攻坚战，全省45.2万名建档立卡贫困人口全部脱贫，2201个建档立卡贫困村全部退出，23个省级扶贫开发工作重点县全部摘帽；建立“一键报贫”机制，将7290户23984人确定为监测对象单列管理；深化东西部扶贫协作，“闽宁对口扶贫协作援宁群体”被授予“时代楷模”称号。推进污染防治攻坚战，全省生态环境质量保持全优、领先全国，2020年各设区城市空气质量达标天数比重98.8%，主要流域Ⅰ—Ⅲ类水质比重97.9%，县级及以上集中式生活饮用水水源地100%达标。打好防范化解重大风险攻坚战，2020年底全省不良贷款率为1.09%，比上年同期下降0.05个百分点。全省政府债务率低于警戒线。

【经济高质量发展】 2020年，福建省坚定不移贯彻新发展理念，坚持以供给侧结构性改革为主线，牢牢把握扩大内需这个战略基点，服务并深度融入新发展格局，全方位推动高质量发展超越。3月份以来，全省经济逐月回升、逐季向好，全年地区生产总值增长3.3%。

面对疫情严重冲击，做好“六稳”工作、全面落实“六保”任务。福建省及时落实分区分级精准复工复产，出台一系列纾困惠企措施，全力贯通政策链、服务链、操作链，逐个畅通重点产业循环，组织实施一二三产业“百千”增产增效、困难行业和中小微企业帮扶、企业技术改造、保产业链供应链稳定、新老基础设施建设、扩大消费、招商引资、民生兜底等“八项行动”，推动经济社会发展加快恢复。发放两批各100亿元省中小微企业纾困专项资金，全年累计减轻企业负担1300多亿元，新登记市场主体增长40.3%。深化谋划一批、签约一批、开工一批、投产一批、增资一批“五个一批”项目推进机制，聚焦“两新一重”，省级每季度集中开工一批重点项目，累计997个、总投资7640亿元。开展“全闽乐购”等促消费行动，5月起全省社会消费品零售总额保持正增长。开展投资促进季和“云签约”等活动，全年全省实际使用外资增长10.3%，进出口增长5.5%。

制订科技创新行动计划和优化产业结构行动计划，加快打造创新生态链。全省规模以上工业增加值增长2%，其中高技术产业增加值增长8%。深化百亿元龙头成长计划、千亿元产业集群培育计划，千亿元产业集群达20个。加快建设省创新研究院，打造光电信息等首批4家创新实验室。深入实施新一轮技术改造专项行动。成功举办第三届数字中国建设峰会，实施数字经济领跑行动，数字经济增加值达到2万亿元。

深化闽东北、闽西南两大协同发展区建设，促进区域一体化和经济高质量发展。福州机场二期扩建工程开工建设，衢宁铁路建成通车，平潭海峡公铁大桥公路试通车，福平铁路、龙岩新机场、漳汕高铁、厦漳泉城际铁路等一批重大协作项目扎实推进。

推进特色现代农业高质量发展工程，十大乡村特色产业全产业链总产值突破2万亿元。深化“一革命四行动”，深化科技特派员制度。夯实“米袋子”“菜篮子”，粮食生产和猪肉、蔬菜等重要农产品供给保持稳定。

【扩大开放发展】 2020年，中共福建省委召开5次省委深改委会议，实施26项改革文件或方案，明确172项重要改革举措。突出实施提升营商环境行动计划，深化“放管服”改革，全省依申请审批服务事项网上可办率超过97%，“一趟不用跑”占比超过65%。健全重大疫情防控体制机制，出台《加强公共卫生体系建设的意见》，稳步推进省疾控中心综合改革试点。深化医药卫生体制改革，“三医联动”向“全联”“深动”推进。深化“海丝”核心区建设，实施“丝路海运”等八大工程，“丝路海运”航线增至70条，2020年累计开行2455个航次，中欧（厦门）班列发运271列、比增16%。深化自贸试验区建设，上线国际贸易单一窗口4.0版。厦门成为金砖国家新工业革命伙伴关系创新基地。

【宣传思想文化工作】 2020年，福建省坚持把学习宣传贯彻习近平新时代中国特色社会主义思想作为首要的、长期的重大政治任务，用好《习近平在厦门》《习近平在宁德》《习近平在福州》《习近平在福建》等鲜活教材，不断深化对习近平新时代中国特色社会主义思想理论逻辑、历史逻辑、实践逻辑的认识和领会。全面落实意识形态工作责任制，开展决胜全面小康、决战脱贫攻坚、全方位推动高质量发展超越等重大主题宣传。筹备第44届世遗大会，推动文化和自然遗产保护利用、城乡面貌品质“两个新提升”。举办第33届中国电影节金鸡奖活动。

【民生保障】 2020年，福建省针对疫情对群众生活造成的影响，加强基本公共服务和食品药品等物资供应，加强社会保障、公共卫生、兜底帮扶，确保群众基本生活。强化稳就业举措，出台支持企业复工稳岗“12条”等，全年全省城镇新增就业54.62万人，城镇登记失业率控制在预定目标内。制订出台促进居民增收行动计划，居民人均可支配收入增长4.5%。扩大普惠性学前教育资源，推进义务教育城乡一体化，推动职业教育与区域发展深度融合，促进高等教育内涵式发展。深入实施医疗“创双高”建设，省儿童医院等项目扎实推进。推进养老服务提质增效，农村养老服务设施覆盖率达70%。推进平安福建建设，平安建设考评保持全国前列。开展安全生产专项整治三年行动和各领域安全隐患大排查大整治专项行动，各类事故和死亡人数持续下降。

【生态省建设】 2020年，福建省做好国家生态文明试验区建设评估验收工作。抓好武夷山国家公园体制试点工作。在全国率先建成生态环境大数据云平台。探索构建流域保护长效机制。全面推行排污权交易。以重点生态区位商品林赎买、林业金融创新等为载体，深化林业改革。加大造林绿化和水土保持工作力度，造林绿化超额完成全年任务，长汀水土流失治理提前完成“十三五”规划目标。推进治水管水，河湖长制工作持续走在全国先进行列。做好中央生态环境保护督察“后半篇”文章。

【闽台融合发展】 2020年，福建省出台“28条”政策措施，帮助台胞台企做好疫情防控和复工复产，在闽台胞无一人感染新冠肺炎。全省实际使用台资比上年同期增长77.3%。加密闽台海空直航航线航班。自贸试验区平潭片区率先全面推广网上预检、实现边检通关“零等待”。向金门日均供水超万吨，向马祖近期供水工程正式启用，通电项目福建侧开工建设，向金马供气项目正式“云签约”。落实“两个同等待遇”，到闽实习就业创业台湾青年累计超3.78万人。举办第12届海峡论坛，吸引2000多名台胞现场参会，约300万名岛内同胞线上线下参与。举办海峡青年节等超百场“线上+线下”活动。

【全面从严治党】 2020年，中共福建省委坚持以党的政治建设统领全面从严治党各项工作。深入贯彻《中共中央关于加强党的政治建设的意见》，制定巩固深化主题教育成果32条措施、推进政治监督具体化常态化的指导意见等，持续开展全面从严治党主体责任落实情况检查。贯彻落实新时代党的组织路线，坚持新时期好干部标准，把政治标准放在首位，干部选拔任用工作结果总体较好。激励担当作为，开展突破“难、硬、重、新”工作行动。省委常委带头建立党支部工作联系点。把“严”的主基调长期坚持下去，锲而不舍落实中央八项规定及其实施细则精神，坚决整治形式主义、官僚主义，为基层减负。一体推进不敢腐、不能腐、不想腐，保持反腐败高压态势。支持人大推进疫情防控和公共卫生安全等重要领域和地方特色立法，加强法律监督和工作监督，完善代表工作机制。支持政协健全完善专门协商机构制度机制，在建言资政和凝聚共识上双向发力。加强和改进统战工作，汇聚同心抗疫力量。

（陈　雪）

重要会议

【省委十届十次全会】 2020年8月17日，中共福建省委十届十次全体会议在福州召开，出席会议的省委委员68名、候补委员14名。参加会议的有：省人大常委会、省政府、省政协党员负责同志，省法院院长、省检察院检察长，省人大常委会、省政府、省政协秘书长，省直单位和中直单位驻闽机构党组（党委）主要负责同志，省纪委常委、省监委委员，各设区市（含平潭）党政主要负责同志，县（市、区）党委主要负责同志。第一次全体会议参会人员扩大到非中共党员省级领导，在闽的全国人大、政协专委会成员，省各民主党派主委、工商联主席和无党派人士代表。会议以习近平新时代中国特色社会主义思想为指导，深入学习贯彻习近平总书记重要讲话重要指示批示精神，研究部署全方位推动高质量发展超越目标和举措，审议通过《中共福建省委关于深入学习贯彻习近平总书记重要讲话重要指示批示精神，全方位推动高质量发展超越的决定》和《中国共产党福建省第十届委员会第十次全体会议决议》，讨论全方位推动高质量发展超越科技创新行动计划、优化产业结构行动计划、促进居民增收行动计划。

会议指出，全方位推动高质量发展超越，是习近平总书记亲自擘画、亲自部署、亲自推动的重大战略，是以习近平同志为核心的党中央赋予福建的重大历史使命和重大政治责任，是新时代新福建建设的重大历史机遇。要增强“四个意识”、坚定“四个自信”、做到“两个维护”，把思想和行动统一到习近平总书记重要讲话重要指示批示精神上来，把全方位推动高质量发展超越作为新时代新福建建设的鲜明主线和重大战略，乘势而上、不懈奋斗，以全方位高质量发展的丰硕成果，充分彰显制度优势。

会议强调，全方位推动高质量发展超越，总的要求是以习近平新时代中国特色社会主义思想为指导，全面贯彻党的十九大和十九届二中、三中、四中全会精神，深入学习贯彻习近平总书记对福建工作的一系列重要讲话重要指示批示精神，统筹推进“五位一体”总体布局，协调推进“四个全面”战略布局，坚持稳中求进工作总基调，坚持新发展理念，坚持以供给侧结构性改革为主线，坚持以改革开放为动力，不断满足人民群众对美好生活的需要，始终保持战略定力，增强机遇意识和风险意识，发扬斗争精神，勇于担当作为，更好地统筹常态化疫情防控和经济社会发展工作，全方位推动高质量发展，着力推进科技创新、产业结构、居民收入等方面超越，不断深化闽台各领域融合，努力谱写新时代新福建建设新篇章，为促进祖国统一发挥更大作用。

会议强调，全方位高质量发展超越，是更高质量、更有效率、更加公平、更可持续、更为安全的发展超越，是加快实现经济高素质和生态高颜值的发展超越，是坚持以人民为中心的发展超越。要全面贯彻新发展理念，大力抓好九项重点任务。一要深入实施创新驱动发展战略，大力推动科技创新超越，努力建设高水平创新型省份；二要加快产业结构优化升级，大力推动产业现代化发展超越，打造一批百亿元龙头企业、千亿元产业集群、万亿元主导产业；三要坚定实施扩大内需战略，大力推动经济内生动力超越，更好地融入以国内大循环为主体、国内国际双循环互相促进的新发展格局；四要坚持尽力而为、量力而行，大力推动民生社会事业超越，完善重大疫情防控体制机制，健全公共卫生应急管理体系，努力实现幼有善育、学有优教、劳有厚得、病有良医、老有颐养、住有宜居、弱有众扶；五要加强统筹力度，大力推动城乡协调发展超越，形成各具特色、优势互补、城乡融合的发展新格局；六要发挥多区叠加优势，大力推动对外开放超越，更好地吸引优质生产要素集中集聚；七要持续深化生态省建设，大力推动生态文明超越，确保生态环境持续全国领先；八要强化守正创新，大力推动文化软实力超越；九要建设更高水平的平安福建，大力推动社会治理效能超越。

会议强调，要发挥独特优势，积极先行先试，持续做好“通”“惠”“情”三篇文章，探索海峡两岸融合发展新路，不断深化闽台经济、基础设施、社会、文化等各领域融合，在建设两岸共同市场、落实应通尽通、落细惠台利民举措、促进同胞心灵契合上有更大作为，进一步强化产业合作，推进通水、通电、通气、通桥等基础设施联通，逐步为台湾同胞在闽学习、创业、就业、生活提供与大陆同胞同等的待遇，像为大陆百姓服务那样造福台湾同胞，加快建设台胞台企登陆的第一家园。

会议强调，要全面加强党的领导，贯彻新时代党的建设总要求和新时代党的组织路线，落实省委“五抓五看”“八个坚定不移”具体部署，以党的政治建设为统领，全面推进党的各方面建设，确保把“两个维护”这一最高政治原则和根本政治规矩扎根在思想深处、落实到具体工作和实际行动中，力戒形式主义、官僚主义，切实减轻基层负担，持续营造风清气正的良好政治生态，为全方位推动高质量发展超越提供坚强保证。

会议强调，实现全方位高质量发展超越，最根本的是要把贯彻落实习近平总书记重要讲话重要指示批示精神和党中央决策部署抓紧抓实抓细抓到位。当前，要更好地统筹常态化疫情防控和经济社会发展，认真抓好“十四五”规划编制，做好“六稳”工作，全面落实“六保”任务，统筹做好安全生产等各项工作，努力完成全年经济社会发展目标任务，为全方位推动高质量发展超越奠定坚实基础。

【省委十届十一次全会】 2020 年 12 月 21 日，中共福建省委十届十一次全体会议在福州召开。出席会议的省委委员 66 名、候补委员 14 名。参加会议的有：省人大常委会、省政府、省政协党员负责同志，省法院院长、省检察院检察长，省人大常委会、省政府、省政协秘书长，省直单位和中直单位驻闽机构党组（党委）主要负责同志，省纪委常委、省监委委员，各设区市（含平潭）党政主要负责同志，县（市、区）党委主要负责同志，在闽党的十九大代表和省第十次党代会代表中的部分基层和专家代表。第一次和第二次全体会议参会人员扩大到非中共党员省级领导，在闽的全国人大、政协专委会成员，省各民主党派主委、工商联主席和无党派人士代表。会议听取和讨论尹力受省委常委会委托作的工作报告，审议通过《中共福建省委关于制定福建省国民经济和社会发展第十四个五年规划和二〇三五年远景目标的建议》。

会议充分肯定了一年来省委常委会的工作。一致认为，面对国内外形势的深刻复杂变化特别是突如其来的新冠肺炎疫情，在以习近平同志为核心的党中央坚强领导下，省委常委会以习近平新时代中国特色社会主义思想为指导，认真学习贯彻党的十九大和十九届二中、三中、四中、五中全会精神，紧紧围绕统筹推进“五位一体”总体布局和协调推进“四个全面”战略布局，坚持稳中求进工作总基调，坚持新发展理念，坚持以改革开放为动力，全方位推动高质量发展超越，统筹推进疫情防控和经济社会发展，扎实做好“六稳”工作，全面落实“六保”任务，坚决打好三大攻坚战，一以贯之全面从严治党，疫情防控取得重大战略成果，经济增长回稳向好，民生保障扎实有效，社会大局保持稳定，各项工作取得新的进展。

会议高度评价全省决胜全面建成小康社会取得的决定性成就。“十三五”时期，全省地区生产总值接连跃上三万亿元、四万亿元台阶，经济总量实现赶超目标，人均地区生产总值突破十万元，分别位居全国第八位和第五位；经济结构持续优化，高新技术产业、现代服务业、数字经济等比重持续上升，两大协同发展区建设稳步推进；高质量打赢脱贫攻坚战，提前一年实现现行扶贫标准下农村建档立卡贫困人口全部脱贫、2201 个贫困村全部退出、23 个省级扶贫开发工作重点县全部摘帽；污染防治攻坚战深入推进，主要污染物排放量持续下降，生态环境质量全国领先；省域治理体系和治理能力现代化“四梁八柱”基本确立，营商环境建设、重点领域改革取得重要阶段性成果；对外开放持续扩大，自由贸易试验区取得一批全国首创创新成果，21 世纪海上丝绸之路核心区建设成效显著；闽台各领域融合不断深化，台胞台企同等待遇政策有效落实；文化事业和文化产业繁荣发展，民生社会事业领域短板加快补齐；人民生活水平显著提高，社会保障体系全面覆盖，社会安定有序、团结和谐、充满活力；全面从严治党向纵深推进，良好政治生态持续巩固发展。

会议深入分析了新发展阶段福建发展的机遇和挑战。福建省正全方位推动高质量发展超越、奋力谱写全面建设社会主义现代化国家福建篇章，具有扎实的发展基础，拥有难得的发展机遇。习近平同志在福建工作期间的一系列重要理念和重大实践，亲自擘画的新福建建设宏伟蓝图，将继续引领攻坚克难、奋勇前行；党中央明确支持福建探索海峡两岸融合发展新路，多区叠加的政策优势持续显现；福建省处于工业化提升期、数字化融合期、城市化转型期、市场化深化期、基本公共服务均等化提质期，各方面积极因素加速汇聚，完全有基础、有条件、有信心、有能力在新发展阶段取得更大突破。同时，也要清醒看到福建省科技创新能力还不适应高质量发展要求、产业结构不优、产业链发展水平不高、重大项目接续不足、重点领域关键环节改革仍需突破、城乡区域发展不够平衡、居民收入水平有待提升、基本公共服务供给任务较重、生态环保和社会治理亟待加强等。必须胸怀“两个大局”，抢抓机遇、应对挑战，发扬充沛顽强的斗争精神，集中精力办好福建的事。

会议提出了“十四五”时期经济社会发展总体要求，强调要高举习近平新时代中国特色社会主义思想伟大旗帜，深入贯彻党的十九大和十九届二中、三中、四中、五中全会精神，全面贯彻党的基本理论、基本路线、基本方略，紧紧围绕统筹推进“五位一体”总体布局和协调推进“四个全面”战略布局，增强“四个意识”、坚定“四个自信”、做到“两个维护”，坚持党的全面领导，坚持以人民为中心，坚持新发展理念，坚持深化改革开放，坚持系统观念，坚持稳中求进工作总基调，以全方位推动高质量发展超越为主题，以深化供给侧结构性改革为主线，以改革创新为根本动力，以满足人民日益增长的美好生活需要为根本目的，统筹发展和安全，努力在建设现代化经济体系上取得新的更大进展，在服务全国构建新发展格局上展现更大作为，在积极探索海峡两岸融合发展新路上迈出更大步伐，在推进省域治理体系和治理能力现代化上取得更大突破，实现经济行稳致远、社会安定和谐，不断增强人民群众获得感、幸福感、安全感，奋力谱写全面建设社会主义现代化国家的福建篇章。

会议提出了“十四五”时期发展主要目标和到二〇三五年远景目标。“十四五”时期，要努力实现经济实力更强、改革开放更深入、社会文明程度更高、生态环境更优美、人民生活更幸福、治理体系更完善。到二〇三五年，中国基本实现社会主义现代化，福建省基本实现全方位高质量发展超越，“机制活、产业优、百姓富、生态美”的新福建展现更加崭新的面貌。

会议提出，把科技创新作为第一动力源，全面建设创新型省份。深入实施科教兴省、人才强省、创新驱动发展战略，深化福厦泉国家自主创新示范区建设，建设高水平创新平台体系，不断壮大创新型企业群体，激发人才创新活力和潜力，大力营造有利于创新创业创造的良好发展环境。

会议提出，全面优化产业结构，加快构建现代产业体系。毫不动摇把新型工业化作为现代化的着力点，深入推进先进制造业强省、质量强省，打造“六四五”产业新体系，大力加快数字福建建设，加快发展现代服务业，强化经济高质量发展的战略支撑。

会议提出，把实施扩大内需战略同深化供给侧结构性改革有机结合，积极服务并深度融入新发展格局。全面促进消费扩容提质，积极扩大有效投资，打造国内大循环的重要节点，构建国内国际双循环的重要通道，打造贯通南北、联接东西、通江达海的大动脉，努力成为服务“一带一路”、中西部及周边地区的前沿枢纽。用好促进国内国际双循环的重要力量，发挥福建省民营经济比重大、侨胞数量多的特色优势，让更多高端资源要素汇聚福建，让更多福建产品和服务走向全国、走向全世界。

会议提出，完善市场经济体制机制，以深层次改革激发新发展活力。深入推进国企改革三年行动，创新发展“晋江经验”，推动民营经济掀起新一轮创新创业大潮，建立健全“马上就办”常态化机制，全面建设数字政府，推动“互联网＋政务服务”升级，持续深化机关效能建设，持续优化市场化法治化便利化国际化营商环境。

会议提出，加快农业农村现代化，走符合福建特点的乡村振兴之路。全面实施乡村振兴战略，践行“弱鸟先飞”理念，发扬“滴水穿石”精神，接续推进脱贫地区发展，提高特色现代农业发展水平，因地制宜推进乡村建设，深化农业农村改革，促进农业全面升级、农村全面进步、农民全面发展。

会议提出，构建高质量发展的国土空间布局，推进区域协调发展和新型城镇化。坚持实施区域协调发展战略、主体功能区战略，建立健全国土空间规划体系，推进宜居宜业的新型城镇化，做深做实新时代山海协作，深化闽东北、闽西南两大协同发展区建设，大力建设“海上福建”，全面振兴老区苏区。

会议提出，推动文化繁荣兴盛，加快建设文化强省。坚持以社会主义核心价值观引领文化建设，全面提高社会文明程度，提升公共文化服务水平，健全现代文化产业体系，让八闽文化熠熠生辉、焕发生机，更好满足人民文化需求。

会议提出，持续实施生态省建设战略，打造高颜值的美丽福建。深化拓展国家生态文明试验区建设，促进绿色低碳发展，制定实施力争碳排放提前达峰行动方案，实施蓝天碧水碧海净土工程，推广筼筜湖、木兰溪治理和长汀水土流失治理经验，加强生态系统整体保护和修复，推进资源全面节约高效利用，建设美丽中国示范省份。

会议提出，建设21世纪海上丝绸之路核心区，全面提高对外开放水平。深入推进“丝路海运”等标志性工程，深化自由贸易试验区改革开放，提升厦门经济特区开放水平，建设金砖国家新工业革命伙伴关系创新基地，推进平潭综合实验区开放开发，构建更高水平开放型经济新体制，加快建设开放强省。

会议提出，改善人民生活品质，推动共同富裕。坚持把实现好维护好发展好最广大人民根本利益作为根本目的，多渠道促进居民增收，实现更加充分更高质量就业，建设高质量教育体系，健全社会保障体系，全面推进健康福建建设，加强和创新社会治理，让人民群众共享现代化成果。

会议提出，统筹发展和安全，建设更高水平的平安福建。坚持总体国家安全观，把人民生命安全摆在首位，提高经济安全保障能力，维护社会稳定，巩固国家安全防线，建设军民融合深度发展典范区域，筑牢国家安全东南屏障。

会议提出，积极探索海峡两岸融合发展新路，加快建设台胞台企登陆的第一家园。贯彻落实党中央对台大政方针，以两岸同胞福祉为依归，深化闽台各领域融合，为促进两岸关系和平发展、促进祖国统一发挥更大作用。

会议强调，实现“十四五”规划和二〇三五年远景目标，必须充分发挥党总揽全局、协调各方的领导作用，广泛团结一切可以团结的力量，形成推动发展的强大合力。坚持党中央集中统一领导，推进社会主义政治建设，深化法治福建建设，深化闽港澳侨合作，健全规划制定和落实机制。 （陈　雪）

深化改革

【概况】 2020年，福建省全面落实党中央改革决策部署，坚持加强党的全面领导，把改革作为应对变局、开拓新局的重要抓手，更加注重制度建设，更加注重系统观念，更加注重防风险、打基础、惠民生、利长远的有机统一，以更深层次改革服务发展大局，以制度优势应对风险挑战。福建省全面深化改革实施规划（2014—2020年）确定的253项改革任务、“十三五”改革主要目标和年度重点改革任务全面完成，为决胜全面建成小康社会、决战脱贫攻坚和全方位推动高质量发展超越，提供动力活力支撑和体制机制保障。

【党中央改革决策部署贯彻落实】 2020年，福建省委深改委坚持把思想和行动统一到党中央全面深化改革的重大决策部署上来，每次中央深改委召开会议后，及时召开省委深改委会议传达贯彻，对中央深改委会议审议通过的改革文件和事项，要求各级各有关部门对接学习研究、提出贯彻意见、抓紧推动落实；对标对表党的十九届四中、五中全会部署的重大改革任务，研究制定福建省重要改革举措实施规划（2020—2021年），谋划福建省“十四五”规划建议，出台《关于新时代加快完善社会主义市场经济体制的实施措施》等战略战役性重要改革文件。聚焦统筹疫情防控和经济社会发展，找准“六稳”“六保”关键处、紧要点，确定48项年度重点改革任务、72项重点突破事项；聚焦全方位推动高质量发展超越，紧紧围绕省委十届十次全会部署和“1＋3＋N”措施体系，谋划实施一揽子针对性强、力度大的改革举措，推动改革更好地服务经济社会发展大局。不断创新方式方法，全力狠抓改革落地见效。推动重点改革任务纳入省委和省政府工作检查、审计监督、政治监督的重要内容，高质量完成党的十八届三中全会以来福建省全面深化改革总结评估；将改革创新成效和区域改革热度指数纳入绩效考核体系，在全国率先委托第三方机构开展大数据分析改革评估，把各项改革任务做细做实做成。

【突出福建特色创品牌】 2020年，福建省充分发挥潜力和比较优势，在落实党中央赋予福建先行先试重大任务上攻坚突破，持续推出一批具有福建标识度的改革典型和经验做法，在一些首创性、引领性改革上取得成果。

持续在深化生态文明体制改革上攻坚突破。做好国家生态文明试验区建设评估验收工作，六大领域26项重点任务如期完成，39项改革经验在全国推广，数量居全国首位。健全生态产品价值实现机制，推进排污权、用能权、用水权、碳排放权市场化改革，完善多元化生态补偿机制，深化集体林权制度改革。完善国土空间开发保护体系，深化自然资源资产产权制度改革，武夷山国家公园体制改革试点任务全面完成。健全生态司法保护机制，推进按流域设置环境监察和行政执法机构，在全国率先建成生态环境大数据云平台。开展绿色生活创建行动，设区城市建成区生活垃圾分类全面铺开，福州在全国省会城市中率先实现生活垃圾“零填埋”。建立省领导包案整改等6项狠抓落实工作机制，认真做好中央生态环境保护督察“后半篇”文章。打好打赢污染防治攻坚战，全省水、大气、生态环境质量继续保持全优，位居全国前列。

持续在深化医药卫生体制改革上攻坚突破。加快构建重大疫情防控体制机制，加强公共卫生体系建设，完善公共卫生应急物资保障体系，率先开展省疾控中心综合改革，探索医防融合创新发展机制，推动“中医药元素”同步融入医改大局、全程深度参与抗疫。大力深化推动“三医联动”改革，建立职工医保省级统筹机制，开展门诊费用跨省直接结算试点工作，推进药品耗材省级集中带量采购改革，公立医院运行机制改革等多项经验在全国推广，4个设区市纳入国家城市医联体建设试点，26个县（市、区）纳入国家紧密型县域医共体建设试点。持续健康福建建设，积极创建“互联网＋医疗健康”示范省，国家区域医疗中心和医疗“创双高”建设步伐加快。

持续在营造创新创业创造良好发展环境上攻坚突破。加快转变政府职能，深化“放管服”改革，着力打造便利化市场化法治化国际化营商环境。健全“全程网办、一网通办、掌上可办”“不见面审批”“一事一次办”常态长效化机制，让数据多跑路、企业和群众少跑腿。工程建设项目审批制度改革评估获全国第一名。创新发展“晋江经验”，出台支持民营企业改革发展“21条”，建立中小企业梯度培养正向激励机制，新登记市场主体增长40.3%。加强市场监管改革创新，全面实施市场准入负面清单，开展相对集中行政许可权改革试点，加速打造“双随机、一公开”监管升级版。深化宁德、龙岩国家普惠金融改革试验区建设，启动三明、南平省级绿色金融改革试验区建设，新增泉州、莆田2个国家产融合作试点城市。

持续在建设更高水平开放型经济新体制上攻坚突破。深化海丝核心区建设，创新实施“丝路海运”“丝路飞翔”等重大工程，东盟成为福建省第一大贸易伙伴，中国—印尼“两国双园”项目合作备忘录正式签署。深化自贸试验区建设，加快通关一体化等改革步伐，上线国际贸易单一窗口4.0版，实现关、港、贸、税、银一体化全链条运作，136项重点试验任务已实施126项，新增6项创新成果在全国复制推广。深化闽港澳侨交流合作机制建设，成功举办第二届世界闽籍华侨华人社团联谊大会，70家福建品牌企业“上线出海”。厦门成为金砖国家新工业革命伙伴关系创新基地。福州新区以深化改革推动产城融合，运行机制、公共配套持续提升。

持续在探索海峡两岸融合发展新路上攻坚突破。做好“通”“惠”“情”三篇文章，持续推进中央和福建省一系列惠台利民政策落地，累计落实369项同等待遇政策，加快建设台胞台企登陆的第一家园。深化经济领域融合，新设台资项目和实际利用台资额保持全国前列，农业利用台资数量和规模保持大陆首位，海峡两岸数字经济融合发展试验区、集成电路产业合作试验区、生物技术和医疗健康产业合作区获批建设，首家两岸合资全牌照证券公司挂牌开业；举办全国首场“台企拓内销”活动，出台助力台企发展“28条”和支持台青基地发展8条措施，助力台企融入新发展格局。深化社会领域融合，健全台胞参与基层共建共治共享机制，以“乡建乡创”为抓手，引进台湾建筑师和文旅创客团队参与村庄项目建设，打造涉台检察联络“一室一员”等特色品牌，“直接采认台湾地区部分技能人员职业资格”改革事项在全国推广。福州设立大陆首家两岸社区交流中心，厦门、泉州、莆田等地设立台胞医保服务中心。深化基础领域融合，闽台海空直航航线航班持续加密，“小四通”加快推进。深化文化领域融合，创新举办“线上＋线下”交流活动近300场次，海峡论坛成效获得习近平和汪洋的批示肯定。

持续在探索系统集成改革路径上攻坚突破。推进省级县域和领域“4＋1”集成改革试点，实行“一盘棋”统筹布局、“一篮子”政策打包、“一揽子”举措集成、“一体化”协同推进，经验做法被中央改革办刊发推介。福清市实施优化营商环境集成改革，共招引万华化学福建产业园等141个、总投资1233亿元的项目，招商综合考评位居福州市第一。集美区发挥百年学村和对台优势，集中力量做强闽台研学品牌、做优文化交流平台、拓展文化交流途径，台湾青少年登陆的“第一家园”效应初显。晋江市深化科技创新集成改革，激发企业创新创造活力，154家企业入库国家科技型中小企业，科技创新指数居全国百强县第6位。沙县探索开展林票、地票、房票农村产权交易市场化改革，促进“人地钱”等要素资源高效流动。福州市居家社区养老服务集成改革对举措、路径、方法、平台、力量等进行整体设计，逐步向“全覆盖”“一站式”“医养融合”“智慧养老”转变，形成可持续发展的“3443”养老服务新模式。

【破解短板弱项开新局】 2020年，福建省面对疫情的冲击影响，坚持以变应变、以新赢新，紧扣高质量和全方位两个关键，聚焦科技创新、产业结构、居民收入等重点领域短板弱项破题突围，推动改革更好对接发展所需、基层所盼、民心所向。

突出科技创新第一动力源深化科技体制改革。深入实施创新驱动发展战略，推动创新链、产业链、人才链、政策链、资金链深度融合。深化福厦泉国家自主创新示范区建设，福州新区、泉州丰泽、厦门火炬高新区获批国家级双创示范基地。建立省创新实验室建设长效机制，推进科技项目管理和科技评价体系改革，推动科技重大专项“揭榜挂帅”试点，完善高技术企业成长加速机制，新增国家高新技术企业1600家、企业技术中心7家、工程研究中心9家，新增省级新型研发机构54家。省创新研究院正式启动运转。完善科技成果转移转化服务体系，新增省级以上技术转移机构26家，技术合同成交额增长25.9%。优化创新研发投入激励机制，核定研发经费投入分段补助金额增长24.6%。健全围绕产业引才聚才的制度机制，出台高层次人才认定和支持办法、产业领军团队等4项遴选和支持办法，以及高校产学研联合创新项目实施工作方案，为各类人才提供全链条服务。加快构建科技特派员全产业链服务新格局，省级科技特派员创业和技术服务实现乡镇全覆盖。

突出优化产业结构深化经济领域关键环节改革。坚持把改革创新嵌入产业发展各领域、各环节，着力扶持大龙头、培育大集群、发展大产业，提升产业链供应链稳定性和竞争力。建立分区分级精准复工复产机制，及时出台一系列纾困惠企政策，创新实施一二三产业“百千”增产增效等“八项行动”，贯通政策链、服务链、操作链。加快要素市场化配置改革，引导要素协同向电子信息、石油化工、装备制造、新能源等重点产业集聚。出台打通外贸全链条发展实施方案，深化市场采购贸易方式试点改革，培育外贸新业态，稳定外贸外资基本盘。制定国企改革三年行动实施方案，省属企业整合重组全面铺开。完善工业（产业）园区建设标准化体系。全面完成农村集体产权制度改革整省试点任务，推进农业供给侧结构性改革和农村“三产”融合发展，十大乡村特色产业全产业链总产值突破2万亿元。深化文化管理体制改革，健全龙头文化企业培育机制，中国（厦门）智能视听产业基地获批设立，文化产业增加值保持12%以上的增长。完善文旅深度融合发展机制，创建国家全域旅游示范区，福州、厦门、三明入选第一批国家文化和旅游消费试点城市，“生态福建”“全福游·有全福”品牌效应扩大。高质量建设国家数字经济创新发展试验区，加快数字产业化、产业数字化，数字经济增加值增长15%。深化海峡蓝色经济试验区建设，远洋渔业综合实力居全国前列。优化区域经济布局，完善闽东北、闽西南两大协同发展区建设机制，健全城乡融合发展体制机制和政策体系。

突出增加居民收入深化民生领域改革。聚焦群众“急难愁盼”问题，加快补齐民生社会事业发展短板，确保全面建成小康社会步子更稳、成色更足、质量更高。出台应对疫情影响决战决胜脱贫攻坚19条措施，把产业发展和就业创业作为拓宽贫困户增收渠道“双引擎”，创新建立“一键报贫”等监测和帮扶机制，如期完成脱贫攻坚目标任务。深入实施“村级集体经济发展三年行动”，全面消除村集体收入5万元以下薄弱村。健全居民收入分配制度，实施城镇职工、农民、困难群体、高端人才等四大群体增收计划，城镇和农村居民人均可支配收入分别增长3.4%、6.7%。完善稳就业保就业的支持政策体系，建立跨省劳务协作机制，推出12条力度大、靶向准的援企稳岗新措施，城镇新增就业54.62万人，失业人员再就业24万人。优化社会保障体系，加快建设多层次养老服务体制机制，开展政策性租赁住房试点，健全特殊困难群体保障机制。完善公共文化服务体系，全面完成基本公共文化服务标准化建设和县级文化馆图书馆总分馆制建设，加快传统媒体和新兴媒体融合发展，推动精神文明创建制度化常态化。设立福建省考古研究院，健全文化和自然遗产保护工作制度体系。深化教育体制改革，扩大普惠性学前教育资源，推进义务教育优质均衡发展，支持高校加快“双一流”建设，推动职业教育与区域发展深度融合，健全大中小幼一体化思想政治和德育工作体系，“三全育人”格局初步形成。深化社会治理创新，推进市域社会治理体制现代化试点，推行“最多投一次”阳光信访工作机制，完善公共安全管理和重大决策社会稳定风险评估机制，加大现代科技辅助治安防控力度，加快社会心理服务体系建设，健全扫黑除恶常态长效机制，社会治理能力有效提升，群众安全感率达99%。

【凝聚改革合力】 2020年，福建省坚持加强党的领导和尊重人民首创精神相结合，充分调动各方积极因素，充分释放各方创新潜能，为全面深化改革提供坚强政治保证和不竭动力。

突出党建引领强保证。全面贯彻新时代党的建设总要求，把党的政治优势、组织优势转化为治理效能。制定巩固深化“不忘初心、牢记使命”主题教育成果32条措施，不断完善保障“两个维护”的制度机制。制定贯彻落实《2019—2023年全国党政领导班子建设规划纲要》若干措施，出台领导干部政治素质考察办法及在疫情防控中开展一线考核干部、激励基层党员干部和医务工作者等措施，实施年轻干部全链条梯次培养工程，健全正向激励、容错纠错等机制。制定加强非公有制企业和社会组织党建工作指导员队伍建设指导意见等，深化实施近邻党建工作，推动基层党组织建设全面进步、全面过硬。突出“见人见事见效”，健全政治监督具体化常态化机制。深化派驻机构改革，完善纪检监察机关权力运行机制，构建巡视巡察上下联动工作格局。健全惩腐打“伞”工作协调机制，创新决战脱贫攻坚监督机制获得全国表彰。构建纠治“四风”长效机制，深化基层治理改革切实减负增效。加强重点领域监督机制改革和制度建设，加快构建一体推进不敢腐、不能腐、不想腐体制机制。

坚持人民主体集众智。坚持以法治促改革、以民主聚力量，为推动更深层次改革提供力量源泉和法治保障。出台加强新时代人大工作和建设的决定，完善代表工作机制。健全专门协商机构制度机制，加快构建多层次协商民主体系。加强新时代海外统战工作，完善宗教工作体制机制。推进疫情防控和公共卫生安全等重要领域和地方特色立法，实现立法决策和改革决策协调同步。完善法治福建建设指标体系和考核标准，深化法治政府建设示范创建活动，厦门市、福州市鼓楼区获评首批全国法治政府建设示范市（区）。深化司法体制综合配套改革。完成市场监管等六大领域综合行政执法和城市管理执法体制改革。推进工会、共青团、妇联等群团组织改革。

鼓励基层创新激活力。支持基层开展差异化探索，打造各具特色、群众认可的改革“名片”。福州市探索构建河湖系统治理长效机制，入选“中国改革2020年度50典型案例”。厦门市政府透明度指数名列全国第一，被国家发展改革委评为中国营商环境标杆城市。漳州市入选全国市域社会治理现代化试点城市，创新社区（乡村）110治理模式推广全国。泉州市协同推进新经济拓展、老产业链提升，石狮市场采购贸易方式试点实现出口343.18亿元、逆势增长98.19%。莆田市探索“自己‘批’网上办”审批服务新模式，入选《中国营商环境报告2020》“一省一案例”。三明市医改、河湖长制获国务院通报表彰，被列为全国唯一林改综合试点市。南平市开展高质量绿色发展集成改革，“生态银行”创新经验被中央改革办刊发推介。龙岩市打造“有温度的幸福龙岩”改革品牌，水土流失治理“长汀经验”等5项创新举措被列入国家生态文明试验区推广清单。宁德市探索构建“全链条延伸、全闭环发展、全域化布局”主导产业体系，带动宁德加速迈进“万亿工业”时代。平潭综合实验区开展“委托公证＋政府询价＋异地交付”财产执行云改革，试点经验被国务院发文复制推广。（林清林）

军民融合

【发展规划与政策法规】 2020年，福建省加强顶层推动，军民融合发展政策体系初步建立。省委军民融合发展委员会第四次、第五次会议召开，全面部署推动军民融合深度发展工作。“十四五”军民融合发展专项规划编制和重大课题研究完成。6位军民融合专家入选第六批省政府顾问。成立省委军民融合委专家咨询委员会、省委军民融合办（省国防科工办）科技委。在全国率先出台省委军民融合办（省国防科工办）权责清单。出台全省军民融合发展法治建设、高校科技创新军民融合、武器装备科研生产备案管理、产业专项引导资金管理等政策文件。编撰“兴国强军”系列丛书，梳理全省先进典型案例近200个，其中6个案例初步入选2020年全国军民融合发展典型案例，入选数量居全国第一。组织军工资质培训和政策辅导近30场。

【疫情防控与复工复产】 2020年，福建省开展军地疫情防控协同和物资调配工作，向驻闽部队捐赠大批防疫抗疫物资。严防境外疫情海上输入，全省未出现1例境外疫情海上输入事件。采取简化审批、网上办公、技术创新、改进服务、政银企对接等14项措施，帮助军民融合企业和项目单位复工复产，复工复产率居各行业前列。全省涌现出一批先进典型，省委军民融合办以“六办”（省委军民融合办、省国防科工办、省海防办及省国动委经济动员办、交战办、支前办）名义联合表扬全省军民融合系统加强疫情防控和统筹推动企业和项目复工复产先进集体100个、先进个人100人、先进典型案例80个。

【国防科技工业发展】 2020年，福建省举办2020年“中国航天日”主场活动和中国航天大会，40多名院士专家到闽出席大会，国家国防科工局先后两次给福建省发来表扬信，中国航天大会共签约项目56项、签约金额1236亿元，中国航天科工集团、中国航天科技集团分别与省政府签订战略合作协议。福建省成为北斗三号卫星导航系统开通后首个民用示范应用省份。福建省全国航天特色学校建设工程在福州启动，福州第三中学成为全省第一所“全国航天特色学校”。

2020年，国家国防科技工业局和省政府战略合作持续深化，建立起“四个对接一张表”工作机制。突出项目带动，加快发展国防科技工业。国防科技工业先进新材料研发与应用研究院、福州大学先进技术研究院等一批重要创新平台建立。国家军民融合“联合共建”项目进展顺利，设立军民融合产业专项引导资金。着力搭建研发平台，国防科技自主创新力度加大。军民融合发展金融服务联盟、教育培训联盟、科技创新联盟、促进会、商会等平台作用进一步发挥，省级国防科工公共服务平台建成，全军武器装备采购信息网福州分中心查询点上线运行。“国家先进技术转化应用公共服务平台”注册民营单位福建省新增数居全国第二位，部分国防科技成果入选《国防科技工业知识产权转化目录（第六批）》，实现福建省“零”的突破，且数量居全国前列。

【改革与政策试点】 2020年，福建省坚持改革创新，军队保障领域军民融合深度推进。与中国融通集团建立协同机制，加快推进军地土地置换开发，做好军队停止有偿服务改革后续工作。探索重点领域、重点区域和新兴领域军民融合深度发展，军民融合政策试点取得新进展。空域精细化管理改革试点加快推进，福建空域航班准点率明显高于往年。探索国防知识产权管理、经济建设项目贯彻国防要求政策试点工作。国家知识产权军民融合试点深入推进，国家（福建）军民知识产权融合运营平台加快建设。

【国防动员及海防建设】 2020年，福建省加强经济动员、交通战备、支前动员和海防建设。新建一批省级国民经济动员中心，推动生产型动员中心应急转扩产。建成一批交通战备基础设施，完成各类军事行动服务保障任务。军事交通保障能力进一步增强。省海防委员会会议召开，海防综合管理能力增强，重点海域“智慧海防”建设试点推开，党政军警民合力强边固防取得初步成效。协调配合驻闽部队组织文职人员招考，圆满顺利完成。军队派驻省委军民融合办人员到位，实行军地合署办公。军民融合发展框架下“大支前”工作格局得到中央有关部委和军委政治工作部充分肯定，所有设区市连续5届实现全国双拥模范城称号。 （王旭枫）

组织工作

【政治统领】 2020年，福建省各级组织部门坚持以习近平新时代中国特色社会主义思想为指导，深入学习贯彻党的十九大和十九届二中、三中、四中、五中全会精神，深入贯彻落实新时代党的建设总要求和新时代党的组织路线，按照全国组织部长会议和省委十届十次、十一次全会部署要求，紧紧围绕中心、服务大局，为统筹推进疫情防控和经济社会发展，全方位推动高质量发展超越，决战决胜全面建成小康社会提供坚强组织保证。持续抓好学习贯彻习近平新时代中国特色社会主义思想这一根本任务。省委组织部部务会坚持用党的科学理论“铸魂”，理论学习中心组学习27次，部务会议成员带头讲专题党课，带头参加所在党支部学习会，发挥领学促学作用，推动全省组工干部原原本本研读《习近平谈治国理政》第一、二、三卷，持续跟进学习习近平总书记最新重要讲话重要指示批示精神，并与学习《习近平在厦门》《习近平在宁德》《习近平在福州》等系列采访实录相结合，真正学深学透，增强“四个意识”、坚定“四个自信”、做到“两个维护”。严格执行省委“三四八”贯彻落实机制，把2020年重点任务细化成53条具体落实举措，逐一立项分解，明确责任分工，强化盯办推进。围绕抓好基层党建、发现培养年轻干部、深化人才体制机制创新等主题，召开13场专题座谈会，聚焦工作中的难点和瓶颈，逐项研究破解，推动党中央决策部署和省委各项要求落地见效。实施“习近平新时代中国特色社会主义思想教育培训工程”。制定实施福建省贯彻落实《2019—2023年全国党员教育培训工作规划》的具体措施，把学习贯彻习近平新时代中国特色社会主义思想摆在党员教育培训最突出位置，持续兴起“大学习”热潮。研究起草巩固深化“不忘初心、牢记使命”主题教育成果实施方案，持续抓好问题整改。组织开展党的十九届四中全会精神教育培训，推进党的十九届五中全会精神学习培训，结合学习贯彻省委十届十一次全会精神，推动广大党员干部学深学透并在工作中身体力行。举办习近平生态文明思想专题培训班，培训2.9万人次。省级层面先后举办两新组织党务工作者、党员、出资人培训示范班19期，共培训4.9万人次。

【疫情防控】 2020年，福建省充分发挥党组织战斗堡垒和党员先锋模范作用，坚决打赢疫情防控的人民战争、总体战、阻击战。疫情发生后，及时印发《致福建全省各级党组织和广大党员的一封信》和多份通知，发动全省11万多个基层党组织、200多万名党员挺身而出、奋起抗疫。2.6万多名村（社区）书记（主任）、3万多名驻村第一书记和驻村工作队成员、5万多名社区网格员等迅速就地转化为一线疫情防控力量。组织3万多名党员医务人员、2.9万支党员突击队战斗在最前沿，12.4万名机关党员干部到疫情防控和复工复产最吃劲的地方帮助工作、解决难题。建立组织系统挂钩联系基层防控工作制度，部务会议成员每人挂钩联系1个市，每位部机关处长挂钩联系4个县，设区市委组织部挂钩联系所有乡镇，县级组织部门挂钩联系所有村居，带动广大干部群众织密织牢疫情防控“五张网”。在疫情防控最吃劲时刻，召开专题新闻发布会，介绍全省各级党组织、党员干部在疫情防控中发挥战斗堡垒和先锋模范作用的情况，坚定广大干部群众必胜信心。按照中央部署和省委要求，及时研究制定政治激励、组织激励、物质激励、精神激励等多份政策文件，制定印发《福建省委组织部关于在新冠肺炎疫情防控阻击战中开展一线考察干部工作的通知》。省委组织部成立6个一线考核组，市、县两级组织部门派出1061个考核督导小组，近距离考察了解干部关键时刻的具体表现，全省共表扬表彰干部7644名，提拔重用421名，职称优聘218名，问责330名。制定出台9条激励关爱举措，从省管党费中划拨1095万元，各地配套资金6110.5万元，做好慰问、补助抗疫工作，221.5万名党员自愿捐款2.93亿元。联合省广电集团推出10集疫情防控系列纪实片，《人民日报》、新华网专门报道了福建省基层党组织和党员干部战“疫”经验做法。

【为福建新发展汇聚力量】 2020年，福建省委组织部围绕关系全省大局的大事要事，深入践行新时代党的组织路线，努力把党员组织起来、把人才凝聚起来、把群众动员起来，向中心任务聚焦聚力，把党的组织优势转化为全方位推动高质量发展超越的磅礴力量。

坚持以高质量基层党组织建设引领决战决胜脱贫攻坚。召开全省抓党建促决战决胜脱贫攻坚电视电话会议进行全面部署推动。充分发挥驻村第一书记“领头雁”作用，累计落实帮扶资金约30亿元，实施项目8100多个。联合省财政厅出台文件，将村级组织运转经费最低保障标准提高到每年每村13万元。发展壮大村级集体经济，统筹各级财政补助资金3.3亿元，扶持第二批543个试点村，全省95.4%的村集体收入达10万元以上，全面消除5万元以下薄弱村。对946个受疫情影响减收的贫困村，分别给予5万元补助。推动软弱涣散村党组织整顿常态化长效化，对已整改的村党组织开展“回头看”，整顿转化新排查出的503个软弱涣散村党组织。持续推进扫黑除恶专项斗争，排查清理“村霸”和受过刑事处罚、涉黑涉恶的村干部24人。

坚持以高素质干部队伍推动高质量发展。研究制定《福建省贯彻落实〈2019—2023年全国党政领导班子建设规划纲要〉的若干措施》，围绕“十四五”规划选好干部、配好班子。落实新时期好干部标准，坚持因事择人、人岗相适，省委共研究调整7批274名省管领导干部，晋升一级巡视员59名。全面实施公务员职务与职级并行制度，审批非省管干部晋升二级巡视员166人。精心组织市、县、乡换届筹备工作，开展换届蹲点调研，为换届人事安排做好准备。抓好女干部、少数民族干部、党外干部培养选拔工作。深化“十个专题”培训，举办“加强文化遗产保护”“探索海峡两岸融合发展新路”“国土空间规划与优化区域协调发展布局”等专题班，举办新福建大讲堂，提升干部队伍专业化能力。贯彻落实《考核工作条例》，改进年度考核办法，首次对168家省管领导班子和1292名省管干部年度考核结果评定等次。认真落实省委关心关爱基层干部20条措施，督促指导各地投入“五小设施”建设2.05亿元。认真贯彻全省保健工作会议精神，研究制定《关于职级公务员享受医疗待遇有关问题的通知》等政策文件，不断提高干部保健工作水平。

坚持以高层次人才政策激发创新创造活力。制定实施《福建省高层次人才认定和支持办法（试行）》，首批认定258名省级高层次人才，对引进的高层次人才最高给予700万元安家补助，并设置3万元至300万元不等的晋级奖励和荣誉奖励。制定实施特级后备人才、“雏鹰计划”青年拔尖人才、“创业之星”“创新之星”人才的遴选和支持办法，共遴选出73名人才给予重点支持和培育。制定出台《福建省产业领军团队遴选和支持办法（试行）》，遴选和支持第一批产业领军团队20个。持续做好引进生工作，加大对企业类、教育科研类、医疗卫生类和规划建设类引进生的引进力度，2020年引进210名上述类别的引进生，占总数的82%。深化校地人才交流合作，选派首批14名优秀干部人才到北大、清华等高水平高校科技部门挂职。加强与闽籍学子的感情联络，建立省外优秀闽籍学子信息库，开展2020年大学生实习“扬帆计划”，向2.3万余名闽籍学子发出一封信。改进完善考核和激励方式，发挥省级人才经费“四两拨千斤”的作用，共完成核拨省级人才专项经费8.3亿元。

【领导干部政治素质考察】 2020年，福建省委组织部制定实施《福建省领导干部政治素质考察办法（试行）》，对政治素质考察内容、考察方法、组织实施、评价鉴定和结果运用等方面做了具体规定。坚持把政治素质考察融入蹲点调研、任前考察、专项考核、年度考核、优秀年轻干部调研等各类考察考核全过程、各环节，探索政治素质考察个别谈话“十问”、集体面谈“五问”，政治素质评价性意见“双签字”等办法，把政治上的“两面人”识别出来、挡在门外。福建省开展政治素质考察的经验做法在中组部专题会上作交流发言。

【优秀年轻干部培养和选拔】 2020年，福建省委组织部制定《关于深入实施年轻干部全链条梯次培养工程的意见》，全面推进各层各类年轻干部的选育管用工作。开展优秀年轻干部专题调研，掌握一批优秀年轻干部。协助省委召开年轻干部座谈会，分类别组织召开省直单位2场年轻干部座谈会，办好中青年干部培训班。推进省直机关与市县年轻干部双向交流任职，选派18名优秀年轻干部交流任职。认真做好中组部14名厅处级干部到原中央苏区县挂职的服务保障工作，配套选派63名干部开展“组团式”挂职锻炼，选派10名原中央苏区县干部赴中央国家机关、央企挂职学习。制定实施《福建省选调生推优工作制度》《关于做好选调生到基层锻炼有关工作的通知》，加强和规范选调生培养管理工作，2020年共选拔选调生722名。

【干部管理监督】 2020年，福建省推进“新福建干部清正工程”，把政治监督摆在首位，紧扣中心任务开展监督。推进领导干部个人有关事项报告专项整治，2020年全省共查核领导干部个人有关事项7255人，如实报告率为93.31%，比2019年提高7.76个百分点，得到中组部督查组充分肯定。深化领导干部配偶、子女及其配偶经商办企业集中规范工作。对65个地方和单位进行选人用人专项检查，发现反馈问题690多条，督促抓好整改落实。加大“党政同审”和任中审计比例，委托省审计厅对53名省管干部实施经济责任审计。落实“凡提四必”“两个提前”等制度，从严审核把关，提高用人质量。组织开展干部选拔任用工作“一报告两评议”，省委和省管班子的评议结果总体较好。完善“12380”综合举报受理平台，直接受理举报230件，对查实的5件严肃追责问责。

【公务员管理】 2020年，福建省公务员招考总数5000人，其中专门面向应届高校毕业生的招考人数超过2200人，占44%，比上年同期增长10个百分点。严格落实公务员法及配套法规制度，积极推进公务员分类管理，全省司法人员职位分类基本完成，法官和检察官，人民警察执法勤务、警务技术，法官检察官助理和书记员等职位范围均已划定。组织实施公务员考录和省级机关公开遴选公务员工作，推动公务员培训的省际交流、区域合作。出台《福建省县乡机关公务员调任工作指导意见》，规范基层调任工作。落实职级公务员工资、医疗和交通补贴等待遇，明确新晋升二级巡视员相关待遇。推进事业单位参照公务员法管理有关工作。

【近邻党建】 2020年，福建省传承弘扬习近平总书记在福建工作期间倡导的“远亲不如近邻”重要理念，围绕贯彻落实总书记关于社区工作“三个如何”“人民城市人民建、人民城市为人民”的重要指示要求，把“近邻”作为党建引领基层治理的重要理念，召开专门会议，制定下发文件，全面推行近邻党建工作，提高党建引领城市基层治理水平。坚持重心下移，全面推行“支部建在小区上”，全省建立小区党支部7534个，覆盖率达59.2%。推行小区党支部“两议两评两公开”议事协调机制，引导各类组织和居民代表参与小区决策。深化在职党员“回家”报到，全省34.5万名在职党员到居住社区、小区报到，参与各类服务51万多人次。围绕社区“七有”服务内容，建好“一站式”社区党群服务中心，让群众在家门口享受便利服务。

【基层党建】 2020年，福建省认真贯彻落实农村、国企、机关、高校等基层党组织条例，召开全省基层党建重点任务推进会，组织开展党委（党组）书记抓基层党建述职评议考核，推动基层党建各项任务落细落实。深入开展党支部“达标创星”活动，省委常委带头建立基层党支部工作联系点，带动各级党委（党组）书记分领域建立党支部工作联系点。持续开展党建强企“联合行动”、“二亮一比”活动，举办15期“强党建、促发展”系列培训班，助推民营企业高质量发展。开展园区、楼宇党建工作规范化建设，推动市级以上园区、楼宇全面“大体检”。理顺“省委两新工委—省级行业（综合）党委—直属党支部—党员”的管理链条，加强两新组织党建工作指导员队伍建设，全省共选派1.9万名指导员，结对指导5.4万个两新组织。联合省广电集团推出10集系列专题片《红色引擎》，集中展示福建省两新领域党建工作做法和成效。加强离退休干部党建工作，充分发挥离退休干部优势和作用。 （郑泽鑫）

宣传工作

【概况】 2020年，福建省宣传部门认真学习贯彻习近平总书记关于宣传思想工作的重要思想和党的十九届五中全会精神，深入贯彻落实《中国共产党宣传工作条例》，坚持举旗帜、聚民心、育新人、兴文化、展形象，推动宣传思想工作守正创新、开创新局。学习宣传贯彻习近平新时代中国特色社会主义思想，充分发挥福建作为习近平新时代中国特色社会主义思想重要孕育地、实践地的独特优势，制定推动学习宣传贯彻新思想走深走实的实施方案，坚持理论舆论、宣讲宣教、网上网下相互贯通，持续在学懂弄通做实上下功夫，推动党的创新理论在八闽大地落地生根、开花结果。组建省委宣讲团深入基层、机关、企业等开展宣讲，各类“面对面”宣讲近3万场次，听众近500万人次，带动实现各行业各领域各群体宣讲全覆盖。运用重大主题宣传、文艺会演等方式，推动党的十九届五中全会精神热在基层、热在群众。创新理论宣传阐释，建设23个新思想实践示范基地，建好用好“学习强国”福建学习平台，“学习大军”理论网宣经验在全国推广，连续4年获中宣部基层理论宣讲评选“满堂红”。“习近平总书记在福建工作期间重要理念和重大实践”课题形成了一批有分量、有影响的研究成果。

【舆论宣传】 2020年，中共福建省委宣传部深入学习贯彻习近平总书记关于疫情防控工作重要讲话和指示批示精神，举办33场新闻通气会、28场新闻发布会，策划“抗疫斗争的福建实践”等专题报道30多次，推出文艺战“疫”行动1.6万多件优秀作品，激励全省上下打赢疫情防控的人民战争、总体战、阻击战。认真学习贯彻习近平总书记在决战决胜脱贫攻坚座谈会上的重要讲话，把记录好、呈现好决胜全面小康、决战脱贫攻坚作为工作主线，开展“习近平总书记给下党乡亲回信一周年”“走向我们的小康生活八闽行”等26次重大主题宣传，全方位展现广大干部群众同心同德奔小康的精神风貌。聚焦全方位推动高质量发展超越，浓墨重彩开展“牢记总书记嘱托 书写新福建答卷”等主题宣传，“三明实践”重大主题采访集中推出报道900多篇（条），网上传播量超过21亿次。实施媒体融合发展三年规划，“新福建”“海博TV”等平台影响不断扩大，84家县级融媒体中心全部建成，全媒体传播格局加快形成。实施网络内容建设工程，建立覆盖2000万受众的网上联合推送机制，组建2万名的网络评论队伍和粉丝量3.36亿的自媒体协会，凝聚网上强大正能量。

【精神文明创建】 2020年，福建省加强新时代爱国主义教育和公民道德建设，组织“廖俊波式好干部”学习宣传，涌现出“洋口国有林场杉木育种科研团队”等一批“八闽楷模”“最美志愿者”“最美医师”和闽宁对口扶贫援宁群体“时代楷模”。推动精神文明创建制度化常态化，开展精神文明教育和爱国卫生运动，全省建成22个全国试点新时代文明实践中心，近200万名志愿者走上一线发挥积极作用。认真落实习近平总书记对制止餐饮浪费行为的重要指示精神，推动全社会厉行节约、反对浪费。

【文化遗产保护利用】 2020年，福建省筹备第44届世界遗产大会，开展文化遗产保护专项行动，实施考古和大遗址保护工程，完成长征国家文化公园福建段初步规划，推动文化和自然遗产保护利用、城乡面貌品质“两个新提升”。

【文艺创作和文化改革发展】 2020年，福建省组织创作《山海情》《山哈闹海》等特色作品，打造《绝密使命》《宛平城下》等献礼建党百年精品力作。《绝境铸剑》《谷文昌》《一诺无悔》等4部电视剧在央视一套黄金时段播出、数量居各省区市首位，入选“庆祝中国共产党成立100周年舞台艺术作品创作工程”数量居各省区市首位。全面完成基本公共文化服务标准化建设，基层综合性文化服务中心实现全覆盖。编制《文化产业高质量发展超越行动方案》，中国电影金鸡奖活动连续10年落户厦门，影视产业聚集效应日益显现。深入推进文化体制改革，编制《“十四五”文化和旅游改革发展专项规划》，推动参与全国有线电视网络整合与广电5G一体化发展，社会效益放在首位、社会效益和经济效益相统一的文化创作生产体制机制更加健全。打造“全福游·有全福”品牌，文旅融合发展迈出新步伐。

【宣传文化交流和阵地管理】 2020年，福建省发挥海丝和侨台优势，深化两岸文化交流，举办第12届海峡论坛、两岸文博会、图书交易会等活动，推动文化融合发展。细化部门阵地管理责任，开展媒体、高校、宗教等领域风险隐患滚动摸排，有效防范化解风险。健全互联网信息内容综合协调管理、舆情预警联动、直播带货管理等制度，探索基层网络综合执法联动、县域网信“圈层化”等新模式，网络综合治理体系不断完善。“扫黄打非”取得新成效。

【宣传队伍建设】 2020年，中共福建省委宣传部认真履行全面领导责任，严格落实《中国共产党宣传工作条例》监督检查“四个纳入”、意识形态工作责任制“六个纳入”，坚持巡视巡察、主体责任检查、绩效考评和文明创建综合施策，让制度发威、让责任见效。推动各市、县（区）党委成立领导小组，各级人大常委会、政府、政协和全省93家省属大型国企及权属企业、87家高校等设立宣传工作机构，把党对宣传工作的全面领导落实到各领域各层级。制订实施有关基层阵地建设、队伍建设、经费投入等系列政策措施，推动人往基层走、钱往基层投、政策往基层倾斜。选优配强宣传系统领导班子，实施宣传干部队伍建设提升工程，推进增强脚力、眼力、脑力、笔力“四力”教育实践，打造一支政治过硬、本领高强、求实创新、能打胜仗的宣传思想工作队伍。

（郑燕松）

统战工作

【思想政治引领】 2020年，福建省统战部门广泛凝聚共识，持续推动学习贯彻习近平新时代中国特色社会主义思想走深走实，深入开展统一战线各领域主题教育活动，强化重点时段、关键节点对党外人士的思想政治引领，引导广大统战成员坚定不移听党话、跟党走。围绕贯彻落实党的十九届五中全会和省委十届十次、十一次全会精神，召开党外人士座谈会研究具体贯彻措施，为全方位推动高质量发展超越献计出力；组建省委统战部宣讲团，广大统战干部深入联系领域、联系对象开展宣讲活动，持续兴起“大学习”热潮。紧扣疫情防控热点加强思想引导，召开党外人士思想政治工作专题会议，制定加强思想政治工作若干举措，引导党外人士主动作为、发挥优势，积极参与疫情防控和经济社会发展；广泛开展与民营企业家等党外代表人士的谈心谈话活动，引导民营经济代表人士正确看待经济发展形势，坚定发展信心。支持各民主党派和无党派人士深化“不忘合作初心，继续携手前进”主题教育活动成果，引导党外人士强化责任担当、加强自身建设，进一步增强坚持中国共产党领导、落实“两个维护”的思想自觉、政治自觉和行动自觉。

【凝心抗疫发挥资源优势】 2020年，福建省统战部门按照省委要求，广泛动员、全力以赴，迅速成立省统战系统应对疫情工作领导小组和争取境外资源联席会议机制，抽调精干力量组建工作专班，制定参与疫情防控45条措施、应对秋冬季疫情防控20条措施和今冬明春5项“暖侨行动”18条措施。部务会会议、应对疫情工作领导小组会议不定期研究协调，部务会议成员深入宗教场所、民营企业等督导推进，统战系统各单位成立领导小组和工作专班，落细落实各项防控措施，召开部务会议、领导小组会议等61次。第一时间指导部署基层除夕当天关闭宗教和民间信仰活动场所、暂停所有集体活动，督促宗教界严格落实“两暂停一延迟”（暂停宗教场所开放、暂停宗教活动、延迟宗教院校开学）防控措施，取消“二月二”“三月三”等民族节庆活动；迅速向广大闽商和侨资企业发出公开信、倡议书，引导社会力量积极助力疫情防控。共发动争取820个境外侨团806批次捐赠物资和450笔善款，省统战系统捐赠款物超25亿元，选派19名干部赴菲律宾和省外口岸驻点参与疫情防控，46名干部职工获“最美逆行者、最美奋斗者、最美守护者”称号、1名干部获全省抗疫先进个人；全省3500多名民主党派医务工作者参与一线防疫，其中34人奔赴援鄂一线。扎实做好华侨“稳住人心、稳在当地”等工作，通过“海外端”“热线端”“地市端”，开通205个24小时热线电话，与90多个国家410个侨团、华媒及华校保持紧密联系，建立33个国家30个微信医疗群，指导41个国家近50个海外侨团成立抗疫组织，举办6场远程医疗视频连线，累计捐赠60多个国家侨团侨胞1300多万个口罩、10万多盒连花清瘟胶囊等物资，扎实开展返乡侨胞“五个一”（开展一次专项检查、组织一个工作专班、送上一封慰问信、赠送一份爱心礼物、发放一张健康服务卡）人文关怀活动，积极为滞留国内的华人华侨子女协调解决就学问题；发出文明祭扫倡议书，建立云祭扫平台，引导近万人次暂缓回乡祭祀，代祭扫1.37万人次；运用主流媒体专栏、海外华文媒体专版、官方公众号等阵地和载体，积极介绍暖侨举措、分享抗疫经验、传递抗疫正能量。协助港澳闽籍社团做好疫情防控工作，帮助港澳乡亲办实事、解难题。

【新福建建设服务】 2020年，福建省统战部门发挥统一战线人才智力优势，聚合各方资源力量，做好“六稳”工作、落实“六保”任务，助力统筹推进疫情防控和经济社会发展，为全方位推动高质量发展超越贡献统战力量。引导省各民主党派、无党派人士发挥界别特色优势，聚焦经济社会发展的重点问题、群众关心的难点问题积极建言献策，提高建言咨政的“含金量”“靶向性”，形成调研报告530篇，上报社情民意信息3235件。建立服务民营企业“四访四通”（四访即开门接访、进门约访、登门走访、上门回访，靠前解决民营企业发展遇到的问题困难；“四通”即诉求表达畅通、意见建议直通、困难问题沟通、矛盾积案疏通，搭建民营企业意见建议反映快车道）机制，深入开展“联百会助千企”专项活动，助推民企复工复产，帮助1100多家商会、1.23万家企业解决1万多个困难和问题；承办第三届全国青年企业家峰会，签约项目155个、投资2133亿元；开展省民营企业100强和制造业50强发布活动，持续打响福建民营企业品牌形象。引导新的社会阶层人士开展在线专项法律咨询、税收优惠政策解析等线上公益讲座20余场，服务企业上百家；协助9家侨企24名外籍人士申请到闽“快捷通道”；协调305名新疆籍务工人员到闽就业。巩固拓展脱贫攻坚成果，接续推进乡村振兴，召开全省统一战线助力决战决胜脱贫攻坚推进会、“千企帮千村”巩固提升推进会，1440家民营企业、商会挂钩帮扶1492个村，累计投入帮扶资金9.7亿元。

【统一战线工作统筹】 2020年，福建省统战部门提升多党合作制度效能，认真贯彻落实中央《关于加强中国特色社会主义参政党建设的意见》等3个文件，协助省委落实年度政党协商计划，完善民主党派参政履职保障机制，深化建言献策论坛、“同心携手话改革”等品牌内涵，协助民主党派制定《关于进一步加强思想政治建设座谈会纪要》，整体推进省、市两级层面民主党派代表人士队伍建设。把党外知识分子和新的社会阶层人士组织起来、发挥作用，开展网上学习论坛和网络学习会，召开全省网络人士统战工作会议，成立省新的社会阶层人士联谊会网络人士分会，制定《关于加强网络人士统战工作的若干举措》《关于加强新的社会阶层人士统战工作实践创新基地建设的若干举措》，全省共建立实践创新基地288个。加强民营经济统战工作，制定贯彻落实中央《关于加强新时代民营经济统战工作的意见》的重点任务分工方案；设立“1＋4＋N”民营经济代表人士理想信念教育基地，细化构建亲清政商关系“正负面清单”，建立民营经济代表人士数据库和人才库，加大各级工商联和所属商会改革力度，完善工商联党组织领导所属商会党建工作机制，促进“两个健康”（非公有制经济健康发展和非公有制经济人士健康成长）。开展民族团结进步创建活动，巩固拓展民族乡村脱贫攻坚成果，推进少数民族特色村寨建设提质升档，开展全省民族团结进步重点区、重点单位暨第八批全国民族团结进步示范区、示范单位创建工作；做好城市民族工作，创新少数民族流动人口服务管理，指导提升在闽新疆务工经商人员服务管理工作，新疆籍人员服务管理工作联系点全覆盖。维护宗教领域和谐稳定，深化宗教工作督查整改，持续推进宗教中国化进程，开展“四进”（国旗、政策法规、优秀传统文化、社会主义核心价值观进宗教场所）活动、和谐寺观教堂创建工作，推动出台《福建省宗教事务条例》，促进宗教工作由治标向治本转化、由“管得住”向“管得好”转变。积极做好港澳台争取人心工作，支持闽籍乡亲举办庆祝香港回归23周年、澳门回归21周年等活动，支持闽籍社团加强自身建设、深耕基层基础，把福建的乡亲资源优势转化为工作优势。指导省各民主党派及统战团体深化对台工作品牌建设，采取线上线下方式举办第12届海峡百姓论坛，促进两岸民间交流。推进海外统战工作，召开统战工作领导小组侨务工作专题会，研究制定贯彻落实中央《关于加强新时代海外统战工作的意见》的重点任务分工方案和《关于进一步发挥华侨华人在推进21世纪海上丝绸之路核心区建设中作用的工作方案（2020—2022年）》，建立完善海外统战工作协作机制；举办海外闽籍华商“一带一路”云端交流会、闽侨青年精英海丝情活动和“文化中国·海外华裔青少年中华文化大赛”线上海外预选赛以及海外华文教师、华校校长线上研习班，持续开展海外惠侨工程，筹建丝路华教联盟，用心用情做好侨胞服务工作，凝聚侨心侨智侨力服务新时代新福建建设。

（省委统战部供稿）

政策研究

【概况】 2020年，中共福建省委政研室以习近平新时代中国特色社会主义思想为指导，深入践行“五个坚持”重要要求，紧紧围绕服务省委中心工作，强化使命担当，突出以文辅政，各项工作取得新的成效。全年共起草综合文稿300多篇，参与起草省委、省政府重要政策文件11份，开展省重点课题和专题调研28个。通过《政研专报》《调研文稿》《智库专报》《调研内参》等，向省领导报送调研成果和政策建议189份，获省领导批示108篇次。

【综合文稿服务】 2020年，中共福建省委政研室完成省委“十四五”规划和2035年远景目标建议起草工作。认真组织学习习近平总书记关于“十四五”时期改革发展重要思想，研究制定工作方案，在深入开展前期调研，广泛征求各方面意见建议基础上，组织起草省委规划建议稿，先后进行31次修改完善，提交省委十届十一次全会审议通过。做好省委综合文稿服务。牵头起草省委十届十次、十一次全会系列文稿。起草省委主要领导在全省经济形势分析会、省管干部轮训主题报告会等一系列重要会议，以及在省委常委会会议、省委专题会议和有关座谈会讲话、参阅材料110多篇。认真做好省委“不忘初心、牢记使命”主题教育领导小组文稿服务。起草省委专题会议纪要以及省委领导交办的相关会议活动讲话稿、新闻稿和参阅材料。组织起草省委重要文件。牵头起草省委关于对2021年中央重点工作的建议、新时期国家出台支持福建高质量发展政策文件的必要性建议、厦门金砖创新基地有关情况、深入学习贯彻习近平总书记重要讲话重要指示批示精神全方位推动高质量发展超越的决定、省委常委会2020年工作要点、推进福建重点智库建设试点工作的实施意见等重要文件。

【调查研究和决策咨询服务】 2020年，中共福建省委政研室密切关注重点难点热点问题，开展调查研究，为省委决策提供参考。全年共编发《政研专报》36期、《调研文稿》80期、《智库专报》51期，分别获得省委、省政府领导批示25、21和39篇次。组织实施省重点课题调研。认真研究拟订2020年11个省重点课题，发挥省调研咨询工作联席会议平台作用，推动课题牵头单位、成员单位高质量开展课题调研。召开全省政策研究暨调研咨询、智库建设工作会议，部署新形势下的政研工作，整合全省政策研究力量。严把编刊质量关，《调研文稿》刊发的《加快推进工业互联网发展的对策建议》《整合福建省社会治理资源完善“诉非联动”纠纷解决机制》等14篇调研报告获省领导批示肯定。开展专题调研和决策咨询信息服务。围绕中央和省委重大决策部署、经济社会发展中的突出矛盾问题，组织力量深入开展专题调研，全年共完成专题调研报告21篇，其中《关于高质量推进福建省新型基础设施建设的建议》等多篇调研报告获得省领导批示肯定。开展国内外、省内外经济社会发展动态和政策走向研究，多篇信息被中办采用，其中《福建积极探索“乡建乡创”新模式，携手台湾青年共筑第一家园》得到中央领导批示。推进新型智库建设。认真贯彻落实《关于深入推进国家高端智库建设试点工作的意见（2020—2022年）》，调整充实省新型智库建设工作领导小组，制定出台重点智库建设试点工作实施意见，优选确定15家智库为第一批省重点智库建设试点单位。建立智库研究成果转化平台，先后组织全省智库开展“统筹疫情防控和经济社会发展”“‘十四五’时期福建发展研究”等4个系列专题研究，通过《智库专报》精选编发研究报告51期，一批高质量政策建议被采纳。加强理论宣传和政策解读。围绕学习贯彻落实习近平总书记在参加十三届全国人大二次会议福建代表团审议时发表的重要讲话精神，与福建日报社合作撰写5篇述评和综述进行宣传阐释。围绕学习宣传贯彻省委十届九次、十次、十一次全会的部署要求，组织撰写《谱写“中国之治”福建新篇章》《加快新基建正当其时》等5篇理论文章，在《福建日报》《海峡通讯》等刊物上发表。积极参加省委宣讲团，深入开展党的十九届五中全会精神和省委十届十一次全会精神宣讲。（吴福美）

机构编制

【服务保障大局】 2020年，中共福建省委编办坚持把机构编制工作放在新福建建设大局中统筹谋划和推进，充分发挥体制机制和机构编制资源服务保障作用，助推全省经济社会高质量发展。支持打赢疫情防控阻击战。坚决贯彻落实中央和省委关于疫情防控的部署要求，立足机构编制部门职责，主动担当作为，为打赢疫情防控阻击战积极贡献力量。第一时间会同省卫健委印发《关于为福建省援鄂等编外医疗队员提供激励保障的通知》，为表现优秀的援鄂编外医务人员提供用编支持。核增省疾病预防控制中心党委书记领导职数，加强党对疾控工作的领导。支持机关事业单位扩大应届高校毕业生招录规模，指导市、县编办增加公务员招录用编计划，适当调减事业单位控编比例，研究制定西藏昌都市高校毕业生到闽就业编制保障措施，为做好“六稳”工作、全面落实“六保”任务提供保障。参与机关大院和共建社区防疫志愿活动，支援厦门推进复工复产，以实际行动展现机构编制部门良好形象。结合疫情防控要求，持续改进事业单位登记、机关群团单位赋码和核编工作，实施登记管理服务标准化，推行外地单位登记预约制，试行简易注销登记，简化核编手续，实现全流程“网上登记”和“网上核编”，全面提升管理和服务水平。助力加快民生领域补短板。坚持以人民为中心的发展思想，推动编制资源向教育、医疗卫生等民生领域倾斜，支持科技、卫生、教育等领域登记设立事业单位，推动完善公共服务体系。批准设立五一幼儿园、福乐幼儿园等2所省属幼儿园，为省属公立幼儿园增加部分编制，缓解学前教育编制紧缺问题。创新管理思路，坚持统筹调剂、以上补下，为福州、厦门、泉州等地统筹调剂教师周转编制，为福州大学城地区专项调剂事业编制，在破解中小学教师编制不足问题上取得实质性突破。做好医疗卫生机构编制“补短板”工作，探索实施“人员控制数”，推进省妇幼保健院等机构整合优化，加强省保健服务中心编制配备，为省属公立医院核增编制，保障医院人才队伍建设。推动经济社会新发展。围绕实施创新驱动战略、数字福建建设、地方金融监管、医疗保障、中小企业发展、文物保护、应急管理等重点任务，调整优化或批复设立一批事业单位，适当加强工作力量，为加快营造创新创业创造良好环境、推动经济社会高质量发展提供支撑。持续跟踪平潭综合实验区管理体制改革情况，推进泉州台商投资区机构改革，为探索两岸融合发展新路注入新动力，平潭改革创新做法获第三届“推进机制活、建设新福建”全省机关体制机制创新优秀案例。印发福州大学等4所高校“三定”（定机构、定编制、定职能）方案，明确或调整优化高校机构编制事项，支持高等教育事业发展。持续完善武夷山国家公园管理架构，印发国家公园管理局权责清单，助力深化生态文明体制改革，相关经验做法被国家发改委在全国推广。

【体制机制改革】 2020年，中共福建省委编办坚持以推进国家治理体系和治理能力现代化为导向，以推进机构职能优化协同高效为着力点，主动聚焦相关领域背后的体制机制障碍，加大改革创新力度，完善机构设置、优化职能配置、提高效率效能，破解制约发展的重点难点问题。机构改革成果巩固。坚持优化协同高效原则，认真跟踪省直相关部门机构运行和履职情况，持续优化机构设置和职能配置，推动部门高效履职尽责。围绕应急管理、生态环境保护、自然资源、安全生产等重点领域，深入开展机构改革“回头看”，对省直11个部门落实“三定”规定情况开展调研评估，督促部门全面正确履行“三定”规定，扎实做好防汛抗旱和森林防火职能划转后续工作，建立健全协调配合机制，确保工作衔接有序。解决职能缺位问题，结合落实中央生态环保督察要求，研究提出企业内设加油站点监管职责分工意见，及时填补监管空白。统筹推进其他领域体制机制改革，研究出台森林公安机关管理体制调整工作实施办法和市县法院、检察院、纪检监察机构设置及管理体制意见，并相应划转编制。调整完善社区矫正工作体制，相关做法在全国司法行政系统学习贯彻《中华人民共和国社区矫正法》电视电话会议上作典型交流。基层管理体制改革。推进深化乡镇（街道）机构改革和经济发达镇行政管理体制改革任务，全面总结“十三五”期间小城镇机构改革试点工作，出台福建省经济发达镇行政管理体制改革实施意见和赋权指导目录，深入全省30个县（市、区）、50余个乡镇（街道）开展两轮调研评估，督促、指导各地抓好改革方案实施，推动改革精神落地见效。精简乡镇（街道）事业单位，推动1084个县直派驻机构实行属地管理、1044个乡镇（街道）公布权责清单，下沉行政和事业编制，在理顺权责关系、优化机构设置、激发干部积极性等方面取得成效，破解一批长期困扰基层的重点难点问题，改革成果得到基层干部群众广泛好评。事业单位改革。主动对接中央关于深化事业单位改革试点工作指导意见和中央编办有关精神，全面梳理省级事业单位台账，摸清机构编制情况，支持省商务厅、药监局等部门和相关市县按要求先行推进改革，积极配合相关部门推进党政机关和事业单位培训疗休养机构改革、国有林场改革、涉改参公事业单位认定等工作，为全面深化改革探索经验、奠定基础。全面完成全省643家经营类事业单位改革任务，理顺事企关系，强化事业单位公益属性。持续加强和改进事业单位登记管理，深入开展应注销登记法人清理，认真做好年度报告公示工作，依法开展“双随机、一公开”抽查，公示事业单位年度报告书897家，随机抽查事业单位64家，事业单位监管更加精准到位。综合行政执法改革取得进展。认真落实中央改革指导意见和福建省实施方案，推进市场监管等六大领域综合行政执法改革。除按程序报中央编办批准保留的2支队伍外，不再保留其他省级执法队伍。持续推进市县两级改革，推动乡镇（街道）“一支队伍管执法”，市级6个领域执法职责和人员整合基本到位，县级改革方案全部印发实施，梳理公布农业、生态环境保护领域执法事项539项，指导市县精简行政处罚等事项，完善协同配合机制，提升行政执法效能。福建省成为全国首个完成省、市、县三级农业执法机构组建的省份，生态环境监测监察执法垂直管理、按流域设置环境监管和行政执法机构等经验做法被国家发改委在全国推广。

【机构编制管理】 2020年，中共福建省委编办认真贯彻“严控总量、统筹使用、有减有增、动态平衡、保证重点、服务发展”总体要求，加强机构编制法治建设，持续严格规范管理，推动机构编制管理水平得到进一步提升。以贯彻《中国共产党机构编制工作条例》为主线，不断完善机构编制管理制度体系。深入学习贯彻习近平法治思想，牢固树立机构编制法治意识，着力加强机构编制法规制度体系建设，加快构建机构编制管理长效机制。持续推动《中国共产党机构编制工作条例》纳入各地党委理论中心组学习和各级党校（行政学院）主体班次教学安排，主要领导和相关负责人先后赴省委党校和部分市、县开展宣讲，营造良好氛围。提请省委编委转发《机构编制报告制度实施办法》，推动出台归口省委组织部管理办法和实施细则，规范管理程序、明确工作要求，落细落实党对机构编制工作的集中统一领导。加强相关法规、规章和规范性文件草案审核把关，协助省委法规局完成机构改革方案等党内法规备案审查，督促抓好违规事项整改，从源头上严防机构编制违规违纪问题。全面实行权责清单制度，完成省委军民融合办、省教育厅、海洋渔业局等部门权责清单制定和调整，编印《福建省乡镇（街道）权责清单参考目录》《福建省县乡“属地管理”责任事项清单指导目录》，理顺权责关系，推动部门依法高效履职。以监督检查为抓手，强化机构编制管理刚性约束。加强机构编制纪律宣传教育，组织开展5次集中宣传活动，持续增强各级各部门机构编制纪律意识，营造严格规范管理的良好氛围。认真贯彻《机构编制监督检查工作办法》，开展超审批权限设置机构、超规格超职数配备领导干部等问题自查自纠。加强全省机构编制问题台账管理，全面完成十九届中央第一轮巡视所涉机构编制问题整改任务，基本完成中央编办确定的机构编制问题专项整改目标，加快全省公安系统自定编制消化进度，推动其他存量问题整改。组织开展全省开发区管理机构情况调研，研究制定清理规范方案。专项开展省直各部门及基层法院、检察院“三超两乱”（超职数配备干部、超机构规格提拔干部、超审批权限设置机构、擅自提高干部职级待遇、擅自处置职务名称）排查工作，梳理排查机构编制违规问题103项。加强市县机构改革方案和设区市党政部门“三定”规定审查，督促各地完成25个违规问题整改，强化“三定”规定权威性和严肃性。以优化配置为导向，提升机构编制资源使用效益。持续加强机构编制实名制管理，坚持机构编制实名制月报、季报和半年报制度，严格执行核编制度和省直单位控编标准，建立健全全省副厅级以上机关事业单位领导职数、开发区管理机构、厅局级事业单位和市、县（区）处级事业单位“四个台账”，为加强总量管理、优化资源配置奠定坚实基础。认真贯彻落实习近平总书记关于坚持瘦身和健身相结合的重要指示精神，在总量控制基础上加大统筹使用力度，推动机构编制资源更多向基层一线和重点领域倾斜。（翁石禹）

老干部工作

【概况】 截至2020底，全省离退休干部57.09万人，其中离休干部5565人、平均年龄92.01岁，退休干部约56.53万人。创新方式方法，提高老干部工作质量。开发建成全省离退休干部信息管理系统和“福建老干部”APP，开通直播功能。与建设银行福建省分行签署战略协议，在网络直播、党建教育、作用发挥等方面开展合作。推动广大离退休干部和老干部工作者积极关注各类老干部工作信息化平台。开展全省老干部工作重点难点课题调研，评选一批优秀调研文章并汇编成册。全省老干部信息宣传稿件被省级以上媒体采用408篇。

【离退休干部政治建设】 2020年，福建省老干部工作部门加强政治引领，引导离退休干部做到“两个维护”。通过学习报告会、读书班、培训班、新媒体平台等，组织离退休干部深入学习习近平新时代中国特色社会主义思想，增强“四个意识”、坚定“四个自信”、做到“两个维护”。举办8场线上学习报告会，全省参加学习老干部8万多人次。组织离退休干部学习《习近平谈治国理政》（第三卷）、《习近平在福建》系列采访实录，《学习时报》头版头条报道福建省离退休干部学习情况，新华通讯社《国内动态清样》总结推广福建加强组织建设改进老干部思想政治工作的经验做法。建立省委离退休干部工委委员挂钩联系等制度，推动工委委员每年为挂钩联系单位办实事。创新组织设置，推动省直单位成立离退休干部党委2个、党总支7个。开展离退休干部示范党支部创建活动，命名省级“示范党支部”239个。出台《深入开展离退休干部志愿服务活动若干措施》《关于加强“老党员之家”建设的通知》《关于组织引导离退休干部传承红色基因的通知》文件，深化“老党员志愿服务”“老党员之家”“传承红色基因”等品牌建设。

【老干部优势和作用发挥】 2020年，福建省老干部工作部门发挥独特优势，组织离退休干部为全方位推动高质量发展超越凝心聚力。以省委组织部、省委老干部局名义下发通知，表扬通报全省离退休干部先进集体12个、先进个人12名。学习宣传全国、全省离退休干部“双先”（先进集体、先进个人）典型事迹，营造比学赶超、争先创优的浓厚氛围。9月28日，举办全省“我看脱贫攻坚新成就”舞台剧展演，离退休干部以自编自导自演方式，讲述习近平同志在福建工作期间扶贫工作的探索实践，讲述新福建建设取得的丰硕成果，得到《人民日报》《光明日报》等主流媒体的报道。围绕“我看脱贫攻坚新成就”主题，开展助力脱贫攻坚、调研访谈、下基层宣讲、诗书画影展等活动，凝聚和释放老干部的正能量。依托关工委和老年社团，组织引导老干部在关心下一代工作、健康义诊、科普宣传等方面发挥积极作用。省关工委种子工程12年实践经验入选《中国关心下一代蓝皮书》，党建带关建、网上关工委经验做法在全国关工委工作会议上交流。

【老干部服务】 2020年，福建省老干部工作部门在纪念抗战胜利75周年、抗美援朝出国作战70周年之际，广泛走访慰问老干部，送上党中央的关怀温暖。对全省6477位离休干部全面实施“一人一策”精准服务。做好困难离退休干部关怀帮扶、离休干部特困家庭救助、离休干部无工作遗偶医疗补助等工作，省级补助和慰问3309人次、资金615万元。加强对易地安置离休干部的人文关怀，登门慰问易地安置在11个省（市）的离休干部及遗偶。加强“福建老年教育新媒体电视平台”建设，在疫情期间帮助老干部居家学习、停课不停学，用户数累计约71.5万户、访问量达861万人次。加强“两个阵地”（教师培养阵地、党员成长阵地）建设，福州、泉州等一批老年大学新教学楼建成启用。 （吴宝儿）

党校（行政学院）工作

【概况】 2020年，中共福建省委党校、福建行政学院深入学习贯彻习近平新时代中国特色社会主义思想，认真贯彻落实习近平总书记关于党校办学治校系列重要指示精神和《中国共产党党校（行政学院）工作条例》，坚持党校姓党，强化从严治校，夯实主业主课，推进质量立校，一手抓疫情防控、一手抓办学治校，各项工作取得进展。突出政治统领，办学治校旗帜鲜明。实施“习近平新时代中国特色社会主义思想教育培训工程”，深化“习近平总书记在福建工作期间创新理念和探索实践”研究工程，实施“四个一批”精品培育工程，开发系列“跟学课程”，切实把“两个维护”落实到行动上。制定出台《福建省贯彻落实〈中国共产党党校（行政学院）工作条例〉的若干措施》和《福建省市级党校行政学院质量评估办法》《福建省县级党校行政学校质量评估办法》，推动校院工作上新台阶。在全国率先实施线上线下相结合的培训模式，受到中组部干教局表扬肯定；开展防控疫情决策咨询研究，一批资政件获省领导批示；指导帮助11个市县级党校建立“临时疫情隔离点”，为战胜疫情贡献党校智慧和力量。获第六届全国文明单位和“全国模范职工之家”称号。

【党校教育培训】 2020年，中共福建省委党校、福建行政学院突出服务大局，主业主课做优做强。推进“用学术讲政治”一号工程，一体化推进教学、科研与决策咨询。连续4届获全国党校系统教学管理优秀奖，《习近平新时代中国特色社会主义思想在福建的孕育与实践》课程获全国校院系统第五届精品课奖、中宣部2019年度“优秀理论宣讲报告”，《习近平生态文明思想》等4门课程获评中组部“全国好课程”、中宣部2020年度“优秀理论宣讲报告”，在全国地方党校、华东地区党校名列前茅。开发14门案例教学课程，出版《习近平新时代中国特色社会主义思想教学讲稿汇编》；举办21个班次，培训学员6000余人次；开通学习强国福建学习平台“福建干部网络学院”频道，全省共有27万名学员参加学习培训。连续3届获“全国地方党校优秀科研工作组织奖”，获批设立博士后科研工作站，重点项目获得国家级项目立项8项；校院被省智库办列入三大综合性重点智库建设试点单位，刊发各类决策咨询成果61篇，获省级领导批示21件次。获批成立中国特色社会主义理论体系研究中心。承办、参加全国校院系统习近平生态文明思想研讨会、第三届中国共产党领导力论坛等高端论坛会议。

深入实施“名师工程”，制订实施《专家工作室建设与激励管理办法》，成立6个专家工作室，选拔20多名优秀中青年骨干教师为成员。实施“马克思主义基本理论与党性教育师资培养工程”，选派50多名教师到中央党校（国家行政学院）及高等院校参加培训，选派20多干部赴基层挂职锻炼、支援基层开展疫情防控和服务企业复工复产工作。举办校院系统校长班、教学科研骨干师资班等，全年共培训校长、管理骨干、教师等300多人次。

【后勤保障】 2020年，中共福建省委党校新校区重点项目建设进展顺利，33栋单体建筑全部结构封顶，项目主体工程进入外墙立面装修和室内装修阶段，室外管综工程有序施工，信息化工程、“一脸通”建设和设备设施采购等有序推进，确保2021年7月1日前搬迁目标不变。完成小柳、梅峰校区部分学员楼装修改造、设施设备配置等。开展公有住房清退和资产清查工作。推进平安校园建设，落实日常安全管理。新校区建设资金和教学、科研、后勤、行政管理等所需经费得到保障。“智慧校园”建设取得新进展。推进统一信息平台等项目建设。研究生教务系统、校院统一信息平台升级，福建干部网络学院建设取得阶段性成果。推进智慧图书馆建设，拓展多种读者服务方式，新建校院机构知识库。46篇信息被中央党校（国家行政学院）采用，获《学习时报》《八闽快讯》等转发19篇。 （彭李艺）

党史和地方志工作

【概况】 2020年，中共福建省委党史研究和地方志编纂办公室（简称福建省委党史方志办）认真学习贯彻习近平总书记关于党史和地方志工作的一系列重要论述，坚持“政治建室、研究立室、制度治室”主基调，围绕中心、服务大局，跳起摸高、争创一流，打造党史研究和历史文化的思想库、文献库、资政库，当好新时代新福建建设的记录者、资政者、传播者。

【党史研究】 2020年，福建省委党史方志办挖掘和宣传阐释福建作为红色圣地和习近平新时代中国特色社会主义思想重要孕育地的深刻内涵，收集保存好习近平总书记与福建的重要史料、重要文献。搜集整理《习近平在福建纪事纪实文集》（共31篇，约26万字）、《习近平在福建研究阐释文集》（共63篇，约55万字）。深化重大党史专题研究，编纂“英雄的人民、人民的英雄·福建省党史百年”系列丛书，即《风展红旗如画》（建党百年福建省历届党代会纪略）、《伟大飞跃华章》（建党百年福建省党史重要事件纪略）、《遍地英雄赞歌》（建党百年福建革命英雄建设楷模时代先锋纪略）、《烽火征程史诗》（中共福建省委旧址图志）等四部曲，约120万字。承担中宣部和省委交办的国家社科基金重大项目《松毛岭战役研究》。完成国家出版基金项目《中央红色交通线研究》和国家社科基金课题《当代闽台关系发展史研究》。征研推出《中共福建党的建设史（新民主主义革命时期）》《福建省新民主主义革命时期党史论集》《福建中央红军村》（第一辑、第二辑）。出版《福建三年游击战争史》，修订交付《中国共产党福建历史》（第一卷）。完成《中共福建省委执政纪事》（2016年）（2017年）（2020年）的编辑工作，约160万字。启动《福建党史日志》编辑工作，收集相关资料约43万字，完成1978—2020年相关内容的编辑工作，约30万字。编纂出版的福建省庆祝中华人民共和国成立70周年丛书《站起来》《富起来》《强起来》三部曲，获华东地区图书出版一等奖；35集微视频获学习强国优秀奖。

【志鉴编纂】 2020年，福建省委党史方志办坚持问题导向和目标导向，推动志鉴主业提质增效，做到精准施策，实现重点突破。“两全目标”工作顺利推进。列入第二轮《福建省志》编纂计划的77部分志，全部进入验收阶段，占目标总数的100%，基本完成年初确定的工作目标；全省93部市、县（区）志100%编纂完成，其中大部分志书出版发行，如期完成“两全目标”中市、县（区）志编纂出版的目标任务；全省省、市、县三级共94部综合年鉴2019卷、2020卷全部交付出版社，2021卷启动编纂。推进乡镇村志编纂和《集成》扫尾工作，《长校镇志》《霍童镇志》由出版部门审稿；《元坑镇志》组织专家终审；《古田镇志》进行审后修改和完善；《赤溪村志》由中国地方志指导小组办公室审读；《盖竹村志》初稿通过市、县两级验收并报省室。《闽台历代方志集成》出版工作进展顺利，其中《闽台历代方志集成》（福建省志辑）于12月底正式出版；《闽台历代方志集成》（台湾志书辑）完成全辑出版前准备工作。编纂出版《闽学志》《福建茶志》《建盏志》《寿山石志》等福建特色志书地情书，相关志书进入最后验收阶段；启动编纂《福建扶贫志》《福建小康志》等。打造福建年鉴品牌。创造性地开展以设区市为单位的全域年鉴精品工程试点工作，重点以厦门市、三明市2个地区作为全域精品工程试点项目，通过精品建设和省市县联动，全面提升区域年鉴编纂质量；持续推进福建省年鉴精品工程，经过一年培育，《三明年鉴2020》《长乐年鉴2020》入选全国精品年鉴，《厦门年鉴2020》《泉州年鉴2020》《龙岩年鉴2020》《福安年鉴2020》《延平年鉴2020》《浦城年鉴2020》《仙游年鉴2020》入选全省精品年鉴；在全国第七届地方志优秀成果评选中，福建省推荐的13部年鉴全部获得通报表扬，获奖率和质量位居全国前列。其中，《上杭年鉴》《长乐年鉴》获评全国精品年鉴，《福建年鉴》《宁德年鉴》获评一等年鉴。

【服务大局创新作为】 2020年，福建省委党史方志办坚持围绕中心、服务大局，为全方位推动高质量发展超越服务。编发《资政报告》10期，其中《高质量推进福州新区规划建设的若干建议》《雄安新区、浦东新区、福州新区：比较分析与经验启示》获省长唐登杰和副省长李德金批示，《围绕大局、跳起摸高——当好新时代新福建建设的记录者传播者资政者》获省委宣传部部长邢善萍批示。完成中央党史和文献研究院下达的《脱贫攻坚的伟大历程·福建篇》课题——《从摆脱贫困到精准扶贫的福建实践》，约2.1万字。参与福州市委旧址改造提升等有关工作，并根据省委要求完成《古巷春晓、风展红旗——中共福州市委旧址革命历史陈列》展陈改造任务，展陈大纲及建议，获省委常委、秘书长郑新聪、福州市委书记林宝金批示。贯彻落实省长王宁、省委常委周联清的批示精神，就开展客家史宣传、加强爱国主义教育提出具体意见，供省委、省政府领导决策参考。开展涉及党史题材出版物及影视、艺术作品审读工作，共为省委办公厅、宣传部等省直部门和地方党委政府审读电视剧《抗日名将杨成武》《风展红旗如画——红色三明故事读本》等红色剧本、专著近100部（本）。组织编纂《人民至上、生命至上——福建省抗击新冠肺炎疫情纪事》《守土担责、众志成城——福建省抗击新冠肺炎疫情大事记》等。完成明溪、南靖、泰宁、龙岩、漳平、顺昌党史二卷的审读工作，以及宁德一卷和同安、平潭、南靖党史二卷审定和交付出版工作。发挥业务专长和专家队伍优势，以受聘担任策展人，参加专家评审论证会、布展策划座谈会，参与现场施工指导等方式，为“风展红旗、如画三明”等近20个陈列（展陈）项目提供业务指导和智力支持。与省广播影视集团联合摄制以决胜小康为主题的大型高清纪录片《中国影像志·福建名镇名村影像志》第三季。12月，该季的“建阳麻沙篇”获第十届“光影纪年——中国纪录片学院奖”。

【党史方志宣传教育】 2020年，福建省委党史方志办把打造新的党史方志宣传教育平台摆上重要位置。省方志馆于7月31日正式挂牌成立。陆续接待省委办公厅、省委编办、省财政厅等省直机关的领导干部、党支部、青年学习小组到馆参观指导和开展主题党日、理论学习等活动，接待中国地方志指导小组领导和广东、山东、新疆、江苏、西藏、新疆生产建设兵团等兄弟省、市、区党史方志系统同仁到馆考察交流。6月，正式开通“福建党史方志网”网站群，并上传党史方志信息、时政新闻等信息1000多条，年浏览量30多万人次。做好“福建省党史方志”“中国纪念馆”“福建省革命历史纪念馆”等微信公众号的管理维护工作，其中“福建省党史方志”“中国纪念馆”2个微信公众号年度点击量均突破10万次。省革命历史纪念馆主阵地作用不断显现，先后被授予“省直机关廉政教育点”“全省关心下一代传承红色基因教育基地”称号，并加挂“福建省党史馆”牌匾。在日常管理服务中，除办好三大基本陈列外，还围绕党的宣传工作重点和社会热点适时推出各类临时展览，先后举办《从闽江到鸭绿江——纪念中国人民志愿军抗美援朝出国作战70周年文物展》《浴血鏖战——抗美援朝战争经典战例专题展》等。《福建党史月刊》致力于重要党史事件和人物的宣传以及红色文化的传播，全年共计出刊12期。省新闻出版主管部门在审读中对《福建党史月刊》“决胜全面小康”栏目给予表扬。按期保质完成《福建史志》全年编辑、出版工作。（省委党史方志办供稿）

信访工作

【概况】 2020年，福建省委、省政府高度重视习近平总书记关于加强和改进人民信访工作的重要思想和关于信访工作的指示批示精神的学习贯彻落实。7月27日代省长王宁、8月7日省委书记于伟国专门听取信访工作汇报。8月17日，省委十届十次全会审议通过《中共福建省委关于深入学习贯彻习近平总书记重要讲话重要指示批示精神，全方位推动高质量发展超越的决定》，提出“创新发展新时代‘枫桥经验’，推行‘四门四访’等”。12月21日，省委十届十一次全会审议通过《中共福建省委关于制定福建省国民经济和社会发展第十四个五年规划和二〇三五远景目标的建议》提出“弘扬‘四下基层’‘四个万家’优良传统，坚持和发展新时代‘枫桥经验’，完善‘四门四访’等信访制度和各类调解联动工作机制，构建源头防控、排查梳理、纠纷化解、应急处置的社会矛盾综合治理机制”。全省信访系统以丰富拓展信访工作“七项机制”为主线，深化信访工作制度改革，持续打造阳光信访、责任信访和法治信访。12月7日，中央统战部部长尤权对福建服务民营企业“四访四通”机制作出批示；10月，中央信访督查组充分肯定福建省信访“七项机制”“四门四访”“最多投一次”“信访评理室”“解难题化积案”等经验做法。

对标对表习近平总书记重要讲话重要指示批示精神，落深落细落实省委“三四八”贯彻落实机制，多次召开局党组会议贯彻部署，年初制定贯彻落实方案，建立工作台账，逐条细化实化措施。组织“每月一课”微党课、“屏山讲堂”、青年理论学习小组学习研讨。汇编《传承优良传统 弘扬“四下基层”》研讨会发言和征文文章，深化理论研究。

特事特办涉疫信访事项。按照“六个及时”（及时受理、及时办理、及时研判、及时反馈、及时回应群众关切，及时报告重要情况）、“四个第一时间”（第一时间受理、第一时间处理、第一时间报告、第一时间反馈）要求，加强涉疫信访事项网上办理，做到“日日清零”。

【信访源头治理】 2020年，福建省信访系统构建多元纠纷化解源头治理体系，健全完善“四门四访”工作机制，坚持领导干部“接访日”制度，推动领导干部开门接访、进门约访、登门走访、上门回访，推动信访矛盾一线化解。开展治理重复信访、化解信访积案专项攻坚和解难题化积案“9个专项行动”，下大力气解决社会发展难点痛点堵点方面的信访矛盾。建立乡镇（街道）信访联席会议制度，乡镇综治中心加挂信访办牌子，乡镇（街道）党委书记担任总召集人，乡镇长（街道办主任）、分管综治的副书记和政法委员担任召集人，定期召开会议研究解决重要信访事项，有力推动矛盾纠纷在第一时间、第一现场、第一阶段及时快速化解和调解。推动建设省、市、县三级信访矛盾联调中心，形成矛盾联调合力。

【信访制度改革创新】 2020年，福建省信访系统全面推行“最多投一次”阳光信访工作机制，实施“精准受理、精准研判、精准办理、精准答复、精准督办、精准问责”模式，做到“重要投诉限时办、简明投诉简易办、普通投诉缩时办”。推进“信访评理室”建设，实现省、市、县、乡、村全覆盖，灵活运用上门、流动、现场、视频、提级、派出等评理方式为群众定纷止争，全省共有信访评理室18175个、评理员库171865人，化解率90.94%，《人民日报》《光明日报》等主流媒体进行宣传报道。联合省委统战部、省工商联推行服务民营经济“四访四通”机制，实行民营企业诉求100%第一时间受理调处、积案100%第一时间纳入信访攻坚、建议100%第一时间收集上报，做到民营企业诉求表达畅通、意见建议直通、困难问题沟通、矛盾积案疏通，开展走进商（协）会、走进县域、走进企业“三进”活动。加快“信访云”建设，利用人工智能和大数据技术，打造信访业务办理、跟踪督办、查询统计、辅助决策、考核评价、智能辅助等六大综合应用系统。（吴春美）

保密工作

【概况】 2020年，福建省保密系统按照中保委、国家保密局的决策部署，突出党管保密，把握保密工作政治属性。时任省委书记于伟国多次作出批示，省委书记尹力履新不久即对福建省保密工作作出批示。中保委第三次全体会议和全国保密工作会议结束后，及时召开省委保密委全体成员会议和全省保密工作会议，逐级、分层传达贯彻，落实工作部署。针对一些地方和部门保密委制度机制不够完善、责任履行不够充分、职责作用发挥不够到位等问题，根据中保委“关于加强地方党委保密委员会建设”有关精神，局领导走访保密委成员单位，开展专题调研，听取意见建议，逐级传导责任，推动“八个加强”落实。突出全程督办，把贯彻落实情况“回头看”作为谋划工作的出发点，细化、落地工作意见和措施。配合国家保密局对连江县、厦门市翔安区开展专项检查，统筹开展重点敏感地区保密管理、专项检查和安全保密排查整治专项行动，抽查8个市14个县（区）61家单位，督促省直单位开展工作秘密事项清单梳理，压实各级、各部门主体责任。

【疫情防控和保密管理统筹】 2020年，福建省保密局下发专门通知，加强互联网和复印机安全保密管理，做好疫情防控期间保密工作。按照国家保密局部署，对保密资质证书到期的延长有效期6个月，帮助纾解企业经营困难。同时采取线上辅导、电话答疑等形式，加强“点对点”分类指导，确保业务不断线、服务不停摆，将疫情影响降至最低。强化网络保密技术管理，优化保密技术平台监管策略，及时处置报警信息，组织现场技术核查，构筑网络保密管理“防火墙”。

【“两中心一平台”建设】 2020年，福建省保密局加大测评中心建设。省系统测评实验室和保密测评检查业务网络通过国家局测评，顺利完成“双百”测评、审查任务。加大涉密载体销毁能力建设。5月，省保密技术服务中心投入运行，为省直和福州地区机关单位等提供涉密载体销毁服务。加大省保密教育实训平台建设，省保密教育实训平台如期完成建设并通过验收。

【依法保密】 2020年，福建省保密局通过保密检查、签订保密责任书、印发保密提醒等措施，做好“数字中国建设峰会”“海峡论坛”等重大会议活动的保密服务保障。制定省局行政复议和行政诉讼受理、承办流程、环节，印发全省保密系统行政执法人员持证上岗管理办法，做好全省高考、中考和研究生考试保密管理。全年完成一批军工、集成、印制等涉密资质单位的审查、审批工作，实地抽查一批涉密资质单位。发挥案件查处的“铁拳”作用，严肃查处1起保密违规案件，31人受到记大过、批评教育等处理。加强对案件查处中发现的隐患漏洞的查摆、整改，补齐短板弱项。做好保密技术监管平台的日常管理、故障处理和报警信息分析处置，加大违规外联、违规发布信息的核查、监督。

【保密宣传教育】 2020年，福建省保密系统坚持将党校、行政学院及各类干部培训机构作为保密教育主阵地。组织开展地方党委保密委员会委员、县级保密委主任和保密局局长、市县区保密干部保密专题培训。抓好《保密工作》学刊用刊工作。结合主题党日活动，组织开展定密工作、涉密人员管理、涉密网络安全保密管理等专题保密培训，提高保密意识和技能。依托“保密观”微信公众号和地方各大主流媒体，在“4·15”全民国家安全教育日期间播放保密工作公益广告片，提高公民保密意识。

（卢如一）

机关党建

【概况】 2020年，福建省直机关工委深入贯彻落实党的十九届五中全会精神和习近平总书记在中央和国家机关党的建设工作会议上的重要讲话精神，以政治建设为统领，围绕中心、建设队伍、服务群众，推进机关党的各项建设，提高机关党的建设质量，为全方位推动高质量发展超越提供服务保证。履行对市、县（区）直机关工委工作的指导职能，深入9个设区市、平潭综合实验区和58个县（市、区）调研指导，召开省市机关工委负责人联席会议，培训市、县（区）直机关工委党务干部109人次，推动全省各地机关工委围绕中心、服务大局、聚焦主责、抓实主业，推进机关党建高质量发展。

【机关党建政治建设】 2020年，福建省直机关工委深化省委“三四八”贯彻落实机制，推动习近平总书记重要讲话、重要指示批示精神和党中央决策部署在省直机关落地生根。突出抓好习近平总书记在中央和国家机关党的建设工作会议上重要讲话精神的学习贯彻工作，把中央决策部署和省委工作要求贯彻到新出台的文件制度规定之中，印发《关于在省直机关深入开展创建“让党中央放心、让人民群众满意”的模范机关的意见》，召开省直机关党建重点工作推进会暨创建模范机关动员部署会，着力用好模范机关创建这个载体，注重把工作重点从具体领导转向统一领导和督查指导。以政治建设为重点，对134家单位开展党建综合督查，发现并推动解决12个方面的问题，压实省直机关落实全面从严治党主体责任。以强烈的政治担当做好省委巡视工委各项工作，坚决落实巡视整改任务，切实履行巡视整改政治责任，强化工委在政治建设上的引领作用。巩固“不忘初心、牢记使命”主题教育成果，开展强化政治机关意识教育，注重强化政治纪律和政治规矩意识，引导党员干部以实际行动增强“四个意识”、坚定“四个自信”、做到“两个维护”。省直各单位坚守政治机关定位，坚持把政治建设摆在首位，省直单位党组（党委）书记围绕“强化政治机关意识，坚定走在前、作表率”主题，为机关党员干部上党课133场。

【机关党建理论武装】 2020年，福建省直机关工委持续兴起习近平新时代中国特色社会主义思想“大学习”热潮，举办《习近平谈治国理政》（第三卷）和《习近平在厦门》《习近平在宁德》《习近平在福州》等系列采访实录读者见面会、学习交流会8场（次），组织110个厅局共330人参加党的十九届四中全会精神知识竞赛，开展以党的十九届五中全会精神和习近平总书记关于抗疫斗争重要论述等为主要内容的理论宣讲约500场（次），发放各类学习资料48万册（份），把理论学习不断引向深入，引导党员干部切实用习近平新时代中国特色社会主义思想武装头脑、指导实践、推动工作。突出抓好省直单位党组（党委）中心组理论学习，规范学习制度，出台考评机制，开展综合评估，派员旁听300余人次，由省直机关发端推向全省的巡听旁听做法受到中宣部表扬。强化年轻干部理论武装工作，推动省直机关成立青年理论学习小组83个，举办理论学习主题征文、座谈会，选树"青年理论学习标兵"100个、"优秀青年理论学习小组"30个。创新网络学习平台，开设"线上课堂"，省直机关党员干部8.1万人次参加在线学习，"学习强国"平台共激活8.2万余人常态化学习。

【机关党建组织建设】 2020年，福建省直机关工委认真贯彻落实中央新修订的《中国共产党党和国家机关基层组织工作条例》，实施支部建设整体提升工程、党员素质能力提升工程、带头人队伍建设工程，夯实基层基础。持续提升基层组织力，组织召开省直机关基层党支部"达标创星"活动推进会，省委领导带头挂钩联系省直机关基层党支部，推动基层党组织整体提升、全面进步；持续加强队伍建设，健全完善省直机关党委书记、专职副书记、机关纪委书记任免审批办法，开展第二届省直机关党建知识和党务技能竞赛，采取线上线下相结合的方式培训1407名专兼职党务干部和2260名党员干部；严格规范党内政治生活，指导省直998个基层党组织完成换届，推动党组（党委）书记上专题党课133场，征集评选61个优秀主题党日案例，发展党员2100人。强化"书记抓、抓书记"，部署开展机关党组织书记全面述职评议，以书面形式组织省直81家单位党组（党委）书记抓机关党建述职，进一步推动落实党建责任。推进"党建带群建"，研究制定《关于加强和改进省直机关"党建带群建"工作的意见》。开展评先表彰，联合省人社厅表彰全省工委系统17个先进集体、34名先进工作者。

【正风肃纪】 2020年，福建省直机关工委牵头组织开展2019年度省直机关全面从严治党主体责任落实情况常规检查，发现问题894个，提出问责建议74条。开展形式主义、官僚主义专项整治，推动省直单位精文减会，督促完成全年发文和会议数量比上年度"只减不增"的目标。组织开展落实中央八项规定精神情况专项督查3次，共抽查18家省直单位，发现问题61个。推动廉政教育常态化，授牌命名林则徐纪念馆等5个首批省直机关廉政教育点，推动省直单位从"被动教育"向"主动教育"转变。深化纪检监察体制改革，重新修订《福建省直机关纪检监察工作模拟案卷》（第三版），重塑案件审查调查流程，全年审理案件32件，办结32件，提出组织处理措施20条，提出线索处理意见10条。修订印发《省直机关纪委书记谈话汇报细则》，开展专题调研，推进机关纪检组织自身建设。

【疫情防控党建共力】 2020年，福建省直机关工委坚决贯彻执行中央和省委关于疫情防控的部署要求，着眼疫情防控形势任务需要，着力发挥机关党建优势，广泛开展"众志成城战疫情·省直机关勇当先"活动，通过发倡议书、播公益广告、印制防疫手册等多种形式，发动2863个机关基层党组织和2.94万名党员奋战在防抗疫情第一线，号召近2万名党员参加志愿服务队、无偿献血青年突击队，组织12万多人次捐款2000多万元，划拨120万元党费作为疫情防控补助经费，筹措478.4万元慰问3200多名疫情防控人员和生活困难干部职工，宣传表扬2347名"最美逆行者""最美守护者""最美奋斗者"，推荐95个抗击新冠肺炎疫情先进人物，获省级表彰。坚决完成省委交办任务，开展"四种人"登记排查和疫情防控专项督查，并落实省直机关防疫保障，协调配送30多批1336多万个口罩等防疫物资的发放，确保省直机关6.3万余名干部职工安全工作，选派493名机关干部成立省直机关支援队深入基层一线帮助复工复产。

【机关党建服务中心】 2020年，福建省直机关工委坚持围绕中心抓党建，紧扣省委重大决策部署，引导激励党员干部在打赢"三大攻坚战"、做好"六稳"、落实"六保"等工作中奋发有为。召开闽东北、闽西南两大协同发展区机关党建联席会议，建立"五共同""五联动"机制，形成区域机关党建共同服务两大协同发展区建设的良好格局。聚焦脱贫攻坚，印发《关于在省直机关党组织中开展"走在前作表率，助力脱贫攻坚"活动的通知》，开展"五个一"活动，推进消费扶贫、疗休养扶贫、专家帮扶，各单位累计为贫困村筹措资金8.79亿元，涉及项目12875个，办惠民实事500余件，发放慰问物资91.5万元，消费扶贫1.15亿元，助力打赢脱贫攻坚战。助推建设"机制活"的新福建，开展第三届机关体制机制创新优秀案例征集评选活动，评选优秀案例158个。探索破解机关党建与业务工作"两张皮"问题的途径办法，调研成果获全国、全省机关党建研究调研成果一等奖。注重发挥群团组织作用，持续推进"五一劳动奖""青年文明号""巾帼文明岗"等创建活动，常态化寻找"最美青工""最美家庭"，开展劳动和技能竞赛，开展职工心理健康状况调查，组织第八届全民健身运动会线上竞赛，发放300余万元经费补助各单位文体活动，发放职工医疗互助金383万元，组织15批630多名职工疗休养，为全方位推动高质量发展超越凝心聚力。做好第十四届省级（省直）文明单位总评工作，到130多家单位开展"面对面"指导创建，12个省直单位获评全国文明单位、2个学校获评全国文明校园。（李向阳）

编辑：林忠玉

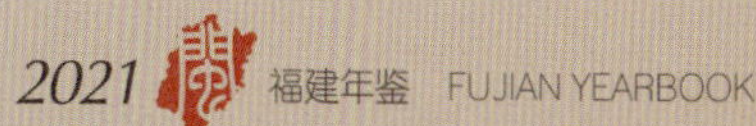

福建省人民代表大会

综　　述

【概况】　2020年，福建省人大常委会以习近平新时代中国特色社会主义思想为指导，全面贯彻党的十九大和十九届二中、三中、四中、五中全会及省委十届九次、十次、十一次全会精神，增强“四个意识”、坚定“四个自信”、做到“两个维护”，坚持党的领导、人民当家作主、依法治国有机统一，在省委领导下，认真行使立法、监督、决定、任免等职权，以法治力量统筹推进疫情防控和经济社会发展，为全方位推动高质量发展超越、加快新时代新福建建设作出人大贡献。全年共召开常委会会议11次，审议法规草案20项（通过14项），批准设区市法规23项，审查规章和规范性文件52件；听取和审议专项工作报告22项，开展12部法律法规执法检查，开展2次满意度测评；作出决议决定13项，任免国家机关工作人员100人次，全面完成省十三届人大三次会议确定的工作任务。

【思想政治建设】　2020年，福建省人大常委会党组会议和理论学习中心组学习会第一议题学习习近平总书记关于疫情防控等重要讲话重要指示批示精神，认真学习贯彻习近平法治思想、习近平总书记关于坚持和完善人民代表大会制度的重要思想。深入学习《习近平谈治国理政》第一、二、三卷，用好《习近平在厦门》《习近平在宁德》《习近平在福州》等系列采访实录鲜活教材，秉承弘扬习近平总书记在闽工作期间的重要理念和重大实践，切实以理论清醒保持政治坚定，以思想自觉引领行动自觉。常委会组成人员、省人大代表和机关干部及时跟进学习。通过举办专题讲座，召开座谈会，开展研讨交流，推动学习贯彻走深走实。坚持以党的政治建设为统领，落实全面从严治党主体责任，提升依法履职能力水平。将学习贯彻党的十九届四中、五中全会精神作为重大政治任务，持续兴起学习贯彻热潮。到9个设区市和平潭综合实验区开展宣讲和调研检查，推动中央全会精神和省委《关于加强新时代人大工作和建设的决定》贯彻落实。聚焦全方位推动高质量发展超越的重点任务和关键环节，根据省委规划建议要求，认真谋划安排立法、监督等工作，做好审查批准福建省“十四五”规划纲要的前期工作，为全省发展营造良好法治环境。加强人大制度理论研究，发挥好省人大制度研究会智库平台作用。聚焦省域治理体系和治理能力现代化，组织开展“国家治理与新时代地方人大工作”课题调研，推动人大制度优势转化为治理效能。

【人大制度优势发挥】　新冠肺炎疫情发生后，福建省人大常委会迅速行动，多次专题研究落实党中央决策部署及省委工作要求，及时调整年度立法、监督计划，加开2次常委会会议，审议通过疫情防控相关议案。加快完善疫情防控和公共卫生安全地方立法，听取和审议专项工作报告，开展执法检查、专题调研，宣传有关法律法规和决定，打好“组合拳”，推进依法防控、依法治理。积极联系发动有关方面支持疫情防控工作，筹集捐款及紧缺物资，派出机关干部支援基层抗疫。开展疫情防控和复工复产、脱贫攻坚、乡村振兴等调研，抓好挂钩帮扶工作，体现人大担当作为。

（胡冰午）

重要会议

【省十三届人大三次会议】　2020年1月11—15日，福建省第十三届人民代表大会第三次会议在福州召开。会议审议和批准省人民代表大会常务委员会工作报告、省人民政府工作报告、省高级人民法院工作报告、省人民检察院工作报告；审查和批准福建省2019年国民经济和社会发展计划执行情况及2020年国民经济和社会发展计划草案的报告，批准福建省2020年国民经济和社会发展计划；审查和批准福建省2019年预算执行情况及2020年预算草案的报告，批准福建省2019年省级预算。会议补选梁建勇为福建省第十三届人民代表大会常务委员会副主任。经大会主席团会议审议，决定将23件议案交省人大常委会办理并提出办理情况报告。大会收到代表建议843件，交有关部门办理。

【省十三届人大四次会议】 2020年9月15日，福建省第十三届人民代表大会第四次会议在福州召开。会议审议通过《福建省人民代表大会关于动员全省人民全方位推动高质量发展超越的决议》。会议补选王宁为福建省人民政府省长、李仰哲为福建省监察委员会主任。

【省人大常委会会议】 2020年，省人大常委会共举行11次会议，即福建省十三届人大常委会第十四次至第二十四次会议。

福建省十三届人大常委会第十四次会议。1月9日上午在福州召开。会议审议通过《福建省第十三届人民代表大会第三次会议主席团和秘书长名单（草案）》，决定提请省十三届人大三次会议预备会议选举；审议通过《福建省第十三届人民代表大会第三次会议议程（草案）》，决定提请省十三届人大三次会议预备会议表决；审议通过《福建省人民代表大会常务委员会关于福建省第十三届人民代表大会第三次会议列席人员安排原则的决定》；审议通过《福建省人民代表大会常务委员会工作报告》，决定提请省十三届人大三次会议审议；审议通过《省十三届人大常委会代表资格审查委员会关于个别代表的代表资格的报告》《福建省人民代表大会常务委员会关于修改〈福建省促进革命老区发展条例〉的决定》。通过有关人事事项。

福建省十三届人大常委会第十五次会议。2月10日下午在线上召开，在福州设立主会场。会议审议通过《福建省人民代表大会常务委员会关于依法全力做好新型冠状病毒肺炎疫情防控工作的决定》。

福建省十三届人大常委会第十六次会议。2月18日上午采取视频会议形式召开，在福州设立主会场。会议审议通过《福建省人民代表大会常务委员会关于革除滥食野生动物陋习、切实保障人民群众生命健康安全的决定》。

福建省十三届人大常委会第十七次会议。3月19日至20日上午在福州召开。会议审议通过《福建省女职工劳动保护条例》《福建省人民代表大会常务委员会关于修改〈福建省文物保护管理条例〉等三项涉及“放管服”改革的地方性法规的决定》《福建省人民代表大会常务委员会关于修改〈福建省人民代表大会常务委员会任免国家机关工作人员条例〉的决定》《福建省人民代表大会常务委员会关于切实保护关心爱护医务人员、营造尊医重卫良好风尚的决议》《关于办理省十三届人大三次会议主席团交付审议的代表议案的决定》；审议批准《漳州市建筑垃圾管理办法》《莆田市城市生态绿心保护条例》《龙岩市实施河长制条例》《宁德市三都澳海域环境保护条例》；听取和审议省人民政府关于新型冠状病毒肺炎疫情防控工作情况的报告；听取和审议关于2019年规章和规范性文件备案审查工作情况的报告。通过有关人事事项。

福建省十三届人大常委会第十八次会议。4月26日上午在福州召开。鉴于张志南涉嫌严重违纪违法，会议经审议和表决，决定免去张志南的省人民政府副省长职务。

福建省十三届人大常委会第十九次会议。5月31日下午至6月1日在福州召开。会议传达学习十三届全国人大三次会议及省委常委会会议精神；审议通过《福建省红十字会条例》《省十三届人大常委会代表资格审查委员会关于个别代表的代表资格的报告》；审议批准《宁德市红色文化遗存保护条例》；听取和审议省人大常委会执法检查组关于检查《中华人民共和国野生动物保护法》及《福建省实施〈中华人民共和国野生动物保护法〉办法》实施情况的报告。会议经审议和表决，决定：接受刘学新辞去福建省监察委员会主任职务的请求；任命李仰哲为福建省监察委员会副主任、代理主任职务。通过其他有关人事事项。

福建省十三届人大常委会第二十次会议。7月2日上午在福州召开。会议经审议和表决，决定：任命王宁、崔永辉为省人民政府副省长；接受唐登杰辞去省人民政府省长职务的请求；王宁代理省人民政府省长职务。

福建省十三届人大常委会第二十一次会议。7月22—24日上午在福州召开。会议审议通过《福建省人民代表大会常务委员会关于加强公共卫生工作、确保人民生命健康安全的决定》《福建省家庭教育促进条例》《福建省各级人民代表大会常务委员会规范性文件备案审查条例》《省十三届人大常委会代表资格审查委员会关于个别代表的代表资格的报告》；审议批准《福州市文明行为促进条例》《三明市城市扬尘污染防治条例》《南平市人民代表大会常务委员会关于修改〈南平市市容和环境卫生管理办法〉的决定》《龙岩市长汀水土流失区生态文明建设促进条例》；审查批准资源税福建省适用税率和计征方式方案，批准2020年省级预算调整方案和2019年省级决算；会议表决通过本次会议补选全国人大代表总监票人、监票人名单。会议投票选举王宁为十三届全国人大代表。通过其他有关人事事项。

福建省十三届人大常委会第二十二次会议。9月11日上午在福州召开。会议审议通过《福建省人民代表大会常务委员会关于召开福建省第十三届人民代表大会第四次会议的决定》；审议通过《福建省人民代表大会关于动员全省人民全方位推动高质量发展超越的决议（草案）》，决定提请省十三届人大四次会议审议；审议通过《福建省第十三届人民代表大会第四次会议主席团和秘书长名单（草案）》，决定提请省十三届人大四次会议预备会议选举；审议通过《福建省第十三届人民代表大会第四次会议议程（草案）》，决定提请省十三届人大四次会议预备会议表决；审议通过《省十三届人大常委会代表资格审查委员会关于个别代表的代表资格的报告》。通过有关人事事项。

福建省十三届人大常委会第二十三次会议。9 月 27—29 日上午在福州召开。会议审议通过《福建省人民代表大会常务委员会关于加强新时代人民检察院法律监督工作的决定》《省十三届人大常委会代表资格审查委员会关于个别代表的代表资格的报告》；审议批准《福州市人民代表大会常务委员会关于修改〈福州市人民代表大会常务委员会任免国家机关工作人员条例〉的决定》《厦门市人民代表大会常务委员会关于修改〈厦门市砂、石、土资源管理规定〉的决定》《漳州市大气污染防治条例》《泉州市市容和环境卫生管理条例》《三明市公共文明行为促进条例》《莆田市文明行为促进条例》《南平市停车场建设和管理办法》《龙岩市长汀历史文化名城保护条例》《宁德市市容和环境卫生管理条例》；听取和审议省人民政府关于 2020 年 1—8 月国民经济和社会发展计划执行情况的报告、关于 2020 年 1—8 月预算执行情况的报告、关于研究处理省人大常委会关于《中华人民共和国渔业法》及《福建省实施〈中华人民共和国渔业法〉办法》执法检查报告的审议意见情况的报告并开展满意度测评；听取和审议省高级人民法院关于生态司法保护工作情况的报告、省人民检察院关于公益诉讼检察工作情况的报告；听取和审议省人大常委会执法检查组关于检查《中华人民共和国慈善法》实施情况、关于检查《中华人民共和国食品安全法》及《福建省食品安全条例》实施情况、关于检查《中华人民共和国促进科技成果转化法》及《福建省促进科技成果转化条例》实施情况、关于检查《中华人民共和国土壤污染防治法》实施情况的报告。通过有关人事事项。

福建省十三届人大常委会第二十四次会议。11 月 30 日至 12 月 2 日在福州召开。会议审议通过《福建省人民代表大会常务委员会关于召开福建省第十三届人民代表大会第五次会议的决定》《福建省种子条例》《福建省交通建设工程质量安全条例》《福建省宗教事务条例》《福建省人民代表大会常务委员会关于修改〈福建省村民委员会选举办法〉的决定》《福建省人民代表大会常务委员会关于修改〈福建省县、乡两级人民代表大会代表直接选举实施细则〉的决定》；审议批准《福州市非物质文化遗产保护规定》；审议通过《福建省人民代表大会常务委员会关于省十三届人大三次会议主席团交付审议的代表议案审议结果的报告》；听取和审议省人民政府关于“十四五”规划编制情况和主要内容的报告、关于 2019 年度省级预算执行和其他财政收支审计查出问题整改落实情况的报告、关于 2019 年度行政事业性国有资产管理情况的报告、关于研究处理《省人大常委会关于〈中华人民共和国就业促进法〉执法检查报告的审议意见》情况的报告并开展满意度测评、关于研究处理《省人大常委会关于〈中华人民共和国传染病防治法〉执法检查报告的审议意见》情况的报告、关于《中华人民共和国公共文化服务保障法》实施情况的报告；审议省人民政府关于 2019 年度国有资产管理情况的综合报告；听取和审议省人大常委会执法检查组关于检查《中华人民共和国气象法》及《福建省气象条例》实施情况的报告、关于检查《福建省促进闽台职业教育合作条例》实施情况的报告；审议《省人大常委会关于省十三届人大三次会议主席团交付审议的代表议案审议结果的报告》；听取和审议省人民政府关于省十三届人大三次会议代表建议、批评和意见办理情况的报告、省高级人民法院关于省十三届人大三次会议代表建议、批评和意见办理情况的报告、省人民检察院关于省十三届人大三次会议代表建议、批评和意见办理情况的报告。通过有关人事事项。

（胡冰午　卢洪珍）

立　法

【概况】　2020 年，福建省人大常委会坚持以习近平新时代中国特色社会主义思想为指导，全面贯彻党的十九大和十九届二中、三中、四中、五中全会精神，深入贯彻落实习近平法治思想，增强“四个意识”、坚定“四个自信”、做到“两个维护”。认真贯彻落实省委十届九次、十次、十一次全会精神，推进立法精准化、精细化、精品化，坚持科学立法、民主立法、依法立法，着力提高立法质量和效率，较好地完成了年度立法工作。一年来，共对 21 项省级地方性法规进行审议，表决通过 15 项省级地方性法规；对 9 个设区市人大常委会提请报批的 19 项法规进行审议并批准。

【公共卫生安全立法】　2020 年，福建省人大常委会审议关于依法全力做好新型冠状病毒肺炎疫情防控工作的决定，强调政府防控工作职责要求，依法、及时授权有关应急措施，明晰基层社区、单位、个人权利义务和法律责任，充分调动全社会力量参与疫情防控。审议关于革除滥食野生动物陋习、切实保障人民群众生命健康安全的决定，明确禁止食用野生动物的范围、政府职责、管理措施以及法律责任，用最严格的法治约束对滥食野生动物陋习说“不”。审议关于加强公共卫生工作、确保人民生命健康安全的决定，推进疾病预防控制体系和重大疫情防控救治体系改革、健全重大疫情医疗救治费用保障机制、加强公共卫生工作保障措施，推动全方位、全周期保护人民健康。审议餐饮服务从业人员佩戴口罩规定，立足“小切口”，着眼“佩戴口罩”这项具体而重要的卫生安全措施，推动提升全省餐饮服务卫生水平。

【高质量发展立法】 2020年，福建省人大常委会聚焦全方位发展超越的重点任务和关键环节，增强制度供给。审议《福建省促进革命老区发展条例》，贯彻落实习近平总书记关于确保革命老区苏区如期奔小康重要指示精神和中央关于支持革命老区加快发展重要决策，建立促发展评估机制和财政稳定投入机制，对支持老区交通、能源、水利、人才、生态、旅游等方面发展作出具体规定，助力革命老区打赢脱贫攻坚战。审议《福建省种子条例》，加强农作物和林木种质资源保护和利用，规范品种选育、种子生产经营和管理行为，从源头保障全省供种安全、粮食安全和生态安全，促进农业增效、农民增收。审议《福建省交通建设工程质量安全条例》，落实党中央质量强国交通强国决策部署，进一步明确交通建设工程质量安全监督制度和监管要求，规范从业行为。审议关于修改《福建省文物保护管理条例》等3项涉及“放管服”改革的地方性法规的决定，进一步深化行政审批制度改革，优化行政服务。

【民生社会立法】 2020年，福建省人大常委会着眼人民群众最关心最直接最现实的利益问题，补齐民生社会事业制度短板，以坚实制度保障满足人民群众对美好生活的新期待。审议《福建省女职工劳动保护条例》，规定延长生育津贴发放天数、满足婴幼儿照护服务需求、强调健康检查内容、延长流产假天数、覆盖更年期保护、预防和制止性骚扰等保护措施，较好平衡了企业发展、女职工平等就业和劳动保护之间的关系。审议《福建省家庭教育促进条例》，贯彻落实习近平总书记“注重家庭、注重家教、注重家风”重要要求，从家庭尽责、学校指导、政府推动、社会协同等方面对家庭教育事业进行规范，构筑覆盖城乡的家庭教育公共服务体系，突出对特殊困境未成年人家庭教育的帮扶，保障青少年身心健康。审议《福建省红十字会条例》，细化红十字会法定职责，凝练和固化基层红十字会的工作创新，设置“财产与监管”专章加强对捐赠财产的监管和信息公开，打造公开透明的红十字会。审议《福建省宗教事务条例》，贯彻落实习近平总书记关于宗教工作的重要论述精神以及中央对宗教工作的新要求，压实政府及相关部门宗教事务管理职责，提升全省宗教工作法治化水平。

【人大制度立法】 2020年，福建省人大常委会贯彻落实习近平总书记关于坚持和完善人民代表大会制度的重要思想，与国家层面立法有效衔接，维护宪法法律权威。审议《福建省各级人民代表大会常务委员会规范性文件备案审查条例》，将地方各级政府规范性文件，以及地方各级监察委员会、法院、检察院制定的规范性文件都纳入备案审查范围，实现备案“全覆盖”，细化审查方式、标准和程序，加强刚性约束。审议《福建省人大常委会任免国家机关工作人员条例》，对任免人员提出更高的政治要求，对任免范围和程序作相应调整，增加与监察委员会和宪法宣誓有关的内容。审议关于修改《福建省村民委员会选举办法》的决定和关于修改《福建省县、乡两级人民代表大会代表直接选举实施细则》的决定，衔接选举法，为换届选举工作提供法治保障。

【设区市法规报批指导】 2020年，福建省人大常委会担负起指导、审查批准设区市立法的职责，做到不缺位不越位，把好合法性审查关。审议并批准《福州市文明行为促进条例》《厦门市砂、石、土资源管理规定》等共19项法规。围绕促进区域协调发展，推进多地共同研究建立区域协同立法有效机制，指导和支持九龙江流域有关设区市开展协同立法工作，审议通过关于批准厦门、漳州、泉州、龙岩市人大常委会《关于加强九龙江流域水生态环境协同保护的决定》的决定，福建省第一个立法协同项目落地。 （吴文阁）

重大事项决定

【概况】 2020年，福建省人大常委会抓住事关根本性、全局性、长远性的重大问题，依法行使重大事项决定权，及时把党中央及省委的重大决策部署通过法定程序转化为全省人民的共同意志和一致行动。

【推动高质量发展事项决定】 2020年，福建省人大常委会把全方位推动高质量发展超越作为新时代福建人大工作的鲜明主线和最大特色，提请省十三届人大四次会议作出关于动员全省人民全方位推动高质量发展超越的决议，号召以更高标准锚定目标、以更高质量创新发展、以更高水平保障民生、以更高站位深化融合，将党中央决策部署及省委工作要求转化为全省人民共同意志，凝聚全方位推动高质量发展超越的强大合力。

【守护人民生命健康事项决定】 2020年，在疫情防控的关键时刻，福建省人大常委会连续作出4项决议决定。作出关于依法全力做好新冠肺炎疫情防控工作的决定，明确各类主体防控职责义务，授权县级以上地方人民政府依法采取临时性应急行政管理措施，为全省实施最严格的防控措施提供法治支撑。作出关于革除滥食野生动物陋习、切实保障人民群众生命健康安全的决定，推动养成文明健康生活方式。在全国率先作出关于切实保护关心爱护医务人员、营造尊医重卫良好风尚的决议，要求尽最大努力确保一线医务人员健康安全，落实提升薪酬待遇、拓宽发展空间、优化执业环境等政策措施，形成长效机制。作出关于加强公共卫生工作、确保人民生命健康安全的决定，将疫情防控实践中好经验、好做法上升为制度安排，推动全方位、全周期保障人民健康。

【维护社会公平正义事项决定】 2020年，福建省人大常委会根据新形势新要求，作出关于加强新时代人民检察院法律监督工作的决定，围绕刑事、民事、行政、公益诉讼检察等法律监督重点，对保障机制、配合机制、接受人大监督机制等方面作出细化规定，促进全省检察机关依法履行好法律监督职责。

（胡冰午）

人大监督

【概况】 2020年，福建省人大常委会围绕中心，服务大局，依法行使监督职权，推动党中央决策部署和省委工作要求贯彻落实，确保宪法法律法规有效实施，确保行政权、监察权、审判权、检察权正确行使，为全方位推动高质量发展超越提供法治保障。

【公共安全监督】 2020年，福建省人大常委会听取和审议新冠肺炎疫情防控工作情况报告，要求落实依法防控责任，毫不松懈抓好常态化疫情防控。听取和审议《中华人民共和国传染病防治法》执法检查报告审议意见研究处理情况的报告，推动完善联防联控、医防协同、重大疫情救治、应急预警等工作机制。开展《中华人民共和国野生动物保护法》及福建省实施办法执法检查，督促完善野生动物保护管理体系。组织开展《中华人民共和国食品安全法》及《福建省食品安全条例》省、市、县三级联动执法检查，督促落实最严谨标准、最严格监管、最严厉处罚、最严肃问责，守护人民群众“舌尖上的安全”。听取和审议禁毒工作情况报告，督促严打涉毒犯罪、抓好戒治管控、强化宣传教育，助力打好禁毒人民战争。

【经济发展监督】 2020年，福建省人大常委会围绕“十四五”发展主要目标任务和重点领域开展专题调研，听取和审议福建省“十四五”规划和二〇三五年远景目标纲要编制情况和主要内容的报告，针对创新发展、扩大内需、优化产业结构、增进民生福祉等方面提出审议意见，准确把握新发展阶段，深入贯彻新发展理念，服务并深度融入新发展格局。听取和审议国民经济和社会发展计划执行情况报告，助力做好“六稳”工作、落实“六保”任务。听取和审议乡村产业振兴情况报告，推动乡村产业高质量发展，努力实现农业农村现代化。开展《中华人民共和国促进科技成果转化法》及《福建省促进科技成果转化条例》执法检查，推动建设高水平创新型省份。开展反不正当竞争法执法检查，营造公平竞争发展环境。开展《中华人民共和国气象法》及《福建省气象条例》执法检查，推动加强气象防灾减灾、抗灾救灾和服务体系建设。开展《福建省促进闽台职业教育合作条例》执法检查和福建省招收台湾学生若干规定实施情况调研，深化两岸交流融合。

【社会民生监督】 2020年，福建省人大常委会听取和审议就业促进法执法检查报告审议意见研究处理情况的报告并开展满意度测评，督促强化就业优先政策，落实稳就业保就业举措，推动实现更加充分更高质量就业。听取和审议《中华人民共和国公共文化服务保障法》实施情况报告，推动深入实施文化惠民工程，提升公共文化服务水平，丰富人民群众精神文化生活。开展《中华人民共和国社会保险法》实施情况专题调研，推进持续扩大参保覆盖面，加强社保基金运营监管，促进基金使用提质增效。开展《中华人民共和国慈善法》执法检查，督促强化慈善监管服务，促进慈善事业健康发展。认真做好信访工作，加强对涉疫事项、民生保障、涉法涉诉等热点问题的排查梳理、交办督办，开展重复信访集中治理和积案化解工作，维护人民群众合法权益。

【生态建设监督】 2020年，福建省人大常委会审议年度环境状况和环境保护目标完成情况的报告，督促加大生态环境监管力度，打好“蓝天、碧水、净土保卫战”，深化国家生态文明试验区建设。认真做好中央生态环保督察反馈问题包案整改工作，深入实地调研协调，推动问题解决。开展《中华人民共和国土壤污染防治法》执法检查，紧盯土壤污染存在问题，推动土壤质量持续改善，保障农产品安全和人居环境健康。听取和审议《中华人民共和国渔业法》及全省实施办法执法检查报告审议意见研究处理情况的报告，并开展满意度测评，压实渔业生产管理整改责任，保护渔业资源和生态环境。听取和审议省法院关于生态司法保护工作情况的报告、省检察院关于公益诉讼检察工作情况的报告，督促司法机关履行好法定职责，推进自然原生态和文化原生态一体保护，构建严密的生态司法保护体系。

【预算监督】 2020年，福建省人大常委会听取和审议预算执行和决算报告，审查批准2019年省级决算、2020年预算调整方案，要求牢固树立过紧日子思想，用好用足抗疫特别国债等资金，加大对基本民生保障、市场主体纾困发展的支持力度。听取和审议行政事业性国有资产管理情况报告，审议国有资产管理情况综合报告，促进国有资产保值增值，更好发挥效益、造福人民。听取和审议教育专项资金管理使用情况报告，要求继续优化教育支出结构，加强预算编制管理，强化教育改革创新。审查批准资源税福建省适用税率和计征方式方案，促进资源节约利用和环境保护。听取和审议审计工作报告、审计查出问题整改落实情况报告，督促健全审计监督整改工作机制，促进预算管理科学化、规范化。

（胡冰午）

人大代表工作

【代表专题调研和集中视察】 组织全省全国人大代表开展专题调研和集中视

察活动。2020年，福建省人大常委会围绕贯彻落实十三届全国人大三次会议精神、企业复工复产、聚焦“六保”“六稳”等主题，组织全省的全国人大代表开展专题调研5次，和全省各级人大代表共同调研3次。围绕贯彻落实习近平新时代中国特色社会主义思想和习近平总书记重要讲话重要指示批示精神、全方位推动高质量发展超越和“十四五”规划制定情况，组织代表听取省政府工作情况报告，走进省法院、省检察院和福州市、平潭综合实验区开展集中视察。通过专题调研和集中视察，代表们深入了解福建省经济社会发展和依法行政、公正司法情况，为参加全国人代会审议各项议案和报告做好准备，更好地推动中央决策部署在福建省的贯彻落实。

委托各选举单位组织省人大代表开展专题调研和集中视察活动。7月，福建省人大常委会办公厅印发《关于开展2020年省人大代表专题调研、集中视察工作的通知》。各设区市人大常委会和平潭综合实验区人大工委紧紧围绕党和国家工作大局，围绕省委、省人大常委会重点任务，深入学习贯彻习近平总书记关于统筹推进疫情防控和经济社会发展工作的重要讲话重要指示批示精神，紧密结合福建省实际，分别组织各选举单位的省人大代表开展专题调研。福州市持续深入学习《〈福州古厝〉序》精神，组织代表开展历史文化街区和古厝保护工作专题调研。厦门市贯彻落实习近平总书记为厦门擘画的“提升本岛、跨岛发展”战略，组织代表开展“岛内大提升、岛外大发展”专题调研。泉州市、宁德市围绕“六稳”“六保”，组织代表开展统筹疫情防控和经济社会发展、决战决胜脱贫攻坚等专题调研。漳州、三明、龙岩等市围绕文旅产业发展组织代表开展专题调研。莆田市围绕社区邻里中心建设情况组织代表开展专题调研。南平市围绕绿色发展组织代表开展专题调研。平潭综合实验区围绕平台经济等开展专题调研。代表们围绕10余个专题进行调研，广泛听取人民群众意见建议，形成13篇高质量的调研报告，为提出高质量议案建议打好基础。12月，根据省人大常委会办公厅统一安排，各选举单位组织代表开展集中视察，在听取地方国家机关工作情况汇报的基础上，有针对性地安排代表实地视察，了解当地经济社会发展、依法行政、公正司法等情况，为出席代表大会做准备。

【代表议案建议工作】 2020年，福建省十三届人大三次会议期间代表提出议案23件。省人大社会建设委员会等6个承办单位高度重视，就议案所提立法项目的必要性和可行性进行认真研究、办理，提请省人大常委会会议审议通过议案办理情况的综合报告。其中，列入常委会2020年立法计划的8件，建议列入2021年立法计划和十三届常委会立法规划的3件，建议待上位法或者相关法律、行政法规制定或修改后再行制定或修改的3件，建议待条件成熟后再行启动立法程序的7件，暂不考虑作为单项立法和不再办理的2件。

创新方式方法，提升860件代表建议办理实效。省十三届人大三次会议以来，代表们提出建议860件（大会建议843件，闭会建议17件）。省人大常委会以增强办理实效为目标，扎实开展“代表建议办理质量提升年”活动，加强常委会领导领衔重点督办代表建议工作，完善代表建议办理质量评价机制，采用“一建议一评价”办法，“一张表格”督办到底，并会同省效能办将办理评价结果作为绩效考评的重要依据，体现代表建议办理“既重结果、也重过程”，实现评价机制与绩效考核的有机衔接，代表们提出的建议全部办理完毕并答复代表。从代表对办理结果的答复情况看，代表所提问题的答复类别为已经解决（A类）或列入规划逐步解决（B类）的为94.3%，代表满意率（不含基本满意）为74.7%，比2019年提高9个百分点。 （苏玉笔）

编辑：林忠玉

福建省人民政府

综　　述

【概况】 2020年，福建省辖福州、厦门、漳州、泉州、三明、莆田、南平、龙岩、宁德9个设区市和平潭综合实验区，下设12个县级市、29个市辖区和44个县（含金门县）。全省陆地面积12.4万平方千米，海域面积13.6万平方千米。截至2020年底，全省常住人口为4161万人。福建自然资源丰富。陆地海岸线3751.5千米、全国第二，可建万吨级泊位深水自然岸线501千米、全国领先，水产品人均占有量全国第二，水力资源蕴藏量华东地区首位。森林覆盖率66.8%，连续42年居全国第一。“双世遗”武夷山、世界文化遗产鼓浪屿和福建土楼、世界自然遗产泰宁丹霞景色宜人，三坊七巷是全国重点文物保护单位、中国十大历史文化名街。

人文底蕴深厚。早在18万年前，福建就有古人类在三明万寿岩一带活动；有距今5000年的昙石山文化，闽南文化、客家文化、妈祖文化、船政文化等地域文化独具魅力；朱熹、郑成功、林则徐、严复、陈嘉庚、冰心、陈景润等名人光耀史册。著名革命老区。福建省有70个老区苏区县（市、区），其中原中央苏区县37个，老区人口占全省总人口80%左右；参加革命战争的红军、新四军、游击队10万多人，其中参加长征3万多人，为革命牺牲6万多人；具有光荣的“双拥”传统，是全国唯一连续五届所有设区市都被评为“全国双拥模范城”的省份。开放优势明显。福建对外交流历史悠久，经济外向度高，是中国对外通商最早的省份之一；早在宋元时期，泉州就是世界知名的商港，为海上丝绸之路的重要起点，福州是郑和下西洋的驻泊地和开洋地；福建拥有经济特区、自由贸易试验区、综合实验区、21世纪海上丝绸之路核心区等多区叠加优势；福建是全国著名侨乡，旅居世界各地的闽籍华人华侨1580万人，闽籍港澳同胞120多万人，80%以上台湾民众祖籍在福建；平潭距台湾本岛仅68海里，厦门角屿距小金门仅1000多米。交通四通八达。福建铁路交通跨入“高铁时代”，实现设区市快速铁路环线闭合，运营里程突破3700千米，路网密度是全国平均水平的2倍；高速公路通车里程突破6000千米，路网密度居全国第三，实现县县通高速；港口实际年吞吐能力超过7亿吨，厦门、福州两大港口均跨入亿吨港行列；拥有民航机场6个、航线近400条，通达世界主要城市。

福建是习近平同志工作了17年半的地方。党的十八大以来，以习近平同志为核心的党中央高度重视福建发展，习近平总书记多次亲临福建考察指导，多次对福建工作作出重要指示批示，特别是2020年，赋予福建全方位推动高质量发展超越的重大使命，向第三届数字中国建设峰会等致贺信，宣布建立厦门金砖国家新工业革命伙伴关系创新基地，为福建发展指明前进方向，增添巨大动力。

【经济社会发展】 2020年，福建省奋力战疫情、保民生、稳经济、促发展，夺取了疫情防控和经济社会发展“双胜利”。全省地区生产总值43903.9亿元，增长3.3%；一般公共预算总收入5158.4亿元，增长0.2%；地方一般公共预算收入3079亿元，增长0.9%；居民消费价格总水平上涨2.2%；城镇登记失业率3.8%；城镇居民人均可支配收入47160元，增长3.4%；农村居民人均可支配收入20880元，增长6.7%；节能减排任务全面完成。（储新兴）

重要会议

【省政府全体会议】 2020年1月15日，福建省政府第一次全体会议召开。会议部署各级政府各部门2020年工作，强调要紧扣全面建成小康社会目标任务，只争朝夕加油干，奋发有为开好局，以新时代新福建建设的新成效践行初心使命，切实兑现向全省人民作出的庄严承诺，并对年初经济工作和春节期间做好帮扶困难群众、解决拖欠农民工工资、保障市场供应以及落实安全生产责任、公共安全责任和应急保障责任等工作作出部署。

7月3日，省政府第二次全体会议召开。会议强调要认真贯彻落实党中央部署和省委要求，持续加强政府自身建设，努力打造担当、服务、创新、实干、廉洁的政府，马上就办、苦干实干，以更大的决心、更实的举措、更足的干劲，全方位推动高质量发展超越，并对统筹抓好疫情防控、安全生产、防汛防台风、生态环保督察整改等重点工作提出具体要求。

【省政府常务会议】 2020年，福建省人民政府共召开26次常务会议，主要有：

1月16日，福建省政府第48次常务会议召开。会议听取省工信厅翁玉耀《关于实施工业园区标准化建设加快推动制造业高质量发展的指导意见》（送审稿）起草情况和主要内容的汇报；省生态环境厅付朝阳关于调整福建省近岸海域环境功能区划及福建省海洋环境保护规划（晋江金井东部局部海域）审查情况的汇报；省林业局陈照瑜关于《福建省生态公益林区划界定和调整办法》（送审稿）起草情况和主要内容的汇报；省人社厅林卫宠关于开展福建省职业年金投资运营工作有关情况的汇报。

2月6日，福建省政府第49次常务会议召开。会议听取省发改委张灿民关于《福建省应对新型冠状病毒感染的肺炎疫情扎实做好“六稳”工作的若干措施》（送审稿）起草情况和主要内容的汇报；省财政厅余军关于新型冠状病毒感染肺炎疫情防治经费、街道（乡镇）和社区（村）等基层单位疫情防控经费、对受疫情影响严重企业给予贷款贴息等事项的汇报。

2月13日，福建省政府第50次常务会议召开。会议深入学习贯彻习近平总书记2月12日在中共中央政治局常务委员会会议上、2月10日在北京市调研指导新冠肺炎疫情防控工作时的重要讲话精神和2月12日省委常委会（扩大）会议精神，研究部署统筹做好疫情防控和经济社会发展工作；听取省发改委张灿民关于2020年度省重点项目安排方案的汇报；听取省海洋与渔业局林锡能关于《福建省渔港布局与建设规划（2019—2025年）》（送审稿）及《关于进一步加快渔港建设的若干意见》（送审稿）起草情况和主要内容的汇报；听取省财政厅余军关于福建省2020年提前批新增一般债务限额分配方案的汇报。

2月27日，福建省政府第51次常务会议召开。会议深入学习贯彻习近平总书记对全国春季农业生产工作的重要指示、国务院常务会议、全国春季农业生产工作电视电话会议精神，听取省农业农村厅黄华康《关于全面推动农业复工复产扎实抓好春季农业生产二十条措施》（送审稿）起草情况和主要内容的汇报；学习贯彻习近平总书记关于安全生产工作的重要批示和全国应急管理工作会议、煤矿安全生产工作会议精神，听取省安办郑李亭关于2019年全省安全生产、应急管理工作情况、2020年重点工作安排建议和《福建省人民政府安委会2020年工作要点》（送审稿）起草情况和主要内容的汇报（同时作为省人民政府安委会成员会议）；听取省发改委张灿民《关于支持企业恢复发展的若干措施》（送审稿）起草情况和主要内容的汇报。

3月5日，福建省政府第52次常务会议召开。会议认真学习贯彻习近平总书记3月4日在中央政治局常务委员会会议和在北京考察新冠肺炎疫情防控科研攻关工作时的重要讲话精神，听取省发改委张灿民《关于加快推进重大项目建设促进稳投资的若干措施》（送审稿）、《福建省进一步支持5G网络建设和产业发展的若干措施》（送审稿）起草情况和主要内容的汇报；听取省住建厅林瑞良《关于全面推进复工复产促进住房城乡建设事业健康发展的若干措施》（送审稿）起草情况和主要内容的汇报；听取省交通运输厅黄祥谈《关于应对新冠肺炎疫情支持交通运输现代服务业发展的若干措施》（送审稿）起草情况和主要内容的汇报；听取省人社厅林卫宠关于福建省落实阶段性减免企业社会保险费有关工作的汇报。

3月16日，福建省政府第53次常务会议召开。会议深入学习贯彻习近平总书记关于安全生产重要论述和泉州鲤城区欣佳酒店坍塌事故重要批示精神，认真贯彻落实党中央、国务院和省委部署，研究推进安全生产各项工作；听取省安办郑李亭关于《全省各领域安全隐患大排查大整治工作方案》（送审稿）起草情况和主要内容的汇报（同时作为省人民政府安全生产委员会成员会议）；听取省商务厅吴南翔关于《全面落实稳外贸稳外资促消费有力推进高质量发展的若干措施》（送审稿）起草情况和主要内容的汇报；听取省科技厅陈秋立《关于强化科技支撑服务疫情防控与经济社会发展的若干政策措施》（送审稿）起草情况和主要内容的汇报；听取省科技厅陈秋立关于福厦泉国家自主创新示范区2016—2019年建设工作及2020年工作要点有关情况的汇报（同时作为福厦泉国家自主创新示范区建设工作领导小组会议）；听取省发改委张福寿《关于加快线上经济发展的若干措施》（送审稿）起草情况和主要内容的汇报。

4月2日，福建省政府第54次常务会议召开。会议听取省知识产权局颜志煌关于福建省知识产权工作情况以及《福建省强化知识产权保护实施方案》（送审稿）起草情况和主要内容的汇报；省司法厅邬勇雷关于《武夷山国家公园特许经营管理暂行办法》（送审稿）起草情况和主要内容的汇报；省发改委张灿民关于《深入践行“马上就办”进一步优化政务服务的若干措施》（送审稿）起草情况和主要内容的汇报；省卫健委柳红关于《福建省贯彻〈国家积极应对人口老龄化中长期规划〉实施方案》（送审稿）起草情况和主要内容的汇报；省财政厅余军关于《县级基本财力保障机制奖补资金管理办法》（送审稿）起草情况和主要内容的汇报。

4月21日，福建省政府第55次常务会议召开。会议听取省发改委张灿民关于《营造更好发展环境支持民营企业改革发展的若干措施》（送审稿）起草情况和主要内容的汇报；省食安办黄培惠关于全省食品安全工作情况以及《省食安委2020年重点工作安排》（送审稿）、《2020年全省治理“餐桌污染”建设“食品放心工程”工作方案》（送审稿）起草情况和主要内容的汇报（同时作为省食品安全委员会会议）；省人社厅林卫宠关于《福建省评比达标表彰活动管理实施细则（试行）》（送审稿）

起草情况和主要内容的汇报；省体育局林作明关于对福建省参加第二届全国青年运动会运动员、教练员及科医后勤人员等给予奖金奖励事宜的汇报。

5月8日，福建省政府第56次常务会议召开。会议听取省发改委张灿民关于《2020年福建省深化“放管服”改革优化营商环境工作要点》（送审稿）起草情况和主要内容的汇报；省生态环境厅付朝阳关于《福建省生态环境监管能力建设三年行动方案（2020—2022年）》（送审稿）起草情况和主要内容的汇报；省水利厅赖军关于《巩固提升农村供水保障水平的实施方案》（送审稿）起草情况和主要内容的汇报；省人社厅林卫宠关于《进一步做好稳就业保就业工作的若干措施》（送审稿）、《做好2020年普通高等学校毕业生就业创业工作的通知》（送审稿）起草情况和主要内容的汇报；省委编办林晓英关于《福建省赋予经济发达镇部分县级经济社会管理权限的指导目录》（送审稿）起草情况和主要内容的汇报。

5月15日，福建省政府第57次常务会议召开。会议听取省环境保护督察监察办公室付朝阳关于中央生态环境保护督察反馈问题整改有关工作的汇报；省安办郑李亭关于《全省安全生产专项整治三年行动实施方案》（送审稿）起草情况和主要内容的汇报（同时作为省安全生产委员会成员会议）；省工信厅翁玉耀关于《促进中小企业平稳健康发展的若干意见》（送审稿）起草情况和主要内容的汇报（同时作为省促进中小企业发展工作领导小组会议）；省财政厅余军关于中小微企业纾困专项资金贷款有关工作和2020年第二批专项债务新增限额安排方案的汇报；省妇儿工委办公室徐姗娜关于福建省妇女儿童工作情况的汇报。

6月4日，福建省政府第58次常务会议召开。会议听取省环境保护督察监察办公室付朝阳关于《福建省贯彻落实中央生态环境保护督察报告整改方案》（送审稿）起草情况和主要内容的汇报；省市场监管局严效东关于开展妨碍统一市场和公平竞争政策措施清理工作情况的汇报；省工信厅翁玉耀关于《进一步加快新能源汽车推广应用和产业高质量发展推动“电动福建”建设三年行动计划（2020—2022年）》（送审稿）起草情况和主要内容的汇报；省司法厅邬勇雷关于《福建省渡运管理办法（草案）》起草情况和主要内容的汇报；省体育局林作明关于《促进体育社会组织健康发展的若干措施》（送审稿）起草情况和主要内容的汇报。

6月19日，福建省政府第60次常务会议召开。会议邀请第十三届全国人大代表、福建省律师协会名誉会长洪波作《中华人民共和国民法典》法治专题讲座，提高运用民法典维护人民权益、化解矛盾纠纷、促进社会和谐稳定的能力和水平；听取省卫健委柳红关于《福建省关于促进中医药传承创新发展的具体措施》（送审稿）起草情况和主要内容的汇报；听取省司法厅邬勇雷关于《福建省农作物种子条例（草案）》（送审稿）起草情况和主要内容的汇报；听取省人社厅林卫宠关于2020年福建省享受国务院政府特殊津贴人员选拔有关事宜的汇报。

7月16日，福建省政府第61次常务会议召开。会议通报国务院事故调查组关于泉州欣佳酒店“3·7”坍塌事故的调查报告精神，听取省安办郑李亭关于福建省贯彻落实措施和下一步安全生产工作的汇报；听取省发改委张灿民关于《福建省新型基础设施建设三年行动计划（2020—2022年）》（送审稿）起草情况和主要内容的汇报；听取省农业农村厅黄华康关于《切实加强高标准农田建设提升粮食生产能力的实施方案》（送审稿）起草情况和主要内容的汇报；听取漳州市政府刘远关于龙海市、长泰县撤县（市）设区行政区划调整事宜的汇报；听取省财政厅余军关于新增政府债务限额分配方案以及《提请审议资源税福建省适用税率和计征方式方案（草案）的议案》（送审稿）起草情况和主要内容的汇报；听取省林业局陈照瑜关于《福建省天然林保护修复实施方案》（送审稿）起草情况和主要内容的汇报。

7月28日，福建省政府第62次常务会议召开。会议听取省生态环境厅陈明义关于《构建现代环境治理体系的实施方案》（送审稿）和《福建省生态环境保护督察工作实施办法》（送审稿）起草情况和主要内容的汇报；省应急管理厅郑李亭关于《全面加强危险化学品安全生产工作的实施意见》（送审稿）起草情况和主要内容的汇报；省自然资源厅叶敏关于《完善建设用地使用权转让、出租、抵押二级市场的实施方案》（送审稿）起草情况和主要内容的汇报；省发改委张灿民关于不符合《优化营商环境条例》的现行规定清理结果的汇报；省司法厅邬勇雷关于不符合《优化营商环境条例》的省级地方性法规和省政府规章清理工作情况的汇报；省发改委张灿民关于《福建省创建新能源产业创新示范区总体方案》（送审稿）起草情况和主要内容的汇报；省司法厅邬勇雷关于《福建省人民政府关于废止〈福建省野生药材资源保护管理实施细则〉的决定（草案）》起草情况和主要内容的汇报；省人社厅林卫宠关于《促进劳动力和人才社会性流动体制机制改革若干措施》（送审稿）起草情况和主要内容的汇报；厦门市政府林建、省商务厅吴南翔关于2020厦门国际投资贸易洽谈会筹备工作有关事宜的汇报。

8月7日，福建省政府第63次常务会议召开。会议听取省商务厅吴南翔关于《落实2020年下半年稳外贸发展的若干措施》（送审稿）起草情况和主要内容的汇报；三明市政府余红胜关于三明市部分行政区划调整有关事宜的汇报；省林业局陈照瑜关于《建立武夷山国家公园生态补偿机制的实施办法（试行）》（送审稿）起草情况和主要内容的汇报；省发改委张灿民关于福建省城际铁路建设规划调整和省级电网第二监管周期电价调整建议方案有关事宜的汇报；福州市政府尤猛军关于第八届海峡青年节筹备工作有关情况的汇报；省市场监管局黄培惠关于2019年福建省专利奖评奖工作有关事宜的汇报。

8月14日，福建省政府第64次常务会议召开。会议邀请省政府法律顾问、华侨大学法学院院长许少波作法治专题学习讲座；听取省发改委潘乙凡关于福建省党政机关和国有企事业单位培训疗养机构改革有关工作及《加强重要农产品保障的实施方案》（送审稿）起草情况和主要内容的汇报；听取省司法厅邬勇雷关于《福建省宗教事务条例（草案）》（送审稿）和《福建省绿色建筑发展条例（草案）》（送审稿）起草情况和主要内容的汇报；听取省财政厅余军关于《加快福建省农业保险高质量发展的实施方案》（送审稿）起草情况和主要内容的汇报；听取省交通运输厅王增贤关于《福建省乡镇便捷通高速工程实施方案（2020—2022年）》（送审稿）起草情况和主要内容的汇报；听取省国资委黄莼关于《福建省港口集团有限责任公司组建方案》（送审稿）起草情况和主要内容的汇报。

8月18日，福建省政府第65次常务会议召开。会议听取省住建厅林瑞良关于《福建省老旧小区改造实施方案》（送审稿）起草情况和主要内容的汇报；省财政厅余军关于省级行政事业单位经营性国有资产集中统一监管情况的汇报；省委编办林晓英关于福州高新技术产业开发区等8个县、区开展相对集中行政许可权试点工作有关事项的汇报。

9月1日，福建省政府第66次常务会议召开。会议听取省委军民融合办（国防科工办）林杰关于2020年中国航天大会筹备工作的汇报；省住建厅林瑞良关于《福建省房屋结构安全专项治理三年行动方案》（送审稿）起草情况和主要内容的汇报；省司法厅邬勇雷关于《福建省野生动物保护条例（草案）》（送审稿）和《福建省沿海防护林条例（修订草案）》（送审稿）起草情况和主要内容的汇报。

9月15日，福建省政府第67次常务会议召开。会议听取省发改委张灿民关于《中共福建省委 福建省人民政府转发〈福建省发展和改革委员会关于今年以来经济形势和做好今后几个月经济工作的意见〉的通知》（送审稿）起草情况和主要内容的汇报；省卫健委柳红关于《深入学习贯彻习近平总书记重要讲话精神加强公共卫生体系建设的意见》（送审稿）起草情况和主要内容的汇报；省教育厅林和平关于《深化产教融合推动职业教育高质量发展的若干措施》（送审稿）起草情况和主要内容的汇报；省工信厅翁玉耀关于《福建省实施工业（产业）园区标准化建设推动制造业高质量发展三年行动计划（2020—2022年）》（送审稿）起草情况和主要内容的汇报；省司法厅邬勇雷关于《福建省水污染防治条例（草案）》（送审稿）和《福建省传统风貌建筑保护条例（草案）》（送审稿）起草情况和主要内容的汇报；省交通运输厅黄祥谈关于《福建省交通运输领域省与市县财政事权和支出责任划分改革方案》（送审稿）起草情况和主要内容的汇报；省机关事务管理局陈子舟关于《福建省党政机关办公用房管理办法》（送审稿）起草情况和主要内容的汇报；省科技厅陈秋立关于第十一届福建省“友谊奖”评选表彰有关事宜的汇报。

10月21日，福建省政府第68次常务会议召开。会议听取省教育厅刘健关于《印发〈福建省中小学教师减负清单〉的通知》（送审稿）起草情况和主要内容的汇报；听取省生态环境厅付朝阳关于福建省“三线一单”划定情况的汇报；听取福建银保监局丛林关于《福建省促进社会服务领域商业保险发展实施方案》（送审稿）起草情况和主要内容的汇报；听取省科技厅林肖然关于2019年度省科学技术奖有关事项的汇报；部署省政府工作报告起草工作。

11月9日，福建省政府第69次常务会议召开。会议听取省司法厅邬勇雷关于民法典涉及的福建省地方性法规、省市政府规章和规范性文件清理工作情况的汇报，研究相关省级地方性法规、省政府规章的废止、修改工作；省司法厅邬勇雷关于《福建省村民委员会选举办法修正案（草案）》（送审稿）、《〈福建省食品安全条例〉等三部涉及食品药品安全领域地方性法规修正案（草案）》（送审稿）、《〈福建省村集体财务管理条例〉等三部涉及“放管服”改革的地方性法规修正案（草案）》（送审稿）、《福建省志愿服务条例（草案）》（送审稿）、《福建省生态环境保护条例（草案）》（送审稿）、《福建省地方金融监督管理条例（草案）》（送审稿）起草情况和主要内容的汇报；省生态环境厅付朝阳关于《福建省生态环境领域省与市县财政事权和支出责任划分改革方案》（送审稿）起草情况和主要内容的汇报；省卫健委柳红关于《福建省医疗卫生领域省级与市县财政事权和支出责任划分改革实施方案》（送审稿）起草情况和主要内容的汇报；泉州市政府王永礼和省农业农村厅黄华康关于福建省泉州市农业学校下放泉州市管理有关事宜的汇报；省药监局俞开海关于全省疫苗安全监管工作情况的汇报；省发改委张灿民关于《中海福建天然气有限公司印尼合同天然气价格调整方案》（送审稿）起草情况和主要内容的汇报。

12月24日，福建省政府第72次常务会议召开。会议听取省政府工作报告起草组张鸿关于2021年《省政府工作报告》（讨论稿）起草情况和主要内容的汇报；省财政厅余军关于《福建省2020年预算执行情况及2021年预算草案的报告》（送审稿）起草情况和主要内容的汇报；省发改委张福寿关于《福建省2020年国民经济和社会发展计划执行情况及2021年国民经济和社会发展计划草案的报告》（送审稿）起草情况和主要内容的汇报；省生态环境厅付朝阳关于《福建省省直有关部门生态环境保护责任清单》（送审稿）起草情况和主要内容的汇报；省农业农村厅姜绍丰关于晋江市、沙县、建瓯市农村宅基地制度改革试点实施方案（送审稿）起草情况和主要内容的汇报；省自然资源厅林文斌关于《福建省生态保护红线划定方案》（报批稿）起草情况和主要内容的汇报；省金融监管局薛鹤峰关于《福建金融领域全方位推动高质量发展超越的若干措施》（送审稿）起草情况和主要内容的汇报；省应急管理厅刘琳关于《福建省应急救援领域省与市县财政事权和支出责任划分改革方案》（送审稿）起草情况和主要内容的汇报；省工信厅郭学军关于《福建省2021年电力市场交易方案》（送审稿）主要内容的汇报；省财政厅余军关于提前安排部分支出有关事宜的汇报。

【省政府专题会议】 2020年，福建省人民政府共召开107次省政府专题会议，主要有：

1月3日，副省长郭宁宁主持召开省政府专题会议听取省商务厅关于2019年工作总结和2020年工作计划等汇报，研究2020年商务工作。

1月7日，副省长林宝金主持召开省政府专题会议，听取省工信厅关于贯彻落实习近平总书记给福建企业家回信重要精神情况、2019年工作总结和2020年工作计划等汇报，研究2020年工业和信息化工作。

1月7日，副省长郭宁宁主持召开省政府专题会议，听取省金融监管局、人民银行福州中心支行、福建银保监局、福建证监局、厦门银保监局、厦门证监局等部门关于2019年工作总结和2020年工作计划的汇报，与省直有关部门、金融机构进行交流，研究2020年金融工作。

1月9日，副省长李德金主持召开省政府专题会议，贯彻落实1月6日省委书记于伟国主持召开的省委深入贯彻落实习近平总书记重要讲话重要指示批示精神和党中央决策部署工作小组会议精神，听取省农业农村厅、自然资源厅、住建厅等部门贯彻落实工作情况汇报，对分管领域负责牵头的工作提出要求、作出安排。

1月9日，副省长郭宁宁主持召开省政府专题会议，听取省广播电视局关于全国广电工作会议主要精神和福建省广电工作情况汇报，研究2020年广电工作。

1月13日，副省长林宝金主持召开省政府专题会议，听取省根治拖欠农民工工资工作领导小组办公室（省人社厅）关于进一步加强根治拖欠农民工工资工作汇报，研究落实2020年春节前保障农民工工资支付工作。

1月17日，副省长郑建闽赴省市场监管局召开专题会议，听取省市场监管局关于2019年工作总结和2020年工作计划等汇报，研究2020年市场监管工作。

1月19日，副省长李德金、郭宁宁共同主持召开省政府专题会议，听取省农业农村厅、发改委、商务厅、海洋与渔业局、市场监管局等部门关于近期稳定生猪生产，保障猪肉等“菜篮子”产品市场供应的工作情况汇报，研究部署做好春节及全国“两会”期间猪肉市场保供稳价工作。

1月19日，省长、省征兵领导小组组长唐登杰主持召开省征兵领导小组会议，听取省征兵办关于2019年征兵工作情况汇报，研究部署2020年征兵工作。

2月21日、2月25日，副省长林宝金主持召开省政府专题会议，听取省工信厅关于《福建省工业（产业）园区发展工作联席会议制度》《关于实施工业（产业）园区标准化建设推动制造业高质量发展的指导意见主要任务分工方案》《省直有关单位挂钩地市工业（产业）试点园区方案》的制定情况汇报，研究部署推进工业（产业）园区标准化建设推动制造业高质量发展有关工作。

3月2日，受省委副书记王宁委托，副省长李德金主持召开专题会议，听取省扶贫办关于脱贫攻坚有关工作情况汇报，研究应对新冠肺炎疫情影响决战决胜脱贫攻坚战的政策措施，部署2019年设区市党委和政府扶贫开发工作成效考核、省级扶贫开发工作重点县退出专项评估检查实地考核核查等工作。

3月6日，受省长、省促进中小企业发展工作领导小组组长唐登杰委托，副省长林宝金主持召开领导小组第二次会议，认真贯彻落实习近平总书记在统筹推进新冠肺炎疫情防控和经济社会发展工作部署会议上的重要讲话精神，贯彻落实国务院促进中小企业发展工作领导小组第五次会议精神及省委、省政府工作要求，研究部署促进中小企业发展有关工作。

3月9日，副省长林宝金主持召开省政府专题会议，迅速传达贯彻省委召开的全省安全隐患大排查大整治视频会议精神以及省委书记于伟国、省长唐登杰工作要求，部署加强工业企业复工复产期间安全生产有关工作。

3月30日，副省长郭宁宁主持召开省政府专题会议，听取省金融监管局关于“快服贷”贷款风险分担政策初步建议方案的汇报，研究下一步工作。

4月3日，副省长李德金、郑建闽主持召开省政府专题会议，听取省住建厅关于福建省工程质量监管平台问题整改工作情况汇报，听取省市场监管局关于联合调查组工作情况汇报，进一步部署坚决推进整改、深化行风整治、依法规范市场监管等工作。

4月15日，副省长林宝金主持召开省政府专题会议，听取省工信厅关于当前工业经济运行情况及推动电子信息与数字产业、先进装备制造产业、石油化工产业、新材料与新能源产业、现代纺织服装产业、食品与医药产业等主导产业高质量发展工作思路，省国资委关于所出资企业运行情况及发展工作思路，省人社厅关于就业情况及稳就业措施意见等汇报，对下一步工作提出要求。

4月15日，副省长李德金主持召开省政府专题会议，研究福建省野生动物养殖场退养转产转岗有关工作。

4月22日，副省长李德金主持召开第一季度农口经济形势分析会，听取省直农口有关部门关于第一季度统筹推进新冠肺炎疫情防控和农业生产、农民增收等重点工作进展情况汇报，分析研判全省农业农村经济运行态势，研究下阶段推进工作的措施和办法。

4月24日，副省长李德金主持召开自然资源、住房和城乡建设、交通运输领域“三四八”贯彻落实机制部署会暨一季度工作分析会，听取省自然资源厅、住建厅、交通运输厅、高速公路集团有关情况汇报，贯彻落实习近平总书记重要讲话重要指示批示精神，研究部署下一阶段工作。

4月26日，副省长郭宁宁主持召开省政府专题会议，听取省医保局关于2020年主要工作任务以及福建省跟进国家组织药品集中采购和使用试点到期后续工作的汇报，研究下一步工作。

4月28日，副省长李德金主持召开省政府专题会议，听取省住建厅和6个省级指导服务组关于全省房屋结构安全隐患大排查大整治百日攻坚专项行动进展情况汇报，研究部署下一步工作。

4月30日，副省长林宝金主持召开省政府专题会议，听取省卫健委关于当前疫情防控和医疗救治工作、省教育厅关于学校复学疫情防控工作、省工信厅关于医疗物资保障工作等情况汇报，协调有关事项，对下一步工作提出要求。

4月30日，副省长郭宁宁、副省长林宝金主持召开省政府专题会议，听取省石化集团关于福海创公司债转股等相关工作情况汇报，研究部署下一步工作。

5月9日，副省长李德金主持召开省政府专题会议，听取省安办（省应急管理厅）和10个省级指导服务组关于全省各领域安全隐患大排查大整治工作进展情况汇报，研究部署下一步工作。

5月9日，副省长郭宁宁主持召开省政府视频专题会议，研究部署互联网金融和网络借贷风险专项整治、处置非法集资有关工作。会议传达国家处置非法集资部际联席会议及有关部门的工作部署要求和省委、省政府主要领导关于打好防范化解重大金融风险攻坚战有关批示精神，听取省金融监管局、省公安厅以及福州、厦门、平潭等地关于网络借贷风险专项整治和处置非法集资工作情况的汇报，对下一阶段工作提出具体要求。

5月9日，副省长林宝金主持召开省政府专题会议，听取省卫健委关于当前疫情防控和医疗救治工作、省教育厅关于学校复学疫情防控工作、省工信厅关于医疗物资保障工作、省发改委关于口罩生产工作等情况汇报，协调有关事项，对下一步工作提出要求。

5月19日，副省长林宝金主持召开省政府专题会议，认真学习贯彻习近平总书记在中央政治局常委会会议和中央政治局会议上的重要讲话精神，全面落实省委常委会会议、省政府常务会议部署和省委书记于伟国、省长唐登杰批示要求，研究议定疫情防控、学校复学、医疗物资保障、口罩生产等事项。

5月20日，副省长李德金主持召开省政府专题会议，听取省生态环境厅（环保督察办）关于中央生态环境保护督察反馈问题整改情况及《福建省贯彻落实第二轮中央生态环境保护督察报告整改方案》制订情况汇报，研究部署下一步工作。

5月20日，副省长李德金主持召开省政府专题会议，听取省自然资源厅关于耕地占补平衡调研情况、“两违”综合治理工作情况、全省违建别墅问题清查整治专项行动推进情况的汇报，研究部署下一阶段工作。

5月25日，副省长林宝金召开全省实施工业（产业）园区标准化建设推动制造业高质量发展视频会，听取省工业（产业）园区联席会议办公室（省工信厅）、省财政厅、人社厅、商务厅及福州、龙岩、宁德市贯彻落实《福建省人民政府关于实施工业（产业）园区标准化建设推动制造业高质量发展的指导意见》有关情况汇报，研究部署下一步工作。

6月1日，副省长郭宁宁、林宝金主持召开省政府专题会议，听取省卫健委、医保局关于新冠病毒核酸检测工作及费用支付情况的汇报，研究落实核酸检测有关工作。

6月2日，副省长李德金主持召开省政府专题会议，听取省住建厅关于世界遗产大会“两个新提升”工作、全省房地产市场健康发展情况汇报和泉州市政府关于特殊建房处置工作情况汇报，研究部署下一步工作。

6月9日，副省长李德金主持召开省政府专题会议，听取中铁南昌局集团有限公司关于铁路运输安全工作、省安办（省应急管理厅）关于铁路沿线安全隐患整治工作、省住建厅关于铁路沿线环境综合整治工作等情况汇报，研究部署全面开展普速铁路安全隐患整治等有关工作。

6月10日，副省长李德金主持召开省政府专题会议，研究福建省国有林场改革及国家重点抽查验收反馈意见整改等有关工作。

6月11日，副省长林宝金主持召开省政府专题会议，贯彻落实习近平总书记6月2日在专家学者座谈会上的重要讲话精神，全面落实省委常委会（扩大）会议、省政府常务会议部署和省委书记于伟国、省长唐登杰批示要求，研究议定了当前疫情防控、学校复学、医疗物资保障、畅通产业循环、八闽健康码管理等有关事项。

6月13日，根据省委书记于伟国、省长唐登杰要求，副省长田湘利、副省长林宝金主持召开省政府专题会议，听取省卫健委、市场监管局、商务厅、福州海关等部门有关加强疫情防控工作的汇报，分析防控形势，研究具体措施。

6月15日，副省长李德金主持召开2020年福建省减灾委员会全体会议暨福建省抗震救灾指挥部会议，认真学习贯彻习近平总书记关于防灾减灾救灾重要讲话重要指示批示精神，深入贯彻落实2020年国家减灾委员会全体会议暨国务院防震减灾工作联席会议工作部署，研究部署福建省下一阶段防灾减灾救灾和抗震救灾重点工作任务。

6月16日，副省长李德金主持召开6月份重大投资项目月度协调会，听取省发改委、自然资源厅、住建厅、国网福建省电力公司和九市一区关于固定资产投资及推进重大项目建设情况的汇报，协调解决有关问题，研究推进下一步工作。

6月17日，副省长林宝金主持召开省政府专题会议，学习贯彻习近平总书记关于教育的重要论述，牢记习近平总书记“福建没有理由不把教育办好”的嘱托，落实省委、省政府关于高等教育发展的部署要求，推动2020年福建省高校增列博士、硕士学位授予单位相关工作，研究议定支持闽南师范大学申报博士学位授予单位有关事项。

6月22日，副省长林宝金主持召开省政府专题会议，贯彻落实习近平总书记重要讲话重要指示批示精神，全面落实省委常委会会议、省政府常务会议部署和省委书记于伟国、省长唐登杰批示要求，研究议定了当前疫情防控、学校复学、医疗物资保障、八闽健康码管理等有关事项。

6月23日，省长唐登杰主持召开省政府专题会议，深入学习贯彻习近平生态文明思想，研究推进闽江流域生态环境综合治理，扎实抓好中央生态环境保护督察反馈问题整改，确保党中央决策部署不折不扣落到实处。会议听取省水利厅（河长办）、生态环境厅等省直有关部门和相关设区市政府关于闽江流域生态环境综合治理情况和下一步工作措施的汇报，深入分析当前存在的主要问题，明确中央生态环境保护督察反馈问题的整改目标、具体任务、重点措施和责任分工，对抓好下一步工作进行具体部署。副省长李德金参加会议。

6月23日、6月29日，副省长李德金分别主持召开省政府专题会议，听取省住建厅、生态环境厅、水利厅等省直有关部门和宁德市政府关于城市黑臭水体治理情况汇报，并赴宁德市现场检查推动整改，研究部署下一步工作。

6月30日，省委常委、厦门市委书记胡昌升，副省长林宝金召开专题会议，传达省委书记、省中央生态环境保护督察整改工作领导小组组长于伟国在省委专题会议暨领导小组会议上的讲话精神，分别听取省工信厅关于《福建省贯彻落实中央生态环境保护督察报告整改方案》涉及能源消耗控制问题和涉及湄洲湾氯碱工业有限公司搬迁问题有关整改情况，以及福州、厦门、泉州、莆田市有关工作进展情况的汇报，研究部署下一步工作。

7月2日，副省长林宝金主持召开省政府专题会议，认真学习贯彻习近平总书记关于统筹做好疫情防控和经济社会发展工作的重要讲话重要指示批示精神，检查省政府专题会议议定事项的落实情况，研究疫情防控、学校复学、医疗物资保障、八闽健康码管理等有关工作。

7月2日，副省长郭宁宁召开省政府专题会议，听取人民银行福州中心支行、福建银保监局、福建证监局、省金融监管局、省农信联社等关于其行业领域主要风险点、采取措施和工作建议汇报，研究下阶段福建省金融突发事件应急管理和风险处置工作。

7月2日，副省长林宝金主持召开省政府专题会议，贯彻落实省委书记于伟国调研省疾控中心、省儿童医院、省妇产医院等重点项目建设时的指示要求，研究协调项目建设进度、管理机制、设施配套、软件建设等有关事项，对更好更快推动项目建设提出具体要求。

7月7日，副省长郭宁宁主持召开专题会议，按照省委和省政府落实中央生态环境保护督察报告整改方案要求，对加强成品油质量管控、加快内河船舶油品质量升级实现“三油并轨”两个专项整改任务进行研究部署。会议听取省市场监管局、省发改委关于两个专项整改方案的汇报，就总体要求、重点任务、具体步骤、保障措施进行讨论，对九市一区和省直相关部门专项整改明确了具体要求。

7月8日，副省长林宝金主持召开省政府专题会议，认真学习贯彻习近平总书记关于统筹做好疫情防控和经济社会发展工作的重要讲话重要指示批示精神，落实省委书记于伟国、代省长王宁的批示要求，研究当前疫情防控、学校复学、医疗物资保障、八闽健康码管理等有关工作。

7月9日，副省长李德金、崔永辉主持召开武夷山国家公园体制试点工作联席会议，研究迎接国家公园体制试点评估验收、科普展示馆建设、建立生态补偿机制、交通基础设施改造提升、社区环境整治等工作，并对下阶段工作提出明确要求。

7月12日，副省长林宝金主持召开省政府专题会议，听取省工信厅关于《福建省实施工业（产业）园区标准化建设推动制造业高质量发展三年行动计划（2020—2022年）》《关于推动制造业高质量发展的若干措施》的起草情况和推动园区标准化建设相关工作机制情况汇报，研究部署下一步工作。

7月17日，副省长崔永辉主持召开省政府专题会议，听取省农业农村厅等部门关于福建省生猪产业升级发展工作情况汇报，研究部署有关工作。

7月17日，副省长李德金主持召开省政府专题会议，听取省住建厅等部门和6个省级指导服务组关于全省房屋结构安全隐患大排查大整治工作进展情况汇报，研究部署下一步工作。

7月20日，副省长林宝金主持召开省政府专题会议，认真学习贯彻习近平总书记关于统筹推进疫情防控和经济社会发展工作的重要讲话重要指示批示精神，落实省委书记于伟国、代省长王宁的批示要求，研究疫情防控、学校复学、医疗物资保障、八闽健康码管理等有关工作。

7月22日，副省长林宝金主持召开上半年全省工业经济运行分析调度视频会，学习贯彻习近平总书记在企业家座谈会上的重要讲话精神，总结2020年上半年工业和信息化工作成效，分析面临的挑战和问题，研究部署下阶段重点工作。

7月23日，副省长李德金主持召开省政府专题会议，听取省住建厅关于历史文化名城名镇名村和传统村落保护、全省老旧小区改造实施方案的情况汇报，研究部署下一步工作。

7月24日，副省长李德金主持召开自然资源、住房和城乡建设领域上半年工作分析调度会，认真落实省委、省政府上半年经济形势分析会暨工作调研检查总结会、省政府第二次全体会议精神，听取省自然资源厅、住建厅和各设区市政府、平潭综合实验区管委会有关工作情况汇报，总结分析上半年工作，研究部署下一阶段工作。

7月28日，副省长崔永辉主持召开上半年农口经济形势分析会，会议集中学习习近平总书记近日在吉林考察时的重要讲话精神，听取省直农口部门关于上半年统筹抓好疫情防控和农业农村重点工作进展情况汇报，深入分析全省农业农村经济运行态势，研究部署下阶段重点工作。

7月28日，副省长林宝金主持召开省政府专题会议，认真学习贯彻习近平总书记重要讲话重要指示批示精神，毫不松懈抓紧抓实常态化疫情防控，精准做好外防输入，进一步做好进口食品监管、“一线两重点”人员管控、核酸检测等有关工作。

7月31日，副省长郭宁宁主持召开省政府专题会议，分别听取兴业银行、省金融监管局、省数字办关于“金服云”平台建设、发布推广和数据管理有关情况汇报，研究下一步工作。

8月1日，副省长李德金带领省直有关部门负责人赴泉州白濑水利枢纽工程项目C1标段施工现场和安溪县移民安置工程剑斗新镇区，实地察看工程建设和移民安置等情况，并召开座谈会，听取白濑项目建设有关工作情况汇报，协调解决项目实施中存在的具体问题，研究部署下阶段工作；同时，对全省“十四五”水利规划编制、海上安全等工作提出要求。

7月30日、8月4日，副省长李德金分别主持召开省政府专题会议，听取省住建厅、自然资源厅等部门关于机制砂、海砂等地材供应保障工作情况汇报，研究部署下一步工作。

8月6日，副省长林宝金主持召开省政府专题会议，认真学习贯彻习近平总书记在党外人士座谈会和中央政治局会议上的重要讲话精神，落实国务院联防联控机制严防聚集性疫情做好秋冬季防控工作电视电话会议和省委书记于伟国、代省长王宁批示要求，研究秋冬季疫情防控、严防聚集性疫情、学校开学准备、医疗物资保障等有关工作。

8月10日，副省长林宝金赴省科技厅调研并召开专题会议，认真学习贯彻习近平总书记对科技创新工作的重要讲话重要指示批示精神，回顾总结1月以来全省科技创新工作，研究部署下阶段重点工作。

8月11日，省委常委、副省长赵龙主持召开省政府专题会议，落实省数字福建建设领导小组会议精神，听取省数字办、福州市政府关于第三届数字中国建设峰会筹备工作进展情况的汇报，研究部署下一步工作。

8月13日，副省长林宝金主持召开省政府专题会议，认真学习贯彻习近平总书记重要讲话重要指示批示精神，落实国务院联防联控机制严防聚集性疫情做好秋冬季防控工作电视电话会议和省委常委会会议精神，严防聚集性疫情，做好秋冬季疫情防控准备工作，严防疫情反弹。

8月18日，副省长林宝金主持召开专题会议，深入学习贯彻习近平总书记关于教育的重要论述，重温习近平总书记在福建工作期间关于福州地区大学新校区规划建设的思路理念，落实省委、省政府工作要求，研究推动大学城全方位高质量发展有关工作。

8月19日，省委常委周联清、副省长林宝金主持召开专题会议，深入学习贯彻习近平总书记重要讲话重要指示批示精神，认真落实中央应对疫情工作领导小组和国务院联防联控机制部署，按照省应对疫情领导小组要求，研究全省秋季学期开学疫情防控工作。

8月20日，省委常委、副省长赵龙主持召开省政府专题会议，听取省环保督察办、住建厅关于中央生态环境保护督察反馈问题整改工作情况汇报，研究部署下一步工作。

8月23日，省委常委、副省长赵龙主持召开省政府专题会议，听取省发改委关于福建省"十四五"规划纲要起草工作等情况汇报，研究部署下一步工作。

8月24日，代省长王宁主持召开省政府专题会议，听取省石化集团、省发改委关于中沙古雷乙烯项目工作进展情况汇报，研究部署下一步工作。省委常委、副省长赵龙，副省长林宝金参加会议。

8月28日，副省长李德金主持召开省政府专题会议，听取省住建厅和三明市、南平市政府及部分县（市）政府关于2019年度保障性安居工程审计发现问题整改专项办理工作情况汇报，研究部署下一阶段工作。

8月28日，副省长李德金主持召开省政府专题会议，听取省自然资源厅关于违建别墅问题清查整治专项行动进展情况的汇报，研究部署下一阶段工作。

8月28日，副省长林宝金主持召开省政府专题会议，认真学习贯彻习近平总书记在安徽考察时关于疫情防控的重要讲话精神，落实省委书记于伟国、代省长王宁批示要求，研究常态化疫情防控、学校秋季开学准备、强化医疗物资保障等有关工作。

8月28日，省委常委、副省长赵龙主持召开全省稳投资工作座谈会，传达省委、省政府部署要求，听取省发改委及九市一区关于1—7月固定资产投资情况的汇报，协调解决有关问题，部署推进下一步工作。

8月28日，副省长林宝金主持召开省政府专题会议，听取省工信厅关于《福建省实施工业（产业）园区标准化建设推动制造业高质量发展三年行动计划（2020—2022年）》修改情况和各专项行动牵头单位推进园区标准化建设有关工作情况汇报，研究部署下一步工作。

9月17日，副省长郑建闽主持召开省政府专题会议，听取省文旅厅及省旅游发展集团、福州古厝集团、福州鼓岭旅游度假区、建发国旅、福建省旅游公司、福建中旅旅行社关于国庆假日旅游工作情况汇报，协调解决有关问题，研究部署下一步工作。

9月18日，副省长郑建闽主持召开省政府专题会议，听取省民政厅贯彻落实省委十届十次全会精神情况的汇报，研究部署下一步工作。

9月24日，省委常委、常务副省长赵龙主持召开专题会议，听取省安办（应急管理厅）、工信厅等部门关于全省危险化学品企业进园入区及安全监管等工作情况汇报，研究部署下一阶段工作。

9月24日，省委常委、常务副省长赵龙主持召开省政府专题会议，听取省发改委、省招标采购集团关于中国·海峡创新项目成果交易会市场化运作有关情况的汇报，研究部署推进下一步工作。

9月25日，副省长李德金主持召开省政府专题会议，认真学习贯彻习近平总书记关于统筹推进疫情防控和经济社会发展工作的重要讲话重要指示批示精神，落实省委书记于伟国、省长王宁批示要求，研究外防输入、内防反弹、秋冬季疫情防控、"两节"期间疫情防控等有关工作。

10月12日，副省长李德金主持召开省政府专题会议，认真学习贯彻习近平总书记关于构建疫情防控和经济社会发展工作中长期协调机制的重要讲话重要指示批示精神，落实省委书记于伟国、省长王宁批示要求，研究加强青岛入（返）闽人员健康管理、秋冬季疫情防控等有关工作。

10月20日，副省长李德金主持召开省政府专题会议，传达学习贯彻全省深入推进扫黑除恶专项斗争工作会议精神，听取省教育厅、卫健委关于福建省教育、卫健领域扫黑除恶工作及下一步工作计划汇报，研究部署进一步推进教育、卫健领域扫黑除恶有关工作。

10月26日，副省长崔永辉主持召开第三季度农口经济形势分析会，认真贯彻落实省委、省政府第三季度经济形势分析会暨一季一督查视频会部署要求，听取省直农口部门关于前三季度统筹抓好疫情防控和农业农村重点工作情况汇报，分析存在的困难和问题，研究第四季度推进工作的具体措施，确保全年各项目标任务顺利完成和“十三五”圆满收官。

11月4日，副省长李德金、郑建闽主持召开省政府专题会议，分别听取省文旅厅、住建厅关于文物建筑土楼、非文物建筑土楼保护利用情况的汇报，研究部署相关工作。

11月4日，省委常委、常务副省长赵龙主持召开省政府专题会议，听取省科技厅关于科技创新工作有关情况汇报，研究有关工作。

11月5日，省委常委周联清、省政府副省长李德金主持召开专题会议，学习贯彻落实全国疫情防控工作电视电话会议精神和省委书记于伟国、省长王宁部署要求，研究做好学校冬季疫情防控工作。

11月5日，副省长李德金主持召开省政府专题会议，学习贯彻落实全国疫情防控工作电视电话会议精神，落实省委书记于伟国、省长王宁批示要求，研究福建省贯彻落实全国疫情防控电视电话会议精神具体措施及建议，对冬春疫情防控工作提出要求。

11月9日，副省长李德金主持召开省政府专题会议，学习贯彻习近平总书记关于疫情防控的重要讲话重要指示批示精神，按照省委书记于伟国、省长王宁批示要求，研究部署进口冷链食品管控、常态化核酸检测、外防输入等工作。

11月10日，副省长郭宁宁主持召开省政府专题会议，听取省金融监管局、省教育厅、省公安厅、省法院等单位以及福州、厦门、泉州市政府关于“套路贷”“非法校园贷”打击整治工作情况汇报，研究整治工作中存在的问题和解决措施，部署下一阶段工作。

11月12日，副省长李德金主持召开省政府专题会议，研究省儿童医院生活服务管理中心项目建设有关事项，对下一步推动项目建设提出要求。

11月16日，省长王宁主持召开省政府专题会议，听取省人社厅关于规范企业职工基本养老保险省级统筹制度工作汇报，研究部署规范养老保险省级统筹有关工作。副省长崔永辉参加会议。

11月14日，省委常委、常务副省长赵龙主持召开全省推动投资加快回升工作座谈会，听取省发改委及九市一区关于1—10月固定资产投资情况的汇报，协调解决有关问题，研究部署下一步工作。

11月17日，省长王宁主持召开省政府专题会议，听取省发改委关于“十四五”规划纲要编制有关工作情况汇报，研究部署下一步工作。省委常委、常务副省长赵龙参加会议。

11月17日，省长王宁主持召开省政府专题会议，听取省交通运输厅关于全省沿海港口布局规划及福州港、厦门港、湄洲湾港和泉州港总体规划修编、报批情况汇报，研究部署下一步工作。副省长李德金、副省长崔永辉参加会议。

11月19日，省政府与省总工会举行第33次联席会议。省长王宁，省人大常委会副主任、省总工会主席黄琪玉出席会议并讲话。副省长崔永辉，省政府秘书长，省总工会、省直有关部门负责人参加会议。会议听取省总工会党组书记、副主席丁文清关于2020年福建省工会工作情况和下一步工作重点的介绍，并就基层工会、职工群众需要帮助解决的相关问题进行研究。

11月19日，省委常委、常务副省长赵龙主持召开省政府专题会议，听取东南沿海铁路福建有限责任公司和省发改委关于新建福厦铁路、兴泉、衢宁铁路福建段建设情况的汇报，研究协调有关问题。

11月24日，副省长李德金主持召开省政府专题会议，学习贯彻习近平总书记关于统筹疫情防控和经济社会发展重要论述精神，落实省委常委会会议精神和省委书记于伟国、省长王宁部署要求，研究进口冷链食品、疫情防控督导、核酸检测、新冠病毒疫苗接种等有关工作。

11月26日，副省长崔永辉主持召开省政府专题会议，听取龙岩市政府关于漳平红狮生态皮带长廊项目涉及生态公益林调整有关情况汇报。

12月10日，副省长李德金主持召开省政府专题会议，学习贯彻习近平总书记关于统筹疫情防控和经济社会发展重要论述精神，落实省委常委会会议精神和省委书记尹力、省长王宁部署要求，研究部署冬春季疫情防控有关工作。

12月23日，副省长郑建闽主持召开省政府专题会议，听取福州市、泉州市政府和省文旅厅关于第44届世界遗产大会筹备和泉州项目申遗的汇报，研究推进下阶段工作。

12月24日，副省长郭宁宁主持召开省政府专题会议，听取三明市、南平市、兴业银行、省金融监管局、省生态环境厅关于绿色金融改革创新、碳汇交易等工作情况的汇报，研究部署下阶段工作。

12月25日，省长王宁主持召开省政府专题会议，深入学习贯彻习近平生态文明思想，研究推进闽江流域中央生态环境保护督察反馈问题整改工作。会议听取省水利厅（河长办）、生态环境厅等省直有关部门关于闽江流域生态环境综合治理情况汇报，深入分析当前存在的主要问题，对抓好下一步工作进行具体部署。副省长李德金参加会议。

12月25日，副省长李德金主持召开省政府专题会议，听取省卫健委关于统筹疫情防控有关工作情况汇报，研究疫苗接种、“两节”疫情防控等工作。

12月28日，省长王宁主持召开省政府专题会议，学习贯彻国务院副总理孙春兰关于疫情防控工作批示要求，研究部署福建省加强冬春季常态化疫情防控工作。

12月28日，副省长李德金、郑建闽、郭宁宁主持召开省政府专题会议，听取省有关单位和福州、厦门市关于进口冷链食品疫情防控有关工作情况汇报，对进一步压紧压实属地责任、企业主体责任和行业监管责任，坚决防止疫情通过进口冷链食品输入作部署安排。

（省政府办公厅供稿）

编辑：林忠玉

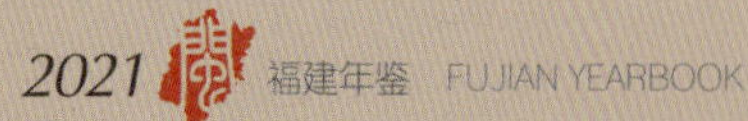

中国人民政治协商会议福建省委员会

综　述

【思想政治建设】　2020年，福建省政协高举习近平新时代中国特色社会主义思想伟大旗帜，在中共福建省委领导和全国政协指导下，胸怀“两个大局”，深入学习贯彻习近平总书记重要讲话和对福建工作的重要讲话重要指示批示精神，以认真贯彻落实中央及省委政协工作会议精神为动力，以建设“政协大省”为抓手，持续深化拓展“强党建、转作风、谋创新、促履职”工作思路，着力发挥专门协商机构作用，坚持发扬民主和增进团结相互贯通、建言资政和凝聚共识双向发力，广泛团结动员各党派团体和各族各界人士，紧扣统筹推进疫情防控和经济社会发展履职尽责、凝心聚力，为全方位推动高质量发展超越作出积极贡献。突出党建引领，开展各类学习研讨42次，举办主题宣讲、辅导讲座、委员讲堂50多场，35个学习小组召开座谈会80多次，建立健全30项党建工作制度，首次开展中共党员常委履职点评，省政协机关被评为第六届全国文明单位。

【服务新福建建设】　2020年，福建省政协突出协商主责主业，开展45项重要议题调研协商，其中举办议政性常委会会议2场、重点专题协商4场，组织网络议政远程协商1场、专题民主监督2场、对口和界别协商13场，开展重点提案督办10件、重要视察考察13项。突出凝聚共识职能，坚持寓凝聚共识于各项履职活动之中，把发挥统一战线组织的包容优势、新型政党制度的平台优势、界别构成的独特优势同突出凝聚共识职能有效融合。突出委员主体作用，638人次委员参加重点协商活动，1097人次委员参加网络议政等线上履职活动，提交大会发言材料661篇，反映社情民意信息3810件，为疫情防控累计捐款捐物12.71亿元，委员履职合格率100%，主流媒体报道委员先进事迹580人次。

注重发挥各民主党派、工商联和无党派人士的独特作用，鼓励支持他们深入开展调查研究，提出务实管用的对策建议，实现建言成果与思想认识的共同提高。通过联合开展高质量推进医改、促进乡村人才振兴、完善卫生防疫体系建设、加快推进区块链技术应用、加强闽产药材“福九味”品牌建设等专题调研，共同举办海峡两岸船政文化研讨会、“健康福建”“科技创新促进民营经济发展”论坛、携手设立“海外书屋”、开设学习《中华人民共和国民法典》系列讲座等方式，不断加强与各党派团体的沟通联系，推进合作共事。省各民主党派、工商联和无党派人士通过政协组织提交大会发言133份、社情民意信息666条，分别占总数的77.3%、77.5%。

【民主监督】　2020年，福建省政协开展《福建省河长制规定》实施情况、优化营商环境落实情况委员视察协商式民主监督2场。推荐61名委员担任各类民主监督员，参加政风行风评议、讨论座谈等民主监督活动6次。全年1428人次委员参与重点协商和调研考察活动，提交提案832件（其中立案740件）、大会发言材料134篇、社情民意信息251条。

【提案办理】　2020年，福建省政协共收到提案962件，经审查立案868件，交由92家单位办理，共交办2102件次，全部按时办结，一次办理反馈满意率99.2%，二次办理反馈满意率100%。不立案94件，以参阅件或社情民意信息的形式转送有关部门参考。提案所提问题解决或基本解决517件次，正在解决或纳入计划逐步解决1526件次，留作工作参考59件次。提案内容围绕经济、政治、文化、社会和生态等五大建设建言献策，其中，围绕疫情防控和复工复产方面立案79件，围绕创新驱动和产业优化方面立案221件，围绕社会事业和民生保障方面立案176件，围绕对外开放和闽台融合方面立案82件，围绕生态环保和社会治理方面立案157件。　（林　哲）

政协重要会议和活动

【重要会议】　省政协十二届三次会议。

2020年1月10—14日，福建省政协十二届三次会议在福州举行。省委书记于伟国、省政府省长唐登杰等领导出席开闭幕会、深入界别小组，与委员们共襄发展、共谋大计。会议审议并批准省政协主席崔玉英代表十二届省政协常委会所作的工作报告，审议并批准省政协副主席王光远所作的提案工作情况报告。与会委员列席省十三届人大三次会议，听取并讨论省长唐登杰所作的政府工作报告，听取并讨论省法院、省检察院工作报告，还讨论会议的其他报告，对各项报告表示赞同。会议期间，收到提案836件，经审查立案765件；收到大会发言材料172篇。崔玉英主持闭幕会并讲话。

省政协十二届三次会议第二次全体会议。1月12日上午，省政协十二届三次会议举行第二次全体会议。15位委员围绕增强高质量发展新动能、构建现代公共文化服务体系、探索区块链技术在福建省的发展、更好建设台胞台企登陆“第一家园”等方面议题，积极发言、建言献策。大会执行主席是崔玉英、张兆民、杜源生、洪捷序、薛卫民、王光远、阮诗玮、刘献祥、陆开锦。省领导王宁、邢善萍、郑新聪、郭宁宁，全国政协专委会领导张帆，全国政协专委会委员陈义兴、张健，驻闽部队领导黄少安、姚火照，省直有关部门负责人到会听取委员发言。薛卫民主持会议。委员洪捷序代表九三学社福建省委员会作《聚焦新经济增强高质量发展新动能》的发言，委员吴志明代表民建福建省委员会作《深化金融改革服务中小微企业发展》的发言，委员严可仕代表民进福建省委员会作《构建现代公共文化服务体系更好满足基层群众文化需求》的发言，委员陈丽作《积极探索区块链技术在福建的发展》的发言，委员董良瀚代表民革福建省委员会作《积极探索乡村振兴中两岸融合发展新路》的发言，委员刘泓代表民盟福建省委员会作《把制度自信的种子播撒进青少年心灵》的发言，委员林澄代表农工党福建省委员会作《加强紧密型医共体建设提高基层医疗服务能力》的发言，委员叶敏代表致公党福建省委员会作《发挥福建侨的优势加快海丝核心区建设》的发言，委员廖明宏代表台盟福建省委员会作《发挥“多区”叠加政策优势更好建设台胞台企登陆“第一家园”》的发言，委员吴荣照代表福建省工商业联合会作《凝聚共识坚定信心发挥民营企业家重要作用》的发言，委员吴崇伯代表厦门大学省政协委员小组作《加快推进“丝路海运”》的发言，委员张桂潮作《积极应用创新技术推动制造产业升级》的发言，委员朱向作《鼓励港澳台师生来闽开展中华传统文化交流》的发言，委员许清流作《深化创新驱动培育外贸新优势》的发言，委员郑季武作《完善基层治理体系提升河流管护水平》的发言。

省政协十二届三次会议第三次全体会议。1月14日上午，省政协十二届三次会议举行第三次全体会议，选举十二届省政协副主席、常务委员。大会执行主席是崔玉英、张兆民、杜源生、洪捷序、薛卫民、王光远、阮诗玮、刘献祥、陆开锦。全国政协专委会委员陈义兴、张健，驻闽部队领导黄少安、姚火照，省级老领导游德馨、梁绮萍出席会议。杜源生主持会议。会议通过省政协十二届三次会议选举办法和选举工作总监票人、监票人名单。根据投票结果，许维泽、林钟乐当选为十二届省政协副主席，吕联选、朱向、苏清栋、黄树清、董建洲当选为十二届省政协常务委员。

十二届省政协常委会第十四次会议。1月9日，十二届省政协常委会第十四次会议在福州召开。省政协主席崔玉英主持会议并讲话，副主席洪捷序、薛卫民、张兆民、杜源生、王光远、阮诗玮、刘献祥，秘书长陆开锦出席会议。省委组织部、省委统战部有关负责人到会作人事事项的说明。会议审议通过关于同意王惠敏不再担任政协第十二届福建省委员会副主席、委员职务的决定；关于同意魏克良不再担任政协第十二届福建省委员会副主席职务的决定；政协第十二届福建省委员会不再担任委员名单，增补委员名单和部分专门委员会主任、副主任任免名单等。

十二届省政协常委会第十五次会议第一次全体会议。1月12日，省政协主席崔玉英主持召开十二届省政协常委会第十五次会议第一次全体会议。省政协副主席张兆民、杜源生、洪捷序、薛卫民、王光远、阮诗玮、刘献祥，秘书长陆开锦出席会议。省委组织部、统战部有关负责人作十二届省政协副主席候选人建议人选名单（草案）和常务委员候选人建议人选名单（草案）的说明；陆开锦作省政协十二届三次会议选举办法（草案），选举工作总监票人、监票人名单（草案）的说明。会议协商通过政协第十二届福建省委员会第三次会议选举办法，选举工作总监票人、监票人名单和政协第十二届福建省委员会副主席、常务委员候选人建议人选名单（以上均为草案），决定提交省政协十二届三次会议分组审议。

十二届省政协常委会第十五次会议第二次全体会议。1月13日，省政协主席崔玉英主持召开十二届省政协常委会第十五次会议第二次全体会议。省政协副主席张兆民、杜源生、洪捷序、薛卫民、王光远、阮诗玮、刘献祥，秘书长陆开锦出席会议。会上，陆开锦汇报各组讨论情况。会议审议通过政协第十二届福建省委员会第三次会议选举办法（草案），选举工作总监票人、监票人名单（草案），决定提交省政协十二届三次会议选举大会通过；审议通过政协第十二届福建省委员会副主席候选人名单、常务委员候选人名单，决定提交省政协十二届三次会议选举大会选举；审议通过政协第十二届福建省委员会第三次会议政治决议（草案），决定提交省政协十二届三次会议闭幕会通过。

十二届省政协常委会第十六次会议。7月3日，十二届省政协常委会第十六次会议在福州举行。会议以“建立巩固革命老区中央苏区脱贫奔小康长效机制”为主题举行协商议政，省委书记于伟国出席会议并讲话。会议还就马克思经典著作《〈政治经济学批判〉序言》

开展学习辅导讲座，对学习贯彻落实全国两会精神及省委贯彻意见作出安排，围绕深入学习贯彻中央及省委政协工作会议精神，就进一步做好下半年省政协工作提出要求。会议审议通过有关人事事项和《政协福建省委员会常务委员会关于授权主席会议对违纪违法政协委员及时作出处理的决定》。省政协主席崔玉英主持会议并讲话，副主席张兆民、杜源生、洪捷序、薛卫民、王光远、阮诗玮、刘献祥、许维泽、林钟乐，秘书长陆开锦出席会议。

十二届省政协常委会第十七次会议。8月18日，省政协常委会第十七次会议在福州举行。会议以“培优做强重点产业推进‘十四五’产业基础高级化和产业链现代化”为主题举行协商议政，省委副书记、代省长王宁出席会议并讲话。会议还传达学习中共福建省委十届十次全会精神，邀请十二届全国政协副主席王钦敏作“数字中国与数字福建建设实践和体会”学习讲座，审议通过有关人事事项。省政协主席崔玉英主持会议并讲话，副主席张兆民、杜源生、洪捷序、薛卫民、王光远、阮诗玮、林钟乐，秘书长陆开锦出席会议。

十二届省政协常委会第十八次会议。12月29日，十二届省政协常委会第十八次会议在福州举行，认真学习贯彻中共十九届五中全会、中央经济工作会议和全国政协十三届常委会第十四次会议精神，学习贯彻中共福建省委十届十一次全会和省委经济工作会议精神，审议通过关于召开政协第十二届福建省委员会第四次会议的决定，决定于2021年1月23日在福州召开省政协十二届四次会议。省政协主席崔玉英主持并讲话。与会人员围绕学习贯彻会议精神深入讨论交流。会议审议通过关于学习贯彻中共十九届五中全会和省委十届十一次全会精神的决议，新修订的政协福建省委员会专门委员会通则和强化政协委员责任担当的实施意见，省政协十二届四次会议议程（草案）、日程和秘书长、副秘书长名单，关于授权主席会议审议十二届省政协常委会议第十八次会议未尽事宜的决定，省政协常委会工作报告和省政协十二届三次会议以来提案工作情况报告，决定提交省政协十二届四次会议审议。受省长王宁委托，副省长郭宁宁到会通报省政府关于省政协十二届三次会议以来提案办理情况。会议还审议通过有关人事事项。省政协副主席张兆民、杜源生、洪捷序、薛卫民、王光远、阮诗玮、刘献祥、许维泽、林钟乐，秘书长陆开锦出席。

【重要活动】 第12届海峡论坛·第三届两岸基层治理论坛。2020年9月21日，由全国政协港澳台侨委员会和福建省政协共同主办的第12届海峡论坛·第三届两岸基层治理论坛在福州举行，主题为“完善基层基本公共卫生服务”。全国政协副主席、台盟中央主席苏辉作视频致辞。全国政协港澳台侨委员会主任朱小丹主持。福建省政协主席崔玉英致辞。全国政协港澳台侨委员会驻会副主任尹宗华，福建省政协副主席杜源生、刘献祥，中华中医药学会会长王国强，福建省文化经济交流中心理事长陈桦、常务副理事长倪英达，来自海峡两岸的100余名基层代表和相关界别代表人士参加论坛活动。

港澳地区闽籍政协委员、省海联会常务理事座谈会。11月29日，港澳地区闽籍政协委员、省海联会常务理事座谈会召开。会议传达学习中共十九届五中全会及省委十届十次全会精神，听取委员和理事们的意见建议。省政协主席崔玉英，省委常委、统战部部长庄稼汉出席并讲话，省政协副主席杜源生主持。蔡建四、高玉鼎、吴换炎、吴良好、何富强、张明星、景浓、郑天弋、周安达源、卢文端、姚志胜、吕联选等12位委员、理事先后发言，围绕学习贯彻全会精神，就深化闽港澳交流合作、科学编制福建省“十四五”规划、全方位推动高质量发展超越等重大问题坦诚建言。省发改委负责人通报福建省2020年经济运行情况。会议还通报省政协工作和省海联会工作情况。会议以视频方式召开，港澳闽籍乡亲、省有关单位负责人约200人，分别在福州主会场和香港、澳门分会场参会。 （林　哲）

民主协商

【概况】 2020年，福建省政协围绕贯彻落实习近平总书记对福建工作重要讲话重要指示批示精神，紧扣决胜全面建成小康社会、决战脱贫攻坚、全方位推动高质量发展超越等重大任务，经省委同意，全年确定45项议题开展协商和调研活动。认真组织开展全体会议协商，不断提升这一最高协商形式的质量和水平。围绕“建立巩固革命老区中央苏区脱贫奔小康长效机制”“培优做强重点产业，推进‘十四五’产业基础高级化和产业链现代化”举行2场专题议政性常委会会议协商。围绕“深化数字福建建设，打造国家数字经济创新发展试验区”“进一步优化营商环境，激发创新创业创造活力”“加强城乡基层社会治理制度创新”“进一步发挥闽台融合发展先行先试作用，建设台胞台企登陆第一家园”开展4场专题协商。围绕“积极推进生活垃圾分类处理”组织网络议政远程协商。选取创新高校“青年马克思主义培养工程”实施机制、支持出口型民营企业发展等10件重点提案开展办理协商，开展“探索区块链底层技术应用”“加强生态文明建设中的法律服务”等13场对口协商和界别协商，以及优化营商环境、落实河长制规定等协商式民主监督，形成建议案7份、调研报告37份、调研和视察专报件43份，其中省委、省政府领导批示24件次，省直有关部门采纳88条次。

【协商会议】 “深化‘数字福建’建设，打造国家数字经济创新发展试验区”专题协商会。2020年6月9日，福建省政协召开“深化‘数字福建’建设，打造国家数字经济创新发展试验区”专题协商会。省政协主席崔玉英主持会议，副省长李德金出席。省政协副主席薛卫民代表调研组发言，概述福建省在国家数字经济创新发展试验区建设中所取得的成果，并就调研中发现的问题提出对策建议。16位与会的政协委员、民主党派人士、地方党政领导、专家学者、企业代表深入协商、踊跃建言、广聚共识。省委组织部、省数字办、科技厅、工信厅等有关部门负责人针对大家的意见建议作出积极回应。省政协副主席张兆民、杜源生、洪捷序、王光远、阮诗玮、刘献祥、许维泽、林钟乐，秘书长陆开锦出席会议。

“建立巩固革命老区中央苏区脱贫奔小康长效机制”专题议政性常委会会议协商。7月3日，十二届省政协常委会召开第十六次会议，就“建立巩固革命老区中央苏区脱贫奔小康长效机制”进行协商议政。省委书记于伟国出席会议并讲话。省政协主席崔玉英主持会议。省政协副主席许维泽对协商议题的调研情况作介绍。董良瀚、李家荣、杨琳、裴英杰、刘泓、陈雨农、王命瑞、温文学、林上斗、杜家住、叶灿、赖钟雄等省政协委员、专家学者和扶贫一线的基层代表，围绕推动农村土地机制创新、做大做强农业产业、加强基层党组织建设等方面作发言。省发改委、农业农村厅、民政厅、自然资源厅等部门负责人提出具体工作措施。省领导邢善萍、郑新聪、李德金、张兆民、杜源生、洪捷序、薛卫民、王光远、阮诗玮、刘献祥、林钟乐，省政协秘书长陆开锦参加。会议采用视频形式，并在各设区市政协机关和香港、澳门省政协委员联谊会及老区苏区扶贫一线设置分会场和连线点。

“积极推进生活垃圾分类处理”远程协商会。7月31日，省政协召开“积极推进生活垃圾分类处理”远程协商会。省政协主席崔玉英主持会议并讲话，副省长李德金出席。省政协副主席刘献祥代表课题组作主旨发言，人口资源环境委员会负责人作网络议政情况综述。13位政协委员、专家学者以及来自学校、企业、社区、乡村的基层代表，在省政协机关主会场和福州、厦门、三明、莆田市政协4个分会场，以及福州、厦门、澳门、台北4个户外连线点，采用“屏对屏、端到端”的网络视频方式，就推动垃圾分类习惯养成、加强设施建设、提升管理水平等踊跃建言，10个省直有关部门负责人逐一回应。会前，覆盖32个界别的210位委员在“数字福建政协云”履职平台参与主题网络议政，与省直部门积极互动，发表意见建议500余条。通过线上线下同频议政、场内场外同屏协商，为推进垃圾分类广集众智、广聚共识。省政协副主席张兆民、杜源生、薛卫民、王光远、阮诗玮、许维泽、林钟乐，秘书长陆开锦出席会议。

“培优做强重点产业推进‘十四五’产业基础高级化和产业链现代化”专题议政性常委会会议协商。8月18日，十二届省政协常委会召开第十七次会议，围绕“培优做强重点产业推进‘十四五’产业基础高级化和产业链现代化”协商议政。省委副书记、代省长王宁出席并讲话，省政协主席崔玉英主持会议。省政协副主席洪捷序代表课题组作主旨发言。王炎平、单强、王宗华、宿利南、伍长南、俞龙、彭锦彬、刘明华、吴士芳、滕达、侯为东、魏浩波、陈国平、董良瀚、姚立纲等省政协常委、委员以及企业负责人围绕主题，从不同角度作发言。省发改委、工信厅、科技厅、人社厅等部门负责人作现场回应。省领导邢善萍、张兆民、杜源生、薛卫民、王光远、阮诗玮、林钟乐，省政协秘书长陆开锦参加。会议以视频形式召开，省政协机关设主会场，各设区市政协机关、省政协平潭综合实验区工委、澳门省政协委员联谊会及部分重点产业企业设置分会场和连线点，港区省政协常委按照疫情防控有关规定分别通过视频连线参会。

“进一步优化营商环境，激发创新创业创造活力”专题协商会。9月16日，省政协召开“进一步优化营商环境，激发创新创业创造活力”专题协商会。省政协主席崔玉英主持会议，副省长郭宁宁出席。省政协副主席林钟乐代表课题组作主旨发言，并就调研中发现的问题提出4个方面对策建议。赵昕东、吴棉国、张宗贤、马祥庆、林中燕、甘海疆、翁强、吴成翰、宇方成、马彦彬、叶道明、逄立左、张文亮、朱鹏颐、魏明灯等15位政协委员、民主党派专家学者以及企业界代表结合各自工作实际，积极坦诚建言。省科技厅、财政厅、人社厅、市场监管局等有关部门负责人一一作现场回应。省政协副主席张兆民、杜源生、薛卫民、王光远、阮诗玮，秘书长陆开锦出席会议。

“加强城乡基层社会治理制度创新”专题协商会。10月20日，省政协召开“加强城乡基层社会治理制度创新”专题协商会。省政协主席崔玉英主持会议。省委常委、政法委书记罗东川出席。省政协副主席阮诗玮作主旨发言，全面综述福建省城乡基层社会治理取得的积极成效，并提出对策建议。严可仕、黄月珍、曾明生、吴棉国、吴丽雪、庄宝玲、陈荣文、叶机洪、吴丽敏、黄清凯、雷青青、林春兰、陈雨农、彭军、庄灿霞、赖钟雄、陈道成、王松良等18位政协委员、专家学者、基层干部，或在会场，或在厦门、泉州、宁德等户外连线点踊跃建言。省委政法委、组织部，省民政厅、农业农村厅、司法厅等有关部门负责人一一解答、积极回应。省政协副主席张兆民、杜源生、王光远、刘献祥、许维泽，秘书长陆开锦出席会议。

“进一步发挥闽台融合发展先行先试作用，建设台胞台企登陆第一家园”专题协商会。11月6日，省政协召开“进一步发挥闽台融合发展先行先试作用，建设台胞台企登陆第一家园”专题协商会。省政协主席崔玉英主持会议，省委常委周联清出席。省政协副主席杜源生作主旨发言，综述福建省“第一家园”建设成效，并提出对策建议。叶少珍、杨琳、叶敏、江荣全、高玉鼎、苏建丰、陈雯、李志鸿、马彦彬、陈岱桦、吴政言、林智远、何铭峰、洪顶超、李为等16位政协委员、专家学者、台企代表、在闽台青，分别在主会场及福州、厦门、龙岩、平潭、台北等场外连线点积极建言。省委台港澳办、省委组织部、省发改委、省工信厅、省农业农村厅等部门负责人现场回应解答。各方在充分协商交流中共叙同胞情谊、共话融合发展，生动诠释“两岸一家亲”。省政协副主席张兆民、洪捷序、薛卫民、阮诗玮、刘献祥、许维泽、林钟乐，秘书长陆开锦出席会议。（林　哲）

编辑：林忠玉

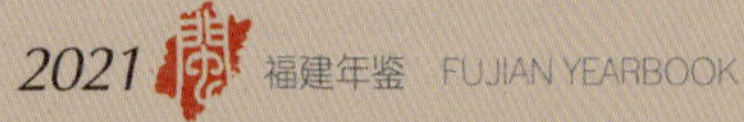

纪检监察

综　　述

【概况】 2020年，福建省纪检监察机关深入学习贯彻习近平新时代中国特色社会主义思想，全面贯彻党的十九大和十九届二中、三中、四中、五中全会精神，认真落实十九届中央纪委四次全会和省委十届十次、十一次全会部署，增强“四个意识”、坚定“四个自信”、做到“两个维护”，忠实履行党章和宪法赋予的职责，深入推进全面从严治党、党风廉政建设和反腐败斗争，充分发挥监督保障执行、促进完善发展作用，各项工作稳中有进、坚定稳妥、扎实有效，为决胜全面建成小康社会、决战脱贫攻坚、全方位推动高质量发展超越提供坚强保证。

按照省委“三四八”贯彻落实机制要求，结合职能职责抓好落实。坚持边学习、边调研、边工作、边总结，省纪委监委班子成员牵头开展10项重点课题调研，推动全省纪检监察系统大兴调查研究之风，筑牢谋事之基、把握成事之道，更加科学精准地履行职责。围绕疫情防控强化服务保障。全省纪检监察机关主动投身抗疫斗争，闻令而动、循令而行，坚决担负起监督保障职责，促进党委、政府及有关部门切实履责，对违反防疫纪律、落实防疫责任不力等问题及时调查处置通报。围绕党中央关于统筹疫情防控和经济社会发展决策部署及省委工作要求，因时因势调整监督重点，由省纪委监委班子成员带队，开展“六稳”“六保”等专项监督，围绕复工复产，重点监督产业链供应链是否稳定；围绕复商复市，重点监督党中央、国务院决策部署及省委和省政府政策措施是否落实；围绕复学复课，重点监督疫情防控措施是否到位，同时突出就业稳定、金融运行、基层运转3个方面，梳理问题、提出建议、推动整改、形成闭环，督促各级各部门抓紧抓实抓细抗疫情、稳经济、谋发展各项工作。

【省纪委十届五次全会】 2020年1月19—20日，中共福建省纪委十届五次全会在福州召开，出席会议的省纪委委员44名。省委书记于伟国出席会议并讲话，省委副书记、省长唐登杰传达十九届中央纪委四次全会精神，省委常委、省纪委书记、省监委主任刘学新主持会议并代表省纪委常委会作题为《健全完善监督体系 深化全面从严治党 为全面建成小康社会提供坚强保障》的工作报告。省领导崔玉英、王宁、胡昌升、梁建勇、周联清、邢善萍、苏保成、杨贤金、郑新聪、张广敏、雷春美、黄琪玉、邓力平、潘征、吴洪芹、檀云坤、李德金、郑建闽、郭宁宁、林宝金、张兆民、杜源生、洪捷序、薛卫民、王光远、阮诗玮、刘献祥、许维泽、林钟乐，在闽的全国人大政协专委会成员叶双瑜、张帆、陈义兴出席第一次大会，中央纪委第六监督检查室闫京志到会指导。

【政治监督】 2020年，福建省纪检监察机关研究提出“见人见事见效”抓监督的工作思路，制订《关于推进政治监督具体化常态化的指导意见》。紧扣贯彻新发展理念、构建新发展格局、打好三大攻坚战、深化改革开放、粮食安全、防汛防台风等决策部署加强监督检查，有关工作得到中央、中央纪委国家监委和省委领导的批示肯定。积极稳妥做好泉州市欣佳酒店“3·7”坍塌事故等调查问责工作，精准作出处置，实现政治效果、纪法效果、社会效果有机统一。严明政治纪律和政治规矩，全省共立案审查违反政治纪律案件172件，处分213人。　（詹贤杰）

纪律检查和巡视督查

【全面从严治党向基层延伸】 2020年，

福建省纪检监察机关保障脱贫攻坚决战决胜。开展省、市、县三级纪委监委领导挂钩联动监督，督促严格落实“四个不摘”（摘帽不摘责任、摘帽不摘政策、摘帽不摘帮扶、摘帽不摘监管）要求。全面开展“两必访一随机”入户访查，监督政策落地、帮扶落实。组织实施“三查三清”，深化运用“1+X”监督机制，加强对脱贫工作绩效、帮扶政策连续性稳定性、扶贫资金的监督检查，督促各级各部门抓好援企、减负、稳岗、扩就业等政策措施的落实，建立“一键报贫”防止返贫和监测帮扶机制，防止因疫因灾致贫返贫。严肃惩治贪污挪用、虚报冒领、优亲厚友问题，坚决纠正验收达标中弄虚作假、搞数字脱贫问题。省纪委监委党风政风监督室荣获全国脱贫攻坚组织创新奖。整治群众身边腐败和不正之风。制定深化“四访”活动的实施意见，推进“十百千”“找差距、抓落实、解难题、化积案”专项行动，坚决查处群众身边腐败和作风问题。巩固深化专项整治漠视侵害群众利益问题工作成果，督促相关省直部门牵头整治教育、医疗等18个民生领域损害群众利益突出问题，公布整治情况，接受群众监督。着眼治本目标，深化“蹲一点带一片”调研督导，组织开展“惩腐打伞专项攻势”行动，在全国率先出台“惩腐打伞”常态化“五项机制”，完善与执法司法机关的协同协作机制，确保长效常治，相关做法被中央纪委国家监委、全国扫黑办信息刊发，最高人民法院、最高人民检察院、公安部转发全国学习借鉴。以整治形式主义、官僚主义为重点持续纠治“四风”。保持落实中央八项规定及其实施细则精神和福建省实施办法，持续整治形式主义、官僚主义，针对各级反映强烈的“填表抗疫”问题开展整治，督促省直有关单位精简合并报表，切实为基层松绑减负。全省共查处形式主义、官僚主义问题1709个，批评教育帮助和处理2715人，其中给予党纪政务处分1080人。紧盯重要节点，“全覆盖”明察暗访，严查滥发津补贴或福利、违规收受礼品礼金、违规吃喝等易发多发问题以及收送电子红包、私车公养等隐形变异问题。全省共查处享乐主义、奢靡之风问题1558个，批评教育帮助和处理2015人，其中给予党纪政务处分1205人。坚持纠“四风”树新风并举，围绕制止餐饮浪费行为加强监督执纪，督促强化监管，推动形成浪费可耻、节约为荣的氛围；强化新风正气宣传教育，引导党员干部树立正确价值观、政绩观，推进作风建设常态化长效化。

【政治巡视】 2020年，福建省纪检监察机关坚持有形覆盖与有效覆盖相统一。全面贯彻中央巡视工作方针，聚焦党委（党组）职能责任，坚持“四个对照”（对照习近平新时代中国特色社会主义思想和党中央决策部署，对照党章党规，对照人民群众新期盼，对照先进典型、身边榜样）监督标准，深化政治巡视。坚持常规巡视与专项巡视相结合，完成第七至九轮对市县、省直单位、高校等96个党组织的巡视，全覆盖率达到90%。深化巡视整改和成果运用，集中公开每轮巡视整改情况。坚持巡视监督与巡察监督联动。一体谋划、部署和推进巡视巡察工作，深化提级、交叉、联动等巡察方式创新，市县巡察全覆盖率达到98.6%。推动巡察向村级党组织延伸，因村施策、分类推进，发现并推动解决一批群众身边腐败和不正之风问题。指导部分省直单位党组（党委）设立巡察机构、开展巡察工作。

【腐败惩治】 2020年，福建省纪检监察机关持续保持反腐败斗争高压态势。坚决有效惩治腐败，全省共立案审查调查11249件，处分10758人，移送检察机关318人；省纪委监委共立案61件，严肃查处了涂慕溪、武勇、刘乔陆、柳建聪等省管干部案件。积极配合中央纪委专案组查办张志南严重违纪违法案件，确保调查取证、后勤保障等各项工作稳妥有序进行。在高压震慑和政策感召下，全省有257人主动投案。持续推进“天网2020”行动，深入开展“追赃工作年”活动。增强一体推进综合效应。把“三不”（不敢腐、不能腐、不想腐）作为有机整体，推动办案、整改、治理贯通融合、同向发力。做深查办案件“后半篇文章”，针对监督检查、审查调查中发现的问题，向有关党组织、单位发出纪检监察建议书，督促建章立制、堵塞制度漏洞，推动个案查处向修复净化政治生态转化。紧紧围绕学习宣传习近平新时代中国特色社会主义思想，建立健全“五个一”常态化宣传机制，提升“一网一号”品牌效应，出版《脱贫攻坚日记》，巩固拓展“一镇一孝廉”创建成果，宣传好朱子文化等福建特色的优秀传统文化，弘扬谷文昌精神等红色革命文化和社会主义先进文化，策划的系列微视频荣获多项全国性表彰，讲好正风肃纪反腐的福建故事。用好警示教育基地和《魂兮归来》等警示片资源，做实同级同类干部警示教育，联合省委党校开发警示教育实训课程，引导党员干部严以律己、廉洁治家。

【监督质效提升】 2020年，福建省纪检监察机关层层压紧压实管党治党政治责任。贯彻党中央关于党委（党组）落实全面从严治党主体责任规定，强化协助职责、监督责任、推动作用，协助省委制定落实全面从严治党主体责任清单和建立健全“1+X”监督机制的意见，组织开展2019年度全面从严治党主体责任落实情况检查，推动党委（党组）主体责任、书记第一责任人责任和纪委监委监督责任贯通联动、一体落实。坚持权责统一、失责必问、精准问责，全省共问责党组织89个，问责党员领导干部、监察对象1814人。加强对“关键少数”特别是“一把手”监督。制定《关于加强对设区市和平潭综合实验区“关键少数”政治监督的实施方案（试行）》，探索构筑“分级分类、责任到人”的“一把手”监督网络，通过抓好“关键少数”带动“绝大多数”。做细做实日常监督。精准把握运用“四种形态”，第一至第四种形态分别占77%、15.7%、3.2%、4.1%。完成检举举报平台主体工程建设，建立“周、月、季、年”信访举报综合分析制度，深入掌握政治生态，为省委决策提供参考。运用信息化手段，督促完善扶贫（惠民）资金在线监管平台、建设工程领域招投标在线监管平台，加强对土地回购、土地变性、PPP模式应用、国有企业混改、工程建设及物资采购招投标等重点领域的监督。完善党风廉政意见回复工作，严把政治关、品行关、作风关、廉洁关。（詹贤杰）

纪检监察法治化和体制机制建设

【纪检监察法治化】 2020年，福建省纪检监察机关持续深化纪检监察体制改革。修订《监察体制改革业务运行制度框架》，在法治框架内稳中求进推进反腐败斗争。在全国率先出台《福建省纪检监察机关立足职能职责 保障民法典贯彻落实的实施意见（试行）》，规范执纪执法行为。深化派驻机构改革，召开工作座谈会，强化统一管理，督促规范履职。推进省属高校纪检监察体制改革，指导各地开展市、县两级国有企业和有关高校纪检监察体制改革。加强规范化法治化建设。认真贯彻检举控告工作规则，出台相关配套制度，推动依规依纪依法处理检举控告。推进审查调查标准化建设，增强治理腐败效果。严格贯彻落实监督执纪工作规则、监督执法工作规定，主动对接以审判为中心的刑事诉讼制度改革，完善监督执纪执法程序，进一步促进纪法贯通、法法衔接。

【纪检监察队伍建设】 2020年，福建省纪检监察机关推进干部队伍专业化建设。把提高政治能力摆在首位，强化实践锻炼和专业训练，分级分类组织开展大学习大培训，增强履职本领。把夯实基层基础作为固本之策，通过下基层调研传导压力、压实责任，指导乡镇纪委转变作风、提升能力、正确履职。加快构建“数字纪委（监委）”，以科技手段提升精准监督和审查调查能力。从严教育管理监督干部。坚持讲政治、讲原则、公道正派，将真干事、能干事、干成事作为选拔干部的重要标准，形成以干事创业为根本的选人用人导向。严格履行纪检监察系统自身建设主体责任，落实班子成员“一岗双责”。制定并严格执行《福建省纪检监察机关工作人员之间打听、干预监督检查审查调查工作和请托违规办事的报备及责任追究规定》，完善自身权力监督制约体系，发挥好特约监察员作用。坚决整治“灯下黑”，对违规违纪违法的做到“六个坚决”和“三个顶格处理”，保持队伍纯洁。（詹贤杰）

编辑：林忠玉

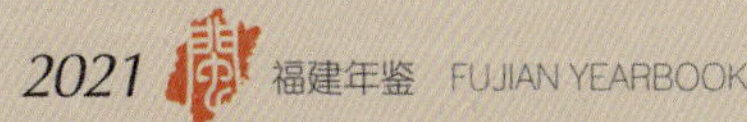

民主党派和工商联

中国国民党革命委员会福建省委员会

【概况】 2020年，中国国民党革命委员会福建省委员会（简称民革福建省委）团结和带领全省民革各级组织和广大党员，以习近平新时代中国特色社会主义思想为指导，坚决贯彻中共福建省委、省政府各项决策部署，统一思想，凝聚力量，各项工作开展有序，取得新的成效。联合各民主党派发出“打赢疫情防控阻击战”倡议书，号召全省民革党员积极投身疫情防控，为全省打赢疫情防控的人民战争、总体战、阻击战贡献民革力量。新冠肺炎疫情防控期间，有39位民革党员直接参与福建抗疫一线工作。据不完全统计，全省民革各级组织和党员通过各种渠道累计捐款721.64万元，捐赠医疗和生活物资价值1261.82万元，发动和联系协会、社团捐款累计757.63万元。报送涉疫信息210多篇，被中共中央办公厅采用1篇、全国政协采用1篇、全国政协《每日社情》采用1篇、中共中央统战部采用5篇、民革中央采用4篇、中共福建省委办公厅采用31篇、省政协采用11篇，获省领导批示3篇。

【思想政治建设】 2020年，民革福建省委加强思想建设，筑牢根基凝聚共识。坚持把思想政治建设摆在首位，把握正确的政治方向，严格落实意识形态工作责任制，把深入学习贯彻习近平新时代中国特色社会主义思想作为首要政治任务。注重发挥新媒体宣传平台的正面引导作用，加强福建民革“一微一网一刊”的运营管理。在“福建民革”微信公众号和“福建民革网”刊登报道320多篇，编印《福建民革》刊物6期。加强与新华社、福建电视台等主流媒体的联系合作，全年省级以上主流媒体、机关单位媒体刊登福建民革相关报道210多篇。

【参政履职】 2020年，民革福建省委紧扣中共福建省委、省政府中心工作，确定28个年度调研课题，完成调研报告近60篇。《我国留学生低龄化存在的问题与建议》专题研判件获党和国家领导人批示，《加快建设闽台农业融合发展产业园的建议》获中共福建省委《调研文稿》刊发，《滴水穿石拔穷根，凝心聚力促发展》被中共福建省委《调研内参》刊发。选送3篇调研成果和5篇建议摘要参加“2020年福建统一战线建言献策成果汇报会暨第十六届建言献策论坛”，获一、二、三等奖各1篇。在福建省政协十二届三次会议上，民革福建省委共提交大会发言8份、单位提案12篇、大会信息14篇，民革党员中的省政协委员共提交委员个人提案43件。2篇单位提案、1篇委员个人提案入选省政协重要提案摘报，2篇大会信息被省政协大会快报采用，得到省领导批示7篇次。《关于加强我省渔港建设与管理 助推海洋经济高质量发展的建议》被确定为省政协十二届三次会议10个重点提案之一。依托省政协平台开展协商议政。在省政协常委会议上做《推进农村土地机制创新，激活老区苏区资源宝藏》《加快培育我省文化科技独角兽企业》会议发言，得到中共福建省委书记于伟国、代省长王宁的肯定。围绕国家大政方针和事关改革发展稳定的重大问题以及人民群众关心关注的热点问题，反映意见和建议。全年向民革中央、中共福建省委办公厅、省政协、中共福建省委统战部报送社情民意信息约360篇次，其中，中共中央办公厅采用3篇、中共中央统战部采用11篇、民革中央采用32篇、省政协采用54篇、中共福建省委办公厅采用45篇、中共福建省委统战部采用83篇，全国政协转送2篇、全国政协《每日社情》采用6篇，1篇信息获中共中央领导批示，9篇获省领导批示。被民革中央、中共福建省委统战部评为社情民意信息工作先进集体。

【统一战线工作】 2020年，民革福建省委首次以直播连线方式举办第十二届海峡论坛·两岸乡村农田水利建设交流会，在福建南平市、漳州市，台湾高雄市、新竹市设置主、分会场。通过线上线下相结合的方式举办“同心杯”两岸青年乡村振兴研修营系列活动，陪护台湾团队在永泰县长庆镇、延平区茫荡镇三楼村、光泽县司前乡干坑林场、尤溪县联合镇开展乡村实践活动。参与承办第五届世界妈祖文化论坛，推动建立稳定的不受政治因素干扰的两岸民间交流渠道。

【组织建设】 2020年，民革福建省委严格贯彻落实中共中央《关于加强中国特色社会主义参政党建设的意见》等3个文件精神和福建省的实施意见，按照“组织建设年”的工作要求，制订下发《2020年民革福建省委员组织建设年工作方案》，对全省组织建设工作进行指导部署。开展2020—2021年民革全国示范支部创建活动，推动民革中央在古田干部学院挂牌民革党员教育基地。全年全省发展党员149名，新建民革党员之家8个。至年底，全省党员总数5890人，民革党员之家39个。举办省、市骨干党员培训班和基层组织负责人培训班，培训党员85人次。推荐5位民革党员赴霞浦、松溪、政和挂职锻炼，推荐选派29人次参加民革中央、中共福建省委组织部、统战部等举办的民主党派、无党派人士学习班、进修班、培训班和研讨班等。

【社会服务】 2020年，民革福建省委定点帮扶南平市延平区茫荡镇三楼村，争取50万元资金用于改善交通状况、帮助发展产业经济。为支持机关选派霞浦驻村第一书记工作，从省委机关经费中结余10万元，并争取省水利厅专项资金16万元，用于霞浦县水门乡大坪村饮水工程建设，解决因干旱引起的村民断水问题。借鉴帮扶永泰长庆产业活化经验，引进台湾文创和运营团队，指导三楼村打造高山婚纱摄影基地和婚庆产业链，助力光泽县干坑林场实现“干坑红茶”的品牌再造，为当地产业经济发展注入新活力。与福建省扶贫“两会”联合到屏南县开展“送医送药”义诊活动，为300名贫困患者义诊，赠送药费3万元。继续与福建师范大学教师教育学院在政和县联合开展“同心·培优”活动，助力政和县2020年高考成绩再创新高。 （朱坤港）

中国民主同盟福建省委员会

【思想政治建设】 2020年，中国民主同盟福建省委员会（简称“民盟福建省委”）以政治自觉开展思想宣传工作。以学习习近平新时代中国特色社会主义思想为核心，重点围绕贯彻落实习近平总书记的重要讲话和对福建工作重要指示批示精神开展学习活动，引导广大盟员增强“四个意识”，坚定“四个自信”，做到“两个维护”。召开11次中心组专题学习研讨会。出台《民盟福建省委会关于进一步加强思想政治建设工作的实施意见》《民盟福建省委会机关学习方案》，参加省直统战系统学习《习近平在福建》系列采访实录征文活动，4位盟员分获二、三等奖。“闽盟大讲堂”组织4场专题讲座。“福建民盟宣讲团”赴各地开展10余场宣讲活动，受众700多人。《福建盟讯》累计发布文章1213篇。《福建乡土》出版3期普刊和1期福清专刊。福建民盟网站报道新闻信息801条。微信公众号推送299条，关注人数比上年同期增长12.7%。

【参政履职】 2020年，民盟福建省委主要领导参加全国政协专题协商会，在主会场作《发挥新乡贤作用，建设新乡贤文化》发言。领导班子成员出席协商会、情况通报会、征求意见会等10余次。参加省政协专题议政类常委会2次，省政协专题协商会3次，并作口头发言。向民盟中央推荐全国“两会”集体提案素材5件，为2件全国政协重点提案提供重要素材。向盟内全国人大代表、政协委员提供素材12件。7件材料被中央统战部《零讯》“两会”专刊采用。向民盟中央推荐全国政协专题议政性协商发言素材2件。在省政协十二届三次会议上提交集体提案12件，大会发言11件，大会口头发言1件，大会快报10件。3件重要提案摘报和2件大会快报获省领导批示。承办民盟中央课题2个，承接及合作课题26个。选送28篇文章参加民盟中央各类论坛，其中6篇被评为优秀论文，3位盟内专家学者参与论坛交流并选送调研报告3篇、政策建议摘要5件。修订完善《社情民意工作实施细则》，全年报送信息321件。其中165件次被省级以上单位采用，7件信息获省领导批示。上报疫情相关信息95件，被省级以上单位采用18件。上报有关“十四五”规划的社情民意信息5件次。

【社会服务】 2020年，民盟福建省委379名盟员医务工作者奔赴防疫一线，8名盟员医务工作者驰援湖北。盟员累计捐款1925.53万元，捐赠物资价值1916.8万元。针对德化县、下村村具体情况实施精准扶贫。推进“守护天使工程”，帮助5家基层医院低价购买先进医疗设备。民盟中央副主席龙庄伟出席民盟中央“守护天使工程”示范基地在浦城的揭牌仪式。推动“闽盟烛光行动”，向对口帮扶学校捐赠价值过万元防疫物资。选送10名优秀人才参加在福州大学举办的公益培训。

【组织建设】 截至2020年底，民盟福建省委有盟员13217人，盟员平均年龄54.47岁。其中具有高级职称的盟员4537人，占总数34.33%。制定《民盟福建省委员会领导班子民主生活会实施细则》，推动民盟内部监督制度与《中华人民共和国监察法》相衔接。召开领导班子民主生活会。向省委统战部推荐6位盟员到霞浦、政和、松溪挂职，人数在全省各民主党派中排名第一。推荐61位盟员参加各级培训班。评选23个2019年度“先进基层组织”。福建医科大学委员会等3个组织获“中国民主同盟抗击新冠肺炎疫情先进集体”，李玮等13位盟员获得“中国民主同盟抗击新冠肺炎疫情先进个人”。全省19个基层组织被民盟中央授予“盟务工作先进基层组织”称号。

（洪帅楚）

中国民主建国会福建省委员会

【概况】 2020年是中国民主建国会成立75周年，中国民主建国会福建省委员会（简称“民建福建省委”）坚持以习近平新时代中国特色社会主义思想为指引，深入学习贯彻中共十九大和十九届二中、三中、四中、五中全会精神，按照民建中央十一届三中全会作出的工作部署，贯彻落实《中共中央关于加强中国特色社会主义参政党建设的意见》（简称《意见》）等3个文件精神，全面加强自身建设，提升履职能力，坚持建言资政和凝聚共识双向发力，各项工作取得了新成绩。参政议政、社会服务工作在民建中央评比中获得一等奖。

【新冠疫情抗击】 2020年，新冠肺炎疫情发生后，民建福建各级组织学习贯彻习近平总书记关于新冠肺炎疫情防控系列重要讲话精神，贯彻执行民建中央、中共福建省委的工作部署，全面动员，凝聚起抗击疫情的强大合力。民建福建省委成立疫情防控工作领导小组，制订方案，相继发出《号召全体会员为打赢疫情防控阻击战捐款捐物的倡议书》《大疫当前更好发挥民建组织服务会员企业整体功能的倡议书》等，动员全省会员投身抗疫斗争。捐款捐物在民建全国各省级组织中排名第一。在疫情防控关键时期，转产应援，全省日产2000万个口罩中，有一半以上来自民建会员企业，受到民建中央和中共福建省委领导的肯定。有83名医护人员奋战在医疗一线，千余名会员参加社区、单位及交通站点疫情防控工作。民建全省各地市委积极行动、发动广大会员企业和会员捐款捐物。全省累计捐款捐物近3亿元。全省4个民建市委获评民建中央抗击新冠肺炎疫情先进集体；民建会员曹晖等16人获评民建中央抗击新冠肺炎疫情先进个人。民建会员、福耀玻璃工业集团股份有限公司董事长曹德旺、爹地宝贝股份有限公司董事长林斌被推荐参评全国抗击新冠肺炎疫情民营经济先进个人。突出围绕国内国际经济发展“双循环”新发展格局和疫情防控常态化下做好“六稳”“六保”工作要求开展各项工作。向民建中央推荐抗击新冠肺炎疫情、助力脱贫攻坚等先进典型8篇。艺术团、书画院、艺术馆、文化委员会等民建内设文艺机构和文艺工作者创作发布《向逆行者致敬》等诗歌、音乐、书画文艺作品，举办《向阳而生》艺术作品展，展示抗疫期间的人性情怀，营造众志成城抗击新冠疫情的浓厚氛围。

【参政履职】 2020年，新冠肺炎疫情发生后，民建福建省委立即连线相关专家学者探讨抗疫措施，提出建设大数据动态监测防控系统，应用大数据、云计算等互联网技术实现精准管控人流，切断病毒传播途径，阻止疫情蔓延的建议，得到全国政协重视，被工信部采用落实。在抗疫取得阶段性进展时，民建福建省委及时把握形势，围绕“六稳”“六保”、国内国际经济“双循环”等热点方向，组织专家学者、企业家深入一线调研，形成调研报告和社情民意信息等。先后报送社情民意信息582篇，《在“新冠肺炎疫情”窗口期下　加快我省产业数字化建设的建议》等3篇获得省领导批示。

围绕统筹新冠肺炎疫情防控和经济社会发展工作、围绕做好“六稳”工作和全面落实“六保”任务，突出“建设海峡都市经济圈”“启动京台高速海峡通道前期工作”“提升产业链现代化水平”“粮食安全”“岩茶产业上市”等课题，开展调查研究110多场，形成90多篇调研成果。向省政协十二届三次大会提交团体提案14件、大会发言13件，其中2篇提案获得中共福建省委书记、省长等省领导批示11件次；9人次在2020年省政协专题议政性常委会和专题协商会上发言；27篇调研文章入选会议材料汇编。全年收到社情民意信息1147篇，编发783篇。其中7篇被全国政协采用、12篇被全国政协《每日社情》采用、4篇被中共中央统战部采用、44篇被民建中央采用、112篇被福建省政协采用、24篇被福建省委办采用，8篇被省领导批示。参加福建统一战线建言献策成果汇报会暨第十六届建言献策论坛，提交3篇调研报告、5篇政策建议，为党和政府决策提供参考。

以全国和省、市地方两会等履职活动为契机，唱响福建民建好声音。在全国两会期间，14件委员提案在17家中央级、省级权威媒体首发稿件达66篇。其中由108名委员联名《关于落实健康第一的教育理念，为中小学生松绑减负的提案》受到广泛关注，经新华社、今日头条等众多新闻媒体报道，总浏览量超过4亿人次，被《人民日报》推选为“两会好声音”，被中共中央采纳并转化为国家决策。夯实日常信息宣传工作，不断扩大福建民建的社会影响力。截至11月底，“福建民建”微信公众号、今日头条、澎湃新闻等平台发布稿件348篇，阅读量超220万人次；省委会官方网站发布稿件975篇；在会外媒体发布稿件600篇。设立民建福建省委书画院三明分院和福建民建艺术馆（三明），强化艺文宣传阵地建设。举办民建成立75周年暨福建民建组织建立70周年书画作品展等系列纪念活动，展示新时代福建民建会员奋发向上的良好精神风貌。

支持引导民建福建省委14个专门委员会和福州大学民建经济研究院、民建武夷学院乡村振兴研究院等机构深入调查研究，为新时期参政议政提供专业智力支撑；推动“福建民建参政议政智库”微信群建设，构建便利交流、上下联动、开放建言24小时在线转动平台。《关于落实健康第一的教育理念，为中小学生松绑减负的提案》被中共中央采纳并转化为国家决策；尽快启动京台高速海峡通道前期工作建议写入中共福建省委重要文件；推动“太平洋海上丝绸之路”跨国申遗的提案被民建中央作为团体提案提交全国政协；《完善生产、流通、储备环节　破除粮食安全制约》一文被《光明日报》采用；《以“四大再造”促进供给链高质量发展》《我省数字经济发展应弯道超车》等27篇调研文章入选会议材料汇编。

对口帮扶丰宁、黔西，打赢脱贫攻坚战。年初，民建福建省委承诺帮扶丰宁脱贫攻坚帮扶资金242万元任务，实际到位金额（含物资）257.44万元，提前完成任务。民建会员企业资助丰宁县优秀青年到福建学习，学成后反哺家乡，提升丰宁县脱贫造血功能。在贵州省推进《黔西县大湾村民建专业合作社整体发展规划》的实施。继续捐赠40万元修建大湾村“同心广场”及公厕等相关附属设施。先后5次组织民建企业家、专家团队深入政和外屯乡调研，提出优化“人文引领”“竹产业”“白茶产业”“生态农业”“乡村旅游”等有机融合发展思路，通过“五轮驱动”推动县域经济高质量发展。继续开展智力扶贫，完成“移民班”学员申报100人。宁化七中首届2014级思源班50名学子高考本科上线46人，受到“思源工程”“思源·佑华”公益基金管委会的表彰。

【组织建设】 2020年，民建福建省委抓住“关键少数”，加强省委会领导班子建设。建立健全省委会领导班子岗位责任制和改进工作作风等有关制度。召开民主生活会，围绕作风建设和履行领导职责深入查摆问题，提出整改措施。推进会的代表人士队伍数据库和会员信息库建设，为换届做好准备，同时在组织发展中严把质量关，保持经济界特色。截至年底，全省9个市级组织、3个县级组织、1个省直工委会、7个基层委员会共有会员8425人；经济界会员6622人，占78.6%；企业界会员5426人，占64.4%；新社会阶层人士1449人，占17.2%；担任政府和司法机关处级以上领导职务的86人，占1%；大专以上学历7313人，占86.8%；有各种专业技术职称的6667人，占55.4%。推荐10名会员参加民建中央和省委统战联合举办的代表人士培训班，推荐6名会员参加全省各民主党派骨干进修班，着力提高骨干会员政治素养。完善和推广“五个优化”改革机制和“4211111”支部多维度量化考评制度体系，加强对基层组织引导，提升基层组织活力和凝聚力。有19名会员获评民建全国优秀会员，7个单位获评民建全国先进集体。民建福建省委评选出民建全省优秀会员120名，先进支部45个。结合学习型组织创建推动“会员之家”建设。（蓝 芽）

中国民主促进会福建省委员会

【概况】 2020年是民进成立75周年、福建民进成立35周年。中国民主促进会福建省委员会（简称“民进福建省委”）坚持以习近平新时代中国特色社会主义思想为指引，学习贯彻中共十九大和十九届二中、三中、四中、五中全会精神，贯彻习近平总书记对福建工作的重要讲话重要指示批示精神，贯彻落实民进中央十四届三中、四中全会和民进福建省委八届四次全会的部署要求，以履职能力建设为工作重点，克服新冠肺炎疫情影响，坚持在议政建言和凝心聚力上双向发力，全面加强自身建设，各项工作取得新成绩、新进展。民进福建省委获“民进省级组织信息工作、社会服务、新闻宣传工作先进单位”称号。

【新冠疫情抗击】 2020年，在疫情防控阻击战中，民进福建省委第一时间向全省民进组织发出倡议，向奋战在疫情防控一线的会员发出慰问信。通过福建民进微信群、网站及时宣传各级党委的疫情防控举措成效，采写报道会员抗疫事迹180多篇次。围绕疫情防控和复工复产的重点、难点问题，及时反映社情民意信息122条。省委会领导班子带头并发动会员捐款捐物价值近千万元，其中向政和县澄源乡及所属中小学捐赠防疫物品价值12万元，向武汉火神山医院捐赠照明设备价值12万元，向对口支援的宜昌市捐款7万元，向贵州金沙县、安龙县结对帮扶学校捐赠防疫物品价值13万元。帮助湖北省破解干香菇滞销难题，销售干香菇168吨、销售额超1000万元。

【组织建设】 2020年，民进福建省委巩固基层组织建设主题年工作成果，推进8个省直（总）支部换届。民进福州大学总支升格为基层委，成立民进福建省肿瘤医院支部。建立全省优秀青年会员信息数据库。新增“会员之家”2个，全省累计17个，推动龙岩、宁德成立市委会相关工作。全年新增会员148人，至年底会员总数5037人。加强会员履职能力培训，推荐15名骨干会员参加民进中央或中共福建省委统战部等5个班次培训。陈日清、吴再生当选民进中央青年工作委员会委员。民进省委秘书长林龙金挂职重庆市大渡口区副区长，省直民进会员谭洪英、贺杰分赴政和、松溪县挂职锻炼。高允旺获评“第二届全国创新争先奖”“2020年度科技志愿服务先进典型”，黄继义获评全国“十大医学贡献专家”、第四届“白求恩式好医生”，吴晶晶摘得上海白玉兰戏剧表演艺术奖“主角奖”等国家级奖项，陈志鹏、杨张帆获评全省统战系统先进工作者，吴成翰等60余名优秀会员获省级及以上表彰，民进厦门市委会宣调处获评全省统战系统先进集体。主委严可仕撰写的《打通“绿水青山”向“金山银山”的转换通道》等5篇文章，分别在《人民政协报》《中国政协》《民主》《福建统一战线》上刊发。全年推送各级主流媒体报道380篇，福建民进网站报道新闻信息960条，微信公众号推送190条。连美荣、李明辉、邱蔚蓝获2020年“民进全国新闻宣传优秀通讯员”称号。专职副主委林全金主笔的《当前民主党派思想政治建设问题思考》获中共中央统战部“2020年度民主党派工作调研报告”三等奖。民进福州市委会获评“民进全国会史工作先进集体”，黄文格等4名会员和机关干部获评“民进全国会史工作先进个人”。全年承办各类会议、主题研讨等活动20余场。

【参政议政】 2020年，民进福建省委围绕重点集智发声，更加主动、更加有效地服务中心、服务大局。围绕推进司法体制改革，对法院、检察院工作提出意见建议。向省政协十二届三次会议提交大会发言和单位提案27件，其中《“多元共治”推进城市治理体系建设的建议》《完善教育培训产业监管机制的建议》被列入《重要提案摘报》，得到5位省领导批示；3件提案获评省政协2020年度好提案。严可仕、林全金、吴丽冰、吴成翰、庄宝玲获评“省政协2020年度履职优秀委员”。全国两会期间，会内代表委员累计提交个人议案（提案）14件，报送社情民意信息64条。参与民进中央“提升基层治理效能，促进社会和谐稳定”年度重点考察调研，相关成果以直通车形式报送中共中央并得到批示。配合民进中央开展“常住大陆台籍高校教师工作生活现状”调研课题，助推福建建设“台胞台企登陆第一家园”。采取单位报送与省委会评审立项相结合方式，立项课题114个，提高调研课题选题精准度。《强化数字福建建设制度供给能力的建议》等16篇调研报告入选省政协议政性常委会或专题协商会发言材料汇编，省委会应邀作重点发言3次、即席发言3次。3篇调研报告获建言献策论坛调研成果奖。《关于构建防止返贫长效机制的建议》被全国政协列为重点办理提案，获民进中央参政议政成果一等奖。《加快推进我省区块链技术应用，促进“数字福建”高质量发展》调研报告被《福建改革财经情况》刊发，获省领导批示。《整合我省社会治理资源，完善“诉非联动”纠纷解决机制》调研报告被中共福建省委《调研文稿》刊发，获省领导批示。《推动乡村民宿产业高质量发展的建议》被中共福建省委《调研内参》刊发。探索“微沙龙”议政形式，全年报送各类社情民意信息422条，被全国政协办公厅采用36条、民进中央采用123条、中共中央统战部采用2条，被中共福建省委办公厅、省政协、省委统战部等部门采用129条。邓利娟报送的1条信息得到国家领导人批示，张兰英等报送的11条信息得到省领导批示。省委会社情民意信息工作绩效迈上新台阶，量化排名进位全会前五。民进福州市委会、厦门市委会、南平市委会获评“民进全国履职能力建设先进集体”，张凌等11名会员获“民进全国履职能力建设先进个人”称号。

【社会服务】 2020年，民进福建省委推进实施“彩虹结对”“彩虹关爱”行动，帮助贵州安龙县笃山镇民族中学改善校园环境，李秋平等会员资助试卷扫描仪等教学设备、器材采购经费11.26万元，林阳山捐建栖凤一小“漂读自助书吧”1套。组织企业家会员参加安龙县食用菌招商引资推介会，帮助销售农产品4402万元。邀请当地20名基层干部到闽开展产业扶贫培训，提高现代生产经营理念和市场运营能力，服务乡村振兴。携手华厦眼科医院集团深入宁德蕉城和龙岩连城、长汀等地开展“目浴阳光·睛彩华厦”慈善光明行活动，进村入户筛查义诊近万人，免费救助困难患者821例。开明慈善基金会星空专项基金为福建师范大学、武夷学院、政和县澄源乡、罗源县白塔乡等361名师生发放助学（教）金76.62万元。省直出版总支向大田县吴山中心小学和梅列区东新小学捐赠传统文化、儿童科普读物等图书2000余册，邹文娟带领神墨教育机构向建瓯迪口老区中学、松溪郑墩中心小学捐赠图书2000多册。由副主委翁国星推动发起的“心生命·白求恩——心脏外科爱心救助公益项目”相继深入福建、江西赣州等地开展义务诊疗，向当地医院提供技术帮扶，累计救助贫困患者70多人，资助资金近200万元，全国人大常委会以“脱贫路上最美代表风采”作专题报道。 （杨张帆）

中国农工民主党福建省委员会

【概况】 2020年，中国农工民主党福建省委员会（简称“农工党福建省委”）以习近平新时代中国特色社会主义思想为指导，学习贯彻习近平总书记关于统筹推进疫情防控和经济社会发展的系列重要讲话精神，为实现疫情防控和经济社会发展双胜利，为全省全方位推动高质量发展超越贡献智慧和力量。

【新冠疫情防控】 2020年，农工党福建省委履职赋能，同心抗疫。发挥界别特色，响应抗疫号召。省委会第一时间成立疫情防控工作领导小组，引导鼓励广大农工党党员积极投身疫情防控大局。全省有1678名医卫界农工党党员坚守疫情防控岗位，265人战斗在防控疫情一线，其中17名农工党党员医护工作者加入福建援鄂医疗队奔赴湖北抗疫一线，占全省各民主党派援鄂医护人员总人数50%；1名农工党党员跟随中国政府第三批赴意大利抗疫专家组奔赴意大利抗疫。2名农工党党员获“全国抗击新冠肺炎疫情先进个人”称号，1名农工党党员获“全国卫生健康系统新冠肺炎疫情防控工作先进个人”称号，4名农工党党员所在的2个团体获“全国卫生健康系统新冠肺炎疫情防控工作先进集体”称号，24名农工党党员被农工党中央授予“农工党抗击新冠肺炎疫情先进个人”称号，农工党福州、厦门、泉州市委会被农工党中央授予“农工党抗击新冠肺炎疫情先进集体”称号，农工党福建省委授予18名农工党党员为省“优秀农工党党员”。全省有2484位农工党党员捐款426.7万元，捐赠各类抗疫物资价值2474.3万元。1月8日，报送关于当时武汉不明肺炎病毒的社情民意信息。至年底，共1509人次撰写疫情防控和复工复产相关信息858篇，760篇上报农工党中央、省政协、省委统战部，多篇信息被采纳。农工党省委会信息被中共中央办公厅采用3篇、中共中央统战部采用11篇、全国政协信息局采用30篇、农工党中央采用150篇、中共省委办公厅采用137篇、省政协办公厅采用172篇，被国家领导人批示3篇、省领导批示38篇。社情民意信息工作在省统战系统连续12

年省各民主党派第一，在省统战系统80个参评单位中连续3年位列第一；在省政协系统连续14年省各民主党派第一，在省政协系统35个参评单位中近六年5次位列第一。组建“福建农工驰援湖北一线党员群”，落实“一帮一”工作机制。农工党省、市委会主要领导分别走访慰问援鄂农工党党员及其家属，向每位援鄂党员发放慰问金5000元。微信公众号及时全面报道福建省赴一线抗疫的18名农工党党员，刊发报道400余篇，阅读量超10万次。举办抗疫主题书画作品网络展和同心抗疫先进事迹报告会。

【参政履职】 2020年，农工党福建省委向省政协十二届三次会议提交提案10件、大会发言15篇，重要提案摘报得到省委书记于伟国、省长唐登杰等省领导批示。农工党福建省委在大会上作“加强紧密型医共体建设　提高基层医疗服务能力”口头发言。向大会报送快报信息9件，7件获省领导批示。报送全国两会提案材料8件，大会信息51件。农工党福建省委征集调研选题104个，完成调研报告68篇，其中18篇入选省政协常委会专题发言、3篇入选2020年统一战线成果汇报论文集、6篇入选农工党中央人口论坛论文集。在省政协3次专题协商会上，农工党福建省委作《我省海上丝路路径建议》等3次发言。向农工党中央报送《关于完善我国罕见病医疗救助体系的建议》等5件提案。组织调研组赴保山市开展调研，形成调研报告报送农工党中央。协调10万元资助保山市龙陵县20位农村建档立卡贫困户大学生。组织农工党党员医疗专家和企业代表赴大方县开展调研，在绿塘乡卫生院开展“贫困人口精准医疗爱心行动”，协调捐赠10万元助学金、价值41.55万元的药品、价值33.12万元的医疗设备。做好大方县漆器产业调研组到榕实地调研事宜。农工党福建省委被农工党中央评为2019年度脱贫攻坚民主监督工作先进集体，3名农工党党员获评先进个人；2019年定点帮扶大方县先进集体优秀奖，农工党福建省委设立“绿塘乡教育发展同心助学基金”项目获特别贡献奖，9名农工党党员获评先进个人。持续开展“同心光明行”活动，依托福州东南眼科医院，深入政和县16个村共筛查眼疾患者231名，复查38名，手术26名。继续推动“同心义诊行”活动，开展环境与健康宣传周义诊22场次、在武夷山开展慢性病防控培训班、推进“同心全科医生特岗人才项目”。创新开展“同心戒毒行”活动，同心园心理咨询工作站开展4次个案咨询，10期案例督导和心理咨询培训学习活动。策划实施“同心助学行”活动，捐资8.1万元资助岭腰乡34位学生，向岭腰乡小学捐赠书柜30个，书籍2000册。开展“同心乡村行”活动，为岭腰乡紧急协调抗疫极度紧缺物资，协调资金320.2万元建设华安县坪水村项目和基础设施，组织党员专家赴坪水村开展中药材种植调研。联合开展“同心法律行”活动，联合农工党福州、漳州市委会开展法律咨询和专题讲座，受益医护人员400名。

【组织建设】 2020年，农工党福建省委会加强组织建设架构，激发人才强党活力。增补专委会副主任5名、委员79名。协助完成“省管干部学习贯彻党的十九届四中全会精神专题培训班”调训工作；选派党员参加党外干部专题培训班和各民主党派、无党派人士进修班学习；组织机关处级干部参加“省直统战系统处级干部学习党的十九届四中全会精神培训班”学习；举办2020年省直工委新党员培训班。对“农工党党员之家”实施动态管理；开展关爱扶助困难党员“佐农”公益项目活动；召开农工党党员民营企业家学习视频座谈会。截至年底，全省有农工党党员10694名，其中医药卫生界4998名，占46.73％；人口资源环境界645名，占6.03％；科技界504名，占4.71％；文教界2890名，占27.02％。具有大学以上学历7133名，占66.70％；中高级职称8269名，占77.32％。发挥“党员之家”的参政议政阵地作用，推进“信息沙龙进支部”活动，召开2020年信息工作培训班。承办第16届建言献策论坛，征集论文30篇，建言献策建议50篇，形成论文集和发言汇编。严守廉政纪律准则，强调作风固党作用。全省有厦门、南平、莆田、宁德4个设区市委会成立内部监督机构。主动参加省委统战部“加强民主党派党内监督”课题调研。省监督委员会开展廉洁风险预警提示活动“回头看”工作。重视舆情风险防范，强化各级组织工作责任，建好管好用好新媒体，密切关注党员思想动态、舆情信息。（兰　凡）

中国致公党福建省委员会

【概况】 2020年，中国致公党福建省委员会（简称“致公党福建省委”）贯彻习近平总书记对福建工作的重要讲话重要指示批示精神，按照建设“四新”“三好”要求，凝聚共识，履职建言，为抗击新冠肺炎疫情、全方位推动高质量发展超越作贡献。引领全省各级组织和广大致公党党员为抗疫捐款、捐物共计4025.5万元，联系海外侨领侨团捐赠各类抗疫物资总价值374.6万元。通过微信公众号开设“同心战疫”等13个专题，推出相关报道150余篇，推送先进典型23人次、海外侨领抗疫事迹24篇。成立驰援武汉逆行者志愿服务队，在疫情最严峻的时期协助6批次物资配送到武汉一线医院。建立台账“一对一”联系援鄂党员，多次走访慰问福建省援鄂医疗队员、援鄂党员家属及其所在医院。表彰一批省委抗击疫情工作先进集体、先进个人；省委等4个集体、17名个人获得致公党中央抗击疫情先进表彰，推荐的一批侨社侨胞代表获中央颁发纪念章。

【参政履职】 2020年，致公党福建省委深化“侨海”特色，在推进参政履职中彰显致公作为。围绕党委政府中心工作，立项并完成调研课题23项。在省政协会议上提交大会发言 9 篇、集体提案 12 件，《发挥福建侨的优势，加快海丝核心区建设》作为大会口头发言，2 篇入选重要提案摘报，6 篇次获得省领导批示；4 次在省政协专题协商会上发言，11 篇材料入选发言汇编。报送情况反映 470 余篇，其中被国家和省级采用 159 篇、省级以上领导批示 10 篇；先后有 26 篇调研成果被致公党中央评为优秀成果，3 篇被 2020 中国发展论坛采用，3 篇在 2020 年省统一战线建言献策论坛上获评优秀论文。成立福建致公数字经济研究智库，参与举办"第三届科技创新促进民营经济发展"论坛，编印《2020 年参政议政文集》等。搭好对外联络"连心桥"。组织开展"海外联络年"活动，举办海外宣讲员列席省"两会"代表座谈会、侨界代表纪念"反分裂国家法"实施 15 周年座谈会等，接待俄罗斯、阿根廷、美国海外侨团组织和台湾洪门组织到闽访问交流，承办第 12 届海峡论坛·两岸社区服务恳谈会，举办华侨华裔子弟"寻根之旅"网上夏令营、第二届"梦想全垒打"闽台青年棒球邀请赛，推动"福建省对台交流基地"挂牌。开展"关爱海外侨胞抗击新冠疫情专项行动"，募集并寄送"爱心小包裹"总价值 84 万多元，联系侨领向海外侨胞、留学生捐赠抗疫物资总价值 60 多万元。拓展社会服务新内涵。在政和铁山中学挂牌致公学校，致公学校累计达 17 所、投入 5408 万元；召开"爱心助侨"项目实施 15 周年座谈会，项目开展以来累计发放助侨资金 256.15 万元；动员各级组织、党员参与消费扶贫，带动消费扶贫总额 200 多万元。先后赴四川阿坝开展脱贫攻坚民主监督调研，组织党员专家、企业家赴贵州毕节朱昌镇开展科技帮扶活动，发动省直党员捐款 5.78 万元支持重庆酉阳抗击疫情和脱贫攻坚工作，赴三明三元白叶坑村开展挂钩帮扶并捐建"致公路"等资金 43 万元。

【组织建设】 2020 年，致公党福建省委员会全年发展党员 216 人，截至年底具侨海比例的党员占比达 78.8%；成立省直福州理工学院支部，探索"1＋N"模式推进基层组织"党员之家"建设，全省"党员之家"累计 44 个；提升党内监督效能，省委监督委开展党内监督专项督查，并对"关爱海外侨胞抗击疫情专项行动"实施全程监督，履职成效受到中央肯定。（陈　嘉）

九三学社福建省委员会

【概况】 2020 年，九三学社福建省委员会贯彻习近平总书记对福建工作的重要讲话重要指示批示精神，按照参政党建设"四新""三好"要求，凝聚共识，履职建言，为抗击新冠肺炎疫情、全方位推动高质量发展超越作贡献，工作成效受到九三学社中央督导检查组肯定。坚持把学习贯彻习近平新时代中国特色社会主义思想作为首要政治任务，围绕学习贯彻全国两会和中共十九届四中、五中全会，中共福建省委十届十次、十一次全会精神进行专题学习研讨。开展思想动态调研，掌握社员思想状况。参加社中央纪念九三学社创建 75 周年系列活动，选送征文 10 篇，获社中央一等奖 1 项、二等奖 1 项。规范新闻宣传管理，网站刊登稿件 387 件，微信公众号推送信息 425 条；社省委微信公众号被社中央评为"全国十佳微信公众号"，《福建九三》被社中央授予"全国十佳期刊"荣誉称号。加强社史和参政党理论研究，牵头完成的课题获中央统战部一局民主党派工作调研报告一等奖，选送省政协、中共福建省委统战部各类理论研究征文近 20 篇。

【新冠肺炎疫情防控】 2020 年，九三学社福建省委员会组织动员全省社各级组织和广大社员投身疫情防控斗争，4 名社员参加援鄂医疗队，200 多名社员奋战在省内抗疫一线，累计捐款捐物价值 230 多万元；13 位社员和 2 个社市委受到社中央表彰。报送各类建议信息 140 余件，被有关部门采用 53 件次，得到国家领导人批示 1 件、省领导批示 1 件。推出专题报道 90 篇，被社中央公众号采用 11 篇、团结网采用 5 篇，2 篇入选《九三学社抗击新冠肺炎疫情先进事迹》一书。

【参政履职】 2020 年，九三学社福建省委员会在全国政协常委会会议上代表九三学社中央围绕建设海洋强国发言。在中共福建省委座谈会上围绕"十四五"规划编制提出意见建议。参加省政协专题议政性常委会、协商会，13 件调研成果被采用。开展"《福建省河长制》实施情况"界别调研，报告被省政协以专报件形式报省委、省政府。3 篇论文在省统一战线建言献策论坛获奖。向省政协十二届三次会议提交集体提案 11 件、大会发言 12 篇，3 件入选重要提案摘报，获省领导批示 10 件次，1 件被确定为重点督办提案。1 件调研成果被社中央采用提交全国政协十三届三次会议并被确定为重点督办提案。举办主题为"健康中国·健康福建"的九三学社福建省 2020（莆田）科技论坛。报送各类社情民意信息 334 件，被采用 200 篇次，5 件获省领导批示，信息工作获社中央表彰。

【社会服务】 2020 年，九三学社福建省委员会持续助推政和东平发展，开展"同心·科技服务"，组织社内环保专家指导小微企业提升环保技术。落实挂钩帮扶将乐县工作，协调省直有关单位与将乐县签订"全面支持乡村振兴发展战略合作协议"等 7 个协议；促成"生物质资源化工程技术"项目落地；组织 20 多位省、市医疗专家在将乐开展"同心·健康服务"。继续推进"九永合作"，争取专项资金在永泰 6 个乡镇推广皇冠李种植；协助争取 3 个农村电网升级改造项目；推荐 9 名医卫社员作为永泰县总医院专家顾问团成员。助力老区苏区振兴发展，邀请社中央到闽举办"九三学社中央专家福建苏区行"活动；推动北京石墨烯研究院福建产学研协同创新中心落地三明。开展助学济困和志愿者服务。九三学社福建省委及4个九三学社市委被九三学社中央评为“2016—2020年社会服务先进集体”。

【组织建设】　2020年，九三学社福建省委员会加强领导班子建设，届中增补专职副主委1名，民主生活会在社省、市级组织领导班子中实现全覆盖。提高人才队伍建设质量，发展新社员235名，年净增率4.12%；至年底有社员5163名，高、中级职称占比89.3%。统筹做好代表人士队伍培养、管理等工作。与社宁夏区委在闽联合举办骨干社员培训班；完成社中央、中共福建省委统战部调训任务。重视支持专（工）委工作，与青年社员代表开展“我与主委面对面”座谈。成立省直平潭综合实验区支社，全省设有14处“社员之家”。配合驻统战部纪检监察组履行监督责任，开展讲政治守规矩和廉洁从政从业宣传教育，按照九三学社章程给予3名社员社内纪律处分。落实机关岗位职责与目标责任，九三学社福建省委及九三学社泉州、龙岩市委机关通过九三学社中央机关规范化建设检查验收。

（张　豪）

台湾民主自治同盟福建省委员会

【概况】　2020年，台湾民主自治同盟福建省委员会（简称“台盟福建省委”）坚持以习近平新时代中国特色社会主义思想为指导，学习贯彻中共十九届五中全会精神和省委十届十一次全会精神，克服新冠肺炎疫情的影响，按照台盟中央“三抓两促一提升”总体要求，展现出福建台盟的新风貌。持续推进“不忘合作初心，继续携手前进”主题教育活动，以线上学习、基层宣讲、小组讨论等方式，学习习近平新时代中国特色社会主义思想。盟省委领导带头宣讲中共十九届五中全会精神，先后邀请省委党校教授作学习《习近平在福建》系列采访实录和中共十九届五中全会精神的专题辅导报告，组织盟员深入学习《习近平谈治国理政》（第三卷）和《习近平在宁德》《习近平在厦门》《习近平在福州》系列采访实录等，夯实共同奋斗的思想政治基础。以中国人民志愿军抗美援朝出国作战70周年、台湾光复75周年为契机，组织盟员、在闽台胞参观“铭记伟大胜利　捍卫和平正义”“金瓯无缺”主题展，做好第一批省级台盟组织“影像档案集成系统”建设前期工作，创新方式宣传盟务工作。开展台盟中央“书香台盟”读书活动，与台盟福州市委会联合举办读书活动，组织青年盟员、盟务干部一同品读经典。

【新冠肺炎疫情防控】　2020年，台盟福建省委成立盟省委和各级盟组织新冠肺炎疫情防控工作领导小组，建立防疫反馈工作机制，发布疫情防控信息，转发《台盟中央抗击新型冠状病毒感染的肺炎疫情倡议书》，与兄弟民主党派省委会共同发出《打赢疫情防控阻击战联合倡议书》，向全体盟员、盟务工作者发出慰问信，引导全体盟员、盟务工作者立足岗位、共克时艰。盟省委主要领导深入一线督导，发动全省50余名盟员、盟务工作者投身抗疫一线。全省盟员及所联系台胞捐款捐物价值105万元，其中协调盟员企业向武汉捐献物资价值60多万元。台盟福建省委和台盟南平市委被台盟中央授予抗击新冠肺炎疫情先进集体，19名盟员、机关干部被评为先进个人。

【脱贫攻坚助力】　2020年，台盟福建省委助力打赢脱贫攻坚战。台盟福建省委帮扶贵州省赫章县的工作经验先后在台盟中央脱贫攻坚推进会、台盟帮扶赫章县15周年座谈会上作典型经验介绍，在台盟捐建赫章县金银山少儿活动中心先进集体表彰大会上被评为突出贡献奖；莆田支部和福州仓山工委、厦门湖里总支、漳州龙海支部和泉州鲤城支部被评为先进基层组织奖。参与台盟中央定点帮扶，协调许书典公益慈善基金会捐资100万元购买5辆救护车帮助赫章县贫困乡镇改善医疗条件；发动全省盟员、盟务工作者和台胞台商为捐建赫章县金银山街道少儿中心捐款15.12万元。举办“筑梦师者”教师研修班，培训40名乡村教师，帮助贫困地区补足基础教育短板。推进明溪县、政和县石屯镇对口帮扶工作，先后帮助明溪县、政和县协调解决扶贫项目资金近2000万元，并选派盟员、机关干部到对口帮扶地区挂职。

【参政履职】　2020年，台盟福建省委坚持线上线下相结合，参政议政服务新福建建设。台盟福建省委获台盟中央参政议政先进集体评选A组二等奖，台盟福州、厦门、漳州、泉州和南平市委会获地市级组织先进集体。参与省委、省政府情况通报会、意见征求会和省政协专题协商会，为党委政府科学决策提供参考。全国两会期间，向台盟中央提交大会发言、提案素材49件，被全国政协采纳大会书面发言1件、提案6件。《关于加快全面落实强化知识产权保护意见的提案》获评全国政协年度重点提案。省两会期间，向省政协提交口头发言1篇、书面发言12篇、集体提案10件。其中，2件提案被省政协列为2020年重点提案，2件提案获省领导批示11件次。牵头承担台盟中央《破除制约农村要素集聚的体制机制障碍，提升乡村治理效能》课程党派调研，组织好网络远程研讨会，做好预调研、调研踩点等工作。8月，全国政协副主席、台盟中央主席苏辉率队到闽调研，福建各级盟组织共提交调研报告5篇。围绕福建省全方位推动高质量发展超越战略部署，立足界别特色，组织台盟各市委会参与台盟中央课题调研8项，完成省级重点课题17项，累计完成调研报告91篇，成为被台盟中央采用调研报告最多的省级组织。参与2020年省委统战系统建言献策大会，所作的《关于建立解决相对贫困长效机制的建议》主题发言被《福建改革财经情况》采用。依托社情民意信息“直通车”平台，反映党政关心、社会关切、群众关注的热点难点问题。至年底，上报社情民意信息205篇，其中80多篇次被上级有关部门采用。《构建闽台区域命运共同体》《探索“生态银行”助力青山变金山》两篇调研报告被福建省委《调研内参》采用，并得到省领导批示。

【对台联络交流】 2020年，台盟福建省委主办主题为“船政与两岸共同抗敌御侮”的海峡论坛·第11届海峡两岸船政文化研讨会，邀请两岸17所高校专家学者、文史爱好者参会，提升船政文化的品牌影响力。主办“第12届海峡生态城市发展（国际）论坛”，承办台盟中央第二、三届“海峡两岸茶文化研习营”，协办“大江论坛·第五届两岸养老与健康产业论坛”“第七届闽台社会治理创新智库论坛”，弘扬中华优秀传统文化，推动两岸产业交流合作。秉持“两岸一家亲”理念，将服务在闽台胞、做好惠台政策宣传作为工作重点，多次走访慰问台胞台商，邀请在榕台胞代表参加中秋、国庆联谊座谈活动，宣传各级惠台利民政策，引导他们坚定信心、扎根福建、加快发展。全年接待台胞台商8批107人次。参加《中华人民共和国反国家分裂法》颁布15周年活动座谈会，坚决反对和遏制“台独”分裂行径。（郑宝城）

福建省工商业联合会

【概况】 2020年，福建省工商业联合会（简称“福建省工商联”）围绕中心大局，落实加强新时代民营经济统战工作要求，创新理想信念教育载体，团结引领广大民营经济人士健康成长；动员闽商抗击新冠肺炎疫情，开展“联百会助千企”行动，落实“六稳”“六保”任务；扩大“工商联＋N”效应，推动打造营商环境高地，服务民营经济高质量发展；巩固提升“千企帮千村”行动，弘扬企业家精神，助力决战决胜脱贫攻坚。服务民企“四访四通”机制，举办第三届全国青年企业家峰会，建言献策工作获有关领导批示19件次。

【思想政治建设】 2020年，福建省工商联召开党组会27次、党组理论学习中心组学习扩大会17次、主席办公会7次，学习领会习近平总书记重要讲话重要指示批示精神，研究部署贯彻落实的具体举措。发挥领导班子成员领学促学的“关键少数”作用，深入基层和商会组织，带头宣讲习近平总书记关于民营经济发展重要论述和党的十九届五中全会精神，直接受众3000余人。通过办班培训、辅导讲座、座谈研讨，组织民营企业家跟进学习习近平总书记关于统筹推进疫情防控和经济社会发展一系列重要讲话精神，引导民营经济人士在助力打赢疫情防控阻击战、落实“六稳”“六保”任务中提高政治站位、彰显责任担当。

【理想信念教育】 2020年，福建省工商联创新打造“1＋4＋N”民营经济人士理想信念教育基地，推动古田干部学院挂牌设立全国民营经济人士理想信念教育基地，在厦门陈嘉庚纪念馆、泉州“晋江经验”展示馆、三明中央苏区（宁化）革命纪念馆、宁德摆脱贫困主题展览4地挂牌设立省级基地；指导各设区市挖掘主题教育资源，加快建设多个基地。各级工商联依托基地举办各级理想信念教育培训，累计受训人数3000多人。实施以年轻一代企业家为主的“万人培训工程”，联合省委统战部、省科协开展4期线上线下培训，全省工商联系统培训1.5万人次。开展红色故事宣讲进商会活动，指导省民营企业商会、女企业家商会、青年闽商联合会、福建省浙江商会等所属商会举办多种形式的教育活动。

【经济社会发展服务】 2020年，福建省工商联成立疫情防控工作领导小组，及时向全省各级工商联、所属商会和海内外闽商发出落实疫情防控责任、合力抗击疫情的倡议书、公开信和通知。据不完全统计，6000多家民营企业和商会组织捐款捐物共计19.33亿元；一批境外闽商和异地商会发挥自身优势，全球采购防疫物资支援抗疫一线；异地闽籍商会协助福建派驻省外的23个疫情防控组，为入境返闽人员提供保障。福建圣农集团党委、柒牌时装常务副总裁洪炳文、永辉超市总经理陈颖获评全国抗疫先进典型，福耀集团、恒安集团、爹地宝贝等企业获中央统战部等四部委表彰，福信集团等30家民营企业获评全国工商联抗疫先进企业，省民营企业商会等21家商会获评全国工商联抗疫先进商会组织。“联百会助千企”复工复产行动。省工商联成立6个工作专班，全省9市1区工商联、1600家各级工商联所属商会、860多家异地闽籍商会同步跟进，形成联动机制。通过搭建“云招聘”、共享员工、共享设备、共享食堂、线上门店、直播销售等平台，协助包机包车（专列）接送员工等方式，帮助企业打通复工复产复商复市路上的“用工关”“物资关”“市场关”，为1.23万家企业解决疫情期间1万多个困难和问题，向省委办公厅等部门及时反映各类诉求建议46件次。9月，在福州举办第三届全国青年企业家峰会，其间以省政府名义举办产业项目招商推介会，组织企业对接产业项目155个、总投资2133亿元，其中签约项目21个、总投资685亿元。发挥广泛联系异地闽籍商会和海内外闽商优势，组织民企和商会参加第三届中国进口博览会、第三届数字中国建设峰会、“6·18”福建民营企业产业项目对接会、“9·8”厦门投洽会等重大经贸活动，帮助企业开拓市场、寻求商机。

【脱贫攻坚助力】 2020年，福建省工商联巩固提升“千企帮千村”行动成果。召开“千企帮千村”行动巩固提升推进会，开展“四个一”回头看，巩固企村帮扶工作成果。至年底，组织全省1445家民营企业和商会结对帮扶1498个贫困村，累计投资9.7亿元以上，惠及6.7万贫困人口。大东海集团、沈郎油茶有限公司获评全国“万企帮万村”先进民营企业。贯彻落实习近平总书记给宁德市寿宁县下党乡乡亲回信精神和省委工作要求，组织20家民企和商会结合当地资源禀赋，采取建设油茶产业基地、开发“定制茶园”等形式开展产业扶贫，帮扶当地发展，带动群众增收致富。参与东西部扶贫协作。弘扬闽宁对口扶贫协作援宁群体的“时代楷模”精神，通过产业扶贫、消费扶贫、定向捐赠，落实闽宁协作、援藏援疆等帮扶任务。拨付宁夏工商联100万元用于当地深度贫困县建档立卡贫困村精准扶贫项目。组织企业家参加全国工商联“万企帮万村”甘南行、织金行活动，累计捐款捐物1000多万元。参与定点帮扶任务，帮助昌都市到闽举办专场招商推介会，4家闽籍企业签约投资1.62亿元。以开展“光彩·助学”“光彩·粉红丝带”等活动为抓手，引导广大闽商践行光彩精神。省光彩会全年接收民营企业、商会公益捐款1.24亿元，实施扶贫公益项目74个，支出公益资金1.05亿元。全省同心助学活动共捐赠4336万元，资助贫困学生8260人。

【民营经济高质量发展助力】 2020年，福建省工商联扩大“工商联＋N”协同效应。与省高院举办“司法护航民企体验日”活动，联合成立福建省诉非联动中心，省工商联4家所属商会作为特邀调解组织。与省检察院举办“检察护航民企发展开放日”活动，推动成立检察服务中心，共同推行“驻企检务”“检企联防”。与省司法厅常态化开展民营企业“法律三进”“法治体检”等活动。与省公安厅建立服务保障民营经济发展合作机制。与省人社厅开辟民企职称评审绿色通道，至年底，累计评审确认高级职称4598人、中级职称3.73万人。联合省银保监局、工商银行、建设银行、交通银行等金融机构开展“金融服务助小微”行动，累计发放贷款550.69亿元，惠及小微企业4.5万家。联合中信保福建分公司建立民企“走出去”风险防范机制，带动2800余家小微企业享受“单一窗口＋出口信保”服务。

【营商环境优化】 2020年，福建省工商联搭建政企沟通平台，与省委统战部、省信访联席办、省信访局共同建立服务民营企业“四访四通”机制。发挥协商议政作用，围绕疫情对民营企业的影响、完善民营经济统战工作协调机制、民营企业运行情况分析、惠企政策落实情况等多个课题开展专题调研，参与涉企政策制定。落实好《福建省非公有制企业诉求受理处置反馈机制（试行）》和省工商联民企诉求办理试行办法，及时收集、反映企业的诉求建议。创新“12345”法律服务工作模式，营造依法、平等保护民营企业合法权益的法治环境。发挥专业人士服务民营企业公共平台、仲裁服务中心、法律维权服务中心作用，受理处置各类民商事纠纷50余件，收集民营企业涉政府产权纠纷等问题线索19条。推进多元化解纠纷机制建设，省工商联所属商会有50家成立人民调解委员会，占比68.5%。新冠肺炎疫情期间，开通民营企业法律援助专线电话，组建专业律师团队，受理和答复涉企13个方面的法律保障问题。联合6家律师事务所、税务师事务所和仲裁机构，举办13期线上公益微课，为3460家企业解决疫情引发的物业租赁、劳动用工、合同违约等法律问题。

【工商联及所属商会改革发展】 2020年，福建省工商联推进工商联全面深化改革。完善专门委员会工作制度，成立省工商联智库委员会。完善并落实企业家副主席、副会长、执委履职情况评价制度、联系基层工商联、商会制度等，优化工商联常委、执委组成。部署开展设区市工商联评价工作，加强对基层工商联、所属商会的联系指导，形成上下联动、横向贯通的工作合力。巩固提升“一个设立、五个有”和“五好”县级工商联建设成果，泉州、莆田、龙岩率先实现全国“五好”县级工商联全覆盖。出台工商联所属商会管理服务细则，加快在主导产业、新兴产业组建行业商会，持续推进镇街、园区商会建设。截至年底，全省工商联所属商会1974家，比上年增长23%；其中镇街商会880家，增长49.6%，覆盖率从2019年的54%提高至2020年底的80.8%。发挥省工商联社会组织行业党委职能，所属商会党的组织覆盖率74%，党的工作覆盖率100%，商会党建“5543工作机制”入选全省机关体制机制创新优秀案例。修订完善《关于指导引导和服务异地福建商会的实施办法》，密切与省外闽商的交流联系。实施闽商回归工程，鼓励在外闽商回乡投资兴业。

（江　锋）

编辑：林忠玉

福建省总工会

【概况】 截至2020年底，福建省有基层工会10.83万个，涵盖单位27.52万个，工会会员881.97万人。谋划部署落实职工“大学习”活动，引导职工群众听党话跟党走。制订《全省职工“大学习”活动方案》，实施省市县三级工会“十个一”、产业（系统）和基层工会“五个一”学习活动。发挥劳动模范、理论骨干、工会领导干部的带动作用，深入基层宣传宣讲，开展870场读书交流、主题演讲系列活动，配送8.2万册政治理论书籍，参与活动职工520多万人次。省总工会在省直机关学习采访实录座谈会上作经验介绍。

【新冠肺炎疫情防控助力】 2020年，福建省总工会投身疫情防控阻击战，助力“六稳”“六保”。第一时间成立领导小组，发出倡议书，关停全省工人文化宫、职工书屋等职工活动场所，推进工会系统疫情防控工作。省总工会本级安排专项资金3000多万元，慰问4690名疫情防控一线医护人员，采购240万元生活物资送往武汉，举办25期952名“抗疫”先锋专项疗休养活动，省“五一劳动奖章”等评选表彰向一线医务人员重点倾斜。出台稳定劳动关系12条和助力企业复工复产19条措施。各级工会投入2866.7万元，帮助12.35万名职工返岗复工。推动落实小微企业工会经费全额返还。

【服务经济建设发展】 2020年，福建省总工会开展“当好主人翁、建功新时代”主题竞赛，强化工会组织担当作为。创新举办“2020等你来赛——福建省劳动和技能竞赛‘云启动’”仪式。举办51场省级职工技能竞赛，300万名职工参与。发动全省近4万家企业、204万名职工参加“五小”创新活动，产生创新项目46万个。推进产业工人队伍建设改革工作，在部分设区市和企业开展产业工人队伍建设改革试点。完成2020年“全国劳动模范”和“全国先进工作者”、省“五一劳动奖状”、省“五一劳动奖章”的推荐评选表彰工作。选树宣传10名2020年度“八闽工匠”。

【工会职工服务】 2020年，福建省总工会服务职工项目，推行服务承诺制，重点办好职工疗休养、职工子女暑托班、青年职工交友活动、清洁工人微心愿、建筑工人送安全、送餐员爱心礼包、医生休息室、户外劳动者示范休息室、“一带一路”职工家庭关怀、职工子女心脏疾病筛查治疗等10件实事。开展全省城镇困难职工解困脱困第三方评估，完成4056户职工家庭样本入户调查，完成城市困难职工解困脱困目标任务。“两节”期间各级工会共筹集慰

2020年5月11日，福建省“抗疫”先锋专项疗休养活动在三明清流启动
（省总工会供稿）

问款物 3026.49 万元，慰问 5.4 万人次。举办"金秋助学"20 周年纪念活动。推动修订出台《福建省女职工劳动保护条例》。推动课后服务工作提质扩面，开办 237 个职工子女暑托班，新建 50 家"妈妈小屋"。

【维权服务】 2020 年，福建省总工会完善维权服务机制，构建和谐劳动关系。加强对劳动领域社会组织的政治引领，开展防范职工队伍稳定重大风险排查化解专项工作。选树首批省级"园区枫桥"试点园区，建立健全劳动纠纷化解机制。推进"福建工会劳动纠纷多元化解网络平台"项目建设。举办福建省首届集体协商竞赛，向 9.17 万家企业发出集体协商"特别要约"，向全省用人单位发放 5 份"工会劳动法律监督提示函"。加强工会劳动保护工作，深化"安康杯"竞赛活动。

【工会基层基础建设】 2020 年，福建省总工会推广共享职工之家建设，夯实工会基层基础。举办共享职工之家建设推进活动，省总工会投入专项资金 292 万元，在全省新建 195 家各级各类共享职工之家。在全国率先推出福建省地方标准《"模范职工之家"建设规范》《"模范职工之家"评定规范》。持续推进 50 人以上非公企业建会和"八大群体"入会工作，全省百人以上非公企业建会 7226 家，50 人以上企业建会 13222 家，"八大群体"入会职工 20.96 万人。加大对省级产业（系统）工会的服务指导，加强区域性、行业性基层工会联合会建设。出台《福建省总工会关于加强民营企业工会建设助推民营经济发展意见》。

【工会改革】 2020 年，福建省总工会深化工会改革创新，推进各项工作落实。召开全省工人文化宫建设现场推进会，推动工人文化宫五年建设规划落实。加快"数字工会"平台建设，推进工会协同办公系统建设，举办"掌上工会"现场推进活动。做好与台港澳工会和职工交流工作，承办海峡职工论坛，举办闽台匠人大会，评选 2020 年度闽台职工交流基地。推进事业单位改革发展，新建"五一幼儿园"项目，完成福州、厦门国际海员俱乐部改造工程，启动工会大厦回收程序。 （张花妹）

共青团福建省委员会

【概况】 2020 年，共青团福建省委员会（简称"福建共青团"）坚持"五大抓，四聚焦"工作布局，保持和增强政治性、先进性、群众性，提升团的组织力、引领力、服务力和大局贡献度，推动团的各项工作实现新提升。全国政协副主席何厚铧对闽澳青年交流工作给予批示肯定。省委主要领导对全省共青团工作作出批示肯定。团中央书记处第一书记贺军科先后 8 次对福建共青团助力疫情防控、青少年思想政治引领、对台青年交流、融媒体中心建设、助力高校毕业生精准就业等工作作出批示肯定。

【青少年思想政治建设】 2020 年，福建共青团坚持用习近平新时代中国特色社会主义思想教育青年，提升团的引领力。树立"全团抓思想政治引领"的责任意识，突出重点，创新方式，引导广大青少年打牢听党话、跟党走的思想根基。深入学习贯彻习近平总书记重要讲话重要指示批示精神。先后 4 次向省委常委会汇报学习贯彻习近平总书记五四寄语、六一寄语、致第八次全国少代会贺信、致全国青联十三届全委会和全国学联二十七大贺信精神情况，省委常委会对全省贯彻落实工作作出部署。以团省委书记会会议、理论学习中心组学习会、座谈会等形式，第一时间深入学习贯彻习近平总书记关于青少年和共青团工作的重要讲话重要指示批示精神，以实际行动增强"四个意识"、坚定"四个自信"、做到"两个维护"。学习宣传贯彻党的十九届五中全会精神，以团干部上讲台、"放飞青春梦'奋斗十四五'"主题演讲比赛等为抓手，推动全会精神进企业、进农村、进机关、进校园、进社区。推进"青年大学习"行动。部署开展青年大学习"千百行动"，以青年讲师团宣讲、主题团队日活动、主题征文等为抓手，以《习近平在厦门》《习近平在宁德》《习近平在福州》《习近平与大学生朋友们》等为重点，推动学习宣传贯彻习近平新时代中国特色社会主义思想走深走实。每期"青年大学习"网上主题团课，全省有 80 万余名团员青年参与。开展《习近平在厦门》《习近平在宁德》《习近平与大学生朋友们》3 部采访实录订阅赠阅工作，覆盖全省专挂兼职团干部和各类青年骨干 42012 人，推出系列采访实录音频产

2020 年 12 月 11 日，海峡两岸创新创业高峰论坛在福州举行

（团省委供稿）

品 57 个。青少年制度自信教育。以“传承五四精神　绽放战疫青春”为主题，举办纪念五四运动 101 周年暨战疫青春事迹分享会，联合省政府新闻办举办福建省新冠肺炎疫情联防联控工作记者见面会（青年专场），20 多家主流媒体网站同步直播，在线收看人数超 500 万人次。组织开展“绽放战疫青春·坚定制度自信”主题宣讲活动 30 余场，覆盖线下青年 5000 余人次，10 余万人在线学习。加强青少年网络思想引领。发挥“青春福建”融媒体中心作用，主动入驻喜马拉雅、B 站平台，抢占青年网络聚集地，全年制作发布文化产品 457 组，714 篇推文阅读量超 10 万＋，135 个短视频观看量超 100 万以上，微博主持千万阅读量以上话题 23 个，其中过亿话题 7 个。组织青年讲师团成员参与录制《青年讲师谈》系列微视频 12 期。举办第三届小小朗读者大赛，直播观看人数 92 万人次。落实意识形态工作责任制。制订出台《落实意识形态工作责任制实施方案》，定期开展意识形态工作分析研判，制作推送网络热点、舆情事件分析 45 期，在突发舆情热点中旗帜鲜明地抵制谣言，掌握网络舆情主动权，及时解决一起用红领巾做商用广告的苗头性事件。开展团属新媒体账号备案暨整治清理工作，上报“僵尸”团属认证微博账号 264 个。开展“青马之光”主题宣讲、“三下乡”社会实践、骨干培训班等活动，厦门大学等 61 所省内高校启动实施校级和院系级“青马工程”，形成“省级—校级—院系级”培养梯次。加强跟踪培养，建立成长档案，为学员提供技能培训、实习就业、学历提升等长周期的跟踪服务。加强“青马工程”培训基地建设，确定福州市林则徐纪念馆等首批十个省级青少年思想政治教育基地。

【共青团基层基础建设】　2020 年，福建共青团巩固和夯实团的基层基础，提升团的组织力。树立大抓基层的鲜明导向，开展“基层提升年”活动。坚持党建带团建，推进“两新”组织团建工作，新增社会领域建团 4943 家，比上年增长 15.97%；其中新增非公企业团组织 2652 家，增长 141.59%。依托“智慧团建”，对全省 268 所民办中学中职团组织进行梳理，学校领域团组织覆盖率 98%。加强阵地建设，新建“青年之家·学习社”90 家，入驻云平台 51 家。开展县级团属青年社会组织建设，已建志愿服务类、创业就业类和文艺体育类的县域比例为 88.2%、83.5% 和 38.8%。开发“团的会议”功能，上线“发展团员会”“主题学习会”和“自定义会议”模块，推动团支部“三会两制一课”标准化规范化。全省有 6.83 万个团组织发起“团的会议”44.45 万场次，参加团员 1149.3 万人次。新发展团员 89370 名。加强毕业生团员组织关系转接，全省“学社衔接”率 95.01%，“升学衔接”率 98.31%。开展“星级团支部＋星级团员”评定工作，新增“星级团委”创建内容，将“星级团组织＋星级团员”评定作为团建工作述职考核、评先评优的重要依据，全省评定星级以上团支部 52721 个，占比 69.21%；评定星级团员 150.3 万人，占比 78.2%。印发《福建省共青团基层组织改革综合试点方案》，以邵武市、惠安县、长汀县等 3 个县（市）作为试点，探索组织力、引领力、服务力“三力协同”有效模式。开展送课进县区、进高校、进企业 20 多场，培训团干部及青年骨干 1000 多人。全省团干部综合配备率 88.7%，在岗率 96.6%，班子成员配备率 91.94%。强化作风建设，落实密切联系青年制度，实施团课“10 万＋”计划。

【实施青年发展规划】　2020 年，福建共青团实施福建省中长期青年发展规划，提升团的服务力。坚持以青年为本，着眼青年普遍性发展权益，构建以推动中长期青年发展规划落实为统揽，政策服务与具体服务并举的工作体系。召开福建省青年工作联席会议第二次全体会议，审议通过《〈福建省中长期青年发展规划（2018—2025 年）〉实施试点县（市、区）工作方案》和《福建省青年马克思主义者培养工程规划（2021—2025 年）编制工作方案》，研究制定《福建省中长期青年发展规划（2018—2025）》（简称《规划》）2020 年实施要点和责任分解表，明确成员单位 25 类重点任务，分解落实 46 项主责工作。主动对接统计、发改、财政等相关部门，协商统计监测、规划相关内容纳入省“十四五规划”大纲、经费纳入财政预算。省、市、县全面建立青年工作联席会议机制，在 9 个县（市、区）部署开展规划实施试点工作。突出学业资助，持续开展希望工程“圆梦行动”，筹集 1076 万元，帮助 3093 名农村困难大学新生顺利入学。开展“青春同行助孤行动”，投入帮扶资金 124.3 万元，帮扶家庭困难事实孤儿 2384 人次。通过“廖俊波乡村教育基金”为 574 名建档立卡家庭学生发放资助金 69 万元，寄赠快乐阅读包 4002 个；资助省内和湖北宜昌因疫致困青少年 209 名。实施“快递从业青年服务月”活动，开展走访慰问 125 场，覆盖 8177 人次。深化“晨曦关爱行动”，开展关爱服刑人员未成年子女示范项目，建立健全全省各地监狱和各设区市团委直接对接联系机制，建档 400 多份，开展个案帮扶。发挥全省 86 家团属社工机构作用，为 20 个重点项目提供 60 万元经费支持。加强对易地扶贫搬迁安置社区治理示范项目和优秀项目的跟踪督导，推广福安市下岐村“益岐成长”项目新模式。开展青少年禁毒、自护教育活动 3600 余场，覆盖青少年 300 余万人次。省、市、县开展“共青团与人大代表、政协委员面对面”活动 270 多场，提交议案建议 471 项，700 多名各级人大代表、政协委员和近万名青年代表参与活动。“青马工程”提案被省政协列为重点督办提案。依托省“12355”服务台为青少年提供心理和法律咨询服务，录制“同抗‘疫’，助高考”系列视频，开展线上公益直播、云讲座等活动，累计 160.3 万人次观看。

【服务新福建建设】 2020年，福建共青团组织动员青年建功新福建，提升共青团服务大局的贡献度。紧扣省委全方位推动高质量发展超越部署，围绕统筹疫情防控和经济社会发展要求，实施青年创新创业、青年乡村振兴、青年绿色环保、青年民生发展、闽台青年融合等“五大工程”，团结引领全省广大团员青年建新功、立新业。开展青年突击队、应急志愿服务、网络宣传引导、款物募集、心理疏导等工作，全省组建青年突击队1548支，近10万名青年志愿者开展志愿服务50万人次，各级团组织、青联、青企协、青商会募集爱心款物4212.73万元，团省委官方微信、微博等平台推送疫情防控信息2901条、总阅读量5.3亿人次，选派4名机关党员干部支援基层一线疫情防控和复工复产工作。召开全省共青团助力决战决胜脱贫攻坚推进会，制订“十百千”专项行动方案，实施“银团合作”，发放贷款104.1亿元。举办“青春奋进小康年”团团助农专项行动，开展青联委员网络直播带货等电商助农活动10余期，帮助销售农产品3000余万元。招募428名大学生志愿者赴西部、福建省欠发达地区开展志愿服务。组建暑期“三下乡”社会实践团队7546支，20.8万名大中专院校学生积极参与。突出就业援助，组织651名高校团干部结对帮扶贫困家庭高校毕业生4937名，全部成功推荐就业。做好援宁援疆援藏工作，资助新疆昌吉玛纳斯、宁夏固原建档立卡家庭青少年400名。选派22名志愿者赴西藏开展志愿服务，面向西藏20所学校1.2万名中、高考考生线上直播考前减压公益课。开展“挑战杯”大学生创业计划竞赛、“创业之星”评选、“福建青年创业奖”、“创青春”创新创业大赛等活动，激励青年创新创业。举办线上线下青年创业培训203场，培训创业青年1.16万名，建立省级大学生创业基地7个。在全团率先开展“千校万岗”云招聘活动，征集8166家企业提供优质岗位22.17万个，帮助1.03万名高校毕业生实现就业。开展大学生实习“扬帆计划”，235家企业提供实习岗位5000个，吸引5113名大学生参与。实施福建省青年人才成长“鸿雁计划”，开展“福腾200”成长营、闽籍（在京）优秀大学生交流等活动，成立省青年人才工作北京联络处和“双一流”高校工作站，筹集资金300万元建立优秀学生奖助学金。开展“清新福建·一起种棵健康树”“保护母亲河·有我河小禹”“厉行勤俭节约　反对餐桌浪费”“美丽新福建·青春在行动”等主题活动，动员广大青少年参与植绿增绿、禁止餐饮浪费、节能减排、垃圾分类等生态环保实践。举办第18届海峡青年论坛，吸引两岸青年近300人到场参加，其中台青179名，305.45万人次在线观看，微博等平台点击量475.33万人次，在“我为海论点赞”网络评选活动中位列34项活动第一名。以“幸福·家园·梦想”为主题举办第八届海峡青年节，10万余名两岸青年线上参与。举办第十五届两岸青年联欢节系列活动5场，6000多名两岸青年参加活动，在线观看超71万人次。举办第二期闽侨青年海丝云端对话活动，吸引30多个国家和地区1600多名闽籍青年线上参与。举办“助力创业精准狠”“台青暖心提示来袭”等“台青直播间”系列活动4期，在线参与超22万人次。实施福建省引进台湾高层次人才“百人计划”，评选3批、69人，发放补助1941万元。开展101台湾青年创业扶持计划，评选“创业之星”10名，发放创业扶持金50万元。联合香港特区政府福建联络处、澳门菁英会等共同推动港澳大学生到闽就业创业。

【共青团改革】 2020年，福建共青团紧扣“强三性”（政治性、先进性、群众性）、“去四化”（去除机关化、行政化、贵族化、娱乐化）目标，以制度建设为抓手，深化共青团改革，统筹推进青联、学联、少先队改革，推动改革攻坚。制定出台《关于进一步加强机关制度建设的十条补充规定》《共青团福建省委重大事项请示报告实施办法》。围绕抓重点、解难题、防风险，制定重点任务清单、问题化解清单、风险防范清单等“三张任务清单”。以开展调研督导月活动、印发工作简报等方式，推动基层共青团改革。做好十三届全国青联委员和青联港澳特邀委员遴选推报工作，推动福州、厦门、泉州3个设区市青联组织按期完成换届，落实设区市级青联每年召开一次常委会的规定。指导福州、晋江推进健全地方青联组织社团基础试点工作，增加一线代表及新兴青年群体比例。建立完善省青联委员履职考核、界别工作、提案建议等制度。开展青联港澳特邀委员储备库建设。联合省委教育工委召开全省高校学生会和学生社团改革工作推进会，制定任务细化清单，依托省学联公众号开发“改革信息统计”功能，掌握全省高校改革指标完成情况，推动全省高校团委书记述职评议工作全覆盖，全部完成改革任务。推广厦门大学学生会、研究生会改革经验，组织全省2199名学校团委书记、学生会组织主席团成员及指导老师参与专题培训，推动各级学联学生会组织更好代表学生、服务学生。联合省教育厅、省人社厅转发团中央、教育部等关于少先队的3个政策性文件，加强少先队工作体制机制建设，完善辅导员任职履职、培训培养、考核激励机制。突出抓好各级团委书记这一关键，推动全团带队职责落地落实。加强团教协作，建立健全县级以上团委和教育部门定期研究少先队工作机制。在南平建瓯成立全省首家县级少先队队校，推广“六个一”特色工作法，提升少先队工作规范化制度化水平。试点开展少年军校等少先队实践基地建设。（林江萧）

福建省妇女联合会

【概况】 2020年，福建省妇女联合会（简称福建省妇联）学习贯彻习近平总书记重要讲话重要指示批示精神和党的十九届五中全会精神。把学懂弄通做实习近平新时代中国特色社会主义思想作为首要政治任务。全省各级妇联通过党组会、专题会、理论学习中心组学习会等，学习《习近平谈治国理政》第一、二、三卷，学习领会习近平总书记对妇女工作和妇联改革的重要论述、对福建工作的重要讲话重要指示批示精神，用好《习近平在福建》等系列采访实录，专题学习《"习近平同志对妇女工作一诺千金"》，把对习近平总书记的爱戴之情，转化为引领服务联系妇女群众的实际行动。按照省委"三四八"贯彻落实机制，把习近平总书记重要讲话重要指示批示精神和党中央决策部署落实落细落到位。推动学习宣讲进基层进群众。党的十九届五中全会后，省妇联领导班子带头领学促学、带头宣传宣讲，带动全省各级妇联集中宣讲近3000场。开展"百千万巾帼大宣讲"，运用"新福建　新女性"高清互动云电视专区和"三网两微五号一平台"妇联新媒体矩阵，推动全会精神进企业、进农村、进机关、进网络。组织"巾帼心向党·奋进新时代"群众性爱国主义宣传教育活动，引领妇女坚定不移听党话、跟党走。

【疫情防控和经济社会发展统筹推进】 2020年，福建省妇联投入防疫抗疫。面对突如其来的新冠肺炎疫情，各级妇联闻令而动，及时向执委、广大家庭、巾帼志愿者、女医务工作者发出倡议；联动开展"同心抗疫　巾帼力量"行动，动员海内外妇女捐款1.68亿元及各类物资；发动全网力量开展抗疫大宣传；发动22万名妇联执委、78.1万名巾帼志愿者投身秩序维护、便民服务，织密基层社区防护网；开设宅家"家"课堂，开通全天候心理援助热线，为家庭提供家教、心理疏导服务；表彰"福建省抗疫三八红旗手"100名、"福建省抗疫三八红旗集体"20个，揭晓"福建省抗疫最美家庭"1700户，弘扬伟大抗疫精神。助力"六稳""六保"。开展"防疫情·促发展"专题调研，联合金融机构推出"女神复工贷""巾帼同心贷"等信贷模式，支持受疫情影响妇女创业人员贷款5.7亿元。组织电商培训，开展"巾帼有爱·八闽同心"直播扶贫；各级妇联组织1274个商家参与"全闽乐购"直播，销售金额1.5亿元；开展"云招聘"387场，为妇女提供就业服务29.56万人次。开展巾帼脱贫"闽姐姐筑梦行动"。围绕决战脱贫攻坚，实施"农村妇女素质提升计划""闽姐姐巾帼家政提质扩容计划"，组织"巾帼致富种子工程培训班""省专家快车农村行"，各级妇联累计培训700多期，受益妇女7万多人次。编印《脱贫攻坚她力量》，讲好巾帼脱贫故事，激发发展的内生动力。发挥30个国家级、738个省级巾帼示范基地作用，帮助妇女在家门口实现就业增收。推广"巧妇贷"妇女创业贷款，新增12.8万户妇女获贷25亿元。开展"母亲健康1+1""关爱女性健康"等公益活动，新募集善款1294.43万元，发放救助金760万元，救助"两癌"贫困妇女1868名。37.62万名妇女投保"女性安康险"，获494亿元保障，380名妇女获理赔2330万元；筹措"馨基金"公益资金，救助慰问罹患重大疾病的困难妇女。做好与宁夏、新疆妇联的对口协作、挂钩帮扶建宁县和省级扶贫开发重点县的工作。"闽姐姐筑梦行动"在全国巾帼脱贫论坛上作典型发言。发挥优势建设"第一家园"。以"抗疫姐妹情　逐梦同心圆"为主题，举办第12届海峡论坛·海峡妇女论坛，分享两岸妇女和家庭携手抗疫、创新创业的精彩故事，厚植家国情怀。举办海峡两岸女大学生创新创业大赛，设立闽台妇女合作发展基地、海峡儿童联谊交流基地，开展"海峡两岸七夕返亲节"等海峡妇女儿童重点交流项目15个，深化两岸融合。

2020年，福建省各级妇联建设遍布城乡社区的"妇女微家"，精准开展"微宣传""微学习""微创业"等服务，吸引妇女群众有事找微家、活动在微家、心聚在微家。图为福州市晋安区通过"妇女微家"在鼓山开展公益活动

（省妇联供稿）

【妇女维权和服务】 2020年，福建省妇联深化"建设法治福建巾帼行动"。聚焦民法典宣传实施，组织女法官、女检察官、女律师、女教师深入基层，线上线下开办专题讲座，推送"以案释法"系列文章、视频，帮助广大妇女学好、用好民法典。创新维权服务机制，细化维权工作"五项机制"，联合省检察院、民政厅推广实施"春蕾安全员"网格化儿童保护制度；联合相关部门出台反家庭暴力八项制度，排查化解家庭纠纷风险隐患800多户；加强妇女维权热线服务，完善舆情研判处置工作机制，征集妇女儿童维权十大优秀案例，提高维权服务水平。确保"两纲"目标

完成，“妇女、儿童发展纲要目标”首次写入省政府工作报告，开展2011—2020年妇女、儿童发展纲要终期评估，启动新“两纲”编制工作，推动妇女、儿童发展主要目标纳入福建省“十四五”规划。出台健全法规政策性别平等评估机制实施意见，实现全省市级评估全覆盖，性别平等教育进中小学课堂试点工作有序推进。配合完成第四期中国妇女社会地位调查。

【妇联组织建设改革】 2020年，福建省妇联在全省确定12个实施妇联组织建设改革“破难行动”试点县（市、区），打造具有县域特色、基层能落实、妇女愿参与的工作品牌。开展基层妇联“三百四有”创建活动，完善工作机制。因地制宜建组织，将“妇女之家”“妇女微家”建进农民合作社、楼宇商圈、网络平台等女性集中地和广场舞大妈、女创客等群体，探索基层妇联组织与社区网格化管理有效融合，使联系服务妇女与发展生产、精准脱贫、创新创业有机结合，激活妇联组织“神经末梢”。增强执委履职能力，实施基层妇联领头雁培训、行动计划，落实乡村两级妇联执委学习制度，基本实现各级妇联执委培训全覆盖，推广执委议事、轮值、工作室、“流动述职”等制度，激发基层妇联执委履职尽责、干事创业热情。省委常委周联清深入基层专题调研妇联改革，并给予肯定。（郑玉书）

福建省科学技术协会

【概况】 2020年，福建省公民具备科学素质的比例达11.51%，超过全国10.56%的平均水平，居全国第七位。至年底，省科协业务主管的省级学会148个，全省有高校科协63个，企业科协1632个，乡镇（街道）科协1089个，村（社区）科协1506个，农技协610个。

2020年，福建省科协弘扬新时代科学家精神，加大创新人才培育举荐力度。组织全省各地开展第四个“全国科技工作者日”系列活动，省委常委周联清看望慰问基层一线科技工作者代表并座谈。遴选出首批省特级后备人才10名，给予每位500万元资金支持；遴选出第二届省科协青年人才托举工程人选15名。联合省委宣传部等开展“最美科技工作者”学习宣传活动，遴选出2020年福建省“最美科技工作者”30名。新组建第二批省级科技志愿服务队12支，遴选出省科协科技志愿服务优秀项目10个。举办科技人员创新能力提升培训班，参训60人。推荐福建5名科技工作者获第二届全国创新争先奖、1名获第16届中国青年科技奖、1名获第二十三届中国科协求是杰出青年成果转化奖。

【《全民科学素质纲要》实施和科普】 2020年，福建省科协推进《全民科学素质纲要》实施工作，首次召开省全民科学素质工作联席会议，促成4个设区市和43个县（区）将全民科学素质工作纳入党委、政府考核。开展2020年“全国科普日”活动，举办重点科普活动1400余项。继续实施基层科普行动计划，下达1375万元资金支持科技助力精准扶贫、新时代文明实践中心科技志愿服务、科普示范村等工作。首次联合省委宣传部、省教育厅开展省优秀科普教育基地建设，遴选出30个建设项目并给予1000万元经费支持。评选出省十佳科学传播人物、6家科普工作优秀学会。聘任第三批闽江科学传播学者10名，新建第二批“科技小院”8家。组织157名闽江科学传播学者、476支志愿服务队、1.2万名志愿者、5.4万名科普信息员投身新冠肺炎疫情防控应急科普工作。联合省地震局、省应急管理厅等出台《加强新时代防震减灾科普工作的实施意见》。举办第35届省青少年科技创新大赛，参赛项目740个。首次举办省青少年创意编程与智能设计比赛，参赛队伍436支。安排专项经费100万元支持省中学生数学、物理、化学、生物和信息学5项学科竞赛，组织举办全省中学生5项学科竞赛，参赛3995人，选拔出56人参加全国决赛，摘得金牌16枚、银牌25枚、铜牌15枚，11人入选国家集训队。组织参加第11届全国青少年科学影像节活动，14件作品入围全国线上展映。全省免费开放科技馆增至14家，安排免费开放补助资金3355万元。福建数字科技馆登录突破1000万人次；“福建科普”微信公众号推文4200多篇，总阅读量347.8万人次，整合微信自媒体平台70个；“福建科协”微信公众号粉丝数突破40万个。完成整改升级“科普中国e站”1115个，举办省“科普中国e站”信息员培训班2期。录制播放惠农科普专题栏目《乡约科普》100期，推出福建科普大讲坛“微讲坛”64集。首次举办省全民科学素质网络竞赛，参赛216万人。

【学会发展与学术交流】 2020年，福建省科协出台《关于进一步推动省级学会健康持续发展的若干意见》《福建省科协业务主管省级学会综合能力评价办法（试行）》等，新成立省级学会2个，新建学会联合体3个，新建国家级学会服务站15家、省级学会服务站56家，推进服务创新创业创造优秀学会建设。联合南平市政府举办第20届省科协年会，为当地量身定制3个板块11个专项活动，邀请7位院士、一批国家特聘专家、1400多位科技工作者参加，推动南平绿色产业发展。联合中华预防医学会、中国仪器仪表学会和中国农技协等，围绕公共卫生安全、智能制造、乡村振兴等主题，举办“东南科技论坛”3期，10多位院士和500多位专家学者参加，形成一批决策建议。联合省科技厅、省教育厅，评选出第14届省自然科学优秀学术论文一等奖27篇、二等奖82篇、三等奖163篇。

【院士专家八闽行和科技咨询服务】 2020年，福建省科协开展“院士专家八闽行”活动，邀请150多位院士及400多位专家为福建省100多家企事业单位提供线上线下产业发展咨询和技术指导服务，促成34个项目签约落地。新建省级院士专家工作站22家，遴选出省级示范院士专家工作站10家。首次上线福建省院士专家云成果馆，在“云端”展示82项最新科技成果。联合高校、科研院所和企业搭建首批省科技经济融合服务平台5个，每个资助50万元。推动泉州入选首批“科创中国”试点城市。承接省政府、中国工程院共建“中国工程科技发展战略福建研究院”建设任务，召开福建研究院学术委员会第二次会议，立项咨询研究项目13个，向省委、省政府递交的院士专家建议获得6位省领导批示肯定。举办全方位推动福建高质量发展超越院士专家恳谈会，邀请17位院士专家把脉建言，形成院士专家建议33条。实施科技创新智库课题研究项目60个，联合省科技厅共同实施省创新战略研究计划联合项目50个。

【闽台民间科技交流】 2020年，福建省科协采用线上线下相结合方式，举办第12届海峡论坛·2020海峡科技专家论坛、第十三届海峡两岸科普论坛、第16届海峡两岸信息化论坛等，相聚“云端”专家、学者2100多人（其中台湾420多人），征集科技论文540多篇，促成5个两岸科技合作项目签约，提出5条两岸科技融合发展政策建议。首次采用“云辩论”方式，举办第19届海峡两岸大学生辩论赛，清华大学、华东师范大学、台湾师范大学、台湾中山大学等两岸16支知名高校代表队、80多位辩手参赛，华侨大学获团体亚军，台湾东海大学获团体冠军。新促成闽台科技社团“一对一”结对子4对，汇编出版《闽台民间科技交流博览（第一册）》。

【中国工程科技发展战略福建研究院学术委员会第二次会议】 2020年11月20日，中国工程科技发展战略福建研究院学术委员会第二次会议在福州举行。会议采用线上线下相结合方式，由福建研究院学术委员会主任、省科协主席、中国科学院院士郑兰荪主持，19名学术委员会委员参加会议。福建研究院学术委员会主任、中国工程院院士、大连理工大学校长郭东明代表福建研究院学术委员会对做好学术委员会工作提出具体意见。福建研究院院长、省科协副主席、中国工程院院士、福州大学校长付贤智代表福建研究院对2020年咨询研究项目立项申报情况作说明。经会议评审，立项咨询研究项目13个，研究确定项目负责人、项目研究总体任务和经费安排等。会议还评审验收2019年部分专题咨询研究项目，审议2019年重大咨询研究项目中期执行情况，并讨论2021年咨询研究项目选题方向。

【第20届福建省科协年会】 2020年10月28—29日，福建省科协联合南平市政府共同主办的第20届福建省科协年会在南平市举行。年会以“绿色生态、创新引领——科技助力新南平新发展”为主题，设置特邀报告会及“高质量发展”“绿色发展”“创新发展”3个主题板块12个专项活动，通过搭建学术交流、成果转化、科学普及、决策咨询等平台，汇聚科技资源，助力南平市全方位推动绿色高质量发展。邀请7位院士、一批国家特聘专家、1400多位科技工作者参加。省委常委周联清出席开幕式并讲话，中国科协副主席、中国科学院院士、西湖大学校长施一公作视频致辞，省科协主席、中国科学院院士郑兰荪致辞。中国工程院院士、中国水稻研究所所长胡培松，中国科学院院士、中国科学院城市环境研究所研究员朱永官，中央农办、农业农村部乡村振兴专家咨询委员会委员、中国农村专业技术协会理事长柯炳生，上海喜马拉雅科技有限公司创始人兼CEO余建军分别以“稻米产业高质量发展”“城市微生物与生物安全”“乡村产业振兴：挑战与机遇”“新科技　新文化　新消费”为题作特邀主旨报告。

【首期东南科技论坛】 2020年10月21日，福建省科协联合中华预防医学会在福州举办以“公共卫生安全与健康——新冠疫情的启示”为主题的首期“东南科技论坛”，中国科学院院士、中国疾控中心主任高福以“科学防控COVID-19：病毒发现、认知与防控”为题作主旨演讲；清华大学万科公共卫生与健康学院常务副院长梁万年、中国疾控中心流行病学首席专家吴尊友分别围绕“公共卫生体系建设”“新冠疫情形势与防控策略”作专题报告；北京大学公共卫生学院流行病学与卫生统计学系教授刘民等专家就“新冠疫情风险评估与防控”展开学术交流研讨。参加论坛的专家、学者有150余人。

【第12届海峡论坛·2020海峡科技专家论坛】 2020年9月17—27日，中国科协主办、福建省科协承办的第12届海峡论坛·2020海峡科技专家论坛，以“两岸新时代　科技新融合”为主题，设1个主会场、6个分会场（海峡两岸管理论坛、海峡能源电力融合发展论坛、海峡两岸数字经济融合发展研讨会、海峡两岸社区卫生健康服务研讨会、海峡护理高峰论坛、闽台乡村特色产业融合发展交流会），采用线上线下相结合方式，分别在厦门、福州、龙岩等地举行，并连线台湾。中国科协党组成员、书记处书记宋军作视频致辞，福建省副省长郭宁宁出席论坛开幕式并致辞。中国疾控中心流行病学首席专家吴尊友、台湾文藻外语大学原副校长高明瑞分别作题为“新冠肺炎疫情形势与防控策略”“非营利组织与社会创业”的主旨报告。论坛围绕高质量发展和两岸融合发展，重点聚焦科技融合、健康中国、乡村振兴、第一家园建设等议题，两岸科技专家、学者1800多人（其中台湾360多人）首次相聚“云端”展开交流研讨，征集科技论文360多篇，促成5个两岸科技合作项目签约，提出5

条两岸科技融合发展政策建议。

【2020年“全国科普日”福建省主场活动】 2020年9月22日，福建省科协联合省委宣传部等共同举办的2020年福建省“全国科普日”活动启动仪式在福州举行。省委常委周联清，省人大常委会副主任吴洪芹，省政协副主席薛卫民，省科协主席、院士郑兰荪，以及省直有关部门、高校、科研院所负责人等300多人参加启动仪式。启动仪式上，发布福建省科普工作优秀学会、十佳科学传播人物，向第三批闽江科学传播学者颁发聘书，举行福建中医药大学中医药文化博物馆开馆仪式。省疾控中心副主任、闽江科学传播学者张山鹰，省农科院研究员、闽江科学传播学者翁伯琦分别作“新冠防控常态化情况下如何科学应对秋冬季传染病”“农业绿色发展与保障粮食安全”的主题科普报告。

（严建和）

福建省社会科学界联合会

【概况】 2020年，福建省社会科学界联合会（简称福建省社科联）举办学习贯彻党的十九届五中全会精神理论研讨会、学习习近平总书记在经济社会领域专家座谈会上的重要讲话理论研讨会，与省委宣传部、省委教育工委联合举办学习贯彻党的十九届五中全会精神全省中青年理论人才培训班。学习贯彻落实省委十届十次、十一次全会精神，召开学习贯彻省委十届十次全会精神座谈会。全年召开党组理论学习中心组学习会18次。举办学习贯彻党的十九届五中全会精神党员干部培训班，组建机关年轻干部学习新思想理论学习小组，开展4次研读交流活动。

【新冠疫情防控助力】 2020年，福建省社科联通过“福建学堂”微信公众号，开设《疫情防控》专栏，推送200多期权威媒体报道的疫情防控知识和经验做法。动员社会组织投入疫情防控工作，累计募捐31.8万元；省诗词学会、省诚信书画院等社团发动会员开展艺术创作，编辑推送《抗疫诗词选编》、抗疫楹联、书画作品等。组织开展疫情防控专项研究，《关于新冠肺炎下的我省涉侨工作相关建议》等研究成果获得省领导的肯定性批示。省社科研究基地30多位专家学者先后在《人民日报》、《光明日报》、新华社等发表文章、接受访谈100多篇次，17篇内部研究报告被中央统战部、省委办公厅等部门采用。《东南学术》开设“公共安全与应急管理研究”专栏，刊发知名专家学者最新研究成果7篇。

【社科规划】 2020年，福建省获得国家社科基金项目立项215个，其中重大项目11个，特别委托项目1个，资助经费5795万元，立项数再创新高，研究阐释党的十九届四中全会精神国家社科基金重大项目获立项9个，位列全国第二名；其中厦门大学获2020年度国家社科基金项目81个，与北京大学并列全国高校第一。省社科规划项目立项334个，投入经费1456万元。结合习近平同志在福建工作时的创新理念和重大实践，设立年度重大项目专项。继续设立台胞专项扶持项目，推动闽台融合发展。项目成果成效显著，有16篇国家社科基金项目阶段性成果刊登在中央“三报一刊”，4期《成果要报》得到省领导肯定性批示。立项建设以马克思主义为指导的哲学社会科学学科基础理论研究基地13个。省社科规划项目负责人以省中特中心名义在中央“三报一刊”等主流媒体理论版发表理论文章46篇。与省委宣传部、省委教育工委联合推进以马克思主义为指导的哲学社会科学基础理论研究基地建设，立项建设研究基地13家。

【社团管理】 2020年，福建省社科联加强省社科联主管的社科类学术社团规范化管理。加强对省级社科类学术社团调研指导，开展全覆盖走访调研，组织举办突发事件舆情管理与舆论引导专题讲座、学习贯彻党的十九届五中全会精神培训会等，增强学术社团活力。推动省行政管理学会、省钱币学会等学术社团完成换届，依法注销组织机构不健全、长期不开展活动、连续多年不参加年检的社团。推进社会组织党建工作“双覆盖”，截至年底，省社科联主管的省级社会组织有143个，其中136个社会组织成立党组织，覆盖率95.1%。组织开展以“全面建成小康社会：新思想 新福建 新成就”为主题的2020年福建社科界学术年会，举办25个分论坛。组织社会组织开展“阳光1+1牵手行动”对口帮扶老区村，投入经费100多万元、发放惠农贷款1100多万元。

【社科普及宣传】 2020年，福建省社科联坚持社科普及正确导向，创新形式、内容和方法，组织开展以“决胜全面小康 决战脱贫攻坚”为主题的2020年福建省社会科学普及宣传周活动，采取省、市、县三级联动，省委常委、宣传部部长、省社科联主席邢善萍出席在宁德古田县举行的主会场活动。办好东南周末讲坛，采用线上、线下结合的方式开展讲座50场。举办社会科学专题报告会100多场。组织开展3期网上有奖竞答活动，省内累计参与600多万人次，创历史新高。出版2018年度福建省社会科学普及出版资助项目丛书19本，立项资助2020年度项目20个。《东南学术》杂志注重加强选题策划，办好“新时代新思想研究”等专栏，开设“公共安全与应急管理研究”“文化遗产与现代文明”“纪念恩格斯诞辰200周年”“民法典研究”等专题，刊物影响力持续提升。全年出版6期，刊发文章156篇，其中国家级基金课题资助论文70篇，占全年发文量的45%。全年有71篇次论文被《新华文摘》等全国性重要文科学术文摘以各种形式转载，转载量位居福建省综合性学术期刊前

列。《福建日报》、《八闽快讯》、中国社会科学网等媒体对《东南学术》的办刊工作进行5次专题报道。（童传轩）

福建省归国华侨联合会

【思想政治学习】 2020年，福建省归国华侨联合会（简称福建省侨联）利用“福侨世界总网”、微信公众号矩阵等网络平台，开设《党的十九届五中全会精神》《弘扬嘉庚精神》《脱贫攻坚中的闽侨力量》等学习专栏，学习宣传贯彻习近平总书记系列重要讲话重要指示批示精神。邀请“风展红旗如画”——红色三明故事宣讲团开展侨界宣讲活动。学习贯彻《中国共产党宣传工作条例》，调整省侨联意识形态领导工作小组；召开意识形态、网络安全、文化安全工作形势分析会议，出台信息传播工作有关制度。与省广电网络集团共建《闽侨之窗》电视专区，拍摄侨界孝廉代表人物黄仲咸的短视频，配合中国侨联信息传播部和北京电视台拍摄的大型电视节目《魅力侨乡行》（第二季）。抓好宣传舆论阵地建设，举办2020年信息传播工作培训班，编发和推送抗疫快讯400多条，报送疫情相关《闽侨智库专报》200多期，出版《八闽侨声》抗疫专刊3期。

【侨联履职】 2020年，福建省新成立基层侨联组织10家，全国首家自然村侨联在晋江市成立，全省级行业性社会团体侨联组织首次在福建省众创空间协会成立。落实中央华侨事务专项经费划转安排，在全国侨联系统首家制定出台《福建省侨联关于印发贯彻落实〈中国侨联关于华侨事务预算专项经费使用管理的指导意见〉实施办法》。推进统一社会信用代码赋码工作，全省赋码160家基层侨联组织。开展“结对帮扶捐赠及侨界专家走基层”活动，助力郑墩镇南坑村脱贫攻坚和乡村振兴；推荐8位在闽侨界高层次人才参与第八届“中国侨界贡献奖”活动；确定6位侨界高层次专家学者为第六届省政府顾问推荐对象；推荐侨界青年人才参与省人社厅开展的“雏鹰计划”遴选工作。借力外交部和大使馆联通美国、加拿大等国家开展维权工作，开展线上仲裁调解工作。结合《中华人民共和国归侨侨眷权益保护法》颁布30周年活动，开展第二届“侨商杯”知识竞赛，建立100余个微信矩阵，组织5000余人参加。与华侨大学福州校友会、华侨大学法学院联合在福州举办“中国梦·华侨情”首届涉外法律论坛。运用“互联网＋”服务平台，开展“微直播”“微调解”等，为广大归侨侨眷和海外华侨提供“一站式”服务。

【联谊、侨务和对台工作】 2020年，福建省侨联开展“云联谊”。与海外侨团和侨胞保持密切联系，及时了解并整理疫情信息和海外侨胞诉求，释疑解惑，帮助海外侨胞协调包机、购票，以及“绿色通道”入境等事宜。练好“内功”，启动“一国一口袋”数据库建设。全年接待来自30多个国家和地区的海外团组21批次约140人次。持续涵养侨务资源，举办中国侨联第九期海外联谊研修班暨福建侨联第二期“嘉庚精神”研修班，邀请菲律宾、法国、加拿大、南非、澳大利亚等37个国家和地区的59名侨社骨干参加。参与2020厦门国际投资贸易洽谈会暨斐济“一带一路”项目发布会和第一届“音动时代杯”福建省直播电商大赛。邀请来自66个国家和地区的184名女杰会会员代表参加“2020年福建外贸云展会（应急物资专场）”线上开幕启动仪式。扩大两岸交流，在纪念故宫600岁、故宫博物院成立95周年之际，邀请两岸青年设计师、在大陆的台湾青年参与主办海峡两岸（故宫文化）文创设计交流周，通过举办“海峡两岸文创设计邀请赛”、“船政文创论坛”、“第四十四届世界遗产大会船政官方伴手礼”发布会、“海峡青年设计师船政文化走访”等活动，助力两岸青年间的文化认同与文化自信，推动海峡文创产业发展，加强两岸融合发展。

【侨界服务中心工作】 2020年，福建省侨联开展以侨促贸活动。分别与省工信厅中小企业服务中心和省海外归国人员互助发展协会举办4场“侨智沙龙”活动；开展以“抗击疫情·发展经济”为主题的侨商会走进泉州经贸交流活动；支持举办中国（厦门）国际绿色创新、新能源产业博览会及第六届（中国）海峡两岸新能源产业创新创业大赛·获奖项目投资对接会等活动；与福建省枢建通信技术有限公司共同举办北斗应用海外侨商推介对接会，推动侨资侨智及创新成果的对接转化。参与“一带一路”建设。疫情期间，落实中央、省委“六保”“六稳”工作部署，全方位推动高质量发展。分批走访侨资企业，为200多家侨商侨企对接商机。与中缅经济文化交流中心联合举办线上“中缅投资洽谈会”活动；参与举办“福建外贸云展会”（应急物资专场）和“中国·福建—意大利经贸合作在线推介会”活动，在线吸引工商企业界代表3000多人参与；与省工信厅共同主办的侨商“一带一路”线上合作推介会暨“惠企政策进百园入万企”活动。助力脱贫攻坚和传播侨爱活动。开展“百侨帮百村——联村助户”精准帮扶活动，结对帮扶2707人（户、项），下拨精准帮扶款148.4万元。筹措资金120万元资助南平市松溪县6个项目。与泉州、漳州、宁德市侨联组织闽籍侨商企业家对宁夏固原市进行考察访问，捐赠“爱心图书室”等5个项目。主导组织召开“茶文化的海外传播”分论坛；推动精准扶贫挂钩帮扶村——松溪县郑墩镇南坑村白茶宣传和“直播带货”，提升南坑村白茶知名度。组织14名侨界医学专家组成医疗队赴福清市江阴镇卫生院开展健康诊疗和科普咨询活动。开展中国侨联“侨爱心·光明行”公益项目福州站工作，为280多名困难归侨侨眷及低收入白内障患者实施免费复明手术。

【中华文化弘扬】　2020年，福建省侨联为弘扬中华文化，开展务实合作。办好夏（冬）令营。举办“亲情中华·为你讲故事”网上夏令营，中国侨联制作名著名人、成语寓言等中华故事和防疫知识，福建省侨联配套制作一种精神（嘉庚精神）、一首歌（《福建如你》）、一道家乡菜（闽菜）等“十个一”福建文化初印象系列节目。来自菲律宾、马来西亚、美国、加拿大等14个国家的28个海外侨社团和中文学校先后组建45个营，建立68个微信学习群，组织2039名海外华裔青少年参加网上夏令营活动。传播中华优秀文化。以线上辅导的方式，引导海外中餐业应对疫情，推动海外中餐业转型升级，支持德国福建同乡联合总会举行“德国侨胞中餐业发展研讨会”。与8家海外社团签订福建海外中餐发展联盟合作协议。联合湖北、江苏等省侨联，共同协办“‘中秋云家宴　家国共团圆’——海外华侨华人中秋特别节目”，通过直播福建、央视频、央视新闻等多个平台向海外同步直播，全网点击量近350万人次。召开福建省华侨摄影学会第五次会员代表大会，举办“美丽福建、魅力侨乡”为主题的图片展，作品作为“福建文化分享礼包”分送海外侨胞。弘扬华侨历史文化和精神。举办《福建华侨抗疫图片展》，征集抗疫展览资料2396份、实物资料125份，传播福建抗疫斗争中的侨界先进事迹、典型和故事。精心制作、网上宣介《云游福建华侨主题馆》。命名孙易彬故居为“福建省侨联爱国主义教育基地”。做好福建省第七批中国华侨国际文化交流基地故事的收集工作、中国华侨国际文化交流基地考察申报工作和“亲情中华·云上基地”的有关工作。陈嘉庚纪念馆被定为中央文明委重点工作项目基层联系点。参与首届海丝国际茶文化论坛系列活动暨“海丝国际杯”2020年首届茶王赛活动。

【闽侨抗疫】　2020年，福建省侨联迅速成立省侨联疫情防控工作领导小组，全程参与省应对新冠肺炎疫情防控组疫情综合协调组、物资供应组、交通检疫组和外事组工作，加强指导市县侨联与各级统战、外事部门对接，构建统战、外事、侨联系统“横向到边、纵向到底”的省、市、县（区）三级联防联抗工作格局。各级侨联干部主动放弃休假，全员投入，坚持关键信息及时汇总、重要工作“一日一商”，推进疫情防控工作落实落地落细。依托“福侨世界总网”全媒体融合平台，跟进刊登习近平总书记最新讲话精神，转发中央、省委、省政府关于疫情防控方面的文件精神，宣传报道福建省各级侨联组织和广大海外侨胞在疫情防控斗争中涌现出的先进典型和感人事迹。省侨联派出3个服务工作队下沉一线，慰问奋战在基层的侨务工作者，检查疫情防控措施落实情况，现场研究解决问题，派出10名干部分阶段赴北京、上海、内蒙古支援抗疫工作。在防控疫情的非常时期，省、市、县侨联派出精干力量到省外口岸或到隔离点、村镇基层一线开展抗疫工作200多人次。2020年，各级侨联争取到海外华侨华人捐赠口罩1447.40万只、防护服8.81万套、手套535.07万双、测体温仪器4114个、护目镜21082副、医用靴鞋帽25.53万件、隔离服3.34万件、防护眼（面）罩1954个，接收捐款6723.55万元。全省侨联系统支援60多个国家侨团、海外侨胞口罩合计180.5万只、防护服29010套、护目镜12000副、连花清瘟胶囊9.4万盒、中药包（排毒清肺汤）18200包、消毒仪25台、PDGO透析机2台、爱心包8600个等防疫物资。同步开通24小时服务热线，跟进了解海外乡亲的最新动态与诉求，及时解答侨胞关于疫情防控的各类问题。建立33个国家的医疗咨询微信群，邀请100多名中西医专家坐诊，累计在线咨询人数超过上万人次，接受各类医疗咨询600多人次。编印并向海外侨社和回乡侨胞赠送3万册《新型冠状病毒肺炎防护知识手册》，省市侨联在清明期间发出文明祭扫倡议，主动向海外侨胞推出“云祭扫”、代祭扫服务，在全省范围内对返乡隔离侨胞开展“五个一”人文关怀。联合省教育厅下发《关于疫情期间华侨子女回闽就学有关事项的通知》，推动解决华侨子女回闽就学难的问题。联合省外办帮助因疫情滞留国内的巴新侨胞包机返回巴新复工复产，首创国内赴海外包机。各级侨联贯彻落实中央和省委关于“统筹推进疫情防控和经济社会发展”的决策部署，深入侨资企业和脱贫帮扶点开展调研，了解企业疫情防控、生产经营和“走出去”等方面需求，协调外事、工信、商务等部门，帮助解决遇到的困难问题，助力他们快速复工复产，为经济恢复贡献侨界力量。（周　洁）

福建省台湾同胞联谊会

【概况】　2020年，福建省台湾同胞联谊会（简称福建省台联）强化政治引领，推动政治建会，自觉接受中共福建省委巡视，扛起巡视整改重大政治责任，逐一落实整改意见。规范化机关党支部建设，结合主题教育和党性教育等活动，夯实基层党建基础。优化宣传实效，提高参政议政水平，“福建台胞之家”网站和微信公众号质与量齐升，结合其他涉台媒体全方位报道福建台联工作。向省政协十二届四次会议提交台联界别集体提案4件，形成3篇调研报告供上级相关部门决策参考。强化台联组织建设，推动成立漳州高新区台联。

【两岸交流活动】　2020年，福建省台联广泛开展两岸宗亲交流活动。主办第12届海峡论坛“同名村·心连心”联谊活动，有在闽常住台胞、同名村宗亲代表、两岸乡建乡创从业者等百余人参加主场活动。活动以“居同厝”为主题，通过“直播海峡”等平台全程视频直播，线上线下共话两岸民居文化的一脉相承和未来发展。为呈现闽台两地相同的居厝风格，活动还举办“两岸同名村摄影大赛”，收集海峡两岸摄影作品近400件，获得两岸宗亲的高度重视和热情参与。两岸青年交流。举办2020年海峡两岸台胞青年夏令营，两岸青年台胞围绕古厝文化、红色文化、自然生态等方面开展研学，增强台胞青年对祖国的文化认同；“两岸农产品主播实训营暨省台联第12期电商实训营”在漳州举行，活动理论与实操相结合，从直播间搭建技巧、后台操作、参与实战等方面涵盖直播电商关键环节，手把手教授学员“零基础”做直播电商；主办两岸青少年新媒体“辨”论坛、“海峡两岸青年网红主播大赛”、“第三届海峡两岸姊妹湖产业协作年会暨海峡两岸姊妹湖区县市长互动协作峰会”、“2020亲亲闽台缘”两岸非遗文化“云”交流、“海峡两岸（福州）音乐教师云课堂”活动，指导举办第三届海峡两岸美业大健康产业论坛等活动，增强青年台胞主动参与交流的内生动力。两岸婚姻家庭联谊。举办“两岸婚姻家庭暨台胞青年妈祖文化研习营”，活动通过宣讲惠台政策措施，参观莆田市妈祖陶瓷文化艺术展、“妈祖缘、同胞情”两岸书画联展等活动，让台胞切身感受妈祖文化魅力。主办“两岸婚姻家庭暨台胞青年茶文化产业研习营”，活动以茶产业为主题，组织台胞体验武夷岩茶制作技艺，了解茶产业发展情况，推动两岸茶产业交流合作发展。

【台胞服务】 2020年，福建省台联举办2020年台胞新春联谊活动，200余名在榕定居台胞、台商、台生共迎佳节；全省台联系统上下联动，举办“乡亲相爱一家人”中秋联谊系列活动，组织9个设区市的500余名台胞以参访、座谈、联谊等形式，增进亲情乡谊；加强扶贫济困，通过发放扶贫济困资金，在春节等中国传统节假日开展慰问等方式，将党和政府的关怀送到台胞心上；推进疫情防控工作，动员广大台胞助力基层一线、开展捐款捐物，参与抗击疫情。开展“服务台企进千家”活动，采取专家解答、深入台企宣传、提交提案等方式，助力台资企业复工复产。

（卓高翔）

福建省金门同胞联谊会

【概况】 2020年，福建省金门同胞联谊会（简称福建省金门联）发挥“以金联台、以金促台”的独特优势，团结带领全省金门、马祖同胞，探索海峡两岸融合发展新路，为促进两岸交流交往，建设台胞台企登陆第一家园，推动两岸关系和平发展积极作为。与厦门大学台湾研究院组成课题调研组，先后赴厦门、漳州、泉州、福州，深入了解台湾民众尤其是金门、马祖同胞在参与建设台胞台企登陆第一家园中如何发挥积极作用开展课题调研，探索金门联组织在新时期创新作用机制；举办“2020年全省金门联骨干培训班”，来自全省各级金门联骨干共26人参加培训，以专题辅导、现场教学和民间信仰研习相结合的方式进行爱国主义教育；围绕中心工作，做好宣传工作，全年有5条信息被省委统战部微信公众号及网站转发；《金门乡谊》改报为刊的编发及《福建省金联金门乡亲访谈节目》的采编和制作工作顺利开展。

【联谊交流】 2020年，福建省金门联与台湾金门同乡会总会携手汇聚乡亲心声，向两岸有关部门反映金门、马祖乡亲渴望尽快恢复“小三通”的民心民意。举办第十二届海峡论坛子项目“净滩环保　守护共同家园”活动，两岸线下线上近千人参与活动。线下活动在厦门环岛路“一国两制”沙滩及金门县慈湖海滩同步开展，来自大陆的93名志愿者及金门的60名乡亲通过视频直播连线进行净滩“云PK”。线上活动为环保文创作品征集评比，国务院台办副主任龙明彪出席颁奖仪式；举办“2020年两岸金门、马祖乡亲庆国庆、庆中秋联谊活动”，邀请常住大陆福建的金门、马祖乡亲及各地金门联、在闽定居金胞代表共同参与，敦睦乡谊乡情；创新打造常态化线上辅导机制，近50名台湾青年参加首期“台湾青年线上创业辅导营”活动。通过课程辅导，让有志到闽发展的台湾青年系统了解全省创业就业相关政策，学习掌握电商营销技巧，提升市场营销能力，拓宽台青在闽创业就业渠道，助力两岸融合发展。

【金马同胞服务】 2020年，福建省金门联做好金马同胞服务工作，落实发放老龄金马同胞专项资金412.68万元，惠及金马同胞1689人。发放困难金马同胞扶贫济困专项资金22.8万元，惠及金马同胞95人。发放奖学金1.02万元，惠及金马同胞及金马同胞子女34人；发挥各级金门籍人大代表及政协委员的作用，全年提交省、市级人大建议及政协提案19件，就文化交流、联谊交往、两岸融合等方面建言献策；通过多种建言平台，引导金门、马祖同胞在为金门、马祖同胞谋福祉的同时，为两岸和平发展建睿智之言，献务实之策；建立常住大陆福建金门、马祖乡亲联系机制，为乡亲排忧解难，创造更好的在闽发展条件；开展走访慰问老同志、困难和生病金马同胞的工作，表达问候、听取意见，表达组织的关心。（王建隆）

福建省文学艺术界联合会

【概况】 2020年，福建省文学艺术界联合会（简称福建省文联）组织全省文联系统干部职工参加全国文联系统干部增强“四力”网络培训班，举办全省文联系统干部能力素质提升读书班等活动28场次，召开省文联七届六次全委会等会议16场次，全省文联系统和文艺骨干2000余人次集中学习习近平新时代中国特色社会主义思想。举办“学习宣传习近平新时代中国特色社会主义思想和党的十九届五中全会精神走进基层惠民演出”活动60余场次。截至年底，福建省文联有团体会员32个：12个省级文艺家协会、9个设区市文联及平潭综合实验区文联、8个行业系统文联（福建检察文联、福建煤矿文联、福建老年书画艺术协会、福建电力文协、中国水利水电十六局文联、福建公安文联、中国石化福建石油公司文联、农业银行泉州分行文联）和2个高校文联（福建农林大学文联、厦门理工学院文联）。

【抗击新冠肺炎疫情文艺创作宣传】 2020年，福建省文联组织创作抗疫文艺作品1.2万多件，其中30多首诗歌作品在“学习强国”福建平台推出，1个诗歌朗诵视频在中国作家网推出；10首歌曲入选“学习强国”平台全国优秀“战疫”公益歌曲展播，2首歌曲被评为优秀歌曲；20件戏剧作品在“学习强国”福建学习平台播出；1部电视短片被国家广电总局推广。在全国政协文史馆举办“绘草本精华 扬中医国粹——《清肺排毒汤组画》展览”，引起众多关注。

【文艺创作】 2020年，福建省文联围绕文化强省建设全面实施文艺精品创作生产，以高质量发展标准抓好全省文艺精品创作生产，突出抓好决胜全面小康、决战脱贫攻坚重大题材文艺生产，认真开展文艺采风创作，精心开展重点文艺培育活动，打磨精品力作参加全国各文艺赛事展演活动。其中，1名南词说唱表演者获评第十一届中国曲艺“牡丹奖表演奖”，福建曲艺实现该奖“六连冠”；南音表演艺术家、理论家苏统谋被授予“中国文联终身成就曲艺艺术家”荣誉称号，实现全省该奖重大突破。歌曲《我的中国》入选2019年度全国“听见中国听见你”优秀推选歌曲并排名榜首，4个电视作品获得第30届中国电视金鹰奖提名奖（全国47个），1名会员获第13届中国摄影金像奖，1名会员获2019年“大国工匠年度人物”（全国10名）。

【文艺惠民为民活动】 2020年，福建省文联参与“乡村振兴战略”、“文化振兴计划”、文艺“精准扶贫”活动，开展文化科技卫生“三下乡”活动、“我们的中国梦——文化进万家”、“向人民汇报”、“到人民中去”、“我们的节日”等文艺活动110多场，全面开展2020暖冬圆梦工程等文艺志愿演出60余场次。组织开展八闽戏剧进校园等惠民教学30余场，办好“八闽书院名家大讲堂”、作家讲坛、文艺进军营等宣教培训60余场，在全省范围内培训和覆盖影响20余万文艺爱好者。

【对台对外文艺交流交往】 2020年，福建省文联采用云端合作的方式，举办2项国台办对台长期重点交流项目——“第九届海峡两岸电视艺术节暨海峡两岸电视主持新人大赛”“第十届海峡两岸曲艺欢乐汇”。举办“中华情·中国梦”海峡两岸中秋展演、第八届海峡两岸青年舞蹈嘉年华系列活动——第五届海峡两岸青少年街舞大赛、第六届海峡两岸雕刻大赛、第五届海峡两岸中青年篆刻大赛、第三届华人音乐创作笔会、海峡两岸诗歌大赛等海峡两岸文艺活动，强化艺术交流。 （方 毅）

中国国际贸易促进委员会福建省委员会

【概况】 2020年，中国国际贸易促进委员会福建省委员会（简称福建省贸促会）向境外商协会、企业，以及驻华商务机构等宣传介绍党的十九届五中全会精神，突出规划建议中实行“双循环”与扩大开放相辅相成的具体举措，推动与福建经贸合作的深化。

【疫情防控和复工复产】 2020年，福建省贸促会强化责任担当，做好疫情防控和复工复产工作。参加福建省应对新冠肺炎疫情医疗物资保障组日常工作，向医疗物资保障组提供国（境）外有效供货渠道19条。省贸促会本级组织和协调境外捐赠及市（县）向境外采购一次性医用口罩62万个、医用防护服300件、手术隔离衣1.2万件、测温枪90支、外科手套2950双。协调日本贸促会冲绳分会向福建省红十字会捐赠儿童口罩5760只、医用橡胶手套1万双等防疫物资；联系日本福州十邑社团联合总会常务副会长、日本千叶福州十邑同乡会会长刘国利向长乐区湖南镇湖滨村捐赠口罩15235只。助力企业应对疫情影响，开启绿色便捷通道，简化“自主打印”审批手续，指导有条件的企业采用“自主打印”的方式申办原产地证，实现“不见面办公”；为115家企业出具新冠疫情不可抗力事实性证明182份，避免违约合同金额2.63亿美元。组织全省各地签证机构的工作人员及办证企业代表在线召开新冠疫情下应对国际经贸摩擦座谈会，助力企业降低贸易风险。探索线上经贸对接模式，服务企业复工复产。针对各市（县）优势产业，开展“一对一”的精准对接，与俄罗斯、东盟等国外商事机构，联合举办8场“一对一”专场经贸对接活动。组织345家国（境）内外采购商与100多家福建企业进行“一对一”对接，成交额4.15亿元。

【重要经贸活动服务】 2020年，福建省贸促会做好2020迪拜世博会筹备工作。在“9·8”厦洽会期间，专门安排迪拜世博会推介环节，邀请中国国际商会会展部相关负责人进行线上推介。组织地市贸促会及相关企业参加中国贸促会举办的2020年全国世博会工作培训班。承办优化营商环境线上政企对话会（福建专场），中国贸促会副会长张慎峰、福建省副省长郭宁宁出席活动并致辞。中国美国商会、中国欧盟商会、英中贸易协会等境外在华商协会出席，飞利浦、沃尔玛等30余家境外在华、在闽投资企业参会。

参与二十一世纪海上丝绸之路博览会暨海峡两岸经贸交易会（“5·18”），主办的第十五届中国（福建）消费品全球采购会，举办莆田金银珠宝专场和漳州食品专场。其中，莆田金银珠宝线上专场活动，来自俄罗斯、印度等国家和国内71名境内外采购商与20家莆田金银珠宝企业一同参加线上对接会，吸引近2000名观众和意向采购商通过网络平台参与活动，成交签约总金额3.7亿元；漳州食品线上专场，意向签约超1200万元，参会21家漳州食品企业与63家来自“一带一路”沿线国家工商会及境内外的采购商代表进行经贸对接洽谈，吸引超5000名观众通过线上直播方式参与。参加“9·8”厦洽会活动，主办“2020福建——海上丝绸之路国际经贸合作对接会”。通过“线上”＋“线下”联动方式，在福州设主会场，为福建企业与“一带一路”沿线国家搭建合作洽谈的桥梁，邀请9家境外商协会和30多家企业，采取云对接、云洽谈、云签约等方式，与福建省的汽车配件、机械机床、食品茶叶等行业协会进行对接洽谈，并签署合作备忘录。

【闽台经贸交流】 2020年，福建省贸促会采取线上线下相结合的模式，举办“第十二届海峡论坛·第二届海峡两岸工商合作论坛”。中国贸促会副会长陈建安，海峡两岸经贸文化交流协会会长高孔廉、台湾商业总会理事长赖正镒、台湾商业联合总会理事长张平沼分别作视频致辞，副省长郭宁宁在福州主会场致辞。该次论坛吸引近2000名来自海峡两岸的企业（机构）及商协会等工商界人士参加线上会议和对接活动。同期举办闽台医美与康养产业对接会，进行112场“一对一”经贸视频对接洽谈，其中有4家福建企业（机构）与4家台湾企业（机构）现场签署合作协议。

【对外经贸交流】 2020年，福建省贸促会助力经贸工作“请进来”“走出去”拓展对外联络渠道。接待来访境外代表团6个27人次。利用线上视频会议的平台，与俄罗斯联邦工商会、俄罗斯下诺夫哥罗德州工商会等境外国家和地区商协会举行视频会议，研究和探讨加强合作，促进双边经贸交流。助力企业开拓国内外市场。受疫情影响，重点支持泉州、龙岩、三明、南平、宁德5个设区市贸促会举办与“一市一展”配套的线上线下经贸交流对接活动和线上展会，邀请境内外采购商154家，组织全省企业209家，达成采购成交意向金额4.6亿元。支持宁德贸促会首次主办“海峡两岸电机电器博览会线上展”，组织电机电器企业102家，邀约20多个国家91名专业采购商参加展会，参展企业收到询盘达1073个，达成采购意向4004万美元。组织27家企业参加第13届海峡两岸（厦门）文化产业博览交易会并参展，展品涵盖六大类产品。

【商事法律服务】 2020年，福建省贸促会搭建福建省贸促会法律支援平台，平台累计接受企业咨询567次。组织全省各经贸摩擦预警点、监测点及相关企业代表等50余人，召开“国际经贸摩擦应对（线上）座谈会”。向各设区市贸促会、预警点及企业等推送《经贸摩擦预警信息快报》48期计853条。与省外汇管理局共同联合省工商银行、建设银行、兴业银行等22家省主要金融机构开展“稳企业保就业”贸易融资产品线上推广活动，为福建省外向型企业提供融资指导。开展自贸协定宣传，被评为中国贸促会自贸协定服务中心工作“宣传推广先进单位”。对18家新注册的生产型企业进行实地核查，新增设立4个签证机构，全省签证机构达到20个，全年出具商事法律证书17.5万份，其中签发货物原产地证书15.6万份、涉及货值65亿美元；出具ATA单证册55份，为企业办证减负550万元。承办“中国贸促会经贸摩擦应对和法律风险防范”培训班。邀请专家围绕“外商投资准入负面清单”“中美经贸摩擦应对”“自贸协定项下优惠政策解读”等专题进行辅导。与中国贸促会商事法律服务中心共同主办2020《北京理算规则》修订暨海商事服务（福建）培训会。深入开展“互联网＋‘涉外商事法律服务八闽行’”系列活动，举办11场线上线下涉外商事法律公益讲座，为全省1213家外贸企业提供有针对性的商事法律服务及专家答疑。 （林健峰）

福建省残疾人联合会

【概况】 2020年，福建省全面完成“十三五”加快残疾人小康进程规划纲要目标任务，残疾人就业增收、康复服务等多项指标位居全国前列。福建省残疾人联合会（简称福建省残联）建立各级残联主要领导负总责、其他副职重点抓、各职能部室分片包干、基层联络员到户到人网格化管理的防控领导体制、工作机制，对统筹做好疫情防控与保障残疾人基本生活提出措施。对3.56万人次困难残疾人实施临时救助566.7万元，发放防控物资11.8万件及近30万元生活必需品。省残联选派20名党员干部下沉重点场所，各级残联及近2万名基层残疾人工作者做好日常防控，全省残疾人无一人一户因疫情导致生活陷入困境，无一处一所残疾人托养、康复、日间照料机构发生感染。

【残疾人兜底保障】 2020年，福建省残联把助推残疾人脱贫攻坚摆在重中之重的位置，巩固残疾人脱贫攻坚成果，被列入重点帮扶对象的残疾人全部消除返贫致贫风险，推动出台省政府残工委《关于学习贯彻省委十届十次全会精神 积极促进残疾人增收的实施意见》，全省残疾人脱贫攻坚成果得到省领导的批示肯定。全面落实残疾人低保、两项补贴、参加基本医疗保险和基本养老保险补贴等政策，推动各设区市及平潭综合实验区均建立“一户多残”专项补贴和残疾人意外伤害保险制度。开展“扶持农村困难残疾人就业创业”、残疾人居家托养服务等项目，扶持2.27万人。

【残疾人就业】 2020年，福建省残联围绕“六稳”“六保”要求，贯彻《关于完善残疾人就业保障金制度 更好促进残疾人就业的总体方案》并制定福建省实施意见，抓好“1+7”残疾人就业创业扶持政策落实，全省发放奖补资金8300万元。分区分类强化残疾人精准就业服务，福建省成为全国残疾人就业创业平台服务示范省。全省有就业意愿的高校残疾人毕业生100%实现就业，居全国首位；新增残疾人培训及新增残疾人就业均大幅超额完成中国残联下达任务，完成情况居全国前三位。

【残疾人权益保障】 2020年，福建省残联全面实施残疾人精准康复服务行动，推动出台残疾儿童康复救助提标扩面政策，残疾人康复服务率、辅具适配服务率分别达99.91%、99.92%，居全国前列。残疾人受教育水平稳步提高，残疾儿童接受义务教育比例在99%以上，高考招生上线残疾考生录取率100%，1.8万名残疾学生得到2062.7万元就学资助。举办庆祝第29个国际残疾人日暨第十届闽台残疾人文化周活动，首次引入宁夏残联参与，线上线下同步实施，营造残疾人一家亲的浓厚氛围。备战第十一届全国残运会暨第八届特奥运动会，基层残疾人文体活动参与率大幅提高。无障碍环境持续优化，在全国率先出台《福建省残疾人家庭无障碍改造实施办法（暂行）》。省、市、县三级残疾人法律救助工作站全面建成，全省残联系统信访办结率及满意率均达100%。（杨瑞芳）

福建省红十字会

【概况】 2020年，福建省人大常委会重新修订颁布《福建省红十字会条例》。福建省红十字会机关内设办公室、赈济救护部、事业发展与交往联络部、筹资与财务部、机关党总支；下属事业单位2个，为福建省造血干细胞捐献者资料库管理中心（人体器官捐献中心）和福建省红十字会备灾救灾中心，并有1个经批准设立，性质属民办非企业的自收自支单位，为省红十字现场救护培训中心。截至年底，全省红十字会有基层组织2683个、会员801485人、注册志愿者63643人。

【助力疫情防控】 2020年，福建省红十字会动员人道力量，做好捐赠款物接收，全省红十字会系统接收款物价值7.96亿元，其中款4.23亿元、物资价值3.73亿元，总量居各省级红会第八位。严格规范捐赠款物管理使用，及时准确公开相关信息，自觉接受各方面审计监督等。建立社会捐赠款物安排使用应急工作机制，做到捐赠资金专款专用、快拨快用，捐赠物资快速分配、物走账清。参与联防联控，组织动员红十字会员和志愿者3.5万人次，做好防控知识宣传、健康监测和入户排查、困难家庭和人员帮扶、心理疏导和人道救援等工作。协助完成援外5批次，援助款物965.7万元；动员7名新冠肺炎康复者捐献恢复期血浆2700毫升，为挽救危重患者生命作出贡献。全系统有5个集体、10名个人获中国红十字会和全省抗疫先进表彰。

【应急救护普及】 2020年，福建省红十字会推广普及应急救护知识和技能，相关内容写入省委“十四五”规划建议稿。健全应急救护培训质量管控体系，完善线上线下培训方式，开展应急救护知识和技能“六进”工作，重点推动“救在身边、机关先行”活动，推广在公共场所设置AED，举办全省第五届应急救护大赛，开展“最美红十字救护员”推荐评选，推动建设应急救护培训基地，培训红十字急救员4.3万人，普及急救知识30多万人次。设立省红十字会南丁格尔护理奖学基金，举办首届奖学基金发放仪式。

【人道救助】 2020年，福建省红十字会实施“红十字少儿大病救助”“红十字天使计划”，救助全省重特大疾病患儿500多人次，发放救助款750多万元，少儿大病救助项目获得福建省第三届“慈善八闽—公益慈善项目大赛”二等奖。推进“红十字光明天使行动”，帮助贫困白内障患者1500多人，发放救助款210多万元。连续第21年开展“红十字博爱送万家”活动，向1.5万户困难家庭发放救助款物价值580万元。援助西藏、甘肃地区人道救助物资价值800万元。加大对云霄县对口帮扶力度，组织主管的2个社会组织分别与古

2020年4月3日，福建省红十字会向省内7家医疗机构捐赠负压救护车
（省红十字会供稿）

田县利洋村、南安市施坪村开展“阳光1+1”结对帮扶，深入霞浦县大坪村开展“走在前作表率、助力脱贫攻坚”活动。

【应急救援】 2020年，福建省红十字新成立海峡两岸水上救援队，协同省应急管理厅、省海洋与渔业局举办红十字海上安全救援救护综合演练，加强应急救援队伍建设与能力培训。省红十字水上救援队全年共参与应急抢险救援46场、出动队员310余人次，解救被困人员近200人。

【生命关爱】 2020年，福建省红十字会规范完善“三献”工作宣传动员和服务保障机制，倡导“自愿无偿、高尚利他”的生命接续理念，动员30万人次参与无偿献血，献血量约100吨。完成国家下达的3500人份造血干细胞采样入库任务，27名志愿者实现骨髓捐献。新增遗体捐献90例，比上年增长7%。新增登记报名人体器官捐献22467人，比上年增长40%；2020年实现捐献102例，比上年增长330%，年度增长率全国排名第一，共获取大器官311个、眼角膜124片，让435名患者重获新生。

【红十字组织建设】 2020年，福建省红十字会加强党的领导，7个设区市红十字会成立党组。夯实基层基础，县级红十字会编制体制理顺率达到100%。开展基层组织示范点创建工作，推动在全省84个县区建立“红十字博爱驿站”，建设集困难帮扶、救护体验、爱心捐赠、便民服务等于一体的“一站式”服务阵地。联合省教育厅制定加强和改进新时代学校红十字工作具体举措，实现省属高校成立红十字会全覆盖；召开全省学校红十字工作现场观摩会，举办第二届全省红十字青少年文化节，推动在各级各类学校建设红十字生命教育体验基地，开展应急救护和生命健康安全知识进校园活动，组织6.6万名青少年参加红十字应急救护知识网络竞答，获总会一等奖。健全完善红十字志愿服务组织和志愿者的招募、培训、管理、激励、保障等制度，举办志愿服务工作及项目交流活动，开展最美红十字志愿者评选及事迹展示工作，探索建立养老照护、救护普及、自闭症关爱等特色的红十字志愿服务关爱行动，打造红十字志愿服务品牌。 （赵凌峰）

福建欧美同学会（福建留学人员联谊会）

【概况】 2020年，福建欧美同学会会长郑传芳在“线上课堂”为省市直机关、部分国企及两新等组织的广大党员作《治理体系和治理能力现代化的重大意义》专题辅导报告，观看人数超15万人次；组织宣传贯彻“全国两会”“党的十九届五中全会”精神等网络学习会，举办2020年福建归国留学人才研修班，通过线上线下有机结合，营造浓厚的学习氛围。新冠肺炎疫情发生后，发出《众志成城，抗击疫情》倡议书。各会员单位自发组织支援疫情防控工作，向省内、湖北省及其他地区捐赠各类防疫物资共计1882.04万元；报送相关高质量建议8条。组织会员参与总会“留学报国，战疫有我”征文、“讲述抗疫故事，坚定‘四个自信’”等线上交流会等活动，在闽清县总医院开展抗疫经验分享会，弘扬新时代留学人员爱国报国的精神风貌。

【建言献策】 2020年，福建欧美同学会发挥智力优势，主动作为助发展。引导留学人员迸发双创热情。带领中组部“千人计划”专家一行到南平开展“金融·科技·教育”人才引进及海外高层次人才科教基地项目调研；主办海峡两岸“林深水美人长寿”萨克斯音乐会；参与总会首届“双创”大赛项目；支持泉州留联承办泉州市首届“同心杯”留学人员创新创业大赛；指导晋江留联举办“留学报国，智汇晋江”首届晋江市留学人员交流大会。开展首次网络建言献策座谈会，完成中央统战部《新时代留学人员统战工作》调研报告1篇，郑季武、周毅等撰写的信息多次被省委专报件采用。组织海归医务专家到闽清东桥镇开展医疗下乡活动，跟踪落实“同心助学教育扶贫活动”的捐助帮扶落地情况及捐助效果。推荐黄蕾参加中央统战部第8期归国留学人才研修班，丁友玲等参加2020中国医疗健康产业可持续发展论坛，黄华春、曹渝常为总会投资委员会、经济委员会委员。（吴陈清）

福建省中华职业教育社

【概况】 2020年，福建省中华职教社履行建言献策、温暖工程、理论研究与实践、对外交流等职能，各项工作取得新成效。依托省温暖工程促进会，拓展服务老区苏区发展新项目，先后在蕉城、福安、长汀、永定、建宁、松溪、武夷山、永安、漳平等老少边穷县区实施“新农村建设带头人”“乡村振兴战略”专题培训班和扶贫助学等10个项目，助力脱贫攻坚。11月，在中华职教社召开温暖工程实施25周年总结表彰大会，获“温暖工程优秀组织管理奖”，副主任陈毅萍获“温暖工程优秀项目责任人奖”，长汀县绿之梦家庭农场负责人易小贞获“温暖工程奋斗之星奖”。落实中央和省委关于疫情防控工作的重大决策部署，第一时间倡议全省各级中华职教社和广大社员投身抗疫、捐款捐物，驰援湖北疫情，累计捐款捐物1244万元。推出“福建职教人在行动”系列宣传8篇、各地市中华职教社典型案例宣传9篇，营造全省职教社系统助力战“疫”的舆论氛围。

【建言献策】 2020年，福建省中华职教社围绕省委统战部和中华职教社重点课题，省中华职教社与福建江夏学院联合开展课题调研，形成《习近平总书记关于职业教育重要论述在福建的探索与实践》调研报告，获全省统战系统二等奖，在省委政研室主编的《调研内参》刊发。9月，在省人大常委会召开的福建省《促进闽台职业教育合作条例》实施情况汇报会上，提出促进闽台职教合作的具体建议。11月，建立省中华职教社第二批专家智库，新增8名专家，提升"智囊团"实力。围绕中心工作，通过"两会"等渠道提出一批有价值的意见建议。社主任吴志明《贴牌"小华人"钻国内高考制度空子现象值得重视》信息获国家领导人批示，教育部专门发文，转化为国家决策；与108名委员联名提交的《关于落实健康第一的教育理念，为中小学生松绑减负的提案》，被《人民日报》推选为两会好声音，并转化为国家决策。社副主任吴小颖提交的《关于改进农村建房审批的几点建议》获省领导批示。社副主任王清海撰写的《疫情防控彰显中国共产党领导的制度优势》一文分别在香港《大公报》、福建省《政协天地》刊物上发表。社副主任黄卫东反映的《关于路桥行驶规范与监管的建议》被全国政协信息局《政协信息专报》采用，《建议以疫情防控为契机建立企业员工共享平台》被《政协信息专报》专报件采用，获省领导批示并由全国政协交有关部门办理。

【重大活动】 2020年，福建省中华职教社与省教育厅、人社厅等部门联合主办2020年度省职业院校技能大赛、第六届省"互联网+"大学生创新创业大赛职教赛道暨第四届黄炎培海峡职业教育创新创业大赛、职业教育活动周等活动。与中国民办教育协会职业教育专业委员会联合在南洋学院主办全国民办职业教育质量提升现场会。11月，组织省职业院校参加第四届创新创业大赛全国现场总决赛和第二届"黄炎培杯"中华职业教育非遗创新大赛，获奖数量居全国第二位，其中"双创"大赛获2金4银2铜和4个竞赛组织奖，"非遗"大赛获2个一等奖、6个二等奖、5个三等奖、5个优秀奖和3个教学成果奖、1个非遗特色院校奖等22个奖项。省中华职教社获"优秀组织奖"和"最佳组织奖"。12月，联合中华职教社主办黄炎培职业教育理论研究会2020年学术年会，全国人大常委会副委员长、中华职教社理事长郝明金出席会议并作主旨发言。

【对外交流】 2020年10月，中华职业教育社与台湾有关职业教育机构联合主办，省中华职教社与厦门市中华职教社联合承办以"线上职业教育的机遇与挑战"为主题2020年海峡两岸职业教育论坛。推动社员职业院校福建船政交通职业学院与匈牙利摩根斯达集团合作办学。与省委统战部、省侨办联办第三期海外中餐繁荣负责人研讨班，弘扬中华饮食文化。

【组织建设】 2020年，福建省中华职教社坚持全省"一盘棋"推进全省中华职教社改革方案落实，完成15个具体改革任务。发展壮大社员队伍，推动"社员建家"，截至年底，全省中华职教社有社员4858个，其中团体社员565个、个人社员4293个；成立"社员之家"14个，"社员小组"32个。11月，参加中华职教社地方组织建设现场推进会并作经验交流。在中华职教社2020年地方组织工作活力测评中被评为优秀省级社。

（程章浩）

编辑：林忠玉

法治

人大立法

【概况】 2020年，福建省人大常委会推进立法精准化、精细化、精品化，坚持科学立法、民主立法、依法立法，着力提高立法质量和效率，较好地完成年度立法工作。共对21项省级地方性法规进行审议，表决通过15项省级地方性法规；对9个设区市人大常委会提请报批的19项法规进行审议并批准。

【公共卫生安全立法】 2020年，福建省人大常委会把人民生命安全和身体健康放在第一位，运用法治思维法治方式，推进公共卫生治理体系现代化。审议关于依法全力做好新冠肺炎疫情防控工作的决定，强调政府防控工作职责要求，依法、及时授权有关应急措施，明晰基层社区、单位、个人权利义务和法律责任，充分调动全社会力量参与疫情防控。审议关于革除滥食野生动物陋习、切实保障人民群众生命健康安全的决定，明确禁止食用野生动物的范围、政府职责、管理措施以及法律责任，用最严格的法治约束对滥食野生动物陋习说“不”。审议关于加强公共卫生工作、确保人民生命健康安全的决定，推进疾病预防控制体系和重大疫情防控救治体系改革、健全重大疫情医疗救治费用保障机制、加强公共卫生工作保障措施，推动全方位、全周期保护人民健康。审议餐饮服务从业人员佩戴口罩规定，立足“小切口”，着眼“佩戴口罩”这项具体而重要的卫生安全措施，需要几条就定几条，在体例上力争少而精、求实效，便于理解和执行，推动提升全省餐饮服务卫生水平。

【高质量发展立法】 2020年，福建省人大常委会聚焦全方位发展超越的重点任务和关键环节，增强制度供给。审议《福建省促进革命老区发展条例》，贯彻落实习近平总书记关于确保革命老区苏区如期奔小康重要指示精神和中央关于支持革命老区加快发展重要决策，建立促发展评估机制和财政稳定投入机制，对支持老区交通、能源、水利、人才、生态、旅游等方面发展作出具体规定，助力革命老区打赢脱贫攻坚战。审议《福建省种子条例》，加强农作物和林木种质资源保护和利用，规范品种选育、种子生产经营和管理行为，从源头保障全省供种安全、粮食安全和生态安全，促进农业增效、农民增收。审议《福建省交通建设工程质量安全条例》，落实党中央质量强国交通强国决策部署，进一步明确交通建设工程质量安全监督制度和监管要求，规范从业行为，切实保护人民生命财产权益。审议关于修改《福建省文物保护管理条例》等3项涉及“放管服”改革的地方性法规的决定，进一步深化行政审批制度改革，优化行政服务。

【民生社会立法】 2020年，福建省人大常委会着眼人民群众最关心最直接最现实的利益问题，补齐民生社会事业制度短板，以坚实制度保障满足人民群众对美好生活的新期待。审议《福建省女职工劳动保护条例》，规定延长生育津贴发放天数、满足婴幼儿照护服务需求、强调健康检查内容、延长流产假天数、覆盖更年期保护、预防和制止性骚扰等保护措施，较好平衡企业发展、女职工平等就业和劳动保护之间的关系。审议《福建省家庭教育促进条例》，贯彻落实习近平总书记“注重家庭、注重家教、注重家风”重要要求，从家庭尽责、学校指导、政府推动、社会协同等方面对家庭教育事业进行规范，构筑覆盖城乡的家庭教育公共服务体系，突出对特殊困境未成年人家庭教育的帮扶，保障青少年身心健康。审议《福建省红十字会条例》，进一步细化红十字会法定职责，凝练和固化基层红十字会的工作创新，设置“财产与监管”专章加强对捐赠财产的监管和信息公开，打造公开透明的红十字会。审议《福建省宗教事务条例》，贯彻落实习近平总书记关于宗教工作的重要论述精神以及中央对宗教工作的新要求，压实政府及相关部门宗教事务管理职责，提升全省宗教工作法治化水平。

【人大制度立法】 2020年，福建省人大常委会贯彻落实习近平总书记关于坚持和完善人民代表大会制度的重要思想，与国家层面立法有效衔接，维护宪法法律权威。审议《福建省各级人民代表大会常务委员会规范性文件备案审查条例》，将地方各级政府规范性文件，以及地方各级监察委员会、法院、检察院制定的规范性文件都纳入备案审查范围，实现备案“全覆盖”，进一步细化审查方式、标准和程序，加强刚性约束。审议《福建省人民代表大会常务委员会任免国家机关工作人员条例》，对任免人员提出更高的政治要求，对任免范围和程序作相应调整，增加与监察委员会和宪法宣誓有关的内容。审议关于修改《福建省村民委员会选举办法》的决定和关于修改《福建省县、乡两级人民代表大会代表直接选举实施细则》的决定，衔接选举法，为换届选举工作提供法治保障。

【设区市法规报批指导】 2020年，福建省人大常委会切实担负起指导、审查批准设区市立法的职责，做到不缺位不越位，把好合法性审查关。审议并批准《福州市文明行为促进条例》《厦门市砂、石、土资源管理规定》等共19项法规。围绕促进区域协调发展，推进多地共同研究建立区域协同立法有效机制，指导和支持九龙江流域有关设区市开展协同立法工作，审议通过关于批准厦门、漳州、泉州、龙岩市人大常委会《关于加强九龙江流域水生态环境协同保护的决定》的决定，促使全省第一个立法协同项目落地。（吴文阁）

政法与综治

【概况】 2020年，福建省政法系统坚决贯彻党中央决策部署和省委工作要求，紧紧围绕全方位推进高质量发展超越，深入推进平安福建、法治福建建设，圆满完成一系列重大活动和敏感节点安保维稳任务。全省违法犯罪警情、刑事案件立案数实现双下降，平安建设绩效继续位居全国前列，群众安全感率99.03%，创历史新高。全省政法系统全力做好疫情期间维护稳定、网格防控、监所防疫、司法保障等工作，组织基层社会治理网格员和调解员、平安志愿者9.3万人参与群防群治、联防联控，排查化解涉疫矛盾纠纷。省委制定下发贯彻《中国共产党政法工作条例》实施办法。省委政法委制定政治轮训、派员列席政法单位党组（党委）民主生活会、党委政法委员会委员述职等配套文件，完善政法系统重大案事件请示报告制度，党领导政法工作体系更加健全。举办全省党委政法委系统领导干部专题研讨班，开展“学习贯彻习近平法治思想”主题宣传等系列活动，推动学习教育走深走实。探索建立政治督察、纪律作风督查巡查等制度机制，严格落实防止干预司法“三个规定”，完成中央督导组到闽督查任务，开展减刑、假释、暂予监外执行专项执法检查，乡镇（街道）政法委员配备实现全覆盖。

【政法服务高质量发展超越】 2020年，福建省政法系统出台服务保障做好“六稳”落实“六保”、全方位推进高质量发展超越的意见。围绕创新驱动发展、优化营商环境、知识产权保护等重大战略，完成立法审查20项。创新推进法治化营商环境促进中心建设，建成金融司法协同中心、知识产权司法协同中心，深化“放管服”改革，提升营商环境法治化水平。实施司法助力决胜脱贫攻坚“十个一”行动，开展“法援惠民生、扶贫奔小康”和“五进五民”爱民实践活动，依法打击脱贫攻坚领域违法犯罪，为受援人挽回经济损失5.03亿元。省委政法委牵头省国资委、省农信社等单位，对省级扶贫开发工作重点县周宁县进行对口帮扶，顺利实现周宁县“摘帽”目标。探索生态司法“补种复绿”“削填引种”等修复模式，在全国率先实现驻河长办法官检察官工作室、巡回审判点、联络点全覆盖；生态司法3项举措入选国务院推广的国家生态文明试验区经验清单。开展“宪法宣传周”活动，抓好《中华人民共和国民法典》的学习宣传贯彻，完成涉《中华人民共和国民法典》清理规章428件。承办全国环境资源法学、商法学研究会年会和行政法学、国际法学专题研讨会，主办海峡法学论坛、海峡两岸司法实务研讨会等重要学术活动，扩大福建影响。

【社会安稳维护】 2020年，福建省政法系统深化严打暴恐专项行动。依法妥善处置一批重大敏感案事件。建立健全涉稳隐患滚动排查、重大风险预警提示、维稳暗访督导、信访评理等工作机制，及时防范化解重大风险隐患。开展涉疫矛盾化解专项行动，重点摸排化解劳资、合同纠纷、教育培训以及野生动物养殖户等涉疫纠纷。

【智慧政法】 2020年，福建省委政法委推动智慧政法战略纳入福建省“十四五”规划，成立领导小组，组建专家库，科学编制规划方案。深化省级网格化平台应用，建成“雪亮工程”视频监控探头62.4万多路，建成智慧小区1306个，构筑智能化“微防线”。建成全省涉案财物跨部门集中管理信息平台，推动公检法跨部门协同办案系统建设。厦门公共安全管理平台、泉州“E通政法”、三明网络生态治理中心、莆田“多中心合一”综治（网格）中心等智能化建设同时推进，成效明显。

【市域社会治理现代化试点工作】 2020年，福建省积极推进市域社会治理现代化试点，加强全省各级综治中心建设，积累一批可复制可推广的经验。推进2020年度省委重点调研课题“推进新时代社会治理现代化研究”课题指导，深入基层指导推动试点工作。以推动厦门、福州、龙岩、漳州四地市争创第一批全国市域社会治理现代化试点城市为抓手，下发《关于推进市域社会治理现代化的实施意见》，推动市域社会治理现代化厦门“特区版”、福州“省会版”、龙岩“山区版”和漳州山区沿海“结合版”，竞相比学赶超。在省级层面提出打造科技支撑、基层基础、品牌创新3个市域社会治理现代化特色体系，引导各地挖掘“山海侨台”特色，探索“一市域一品牌”创建活动。其中，福州试点经验在全国会议交流。全省先后举办社会治理体制改革专题会议和市域社会治理现代化工作座谈会，创设全省市域社会治理创新示范点制度，征集第一批创新示范点典型经验10个，推动市域社会治理现代化全面发力、多点突破。

【扫黑除恶】 2020年，福建省深入开展“六清”行动，配合完成全国扫黑除恶特派督导检查，扎实推进决战决胜之年扫黑除恶专项斗争，确保如期实现专项斗争圆满收官。通过提级复核、异地核查、开辟监所“第二战场”，按期完成线索清仓任务。建立线索、案件、会商“三个同步”机制，出台筛查、挂牌、研商、攻坚、督导“五个联合”制度。省纪委监委与省检察院制定严惩司法人员涉黑涉恶腐败和充当“保护伞”问题四项协作机制，开展“惩腐打伞专项攻势”行动。成功办理周某友、毛某春黑社会性质组织案，在全国扫黑办新闻发布会上公开发布毛某春案。省扫黑办对一批涉黑案件和重大涉恶犯罪集团案件挂牌督办。完善行政执法与刑事司法双向通报制度，向行业监管部门发出建议书和提示函4104份。组织开展社会治安、乡村治理、金融放贷、工程建设、矿产资源等十大行业领域专项整治行动。三明创新办案指挥、力量调配、指定管辖、线索管理“四个统一”战法，取得明显成效。省扫黑除恶专项斗争领导小组及其办公室获评全国先进单位一等奖。

【平安福建建设】 2020年，福建省委、省政府制定下发《关于加快推进社会治理现代化开创更高水平平安福建新局面的若干意见》，省、市党政主要领导连续第22年签订平安建设责任书。成立省委书记、省长挂帅的省平安建设领导小组及9个专门工作组，召开平安福建建设工作会议，完善各级平安建设领导机制。组织开展公共安全领域突出问题大排查大化解大整治专项行动。加强“民转刑”案件风险防范工作。实现命案积案攻坚总任务完成率居全国第一。开展道路交通安全隐患大排查大整治，完成重点隐患路段整治412处，实现道路交通事故案件数比上年下降。漳州“平安边界”联防联控、南平“接管通”信访维稳工作、龙岩社会心理服务体系建设、宁德海上养殖综合整治攻坚和平潭“全岛通办、一窗办好”便民服务等探索实践效果明显。

【政法宣传】 2020年，福建省委政法委联合人民网福建频道、《福建法治报》、福建长安网，持续推出“拥抱法治新时代，踏上平安新征程”重大主题之“共建共治共享，守护福建平安”大型访谈，持续兴起习近平新时代中国特色社会主义思想“大学习”热潮。充分发挥以“清朗天空”为龙头的福建政法“两微多端”新媒体矩阵引领带动作用，宣传政法机关服务脱贫攻坚的新业绩，依法防控疫情、维护安全稳定的新举措，决战决胜扫黑除恶专项斗争的新成果，推进市域治理现代化、建设更高水平平安福建的新变化，政法领域全面深化改革的新气象，讲好法治新生态的福建故事。全省入选中央政法委“致敬扫黑英雄”1人（杨春），入选CCTV2020年度法治人物1人（扫黑尖兵刘炜）。广泛开展时代楷模、道德模范、最美人物、身边好人、平安之星等学习宣传，弘扬“漳州110”等福建省政法英模时代正气、时代风采。坚持把政法宣传舆论工作纳入年度综治工作（平安建设）考核评价内容，进一步完善优化“三同步”工作机制，有效防范化解重大舆情风险隐患。 （饶宏丽　张　晓）

法治政府建设

【概况】 2020年，福建省坚持在党委领导下统筹推进法治政府建设。省委多次召开常委会会议和省委全面依法治省委员会会议，听取全面依法治省工作情况汇报，研究审议立法计划，制定《福建省关于依法防控新型冠状病毒肺炎疫情切实保障人民群众生命健康安全的实施方案》《福建省关于推进法治化营商环境建设的若干措施》和《福建省关于为全方位推动高质量发展超越提供有力法治保障的意见》等政策性文件。省政府印发《关于深入贯彻落实习近平法治思想推进依法行政建设法治政府的若干措施》，深入推进依法行政。各级政府严格落实法治建设重大事项、重大问题向党委请示报告制度。举办省政府法治专题讲座2场，举办新任厅级领导干部法律法规学习专题培训班和省直部门领导依法行政专题培训班，开展党政主要负责人履行推进法治建设第一责任人职责及法治政府建设督察，不断增强“关键少数”法治意识和法治能力。完善法治政府建设推进机制，将依法行政工作列入各级政府年度绩效考评内容。组织参加全国法治政府建设示范创建活动，厦门市、福州市鼓楼区获评全国首批法治政府建设示范市（区）。

【政府服务职能优化】 2020年，福建省持续推进简政放权，推进经济社会管理权限下放到国家级开发区、福州新区、平潭综合实验区、自贸试验区等特殊区域，赋予自贸试验区实施5类132项省级行政许可等权限，赋予省内39个经济发达镇77项县级经济社会管理事项权限。全面建立清单管理机制，实施市场准入负面清单制度，推动“非禁即入”普遍实现；推行政府权责清单制度，推进权责清单与“三定”规定相衔接；修订完善乡镇权责清单，公布权责事项48万余项。不断深化商事制度改革，在自贸试验区开展“证照分离”改革全覆盖试点工作，对中央层面设定的523项涉企经营许可事项和地方层面设定的11项涉企经营许可事项分类推进改革；全面推行企业开办“一网通办”，全省基本实现企业开办时间压缩至1个工作日以内。加强事中事后监管，完善“双随机、一公开”监管方式，建立健全跨部门、跨区域执法联动响应和协作机制，推进全省企业信用风险分类管理试点，加强信用异常企业监管。

【依法行政制度体系完善】 2020年，福建省加强重点领域立法。全年省政府提请省人大常委会审议地方性法规草案22项，制定（修订、废止）规章10项。聚焦公共卫生和疫情防控，提请审议修订《福建省野生动物保护条例》；聚焦生态文明建设，提请审议制定《福建省绿色建筑发展条例》，修订实施《福建省碳排放权交易管理暂行办法》；及时修订清理与《中华人民共和国民法典》精神、原则和内容相冲突的省级法规规章14件。强化重大行政决策合法性审查，对省政府及省政府办公厅文件开展事前合法性审核938件次，向国务院和省人大常委会报备规章4件，向省人大常委会报备省政府及省政府办公厅规范性文件32件；省、市两级完成规范性文件备案审查2076件，提出纠错意见90件，坚持做到“有件必备、有备必审、有错必纠”。实施公平竞争审查制度，完成妨碍统一市场和公平竞争的政策措施清理工作，共排查政策措施7898份，对清理出的排除限制竞争情形的政策措施及时进行废止、修改。建立省级重大政策措施会审机制、公平竞争审查抽查机制、举报和回应机制等三大机制，强化公平竞争审查制度的刚性约束。

【行政执法规范】 2020年，福建省深化综合行政执法改革，推进省级执法队伍改革，撤销省级执法队伍15支，在全国率先完成省、市、县三级农业综合行政执法机构组建工作；持续深化市、县综合行政执法改革工作，市、县两级在市场监管、农业、文化、交通运输、生态环境、城市管理等6个领域的执法职责整合和执法队伍组建基本到位。审查确认57家省级行政执法主体，全省6800多名行政执法人员通过资格考试。纵深推行“三项制度”，出台《福建省重大执法决定法制审核办法》，规范全省行政执法机关开展重大执法决定法制审核工作。其中，福州市、县两级行政执法部门制定4600多项“三项制度”工作规范，泉州市制定特邀行政执法监督员工作规则。强化重点领域执法，严厉打击疫情防控期间经济违法犯罪活动，共立案涉疫情经济犯罪案件28起，破获涉防疫物资案件31起；全面加强疫情期间食品安全监管工作，抽检监测食品37811批次，立案3288件；保持生态环境执法高压态势，办理生态环境行政处罚案件1965件；加强网络信息内容生态治理，开展网络专项整治40余次。

【行政权力制约监督】 2020年，福建省不断健全制约监督体系，规范行政权力运行。全年受理效能投诉1820件，办结率100%；受理“12345”平台诉求606万余件，按时办结率99.99%，群众满意率99.84%；办理省人大代表建议822件，省政协委员提案848件，办结率均为100%。全面推行政务公开，主动公开政府信息15.2万条，受理政府信息公开申请8300余条，累计发布政策解读4200余条，通过政务微博微信发布政府信息1.8万条。加快信用体系建设，通过“信用中国”“政府采购网”等渠道，建立信用记录查询及使用各项机制，加强违法失信行为联合惩戒；加快政府统计诚信体系建设，建立健全统计违法举报核查机制。

【社会矛盾纠纷化解】 2020年，福建省坚持和发展新时代“枫桥经验”，制定《关于进一步加强行政调解工作意见（试行）》，加强人民调解、行政调解、司法调解衔接联动，扎实推进“一站式”多元解纷和诉讼服务体系建设。全省各类人民调解组织共化解矛盾纠纷17.05万件。发挥行政复议化解行政争议主渠道作用，制定《福建省行政复议案件办理程序指导意见》，受理行政复议案件4841件，办结3887件。办理行政应诉案件6487件。通过个案审理和纠错进一步促进依法行政，确认违法、撤销、变更和责令履行的纠错行政复议案件928件，依法制发并落实行政复议意见书113份。加强信访法治化建设，全面推广“最多投一次”阳光信访工作机制，全省初次信访事项一次性办结息访率同比上升16%，群众对信访事项办理满意率同比增长10%。推进“信访评理室”建设，共建立省、市、县、乡、村五级“信访评理室”18175个。

（马 莉）

公 安

【概况】 2020年，福建省社会治安态势持续向好，刑事立案数比上年下降16.1%，破案率53.9%、比上年上升6.2%，群众安全感率达99.03%。全省公安机关全力以赴战疫情、防风险、保安全、护稳定，在大战中践行初心使命、在大考中交出合格答卷，维护国家政治安全和全省社会大局稳定。至2020年底，全省公安系统被国务院、中央军委授予荣誉称号的重大典型7个，即“漳州110”、晋江刑警大队、石狮凤里派出所、漳州强制戒毒所、宁德三都边防派出所、厦门出入境管理支队、上杭古田派出所。

【新冠肺炎疫情防控落实】 2020年，福建省公安系统落实新冠肺炎疫情防控部署，全警动员、勠力同心，全力打好疫情防控阻击战。建立防输入、防扩散、防反弹、防风险“四防联动”机制，依托“智慧公安”，强化核查管控、交通检疫、集中隔离点防护并配合做好流调溯源工作，深入排查入闽车辆、重点地区和境外入闽人员，协助核查患者、疑似人员和密切接触者。依托党政军警民合力强边固防机制，牵头涉海管海部门，严把“数字、海上、口岸、村居、全员”五道防线，严格核查进出船舶，守住海上疫情“零输入”底线。加强定点医院、留置观察场所、发热门诊点等重点场所值守巡防，严打扰乱医疗秩序、防疫秩序、社会秩序以及破坏野

2020 年 4 月 12 日，福州市公安局仓山分局民警在定点诊疗医院门口执勤守卫
（吴帆　摄）

生动物资源等违法犯罪，严查非法疫苗流出犯罪，为疫情防控创造良好治安环境。在全国率先实行监所封闭式管理，启动新收押检测筛查、集中式收押隔离、全天候视频巡查等战时勤务机制，确保全省被监管人员“零感染”。全面推行“网上办、自助办、预约办”，助力复工复产复学。福州市马尾区公安局副局长黄见新、厦门市公安局人口管理处副处长庄露霞获评“全国抗击新冠肺炎疫情先进个人”，省公安厅治安管理总队、福鼎市公安局交警大队党支部获评“全国抗击新冠肺炎疫情先进集体”，有 27 个集体和 23 名民警分别获评全省抗击新冠肺炎疫情先进集体和先进个人。

【刑事犯罪侦查】　2020 年，福建省紧盯为期三年目标，打好扫黑除恶专项斗争收官决胜战。全省侦办涉黑案件 150 起、恶势力犯罪集团案件 663 起、恶势力团伙案件 329 起，刑拘涉黑涉恶犯罪嫌疑人 9550 人，查扣涉案资产 277.44 亿元，扫黑除恶战果居全国前列。实现中央督导组交办线索办结率、公安部督办线索提交办结率、公安部下达的境内外目标逃犯到案率、年前涉黑案件移送审查起诉率“4 个 100%”。持续发起对跨境赌博、电信网络诈骗、“食药环”等突出犯罪的凌厉攻势，现行命案、“两抢”案件实现全破，命案积案破案追逃总任务完成率居全国第一；侦破一批部督省督跨境赌博大要案，得到公安部领导充分肯定；电信网络诈骗案件破案数、抓获犯罪嫌疑人数分别比上年上升 43%和 162%，受到国务院联席办通报表扬。

【经济犯罪侦查】　2020 年，福建省破获各类经济犯罪案件 6345 起，涉案金额 417 亿余元。开展打击非法集资犯罪专项行动，破案 466 起，挽回经济损失 3 亿余元。开展打击地下钱庄犯罪“歼击 20”行动，打掉非法支付平台 79 个。开展打击涉税犯罪“百城会战”专项行动，破获涉税案件 321 起（其中部督案件 5 起、省督案件 21 起）。深入推进“昆仑 2020”专项行动，破获侵犯知识产权案件 666 起，发起全国集群战役 15 起。开展“猎狐 2020”专项行动，从 16 个国家追回境外逃犯 47 人，战果居全国第五位。

【禁毒人民战争】　2020 年，福建省委常委会会议专题研究，将禁毒工作纳入社会治安问题专项治理三年行动；省禁毒委制定实施禁毒工作三年规划，建立毒品问题治理长效长治机制。修订《福建省毒品问题严重地区评定及验收细则》，建立健全动态调整、分级整治机制，推动落实党政主体责任。组织开展“飓风肃毒 2020”“净边 2020”专项行动和易制毒化学品专项治理，破获毒品犯罪案件 1220 起，打掉制贩毒团伙 186 个，抓获毒品犯罪嫌疑人 2283 人，缴获各类毒品 1.17 吨、易制毒化学品 51.42 吨，查处吸毒人员 6306 人次。其中，省公安厅禁毒总队联合福建海警局等部门于 8 月 13 日在南沙永暑岛海域破获“2019—449”特大涉台走私毒品案，缴获冰毒等毒品 655 千克。持续推进禁毒“十百千万”工程，建成禁毒教育基地 154 个、禁毒品牌社区 108 个、禁毒宣教室 1414 个。全面推进社区戒毒社区康复工程，建成标准化工作站 543 个，配备禁毒专职社工 1401 人，新增吸毒人数连续 4 年下降。

【治安防范管理】　2020 年，福建省制

2020 年 2 月 18 日，省公安厅刑侦总队派员协助山西运城警方押解“长城 2 号”专项行动部督“1108”电信网络诈骗案件犯罪嫌疑人回到晋江机场
（侯诗誉　摄）

定加强新时代派出所工作意见和三年行动计划，开展“枫桥式公安派出所”创建活动，深化“百万警进千万家”活动，全面推行“一村一警务助理”工作，探索“社区（乡村）110”做法，大力推动社区警务与基层综治深度融合，进一步夯实派出所基层基础工作，全省 2969 个村居实现“零发案”。开展治安防控体系示范城市创建，建成智能安防小区 1240 个。学习推广时代楷模“漳州 110”，全省 79 个人口 100 万人以下的县（市、区）城区全面推行“四警四化”（主动预警、精细布警、多维接警、动中处警、智能化指挥、精细化服务、标准化执法、专业化建设）警务机制，推动“110”与“12345”等平台深度对接。全省接处警快速反应率 93.5%、非警务警情流转率 95.4%、群众对接处警满意率 96.3%。组织开展矛盾纠纷大排查大化解，成功调处矛盾纠纷 10.8 万起。深化重点单位治安保卫工作，校园“三防”建设 100%达标，医疗机构保安员配备率、视频监控安装率均达 100%。加强大型活动安全监管，确保各项大型群众性活动安全有序。

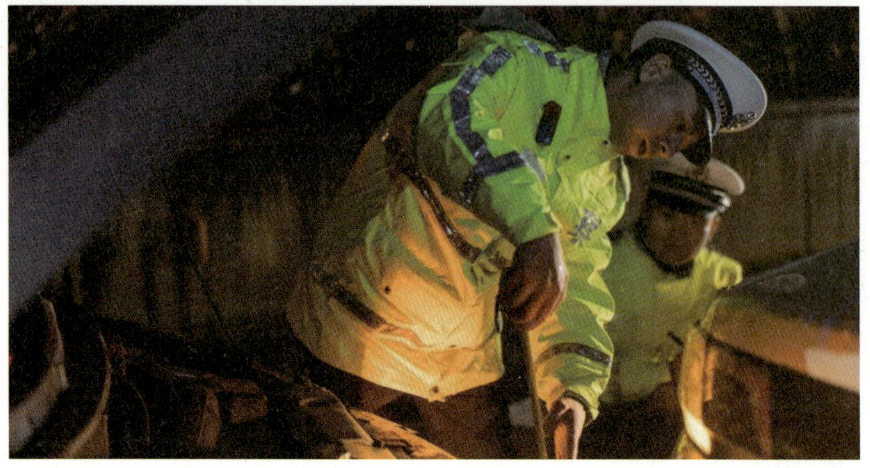

2020 年 11 月 10 日，南平高速交警支队民警在宁光高速顺昌路段处理事故（李嘉　摄）

【道路交通安全管理】　2020 年，福建省深化道路安全综合治理三年专项行动，推进道路交通事故预防“减量控大”工作，常态化开展“逢五”“夜查”等统一行动，共查处严重交通违法行为 271.8 万起，其中酒（毒）驾 6.78 万起。全省道路交通事故死亡人数、财产损失数分别比上年下降 9.1%和 6.8%，其中较大事故起数比上年下降 8.3%。完成省委、省政府为民办实事项目重点隐患路段整治 420 处，农村地区临近池塘、水渠安全隐患点整治任务 486 处，排查整改高速公路安全隐患 2961 处。建成农村交通安全劝导站 11765 处，配备劝导员 2 万余人，探索“互联网＋农村交通安全”管理模式。

【出入境管理】　2020 年，福建省严格落实出入境疫情防控措施，共批准公民出入境证件申请 380608 人次，比上年下降 91.7%。其中，签发普通护照 108514 人次，批准内地居民往来香港地区 64228 人次、内地居民往来澳门地区 106917 人次、公民前往香港定居 1730 人次、公民前往澳门定居 302 人次、大陆居民往来台湾地区 42785 人次，签发台胞证 25991 人次，办理外国人签证证件 30141 人次（签证 6681 人次、居留证件 23460 人次）。

【公安系统“放管服”改革】　2020 年，福建省出台一批促进闽台产业融合发展、便利台胞到闽创业学习生活政策举措。建立服务民营经济健康发展机制，出台深化户籍制度改革、促进基本公共服务均等化 13 条措施，全面放开先进模范人物和高层次、高技能人才落户限制，放宽重点城市落户政策，实行临时居民身份证全省通办，深化境外人员出入境证件在闽便利化应用，全面推行证明事项和涉企经营许可事项告知承诺制，营造优质营商环境。开展公安审批事项“降趟升级”行动，“一趟不用跑”“最多跑一趟”事项达 270 项，占比 97.1%。全省公安 36 项高频政务服务事项全部入驻福建省网上办事大厅，实现省内异地可办。在平潭试点建设“一站式”公安政务服务窗口，实现 36 类 195 项公安审批服务“一站办好”。加快建设福建公安政务服务一体化平台，94 项公安政务服务事项实现线上办理，共受理群众办事申请 18.02 万件，办结 17.99 万件，办结率和群众满意度均达 99.9%。

2020 年 12 月 4 日，厦门市公安局启用全省首个外国人工作、居留许可“一件事”联办窗口（林思诗　摄）

【法治公安建设】　2020年，福建省出台《关于依法严惩非法入境妨害疫情防控违法犯罪的指导意见》《公安机关防控疫情执法执勤操作指引》，编印《防止境外疫情输入法律法规规章文件汇编》，为公安机关疫情防控提供法律支撑。推动辅警管理、反恐怖主义、非机动车管理等6件公安法规规章列入福建省2020年立法工作计划。制定执法办案管理中心建设实施方案及建设规范，完成全省93个智能执法办案管理中心建设任务。组织开展执法突出问题集中整治，及时纠正违法行为。出台行政案件快速办理工作规定，建立行政案件快速办结机制。制定《福建省公安机关人民警察依法履职免责和容错纠错实施细则（试行）》，维护民警执法权威，鼓励民警担当作为。

【智慧公安建设】　2020年，福建省组织实施福建智慧公安三年行动计划，加快建设省、市一体化大数据平台，初步形成全省公安大数据云，日益凸显科技赋能实战作用。深化“雪亮工程”建设，建成全省警用数字集群（PDT）通信系统。规范基础数据采集，创新标准地址二维码管理，建成全省统一、集中的标准地址库，为多维数据关联提供有力的基础支撑。　（黄文兴）

检　察

【概况】　2020年，福建省检察机关办理各类案件160808件，其中审查逮捕案件19719件29232人，审查起诉案件46112件65561人，办理公益诉讼案件2630件，办理刑事、民事、行政诉讼监督案件92347件次。分析实际发生的“案”与司法机关办理的“件”的关系，推行“案—件比”评价标准。全年刑事案件“案—件比”降为1∶1.51，减少不必要办案环节约3万个。落实司法责任制，入额院领导带头办理案件11094件，检察长列席审委会226次。组织刑事案件听庭评议92场次，探索与监察机关联合听庭评议机制。办好“新福建检察大讲堂”，累计培训28517人次。开展“基层建设年”活动，获评全国先进基层检察院6个。组织全省优秀公诉人业务竞赛和论辩培训，有3人获“全国十佳公诉人”提名、“全国优秀公诉人”称号。全省10个检察院被评为全国文明单位，其中省检察院连续3届被评为全国文明单位；有32个案例入选最高人民检察院指导性案例、典型案例，6个团队和个人被评为全国检察机关优秀办案团队和优秀办案检察官；有202个集体和个人获省级以上表彰，涌现出“新时代最美检察官”吴美满等一批先进典型。莆田市检察院有1人（李望厦）牺牲在抗疫一线，用生命书写检察担当。

2020年，福建省检察机关统筹自身防控和司法办案，批捕扰乱医疗秩序、防疫秩序、市场秩序等涉疫犯罪315人，起诉522人，办理口罩等防疫物资监管、医疗废弃物处置、野生动物保护等领域公益诉讼案件251件。对情节轻微的涉疫犯罪从宽处理，依法不批捕33人、不起诉30人。省检察院挂牌督办涉疫案件12件，发布2批9个典型案例。与金融监管部门合力推进金融风险领域专项整治，批捕洗钱等破坏金融管理秩序犯罪712人，起诉1323人。严惩扶贫领域职务犯罪，推动扶贫领域涉案财物快速返还。对因案致贫返贫的案件当事人或近亲属应救尽救，发放司法救助金970万余元。省检察院做好挂钩扶贫云霄县工作，牵头落实帮扶项目59个、帮扶资金4784万余元，选派一批干警驻村和援藏援疆。联合有关部门开展打击危险废物等专项行动，批捕破坏生态环境资源犯罪377人，起诉1709人，办理生态领域公益诉讼案件1382件。开展“守护海洋”等专项监督，省检察院与有关部门建立涉海洋保护17项协作机制，推行“五并”（打击监督并重、生态公益并举、检察行政并联、海湾陆岸并治、法治综治并施）海洋生态环境检察保护模式。莆田市检察院开展湄洲岛海域、木兰溪全流域保护，三明、南平、漳州等地推行“河（湖）长＋检察长”工作机制，共护绿水青山。至2020年底，全省检察机关受理的涉黑涉恶案件全部办结起诉。提前介入涉黑涉恶犯罪717件，批捕5090人、起诉7295人。侦查机关以涉黑涉恶移送审查起诉的，检察机关依法不认定760件；未以涉黑涉恶移送的，依法认定266件。检察机关向纪委监委移送“保护伞”线索618条、起诉142人，直接立案侦查“保护伞”30人。对涉黑涉恶案件财产刑执行情况全面核查，认定黑财30.46亿元。推动行业治乱，开展“一案一整治”，提出检察建议1106件。

【刑事检察】　2020年，福建省检察机关全面落实“捕诉一体”办案机制，批捕各类刑事犯罪23780人，起诉56107人，同比分别下降33.8%和16.7%。依法严惩危害国家安全和影响社会稳定犯罪，起诉严重暴力犯罪1734人，起诉盗窃等多发性侵财犯罪11095人。加大惩治电信网络诈骗以及利用网络赌博、泄露个人信息等犯罪力度，起诉8473人。积极参与反腐败斗争，对各级监委移送的职务犯罪案件，决定逮捕198人、起诉305人、不起诉13人。检察机关对司法工作人员侵犯公民权利、损害司法公正犯罪立案侦查42人。落实少捕慎诉慎押司法理念，推行重大案件侦查终结前讯问合法性核查，对不构成犯罪或证据不足的决定不批捕3436人、不起诉912人。适用认罪认罚从宽制度办理案件39588件，适用率达84.7%，量刑建议采纳率96.5%，一审服判率93.8%。福州、泉州市检察院探索轻刑案件嫌疑人从事社会公益服务诉前考察机制，莆田市检察院推行“48小时醉驾速裁”机制。

2020年，福建省检察机关加强对立案和侦查活动同步监督，在35个公安机关执法办案管理中心设立派驻检察室，督促立案341件、撤案615件；联合公安机关对刑拘变更强制措施后未报捕未移诉的11026人开展核查，纠正侦查违法行为506件次，推动省公安厅开展专项执法检查，并纳入执法规范化绩效考评体系。对认为确有错误的刑事裁判提出抗诉198件，法院已改判、发回重审85件。同步审查减刑、假释、暂予监外执行31244人，监督纠正1306人。开展强制医疗执行专项检察，对全省42个强制医疗执行机构251名强制医疗对象逐人逐案监督。

【民事检察】 2020年，福建省检察机关认真学习《中华人民共和国民法典》，加大民事诉讼监督力度，办理民事检察案件3466件，同比上升29.4%。加强类案监督，对有引领价值的典型案件提出民事抗诉52件，对其他确有错误的生效裁判和调解书提出再审检察建议263件。加大释法说理力度，对1346件依法不支持监督申请的案件，引导当事人认同正确裁判。监督、支持法院解决执行难，对消极执行、违法纳入失信名单、明显超标的执行等发出检察建议732件，对省委政法委指定和检察机关随机抽取的556件民事执行案件开展评查，对拒不执行判决、裁定的批捕96人，起诉423人。深化虚假诉讼领域深层次违法行为监督，深挖涉黑涉恶“套路贷”背后的虚假诉讼，监督纠正210件，从中追究刑事责任24人。龙岩市检察院联合有关部门建立虚假诉讼线索移送受理绿色通道，协调重大案件办理，推动源头防范。省检察院针对虚假仲裁问题开展调研梳理，相关报告获得最高人民检察院高度重视并向最高人民法院发出“五号检察建议”。

【行政检察】 2020年，福建省检察机关围绕维护司法公正、促进依法行政的共同法治目标，办理各类行政检察案件1605件，同比上升92.4%。针对一些行政诉讼得不到实体审理、行政争议难以实质化解问题，以事要解决为目标，通过监督纠正、促成和解、司法救助等方式实质性化解326件。率先探索行政争议实质性化解“路线图”工作机制，在全国检察机关推广。推进自然资源行政执法与行政检察衔接，规范没收违法建筑物处置。针对刑事处罚与行政处罚交叉、行政机关处罚不到位的问题，率先探索诉讼活动中涉及行政处罚法律监督，提出监督意见224件，188名当事人受到行政处罚。

【未成年人检察】 2020年，福建省检察机关落实对未成年人的特殊、优先保护政策，当好青春守卫者护航人。严惩性侵、拐卖、校园欺凌等严重伤害未成年人犯罪，批捕1324人、起诉2178人；对涉嫌轻微犯罪并有悔罪表现的未成年人，依法不批捕268人、不起诉426人。落实最高人民检察院“一号检察建议”，全面推行侵害未成年人强制报告、性侵未成年人违法犯罪从业禁止等制度，对20余万名教育从业人员开展准入查询，发现刑事犯罪记录137人。在40个地方建立性侵未成年被害人“一站式”办案机制和专门场所，其中厦门市检察院联合司法行政部门创设未成年被害人“零门槛”法律援助制度。常态化开展法治进校园活动，873名检察官兼任法治副校长，省、市、县检察院班子成员全覆盖。探索联合有关部门组建未成年人保护联盟，推广福州“督促监护令”、漳州“春蕾安全员”、泉州“刺桐花”等做法。

【公益诉讼】 2020年，福建省检察机关落实省人大常委会审议意见，开展“公益诉讼守护美好生活”等专项监督，办理民事公益诉讼339件、行政公益诉讼2291件，同比分别上升213.9%和115.9%。宁德开展社会保障性住房行政公益诉讼专项监督，督促职能部门核查租住户10074户、清退违规住户153户。厦门、龙岩、平潭等地探索启用大数据应用平台、聘请观察员，助力公益诉讼办案，推广公益诉讼诉前圆桌会议机制，通过诉前磋商、告知函、公开送达等方式，推动政府相关职能部门形成合力。福州开展“福州古厝”保护专项行动。泉州组建文化遗产公益保护联盟。三明开展万寿岩遗址周边生态环境治理专项监督。省检察院针对英烈纪念设施受损问题，联合福州军事检察院及有关部门举行公开听证，促成修缮英烈纪念设施60处。积极稳妥拓展办案范围，对人民群众反映强烈的安全生产、文物和文化遗产保护、公民个人信息保护等公益问题探索立案673件。

【社会治理】 2020年，福建省检察机关落实“群众信访件件有回复”制度，对新收的31267件群众信访，7日内程序回复率、3个月内办理过程或结果答复率100%。开展领导干部“大接访”活动，同步推进信访积案专项清理，各级检察院领导包案办理410件积案，办结249件，其中宁德市检察院推行“检察长+第三方”联合接访模式。三级检察院统一建设集检察服务、检务公开等功能为一体的“12309”检察服务中心，提供高效便捷服务。落实食品药品安全要求，开展校园周边食品安全等专项监督，起诉制售假药劣药、有毒有害食品等犯罪135人，建议行政执法机关移送相关案件35件；探索建立惩罚性赔偿制度，法院判决支持惩罚性赔偿597万余元；推动完善食品药品失信惩戒机制，督促将291名违规生产经营者列入“黑名单”。连续3年组织开展“根治欠薪”专项监督活动，支持农民工起诉211件，帮助1673名农民工追讨欠薪4047万余元。联合有关部门治理窨井盖安全问题。注重类案分析，针对南平市检察院办案中发现的被他人冒用身份实施犯罪现象，梳理共性问题推动治理。同时，创新落实“谁执法谁普法”，结合典型案例开展法治宣传，引导群众增强诚信理念、规则意识、契约精神。全面推开公开听证办案机制，开展检察公开听证356场。开展宪法宣传周、检察宣传周活动，传递法治正能量。依托生态检察、涉台检察等6个特色检察展示平台，直观可视宣传检察职能和典型案例，开展法治教育，累计接待参观、学习3万余人次。

【企业经营保护】 2020年，福建省检察机关严惩各类侵犯企业权益犯罪，对经营中涉嫌犯罪的民营企业负责人慎捕慎诉，依法不批捕202人、不起诉549人，对82名无羁押必要的民营企业负责人建议办案机关取保候审。对既未撤案又未移送审查起诉、长期搁置的涉民企“挂案”，组织专项清理，排查出88件，督促结案71件。泉州市检察院建立“司法+征信”机制助力企业复工复产，宁德市检察院对接“万亿工业时代”推行19条服务措施，三明市检察院开展“联百企、结百亲、解百难”活动。最高人民检察院检察长张军就连城县1起涉民企刑事申诉案件，到福建主持公开听证。加大知识产权司法保护力度，省检察院组建知识产权检察办公室，实行知识产权刑事、民事、行政检察集中统一履职，推行主动告知被侵权企业诉讼权利制度，5家单位和个人获国家版权局表彰。同时，持续落实服务保障台胞台企“18条意见”，创设“一室一员”工作机制，设立涉台检察联络室（站、点）50个，聘请162名台胞担任涉台检察联络员，实现全省覆盖。平潭综合实验区检察院探索“一网三联”涉台司法服务模式，打造台胞台企身边的“微型检察院”。

【检察权监督】　2020年，福建省检察机关办结、反馈人大代表建议120件、政协委员提案37件；加强与人大代表、政协委员经常性联系，邀请人大代表、政协委员视察检察工作、参加检察活动4222人次。聘任各民主党派和无党派人士代表10人作为省检察院特约检察员，联合各级工商联邀请965名工商界人士参加“护航民企发展”检察开放日活动。推进全面从严治检，自觉接受各级纪委监委及派驻机构监督，26名检察人员违纪违法被立案查处。强化履职制约，联合监察机关修订完善办案衔接机制，对公安机关提请复议复核的不捕、不诉案件更换承办人重新审查，对法院作出无罪判决的逐案开展评查。配合省司法厅选任新一届人民监督员80人，对检察办案开展监督。尊重和保障律师依法执业，律师专用通道和专门会谈室实现全覆盖。自觉接受社会监督，每季度公布检察机关主要办案数据，及时发布重要案件信息，主动与媒体互动，及时回应社会关切。　（董利炜）

法　院

【概况】　2020年，福建省各级法院受理各类案件99.95万件，办结93.71万件。其中，省法院受理1.77万件，办结1.6万件。全省法院系统有57个集体、80名个人获省级以上表彰；71家法院获评省级以上文明单位，其中9家法院获评全国文明单位。坚持推进干部队伍革命化、正规化、专业化、职业化，创新完善政治素质考察方式，加大对中级、基层法院班子协管和年轻干部培养使用力度。启动第二届全省审判业务专家评选工作，深化与政法院校共建。组织《中华人民共和国民法典》学习宣传“六进”活动1300余次，举办民法典名师讲坛24期。创新开设“闽法课堂”，线上线下举办各类培训班、讲座79期，培训13.2万余人次。强化主体责任担当，开展“以案释德以案释纪以案释法”警示教育，推进防止干预司法“三个规定”专项整治，完成廉政文化建设三年规划任务，营造风清气正的司法生态。严格落实中央八项规定精神，不断改进司法作风，建成廉政风险防控“清风”系统，确定审判执行全流程70个风险点，创新监督管理模式，一体推进不敢腐、不能腐、不想腐。

【涉疫案件审理】　2020年，福建省各级法院积极助力疫情防控服务“六稳”“六保”，着力在法治轨道上惩治涉疫犯罪、化解涉疫纠纷、推进疫后治理。出台保障疫情防控举措30项、服务“六稳”“六保”举措27项，发布司法工作指引9批248条，审结涉疫案件1605件。依法从严从快惩处防疫用品信息诈骗、造谣传谣等犯罪行为，支持实施疫情防控行政强制、处罚、征用行为。妥善处理因疫情引发的合同纠纷、劳动争议、企业债务等案件，审慎适用强制执行措施。智慧法院在常态化疫情防控中“大显身手”，全省法院网上立案14.55万件、开庭1.83万件、调解1.31万件，网络查控44.82万件。

【民商事案件审理】　2020年，福建省进一步优化法治化营商环境，创新构建法治化营商环境促进中心，出台24项举措。一审审结商事案件13.29万件。加强产权司法保护，服务民营经济发展。着力防范化解金融风险，一审审结金融借款、民间借贷等案件13.26万件。创新建立“执破直通”机制，移送破产审查163件，推动化解执行积案2233件，化解债务近30亿元。审结强制清算与破产案件939件，保障完成29家“僵尸企业”出清任务。优化司法服务，实现省内执行案件无须提供裁判生效证明，上诉、申请再审无须提供原审文书，推进诉讼费缴退无须到院办理。认真实施《中华人民共和国外商投资法》，一审审结涉外、涉港澳、涉侨、海事海商和铁路运输案件2355件。推动建立国际商事争端解决机制，健全涉外案件在线诉讼规则。完善涉自贸试验区纠纷多元化解机制与法律查明平台，首次发布服务保障自贸试验区建设白皮书。平潭法院财产执行云处置模式入选国务院复制推广的改革试点经验。三明中院审理的章公祖师肉身坐佛像追索案，成为全国通过民事司法渠道追索流失海外文物的开创性案例，入选“2020年度人民法院十大案件”。

【扫黑除恶案件审理】　2020年，福建省全面推进“六清”行动，审结全国扫黑办挂牌督办案件，依法严惩“套路贷”涉黑组织犯罪。纵深推进“打财断血”“黑财清底”，开展“扫黑除恶利刃行动”34场，执结涉黑恶财产18.51亿元。加强黑恶线索排查，移送黑恶线索1482条，发出司法建议530条。三年行动专项斗争收官任务圆满完成，累计完成一审审结涉黑恶案件1237件7335

人。省法院连续两年获评全国扫黑除恶工作先进单位。

【知识产权司法保护】 2020 年，福建省出台 36 条举措，完善“五位一体”技术事实调查认定体系，加强证据保全、行为保全适用，推行巡回庭审、繁简分流、“特邀调解＋司法确认”模式，对源头侵权、恶意侵权、重复侵权、协助侵权高额判赔，着力破解举证难、周期长、成本高、赔偿低等难题。一审审结知识产权案件 1.18 万件。

【生态司法保护】 2020 年，福建省完善生态环境司法组织、制度、保护、共治“四大体系”，强化“生态司法＋审计、金融、保险”等机制功能，服务打好蓝天碧水净土保卫战。一审审结环境资源案件 4215 件；追究刑事责任 1821 人，责令缴纳修复资金 6009.4 万元，补种管护林木 846.67 公顷。生态司法三项举措入选国务院推广的国家生态文明试验区改革举措和经验做法清单。推进自然原生态和文化原生态一体保护，推广福州古厝与遗产司法保护经验，协作加强闽浙边界廊桥文化遗产保护。

【涉台司法服务】 2020 年，福建省深化拓展涉台司法工作。开通全国首个涉台司法服务网和手机 APP，发布全国首份涉台海事审判白皮书，设立 60 个台胞权益保障法官工作室。办结涉台案件 1918 件，司法互助案件 6211 件。创新建设涉台司法交流研究中心，成功举办第十二届海峡两岸司法实务研讨会。

【行政争议多元化解】 2020 年，福建省进一步推进行政争议多元实质化解，支持促进行政机关依法行政，保护行政相对人合法权益。一审审结行政诉讼案件 6594 件，办结行政非诉执行案件 6909 件。省政府与省法院召开府院联席会议，协同推进优化营商环境，更好地化解城乡建设领域矛盾纠纷。发布行政审判白皮书和典型案例，完善司法建议和落实反馈机制。推广行政争议多元调处中心建设。

【司法为民】 2020 年，福建省各级法院倾心服务保障脱贫攻坚战。开展司法助力脱贫攻坚“十个一”行动，促进脱贫攻坚与乡村振兴相衔接。妥善审理农村土地流转、林权转让等案件，从严惩治各类坑农害农犯罪。加大对苏区老区帮扶力度，先后选派 114 名干警担任驻村干部，帮助开展扶贫项目 318 个，并与 3484 个贫困家庭开展结对帮扶。加大基本民生保障力度，妥善审理就业、教育、住房、医疗、养老等案件，依法惩治妨害安全驾驶、危害食品药品安全等犯罪，完善道路交通事故纠纷“网上数据一体化”平台，让人民群众与法同行、安居乐业。深化家事审判方式改革，落实离婚证明书、人身安全保护令等制度，一审审结家事案件 3.75 万件。完善医患纠纷解决机制，惩治暴力伤医犯罪。深入推进涉军司法维权和军地法治共建，三明中院成为全国法院唯一受表彰的“全国爱国拥军模范单位”。

【案件执行】 2020 年，福建省深入推进解决法院判决执行难的问题，将切实解决执行难纳入综治考评，创新推行信用激励惩戒“红白黑”名单分级分类管理。全年执结案件 37.18 万件，执行到位金额 951.84 亿元。在最高人民法院首执案件 18 项质效指标考核中，福建省有 13 项居全国前十。开展“六稳”“六保”专项执行行动，出台减量增效 10 条举措和促进市场主体活力 11 项机制，助力企业复工复产。持续开展涉民生民企和根治欠薪专项行动，执结涉民生民企案件 2.64 万件，到位 16.59 亿元，帮助农民工兑现工资款 5702 万元。开展“法拍节”活动，司法拍卖成交 38 亿元，为当事人节省佣金 1.14 亿元。

【治理体系和治理能力现代化建设】 2020 年，福建省各级法院依法打击犯罪、维护稳定，推进更高水平平安福建建设。全省一审审结刑事案件 4.03 万件。加大反恐怖反分裂反邪教斗争力度，一审审结危害国家安全、公共安全和严重暴力、侵财犯罪案件 3.72 万件。健全防范冤假错案机制，依法宣告 19 名被告人无罪。依法规范办理减刑、假释、暂予监外执行案件 1.47 万件。严惩侵害未成年人犯罪，完善少年司法制度，寓教于审，判处未成年犯 1175 人，同比下降 3.05%。保持惩治腐败高压态势，一审审结贪污、贿赂等职务犯罪案件 239 件。加强和完善监察执法与刑事司法衔接机制，落实协作配合、案件管辖、证据指引制度，与省监委联合制定情况通报和案件移送指导意见。积极配合开展境外追逃追赃专项行动，妥善审结外逃腐败分子回国受审案件 10 件 10 人。完善一站式多元解纷和诉讼服务体系，出台多元解纷和诉讼服务标准，完善“五位一体”诉讼服务平台，推动“福建法院诉讼服务”入驻“闽政通”。坚持和发展新时代“枫桥经验”，全省法院实现诉非联动中心全覆盖。开展诉源治理减量工程 12 项行动，诉前成功化解纠纷 19.78 万件，同比增长 306%，新收诉源案件数下降 7.15%，万人成讼率下降 9.6%。开展涉诉信访矛盾化解攻坚行动，全省法院信访总量下降 30.68%。加强智慧法院建设与应用，完成福建智慧法院三年行动计划，加强办案办公平台线上线下融合应用。深化“移动微法院”、智能辅助办案系统建设，探索互联网司法新模式。省高级人民法院等 3 家法院被确定为全国司法链应用试点单位。创新建立司法数助治理中心，深化司法大数据应用，省高级人民法院获评全国法院司法大数据专题协作研究特等奖。

【司法改革创新】 2020 年，福建省深化法院司法责任制和综合配套改革，制定实施方案，落实主审法官、法官助理、书记员权责清单；出台法官员额管理及退出意见，开展法官入额遴选，建立法官递补机制，完善法官依法履职保障制度，在全国率先将诉源治理成效纳入法官员额动态调配考量因素；完善案例指导、类案指引制度，统一司法尺度。全省法院法定审限内结案率达99.99%，一审、二审后当事人服判息诉的占98.24%。深化诉讼制度和审判机制改革，深化以审判为中心的刑事诉讼制度改革，建立涉外刑事案件集中管辖机制。稳妥推进厦门、莆田和平潭法院人身损害赔偿标准城乡统一试点。在福州、厦门两级法院及平潭法院开展民事诉讼程序繁简分流改革试点。推进保全集约化改革，提高保全效率。着力破解“送达难”，与省邮政集团联合建成覆盖全省的集约送达服务中心，送达周期平均缩短近4天。深化审判权力运行制约监督机制改革，完善“六位一体”新型审判管理体系，强化院（庭）长监督管理职责。加强审级监督，审结一审案件44.21万件、二审案件4.71万件，申诉、申请再审及再审案件1.04万件。支持检察机关履行法律监督职责，审结抗诉再审案件35件，改判、发回重审19件。深化与律师良性互动，加大司法公开力度广度，推送案件审判执行流程信息903万条，裁判文书上网76.83万篇，庭审直播11.51万场。（刘琼渝）

司法行政

【概况】 2020年，福建省司法系统紧紧围绕“五个突出、五个全面”的工作目标思路，履职尽责、积极作为、奋力争先，推动各项工作取得成效。省司法厅全面落实从严治党主体责任清单，统筹推进全省律师行业党建引领发展“四大工程”，深入开展执行“三个规定”情况专项督查，压紧压实干预司法活动记录责任。并成立巡察工作机构，推动全面从严治党向基层延伸。坚持抓早抓小，运用“四种形态”处理248人次，立案查处违纪案件46件46人。深入开展法规规章和规范性文件清理，共废止358件、修改70件。加强涉外法律理论研究，提出西方国家滥用“长臂管辖”问题的法律应对建议，得到中央依法治国办和省委主要领导的充分肯定。出台《激励关爱疫情防控一线监狱戒毒民警十条措施》，举办监狱系统先进事迹巡回宣讲和首个警察节活动。深入开展扫黑除恶专项斗争，移送犯罪线索1866条。全省司法系统有30个集体、228名个人获得省直级以上表彰，获一等功1人次、三等功285人次。省司法厅获评“全国关心下一代工作先进集体”、“全国平安医院工作表现突出集体”、福建省第四轮第一批“省直平安单位”。

【司法行政改革】 2020年，福建省召开全省司法行政改革推进会，部署推进执法司法制约监督体系改革和建设。制定出台《行政复议案件办理程序指导意见》《关于加强和改进监狱工作的实施意见》《贯彻〈社区矫正法〉实施细则》等10多项制度，稳步推进综合执法体制、行政复议体制、刑罚执行体制、统一戒毒模式、警务执勤模式、“放管服”等重点领域改革。至2020年底，《司法行政改革纲要（2018—2022年）》部署的43项任务、140项重要举措，94项已完成或取得重大阶段性成果；《关于政法领域全面深化改革实施意见（2018—2022年）》部署的39项任务，26项已完成或取得重大阶段性成果。在全国率先完成省、市、县三级社区矫正委员会和社区矫正局设置，探索司法所参与行政复议案件调解等多项改革得到省部领导批示肯定。

【疫情防控司法保障】 2020年，福建省司法厅研究制定40条依法防控措施，加快推进涉疫立法进程，加强涉疫行政执法监督，为依法防控提供有力法治保障。深入开展“防控疫情、法治同行”专项行动，发布《疫情防控和复工复产法律服务指引》，采取网络预约、绿色通道等方式为群众提供法律服务，积极排查化解涉疫矛盾纠纷4765件，其做法多次得到省部领导的批示肯定。组织疫情常态化下国家统一法律职业资格考试，实现“十个100%”目标，相关做法在司法部工作推进会上作典型经验发言。选派30名女子监狱民警驰援武汉抗疫、22名厅机关干部深入基层助力复工复产。全省监狱戒毒场所实行最严封闭管理和最高等级勤务，落实“一分钟处置、一分钟报告”，与属地建立联防联控机制；加强社区矫正对象电子监管、外出审批，严格落实刑释人员必接必送、隔离观察、过渡安置等措施，实现全省罪犯、戒毒人员和社区矫正对象“零感染”。

【监所管理】 2020年，福建省健全监狱指挥执勤工作机制，创新罪犯改造项目，编制监狱工作标准308项，连续11年实现“四无”安全目标、14年保持安全生产无事故。严格落实戒毒人员包管包教责任，推动夜间教育规范化制度化，全力打造“明镜工程”，连续5年实现“六无”安全目标、24年保持安全生产无事故。深入开展“一学三比”和监狱戒毒民警实战大练兵等活动，分级分类培训1.1万多人次，在全国首创推广监狱民警现场执法指引。开展监狱系统“六问六查六找”专项警示教育，整改问题180项，完善制度18项。

【社区矫正和安置帮教】 2020年，福建省司法系统深入学习贯彻《中华人民共和国社区矫正法》，全省84个县（市、区）全面建成标准化社区矫正中心。组织开展暂予监外执行人员病情复查审查鉴别专项活动，社区矫正对象再犯罪率0.15%，低于全国平均水平。做好安置帮教工作，刑释人员重新违法犯罪率0.41%。

【人民调解】 2020年，福建省成立县级人民调解员协会23个、行政调解组织265个，命名省级金牌调解工作室11个。全年排查化解社会矛盾纠纷17.05万件，比上年增长28.2%。

【公共法律服务】 2020年，福建省深化公共法律服务体系标准化规范化建设，其中南平“顺昌模式”入选全国第六批社会管理和公共服务综合标准化试点项目。推动“三大平台”功能升级，增设台港澳专栏专线，网络平台总访问量达168万人次，热线平台接听咨询服务18.2万人次，比增33.13%，群众参评率和满意率居全国前列。建成一村（社区）一法律顾问示范点5903个，占总数35%。遴选71名律师充实省级涉外律师人才库，开展为期3个月的公证执业专项检查、司法鉴定行业清理整顿活动，完成司法行政审批服务事项梳理。开展“法援惠民生，扶贫奔小康”活动，为受援人挽回经济损失5.03亿元。增设2家自贸片区合作制试点公证机构。厦门成立国际金融仲裁中心，南平成立全国首家生态仲裁院。全年清理违规兼职律师354人，办理诉讼和非诉讼法律事务26.2万件、公证40.3万件、司法鉴定10.23万件、法律援助6.9万件、仲裁1.9万件、行政审批事项1.2万件。

【全面普法】 2020年，福建省组织开展“七五”普法总结验收，制定46个重要节点普法责任清单，深入推进《中华人民共和国宪法》《中华人民共和国民法典》宣传。组织完成30余万公职人员网络统一学法考试。推荐申报全国民主法治示范村（社区）28个，复核保留省级773个。龙岩市上杭县“共和国红色法源”展馆和厦门七星法治文化街区获评第三批全国法治宣传教育基地。

（马　莉）

仲　裁

【概况】 2020年，福建省仲裁行业以“发展仲裁，服务民生”为宗旨，贯彻落实党中央、国务院和司法部关于仲裁工作的决策部署，推动仲裁工作不断发展。全年受理仲裁案件18759件，受案总标的额251.08亿元，分别比上年增长220%、5.9%。在南平成立全国首家生态仲裁院。

【仲裁质效提升】 2020年，福建省各仲裁委认真落实疑难仲裁案件会议研究制度，对于驳回当事人全部仲裁请求、驳回仲裁申请的案件以及仲裁庭成员意见不一致的案件，通过会议讨论研究，保障当事人申请仲裁的权利，提升审案水平，保证仲裁案件的公信力。坚持重大疑难案件的专家咨询制度，通过专家论证促进裁判尺度统一，确保仲裁裁决质量。严格把控审理期限。加强超审限及审限即将届满案件的定期跟踪，及时督办，加强与仲裁员的沟通联系，确保在最短的时间内结案。实行办案秘书到一线去办案、在一线办好案的制度，有力地推进仲裁队伍建设和仲裁工作开展。制定仲裁案件繁简分流制度，依法快速审理简单案件，严格规范审理复杂案件，实现简案快审、繁案精审。全面提升案件调撤率，对于立案受理的仲裁案件，坚持庭前调解、庭审调解和庭后调解“三步一体，贯穿始终”的调解工作体系，促成当事人调解结案或自动申请撤案。通过无缝对接的调解模式，化民怨、解民忧、排民难，实现“纠纷处置在一线、矛盾化解在基层”的工作目标，促进社会和谐稳定，赢得社会各界和广大人民群众的广泛认可。当年福州仲裁委承办案件的调解、和解率达54.1%，泉州仲裁委达47.6%，厦门仲裁委达31.3%，与2019年度相比均有大幅提升。

【互联网＋仲裁】 2020年，厦门仲裁委在微信公众号中应急开发“疫情期窗口”通道，为当事人提供“立案、申请延期开庭、提交证据材料”的线上服务；研发视频庭审工具，在征求当事人意见的情况下采用远程视频方式开庭；针对企业间因疫情引发的纠纷，建立“线上公益性商事调解”平台，并提供仲裁确认的公益性服务；从外贸、金融等领域的境内外仲裁员中筛选18名仲裁专家成立疫情期专家组。南平仲裁委在疫情防控期间，采取线上线下相结合，充分利用“互联网＋仲裁”模式，建立网络化案件管理系统，针对网络交易、金融贷款类案件，批量仲裁、快速裁决，节约当事人仲裁成本和时间，真正实现防疫、仲裁两不误，及时实现定纷止争。南平市仲裁委完成网络仲裁案件4707件，占案件总量35.7%。

【仲裁法律制度宣传推广】 2020年，福建省采取走访、媒体、网络等多种方式，多维度拓展仲裁法律制度宣传推广空间，助力优化营商环境建设。在官网、微信公众平台推送法律知识，宣传普及仲裁标准条款；加强仲裁文化建设，拍摄微电影短片，全面提升各仲裁委品牌形象，提升仲裁品牌影响力；配合中央电视台拍摄《仲裁在中国》纪录片。海峡两岸仲裁中心主动对接国台办、全国台企联、两岸企业家峰会等，举办“大陆营商法律环境大讲堂”8期，吸引两岸台商台企约1.8万人次在线参加，相关信息和新闻点击量超过20万人次，并参与主办“2020海峡法学论坛”。同时，拓宽仲裁服务领域，围绕经济发展形势，在重点项目、金融、国资等重点行业系统深化推广工作，建立仲裁联络员制度，加强信息沟通；在相关部门和单位举办“仲裁规则基本解析”业务沙龙，主动送法上门服务企业；与金融单位召开座谈会，研讨建立金融纠纷预防化解机制，助力金融服务实体经济发展。

【全国首家“生态仲裁院”在福建成立】 2020年11月6日，南平生态仲裁院成立大会在南平市召开，南平市委常委、武夷新区党工委书记丘毅为南平生态仲裁院授牌。这是全国第一家受理生态环境资源纠纷的仲裁院，首次将仲裁运用在生态领域，主要受理涉及大气、水、土壤等生态环境污染纠纷案件，将促进和保障生态环境资源法律的全面正确施行，实现多元解决生态纠纷，切实维护人民群众生态环境权益。

（马　莉）

编辑：吴朝庭

福建省军区

【概况】 2020年，福建省军区始终坚持维护核心铸军魂、聚焦中心抓备战、下沉重心打基础、坚守初心正风气、凝聚人心促发展，统筹推进疫情防控和年度工作，圆满完成各项任务。常态化落实党委中心组理论学习，在泰宁组织师团干部理论集训。持续深化主题教育，广泛开展军事斗争准备教育活动，创新开展文职人员“爱岗敬业”专题教育和国防教育系列活动，稳步推进福建革命军事馆建设。全面贯彻军委主席负责制，规范省军区请示报告事项“清单”，召开信息服务工作推进会。出台《省军区有关党组织运行暂行办法》，规范干部任免后党委任职办理，调整省军区机关本级和干休所组织设置。协调召开省委议军会，规范地方党委、政府联系武装工作要求。认真贯彻民主集中制，从严落实双重组织生活、述责述廉等制度，在党委班子中倡导形成“顾全大局、协商共事、精细问效、守牢底线”之风。出台干部激励交流措施，遴选推荐优秀干部和后备干部，组织100多名团职优秀干部考核，研究配备师团职干部。

【战备训练】 2020年，福建省军区抓好动员准备，以军事斗争动员准备为牵引，完善修订国防动员方案计划，组织省、市、县三级军地联合指挥机构带民事力量参加联训联演。利用地方院校、驻军资源和行业系统组织多批次民兵专业骨干集训比武和应急分队轮训备勤，严密组织指挥法集训，扎实推进动员备战向深处走、向实里落。全年动用民兵243批次遂行防汛救灾、事故救援等任务，不断提升各级应急应战能力。深化作战重难点问题攻关，省军区本级和各军分区（警备区）按照“一个办局一个重点、一个分区一个课题”思路展开研究。深化推进国防动员信息系统和民兵管理系统建用管，抓好本级应急指挥车接装和试运行，同步推开军分区（警备区）应急指挥系统建设和组网运用，提升应急应战指挥信息化水平。常态抓战备执勤，持续推进以战备基础设施、应急指挥系统、基层武装机构为重点的规范化建设，出台《基层武装机构规范化建设标准和考评细则》。严格值班人员资质认证和持证上岗，常态组织值班部位应急处突演练、三级联动指挥演练，优化应急应战指挥处置流程，抓实随遇报情、主动报情。制定民兵情报信息奖励实施办法，完成全区民兵哨所部署调整和装备配备。组织全区战备规范化建设“三年规划”收官验收。实战抓联演联训，按纲抓好首长机关训练、民兵训练，组织省军区、军分区（警备区）两级战役理论集训，突出保交护路课题研练。落实民兵基地集中轮训，推进民兵训练基地建设，分级组织民兵各类专业骨干集训和教练员评比，组织军分区（警备区）指挥所带部分实兵演习暨国防动员能力检验评估和军分区（警备区）首长机关动员业务考核。

【从严治军】 2020年，福建省军区强化政治统领，加强各级党组织建设。扎实组织涉郭徐房张信息清理清查和政治领域官僚主义深查彻改，开展师级以上领导干部落实有关待遇规定专项清理整顿。强化政治整训，全面深入贯彻军委主席负责制。抓实“不忘初心、牢记使命”教育，制定常态化措施。持续强化民主集中制学习培训，指导各级党委健全完善议事决策规则和班子自身建设措施，自上而下开好民主生活会。巩固党管武装，贯彻《关于加强新时代党管武装工作的意见》，创新抓好民兵政治工作，坚持双向兼职、任命谈话等制度；规范落实参加涉地活动原则，督促落实军分区、人武部参加地方党委和政府活动要求，防止发生越界越线与舆情事件，推动新时代党管武装提质增效。聚力正风肃纪，持续抓好巡视巡察、审计反馈问题整改。组织对军分区（警备区）、人武部、干休所巡察，开展执纪执法情况专项检查、作风建设督查，严肃个人有关事项报告核查。加大问题线索直查督办力度，全年受理信访举报17件，给予纪律处分10人，维护法纪的严肃性权威性。纠治基层“微腐败”，推动风气建设常态长效。

2020年，福建省军区强化法治思维，坚定法治信仰，运用法治方式，扎实推进依法治军在省军区部队落地生根。突出正规化管理，修订战备、训练、工作、生活“四个秩序”，突出抓好日常秩序。突出关键点防范，紧盯敏感时节、要害部位、重点人员，落实安全设施建设和重要目标安全警戒，突出治理手机微信泄密，抓好重大演训活动安全监管，落实紧急避险和安全防护技能训练，强化应对安全风险能力。突出常态化排查，以安全大检查、“百日安全”活动为载体，定期召开安全形势分析会、安全管理工作会议，常态化落实巡查夜查、日常警备纠察和各项安全检查，确保部队安全稳定。突出区域化纠察，落实省会城市常态纠察、省域定期巡查，联合军地集中开展利用“军”字招牌营销问题专项清理，维护驻闽解放军和武警部队形象，共同营造福建地区拥军爱国、崇尚荣誉的社会风气。

【国防动员】 2020年，福建省军区进一步加强新时代国防动员体系建设。完善动员体制，及时调整省国动委领导、成员单位及国动委专业办公室构成，研究优化运行机制，组织国防动员“十三五”规划任务落实情况总结报告。提升整组质量，优化结构布局，突出新质力量，落实关键指标，切实把队伍建实编强；组织民兵整组工作检查考评。细化完成基础潜力数据审核入库，开展潜力核查，开展三级联动、军地协力调查、核查潜力数据，升级潜力调查信息系统，研究制定《潜力调查考评办法》，推进潜力数据演训应用，确保潜力数据经得住实战检验，组织全省动员潜力评估验收。推进民兵力量建设，逐项抓好“十三五”规划建设任务，组织论证编制“十四五”规划。完成基干民兵编组，会同省政府召开深化民兵调整改革推进会，组织静态考评和现地服务式检查，高标准迎接军委国防动员部民兵调整改革检查，考评成绩位列全国第六。抓实兵役征集，全面落实“一年两征”，抓实征兵宣传、体检政考、役前训练、审批定兵等环节，突出大学生尤其是大学毕业生征集，进一步完善和落实大学生征集优待政策。圆满完成年度征集新兵和直招士官任务。

【疫情防控和脱贫攻坚保障】 2020年，福建省军区成立疫情防控领导小组，制定省军区疫情防控方案和“双十条”措施，编辑上报各类简报249期，出动人员支援地方遂行卫生防疫宣传、设卡盘查和隔离点外围警戒等任务。全区党员自愿捐款支持疫情防控。全面加强营区营院、所属人员及家属管控排查，全区未出现确诊和疑似病例。扎实做好脱贫攻坚工作，完成定点帮扶村脱贫攻坚成效核查，高标准接受军委政治工作部首长到闽检查；积极参与跨域帮扶甘肃东乡县岭村，持续开展“善行六盘·助力脱贫”活动，召开武平县挂钩帮扶工作推进会，启动湘洋村党支部阵地和幸福院工程建设。巩固“山海协作”和“闽宁合作”扶贫模式，协调驻闽部队支援地方经济社会建设、承担急难险重任务，积极参与打赢脱贫攻坚战，为全面建成小康社会做出贡献。

【基层基础建设】 2020年，福建省军区制定抓建基层计划，组织贯彻《军队基层建设纲要》集训试点，规范8个方面14项成果。落实挂钩帮带、蹲部住所（当兵蹲连）制度，集中帮建基础相对薄弱的人武部、干休所。延伸抓实基层武装机构全面建设，出台《关于加强新时代基层人民武装部建设的意见》《福建省民兵基层建设细则》。召开省军区基层建设和思想政治教育工作会议。召开基层建设形势分析会，跟进解决矛盾问题，组织“双向讲评”和机关指导基层满意度测评，总体满意度达99%。完成全区党支部换届选举，公开招考文职人员，按程序选取士官，分级分批组织基层党支部书记、文职人员、专武干部等各类骨干集训，圆满完成新兵训练任务。广泛开展暖心工程，召开休干机构落实《军队基层建设纲要》和老干部工作推进会，研究解决突出矛盾问题。开展“四个秩序”规范建设试点，召开管理教育工作研讨会，制定5种类型单位“两项清单”，组织全区安全大检查，军委国防动员部安全管理排名位列第八。建强人才支撑，科学选配各级领导班子，合理做好交流人员定岗定位，稳妥展开现役干部转改文职人员、面向社会招考文职人员工作，集中组织“非转专”、专武干部集训，周密筹划干部退役、士兵补选退。严格干部选拔任用程序标准，逐单位考核调研团职以上后备干部。构建暖心环境，弘扬尊干爱兵、官兵一致优良传统，全力做好家属随调、子女入学等工作。贯彻军委关于加强新时代军队离退休干部工作意见，下大力解决老干部服务保障矛盾问题，增强老干部满意度和幸福感。

【军民融合机制健全】 2020年，福建省军区贯彻落实党中央关于军民融合发展决策部署，联合省委、省政府制定出台《关于大力推进福建军民融合深度发展的决定》《关于推动经济建设和国防建设融合发展的实施意见》和《福建省经济建设与国防密切相关的建设项目贯彻国防要求管理实施细则（试行）》等重要文件，修订党管武装、国防动员、国防教育、人民防空等动员法规，研究国防动员潜力指标体系，确保军民融合发展各项工作有法可依、依法运行。协调构建军民融合组织领导体系，制定完善福建省驻军单位军民融合协调工作机制，制定军队派驻人员管理细则等配套制度，派驻省委军民融合办的现役军官全部到岗，推动涉军协调工作步入正轨。召开福建省驻军单位军民融合工作协调机制联络员会议，实现“机构到位、职能到位、人员到位”，促进军民融合工作有序运转。坚持助力强军兴军目标导向，强化军事需求牵引，紧贴保障打赢这一中心任务，研究重大军民融合事项，搞好驻军部队需求统筹和与地方规划对接协调。推进军队保障社会化改革，在饮食、医疗、油料和物业等领域，建立军队保障、政府保障与市场配置相结合的支前保障体系。省军区主动牵头协调驻闽部队，启动实施支持福建自由贸易试验区、平潭综合实验区、宁德军民融合深度发展试验区、闽西革命老区经济社会发展的“十项工程”（基础设施、定点帮扶、助学兴教、送医扶医、文化服务、社会福利、国防教育、绿化美化、应急救援、和谐平安）。协调召开省委议军会，推动解决资金筹措、要素保障等方面难题，推进解决驻军单位战备设施建设。成立军民融合教育培训联盟、拥军人才培训基地，全面开展在役、退役士兵职业教育、技能培训、学历升级。

【双拥共建】 2020年，福建省军区注重加强军地双拥共建，擦亮福建军政军民团结“品牌”。协调出台《关于建立健全双拥工作若干机制的意见》，推进落实军人军属优先优待政策。组建常态化拥军支前工作队伍，支持配合首届“最美退役军人”评选活动。以全国双拥模范城评选表彰为契机，召开全省创建全国双拥模范城推进会，严格标准组织考评推荐，全省如期实现全国双拥模范城“满堂红”“五连冠”。

【国防教育普及】 2020年，福建省军区以贯彻中央《关于深化新时代国防教育改革的意见》为契机，理顺省、市、县三级国防教育领导体制和工作机构，建强用好省国防教育中心。开展第20个全民国防教育日系列活动，制作《致敬人民英雄》宣传片，经央广军事、中国民兵等媒体转载，得到社会广泛好评。常态开展“国防人物”新闻宣传、“爱我国防”演讲比赛。举办国防教育“一堂好课进高校”“爱我国防”大学生演讲比赛暨有奖征文、微视频征集和全省“军营开放日”活动，在全社会营造关心国防、热爱国防、建设国防的浓厚氛围。

【综合保障效能提升】 2020年，福建省军区坚持精准搞好需求对接、精细做好保障工作，为部队建设发展提供有力支撑。规范机制运行，紧跟政策改革进程，修订完善财经、军需能源、采购、卫勤保障等工作运行机制，完善细化军地联储、应急配送机制，推动军地衔接的饮食、医疗、运输、采购、住房、装备维修等公共服务体系建设。全面规范各级给养器材、野战食品战备储备，牵头参与联保联训等专项活动。完善保障体系，结合编制省军区“十四五”规划，启动军分区、人武部基础建设规划的制订工作。继续推进营区生活保障社会化，抓好装备器材申请领用补充和演训弹药保障，升级改造全区民兵装备仓库安防系统，组织旧杂式武器销毁，推进军人保障卡升级，探索建立全区医务人员轮训、干休所门诊医疗服务监督检查制度，提高保障质量和满意度。创新完善精确被装保障制度，省军区征兵被装保障适体率达99.8%，位列全国第四。组织采购招标，论证上报“十四五”军事设施建设规划项目，持续推进干休所、人武部营房综合整治。聚力攻坚克难，强势推进停偿收尾，从严组织房地产转让擅自处置问题整改，如期完成关键领域攻坚任务。系统推进全省停偿移交资产遗留问题处置，落实后勤专项任务，推动解决历史遗留经费和营地问题，查纠清退各类违规经费，圆满完成报废武器（器材）销毁任务。

（赵　征）

人民防空

【概述】 2020年，福建省各级人防部门围绕聚焦实战、体系建设和战斗力提升，全面强化练兵备战、实战实训，扎实推进军事斗争人防准备，稳步推进人防各项工作。7月，国家人防办印发《人民防空“十三五”规划执行情况通报》，福建省提前完成规划重点指标任务，位列全国第六。省委书记于伟国，省军区司令员吴喜铧、政委宋鸿喜，省政府副省长李德金分别作出批示，予以充分肯定。

【组织指挥体系建设】 2020年，全省各设区市全部建成标准等级的三类指挥场所，省本级第二代机动指挥所建成并投入使用，莆田部分县（区）、宁德全部县（市、区）机动指挥所竣工交付并进入试运行，泉州、南平部分县级地面指挥所建成投入使用。省人防办强化实战实训、联演联训，与驻闽部队联合组织全省人防行动组织指挥网上演练和省人防指挥部及省直单位人防业务集训，开展全省结建式人防工程维护管理、人防疏散基地指挥中心转进、人防指挥通信业务训练、省带市及部分重点县（市、区）三类指挥所通信系统联调联训和应急通联等示范性训练，选派青年干部骨干到部队驻训。拓展平战结合，与省防汛办建立视频会议系统，构建省人防三类指挥所与省防汛抗旱指挥部的互联互通链路，实现人防应急视频信息与防灾减灾信息的共享。

【人员防护体系建设】 2020年，福建省积极推进防护工程提质增量，完成省人防工程建设管理信息系统建设和《城市人民防空设施配置技术标准》编制工作。对省直88家单位人防工程逐一现场排查，建立人防工作联络员机制并组织培训，编印《单位人防工程设施维护保养基本指南》。完成《福建省人防疏散基地（地域）建设标准》初稿编制，开展省级党政机关疏散场所预置建设3处。按照“双随机、一公开”要求，对省内人防工程监理企业从业能力、结建式人防工程及单建式或地铁兼顾人防工程在建项目和防护设备生产安装企业质量开展检查。全省人防工程总建筑面积同比增长10%。

【支撑保障体系建设】 2020年，福建省人防办全面推进人防法治建设，完成《福建省人民防空条例》《福建省人民防空工程维护管理和使用办法》修订立法项目申报工作，编印《人防法律法规规范性文件选编》，修订出台《关于进一步推进人防依法行政的意见》等系列规范性文件。把“铸盾护民”主题嵌入机关基层党建活动，推动党支部“达标创星”、模范机关创建和第十四届省级精神文明单位创建工作，涵养风清气正政

2020年，省人防办组织开展人防实战化徒步拉练 （吴森林 摄）

治生态，营造干事创业的良好氛围。贯彻“证照分离”改革要求，落实告知承诺制，强化事前事中事后监管，优化营商环境。推进人防宣传“五进”和“七五”普法活动。

【重大专项工作】 2020年，福建省人防办从严从实做好人防系统（行业）疫情防控和复工复产工作，先后派出9人到福州鼓楼区、泉州鲤城区基层以及安徽、黑龙江、深圳一线支援疫情防控。持续推进全省人防系统腐败问题专项治理，省人防办党组书记与派驻纪检监察组组长建立经常性会商机制，联合约谈9市1区人防办主任；先后三轮派出调研督导组深入市县开展调研督导；至12月底，全省共自查摸排问题734个，完成整改545个；省本级研究制定出台12项规范性制度措施并拓展延伸至全省人防系统执行。对省、市、县三类指挥场所、所属人防设施开发利用场所、单建式人防工程、防空地下室、在建防空地下室工程以及36家防护（防化）设备生产企业开展拉网式安全隐患大排查大整治。如期完成29家企业214个项目产品质量的复查工作并上报国家人防办。至12月底，国家、省人防建设“十三五”规划指标任务基本完成，国定重点指标超额完成。组织开展福建省“十四五”人防建设专项规划编制工作，完成“十四五”时期重点建设项目论证并报告国家人防办。 （黄新扬）

退役军人事务

【概况】 2020年，福建省退役军人事务厅以“思想政治工作年”“基层基础基本建设年”活动为抓手，深入开展“不忘初心担使命、退役军人立新功”实践，扎实做好“六稳”工作、全面落实“六保”任务，着力建立健全组织管理体系、工作运行体系、政策制度体系，推进退役军人事务领域治理体系和治理能力现代化建设。

【双拥共建】 2020年，福建省有19个市、县获评全国双拥模范城（县），成为连续5届实现所有设区市均获全国双拥模范城“满堂红”的省份。省委副书记、厦门市委书记胡昌升在全国表彰大会上作交流发言，2个单位、3名个人被表彰。省退役军人事务厅出台《关于建立健全双拥工作若干机制的意见》，建立健全新组建新移防部队支援、军地互提需求互办实事“双清单”、拥军支前服务保障、新老兵退役仪式、军民共建以及合力解决“三后”问题等8项工作机制。投入经费支持驻闽部队基础设施、训练设施、文化设施和生产生活设施等建设，帮助解决随军家属随调、随军家属就业，安排专项岗位招考，为军人子女办理就读优质学校。开展“情系边海防官兵”拥军优属活动，走访慰问新疆、西藏、云南、广西、海南等驻边防官兵家属，协调解决执行边境专项任务官兵家庭困难，走访驻闽高山、海岛、海军舰艇部队以及海训部队、空军轮训部队，发放慰问金。做好驻闽部队疫情防控物资协调，对驻闽部队驰援武汉的129名医护人员及其家属推出“六个一”（一项对接机制、一次慰问走访、一本信息台账、一封慰问信、一个拥军包、解决一批现实困难）关爱措施。

【优抚褒扬】 2020年，福建省做好春节期间慰问和送立功喜报工作，走访慰问驻闽部队、优抚对象，发放慰问金、年画，上门送立功喜报、发放奖励金。按照疫情防控要求，做好“致敬·2020清明祭英烈”网上祭扫活动，并联合省教育厅、团省委、省军区政治工作局开展“特别的怀念，给特别的你——2020清明祭英烈”主题征文，征集文稿2658篇。开展抗日战争胜利75周年和抗美援朝出国作战胜利70周年纪念活动。报送国家级抗战遗址1个、著名抗日英烈11名、著名抗日英雄群体1个。会同相关部门为1494名符合条件的健在人员发放“中国人民志愿军抗美援朝出国作战70周年”纪念章。加强优抚事业单位的建设服务管理，做好烈士纪念设施规划建设修缮管理维护、红军遗骸保护工作。开展烈士纪念设施数据采集校核工作，全面摸清烈士纪念设施底数。完成优抚数据核查年度审定。与联勤部队第900医院签订转诊帮扶协议，联合开展为优抚对象巡诊、义诊活动。做好伤残人员等级评定，新办、补办评定伤残人员39名，调升残疾等级8名，完成部队退役或移交地方安置人员换证和抚恤关系转移。

【移交安置】 2020年，福建省科学合理制定安置方案，拓宽安置渠道，深挖安置潜力，全面推行“阳光安置”，按照时间节点不折不扣全面完成军转干部、退役士兵年度安置任务。提前对接部队移交单位，做好军休干部、退休士官移交安置工作。完成全国军休安置服务管理信息系统五级联网，实现军休干部安置去向审定、接收安置、护理费审批、军休人员基础信息查询等管理工作线上办理。指导各地做好年度军转干部适应性培训和专业培训，组织做好福州地区军转干部适应性培训和省（中）直单位接收军转干部专业培训。组织2020年度接收的自主择业军转干部报名参加国家网络课堂培训，培训率100％，被退役军人事务部评为“自主择业军转干部网络培训先进单位”。做好自主就业退役士兵移交安置工作，发放自主就业退役士兵地方经济补助金。

【退役军人就业创业】 2020年，福建省根据常态化疫情防控要求，创新推出5项“云服务”（政策宣传“云推广”、建立台账“云统计”、促进就业“云招聘”、创业大赛“云服务”、教育培训“云课堂”），广泛开展以“抗疫情助就业”为主题的“云招聘”活动，组织举办各级各类退役军人招聘会183场，12155家用人单位提供321206个岗位。开展“百日免费线上技能培训行动”，遴选54个线上培训平台和涵盖100多个职业（工种）的线上培训资源，并推出“云课堂”首批10门课程。制定《福建省退役军人就业创业培训工作实施办法（试行）》，对就业创业培训工作有关流程、承训机构信息黄页的推荐程序等主要内容进行规范。做好退役军人就业创业培训和就业扶持创业孵化基地挖掘和培养，向退役军人事务部推荐福建船政交通职业学院、福建信息职业技术学院、石狮市退役军人创业孵化基地3家。举办福建省首届退役军人创业创新大赛初赛和省级复赛，共有159个项目参赛。在老兵退伍季开展“送政策送岗位进军营”活动，择优选送200余个岗位供退伍老兵自主选择，编制最新教育培训和就业创业政策送进军营，为退伍老兵们提供暖心服务。协助做好退役军人参加高职扩招工作。

【尊崇关爱】 2020年，福建省在全省退役军人服务保障体系组织开展“五比五看”（比“五有”看落实，比服务看成效，比引领看作用，比创新看特色，比文化看“军味”）创“五有”先进单位活动，促进各级服务中心（站）规范化、实体化运转，打通服务退役军人“最后一公里”，为退役军人提供“面对面”“个性化”服务。成立省级退役军人关爱协会，依托服务中心设立退役军人法律援助工作站，探索在退役军人集中的村（社区）成立退役军人党支部。全省各类“为军服务社会组织”45家，会员超过1万人。在全省退役军人系统组织开展“不忘初心担使命、退役军人立新功”实践，引领退役军人做到“八个争当”（争当改革发展稳定“生力军”、争当创新创业创造“先行者”、争当乡村振兴“服务员”、争当精神文明建设“志愿者”、争当急难险重任务“突击队”、争当生态建设“示范者”、争当平安建设“守护者”、争当军地协同“连心桥”），组建好“三支队伍”（退役军人志愿服务先锋队、兵支书“领头雁”、优秀退役军人党员示范队），引导广大退役军人“退役不褪色、建功新时代”。建立常态化与退役军人挂钩联系制度，省、市、县三级退役军人部门负责联系重点困难退役军人和重点优抚对象，乡镇（街道）、村（社区）服务站对辖区退役军人实现普遍联系。做好部分退役士兵社保补缴工作，先后开展“攻坚推进月”“质量提升月”行动，符合条件的退役士兵养老保险办结率达100％，较国家规定的时间提前近2个月完成任务，是全国率先完成补缴任务的3个省份之一。在“福建新闻广播”推出“军民情”专题节目，每月播出3期，在全省系统设立“军民情”讲坛，在“东南网”开设“军民情”专栏，着力打造“讲坛＋广播＋网站专栏”的退役军人思想政治和新闻宣传工作产品体系，开展全省“最美退役军人”学习宣传活动，评出2020年度全省最美退役军人10名、提名奖10名，讲好退役军人故事，营造尊崇氛围。（林长清）

编辑：吴朝庭

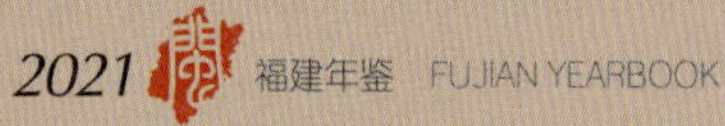

应急管理

综　述

【概况】　2020年，福建省各级各有关部门把保护人民生命安全摆在首位，搭平台、建机制、求精准、重创新，落实新冠肺炎疫情防控要求，推进应急管理体系和能力现代化建设，开展全省安全生产专项整治三年行动和各领域安全隐患大排查大整治、房屋结构安全隐患大排查大整治百日攻坚和专项治理三年行动，推进防灾减灾救灾工作。全年全省安全生产形势总体稳定，发生各类生产安全事故1186起、死亡735人，同比分别下降16.5%和13.5%；亿元GDP生产安全事故死亡率0.017人，同比下降15%；应对自然灾害侵袭25次；扑灭森林火灾55起，24小时内扑灭率98%。

【机构改革】　2020年6月，中共福建省委批准设立中共福建省应急管理厅委员会。7月，决定由福建省消防救援总队、福建省森林消防总队各1名主官兼任党委委员。至2020年底，省、市、县三级全部成立应急管理部门。省应急厅核定行政编制108名、工勤编制10名。在省应急管理厅设置直属安全生产执法监督局，调整并核定省应急技术中心、省应急救援中心、省减灾中心等4个直属事业单位的机构、职责、编制，总编制107名；撤销福建省安全生产执法总队。

【体制机制建设】　2020年，福建省推进安全生产领域改革发展和防灾减灾救灾体制机制改革，健全完善军地协同、专群结合的防汛抢险救援体系，建立救灾物资快速调拨配送协调机制、防震减灾和抗震救灾协同联动机制、防灾减灾救灾联动机制、应急联络机制。制定《福建省森林防灭火指挥部工作规则》《福建省人民政府防汛抗旱指挥部工作规则（试行）》，明确机构设置、成员单位职责分工和议事规则、联络机制。福建省森林防火指挥部于2019年12月27日经省政府批准，调整为福建省森林防灭火指挥部，充实组成单位和人员，指挥部办公室设在省应急管理厅。全省各级森林防灭火指挥体系于2019年底调整到位，2020年1月1日零时起开始运行。2020年4月15日，福建省人民政府防汛抗旱指挥部调整充实指挥部组成人员，指挥部办公室设在省应急管理厅，由省应急管理厅、水利厅相关人员组成，合署办公。各级防汛抗旱指挥体系于4月30日前调整到位、5月1日零时开始运行；8月6日，福建省减灾委员会调整充实组成部门和人员，委员会办公室设在省应急管理厅；12月29日，在原福建省抗震救灾指挥部基础上，增设福建省防震减灾联席会议，调整充实组成单位和人员，设立福建省政府抗震救灾指挥部暨防震减灾联席会议，下设办公室在省应急管理厅和省地震局，省应急管理厅、省地震局组建专班联合值守。

【应急救援力量建设】　2020年，应急管理部自然灾害工程救援厦门基地、厦门市应急救援机动支队、厦门市空中救援中心先后挂牌成立。至2020年底，福建省消防救援总队已组建综合应急救援机动支队、省级抗洪抢险救援队和工程机械大队，分类打造地震、水域、山岳等专业救援队59支；福建省森林消防总队成立特种救援大队，在3个支队、9个大队逐级成立快速反应分队，常态化保持800人跨省区机动增援力量，组织2支驻防分队，分别入驻厦门市、莆田市。全省成立社会应急救援队伍56支2722人，防汛抢险队伍7638支20.23万人，地方森林灭火专业队伍127支4092人，地方森林灭火半专业队伍543支14632人，群众义务森林消防队伍6982支92466人，省、市、县级地震紧急救援队112支。省航空护林总站在每年防火期租用2架直升机担负森林航空消防任务，可实施城市、高空、山地、水上救援和医疗救助等应急救援工作。

【自然灾害防治重点工程建设】　2020年，福建省灾害风险调查和重点隐患排查工程启动自然灾害综合风险普查，开展房屋结构安全隐患大排查大整治百日攻坚和专项治理三年行动，建立省级区域性海洋环境立体实时观测网，对海洋风暴潮进行调查。重点生态功能区生态修复工程累计治理河长4300千米，完成综合治理水土流失面积68.13万公顷。海岸线保护修复工程修复海岸线98.15千米，建设沿海防护林带2.18万公顷，完成平潭竹屿湾生态整治修复和大屿生态岛礁建设工程。防汛抗旱水利提升工程投入53.3亿元，开展“五江一溪”（闽江、九龙江、晋江、汀江、赛江、木兰溪）以及其他重要独流入海河流防洪治理工程，建成江（海）堤防1500千米，完成7座大中型水库、5座大中型水闸、298座小型水库除险加固任务，新建改建城市雨水管网7388千米；投入27.13亿元，建设平潭综合实验区防洪防潮、漳州古雷石化基地防洪防潮工程。地震易发区房屋设施加固工程在泉州、漳州两市抗震设防烈度7度以上地区进行农房抗震改造试点，“十三五”期间全省加固改造校舍面积26.52万平方米，对49个医院建筑进行加固改造累计完成11.65万平方米。地质灾害综合治理和避险移民搬迁工程“十三五”期间治理32处特大型地质灾害隐患、228处重大地质灾害隐患点，降险处理小型地质灾害隐患556处，搬迁避险移民8095户3万多人。应急救援中心建设工程启动省应急指挥中心改造建设，福州、厦门、漳州、龙岩、三明等5个消防训练基地投入使用。自然灾害监测预警信息化工程建设全省综合气象观测网，建成“四网融合”（测震网、强震动网、烈度计网、全球导航卫星网）地震监测预警台网，建成福建水情服务系统、福建汛情发布系统、福建省防汛抗旱指挥决策支持系统，建成福建省地质灾害综合管理信息系统和地质灾害气象风险预警预报系统。自然灾害防治技术装备现代化工程建设福建省应急通信工程北斗及卫星系统，建成福建省高边坡与地质灾害防治技术公共服务平台和内涝防治综合监控信息化管理等平台，打造龙岩市龙州国家应急产业示范基地。（吴晓军）

重大事故应急处置

【泉州市欣佳酒店“3·7”重大坍塌事故应急处置】 2020年3月7日19时14分，泉州市鲤城区欣佳酒店所在建筑物发生坍塌，造成71人被困。事故发生后，在应急管理部全程视频连线指挥、应急管理部和住建部联合工作组现场指导、国家卫健委两批国家级医疗卫生专家组指导并参与救治下，福建省、泉州市累计组织118支队伍5176人，经过112小时的艰苦奋战，成功将71名被困人员全部救出，其中42人生还。这起事故救援被应急部列入2020年全国应急救援十大典型案例。

【台湾海峡东部水域“8·30”商渔船碰撞事故应急处置】 2020年8月30日3时50分许，利比里亚籍散货船“SBI-PERSEUS”轮由马来西亚甘马挽港驶往上海港途中，在台湾海峡东部、平潭以东约43海里海域（概位25—24.714N/120—41.298E）与泉州籍渔船“闽晋渔05119”轮发生碰撞，渔船沉没，船上14人全部落水，其中2人获救、12人失踪。事故发生后，省委、省政府迅速组织全力开展搜寻救助。截至2020年9月4日12时中止海上大规模搜救行动，转为海上常态化搜寻，累计派出专业救助船1艘、公务船艇3艘、救助直升机3架次，协调渔船89艘次及过往商船21艘次参与搜救；协调台湾中华搜救协会累计派出搜救船艇9艘次，救助直升机10架次，主要救助船累计搜寻617小时，海上搜寻区域面积累计约9000平方千米。

【莆田市“11·27”重大道路交通事故应急处置】 2020年11月27日16时47分03秒，车牌号为闽B50878的重型特殊结构货车（混凝土搅拌罐车）途经莆田市涵港大道荔城区黄石镇惠下村路段，与停驻于第二车道上的赣F9553A正三轮载货摩托车发生碰撞。事故发生后，省委和省政府以及莆田市、荔城区党委、政府组织应急救援队伍和工作人员共270余人，经过1小时51分钟的施救，将事故车辆中的16名乘车人（其中1名乘车人被甩出至道路路牙边，另15名被困车内）全部救出。16名乘车人中有8人当场死亡，另8人由120急救车紧急送医院救治，途中1人伤势过重死亡，医院救治中2人抢救无效死亡。（吴晓军）

安全生产监督管理

【概况】 2020年，福建省各级各有关部门坚持生命至上、安全第一，一手抓疫情防控、一手抓安全生产，深刻吸取“3·7”重大坍塌事故教训，推动全省安全生产形势总体平稳。全年全省发生各类生产安全事故1186起、死亡735人，同比分别下降16.5%和13.5%，其中较大事故15起、重大事故2起、商渔船碰撞重大事故1起。

【疫情防控和复工复产安全服务保障】 2020年，福建省应急管理厅落实新冠肺炎疫情防控要求，分区分类、精准施策，紧盯涉医涉疫、防疫物资生产经营等重点行业领域，运用视频调度会商、电话督促指导、微信微博提醒、组织志愿服务小分队点对点服务等方式，开展安全监管和安全服务，集中开展疫情防控和安全宣传教育，全力服务保障疫情防控和复工复产安全。在疫情重点防控期间，省安办会同省委办公厅派出8支志愿小分队赴一线加强指导，全省开展视频调度1595次、电话督促指导10.18万次、微信发送信息46万条、远程监控和巡查1.6万次，专家指导服务1293人次。

【安全隐患大排查大整治和安全生产专项整治三年行动】 2020年，福建省在深入开展全省各领域安全隐患大排查大整治、房屋结构安全隐患大排查大整治百日攻坚专项行动的同时，衔接国家安全生产专项整治三年行动计划要求，部署推进安全生产专项整治三年行动。截至12月31日，全省共排查事故隐患1008206项，已完成整改997734项，整改率98.9%。其中，重大事故隐患575项，已完成整改565项，整改率98.2%；责令限期整改单位130143家、停产停业整改2181家、取缔关闭830家。

【重点行业领域安全专项整治】 2020年，福建省有效推进重点行业领域安全专项整治。在危险化学品方面，省委办公厅、省政府办公厅印发《关于全面加强危险化学品安全生产工作的实施方案》，省应急管理厅、省发改委、省工信厅、省生态环境厅联合印发《福建省禁止、限制和控制危险化学品目录（试行）》，明确禁止52种、限制和控制67种危险化学品。开展乙炔生产企业安全专项整治、重大危险源专项整治、危险化学品道路运输安全集中整治、非法违法"小化工"专项整治、烟花爆竹旺季安全检查、危化品重点县专家指导服务，开展三轮硝酸铵等危险化学品安全风险隐患专项排查治理。全省应急管理部门共检查危险化学品及烟花爆竹企业11492家次、督促整治事故隐患16653项，全省28家城镇人口密集区危化品生产企业完成验收27家，剩余的福建湄洲湾氯碱工业有限公司积极推进搬迁改造。在房屋结构安全方面，开展房屋结构安全隐患大排查大整治百日攻坚专项行动、全省房屋结构安全专项治理三年行动，共排查房屋897万栋，发现并处置重大安全隐患房屋6.4万栋。在煤矿方面，开展"学法规、抓落实、强管理"活动，推进煤矿安全监控、人员位置监测、工业视频监控等"三大系统"升级改造，检查全省49家煤矿共1092矿次，排查发现的事故隐患5606项全部完成整治，停产停建并公示退出煤矿8家。在非煤矿山方面，开展2轮全覆盖检查，共检查矿山1543家次、整治事故隐患5732项，全省224座尾矿库实现风险隐患排查、包保责任清单公告、管控治理措施、应急预案完善4个100%全覆盖，36座"头顶库"全面消除危库、险库、病库。在道路交通方面，部署推进道路交通安全综合整治，全省1.68万辆"两客一危"车辆100%安装卫星定位装置，共查处超限超载案件2.16万件、非法运营案件4425件、危货运输案件730件，排查6050台次拖拉机、联合收割机，整治事故隐患2605项。在建筑施工方面，排查1168个在建水利工程、5593个已建水利工程、1325项水利非工程措施和2905处房屋，整治事故隐患5936项；排查1万多个建设项目、6856台塔吊、6571台施工升降机，整治事故隐患40953项。在消防安全方面，检查5.8万余家单位，督改火灾隐患1.6万余项，组织自查28166栋高层建筑、整治火灾隐患22807项，推进消防安全标准化达标创建共督改隐患4.2万项。在海洋渔业方面，开展渔业安全生产百日攻坚战、涉渔"三无"船舶等专项整治，查获涉渔"三无"船舶368艘，检查渔船10217艘次，整治隐患2665项，查办渔业违法违规案件1261件，为全省13246艘海洋渔船安装固定式北斗定位终端。在工贸企业方面，开展安全隐患大检查大整治和钢铁、铝加工（深井铸造）、粉尘涉爆企业、有限空间、涉氨制冷等5个专项整治，共整治事故隐患13.13万项。

【安全宣传教育】 2020年，省应急管理厅组织开展防灾减灾日和宣传周，以及"安全生产月""八闽安全发展行""119消防宣传月"等集中宣传活动，策划开展疫情防控、典型人物、防灾减灾救灾、安全隐患大排查大整治等主题宣传活动，推进安全宣传进企业、进农村、进社区、进学校、进家庭，向公众普及安全知识、疫情防控和灾害事故防范应对技能。全国防灾减灾日活动期间，全省参与H5知识竞答人数约16万人次，云参观"福建省地震局"站和"福建省森林消防总队"站46.6万人次，精心制作30期防灾减灾科普知识广播次数达1万次。"安全生产月"活动期间，全省有404903人次参加网络课堂培训，757122人次观看事故案例剖析警示教育片，592631人次参与安全生产"公开课""微课堂""公益讲座"等线上直播活动，285704人次参与安全打榜直播，679514人次参与全国网上安全知识竞赛，57273个企业开展"安全生产啄木鸟""企业风险扫描仪""隐患排查显微镜"等活动。（吴晓军）

防汛抗旱

【防汛防台风】 2020年，福建省在常态化疫情防控情况下，坚持预案制定演练在前、灾情研判预警在前、人员物资预置在前，坚持精准指挥调度、精准转移安置、精准动员社会共同防灾抗灾，坚持各级防指上下联动、部门间横向联动、防抗救各环节联动，及时调度指挥各级各方面力量，有效防御4场致灾性暴雨和1个登陆、7个影响台风，实现人员"零伤亡""零感染"。全省有8个设区市58个县（市、区）19.64万人次受灾，农作物受灾3.06万公顷，直接经济总损失33.19亿元。增加"疫情防控"要素修订预案1.19万个，开展演练1695场次，参与人员4.4万人次，整治自然灾害风险隐患15397项、修复水毁工程设施3582处。着力疫情防控常态化条件下危险区域群众安全转移避险，全省增设15413个群众身边的紧急临时避灾点，编发《疫情防控常态化下防汛防台风转移避险工作手册》《福建省危险区域人员转移避险工作手册》，对全省危险区域需转移的21.86万人进行建档立卡并发放"明白卡"5.28万户，开展危险区域群众转移避险演练1.77万场，参加群众23.39万人次。

【防旱抗旱】 2020年夏季，福建省共经历13次高温过程，高温日数52天，中南部地区出现不同程度气象干旱，入秋后气象干旱再度发展。旱兆出现后，省防指即启动旬报机制，及时研究部署防旱措施，组织各地积极节水、引水、调水，应对旱情，并对九龙江北溪、闽江和有关流域进行水量调度。气象部门开展人工增雨作业287次。10—12月，全省累计投入抗旱人数12.83万人次，启用机电井0.37万眼、泵站1931处，机动抗旱设备1.4万台套。（吴晓军）

消防救援

【概况】 2020年，福建省消防救援队伍以“抓基层、打基础，保稳定、保打赢”为目标，一手抓主责主业、一手抓内部防疫，一手抓改革攻坚、一手抓应急处突，一手抓现实斗争、一手抓基层基础，推进改革发展，维护“两个稳定”。全年各级领导批示肯定次数、省部级表彰奖励数量及争取经费额度、基建开工项目、装备购置数额等均有新突破，火灾起数、亡人数、伤人数、较大火灾数均为新低。全年全省发生各类火灾5947起，造成人员死亡69人、受伤32人，烧毁建筑面积26.41万平方米，直接经济损失超过2亿元。其中，较大火灾事故2起，未发生重大、特别重大火灾事故。

【消防安全环境整治】 2020年，福建省委、省政府研究部署消防安全专项整治三年行动、打通“生命通道”集中治理行动等工作，将“十四五”消防救援事业发展规划纳入省级重点规划目录清单。省政府下达消防工作目标责任，开展消防工作考核，明晰各地各部门职责；将消防安全纳入全省安全隐患排查整治八大领域一体推进，将消防基础设施改造纳入全省老旧小区改造内容，将智慧消防纳入数字福建发展规划和政府工作要点。消防救援、公安、住建等部门联合制定消防车通道管理意见；多部门联合开展消防安全标准化达标创建，树立行业标杆示范单位730家，推动各级行业部门检查单位9.3万余家，督改隐患4.2万余处。省委、省政府通过《福建省深化消防执法改革实施方案》，推动全省256个乡镇、街道将消防安全纳入综合执法事项目录清单；全面实施公众聚集场所投入使用、营业消防安全告知承诺制；出台技术服务机构管理规定，研发执法文书二维码制作管理系统，推行“双随机、一公开”消防执法检查，推进“高低大化”场所、老旧场所和新材料新业态的综合治理。全年全省消防救援机构组织检查单位5.8万余家，督改火灾隐患或消防违法行为1.6万余处，发现重大火灾隐患单位72处，挂牌督办32处；制定《疫情防控特殊时期消防监管工作六项措施》和《定点医疗机构等三类单位消防安全指导要点》，成立109支专业技术服务队，运用“现场＋远程”模式开展“点对点”指导服务涉疫场所。

【灭火救援能力建设】 2020年，福建省消防救援总队组织开展“闽动—2020”地震救援、防汛抗洪、高层建筑灭火演练等大型跨区域实战拉动演练4次，开展随机抽查、尖兵擂台赛活动。遴选22名业务能手成立专家（骨干）组，结合典型战例组织攻关4类难点课题，有6项战例研究成果在应急管理部灾害医学培训班、外交政策与国际救援规则培训班和消防救援局战例研讨班上做交流研讨，“3·7”涉疫救援经验成果被联合国国际搜索与救援咨询团官网推介。连续3年组织开展师资技能培训（车辆交通事故处置、化学事故处置、水域山岳绳索救援）和关键岗位（支队指挥长、站指挥员、安全员及紧急救援小组队员）轮训，研究引进国际绳索救援、重型车辆破拆支撑、水下搜救等前沿领域技术，累计培训骨干330人次，有322名指战员取得资质证书。统筹力量布局，分区域分灾种布点建设专业救援队，分类打造地震、水域、山岳等专业救援队47支，其中2支省级抗洪抢险编队和4支重型化工编队顺利通过消防救援局考核验收。投入9000余万元建设实战指挥系统、手机报警定位系统等平台，完成智能接处警项目试点推广，完成应急通信装备建设。全年全省消防救援队伍成功处置泉州“3·7”建筑坍塌事故、龙岩“7·12”精细化工企业爆炸起火事故，执行跨区域增援江西防汛抢险救援任务，圆满完成“9·8”投洽会、海峡论坛等大型活动消防安保工作。

【消防救援队伍管理】 2020年，福建省消防救援总队将基层建设纲要细化为28项具体任务，配套4项保障措施。开展“条令纲要宣贯月”活动，编写《营区标识和内务设置标准》，拍摄《消防救援队伍队列示范片》。创新成立专职督导组，通过视频监控、4G图传、明察暗访等方式对各级队伍实行全天候、无死角监管。推广“护剑系列”和微信队伍服务管理平台，在各队站门口安装交通安全设施，显著提升队伍安全制度落实和抵御风险能力，实现全年队伍安全“零责任事故”。建立以案促改统筹联动机制，推动个案整改向修复政治生态转化。积极探索创新审计方式，开展车辆装备价格预算审计，完成各类审计项目154个。制定出台《总队机关项目审计操作规程》《项目采购指南》《信息化项目审计实施办法（试行）》等制度规定，制定《解决形式主义官僚主义突出问题切实为基层减负松绑十项措施》。推动出台福建省消防救援队伍职业优待办法，依托省慈善总会，创新设立省级消防救援慈善救助基金。完善遂行出动、协作会商等机制。举办三坊七巷消防救援站承接升降国旗任务30周年系列活动。全省4个集体、8名个人获省部级表彰，5个单位荣立集体二等功，11名个人荣立一、二等功。总队灭火救援指挥部副部长叶智勇获“全国先进工作者”表彰；福州三坊七巷消防救援站（福州市五一广场国旗护卫队）获“全国最美应急管理工作者”“全国119消防奖”“国家综合性消防救援队伍抗击新冠肺炎疫情先进集体”等表彰，该站副站长张天水被评为“全国最美退役军人”。

【后勤保障体系建设】 2020年，福建省出台《福建省地方消防救援经费管理暂行办法》，明确人员经费、跨地区调动经费和省级补助财力困难县市保障机制，提高政府专职消防员人员经费、特种车辆运行经费和应急战略物资储备经费标准。全省新建特勤和普通消防站19座，维修改造消防站74座。新改扩建备勤公寓项目17个共181套；完成总队闽北训练基地建设并通过验收竣工投用；完成总队机关营区及公寓房、训练与战勤保障支队模拟训练设施等6个项目。全省招标采购各类消防车辆278辆、器材装备22.1万件（套），采购金额达16.93亿元。制定总队应急救援战勤保障工作方案，按标准建设各支队战勤保障消防站，采购配齐装备维修车、运兵车等战勤保障车辆共90辆，组建总队、支队两级战勤保障队伍，强化战保装备物资储备，招标采购省级应急战勤保障装备物资近4万件，推进2个特别重大灾害响应现场指挥部后勤保障编组建设，常态化开展战勤拉动演练和装备巡检巡查，构建完善新型战勤保障体系。

【全民消防宣教】 2020年，福建省委宣传部等12个部门印发《消防安全宣传教育“五进”实施细则》，将消防安全知识编入义务教育教材，将消防法律法规纳入党校中青班必修课。省人口普查办组织25万名普查员助力消防宣传进村入户，省通信管理局等单位向全省手机用户推送消防安全提示1亿余条。围绕防灾减灾日、安全生产月、开学、“119”消防宣传月等重要时间节点，针对用火用气用电、电动车停放充电等关键环节和石化企业、大型综合体、人员密集、“三合一”场所（指住宿与生产、仓储、经营等功能违章混合在同一空间内的建筑）等高危场所，省公安厅、省教育厅、省财政厅、省住建厅、省卫健委、省应急管理厅、省邮政局等单位集中开展大宣传、大警示、大培训活动，提升单位自我管理和群众自防自救能力。省消防救援总队高标准组建全媒体工作中心，强化团队能力和媒体融合宣传建设，并被国家消防救援局评为全媒体工作中心建设先进总队；设计孵化出福建消防宣传卡通形象“福吉”，推出三维动画片和微信定制表情包等消防产品；开展消防安全公开课直播活动，线上消防安全知识挑战赛，制作《逃生宝》等消防小游戏，寓教于乐推进消防常识普及；建设消防主题公园28个，配备各类消防宣传车242辆。省科协覆盖全省1600个社区的科普云终端平台和3.2万个社区物业小广播、“村村通”广播，定期播放消防安全提示，提升宣传覆盖面。

2020年11月10日，福建省“最美消防指战员”发布暨“119”消防宣传月主题活动在福州市举办。图为现场颁奖 （省消防救援总队供稿）

【“最美消防指战员”发布暨“119”消防宣传月主题活动】 2020年11月10日，福建省“最美消防指战员”发布暨“119”消防宣传月主题活动在福州市举办。副省长李德金，省应急管理厅厅长刘琳，省委办公厅、省政府办公厅、省委宣传部和省直有关部门、共建单位、省森林消防总队、省消防救援总队领导出席。启动仪式上，与会领导为获选福建省首届10名“最美消防指战员”和在重大灭火救援战斗中立功的指战员代表以及获得第四届福建省热心消防公益事业先进集体（5个）、先进个人（10名）颁发奖牌、证书。 （郭成传）

森林消防

【概况】 2020年，福建省森林消防总队统筹推进新冠肺炎疫情防控和年度重点工作任务落实，着力转变思想观念，加快能力提升，全面从严治党，实现政治生态持续纯正、救援能力有所增强、队伍形象有新提升等既定目标。始终把党的政治建设摆在首位，成立党建工作领导小组，制定落实全面从严治党主体责任清单和党的建设工作要点；建立党委决议“双督办”机制，有效提升党委决策的严肃性、权威性、实效性。召开党风廉政建设工作会议和纪委工作例会，每季开展廉政党课教育，持续整治形式主义、官僚主义，组织“党纪条规学习月”活动和警示教育专项行动，集体约谈各支队纪委书记和直属大队党委书记，推进基层风气监察联系点工作，建立每周交班讲评制度，认真抓好中央巡视反馈意见整改落实，组织对南平支队党委开展首批政治巡察，不断传导大抓风气建设的良好导向。加强对“关键少数”的政治领导、思想引导和日常管理，形成横向到边、纵向到底的责任网络。每季度严密组织党委中心组带机关理论学习；深入开展“践行训词精神、担当神圣使命”主题教育，严密组织政治教员岗位练兵暨优质课评比活动，及时召开信访、纪检、心理和预防自杀工

2020 年 5 月 11 日，福建省森林消防总队特勤大队开展 2020 年闽侯县城区超标准洪水应急抢险演练 （省森林消防总队供稿）

作联席会议，积极推进知心、稳心、暖心、强心“四心工程”，跟进抓好政策宣讲。深入推进模范机关创建工作，推动党建工作与业务工作有机融合、同频共振。全年组织扑救森林火灾 25 起，开展防火执勤 55 次，参加联合演练 18 次，组织靠前驻防 4 次，遂行综合救援任务 5 起；有 1 个单位、2 名个人分别被表彰为全国“119”先进集体和先进个人，有 6 名个人被表彰为福建省“最美消防指战员”。

【实战能力建设】 2020 年，福建省森林消防总队坚持把遂行“森林灭火、抗洪抢险、抗震救灾”三大任务置于国家应急管理体系和能力现代化之中来思考筹划推动，调整值守值班模式，明确细化各项职责，实现 4 套通信系统融合整合。全年向队伍发布火灾和防汛预警 120 余次，更新周边 7 省跨区增援作战数据库。常态化组织战备拉动演练，认真总结反思遂行广东佛山森林火灾扑救任务经验，随时做好省内、跨区遂行任务准备。在森林消防队伍第二届“火焰蓝”灭火专业技能尖子比武中，取得单位综合排名第二、2 个单项第一、1 个单项第三的成绩。以筹备森林消防队伍“火焰蓝”首届特种救援技能比武和承办特种救援大队建设试点任务为契机，组织开展综合救援技战术训练，有效提升综合救援能力；组织参赛并取得单位综合排名第一、大队级指挥员第一、中队级指挥员第二的成绩。

【防火救火】 2020 年，福建省森林消防总队积极开展森林火灾风险大调研，收集形成省内图表 30 份（张）、数据 5000 余组，并向厦门市派出驻防分队。组织秋冬季森林防火暨国庆节防火宣传行动誓师动员大会，组织 4872 人次到 9 个设区市、53 处景区、21 个乡镇开展“国庆节旅游景区防火专项行动”，并派出 11 支督导组进行全方位督导落实，派出 300 名指战员赴广东省遂行机动驻防任务，全面打响秋冬森林防火主动仗。全年全省森林消防系统坚持以上率下、靠前指挥，累计动用 9923 人次，扑救森林火灾 25 起，开展防火执勤 55 次，参加联合演练 18 次，组织靠前驻防 4 次，遂行综合救援任务 5 起。其中，总队于 1 月 15 日遂行永安市森林火灾扑救任务，2 月 1 日遂行上杭县湖洋镇兰屋村森林火灾扑救任务，5 月 1 日遂行大田县森林火灾扑救任务，7 月 12 日参与处置龙岩市卓越新能源公司火灾事故，8 月 3 日遂行武夷山市三姑垃圾站森林火灾扑救任务，8 月 7 日遂行南平市延平区塔前镇森林火灾扑救任务，10 月 23 日遂行三明市清流县森林火灾扑救任务，10 月 27 日遂行漳浦县大埔村森林火灾扑救任务，11 月 4 日遂行闽侯县荆溪镇森林火灾扑救任务，11 月 13 日遂行厦门市海沧区森林火灾扑救任务，12 月 1 日参与处置上杭县蛟洋工业区均粉库倾斜事故。

【应急救援保障体系建设】 2020 年，福建省森林消防总队按照“一线伴随、二线持续、三线支援”的原则，重新分级建立多灾种应急救援保障方案体系，自上而下规范各类保障方案、计划和清单。与中国民用航空福建安监局、中国铁路南昌局签订《应急联动工作机制协议》，与顺丰速运有限公司签订《应急物流配送服务合作框架协议》，指导各级与 9 类服务单位签订应急保障协议，探索开发应急指挥平台保障通 APP，逐

2020 年 10 月 22—26 日，全国森林消防队伍“火焰蓝”首届特种救援技能比武在福州举办。图为参赛队员在进行排除发动机积水作业 （省森林消防总队供稿）

2020年5月1日，福建省森林消防总队遂行大田县森林火灾扑救任务
（省森林消防总队供稿）

步健全“基层方便携运、支队就近前送、总队全域支援”的应急保障网络。建立“值班平台总控、车场调度分控、带车干部把控”的车辆运行管理体系，严格落实车辆管理“五位一体”“一车一卡”责任制，组织驾驶员新训、复训，确保车勤保障能力不降。扎实开展“装备上门、巡回维修”活动，组织装备标准化、标识化、规范化“三化”达标考核，投入2662万元为队伍购置装备，与省应急管理厅、省水利厅、省地震局对接商讨救援力量建设问题，并促使消防救援装备购置经费纳入地方财政预算体系。常态抓实基层伙食管理，组织“伙食规范化试点”，伙食满意率始终保持在98%以上。深化转化森林消防队伍保障部（处）长集训成果，组织专班试点、专项推进，制定应急保障力量实体化建设、应急物资体系建设、基础设施建设、全域投送能力建设计划。

【森林消防宣传】 2020年，福建省森林消防总队深入开展学习贯彻授旗训词精神系列活动、“火焰蓝风采”群众性文化活动和“榜样的力量”主题典型宣传活动。全年有1个单位、2名个人被应急管理部分别表彰为全国119先进集体和先进个人，6名个人被表彰为福建省“最美消防指战员”。持续推进防火宣传“五进入”，组织大型线上直播2场，在全媒体平台推出专题电视报道1篇、主题微电影1部、科普动漫作品3部、沙画作品5部、主旋律歌曲MV作品9部、长篇通讯10余篇，展现出森林消防队伍的良好形象。（姜佳伦）

2020年福建省分地区火灾综合情况表

地区	火灾概况						较大火灾			
	起数（起）	死亡（人）	伤人（人）	损失			起数（起）	死亡（人）	伤人（人）	直接损失（万元）
				直接损失（万元）	烧毁建筑（平方米）	受灾户数（户）				
合计	5947	69	32	20213.2	264092.0	2267	2	11	0	122.7
福州市	1310	16	7	3786.0	48716.6	233	0	0	0	0
厦门市	338	5	7	2416.4	17714.5	134	0	0	0	0
莆田市	842	4	0	1649.6	20857.4	75	1	3	0	15.0
三明市	392	3	1	1947.7	29705.3	160	0	0	0	0
泉州市	1240	22	11	3129.5	50744.8	661	1	8	0	107.7
漳州市	332	3	1	1836.5	20595.2	325	0	0	0	0
南平市	693	3	0	1240.2	24346.0	206	0	0	0	0
龙岩市	599	4	3	1782.9	23157.9	205	0	0	0	0
宁德市	133	8	2	2298.4	25987.7	240	0	0	0	0
平潭综合实验区	68	1	0	126.0	2266.6	28	0	0	0	0

注：1. 统计数据起止时间为2020年1月1日至12月31日。2. 统计口径为全口径，包含刑事放火、生产经营性火灾、易燃易爆危化品火灾爆炸事故等。3. 全年未发生重大、特别重大火灾事故。

编辑：吴朝庭

外　事

【概况】 2020 年，福建省外事系统牢记初心使命、主动担当作为，创新思路方式、强化协作配合，奋力夺取疫情防控和对外合作交流“双胜利”，以实际行动增强“四个意识”、坚定“四个自信”、做到“两个维护”，为服务国家总体外交大局和新时代新福建建设做出积极贡献。

福建省创新开展以“云宣介、云结好、云交流”为主要内容的“云外事”活动，在服务中央对外工作大局中充分展现担当作为。创新推进对外交流，联合天津市与美国俄勒冈州举办特色农产品线上推介洽谈会；驰援俄罗斯卡累利阿自治共和国急需防疫物资，向其建州 100 周年表示祝贺；续写“黄檗文化”故事，向日本长崎县兴福寺捐赠象征和平与友好的梵钟，募集 5 万美元善款资助京都宇治万福寺重新修缮；参与中国驻加尔各答总领馆举办的国际茶日活动，完成福建省和泉州市分别与印度泰米尔纳德邦和金奈市结好报批工作；推动与印度尼西亚、菲律宾、马来西亚、泰国、法国、波兰、塞尔维亚、罗马尼亚、加纳、埃及、南非等国在抗疫合作、经贸对接、人文交流等方面取得进展。积极拓展福建国际“朋友圈”，全省新增国际友城 6 对（其中省级 3 对），全省友城累计达到 115 对，实现在塞尔维亚、罗马尼亚、加拿大省级友城“零”的突破。联合巴布亚新几内亚东高地省举办结好 20 周年线上庆祝活动，推动与中非共和国在菌草技术、警务培训合作方面取得积极进展。成立福建省人民对外友好协会第一届理事会，充分调动广大民间外交主体的资源和积极性，积极开展对外交流合作，让世界更好地了解中国、了解福建。福建省加强统筹协调和力量建设，推进落实党管外事。省委切实履行外事工作主体责任，年内 2 次召开常委会会议暨外事工作委员会会议，学习贯彻习近平总书记在涉外会议、活动上的重要讲话精神和涉及福建对外工作的重要指示精神，听取外事工作汇报，部署重要涉外事项。建立健全外事领导体制机制，推动市、县两级党委全部成立外事工作委员会及其办公室，实现党委对外事工作领导具体化、规范化。举办第二次设区市外办主任向省外办述职报告工作会议，有效落实“双重领导”制度。推进闽东北、闽西南协同发展区外事协作交流。调整优化外事机构，经省委编办批复同意，于 2020 年 8 月挂牌成立省外办维护海洋权益处；优化内设机构，成立亚洲、美洲大洋洲、欧洲非洲 3 个地区处和国际新闻与经济处，与上级部委建立更加明晰的工作对应关系。省外办陈许冰被评为全国抗击新冠肺炎疫情先进个人，省外办综合协调处和厦门市外办综合处（国际经济处）被外交部评为首批“全国地方外事工作优秀集体”。

福建省在疫情爆发后，统筹推进疫情防控涉外工作。迅速制定应对方案，成立应对疫情涉外工作行动小组，多渠道发布倡议书，开设多语种疫情防控专栏，设立 24 小时咨询电话，走访慰问外籍人员，回应驻华使领馆涉疫问询和求助诉求，做好在闽外籍人士疫情防控工作。3 月初，福建省成立疫情防控外事组，办公室设在省外办，下设 6 个工作专班，做好疫情防控各项涉外工作。认真落实“外防输入”部署，利用“一库一码一平台”认真排查掌握境外入闽人员，协调临时航班接回中国在海外确有困难公民，用好“快捷通道”政策措施，为确有必要到闽外籍人员核发邀请函。积极参与抗疫国际合作，组建援意、援菲医疗专家组，筹措防疫“健康包”支持在法同胞抗疫，邀请厦门大学美籍教授潘维廉拍摄中美地方合作抗疫短视频，举办 20 多场跨国远程医疗合作活动，向五大洲 100 个国家及国际友城捐赠防疫物资总额近 5000 万元。精心策划重大涉外活动，邀请外国驻华使节和媒体记者等参加“9·8”厦洽会、“海丝”国际旅游节等活动，全年共接待使领馆官员 41 批 209 人，其中大使 66 位、总领事 31 位。

【“摆脱贫困与政党的责任”国际理论研讨会在闽举办】 2020 年 10 月 12—13 日，中联部、福建省委共同主办“摆脱贫困与政党的责任”国际理论研讨会。中共中央总书记、国家主席习近平向大会致贺信，勉励各方凝聚共识、携手合作，坚持多边主义，维护和平稳定，加快推动全球减贫进程。老挝人革党中央总书记、国家主席本扬，纳米比亚人组党主席、总统根哥布，津巴布韦非洲民族联盟—爱国阵线主席兼第一书记、总统姆南加古瓦，中非共和国团结一心运动创始人、总统图瓦德拉，马拉维大会党主席、总统查克维拉，乌干达全国抵抗运动主席、总统穆塞韦尼，阿根廷总统费尔南德斯，苏里南进步改革党主席、总统单多吉等8国的党和国家最高领导人通过书面或视频方式致贺，高度评价在以习近平同志为核心的中共中央领导下中国脱贫攻坚取得的历史性成就，呼吁各国政党发挥政治引领作用，促进国际减贫合作。中联部部长宋涛、福建省委书记于伟国分别发表主旨讲话。来自100多个国家的约400位政党代表和驻华使节、国际机构驻华代表、发展中国家媒体驻华代表、智库学者等通过线上或线下方式参会，全球直播线上观众近500万人次。线下参会代表还赴福州、宁德实地考察，参加“宁德故事”分享会，现场感受新时代中国的发展成就和巨大变化。这是中国共产党首次与世界各国政党就扶贫问题开展理论研讨，此次研讨会入选2020年中共对外工作十大新闻。

【首届福建—东盟友城大会举办】 2020年9月16日，首届福建—东盟友城大会通过视频连线方式在福州与东盟友城举行。大会主要有5场活动：深化经贸产能合作论坛、扩大文化旅游合作论坛、携手合作抗疫论坛、省市长论坛暨线上签约仪式、“紧密伙伴、携手同行”主题音乐会。省长王宁，副省长郭宁宁，东盟友城领导与嘉宾，以及双方相关省市、部门负责人和签约企业代表200多人出席省市长论坛暨线上签约仪式，共签署18项经贸产能、旅游、医药、友城等领域合作协议，进一步深化福建省与东盟友好交流及务实合作。大会发布《福建—东盟友城合作联合声明》，为未来福建与东盟深化友好交流合作提供重要遵循。大会开创福建省云外事“多点连线”先河，100多万人次上线观看直播（含回放）和参与互动。

【友好往来】 2020年5月28日，中联部、中国驻印度尼西亚使馆、福建省和印度尼西亚国民民主党共同举办的“比邻共话——常态化疫情防控中的复工复产经验交流暨中印尼‘一带一路’合作网络视频会”在北京、福州和印度尼西亚多点连线举行。会议旨在疫情防控常态化背景下，交流分享疫情防控、复工复产经验、共商“一带一路”合作，探讨中国和印度尼西亚尤其是福建与印度尼西亚扩大各领域友好交流和互利合作。印度尼西亚国会副议长拉赫玛德·戈贝尔、印度尼西亚国民民主党中央领导委员会主要成员、20多位国会议员、12个重点省市地方议员代表（包括1位省长）、印度尼西亚媒体代表，中联部、中国驻印度尼西亚使馆、福建省有关部门及媒体代表等100多人参会。

6月19日，福建省与塞尔维亚伏伊伏丁那自治省通过视频连线签署结好协议书。副省长郭宁宁与伏伊伏丁那省省长伊戈尔·米罗维奇分别代表双方签字。中国驻塞尔维亚大使陈波和塞尔维亚驻华大使巴切维奇连线参会共同见证签约。伊戈尔·米罗维奇省长衷心感谢福建省给予伏伊伏丁那省的抗疫援助，表示两省自然资源丰富、合作前景广阔，希望今后进一步扩大在经贸、医疗、教育、人文、青年交流等领域的合作，推动双方友好关系再上新台阶。

6月23日，福建省与泰国孔敬府举办“庆祝福建省与泰国孔敬府结好五周年暨经贸合作线上推介会”。双方以庆祝中泰建交45周年及福建省与泰国孔敬府结好5周年为契机，进一步合力抗击疫情，加强务实合作，实现共同发展。副省长郭宁宁、泰国孔敬府副府尹萨塔、中国驻孔敬总领事廖俊云分别致辞，福建省商务厅、孔敬府商务厅分别进行两省府经贸推介。双方外事、商务、农业、教育、文旅等部门，企业和媒体代表共40余人连线参会。其间，还签署双方关于开展菌草项目合作的备忘录。

7月28—31日，哥伦比亚驻华大使蒙萨尔韦一行3人访问福州市、厦门市和龙岩市。30日，副省长郭宁宁在福州会见客人一行。她表示，2020年正值中哥建交40周年，福建将认真落实两国领导人达成的重要共识，加强双方经贸合作，积极推进友城结好，充分运用云平台等新模式，推动双方友好交流合作再上新台阶。访闽期间，蒙萨尔韦一行还与厦门大学师生座谈交流，并赴龙岩市实地考察紫金矿业股份有限公司紫金山金铜矿项目。

8月25—27日，由中联部主办、福建省承办的以“统筹推进常态化疫情防控和社会经济发展——中巴政党携手同行”为主题的巴拿马民主革命党干部网络研修班举办，主要活动包括开班式和2个专题讲座，讲座内容分别为疫情防控常态化背景下推进复工复产的经验做法，以及“一带一路”和中巴合作。中联部部长宋涛、福建省委书记于伟国、巴拿马民主革命党总书记冈萨雷斯、巴拿马城市长法夫雷加出席开班式并致辞，省委常委、秘书长郑新聪参加开班式，副省长郭宁宁与巴拿马城市长法夫雷加通过“云签约”方式签署福建省与巴拿马城结好意向书。此次活动填补福建省在中美洲地区省级友城交往的空白。

9月7—9日，应福建省邀请，来自45个国家的百余名驻华使领馆官员访问厦门市，参加2020厦门国际投资贸易洽谈会暨丝路投资大会。与会使节分别在国际投资论坛、“一带一路”发展高层论坛、中国—阿拉伯贸易投资峰会上做交流发言，参观闽南非遗及武夷山茶文化展示，参访代表性企业和文化旅游设施。部分使节代表接受媒体记者专访。7日下午，省委常委、副省长赵龙，省委常委、秘书长郑新聪，副省长郭宁宁在厦门会见外国驻华使领馆官员代表。

9月19—20日，应中联部邀请，菲律宾民主人民力量党总裁、参议院外事委员会主席阿奎里诺·皮门特尔三世一行5人访问厦门市。中联部部长宋涛与客人共同举行中菲两国执政党会谈，就当前形势下发挥两党政治引领作用，推动两国增进政治互信、更好地应对疫情影响、深化各领域交流合作等深入交换意见，并举行习近平新时代中国特色社会主义思想宣介活动暨《习近平谈治国理政（第三卷）》英文版赠书仪式。

9月29日，“中国·福建—埃及数字教育云对接会”在福州、北京和埃及三地举行。副省长郭宁宁、埃及教育与技术教育部副部长艾哈迈德·达希尔、中国驻埃及大使廖力强、埃及驻华大使穆罕默德·巴德里，以及双方外事、教育、商务有关部门负责人和数字经济企业、教育机构代表等参会。此次活动为福建省数字企业和埃及相关企业、教育机构相互了解和对接搭建平台，对拓展双方数字经济、教育等领域的合作、推动共建“一带一路”具有积极作用。

10月19—21日，新西兰驻华大使傅恩莱一行7人访问福州市、厦门市。19日，省长王宁在福州会见客人一行，双方围绕深化教育交流、推动跨境旅游发展、拓展商务贸易合作、密切友城交往、优化营商环境等议题交换意见。副省长郭宁宁参加会见。在闽期间，客人还参访福建农林大学、厦门大学、厦门五缘实验学校、厦门航空等单位。

11月1日，第五届世界妈祖文化论坛暨第二十二届中国·莆田湄洲妈祖文化旅游节在莆田市举办。该活动以“妈祖文化与人类命运共同体”为主题，以妈祖文化交流为纽带，广泛凝聚和平合作力量，达成第五届世界妈祖文化论坛湄洲共识。苏里南总统昌·单多吉向论坛致贺信。日本前首相鸠山由纪夫为论坛录制视频。斯洛伐克驻华大使杜山·贝拉、奥地利驻华大使石迪福、黑山驻华大使达尔科·帕约维奇、新加坡驻厦门总领事吴俊明、泰国驻厦门总领事马家汉等出席论坛。

11月9—11日，以东帝汶驻华大使桑托斯为团长的周边国家驻华使节和记者团一行15人（来自12个国家，其中2位大使、1位总领事）访问福州市、宁德市。9日，副省长郭宁宁在福州会见代表团。在闽期间，客人实地考察数字福建云计算中心、福州市民服务中心、三坊七巷、宁德赤溪村、长沙村、宁德时代新能源科技公司、宁德青拓集团等，参观宁德市摆脱贫困主题展览馆。

11月11日，福建省与巴布亚新几内亚东高地省结好20周年庆祝活动以视频连线方式举行。省委书记于伟国、东高地省省长努姆和中国驻巴新大使薛冰、巴新驻华大使萨旺出席活动并致辞。省长王宁与努姆代表双方签署两省加强友好交流合作协议。省委常委、秘书长郑新聪，副省长郭宁宁参加活动。

11月17日，福建省与罗马尼亚阿拉德省通过视频连线签署建立友好省关系协议书。副省长崔永辉与阿拉德省省长尤斯汀·琼卡分别代表双方签字。中国驻罗马尼亚大使姜瑜和罗马尼亚驻华使馆代表连线参会共同见证签约。琼卡省长表示，福建省是春季率先帮助阿拉德省抗击疫情的地区之一，以实际行动诠释患难见真情，阿拉德省人民永远不会忘记。

12月15日，福建省与所罗门群岛西部省就两省间开展友好交流与务实合作举行视频连线会议。西部省省长大卫·吉纳、福建省外办主任王天明、中国驻所罗门群岛大使李明出席并致辞。福建省作为“海丝”核心区，积极参与“一带一路”建设，重视与南太平洋岛国发展友好关系。此次会议是中所建交后双方地方政府间开展的首次交流，双方均表示将以此为起点，密切交流、增进了解，推动两省在投资、贸易、人文等领域的务实合作。

12月20—22日，英国驻华大使吴若兰一行9人访问福州市、厦门市。21日，副省长郭宁宁在福州会见客人一行，探讨深化在高端制造、信息技术、健康医药、绿色金融等行业的务实合作，以及加强友好交流，促进民间交往，推动建立省级友城关系。在闽期间，客人还与福建农林大学领导座谈，出席纪录片《地球上的一段生命旅程》播放活动，访问厦门大学，参观福州文庙。

12月21—22日，加拿大驻华大使鲍达民、加拿大驻广州总领事欧阳飞等5人访问福州市。21日，省长王宁会见客人一行，就福建省与新斯科舍省正式结好以及加强交流互鉴，拓展教育、科技、文化、旅游、友城等领域务实合作进行交流。副省长郭宁宁参加会见。在闽期间，鲍达民大使还出席福建省与新斯科舍省结好协议书线上签字仪式，并到访省发改委。

12月21日，福建省与加拿大新斯科舍省举行结好协议书线上签字仪式，省长王宁和新斯科舍省省长斯蒂芬·麦克尼尔分别代表双方签字，中国驻加拿大大使丛培武和加拿大驻华大使鲍达民分别在渥太华会场和福州会场致辞并见证签约。仪式上，两省部分高校、企业代表签署6份合作备忘录。新斯科舍省是福建省在加拿大的第一个省级友城，也是全省范围内第115对友城。签署结好协议是两省友好往来新的里程碑，将进一步增进两省人民的了解和友谊，为中加关系注入正能量。

【教育对外交流与合作】　2020年，福建省持续落实与教育部签署的《开展“一带一路”教育行动国际合作备忘录》，起草《关于加快和扩大新时代教育对外开放的实施意见》。福建农林大学《中国——南太平洋蓝色经济通道建设研究》《新冠疫情对两岸产业交流合作影响研究》、福建师范大学《“一带一路”视域：东南亚华侨华人中华文化软实力建设的影响力研究》等课题入选教育部高校国别和区域研究规划专项。全面落实推进“一带一路”教育行动计划，由福建师范大学开展的“海丝”沿线国家本土化汉语师资培训入选教育部共建“一带一路”教育行动部省品牌培育项目。举办21世纪“海上丝绸之路”职业教育国际合作论坛暨“海上丝绸之路”职业教育联盟云上峰会，18所国外高校、10个合作机构、11家跨国企事业约3500多人通过线上线下形式参会；福建省与印度尼西亚巴布亚省政府签订交流合作备忘录，中德职业教育联盟在福建船政交通职业学院成立福建省示范基地，黎明职业大学与印度尼西亚雅加达华文教育机构共同举办黎明（印尼）海丝学院。持续推进中外合作办学，新增厦门大学与英国创意艺术大学合作举办创意与创新学院等中外合作办学机构1个，福建师范大学与美国匹兹堡州立大学、意大利那不勒斯美术学院以及福建江夏学院与英国威尔士三一圣大卫大学等合作项目3个。推进新形势下中外人文交流，与加拿大新斯科舍省、美国俄勒冈州等国家政府代表和高校开展10余场线上线下论坛、研讨会，促成厦门大学、福建农林大学等高校与国外高校签订友好交流协议。福州一中、南平一中等6所示范性建设高中申报中美“千校携手”项目学校。

【科技对外交流与合作】 2020年，福建省首次布局设立10家“一带一路”科技创新平台，其中“一带一路”联合实验室8家、联合共建技术转移机构2家。支持福州物联网开放实验室联合新加坡南洋理工大学等3家机构，共建“丝路天地交通协同技术与系统”国际联合实验室，通过大数据、人工智能、物联网、机器人与智能控制系统等技术，针对地面交通和低空空域开展研究；支持福建工程学院联合马来西亚马来亚大学、泰国格乐大学，共建“北斗开放实验室东南亚国际分实验室”。依托福建中科城科技有限公司等2家单位，建设“一带一路”国际创新合作服务平台，搭建技术转移信息平台，开展技术需求收集、技术对接、成果转化、技术标准合作、法律和知识产权等专业化服务。推动国际科技合作，支持厦门大学、福州大学、中国科学院福建物质结构研究所、力达（中国）机电有限公司、福建省海安橡胶有限公司等单位与美国、德国、韩国、新加坡、挪威、保加利亚等国家开展电子信息、人工智能、新能源、医疗、自然资源、农业等领域的国际科技合作项目。福州大学与德国雅各布斯大学合作的“面向对地观测的Web格网服务、标准及其互操作应用展示”项目获得科技部立项支持。推动外国（海外）高层次人才引进与服务，引进全省急需紧缺的国（境）外高层次人才及团队，组织实施国家外国专家项目；实施人才签证制度，出具《外国高端人才确认函》审批引进外国人才。评选第十一届福建省“友谊奖”10名。发挥海外闽籍华商“一带一路”云端交流会平台作用，介绍福建科技创新及“一带一路”科技交流合作情况，与侨商侨领互动交流。

【文化旅游对外交流与合作】 2020年，福建省利用新媒体网络平台宣传全省文化旅游，组织福建文化海外驿站、旅游合作推广中心在所在国拍摄“新春祝福”短视频，在文化驿站和推广中心播出福建非遗美食外宣视频，在《闽声》杂志、《华人头条》APP及委托新华网运营Facebook（脸书）、Twitter（推特）、Youtube（优兔）等三大国际社交媒体平台上开展福建文化和旅游宣传，制作“全福游·有全福”对外多语种宣传视频和宣传折页，在仰光、布鲁塞尔和尼日利亚中国文化中心官网、官微等新媒体平台播放福建文化旅游宣传片，支持中国驻菲律宾使馆与菲律宾外交部联合主办的“庆祝中菲建交四十五周年音乐会”活动在厦门卫视播出。推动对外文化和旅游交流活动，承办“2020年第六届海上丝绸之路（福州）国际旅游节”，进一步打响福建“海丝”节庆品牌；发挥“中国海上丝绸之路旅游推广联盟”作用，配套举办“后疫情时期海丝文化旅游发展论坛暨2020中国海上丝绸之路旅游推广联盟工作年会”；组织省内文化旅游部门和企业参加“2020中国国际旅游交易会”，宣传福建省文化旅游资源和旅游产品；举办首届海丝国际茶文化论坛系列活动，推动中华茶文化“走出去”；配套举办“2020年妈祖文化和旅游国际传播论坛”，举办“世界客属第二十六次公祭客家母亲河——汀江大典”，促进妈祖文化、客家文化传播。创新对外文化旅游交流渠道，举办线上新年音乐会，通过“多媒体呈现、多终端发布、多站点传播、多平台推送”等多种方式向海外70个国家直播、播放、推送，直播及回看点击量超过1100万人次。

【卫生对外交流与合作】 2020年，福建省积极开展疫情防控国际合作，分别于3月25日至4月9日、4月5—19日组派抗疫医疗专家组分赴意大利（14人）、菲律宾（12人）执行疫情防控国际合作任务。在外期间，专家组深入新冠肺炎定点救治医院，与当地医疗机构和专家分享交流经验，开展培训指导，并为驻当地使领馆、中资机构人员、留学生和华人华侨提供疫情防控咨询和指导，推动中意、中菲友谊，促进双边卫生交流合作，携手共同抗击新冠疫情。专家组2名队员受到党中央表彰、5名队员受到省委省政府表彰、26名成员受到国家卫健委通报表扬。开展远程抗疫交流合作。自3月25日起，共组织同马来西亚沙捞越州、罗马尼亚阿拉德省、波兰奥波莱省等国家和地区（部分为福建省国际友城）的20余场新冠肺炎疫情防控合作线上交流，传递“携手抗疫、共克时艰”的信念，分享中国经验、福建方案，助力国际友城共同抗击新冠肺炎疫情。建立海外防疫医疗咨询群。自3月15日起，对接韩国、日本、意大利、新加坡、德国、美国、西班牙等31个国家，组成专家咨询团队，建立28个海外侨胞新冠肺炎微信咨询群，为海外侨胞提供24小时健康咨询、就医指引、疫情防护咨询、心理咨询等专业服务。持续打造援外医疗队金字招牌。援博茨瓦纳、援塞内加尔医疗队在严峻的疫情中各项工作稳步推进，全年2支援外医疗队共诊疗患者8.16万人次。第15批援博茨瓦纳医疗队34名队员于3月结束临床工作任务顺利回国，其余12名队员留守与新队交接后回国；第16批援博茨瓦纳医疗队46名队员于9月19日逆行出征。2支医疗队主动与两国3家受援医院分享中国抗疫经验和方案，并为中国驻当地使馆、中资机构人员及华人华侨做好新冠肺炎疫情有关咨询服务。积极探索中非合作新模式，推进与博茨瓦纳、塞内加尔建立中非对口医院合作机制。

【环境保护对外交流与合作】　2020年，福建省深化与国际友城日本长崎县环保友好关系，落实《2019年福建省与长崎县环保交流合作备忘录》协议相关内容。应长崎县环境部邀请，在确保安全的情况下选派2名环保管理与技术人员，于2月3日赴日执行技术交流任务，在外停留26天，顺利完成交流学习任务，推进双方环保国际交流合作持续性发展。积极参加环保国际交流与合作探讨。9月中旬，组织指导相关人员与英国驻广州总领馆就应对气候变化工作进行座谈，双方就能源结构转变、零排放汽车、绿色金融、环境适应力和韧性等方面进行深入交流，探讨英国在第二十六届联合国气候大会背景下与福建省进行低碳领域合作的可能性。着力协助履行国际环保公约，落实福建省在斯德哥尔摩公约成效评估中的职责任务，积极协助生态环境部PFOS（全氟辛基磺酰氟）项目组在南平市开展涉PFOSF生产历史的企业初步摸底调研和监测方案编制工作，并指导地方协助项目组对被调研企业开展2轮周边环境采样监测工作；组织参加生态环境部对外交流与合作中心举办的斯德哥尔摩公约技术协调会，交流学习履约管控相关技术与管理经验。

【青年对外交流与合作】　2020年，福建省积极促进国际青年友好交流与互鉴。5月，福建省青年和茶企代表参加由中国驻加尔各答总领馆与印度青年领袖联合会共同举办的庆祝中印建交70周年暨首个国际茶日线上交流会；中国驻加尔各答总领事查立友、印度青年领袖联合会主席西玛德里斯·苏万致辞；印度茶叶协会、印度贸工商会、Rakshak基金会、Parichay基金会、千禧邮报社、ANM新闻社、塔塔通讯社、印度青年领袖联合会，以及福建、云南、河南3省外事部门和茶叶企业、青联代表共70多人参会。8月，在福州、菲律宾、印度尼西亚、马来西亚等地多点连线举办“福建—东盟青年交流合作论坛”，并全程通过云平台进行网上直播；来自中国、菲律宾、印度尼西亚、马来西亚的政府官员、智库学者、高校教师、大学生、创业精英、企业高管等24名杰出青年代表，通过网络视频相会云端、畅叙友情、共谈合作；印度尼西亚外交政策协会创始人、印度尼西亚前副外长迪诺·帕蒂出席并致辞。9月，组织福州一中、福州三中6名教师、学生代表，参加由韩国济州特别自治道、济州道教育厅及联合国训练研究所济州培训中心联合主办的第11届济州国际青少年线上论坛，与来自28个国家和地区的198名青少年代表，围绕新冠疫情背景下各国的防疫措施、解决公共卫生危机途径、防控疫情全球合作等议题在线上展开讨论。11月，以视频展播方式在线上举办福建省高校冲绳太鼓（EISA）赛，推动福建与冲绳两地青少年交流，福建省7所高校的太鼓队参赛，日本冲绳县部分太鼓队在网上进行演出。

【友好城市】　2020年，福建省积极拓展国际“朋友圈”，新增国际友城6对（其中省级3对），实现在塞尔维亚、罗马尼亚、加拿大省级友城“零”的突破。截至12月31日，全省与世界上44个国家建立115对国际友城关系，其中省级31对，福州市17对、厦门市19对、漳州市6对、泉州市10对、三明市2对、莆田市5对、南平市3对、龙岩市3对、宁德市4对，福清市1对、晋江市2对、石狮市2对、南安市2对、武夷山市2对、福鼎市1对，泰宁县1对、上杭县1对，福州市长乐区1对、厦门市思明区1对、泉州市鲤城区1对。

2020年福建省与国外友城关系一览表

省市	友好省州/城市	结好时间	签字地点
福建省（31对）	澳大利亚塔斯马尼亚州 Tasmania，Australia	1981.3.5	霍巴特市 Hobart
	日本长崎县 Nagasaki，Japan	1982.10.16	长崎市 Nagasaki
	美国俄勒冈州 Oregon，U.S.A.	1984.9.25	福州市 Fuzhou
	比利时列日省 Liege，Belgium	1986.2.27	福州市 Fuzhou
	德国莱法州 Rheinland—Pfalz，Germany	1989.5.24	美茵兹市 Mainz
	法国诺曼底大区 Normandy，France	1990.12.6	卡昂市 Caen
	日本冲绳县 Okinawa，Japan	1997.9.4	福州市 Fuzhou

续表

省市	友好省州/城市	结好时间	签字地点
福建省 (31对)	意大利那不勒斯省 Naples，Italy	1998.6.12	那不勒斯市 Naples
	巴布亚新几内亚东高地省 Eastern Highlands，Papua New Guinea	2000.5.16	福州市 Fuzhou
	巴西塞阿腊州 Ceara，Brazil	2001.3.6	福塔莱萨市 Fortaleza
	乌克兰敖德萨州 Odessa，Ukraine	2002.7.11	敖德萨市 Odessa
	印度尼西亚中爪哇省 Central Java，Indonesia	2003.12.6	三宝垄市 Semarang
	美国弗吉尼亚州 Virginia，U. S. A.	2004.6.8	北京市 Beijing
	南非夸祖鲁—纳塔尔省 KwaZulu—Natal，South Africa	2006.12.13	福州市 Fuzhou
	阿根廷米西奥内斯省 Misiones，Argentina	2007.6.27	伊瓜苏港 PuertoIguazu
	西班牙坎塔布里亚自治区 Cantabria，Spain	2009.6.23	桑坦德市 Santander
	美国宾夕法尼亚州 Pennsylvania，U. S. A.	2009.10.23	哈里斯堡市 Harrisburg
	瑞典维姆兰省 Varmland，Sweden	2010.6.16	福州市 Fuzhou
	塔吉克斯坦索格特州 Sughd，Tajikistan	2012.6.2	厦门市 Xiamen
	波兰奥波莱省 OpoleVoivodeship，Poland	2012.9.9	厦门市 Xiamen
	泰国孔敬府 Khon Kaen，Thailand	2015.5.22	孔敬市 Khon Kaen City
	加纳大阿克拉省 Greater Accra，Ghana	2015.9.7	厦门市 Xiamen
	马来西亚沙捞越州 Sarawak，Malaysia	2016.10.25	古晋市 Kuching
	越南广宁省 Quang Nam，Vietnam	2017.5.13	福州市 Fuzhou
	俄罗斯卡累利阿自治共和国 Republic of Karelia，Russia	2017.11.1	北京市 Beijing
	捷克奥洛穆茨州 The Olomouc Region，Czech Republic	2017.12.14	福州市 Fuzhou
	菲律宾宿务省 Cebu，Philippines	2018.9.12	宿务市 Cebu
	老挝琅勃拉邦省 Luang Prabang，Laos	2019.4.28	福州市 Fuzhou
	塞尔维亚伏伊伏丁那省 Autonomous Province ofVojvodina，Serbia	2020.6.19	福州市、诺维萨德市 Fuzhou，Novi Sad
	罗马尼亚阿拉德省 Arad County，Romania	2020.11.17	福州市、阿拉德市 Fuzhou，Arad
	加拿大新斯科舍省 Nova Scotia，Canada	2020.12.21	福州市、哈利法克斯市 Fuzhou，Halifax

续表

省市	友好省州/城市	结好时间	签字地点
福州市（17 对）	日本长崎县长崎市 Nagasaki，Nagasaki，Japan	1980.10.20	长崎市 Nagasaki
	日本冲绳县那霸市 Naha，Okinawa，Japan	1981.6.20	那霸市 Naha
	美国纽约州锡拉丘兹市 Syracuse，New York，U.S.A.	1991.8.25	锡拉丘兹市 Syracuse
	美国华盛顿州塔科马市 Tacoma，Washington，U.S.A.	1994.11.16	福州市 Fuzhou
	巴西圣保罗州坎皮纳斯市 Campinas，Sao Paolo，Brazil	1996.11.8	福州市 Fuzhou
	澳大利亚新南威尔士州肖尔黑文市 Shoalhaven，New South Wales，Australia	2003.10.15	福州市 Fuzhou
	圭亚那乔治顿市 Georgetown，Guyana	2006.5.17	福州市 Fuzhou
	波兰科沙林省科沙林市 Koszalin，Koszalin，Poland	2007.5.19	福州市 Fuzhou
	肯尼亚蒙巴萨市 Mombasa，Kenya	2008.5.19	福州市 Fuzhou
	阿根廷里奥加耶戈斯市 Rio Gallegos，Argentina	2014.11.12	奥加耶戈斯市 Rio Gallegos
	俄罗斯鄂木斯克市 Omsk，Russia	2015.5.18	福州市 Fuzhou
	印尼中爪哇省三宝垄市 Central Java，Semarangng，Indonesia	2016.6.2	福州市 Fuzhou
	澳大利亚霍巴特市 Hobart，Australia	2017.1.4	福州市 Fuzhou
	菲律宾马尼拉市 Manila，Philippines	2017.12.1	福州市 Fuzhou
	比利时列日省列日市 Liege，Belgium	2018.3.9	福州市 Fuzhou
	毛里塔尼亚努瓦迪布市 Nouadhibou，Mauritania	2018.9.8	福州市 Fuzhou
	柬埔寨暹粒市 Siem Reap，Cambodia	2019.5.18	福州市 Fuzhou
厦门市（19 对）	英国威尔士加的夫郡 Cardiff，Wales，U.K.	1983.3.31	厦门市 Xiamen
	日本长崎县佐世保市 Saseho，Nagasaki，Japan	1983.10.28	佐世保市 Saseho
	菲律宾宿务省宿务市 Cebu，Cebu，Philippines	1984.10.26	宿务市 Cebu
	美国马里兰州巴尔的摩市 Baltimore，Maryland，U.S.A.	1985.11.7	厦门市 Xiamen
	新西兰惠灵顿市 Wellington，New Zealand	1987.6.23	惠灵顿市 Wellington
	马来西亚槟榔屿州槟岛市 Penang Island，Penang，Malaysia	1993.11.10	槟岛市 Penang Island
	澳大利亚昆士兰州马卢奇郡 Maroochydore，Queensland，Australia	1999.9.28	厦门市 Xiamen

续表

省市	友好省州/城市	结好时间	签字地点
厦门市 （19对）	立陶宛考纳斯省考纳斯市 Kaunas，Kaunas，Lithuania	2001.3.11	厦门市 Xiamen
	墨西哥哈里斯科州瓜达拉哈拉市 Guadalajara，Jalisco，Mexico	2003.8.15	瓜达拉哈拉市 Guadalajara
	荷兰南荷兰省祖特梅尔市 Zoetermeer，South Holland，Netherlands	2005.7.14	祖特梅尔市 Zoetermeer
	印度尼西亚东爪哇省泗水市 Surabaya，East Java，Indonesia	2006.6.24	泗水市 Surabaya
	韩国全罗南道省木浦市 Mokpo，South Jeolla，Korea	2007.7.25	木浦市 Mokpo
	希腊马拉松市 Marathon，Greece	2009.1.4	厦门市 Xiamen
	德国莱法州特里尔市 Trier，Rheinland－Pfalz，Germany	2010.11.11	特里尔市 Trier
	加拿大不列颠哥伦比亚省列治文市 Richmond，British Columbia，Canada	2012.4.27	厦门市 Xiamen
	塔吉克斯坦杜尚别市 Dushanbe，Tajikistan	2013.6.20	杜尚别市 Dushanbe
	法国普罗旺斯－阿尔卑斯－蓝色海岸大区尼斯市 Nice，Provence－Alpes－Cote d’ Azur，France	2014.5.22	厦门市 Xiamen
	泰国普吉市 Phuket Province，Kingdom of Thailand	2017.5.11	厦门市 Xiamen
	土耳其共和国伊兹密尔市 Izmir，Republic of Turkey	2018.1.18	伊兹密尔市 Izmir
漳州市 （6对）	日本长崎县谏早市 Isahaya，Nagasaki，Japan	1991.4.15	漳州市 Zhangzhou
	印度尼西亚南苏门答腊省巨港市 Palembang，South Sumatra，Indonesia	2002.9.16	巨港市 Palembang
	荷兰瓦格宁根市 Wageningen，Netherlands	2009.5.12	漳州市 Zhangzhou
	日本北海道伊达市 Date，Hokkaido，Japan	2010.4.7	漳州市 Zhangzhou
	匈牙利格德勒市 Godollo，Hungary	2013.8.19	格德勒 Godollo
	美国夏威夷州檀香山市 Honolulu，Hawaii，U.S.A	2013.9.20	檀香山市 Honolulu
泉州市 （10对）	日本冲绳县浦添市 Urasoe，Okinawa，Japan	1988.9.23	浦添市 Urasoe
	美国加利福尼亚州蒙特利公园市 Monterey Park，California，U.S.A.	1994.2.24	蒙特利公园市 Monterey Park
	德国莱法州诺伊斯塔特市 Neustadt，Rheinland－Pfalz，Germany	1995.11.2	泉州市 Quanzhou
	土耳其梅尔辛省梅尔辛伊尼赛市 Yenisehir Mersin，Mersin，Turkey	2002.4.17	泉州市 Quanzhou
	美国加利福尼亚州圣迭戈郡 San Diego，California，U.S.A.	2006.11.6	泉州市 Quanzhou
	法国埃罗省蒙彼利埃 Herault，Montpellier，France	2010.2.28	泉州市 Quanzhou

续表

省市	友好省州/城市	结好时间	签字地点
泉州市（10对）	丹麦霍尔拜克自治市 Holbaek，Denmark	2016.9.10	霍尔拜克市 Holbaek
	马来西亚古晋南市 Kuching South City，Sarawak，Malaysia	2017.10.19	泉州市 Quanzhou
	俄罗斯迈科普市 Maykop，Russia	2018.7.12	迈科普市 Maykop
	菲律宾怡朗市 Iloilo City，Philippines	2020.9.16	福州市、怡朗市 Fuzhou，Iloilo
三明市（2对）	美国密歇根州兰辛市 Lansing，Michigan，U.S.A.	1997.9.10	三明市 Sanming
	匈牙利布达佩斯十五区 XVkerület，Budapest，Hungary	2009.12.22	三明市 Sanming
莆田市（5对）	美国阿肯色州贝茨维尔市 Batesville，Arkansas，U.S.A.	2007.9.17	贝茨维尔市 Batesville
	加拿大大不列颠哥伦比亚省坎伯兰市 Cumberland，British Columbia，Canada	2007.9.24	坎伯兰市 Cumberland
	马来西亚砂拉越州诗巫市 Sibu，Sarawak，Malaysia	2012.11.26	诗巫市 Sibu
	澳大利亚新南威尔士州帕拉玛塔市 Parramatta，Commonwealth，Australia	2015.1.27	帕拉玛塔 Parramatta
	澳大利亚朗塞斯顿市 City of Launceston，Australia	2017.8.23	朗塞斯顿市 Launceston
南平市（3对）	美国康涅狄格州史丹福市 Stamford，Connecticut，U.S.A.	1993.7.2	史丹福市 Stamford
	澳大利亚新南威尔士州奥尔伯里市 Albury，New South Wales，Australia	2003.9.6	南平市 Nanping
	韩国密阳市 Miryang City，South Korea	2019.8.23	密阳市 Miryang City
龙岩市（3对）	澳大利亚新南威尔士州伍龙岗市 Wollongong，New South Wales，Australia	2000.11.19	龙岩市 Longyan
	法国安第尔省普松西市 Buzancais，Indre，France	2008.10.27	普松西市 Buzancais
	瑞典韦姆兰省菲利普斯塔德市 Filipstad，Sweden	2016.4.26	菲利普斯塔德市 Filipstad
宁德市（4对）	马来西亚砂拉越州诗巫市 Sibu，Sarawak，Malaysia	2009.3.19	宁德市 Ningde
	美国印第安纳州哥伦布市 Columbus，Indiana，U.S.A.	2010.10.22	宁德市 Ningde
	德国莱法州沃尔姆斯市 Worms，RheinlandPfalz，Germany	2012.12.7	宁德市 Ningde
	德国莱法州施佩尔市 Speyer，RheinlandPfalz，Germany	2012.12.7	宁德市 Ningde
福清市（1对）	印度尼西亚玛琅市 Malang，Indonesia	2018.3.30	玛琅市 Malang
晋江市（2对）	意大利皮埃蒙特大区库内奥省 Province ofCueno，Piedmont，Italy	2017.7.27	晋江市 Jinjiang
	菲律宾达沃市 Davao，Philippines	2018.11.13	晋江市 Jinjiang

续表

省市	友好省州/城市	结好时间	签字地点
石狮市 （2 对）	菲律宾南甘马林省那牙市 Naga，Camarines Sur，Philippines	2000. 3. 1	那牙市 Naga
	澳大利亚南澳洲伦马克帕林加市 Renmark Paringa，South Australia，Australia	2005. 10. 19	石狮市 Shishi
南安市 （2 对）	日本长崎县平户市 Hirado，Nagasaki，Japan	1995. 10. 20	平户市 Hirado
	菲律宾曼达韦市 Mandaue City，Philippines	2020. 9. 16	福州市、曼达韦市 Fuzhou，Mandaue
武夷山市 （2 对）	美国夏威夷火奴鲁鲁市 Honolulu，Hawaii，U. S. A.	2005. 7. 12	火奴鲁鲁市 Honolulu
	澳大利亚新南威尔士州兰山市 Blue mountains，New South Wales，Australia	2009. 6. 30	兰山市 Blue mountains
福鼎市 （1 对）	斯洛伐克特尔纳瓦州特尔纳瓦市 Trnava，Trnava，Slovakia	1998. 4. 29	福鼎市 Fuding
泰宁县 （1 对）	比利时列日省艾瓦耶市 Aywaille，Liege，Belgium	2018. 6. 9	艾瓦耶市 Aywaille
上杭县 （1 对）	塔吉克斯坦索格特州彭吉肯特市 Penjikent，Sughd，Tajikistan	2013. 8. 5	彭吉肯特市 Penjikent
福州市 长乐区（1 对）	美国华盛顿州得梅因市 Des Moines，Washington，U. S. A.	2012. 1. 16	福州市长乐区 Changle
厦门市 思明区（1 对）	美国佛罗里达州萨拉索市 Sarasota，Florida，U. S. A.	2007. 11. 09	萨拉索市 Sarasota
泉州市 鲤城区（1 对）	斯里兰卡科特市 Kotte City，Sri Lanka	2020. 6. 25	泉州市、科特市 Quanzhou，Kotte

（王周雨）

侨　务

【概况】 2020 年，福建省委统战部（省侨办）全情投入、主动作为，努力构建大统战工作格局，引导广大闽籍侨胞为全方位推动高质量发展超越贡献力量。通过线上、线下沟通互动等方式，充分利用座谈交流、培训研修等机会，向海外侨胞宣介习近平新时代中国特色社会主义思想和中共十九届五中全会精神，提升侨胞对中国道路、中国制度、中国方案更广泛的理解和认同，进一步汇聚起全面建设社会主义现代化国家的广泛共识。引导海外华文媒体讲好中国故事、传播好福建声音。引导侨胞参与疫情防控，组成工作专班与 90 个国家的 410 个侨团、华媒及华校保持紧密联系。积极发挥侨力，牵线搭桥促成一批重大侨资侨智项目落户福建。弘扬中华文化，向海外华校持续推送网络直播课程，支持海外华校“停课不停学”，推动海外华文教育高质量发展，增进华裔青少年的中华民族认同、中华文化自信。全年受理华侨回国定居申请 2025 件，办结申请 2018 件。落实各项侨政资金，举办归侨侨眷职业技能培训班，帮扶侨界困难群体，改善侨界民生。全省新增评定 9 个乡镇（街道）、村为第三批福建省侨乡文化名镇名村，并授予“福建省侨乡文化名镇名村”牌匾。

【侨胞参与疫情防控】 2020 年，福建省在疫情发生初期就及时联系闽籍侨胞，争取 820 个境外乡亲（社团、单位）捐款捐物，缓解抗疫初期福建省医疗物资资源紧缺压力。疫情在海外蔓延扩散后，及时通过各种渠道向海外乡亲推送防疫资讯和防控政策，依托“华人头条”搭建全球同心抗疫服务平台，制作疫情防护指南视频，引导侨胞加强自我防护；开通“12320”卫生健康热线，组建 33 个国家 30 个微信医疗咨询群。举办多场远程医疗视频会，邀请福建省参与援菲、援鄂一线抗疫工作的医疗专家在线为秘鲁、智利、厄瓜多尔、阿根廷、墨西哥、玻利维亚、巴西、南非、赞比亚等国的闽籍侨胞分享疫情防控知识与经验，提供远程医疗咨询和防疫指导，600 多名闽籍侨胞参加。组织向 60 多个国家侨团侨胞捐赠口罩、连花清瘟胶囊等防疫物资。做好赴意大利、菲律宾抗疫医疗专家组相关工作。协调解决因疫情滞留国内华侨子女在闽就学困难。

【侨资侨智引进】 2020年，福建省侨办积极牵线搭桥，促成一批重大侨资侨智项目落户福建。推动出台“海丝工作方案”，对侨务招商引资、招才引智等任务进行分解，汇聚50多家单位力量，进一步发挥侨胞在“一带一路”建设中的作用。举办闽侨青年精英云端对话、海外闽籍华商“一带一路”云端交流会等活动，引导侨胞参与新福建建设。组织邀请来自15个国家的73名海外侨商参加“厦洽会”活动，其间举办“助力新福建 共谋新发展”闽籍海外侨商代表座谈会，听取侨胞对福建发展的意见建议。遴选推荐61名海外侨胞代表列席省政协十二届三次会议，通过政协会议平台为福建发展建言献策。1978—2020年，福建省共引进侨资1080.72亿美元，占实际利用外资的80%。

【海外华文宣传教育】 2020年1月6日，由福建省侨办主办，阿根廷华人企业家协会、阿根廷华助中心、阿根廷富兰克林中文学院承办的“中华文化大乐园”活动，在阿根廷布宜诺斯艾利斯开营；活动开设中国画、中国书法、舞龙等12门中华传统文化课程，有12名优秀教师参与授课，共有200余位海外华裔青少年参加为期10天的活动。8月11日，由福建省委统战部主办、泉州师范学院承办、菲律宾华教中心协办的“丝路华教·云上课堂”——2020年菲律宾华文教师培训班在泉州师范学院举办，来自菲律宾23所学校的52位教师参加为期9天的培训。9月23日，由福建省海外联谊会、省对外文化交流协会、省互联网信息办公室、省广播电视局主办的“2020海外华文媒体‘云端对话’活动”在福州举行，来自34个国家和地区的56家海外华文媒体代表齐聚云端，携手共话“疫”担当。10月12日，由中华海外联谊会主办，福建省海外联谊会、泉州师范学院承办的“2020年菲律宾华校校长（管理人员）网上研习班”开班，来自菲律宾43所华校的60名校长（管理人员）等参加为期12天的网上研习。10月30日，由中华海外联谊会主办，福建省海外联谊会、厦门大学承办的“2020年海外华文教师网上研习班”在厦门开班，来自14个国家的574名学员参加为期10天的在线培训。12月21日，由福建省海外联谊会、泉州市海外联谊会主办，泉州师范学院、泉州市海外华文教育中心承办的“华教同心园 筑梦云课堂”——2020年泉州市马来西亚华校师资培训班开班，来自马来西亚83所小学的华文教师和7所师范院校的毕业生共110名学员参加。

【为侨服务】 2020年，福建省委统战部（省侨办）开展侨法宣传和执法调研活动，认真办理侨胞来信来电来访，全力化解矛盾问题。以《中华人民共和国归侨侨眷权益保护法》颁布30周年为契机，筹备举办侨法颁布30周年图片展。与省公安厅联合调整华侨回国定居办理工作办法，进一步简化“非华侨”提交材料，为侨胞回国定居提供便利。全年受理华侨回国定居申请2025件，办结申请2018件。落实各项侨政资金，举办归侨侨眷职业技能培训班，帮扶侨界困难群体，改善侨界民生。采取延长办理时限等举措，解决部分侨胞受疫情影响无法办理“三侨生”升学照顾身份证明的问题，全省出具“三侨生”升学照顾身份证明743份。开展统战（侨务）系统政务服务事项细化梳理“五级十五同”工作，推行服务事项标准化，进一步规范办事流程，提高涉侨政务服务水平。“两节”期间，深入华侨农场和归侨侨眷集中的侨乡开展走访慰问活动，为100余名困难归侨侨眷送去节日慰问金。落实散居贫困归难侨固定生活补助、省级归难侨救济金以及归侨退休职工生活补贴，对生活困难的归侨侨眷给予救济。支持和指导福州东阁、长龙和南平武夷山等华侨农场举办茶叶生产、农业种植等3场职业技能培训班，增强归侨侨眷“造血”功能。组织各地开展“五个一”（开展一次专项检查、建立一个工作专班、送上一封慰问信、赠送一份爱心礼物、发放一张健康服务卡）人文关怀活动，为境外返闽乡亲送上贴心问候，提供周到服务。开展侨资企业调研走访活动，了解侨企困难问题，并积极协调解决。协助侨资企业的外籍人士申请到闽“快捷通道”，助力侨企复工复产。

【福建省侨乡文化名镇名村评定】 2020年，福建省委统战部（省侨办）会同省住建厅、省文旅厅、省侨联，开展2020年度福建省侨乡文化名镇名村创建工作。新增评定第三批福建省侨乡文化名镇名村9个，即福州市闽清县坂东镇、厦门市思明区鼓浪屿街道、厦门市思明区中华街道、泉州市南安市梅山镇、泉州市泉港区界山镇东张村、三明市明溪县沙溪乡、龙岩市永定区下洋镇中川村、宁德市屏南县村头村、宁德市古田县中村村。

【闽侨青年精英云端对话活动】 2020年11月16日，“2020闽侨青年精英海丝云端对话活动”在泉州举行，来自全球30多个国家和地区的近百名海外青年侨胞，以及全球9个分会场1600多名闽籍青年齐聚一堂、汇聚云端，共商创新创业，助力全方位推动高质量发展超越。活动期间，还举办闽侨青年精英海丝行、东南亚采购集散中心推介会、全球跨境直播基地启动仪式等活动。

【海外闽籍华商“一带一路”云端交流会】 2020年11月24日，由福建省海外联谊会、福建侨商投资企业协会主办，福建省商务厅协办的“海外闽籍华商‘一带一路’云端交流会”举办。交流会设有福州主会场和22个海外分会场，来自全球33个国家和地区的40多名闽籍华商代表、专业人士相聚云端，共同探讨发挥侨的作用，促进福建与“一带一路”沿线国家的经贸科技往来和人文交流。

【在榕海外侨胞学习贯彻中共十九届五中全会精神座谈会】 2020年11月6日，由福建省委统战部、致公党福建省委会、福建省归国华侨联合会、福建日报社东南网联合主办的“在榕海外侨胞学习贯彻中共十九届五中全会精神座谈会”在福州举行。活动宣介中共十九届五中全会精神，引导侨胞积极为福建省“十四五”规划建言献策。 （林晓英）

港澳事务

【概况】 2020年，福建省发挥自身优势，积极服务中央港澳工作大局，紧密围绕统筹疫情防控和经济社会发展总要求，深化闽港澳交流合作，推进全省港澳工作向前发展。全年办理港澳居民居住证14232张，授牌设立福建省港澳青年实习实训基地，在闽高校就读港澳生达3421人。

【闽澳高层会晤举行】 2020年9月，福建省省长王宁与澳门特区行政长官贺一诚在泛珠三角区域合作行政首长联席会议期间举行会晤，就持续深化闽澳合作，携手融入“一带一路”建设，共拓数字经济、海洋经济、金融服务、中医药、会展等领域合作深入交换意见，达成多项共识。

【澳区全国政协委员到闽考察】 2020年9月，全国政协副主席何厚铧率领澳区全国政协委员到闽，就深化闽澳和共同参与“一带一路”建设的议题展开考察。省委、省政府、省政协领导分别与考察团会面交流。

【闽澳合作会议第三次会议举办】 2020年12月，闽澳合作会议第三次会议在澳门召开。福建省副省长郭宁宁与澳门经财司司长李伟农共同主持，闽澳双方签署了《关于推动澳门青年在闽实习培训的合作协议》《关于拓展闽澳文化旅游合作的协议》《关于深化闽澳会展产业合作的协议》。

【支持港澳疫情防控】 2020年，福建省抽调185名医务人员赴港协助开展新冠病毒核酸检测，支援香港特区政府抗击新冠肺炎疫情，得到香港市民和特区政府的高度赞誉。香港特区行政长官林郑月娥专门致函感谢。同时，及时恢复闽澳人员正常往来，做好澳门同胞到闽服务工作，关怀慰问在闽隔离的港澳同胞。

【闽港澳青少年交流】 2020年，福建省推动在武夷星茶叶有限公司设立福建省港澳青年实习实训基地，并予以授牌。创新开展青少年文艺交流营、云上过中秋、“武夷之友”论坛等线上交流活动，推进港澳青年就业创业。至2020年底，闽港闽澳中小学缔结姊妹校累计62对，在闽高校就读港澳生达3421人。

【为港澳同胞在闽生活提供便利】 2020年，福建省推进港澳居住证和出入境证件在政务服务、公共服务、互联网服务等领域便利化应用。全年全省共办理港澳居民居住证14232张，其中香港12490张、澳门1742张。支持港澳驻闽机构开展工作，协调解决港澳同胞在福建经商、学习、创业、就业、生活方面遇到的问题。配合香港特区政府落实“福建计划”，推动更多香港长者在福建养老。截至2020年底，共有2426名香港长者在闽养老。 （周清英）

编辑：吴朝庭

闽台交流合作

综　　述

【概况】 2020年，受新冠疫情影响，闽台人员往来同比有所下降。福建省累计接待台胞83.02万人次；经福建口岸赴金门、马祖、澎湖和台湾本岛旅游人数1.36万人次。全省开展“线上+线下”两岸交流活动超300场次，参与直播、互动的台湾民众超500万人，实现闽台交流不停、感情不断、热度不减。

【第十二届海峡论坛】 2020年9月19日，第十二届海峡论坛在福建开幕。该届论坛由两岸84家单位和社会团体共同主办，创新采用线上线下相结合模式，开展大会活动及青年交流、基层交流、文化交流、经济交流四大版块34场活动，福建有关设区市同期举办12场活动，共计46场活动。中共中央政治局常委、全国政协主席汪洋以视频形式在9月20日召开的论坛大会上发表重要讲话。台湾新党主席吴成典、亲民党党务顾问黎建南等政党代表，以及2000多名台胞代表现场参与活动，部分岛内嘉宾跨海到闽参会。约300万名岛内台胞线上线下参与或收看论坛活动，论坛相关活动视频播放量超过4亿人次。“云辩论”“云祭祖”“云展演”等创新形式为两岸交流注入新活力。“云PK”征集文创作品366件；“云招聘”为台湾青年提供1300多个就业实习岗位；“云签约”促成80多个项目对接，总投资额超过30亿元。论坛期间，各类线下签约项目总额近110亿元。

【祖地文化交流】 2020年，福建省面对突如其来的新冠疫情，主动求变求新，开辟对台交流新途径、新空间。2月16日，湄洲妈祖祖庙和台中市同时举行“海峡两岸妈祖宫庙携手抗疫线上祈福”活动，拉开“网上交流”的序幕。通过前期的示范引领，各地各部门兴起新一轮“大交流”热潮。从简单的视频互动，到“云加油”“云直播”“云游海峡”“云辩论”“云祭祀”“云展览”等多样形式的运用，推动闽台交流步入“云时代”。举办第十三届海峡两岸（厦门海沧）保生慈济文化旅游节、庚子年闽台两地连线共祭开闽三王祈福活动、2020年陈靖姑文化节网络直播活动等各类品牌祖地文化主题活动70多项。闽台历史文化研究院正式挂牌，打造两岸历史文化研究与交流的重要平台和对台文物交流展示的重要窗口。《朱子文化年鉴（2020）》首发，推动两岸同胞共同传承中华文化。

【闽台工青妇交流】 2020年，由国台办、全国青联参与主办的第八届海峡青年节升格为国家级项目，以“云”为媒，举办14项子活动，涵盖两岸人才交流、非遗文化传承、闽东北协同发展、志愿服务、文化艺术体育交流等领域，成为疫情以来首场规模最大、层级最高、领域最广、影响最深的两岸青年交流活动，累计超过6000万人关注。全年举办闽台港澳职工书画摄影联展、海峡两岸少儿美术大展、海峡两岸青年（大学生）篮球邀请赛等闽台青少年交流活动60多场。举办第1期在闽台湾青年研修班、第2期在闽台湾人才研修班，邀请100多名台湾青年参加，增进民族认同。集美大学专门为台生开设国情课程，华侨大学增加中华优秀传统文化课程为在校台生相关专业核心课和基础课，三明学院组织59位台湾教师开展探寻“心灵原乡”国情参访。全省累计获批海峡两岸交流基地18家，有5家基地在国台办组织的交流基地绩效考核中获评优秀等次。

【闽台科教文卫交流】 2020年，福建省加大高校对台招生，新增获批对台招生资格高校12所，累计有27所高校开展对台招生工作，当年报到台生339人，在校台生近2000人。全年组织举办两岸百名中小学（中职）校长论坛、首届“少年文化家”两岸联合征文比赛等主题鲜明的教育交流活动；举办“IM两岸青年影展”，来自台湾23所院校的124部作品参赛；促成厦门双十中学和台中双十中学、厦门大嶝中学和金门金沙中学等开展学生交流活动，保持校际交流不降温。着力推进闽台文创产业合作，举办第十三届海峡两岸文博会、第七届海峡两岸大学生创意文化节、海峡两岸故宫文化文创设计交流周，促进两岸文创业者共同探索闽台文创产业发展融合之路。持续推进简改繁图书入岛，签约图书版权79种，出版繁体图书86种，数量4.3万余册，码洋约1000万元新台币。举办第十六届海峡两岸图书交易会、“海峡回声”线上音乐节、第十届海峡两岸曲艺欢乐汇等活动，多渠道建立两岸文化交流合作的长效平台。丰富文化入岛的内容和形式，推动实现《台青鹭岛逐梦记》《两岸客家》等入岛播出。厦门、漳州、泉州、三明、龙岩联合在台北、高雄设立闽西南旅游形象店，展示八宝印泥、木板年画等传统工艺品。

【基层民间交流】 2020年，福建省举办第五届海峡两岸基层治理和社区发展论坛、两岸乡建乡创融合发展论坛、第六届海峡两岸七夕返亲节、闽台婚姻家庭交流活动、闽台社区经验交流分享线上活动。组织9位厦门海沧台湾青年赴西部乡村驻点，开启“台青所长、海沧首创、西部实践”的扶贫方式。在平潭培育融合试点村92个，吸引66位台胞营造师参与新农村建设。

【闽台新闻交流】 2020年，福建省开辟疫情防控形势下两岸线上交流全媒体直播新模式，推动两岸新媒体积极开展闽台线上交流直播。台湾媒体积极参与第八届海峡青年节、第十二届海峡论坛、2020两岸企业家峰会年会、台湾国乔石化落户泉港石化工业园区“云视讯”远程视频签约等重要活动的线上线下采访报道。全年通过省委台港澳办门户网站、“闽台e家”微信公众号、《海峡瞭望》、海峡论坛头条号等传播平台，发布涉台宣传通讯及信息2700条次，积极宣传发布中央对台方针政策和福建省惠台利民措施。9—11月，首次举办多部门联合参与的全省性“惠台政策宣传月”活动，深入各地台企台胞聚集区，向2000多名台商台青开展面对面、精准化政策宣讲活动30多场，发放政策材料3000多份。整理编印《2018—2019惠台利民政策法律法规选编》和台湾青年入闽求学、就业、创业服务资讯小册子《八闽通》，并向广大台胞台企发放3000多册。11月25日，举办中共十九届五中全会精神宣讲活动，由省委宣讲团成员、省委台港澳办主任王玲向120多名在闽台商台青开展主题宣讲，引发极大反响。

【台胞台商权益保障】 2020年，福建省切实有效做好涉台维稳工作和台胞台商投诉求助信访调处工作，全省受理台胞台商投诉求助和信访事项办结率连续8年保持在90%以上。完善涉台纠纷多元化解机制，扎实推动疫情防控期间的涉台信访纠纷化解工作，台商满意度普遍较高。落实“放管服”工作需要，优化台胞台商诉求和办事体验，在全省推广“12345”便民服务平台整合涉台服务热线和各地行政服务设立台胞服务专窗工作。推动莆田、厦门等地设立台胞医保服务中心，提供“一站式”医保报销服务；推进建设数字“第一家园”对台一体化服务平台，建好台湾“专精特新”中小企业对接服务窗口。疫情防控期间，推广“网上接访、线上回复”工作模式，协调有关部门联动支持。编印分发《福建省应对新冠肺炎疫情惠企政策选编》，扎实开展“进企业、进协会、进基地、进社区”活动和“惠台政策措施宣传月”活动，依托“闽台e家”微信公众号、今日头条号、抖音号等平台，及时向在闽广大台胞台企传递中央及省委疫情防控部署要求、支持台企复工复产优惠政策措施，增强台胞携手抗疫和复工复产信心。 （周清英）

闽台经贸合作

【概况】 2020年，福建省新增台资项目1233个，合同利用台资236亿元，比增51.4%，实际到资比增77.3%。实现闽台贸易额829.6亿元，比增10.8%。其中，进口额430.6亿元，比增3.4%；出口额399亿元，比增19.6%。

【闽台产业对接】 2020年，福建省对接新增、增资扩产台资项目20多个，总投资200多亿元。其中，总投资500亿元新台币的国乔泉港石化项目于3月2日正式签约，于4月10日注册成立项目主体泉州国亨化学有限公司；厦门联芯二期项目增资35亿元；台湾玉晶光电公司向玉晶光电（厦门）有限公司间接增资6770万美元；台湾国产实业集团在福州投资15亿元从事建材项目；君龙人寿增资1亿元；台健生物科技（福建）有限公司的生物酵素项目落地漳州台商投资区，总投资3.75亿元。同时，加快推动海峡两岸集成电路产业合作试验区和海峡两岸生技与医疗健康产业合作区建设。其中，海峡两岸集成电路产业合作试验区厦门园区实现产值比增12%；泉州园区签约对接项目40个，总投资316.6亿元。海峡两岸生技和医疗健康产业合作区签订17个协议或合作意向的台湾项目，两岸生物技术产业园一期开工建设。全省积极支持台企参与建设省级以上工程研究中心和闽台茶叶机械工程技术研究开发中心等科技创新平台以及参与“一带一路”沿线国家科技产业创新项目合作，累计建立13个国家级两岸产业合作基地和30个闽台科技合作基地，设立涉台省级科技企业孵化器3家、国家级众创空间7家、省级众创空间18家。

【闽台农业合作】 2020年，福建省新批农业台资项目68个，合同利用台资1.6亿美元，累计批办台资农业项目2789个，合同利用台资42.2亿美元。农业利用台资的数量和规模继续保持全国第一。全省6个国家级台创园蓬勃发展，在农业农村部和国台办联合开展的2019年度综合评价中继续包揽前六名。其中，漳浦台创园“中国特色兰科植物保育与种质创新及产业化关键技术”研究项目获得国家科技进步奖二等奖，并获批“闽台蝴蝶兰产业融合与创新发展基地”；永福高山茶获农业农村部颁发的农产品地理标志登记证书，永福樱花园景区获批“福建省摄影基地”。全省新引进入园创业的台资农业企业 19 家；9 个产业园引进台资农业项目 31 个，合同利用台资 5500 万美元。省委台港澳办联合全国台企联及省农业农村厅举办闽台农业合作推介会暨“大陆台资企业漳平行”活动，吸引省内外近 60 家知名台资农业企业参与，对接推出招商项目 39 个，促成漳平市政府与厦门康妈妈科技农业园签订现代农业产业项目合作意向书，项目总投资额 2 亿元。全国台企联农业工作委员会主任委员单位——天津康农食品有限公司在南平投资建设“闽台农业融合发展食品安全产业园”。

【闽台金融合作】 2020 年，厦门银行、建霖家居、欣贺股份、宸展光电 4 家台企在大陆 A 股上市。东亚机械报证监会 IPO 过会，两岸首家全牌照合资证券公司——金圆统一证券公司获批并于 9 月 25 日在厦门揭牌开业。海峡股权交易中心台资板累计展示台企 823 家，挂牌台企 8 家，帮助台企实现融资 21.34 亿元。推广台商台胞金融信用证书，全省已有 91 位台胞、36 家台企获得金融信用证书。首创台胞信用证担保，为取得金融信用证的台商台胞提供授信担保支持。支持对台跨境人民币金融合作，闽台跨境人民币业务结算量达到 217.47 亿元。

【台企复工复产】 2020 年，省委台港澳办编发疫情防控指南和支持复工复产政策措施，开展“进企业、进协会、进基地、进社区”活动，一对一挂钩走访重点台企 700 多家。出台助力台企发展福建省实施意见“28 条”，协调金融机构为 20 多家台企提供应急专项信贷资金支持超 10 亿元。帮助解决防护物资和用工紧缺问题，给第一周复工复产的 365 家台企免费发放 5 万个口罩以解燃眉之急；协调相关单位将规模以上台企防疫物资供应列入当地政府供应保障计划；帮助台企包机包列包车运送省外人员返岗，为 17 家台企接回省外返岗员工 877 人；帮助对接福清市 5 家规模台企 340 名的缺工需求。组织省内 23 家台资企业参加部省联动拓内销线上推介活动，达成意向签约金额近 7.6 亿元。第一、二产业台企全部复工复产，具备条件的第三产业台企全面复商复市。福建省相关经验做法被中央台办 11 份简报刊发并多次在新闻发布会上肯定。

【台胞台企同等待遇落实】 2020 年，福建省积极推进台企同等参与工程研究中心、企业技术中心和工业设计中心等。冠捷科技、建霖家居等台企被认定为国家级工业设计中心；福建捷联电子有限公司被认定为国家企业技术中心，并获得“国家技术创新示范企业”称号。漳州天福茶业有限公司等 2 家台企通过省企业技术中心认定，东南汽车等 4 家台企被认定为省级工业设计中心，福州万德电气有限公司被认定为市级工业设计中心。11 月 19 日，由两岸茶叶专家共同研制的《台式乌龙茶》《台式乌龙茶加工技术规范》2 项国家标准和《台式乌龙茶品种》《台式乌龙茶栽培技术规范》2 项省标准正式发布，并计划于 2021 年 6 月正式实施。全省发布首批台胞台企同等待遇清单 225 项。开展闽台精密机械产业融合发展调研，形成 15 条具体政策储备。有 8 名台湾同胞获评省级“五一劳动奖章”“青年五四奖章”“三八红旗手”荣誉。

【台湾青年到闽实习就业创业】 2020 年，福建省出台应对疫情、支持台湾青年就业创业基地发展 8 条措施，推动各地将台胞台企和各类台湾青年就业创业基地同等纳入疫情期间相关政策扶持体系。协调省财政厅调整台湾青年就业创业专项补助资金，加大财政支持力度，帮助各地涉台青年创业基地和创业台湾青年稳妥应对疫情持续健康发展。全年新批设立省级台湾青年就业创业基地 4 家，安排下达台湾青年就业创业补助专项资金 978.38 万元。推进厦门市创想公社等 4 家省级台湾青年就业创业基地建设，并获评国家级众创空间。组织汇编《福建省级以上台湾青年实习实训和就业创业基地掠影》彩版图册，宣传基地建设的宝贵经验和精彩案例。优化升级海峡人才网“台湾青年就业广场”专区，并在全省范围征集 392 家企业共 2950 个台湾青年人才需求，充实发布到专区。闽台乡建乡创持续推进，累计引进 68 支台湾建筑师团队、200 多名台湾乡建乡创人才参与福建省乡建乡创，服务村庄项目 117 个，覆盖 31 个县。福州搭建“台青第一云家园”平台，厦门举办台湾人才闽西南网络对接会，泉州企业与台湾大同大学设计学院联合在台设立“台北泉州设计中心”，海峡两岸（厦门）直播电商产业合作园项目正式签约落地。

【两岸企业家峰会年会】 2020 年 12 月 9 日，“2020 两岸企业家峰会年会”以视频连线方式在台北和厦门举办，700 多名两岸各界人士参与，中共中央政治局常委、全国政协主席汪洋致贺信。省委台港澳办策划、指导或参与举办中小台资企业金融服务论坛、闽台“专精特新”中小企业暨福建产业园区与台湾产业联盟合作交流会、两岸乡建乡创融合发展论坛等 3 场突显福建元素的配套活动；向省直相关单位、设区市提供参会重点企业 62 家，指导各地对接重点企业家 100 多人次，取得良好成效。通过峰会，全省共对接 171 个项目，合同金额 205.87 亿元。 （周清英）

闽台区域合作

【福建自贸试验区涉台合作】 2020 年，福建自贸试验区充分发挥负面清单管理等优势，实现两岸首家受益于负面清单的独资油脂制造企业、首家独资演艺经纪机构、首家独资海员外派机构、首家合资消费金融公司、首家合资旅行社、首家两岸律师事务所联营办公室等落户自贸区。全国首创对台货运船舶“直通车”服务，对台小额商品交易市场交易信息实现实时比对，对台出口海运快件实现“1+3”同步验放。开辟“平潭—

台湾—全球”海空联运新通道，中转来自10多个国家防疫物资4万多批次，助力全国疫情防控和复工复产大局。扩大“源头管理、口岸验放”改革成效，对以“小三通”方式输入的台湾农产品实施24小时“人等船”、随到随检的快速查验措施。全面启用“台湾渔船停泊点边检管理服务系统”，优化台湾渔船申报、查验、管理、服务方式，实现停泊点来往台湾渔船入境出境全业务、全流程网上流转。用好集装箱过境运输业务资质，台湾商品经中欧班列输往中亚和欧洲市场常态化运营。设立对台海运快件快速通关通道，优先办理舱单变更、分拨及载运车辆施解封等监管手续。拓展东南亚农渔产品中转高雄至平潭货运通道，高雄、金门“中转仓”常态化运行。创新开展对台职业资格采信“不见面换证”服务，转变原有“线下申请、现场领证”方式，实现“在线审核、线上核发”。探索对台职业技能等级社会化认定，通过“异地考试、线上监管”模式，开展全国首场对台职业技能等级社会化认定考试。台湾导游执业许可推广至福州全市范围。

【平潭综合实验区开放开发】 2020年，平潭综合实验区出台《支持台资企业应对疫情防控复工复产九条措施》及实施细则，给予台企复工复产补助、租金减免、金融信贷等方面的支持，共兑付补助资金29.27万元，为288家台企减免租金199万元。完成台湾专才期满考核和岗位续聘工作，对部分表现优秀台湾专才进行岗位晋升和提薪奖励。平潭口岸通关便利化测评保持全省前列。全区新增注册台资企业150家，新增台湾个体工商户25家；向台湾进出口农渔产品货值、跨境电商保税进口入区货值、海运快件进出口货值同比增长均超过50%。平潭对台中药材贸易中心完成主体工程建设。在旅游、建筑、规划、医疗、教育、交通、环保、农业等8个领域推出采认台湾企业资质和行业标准的实施办法，已在建筑、规划、环保、教育4个领域实现应用实例突破。推动“一张证书、两岸互认”，两岸双向证书数据落地已突破1万份。“直接采认台湾地区部分技能人员职业资格”（中餐烹饪、西餐烹饪、美容、女子美发）入选国务院公布的自贸试验区第六批改革试点经验。全国首个由台湾设计院设计、台湾施工企业承建、适用台湾建设标准、面向台胞销售、采用台湾物业管理模式的平潭台胞社区项目开工建设。海峡两岸检察制度研究中心平潭基地暨两岸法治文化园建成并揭牌。台胞台企服务中心开展“不见面审批”场景建设和“一码通行”功能提升，建立政策兑现部门互联互通机制，新推出线上公众号和服务大厅微信号，持续完善线下线上“全链条”服务功能。全年克服新冠肺炎疫情及两岸形势的影响，举办涉台交流活动20多场次。通过“线下线上”相结合方式，举办第九届共同家园论坛，配套举办第五届海峡两岸村里长交流会、第二届两岸（平潭）农渔产品交易会、“平潭蓝·海峡情”两岸云端笔会等活动，两岸各界嘉宾300多人参加，线上观看100多万人次。两岸国学中心举办“遇见国学”等线上活动27场次，在线观看人数累计超过1200万人次。（周清英）

闽台三通

【概况】 2020年，闽台海上客运共运载旅客130436人次，其中“小三通”运载旅客118448人次；闽台空中直航共运载旅客142513人次。由于自2月10日起民进党当局单方面暂停两岸海上客运航线及福州、泉州至台湾空中直航，加上疫情影响，客流量降幅较大。货运仍保持增长。福建直航港口对台货物吞吐量1707.69万吨，同比增长16.76%；对台集装箱吞吐量66.28万标准箱，同比增长6.37%。全年闽台函件量901724件，特快专递44833件，邮政包裹4130件，经福州邮政交换站的水陆路对台邮政总包140.02吨。

【闽台海空通道建设】 2020年，福建省各地加快闽台海空通道建设，取得成效。5月11日，连江县2个台轮定点维修厂正式揭牌，为来靠台轮的维修提供更规范、更便捷的服务。6月12日，黄岐—马祖航线恢复货运，首航运载16.32吨台资企业生产所需的五金零配件和原料辅料，解决企业复工复产之急。10月27日，福州马尾开通对台跨境电商货物海运直航台湾专线首航。支持“丝路海运”班轮与闽台海空航线、中欧班列无缝对接，厦门中亚班列首次对接高雄港，台湾商品经中欧班列输往中亚和欧洲市场常态化。马尾对台跨境电商货物海运直航专线成功首航。东山城垵码头5000吨级对台客货码头工程项目加快推进。莆田罗屿码头对台铁矿石保税中转累计420多万吨。

【闽台“小四通”】 2020年，福建省积极推进“小四通”项目及福建侧相关工作。至2020年底，持续稳定、优质向金门供水880天，累计供水量约1070.2万吨，其中2020年供水545.04万吨；福马管道供水福建侧陆上工程完工。推动两岸有关单位开展向金马通电商谈，扎实推进金门、马祖电力联网福建侧换流站和输变电工程，推动金门方面启动前期可行性研究工作。向金马供气工程正式“云签约”，福建侧具备船运供气条件；金门管道通气工程开始进行预可行性研究工作。推动形成金门通桥项目和马祖通桥项目的《规划方案报告》《工程技术方案报告》，并上报交通运输部审查。举办第十二届台湾海峡桥隧通道研讨会，就台海通道及近期金马通桥展开研讨，汇编两岸专家学者论文23篇。（周清英）

编辑：吴朝庭

经济管理

宏观经济管理

【疫情防控】 2020年，福建省疫情防控取得重大战略成果。坚持把人民群众生命安全和身体健康放在第一位，早部署、早落实，坚持依法科学精准防控，迅速建立统一高效的指挥体系，及时科学制定防控政策举措。2020年3月7日，福建省成为全国第三个新冠肺炎住院患者清零的省份。开发上线全国首个省级健康码"八闽健康码"，入选全国十大优秀创新案例。用好"新冠肺炎疫情防控便民服务平台"等数字防疫手段，推动全省285家机构具备核酸检测能力，医用口罩、防护服等重要防疫物资供应有效保障，口罩产能从疫情前的最高日产量不足30万个在2个月内提高到3000万个以上，完成国家下达的调拨任务。完成8批次5.4万件抗疫应急物资调运。累计派出12批1393名医护人员支援湖北、对口支援宜昌抗击疫情，累计治愈出院2013人，实现出院患者"零回头"、病区"零投诉"、医务人员"零感染"、安全管理"零事故"；按照国家部署，先后选派2支医疗专家组赴意大利、菲律宾协助抗疫，以实际行动传递同舟共济、守望相助的中国情怀。

复工复产推动实体经济恢复发展。推进重大项目重点产业复工复产、满产达产，相继作出全力打通"五难"操作链、深入实施"八项行动"等工作部署，及时出台复工稳岗、稳外贸稳外资促消费等扶持政策，2020年上半年基本实现重大项目和主要行业企业复工复产，社会经济秩序基本恢复正常。通过包飞机、包动车、包客车等"点对点"一站式服务，畅通省外务工人员复工返岗路径；设立200亿元福建省中小微企业纾困专项资金，保障企业资金需求；落实"一难一策、一事一策、一业一策、一企一策"，稳定供应链产业链。落实减税降费和惠企纾困政策，全省累计减轻企业负担超过1300亿元，其中新增减税降费超过600亿元（含阶段性减免社会保险费261.15亿元）。

【创新支撑产业链供应链】 2020年，福建省创新能力不断增强。实施科技创新行动计划，加快福厦泉国家自主创新示范区建设，持续推进高水平科技创新平台建设，光电信息、能源材料、化学工程、能源器件4家省创新实验室全面启动建设，争创先进光伏国家工程研究中心、精准靶向药物国家工程研究中心等创新平台。国家发改委批复福建省创建新能源产业创新示范区。宁德时代储能微网、福建晋江100MWh级储能电站列入国家首批科技创新（储能）试点示范。启动实施省级战略性新兴产业集群发展工程，推动福州新型功能材料、厦门新型功能材料、厦门生物医药及莆田新型功能材料等4个集群纳入国家战略性新兴产业集群发展工程。获批7家国家企业技术中心，数量居全国第二。全省高新技术企业突破6000家，技术合同成交金额突破183亿元。推进福州、厦门国家级海洋经济发展示范区建设，强化海洋科技创新对区域经济发展带动作用。泉州晋江、福州软件园、东侨经济开发区等6家双创主体列入第三批国家级双创示范基地。发挥"知创中国""知创福建"知识产权公共服务平台综合效应，加快实施产业自主知识产权竞争力提升领航计划，在全国率先探索建设覆盖省、市、县三级知识产权协同保护体系。

制造业发展。实施优化产业结构行动和企业技术改造行动，以智能制造为主攻方向，做大做强主导产业，改造提升传统产业。实施一二三产业"百千"增产增效行动，加快畅通产业循环，打通产业链供应链堵点断点。全省规模以上工业增加值增长2.0%，38个工业大类行业中有21个实现正增长。实施制造业优势龙头企业和小巨人企业高质量发展三年行动计划，产业转型升级取得新进展，钧石能源"二代异质结太阳能电池生产装备"、通尼斯新能源"V型10MW级垂直轴海上风力发电机组"纳入国家能源领域首台（套）重大技术装备项目清单。电子信息、机械装备、石油化工和高技术产业增加值分别增长6.6%、1.1%、10.6%、8.0%，产值超千亿元产业集群达20个，规模超百亿元企业达47家。

数字经济。举办第三届数字中国建

设峰会，签约数字经济重点项目426个，总投资3316亿元。深入实施新型基础设施建设三年行动计划，制定出台促进5G产业、线上经济、平台经济、区块链、信息消费等一系列政策措施，京东数字经济产业园、百度人工智能、比特大陆区域总部等一批重大项目加快建设，美图、网龙等6家企业上榜2020年全国互联网百强名单，6家企业入围2020年度中国软件企业竞争力百强，全省数字经济增加值突破2万亿元。推动5G网络建设和应用创新，建成5G基站2.2万个、NB—IoT基站3.6万个，基本实现县级以上城区全覆盖。

服务业转型。制定实施服务业重点领域高质量发展行动方案，推进千家服务业企业增产增效，服务业增加值增长4.1%。现代商贸流通体系加快建设，福州市列入国家首批骨干冷链物流基地，国家A级物流企业达413家，居全国第四位。金融业增加值增长6.4%，本外币各项存贷款余额分别增长13.1%、13.7%。全省新增32家境内外上市企业（含过会），其中台资企业5家，全省境内上市公司达151家，居全国第七位。"清新福建""全福游·有全福"品牌持续打响，福州、厦门、三明入选第一批国家文化和旅游消费试点城市名单，新增湄洲岛妈祖文化旅游区为国家AAAAA级旅游景区，实现"市市有AAAAA景区"，三明市泰宁县、三明市尤溪县、泉州市德化县和厦门市集美区等4地入选第二批国家全域旅游示范区，13个文旅融合示范项目列入文旅部典型案例，晋江市围头村等26个村入选第二批全国乡村旅游重点村。

特色现代农业。实施特色现代农业高质量发展"968"工程和农业"百千"增产增效行动，建成一批现代农业产业园、优势特色农业产业集群和农业产业强镇强村，十大乡村特色产业全产业链总产值突破2万亿元。农产品精深加工加快推进，新建改造农产品产地初加工和商品化处理中心370个，农产品加工转化率提高到72%。创建优质农产品标准化示范基地301个，累计认证"三品一标"农产品5016个，评选年度十大福建农产品区域公用品牌和30个福建名牌农产品。全面推进闽台农业融合发展，6个国家级台湾创业园连续3年包揽国家年度综合考评前六名，首批9个闽台农业融合发展产业园建设加速推进，农业利用台资数量和规模保持全国第一。

粮食能源安全保障。农产品有效供给，粮食播种面积83.44万公顷、总产量502.32万吨，生猪存栏910.90万头，完成国家下达目标；蔬菜产量1492万吨，家禽出栏10.31亿只、增长3.7%，主要禽蛋产量53.66万吨、增长10.5%，水产品产量830.34万吨、增长1.9%。夯实粮食和救灾物资保障基础，新增省级稻谷储备40万吨、应急大米储备1.7万吨、食用油储备2000吨。石油、天然气、电力、煤炭等能源基础设施项目加快推进，互联互通福州联络线、海西管网二期福州—福鼎段、华龙一号全球首堆——福清核电5号机组等项目建成投产，电力新增装机578万千瓦，能源保障能力进一步增强。

【项目投资】 2020年，福建省投资结构调整优化。出台实施稳投资政策措施，发行地方政府专项债券1353亿元，占全国的3.6%；争取中央专项再贷款73.31亿元，775家企业被纳入全国名单，居全国第二位。加大基础设施等领域补短板投资力度，设立500亿元稳投资补短板应急专项融资资金，投放额达550亿元。工业投资增长0.7%，其中改建和技改投资增长4.1%、高技术制造业投资增长16.2%。民间投资增长1.0%。社会领域投资增势较好，教育、卫生、文化体育娱乐业投资分别增长2.1%、8.0%、4.1%。

重大项目。1257个在建重点项目完成投资5494亿元，超额完成年度计划489亿元。分4批次集中开工重大项目997个，总投资7640亿元。筹划新基建项目，省级数字经济项目库入库1725个，总投资1.35万亿元。重大招商项目"云签约"391个，总投资7836亿元。中化泉州乙烯及炼油改扩建、泉州百宏PTA、金龙汽车龙海迁建、晋南热电联等项目基本建成。福厦客专、福州和厦门地铁、厦门钨业稀土永磁电机、三安半导体研发生产、省妇产医院、省疾控中心等一批项目顺利推进。一批重大项目前期工作取得新突破，福州机场二期可研获批，福州、厦门地铁第二期建设规划调整方案获批。

消费增长点拓展。落实促进消费相关政策举措，持续开展"全闽乐购""闽山闽水物华新""八闽美食嘉年华"等促消费活动，福州、厦门等多地推出消费券，社会消费品零售总额18626.45亿元。线上线下融合的消费新模式新业态不断呈现，网络零售额增长24.7%，体育娱乐用品类商品零售额增长6.3%。

【推进改革开放】 2020年，福建省营商环境持续优化。持续减环节减时限减负担，企业开办时间压缩至3个工作日内；不动产一般登记时限压缩至5个工作日，抵押登记办理时限压缩至3个工作日；贸易通关时间压缩2/3以上。市场主体活力加速释放，新登记市场主体137.45万户，增长40.3%。"信易贷"平台帮助全省1.9万余家中小微企业获得3.7万笔、919亿元贷款。全面实施市场准入负面清单制度，推动"非禁即入"普遍落实。厦门、福州在国家发展改革委2019年全国营商环境评价中，分别有12个和4个指标被列为标杆指标。全面建成省、市两级政务数据汇聚共享平台。数字政府建设总指数位居全国前列，政府网站名列省级政府第二名，数字政府服务能力位居全国优秀档次。依托全省行政审批"一张网"实现97%以上行政审批和服务事项可网上办理，"一趟不用跑""最多跑一趟"占比达到98%。"闽政通"APP基本实现高频便民事项"马上办、掌上办"。

重点领域改革。深入推进财税体制改革，扎实推进交通运输、教育、生态环境、科技等领域省与市县财政事权和支出责任划分改革。上线运行福建省"金服云"平台，实施普惠金融"百千万”工程，助力中小微企业融资纾困。推进公共资源交易“应进必进”，提高资源市场化配置效率。推动国资国企改革，推动全省港口资源一体化整合重组，剥离企业办社会职能等历史遗留问题等基本解决。出台支持民营企业改革发展的政策措施，完善“政企直通车”平台，实现省、市、县三级促进中小企业发展工作协调机制全覆盖。稳步推进电力体制改革，2020年全省共有17个试点项目。持续推进价格改革，完成第二监管周期电网输配电价核定和电价调整。完成整省推进农村集体产权制度改革试点任务，比全国提前一年。

重点领域风险防控。加强对企业信贷、上市公司股票质押、债券违约、房地产债务风险等重点企业流动性风险关注，对相关风险点做到早发现、早识别、早预警、早处置。不良贷款率1.09%，下降0.05个百分点。高风险农合机构化险处置取得阶段性成果，有序推动网贷风险出清，非法集资陈案积案化解提前超额完成三年攻坚总目标。深入实施房地产精准调控，房地产市场总体平稳。

国家生态文明试验区建设。中央部署的38项改革成果全面完成，部分成果处于全国首创或领先水平。39项改革举措和经验做法入选国家发展改革委推广清单，居4个试验区推广总数首位。新增同安区、武夷山市等6个生态产品市场化改革试点，引导探索多元化生态产品价值实现路径。全面完成污染防治攻坚战阶段性目标，生态环境质量保持全优、领先全国，中央生态环境保护督察问题整改取得显著成效。推进绿色生活创建，加强塑料污染治理，禁止、限制部分塑料制品的生产、销售和使用。污水垃圾处理能力提质增效，医疗废物收集处置设施短板加快补齐。宁德三都澳海上养殖综合整治取得良好成效。

稳住外贸外资基本盘。落实落细稳外贸稳外资各项政策措施，建立福建省外贸外资协调机制，支持外贸企业线上线下结合抢订单，进出口14035.7亿元、增长5.5%，其中出口8474.4亿元、增长2.3%，进口5561.2亿元、增长10.6%。培育壮大外贸主体，深化工贸对接，加快市场采购全省推广扩容，晋江国际鞋纺城获批新试点。创新招商引资方式，强化“不见面”招商，开展“福建投资促进季”等活动，稳定外资企业供应链，推动现有外资企业增资扩产，一批外资龙头企业陆续增资、到资，实际使用外资347.9亿元、增长10.3%。稳步推进重大外资项目，推动厦门电气硝子玻璃基板三期项目列入国家重大外资项目专班。2020厦洽会共签约合同项目282项，总投资152.4亿美元。有序推进采矿业、制造业等领域国际产能合作，对外投资项目220个，中方协议投资额52.3亿美元，增长36.4%。

海丝核心区建设。融入共建“一带一路”，深入实施“丝路海运”“丝路飞翔”“数字丝路”等标志性工程，成功举办2020“丝路海运”国际合作论坛，“丝路海运”命名航线70条，开行超过2400航次，联盟成员超过200家。成功举办21世纪海上丝绸之路博览会。中欧（厦门）班列扩线增量，累计发运271列、货值67.9亿元。福州至洛杉矶跨境电商包机航班开通。与共建“一带一路”国家和地区进出口增长7.2%。

福建自贸试验区建设。成功举办福建自贸试验区高端论坛等系列活动。福州出口加工区、福州保税港区、厦门象屿保税物流园区、厦门海沧保税港区等4个海关特殊监管区获国务院批准整合优化为综合保税区；深化方案136项重点试验任务实施126项；新推出70项制度创新举措，其中全国首创39项、对台13项。滨海新城累计启动270余项重点项目建设，完成投资超1700亿元。厦门片区率先实施跨境电商B2B出口监管试点业务。平潭国际旅游岛建设加快推进，累计接待游客459万人次。闽港、闽澳交流合作持续深化，闽澳合作第三次会议举行。

闽台各领域融合。健全完善各项惠台政策措施，加快建设台胞台企登陆的第一家园。两岸应通尽通步伐加快，向金门日均供水超万吨，向金马供气福建侧基本具备条件，通电、通桥有序推进。两岸标准共通实现突破，由两岸共同研制的台式乌龙茶4项国家标准和地方标准获批发布。首家两岸合资全牌照证券公司挂牌经营，在全国首创银行直联两岸电商平台跨境人民币服务，扩大台商台胞金融信用证书颁发试点。举办海峡论坛、两岸企业家峰会、海峡影视季等300多场“线上＋线下”活动，累计参与台胞超过500万人次。

【城乡区域均衡发展】 2020年，福建省闽东北、闽西南协同发展区建设取得重要进展。发展规划实施稳步推进，重点领域协作持续深化，区域联动发展成效显现。一批重大协作项目取得重要进展，闽东北区域京台高速公路长乐至平潭段建成通车，衢宁铁路、福平铁路开通运营，平潭海峡公铁大桥建成通车；福州至长乐机场城际铁路F1线、厦门轨道交通6号线角美延伸段工程等项目开工建设。闽西南区域泉厦漳城市联盟高速公路全线贯通，福莆宁城际铁路F2线、F3线和厦漳泉城际铁路R1线前期工作扎实推进。

脱贫攻坚。建立完善“一键报贫”等防止返贫监测帮扶机制，全省现行标准下农村建档立卡贫困人口全部脱贫，2201个建档立卡贫困村全部退出，23个省级扶贫开发工作重点县全部摘帽。做好易地扶贫搬迁，全省20666户65138人国定贫困人口易地扶贫搬迁任务全面完成。克服疫情影响，多渠道帮助贫困人口发展生产稳岗就业，强化城乡居民基本医疗保险、大病保险、医疗救助、精准扶贫医疗叠加保险等健康扶贫政策落实。实施农村饮水安全巩固提升工程，“两不愁”质量水平持续提升，“三保障”和饮水安全总体保障到位。中宣部授予闽宁对口扶贫协作援宁群体“时代楷模”称号，对口支援新疆西藏工作在国家绩效综合考核中被评为优秀等次。

老区苏区发展。龙岩、三明12个原中央苏区县纳入中央国家机关及有关单位对口支援范围。基础设施持续改善，漳汕高铁、温武吉铁路、温福高铁、武夷山机场迁建、龙岩新机场等项目前期工作持续推进。加快泉州白濑、连城福地、罗源昌西等大中型水库工程建设。发展金铜、稀土、石墨烯新材料等精深加工，发展新能源汽车、环保装备、林产加工、生物医药等产业，打造特色优势产业集群。实施教育现代化推进工程、全民健康保障工程，加快补齐公共卫生服务、应急物资保障领域短板，民生福祉持续提升。

实施乡村振兴战略。编制完成省、市、县三级实施乡村振兴战略规划。深入实施“一革命四行动”，农村公厕建制村全覆盖，户用厕所无害化普及率98.6%；完成79个乡镇生活垃圾转运系统提升，乡镇生活垃圾转运系统全面建成；实现乡镇生活污水处理设施全覆盖，农村生活污水治理率72.1%；建设改造农村公路1886千米，村容村貌明显改善，农村人居环境整治三年目标任务全面完成。渔港建设加快推进，推动在建渔港项目28个，新开工建设渔港57个。

新型城镇化建设。国家发展改革委将福州都市圈列入国家年度新型城镇化建设重点工作，批复《福州临空经济示范区总体方案》。推进城乡融合发展试验区建设，晋江、闽侯等10个县（市）列入国家发展改革委县城新型城镇化建设示范名单。推进特色小镇高质量发展，长乐东湖数字小镇促进产城人文融合等经验入围国家发展改革委“第二轮全国特色小镇典型经验”。

【民生保障】 2020年，福建省增进民生福祉。福建省委、省政府为民办实事项目28件全面完成。民生相关支出占一般公共预算支出比重为75.2%。全省13.39万名建档立卡贫困人口纳入兜底保障范围。将城乡低保标准由每人每年平均7350元提高到8260元；城乡居民基础养老金省定最低标准提高到130元，高于国家标准；城乡居民医保财政补助标准提高到每人每年不低于550元。持续实施保障性安居工程建设，完成棚户区改造4.01万套。

就业总体保持稳定。实施援企稳岗行动，惠及企业23.58万家、职工410.21万人。组织实施“十个一批”扩岗行动，千方百计拓宽高校毕业生就业渠道，推动农民工转移就业，抓好退役军人扶持安置，实施就业扶贫“挂图作战”，强化失业风险防控，落实就业困难人员兜底安置。城镇登记失业率3.8%，稳定在预期目标以内；全省城镇新增就业54.6万人。重点群体就业保持稳定，失业人员再就业24万人，就业困难人员实现就业3.34万人；高校毕业生就业率达88.86%。

教育事业。组织实施学前教育推进、义务教育提升、职业院校基础能力建设等工程。加大普惠性民办幼儿园支持补助力度，城镇小区配套幼儿园整治完成率达100%。持续推进义务教育学校管理标准化建设，统筹做好城镇中小学扩容建设、消除大班额和随迁子女入学，全省乡村小规模学校全部达到省定基本办学标准。启动实施普通高中新课程，加快职业教育与区域发展、行业企业深度融合，做好泉州市国家产教融合型城市试点建设。推进高等教育内涵发展，加快厦门大学、福州大学“双一流”高校建设。推动教育部支持闽南师范大学申报博士学位授予点，支持龙岩学院等申报硕士学位授予点。加快新工科、新医科、新农科、新文科试点建设，推进人工智能、生物医药等高水平学科创新平台建设。

医疗健康服务。深化医药卫生体制改革，深化公立医院综合改革。加快补齐公共卫生短板，推进福建省疾控中心综合改革试点，加强公共卫生防控救治能力建设。第一批区域医疗中心试点福州滨海新城综合医院、复旦大学附属中山医院厦门医院项目建设方案获批实施，继续推动医疗“创双高”，持续提升县域医疗服务能力。福建省儿童医院建成投入使用，推进重大疫情救治基地、国家重点中医医院、县级中医医院建设，持续推进“互联网+医疗健康”示范省建设。加快国家临床医学研究中心分中心和省级中心建设，在心血管系统疾病、神经系统疾病、恶性肿瘤等领域布局建设一批临床研究中心，推动重大传染病临床救治技术研究。

社会事业。推进养老服务高质量发展，支持养老、社会福利等领域81个基础设施项目建设，养老机构和设施总数达1.4万个，各类养老床位总数达24.75万张，养老服务设施基本覆盖城市社区和72.1%建制村，每千名老年人拥有养老床位数达37.1张。支持普惠托育服务机构项目24个，推进婴幼儿照护试点建设。加快文化强省和全域生态旅游省建设，世遗大会筹备工作稳步推进，成功举办福建—东盟友城大会文化旅游交流合作分论坛、第六届海上丝绸之路（福州）国际旅游节、第十六届海峡旅游博览会等大型活动。福建省图书馆升级改造工程有效推进，新建18个智慧体育公园、3个全民健身中心，漳州、南安、霞浦列入全国社会足球场地设施建设专项行动重点推进城市。实施公共体育普及工程，新增社会足球场地276片，全省人均体育场地面积达2.28平方米。

保供稳价。持续启动平价商店销售机制，累计销售粮油肉蛋菜等平价商品3万多吨，减轻人民群众“米袋子”“菜篮子”负担。实施“优质粮食工程”，承办第三届中国粮食交易大会，巩固拓展引粮入闽渠道。落实社会救助和保障标准与物价上涨挂钩联动机制，价格临时补贴阶段性提标扩围，累计发放4.86亿元，惠及737万余人次。全省居民消费价格总水平上涨2.2%，控制在3.5%左右的目标内。（戴全吉）

固定资产投资

【投资增速】 2020年，福建省固定资产投资比上年下降0.4%。全省各设区市和平潭综合实验区固定资产投资分别为：福州市增长10.9%、厦门市增长8.8%、三明市增长7.1%、龙岩市增长

2.4%、宁德市增长0.7%、南平市增长0.1%、莆田市下降2.3%、泉州市下降2.4%、平潭综合实验区下降9.6%、漳州市下降27.8%。

【投资结构】 2020年，福建省固定资产投资中，第一产业投资比上年下降8.3%，第二产业投资比上年增长0.7%，第三产业投资比上年下降0.7%。

第二产业中，工业投资比上年增长0.7%，其中，采矿业投资比上年增长32.1%，电力、热力、燃气及水的生产和供应业投资比上年增长19.8%，制造业投资比上年下降2.3%。

第三产业中，与民生相关的领域投资增长较快。其中，教育投资比上年增长2.1%，卫生投资比上年增长8%，文化、体育和娱乐业投资比上年增长4.1%。

【投资项目】 2020年，福建省项目投资比上年下降3.4%。全省投资项目数比上年下降6.8%，其中年内新开工项目数比上年增长5.4%；投产项目数比上年下降8.8%。

2020年，全省重点项目1567个，完成投资5493.6亿元，占年度计划的109.8%。从行业情况看：农林水利项目完成投资161.9亿元，占年度计划的110.5%；交通项目完成投资746亿元，占年度计划的104%；能源项目完成投资542亿元，占年度计划的91.3%；城建环保项目完成投资1047.9亿元，占年度计划的120.6%；工业项目完成投资2051.7亿元，占年度计划的110.8%；服务业项目完成投资563.3亿元，占年度计划的112.5%；社会事业项目完成投资380.7亿元，占年度计划的116.5%。全年建成或部分建成项目307个，其中，福平铁路、衢宁铁路建成试运营，长乐至平潭高速公路、莆炎高速永泰至尤溪段、沙埕湾跨海高速公路、泉厦漳城市联盟高速公路通车试运营，中化泉州100万吨/年乙烯及炼油改扩建、泉州百宏年产250万吨PTA、金龙汽车漳州龙海异地迁建等产业项目基本建成，福建省儿童医院建成投入使用。全年新开工项目362个，其中，福州至长乐机场城际铁路（F1线）全面开工，福州东南大数据产业园研发中心、厦门天马第六代柔性AM—OLED生产线、漳州理工学院、泉州（南安）高端装备智造园、中国（政和）白茶交易中心、长汀体育中心、福安正威宁德电子信息新材料、平潭科技文化中心等开工建设。

【投资资金】 2020年，福建省固定资产投资资金来源比上年增长4.8%。其中，国家预算资金比上年增长25.3%，国内贷款比上年下降11.8%，利用外资比上年下降39.1%，自筹资金比上年增长4.2%，其他资金比上年增长26.4%。

【投资特点】 2020年，福建省固定资产投资主要特点：民间投资保持增长。全省民间投资比上年增长1%，快于全省投资1.4个百分点。其中，制造业民间投资比上年下降2.9%、房地产开发民间投资比上年增长8.6%。工业改建和技术改造投资较快增长。全省工业投资比上年增长0.7%。其中，工业新建投资比上年下降16.3%、工业改建和技改投资比上年增长4.1%。房地产开发投资回升较快。全省房地产开发投资6026.8亿元，比上年增长6.2%。全年房地产开发企业房屋施工面积34556.8万平方米，比上年增长1.2%，其中住宅施工面积22929.8万平方米，比上年增长2.1%。房屋竣工面积3804.1万平方米，比上年增长32%，其中住宅竣工面积2403.1万平方米，比上年增长32.5%。基础设施投资增速下滑。全省基础设施投资比上年下降5.5%。其中，交通运输、仓储和邮政业投资比上年下降16.1%，水利、环境和公共设施管理业投资比上年下降6.3%。（张海峰）

重点建设项目

【综述】 2020年，福建省安排重点项目1567个，其中在建项目1257个、预备项目310个。在建重点项目年度计划投资5005亿元，实际完成投资5494亿元。全年实现307个重点项目建成或部分建成投产，一批推动高质量发展的项目交付使用；362个重点项目开工，一批影响力、带动性强的项目落地建设；一批重大项目前期取得突破。截至2020年底，全省高速公路通车里程突破6000千米，密度居全国前列，港口吞吐量达6.1亿吨，电力装机容量达6488万千瓦。重点项目建设在稳增长促投资、补短板强弱项中发挥积极作用，为高质量发展超越和建设新时代新福建贡献力量。

【项目进展】 2020年，福建省交通行业在建重点项目117个，全年完成投资745.96亿元，预备重点项目37个。铁路方面，衢宁铁路、福平铁路开通试运营，福厦客专、兴泉、建宁至冠豸山铁路、龙岩至龙川铁路龙岩至武平段等工程加快建设。高速公路方面，莆炎高速公路永泰梧桐至尤溪中仙高速公路、长乐前塘至福清庄前高速公路、宁东高速公路宁德沙埕湾跨海通道工程、平潭海峡二桥二线等建成通车；推进古武高速公路永定至上杭、泉厦漳城市联盟高速公路泉州段等在建项目建设。港口方面，加快推进厦门港东山对台客货码头、古雷航道三期工程、泉州围头湾港区石井作业区1619#码头、莆田石门澳工业园区配套码头泊位工程等项目建设。机场方面，福州长乐国际机场二期扩建工程可研获国家发改委批复，厦门新机场可研上报国家发展改革委，武夷山机场迁建待民航局出具行业意见。

能源行业。在建重点项目42个，全年完成投资542亿元，预备重点项目15个。稳妥推进霞浦核电、福清核电5—6号机组、漳州核电一期工程建设。其中“华龙一号”全球首堆——福清核电5号机组建成并网。厦门、永泰、周宁抽水蓄能电站等项目加快建设，云霄抽水蓄能电站取得核准。有序推进海上风电建设，国内首台单机规模0.8万千瓦和亚太地区单机最大规模1万千瓦的海上风电装机在兴化湾海上风电场成功吊装。加快推进漳州LNG接收站等沿海LNG接收站建设。闽粤联网工程取得核准，积极推进宁德核电5—6号机组、福厦特高压工程等前期工作。

工业行业。在建重点项目482个，全年完成投资2051.72亿元，预备重点项目117个。中化泉州乙烯及炼油改扩建、古雷炼化一体化一期、安溪中科植物工厂、福安青拓不锈钢无缝钢管、金龙汽车龙海异地迁建等项目建成或部分建成，万华化学年产40万吨MDI、宁德福浦铜铝精深加工、龙岩龙马高端环卫装备和车辆智造、东南电化扩建年产15万吨TDI等项目开工建设。加快福清京东方第六代AMOLED柔性生产线、中沙古雷乙烯等项目前期工作并尽早开工，推动万华化学产业园、宁德时代一汽动力电池、厦钨稀土永磁电机产业园等项目实施，培育壮大不锈钢新材料、锂电新能源、化纤新材料等根植性和竞争力强的产业集群。

农林水利行业。在建重点项目84个，全年完成投资161.89亿元，预备重点项目12个。列入国务院部署加快推进的节水供水重大水利项目的长泰枋洋水利枢纽工程下闸蓄水，罗源霍口水库、泉州白濑水利枢纽、平潭及闽江口水资源配置等工程加快建设。闽江干流防洪提升工程实施方案获批，莆田木兰溪下游水生态修复与治理工程、宁德上白石水利枢纽、金门供水水源保障工程开展前期工作。连城福地、永春马跳等一批中型水库加快建设。

城建环保行业。在建重点项目218个，全年完成投资1047.94亿元，预备重点项目47个。京台线平潭段综合管廊建成投用。平潭高铁中心站综合交通枢纽、同安污水处理厂四期工程、厦门环东海域滨海旅游浪漫线二期工程等项目完工。厦门市轨道交通6号线漳州（角美）延伸段工程、泉州台商投资区海山大道建设工程、宁德市中心城区水系综合治理等项目全面开工。福州城市轨道4号线、5号线、6号线，厦门城市轨道3号线、4号线、6号线等项目加快推进。

服务业行业。在建重点项目174个，全年完成投资563.34亿元，预备重点项目50个。三明兄弟物流产业园项目、武平梁野山创国家AAAAA级景区建设项目、福州宜家家居商场等项目建成。实现开工泉州德邦物流东南基地、船政文化马尾造船厂片区保护建设工程、漳浦七星海国际滨海旅游度假区项目、厦门新会展中心、平潭海峡恋岛等项目。一批现代物流、旅游、电子商务、健康养老等在建重点项目继续实施。

社会事业行业。在建重点项目140个，全年完成投资380.74亿元，预备重点项目32个。福建省儿童医院、福州滨海新城综合医院、福州大学晋江科教园建设项目、厦门大学翔安校区等项目建成。福建医科大学附属第一医院奥体院区项目一期、福建医科大学附属第三医院二期、厦门东部新城“一场两馆”等一批重点社会事业民生项目开工建设。

【开工项目选介】 2020年，厦门新一代显示面板生产线项目。位于同翔高技术产业基地市头片区，建设新一代显示面板生产线，设计产能为每月加工柔性显示基板4.8万张。

福州东南大数据产业园研发中心。位于福州市长乐区，总投资5.3亿元，主要建设智慧城市运营中心、智慧服务中心、研发空间、相关配套设施，打造“智慧政府、智慧企业、智慧民生”三大服务功能，实现滨海新城管理向主动式响应转变。

铁路鹰厦线华安城区段外移工程。位于漳州市华安县，总投资8亿元，将新建新华安车站，改建车站2座，按照国铁Ⅱ级、单线电气化铁路标准建设。项目实施后，将有效解决老鹰厦铁路穿城而过引起的交通阻断、规划控制、噪声污染等困扰县城发展的主要问题，极大改善华安城市形象，提升城市品质，改善人居环境。

宁德市新能源科技四期项目。位于宁德市蕉城区漳湾镇，总投资56.1亿元，主要建设28条聚合物锂离子电池生产线，主要生产IC数码、家用储能、电动车（四轮以下）等锂离子电池产品，达产后年产4GWH锂离子消费电池。项目通过系统化集成管理系统，实现数据采集、设备监控等环节的全自动化，智能化水平国际领先，该项目为推动宁德锂电新能源产业向着家庭储能市场迈出重要一步。

【竣工项目选介】 福平铁路。投资257.3亿元，线路长88.433千米，其中利用沿海联络线3.3千米，新建段长85.133千米。设计时速为200千米，国铁Ⅰ级双线电气化。福平铁路建成，平潭的对外交通路网更加完善，形成福州与平潭“半小时生活圈”。未来福州与平潭“半小时生活圈”将和平潭与台湾本岛“两小时生活圈”对接，使两岸人员、货物往来更加便捷。

衢宁铁路（福建段）。起自沪昆铁路衢州站中心，终于沿海铁路宁德站中心，正线全长379.169千米，总投资274.11亿元。福建省境内正线长172.056千米，设计时速160千米，国铁Ⅰ级单线电气化。该线路北接沪昆、九景衢铁路，中接衢丽、浦梅铁路，南接东南沿海铁路通道，是闽东北区域重要的进出省集疏运通道之一，对进一步优化和完善福建省铁路网布局、促进闽东北协作区经济社会发展具有重要作用。

福清核电5号机组。“华龙一号”全球首堆建成并网。这标志着中国在三代核电技术领域跻身世界前列，成为继美国、法国、俄罗斯等国家之后真正掌握自主三代核电技术的国家。

中化泉州年产100万吨乙烯及炼油改扩建项目。该项目总投资325亿元，主要建设年产100万吨乙烯、年产80万吨芳烃和炼油改扩建等装置。中化泉州石化年产100万吨乙烯项目一次开车成功，标志着中化能源正式实现炼化一体化转型，为泉惠石化园区向以炼化一体化为龙头、基础化工为主线、合成纤维为特色、高端化工新材料和精细化学品为两翼的国家级临港石化产业基地迈出坚实一步。

福建省儿童医院（区域儿童医学中心）。投资概算 20.01 亿元，建设内容主要包括医疗综合楼（含门诊医技病房楼、科研行政医学中心楼、配套用房及教学交流中心楼、连廊）、感染楼、后勤综合楼、液氧站。该项目建成，直接缓解福建省儿童医疗卫生资源总量不足、服务体系不完善的紧张局面，发挥区域儿童医疗中心的引领辐射作用，带动提高省内儿童医疗及预保健服务水平。

（陈可祖）

国有资产管理

【国资监管】 2020 年，福建省围绕以管资本为主加强国有资产监管的要求，持续完善国资监管制度体系，深化“放管服”改革，提升监管效能。深化监管体制改革。省国资委完成内设机构改革，调整优化职能设置，增强国资监管的针对性、有效性。出台授权放权清单，从改革改制、产权管理、选人用人、职业经理人薪酬管理、工资总额管理与中长期激励、重大财务事项管理等方面对所出资企业授权放权 21 项。推进国有资本投资、运营公司试点，赋予企业更大自主权，不断激发企业改革发展活力。健全市场化经营机制。设立工资总额特殊事项清单，将对企业改革创新发展具有重大影响的事项列入清单范围。不断完善科技创新激励机制，探索多种形式的中长期激励方式，推动各类创新要素高效配置，确保人才引得进、留得住、用得好。动态调整员工持股试点企业名单，全省完成 6 家企业试点，累计引入非公资本 4.6 亿元。强化监管制度建设。修订工资总额管理、商务接待管理等方面规范性文件，制定实施国资监管工作提示函、国资监管通报工作规则等机制，实现全省国资系统违规经营投资责任追究机构、制度全覆盖。加强基础管理工作，完成 33 户有限合伙企业国有权益登记。做好划转国有资本充实社保基金工作。强化境外投资及国有资产交易的监督管理。加强对地方国资工作指导监督，推动构建国资监管大格局。

【国企改革】 2020 年，福建省国企改革三年行动全面启动。制定出台全省国企改革三年行动实施方案（2020－2022 年），梳理 82 项重点攻坚任务，开启打造国企改革“福建样板”新征程。2020 年度 17 项目标任务全面完成。企业资源整合推进。聚焦服务全省重大战略，省属企业整合重组全面铺开，省国资委联合厦门等沿海地市国资委国有港口企业成建制整合重组，顺利组建省港口集团，推动全省港口集约化、一体化发展，全年实现货物吞吐量比上年增长 3.6%，集装箱吞吐量增长 2.9%。资本证券化推进。电子集团实现对上市公司华映科技控股，厦钨新能源分拆上市科创板获上交所审核通过；锐捷网络分拆上市、招标股份创业板 IPO 有序推进。推动优势资源向上市公司集中，罗源闽光整体注入三钢闽光，投资集团向中闽能源注入优质海上风电资产，能源集团将持有的宁德核电 10%股权注入福能股份，不断强化竞争优势。省属国有控股上市公司达 16 家，上市公司质量不断提高。改革专项工程推进。7 家“双百企业”综合性改革在多个领域取得突破，92 项改革任务完成 65 项，国资公司获评全国 A 类“双百企业”，福日电子、厦门国际港务入选《全国国企改革“双百行动”案例集》，为全省国企改革探索出新路子。星网锐捷、厦门金龙入选国家“科改示范行动”试点，打造国有科技型企业改革样板。解决历史遗留问题。南平南纸等“处僵治困”工作持续抓紧推进，省属“僵尸企业”全面处置完成；全省 49 户厂办大集体全部完成改革任务，安置职工 3588 人；全面完成退休人员社会化管理工作，全省国有企业移交退休人员 33.93 万人。

【国企发展】 2020 年，福建省围绕稳住经济基本盘，指导企业迎难而上、主动作为，拓市场、控成本、稳投资、提效益。省国资委及时出台多项精准帮扶政策，帮助企业协调解决“五难”问题，助力打通产业链供应链痛点堵点。全省国资系统累计为中小微企业减免房租近 14 亿元，惠及 67835 户中小微企业和个体工商户；省属企业清欠民营企业中小企业账款 17.69 亿元；全省高速公路免征通行费让利 67 亿元，助力企业降低物流成本。2020 年省属企业累计完成投资 1008 亿元，比上年增长 7%。企业实体经济投资规模持续扩大，基础设施和工业投资增长 7.8%；新兴产业投资明显加速，增长 35.7%。石化集团古雷炼化一体化、江阴化工专区项目，福州机场二期扩建工程等项目开工建设；福厦客专、厦门钨业稀土永磁电机、外贸集团海峡健康养老中心等项目有序推进；晋南热电联产、海峡星云智能制造基地（全省首个国产芯片电脑整机生产基地）、平潭海峡公铁两用大桥等一批大项目建成投产运营，为全省稳增长提供有力支撑。省属企业加大与央企和设区市对接合作，签约 10 个央企合作项目，总投资超 600 亿元，涉及军民融合、现代服务、新能源等多个产业领域；与福州市对接项目 73 个，投资总额 713 亿元，为全方位推动全省高质量发展超越注入强劲动力。参加第十八届海创会云上展会，搭建国企创新馆，展现“大国资”形象与风采。“一带一路”投资取得新进展，“斯里兰卡汉班托塔港”股权投资合作项目成功交割。省属企业加大科技创新力度，2020 年研发投入 59.2 亿元，比上年增长 22.3%；研发投入占比提升 0.3 个百分点，其中 7 户工业企业研发投入占比达 3.14%。新获专利 1848 项，获得省级以上科学技术表彰奖励 47 项。新增乘用车节能减排技术、高新面板等 5 个省级重点实验室。冶金控股权属厦门钨业稀有金属材料国家专业化众创空间获科技部授牌；招标集团参与研制的“海丝一号”卫星发射成功，积极探索商业航天新模式。

2020年，全省企业经济效益从一季度的最低谷持续回升，营收增速由负转正，利润同比降幅逐月收窄。17家省属企业资产总额突破2万亿元，增长7%；所有者权益4128亿元，增长6.1%，其中归属于母公司的所有者权益2069亿元，增长5.9%；实现营业收入3378亿元，增长0.02%；实现利润总额139亿元。（吴竞东）

审　计

【概况】 2020年，福建省审计机关共审计（调查）2497个单位，其中审计2344个、专项审计调查153个。出具审计报告和专项审计调查报告3391篇，提出审计建议6815条，被采纳5928条。审计促进增收节支和挽回经济损失83.89亿元。推动被审计单位制定整改措施686项；促进被审计单位建立健全规章制度565项；提交审计专题报告、综合性报告和信息共4856篇，被批示、采用2515篇（次）。

福建省审计厅、福州市审计局蝉联“全国文明单位”称号；漳州市、泉州市、三明市、莆田市、南平市及鼓楼区、长乐区、连江县、平和县、晋江市、南安市、永春县、德化县、沙县、仙游县、浦城县、新罗区、长汀县、霞浦县审计局获得第十四届福建省级文明单位荣誉称号。

2020年，福建省审计厅重点审计全省应对疫情防控的“六稳”工作和“六保”任务、应对疫情防控资金和捐赠款物专项、乡村振兴发展、推进闽东北闽西南区域协作发展以及老区苏区发展等方面政策措施落实情况。抽查省、市、县三级4989个单位、6513个项目，涉及资金总额1157.72亿元。向9个设区市政府出具审计报告。提交各类审计报告和信息简报312篇，全省整改问题205个，促进财政资金统筹使用和重点资金到位22.22亿元，促进稳就业财政资金发挥效益1.39亿元，推动疫情防控和经济社会发展政策落实资金3.6亿元。

【财政审计】 2020年，福建省审计厅聚焦主责主业，促进深化财税体制改革。高质量推进审计全覆盖。以大数据分析为抓手，实现284家省一级预算单位财政电子数据分析全覆盖，建立预算编制审计等6个方面80个审计分析模型，制发大数据审计结果提示函146份；以科目贯穿式审计为抓手，深入分析专项资金管理使用的梗阻点，促进盘活资金31.27亿元。护航财政体制改革。审计关注财政管理体制改革中出现的体制性障碍，针对“零基预算”管理、预算绩效管理等方面提出审计建议，开展国有资产和资本运营管理情况、土地收储和存量情况、财政资金引导撬动效益专题审计，促进优化财政资源配置，提高财政精细化管理水平。开展3个设区市地方财政收支审计、3个设区市税收和非税收入征管审计，促进深化财税体制改革。促进新增财政资金惠企利民。按照审计署的统一部署，组织开展新增财政资金直达市县直接惠企利民专项审计，成立设区市联络员制度、月度集中复核等组织方式，实现86个市县的现场审计全覆盖，出具93份审计意见函。

【三大攻坚战审计】 2020年，福建省审计厅开展“三大攻坚战”审计。防范化解重大风险方面。组织开展地方政府债券专项调查、2家省属地方银行资产管理政策落实情况审计调查、农信系统部分行社资产负债损益审计，促进有效防控债务风险和金融风险。围绕地方政府债务、地方金融运行、国有企业高风险业务、自然资源管理与生态保护监测四大重点风险领域，制定《福建省审计厅关于加强经济风险预警防控机制建设的五条举措》，推动相关部门建立健全风险预警工作机制，发挥审计预警预防预报作用，做到早提醒、早预防，防患于未然。精准脱贫方面。开展扶贫和乡村振兴审计，促进扶贫审计和乡村振兴审计有效衔接。全年对8个县（市、区）开展乡村振兴相关政策和资金审计，对41个县（市、区）开展“两不愁三保障”落实情况和中央革命老区扶贫建设资金“最后一千米”专项督查，结合“两不愁三保障”审计调查对13个县（市、区）开展老区苏区政策跟踪审计。抽审资金47.82亿元，抽查项目4067个、单位765个、乡镇409个、行政村1665个，入户调查3214户，促进完善落实扶贫和乡村振兴政策制度办法25项。开展闽宁扶贫协作和对口支援政策资金落实情况审计，助力提升东西部扶贫协作成效。污染防治方面。结合领导干部自然资源资产离任（任中）审计，推动强化资源管理和生态环境保护工作；组织实施全省自然资源部门涉及的生态环境保护科目资金专项审计，推动加快资金拨付使用和环保项目建设进度，提高项目运营绩效。

【疫情防控资金和捐赠款物专项审计】 2020年，福建省审计厅开展应对新冠肺炎疫情防控资金和捐赠款物专项审计。省、市、县审计机关派出220个审计组779名审计人员，组织对省、市、县疫情防控资金和捐赠款物开展专项审计。全省重点审计45.15亿元财政资金、7.66亿元捐赠资金。全省审计172家有公开募集资格的红十字会、慈善组织，844个疾病控制中心等政府机构和单位，76家企业，对重要事项进行必要的延伸和追溯。审计促进加快拨付捐赠资金9347.26万元、加快发放捐赠物资430.68万件。

【经济责任审计】 2020年，福建省完成经济责任审计项目815个，涉及1008名领导干部。注重机制创新，完善审计制度。省审计厅牵头制定五种类型审计方案，重点聚焦精准脱贫和乡村振兴、推进高质量发展、应对新冠肺炎疫情防控等重大决策部署和政策落实情况，搭建审计总体框架，确保审计工作围绕中心服务大局。着眼审计全覆盖和“两统筹”，中共福建省委审计委员会办公室制定《关于推进省管领导干部经济责任审计全覆盖的原则》；进一步发挥联席会议对全省经济责任审计工作的指导、监督和检查作用，修订《福建省经济责任审计工作联席会议议事规则和办公室工作规则》。注重创新驱动，提升审计质量。再造经济责任审计工作流程，深化“1+N”组织模式；创新构建经济责任审计工作指标体系，指标涵盖宏观经济运行情况、“六稳”“六保”、民生补短板等13个经济责任审计重点内容，计46项。注重成果运用，落实审计整改。总结2019年各类型经济责任审计发现的共性问题、体制机制问题，向主管部门、上级政府部门转送问题清单，促进完善管理制度，提升治理能力；组织开展28家被审计单位共48位省管领导干部2019年经济责任审计结果和相关情况反馈工作，促进举一反三、落实整改，促进审计目标实现。

【领导干部自然资源资产离任（任中）审计】 2020年，福建省完成领导干部自然资源资产离任（任中）审计项目126个，涉及218名领导干部。参加审计署组织开展的《领导干部自然资源资产离任审计评价指标体系（试用版）》使用试点，在审计实践中对审计评价指标进行修正和完善；省审计厅下发问题数据核查单52份，实现精确识别，精准审计。

【固定资产投资审计】 2020年，福建省审计厅完成固定资产投资审计319个单位，专项审计调查16个单位，延伸审计69个单位，涉及项目投资额1401.60亿元。加强专项审计调查力度。对福建省2019年度投资运行和影响全省投资增长的堵点、痛点、难点情况进行专项审计调查。通过调查部分市、县（市、区）政府与各级投资主管部门，以及综合利用部分地方党政主要领导干部经济责任审计和预算执行等审计成果，主要反映福建省影响投资增长中存在产业结构调整步伐缓慢、项目要素保障瓶颈多推进难度大、项目管理不够精准、项目融资困难等问题。对省住建厅2019年列入民生补短板项目之市政领域的城市道路及地下管网项目贯彻落实重大政策措施情况进行专项审计。审计揭示“路网”建设任务完成质量不高、项目建设中存在“马路拉链”、部分财政补助款未及时下拨等问题并得到整改落实。

【民生审计】 2020年，福建省审计厅开展2019年度保障性安居工程审计。组织21个审计组对三明市和南平市本级及22个县2019年保障性安居工程的资金分配管理使用、保障群众需求、相关政策落实等情况进行审计，向省政府提交《我省三明和南平2019年保障性安居工程资金投入和使用绩效审计发现主要问题的报告》。开展2019年省本级社保基金审计。对人力资源社会保障部门、医保部门及其社保经办机构等单位，开展2019年度企业职工基本养老保险基金、机关事业单位养老保险基金、城镇职工基本医疗保险基金收支结余和管理情况审计，并提出审计建议。

【大数据审计应用】 2020年，福建省实现全省8347家一级预算单位财务数据采集、标准化和分析全覆盖。首次实现全省医保、省属国企数据采集全覆盖，增加采集债务、全员人口等行业数据，全年新增数据量约5T。推进社保、医保、债务、国企数据标准化，全年新增标准表50多张。经济责任、医保、社保、保障房、乡村振兴、自然资源资产、政策跟踪等领域审计数据开发利用更加精准高效，出具审计数据分析报告70多份，分行业开发审计模型240多个。利用图数据库、图像识别、自然语言处理等技术，初步开发审计文本分析和审计数据分析可视化管理工具。

【审计整改督促落实】 2020年，福建省审计厅严格落实记账销账制度、明确各方整改责任、推动举一反三、源头治理，强化审计查出问题整改落实，深化审计防护体系建设，建立健全审计整改长效机制。对省审计厅2017—2019年组织实施的审计项目开展“回头看”，重点对问题整改落实、举一反三带动系统整改规范、完善体制机制制度建设等情况作梳理，涉及166家单位257个审计项目。督促落实2019年度中央预算执行和其他财政收支审计查出问题整改，涉及9个设区市和平潭综合实验区以及20家省直部门。督促落实2019年度省级预算执行和其他财政收支审计查出问题整改，涉及9个设区市和平潭综合实验区以及4家省直单位、2家省属银行、福建省税务局。

【内部审计指导监督】 2020年，福建省审计厅加强制度建设。制定《关于加强内部审计工作的九项举措》，促进内审工作相关规定有效落实，着力构建集中统一、全面覆盖、权威高效的审计监督体系。加强内审指导监督。指导部门单位内审制度建设，把对内审指导监督与审计业务工作同部署、同落实、同检查。强化内审队伍建设。建立省本级单位内审人才库，依托内审协会培训内审人员451人。 （王康力）

统　计

【第七次全国人口普查】 2020年，福建省委、省政府将第七次全国人口普查工作列为年度重点工作，在全国率先完成省、市、县、乡四级普查机构组建，近半数乡镇（街道）普查机构领导小组由乡镇主要领导担任组长。人均普查经费高于全国平均水平。全省选聘普查指导员和普查员25.12万名。财政部门保障普查经费，宣传部门大力支持普查宣传，公安部门做好户口整顿工作确保普查登记质量，卫健、民政等部门积极提供人口行政记录资料参与核查比对，住建、人社、卫健、司法和数字办等部门单位领导带队调研督导第七次全国人口普查工作。完成“两员”选聘培训、户口整顿、区划绘图、入户摸底、现场登记、核查比对、事后抽查、行职编码等工作。

【监测服务】 2020年，福建省统计局开展服务疫情防控精准有效。参与湖北（武汉）和境外入闽人员健康信息管理等工作，建立60多万名湖北入闽人员台账，协助做好境外防控疫情捐赠物资统计，选派干部参加省直机关福州支援队；发挥统计专业优势助力疫情防控，开展复工复产和经济运行监测分析、重点问题和薄弱环节专题调研。常规统计调查平稳有序。如期收集、整理、计算、汇总、上报各专业统计数据快报。牵头协同省直行业部门、高等院校、研究机构等，定期开展闽台发展比较研究，提高服务全方位推动高质量发展的针对性和有效性；撰写反映经济运行中的新变化新问题的专题调研和分析信息，被省委办、省政府办采用211条次，政务信息居省委系列第八名、政府系列第六名；依据经济普查数据修订各级GDP数据，编印18篇分析资料，完成25项课题研究，完成经济普查年鉴编印，经济普查成果得到开发运用；举办数字经济统计培训研讨班，探索推进数字经济统计，搭建服务数字福建和数字中国建设的平台，持续深化“三新”统计、民营经济监测、知识产权产品投资等统计改革。

【统计法治】 2020年，福建省统计局把统计法治建设列入年度重点任务，实行项目化、清单化、责任化管理，制发防惩统计造假弄虚作假任务清单和责任清单，推进各项工作落地落实。配合国家统计局开展对漳州市有关县的统计执法检查，组织全省举一反三、自查自纠，开展警示教育，完成对国家统计局移送案件查办和问题整改，出台文件从7个方面构建以防惩统计造假、弄虚作假责任制为核心的数据质量防控体系。2020年，全省各级统计机构共检查单位4322个，立案查处统计违法案件274起，结案265起。其中，罚款213起、罚款金额181.73万元；行政警告4人次，诫勉谈话5人次，通报曝光18起。

（程　遥）

口岸综合管理

【概况】 截至2020年底，福建省有经国务院批准对外开放口岸11个。其中，空运口岸4个，分别是福州空运口岸（长乐国际机场）、厦门空运口岸（高崎国际机场）、泉州空运口岸（晋江国际机场）和武夷山空运口岸（武夷山机场）；水运口岸7个，分别是福州水运（海港）口岸、厦门水运（海港）口岸、泉州水运（海港）口岸、漳州水运（海港）口岸、莆田水运（海港）口岸、宁德水运（海港）口岸、平潭水运（海港）口岸。

【口岸运行数据】 2020年，福建省水运（海港）口岸累计完成外贸货运量24617.77万吨，比上年增长0.05%。其中，进口18327.65万吨，增长1.64%；出口6290.12万吨，下降4.31%。海运集装箱吞吐箱量累计完成945.50万标箱，增长0.28%。其中，进口468.96万标箱，增长0.40%；出口476.54万标箱，增长0.17%。累计出入境旅客12.97万人次，下降95.07%。其中，入境6.39万人次，下降95.13%；出境6.58万人次，下降95.01%。2020年，福建省空港口岸累计出入境旅客103.27万人次，下降85.03%。其中，入境55.32万人次，下降83.70%；出境47.95万人次，下降86.31%。

【“十四五”口岸发展规划】 2020年，福建省根据国家口岸办编制“十四五”口岸发展规划要求，会同各地、各有关部门研究提出7个海港作业区（福州港口岸江阴港区万安作业区，漳州港口岸东山港区城垵作业区、后石港区隆教作业区、古雷港区将军澳作业区，莆田港口岸兴化湾港区涵江作业区，宁德港口岸沙埕港区杨岐作业区、三都澳港区溪南作业区）和2个空港（武夷山机场和三明沙县机场）对外开放意见，由省政府报送国家口岸办。

【口岸对外开放】 2020年，福建省海港口岸扩大对外开放。宁德港口岸漳湾作业区、福州港口岸环下屿岛作业区扩大开放由省政府上报国务院；协调筹备福州港口岸黄岐港区、泉州港口岸锦尚作业区扩大开放迎接国家验收；漳州港口岸拟扩大开放东山港区城垵作业区、后石港区隆教作业区，牵头征求驻闽单位意见，协调整改、继续推进。验收启用福州港口岸闽江口内港区闽安山水码头和罗源湾港区将军帽作业区1号泊位。交通运输部批复同意宁德漳湾作业区8—10号泊位、福州罗源湾环下屿作业区1—4号泊位等7个泊位临时开放继续延期。

【口岸运行管理】 2020年，福建省优化口岸监管资源配置。首次启动码头退出程序，经征求驻闽口岸查验主管单位意见，第一批全省退出开放码头11个，由省政府正式发文公告退出。针对外贸货物吞吐量、外贸集装箱吞吐量2项指标，开展对全省口岸重点码头泊位、重点港区的运行监测，做好运行统计和情况编报。建立全省航空口岸运行、水运口岸出入境人员、重点进口冷链食品口岸运行报送制度，相关工作加快延伸覆盖，福州航空口岸协调管理制度完善。针对化解疫情影响下国际海空运收缩等局面，协调推进拓展国际航空货运航线，通过定期货运航班、客改货和临时货运包机等形式，稳定外贸供应链。全省开通5条国际（地区）航空货运定期航线，开通21条临时航空货运包机航线，航线网络覆盖亚欧北美澳地区；陆续开通45条“客改货”航空航线。推动提高口岸功能，提升带动辐射能力。平潭口岸进境种苗、食用水生动物指定监管场所通过国家验收，有水果、冰鲜水产品等4个国家指定监管场所资质，拓展对台农渔产品贸易通道；莆田罗屿港区开展进口保税混矿业务，铁矿及其他散货集疏运交易实现“水水中转”，2020年首次突破千万吨，增长 68.78%。

【优化口岸营商环境】 2020 年，福建省政府和海关总署签署新一轮合作备忘录，形成 57 项相互支持合作意向。省口岸办会同福州、厦门海关，细化分解成 78 项任务，明确部门责任和落实时限，并加快落实。向海关总署争取在福建省新增 4 个特殊区域向综保区转型升级，实际落地跨境电商“简化申报”“清单核放、汇总统计”“航空区域外发保税维修”等一批作业新模式，率先试点以市场采购贸易方式出口预包装食品，石狮市场采购通关范围从厦门关区扩大到全省口岸。全省口岸加快推广实施“提前申报”“两步申报”“船边直提”“抵港直装”“先放后验”等便利化通关新措施，全面公布港口经营企业作业时限，坚持实施口岸收费目录清单管理和公示制度，全面落实国家《清理规范海运口岸收费行动方案》等，加快口岸提效降费。全年货物整体通关时间分别压缩到进口 34.81 小时、出口 1.98 小时，比 2017 年分别压缩 68.37%、90.32%，优于全国平均水平，在疫情管控措施加强、各方面成本上升的情况下逆势推进，成效明显。

【建设国际贸易单一窗口】 2020 年，福建省围绕做实做优跨境贸易“全链条”“一站式”服务，通过应用大数据、人工智能、区块链等新技术，突出关、港、贸、税、金一体化运作，将中国（福建）国际贸易单一窗口提档升级到 4.0 版，实现智能报关，提高企业申报效率，降低申报差错率，全面简化通关流程；实现港口信息共享和物流服务升级，单一窗口功能前推至船舶班轮订舱环节，引入无车承运业务模式，为企业提供散货及集装箱运输过程的车货匹配服务；整合商品通关、仓储、金融、物流等环节信息，实现跨境商品源头可溯；实现企业线上办理税务备案表查询核注，全程无纸化操作；实现智能快速测算企业授信额度，金融机构快速授信放贷。中国（福建）国际贸易单一窗口全年新增注册用户 6878 家，业务总量超过 5000 万票，入选福建省“数字经济百项应用场景”，4.0 版被国家发展改革委编入《中国营商环境报告 2020》，融资系统被列入商务部加大金融支持稳外贸力度经验做法，区块链公共服务平台被列入福建自贸试验区全国首创创新举措。

【口岸疫情防控】 2020 年，福建省指导协调各口岸部门建立工作机制，启动应急预案，联防联控，加强分析研判，加强协作配合。会同各相关部门聚焦海、空口岸一线，优化流程，细化措施，做好“外防输入”“人物同防”。其中，对口岸入境人员严格闭环管理，确保从“国门”到“家门”无缝衔接；对经其他省、市口岸到闽人员，按省里统一部署，派人现场驻点吉林，严密掌握人员信息，完善闭环处置；对进口冷链食品严控疫情风险，推动在各设区市和平潭综合实验区全部设立集中监管仓，协调海关、交通运输、港口等部门每日收集汇总进口冷链物品信息数据，传递各地工作专班开展全面追踪溯源和检测消杀；先后争取防护物资 8 批次 151.6 万余件，为福州机场海关协调到位 10 名医护人员，为福州、厦门海关协调划拨专项防疫资金 1300 万元，用于加强口岸一线人员防护。配合做好进境重点物资进境通关。在国际贸易单一窗口设立防疫物资通关政策专窗，协调重点口岸设立绿色通道，协调驻闽海关实施快速验放措施，实现防疫物资和重点民生物资“零延时”通关；会同福州、厦门海关在疫情前期 40 天里，按日梳理汇总全省口岸进境防疫物资信息，供省里调度参考；分批次赴厦门空港口岸现场协调，落地验放，押送到榕入库防护服近 5 万套，供省里统一调用，解决疫情前期燃眉之急；协调保障福建省赴意大利、菲律宾等国医疗专家组及随行防疫物资快速通关。

【海关通关机制改革】 2020 年，福州海关全面实施进出口货物提前申报，出口提前申报拓展到一般信用企业，进口提前申报率超 60%。优化通关流程。在福州关区各口岸全面推广“两步申报”通关模式，范围扩大到大宗商品和转关货物，2020 年 11 月“两步申报”应用率超 20%。指导试点海关做好“两段准入”试点准备工作，引导企业参与试点，11 月 6 日福州关区首票“两段准入”报关单顺利通关。12 月 28 日顺利启动“两类通关”。加强日常通关时间监控，12 月福州关区进口整体通关时间 21.19 小时、出口整体通关时间 0.87 小时，分别较 2017 年压缩 81.04%、92.46%。

厦门海关深化“放管服”改革，创新“不见面审批”模式，27 个承诺服务事项全程网办，13 项“证照分离”改革措施顺利落地。开展 2 轮降费政策落实情况专项检查，进出口环节涉企收费比上年下降 28.50%。推进压缩通关时间专项行动，联合相关部门出台 8 项举措，全年进出口整体通关时间同比分别压缩 21.76%、51.38%，全国排名大幅跃升 13 位和 8 位，助推厦门连续两年获评“中国十大海运集装箱口岸营商环境测评”第一名。

【智慧海关建设】 2020 年，福州海关优化整合福建省“单一窗口”海关侧项目。与福建省商务厅配合丰富“单一窗口”地方特色功能，主导优化升级“邮件互联网＋便民服务平台”、跨境电商监管服务、快件收件人监管等功能。支持福建深化商事制度改革，依托“单一窗口”深化涉企证照“多证合一”改革，直接使用市场监管、商务等部门数据办理进出口货物收发货人注册登记等海关涉企资质管理业务。2020 年通过“单一窗口”和“互联网＋海关”办理海关注册登记企业 2000 余家，按照“多证合一”方式审批办结海关企业注册登记企业 90 家。

【服务地方经济发展】 2020 年，福州海关持续推动关区口岸开放。综合协调场所建设、监管条件及人员编制等口岸开放相关问题，加快推动宁德港口岸三都澳港区漳湾作业区、福州港口岸罗源湾港区环下屿岛作业区扩大开放审批流程，指导福州港口岸黄岐港区做好扩大开放验收前准备工作，规范口岸管理，配合做好9个码头泊位的退出工作，助力优化关区口岸布局，服务福建省开放型经济发展。发挥综合保税区、特殊监管区域、指定监管场地等基础设施作用。推动福州综合保税区于2020年11月18日通过联合验收，具备正式运作条件。支持福州综合保税区建设先进光学制造产业链，引导企业尽享政策红利。为《平潭综合实验区总体发展规划（2021—2035年）》修订积极建言，支持平潭进一步开放开发。支持福建自贸试验区福州片区江阴口岸获批建设进境粮食、进境肉类指定监管场地，成为福州关区首个以水运集装箱方式进口粮食的口岸。

厦门海关紧密结合关区航空维修等重点产业发展情况开展税政研究，全年税政调整建议被国家主管部门采纳22项，占全国海关的1/5。精准指导福建省外贸企业应对国外贸易壁垒，发布预警信息2193条。支持福建省农产品企业扩大出口，推荐26家次食品企业在国外注册，推动漳州平和蜜柚成为首批输美柑橘类产品。保障4批近1万头进境种牛种猪检疫通关，监管进口肉类、水产品分别增长1.02倍、21.5%。

【海关业务和监管创新】 2020年，福州海关重点推进12个业务改革和自贸创新项目。立足福州江阴港综合保税区、平潭对台小额商品交易市场经营实际，推出“港区货物海关智慧监管模式”“优化对台小额商品交易市场海关监管模式”等自贸创新举措并通过海关总署备案。截至2020年12月31日，福州海关累计出台113项创新举措，占福建自贸试验区480项创新举措的23.5%；48项创新举措被福建省委托的第三方机构评估为全国首创，占福建自贸试验区全国首创创新举措总数的24.9%。2020年11月，福建省人民政府印发第八批23项向全省复制推广的福建自贸试验区改革创新成果，其中4项为福州海关原创，包含优化外贸集装箱“水水转运”监管模式、保税仓储商品集中检验分批核放模式、出口大宗散装货物“抵港直装”、知识产权保护保全“两互两共”联动协作。以外贸集装箱“水水转运”为例，优化福州港青州港区和江阴港区物流通关链，降低综合物流成本；截至2020年12月底，“水水转运”模式转运集装箱9.38万标箱，为企业节约成本近4700万元。进一步丰富“全球质量溯源体系”应用场景，该体系作为2020年福建省优化营商环境工作16项典型经验之一向全省复制推广，是中直单位唯一入选项目。京东、拼多多、网易考拉、菜鸟仓等平台先后接入溯源体系；截至2020年12月底，共有417家企业参与溯源，发放溯源码390万枚，共有803.7万件商品实现溯源、价值6.1亿元。

厦门海关深化海关监管制度创新。加大自贸试验区制度创新力度，推出ERP联网监管、“原产地申领一体化平台”等创新举措，“海关公证电子送达系统”入选国务院第六批改革试点经验，全年共有5项创新举措获评全国首创，5项举措入选福建省可复制推广创新成果。开展“建设自由贸易港型新经济特区”研究。推动综保区高水平开放高质量发展，象屿保税物流园区、海沧保税港区成功获批综合保税区，漳州台商投资区保税物流中心（B型）正式封关运作，关区特殊区域和保税物流中心进出口额首次突破千亿元大关。支持“丝路海运”平台建设，助推厦门港常态化开展集装箱过境运输业务，海翔码头、海通码头通过验收，口岸物流服务功能持续拓展，全年办理过境集装箱运输业务3201吨、货值4876万美元，分别增长14.27%、5.66%。出台支持中欧（厦门）班列12条举措，推动海沧多式联运监管中心常态化运作，全年监管班列273列、2.4万标箱、9.62亿美元，分别比上年增长17%、36%、40%。支持“丝路飞翔”扩大影响，全力保障16条“客改货”航线复航，监管空运出口货运量、货值逆势增长，助推厦门提升国际综合交通枢纽地位，全年对“一带一路”沿线国家和地区进出口增长12.1%。支持新兴业态加快发展。开展全国唯一集成电路研发保税监管改革试点，监管全产业链保税集成电路进出口货值20.35亿美元。支持生物医药产业发展，推动建成全省首家生物材料特殊物品出入境公共服务平台，监管新冠检测试剂出口货值超50亿元。全国首创“区域外发保税维修”监管模式，服务厦门打造全球一站式航空维修基地。助推平行车、燕窝等重点平台逆势增长，全年监管进口整车1943辆、增加1.68倍，监管进口毛燕6.2吨、增加5.7倍，厦门成为全国最大毛燕进口口岸。启动跨境电商B2B出口监管试点，助推漳州、龙岩获批跨境电商综试区，全年监管跨境电商1616.39万票、增加2.92倍。支持市场采购贸易省内通关一体化，泉州晋江国际鞋纺城获批新试点，监管市场采购出口额增长99.57%。

【边检疫情防控】 2020年，福建省边检强化对疫情防控的战时组织领导，动态修订疫情防控工作方案，因时因势调整防控重心。对接省、市两级防控体系，与海关、卫健等部门建立信息互通、情报预警、协同处置、执法配合机制。在空港口岸加强“后方预警、前端劝阻”机制，前置防范疫情输入。在海港口岸综合运用港口边检管理信息系统、AIS等开展船舶轨迹动态监控和数据分析研判，开展内贸船舶非法出入境活动专项调研，推动省、市规范管理沿海小型修造船企业，严防疫情海上非法输入。在台轮停泊点加大视频监控和现场巡查密度，100%预报筛查台轮轨迹及船员健康状况，推动纳入地方联防联控机制，切实织密疫情防控网。

【边检助力企业复工复产】 2020年，福建省边检聚焦“六稳”“六保”任务，全面落实国家移民管理局“十项措施”，细化总站促进复工复产相关措施，“一船一策”“一企一策”指导支持企业复工复产，最大限度减轻企业安全风险和运营成本。“一机一案”完成部分国家采购抗疫物资专项勤务，对载运抗疫物资货机、货轮开通绿色通道，24小时“零等待”通关服务，为316名外籍船员办理登陆换班手续。服务口岸经济发展，组织召开海港口岸服务对象座谈会征求意见建议，支持空港口岸有序复航和邮轮经济发展，增强工作的针对性和有效性。

【边检服务台胞】 2020年，福建省边检聚焦服务中央对台工作大局和两岸融合发展，组织对2019年度福建省出入境台胞数据进行分析，福建省台胞出入境人次是全国唯一上升省份。支持口岸对外开放，参与谋划厦门新机场、福州机场二期及中转厅建设，支持2个码头（泊位）通过验收或开放。融入“一带一路”、自贸试验区建设，配合向上争取便利邮轮往来、优化过境免签、过境免办边检手续等先行先试措施。支持海上“三通”航线“客停货通”，保障厦门机场作为省内唯一两岸直航航点运营，圆满完成第十二届海峡论坛边防检查任务。

【边检科技创新】 2020年，福建省边检深入实施创新驱动战略，联合海康威视组建融合创新实验室，首个警企联名成果——“口岸限定区域旅客轨迹分析系统”投入试运行。自主研发的空港旅客预检分析支援系统和“厦金”航线出入境数据融合与自动比对系统入选《福建自贸试验区创新实践探索》，“跨网数据传输盒”、验讫章识别管理系统、练兵管理系统等一批基层创新成果投入应用，创新成果实现增能提效。

发挥边检大数据优势，前置数据筛查，做到人员信息排查、轨迹核查、预警信息推送“三个100%”。研发个性化筛查模型和自动筛查分发工具，24小时推送涉闽入境数据，为快速精准识别防范境外疫情输入风险构建国门“数据防线”。

【海上口岸疫情防控】 2020年，福建海事局采取最全面、最严格、最彻底的防控举措，确保疫情防控工作开展。落实重点物资运输船舶“四优先”措施，确保水路运输安全、高效、畅通，保障重点物资运输1.14亿吨。严格“外防输入”，筑牢疫情防控海上防线，累计督促检查船舶45289艘次，协调地方政府及港口口岸部门完成国际航行船舶中国籍船员省内换班941艘次、8285人次，稳妥做好外国籍船员在福州、厦门两个指定港口的换班工作，完成外国籍船员换班14艘次85人次，换班船舶、船员未发生疫情感染事件。

【通航安全保障】 2020年，福建海事局维护“一带一路”海上大通道安全畅通，组织巡航11723次、巡航里程18万海里。出台《通航水域岸线安全使用许可指导意见》，为海坛海峡跨海供水管道、平潭海峡公铁大桥、长乐外海海上风电项目、漳州液化天然气（LNG）接收站项目航道工程等重点项目提供服务，化解水工项目建设对通航安全带来的不利影响。组织施工通航安全保障方案技术审查81件次，办理水上水下活动许可352件次，参与施工船舶826艘次，完成沉船打捞12艘。加强海上风电场通航安全规范化、科学化管理，推进海上风电建设选址和安全距离标准研究，持续破解沿海风电选址难题，保障多个海上风电项目顺利推进。

【海事侧营商环境优化】 2020年，福建海事局落实国家财政支持政策免征港口建设费7.95亿元、减征船舶油污损害赔偿基金328.91万元。帮助解决宁德时代公司涉危产品海运出口难题，助力支持81个水工项目复工复产。出台42项优化营商环境举措和一系列降本增效措施，船舶“多证合一”改革扩大至全省范围内试点运行，实现两批共14项海事业务“一网通办”。

【推进绿色港口建设】 2020年，福建海事局加强船舶水污染现场监管，开展船舶防污染监督检查10023艘次，查处船舶涉污违法行为38艘次。加大船舶违法排放大气污染物的查处力度，开展快速检测6511艘次，使用燃油含硫量超标立案调查44起。有效运行船舶污染物接收、转运及处置监管联单制度。协同打好污染防治攻坚战，联合福建海警局等6部门开展“碧海银滩2020”海洋生态环境保护专项执法行动，推进福建省水污染防治行动计划工作方案、近岸海域污染防治实施方案、打赢蓝天保卫战三年行动计划实施方案等具体实施。调查辖区航运企业所属船舶受电设施建设情况，推进船舶岸电使用。

【两岸港航融合发展】 2020年，福建海事局深化两岸海上搜救协作和航运业融合交流，开展两岸联合搜救行动4次，成功救助两岸船员20人。推进《两岸直航船舶监管办法》《海峡两岸三通客船大规模人命救助课题研究》等管理办法研究。批准福建自贸试验区（厦门片区）成立第二家台资海员外派机构，签发全国首本台湾船员海员证。制订《台湾地区船员换发大陆船员适任证书岗位适任补差培训优化方案》，开展2期台湾船员大陆船员适任证书知识更新线上培训。

【福建各口岸简介】 福州水运（海港）口岸。全国沿海25个主要港口之一，分为闽江口内港区、松下港区、牛头湾港区、江阴港区、罗源湾港区5个开放港区，以及黄岐港区（2017年获得国务院批复）等1个拟开放港区，具备进境肉类、粮食、水果、冰鲜水产品和整车进口指定口岸功能。至2020年底，福州市辖区港口共有生产性泊位99个，其中万吨级以上泊位51个。与40多个国家和地区的港口开展贸易往来，共有集装箱航线83条（内贸42条、外贸41条），其中，国际及台湾、香港地区集装箱航线26条（含“一带一路”航线10条），外贸内支线15条。另有“两马”（福州马尾琅岐—台湾马祖）、“黄岐—马祖”2条海上直航客运航线。2020年，福州海港共完成外贸货物吞吐量5429.12万吨，比上年下降0.50%；外贸集装箱累计吞吐量153.09万标箱，同比下降8.95%；受新冠疫情影响，对台客运从2020年2月10日起“两马”、“黄岐—马祖”、平潭对台客运停航。福州市外贸进出口额2504.9亿元（其中出口1786.5亿元、进口718.4亿元）；外贸进出口货物的主要货种为电子产品、机电产品、纺织产品、鞋帽伞、贵金属、工艺品、镍矿、煤炭、粮食等。

闽江口内港区。位于中国东南部，台湾海峡西岸，是中华人民共和国成立后自然延续下来的对外开放口岸。闽江口内港区水路可达全国沿海各港和世界各地主要港口，北距上海433海里，东距台湾基隆149海里，南距香港420海里。年内开放码头21个，最大可靠泊2万吨级船舶。

松下港区。位于福清、长乐交界处的福清湾内。1994年9月10日经国务院批复对外开放，1995年11月20日由交通部正式对外公布。其地理位置十分优越，水路位于经济发达的香港和上海之间，北距上海447海里、福州马尾港54海里，南距厦门港130海里、香港395海里、台湾新竹80海里、基隆港125海里。陆路西接324国道和福厦高速公路，东接长乐国际机场专用公路，并经青州大桥与闽江北岸公路网相接。2020年。港区内开放的码头1个，最大可靠泊3万吨级船舶。

江阴港区。位于福清市江阴镇东南部的兴化湾北岸。2003年3月12日经国务院批复对外开放，2004年7月1日由交通部正式对外公布。江阴港区地处中国海岸线中心点，北上上海、大连、天津，南下广州、深圳、香港，都在800海里以内，且居上海港、深圳盐田港航运线中部，可接受长三角和珠三角两大中国经济增长极的辐射；江阴港区距国际集装箱环球主航线仅24海里，堪称黄金水道的“黄金点”。江阴港区与台湾隔水相望，东距台中100海里、基隆150海里、高雄170海里，与台湾各港口有地域相近、功能互补的优势，可与台湾实行优势互补，共建海峡两岸航运运作。港区内开放的码头5个，最大可靠泊20万吨船舶。

牛头湾港区。位于长乐区松下镇，海坛海峡北侧，东洛列岛西南侧。2008年12月11日经国务院批复对外开放，2012年2月14日由交通运输部正式对外公布。牛头湾港区有着便捷的集疏运条件：水路北距上海447海里，南距厦门154海里、香港395海里，东距台湾基隆125海里；陆路距福州中心城区60多千米，距长乐城区、福清市区约30千米；公路主要通过福清北山一级公路，西接324国道和福厦高速公路，东接长乐机场专用公路，并经青州大桥与闽江北岸相接。2020年港区内开放的码头有1个，最大可靠泊10万吨级船舶。

罗源湾港区。位于福州市区北部。2014年9月9日经国务院批复对外开放。2018年7月12日，交通运输部对外公告：福州港口岸正式扩大对国际航行船舶开放。罗源湾港区与台湾、马祖隔海相望，距福州马尾港50多千米、台湾基隆142海里、上海405海里、香港435海里。2020年港区内开放码头共有7个，最大可靠泊30万吨级船舶。1个码头临时进靠国际航行船舶作业。

黄岐港区。位于福州市连江县黄岐半岛南侧，闽江入海口北岸。2017年8月5日经国务院批复对外开放。黄岐港区面对马祖列岛，最近处仅距4.8海里，距连江县城46千米，距福州市区91千米，海上距马尾港33海里。黄岐港区地处中国南北交通的黄金水道，地理位置特殊，是海西一个重要的对台港口。2020年共有2个码头临时进靠国际航行船舶作业。

厦门水运（海港）口岸。厦门港口岸是全国25个主要港口、12个区域性枢纽港、9个沿海国际集装箱干线港之一和对台航运重要口岸，范围跨厦门与漳州两个设区市级行政区共9个港区（其中有厦门市东渡、海沧、翔安港区，漳州后石、石码、招银、东山、古雷、诏安港区）。2020年共有航线157条，其中外贸航线111条（国际99条，内支线12条）、内贸航线46条，通达55个国家和地区（含港台）的149个港口，其中“一带一路”航线总计67条，途经25个“一带一路”沿线国家的54座港口。2020年，厦门港货物吞吐量完成20749.54万吨，比上年减少2.78%，其中外贸货物吞吐量10215.78万吨，增长4.16%。集装箱吞吐量完成1140.52万标箱，增长2.55%。受新冠肺炎疫情影响，厦金出入境旅客10.55万人次，减少94.24%；对台货运直航34.95万标箱，增长15.31%。靠泊国际邮轮3艘次，减少97.79%；接待出入境旅客4272人次，减少98.97%。2020年，厦门港嵩屿港区海通码头4号、5号、6号泊位通过新增外贸作业点市级验收，进行试运作。

泉州水运（海港）口岸。位于福建省东南部，与台湾一水之隔，毗邻港澳，距香港357海里、距高雄港165海里，石井作业区距金门仅5.6海里，是中国东南沿海不可多得的天然良港之一。泉州海岸线长541千米，建成生产性码头泊位91个，其中万吨级以上泊位25个（最大泊位为30万吨级专用油码头）。泉州港口岸辖区海岸线427千米，由肖厝、斗尾、泉州湾、围头湾和深沪湾五大开放港区组成，对外开放码头泊位40个。开通航线130多条，外贸航线30多条，其中外贸集装箱航线20多条，与菲律宾等国家和香港、台湾地区通航；泉州至金门客运航线1条。

2020年，受疫情影响，泉州港口岸外贸进出口吞吐量完成3909.53万吨，集装箱进出口完成79485.5万标箱，泉金客运航线自2月10日起停航，共运送两岸旅客7786人次。

漳州水运（海港）口岸。包含古雷、东山、诏安和招银、后石、石码6个港区。规划码头岸线长55.8千米，规划形成生产性泊位242个（其中深水泊位128个，集装箱泊位5个），规划通过能力4.12亿吨（其中集装箱370万标箱），形成陆域面积3011万平方

米。截至2019年7月，厦门港漳州辖区建成生产性泊位68个，集装箱泊位7个，总设计通过能力4759万吨（其中集装箱56万标箱）。已建港口沿海航道5条，里程35千米，其中万吨级航道4条（包括招银港区7万吨级航道、后石港区10万吨级支航道、东山港区5万吨级航道及古雷港区15万吨级航道）。

招银港区。位于厦门湾南岸，与厦门仅3.5海里之隔。拥有自然岸线长达28千米，其中－8米以下深水岸线13千米，可建万吨级以上泊位33个，形成亿吨以上吞吐能力；规划范围内多为山地和滩涂、海域，耕地少，有较广阔的发展腹地；九龙江流经该地区，有丰富的淡水资源，足以满足港口和大型临港工业项目用水需求。为对台直航港口，是全国十大木材进口港口之一、东南沿海最大的木材集散地、粮食中转港和内贸集装箱发展最具活力的码头，被国家发展改革委列为“厦门湾国际物流园区散粮中转基地”，被国家粮食局评为“第一批全国粮食现代物流建设示范单位”，被国家质检总局确定为“全国第一批进境粮食指定口岸”。

后石港区。2002年1月1日正式对外开放。港区内的后石电厂由台商王永庆独资兴建，包括7台60万千瓦火力发电机组及配套建设10万吨级煤炭专用码头和5000吨级综合码头各1座，批复使用岸线长770米，并建有18万吨/座煤炭专用仓库7座，卸煤机4套，年综合通过能力1000万吨。

古雷港区。海上距台湾澎湖98海里、距高雄165海里、距香港230海里、距厦门77海里、距汕头72海里。古雷港区具有水位深、不淤积、航道宽、风浪小、航泊条件好、紧靠国际航线和拥有充足锚地等突出优点。古雷港区水位最深达－38米，航道宽1000米以上，规划码头泊位90个，形成码头岸线长约20.3千米，可建30万吨级油品泊位3个，总通过能力约1.87亿吨以上。因东向和北向的山体掩护，全年作业天数达320天以上。园区内码头附近设有联检大楼，海关、海事和边检等口岸单位部门集中办公，提供“一站式”通关服务。

东山港区。以服务临港工业、城市旅游和地区经济发展为主，积极发展散杂货和对台客滚运输、兼顾油品运输。东山港区辖有铜陵、城垵、冬古3个作业区。港区码头岸线总长5.747千米，规划25个泊位，规划通过能力货运1000万吨，客运130万人次，港区陆域面积233万平方米。铜陵作业区，对外开放的有1个5000吨级件杂货泊位，1个5000吨级集装箱泊位和1个500吨级台轮专用泊位，还有1个3000吨级液体化工泊位，1个3000吨级石油专用泊位；城垵作业区建有1个3万吨级和2个5000吨级通用泊位，在建的有1个5000吨级客货滚装泊位；冬古作业区建有1个5000吨级散货泊位。

莆田水运（海港）口岸。1999年11月26日经国家批准正式对外开放。2018年12月28日，莆田港口岸东吴港区扩大开放通过国家验收，2019年1月8日，交通运输部正式对外公告，莆田港口岸东吴港区实现正式对外开放。莆田水运（海港）口岸已与美国、俄罗斯、加拿大、巴西、阿根廷、韩国、泰国、沙特、印度尼西亚、马来西亚以及非洲、欧洲等30个国家和地区50个港口建立海上航运联系，开通对台海上客货运直航业务。进出口的主要大宗货物有铁矿石、LNG、木材、煤炭、转基因大豆、钢材、粮食、石化、鞋服原辅材料及成品、机器设备等。

莆田水运（海港）口岸东临台湾，西连“两湖一江”，北承长三角，南接珠三角，是福建、长三角和珠三角的中部连接地带，区位优势得天独厚，经济腹地广，是全国东南沿海重要的中转枢纽口岸。口岸查验单位海关（含缉私）、边检、海事设置齐全，港区现场设有分支机构，港政、航运、代理、船务、银行、保险等全部配套到位，可全天候开展口岸通关业务。口岸设有海港进口木材检疫除害处理区，以及国家重点煤炭、鞋革和木材检验检测实验室。

2020年，莆田海港口岸累计外贸货运量2954.95吨，比上年下降1.2%。其中，进口2541.98吨，比上年下降10.1%；出口货运量412.97吨，比上年增长151.7%。累计完成集装箱货柜12769标箱，比上年下降44.5%。其中，进口货柜6811标箱，比上年下降45.9%；出口货柜5958标箱，比上年下降42.8%。

宁德水运（海港）口岸。位于福建省东北部，东距台湾基隆港145海里，南依省会福州，北距上海390海里，南至福州66海里，距离西太平洋西岸国际主航线30海里，是连接中国中西部地区“一带一路”的重要出海通道，港口优势、区位优势、对台优势凸显。全口岸共开设外贸作业点22个，临时开放点3个。对外运输航线有日本、韩国、新加坡、印度尼西亚、菲律宾、秘鲁、澳大利亚，并开通对台直航。主要业务有煤炭、镍矿、铜精矿进口和水产品、砂石、钢材设备出口，以及外国籍船舶维修。2020年，全年完成吞吐量1467.37万吨，下降12.35%。其中，进口1402.25万吨，下降11.57%；出口65.12万吨，下降26.34%。

平潭水运（海港）口岸。位于台湾海峡中北部，处于中国海岸线的中心和海峡经济走廊的中心突出部，东濒台湾海峡，距台湾新竹仅68海里。规划建设有4个港区，分别为澳前、金井、草屿、流水港区。主要进出口岸货物种类为粮油食品、土产畜产、工艺品、轻工业品、医药品、砂石、冰鲜水产品、食用水生动物、果蔬农产品等。澳前港区于2014年7月8日通过国家验收，8月18日正式对外开放；金井港区3号泊位于2019年3月22日通过国家验收，4月18日正式对外开放。澳前港区开通平潭至台北、台中、高雄3条客滚直航航线，受新冠肺炎疫情影响，自2020年2月10日起停航；金井港区开通平潭至台北、台中、高雄、香港、金门、马祖、马来西亚等多条直航及对台“三小通”航线。因受疫情影响，台湾航港局发出通知，自2020年2月10日起暂停两岸“三通”客运航班。2020年1月经平潭口岸出入境人数1.15万人次，比上年同期增长13.25%。2020年平潭口岸外贸吞吐量18.57万吨，海港国际集装箱4.84万标箱，增长19.40%。

福州空运口岸（长乐国际机场）。位于福建省福州市长乐区，距离福州市区约47.5千米，车程约50分钟，为4E级民用国际机场，是中国东南沿海最繁忙的机场和福建省重要的国际机场之一。福州长乐国际机场2020年运营航司共36家，运营国内外航线111条，其中境内航线98条、地区航线3条、国际航线10条；通航航点90个，其中境内航点77个、地区航点3个、国际航点10个。

2020年，福州长乐国际机场全年运输起降8.05万架次，旅客吞吐量886.2万人次，货邮吞吐量12万吨。

福州机场二期工程立项获得国家发改委批复，二期配套工程陆续开工。

厦门空运口岸（高崎国际机场）。位于厦门岛的东北端，距厦门市中心10千米。飞行区等级为4E级，可起降B747－800等大型飞机。现为国家一类口岸，在厦门空港营运的航空公司达47家，其中国内航空公司28家、国际及地区航空公司19家；共有航线174条，其中国内航线139条、国际及地区航线35条（含地区航线6条）。航线网络覆盖中国所有省会城市和主要二、三线城市，搭建直达欧洲的客、货运航线，同时厦门机场的东南亚航线覆盖较广、航班密度较高，在全国位居前列，特别是由于厦门特殊的对台区位优势，厦门两岸直航航班的密度位居中国大陆地区前3位。厦门机场现有国际及地区通航城市28个［含东南亚15个、港澳台地区4个、东北亚3个、欧洲2个（其中一个是货机）、大洋洲2个、美洲2个］，航线遍及中国港澳台地区、东南亚、东北亚、澳大利亚、欧洲、美洲，厦门航空口岸已成为华东地区重要的区域性航空枢纽。受新冠肺炎疫情影响，2020年厦门空港保障安全飞行14万架次，比上年减少27.52%；旅客吞吐量1671万人次，减少39.04%，其中出入境旅客64万人次，减少82.55%；货邮吞吐量27.8万吨，减少15.79%，其中出入境货邮11.2万吨，减少6.92%。

泉州空运口岸（晋江国际机场）。机场具备全天候飞行条件，飞行区等级为4D级，能起降波音757等同类机型，可满足年旅客吞吐量400万人次、货邮吞吐量4.4万吨的保障需求。

泉州晋江国际机场有国内外27家航空公司进场运营，开通国际（地区）、国内客货运航线80条，每周进出港航班1300余架次。

2020年受疫情影响，泉州晋江国际机场航空口岸3月24日起停航，至9月28日起恢复泉州—澳门往返客运航班。全年共进出境飞机1190架次，出入境旅客98744人次，其中入境51279人次、出境47465人次。

武夷山空运口岸（武夷山机场）。位于武夷山市南郊，距离市区及武夷山风景区各7千米。

2020年1月飞行42架次，出入境旅客4623人次，比上年下降23.17%。2月以来，因受新冠疫情影响，武夷山航空口岸已全面停运。

【厦门国际贸易“单一窗口”平台】 截至2020年底，平台累计注册企业数逾8100家，累计服务个人12.28万次。其中，2020年新增注册企业数490家；新增服务个人4.61万次。年单证处理量突破3000万票。全年新上线系统13个，多项首创经验获肯定，包括全国首个区块链应用场景的海运费境内外汇划转支付；全国首创口岸限定区域人员管控和旅客通关智能计时应用；全国首创“单一窗口＋空运物流”模式的厦门出口航空电子货运平台。完成3项标准版新业务试点，分别是邮轮旅客信息申报系统试点、跨境电商B2B业务试点和航空物流公共信息平台验证试点。其中，邮轮旅客信息申报系统已完成第一阶段验证工作；福建首票跨境电商B2B出口（9810出口海外仓）报关单在厦门顺利放行；航空物流公共信息平台（进出口业务）验证工作基本完成。此外，厦门口岸还积极开展运输工具系统船舶转港数据复用、报关单信息订阅推送等7项标准版新功能的宣传推广。

【智慧港口建设】 全国首个5G全场景应用智慧港口项目落地远海码头。该项目融合5G技术与智慧港口，实现无人驾驶集装箱卡车协同作业，标志厦门市港口新型基础设施建设走在全国前列。厦门港集装箱全智能化改造工程开工建设。全省首创船边智能交接作业在海润、海通码头投入使用，在码头实现“机器换工”，极大提高装卸和理货的时效性、准确性和安全性，降低用工成本，助推厦门港码头作业协同化、自动化、智能化。五通码头三期智慧建设进一步提升，完成22条自助查验通道建设。

【对台货运业务】 “大嶝—刘五店—金门料罗”航线运行，开辟厦门到金门的物流新通道。2020年11月10日由中国台湾籍“辑薪”轮采用集装箱货柜为容器到码头拆箱提货的模式完成首航，第一个航次作业2个20尺集装箱。后续将发挥对台优势，以一般贸易货物运输为主，重点发展跨境电商、邮快件和一般保税进口货物业务。

【海关监管】 福州海关。2020年，福州海关关区监管进出口货物10636.2万吨，进出口总值14035.7亿元，进出境人员48.2万人次，进出境运输工具16037辆（艘）；征收关税和进口环节税174.03亿元；刑事立案131起，案值47.4亿元，涉案偷逃税款7.3亿元；走私行为案件立案541起，案值27856.07万元；违规违法案件立案493起，案值20.27亿元。

口岸疫情防控。2020年，福州海关加强口岸卫生检疫。启动口岸重大公共卫生突发事件应急处置机制，重启健康申报制度，构建“三查三排一转运”检疫体系，严格实施 7 个 100%：即所有入境人员 100%健康申报核验、100%两次体温监测、100%医学巡查、100%流行病学调查、100%医学排查和 100%采样核酸检测，对判定为确诊病例、疑似病例、有症状人员和密切接触者的“四类人员”100%按规定转交地方联防联控部门。完成入境人员核酸检测 14815 万人份，检出阳性或移交地方通报确诊 156 例。对进口冷链食品在口岸进行预防性消毒，保障输闽冷链食品安全，检测 38 个国家和地区的 9.2 万份样品，退运冻虾 762.2 吨。

强化风险监管。推广应用新一代风险作业系统、查验管理系统和移动查验单兵设备，提升人工分析布控水平，加强物流监控，提高查验能力。落实贸易管制措施，强化口岸监管环节反恐维稳，对重点商品管控更加有效。查获濒危动植物及其制品进出境情事 27 起、涉枪涉爆敏感物品 45 件、违禁印刷品及音像制品 4107 件，检出人员核辐射超标案例 6 起，查获跨境赌博物品 33 件，布控查验固体废物 182 票。

打击走私。深入开展“国门利剑2020”“蓝天 2020”等专项执法行动，刑事立案 131 起，案值 47.4 亿元，涉税 7.3亿元，分列全国海关第 13、7、9 位；行政立案 1042 起，案值约 23.1 亿元。刑事执法、行政执法质量考评分列全国海关第 10、第 2 位。莆田“反走私综合治理重点整治地区”联合打击整治成效获全国打私办肯定，顺利实现摘牌。

国门生物安全防控。截获进境植物有害生物 11728 种次，全国首次截获 7 种次，关区首次截获 13 种次。在进境植物隔离检疫中首次截获南芥菜花叶病毒。从非贸渠道截获班卡拉蜗牛、青鳉鱼苗等外来入侵物种 92 批次，外来入侵物种口岸防控工作考核居全国海关前十。

促进外贸正增长。落实中央“六稳”“六保”部署，5 次出台支持复工复产、综合保税区发展、进出口货物检查、物流业发展、跨境寄递行业发展等 52 条措施，推出贯彻落实海关总署稳外贸稳外资措施细化清单 98 项。为企业减免（让）税款逾 23.37 亿元，落实对美退税 1.43 亿元，26 项税政调研建议被采纳，为相关产业减负增效超 3 亿元。

优化口岸营商环境。全国首创平潭对台小额商品交易市场“交易信息实时比对”，支持新增“台湾—福州—北京”临时邮路，新增罗源将军帽、闽安山水码头等 2 个省级对外开放码头泊位。推进“两段准入”“两步申报”等业务改革，进口提前申报率达 59%。口岸通关便利化测评蝉联全省第一。

业务改革创新。用好政策促开放，支持福州综合保税区、福州江阴港综合保税区双双获批建设，支持平潭二桥通车、平潭二桥二线通道项目通过验收。新增 12 项自贸创新举措通过第三方评估，6 项被评估为全国首创，2 项获海关总署备案发布，4 项入选福建自贸试验区改革创新成果。全国首家在综合保税区以智慧监管手段替代物理围网隔离监管，出台 11 条措施支持综合保税区招商引资尽享政策红利，关区 3 个海关特殊监管区域进出口值实现大幅增长。

支持新兴贸易。加快推进福州、莆田跨境电商综试区建设，将平潭综合实验区纳入福州综试区范围。开展跨境电商 B2B 出口试点业务，支持开通 2 条跨境电商 9610 对台出口通道，创新 1210 出口业务模式，跨境电商进出口清单 2797.9 万票，增长 69.4%。（蔡培新）

厦门海关。2020 年，厦门海关筑牢口岸疫情防线。履行海关卫生检疫职能，筑牢口岸疫情防控第一道防线。建立抗疫全天候统一指挥平台，关领导和 13 个职能部门常态化进驻，232 名卫生背景关员全部压到一线作战，全关 865 名，占编制总数近 1/3 人员支援抗疫一线，日均穿防护服工作时间达 8 小时，最长持续 27 小时，实验室检测能力提增 100 倍达 2500 个/天。入境人员检疫、防疫物资监管、商品风险监测 3 条战线防控齐头并进，航空、海运、寄递等多个领域防控次第展开，化解全国第三入境口岸输入风险，拧紧从外到内、从空到海、从人到物全方位防控链条。全年累计采样检测 16.47 万人次，检出人员阳性病例 306 例，从货物渠道检出全国首例阳性样本，成功处置全国首例船员染疫后进口大豆检验检疫案例，助推厦门成为全国抗疫最严实城市之一。首创“网格化”管理模式和“海关检疫 E 码通”，被海关总署作为典型经验向全国推广；研发“冷链产品外包装多维智能消杀设备”在全省推广使用。

促外贸稳增长。建立落实新一轮署省合作备忘录机制，率先全国海关出台“防疫情、稳外贸”14 项举措和 58 条细化措施，率先将通关“绿色通道”扩大到复工复产急需的原材料、机器设备等，支持保订单、保履约、保市场，把疫情对外贸的影响降到最低，全年累计为企业办理延期纳税近 8 亿元、减免滞纳金 1664 万元、免除担保 1.54 亿元，应用“关数 e”助力 320 家中小企业获银行预授信 2.07 亿元。监管中欧班列（厦门）量值创历史新高，海运进出口额增长 10.2%，空港出口额增长 9.1%，厦门港集装箱吞吐量位居世界第 14 位。通关时间全国排名大幅跃升。

深化改革创新。深化“放管服”改革，创新“不见面审批”模式，27 个承诺服务事项实现全程网办，13 项“证照分离”措施正式实施。“海关改革 2020”全面落地，“海关公证电子送达系统”入选国务院第六批改革试点经验，5 项创新举措获评全国首创，5 项入选福建省可复制推广创新成果。象屿保税物流园区、海沧保税港区成功获批转型综合保税区，漳州台商投资区保税物流中心（B 型）正式封关运作。启动试点跨关区企业 ERP 联网监管改革。试点运行“非贸业务一体化智能管理平台”。开展全国唯一集成电路研发保税监管改革试点。推动建成全省首家生物材料特殊物品出入境公共服务平台。启动跨境电商 B2B 出口监管试点，助推泉州、漳州获批跨境电商综试区，石狮获批市场采购

2020 年 2 月 29 日，厦门东渡海事处开启“海上绿色通道”，强化全流程“零待时”执法服务，发挥口岸“海陆联动”优势，全力保障“华航 3”轮运载的 4 个集装箱防疫物资（2100 个医用多功能折叠床）实现“卸船直提”

（福建海事局供稿）

2.1%；保障海上旅客安全出行 2043.9 万人次；累计办理各类船舶登记 3623 次，比上年增长 26.3%；2019 年底福建船籍港登记在册船舶 2758 艘，增长 8.2%；组织船员适任考试 365 期、合格证考试 1420 期，全省注册海船船员达到 77680 名，增长 3.4%。

落实国家财政支持政策免征港口建设费 7.95 亿元、减征船舶油污损害赔偿基金 328.92 万元。开通“绿色通道”保障 1.14 亿吨重点物资高效运输，助力 81 个水工项目复工复产，累计督促检查船舶 45289 艘次，协调完成国际国内航行船舶省内换班 941 艘次 8385 人次。推出船舶登记换证无纸化远程办理和“容缺”审批、涉水工程施工通航安全保障方案“网络评审”、航运公司体系审核“四零”工作法等非接触式政务服务。

维护辖区安全。组织开展水上交通安全专项整治三年行动和安全隐患大排查大整治等一系列活动，水上安全 4 项指标“一升一平两降”，及时处置海上险情 91 起（比上年下降 34.53%），成功救助遇险人员 630 人、遇险船舶 63 艘，稳住辖区海上交通安全形势的基本面。举办全省首次海上搜救表彰会，对 55 家海上救助社会力量进行表彰奖励。

推进法治海事建设。《福建省渡运管理办法》顺利出台。湄洲湾口船舶定线制和报告制正式施行。制定《通航水域岸线安全使用许可指导意见》《长期逃避海事监管船舶专项整治行动参考工作指南》《船舶安全检查后评估工作指南》等一批指导性文件和参考标准。实施海事行政处罚 6582 件，行政强制 33 起，处罚金额 6082.4 万元。全局执法水平持续提升，取得年度交通运输综合执法检查第三名；获评“2019 年度全省安全生产目标责任”优秀单位。

深化“放管服”改革。组织优化营商环境课题研究，探索建立评价体系并开展试评价。制定《推动营商环境持续优化的工作意见》及实施指南、《海事行政执法信息公开指南》，推动全局大力建设公开诚信的海事部门、实施公平公正的海事监管、提供优质高效的政务服务。（朱　升）

【边防检查】 2020 年，厦门边检总站全力以赴战疫情、防风险、保安全、护稳定，实时推送涉闽入境数据支撑服务涉疫人员闭环管理，精准锁定 88%福建境外输入病例，保障 24 亿件防疫物资高效通关，查验出入境人员 164.55 万人次、交通运输工具 3.67 万架（艘）次。

（沈荣标）

编辑：郑　菜

市场监督

工商行政管理

【概况】 2020年，福建省工商行政管理局严厉打击哄抬物价、假冒伪劣、虚假广告等违法行为，严禁非法野生动物交易，严查药械和防疫物资质量问题。建立重要商品价格监测制度，采取发布稳价公告、加大执法力度、曝光典型案例等措施，牵头开展防疫物资产品质量和市场秩序专项整治行动，从快从严查处价格违法案件478件、防护用品质量违法案件1086件。采取应急措施核发238张产品临时注册证，指导3个新冠病毒检测试剂盒产品通过国家审批。研发疫情防控急需的“黑体辐射源标准装置”，完成63批次测温产品的型式评价试验，免费检定疫情防控相关计量器具17万多台件。发布福建省首个口罩用熔喷非织造布技术团体标准，减免1.9万批次防护用品检测费用。核发“3C免办证明”1042张，推荐优先审查78件涉疫商品商标申请。牵头组建省进口冷链食品疫情防控工作专班，推动各地建设集中监管仓67个，检验消毒进口冷链食品4.3万吨，发现32批次食品包装呈阳性。制定应急预案和应急处置手册，处置涉疫进口冷链食品事件57起，涉及食品3340.14吨。指导910家活禽交易市场建立实施休市消毒制度。

【市场营商环境优化】 2020年，福建省出台支持复工复产3个方面共29条政策，上线运行企业开办“一网通办”平台，全面推广个体工商户全程智能化登记，全省除少数县（区）外，企业开办时间已压缩至1个工作日以内。开展“证照分离”改革全覆盖试点，承接做好市场监管总局下放的5类工业产品生产许可证审批工作，下放4类食品许可审批权限，17项许可审批业务实现“跨省通办”“省内通办”，新登记各类市场主体137.45万户，比上年增长40.3%。做好年报公示工作，疫苗生产企业、特种设备生产企业年报率100%。指导首个国产双价宫颈癌疫苗正式投产上市，16个品种通过仿制药一致性评价。各设区市全部组建缺陷产品召回技术机构，召回缺陷产品24批次51.56万件，数量居全国第四。两岸标准共通实现新突破，由两岸专家共同研制的台式乌龙茶2项国家标准、2项省地方标准发布实施；制定2项工业（产业）园区国家级团体标准，填补国内外空白；发布全国首个“好差评”政务服务地方标准；在全国率先将“模范职工之家”通过标准化方式进行固化推广；主导或参与研制国际标准11项；组织厦门外国语学校代表中国首次获得国际标准奥林匹克竞赛金奖；累计建设社会公用计量标准2112项。获批并启动建设中国（福建）知识产权保护中心等3个国家级保护中心和1个国家级快速维权中心。省知识产权发展保护中心获批成为福建省首家世界知识产权组织技术与创新支持中心（TISC）。

【市场安全监管】 2020年，福建省治理“餐桌污染”、建设“食品放心工程”顺利推进，各级市场监管部门完成抽检监测19.57万批次，超出年度抽检计划4.75万批次，合格率98.64%，不合格食品核查处置率100%。制定小作坊三年提升行动方案，试点推进食品标准规范建设，开展“一证通”试点，“一品一码”追溯平台新上传追溯数据4.15亿条，增长113%。开展校园食品安全守护行动，累计创建“明厨亮灶”餐饮服务单位17.1万家，学校（幼儿园）食堂“明厨亮灶”基本实现全覆盖。查处食品违法案件8610件。完善压力管道排查整治和使用登记工作机制，在全国率先实现压力管道全主体、全品种、全链条质量安全监管。开展特种设备安全隐患大排查大整治，检验特种设备39.46万台次，消除问题隐患9.16万个，查办案件386件，连续4年被省政府授予“完成安全生产目标责任优秀单位”。强化产品质量安全风险监控和监督抽查，新增4个国家风险监测站、5个省级重点行业（区域）风险监测站，抽检生产领域产品9821批次、流通领域商品5600批次。2019年度食品安全考核获评A级。

【监管执法】 2020年，福建省工商行政管理局起草“双随机、一公开”监管办法和抽查工作指引，组织抽查市场主体5.4万户。制定全省首个跨部门联合抽查计划，推动相关部门同步健全本系统“双随机、一公开”监管机制。完善企业信用信息公示平台，推进全省企业信用风险分类管理试点，对守法诚信企业“无事不扰”，对列入严重违法失信企业名录的2.87万户企业实施联合惩戒，累计拦截失信被执行人4.1万次。发布《福建省同城快送经营者履行社会责任指引》，上线运行网络经营主体库暨网监平台，采集网络经营主体52.97万个。推进综合执法改革，查办各类案件33962件，罚没款3.35亿元。福建省在首届全国市场监管系统执法办案电子数据取证大比武活动中获得二等奖。加快推进全省市场监管智慧应用一体化项目，建设市场监管信息化标准体系，开展市场监管“智慧码”研究。制定科技专家库管理暂行办法，建设“闽质通”一站式公共技术服务平台，建立科技特派员工作制度。开展食品安全突发事件应急演练，在全国率先研究制定26种典型特种设备事故应急救援处置技术指南，修订特种设备事故应急预案，加强网络舆情处置，增强应急处置能力。

【市场主体注册登记】 2020年，福建省新登记市场主体137.45万户，资金总额2.26万亿元，分别比上年增长40.36%、18.82%。其中，企业（含分支机构）28.82万户、注册资本（金）2.16万亿元，分别增长8.95%、18.7%；个体工商户108.34万户、注册资本（金）917.88亿元，分别增长52.26%、24.65%；农民专业合作社2935户、注册资本（金）95.83亿元，分别比上年减少9.25%、1.98%。

截至2020年底，全省实有市场主体544.96万户，资金总额15.27万亿元，分别比上年增长22.94%、15.35%。其中，企业155.06万户、注册资本14.76万亿元，分别增长11.73%、15.3%；个体工商户385.65万户、注册资本3639.15亿元，分别增长28.43%、24.23%；农民专业合作社4.29万户、注册资本1441.58亿元，分别增长1.42%、1.74%。

企业产业结构持续优化，行业发展以批发和零售业为主。2020年，全省新登记企业中，第一产业5844户，比上年增长6.53%，占新登记企业户数2.03%；第二产业4.64万户，增长15.51%，占新登记企业户数16.09%；第三产业23.6万户，增长7.8%，占新登记企业户数81.89%。从新增数量上看，全省新登记企业中批发和零售业、租赁和商务服务业、科学研究和技术服务业、建筑业、制造业分别为12.32万户、3.34万户、2.65万户、2.36万户、2.21万户，占新登记企业户数比重分别为42.76%、11.58%、9.19%、8.19%、7.69%，5个行业占新登记企业总户数的79.41%。

2020年6月16日，福建省市场监督管理局到工地开展安全宣传检查
（省市场监督管理局供稿）

【商事制度改革】 2020年，福建省加强扶持个体私营经济持续快速发展。出台扶持个体工商户持续发展七条措施，全面推广个体工商户全程智能化登记，通过个体工商户全程智能化登记的个体工商户达18.06万户。优化企业开办服务。整合企业开办事项和服务资源，建成全省企业开办“一网通办”平台，全省基本实现压缩企业开办时间至1个工作日以内。推进简政放权。在自贸试验区3个片区开展“证照分离”改革全覆盖试点工作，对中央层面设定的523项涉企经营许可事项和地方层面设定的11项涉企经营许可事项按照直接取消审批、审批改为备案、实行告知承诺、优化审批服务等4种方式分类推进改革。承接做好国家市场监管总局下放的建筑用钢筋、水泥、广播电视传输设备、人民币鉴别仪、预应力混凝土铁路桥简支梁等5类工业产品生产许可证审批工作，下放4类食品许可审批权限。许可审批制度改革。持续推行告知承诺制、先证后核制、免于实地审查制、取消发证检验制等系列改革措施，全面简化审批程序。推进检验检测机构资质认定改革，在自贸试验区试点推行检验检测机构资质认定告知承诺制度。推进行政审批服务提速增效。全面推行“网上办、寄递办、预约办”，实行经营范围登记规范化，优化经营范围登记方式。在全省范围内推进17项许可审批业务“跨省通办”“省内通办”，推行清算组备案线上自主办理，拓展电子营业执照的跨部门应用。

【信用监督管理】 2020年，福建省市场监管系统指导监督市场主体依法及时做好2019年度报告公示工作。联合协调省人社厅、省统计局、福州海关、厦门海关、省商务厅、国家外汇管理局福建省分局通过《福建日报》等权威媒体，发布《关于全省市场主体申报公示2019年度报告的通告》。疫苗生产企业、特种设备使用等行业企业年报率达

100%，全省（不含试点泉州）年报率为93.13%。

落实省政府《关于在市场监管领域全面推行“双随机、一公开”跨部门联合监管的意见》，完善政府统一领导、市场监管部门总牵头，各有关部门上下联动、左右协同的齐抓共管格局。2020年2月，制定全省首个跨部门联合抽查计划，组织落实全省市场监管系统、跨部门联合抽查计划，实现跨部门联合抽查常态化。2020年下半年，全省有10个次部门参与跨部门联合抽查，涉及行业19个次。

全省开展企业信用风险分类管理试点，创建“1+N”企业信用风险分类指标体系，创新依企业信用风险分类抽查，实施差别化监管，对守法诚信企业降低抽查比重；对违法失信者提高抽查比重。2020年，全省市场监管部门抽查市场主体54399户，双随机抽查结果均通过公示系统（福建）向社会公示。

完善统一工作平台，全省市场主体名录库和执法人员名录库建设融合提升，涵括全省500多万户市场主体，8173名执法检查人员名录纳入“双随机、一公开”监管工作平台，实现跨部门从发起抽查任务、名单随机抽取和匹配、抽查结果录入、公示系统（福建）公示和运用的线上全流程全留痕可追溯的“一站式”操作。强化抽查能力保障，提升执法人员抽查监管能力。

发挥公示系统（福建）建设联席会议作用，参与信息归集的省、市、县三级部门总数达4473个，归集公示各类企业信息1.1亿多条，全部归于企业名下公示。做好经营异常名录和严重违法失信企业名单管理，落实行政约谈制度，督促企业作出整改、守法经营诚信承诺。截至2020年底，全省被列入经营异常名录企业168340户，列入严重违法失信企业名单的企业28731户。公示系统（福建）公示法院推送的失信被执行人信息330799条、股权冻结信息36071条；福建市场监管一体化平台拦截失信被执行人累计40980次。

【网络交易和合同管理】 2020年，福建省市场监管局创新落实网监工作职责。制定发布《福建省同城快送经营者履行社会责任指引》。推进网络市场监管厅际联席会议制度，召开联席会议2020年联络员会议。联合开展2020福建省网络市场监管专项行动（网剑行动），依法打击网络交易违法行为。开展打击网络交易非法主体专项治理，清理30家涉嫌非法主体网站。开展定向监测工作，监测样本600个。指导推动漳州市市场监管局开展国家市场监管总局网监司批复同意的网络交易监管在线电子数据取证技术研发和配套制度试点工作，发布在线电子数据取证暂行规定，这是全国市场监管系统的首个相关规定。

重点领域市场监管。结合疫情防控，全力做好野生动植物市场监管，坚决禁止野生动物违法交易，监测电商平台（网站）146786个次，查处野生动物案件11件，移交线索给林业等部门并立案2起；查处野生植物案件3件。配合旅游部门加强旅游市场监管执法，严厉整治旅游“霸王条款”、旅游消费欺诈等各种旅游乱象，查处旅游市场违法案件93件，罚没款206.3万元。

合同行政监管。组织开展动产抵押登记工作，办理登记3027份，为市场主体融资1235.1亿元。助力缓解小微企业和个体工商户房屋租金压力，受理小微企业和个体工商户相关咨询66件，受理房屋租赁纠纷3件，引导减免小微企业和个体工商户房屋租金约452.25万元。持续开展不平等格式条款专项整治，查处合同案件101件。

【反垄断和反不正当竞争】 2020年，福建省加强反垄断执法。启动制定《福建省促进公平竞争条例》立法项目，开展立法调研并形成立法调研报告。组织做好垄断线索的摸排和核查工作，对混凝土、原料药、房产中介、交通运输、印章刻制等重点行业和领域的垄断线索依法进行核查办理，查办垄断案件9件，维护公平竞争市场秩序和消费者合法权益。强化制度创新，建立省级重大政策措施会审机制、公平竞争审查抽查机制、举报和回应机制等三大机制，强化公平竞争审查制度的刚性约束。强化交叉抽查，开展省际、省内政策措施交叉抽查工作。牵头完成全省妨碍统一市场和公平竞争政策措施清理工作，排查政策措施7898份。组建成立全省市场监管系统反垄断执法与公平竞争审查专家人才库，组织人才库成员开展公平竞争审查交叉抽查、垄断线索核查、垄断案件办理等相关工作。

反不正当竞争执法。在全国率先建立反不正当竞争厅际联席会议，加强对反不正当竞争重大政策的研究。圆满完成全国人大对福建省开展的《中华人民共和国反不正当竞争法》执法检查工作。组织开展重点领域反不正当竞争执法工作及防疫物资、民生产品领域不正当竞争执法行动，全年查办不正当竞争案件184件，罚没款1336.72万元。协助国家市场监管总局开展瑞幸咖啡公司涉嫌虚假交易等不正当竞争行为调查工作，厦门市“译春祥（厦门）科技有限公司涉嫌虚假宣传销售三无口罩案”获评国家市场监管总局疫情期间全国典型案例，厦门市海沧区“厦门帆拓进出口有限公司侵犯商业秘密案”获评全国反不正当竞争执法暨“百日行动”十佳案件。推进商业秘密保护工作，开展宣讲、培训、合规指导487次，建立商业秘密保护指导站（联系点）、示范企业、示范基地95个。

打击传销工作。严厉打击传销违法行为。保持高压严打态势，加强与公安部门的协作配合和执法联动，深入推进无传销创建工作，开展打击防范传销宣传教育活动，提高人民群众识别防范传销的能力。2020年，全省共立案查处传销案件33件，罚没款296.84万元。福州市市场监管局制作的《阴影》、厦门市市场监管局制作的《不要让投资理光你的财》《警惕消费返利陷阱》分别获得“首届全国禁止传销公益短视频大赛”的一、二、三等奖。

【广告监管】 2020年，福建省依托国家市场监管总局广告监测平台监测全省各类网络广告741.2万条次，发现涉嫌违法1819条次，违法率0.02%；国家市场监管总局抽查福建省传统媒体广告75.8万条次，发现涉嫌违法1037条次，违法率0.14%。省市场监管局对全省113家设区市级以上传统媒体的546.8万条次广告实施全时监测，发现涉嫌违法13104条次，违法率0.24%。

市场秩序规范整治。全年共查处各类广告案件1779件，罚没款1595万元，移送司法机关1件，曝光两批共32件广告典型案例，保障广告市场公平竞争。全省共查处互联网广告案件1032件，占案件总数的67.2%，罚没款549万元。以互联网和医疗、药品、食品、房地产、保健食品、金融投资理财广告等为重点，查处上述6个领域案件483件，罚没款675万元。建立健全联席会议制度，制定下发《福建省整治虚假违法广告联席会议工作制度》，组织成员单位召开整治虚假违法广告联席会议，协助省网信办制定出台《网络直播带货行业管理工作暂行规定》。

公益广告。全省发布公益广告总数为报纸期刊2553.5版次、广播电视56.45万条次、网站6.15万条次、“两微一端”45.08万条次、其余媒介13375.15万条次。疫情期间，全省广告业发布10万多条（次）价值3亿多元的公益广告。春节期间，全省大型LED显示屏每天播放抗疫公益广告3万多条次，楼宇电视每天200多万条次，电梯投影40多万条次。开展“厉行节约、制止餐饮浪费”公益广告宣传活动。营造良好的传播氛围。全省报纸发布相关公益广告157版次、广播电视播报40389条次、户外方向播报330.5万条次、互联网等播放17.25万条次。

广告业监管。全省市场监管系统开展首次广告业统计年报工作。对全省登记注册的2600多家从事广告业务的抽样企事业单位进行统计，2019年福建省广告经营额98亿元，在全国排名第九位。福建海西国家广告产业园区（泉州园）入驻企业总数311家，企业纳税约1200万元。

【商标管理】 2020年，福建省加强对与疫情相关的商标注册申请审查把关，对含火神山、雷神山、李文亮等与抗疫相关词汇的商标注册申请不予受理。加强非正常商标申请代理行为监管，约谈12家商标代理机构，对涉及的40件申请商标逐一整改，查处5条涉嫌恶意商标申请案件，组织全省1399家商标代理机构开展自查整改和信用承诺工作。开通疫情防控产品商标申请绿色通道，先后6批次向国家知识产权局申请优先审查全省33家申请人的78件疫情防控产品商标申请。2020年，全省新申请商标540649件，新增注册商标331738件，累计有效注册商标数达1571895件；新注册地理标志商标64件。

为企业落实2019年度新认定驰名商标、新注册地理标志商标、马德里国际注册商标省级财政奖励资金共计1103.5万元。发布《福建商标发展报告（2019年度）》。帮助企业对接政府部门，指导企业办理商标权质押登记，缓解融资困难。探索发展以地理标志为核心的产业集群品牌或区域公共品牌工作，“花样漳州”区域商标经核准注册，成为国家知识产权局核准公告的全省首件全类别设区市级区域商标。

出台《关于强化地理标志运用，促进地理标志产业高质量发展的指导意见》。确定12个地理标志商标注册人为2019年度优秀地理标志商标注册人。开展地理标志保护产品专用标志使用核准改革试点工作，核准公告6批次164家专用标志使用企业，1257家地理标志产品企业通过专用标志换标审核，均居全国试点省份首位。向国家知识产权局推荐申报“浦城大米”为地理标志保护产品。9件地理标志被纳入中欧地理标志保护第一批名录。

全省贯彻落实《关于强化知识产权保护的意见》，开展“双打”专项行动。2020年，全省共立案查处商标违法案件1710件，案值3153.36万元，罚没款3036.16万元。“正山小种”地理标志商标、第14305998号图形商标获国家知识产权局驰名商标保护。省市场监管局先后承接福州市中级人民法院12起商标侵权纠纷案件，与法院合作建立多元解纷平台工作协调机制。

【消费者权益保护】 2020年，福建省推进“12315”体系建设，提升消费维权整体效能。推进“12315”业务全面融合，落地部署与全国“12315”平台对接的全省用户端业务系统，全面使用全国“12315”平台，实现线上线下一体化管理。同年全省受理消费者咨询投诉举报82.44万件，其中接受消费者咨询61.84万件，受理投诉16.34万件，为消费者挽回经济损失1.27亿元，处理群众举报42579件。出台《福建省市场监管局关于有效应对职业索赔职业举报行为为营造良好营商环境的指导意见》，推动建立投诉举报异常名录等制度，有效应对职业索赔职业举报行为。

流通领域商品质量抽检。科学制定年度流通领域抽查计划，推进全省流通领域商品质量监管工作，重点对成品油、电动车、消防产品、学生服装、柴油车配件等社会关注度高的商品开展质量抽检，全省共组织流通领域商品抽检5600批次。指导全省各级市场监管局科学安排开展2621批次成品油抽检工作。全年检查成品油市场主体5127户次，立案查处涉及成品油质量案件166起，罚没款467万元，移送司法及其他有关部门14起。

【执法稽查】 2020年，福建省指导推进综合行政执法工作。印发《福建省市场监督管理局关于贯彻中央改革精神进一步加强市场监管综合行政执法工作的通知》，指导推进全省市场监管领域综合行政执法改革进程，整合分散在多部门的市场监管执法职能，统筹配置行政处罚职能和执法资源，归并执法队伍，统一执法主体，减少执法层级，统一执法程序，避免多头多层重复执法，提高监管执法整体效率。同年，全省各级市场监管部门执法稽查机构共查处案件33852件，结案33110件，罚没款3.26亿元。

专项执法行动。疫情期间，打击非法制售口罩等防护产品及野生动物违规交易专项行动取得阶段性成效。落实中央“长江十年禁捕”部署要求，牵头开展“长江禁捕打非断链专项行动”，严厉打击“八个严禁”违法行为，斩断市场销售长江流域非法捕捞渔获物产业链；开展知识产权执法“铁拳”行动效果明显，2020年全省共查处知识产权案件3816件，挽回权利人经济损失391.11万元；同年末部署开展为期一年的全省农村假冒伪劣食品专项执法行动，福建省共查办案件1156件。

执法办案制度建设。升级完善“市场监管综合执法案件管理系统”，推进市场监管执法办案统一性、规范化工作。制定《福建省市场监督管理局行政处罚案件线索管理暂行规定》印发全省执行；启动“两法衔接”相关制度性建设，细化涉“刑”案件移送程序及证据要求，逐步解决执法实践中的难点问题。

【政策法规工作】 2020年，福建省推动立法立规有序开展。按照省政府立法工作计划安排，及时制定相关立法任务分解方案，持续推进《福建省商事登记监管条例》《福建省实施〈中华人民共和国反不正当竞争法〉办法（修订）》《福建省计量监督管理条例》《福建省标准化管理办法（修订）》等4个地方性法规规章项目。

加强规范性文件管理。围绕法律法规更新、修订和机构改革，开展《中华人民共和国民法典》、《优化营商环境条例》、“食品药品安全”、自贸试验区、野生动物保护等领域地方性法规规章和规范性文件的专项清理工作，提高行政规范性文件的作用实效，助力营造公平竞争的市场环境。

健全完善执法规范化建设。落实行政执法“三项制度”，制定《福建省市场监督管理局重大行政执法决定法制审核办法（试行）》《福建省市场监督管理局关于行政处罚裁量权的适用规则》，建立一套规范市场监督管理行政处罚裁量权制度。制定适用《中华人民共和国产品质量法》等33部法律法规行政处罚裁量基准等常用法律法规裁量基准，为全面规范行政处罚裁量权奠定基础。

强化执法监督。2020年受理行政复议申请62件，办理行政应诉案件7件，审核行政处罚案件27件，启动听证程序1件。召开全省行政执法案卷评查会，对2019年4月1日至2020年8月31日期间立案办结的行政处罚案卷进行集中评查，对行政执法案卷评查自查阶段发现的19个具有典型案例组织会上交流。

推进“七五”普法。组织“七五”普法总结验收，对照《省直部门法治宣传教育第七个五年规划考核评估指标》，逐项进行自评，省质检院拍摄的《法牵山里娃》获评全国市场监管部门十大普法故事。制定《福建省市场监督管理局关于实行“谁执法谁普法”责任制的具体实施意见》。印发公布《福建省市场监管局普法责任清单》，编纂市场监管部门融合以来常用法律法规汇编。广泛开展《中华人民共和国民法典》学习宣传活动，推动民法典宣传进机关进企业，进一步营造全员尊法学法守法用法的浓厚氛围。（白　亮）

价格管理

【价格监督检查】 2020年，福建省查处价格违法案件926件，比上年319件增长190%；责令退还多收价款1682.44万元，比上年增长106%；罚没款7941.37万元，比上年增长67%。抓好疫情价格防控，第一时间建立重要商品价格监测制度，采取发布稳价公告、加大执法力度、曝光价格典型案例等措施，从快从严查处478件价格违法案件。牵头开展全省防疫物资产品质量和市场秩序专项整治行动，严厉打击哄抬价格等违法行为，为疫情防控和经济社会发展作出积极贡献。组织全省涉企收费清理整治，在全国率先建立涉企业收费治理工作联席会议制度、组织第三方开展降费减负和治理违规收费情况评估，转供电环节收费检查工作得到国务院督查组肯定。会同有关部门出台《关于全力做好新型冠状病毒感染肺炎疫情防控期间猪肉蔬菜等“菜篮子”商品保供稳价的通知》《关于做好汛期蔬菜等重要商品保供稳价工作的通知》等保供稳价文件，严厉打击哄抬猪肉价格等扰乱市场秩序行为，有效落实民生商品保供稳价措施。强化“两节”、五一、端午等重要节假日期间价格监管，组织对商场超市、交通场站、旅游景点、宾馆酒店等重点场所抽查，有效保障节日市场秩序。（白　亮）

【价格运行及调控】 2020年，福建省居民消费价格总水平（CPI）呈现前高后低、逐步回落的态势，比上年上涨2.2%，低于全国平均水平0.3个百分点（在全国各省中列第23位）实现省委、省政府确定的居民消费价格总水平涨幅控制在3.5%左右的调控目标。

市场价格监测预警。在新冠疫情期间，跟踪粮油肉蛋菜等主要食品价格动态，加强口罩、消毒液等防疫物资价格监测，做好价格走势分析和研判。开展价格动态情况反映和市场专题调查，及时发布价格信息。2020年共采集上报数据30.万多条、报表7100多份。

冻猪肉储备调节。牵头开展冻猪肉收储工作，持续保持必要的政府储备规模。在春节、新冠疫情爆发初期等重要时段组织集中投放，有效补给猪肉市场供给。

价格临时补贴。严格落实社会救助和保障标准与物价上涨挂钩联动机制，3—6月阶段性加大价格临时补贴力度。2020年，全省发放价格临时补贴4.86亿元，惠及困难群众737万余人次。

启动平价商店销售机制。针对新冠疫情冲击叠加“猪周期”影响导致猪肉等主要食品价格上涨情况，在春节、国庆等重要时段全面启动平价商店，鼓励有条件的地区常态化运行，积极平抑市场物价。

制定粮食收购价格政策。出台籼稻谷最低收购价政策，引导农民合理种植，保护农民种粮积极性。

【商品领域价格体制改革】 2020年，福建省深化商品领域价格体制改革。

深化输配电价改革。公布第二监管周期全省电网输配电价，2021年起适当降低大工业、农业电价和政策性交叉补贴征收标准，年降价金额13.11亿元。

推进天然气价格改革。降低中海福建LNG总体项目一期工程气化管输费，由各地按照定价权限及时调整配气价格。

水价改革。全面建立非居民用水超定额或超计划累进加价制度。推进农业水价综合改革，年度全省新增改革实施面积13.41万公顷，促进农业节水减排和可持续发展。

【商品价格管理】 2020年，福建省加强电价管理。阶段性降低非高耗能工商业用户电价5%，降价金额达39.44亿元，切实降低企业用电成本。完善钢铁、水泥、电解铝差别电价政策，将淘汰类钢铁企业差别电价和水泥、电解铝企业阶梯电价征收标准提高50%。核定燃气电厂上网电价和2020年度燃气替代发电上网电价、新投产燃煤机组上网基准价和超低排放电价，以及部分小水电上网电价，审核垃圾焚烧发电企业2020年垃圾发电上网电量和常规能源发电上网电量。

降低用气成本。先后两次下调中海福建天然气有限公司印度尼西亚合同天然气门站价格，年降价金额11.57亿元。

开展砂石保供稳价工作。牵头印发《福建省促进砂石行业健康有序发展实施方案》。每两个月调度一次全省砂石市场供应和价格情况。 （程　旭）

【公共服务价格管理】 2020年，福建公共服务价格管理重点围绕优化营商环境、深化价格改革、保障改善民生等方面开展工作。

优化营商环境。全年新增减轻企业和社会负担101.23亿元；中央驻榕和省属行政事业性收费单位由2019年的139家减为2020年的83家，减少56家。

出台医疗器械产品注册费标准执行零收费政策，支持防疫用品生产。为鼓励企业尽快恢复生产防控疫情所需的防护用品，2月5日，福建省出台对全省申请人按照国家标准生产一次性使用医用口罩、医用外科口罩、医用防护口罩、医用防护服、红外（线）测温设备、呼吸麻醉设备配套附件所涉及境内第二类医疗器械产品首次注册、变更注册、延续注册的，其注册收费标准一律执行零收费，是全国第二个出台该政策的省份。年减轻企业负担4318万元。

降低物流成本。全省高速公路减免车辆通行费95.32亿元。其中，重大节假日小型客车免征12.68亿元，疫情防控免征66.29亿元，差异化收费减免征16.35亿元。

降低制度性交易成本，优化港口营商环境。调整港口收费政策，年降低制度性交易成本2.05亿元。将福州港内贸货物港务费从内河港口转按沿海港口收取，收费标准下调50%，年减轻企业负担6140.38万元。统一全省沿海港口外贸货物港务费返还比例，福州、湄洲湾和泉州等3港外贸货物港务费返还港口企业比重统一调整为50%，年让利给港口企业6871.03万元。阶段性降低港口收费标准，从2020年3月1日至12月31日，货物港务费和港口设施保安费收费标准降低20%，年减轻企业负担7446.79万元。

清理规范行政事业性收费。2020年，通过降低偏高的收费标准和清理不合规收费项目，年减轻企业和群众负担约3.42亿元。降低全省机动车驾驶许可考试收费标准，年减轻社会负担约3520万元；降低特种设备检验检测项目收费标准，年减轻企业负担约2146万元。取消党政机关相关考试和继续教育培训收费。废止涉及住建、人社、应急、市场监管、药监等党政机关及其所属单位举办的从业人员资格考试和继续教育培训收费文件，年减轻社会负担7000万元。废止不合规行政事业性收费标准文件。废止专业技术职务资格评审费、事业单位编制内公开招聘工作人员考试考务费、公安院校招生面试（含体能测试）费、非刑事案件委托检验鉴定费、招考机关工作人员和国家公务员考试费、初中学业水平考试费等6项不符合规定的省定行政事业性收费标准文件，年减轻群众负担11601万元。不予制定不合规收费标准，不再制定其收费标准，年减轻全省学生负担6373万元。取消5项收费。取消强制戒毒费、养犬管理费、非刑事案件委托检验鉴定费、武夷山资源保护费、社会保障卡工本费5项收费项目，年减轻群众负担3603万元。

促进民生事业发展。修订出台《福建省养老机构服务收费管理办法》，推进养老机构服务收费改革。修订后的“办法”定价范围更少，收费管理更活，政府仅对保基本的公建公营养老机构提供的普通床位费和护理费实行政府指导价管理，其他服务收费由经营者自主定价。民办养老机构、公建民营养老机构和政府与社会资本合作投资建设（PPP）等养老机构的服务收费，实行市场调节价或按委托（合作）协议确定。关心社会弱势群体，明确规定福建省公建公营和公建民营养老机构要充分发挥保基本作用，优先保障特殊困难老年人的养老服务需求。为扶持养老服务行业发展，明确养老机构应享受的收费优惠政策，即所有养老机构用水、用电、用气按照居民生活类价格执行；固定电话安装费及通信费，有线数字电视基本收视维护费、主终端基本型机顶盒及有关行政事业性收费项目按相关优惠政策执行。

修订出台《福建省景区门票及相关服务价格管理办法》，规范景区门票价格管理。按照依法行政、分类定价、质价相符、动态监管的原则，明确景区门票的定价范围、权限、程序、原则和优惠政策，完善全省景区门票价格形成机制，引导景区门票价格合理形成。强化景区门票价格事中事后监管，规范景区门票及相关服务价格行为。

推进道路客运价格市场化改革。贯彻落实国家深化道路运输价格改革的意见，将现行汽车客运站11项收费项目中，取消班车延误脱班费1项；放开行包运输代理费、行包装卸费、行包保管费、小件物品寄存费等4项，实行市场调节价；保留客运代理费、客车发班费、车辆安全检查费、车辆停放费、退票手续费、旅客站务费等6项，继续实行政府指导价管理。

做好制定和调整服务价格和收费标准工作。制定出台景区门票价格、学费、住宿费、职（执）业资格考试考务费、鉴定费、车辆通行费、检验检测费等定价文件105份；完成泉州成功大桥、平潭海峡公铁大桥、宁德沙埕湾大桥和莆炎高速公路等4次车辆通行费收费标准定价听证会及相关工作，确保按期通车收费；动态公布行政事业性收费单位名单和收费项目、政府定价经营服务性目录清单。（宋青峰）

【价格成本监审】 2020年，福建省各级成本监审机构组织开展疫情防控、电力、天然气、供排水、教育、交通运输等行业成本监审调查，核减不合理成本8.87亿元，核减率达17.4%。开展7项农产品专项调查、29个重要农产品常规调查，审核上报农产品成本调查数据14.79万个、报表1543份，撰写上报调查报告13篇。

疫情防控。组成8个调查组分赴福州、厦门、泉州、漳州、莆田、龙岩等6市开展口罩、防护服等疫情防控物资成本调查。通过与企业负责人座谈、现场查阅相关资料、分析对比数据等方式，对各生产企业的每个品类防控物资生产成本进行调查分析，了解掌握全省口罩、防护服等防控物资生产企业成本情况，提出合理意见建议，为福建省疫情防控物资采购提供重要依据。参与省发展改革委牵头的抓好全省口罩保供重点工作，确保按期按量完成国家对全省医用口罩和普通口罩调配要求。

教育领域成本监审。对厦门大学创意与创新学院、厦门大学嘉庚学院、集美大学诚毅学院等7所高校学费实施定价成本调查监审，为高校学费标准的制定、调整提供基本依据。

降低用能成本。完成国家发展改革委委托的省级电网第二个监管周期输配电成本监审任务，深入推进输配电价改革，合理有效降低用电成本。成立核电水电成本专项调查组，完成对福清核电站、棉花滩水电站等5家大型发电企业成本调查，为合理有效降低用电成本奠定基础。根据定调价需要，完成对芦庵滩水电站（池潭水电厂扩建工程）等水电站上网电价定价成本监审，为价格决策提供基本依据。

民生重点领域成本监审。围绕民生重点领域，推动天然气、供排水、交通运输、养老、殡葬等领域成本监审，为深化价格机制改革、促进国家生态文明试验区（福建）建设、补齐民生社会事业短板夯实基础。

规范管理长效机制。持续完善成本监审制度体系。修订出台《福建省道路班车客运运价定价成本监审办法》《福建省生活垃圾处理收费定价成本监审办法》，分行业成本监审办法数量15个，实现国家发展改革委提出的“到2020年，网络型自然垄断环节和重要公用事业、公益性服务行业定价成本监审办法基本实现全覆盖”的目标。

完善成本监审调查工作机制。制定《成本监审（调查）集体审议办法》，对一些重大、复杂的成本监审调查项目以及拟出台的规范性文件实行集体审议制度，确保监审调查结论公正。

农产品成本调查。开展农户种植意向、农户存售粮和农资购买意向等3个专项调查，以及稻谷、烤烟等4个成本预测调查等工作，及时掌握福建省农业和农村经济变化、主要农产品生产成本和收益情况，为各级政府制定支农、惠农政策提供基础依据。开展重要农产品和生猪成本调查，做好成本调查分析和月报工作，为政府决策服务。贯彻落实国家发改委颁布的《农产品成本调查管理办法》，加强对基层跟踪指导工作，不断提高农产品成本调查人员的业务能力和水平。（赖祥荣）

食品监督管理

【概况】 2020年，福建省连续第20年将治理“餐桌污染”、建设“食品放心工程”项目列为省委、省政府为民办实事项目。省食安办加强食品安全统筹协调工作，组织起草治理“餐桌污染”年度工作方案、食品安全重点工作安排，明确工作目标、任务、措施。全省各级行政监管部门共开展食品安全检查执法20.3万次，出动执法人员49.2万人次，查处违法行为5891起，查获不合格食品169.3吨；公安机关共破获涉食品安全犯罪案件2009起，抓获犯罪嫌疑人3148名；捣毁各类“黑作坊”“黑窝点”1752个。食品安全各项抽检指标达到年度计划目标要求，其中，主要农产品抽检总体合格率99.3%，加工食品抽检总体合格率99.1%。全省食品安全状况总体良好，没有发生较大及以上级别的食品安全事故。

指导福州、厦门、莆田持续推进国家食品安全示范城市创建。组织开展9个省级食品安全社会共治示范县（市）、2条省级食品安全示范街和100家餐饮服务“明厨亮灶”示范单位的创建工作，充分发挥创建单位的示范引领作用。10月19—25日，开展2020年全省食品安全宣传周活动，全面普及食品安全法律法规知识及科普常识。

组织开展食品安全工作年度考评，配合国务院食品安全办做好对福建省食品安全工作考评。2019年度在国家食品安全年度考评中福建省获评A级。完成省食安委对9市1区及省食安委成员单位食品安全工作考评，促进属地管理责任及部门监管责任进一步落实。

【食品流通安全监管】 2020年，福建省全面推进食品经营许可证电子化工作，对全省非食品生产经营者从事冷藏冷冻食品贮存业务的，实行统一备案程序。截至2020年底，全省取得经营许可的食品销售者37.24万家，其中当年新办理10.51万家。

“一品一码”建设。福建省追溯平台注册食品生产经营主体13.19万家，注册率99.08%，累计上传追溯数据6.53亿条，其中2020年新增4.15亿条，是2019年的2.13倍。启动“一证通”，有效减轻食品生产经营者查验负担。

典型示范作用。福建省26个重点食用农产品批发市场入场销售者建档率达到100%，全部建立食品安全管理制度；全部实施产地准出市场准入衔接制度；全部配备检验设备，具备检验能力；全部推行食品安全信息化追溯管理；其中23个批发市场完成标准化改造，实现“一进口一出口”管理。全省有249家超市开展“放心食品超市自我承诺活动”，平均每个县（市、区）2.96家，实现县（市、区）全覆盖。

安全监管举措。开展冷冻冷藏肉品风险排查，全省摸排约有冷库9224个，仓储能力约313万吨，涉进口冷链食品冷库2257个。开展重点场所检查整顿，突出对农（集）贸市场、超市、专业冷冻冷藏库房等重点场所的监督检查，应急指挥处置涉及进口冷链疫情风险事件35起，涉及货物2674.84吨。开展流通环节食品安全风险排查整治，检查各类市场16952个次、食品销售者139322户次，查处违法案件1695件，处罚金额1424万余元，移送司法机关案件20件，督促补办食品经营许可证2372户。持续加强农村食品安全治理，与省农业农村厅等5部门合力开展农村假冒伪劣食品专项执法三年行动，全省共检查农村食品销售主体70498户次、各类市场8614户次，组织监督抽检48391批次，取缔无证无照生产经营主体97户，查处假冒伪劣食品行政处罚案件1007起，收缴假冒伪劣食品数量13819.54千克，查处假冒伪劣食品货值380.15万元，罚没金额725.65万元，移送案件23件，受理投诉举报2252件。

2020年2月8日，福建省加强食品安全检查。图为工商行政人员在市场检查操作“一品一码”食品安全追溯系统 （省市场监督管理局供稿）

【食品生产安全监管】 2020年，福建省开展食品安全质量提升行动。印发《关于开展2020年食品生产安全风险排查整治工作的通知》，以4类区域风险、4类系统风险、10类重点品种，以及包装饮用水、肉制品、食品标签标识和固体饮料、压片糖果、代用茶等食品为重点，组织开展为期6个月的排查整治，累计排查食品生产企业14096家次，发现问题企业1700家次，下达责令整改通知书954份，责令停产通知书88份，责任约谈企业1152家，吊销食品生产许可证5张，立案查处食品违法案件835起，罚没金额1631.5万元，移送公安13起。

督促企业落实主体责任。组织开展食品安全管理人员抽查考核，完成抽考企业8606家次，抽考覆盖率100%，合格率100%。督促企业严格落实食品安全自查制度，实现自查风险报告率100%。开展食品生产企业责任约谈，全省约谈企业1152家次，其中省市场监管局组织集体约谈2次、约谈企业41家。

推进监管重点工作落实。参与疫情防控工作，先后2次组织对食品生产企业进行全面排查和疫情防控指导，研究出台《关于进一步加强生产环节进口冷链食品监管工作的通知》。推动出台《福建省食品生产加工小作坊规范提升三年行动计划（2020—2022年）》，完成3332家小作坊的摸底普查，检查食品生产加工小作坊4371家次，查处违规小作坊112家次。完成4家食品生产企业换证和全覆盖监督检查。制定《食品生产监督检查工作计划》，对8家开展飞行检查，对6家大型食品生产企业实施体系检查。推进“一品一码”信息追溯工作，全省食品生产企业注册率和录入数据率均达到100%，企业累计录入追溯数据6614.77万条。

建立完善监管工作制度。牵头开展《福建省食品安全条例》修订工作，牵头制定食品生产安全形势分析制度，修订完善食品安全责任约谈办法，完成2020年度全省食品生产企业风险等级评定工作。出台《关于调整部分食品生产许可审批权限的通告》。依托省内高校、科研机构和行业专家，建立食品生产专家库。

【餐饮安全监管】 2020年，福建省餐饮服务日常监管出动执法人员40.8万人次，检查餐饮单位36.4万家次，查处餐饮服务单位违法违规案件1795件，罚没金额1038.06万元，移送司法机关案件19件。全省餐饮环节没有发生一般以上等级的群体性食品安全事件，持续保持餐饮服务食品安全稳中向好的良好态势。

学校食品安全监管。结合全省疫情防控工作实际，协同教育、卫生健康、公安等部门联合做好学校及周边食品安全工作，突出春秋季开学、中高考等重点时段，及时印发《福建省校园食品安全守护行动实施方案（2020—2022年）》《关于落实主体责任强化校园食品安全管理的指导意见》等文件，部署开展全省春秋季开学学校食品安全专项检查、中高考期间食品安全风险隐患排查及食源性疾病防控工作。联合省教育厅对福州、南平、三明等地6个县（市、区）的30多个学校、幼儿园食堂、学生集体用餐配送单位和校园周边食品经营单位进行检查指导，推动学校及周边落实食品安全主体责任和属地监管责任。推动指导供校集体用餐配送单位开展危害分析与关键控制点（HACCP）管理体系认证，全省68家供校集体用餐配送单位中有22家通过HACCP管理体系认证，占比32.35%。

重大活动餐饮安全保障。强化省市县三级协调配合与联动，组织开展重大活动接待单位食品安全风险隐患排查与评估68家次，抽调属地监管人员143人次实施全程驻点监督，组织协调并督促落实省两会、省委十届十次全会、第十二届海峡论坛、省人大十三届四次会议、中国航天大会和中央领导到闽等23场次重大活动餐饮食品安全保障工作。

餐饮服务食品安全社会共治。开展省级食品安全示范街和“明厨亮灶”示范单位创建活动，推进“明厨亮灶”建设提质扩面。全省创建省级食品安全示范街（区）8条，省级“明厨亮灶”示范单位500家；“明厨亮灶”餐饮服务单位17.1万家，占全省餐饮经营主体总数的61.5%；基本实现学校（含幼儿园）“明厨亮灶”全覆盖，其中实施“互联网+明厨亮灶”的学校食堂8573家，占全省学校食堂总数的76%。

【特殊食品监管】 2020年，福建省强化属地监管责任和企业主体责任落实，生产环节日常监管全覆盖，对8家生产企业开展体系检查，检查1962家流通企业，生产企业“一品一码”注册率100%。牵头抓好保健食品行业专项清理整治行动，督促企业加强原料、生产过程、成品等各个环节质量管控，按照《保健食品标注警示用语指南》要求规范标注。出动执法人员41514人次，检查生产主体126家次、经营主体29536家次，责令整改421家次。各级市场监管部门抽检监测婴幼儿配方乳粉、保健食品抽检合格率分别达100%、99.36%。打造保健食品生产企业质量受权人示范企业升级版，举办特殊食品生产管理网络公益培训，参与人员达400人，生产企业100%开展食品安全自查。食品生产安全管理人员抽查考核覆盖率100%、合格率100%。实现国产保健食品备案“跨省通办”；商请国家市场监管总局对福建省58个特殊食品注册产品加快审批速度。举办科普宣传356场次，发放科普宣传材料16.78万份，全年培训检查员120人。

【食品抽检】 2020年，福建省完成食品抽检监测195743批次，抽检完成率132.17%，发现不合格（问题）食品2669批次，合格率98.64%，全省系统抽检监测总量达到每千人4.95批次，完成年度食品安全抽检监测工作任务。省市场监管局通过公开招标方式购买食品抽检监测技术服务，为财政节约预算经费1500万元。

围绕疫情防控期间“米袋子”“菜篮子”25个重点食品，组织专项抽检2986批次，发现不合格食品47批次，不合格率为1.57%。组织开展蔬菜、水果、畜禽肉等消费量大的食用农产品快速筛查检测53530批次，合格率99.9%。

全省518批次国家抽检，不合格食品核查处置率和完成率均达100%，立案率达88.8%。下发核查处置情况通报4期，发布食品风险控制及核查处置通告9期。在核查处置中共下架不合格食品2168.61千克，召回7913.93千克，罚没总金额达3895.7万元；省市场监管局全年共受理被抽检食品生产经营企业复检和异议申请220件，努力维护食品生产经营企业合法权益。

研究起草全省食品安全风险预警交流协作办法，逐步构建食品安全风险预警交流工作机制。牵头召开南部沿海区域食品安全风险预警交流协作会议，建立区域抽检监测一体化共享机制。坚持每周公布食品安全抽检信息，全年共公布食品安全抽检结果50期，应公布的抽检信息全部对社会发布，对不合格食品进行风险提示。先后3次召开省级部门食品安全风险预警交流会商会议，强化食品安全风险分析研判，定期向省级有关部门和省市场监管局相关处室推送抽检监测信息，强化抽检监测数据综合分析与运用，形成半年、年度食品安全抽检监测结果综合分析报告（白皮书）。

研究出台《福建省食用农产品安全快速检测管理办法》，实施食用农产品快检结果验证工作，着力构建经营主体自检、监管所快检、县级局专项快检、快检车机动快检“四位一体”的食品快速检测体系。（白　亮）

药品监督管理

【涉疫医用防护产品应急保障和质量监管】 2020年初，新冠肺炎疫情突袭而至。面对医用防护产品迫切而巨大的需求，福建省药监局创新性优化应急机制，强化医用防护产品应急保障和质量监管，全省相关产品日产能得到直线提升，医用口罩从10万只提升至2200万只、防护服从100件提升至11万件、额温枪从5000支提升至10万支，满足疫情防控急需，保障产品质量安全。

快速核发“临时证”。省药监局采取告知承诺、容缺审评和附条件审批等措施，允许企业租借场地车间、同步申请产品注册和生产许可，实行核发有效期3个月临时证的应急审批机制。开通检验、审评、审批应急通道，将产品注册检验、技术审评和现场检查等“串联式”流程“并联式”展开，实现“随报随检随审随查”，临时证审批压缩至半个月以内，最快7天就完成审批发证。从1月31日起，向185家企业核发238张临时产品注册证并许可临时生产。省内柒牌、弓立、片仔癀、才子、春晖、蓝佳堂等企业快速批量投产。

跟进完善质量体系。成立专家指导、应急审批、监督检查3个小组，跟踪掌握企业申报、审批、生产情况，制定“一企一策”帮扶措施，及时指导企业解决转产过程中遇到的产品注册检验不合格、质量体系不达标等问题，帮助企业完善质量管理体系。福州春晖制衣有限公司通过省药监局专家指导，1天就拿出预估需要半个多月才能完成的厂房设计方案。

有序转换“正式证”。在国内疫情得到有效控制后，及时转移工作重心，逐步收紧政策，停发临时证，有序推动临时证企业转换正式证。3月26日起全面停止受理临时证申请，7月23日完成最后一张临时证核发工作。从5月15日起，陆续向产品检验合格、技术审评过关、质量体系规范的73家企业换发140张正式产品注册证并许可生产。随着10月22日最后一张“临时证”到期，全省所有“临时证”全部平稳有序退出市场，实现“应急保障”回归“常规状态”。

确保产品质量安全。始终把所有的“提速、增量”都牢牢建立在保证质量的基础上，严把质量安全关，确保特殊时期、特殊措施条件下的产品质量不“特殊”。建设指导关。在点上，派出专家855人次，“手把手”现场指导企业300余家次；在面上，分片在各地市先后为企业举办6场专业培训，确保企业从一开始就按照规范体系建设。注册检验关。坚持对所有申报企业进行产品注册检验，对容缺项目范围外存有不合格指标的坚决不予核发临时证，对注册检验不达全项合格的坚决不予核发正式证，对343批次不合格产品未予核发临时证。体系考核关。严格按照法规对企业机构人员、厂房设施、原料采购、质量控制等11个主要方面进行质量体系考核，对存在一般缺陷的限期并指导企业进行整改，对存在严重缺陷直接不予通过。精准管控关。坚持审批一批、严管一批，分5批印发监管责任通知，列出获批企业容缺事项、主要风险点，紧盯原料审核、过程控制、产品检验、出厂放行等重点环节，实行精准监管。针对后期产品大量出口的实际，联合海关和商务等部门，建立企业出口档案，跟踪掌握产品质量情况，精准防控风险。评价抽验关。及时对获批临时证产品进行风险监测专项抽检，促进企业保持良好的质量体系。先后对34批次风险监测抽检不合格的产品进行处置，在后期不予换发“正式证”。日常巡查关。疫情以来，全省巡查检查相关生产经营企业1.2万家次，查办案件371起，罚没金额576.45万元。截至年底，福建生产的相关产品在市场上尚未发现一起质量问题。协助商务部门认真排查审核9批次40个新冠病毒检测试剂产品说明书，保障产品质量安全。

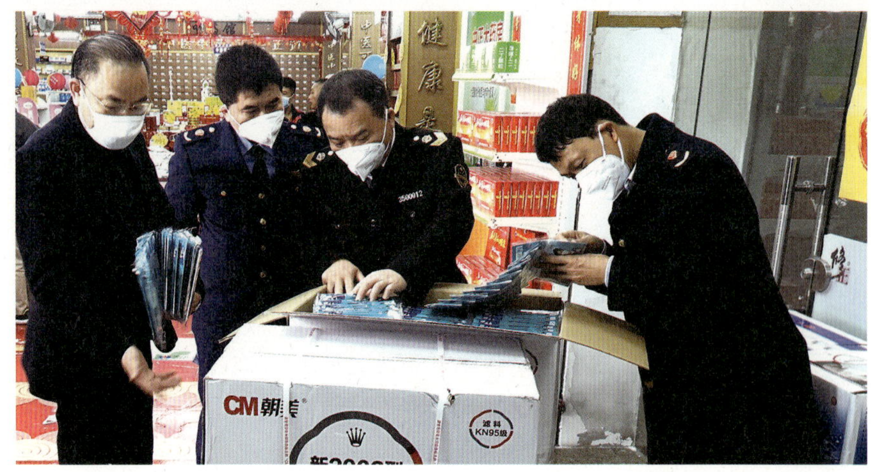

2020年1月25日，为全力抗击新冠肺炎疫情，省药监部门加强对药企药店进行巡查检查（省药品监督管理局供稿）

促进产业高质量发展。以临时证换发正式证为抓手，按照优化产业结构的原则，抓住一批产品质量好、管理体系优、产能规模大的企业，持续扶优扶强、聚势赋能，促进产业高质量发展。推动企业做大。疫情防控进入常态化后，立足省内产业结构，科学优化布局，重点推动泉州、厦门、福州、莆田、龙岩等地一批具有区位优势和较好基础的企业发展壮大。2020年底，全省医用口罩日产能50万只以上生产企业达28家（其中100万只以上10家），医用防护服日产能5000件以上生产企业14家（其中1万件以上10家），较大规模红外额温计生产企业8家。力促产品做优。在推动一批企业做大的基础上，持续指导企业改进工艺、规范管理、健全体系，鼓励企业加大专业技术和人才投入，力促企业及其产品向“强”、向“优”迈进。省内柒牌、卡宾、七匹狼、劲霸、恒安等一大批知名企业成功跨界，成为国内国际医用防护产品优质品牌。其中仅卡宾1家公司出口医用防护服就达200多万套、价值近2亿元，受到国际市场的青睐。带动产业发展。

【药品安全监管】 2020年，福建省出台《福建省药物临床试验机构监督检查办法（试行）》《关于建立省级职业化专业化药品检查员队伍的实施意见》《关于发布福建省医疗机构中药制剂调剂使用试点品种目录的通告》《关于加强生物制品批签发管理工作的通知》《关于加强医疗机构麻醉药品和第一类精神药品管理的通知》《关于进一步加强医疗器械网络销售监管与执法工作的通知》《福建省“两品一械”网络交易监测工作方案》《福建省药品监督管理局“两品一械”安全专家库管理办法》等10余项措施办法，全省查办“两品一械”违法案件2845起，罚没金额3363.09万元。省药监局飞行检查药品批发（连锁）企业93家次，各稽查办和设区市药监局检查药品批发企业286家次、连锁企业124家次，市县药监局检查零售药店26874家次，检查医疗机构和诊所12202家次，疾控和接种单位1661家次，给予警告275家次、责令限期整改1410家次、责令停业整顿4家次、注销和促使企业主动注销《药品经营许可证》86家、移交稽查立案查处281起。开展各类监管检查1399家次，同年立案91起，调查办结案件103起（含上年立案），罚没金额入库555.79万元，区域化监管模式成效明显。

中药饮片专项整治。组织全省中药饮片（含制剂）生产企业开展自查81家次（其中12家停产），组织检查生产企业31家次，随机抽取18家经营中药饮片批发（连锁）企业开展飞行检查，派出检查人员100人次，发现7条主要缺陷，205条一般缺陷。

集中采购中选药品专项整治。组织对省内3个中标品种进行全面检查，检查发现8条一般缺陷，督促企业落实整改。抽调31名药品检查员组成12个飞行检查组，择取35家小规模药品批发（零售连锁）企业开展飞行检查，抽查3批92个国家集采中选品种，对药品购进、储存、养护、运输等情况进行现场检查，未发现非法渠道购进回收药品的行为。

第二类精神药品专项整治。制定《福建省第二类精神药品生产经营专项检查工作方案》，检查第二类精神药品生产企业发现一般缺陷5条，检查第二类精神药品经营企业113家次，飞行检查18家。

医用防护用品专项整治。全省专项检查医用防护产品生产经营企业1.2万家次，查办相关案件371起，罚没金额入库576.45万元。

无菌和植入性医疗器械专项整治。检查无菌和植入性医疗器械生产企业71家、经营单位4038家、使用单位5255家，责令整改695家，立案查处267家，罚没款936.5万元。

儿童化妆品专项整治。累计选派抽调检查人员178人次，检查儿童化妆品生产企业26家，产品监督抽检60批次，建议2家企业停产整改，责令24家企业限期整改。

较大规模美容美发机构专项整治。全省累计出动检查人员6362人次，检查美容美发机构4203家，责令限期整改521家，发现问题化妆品262批次、1149盒（瓶）。截至年底，全省累计立案查处76起，查扣（封）涉案化妆品265批次、1037盒（瓶），涉案货值金额7.77万元，案件罚没金额8.96万元，向卫健部门移送案件线索10件。

淋洗类产品标识宣传专项整治。排查全省20家洗手液生产企业产品标识宣传情况，严禁洗手液、沐浴液等淋洗类化妆品宣传或暗示“抗菌、抑菌、除菌”及其他医疗作用，规范疫情期间市场经营秩序。

药品网络销售违法违规专项整治。全省共检查药品网络交易服务第三方平台2家次、药品网络销售企业1402家次，约谈相关企业246家，处置国家药监局网监平台下发违法线索18条，查处网络销售违法案件5起，处罚没款1.183万元。

医疗器械“清网”行动专项整治。共检查器械第三方平台9家次，责令限期整改6家，责令暂停交易服务1家；全省检查医疗器械网络销售企业3623家次，责令整改119家，约谈企业123家，查处网络销售违法案件77起，处罚没款45.73万元。

化妆品专项整治。召开化妆品电子商务平台规范经营培训会议，组织省内10家化妆品电子商务平台经营者开展网络销售违法化妆品自查，提交自查报告，引导化妆品电子商务经营者依法履行义务。

【协作监管】 2020年，福建省药监部门加强与卫健、医保、公安、市场等部门协同共治，药品研发、生产、流通、使用各监管环节衔接机制完善。省药监局与省公安厅成立打击药品化妆品医疗器械违法犯罪执法联动办公室，制定联动执法联席会议、重大违法犯罪案件联合督办、重大违法犯罪案件信息联合发布、打击违法犯罪联动执法介入支持等五项制度，建立起药品监管部门与公安机关联动执法的常态机制。省药监局首次联合省应急管理厅，抽调安全应急和认证审评技术专家、辖区药品稽查办公室以及市场监管部门组成联合检查组，围绕安全生产和化妆品质量安全两方面内容，对全省2家有机溶剂类化妆品生产企业开展现场检查。完善特殊药品监管系统，筛选可疑医疗机构49家，开展5次联合飞行检查，发现并查处23家问题诊所，公安机关根据飞行检查线索，立案查办2起贩毒案件，抓获犯罪嫌疑人9人。积极开展UDI试点工作，全省36家第三类医疗器械生产企业、24家经营企业、20家医疗机构列入试点单位。省药监局在全国医疗器械唯一标识系统试点部门协作工作小组会议、首届中国医疗器械智慧创新发展大会暨UDI创新应用研讨会上作经验交流。

【安全用药科普】 2020年，福建省开展安全用药月、化妆品科普宣传周、医疗器械安全宣传周等科普宣传活动。安全用药月活动。新浪微博全程现场直播启动仪式，累计直播观看人数60万人次，全省药监系统发放宣传材料12万余份，开展现场咨询活动192场次，接受3.46万人次咨询，媒体报道230篇，开展讲堂、讲座、培训115期计1.08万人次，开展“四进”宣传456期计2.27万人次，播放各类公益广告67.01万次，张贴宣传材料3726张，制作展板682个（块），制挂横幅（拱门）标语1656条。化妆品科普宣传周活动。开设“儿童护肤大课堂”专栏，组织化妆品不良反应知识在线访谈节目。全省围绕活动主题，组织现场科普宣传咨询180多场次，发放各类科普宣传资料3.18万份，参与群众1.30万人，LED显示屏滚动播放化妆品安全知识8400条次。医疗器械安全宣传周活动。新浪微博全程现场直播福建省首届医疗器械安全宣传周启动仪式，制作器械科普知识等系列短视频在省电视台专题播放，在福建广播电台开设医疗器械安全常识专栏，引导公众科学、理性选择医疗器械。全省围绕活动主题，发放各类宣传资料3万余份，LED显示屏滚动播放器械安全知识9000条次，有效提升公众安全用药水平。在莆田市举办全省疫苗安全事件应急演练，专题设置“信息发布”环节，采取情景模拟、场景展现的方式，演练突发事件敏感信息发布与舆论引导，全省系统内及相关部门200余人参加演练和观摩。

【药品监管及行政审批】 2020年，福建省审评审批制度不断优化。疫情期间，采取生产许可延续、减免现场检查、告知承诺制、快递寄达等“不见面审批”办法，提供行政服务，助力企业复工复产。持续优化行政服务，省级行政审批和服务事项网上可办率100%，基本实现“一趟不用跑”，在全部许可事项审批提速至法定时限50%的基础上，20%的事项审批时限从法定时限的50%提升至40%。现有180项事项总数中，涉免政府材料事项108项，减少申报材料项占比62.06%。完成行政服务事项“5级15同”细化梳理工作，全省“两品一械”行政审批服务事项的事项名称、办理流程、申请材料、承诺时限、办理条件等15个要素在全省范围规范统一。在各地市药监局增设执业药师注册端口，向厦门药品稽查办公室授权承办辖区内医用防护产品第二类医疗器械产品注册审批和生产许可事项，提供就近办理服务。同年共办结省级行政许可（备案）2.72万件。

【药品监管基础建设】 2020年，福建省建成1.7万平方米药品实验大楼，投入630万元用于采购仪器设备，新增医疗器械产品检验检测资质33项。省药检院中药所和厦门大学生命科学院实验室入围并通过国家重点实验室现场核验。升级药品省抽管理系统，开发抽样现场数据录入功能，对药品省抽抽样、检验及核查处置工作进行全流程跟踪管理，实现各环节抽检信息无缝实时对接、数据实时统计分析。在泉州市药监局设立“药品安全网络交易监测中心”，开展“两品一械”的网络交易定时在线监测。药品安全监管大数据项目通过省数字办专家现场终验。同年完成“两品一械”国抽和省抽检验任务8724批次，开展各类审评审查2092件（个），接收不良反应（事件）报告4.57万份、药物滥用监测表1377份，排查药品风险信号2961条，及时处置5起不良反应聚集性信号、2起疑似预防接种异常反应死亡病例（13价肺炎球菌结合疫苗、汉逊酵母乙肝疫苗各1起）、4起不良反应/事件死亡病例和1例严重化妆品不良反应病例。

【依法监管】 2020年，福建省药监局成立法治建设领导小组，研究制定《重大复杂行政处罚案件集体讨论决定工作规则》《重大行政执法决定法制审核办法》《行政处罚裁量权适用规定》《法律顾问管理规范》《公职律师管理规范》《行政应诉工作规则》《监管信息公开管理暂行规定》《行政规范性文件制定和管理办法》《贯彻落实“谁执法谁普法”普法责任制的工作意见》等工作制度。深入宣传贯彻《中华人民共和国药品管理法》《中华人民共和国疫苗管理法》及配套规章，被国家药监局确定为法制宣传教育基地培育对象，制定普法责任制工作意见，建立10个普法和依法治理基层联系点，作为基层执法部门共同参与药品监管普法和依法治理的重要载体和平台。组织全省药监系统及“两品一械”企事业单位参加全国“两法”知识竞赛，有5.7万余人参加竞赛答题，取得初赛第二名、决赛第一名。

【疫苗管理体系】 2020年，福建省药监局推进国家疫苗体系评估建设工作，成立疫苗评估办公室，引入第三方专业认证公司全程参与疫苗自评估工作，研究制定《药品（疫苗）监管质量管理手册》和QMS建设计划，组织GBT符合性专题研讨会，整理汇总疫苗监管体系文件423个。以厦门及其海沧区、漳州及其龙文区为试点市（区），推动全省各市县疫苗体系评估工作，4月，省药监局与省卫健委联合组织召开全省疫苗国家监管体系评估推进培训视频会，专题培训药品监管、卫生健康、疾控等部门700人。推进疫苗信息化追溯体系建设，省药监局与卫生健康部门成立疫苗追溯联合工作小组，建立工作定期通报机制。全省100%的疾控中心与85.3%的预防接种点向国家追溯协同平台上传追溯信息。持续加强疫苗监管，落实生产企业驻派检查员制度，检查疫苗生产企业（厦门万泰沧海公司）6次、流通企业10家次、使用单位1039家次。疫苗管理体系不断完善，质量安全可控。

【医药产业发展】 2020年，福建省药监局围绕“推进生物与医药新兴产业集聚发展”任务目标，建立“点对点”帮扶措施，针对企业发展遇到的技术难点、发展“瓶颈”，深入一线调研指导县（市、区）基层和医药企业100余家次，主动与各地政府研究和规划推动医药产业园区建设。同年在厦门生物医药港设立省药监局厦门生物医药港服务工作站，赋予部分审批事权；9月，省药监局与宁德市政府签订合作备忘录，联合成立闽东药城服务工作站、药械检验检测技术服务站；10月，省药监局与龙岩市政府签订合作备忘录，联合成立闽西医疗器械产业园服务工作站，试点推行重点实验室资源共享，共同推进医药器械产业园高质量发展。指导首个国产双价宫颈癌疫苗上市投产，取得批签发合格证明41批次220万支，批签发合格率100%。指导16个批准文号通过仿制药一致性评价、3个新冠病毒检测试剂盒产品通过国家审批，产业发展取得新突破。 （陈 涛）

质量监督管理

【概况】 2020年，福建省组织实施质量强省战略。印发《福建省质量强省工作联席会议制度》和联席会议成员名单，成员单位由27个调整充实为31个。组织质量强省联席会议成员单位制定印发《2020年福建省质量强省工作要点》，提出全年79项工作任务。完成2020年度各设区市政府质量工作及六大重点服务业社会满意度测评工作。

做好政府质量工作考核。根据《市场监管总局关于2019年省级政府质量工作考核结果的公告》，全省考核结果为B级。组织完成2019年度对各设区市政府质量工作考核工作。牵头组织省直相关单位做好国家市场监管总局对福建省2020年度质量工作考核迎检工作。

发挥政府质量奖企业的标杆和示范带动作用。组织厦航、福耀、九牧3家企业积极参加国家市场监管总局“中国质量奖企业抗击疫情推动复工复产联合倡议活动”。与省发改委共同组织2020

年中国品牌日·福建分会场活动。组织第六届福建省政府质量奖获奖企业开展董事长（总经理）优秀管理经验分享活动。组织46家企业申报第七届福建省政府质量奖。

缺陷产品召回工作。全省9个设区市市场监管局均组建市级技术机构。编印《消费品召回法律法规汇编》等资料，帮助监管部门人员更好地开展召回工作。对24家企业24批次存在缺陷的产品进行召回，召回51.56万件缺陷产品。

夯实质量发展基础。全省共举办9期首席质量官公益培训班，947名企业高管经培训考试合格获任企业首席质量官资格，累计公益培训5305名企业首席质量官，超额完成省委、省政府《关于开展质量提升行动加快建设质量强省的实施意见》提出的5000名目标。开展全国质量月宣传活动，组织开展质量提升、主题宣传、监管执法、消费维权、质量帮扶五大活动。

【计量工作】 2020年，福建省计量技术机构开辟24小时绿色通道，免费检定疫情防控计量器具17万多台件。研发疫情防控急需的"黑体辐射源标准装置"，完成63批次测温计量器具型式评价试验。全省新建社会公用计量标准166项，累计2112项。检定强检计量器具129万多台件，免收检定费用近亿元。成立福建省计量规范技术委员会和福建省法制计量技术委员会。批准发布JJF1106—2020《在用电能表校准规范（试行）》等12项福建省地方计量技术规范。福建省计量院作为主导实验室，首次承担"中频振动加速度计校准能力计量比对"和"超大力值叠加式力标准机（30MN）计量比对"两个项目的国家计量比对工作。国家平板显示产业计量测试中心（厦门）高分通过国家市场监管总局验收。国家光伏产业计量测试中心为160多家企业提供计量技术服务200多次，主导编写1项国际行业标准并在全球发布，参与2项国际行业标准制定，申请联合国"佩罗基金"合作项目。开展"计量服务中小企业行"活动，帮助企业建立计量标准69项，完善测量管理体系50家。福耀玻璃等6家企业案例入选国家市场监管总局"计量助推企业提质增效典型案例"。完成134家重点用能单位能源计量审查工作，实现587家重点用能单位主要能源消费数据接入福建省能源计量数据公共平台。开展计量军民融合工作。推动改革在用电能表管理方法，对176批次41905台件在用电能表开展抽样校准，确保在用电能表准确可靠。开展红外体温计等6类计量器具省级产品质量监督抽查，抽检43家企业的64批次产品，合格率92.2%。对604家企业939批次商品开展定量包装净含量计量监督检查，净含量标注合格率99.1%，净含量检验合格率94.7%。开展集贸市场计量专项检查，检查集贸市场727家、计量器具23436台件。开展眼镜制配场所计量专项监督检查，检查眼镜制配场所1244家、计量器具3507台件，培育诚信计量单位768家。举办"5·20世界计量日"科普知识网上竞答，11.8万名网民参与。福建计量科技文化馆开放"网上展馆"，8万多人次点击访问。福建省计量院被科技部、中宣部和中国科协授予"全国科普先进集体"称号，是全国市场监管系统唯一一家获奖单位。省计量院闽侯科研基地被国家市场监管总局认定为首批科普基地。

【标准化工作】 2020年，福建省深化标准化改革，加快构建推动高质量发展的标准体系，充分发挥标准化在新时代新福建治理现代化建设中的基础性、战略性作用。全省参与研制国际标准11项、国家标准149项、行业标准134项、发布地方标准84项；在国家平台公开企业标准53166项、团体标准222项；新增全国专业标准化技术委员会1个。

运用标准化抗击疫情。创建防疫用品标准信息公开平台，向社会免费公开防疫用品标准信息316份，其中国内标准103份、境外标准213份。发布团体标准T/FJFZ 001—2020《口罩用熔喷非织造布技术要求》，规范熔喷布市场秩序。加强全省民用口罩类企业标准的监督管理，检查275份民用口罩企业标准。

推进两岸行业标准共通。建立两岸行业标准"共同选题，共同研制，共同比对，共同使用"的工作机制，两岸行业标准共通工作"福建模式"逐步成型。两岸标准共通领域不断拓展，成功主办主题为"推动两岸行业标准共通——实施工业园区标准化建设，促高质量发展"的第17届中国标准化论坛海峡两岸标准化分论坛。

推进工业标准化建设。起草印发《工业（产业）园区标准化建设三年行动计划和2020年工作要点》和《福建省市场监管局贯彻福建省人民政府关于实施工业（产业）园区标准化建设推动制造业高质量发展的指导意见的实施方案》，将检验检测、质量品牌、知识产权保护等市场监管职能融入工业（产业）园区建设。发布2项中国标准化协会团体标准《工业（产业）园区标准体系建设指南》《工业（产业）园区实施标准化战略工作指南》，填补国内外空白，初步构建工业（产业）园区标准体系。发布新兴重点领域省地方标准10项，新立项12项。

农业标准化建设。印发《福建省关于进一步加强农业农村标准化工作的实施方案》。批准21项省地方标准制修订项目立项，发布31项农业农村领域地方标准，涉及茶叶、水产、花卉苗木、水果、竹林等产业，涵盖茶叶的栽培、加工、销售、品鉴全产业链，推动农业农村领域的高质量发展。推进"国家生态樱花茶园产业融合标准化示范区""福建省福清市农村综合改革标准化试点"等国家级农业标准示范区项目建设，以一二三产融合标准化工作为重点，推进农业农村现代化，助力乡村产业振兴。

服务业标准化建设。加快推进全省基本公共服务均等化，在公共卫生、养老服务、义务教育、托育服务、安置优抚等重点领域研制发布《基本公共服务标准体系总体框架》《农村幸福院等级划分与评定》《农村居家养老服务规范》等一批标准；培育莆田市退役军人服务综合标准化试点、婴幼儿托育服务综合标准化试点、互联网+居家养老服务标准化试点等一批国家级标准化试点。

社会管理和公共服务业标准化建设。提出全面推进全省基层政务公开标准化工作的方案和意见，形成政务公开事项标准目录，围绕26个试点领域标准指引逐步建成基层政务公开标准体系。发布全国首个政务服务“好差评”地方标准《远程监督系统政务服务效能数据汇集技术要求》（DB35/T 1902—2020），研制《12315消费投诉处置规范》《社区矫正社会服务规范》《企业集体协商工作导则》《预算绩效评价规范》等地方标准。培育上杭县乡镇便民集成服务标准化试点、新罗区税务服务大厅标准化试点、顺昌县司法局司法公共服务标准化试点等一批政务服务标准化试点示范项目。莆田市行政服务中心标准化试点案例入选国家标准化试点示范建设典型项目，成为全国6个政务服务标准化典型项目之一。

企业标准和团体标准建设。充分发挥企业标准“领跑者”工作的引领效应，推动16个工业（产业）园区企业标准入选国家企业标准“领跑者”名单。将企业标准“领跑者”工作与企业标准自我声明公开、企业标准“双随机、一公开”抽查工作有机结合，全省共有21家企业入选国家企业标准“领跑者”排行榜。和省工商联联合出台《关于鼓励、引导和规范工商联所属商会开展团体标准化工作的意见（试行）》，制定一批满足市场和创新需求的团体标准，与政府主导制定的标准协调配套，增加民营经济领域标准的有效供给。

标准化创新。加强标准化与科技创新的互动支撑，批复福州经济技术开发区承建“福建省专利与标准融合创新试点”，探索专标融合创新机制，推动专标同步发展，实现“技术专利化、专利标准化、标准产业化”。

【认证检测工作】 截至2020年12月底，福建省共有8家认证主机构、4家子公司、26家分公司，超过372家认证机构在全省开展认证活动，获证组织21303家，各类认证证书84298张，其中管理体系认证证书18440张、产品认证证书42864张、服务认证证书1520张。全省获得资质许可的检验检测机构1472家、其中机动车检验检测机构429家、建筑工程检测机构301家、环境监测机构203家。

认证专项整治。部署全省各级市场监管部门摸排口罩、防护服等防疫物资生产企业404家。督促指导基层市场监管局移送案件线索86件，其中移送省外案件线索55件、移送省内案件线索31件。完成351家次企业出口资料的审核反馈，审核资料近4000份。组织或联合省商务厅、省执法稽查局共举办5场线上线下公益培训班，涉及3C认证、FDA注册、CE认证等基本知识、申请内容，受训人员总数超过2.75万人次。

认证政策落实。指导认证检测机构全力帮扶企业复工复产，对涉及疫情防控的实行特事特办，省质检院等共为17490家企业减免检验费用7287万余元。指导全省对符合3C免办条件的防疫物资和企业复工复产所需产品，实行即申请即办理，全省向261家企业核发“3C免办证明”1042张。要求各认证机构对即将到期、需暂停的900多家企业采取顺延证书有效期、延期暂停或延期审核至疫情结束后3个月等措施，保证企业证书有效性。

认证检测监管。对全省60家3C认证、123家自愿性认证获证组织及457家检验检测机构开展“双随机”检查。组织抽取10个类别252批次有机食品或农产品开展风险监测。委托省计量院首次开展机动车尾气检测设备HC浓度及CO浓度项目能力验证，有305家获证机动车检验机构参加；委托省质检院开展以茶叶中三氯杀螨醇、氰戊菊酯、联苯菊酯的测定作为验证项目，有55家获证检验检测机构参加。

认证检测服务。选取化工、信息等5个行业组织开展小微企业质量管理提升行动试点工作，有9个设区市45家企业参与试点。支持厦门市创建“国家检验检测高技术服务业集聚区”工作，支持厦门市市场监管局推进国家半导体发光器件（LED）应用产品质量监督检验中心等一批国家级质量基础公共服务平台建设；指导全省系统组织完成1262家检验检测统计服务业统计直报工作，完成统计数据上报率96%，超过全国平均水平4个百分点。

【特种设备安全监管】 截至2020年12月31日，全省在册特种设备53.13万台套、压力管道1.87万千米、气瓶1069万只；全省检验特种设备39.46万台次，对检验发现的29612台不合格设备落实整改，消除问题隐患9.16万项；检查单位3.4万家次，发出安全监察指令书2881份，查处案件386起，罚没款1046.95万元。连续4年被省政府授予“完成安全生产目标责任优秀单位”称号。

开展特种设备安全隐患大排查大整治，对5901家重点单位监督检查全覆盖；完成全省105家单位242台电站锅炉（含在建31台）范围内管道隐患排查整治；开展移动式压力容器专项整治，核查移动式压力容器1453台，停用不符合要求的191台，报废注销9台；深化液化石油气瓶专项治理，查处翻新/报废气瓶7823只、超期未检气瓶12086只、检验不合格气瓶3383只，去功能化气瓶293155只；严格落实油气管道法定检验制度，法定检验覆盖率达100%；集中力量对全省9条客运索道和所有A级以及B、C级中的183台大型游乐设施开展针对性监督检查，及时排除安全隐患。

完成3552台次在用工业锅炉定期能效测试工作，促进在用锅炉节能环保质量水平提升。建立压力管道排查整治并完善使用登记工作机制，在全国率先推动压力管道全主体、全品种、全链条质量安全监管。出台改进电梯维护保养模式和调整检验检测方式全面提升电梯质量安全水平的意见，在全国率先开展电梯维护保养与运行质量监督抽查，开展老旧电梯安全评估及改造更新，按季度公布定期检验不合格住宅电梯情况，9个设区市建成96196电梯应急救援处置服务平台。不断加强应急管理体系建设，在全国率先研究制定26种典型特种设备事故应急救援处置技术指南，组织修订特种设备事故应急预案。在全国率先研发上线“福建省特种设备安全监察员网络继续教育平台”，满足安全监察员继续教育知识更新培训需求。制定发布《特种设备使用安全风险分类分级》省地方标准。

【产品质量安全监管】 2020年，福建省加强防疫物资产品质量监管服务。组建省、市质量监管和技术服务2支队伍，突出抽检监测、帮扶提升、服务复工复产，组织开展非医用口罩产品质量专项整治，抽查和监测防护型口罩、儿童口罩、洗手液等非医用日用防护产品673批次，建立“一张表单、一份告知、一次检查、一组服务”制度，督促企业整改到位。组织制订《非医用随弃式口罩生产企业巡查作业指导书》《非医用口罩生产企业基本要求》，指导企业正确使用质量标准。指导制定发布福建省首个《口罩用熔喷非织造布技术要求》团体标准，支持质检机构开设检验检测绿色通道，减免19020批次防护用品检测费用。

构建产品质量安全风险监控机制。组建省级风险监测协作网专家委员会，新增4个国家级风险监测站、5个省级重点行业（区域）风险监测站，国家级风险监测站数居全国前三，共开展监测5558批次，采集风险信息6038条。

产品质量监督抽查。推行新型抽查制度，实施靶向式、滚动式、机动式、专项式“四式”抽查，推动抽样一批、检验一批、报告一批、处置一批，增强抽查精准性实效性。组织全省抽检生产领域产品9821批次，向各设区市市场监管局移送抽查不合格报告742份，省级工业产品监督抽查合格率连续5年超过96%。

加大监管改革创新力度，探索建立产品质量安全可追溯体系，指导漳州等地建立食品相关产品等质量安全追溯体系。开展工业品获证企业“双随机、一公开”抽查，检查比重从上年的6%提升到7.5%，检查获证企业74家，责令54家企业整改问题153项，组织对74家钢铁和水泥企业进行全覆盖检查。推进危化品及其包装物和车载罐体产品、电线电缆、儿童和学生用品、塑料污染治理等专项整治，全省没有发生系统性、行业性、区域性产品质量安全事件。

（白　亮）

知识产权管理

【专利申请与授权】 2020年，福建省专利申请受理180399件，其中发明专利申请35161件，实用新型专利109187件，外观设计36051件；授权专利145929件，其中发明专利10250件，实用新型专利99956件，外观设计专利35723件；年末有效发明专利50756件，比上年增长15.91%，每万人口发明专利拥有12.775件，增长14.97%。专利电子申请率达99.58%，居全国第一位。

【知识产权运用】 2020年，福建省持续提升知识产权综合运用效益。启动实施产业自主知识产权竞争力提升“领航计划”，开展重大核心高价值专利培育和布局，经评审公布首批产业高价值专利组合储备项目39项，新确认省知识产权优势企业87家。印发《福建省技术出口中涉及知识产权对外转让有关工作细则（试行）》，省专利奖共评选出获奖专利44项，16项获第二十一届中国专利奖，组织福建省近60家企业和机构参展第十二届中国国际专利技术与产品交易会。与省农行签署合作备忘录，创新开展“专利e贷”等知识产权融资业务，探索专利、商标混合质押新模式，推动保险机构开展专利权质押贷款保证保险，质押总额达92.02亿元。通过“知创中国”平台依托海峡股权交易中心建设知识产权交易板块，为40个企业创新创业项目提供路演机会，实现融资超过10亿元。推进知识产权军民融合试点工作，建立国防专利需求库和供给库季度报送机制，推动军民两用技术成果推广转化。

【知识产权保护】 2020年，福建省持续加大知识产权保护力度，在全国先行先试，探索建设省、市、县三级知识产权保护中心体系。印发《福建省强化知识产权保护实施方案》，成为福建省首个以省委、省政府两办名义出台的知识产权保护工作指导文件。获批建设中国（泉州）、中国（宁德）知识产权保护中心以及中国晋江（鞋服和食品）知识产权快速维权中心。组织开展“世界知识产权日”暨福建省知识产权宣传周、中国专利周福建地区活动，发布《2019年福建省知识产权发展与保护状况白皮书》。印发《关于开展落实电子商务平台责任专项行动的通知》，与省发改委等9部门印发《全面加强电子商务领域诚信建设实施方案》，联合省执法稽查局开展知识产权“铁拳”专项行动，组织整治专利代理行业违法违规行为的“蓝天”专项行动，立案办理专利侵权纠纷及假冒专利案件5347件。

【知识产权服务】 2020年，福建省持续做强做优知识产权公共服务。继续打造“最多跑一地”知识产权公共服务创新范式，高效运营“知创中国”“知创福建”，向设区市及平潭综合实验区延伸，成立4个分平台和13个工作站；打造知识产权业务“一网通办”，开发“知创云通行证登录”认证系统，实现“一次登录，多点通行”。组织近百家国内外中高端专业服务机构入驻“知创福建”平台，开展知识产权战略工作坊36期，举办业务主题宣传培训60多场，吸引6300多家企业8200余人次参与，为550多家企业提供专利数据库服务，帮助1184家企业通过贯标认证并取得证书。推动技术与创新支持中心建设，获批TISC建设单位1家、筹建机构2家。获批国家知识产权试点示范高校2家、国家高校知识产权信息中心1家。全省新增专利代理机构11家，新增具有专利代理资质的律所3家，全省共有专利代理资质机构66家。全国专利代理师资格考试福州考点报名总人数1151人，经审核取得考试资格的考生数1071人。全省知识产权远程教育培训平台参训人数达4.7万人次，综合考评名列全国前茅。持续推进知识产权专员制度建设，全省有3900多人获得知识产权专员资格。

（白　亮）

编辑：郑　莱

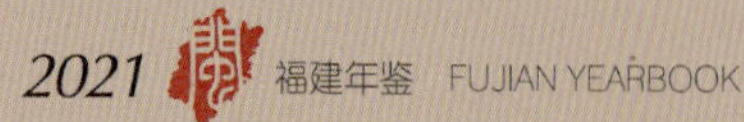

财政 税务

财　政

【财政收支基本情况】　2020年，福建省一般公共预算总收入5158.43亿元，比上年增长0.2%。其中，地方一般公共预算收入3079.04亿元，比上年增长0.9%。上划中央收入2079.39亿元，比上年下降0.7%。争取中央支持，全年全省获中央财政补助超1573亿元，比上年增长6.8%。支出规模不断扩大，支出结构持续优化，支出进度明显加快，重点支出保障有力。全省一般公共预算支出完成5216.10亿元，比上年增长2.7%。其中，省级一般公共预算支出512.89亿元，比上年下降13.4%。严格落实政府过“紧日子”要求，坚持有保有压，压减一般性支出，集中财力用于保障省委、省政府重大战略决策部署和重点事项支出，其中，扶贫支出累计增长14.9%，中小企业发展和管理支出增长34.5%，社会保障就业支出增长12.7%，最低生活保障支出增长19.8%，公共卫生支出增长73%。全省民生相关支出3933.40亿元，占一般公共预算支出75.4%，持续保持在七成以上。

全省政府性基金预算收入3429.71亿元，比上年增长33.5%；国有资本经营预算收入149.72亿元，比上年增长26.4%；社会保险基金预算收入1892.97亿元，比上年增长5.3%。全省政府性基金预算支出完成4281.96亿元，比上年增长34.3%；国有资本经营预算支出完成69.90亿元，比上年增长32.4%；社会保险基金预算支出完成1883.20亿元，比上年增长13.6%。

2020年新增政府债务限额1644亿元，比上年增加635亿元，增长62.9%。其中，新增一般债券资金重点用于脱贫攻坚、乡村振兴、医疗卫生和疫情防控救治体系建设、教育文化、生态建设等领域；新增专项债券资金重点用于交通基础设施、能源、农林水利、生态环保、民生服务、冷链物流设施、市政和产业园区基础设施、城镇老旧小区改造等领域，有效发挥对投资的拉动作用，促进经济平稳发展。财政部核定福建省地方政府债务限额为9639.2亿元，全省地方政府债务余额预计执行数8338.67亿元，严格控制在核定的限额内。

【支持疫情防控】　2020年，福建省加大疫情防控资金保障力度。围绕减轻患者救治费用负担、提高疫情防治人员待遇、保障疫情防控物资供应等出台一系列财税支持政策，及时开通政府采购和国库集中支付“绿色通道”，做好防疫物资进口、收储、发放保障，全省累计下达资金91.15亿元，其中省级财政资金37.27亿元，占比41%，确保城乡居民不因担心费用问题而不敢就诊，确保医疗机构不因支付政策而影响救治，确保基层组织不因资金问题而影响疫情防控。制定疫情防控专项资金管理办法，对一线医务人员临时性工作补助等6项政策资金开展重点检查。支持宜昌市开展疫情救治工作。落实中央援外抗疫任务要求，支持法国、意大利、菲律宾等国家和地区抗击疫情。

公共卫生体系建设。及时下达19.6亿元补助资金，统筹用于原12大类基本公共卫生服务项目以及妇幼健康、地方病防治、卫生应急等方面，支持人均基本公共卫生服务经费补助标准从69元提高到74元，新增部分全部用于基层医疗卫生机构开展疫情防控。迅速下达公共卫生和重大疫情防控救治体系建设补助资金2.96亿元，中央财政应急物资保障体系建设补助资金7.18亿元全部落实到项目执行单位。

支持筑牢“外防输入”屏障。立足福建省是著名侨乡、台胞祖籍地的省情，口岸检疫任务重，重点支持做好“外防输入”保障，拨付福州、厦门海关通关提效奖励资金共1.3亿元，激励海关创新监管机制、优化营商环境、压缩进出口整体通关时间、落实各项减税降费政策。安排海关临时应急资金1300万元，对海关疫情防控物资和设备投入给予适当支持，提升“外防输入”能力。

【支持三大攻坚战】　2020年，福建省

支持脱贫攻坚目标任务全面完成。多渠道筹集综合扶贫资金 90 亿元，比上年增长 10.3%，支持产业、就业等扶贫脱贫政策措施落实，全省现行扶贫标准下农村建档立卡贫困人口全部脱贫、2201 个贫困村全部退出、23 个省级扶贫开发工作重点县全部摘帽。印发《关于积极应对新冠肺炎疫情影响切实做好脱贫攻坚工作的通知》，指导各地统筹中央和省级扶贫资金，重点帮扶脱贫不稳定户，防止因疫致贫返贫，着力巩固提升脱贫攻坚成果。完善扶贫（惠民）资金在线监管系统，修订管理规程，系统内网全流程监管的专项资金 37 项，系统运行的资金累计超 230 亿元，惠及户（人）数 752 万，访问量超 3200 万人次。

支持生态环境质量提升。在全国率先出台财政支持打好污染防治攻坚战实施方案，建立常态化稳定的生态环保资金投入机制，下达生态环保资金 145.11 亿元。福建在 2019 年国家污染防治攻坚战成效考核中获得优秀等次。闽江流域山水林田湖草生态保护修复工程试点加快推进验收，九龙江流域 7 个试点项目启动实施。建立武夷山国家公园生态补偿机制，支持国家公园体制试点高质量通过评估验收。国家生态文明试验区建设获中央补助 6 亿元，建立全省配套资金筹措机制。省域重点流域生态补偿机制、汀江—韩江流域生态补偿机制作为典型经验向全国推广，汀江—韩江流域获财政部新一轮每年 2 亿元奖补政策支持。莆田、晋江蓝色海湾综合整治项目和福州滨海新城海岸带保护修复工程获中央补助 4.03 亿元。福州市、漳州市、莆田市等 3 个黑臭水体治理示范城市获得的 15 亿元中央补助资金全部下达到位。综合性生态补偿创新机制在全国财政系统推广。

政府债务风险总体可控。全面梳理到期地方政府债券情况，督促各地做实做细偿债计划，全年政府债券本息全部按期足额偿还。加强全口径债务统计监测，实施政府债务风险预警提示和通报制度，开展隐性债务风险等级评定，督促各地依法合规化解隐性债务存量，坚决遏制隐性债务增量。将政府债务风险防控情况纳入政府绩效考核范围，压实债务管理主体责任。全省政府债务余额严格控制在中央核定的限额内，债务风险总体可控。

【保居民就业】 2020 年，福建省千方百计促进就业，省级财政安排就业补助资金 7.77 亿元，支持实施“十个一批”扩岗行动等工作，拓宽高校毕业生、农民工、退役军人和困难群众等重点群体就业渠道。对生源地为湖北的 2020 届高校毕业生按每人 2000 元标准发放一次性求职创业补贴。用好职业技能提升行动专账资金，支持开展各类职业技能培训，全年累计培训 70.55 万人次。在 2019 年对不裁员或少裁员参保中小微企业给予失业保险费 50%返还的基础上，将返还标准提高到 100%，鼓励各地对面临暂时性生产经营困难且恢复有望企业，灵活制定本地化措施，加大稳岗返还资金支出力度。全年共发放稳岗返还资金 46.31 亿元，惠及企业 23.58 万家、职工 410.21 万人。

【保基本民生】 2020 年，福建省一般公共预算民生支出 3933.40 亿元，占比 75.4%。省级财政下达 28 件省委、省政府为民办实事资金 172.89 亿元，完成年初计划的 117.7%。支持全省新建、改扩建 200 所公办幼儿园，计划新增学位 6 万个。继续提高生均公用经费标准，学前教育从每生每年 450 元提高到 600 元，高中教育从每生每年 900 元提高到 1000 元。首次将家庭经济困难非寄宿生纳入生活补助范围，全省近 500 万人次享受免费教科书、营养餐和生活补助等政策。支持省儿童医院 PPP 项目、省疾控中心迁建项目等加快建设，省属公立医院全面实施总会计师制度。阶段性将价格临时补贴标准提高 1 倍，阶段性提高临时救助筹资标准并将符合条件的未参保失业人员纳入救助范围，省定农村低保最低标准从人均每年 3700 元提高到 4050 元，城市低保标准占最低工资标准比重从 36%～42%提高至 42%～48%，集中供养和社会散居的孤儿和事实无人抚养儿童基本生活保障标准从每人每月 1500 元、900 元分别提高到 1800 元、1400 元，残疾儿童康复救助年龄从 0～6 岁和 0～14 岁统一提高到 0～17 岁，救助标准从每人每年 1.5 万元、1.8 万元分别提高到 1.7 万元、2 万元。下达 2020 年度中央和省级保障性安居工程专项资金 39.51 亿元，支持 3.94 万套棚户区改造、0.4 万户租赁补贴发放和 817 个老旧小区改造。

【保市场主体】 2020 年，福建省落实中央减税降费政策部署，在权限范围内出台免征部分行业江海堤防工程维护管理费等 4 项措施，全年累计新增减税降费 626.24 亿元。加快落实中央增值税留抵退税政策，确保符合条件的企业第一时间应退尽退。全省行政事业单位、省级文化企业共为中小企业和个体工商户减免租金 6.14 亿元。两期共 200 亿元贷款额度的中小微企业纾困专项资金全部发放完毕，惠及企业 4601 家，年化利率不超过 3.35%。整合设立 10 亿元省级政策性优惠贷款风险分担资金池。全面梳理 13 类 74 项财政惠企政策并编印成册，组织开展 23 期线上线下政策宣传培训，成立注册会计师专家服务团，免费为 8000 多家企业或个体工商户提供咨询服务，有效帮助各类市场主体用好用足政策。

【保粮食能源安全】 2020 年，福建省下达省级以上农田建设补助资金 18.3 亿元、耕地地力保护补贴资金 12.1 亿元，支持提高粮食综合生产能力。稳定实施粮食最低收购价政策，落实储备订单粮食补贴资金保障，保护农民种粮积极性。支持“引粮入闽”工作，保障福建省粮食市场供应稳定。支持建立健全多元主体、多类品种、多种形式互为补充、协同联动的能源安全储备制度，提升煤炭储备规模。

【保产业链供应链稳定】 2020年，福建省实施创新驱动发展战略，省级财政投入15.49亿元，增长39.3%，支持企业研发投入分段补助、高新技术企业培育、科技型中小微企业信贷风险补偿等政策落地。落实工业（产业）园区标准化建设三年行动计划，支持园区配套设施建设和企业设备更新、产品升级换代。及时出台“6＋15”条稳外贸财政应急奖励政策，全力稳住外贸外资基本盘。落实财政正向激励资金，支持开展线上线下促消费等“全闽乐购”活动。落实“电动福建”建设三年行动计划，推动新能源汽车生产企业做大做强。

【保基层运转】 2020年，福建省加大财力下沉力度，2020年省级财政安排的县级基本财力保障补助资金增长19.5%、均衡性转移支付增长13.1%。对所有县区实行库款和保工资监测，将中央阶段性提高地方财政资金留用比例增加的现金流全额调度给县级财政。争取、分配、下达中央抗疫特别国债和特殊转移支付资金，有效缓解基层财政收支压力；严格落实既当好“过路财神”又不做“甩手掌柜”要求，对资金分配下达、资金支付、惠企利民补助发放情况进行全覆盖、全链条监控，确保资金第一时间直达基层、直接惠企利民。将27个县纳入“三保”预算编制事前审核范围，加强县市财政“三保”预算执行监控，完善应急处置预案，做到风险早发现、早报告、早介入、早处置。

【财政管理】 2020年，福建省政府在以前年度对结余资金和连续两年未用完的结转资金盘活的基础上，除已开工在建的重点项目资金外，对省直各部门上年底未用完的结转资金全部予以清理收回，全年共收回部门存量资金超54亿元。分类规范处置省级行政事业单位资产，全年共取得处置收入6.4亿元。严格执行省人大批准的预算，优先保障“六稳”“六保”等重点任务，其余非刚性非急需支出一律暂缓安排。严控因公出国（境）经费、差旅费等支出。加强财政性投资项目评审管理，全省各级财政评审金额3919.83亿元，节约财政资金300.29亿元。

预算绩效管理。加快推进全面实施预算绩效管理，省级层面基本建成全方位、全过程、全覆盖的预算绩效管理体系。探索构建政府收支预算绩效指标体系，逐步推进部门整体支出绩效管理，对所有项目支出实施绩效目标、绩效运行监控和绩效自评。省级所有申请新增设立的117个专项资金全面开展事前绩效评估，对现有的189个专项资金执行情况开展两次绩效评价，21个重大政策和项目事后财政评价全部完成。将一般公共预算、政府性基金预算、国有资本经营预算和社保基金预算全面纳入绩效管理。积极引进第三方参与，联合厦门大学、福州大学等5所高校分别创建绩效研究智库平台。根据财政部考核结果，2019年全省预算绩效管理工作被评为优秀等次，位居全国第三位，比上年提升2位。

【重点领域改革】 2020年，福建省财税改革持续深化。出台国家安全、交通运输、生态环境领域省与市县财政事权和支出责任划分改革方案。省级在2020年预算编制中积极运用零基预算理念，厦门市率先全面实施零基预算改革。加强预算统筹，省国资委监管企业国有资本收益收取比重由24.5%提高到30%，省级专项资金从2019年的204项减少至189项。资源税全省适用税率、计征方式以及减免税具体办法经省人大常委会审议通过后，于2020年9月1日起正式实施。

国资国企改革。出台《福建省划转部分国有资本充实社保基金实施方案》，基本完成全省划转工作。国有金融资本出资人职责有效落实，引导金融机构全面落实服务实体经济、防控金融风险和深化金融改革任务。开展省级行政事业单位经营性国有资产集中统一监管工作，国有资产配置和使用效率进一步提升。健全国有文化资产监管制度体系，加强省级文化企业重大事项管理，文化企业改革深入开展。

财政“放管服”改革。财政行政审批标准化改革持续推进，“证照分离”改革试点等工作扎实开展，“互联网＋监管”能力不断提升。政府采购制度改革深入实施，政府采购营商环境持续优化，根据财政部评估结果，2019年度全省政府采购透明度总得分位居全国第一。财政电子票据改革加快推进，在全国率先实施跨省交罚电子票据改革、率先实现医保报销全程网办、率先接入全国财政电子票据查验平台。2020年在福州、厦门、平潭3个自贸试验片区实行“会计师事务所分支机构和代理记账机构设立审批”告知承诺改革，对会计师事务所行政审批服务事项2个主项、11个子项实行“即办即知结果”，提高即办件比重达82%、“一趟不用跑”比重达100%。（唐文倩）

税　务

【概况】 2020年，福建省系统（不含厦门，下同）组织税费收入4105.83亿元，比上年下降4.1%，其中，组织税收收入3095.81亿元，下降1.9%；组织社会保险费收入854.41亿元，下降12.4%；组织其他非税收入155.61亿元，增长2.5%。落实7批28项支持疫情防控减税降费政策，2020年全省税务系统累计落实新增减税降费448.24亿元。针对疫情期间纳税服务需求，推出147条具体措施，实现211个事项全程网上办，“非接触式”综合办税率达95.96%。

【聚焦“六稳”“六保”】 2020年，福建税务系统出台《防控疫情工作方案》《防控疫情工作应急预案》，出台助力打赢疫情防控阻击战的12项措施。联合省人社厅等单位起草阶段性减免企业社保费实施办法，会同省商务厅等单位就10多份涉税文件提出建议。完善工作机制，迅速落实7批28项支持疫情防控减税降费政策。2020年，全省税务系统（不含厦门，下同）累计落实新增减税降费448.24亿元。福建省税务局成立复工复产分析工作领导小组，成立分析专班，健全分析机制，以增值税发票数据分析为重点，开展大中小、内外资、上下游、产供销等多维度分析。

【营商环境优化】 2020年，福建税务系统注重服务的有效供给，开展税收营商环境专项提升活动，用高质量的服务支持维护“六稳”“六保”大局。

推进便民办税。连续第7年开展“便民办税春风行动”，推出147条具体措施。通过多种途径拓展“非接触式”办税，实现211个事项全程网上办，“非接触式”综合办税率达95.96%，全年上门办税量下降36%，窗口办税平均提速37%。在各设区市税务局增设“12366”纳税服务热线，及时解答纳税人、缴费人的个性化问题；全面推行“好差评”制度，跟进纳税人、缴费人意见建议改进服务。

实招帮扶企业。完善挂钩帮扶企业机制，全年共帮扶13万户受疫情影响的企业，协调处理大企业跨区域等涉税诉求550项。深化银税互动，新增22家银行接入线上银税互动平台，鼓励银行依托纳税信用创新信贷产品，帮助1.87万户企业修复纳税信用实现评定档次升级，协助近3万户小微企业获得纳税信用贷款308亿元。辅导并审批2100余户企业延期缴纳税款46.4亿元，办理延期申报超过5000户。

全力服务发展。推出发挥税收职能全方位推动福建高质量发展超越的11项措施。支持跨境电商出口、市场采购贸易等外贸新业态发展，压缩出口退税平均办理时限至7个工作日内，全年共退税356.6亿元。扶持高新技术企业发展，向国家备案高新技术企业2064户，增长67.5%。服务“一带一路”建设，扶持企业“走出去”；落实境外投资者利润直接投资暂不征收预提所得税政策，备案28户次，为福建省增加外国直接投资24.69亿元。落实非居民企业税收协定待遇277户次，减免税款7.5亿元。

【税费治理】 2020年，福建税务系统坚持全面落实减税降费与严格依法组织收入“两手抓”，积极探索优化税收治理，提高征管质效。

深化税收宣传。围绕“七五”普法收官工作，开展税收法治宣传教育。举办第29个全国税收宣传月、宪法宣传周等活动，及时召开新闻发布会和通气会等，解读税费政策。通过腾讯、钉钉创新推出“云辅导”，面向广大群众普及税法。福建省税务局微信公众号在全省政务微信号影响力指数榜排名长期位列前5名，“漳浦OTO税收主题公园”入选第二批全国税收普法教育示范基地。

实施精细管理。深化以数治税，上线对外数据共享系统，升级税收分析系统，优化出口退税、社保非税系统，推进特色软件整合。开展征管质量5C评价，建立数据质量预警机制；围绕税费征管、平台经济等热点开展调研，出台针对性措施，逐步规范管理。推进各税费精细管理，加强事中事后监管，完成首次个人所得税年度汇算，全面实施在全国率先联合住建部门推出的土地增值税清算项目工程造价计税成本标准；在全国率先完成重点企业财务报送工作；加大反避税调查力度，防范税收风险。牵头测算资源税福建省适用税率，推动省人大批准福建省155个税目的适用税率、计征方式和减免税办法。配合相关部门共同推进新增非税收入项目划转税务部门征收。

依法依规征收。坚持组织收入原则，精准研判，科学分解预算目标，实时监控收入运行。适时调整预算目标，促进收入与经济运行更加协调。2020年，全省税务系统（不含厦门）共组织各项收入4105.83亿元，下降4.1%，其中税收收入3095.81亿元，下降1.9%。

【依法治税】 2020年，福建税务系统坚持依法治税，统筹处理好执法政治效果、法律效果与社会效果的关系，全力维护纳税人、缴费人合法权益。

优化执法方式。提出优化税务执法方式的34条措施。落实“双随机、一公开”监管机制，规范进户执法。深入推行“三项制度”，上线税务行政执法音像记录平台和执法信息公示平台，加强重大执法决定法制审核，促进执法信息透明、过程留痕、结果公正。编制福建省税务局9类134项217子项权责清单和104份流程图，全面规范权力运行。

加大执法力度。健全稽查体制机制，完善税务稽查工作；与市场监督、公检法、海关等部门加强情报互通、信息共享、线索发现移交和案件会商，增强打击合力。上线全省贯通的稽查指挥会商系统，在全国率先实现四级级联。打击涉税违法，严厉查处“三假”，深入推进扫黑除恶专项斗争，全年共查处涉嫌违法企业4294户，查补税费18亿元，公布税收“黑名单”778户，整顿和规范税收秩序。

提升执法效果。试点重大案件审理说明理由制度，加强对基层案件办理的监督，运用和解、调解，依法办理行政复议，化解征纳争议。认真履行行政应诉职责，福建省税务局全年应诉5件。联合系统内外共同办理重大涉税信访问题。

2020年福建税务（含厦门）各项税费收入完成情况表

单位：万元

项目 收入	累计入库税额	比上年同期	
		增加额	增长（%）
一、税务部门组织各项收入	55606984	－2604098	－4.5
（一）税务部门组织税收收入	42343677	－880180	－2.0
其中：中央级税收收入	20928495	－237838	－1.1
其中：地方级税收收入	21415182	－642341	－2.9
1. 国内增值税	16204881	－887809	－5.2
其中：直接收入	14176034	－1286934	－8.3
其中：营改增	7065066	－664855	－8.6
2. 国内消费税	3049799	149194	5.1
3. 企业所得税	9309302	－671779	－6.7
4. 个人所得税	5052119	829583	19.6
5. 资源税	72576	－19163	－20.9
6. 城镇土地使用税	315985	－32762	－9.4
7. 城市维护建设税	1254153	－17481	－1.4
8. 印花税	428865	33128	8.4
9. 土地增值税	2223203	－380568	－14.6
10. 房产税	807373	－77332	－8.7
11. 车船税	263043	19561	8.0
12. 车辆购置税	933099	－77322	－7.7
13. 烟叶税	63596	11658	22.4
14. 耕地占用税	124108	－26152	－17.4
15. 契税	2197182	264042	13.7
16. 环境保护税	31404	－497	－1.6
17. 其他税收	12989	3820	41.7
（二）税务部门组织其他收入	13263307	－1723918	－11.5
1. 社会保险费	11390005	－1745362	－13.3
2. 其他非税收入	1873302	21444	1.2
二、出口退（免）税	－8004046	477038	－5.6
其中：出口退税	－5975199	876163	－12.8
其中：免抵调库	－2028847	－399125	24.5
三、海关代征	4533169	－425088	－8.6

2020年福建税务（含厦门）税收收入分地区完成情况表

单位：万元

征收单位	累计入库税额	比上年同期	
		增加额	增长（%）
全省	42343677	−880180	−2.0
厦门	11385622	−285129	−2.4
小计	30958055	−595051	−1.9
福州	10461777	102554	1.0
平潭	741145	178529	31.7
三明	1519135	−76407	−4.8
南平	1128761	−105587	−8.6
宁德	2146254	21375	1.0
莆田	1956912	−9880	−0.5
泉州	7262429	−396428	−5.2
漳州	2807046	−366052	−11.5
龙岩	2934665	56914	2.0

（侯树仁）

【厦门税务】 2020年，厦门市税务累计组织入库各项收入1454.87亿元，比上年下降5.5%，其中税收收入1138.56亿元，下降2.4%。

2020年，厦门市税务局落实党中央国务院7批27项减税降费政策，出台厦门18条税务支持措施；实施网格化管理，确保政策红利直达市场主体，全年新增减税降费178亿元。全面拓展“网上办、掌上办、邮递办、自助办”方式，发布“非接触式”办税功能237项，其中全流程网上办理218项，覆盖95%线下业务；推行“分时点全预约”办税，实现时间、场所双错峰，开辟防疫绿色通道，上线微信、支付宝社保服务；组建10支护航外贸突击队，优化退税服务，加快退税进度，无纸化退税申报企业占98.2%，无疑点办退提速20%、平均在6日以内，办理出口（免）税290.95亿元。

创新数据服务。建成厦门市税务局数据中心，发挥税收数据优势，助力企业对接供需，帮扶湖北企业及当地企业复工复产162户次，实现采购原材料及意向合同金额2.56亿元。

依法抓好组织收入，坚持组织收入原则，加强收入形势分析研判，落实多税（费）种联动管理，推进重点税费源分析和调查预测工作，累计组织入库各项收入1454.87亿元，比上年减收83.93亿元，下降5.5%，其中税收收入1138.56亿元，减收28.51亿元，下降2.4%。累计办理出口退税290.95亿元，减少37.05亿元，下降11.3%。海关累计代征税收177.16亿元，减收7.14亿元，下降3.9%。

社会保险费工作。落实社保减负，确保政策落地落细，落实市政府出台的企业职工基本养老保险单位缴费费率按照12%执行，城镇职工基本医疗保险单位缴交部分费率调整为7%，外来从业人员基本医疗保险单位缴费费率调整为3%，工伤保险费率下调20%等政策，累计为21万户用人单位减免各项社保费197.25亿元，其中，厦门市政策减免106.47亿元、国务院政策减免90.78亿元。

非税收入工作。执行非税收入各项政策，征收非税收入31.58亿元，减收1.63亿元，下降4.92%；共减免非税收入16.49亿元，增加5.05亿元，增长44.18%。落实非税优惠政策，对单位和个体工商户将自产、委托加工或购买的货物，无偿捐赠用于应对新冠肺炎疫情的，免征教育费附加、地方教育附加和文化事业建设费。

落实各项税收政策。全年新增减税降费178亿元，其中，增值税自2020年1月1日起，疫情防控重点保障物资生产企业可按月申请全额退还增值税增量留抵税额；对纳税人运输疫情防控重点保障物资取得的收入，免征增值税等，减免增值税合计11.1亿元，惠及4.9万户次企业。企业所得税自2019年

1月1日至2021年12月31日，对小型微利企业年应纳税所得额不超过100万元的部分，减按25%计入应纳税所得额，按20%的税率缴纳企业所得税；对年应纳税所得额超过100万元不超过300万元部分，减按50%计入应纳税所得额，按20%税率缴纳企业所得税。联合财政部门认定获得免税资格非营利组织2批47户，配合相关部门对社会组织的公益性捐赠资格认定急事急办，梳理国家、福建省、厦门市名单上网公开，落实公益性捐赠税前扣除政策，全年减免税款157.10亿元，增长4.84%。个人所得税，对参加疫情防治工作医务人员和防疫工作者按照政府规定标准取得的临时性工作补助和奖金免征个人所得税等。全年因个人所得税改革实现减税70.12亿元，享受人数386.83万人。财产和行为税（包括土地增值税、契税、房产税、城镇土地使用税、印花税、城市维护建设税，下同）落实具有厦门特色困难性减免政策框架，对因疫情影响遭受重大损失的各类纳税人、疫情期间减免租金的特定出租方、为个体工商户等特定承租方减租的出租方减免房产税、城镇土地使用税2亿元，减免各项财产和行为税37.21亿元。

征收管理。登记管理，有税务管理户54.3万户（包括正常户、非正常户、停业户），比上年增长14.43%，其中，企业纳税人38.6万户，增长6.95%，占比71.07%；个体经营15.24万户，增长39.56%，占比28.06%；其他类型0.46万户，增长9.3%，占比0.85%。将企业开办环节压缩至0.5个工作日；实现电子送达全覆盖，有39.17万户纳税人签订电子送达确认书，占电子申报纳税人97.68%，通过电子送达税费认定等11大类文书共计30.55万份。

出口退税服务与管理。全年办理出口退（免）税290.95亿元。出口退税平均办退时间为8个工作日，缩短20%；分类评定优化，只要符合条件即可申请提升企业类别，完成1.63万户外贸企业分类评定，一、二类出口企业占比提高至77.98%；非接触式全覆盖，全面推广无纸化办税，节约出口企业退税时间和成本，无纸化申报达98.16%；办理途径多样化，纳税人可任意选择电子税务局，标准版国际贸易“单一窗口”出口退税平台进行出口退（免）税申报及办理各类出口退（免）税相关事项。

大企业服务与管理。2020年，厦门市有千户集团总部企业46户，集团总部数量位列全国第14位；千户集团成员企业2961户，全年贡献税收收入519.21亿元，占全市当年税收收入1138.56亿元的45.60%。加大风险应对力度，完成大企业风险应对321户，入库税款及滞纳金14.15亿元。

国际税收。全年反避税税收贡献3.8亿元。服务“一带一路”建设，与厦门大学合作，做好国别（地区）税收信息研究；首次与厦门国家会计学院合作，开展“一带一路”课题研究。

电子税务。厦门全面升级优化47项主要办税功能，推出跨区域涉税事项报验及增值税预缴套餐服务，实现外省纳税人到厦外出经营预缴增值税全流程网上办。全面拓展“网上办”“掌上办”“自助办”等办税渠道，发布“非接触式”办税费功能清单共237项，全年电子税务局存量用户73.8万户（其中企业用户45.97万户），纳税人累计登录1690万次，“非接触式”办理业务2401万笔。

税务稽查。全年税务稽查共审结税收违法案件1138户，其中千万元案件21户，百万元案件72户，查补收入总额18.67亿元。查处虚开骗税案件637户，挽回经济损失13.46亿元。查处利用黄金交易骗取出口退税团伙案，涉案金额17.79亿元，采取强制措施105人，移送起诉102人，共有40名犯罪嫌疑人主动投案自首。（王宝进）

编辑：郑　莱

综　　述

【金融监管】　2020年，福建省提升金融服务实体经济水平。落实疫情防控金融服务政策。成立领导小组，制定防控方案，出台18份政策文件，率先联合地方政府出台地方版纾困贷款，设立两期各100亿元贷款规模的中小微企业纾困专项资金，推动中小微企业临时性延期还本付息、产业链协同复工复产金融服务等政策落地。组织深入一线开展金融支持复工复产专项督查，为企业解难题办实事。强化普惠金融服务。加强监管引导，开展“普惠金融百千万工程”，出台降低小微企业融资成本的意见，高标准落实“增量扩面、提质降本”各项目标任务，银行保险机构多渠道向实体经济让利超过300亿元。全面规划推进宁德、龙岩国家普惠金融改革试验区建设，推出房产抵押贷款内部评估、创业就业金融服务中心等普惠金融创新。助力打好脱贫攻坚和污染防治攻坚战，辖区贫困人口实现“能贷尽贷”“能保尽保”，绿色融资大幅增长。推动助力产业转型升级。优化服务实体经济质效监测评价体系，督促银行机构加大制造业信贷投放，制造业贷款增速为近5年最高。联合工信、商务等部门举办产融合作政银企线上对接会，发挥联合授信委员会机制作用，引导银行机构加大对新经济支持力度。引导保险机构发展首台(套)保险和重点新材料首批次应用保险，支持创新成果落地。

金融风险防控。组织开展全辖范围信用风险底数摸排，研究制定风险防控目标和措施。发挥“政司银企”协作化险机制作用，加大不良贷款处置力度，全年资产质量总体保持稳定。强化中小法人机构风险防控。完善中小银行流动性风险应急处置机制，组织开展应急演练，强化应急处置能力。协助省政府制定中小银行深化改革和资本补充工作方案。持续推进金融市场乱象整治。压降影子银行和交叉金融业务，深入开展市场乱象整治“回头看”，全年共组织对辖区40家银行保险机构开展现场检查，做好案件处置和举报事项查处。

强化公司治理监管。组织制定贯彻落实公司治理三年行动方案责任清单，指导地方法人机构全面实施股权托管，督促主要股东作出资本补充的长期承诺，用好董事高管履职监管评价工具，地方法人机构公司治理水平提升。

金融服务体系。推进农信社改制农商行工作，“多县一行”制村镇银行试点平稳落地。推进养老保险第三支柱建设，商业养老保险覆盖380万人。加强金融消费者权益保护体系建设，与福州市中级人民法院签署建立金融纠纷诉调对接工作机制的备忘录。

金融改革创新。推动车险综合改革平稳落地，实现商业车险手续费率和车均保费整体下降。自贸试验区不动产抵押登记“全程网办”等创新举措得到复制推广。　　　　　　　　(唐福来)

【厦门市地方金融监管】　2020年，厦门市加强金融监管，牢牢守住不发生系统性金融风险的底线。强化依法监管，增强监管权威性。制定《厦门经济特区地方金融条例》。加快制定各类地方金融行业监管实施细则，先后出台厦门市小贷公司、融资担保、商业保理公司、融资租赁公司等监管办法。

强化科技监管。为加强六类机构监管数据统计分析工作，提升数据报送的及时性和准确性，促进监管文件及监管数据交流共享，推动接入银保监会金融专网。推动建设覆盖各类地方金融组织的非现场监管系统——寒霜系统，寒霜系统第一期完成软硬件开发和联调。

提高监管实效性。组织各区金融办、地方金融协会、第三方专业机构，全面开展覆盖各类地方金融组织的现场检查。持续督促交易场所化解风险；有序推进同类别交易场所撤并整合；完成“僵尸”交易场所的资质撤销，打赢交易场所清理整顿攻坚战。有序开展融资租赁和商业保理公司摸排清理。按照机构自查、行业协会自律检查、重点企业核查的步骤，对厦门市283家商业保理企业、372家融资租赁企业进行清理排查。

联合监管。依托厦门市地方金融协会自律管理，开展自律检查、清理排查等专项工作；以协会各行业专业委员会为平台，加强行业自律，促进行业交流；以行业自律促进行业创新，指导协会出台《厦门市小额贷款公司与合作机构开展贷款业务工作指引（试行）》，着力提升行业规范化、标准化水平，在全国范围内较早从行业自律角度对小额贷款公司和场景方、科技资源方合作开展贷款业务进行规范。完善厦门市金融类纠纷诉调对接纠纷解决机制，筹备厦门地方金融纠纷调解中心，探索建立专业高效、有机衔接、便捷利民的常态化诉非联动金融纠纷多元化解机制。推进信用信息归集与平台建设、制度建设、拓展应用等工作，提升信用体系建设。

对台交流。2020年，厦门有22家台湾银行机构在厦门开立41个人民币代理清算账户。跨海峡人民币代理清算账户余额百亿元，累计清算金额约1600亿元。新增4家台资境内上市公司，分别是建霖股份、厦门银行、欣贺股份、宸展光电。

招商引资。2020年，厦门市落地金融类招商项目共计817个，累计投资金额4977.77亿元。全年新增瑞达基金、金圆统一证券等2家法人金融机构总部，银河期货、光大期货福建分公司等7家金融机构区域性分支机构，望润资产管理公司等16家持牌地方金融机构。举办2020中国母基金峰会暨第二届鹭江创投论坛，重点对接深创投、五矿创新基金等30余家投资机构在厦基金设立事宜。举办金融科技创新推进会、金融科技50人论坛，重点对接企业30余家次。参与海峡论坛、两岸企业家峰会、“1218全球招商节”等重大招商活动，推介金融强市、金融科技之城建设政策体系。推进私募基金招商，备案私募基金管理机构353家，管理基金突破1200只，基金总规模突破2700亿元。

（全宗文）

【金融运行】 2020年，面对新冠肺炎疫情对经济社会发展带来的冲击，福建金融业支持疫情防控和经济复苏成效显著，运行安全稳健。各项存款增速增量均有提高，贷款增速平稳上行，普惠领域信贷量增面扩。贷款市场报价利率形成机制（LPR），改革推动贷款利率明显下行，小微企业融资成本下降。不良贷款率稳中有降，拨备水平稳步提升。证券业和保险业助推经济与保障民生的功能提升，金融市场稳健发展。社会融资规模明显增长，融资结构持续改善。

各项存款增速增量均有提高。年末金融机构本外币各项存款余额比上年增长13.14%，增速较上年末提高4.36个百分点，2020年新增存款6550.5亿元，比上年增加2541.3亿元。其中，非金融企业存款余额增长15.8%，增速较上年末提高9.8个百分点。

贷款增速平稳上行，普惠领域信贷量增面扩。年末金融机构本外币各项贷款余额比上年增长13.71%，增速较上年末提高0.51个百分点；新增贷款7218.8亿元，比上年增加1399.7亿元。地方法人金融机构人民币贷款余额增长21.0%，比全省平均水平高8.5个百分点。信贷结构逐步优化。全年制造业、批发和零售业贷款增量占同期贷款总增量的8.08%和6.91%，比上年分别提高8.09个和2.73个百分点；全年房地产业贷款增量占同期贷款总增量的0.86%，比上年下降2.5个百分点。年末制造业中长期贷款（仅含中资金融机构）、信息传输、软件和信息技术服务业、科学研究和技术服务业、卫生和社会工作业贷款增速分别为16.9%、26.2%、74.6%、26.6%。普惠领域信贷量增面扩。年末普惠口径小微企业贷款余额增长32.38%，增速较上年末提高0.5个百分点；普惠小微贷款户数达136万户，较年初增加22.8万户。金融服务乡村振兴战略的力度增强。年末涉农贷款本外币余额1.5万亿元，增长12.2%。金融精准扶贫成效显著。年末个人及产业带动精准扶贫贷款余额增长110.3%，全年累计发放267.2亿元。

人民币贷款利率明显下降，存量贷款定价基准转换实现“应转尽转”。2020年，福建省市场利率定价自律机制高效运行，加强金融机构贷款利率定价指导。截至8月31日，地方法人金融机构存量贷款定价基准转换进度93.3%；非法人转换进度95.1%，推动贷款利率总体下行。全年人民币贷款加权平均利率5.35%，比上年下降53个基点，按年化折算，可节约融资成本163.43亿元。其中，对小微企业贷款利率4.82%，比上年下降67个基点；对普惠小微企业贷款利率5.36%，下降103个基点。在全面推广LPR运用、坚决打破贷款隐性下限、利率传导的微观机制逐步建立等的综合作用下，2020年12月人民币贷款加权平均利率5.04%，下降48个基点，对企业贷款利率4.22%，下降52个基点。其中，对小微企业贷款利率4.38%，下降82个基点，对普惠小微企业贷款利率5.18%，下降91个基点。

不良贷款率稳中有降，拨备水平稳步提升。年末银行业金融机构不良贷款率比年初下降0.04个百分点，平均拨备覆盖率上升10.5个百分点。信贷资产质量偏离度有所下降，年末银行业金融机构逾期90天以上贷款占不良贷款比重降至100%以内，银行业总体贷款质量向下迁徙率较年初降低0.21个百分点。地方法人银行机构审慎进行信贷资产分类，加大拨备和资本计提，年末信用风险资产减值损失准备余额比上年同期增长27.14%。

金融市场稳健发展，社会融资规模明显增大。货币市场发展总体良好，全年银行间同业拆借、债券回购、现券交易三项成交总额比上年增长14.96%，累计净融入资金9.67万亿元，交易量仍主要集中于兴业银行和4家城市商业银行，兴业银行拆借、债券交易量占比分别为69.58%、43.57%，4家城市商业银行占比分别为15.4%、28.95%。票据融资总量（含承兑、贴现、转贴现）比上年增长10.8%，票据贴现利率中枢稳步下行，全年票据贴现加权平均利率比上年下降44个基点，转贴现加权平均利率下降86个基点。票据融资总量保持增长，主要归因于利润稳定的票据贴现业务对银行的吸引力提高，以及同业市场资金相对宽松、市场买入需求大幅提升、票据转贴现利率明显下行等。直接融资大幅增长，全年非金融企业实现股权融资547.54亿元，增长158%。企业在银行间市场和沪深交易所共发行债券6402.12亿元，增长40.9%，居全国第七位。非金融企业实现境内债券融资4380.94亿元，增长51.3%。全年新增32家境内外上市企业（含过会），创历史新高；年末在全国中小企业股份转让系统（"新三板"）挂牌的企业累计282家，总股本186.47亿元，可交易股本113.17亿股，增发融资5.42亿元；区域性股权市场（含海峡股权交易中心、厦门两岸股权交易中心）累计挂牌展示企业1.03万家，较上年末新增3213家，增长44.87%，累计帮助企业融资116.14亿元。保险市场运行平稳，全年保险业累计实现保费收入（原保险保费收入）比上年增长5.74%，累计承担风险总额和累计赔付支出分别增长26.86%和7.97%，保险密度3126.7元/人；保险深度2.83%；保险公司加大产品创新和保险服务力度，通过为企业复工复产提供融资增信服务，拓宽疫情相关保险责任，开通理赔、复效优惠政策等，多措施支持疫情防控。涉外收付款和结售汇总额增长、顺差下降，全年涉外收支总额增长14.6%（若剔除"债券通"业务，收支总额增长6.4%），结售汇总额增长2.4%；涉外收支顺差186.99亿美元，下降19.2%，结售汇顺差82.4亿美元，下降51.1%。受疫情影响，净收汇、净结汇呈"W"型走势。人民币跨境收付金额快速增长，全年跨境人民币收付总额增长44.48%，净流入441.24亿元，在严峻形势下实现逆势增长，试点福建自贸试验区跨境人民币创新业务，推动形成大宗商品贸易人民币计价结算机制，扩大人民币在周边和"一带一路"沿线国家和地区的使用，全年福建与"一带一路"沿线国家和地区的跨境人民币业务量达373.98亿元，占同期全省跨境人民币业务总量的14.25%，比上年提高4.99个百分点。黄金市场交易增势平稳，全年银行业金融机构（不含兴业银行）代理上海黄金交易所黄金交易比上年增长38.76%，上海黄金交易所的8家省内会员单位全年成交总量（不含个人业务）下降12.93%，成交额增长1.91%。

社会融资规模明显多增。全年社会融资规模新增10591.97亿元，比上年增长18.04%。其中，新增人民币贷款6960.15亿元，增量占比为65.71%，表外融资下降798.63亿元。区域金融市场创新发展，企业直接融资力度加大；地方政府债发行加速，其中地方政府专项债发行1353亿元。（王　勉）

【外汇管理】　2020年，福建省推进外汇金融支持稳企业保就业各项任务落地。创新运用福建省银行外汇与跨境人民币业务自律机制（简称"省级自律机制"），将外汇管理支持疫情防控、稳企业保就业的政策措施转化为直达市场主体的融资和避险产品，至年末外汇贷款余额和全年外汇衍生产品签约量比上年分别增长9.2%和55%。牵头制定疫情防控期间外汇业务办理操作指南，引导银行开设外汇政策绿色通道，及时支持疫情防控对外汇服务的迫切需求。至年末，全辖（不含厦门，下同）155个银行分支机构通过外汇政策绿色通道，为287个市场主体累计办理疫情防控相关的外汇收支业务1364笔，金额折人民币19.6亿元。在疫情防控期间，市场主体办理外汇许可业务实现"免出门、不见面、零接触、更高效"，外汇行政许可"网上办"比重较上年提高25.9个百分点。指导省级自律机制精准对接稳企保就需求，集中宣传推介贸易融资产品155个、个性化汇率避险产品16类。组织全辖对接2519家银企，"一地一策""一企一策"灵活务实地解决504个困难和问题，解决率达91%。

提升跨境贸易投融资便利化水平。推动贸易外汇收支便利化试点落地实施，为企业提供事前免审单据、特殊退汇事前免登记、进口报关单免核验的政策红利，自2020年9月试点获批至年末，累计办理564笔、金额7.67亿美元的贸易收支。协同省税务局、省商务厅，通过福建省国际贸易"单一窗口"联合上线运行"福建省税务备案表查询核注系统"，实现服务贸易付汇便利化，至年末累计办理服务贸易项下备案付汇2570笔，付汇金额27.10亿美元。推进个人贸易外汇便利化，组织各级外汇局和银行结合福建侨情特色，通过个人储蓄账户高效便捷办理收结汇，实现个人经营性外汇收入规范回流，并启动个人货物贸易收汇真实承诺框架下"减免单证审核"政策试点，全年个人货物贸易收汇比上年增长54%。指导省级自律机制牵头制定离岸转手买卖的展业自律规范，2020年全辖离岸转手买卖外汇收支合计2.06亿美元，比上年增加4.28倍。推动跨境金融区块链与实体经济深度融合，2020年全辖银行通过区块链服务平台共办理放款13.06亿美元，月均1.08亿美元，较疫情爆发前增长62.73%。率先在全辖范围推进资本项目收入支付便利化真实性审核应用场景试点，推动资本项目收入支付便利化业务落地。至年末全辖有630家银行网点开通该应用场景使用权限，通过跨境金融区块链服务平台共办理试点业务68笔，金额合计2.94亿元。引导辖内银行应用"企业跨境信用信息授权查证服务"功能，全国首例应用该功能的进口押汇融资业务在福建落地。推动全省首家理财子公司完成境内外币理财备案，并助力省内首家财务公司获批外汇衍生产品业务资质，支持跨国公司跨境资金池本外币合一试点，实现本外币资金统一调度。

推进外汇管理服务实体经济。以支持跨境电商、市场采购、外贸综合服务企业为重点，持续促进贸易新业态发展，助推市场采购贸易试点全省推广，2020年全辖市场采购贸易出口比上年增长100%，占出口比重由3.5%升至7.1%，跨境电商出口增加29倍。支持远洋渔业企业通过设立资金池统筹运营经常项目和资本项目的外汇收支，指导银行根据远洋渔业行业特点制定便利化操作规程，提升外汇金融服务水平，

2020年全辖远洋渔业外汇收支总额2.79亿美元，增长37.44%。加强外汇配套服务鼓励外资到位，全辖外商直接投资流入增长24%。全年推动4家企业正式备案开展跨国公司跨境资金集中运营，集中外债额度494.68亿美元、集中境外放款额度72.63亿美元，分别增长13.75%和11.31%；全年共支持2家疫情防控企业突破外债限额，借入外债138.59万美元，促成3家企业办理3笔因跨境融资宏观审慎调节参数上调借用外债，金额合计1.20亿美元。

有效管控跨境资金流动风险。建立跨境收支重点企业、重点外资外贸企业、受疫情影响的中小微企业、“一带一路”重点企业等多个监测样本组，健全常态化监测分析机制。应用跨境资金流动监测与分析系统对辖内进出口业务开展全方位、分层次、持续性监测，形成多维度反映福建外向型经济特色的分析产品。强化事中事后和非现场监管能力建设，重点对“五重一大”（重点地区、重点银行、重点企业、重点业务、重点国别和大额交易）“四特”（特殊区域、特殊主体、特殊业务、特殊商品）领域开展专项核查，发现异常违规线索614条，涉及金额20.16亿美元。继续强化对个人分拆结售汇行为的监管，定期开展个人大额取钞数据、购付汇一致性核查。2020年，全辖共发布207个“关注名单”和“预关注”个人的分类结论确定工作，督促银行强化对个人分拆行为的事前拦截和筛查力度，全年个人分拆外汇业务总量下降36.3%。严厉打击各类虚假欺骗性外汇交易，配合公安机关破获地下钱庄案8起，清理整顿5个网络炒汇平台，跨部门联合处置特大非法网络炒汇平台案取得重要突破。

（王　勉）

银行业

【概况】 2020年末，福建省共有银行业金融机构12大类187家，包括政策性银行3家、大型商业银行（含邮政储蓄银行）6家、股份制银行12家、城市商业银行6家、农村中小银行机构123家（包括农信社43家、农商行25家、村镇银行55家）、外资银行19家、信托公司2家、金融资产管理公司4家、财务公司7家、消费金融公司2家、金融租赁公司2家、民营银行1家，共有营业网点6447个，从业人员12.6万余人。

资产规模。2020年末，福建省银行业金融机构本外币资产11.32万亿元，比上年增长9.45%；银行业金融机构本外币负债10.48万亿元，增长9.13%。从银行业金融机构市场份额情况看，资产规模占比较大的依次为：股份制银行45.93%，其中兴业银行39.68%；大型商业银行（含邮政储蓄银行）26.52%；城市商业银行9.37%；农村中小银行机构8.96%；政策性银行7.27%；非银行金融机构1.16%；外资银行0.59%；民营银行0.2%。同年末，福建省银行业金融机构不良贷款率1.09%，较年初下降0.04个百分点。

风险防控。2020年末，福建省法人银行业金融机构资本充足率、拨备覆盖率等主要监管指标均符合监管要求。其中，城市商业银行法人机构资本充足率12.95%，拨备覆盖率220.59%；农村中小银行机构资本充足率17.62%，拨备覆盖率371.36%。

（唐福来）

【中国人民银行福州中心支行】 2020年，中国人民银行福州中心支行以逆周期调节支持实体经济恢复发展，全年实施一次全面降准、两次定向降准，直接释放长期资金651亿元，且每年可节约金融机构资金成本约10亿元，降准的中小银行全年普惠小微、民营企业贷款增量占比明显提高，分别较上年同期提高3.8个、13.3个百分点。引导金融机构用好用足各类再贷款再贴现政策，年末信贷政策支持再贷款和再贴现余额增长120%，支持小微、“三农”等实体经济发展。推进宏观审慎管理工作，依托房地产宏观审慎管理、区域较大金融机构监测工作机制、金融控股公司监管机制等三大政策工具，探索建立福建区域宏观审慎管理框架。稳步推进宏观审慎评估（MPA），全省138家地方法人金融机构MPA评估结果基本符合正态分布，年末地方法人银行平均资本充足率比监管阈值高14.15个百分点，真实不良贷款率较上年同期下降0.19个百分点；人民币贷款余额比上年增长22.2%，高出全省金融机构平均水平7个百分点，全年新增人民币贷款2148.1亿元，比上年多增275.9亿元。推进金融支持疫情防控和经济恢复发展，服务实体经济精准性、直达性提升。引导金融机构将信贷资金重点配置于涉农、民营、普惠小微、制造业、绿色发展等实体经济领域。推进区域金融市场创新发展，全年金融机构和企业在银行间市场发债金额合计4273.73亿元。维护金融安全稳定，全面提升金融服务水平，深化区域金融改革，扩大闽台金融合作。

服务实体经济发展。有序推进金融支持疫情防控、复工复产和稳企保就业工作，制定《关于深化中小微企业金融服务 提升福建企业持续发展能力的专项行动方案》等26份政策文件，开通支付、清算、现金、国库、征信、跨境人民币结算等业务“绿色通道”，基础金融服务不断优化；优化15类外汇行政许可办理方式，开放“网上办、邮寄办、预约办”等通道。创新建立“1234”（建立1个工作小组，紧抓人民银行和金融机构2个纬度，盯牢企业对接、授信、放款等3方面进度，协调省发改委、工信厅、财政厅、审计厅等4个部门）工作机制和“专用额度+”多维模式，推进1.8万亿元央行专项资金精准落地。全年累计为285家全国性重点防疫企业投放3000亿元专项再贷款73.83亿元，在中央财政和地方财政贴息之后企业实际贷款成本0.22%；提前完成175亿元复工复产再贷款再贴现专用额度的发放，规模居全国第八位；累计发放普惠性再贷款再贴现（含1万亿元政策）资金1018.5亿元，资金直达市场经营主体8.8万户；主动衔接推进两项直达工具（普惠小微企业贷款延期支持工具和信用贷款支持计划），全年地方法人金融机构累放普惠小微信用贷款162亿元、累计延期还本付息贷款本金297亿元。银行间市场发债有效助力疫情防控和复工复产，全年有12家企业发行22期银行间市场疫情防控债券、筹资123亿元；有5家民营企业发行27期债务融资工具、筹资137.2亿元。推动地方法人金融机构发行疫情防控专项同业存单，主动对接疫情防控企业信贷需求。

制定《关于持续推进金融精准扶贫、协力巩固脱贫攻坚工作成果的措施意见》，支持贫困地区由"输血式扶贫"向"造血式扶贫"转变，创新金融产品模式承接扶贫政策落地；从资金供给多渠道保障、涉农金融机构主体作用、金融服务乡村振兴重点、乡村金融服务创新、跨部门政策合力等"五个突出"方面，加快推进金融扶贫和乡村振兴工作有效衔接，年末涉农贷款本外币余额1.48万亿元，比上年增长12.2%，较上年提高4.67个百分点，全年新增1622.91亿元，比上年多增621.44亿元，年末扶贫小额信贷余额中"户贷企用"存量全面清零。

有效落实制造业、供应链、商贸文旅、房地产等重点领域信贷政策。引导金融机构加强制造业贷款尤其是中长期贷款的投放，重点支持福建省"百千"工程、"四个一百"等名单中的制造业龙头企业，重点压实金融机构投放制造业贷款的首要责任，至年末制造业贷款余额增长10.38%，扭转过去两年负增长的不利态势，其中中长期贷款余额增长20.79%，顺利完成原定的全年制造业中长期贷款增速达到20%的增长目标。推动科技与金融深度融合，引导金融机构在内部机构设置、产品设计和让利科技企业等方面优化"科技贷"产品和服务，至年末"科技贷"余额增长129.7%，累计支持科技型中小微企业699家，专利权质押贷款余额17.43亿元，惠及民营小微企业76家，年末科学研究和技术服务业贷款余额增长74.62%，科技服务业融资得到长期可持续的保障。制定出台《关于发展供应链融资业务 促进福建产业链良性循环的若干措施》，从创新推广供应链融资模式、发挥大中型银行主力军作用等六大方面提出具体措施，为产业链循环融资长期持续对接建章立制；引导金融机构围绕全省三大支柱产业和"新型显示""集成电路""半导体照明"等11个先导产业，优化信贷审批流程，重点发展供应链金融模式；引导创新政府采购订单质押融资、传统线下供应链融资等金融服务，推广复制"建信融通"、政府采购贷款等特色产品，至年末福建省在中征应收账款融资服务平台新增融资笔数和金额分别较上年增长99.37%和75.57%。持续优化文化与金融融合模式，稳定受疫情影响的文旅企业信贷支持，联合有关部门整合文旅企业信贷融资需求并与银行融资对接，至年末文化、体育和娱乐业贷款余额增长6.39%。通过政银企对接会，开展信贷政策专场宣讲，引导金融机构对商贸外贸类企业融资需求提供重点支持。制定出台《推动金融支持促消费工作方案》，鼓励金融机构推广升级"福商消费贷""消费分期"等促消费金融产品，至年末个人消费贷款增长12.78%，当年新增2419.37亿元。落实"一城一策"房地产信贷差别化调控，严格按人民银行总行下达的热点城市个贷新增规模限额实施调控，在全国率先将房贷利率与个人住房贷款联动，将各金融机构房地产贷款新增规模限额与其制造业、小微企业贷款增速挂钩，至年末纳入监测范围的地方小银行房地产贷款余额增长19.01%，较8月监测工作启动之初下降17.66个百分点。

推进区域金融市场创新发展，推广运用各类创新型债务融资工具。全年企业在银行间市场发行债务融资工具486期，筹资3045.73亿元，分别增加195期和1230.83亿元，筹资金额增长67.82%。企业在银行间市场发债的加权平均利率3.1385%，比上年同期降低76个基点。推动中国银行为福建东百集团创设信用风险缓释凭证（CRMW），带动发行超短期融资券1亿元。助力福建省电子信息集团发行全省首笔银行间市场"双创债"，筹资5亿元。支持省内法人金融机构发行各类金融债券，全年发行金融债券1228亿元，比上年增长48.84%，其中小微企业专项金融债855亿元、居全国第二位，运用募集资金发放小微企业贷款847.15亿元，支持小微企业近4.64万户。推动省内地方法人中小银行永续金融债成功落地。推动兴业消费金融公司成功发行银行间市场首单创设CRMW的个人消费贷款资产支持证券。推动九牧厨卫股份有限公司通过供应链票据平台签发票据金额10万元，流转至上游企业并成功贴现融资，标志着全省首笔供应链票据签发及贴现业务落地。

维护金融安全稳定。制定《国务院金融委办公室地方协调机制（福建省）工作方案》，建立人民银行福州中心支行牵头协调，中央驻闽金融管理部门和地方政府相关部门形成合力的组织架构并启动运转，支持推动省政府牵头建立福建省金融工作议事协调和应急处置机制，履行属地金融监管和风险处置职责；依托金融委办公室福建省协调机制，加强部门对接和政策协同，召开5次联络会议，下发工作意见23条、指导意见29条，协调事项51个。引导地方法人银行开展跨周期财务配置，以应对信用风险上升的局面。推动将重点机构风险处置成效纳入地方政府效能考核，压实地方政府处置责任，全年继续保持无高风险金融机构。推进漳州市央行紧急贷款债权处置取得重大突破，解决近20年紧急贷款历史遗留问题，石狮市紧急贷款债权依法诉讼得到保全。稳步推进地方法人金融机构资管业务逐步整改规范和转型升级。不合规资管产品余额较资管新规出台时明显下降，资管产品净值化率提高，资管业务跟踪监测作用初显。以央行评级意见书为载体、以地方法人金融机构为对象，率先试点风险提示常态化运行机制及重点风险"清单化"跟踪机制。健全金融突发

2020 年 12 月 1 日，中国人民银行福州中心支行、福建省总工会和共青团福建省委在福州举办 2020 年福建省金融业征信合规知识与技能竞赛决赛

（中国人民银行福州中心支行供稿）

事件应急处置机制，应急处置被纳入金融议事协调机制的重要工作内容，推动明确设区市及县级人民政府在风险防控中的工作责任，负面舆情管控机制初步建立并发挥作用。加强中小银行流动性监测管理，发挥再贴现、常备借贷便利、存款准备金、流动性再贷款的作用，完善防范中小金融机构流动性风险的四道防线机制。

加强警银联动账户风险管控，分别建立可疑账户核查机制和买卖账户信息移送机制，至年末公安机关协助核查账户 609.1 万户，发现异常 17.1 万户。构筑打击治理跨境赌博联防联控机制，在全国外汇局系统率先开通受理涉跨境赌博外汇违法违规季报在线通道，加强新开账户风险信息协查管控，发现并管控风险账户 17 万户；开展存量风险排查和涉案账户倒查，发现可疑并采取风控措施 164 万户。全年移送赌博线索数、推动立案数、协助破案数比上年分别增长 203%、210% 和 1200%，协助破获的“6·9”特大跨境赌博案涉案金额 83 亿余元。不断增强反洗钱监管效能，全年组织对 26 家义务机构实施反洗钱现场检查，依法对 45 家机构和 76 名责任人累计处罚 8559.07 万元。探索开展区域贵金属、房地产、网贷行业等特定非金融行业洗钱风险评估。针对与疫情相关的诈骗风险、“第四方支付”平台洗钱、跨境赌博、涉黑涉恶及非法金融放贷等及时发布《洗钱风险提示》，做好重点领域的资金监测和集中排查。推动“洗钱罪”案件取得重大突破，全年推动“洗钱罪”判决 20 起，增长 100%，其中推动涉黑洗钱罪判决 7 起。打击利用离岸公司和地下钱庄转移赃款专项行动成效明显，协助破案 7 起。开展货币金银“问题清零”专项行动，采取“四不两直”（隐患不消除不放过、问题不解决不放过、责任不到位不放过、措施不落实不放过和直奔现场、直达基层）方法进行发行库飞行检查；加强黄金及黄金制品进出口管理，试点打击黄金走私暨反假货币协作与信息共享机制；整治非法使用人民币图样和拒收人民币现金行为，净化人民币流通市场。深化查处分离改革试点，将试点范围扩展至全省，全年实施罚没总金额 1.27 亿元，培育创建新的依法行政示范点，建设方向为查处分离试点联动机制和依法行政监督机制。

推动普惠金融发展。纵深推进宁德、龙岩普惠金融改革试验区工作，宁德试验区率先实现普惠金融服务中心、政府性融资担保公司、防止返贫救助保障机制的县域全覆盖，发放全省首笔国家融资担保基金银担“总对总”批量担保贷款，建设“信用养殖户、信用养殖小组、信用养殖区”三级海上信用体系，对海上养殖产业发放信用贷款 53.26 亿元，比创建前增加近 5 倍；龙岩试验区在全省率先推进首贷培植专项行动，为 1643 家首贷企业提供信贷支持 14.76 亿元，深入推进金融支持乡村振兴“986 工程”，推动建立台湾农民创业园区信用创建机制，为 17 家“信用示范企业”符合条件的企业主颁发“台商台胞金融信用证书”和金融服务樱花卡。推进民营和小微企业金融服务，会同有关部门制定出台政策文件 10 余份，牵头制定深化中小微企业金融服务专项行动方案；建立小微企业票据和民营企业票据优先办理机制，至年末再贴现余额中民营、小微票据占比分别为 87.9%、70.9%。推广中征应收账款融资服务平台业务，全年新增中小微企业应收账款融资成交笔数和金额分别比上年增长 108% 和 86%，重点推动中征平台在线供应链融资业务，至年末完成 11 家核心企业、3 家金融机构与平台系统对接，在线供应链融资金额比上年增长 277%，福建省中征平台助力中小微企业发展成效显著；推动跨境金融区块链服务平台应用，至年末试点银行通过区块链服务平台办理 5261 笔须进行报关单核验的出口应收账款（发货后）融资业务，放款金额合计 28.41 亿美元；依托“金服云”平台集成“政府＋机构＋担保＋中小微企业”贷款新模式，试点开展民营和小微企业首贷专项行动，至年末普惠小微企业贷款首贷户较当年 6 月末增长 88.87%；联合推出两期合计 200 亿元中小微企业专项纾困资金贷款模式，以“见贷即担＋取消反担保”缓解小微贷款担保难问题，以“贷款利率上限＋财政贴息”缓解小微企业融资贵问题，共支持 4663 家企业，户均贷款 432.86 亿元，加权平均利率 3.38%；至年末普惠小微企业贷款余额增长 32.38%，较各项贷款平均增速高出 18.39 个百分点，当年新增 1866.22 亿元，比上年多增 735.93 亿元，全年贷款利率下降可节约普惠小微融资成本 87.5 亿元。支持打赢精准脱贫攻坚战，至年末扶贫再贷款余额增长 147.1%，金融精准扶贫贷款余额增长 67.45%，扶贫小额信贷惠及贫困户超 7 万户；推动发展产业扶贫保险，全年共承保建档立卡贫困户12.6万户次，提供风险保障11.72亿元，支付赔款7664户次1992万元（不含厦门）；至年末累计为680万户农户建立信用档案，对已建档的351万户农户累计发放贷款1.12万亿元，分别增长12.14%和22.73%；至年末累计创建普惠金融信用村981个、信用乡镇50个，引导金融机构与信用村签署整村授信合作协议；推动农村信用体系对建档立卡贫困户实现全覆盖，省内现行标准下农村建档立卡贫困人口全部脱贫，23个省级扶贫开发工作重点县全部摘帽。优化支付便民服务，福建省云闪付APP年内新增注册用户427.7万人，新增有效用户310万人，云闪付用户人口渗透率比上年提高15个百分点；以交通场景、校企场景和医疗场景为支撑，拓展移动支付行业应用，至年末省内（不含厦门）8个设区市市区、59个县域均开通云闪付便民乘车服务，指导福建银联在县域、农村等多场景上线云闪付应用28个，满足福建特色场景移动支付需求，云闪付用户人口渗透率、公交“智慧出行”县域覆盖率、云闪付本地场景应用接入数均居全国各省份首位；在省内71所学校、320家医院和140个企业推广智慧校园、智慧医院和企业智慧园区建设，福建地区成为云闪付APP数字景区功能唯一接入渠道；推广建设移动支付示范县30个，示范县域主城区主干道云闪付商户覆盖率达78%，全国首个云闪付对接地理标识产品溯源交易平台落地福建，农村普惠金融服务点云闪付加载率逾85%。在农村普惠金融服务点全面推广财政惠民惠农资金直达业务。创建27个现金服务示范区，在全国率先建立钞票处理应急备份机制。

支付清算系统安全高效运行。全年银行机构通过支付清算系统处理业务笔数、金额分别增长4.44%、10.89%，全年支付清算系统可用率达100%；在全国率先开展中央银行会计核算数据集中系统（ACS）省级缓存与总行备用缓存应急切换演练，突发故障应对时间缩短80%以上；推动117家农村金融机构上线ACS综合前置自助转账功能，线上业务办理率93.9%。加快推进央行大数据云平台二期工程建设，落实金融科技应用试点，24个项目均完成系统建设并正式投产上线。实施农村地区人民币整洁度提升工程三年规划，扩充县级及以下区域人民币整洁度监测点范围，完善农村地区主办银行和主办网点制度，统筹规范并优化农村地区现金智能设备布放，加强农村地区残损币的清分和回收管理，全年流通中人民币整洁度比上年提高5.42个百分点；加大农村地区原封新券投放力度和残损人民币回收力度，加快硬币自循环机制平台建设，强化疫情防控常态化下的现金供应保障；推进硬币自助设备网络布设，至年末共配备硬币兑换机636台，硬币清分机799台；搭建硬币自循环余缺调剂平台，至年末累计实现硬币自循环数量比上年下降41.54%，硬币自循环数量达到2019年末流通中硬币数量的5.67%。推动国务院新增财政资金“日达”用款单位，拓展税库银便民综合办税缴费平台，在农村普惠金融服务点100%实现医保费缴交功能；在全国率先建立国库定点企业调查制度，促进国库调研机制常态化。在全国率先融合“司法涉诉+征信”信息，创新打造银企融资“对接平台+绿色通道”，至年末线上平台累计对接银企860家次、促成融资2.32亿元，绿色通道累计提供司法信息817家次、促成融资7483万元；至年末向金融机构累计共享1341笔信用激励信息和728笔信用惩戒信息，为强化金融风险防控和金融联合惩戒提供信息支撑；推动21家地方法人金融机构运用央行企业评级结果，发放信贷资产质押再贷款2.12亿元；持续推广中征应收账款融资服务平台，全年福建省新增开通平台用户554户，新增融资成交笔数2221笔，成交金额682.38亿元，完成人民银行总行下达的任务目标；提高个人征信报告自助查询机布点密度，至年末布放自助查询机比上年增加60台，为社会公众提供便捷查询246万笔；促成全省人民银行系统和135家地方性接入机构二代征信系统平稳上线，全国首份二代征信系统个人信用报告在福建产生；逐步扩大接入金融信用信息基础数据库的机构类型，至年末全省有38家村镇银行、1家证券公司、2家小额贷款公司、2家融资租赁公司、1家融资担保公司等各类小微机构接入金融信用信息基础数据库；至年末金融信用信息基础数据库收录全省企业和其他组织168.74万户，全年企业系统提供查询约139万笔，日均查询约1.6万次。持续畅通金融消费者投诉咨询渠道，受理金融消费者投诉1015笔、咨询3258笔，办结率97.34%，满意率87.6%；推动全省新设27家金融纠纷调解组织，均与当地人民法院建立诉调对接机制；持续推进金融知识纳入国民教育体系，打造《金融诚信伴我行（初中版）》系列精品网课，推进金融知识进初中课堂，推动创建2个国家级、1个省级金融消费者教育示范基地，推动全省首家金融消费者教育基地在宁德福鼎市正式揭牌成立。

金融改革创新。推进利率市场化改革，推广LPR运用，指导福建省市场利率定价自律机制有序推进存量贷款定价基准转换，全年辖内共对70余家地方法人金融机构约谈137次。8月末，全省地方法人金融机构已实现“应转尽转”，圆满完成存量贷款定价基准转换；福建省金融机构参考贷款基准利率的存量浮动利率贷款转换为参考LPR的浮动利率贷款、固定利率贷款后，贷款利率比转换前分别下降0.064个、0.053个百分点，按年化推算已直接为实体经济节约成本16.2亿元；规范存款市场定价秩序，通过福建自律机制逐步压降“靠档计息”的555.8亿元大额存单存量，年内提前完成压降清零任务，及时将结构性存款纳入自律管理范围，12月地方法人金融机构结构性存款支取利率比年初下降37个基点；密切监测金融机构贷款利率加点点差变化情况，对点差扩大的金融机构加强贷款利率定价指导，全年辖内系统共约谈25家贷款利率明显上升的地方法人金融机构；引导金融机构增强主动负债管理能力，推动大额存单市场稳步发展，至年末共完成52家地方法人金融机构大额存单备案1639.44亿元，增加284.40亿元，累计发行大额存单696.74亿元，增加27.54亿元，年末余额1259.36亿元，增加501.88亿元。12月，福建省人民币贷款加权平均利率5.04%，比改革前（2019年7月）降低0.92个百分点。

在福建自贸试验区推动更高水平跨境人民币贸易投资便利化，联合福建省外汇与跨境人民币自律机制制定福建省跨境人民币便利化20条支持举措，试点以来89家省内优质企业累计办理跨境人民币业务308亿元；并基于实需原则和省情实际，出台《关于进一步明确福建省跨境人民币业务相关政策便利化措施意见》，持续推动全省和自贸试验区贸易投资便利化。引导银行业机构研发促进跨境资金流动的结算配套产品，扩大区内客户群体，至年末福建自贸试验区跨境人民币业务量达5397.16亿元。资本项目管理便利化试点政策由福建自贸试验区内台资企业扩大至区内所有企业，新增两项便利化政策，自试点新政施行（2019年7月2日）至2020年12月末，区内企业共办理168笔试点业务，金额8.2亿美元。跨国企业集团跨境双向人民币资金池业务、全口径跨境融资宏观审慎管理、跨国公司外汇资金集中运营业务等试点有序推进，至年末区内跨境人民币资金池累计发生资金流入176.71亿元、流出235.26亿元；至年末区内企业按照全口径跨境融资宏观审慎管理模式借入外债85笔，其中外币外债67笔、金额9.42亿美元和11.50亿港币，人民币外债18笔、金额17.02亿元；至年末区内在跨国公司外汇资金集中运营管理项下集中外债、对外放款额度分别为32.64亿美元、6.95亿美元，跨境资金流入6.19亿美元，流出8.24亿美元。持续推进资本项目结汇改革，至年末区内企业共办理外商直接投资项下资本金意愿结汇129笔，金额9.21亿美元；办理外债资金意愿结汇28笔，金额0.03亿美元。至年末，累计为区内3家企业办理融资租赁项下收取外币租金合计1.447亿美元。全国首个国际贸易“单一窗口”金融区块链平台“海运费境内外汇划转支付场景”成功落地福建自贸试验区厦门片区，也是福建首个由政府机构牵头建设的金融区块链应用场景；联合推动全国首个银行直联两岸电商平台跨境人民币服务——“两岸e账通”在福建自贸试验区平潭片区上线，实现银行业务系统与平潭两岸优购电商平台无缝对接。配合开展福建自贸试验区成立5周年评估，全面梳理创新成果和复制推广情况。

引导金融机构加大对省内“一带一路”重点项目的融资支持力度。至年末银行业机构为福建参与“一带一路”建设提供信贷支持3134.98亿元，比上年增长6.1%。推动银行保险机构对接国际贸易“单一窗口”、跨境金融区块链服务平台，提供线上融资产品和政策性信用保险保单服务，继续推动电子汇总征税保函、关税保证保险等业务发展，提升企业通关便利化水平，至年末厦门片区有35家银行加入跨境金融区块链服务平台，机构覆盖率超过92%。推动外资上市公司借力资本市场拓宽融资渠道，鼓励外资企业充分利用新三板、债券市场实现融资。优化境外直接投资项下外汇管理，取消境外投资外汇资金来源事前审查和资金汇出核准，放宽境外投资前期费用额度限制，将直接投资外汇年检简化为实行存量权益登记，取消所有跨境担保相关的数量控制和事前审批，将符合条件的内保外贷和境外放款注销业务下放银行办理，促进企业境外投资便利化。取消境外放款额度两年有效期的限制，允许境内企业向与其具有直接或间接持股关系的境外关联企业放款，有效降低境外投资融资成本，至年末共办理企业境外放款709笔，金额327.99亿美元。通过简化境外投资登记管理流程、支持优化境外并购资金来源结构、开立人民币NRA账户存放境外投资资本金等方式，支持境外投资重大项目落地。支持省内外资股权投资管理企业作为普通合伙人，对合格境外有限合伙人（QFLP）基金开展境内股权再投资，便利再投资资金结汇使用，至年末省内首家QFLP试点企业平潭启惠益通股权投资合伙企业（有限合伙）顺利到资1.91亿美元。允许金融机构和企业（不含政府融资平台和房地产企业）在与其资本或净资产挂钩的跨境融资上限内，通过向境外银行或企业借款、境外公开发债等方式，自主开展本外币跨境融资，至年末按照全口径跨境融资宏观审慎管理模式为企业办理外债登记827笔，金额136.77亿美元。优化资本项目外汇收入意愿结汇及支付管理，取消中资企业外债结汇限制，外汇资本金、外债资金和境外上市调回资金等资本项下外汇收入可意愿结汇使用，资本项目外汇收入及其结汇所得人民币资金实行负面清单管理，提高单一机构每月备用金支付累计金额上限，便利资本项目外汇收入结汇使用，至年末共办理资本项下外汇收入意愿结汇1726笔，金额74.28亿美元，资本项目收入支付便利化改革向全国推广（2020年4月）以来至年末，有146家企业办理1419笔资本项目外汇收入支付便利化业务，金额5.89亿美元。推动货物贸易便利化试点落地，为企业提供事前免审单据、特殊退汇事前免登记、进口报关单免核验的政策红利；探索以风险评估为导向的分类管理体系，以“白名单”报备方式简化对诚信合规企业的单证审核要求。会同省税务局、省商务厅通过国际贸易“单一窗口”，实现线上办理税务备案项下服务贸易付汇业务。引导福建与“一带一路”沿线国家和地区以人民币相互直接投资，全年人民币直接投资收付金额922亿元，增长26%。支持境内非金融机构开展人民币境外放款结算业务，全年共办理跨境人民币境外放款结算8.77亿元。

会同有关部门将节能、污染防治、资源节约与循环利用、清洁交通、清洁能源、生态保护和适应气候变化六大领域确定为绿色信贷支持重点，引导金融

2020 年 9 月 22 日，由中国人民银行福州中心支行等主办的 2020 年“金融诚信伴我行 金融知识进校园”专场宣教活动在福州举办。图为活动现场，中国人民银行福州中心支行向福州时代中学授予“金融教育示范基地”牌匾

（中国人民银行福州中心支行供稿）

机构增加对企业节能减排的中长期技改贷款投入，推动金融机构加强对重点生态区位商品林赎买、林下经济、林业碳汇发展的金融服务，推动碳排放权、排污权、用能权等环境权益质押融资，至年末绿色贷款余额 2923.96 亿元，比年初增长 18%，增速高于本外币各项贷款平均增速 4.3 个百分点。继续按季开展银行业存款类金融机构（法人）绿色信贷业绩评价工作，将评价结果纳入 MPA 和央行评级，年末纳入绿色信贷业绩评价的 130 家存款类（法人）机构绿色贷款余额 84.59 亿元，比年初增长 31%，增速高于同期参评机构本外币贷款余额增速 10.2 个百分点。会同有关部门开展企业环境信用评价，将评价结果纳入福建省征信业务综合平台，支持金融机构做好企业和项目环境风险识别，对环保警示企业和环保不良企业严格授信审批。推动三明、南平两地创建省级绿色金融改革试验区，打造具有福建特色亮点的绿色金融服务体系。

促进闽台金融合作。扩大台商台胞金融信用证书颁发试点，至年末共有 113 位台胞、50 家台企获颁金融信用证书，获得信贷授信 23.80 亿元。拓展对台征信服务合作应用市场，推动福建品尚征信有限公司与企查查、启信宝等多家头部企业征信机构签订全面战略合作协议。继续推动两岸民间征信机构全面合作，至年末品尚征信与台湾中华征信所共同向市场提供两大类 8 种产品，累计为 8 家金融机构、2 家人民银行机构和 1 家企业提供 46 家台企和 46 名台胞的在台信用报告。再次推动全省金融机构利用现有渠道开展台商台胞在台信用报告查询，至年末共有 60 家金融机构开通台湾地区信用报告查询服务，累计查询台企台胞在台信用信息 624 笔，累计发放贷款 10.26 亿元，台湾地区征信查询服务被评为“平潭自贸区五周年十佳对台融合创新举措”。持续深化全省首个台创园信用园区建设，“一园（信用园区）一牌（信用示范企业牌）一卡（金融服务樱花卡）一证（金融信用证书）”的“1+3”信用创建机制初步形成。持续推进台资企业资本项目管理便利化，试点政策 2.0 版施行（2019 年 9 月 4 日）至 2020 年 12 月末，全省（不含厦门和福建自贸试验区福州片区、平潭片区）共有 98 家台资企业办理 996 笔试点业务，金额 7.4 亿美元。促成国家外汇管理局批复同意试点政策 3.0 版，推出线上办理资本收入结汇支付、优化外债账户管理模式、允许外债模式转换和放宽融资币种限制等 4 项台资企业资本项目管理便利化试点举措。

持续优化台资企业贸易外汇服务，取消辅导期台资企业办理辅导期货物贸易外汇业务报告，放宽出口收入待核查账户开立制度，取消特殊退汇业务事前登记，放宽具有出口背景的台企国内外汇贷款购汇偿还手续，指导银行凭交易电子信息为台资企业及对台贸易企业提供便利的汇兑服务和供应链金融产品，取消台资小微跨境电商企业办理贸易外汇收支企业名录登记。

推动闽台银行业机构在银团贷款、跨境人民币融资、短期本外币信用贷款等业务领域深化合作，全年闽台跨境人民币业务结算量达 254.46 亿元，占业务总量的 5.6%。扩大独具特色的两岸人民币清算机制，跨海峡人民币代理清算群建设成效显著，至年末有 22 家台湾地区银行机构在厦门开立 41 个人民币代理清算账户，累计清算金额 1668.82 亿元。继续推进两岸人民币现钞直接调运，全年厦门口岸累计执行跨海峡人民币现钞调运 19 批次，便利两岸往来支付结算。推动完善银行机构新台币现钞兑换服务，全国首个区域性银行间新台币现钞调剂试点在平潭落地，由中国银行平潭分行为 6 家区内银行机构提供新台币双向调剂，至年末已试点调剂新台币现钞 2 笔共计 21 万元新台币。推动台胞专属银行卡办理，至年末已有 20 家银行开办台胞信用卡业务，累计发行平潭地区“麒麟卡”1920 张、“两岸共同家园卡”1705 张以及厦门银行台胞信用卡 2386 张。推动全国首个对台票务——“i 海台对台票务”平台应用在云闪付 APP 上线，面向云闪付全国用户提供对台船票购买和台湾民宿预订等服务。推动移动支付台胞示范园区建设，通过加载食堂就餐云闪付应用，为台资企业员工提供更加便利的支付方式。在全国首创银行直联两岸电商平台跨境人民币服务，实现银行业务系统与两岸农渔交易 B2B 平台直接对接。区域性股权市场加快发展“台资板”，至年末海峡股权交易中心、厦门两岸股权交易中心展示挂牌台企 2058 家，帮助台企融资 21.34 亿元。全国首个台胞台企金融消费权益保护中心开发金融消费纠纷调解网络申请平台，建立专门的网络调解室。全国首家两岸全牌照合资证券公司在厦门正式揭牌开业。

（王　勉）

【中国人民银行厦门市中心支行】 2020年，厦门市金融运行总体稳健。全年厦门市金融业实现增加值783.73亿元，比上年增长5.3%，金融业增加值占GDP比重为12.3%，比上年提高0.6个百分点，创历史同期新高。

截至2020年末，厦门市有银行业金融机构主体48家，其中中资银行27家、外资银行14家、外资银行代表处2家、信托公司1家、财务公司2家、消费金融公司1家、金融租赁公司1家；资产总额20057.57亿元，比上年增长8.1%，负债总额18991.15亿元，增长8.0%；不良贷款余额111.53亿元，比年初减少18.58亿元，不良贷款率0.83%，比年初下降0.27个百分点；全年实现税后利润132.07亿元，下降24.2%。

本外币贷款。截至2020年末，厦门市金融机构本外币贷款余额13424.72亿元，比上年增长13.8%，增速分别比全国（12.5%）、福建省（13.7%）平均增速高1.3个、0.1个百分点，比上年末高2.0个百分点；全年增加1623.82亿元，创历史同期新高，比上年多增428.27亿元。

本外币存款。截至2020年末，厦门市金融机构本外币存款余额13117.08亿元，增长13.0%，增速高于全国平均增速（10.2%）2.8个百分点，落后福建省平均增速（13.1%）0.1个百分点，比上年末（5.6%）提高7.4个百分点，位居计划单列市第四位；全年增加1507.53亿元，分别占全国、福建省本外币存款增量的0.7%、23.0%，多增898.17亿元。

社会融资规模。截至2020年末，厦门市社会融资规模余额20788.09亿元，增长14.1%，增速高于全国平均增速（13.3%）0.8个百分点，比上年末（14.8%）下降0.7个百分点；全年增加2593.12亿元，完成2020年工作目标，多增301.52亿元，厦门市社会融资规模增量分别占全国（348634亿元）、福建省（10592亿元）增量的0.74%、24.5%。其中，实体经济从债券市场和股票市场获得的直接融资大幅增加，直接融资全年增加459.14亿元，多增166.39亿元。

跨境人民币业务。2020年，厦门市跨境人民币收付金额1609.97亿元，增长30.1%，其中，跨境人民币资金流入811.24亿元，流出798.73亿元，净流入12.51亿元，收付比1∶0.98；银行结售汇总额904.53亿美元，增长14.5%。

非金融企业融资。2020年，厦门市非金融企业运用银行间债务融资工具合计融资1398.67亿元，增长52.9%，融资品种以超短期融资券为主。年末厦门市非金融企业运用银行间债务融资余额为917.97亿元，增长4.0%。发行利率5月降至谷底后回升，全年银行间债务融资工具加权利率为2.66%，下降0.84个百分点。

外汇管理。2020年，厦门市外贸运行稳中向好，保持增长态势，综合竞争力不断提升，经济与金融运行方向相对一致。厦门跨境资金流动规模创近5年新高，总体呈现净流出，结售汇活跃度稳中有升，持续逆差。

涉外收支总额。2020年，厦门市涉外收支总额1369.5亿美元，比上年上升12%，创2016年以来新高；逆差103.1亿美元，上升14倍。其中，涉外收入633.2亿美元，上升4.2%，涉外支出736.3亿美元，上升19.8%。涉外支出的较快增长拉动涉外收支总额小幅上升，货物贸易逆差85.4亿美元，占辖区逆差比重82.8%。

人民币收支总额。2020年，厦门市跨境人民币收支总额208.5亿美元，比上年上升25.2%；占整体涉外收支总额15.2%，比上年同期上升1.6个百分点；顺差5.8亿美元，比上年下降86.7%。其中，跨境人民币涉外收入107.2亿美元，上升1.8%，支出101.3亿美元，上升65.4%。

结售汇总额。2020年，厦门市银行结售汇总额904.5亿美元，比上年上升14.5%，逆差136.2亿美元，增长98.8%。其中，结汇384.1亿美元，上升6.5%，售汇520.4亿美元，上升21.3%。从项目来看，货物贸易是辖区结售汇总额以及逆差的主要来源。全年货物贸易结售汇824亿美元，占辖区91.1%，逆差125.2亿美元，占辖区逆差91.9%。

（詹若楚）

【中国农业发展银行福建省分行】 2020年，中国农业发展银行福建省分行累计投放贷款526.06亿元。年末，资产总额1700.39亿元，比上年增加194.49亿元，增幅12.91%；各项贷款余额1474.41亿元，比上年增加224.37亿元，增幅17.95%；贷款日均余额1356.09

2020年，中国农业发展银行福鼎市支行向福建福鼎单柱式半潜深海渔场项目投放5000万元建设资金　　（中国农业发展银行福建省分行供稿）

2020 年，中国农业发展银行福建省分行营业部向东湖·海西高新科技企业港软件开发基地投放 59350 万元支持其建设

（中国农业发展银行福建省分行供稿）

亿元，比上年增加 155.45 亿元，增幅 12.95%。各项存款余额 257.25 亿元，比上年减少 40.45 亿元，降幅 13.59%；存款日均余额 289.53 亿元，比上年减少 22.63 亿元，降幅 7.25%。不良贷款余额 9033 万元，不良率 0.06%，分别比年初下降 9826 万元、0.09 个百分点；不良率分别低于全国系统和全省银行业 0.3 个和 1.03 个百分点。

脱贫攻坚。以 23 个省级扶贫开发工作重点县为主战场，累计投放扶贫贷款 87.1 亿元；投放贷款 84.8 亿元支持福建“千企帮千村”精准扶贫台账企业 62 家，帮扶建档立卡贫困人口脱贫；与农发行宁夏分行举办东西部扶贫协作联席会议；引导省内企业到结对帮扶的宁夏、甘肃等贫困地区开展投资及采购业务，增强贫困人口脱贫致富的内生动力。落实好挂钩帮扶，累计向挂钩的松溪县投放贷款 7400 万元，连续第三年向该县贫困学生捐助助学金 19.3 万元。

政策支持抗疫情。开辟绿色通道，下放审批权限，全面减费让利，实施容缺办贷；精准支持口罩、医药等疫情防控产品生产、销售，配合各地政府执行防疫任务，授信承天金岭、国药控股、乐澄生活、亿发护理等人行专项再贷款名单企业 44 家，投放 10.7 亿元，投放额列全省银行第三位。

支持农业。发挥资金主渠道作用，累计投放购销储贷款 144.47 亿元，保障福建粮食安全。支持猪肉市场供应，累计投放夏商集团、傲农生物、大北农、南阳实业等企业生猪全产业链贷款 13.1 亿元，12 月末贷款余额 12.5 亿元，较年初增加 12 亿元，促进猪肉市场保价稳供。

支持特色农业发展。支持农业特色优势产业百亿强县建设和优质农产品品牌创建，围绕福建“十个千亿产业”和现代农业“五千工程”，支持盼盼集团、永辉超市、长源纺织、盛辉物流等全省特色产业化龙头企业，累计投放涉农产业贷款 181.85 亿元。支持“两色”经济，累计投放海洋资源开发与保护贷款 1.59 亿元、林业资源开发与保护贷款 1.45 亿元。探索“经合社＋产业＋国有担保”的周宁模式，加大小微企业支持力度，累计投放普惠小微企业贷款 5.47 亿元，比上年多投放 2.48 亿元。成功发行定向债务融资工具（PPN）2 单，占全国系统债务融资工具发行总数的 20%，为补足民生短板、助力企业复工复产、增强经济发展注入新动能。

惠及民生。围绕水利、农村交通、城乡一体化等累计审批农业农村基础设施建设贷款 438.35 亿元，投放 217.71 亿元。其中，累计投放城乡一体化贷款 124.89 亿元、农村交通贷款 18.16 亿元、水利建设贷款 20.99 亿元、改善农村人居环境贷款 17.72 亿元，支持东南大数据产业园、永安南站广场、国省干线纵八线建宁福新至长吉公路、泉港市政给排水、莆田妈祖文化特色小镇、仓山会展中心片区水系综合治理等重点民生项目。

（刘晓华）

【国家开发银行福建省分行】 2020 年，国家开发银行福建省分行为实体经济提供融资支持 942 亿元，其中发放贷款 722 亿元。截至 2020 年末，省国开行管理资产达 4573 亿元，其中表内贷款余额 3435 亿元。

金融战疫。与省发改委共同设立 500 亿元“补短板、稳投资”应急专项，当年实现融资总量突破 600 亿元。发放

2020 年 10 月 15 日，福建省人民政府副省长郭宁宁（左）与国家开发银行党委委员、副行长周清玉在福州签署新一轮合作协议，达成首批 92 个重大项目意向融资 3000 亿元

（国家开发银行福建省分行供稿）

低利率防疫融资贷款54亿元、复工复产专项贷款165亿元，支持消毒物资、防护服等生产，保障重大重点项目建设，资金覆盖福建省各地市；让利实体经济，推动逾千亿元贷款利率低转。为重点客户发行债券65亿元，推动全国首单健康产业专项债、首批疫情防控企业债、首支民企绿色防疫公司债等77亿元协同项目落地，持续拓宽企业疫情期间融资渠道。

多方合作。推动国家开发银行与福建省政府签署新一轮合作备忘录，明确首批重点项目意向融资额达3000亿元。截至年底，实现合作项目授信承诺逾千亿元，投放贷款逾百亿元，紧跟地方、企业发展思路，签署合作协议17份。打造全省首个农村集体经营性建设用地租赁住房项目、地方政府专项债配套融资项目等，实现授信1670亿元。

服务战略。发放交通领域贷款196亿元，“十三五”期间累计投放额突破千亿元，助力福平铁路、莆炎高速、福州地铁等重点项目建设。发放制造业贷款105亿元，实现翻番，支持宁德时代、中化泉州炼油乙烯等项目建设，福州高新区海西园产城融合等工业园区项目授信近40亿元。承诺紫金矿业、中国武夷等外汇项目20亿美元，发放外汇贷款8.98亿美元，其中向马来西亚联昌银行发放贷款5亿美元，实现与中国—东盟银联体成员行首次合作。

民生普惠。发放扶贫贷款39.37亿元，助力23个省级贫困县如期脱贫摘帽。整合策划31个县（市、区）供水项目，授信180亿元支持全省城乡供水一体化项目，补齐农村供水短板；通过“市带县”PPP模式推动龙岩七大景区串珠成线，授信45亿元支持龙岩全域旅游项目。全年发放乡村振兴贷款133亿元，支持医疗、卫生、养老、水利等领域。发放转贷款92.25亿元，引导金融同业加大普惠金融力度，惠及超万户小微企业和个人经营户。（郭　昕）

【中国工商银行福建省分行】 至2020年末，中国工商银行福建省分行本外币存款余额4850.89亿元，比年初增加974.97亿元，本外币贷款余额4714.68亿元，比年初增加565.13亿元。

防疫抗疫。向205户抗疫名单企业发放贷款269.28亿元；持续发力普惠、制造业、民营、涉农、扶贫等实体领域，分别新增贷款98.82亿元、80.3亿元、140.09亿元、129.29亿元和21.23亿元；落实让利实体经济的政策导向，新发放公司贷款利率较年初下降28个BP，普惠贷款利率较年初下降52个BP。

风险防控。2018年以来新增融资不良率0.13%；控好“闸口”，开展全口径风险排查，逾期（含卡专业）和潜风融资余额较年初分别下降8.43亿元和2.69亿元；清收处置不良贷款（含卡专业）62.59亿元。

经营转型。落实个人金融银行战略。制定实施“1+7”行动方案，推动个金业务模式变革和服务升级，个金营业贡献实现63亿元，比上年增加5.17亿元，占全行营业贡献比重达52.48%。外币存款新增5.49亿美元，国际结算量249.49亿美元。实施乡村振兴战略的机遇，2020年乡镇储蓄、个贷、个人客户增量分别为116.99亿元、132.97亿元、42.03万户，占县域增量比重分别为52.31%、86.13%、92.15%。

服务民生。开业全省首家5G智慧网点，迁建19家网点，提升37家低效网点，创建327家特色网点，智能化网点改造比率达100%。成功对接“闽政通”等政务平台，新建110个重点场景，个人手机银行新增106.77万户。实现海鸥期权、贴现通等业务“零突破”，创新推出“私银专享贷”、妈祖主题系列贵金属等特色产品，成功开发外拓营销管理、社保直连等特色系统。

（陈慧敏）

2020年12月31日，中国工商银行福建省分行与福建港口集团签署合作协议
（中国工商银行福建省分行供稿）

【中国农业银行福建省分行】 至2020年末，中国农业银行福建分行本外币各项存款余额4675.3亿元，比上年增加452.1亿元，增长10.7%；各项贷款余额4440.5亿元，增加467.5亿元，增长11.8%。

防控疫情。出台支持防疫的23条专项信贷政策，全力支持各类生产企业复工复产，为各类复工复产企业发放贷款1526亿元，贷款净增393亿元。落实减费让利政策，新发放法人实体贷款加权平均利率下降51个BP，对226户资金周转困难的企业调整结息周期，涉及贷款金额261亿元。

重点项目。加大对重点项目、重点客户的支持力度。支持省重点项目120个，贷款余额259.5亿元，新增85.9亿元，增长49.4%。做好地方债承销和产业基金营销，承销地方政府债券270.8亿元。

普惠金融。推动“快农贷”扩面上

量，全行“快农贷”余额327.6亿元，新增124.5亿元；服务农户21万户，覆盖全省所有县域、乡镇和87%的行政村。“老区苏区乡村振兴贷”项目获评省金融创新项目。推进小微金融服务，全行普惠型小微企业贷款余额达546.5亿元，比年初增加218.1亿元，增长66.4%，增速高于全行贷款增速55.6个百分点，其中，小微企业法人贷款余额163.4亿元，比年初增加60.4亿元，增长58.8%。

乡村振兴。支持乡村振兴重点项目104个，用信51.4亿元，全行县域城镇化贷款余额450.9亿元，新增72.7亿元，增长19.2%；县域旅游贷款余额80.1亿元，新增11.7亿元，增长17.1%，增量居系统第四位。推进脱贫攻坚金融服务，累计发放精准扶贫贷款23.1亿元，原23个省级扶贫重点县新增贷款81.3亿元，增速21.6%。

支持重点领域产业。发放生猪产业贷款1865户、29.3亿元，比年初增加1247户、22.4亿元，分别增加2倍和3.2倍。深化台创园金融服务，对6个国家级台创园、闽台农业融合发展产业园中的107户台农台企授信11.1亿元，投放贷款64户、4.1亿元，覆盖种植、养殖、加工、制造等行业。　（李景成）

【中国银行福建省分行】 截至2020年末，中国银行福建省分行本外币各项存款余额3858.04亿元、贷款余额4007.3亿元，实现拨备前经营利润64.97亿元，拨备覆盖率252.99%，实现不良余额、不良率双降。

防抗疫情。积极承担社会责任，支持复工复产，累计为111家企业发放人行专项再贷款22.69亿元，贷款金额及客户数均排名同业第一。为289家省级重点保障企业发放贷款391.46亿元，为全省348家“四个一百”企业发放融资739.11亿元。发行6支“疫情防控债”，累计金额30.5亿元，实现全国首支AAA民企疫情防控中票、全国首支疫情防控熊猫债、全省首笔政府委托进口物资应急贷款等多项突破。

服务实体。主动融入地方建设大潮，助力实体经济高质量发展。全年人民币各项贷款较年初新增381.68亿元，其中人民币公司贷款新增204.34亿元，增速11.36%；人民币个人贷款新增177.38亿元。债券业务持续领先，实现境内债券承销规模491.16亿元、境外债券承销规模164亿元，债券销售175亿元。发挥外汇业务优势，全年实现国际结算量达574.25亿美元、跨境人民币结算量1046.79亿元。普惠金融成效明显，全年为437家企业发放中小微纾困贷款21.42亿元，率先完成省政府首批纾困专项资金贷款任务。

风险防控。坚持业务发展和合规经营两轮驱动，有效防范各类经营风险。始终保持对不良清收的高压态势，通过组织开展不良资产清收化解攻坚战，推进清收抓降，实现不良余额、不良率双降。

品牌形象。全行获得福建省五一劳动奖状，连续12年获得省外管局综合评价A类机构；获得《海峡都市报》评选的“年度银行品牌口碑奖”“年度杰出金融服务奖”；全辖共有5家机构获得“中国银行业文明规范服务百佳示范单位”称号，数量在全省金融同业中位居首位，品牌影响力和社会美誉度持续提升。　（汤毅茜）

【中国建设银行福建省分行】 2020年，中国建设银行福建省分行解决融资需求超4500亿元，为实体经济减费让利28.7亿元。至年底，一般性存款余额6059亿元，各项贷款余额5489亿元，连续17年居国有四大银行第一。

助力疫情防控。落实建行总行支持疫情防控金融服务十项举措，为全省1393名援鄂医护人员、8000名社区抗疫一线工作人员免费提供“战疫爱心保”等专属产品；为泉州新冠病房提供造价咨询服务；在系统内发行首笔疫情防控熊猫债、办理首笔疫情防控资本金捐赠业务、首笔出口防疫物资收汇业务。

支持实体经济。与1218家省防疫重点企业实现100%对接，发放贷款257.5亿元；为小微企业办理“云义贷”疫情专属贷款1.2万户，纾困贷款320户，延期贷款超4000户。

提振经济。率先与省商务厅战略合作签约，开展“百千万”金融行动；系统首家落地与省工商联开展金融科技赋能民营经济合作。与省科技厅共同实施“科技型中小微企业创新发展行动”，推出科技型企业专属服务方案（MOST），获评全省“十大金融创新项目”。与中信保福建公司合作“信保贷”，扩大保单融资覆盖面。与银联福建公司合作开展“全闽乐购·重振引擎助商惠民”行动。与省广电网络开展战略合作，提供100亿元综合融资服务，赋能新基建，列入省广电网络2020年十件大事。

支持建设。对公核心贷款新增210亿元，居同业第一；债券承销463亿元，增幅43%。对接福建“五个一批”项目，为60个省重点项目提供信贷支持，授信总金额1029.12亿元，基础设施领域贷款新增71亿元。促进产业转型。科技型企业新增64户，新增授信8.6亿元；绿色金融贷款新增48亿元；供应链融资总额75亿元，新增42亿，实现翻番；民营企业信贷客户数37095户，比年初新增5714户，占对公客户数新增的98.2%，余额占比居全国建行第六。信用卡分期交易额248亿元，助力释放消费潜能。

服务对外开放。同业首家获批贸易外汇收支便利化试点，累计办理各类便利化业务3.7亿美元；为“中国—南非经贸合作线上推介会”“马中企业家大会”“福建新一轮开放政策解读和项目对接会”“助力万企成长”提供外贸辅导；积极参与第三届进博会福建交易团活动；在全省各设区市举办“金融稳外贸对接会”；与省口岸办合力完善福建省“单一窗口”功能建设，在全省金融机构中首家推出“贸易融资＋跨境撮合”专属功能。

防范金融风险。全年共对53家受疫情影响企业的338笔贷款办理延期付息，相关贷款本金181亿元，最大限度为实体经济争取休养复苏时间。对信贷风险严格管理，加大加快不良贷款盘活处置，处置不良资产72亿元，不良贷款率0.86%。

住房金融服务。推动建行总行与福州市政府签订支持住房租赁和老旧小区改造战略合作协议，为4个项目投放贷款6.5亿元；推进建信住房福建分公司开业；住房租赁存房业务落地超1万套房源；提前4个月实现全国版公租系统全辖贯标；在福州落地8种租赁住房建设模式。

普惠金融。普惠金融客户新增1.5万户，增幅32.5%；普惠贷款突破500亿元，新增170.9亿元，增幅48.7%；推进“惠懂你”功能在“e福州”等28个平台上线；与省科技厅合作“科技贷”，投放量居同业第一；开展“闽烟云贷”“智慧快贷”等线上产品创新工作，广泛建立普惠金融服务场景。

金融科技平台。在“闽政通”APP上线12大项、294个单位的缴费功能；“政融支付”应用输出586项服务费项，实现交易48万笔，交易金额突破8.2亿元；STM机新增交通罚没款、养老保险、公积金等103项智慧政务服务功能，服务59万人次；依托“多码融合”，在14家省属医院实现无卡就医，为全省3900万名民众预置电子健康卡系统；与省民政厅合作建设“民政e线通”系统，新设立社会组织市场占比近50%。

支援乡村振兴。成立乡村振兴委员会、乡村振兴金融部；涉农贷款新增86.4亿元，完成新增计划的576%；投放“民工惠”贷款23亿元，惠及35.5万人；推出“裕农快贷”“村委快贷”等农村个人快贷产品。

精准扶贫。精准扶贫贷款新增18.98亿元，“善融扶贫”交易额6.6亿元，销售贫困地区农副产品超50万件。

（叶儒文）

【中国邮政储蓄银行福建省分行】 2020年，中国邮政储蓄银行福建省分行资产总额2483亿元。各项存款余额2217亿元，比上年新增322亿元；各项贷款余额1602亿元，比上年新增246亿元；存贷比72.27%，比上年上升0.70个百分点。

服务实体经济。2020年，实体贷款比上年新增277亿元，比上年多增140亿元。累计发放制造业贷款8780笔、金额230亿元，其中，发放高技术制造业贷款145笔、金额14亿元。累计完成19个新基建相关行业授信，授信金额278亿元，贷款余额35亿元。主动为实体企业减负，新发放实体贷款利率继续下降52个BP，其中普惠小微贷款下降78BP，为客户节省利息支出2.86亿元。

2020年7月22日，中国邮政储蓄银行福建省福清市支行走访当地粮油企业，主动为民生保供企业提供专项信贷支持

（中国邮政储蓄银行福建省福清市支行供稿）

疫情防控。依托“金服云”平台，做好受困客户纾困和防疫抗疫企业金融支持及复工复产工作。为235户受困企业授信11.12亿元，发放纾困贷款资金10.63亿元。对341家“重点复工复产项目和企业”新增授信646.03亿元，实现放款285家、金额156.20亿元。累计为279户受疫情影响的中小微企业实施延期还本安排，贷款金额10.18亿元。

“三农”服务。涉农贷款余额564亿元，新增86亿元，“三农”类贷款业务在全省1.13万个行政村实现有效落地，行政村覆盖率达79.3%。累计评定信用村2393个，信用户规模达41382户，累计发放信用户贷款138亿元。

支持小微企业。2020年，为7.49万户小微企业客户提供资金支持；普惠小微企业贷款余额439亿元，新增78亿元。普惠小微企业贷款余额占全部贷款比重为26.87%。融入普惠金融改革试验区建设，制定20条专项措施全面配合推进宁德、龙岩普惠金融改革试验区建设，两地发放贷款乡镇覆盖面均达100%，龙岩、宁德两地普惠小微贷款执行利率分别较上年下降94个BP和71个BP。

服务民生。全面做好与全省各地学生资助中心和高中的对接宣传，省内院校覆盖率达79.8%，为19191名学生完成生源地信用助学贷款的资格认定，占全省总数近1/3。2020年累计发放生源地信用助学贷款2.84万笔，合计金额2.11亿元，贷款结余6.26万笔，余额4.56亿元。推进绿色发展、低碳发展，持续加大对中小企业绿色信贷的支持力度，重点支持小水电、污水处理、垃圾处理等民生类项目融资，严控“两高一剩”行业贷款，绿色信贷余额68亿元，比上年增加12亿元。

风险防控。强化风险预警和重点领域监控，重点控制新增逾期贷款、新发生不良贷款，加大不良贷款清收处置力度，确保资产质量保持较高水平。不良贷款率0.67%，较上年下降0.11个百

分点，未发生资金案件和重大风险事件。清收不良贷款 9.62 亿元，核销不良贷款 4.66 亿元。（陈颖星）

【兴业银行】 截至 2020 年末，集团总资产 7.89 万亿元，比上年增长 10.47%。全年营业净收入 2031.37 亿元，增长 12.04%。手续费及佣金净收入 377.1 亿元，增长 24.14%。成本收入比 24.16%，比上年下降 1.87 个百分点。拨备前利润 1519.74 亿元，增长 14.82%。归属于母公司股东的净利润 666.26 亿元，增长 1.15%。不良贷款余额 496.56 亿元，较上年末下降 33.66 亿元，不良贷款率 1.25%，较上年末下降 0.29 个百分点，不良贷款余额和不良贷款率近 5 年首次“双降”。拨备覆盖率 218.83%，较上年末提高 19.7 个百分点。年末存款总额 4.04 万亿元，较上年末增长 7.55%。负债中法定利率存款 3.7 万亿元，较上年末增长 12.64%。贷款 3.97 万亿元，较上年末增长 15.23%，占总资产比重上升 2.08 个百分点至 50.24%。净利差提高 15BP，净息差提高 11BP。年末流动性比重 67.39%，流动性覆盖率 190.25%，净稳定资金比重 105.08%，流动性指标全面满足监管要求。资本充足率、一级资本充足率、核心一级资本充足率分别为 13.47%、10.85%、9.33%。在英国《银行家》杂志“全球银行 1000 强”榜单中，按一级资本排名提升至第 21 位，按总资产排名提升至第 27 位。明晟 ESG 评级继续保持国内银行最高的 A 级。

重点业务。场景生态圈成果更加丰硕。场景生态圈以链接生产生活和公共服务场景为切入点，加快金融科技与行业生态的深度融合。F 端（金融机构端）以“清结算＋存托管”为基础。其中，银银平台服务法人机构 2177 家，支付产品结算量 7.06 万亿，比上年增长 19.58%；非银资金管理云平台累计上线 750 家，对主要非银金融机构覆盖率升至 75.15%；证券资金结算量 18.59 万亿元，增长 25.61%。多项产品共同带动全行同业负债付息率整体下降 66 个 BP。G 端（政府端）推动中央及地方各级财政代理业务链式营销，机构日均存款（不含全国社保存款）较上年末增长 7.52%至 7297.52 亿元。B 端（企业端）聚焦重点行业推进场景生态圈，新增场景生态平台项目 889 个，新增数量较上年末实现翻番，累计达 2201 个。完成移动支付业务累计收单 1397.74 亿元，交易量继续位居股份制银行第一。C 端（零售端）外接场景、内引场景齐头并进，客户体验不断提升，手机银行客户突破 3700 万户，较上年末增长 18.19%，信用卡“好兴动”APP 注册用户达到 2101 万户，比上年末增长 66.06%，用户转化率不断提升。

2020 年 12 月 11 日，《福建金融业生态环境多方共治行动倡议》签约仪式暨生态环境多方共治标杆项目发布会在福州举行。该倡议是国内首个由金融机构自发提出的生态环境治理行动倡议（兴业银行供稿）

投资生态圈。投资生态圈以投资能力提升和销售能力增强为重点，贴合客户财富配置需求，坚持全市场精选优质产品，以全谱系产品服务客户资产配置需求。截至年末，通过理财、代理代销、资产托管、信托及基金子公司等实现财富管理收入 206.72 亿元，比上年增长 34.18%。银行理财余额 1.48 万亿元，增长 10.35%，符合资管新规的新产品比重 72.24%，较上年末上升 29.11 个百分点，收益能力显著提升，为客户创利 425 亿元。推动含权益类理财产品销售，余额较上年末增加 1617 亿元。通过资产管理带动资产托管作用明显，托管规模 13.01 万亿元，结算性托管存款日均 1736 亿元，增长 30.23%，托管收入增速重回正增长。集团零售客户管理总资产（AUM）2.61 万亿元，增长 22.87%，其中表外管理资产占比 72.09%，比上年提升 3.33 个百分点。带动零售客户稳健增长，价值提升。零售客户数 7955.69 万户，其中贵宾客户数 346.16 万户、增长 7.21%，私行客户数 4.86 万户、增长 20.82%。

投行生态圈服务。投行生态圈以高收益资产拓展和轻资本模式建设为核心，深度把握资本市场红利机遇。通过包括债券承销、信贷资产流转、财务咨询顾问、银团贷款、委托贷款、资产证券化等各类投行服务实现收入 40.22 亿元，比上年增长 66.6%。实现代客 FICC 业务收入 35.6 亿元，增长 35%。各类投行优势业务进一步巩固，其中，非金融企业债务融资工具承销规模 6545.55 亿元，全市场排名第一，增长 25.64%。金融债承销 623.24 亿元，增长 206.79%。并购融资投放 712.77 亿元，增长 91.12%。银团贷款余额 1118.5 亿元，增长 45.22%。构建“兴财资”平台打通“股、债、贷、转”全产品链，合作金融机构超过 150 家，资产流转规模 2249.64 亿元，增长 49.25%。截至年末，集团对公融资总量（FPA）余额 6.06 万亿元，较上年末增加 6720.45 亿元，增长 12.47%，其中表外非传统对公融资增量近年来首次超越表内对公融资增量。商投联动，通过投行业务带动客户法定利率存款日均达 3006.61 亿元，增长 22.24%。

科技赋能。金融科技体制机制改革基本完成，科技队伍显著扩大，业务科技（BA＋SA）联合开发工作组渐成体系，监管数据治理深入开展，研发质效逐步提升，数字化转型基础更加扎实。数字化业务与业务数字化水平稳步提升，中后台管理精细化、智能化能力持续加强，全集团上线智能风控模块，构建互联网贷款模型，实现风险预警、模型分析、内控管理的实时化、智能化。全年科技投入提高 36.38%，占营业收入的比重上升 0.42 个百分点至 2.39%。

服务实体经济。加大重点领域和薄弱环节金融支持。为应对新冠肺炎疫情冲击，兴业银行对于实体经济重点领域和薄弱环节应贷尽贷、应延尽延、应核尽核，制造业中长期贷款、普惠金融领域贷款、普惠小微企业贷款延期还本付息等重点监管任务全部超额完成。截至年末，普惠型小微企业贷款余额 2032.5 亿元，较上年末增长 61.25%，贷款客户 9.47 万户，新增 3.82 万户，普惠小微贷款累计加权平均投放利率降至 4.52%。发挥“商行＋投行”优势，推出“科技贷”“科创贷”等更多适合科创企业特点的产品服务，扩大科创金融覆盖面，年末国家高新技术企业合作数 2.4 万户，授信客户突破 9000 户。圆满完成年度扶贫计划，年末精准扶贫贷款余额 166.68 亿元，较上年末增加 21.4 亿元。向 51 个挂钩点派出扶贫干部 40 人，实现所有挂钩扶贫点脱贫。

绿色金融。探索绿色产品创新，承销市场首单绿色资产支持商业票据及“绿色防疫债”，推动境内首单蓝色债券及境外蓝色金融债成功发行，推动财政部下属中国清洁发展机制基金合作，实现首批“绿创贷”陆续投放落地，推出首款 ESG 理财产品。参与绿色金融规则制定服务创新发展。牵头起草《绿色融资统计制度》。

服务福建发展。年末兴业银行在省内各项贷款余额 8337.29 亿元，比上年增长 15.86%，人行口径省内机构存贷比 144%，较全省平均水平高 38 个百分点。通过各类创新渠道为省内实体经济融资，年末累计投放省市级重点项目 74 个，投放金额 126.88 亿元。支持一二三产业“百千”增产增效方面，通过各类产品落地资金约 1038.44 亿元。为省内非金融企业承销发行债券 573.66 亿元。投资全省地方政府债 251.23 亿元。

重点领域服务。截至年末，支持防疫重点企业 672 家，融资金额 566.21 亿元。支持重点复工复产项目和企业 6707 家，融资金额 2276.12 亿元。投放纾困贷款 33.09 亿元，投放金额位列全省各家银行第二名。省内普惠金融领域贷款余额 592.21 亿元，较上年末新增 186.47 亿元。省内分行累计投放制造业贷款 956.93 亿元，比上年增长 6.8%。服务民营企业 5217 家，贷款余额 1023.05 亿元，较上年末增加 111 亿元。在省内传统贷款企业客户中，民营企业数量占比达 84.2%。承建运营“福建金服云”平台，为中小微企业提供“金融＋科技＋数据＋政策”的在线融资服务。平台入驻金融机构 33 家，注册用户 94296 户，解决各类融资需求 11835 笔、金额 439.37 亿元。推进“金服云”平台省外复制推广，“宁夏金服云”上线试运行。

担当企业社会责任。为全省经济社会发展作出更大贡献，2020 年，省内纳税 180.37 亿元，比上年增缴 36.29 亿元，增幅 25.19%。向省财政分红 29.73 亿元，比上年增长 10.44%，上市以来累计分红达 204.9 亿元。长期践行扶贫开发“宁德模式”，省内定点对口帮扶对象如期脱贫，获得福建省扶贫基金会、福建省扶贫开发协会授予的“扶贫重大贡献荣誉证书”，为省内获奖的唯一金融机构。向福建援宜（昌）医疗队捐赠 500 万元。 （黄银平）

【中信银行福州分行】 截至 2020 年末，中信银行福州分行自营存款余额 765 亿元，新增 123 亿元；各项贷款余额 766 亿元，新增 148 亿元。

支持实体经济。承销全省首单疫情防控中票、系统内首单疫情防控熊猫超短融、省内上市国企首单疫情防控债，为防疫抗疫类实体企业提供融资 98 亿元，为各类复工复产企业办理融资 596 亿元。加大制造业贷款投入，支持省内重点在建项目和园区建设，助力主流民营企业成长。加入纾困专项资金贷款银行名录，为小微企业发放纾困贷款、应急贷款；在省内股份制银行首家推出“政采 e 贷”线上产品，并实现系统内首笔业务落地；为宁德、龙岩普惠金融金改区创设五大属地化产品并取得业务突破。2019 年服务实体经济质效在全省可比同业排名第二位，获“服务民营企业突出贡献银行”三等奖。

支持重点建设。导入落地中信重工漳州海上风电装备等项目，集团驻闽分支机构为福建省提供综合融资规模超 1200 亿元。10 月，中信集团与福建省政府签署全面战略合作协议，中信银行等子公司还分别与地方政府、省属重点国企签署 7 个子协议，横跨金融和实业领域。

履行社会责任。全力做好农民工工资保障工作，全年落地 5 个农民工代发工资项目，服务 4000 名农民工，实现发薪 4 亿元。 （唐夏芸）

【招商银行福州分行】 截至 2020 年，招商银行福州分行自营存款年日均余额 542.52 亿元，比年初增加 112.05 亿元，时点存款市场份额 2.45%，比上年提升 0.22 个百分点，居当地股份制银行（不含兴业银行）首位。表内人民币一般性信贷资产余额 633.24 亿元，比上年增加 53.87 亿元，其中零售信贷余额 419.4 亿元，占比 66%。实现营业净收入 24.08 亿元，增幅 8.34%。其中净息 18.19 亿元，非息 5.89 亿元，非息比上年增加 1.44 亿元，增幅 32.29%。资产质量继续向好，不良持续双降。不良贷款余额 4.21 亿元，比上年下降 1.88 亿元；不良贷款率 0.62%，下降 0.38 个百分点，较区域股份制银行平均水平低

1.21个百分点。经济利润累计实现11.98亿元，比上年增幅19.74%。

零售金融。围绕MAU北极星，加速推进数字化获客，打造“全产品、全渠道、全客群”三全服务体系。围绕AUM（管理客户总资产）经营理念为客户创造价值，客户综合经营能力有所提升。AUM时点余额达645亿元，全年增量超过2018年、2019年两年增量之和，呈现加速增长态势。财富管理收入2.14亿元，增幅近65%。加速线上线下“空陆联运”获客经营，全年招商银行APP新下载MAU17.3万户，APP场景MAU 45.3万户。零售信贷客户新增2.13万户，小微贷产能进一步提升；闪电贷业务规模达37.8亿元，较年初增加14.5亿元。

公司金融。培育一批以总分战略客户为主体、覆盖主要行业龙头的核心客群，以核心客户作为业务起点，形成与N端客群之间正向循环的经营模式。通过“1+N”供应链，深化客户绑定，开创以中建海峡、三棵树为核心客户的“全国做一家”项目；供应链融资余额35亿元，较上年增加24亿元，增幅218%，月均余额增加10.5亿元。授信客群更加聚焦，支持类和战略客户资产敞口242.7亿元，较年初增加26.63亿元，支持类资产占比81.55%，提升4.1个百分点。资本市场引流资金超过25亿元，IPO募集引流7.5亿元；落地首笔新动能基金投资项目永辉彩食鲜业务；在业内首家为医药流通行业客户量身打造“结算+现金管理”组合方案，产品覆盖至全省前五大医药经销商。全年引流专项债资金181亿元，拉近与各级政府间的合作关系，成为各区、县政府推动专项债的首选银行。全年揽获各级机构业务资格14个，比2019年多出4个，累计资格总数82个。托管规模达1302亿元，当年新增206亿元，完成率115%，规模总量及增量均为同业第一（除兴业银行外）。

金融科技。网点线上店作为疫情期间线上经营的抓手，弥补线下网点流量大幅下降的空白。网点线上店粉丝量破百万，较上年大幅增加86万人，涨幅超4倍，月均场景客户留存率达33.5%，成为主力场景之一。打造特色流量。“一城一品”商超场景建设，与永辉、大润发、万嘉、六意等流量大户加深渠道合作，为用户提供增值优惠服务，全年完成交易笔数近40万笔，交易用户数近10万户。

服务社会。电子医、社保卡累计签发28.64万户。云缴费新增商户303户，缴费人数13.9万人，其中新增党工团云缴费人数超4万人，比上年大幅提升315%。首批接入省税务局电子政务平台“在线预开户”功能、接入法院“一案一账户”案款执行系统；首批获得医保电子凭证展码资格；落地全国首单跨省异地非现场缴罚电子票据；成为区域首家实现与不动产中心他证直连的银行。

坚持内部融合，代发联席经营成效初显。全年新增代发企业1690家，增幅超50%，新增代发有效户19.8万户，增幅43%。零售中高端客户引流对公有效户593户、小微贷客户引流对公有效户313户。　（林　亮）

【光大银行福州分行】　2020年12月，光大银行福州分行成功中标“2021—2022年福建省专项债发行准备工作公开选聘第三方机构项目”合同包3（泉州、南平地区项目），首次获得省内专项债发行服务商资格，规模264亿元。2020年，该行全年承销各类债券24只，金额92亿元。依托光大集团金融全牌照和产融结合优势，助力“六稳”“六保”，突出对制造业、民营企业和小微企业的金融支持，把“增量、降本、便利”落实到地方经济发展上。

支持实体经济。2020年，光大银行福州分行给予福建东飞环境集团有限公司授信1亿元，及时缓解流动资金紧张情况，同时对该企业下属子公司福州市东飞环境服务有限公司综合授信2600万元，为其复工复产及规模扩大提供后续动力。给予闽南地区最大的高端压缩机制造商之一——福建巨霸机械有限公司2200万元增贷资金，助力企业扩大产能；累计为宁德新能源科技有限公司办理外汇衍生业务1.5亿美元；与北京三快科技有限公司（美团点评）签署战略合作协议，携手美团推出“阳光e餐贷”便捷信用贷款，助力福建小微餐饮企业渡过难关；为漳州市九龙江集团有限公司办理外汇衍生业务4.44亿美元。给予福建电子信息集团投放流动资金贷款2.9亿元，助力福州市“数字福建”“十三五”规划重点之一的国家东南健康医疗大数据中心项目建设。

科技创新。阳光供应链云平台是光大银行采用SaaS平台模式和云服务技

2020年10月1日，光大银行福州分行在福州仓山爱琴海购物公园举行“乐博金秋·光彩大FUN”第三届万人博饼消费节终极王中王挑战赛，最终一名信用卡新用户夺得状元王汽车大奖　（光大银行福州分行供稿）

术，开发出为企业客户提供在线供应链金融综合服务的在线平台，解决传统供应链金融存在的线下逐笔确权、融资审批流程长等难点。依托总行的“123＋N”数字光大特色发展体系，加速线上化、平台化、智能化转型，为“数字福建”建设提供科技支持。借助总行金融科技创新机制，光大银行福州分行针对朴朴供应商的应收账款“池融资”业务模式，为朴朴超市众多的小微企业供应商提供便捷的线上融资服务。

支持民生。光大银行福州分行上线福州分行城市服务、物泊科技、好运联联、云联商船、福州市驾培资金托管、花呗多分行运营等重点项目；开展无人停车缴费业务；丰富手机银行业务场景，在手机银行首创健康类直播栏目“名医直播”；通过电商平台支付结算产品“智慧海都平台”与《海峡都市报》开展合作，以高质量数字金融服务满足人民美好生活需要。

ETC业务。2020年，光大银行福州分行推动ETC业务发展，通过在全省辖内86家营业网点设立高速代理座席，实现ETC客户的“一站式服务”；针对光大ETC客户，持续开展省内高速通行费折上折、中石化车E族加油卡充值优惠等专属增值服务。截至2020年末，该行累计服务ETC用户17万户。

（吴晓曦）

【福建省农村信用社联合社】 2020年，福建省农村信用社联合社资产较年初增长10.21%，达9760亿元。各项贷款较年初增加621.52亿元、达5017.77亿元，贷款增量创历史新高，比上年同期多增94亿元。各项存款增加737.73亿元、达7764.15亿元，增长10.50%，高于上年同期增幅0.45个百分点。不良贷款率1.41%，下降0.04个百分点，逾期60天以上贷款全部入账。清收处置表内不良贷款99.34亿元、表外不良资产30.44亿元。资产减值准备余额338.35亿元，一般准备147.33亿元，贷款拨备覆盖率368.74%，拨贷比5.19%，资本充足率17.23%。三明、顺昌等2家行社达到化险“摘帽”条件，福安联社化险处置取得新进展。财务收入506.85亿元，比上年增加12.98亿元。拨备前利润218.95亿元，降幅1.3%。净利润93.58亿元，降幅13.57%。全年入库税款57.11亿元。

支持经济。涉农贷款余额3440.23亿元，涉农贷款占比68.6%，农户贷款余额2968.48亿元；1000万元以下小微企业贷款余额2109.57亿元，新增户数8.29万户、达74.34万户，6项指标均居全省银行业首位。助力农村要素市场化配置改革，启动福农综合服务平台项目，升级推出特色产品。扶贫小额信贷市场份额占全省银行业金融机构70%以上，生源地助学贷款市场份额占全省银行业80%以上。发放“战疫”系列贷款706.88亿元。通过“金服云”平台放款户数7477户，放款金额121.31亿元，户数、金额分别居全省银行业第一、第二位。发放纾困贷款1523户、金额39.04亿元。落实外贸“稳企业保就业”措施，本外币贸易融资贷款余额51.33亿元，增长28.36%。

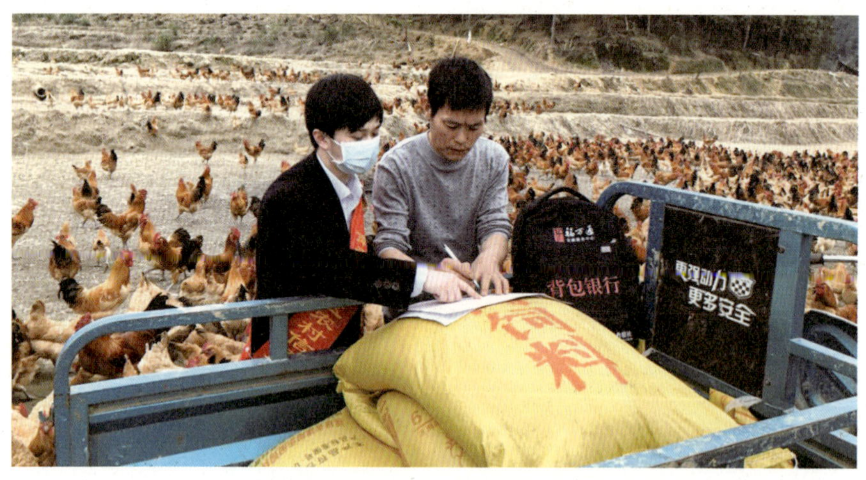

2020年，福建省农村信用社联合社实施金融助理进村入社区工程。图为农信金融助理为村民宣讲金融知识　（福建省农村信用社联合社供稿）

普惠金融。以国家和银行信用为主体的低风险业务占比提升至94.37%，杠杆倍数稳步降至1.09倍。实现净收益108.35亿元，资金运作收益率3.09%。手机银行签约客户1195万户，微信关注用户达1515万户，扫码收单商户93.5万户。场景应用涵盖商超、餐饮、医院、食堂、公交、物业等二十大便民领域。“云闪付”APP用户达349.31万户。普惠金融多方合作创新模式，与宁德市、龙岩市政府、省再担保公司签订战略合作协议，推动普惠金融改革举措落地实施。开发“福农e政”平台，助力民生资金安全高效直达基层。实施金融助理进村入社区工程，派出金融助理6217名，聘任乡村振兴信息员4790名，覆盖全省1.52万个行政村。

农信社改制。农商行达27家，占比达40.30%。完成股权托管工作，探索省联社统一向辖内行社派驻外部监事制度。研究构建科技“53880”体系，完善软件研发体系、信息安全管理体系，完成大额存单优化、贷款利率的LPR改造、数据管控系统、移动驾驶舱等项目建设。网络支付成为跨行支付主渠道，全年累计发生超9亿笔、金额7700多亿元，业务量占跨行支付总业务量的77.02%；手机号码支付业务注册用户数累计突破100万户。（赖礼宣）

【外资银行】 2020年末，福建省外资银行共19家，从业人员940人。年末资产总额666.04亿元，比上年减少4.1亿元，下降0.61%。各项贷款余额317.42亿元，比上年减少24.06亿元，下降7.05%，制造业、批发零售业贷款占比上升3.05个百分点。各项存款余额336.23亿元，比上年增加63.38亿元，增长23.23%。以单位存款为主，负债稳定性有所改善。年末不良贷款率

0.44%，资产质量优于全省银行业平均水平。通过实施临时性延期还本付息、下调贷款利率等措施让利实体经济，年末存贷利差比上年下降1.2个百分点。

（唐福来）

证券　信托

【概况】　2020年，福建辖区（不含厦门，下同）资本市场总体平稳有序运行，上市公司质量稳步提升，证券期货经营机构持续规范发展，场外市场建设深入推进。截至2020年底，福建辖区有上市公司93家、证券公司2家、期货公司3家、基金公司2家、证券投资咨询公司2家、证券子公司4家、证券基金分支机构424家、期货分支机构69家。

直接融资渠道。2020年，辖区境内上市公司、挂牌企业及非上市公司累计实现直接融资2160.34亿元。其中，4家公司实现首发上市，首发融资41.24亿元；15家次上市挂牌公司通过定向增发、配股、新三板定增等方式实现股权再融资232.87亿元；67家次上市公司实现债券融资920.35亿元；87家次非上市公司通过债券融资686.10亿元。截至年底，辖区还有8家企业已过会待发行（待注册），8家企业已向证监会申报IPO。

上市公司。截至2020年底，辖区有境内上市公司93家，总股本1355.67亿股，总市值24543.62亿元；资产总额96073.24亿元，净资产10995.76亿元。2020年度上市公司共实现营业收入9450.31亿元，净利润1005.03亿元；平均每股收益0.74元，平均净资产收益率9.68%。并购重组方面，全年共有5家次上市公司公告开展重大资产重组，涉及金额9.93亿元，较好地化解过剩产能，优化产业布局，助力供给侧结构性改革，引领全省的经济转型和产业升级。

证券期货。2020年，辖区2家证券公司共实现营业收入112.70亿元，利润总额43.78亿元，净利润34.53亿元；辖区422家开展经纪业务的证券分支机构累计代理买卖证券总额19.00万亿元，实现营业收入50.35亿元，实现利润总额18.67亿元，净利润17.58亿元。

辖区3家期货公司共实现营业收入5.22亿元，利润总额1.60亿元，实现净利润1.23亿元。辖区61家期货分支机构保证金为101.89亿元，累计代理成交金额8.56万亿元，净利润−730.57万元。

私募投资基金。截至12月底，辖区完成登记的私募基金管理人239家，备案私募基金（含投资顾问管理型）1086只，管理资金规模达1675.60亿元，成为直接融资的新渠道。

场外市场建设。截至2020年底，辖区新三板挂牌企业166家。海交中心共有挂牌、展示企业6451家、各类会员79家，托管企业341家，托管总股本562.25亿股。中心与省内13家银行签订战略合作协议，合计授信额度达205亿元，并通过股权交易、定向增资、引进私募股权投资、委托债权投资等方式，累计为企业对接融资81亿元。

市场整体运行。以福建省打击非法证券活动联席会议为依托，按照“打防并举、综合治理、重在治本”工作方针，坚决、有效地打击非法证券期货活动。全年累计收到71条涉非线索举报。根据举报线索，对32个涉非线索开展排查，办结58条线索，办结投诉举报19件。通过对涉非投诉举报的初步核查，向地方公安部门移送4条涉非犯罪线索，与公安机关召开座谈会3次，为各级公安机关出具14份性质认定及证券、期货资质查询结果。　（庄郑力）

【厦门证券概况】　2020年，厦门市新增12家A股上市公司和2家港股上市公司。报证监会（交易所）IPO受理企业8家；进入证监局辅导备案企业15家；推荐申报省上市后备企业并评选两批次市上市后备企业共计411家次。

以注册制改革为契机，加强对拟上市企业的培育和辅导，建立完善上市资源挖掘、责任分解、问题解决、政策帮扶、宣传动员五大机制，扩充企业上市队伍。深化与沪深港3家交易所战略合作，引进上交所、深交所在厦设立基地，为企业量身定制上市辅导计划并进行跟踪服务，组织后备企业“走进交易所”，参加上市仪式。落实市政府与兴业、华泰、中信、中泰等头部券商战略合作，加大优质金融服务供给，联合交易所、厦门大学、券商及中介机构和各区，面向国企、生物医药企业等举办注册制改革、境外债券、再融资、“董秘班”等主题大型培训活动共计8场。启动厦门上市公司ETF指数基金编制工作，塑造上市公司“厦门板块”品牌形象。提升上市公司质量，市值超百亿元的上市公司19家，比2019年底增加6家。

（全宗文）

【兴业证券股份有限公司】　2020年，兴业证券实现营业收入175.80亿元，利润总额61.56亿元，净利润45.84亿元，比上年分别增长23%、134%和139%，营业收入、利润总额和净利润均创历史新高，对股东的收入回报进一步提升，集团经营规模、质量、效益迈上新台阶。

股权融资业务。2020年完成主承销13单IPO项目和14单再融资项目，主承销金额195亿元，融资家数和融资金额行业排名分别跃升至第12位和第16位；分拆上市业务获得阶段性成果，厦钨新能成为福建首单、市场前五单的A拆A过会企业；中闽能源并购重组项目是福建首单、公司首例将定向可转债创新工具用于并购重组的项目。

债券融资业务。2020年完成主承销7单企业债、136单公司债，主承销金额754亿元，融资家数和融资金额行业排名第14位和第17位；完成主承销39只ABS产品，承销规模合计289亿元，行业排名提升至第17位；公司作为主承销机构协助福建企业融资规模排名首位，合计融资179亿元；主承销发行5单疫情防控债券和2单疫情防控资产支持证券，承销总规模近40亿元，其中多只产品为市场首单；大力发展绿色债券业务，公司绿色债市场排名从第37位提升至第14位；获得银行间市场交易商协会非金融企业债务融资工具主承销商资格。

2020年9月8日，福建福昕软件在上海证券交易所科创板上市，兴业证券担任此次发行的保荐机构和牵头联席主承销商。福昕软件此次上市实际募集资金28.72亿元，融资规模创全省科创企业之最　　（兴业证券供稿）

中小微企业融资业务。2020年新增精选层挂牌企业2家，行业排名第六位，融资金额达到2.6亿元；当年发行股票金额7.7亿元，行业排名第八位；持续督导企业家数213家，行业排名第九位。

区域股权交易市场。公司参股经营的海峡股权交易中心加快推进区域性股权市场改革发展，托管业务方面积极落实银保监要求，圆满完成全省120家非上市银行股权集中登记托管工作，上线福建省上市后备企业培育孵化基地系统，落地深圳交易所福建基地。

证券经纪业务。2020年公司股票基金交易总金额7.54万亿元，比上年增长48%；母公司实现代理买卖证券业务净收入（不含席位）12.99亿元，增长65%，行业排名第20位，较上年提升4位，成立行业首家家族财富办公室。

金融产品销售业务。母公司实现净收入5.39亿元，比上年增长170%，排名持续稳定在行业前10位。

融资融券业务。2020年12月末余额307.57亿元，较上年末增长84%，超出行业增幅近24个百分点，市场份额1.9%，创历史新高。实现融资融券利息收入15.41亿元，增长45%；市场份额1.74%，较上年末增长7%。

期货经纪业务。截至2020年12月末，控股子公司兴证期货客户权益达到135.85亿元，较上年末增长34%；2020年客户日均权益达到123.29亿元，增长26%。

券商资产管理业务。截至2020年12月末，全资子公司兴证资管受托资产管理资本金总额575亿元。

公募基金管理业务。截至2020年12月末，控股子公司兴证全球基金资产管理总规模5316亿元，较年初增长40%，其中公募基金规模4548亿元，较年初增长48%。

私募股权基金管理业务。截至2020年12月末，全资子公司兴证资本管理基金规模65亿元。

服务业务。公司研究实力和机构服务能力持续稳定在行业第一梯队，2020年公司获得年度新财富最佳分析师、卖方水晶球分析师、中国证券业分析师金牛奖等荣誉，行业首家券商联合中证指数公司成功开发中证兴业证券ESG盈利100指数，并作为唯一一家金融机构获批福建省首批重点智库建设试点单位。

资产托管与外包业务。截至2020年末，公司存量备案私募证券投资基金产品4016只，较上年末增长69%，增幅在托管千只以上产品的券商中排名第一，托管外包业务总规模较年初翻番；2020年公司新增私募证券投资基金备案数1626只，行业排名第四位；新增公募基金托管产品5只，新增发行规模24.48亿元。

风险管理业务。控股子公司兴证期货旗下的全资子公司兴证风险管理开展风险管理相关业务，以基差交易业务为支柱，在农产品、能化、有色金属三大板块持续深耕，稳健开展仓单服务、合作套保、场外衍生品业务、做市业务，成功落地行业首单防疫服期权和福建省首单口罩期权。

投资业务。全资子公司兴证投资完成11个股权项目投资。海外业务，截至2020年末，控股子公司兴证国际港股托管市值在30家中资券商中排名第八位，股权融资额在中资券商中排名第15位，债权融资额在中资券商中排名第10位。

践行职责。2020年，兴业证券通过股、债、结构融资等方式助力福建省企业实现直接融资总规模近1800亿元，

2020年11月16日，兴业证券与阿里云在杭州签署战略合作协议并联合挂牌成立金融科技创新实验室，共同探索证券行业金融科技创新与数智化转型发展新路径　　（兴业证券供稿）

并创下多个福建省首单纪录，包括融资规模创福建省科创企业之最的福昕软件、首批创业板注册制企业创识科技、首家新三板精选层企业龙竹科技以及首家A拆A过会企业厦钨新能等，蝉联“福建省百强企业”称号并获评福建省首批高端智库建设试点单位。

践行社会责任。兴业证券助力全省对口支援省市脱贫攻坚工作。联合省财政厅、兴业证券慈善基金会发起宁化县“兴证·兴未来留守儿童之家”项目；在三明市宁化县安远、湖村等4个乡镇捐建4所标准化的“儿童之家”。开展包括政和县兴业证券教育振兴计划、“优秀园丁”研修班、兴航计划大学生综合素养提升训练营等项目，捐建并揭牌长汀县实验幼儿园兴证分园。

加强生态防治保护。分批捐赠300万元参与长汀县生态建设项目，支持长汀县政府对马兰山水土流失区实施精准深层治理，修复生态。融入省政府“阳光1+1”牵手计划，推动兴业证券慈善基金会与省内老区村邵武市龙斗村和宁化县团结村签订一对一帮扶协议，帮扶老区村发展特色产业、搭建产销平台、拓展产销渠道、加强留守儿童关爱帮扶等。对口支援西藏昌都、闽宁协作宁夏隆德项目，助力精准脱贫。在西藏八宿投入各类帮扶资金270余万元开展兴证闽藏金融助学金等3个项目，在宁夏隆德投入170万元继续资助奖助学金、乡村妈妈爱心驿站公益项目，在云南彝良持续开展关爱留守儿童、困境儿童系列活动。　（杨贤奔）

2020年10月19日，“兴业信托·兴享世承系列家族信托”获得2019年度“诚信托——价值信托产品奖”之“最佳家族信托产品奖”

（兴业国际信托有限公司供稿）

【兴业国际信托有限公司】　截至2020年末，兴业国际信托有限公司（母公司口径）资产总额212.81亿元，比年初增长16.80%；总负债34.51亿元，比年初增长125.32%；所有者权益178.30亿元，比年初增长6.84%；实现营业收入27.49亿元，实现净利润11.64亿元；在中国信托业协会组织的行业评级中，公司连续5年被评为最高等级A级。

调整优化信托业务结构。截至2020年末，公司存续信托业务规模3649.41亿元，较年初下降33.64%。全年新增信托业务规模1073.15亿元，累计实现信托业务收入19.28亿元，其中主动管理业务收入15.58亿元，占比达80.81%。

特色转型业务。新基建专项业务得到推进，获得“年度优秀基础设施信托产品奖”。推进非标转标专项业务，获得沪深交易所合计300亿元储架额度，开展入池资产组织。

绿色信托业务。成功落地全市场首单绿色疫情防控债券和绿色防疫ABS产品——“华电国际2020年度第一期绿色定向资产支持票据（疫情防控债）”；启动国内首支生物多样性绿色慈善信托。截至2020年末，绿色信托存续规模490.21亿元，占信托业务总规模的比重达13.43%，其中主动管理绿色信托业务规模254.9亿元，较年初增长23.71%。

标品信托产品体系。现金管理类产品日均规模232.27亿元，增长28.59%。权益类证券投资产品矩阵得到丰富，落地公司首单直销主动管理混合型TOF产品；设立业内首单开放净值型标准化绿色资产投资信托产品，填补行业在标准化绿色金融资产直接投资产品方面的空白。QDII额度增至2.8亿美元。推进全链条资产证券化业务落地，加大承销业务拓展力度，在市场首单绿色疫情防控债中，首次在同一单ABN业务中同时担任SPV和分销商双角色。

信托本源业务。家族信托服务体系

2020年9月29日，兴业国际信托有限公司员工参与中共鼓楼区委文明办主办的双节活动，为广大群众普及金融知识　（兴业国际信托有限公司供稿）

逐步完善。薪酬递延信托及保险金信托业务模式快速推广，落地公司首单保险金信托项目。截至2020年末，家族信托、全权委托存续规模70.95亿元，较年初增长93.32%；薪酬递延信托存续规模6.27亿元，年内新增落地19笔。

股权投资业务。2020年，旗下兴业国信资产管理有限公司新增落地10余项PE基金及并购基金类项目；参投企业孚能科技通过科创板IPO审核，成为江西省首家科创板过会企业；福光股份、三安光电、蔚来汽车等股权投资项目顺利实现退出。

履行社会责任。2020年，公司向湖北地区疫情防控主体提供信托融资3.02亿元，向疫情防控物资生产重点企业提供信托贷款1.3亿元。参与信托业协会发起设立的专项慈善信托计划“中国信托业抗击新型肺炎慈善信托”，发起设立公司“同泽”系列抗疫慈善信托，用于助力福建省疫情防控工作。

绿色金融。截至2020年末，公司（含子公司）绿色业务存续规模余额545.48亿元，公司累计投放绿色投融资规模突破1000亿元，服务集团绿色专属客户103个。

公益捐赠。2020年，公司继续助力对口捐助的希望小学开展年度“优秀教师”和“三好学生”评选活动，对66名优秀师生发放奖励金4.1万元。

（于利红）

保　　险

【概况】 2020年末，福建省保险公司主体数量为62家（其中保险法人机构3家），其中财产险公司28家、人身险公司34家，各级保险公司机构网点2470家；保险专业中介机构主体156家，各级保险专业中介机构网点444家；保险从业人员约39.7万人，其中代理制销售人员约35.8万人。

经营运行。2020年末，福建省保险公司总资产3496.95亿元，比年初增长14.36%。2020年，福建保险业累计实现保费收入（指原保险保费收入，下同）1242.24亿元，增长5.74%，保费规模居全国第14位。其中，财产险保费收入337.07亿元，下降0.39%（其中车险保费收入238.81亿元，下降2.76%）；人身险保费收入905.18亿元，增长8.22%（其中，人寿保险保费收入619.98亿元，增长5.98%；健康保险保费收入249.28亿元，增长15.74%；意外保险保费收入35.92亿元，下降0.24%）。

服务经济。2020年，福建省保险业累计承担风险总额118.97万亿元，增长43.85%；累计赔付支出393.23亿元，增长7.97%。其中，财产险赔付支出203.14亿元，增长4.75%；人身险赔付支出190.09亿元，增长11.65%。2020年末，全省保险深度2.83%。

（唐福来）

【中国人民财产保险股份有限公司福建省分公司】 2020年，中国人民财产保险股份有限公司福建省分公司服务客户总量331.95万人，承担风险责任金额27.16万亿元，支付赔款81.78亿元。

疫情防控。主动融入大局，捐赠保险保障4.58亿元，组织公益捐款近30万元；向163个驻村扶贫工作队派驻近千名干部员工参与联防联控。聚焦服务复工复产和实体经济发展，发挥保险功能作用，采取拓展保险责任、延长保险期限、简化理赔手续等举措，全面支持企业渡过难关。在业内率先推出企业复工复产综合险，突发公共卫生事件救助保险在漳州龙文、福州连江落地，疫情防控专属保险产品全面开花，累计为1661家企业、近70万人次提供各类风险保障超2100亿元，为2621家中小微企业等提供信贷增信和融资支持12.86亿元。

保障民生。巩固农险优势，升级农险经营管理模式，实施科技赋能，水稻种植保险、设施畜牧等地方特色保险取得重大突破，指数保险、价格/收入类保险加速推进，提供涉农风险保障4877.24亿元。承办大病、补充医疗等政策性项目19个，服务覆盖2800万人次。启动产业扶贫“百日攻坚”，累计为7.3万户建档立卡贫困户提供风险保障11.72亿元，覆盖率超87%。

科技变革。大力推进数字化建设，法律追偿、商业非车险管理等一批系统、移动销售工具和智能技术加速应用，创新推出“超级1+6”“一盔一带”“名医有约”“优农在线”“支付绑定”等特色服务。理赔案件案均支付周期缩短2.84天。

（葛　琳）

【中国人寿保险股份有限公司福建省分公司】 2020年，中国人寿保险股份有限公司福建省分公司实现保费收入234.62亿元（不含厦门），比上年增长14.42%；公司总保费市场份额33.52%，主要核心指标规模继续保持福建寿险市场第一，中国人寿全国系统经营指标考核排名第二、考核评级为AAA级。

助力脱贫攻坚。通过党建引领扶贫、消费助推扶贫、业务助力扶贫、公益支持扶贫等方式，推动各项扶贫工作扎实落地。省、市、县三级公司挂点42个帮扶点均已实现脱贫摘帽。超额完成总公司定点消费扶贫任务，完成率198%，位居中国人寿全国系统第四位。开展“扶贫保”工程，为贫困人群提供保险保障。其中，累计为14.9万名建档立卡贫困户提供人身意外风险保险保障；依托大病保险业务托底功能，实行大病保险补偿与普通住院补偿“一站式”服务，为贫困人口赔付19381人次，理赔金额达6396.01万元。

抗击疫情。向战疫一线医护人员及省卫健委、部分政府部门的防疫靠前指挥人员约4.3万人提供意外伤害及新冠肺炎身故保险保障；通过赠险、扩展责任等方式，为老百姓提供新冠肺炎责任保障，涵盖222万人；为135家企业单位在疫情期间提供“关爱保”组合产品保障；为7474家企业单位15.27万名员工在疫情期间提供“员福保”组合产品保障；为316家企业单位提供“复工复产”保险保障；及时升级7×24小时理赔服务、空中客服、在线投保、无接触服务。公司获得中国人寿系统2020年上半年“守护安康优秀分公司”称号。

普惠金融。为建档立卡贫困人口、残疾人、计生家庭、老年人、妇女、儿童（学生）、城乡居民医保参保人员等特殊人群提供保险保障，累计为10.77

万人次给付理赔金额 2.47 亿元；为 216.05 万名企业员工提供团体意外险、医疗保险、重疾险等一揽子风险保障服务，风险保障达 8421.79 亿元；为 18250 名中小企业和民营企业主提供累计 2323.34 亿元的风险保障。

支持地方经济。积极推动中国人寿集团公司与福建省政府战略合作协议的落地。在投融资合作方面，国寿投资项目“光信·光鑫·优债 223 号集合资金信托计划”顺利落地，第一期先行投放资金已到位。中国人寿在闽成员单位与福州城市建设投资集团有限公司签订合作框架协议。践行“绿水青山就是金山银山”理念，落实分 3 年向长汀县政府捐赠 100 万元、助力精准深层治理长汀水土流失计划，第一年捐赠 50 万元，为长汀水土流失综合治理贡献力量。

科技赋能。加大科技创新力度，“智能理赔服务项目”获得总公司创新成果一等奖，“职场慧眼项目”获得总公司创新成果二等奖，“E 秒诚信——客户云上诚信平台项目”和“掘金工程 2.0 项目”获得总公司创新成果三等奖，“证照线上管理项目”获得小微创新奖。创新成果获奖项目数位居中国人寿全国系统首位。　　（姚　颖）

2020 年 5 月 25 日，平安产险福建分公司组织党员、干部、员工成立志愿者分队，携手爱心企业家与热心车主共同走进福建省血液中心，以实际行动为献血事业助力　　（中国平安产险福建分公司供稿）

【中国平安财产保险股份有限公司福建分公司】 2020 年，中国平安财产保险股份有限公司福建分公司实现保费收入 62.5 亿元，纳税 7.8 亿元。

抗击疫情。平安产险推出面向个人客户、涵盖新冠肺炎等 40 种传染病的免费赠险“E 生平安·疾病守护金”，为驰援小微企业开发的“平安乐业福（传染病公益救助版）”，为每家小微企业提供 100 万元的员工感染身故残疾救助金，涵盖多种法定传染病（含新冠肺炎）。主动扩展车险、平安雇主责任险、安全生产责任险、团体意健险等产品条款责任，提升保险风险保障，对企业客户的保险费缴纳方式进行灵活调整，减轻企业负担，助力企业复工复产。给企业提供多一重风险保障，使其能够安心复工复产，平安产险还积极研发“复业保”产品，保险责任包含新冠在内的传染病所导致的营业中断风险，协助企业做好复工及复工后疫情防控工作，为企业有序恢复正常生产经营秩序及企业平稳过渡提供全面风险保障。2020 年，福建产险共为 8600 多家小微企业提供新冠肺炎相关保险服务，总保额达 283 亿元，以实际行动护航小微企业发展。

理赔服务。针对疫情期间查勘条件及客户理赔需求发生改变的情况，开辟绿色理赔通道，依托“平安好车主”APP、“平安好生活”APP，及“平安 E 企宝”“平安赔你行”小程序等线上平台，充分运用技术手段，简化业务流程，保障理赔服务稳定顺畅。平安产险福建分公司对接福建省卫健委，向驰援武汉、驰援海外的福建医疗队成员及其家庭成员，无偿捐赠专属保障，人均保额 50 万元。专项针对医护人员，提供免费上门取车、优先修车服务，简化理赔流程，提供及时便捷的理赔服务。

服务经济发展。2020 年，平安产险福建分公司参与风险管理，为福能海上风电、滨海快线、中核集团等一大批国家级、省级重点建设项目保驾护航，助推福建经济社会科学跨越发展。5 月，分公司与福建省气象局签署合作战略协议，促进气象与保险深度融合，共同提升全省气象灾害风险综合管理水平，全面服务于高质量发展落实赶超新福建建设。分公司完善突发事件应急处置机制，提供主动、高效、专业的理赔服务，全年累计支付赔款逾 39.6 亿元。

科技赋能。2020 年，平安产险完善互联网科技平台。“平安好车主”APP 作为平安产险客户服务的核心载体，围绕车主需求，搭建涵盖“车保险、车服务、车生活”的一站式服务平台，为用户提供保单查询、极速理赔、查违章、道路救援、停车缴费、年检代办、车损测算等 82 类用车养车服务，可根据用户数据，智能推荐个性化车险套餐，实现 5 分钟快速购险。2020 年，全省服务网点近 3000 家，实现县域网点覆盖率 100%。截至 12 月 31 日，“福建好车主”注册用户数突破 300 万，绑车用户数突破 165 万。“平安好生活”APP 重点聚焦健康、运动、宠物三大服务板块，关注用户多元化平台体验，持续提升非车险客户的服务体验。上线非车理赔功能，通过客户端一键报案及智能机器人对接理赔咨询，有效解决电话报案占线或无人员对接问题，最快一笔赔案 30 分钟完成。截至 2020 年 12 月 31 日，“福建好生活”注册用户数达 40 万。

精准扶贫。平安产险福建分公司于 2018 年即向宁德福安市穆云畲族乡上村村捐赠 10 万元，并实施农险扶贫“台江模式”，为其提供免息免担保的 15 万元银行信贷资金，用于上村村养鸡合作项目建设。2020 年，分公司协销上村土鸡、矿泉水、食用菌等各类农副产品逾 20 万元。同年底，上村养鸡场养殖规模扩大到 3000 只，养殖户的平均年收入较 2017 年底增加约 2 万元。同年 12 月，平安产险福建分公司正式获得农险经营

资格。（王映薇）

【中国平安人寿保险股份有限公司福建分公司】 2020年，中国平安人寿保险股份有限公司福建分公司总保费收入218.8亿元，比上年减少2.6%。其中，个人代理渠道总保费收入185.7亿元，银行邮政代理渠道总保费收入9.4亿元，其他业务渠道总保费收入23.7亿元。缴纳税金3.1亿元，赔付支出达30.8亿元。在福建（含厦门）设有福建分公司、厦门分公司，下辖泉州中心支公司、漳州中心支公司、龙岩中心支公司、三明中心支公司等8家中心支公司、16家支公司、1家营业部及161家营销服务部，合计188家分支机构，职工2254人，保险代理人47756人。

科技应用。在数据化营销方面，实现代理人队伍管理从新人招聘、队伍培养、销售支持等环节的全流程智能化，当前AI面试覆盖率达100%，减少人工面试时长，为代理人匹配个性化培养规划及7×24小时线上培训，专属的智能个人助理AskBob有效为代理人销售提供支持。在数据化客服方面，实现保全业务办理、核保等流程智能化升级，智慧客服和空中客服为客户办理业务享受方便快捷，提升业务办理的准确性和有效性；智能核保平台推出核保风控模型，实现智能风险拦截，提升核保效率。

完善产品体系。加大保障型及长期型产品推动力度，优化产品险种及期缴结构，逐步向高质量发展转型。在保障型产品方面，分客群打造保障范围更全的保障系列产品，升级现有旗舰保障产品，上市新的重疾产品，开发意外保障类新产品，客群覆盖范围更加广泛，开拓市场空间。针对细分市场，采用“专属产品+服务”模式，提供不同的保险服务来满足各类客群全方位的健康风险管理需求。在长期储蓄型产品方面，加大产品长缴业务推动力度，满足不同客户的长期储蓄型保险需求。

防控风险。加强风险管控措施，通过风险管理、风险识别、风险控制、风险教育及风险处置等5个合规风险防控的重点方面，持续落实保险代理人合规管理工作。加强风险防控，定期开展常规风险排查及各类专项排查、自查自纠，有效防范和打击违法违规的行为，维护良好发展态势。

助力精准扶贫。响应国家精准扶贫政策和乡村振兴战略，开展1～2周的线上支教活动，通过线上支教为乡村孩子们带去不一样的课堂体验。启动幕天捐书活动，筹集超5000册图书捐赠乡村学校。推出“平安守护者行动”公益活动，全省范围内开展心肺复苏公益讲座，推动心肺复苏急救知识普及。对保险业定点扶贫村福安市上村村产业扶贫项目提供扶贫资金支持。捐赠扶贫资金用于甘肃漳县帮扶。联合莆田平安产险、莆田平安银行等单位响应莆田市政府号召，向仙东小学捐资用于爱心食堂建设及爱心午餐供应。（高昕涛）

【中国太平洋财产保险股份有限公司福建分公司】 2020年，中国太平洋财产保险股份有限公司福建分公司（简称太平洋产险福建分公司）保费规模21.3亿元，其中车险15亿元、非车险6.3亿元，业务规模居福建保险市场第三位。太平洋产险福建分公司在福建省第三届“金碑奖”年度金融评选暨第九届“百姓看金融”活动中获得“年度杰出金融服务奖”，获得福建省保险行业“产业扶贫先进单位”荣誉称号。

战略合作。2020年3月6日，太平洋产险福建分公司与福建省商务厅共同签署战略合作协议，在加强国际贸易单一窗口服务、展会保险服务、“走出去”企业保险服务等6个方面建立合作机制，加大力度帮助外贸、外资、商贸等企业统筹做好疫情防控和复工复产保障工作，降低复工复产后面临的各类风险，改善和优化省内企业营商环境，多角度、多维度开展交流合作。4月17日，太平洋产险福建分公司与中国联通福建省分公司签订战略合作协议，为福建联通企业运营、员工福利、产品服务风险等领域提供各类型一揽子保障方案，共享开发销售渠道及客户资源。9月25日，太平洋产险福建分公司与中国铁塔福建省分公司签订战略合作协议，围绕“新基建”项目，发掘福建应急管理、公安消防、林草农业、海洋渔业、交通物流、环境保护、社区管理等重点行业重点领域的应用需求，充分利用5G、物联网、大数据、云计算等新技术手段，探索“铁塔智联+保险”的综合服务方案，加强市场合作，共享双方客户资源，推动行业融合发展。

社会责任。2020年，太平洋产险福建分公司合计赔付支出12.06亿元，比上年上升14.5%。其中车险支出9.09亿元、非车险支出2.97亿元。

扶贫攻坚。太平洋产险福建分公司为云南永平县北斗乡黑豆场村开展种植生态茶项目和福建福安市上村村茶叶扶贫项目共提供帮扶资金8万元。为泉州、南平、莆田、宁德等地的5万余名建档立卡贫困户及临贫、易贫人群提供脱贫、防贫等订制化产品，累计提供各类风险保额超过25亿元。通过彩虹平台采购内蒙古地区藜麦、甘肃临洮百合及福安市上村村水蜜桃共40余万元，通过“以购代捐、以买代帮”消费扶贫的方式，为贫困地区的困难农户排忧解难、增加收入。组织开展“爱心助农”直播带货活动，帮助新疆、云南等贫困地区困难群众卖出农产品18.2万元。

（刘娟勤）

地方金融监管

【融资担保】 截至2020年末，全省有188家（含分支机构）融资担保机构，在保余额1037.61亿元，比上年增长57.13%，累计新增担保金额1728.72亿元。其中，政府性融资担保机构77家，注册资本总额151.58亿元，在保余额457.67亿元，2020年累计实现担保总额629.23亿元，共为7.03万户（次）中小微企业和“三农”主体提供融资担保服务。

【小额贷款】 2020年，福建省地方金融监督管理局推动修订《福建省小额贷款公司暂行管理办法》，完善小额贷款行业监管规则，引导小额贷款公司规范有序经营。截至2020年末，全省共有120家小额贷款公司，资产总计310.76亿元，贷款余额272.05亿元，2020年累计贷款 645.2 亿元，全行业实现营业收入 36.98 亿元，实现利润总额 10.15 亿元，净利润 7.54 亿元，累计缴纳各项税金约 2.61 亿元。

【典当行】 截至 2020 年末，福建省共设立典当行 242 家、分支机构 4 家，注册资本 55.4 亿元，全年共发生典当业务 5.1 万笔，实现典当总额 142.28 亿元，年末典当余额 41.43 亿元。

【融资租赁】 截至 2020 年末，全省在市场监管部门登记注册的融资租赁企业 2093 家，其中 735 家外资融资租赁公司和 180 家内资融资租赁公司已在全国融资租赁企业信息系统注册。在系统上报送数据的 101 家融资租赁企业注册资本总额 213.73 亿元，融资租赁投放额合计 143.59 亿元；融资租赁业务收入 18.97 亿元，缴纳税金 2.86 亿元。

【商业保理】 截至 2020 年末，全省登记注册的商业保理企业共 442 家，注册资本 399.76 亿元，其中 53 家（不含厦门）企业已纳入商业保理信息系统管理，注册资本 40.6 亿元。全年实现保理营业收入总额 1.91 亿元、融资保理业务收入 1.89 亿元、净资产 28.17 亿元。

【地方资产管理】 截至 2020 年末，福建省共有 3 家地方资产管理公司，分别是闽投资产管理公司、兴业资产管理公司和厦门资产管理公司，资产总额 323.72 亿元，负债总额 246.63 亿元。2020 年，3 家公司累计收购不良资产总额（含本金和利息，下同）451.31 亿元，累计处置不良资产总额 231.25 亿元，存量不良资产总额 860.77 亿元；实现营业收入 20.41 亿元，净利润 5.29 亿元。

【资本市场建设及区域性股权市场】 2020 年，福建省地方金融监督管理局推动企业上市融资，助力企业复工复产。全年新增 32 家境内外上市（含过会）企业；上市公司数量达 151 家（不含已过会企业及新三板精选层挂牌企业），居全国第七位。截至 2020 年末，全省有区域性股权市场运营机构 2 家，分别是海峡股权交易中心、厦门两岸股权交易中心，累计挂牌展示企业 10373 家，累计帮助企业融资 116.14 亿元。其中台资板建设成效显著，展示挂牌台企 2058 家，累计帮助企业融资 21.34 亿元；绿色生态板有展示挂牌企业 458 家，帮助企业实现融资 4.59 亿元。

【网贷机构和交易场所】 2020 年，福建省地方金融监督管理局加大 P2P 网络借贷风险专项整治工作力度，采取督促平台良性退出、稳妥有序转型、公安立案打击等多种方式，全省所有 P2P 网络借贷信息中介机构全部退出市场。撤销关闭 5 家交易场所，明确各交易场所分类处置方向，推动资源环境、石化等交易场所规范发展。（徐少平）

【厦门市金融运行概况】 截至 2020 年 12 月末，厦门市有地方金融组织 627 家，其中小额贷款公司 16 家、融资担保公司 23 家、典当行 26 家、融资租赁公司 346 家、商业保理公司 213 家、地方资产管理公司 2 家、区域性股权市场运营机构 1 家，注册资本合计约 892.31 亿元。

小额贷款公司。截至 2020 年 12 月末，厦门市小额贷款公司资产总额 65.61 亿元，负债总额 10.40 亿元，所有者权益 55.21 亿元。2020 年，全市小额贷款公司累计实现营业收入 7.06 亿元，实现净利润 3.76 亿元；累计发放贷款笔数 11811 笔，发放贷款金额 228.02 亿元。截至 2020 年 12 月末，全市小额贷款公司贷款余额 58.35 亿元。

融资担保公司。截至 2020 年 12 月末，厦门市融资性担保机构资产总额 97.16 亿元，负债总额 38 亿元，所有者权益 59.16 亿元。2020 年，厦门市融资性担保机构实现担保业务收入 6.04 亿元，实现净利润 1.28 亿元；担保总额 657.48 亿元，其中融资性担保总额 425.55 亿元、非融资性担保总额 231.93 亿元。截至 2020 年 12 月末，全市融资性担保机构担保在保余额 303.46 亿元。

典当行。截至 2020 年 12 月末，厦门市典当行资产总额 11.04 亿元，负债总额 0.16 亿元，所有者权益 10.88 亿元。2020 年，全市典当行实现营业收入 0.67 亿元，实现净利润－745 万元；累计发生业务笔数 4580 笔，典当总额 49.69 亿元。截至 2020 年 12 月末，全市典当行典当余额 6.54 亿元。

融资租赁公司。截至 2020 年 12 月末，厦门市登记注册的融资租赁公司共有 346 家。根据全国融资租赁企业信息管理系统，15 家报送月度数据的企业注册资本 79.04 亿元，实缴资本 44.06 亿元，资产总额 82.08 亿元，融资租赁资产总额 65.65 亿元，其中直接融资租赁资产总额 9.97 亿元，售后回租资产总额 52.48 亿元。

商业保理公司。截至 2020 年 12 月末，厦门市登记注册的商业保理公司有 213 家。根据全国商业保理信息系统，31 家报送月度数据的企业资产总额 115.17 亿元，净资产总额 37.61 亿元，应收账款余额 76.60 亿元，保理营业收入 0.85 亿元。

地方资产管理公司。截至 2020 年 12 月末，厦门市地方资产管理公司总资产 70.33 亿元，总负债 41.53 亿元，所有者权益为 28.80 亿元。2020 年，全市地方资产管理公司实现营业收入 4.75 亿元，利润总额 2.59 亿元；累计收购不良债权金额为 266.58 亿元，其中厦门辖内债权金额为 49.87 亿元，处置 23.68 亿元，跨省投资收购不良资产 27.03 亿元，存量不良资产账面值 60.42 亿元，已同省内 20 家金融机构建立业务合作关系。

区域性股权市场。截至 2020 年 12 月末，厦门两岸股权交易中心累计展示挂牌企业 3922 家（其中台资 868 家）。累计为 466 家企业提供 1282660.34 万股权登记托管服务，其中，为 133 家企业完成 270 笔股份转让 132157.21 万元，为 170 家企业完成 221 笔股份增资 161093.30 万元，为 15 家企业完成 30 笔质押股份 58148 万元，为 11 家企业办理 13 笔股份减资服务、减资金额 216572.00 万元，为 28 家企业办理退出登记、退出金额 73294.88 万元。

（全宗文）

编辑：郑　茱

城乡建设

城市建设

【概况】 2020年，福建省加快城市高质量建设，提升城市品质。推进城乡基础设施工程建设；加快推动老旧小区改造和城市更新；推动城市水环境治理、城市供水水质提升、污水处理提质增效；加强行业标准化信息化和安全管理，开展市政公用行业整治专项行动，保障城市供排水、供气、环卫等市政公用设施正常运行。在城市建设中重视历史文化建筑风貌保护，省政府办公厅出台加强保护利用9条措施，建立有效机制，避免在旧城改造中出现建设性破坏。

【城市基础设施建设】 2020年，福建省城乡基础九大工程补短板建设完成投资3440亿元，超额完成省定投资计划的14%。全省新建改造城市道路、绿道及雨水、污水、供水、燃气等各类市政管网7159千米，其中城市道路1470千米，燃气管道1180千米，绿道1074千米，城乡公厕6120座，新增公共停车泊位4.1万个。福州地铁1号线二期建成通车。厦门地铁3号线延伸段、福州地铁2号线东延段和6号线东调段调整方案获国家批复。厦门地铁3号线火车站至蔡厝段建成贯通。厦门、福州两个国家海绵城市建设试点完成验收。

【老旧小区改造】 2020年，福建省全面推进城镇老旧小区改造，省政府印发《福建省老旧小区改造实施方案》，全省新启动老旧小区改造31.4万户，新完工老旧小区改造24万户，推动福州市加快国家老旧小区改造试点城市工作，组织专家组现场指导。抓好老旧小区改造试点项目30个，争取中央补助资金19.03亿元，省级财政补助资金4.4亿元，各地申请地方政府专项债9.32亿元。

【市政公用设施管理】 2020年，为保障城市安全运行，福建省开展市政公用行业大排查大整治专项行动，全面排查城市燃气、桥梁隧道、供排水等安全隐患，切实做好整改落实，实行清单销号。推动治理地面塌陷隐患，完成48座城市桥梁护栏升级改造，21座重大病害城市桥梁加固改造，26处城市道路隐患和临水临崖整治。落实城市桥梁结构定期检测和建档工作，2347座桥梁落实“一桥一档”，累计定期检测1983座。开展污水运行评估考核、供水行业规范化管理考核、供水企业安全运行评估以及供水水质抽检。

【城市水环境治理】 2020年，福建省有效治理城市水环境，全面提升城市供水水质。实施城市污水处理提质增效三年行动，出台污水处理提质增效实施意见，开展排水管网排查，加快管网溯源排查改造。巩固黑臭水体治理成效，推进中央生态环境保护督察相关问题整改。指导福州、漳州、莆田等3个国家黑臭水体整治示范城市治理，指导福州、宁德市通过生态环境部、住建部组织的黑臭水体专项检查。推进两轮中央环保督察问题整改，实行月调度。持续推进提升城市供水水质三年行动计划，完成厦门杏林水厂、永安南区水厂、惠安北关水厂等26座水厂提升改造，完成“一户一表”改造6.9万户。建成城市供水水质监测信息系统，实现从水源到管网全过程信息共享和实时监控。2020年全省水质综合合格率99.9%。

【历史文化保护】 2020年，福建省政府办公厅出台加强历史文化建筑风貌保护传承和利用9条措施，建立先普查后征收、专家评审、征求公众意见等机制，避免在旧城改造中出现建设性破坏。明确市（县、区）政府在旧城改造、城市更新过程、开展征地拆迁前，组织对改造或建设区域内50年以上的建筑进行普查甄别和认定公布。全省严格按照世遗大会“两个新提升”要求，落实文化和自然遗产保护利用“六个一批”工作，持续推进历史文化名城名镇名村、传统村落和历史建筑保护利用，省级启动“十街十镇百村千屋”行动，推动城乡历史文化保护利用提升，实施一批历史文化街区（巷）改善提升项目，加强文化古迹和历史建筑的保护修缮，整治街区景观和不协调建筑，完善基础设施和公共服务设施，修复街区（巷）传统风貌，创新活化利用机制，全年完成13条街区（巷）改善提升。全省新认定公布省级历史文化名城1座、历史文化街区4条、传统村落188个、历史建筑2338栋。全年完成8个历史文化街区、19个历史文化名镇名村和传统村落的保护规划编制。搭建省级历史文化资源保护利用信息系统平台，建成福建传统村落建筑海峡租养平台。《福建省传统风貌建筑保护条例》提交省人大常委会审议。（施德善）

城市管理

【城市精细化管理】 2020年，福建省围绕“干净、整洁、安全、有序”目标，生成140个涉及“门前三包”、人行道净化、规范“两车”秩序、店牌店招设置等方面项目。拆除违规户外广告、规范店牌店招4.1万面，拆除面积11.2万平方米，规范电动自行车2.5万处、28.7万辆。漳州对“门前三包”立法，聘请“民间街长”上岗，打造示范区；厦门推进渣土车、僵尸车、占道经营小货车、共享单车专项整治。与省检察院联合签署《关于推进窨井盖安全问题治理的协作意见》，共同推进窨井盖治理、共同守护“脚底下安全”。印发《关于加快数字化城市管理平台建设的通知》《福建省城市综合管理服务平台建设和联网工作方案》，组建省级专家组，并对部分城市进行督导调研，推进全省平台建设和联网工作。截至年底，有7个设区市及平潭综合实验区与国家平台联网，超额完成年度联网任务。7个设区市、平潭综合实验区和40个县（市、区）建成投用数字化城市管理平台。开展城管执法人员分级轮训，组织各地参加住建部城市管理工作台账培训视频会，并填报城市管理工作台账。持续抓好城市执法体制改革，以“权责清单”厘清业务主管部门和城市管理部门的职责边界，省住建厅会同省财政厅印发《关于配发城市管理执法制式执勤帽的意见》。

【市容环卫管理】 2020年，福建省印发《关于完善生活垃圾无害化处理设施建设强化安全运行监督管理的通知》，补齐设施建设短板，谋划生活垃圾“零填埋”等“十四五”规划相关工作。全省建成生活垃圾焚烧处理厂29座，焚烧处理能力每日3.7万吨，占总无害化处理能力的77.9%。新扩建8座生活垃圾焚烧发电厂，建成后将新增处理能力每日5050吨。委托第三方对全省生活垃圾处理设施安全运行情况及存量垃圾治理完成情况进行评估，形成问题清单，督促各地整改。厦门、漳州、莆田、平潭等地实现原生生活垃圾“只烧不埋”。

【垃圾分类管理】 2020年，福建省对全省生活垃圾分类工作进行再检查、再研究、再部署。生活垃圾分类工作首次纳入省委、省政府为民办实事项目，省级财政安排补助资金6000万元。全省确定15个街道、乡镇开展示范片区建设，所有设区市（含平潭）建成餐厨垃圾处理厂，厦门市持续领跑全国，福州市进入全国前十名。开展生活垃圾分类示范片区创建，委托第三方机构完成全省15个示范片区评估。联合团省委开展福建省“美丽新福建·青春在行动”专项活动。垃圾分类政策体系、技术体系和社会支撑体系政府购买服务项目基本完成。全省9个设区市和平潭综合实验区建成餐厨垃圾处理厂，实现全省设区市全覆盖。福州、厦门、漳州、泉州、龙岩、南平、宁德、平潭等8市（实验区）建成大件垃圾处理厂。福州、厦门基本建立垃圾分类投放、收集、运输及处理体系，基本具备垃圾分类条件和能力。（施德善）

村镇建设

【概况】 2020年，福建省村镇建设多项年度工作任务超额完成，闽台乡建乡创合作在24家省直单位参加的年度绩效创新评比中名列第五名；被住建部、财政部确定为脱贫攻坚农村危房改造工作积极主动、成效明显的省份，列入3个免检省份之一；农村生活污水垃圾市场化工作被列入全国推广案例。

【污水垃圾治理】 2020年，福建省在污水垃圾治理中，全面按时完成中央环保督察整改任务，第一轮中央环保督察福建省住建厅牵头5项整改任务均完成整改，第二轮中央环保督察3项以及省住建厅配合其他厅局整改任务按时推进。全面如期完成112处非正规垃圾堆放点整改销号，通过住建部第三方机构抽查验收。完成新建改造乡镇农村公厕和乡镇垃圾转运系统提升任务，新建改造乡镇公厕613座、农村公厕4495座，完成率分别是153%和450%。按照三年行动方案目标，建立未实现乡镇公厕每万人目标、农村村村1座以上水冲式公厕目标的台账，实行建账销号，全省有乡镇公厕7507座、农村公厕约2.4万座，全面实现三年行动目标；乡镇垃圾转运系统提升任务50个，实际完成79个，完成率为158%。推进乡镇污水设施改造提升，重点推进设施损毁改造提升和管网铺设，全省新建改造乡镇污水管网1054千米，全省乡镇污水处理设施实现全覆盖，扣除纳管项目外，有乡镇污水处理厂（站）700座，污水日处理能力116万吨。持续推进市场化，有26个县（市、区）实施以县域为单位捆绑打包乡镇生活污水治理设施改造提升、管网铺设和运行维护“三位一体”市场化，2/3以上乡镇污水、80%以上农村垃圾实施市场化。建立市县乡三级巡查、乡镇包村领导和驻村工作队检查指导、乡镇垃圾转运设施和村庄集中收集点设立监督公示牌、差异化监管、投诉举报等多项机制，加强群众监督，促进各级履职，实现长效治理。组织农村人居环境整治三年行动自查“预验收”，配合省人居办开展验收。

【农房建设】 2020年，福建省农房建设从完善制度机制入手，省住建厅配合自然资源、农业农村部门出台农房建设审批管理相关文件，明确部门职责分工和管理工作规范，强化农房风貌和质量安全管控措施；推动质量安全常识“一张图”宣传落实，各地县乡开展培训，印发30多万份“一张图”进镇进村入户宣传，提升干部群众质量安全常识和风险意识；配合开展违法占用耕地建房排查治理；推动县县编制建筑立面图集，推进实施；强化培训，建立镇村干部和农村建筑工匠分级培训机制，疫情后建立县级村镇建设站长在线培训群，对站长们进行线上政策业务辅导。开展铁路沿线环境综合整治，46个主要站点提升施工基本完成，全省新整治既有农房（裸房）11.4万栋，沿线环境初步实现“绿化全覆盖、全线不露白、基本无裸房、面貌大改观”。

【农村危房改造】 2020年，福建省通过健全政策机制、挂牌督战、调研督促指导、贫困户住房安全有保障逐户现场核验、房屋鉴定安全信息上墙等措施，6月底前全面完成脱贫攻坚存量农村危房改造任务，全省完成7.06万户建档立卡贫困房等4类重点对象和其他贫困户危房改造，落实14万户建档立卡贫困户住房安全保障工作，实现全省贫困户人口“住房安全有保障”目标。6月后重点落实因自然灾害返危、新返贫致贫贫困户住房安全保障工作，落实贫困户信息共享、动态监测、跟踪回访、投诉举报等4项机制，巩固夯实成效。农村抗震改造试点方面，组织漳州、泉州两市加快推进，完善政策措施，制定实施方案，编制技术导则，开展调研督导，推进抗震改造实施。住建领域脱贫攻坚工作取得决定性成就，全省动态新增的1784万户危房改造任务全部竣工，82901户国定建档立卡贫困户均实现住房安全有保障。 （施德善）

建筑业

【概况】 2020年，福建省围绕建筑业重点工作，坚持供给侧结构性改革，着力培育并做大做强龙头企业，推广新型建造方式，推进新型组织方式变革，不断优化建筑市场秩序，推进建筑劳务实名制管理，促进建筑业走向高质量发展路子。全年全省完成建筑业产值1.41万亿元，比上年增长7.2%。

【建筑业转型发展】 2020年，福建省深入开展建筑业“百千”增产增效行动，公布两批198家建筑业重点企业，发挥骨干企业主力军作用，全面推进满产超产，推广新型项目组织方式，研究制定全省工程总承包招投标制度，培育集设计和施工为一体的工程总承包企业。加快推进供给侧结构性改革，稳步发展装配式建筑，修订装配式建筑招投标制度，出台装配式建筑评价管理办法。福州市被住建部评为第二批装配式建筑范例城市。

【体制机制改革】 2020年，福建省持续深化“放管服”改革，推行建筑业企业电子资质证书，“一趟不用跑，最多跑一趟”比重达90%以上，基本完成行政审批服务事项细化梳理工作，实现同一审批服务事项在全省范围内无差别受理、同标准办理，“一网通办”“异地可办”。深入推进工程建设项目审批制度改革，制定省级审批管理系统及中介服务交易平台管理办法，加强审批平台运行监管，省级每月通报运行情况，每周发布各地审批数据质量情况，在福州、厦门开展工程项目审批电子档案和“清单制＋告知承诺制审批”试点，住建部组织开展2019年度第三方评估中福建省名列第一位。推进消防机构和人员技术力量建设，规范建设工程消防设计审查验收，出台《福建省建设工程消防设计审查验收管理暂行实施细则》，在省住建厅“一处一中心”机构建设的示范指引下，全省累计设立独立消防审验机构54家，新增编制232人。

【绿色建筑与建筑节能】 2020年，福建省人大常委会审议《福建省绿色建筑发展条例》，省住建厅会同省发改委等部门印发《福建省绿色建筑创建行动实施方案》，发布《海峡两岸绿色建筑评价标准》。全省开展绿色建筑创建行动，全面推广绿色建筑、健全绿色建筑标准体系，规范绿色建筑标识管理，提升建筑能效水平，推广装配式建造方式，推动绿色建材应用，加强技术研发推广，建立绿色住宅使用者监督机制，依托建筑工程施工图数字化审查系统推行“互联网＋”监管，严格执行绿色建筑专篇报审制度，2020年执行绿色建筑标准项目2907个，建筑面积11900万平方米，全省城镇新建建筑中绿色建筑面积占比达77.78%。推进新建建筑节能，城镇新建建筑执行节能强制性标准基本达到100%，2020年竣工节能建筑面积7018万平方米。推行合同能源管理实施公共建筑节能改造，年度完成改造121.98万平方米。印发《加快推进绿色建材认证及推广应用实施方案》，建立绿色建材认证协同工作机制，强化技术支撑，推动采信数据应用，鼓励省内建材生产企业申报高星级绿色建材标识。

【工程质量安全监管】 2020年，福建省强化房建市政工程常态化疫情防控工作，将落实疫情防控措施纳入监督机构日常“双随机”检查内容。部署开展建筑施工安全大排查大整治，加强建筑起重机械等危险性较大工程和地铁等重大工程的安全监管；各级监管部门发出13989份责令整改通知单，发现安全隐患57556条，督促落实整改。严肃事故责任追究，对事故多发的市县，加强对主管部门的约谈和督促；对发生安全事故企业执行双倒查制度，倒查安全主体责任落实情况和是否存在转包、挂靠等违法违规行为。开展工程质量安全和检测行业专项整治，组织建设单位对1355个市政道路工程进行“回头看”，对路面沉降不均、坑洼不平，出现积水、跳车等问题进行整改。推动机制砂项目落地，全省机制砂累计年新增产能约6180万立方米，完成年度目标任务。完善工程质量安全监管机制，出台《福建省工程质量安全手册实施细则（试行）》，规范企业质量安全行为；联合8部门出台《福建省完善质量保障体系提升建筑工程品质若干措施》，强化建设单位工程质量首要责任，促进建筑业高质量发展，全省共有5个项目获“鲁班奖”，11个项目获国家优质工程奖，37项工程获“闽江杯”优质工程奖。

【工程造价管理】 2020年，福建省工程造价管理主要围绕建筑业重点工作，落实历史文化街区名镇名村和传统村落保护政策，出台古建筑修缮工程计价规定；根据全省房屋安全排查、房屋加固和危房改造需求，出台房屋建筑加固工程预算定额；规范工程总承包计价和招标文件编制，制定工程总承包模拟清单计价与计量规则；落实拖欠农民工工资治理，制定施工过程结算试行办法；落实建筑工人实名制管理，制定建筑工人实名制措施费计价规则；支持地方重点项目建设，指导福州市造价站编制轨道交通工程、市政管网维护等区域性补充定额，指导厦门市造价站编制厦门市城市轨道交通工程预算定额（土建工程）；根据建筑市场人工费上涨趋势，指导福州、厦门、泉州、三明、宁德等5个设区市调整人工费指数，根据疫情期间复工复产要求和建筑市场劳务工人紧缺引起的人工费上涨，指导福州、厦门、莆田、龙岩等4个设区市发布疫情期间人工费指数。加快建立国有资金投资的工程造价数据库，深化工程造价大数据在工程总承包、全过程工程造价咨询、定额编制管理以及行业监管等领域的应用。新增312条新材料数据标准。支持省工程造价协会、省体育设施行业协会、装配式建筑管理协会、省建筑业协会金属结构与建材分会等4个协会发布专业工程材料价格信息，供市场主体选择。完善全省统一发布平台，全省发布70余万条各类价格信息。持续扩大建筑市场常用材料价格信息发布范围，为建设各方主体工程项目建设提供服务，发布建筑市场材料价格信息10.6万条。开展造价咨询行业行风专项整治，组织各地对298家造价咨询企业开展专项检查，对其中116家造价咨询企业予以通报批评，并纳入信用评价。对649家造价咨询企业开展年度信用综合评价。

（施德善）

房地产业和住房保障

【概况】 2020年，福建省房地产市场保持平稳运行。支持房地产企业应对疫情影响，快速复工复产，通过协调延长工程建设期、房地产贷款展期，缓交土地出让金等金融财税支持政策，帮扶房地产企业。深入实施房地产精准调控，实行地价、房价联动，指导市场活跃、需求量较大的以及库存去化周期短的市县，加大住房供应，稳定市场预期。指导福州、厦门两市实施“一城一策”方案，加快建立稳定房地产市场城市主体责任制。推广安置型商品房建设模式，加快回迁安置，提升安置房品质。出台加强预售金监管指导意见，摸排风险项目，防范市场风险。全省房地产市场总体平稳，全年完成房地产开发投资6027亿元，比上年增长6.2％，商品房销售6607万平方米，增长2.3％。

【住房保障】 2020年，福建省推进保障性安居工程建设。国家下达福建开工6.4万套，包括棚户区改造3.98万套，公租房建设2.47万套，基本建成2.2万套任务。截至年底，全省新开工公租房2.48万套，棚户区改造4万套，基本建成5.5万套，开工率、基本建成率全部超额完成。

【住房租赁市场】 2020年，福建省加快构建多主体供应、多渠道保障、租购并举的住房制度。福州、厦门市深入推进中央财政支持住房租赁市场发展试点、集体土地建设租赁住房试点和政策性租赁住房试点工作。由政府主导，福州市新增供应租赁住房5990套，厦门市新增供应租赁住房11319套，完成省委、省政府为民办实事项目。

【物业行业管理】 2020年，福建省强化物业管理区域疫情防控管理，制定《福建省物业服务从业人员健康防护手册》等文件，及时汇总物业服务企业防疫物资需求，统筹调配、分发防疫物资，做好物业服务企业防疫物资保障。部署电动自行车消防安全排查整治专项行动，督促物业服务企业开展电动自行车消防安全排查整治。配合住建部、国家信访局开展物业管理、信访调研，为国家出台相应政策提供决策依据。

【房地产行业排查整治】 2020年，福建省开展房地产行业专项排查整治。对全省120家房地产估价机构，每个机构随机抽取不少于1份估价报告，组织专家进行背靠背报告评审，组织开展现场检查。按照省纪委工作部署，联合发改委、公安、市场监管等部门开展住房租赁中介机构乱象整治，出动检查5260人次，检查租赁中介机构和住房租赁企业4599家，发出责令整改书655份，立案查处2家，23家住房租赁中介机构主动停业整顿。指导各地开展物业服务企业“双随机”专项检查，检查项目164个，督促整改问题565处。开展房地产领域信访排查整治，督促企业落实主体责任，自主协调与金融机构融资纠纷，增加工程建设直接投入；督促属地政府加强监管，摸排项目是否存在资金缺口，推动设立司法账户实行资金封闭运行，保障购房户、农民工权益，化解社会风险。出台《关于加强商品房预售资金监管工作的指导意见》，严格实施商品房预售资金监管，防范“烂尾楼”发生。

【房屋结构安全排查整治】 2020年，全省开展房屋结构安全“百日攻坚”和三年治理行动，全面排查房屋902万栋，发现并处置重大安全隐患房屋6.5万栋，所有房屋实行“一楼一档”信息化管理。泉州市及时完善房屋结构安全网格化管理制度，厦门市重大安全隐患房屋有效处置率达99%。 （施德善）

住房公积金管理

【概况】 2020年，福建省缴存住房公积金740亿元，比上年增长10%；提取住房公积金566亿元，增长17%；发放公积金个人贷款374亿元，增长13%。截至年底，全省住房公积金实缴人数385万人，缴存总额5530亿元，缴存余额1913亿元，个贷总额3278亿元，个贷余额1790亿元，个贷使用率93.5%。

【政策支持】 2020年，福建省落实住建部等3部委有关住房公积金阶段性支持政策，全省共有7722家单位申请缓缴住房公积金，累计缓缴金额约5.39亿元。加强资金运行情况监测分析，指导各地加强运行情况分析，重点督促个贷使用率较高或增长较快的中心，合理安排资金使用，继续做好个贷使用率调控工作，全省个贷使用率基本保持平稳。

【住房公积金服务】 2020年，福建省住房公积金线上服务持续拓展，落实“跨省通办”，细化梳理服务事项。网上办事大厅、微信公众号、“闽政通”APP等移动服务渠道业务办理功能持续完善，单位业务实现网厅办理全覆盖，个人业务办理范围不断扩大，信息查询、证明类材料打印（带电子印章）、公积金还贷和商贷还贷提取（还贷类允许配偶共同提取），偿还本金提取、离退休提取、离职提取、出境定居提取等业务实现线上办理。各地提供服务大厅“跨省通办”窗口，按照“应上尽上”“能上尽上”的原则，完善线上服务功能。

【数据共享与系统对接及平台优化】 2020年，福建省住房公积金实现与税务购房发票数据以及部分受托银行商贷数据的共享对接，指导各地简化办事材料，开通商贷还贷提取等网办功能以及完成与福建省社会统一实名身份平台用户认证、省网上办事大厅等系统对接，实现跨平台服务一次登录、申请事项一次点击。公积金核心系统和综合服务平台持续优化，全年实施31次系统更新，实现977个功能新增及优化工作，系统服务效率得到进一步提升。5月完成第二批综合服务平台验收，全省全面完成综合服务平台验收工作。

【公积金信息年报披露】 2020年，福建省严格贯彻落实住建部等3部委《关于健全住房公积金信息披露制度的通知》要求，提前部署年报编写，做好年报审核汇总，克服疫情影响，设区市和省级住房公积金年度信息分别于3—4月底及时完成披露。 （施德善）

编辑：郑　莱

农业 农村

综　述

【概况】 2020年，福建省农林牧渔业增加值增长3.1%，农民人均可支配收入增长6.7%，“十三五”规划主要目标任务如期完成。

【应对疫情】 2020年，福建省农业农村厅成立疫情防控工作领导小组，建立5个专班，及时出台农业复工复产“20条”、粮食生产“8条”等针对性措施，点对点精准协调服务，“一品一策”推进产销对接，派出51支工作队赴涉农县驻点指导服务，开展“百千”增产增效行动，帮助两批150家重点农业企业加快发展，省、市、县三级联动推动复工复产满产超产，3月底农业复工复产全面实现。

【脱贫攻坚】 2020年，福建省脱贫攻坚任务提前完成，建档立卡贫困人口人均纯收入达15283元。医疗保障政策全覆盖，排查中发现的辍学及住房安全问题全部妥善解决。深化东西部扶贫协作，闽宁对口扶贫协作援宁群体被中宣部授予“时代楷模”称号。

【稳产保供】 2020年，福建省稳定发展粮食生产，落实种粮补贴政策，出台扩种奖励措施，全省粮食播种面积达83.4万公顷、总产量502万吨。加快生猪产业发展，推进规模生猪养殖场补栏增养、新改扩建，生猪存栏达到911万头，完成年度任务。蔬菜、茶叶、水果、食用菌、肉蛋奶等全面增产，农产品质量安全合格率99.3%，全省农产品市场量足质优价稳。

【特色现代农业】 2020年，福建省实施乡村特色产业高质量发展“968”工程，坚持品种引领、品质提升、品牌打造，新建现代农业项目810个，新增投资320亿元，培育安溪铁观音、平和蜜柚、古田食用菌、光泽肉鸡、福鼎白茶等一批特色产业产值百亿强县，带动形成一大批特色产业强镇强村，十大乡村特色产业全产业链总产值超过2万亿元。

【农业农村改革】 2020年，福建省全面推进省委确定的年度4方面23项农业农村改革任务，农村承包地确权登记颁证全面到户，农村集体产权制度改革整省试点任务全面完成，农垦改革提前完成任务，形成一批“三农”领域改革福建模式。

【乡村振兴】 2020年，福建省、市、县三级编制完成实施乡村振兴战略规划，乡镇和村全部制定实施计划或方案。推进年度100项重点任务，推动重点工作落地落实。开展“百镇千村”试点示范，建设项目5244个，完成年度投资工程包78亿元，打造200多条乡村振兴示范线。推进农村人居环境整治“一革命四行动”，农村公厕建制村全覆盖、户用厕所无害化普及率98.6%，乡镇生活垃圾转运系统全面建成，农村生活污水治理率72.1%，农村人居环境整治“三年行动”目标任务全面完成。

【农田整治】 2020年，福建省批复农田建设投资23.8亿元，其中中央补助14亿元、省级财政7.68亿元、市县财政配套及其他资金2.12亿元。新建高标准农田9.86万公顷，新增高效节水灌溉面积0.89万公顷，建设省级高标准农田示范项目0.77万公顷，支持45个受灾县（市、区）修复农田基础设施1117处。

【农垦】 2020年，福建省农垦系统有农场112个。土地总面积81061公顷，耕地面积7079公顷。全省垦区完成地区生产总值39.46亿元，其中第一产业15.72亿元、第二产业14.14亿元、第三产业9.60亿元。 （陈悠然）

精准扶贫

【精准施政】 2020年，福建省出台应对疫情影响决战决胜脱贫攻坚“19条”，扶持贫困户发展产业项目13.6万个，支持贫困人口返岗务工14.3万人，推动4593户12596人纳入低保兜底保障。

【监测帮扶】 2020年，福建省建立落实防止返贫监测和帮扶机制，全面推行"一键报贫"，及时将7294户23994人确定为监测对象，单列管理、重点帮扶，多措并举防止返贫致贫。

【扶贫协作】 2020年，福建省实施产业扶贫项目329个，引导122家企业到宁夏投资兴业，帮助宁夏贫困人口新增就业2.32万人，赴宁夏交流挂职人员数量实现翻番，对口帮扶任务全面完成。

（陈悠然）

农村经济管理

【农村承包地改革与管理】 2020年，福建省农村承包地确权登记颁证全面完成，104.13万公顷承包地确权到471万农户。落实农村土地承包关系稳定并长久不变政策，指导沙县稳妥开展第二轮土地承包到期后再延长30年试点。推进"三权分置"，鼓励发展多种形式适度规模经营，土地经营权流转率超过35%。

【农村集体产权制度改革】 2020年，福建省有15362个村（居）全面完成清产核资，确认集体经济组织成员2923万名，14702个村（居）完成股份合作制改革，全省改革试点任务全面完成。

【农业新型经营主体培育】 2020年，福建省级以上重点农业龙头企业发展到926家，其中年销售收入超100亿元企业4家，50亿～100亿元企业5家，10亿～50亿元企业45家。组织30个县整县推进农民合作社质量提升试点，推进龙岩和13个县整市整县开展家庭农场示范创建，农民合作社、家庭农场超过17万家。新增培训新型职业农民4.5万人，新型职业农民超过50万人。引导龙头企业与农民合作社、家庭农场、农户形成稳定利益共同体，带动小农户融入现代农业发展轨道。

【农业机械化】 2020年，福建省农机总动力达1259.82万千瓦，主要农作物耕种收综合机械化水平达70.4%、比上年提高3.9个百分点，水稻耕种收综合机械化水平达到77.3%、比上年提高2个百分点。全省农机专业合作社达692个，作业服务面积33.07万公顷。

全年下达农机购置中央补贴资金14500万元、省级补贴资金7000万元，补贴购置农机具16.9万台（套），受益户数9.3万户。

（陈悠然）

种植业

【概况】 2020年，福建省粮食生产保持稳定，提早下达、层层分解年度粮食生产指导性计划，与各设区市签订任务清单，实施种粮奖补政策，全面落实12.06亿元耕地地力保护补贴资金，按季节分品种压茬推进各项措施，推进粮食绿色高质高效创建，推广优质稻60.07万公顷，加快建设53.33万公顷水稻生产功能区。

【特色产业】 2020年，福建省茶叶、水果、蔬菜、食用菌等特色优势产业增产增效，产量分别实现46.14万吨、717.05万吨、1492.30万吨、137.88万吨，分别比上年增长4.9%、5.2%、3.8%、3.4%；在茶叶、水果、蔬菜产业全产业链产值达到千亿元基础上，2020年食用菌产业产值突破千亿元大关。

（陈悠然）

畜牧业

【概况】 2020年，福建省肉蛋奶总产量330.88万吨，比上年增长3.8%。肉类产量259.39万吨，增长1.7%。其中，猪肉产量103.75万吨，增长0.7%；主要禽肉产量146.56万吨，增长3.3%；牛肉产量2.46万吨，增长15.0%；羊肉产量2.28万吨，增长3.0%。

【畜禽良种繁育体系建设】 2020年，福建省建成国家生猪核心育种场6个、肉鸡良种扩繁推广基地1个，建设国家级畜禽遗传资源保种场6个、国家级晋江马保护区1个、国家级水禽基因库（福建）1个，全省种畜禽场达346个，加快构建原种场、扩繁场、商品场良种繁育体系。

【畜禽粪污资源化利用】 2020年，福建省在44个重点县实施整县推进畜禽粪污资源化利用项目892个，支持利用畜禽粪便生产有机肥，推广沼液、肥水还田利用，畜禽粪污综合利用率达90%、全国领先。

（陈悠然）

闽台农业合作

【概况】 2020年，福建省发挥对台优势，在农业产业对接融合、基层民众互动交流等方面取得新成效，全年新批农业台资项目68个、合同利用台资超1.6亿美元，累计批办农业台资项目2789个、合同利用台资42.2亿美元，农业利用台资的数量和规模继续保持全国第一。

【园区建设】 2020年，福建省提升台湾农民创业园建设水平，打造形成"一园一特色、一区一产业"发展格局，6个国家级台湾农民创业园在国家年度综合考评中包揽前六名，累计有651家台资农业企业入园创业，引进台资12.2亿美元。按照"高起点规划、高标准建设、高水平服务"的总要求，加快9个闽台农业融合发展产业园建设，在现代种业、特色农机、休闲农业等方面实现更高层次对接合作，全年引进台资农业项目31个，合同利用台资5500万美元。

【科技合作】 2020年，福建省推动10个闽台农业合作推广示范县和125个闽台农业融合发展示范基地建设，全年引进推广台湾农业良种112个、先进实用技术46项，辐射带动全省2.82万公顷以上。

【深化基层交流】 2020年，第十二届海峡论坛·两岸特色乡镇交流对接暨乡村发展论坛成功举办，两岸业界150余人参加活动，邀请100批台湾农业专业团组1200多人（次）到闽考察交流。

（陈悠然）

农业科技

【概况】 2020年，福建省实施种业创新工程。加强育种联合攻关，选育、审定、认定106个农作物及畜禽新品种，设施茄果类蔬菜、白羽肉鸡品种突破国外垄断，全省农业良种覆盖率达98.5%。

【科技创新推广】 2020年，福建省启动新一轮7个现代农业产业技术体系建设，组建15个农业科技创新专业联盟，集成推广先进实用技术，加快农业“五新”（新品种、新技术、新肥料、新农药、新机具）进村入户。建立农业科技示范基地200多个，培育示范主体2万多个，培训农技员3000名，深入实施科技助力乡村产业振兴“千万行动”，面对面帮助农民解决生产技术难题。

【推进数字乡村建设】 2020年，福建“农业云131”信息工程投入运营，建成现代农业智慧园50个、农业物联网运用基地600个，“互联网＋”农产品出村进城工程启动实施，益农信息社覆盖85%以上建制村。 （陈悠然）

林业草场

【疫情防控】 2020年，福建省将需转产转岗的野生动物养殖场全部退养转产，在养野生动物依法依规处置全部到位，补偿资金全部拨付到位，对建档立卡贫困户优先安排退养补偿资金。在疫情重点防控期间，对野生动物保护实施“点、线、面”全方位监管，做到“四管一严”：管住山头。累计组织护林员和保护地巡查人员220万人次不间断对山场进行网格化巡查，组织志愿者开展候鸟护飞行动，有效防范捕猎野生动物行为。管住养殖场。对野生动物养殖场实行封控隔离，向每个养殖场各派出一名监管人员、送达一封规范管理告知函、进行一次全面消杀“三个一”管理全覆盖，防止养殖场转运贩卖野生动物。管住市场。组织林业执法人员协助加强市场等重点场所执法监管，派出小分队进行明察暗访，禁止任何形式的野生动物交易行为。管住“嘴巴”。通过电视、报纸、短信、微信、新福建、学习强国等传统媒体和新媒体开展宣传，让不碰不吃“野味”成为广大群众共识。累计张贴宣传广告标语12万条，发放宣传材料93万份，推送公益倡议短信2.8亿条。严厉打击。开展打击破坏野生动物违法犯罪“春季行动”，组织森林公安干警开展不间断巡查，对收到的举报线索依法办理、从严查处、顶格处罚。

【林业改革】 2020年，福建省国有林场改革以全优的成绩顺利通过国家改革验收，出台《福建省人民政府办公厅关于进一步加强国有林场人才队伍建设的意见》，提出降低人员进入门槛等一系列支持政策，推动解决国有林场人员老化问题。推进规模化经营。推进新型林业经营主体标准化建设，着手建立新型林业经营主体名录，加强林权流转服务。新增林业专业合作社223家、家庭林场126家，累计建设新型林业经营主体5913家。推进改革创新。三明市率先开展“林票制”改革试点，全市共有12个县（市、区）152个村开展试点，改革面积7060.67公顷，发行林票总额1.05亿元，惠及村民1.4万户。三明成为全国首个林业改革发展综合试点市。国家林业和草原局对福建省林业局在集体林权制度改革方面通报表扬。推进生态文明建设。推进武夷山国家公园体制试点、武平县捷文村林业改革、将乐县高唐镇常口村生态富民等6个习近平生态文明思想示范基地建设。

【造林绿化】 2020年，福建省超前谋划全省造林绿化年度任务，层层分解落实到山头地块，提前下达省级财政补助资金5.1亿元，制定下发《2020年全省造林绿化建设指南》，推进年度造林工作落实。通过建立林业生产专班、组织劳动力上山、统筹调配苗木、简化项目招投标程序、制定并落实各项优惠补助政策、下派干部蹲点服务指导等措施，抢抓林时，实现造林进度超常年。推进“互联网＋义务植树”，创新开展“春节回家种棵树”“码上种树”等一系列活动，加快推进百城千村、百园千道、百区千带等“三个百千”绿化美化行动。完成造林绿化6.95万公顷，占年度任

2020年，三明推行林票制改革。图为沙县林农喜获林票 （省林业局供稿）

2020 年 1 月，福建启动“春节回家种棵树”活动，倡导文明新风尚

（省林业局供稿）

务的 115.8%；建成省级森林城镇 18 个、省级森林村庄 300 个。支持长汀水土流失治理，优化改造马尾松林 0.13 万公顷，精准提升森林质量 0.36 万公顷。

【资源保护】 2020 年，福建省推进自然保护地体系建设。全省有自然保护区、风景名胜区、森林公园、地质公园、湿地公园、海洋公园等 360 处，参与整合优化的自然保护地 305 处，批复总面积 74.96 万公顷，其中陆域面积占全省国土陆域面积的 5.84%，海域面积占全省海岸线修测面积的 1.04%。重点生态区位商品林赎买等改革工作增量拓面。完成重点生态区位商品林赎买改革 0.42 万公顷，累计 2.57 万公顷。全面停止天然林商业性采伐，全省公益林和天然林得到有效保护。经评估，全省每年森林生态服务价值达 1.22 万亿元。探索生态产品价值实现新途径。开展林业碳汇交易试点，完成交易 78.3 万吨、成交额 1172.46 万元，累计成交 256.7 万吨、成交额 3861.89 万元。强化湿地保护修复。永春县桃溪完成国家湿地公园试点建设任务，并正式授牌。2020 年 5 月，长乐闽江河口湿地国家级自然保护区被列入《2020 年国家重要湿地名录》。提高森林火灾及松材线虫病等重大林业有害生物防控水平。森林火灾发生率和受害率持续保持低位。正式启动为期 5 年的松林改造提升行动。开展松材线虫病防治攻坚战，提前完成年度防治任务，厦门市海沧区成功撤销松材线虫病疫区。

【科技支撑】 2020 年，“杉木人工林长期生产力保持关键技术及其应用”等 5 项成果分获省科技进步一、二、三等奖。开展“马尾松基因组与抗松材线虫种质筛选”等 44 个省级林业科技研究项目，新增省级以上林业长期科研基地 6 个，37 个林业植物品种获得植物新品种权。验收第三轮种业创新与产业化工程林业项目。在上杭县、南靖县、永安市等地组织开展送科技下乡集中服务活动，推进“林农点单 专家送餐”林业科技服务，实行“林农企业开单＋政府派单＋科技人员接单”精准服务模式。25 名林业基层从业人员被认定为省级以上林业乡土专家，评选认定第二批省级林业乡土专家 15 名。实施省级以上林业科技推广项目 42 项，投入资金 2530 万元，促进林业科技成果转移转化。

【武夷山国家公园体制试点】 2020 年，福建省通过开展三轮“百日攻坚”行动，推动武夷山国家公园体制试点 12 项任务全面完成，高质量通过国家林业和草原局验收，为在南方集体林区建立国家公园探索管理体制创新、执法体系创新、资源保护社会化服务创新、地役权管理创新、保护发展共赢机制创新等一批可复制、可推广的经验做法。

【“洋林精神”】 2020 年 8 月 20 日，中共福建省委宣传部授予福建省洋口国有林场杉木育种科研团队“八闽楷模”荣誉称号。福建省洋口国有林场 60 多年来开展杉木育种和推广应用，创造了“世界杉木看中国，中国杉木看洋口”的骄人业绩。10 月 23 日，国家林业和草原局将福建省洋口国有林场杉木育种科研团队事迹列为践行习近平生态文明思想先进事迹之一，成为全国林草系统先进典型。

【福建省森林公安局转隶】 2020 年 5 月 18 日，福建省公安厅森林警察总队转隶入列暨揭牌仪式在福州举行。根据

2020 年，省林业局下派服务组指导基层开展松材线虫病除治

（省林业局供稿）

福建省森林公安机关管理体制调整工作部署要求，原福建省森林公安局更名为福建省公安厅森林警察总队，加挂福建省公安厅森林公安局牌子。

【《福建省种子条例》出台】 2020年12月3日，福建省十三届人大常委会第二十四次会议表决通过《福建省种子条例》，于2021年1月1日实施。该条例进一步明确政府和各部门职责，加大对种子自主研发培育的扶持保障，强化种质资源的保护利用和育种基础性公益性研究，规范农作物和林木品种管理，加强委托代销和网络交易种子的相关规定，完善监管措施和法律责任，具有较强的针对性和可操作性，在立法层面为福建省种子事业健康发展提供法治保障。

【《福建省天然林保护修复实施方案》出台】 2020年8月28日，福建省委办公厅、省政府办公厅印发《福建省天然林保护修复实施方案》，提出到2035年，全省天然林面积保有量保持稳定，天然林质量显著提升，天然林生态系统得到有效恢复、生物多样性得到科学保护、生态承载力显著提高。到21世纪中叶，全面建成以天然林为主体的健康稳定、布局合理、功能完备的森林生态系统。

【福建省林业局设立林长处】 2020年12月3日，经中共福建省委机构编制委员会办公室批复同意，设立福建省林业局林长处，林长处承担指导、协调推进林长制有关具体工作，拟订全省推进林长制相关配套制度，承担林长制实施情况监督检查、考核等具体工作，承担省级林长办公室日常工作，承担省级总林长、林长交办的有关事项。（郭　洁）

武夷山国家公园森林景观。摄于2020年　（省林业局供稿）

2020年8月20日，福建省洋口国有林场杉木育种科研团队获得“八闽楷模”称号　（省林业局供稿）

洋口林场全国优良家系试验林杉木大径材。摄于2020年（省林业局供稿）

水土保持

【概况】 2020年，福建省水土流失状况明显改善，呈现出面积大幅减少、强度大幅降低趋势，水土流失治理取得决定性胜利，其中长汀成为南方水土流失治理的旗帜、南方红壤区治理的标杆，水土保持工作由降低流失率阶段转向高质量发展阶段。2020年，全省共完成水土流失综合治理15.82万公顷，水土流失率降至7.52%，全省森林覆盖率提高到66.8%，连续42年位居全国首位；其中长汀县水土流失率降至6.78%，森林覆盖率提高到80.31%。

【综合治理】 2020年，福建省继续把水土流失治理列入省委、省政府为民办实事项目，持续推进25个县国家水土保持重点建设、2个“以奖代补”试点建设项目和10个坡耕地水土流失综合治理工程，以及省级22个重点县建设。全省共完成投资18.6亿元，其中中央专项补助1.59亿元、省级补助3.27亿元；全省共治理水土流失面积超额完成18.66%，建设生态清洁小流域49条共162.1千米，有效促进人居环境美化；完成山坡地整治0.35万公顷，培育打造一批地方特色产业。

【预防监督】 2020年，福建省严格落实水土保持“三同时”（建设项目中的水土保持设施，必须与主体工程同时设计、同时施工、同时投产使用）制度，全省共批复生产建设项目水土保持方案2569个（其中省级24个），有效控制人为水土流失3.31万公顷；受理599个项目水土保持设施自主验收报备材料。加强水土保持监管，全省共检查生产建设项目3124项次，其中省级监督检查62项次，发出整改意见书41份；配合水利部开展“天地一体化”区域监管，现场复核扰动图斑3951个，现场核查疑似违规流失斑769个；查处水土保持违规违法案件17起。强化预防保护，以重要江河源头区、饮用水水源区和省级以上自然保护区作为重点对象，年度完成预防保护面6万公顷。全省共征收水土保持补偿费2.74亿元，其中省级3130.50万元。

【“天地一体化”信息系统建设】 2020年，福建省开展水土保持“天地一体化”信息系统建设。该系统基于水土保持业务主线，涵盖水保综合数据库以及水土保持预防监督、综合治理、成果管理、移动监管4个子系统，提供面向不同尺度范围的土地利用识别、智能解译、变化检测、对象识别、扰动分析等智能服务，实现“全业务、全流程、全覆盖、多维度”监管目标。 （张智杰）

水　利

【概况】 2020年，福建省统筹疫情常态化防控和水利改革发展，超额完成年度目标任务，“十三五”水利改革发展圆满收官。142个重大项目建成或基本建成。河湖长制责任落实、“河湖长制+河湖司法协作”等39项改革举措列入国家生态文明试验区推广清单，水库运行管理模式入围全国水利十大基层经验，木兰溪以最高分成为全国首批示范河湖。全省87%的县区实行公益性小型水库社会化管养，小水电站全部完成生态泄流改造实现绿色发展。

【水利规划】 2020年，福建省完成《福建省水利改革发展“十四五”规划》初稿编制并上报水利部；完成《福建省水安全保障总体规划》编制并通过水利部审查；编制《全省水利基础设施空间布局规划》取得阶段性成果并上报水利部；印发《全省流域综合规划编制大纲》《全省入海河口整治规划编制大纲》。

【水利投入】 2020年，福建省完成水利投资412.62亿元，占年计划的100.62%，投资规模位居全国前列，获国务院正向激励1000万元。到位地方政府债券56.76亿元，比上年增加37.76亿元，增长199%，其中省本级13.8亿元。争取到位中央资金44.65亿元、水利贷款63亿元。

【水利基建】 2020年，福建省599个重大项目全面推进，新开工197个，比原定目标增加97个；建成或部分建成142个，占年计划的177.5%。国家“172”项目，厦门第二水源长泰枋洋水利枢纽下闸蓄水投入运行，霍口水库完成总投资的94%、大坝浇筑至154米高程，“一闸三线”骨干工程总投资过半、9个标段全线开工并完成2个，泉州白濑水利枢纽大坝主体工程开工建设。向金门供水工程安全稳定运行，日均供水量由1.4万吨提高到1.71万吨，累计输送优质原水1070.2万吨，确保金门地区罕见干旱下的民生用水需求；累计向马祖来往台轮提供水源100艘次，输送饮用水310吨。水土流失治理、农村饮水安全巩固提升和安全生态水系建设等3项为民办实事项目均超额完成。

【农村水利水电】 2020年，福建省农村供水巩固提升工程完成投资23.7亿元，超年计划18.5%，受益193.5万人。中型灌区节水配套改造持续推进，10个重点中型灌区完成节水配套改造，累计投资2.37亿元，改善灌溉面积2.23万公顷，新增节水能力6145万立方米；新立项的16个重点中型灌区开工建设，完成投资3.60亿元；发展高效节水灌溉面积0.84万公顷，占年计划的210%。农田灌溉水有效利用系数达到0.557。农村水电绿色发展有序推进，5860座小水电站全面核定生态流量、完成泄流设施改造、安装在线监控装置、接入监控数据平台；退出水电站679座、装机13.7万千瓦。创建三级及以上安全生产标准化达标水电站52座，11座小水电站获评水利部绿色小水电示范电站。

【水利扶贫开发】 2020年，福建省下达老区苏区省级以上水利资金41.18亿元，其中中央资金30.56亿元、省级资金10.62亿元；安排老区苏区46.7万名移民直补资金2.8亿元，安排12.67亿元实施水库移民后期扶持项目288个。贫困人口饮水安全问题见底清零，996个贫困村饮水安全提升，45.2万名建档立卡贫困人口饮水安全得到全面保障。争取中央资金7133万元，支持37个原中央苏区县6067处供水设施的日常维修养护，受益462.7万人。云霄、浦城等9个扶贫开发重点县的15座小型水库除险加固项目有序推进。安排1.9亿元用于23个省级扶贫开发工作重点县水土流失治理，治理水土流失4万公顷，改造茶果园坡耕地0.12万公顷。指导推进水电参与扶贫，帮助连江、福鼎等地17个建档立卡贫困村提高村财收入31.4万元，帮扶建档立卡贫困户40户9.31万元，支持当地贫困村7个基础设施建设资金9.7万元。推动宁化、长汀、柘荣、浦城等12个老区苏区县开展县域节水型社会达标建设。

【安全生态水系治理】 2020年，福建省投资13.2亿元，建成安全生态水系508.2千米，占年计划的127.05%；"十三五"建成安全生态水系5416千米，比原计划增加416千米。坚持山水林田湖草生命共同体，以生态理念系统方法，分别投资7.67亿元、14.2亿元，实施"五江一溪"防洪工程和中小河流治理。

【河湖长制工作深化落实】 2020年，福建省河湖治理深入推进。组织开展饮用水水源地整治、小流域水质提升、河湖清"四乱"、水电站生态改造等攻坚行动，开展入河排污口、废弃矿山、水产养殖等整治，全省共整治饮用水水源地环境问题144个、小流域43条、"四乱"问题2918个、超规划网箱养殖21.2万平方米、入河排污口8431个、废弃矿山125处；新建城乡污水管网2041千米、污水处理厂10座，示范推广绿色施肥343.7万公顷，城市和农村生活污水处理率分别提高到96.3%和72.1%，畜禽粪污综合利用率达90%，农药、化肥施用量各减少2%；植树造林6.5万公顷，绿盈乡村占比达60%。河湖管理不断强化。建立省、市、县、乡、村五级共享共用的河长制信息平台，推广无人机巡河、卫星遥感监测，累计建成河湖视频探头2360个，汇聚涉河信息35类10亿条，实现河湖可视、指令可达、工作可控。完成740条50平方千米以上河流管理范围划定，在全国率先实时公开水质监测数据，采砂许可证下降86%，实际开采量下降50%；对全省179条流域面积200平方千米以上的河流和21座大型水库进行"健康体检"；制定《河湖长制工作管理规范》（省地方标准），形成法规、标准、制度相互衔接的管理体系。福建模式不断提升。39项改革举措作为国家生态文明试验区改革经验在全国推广；"河小禹"专项行动以水利行业最高分获评全国第五届青年志愿服务大赛金奖；3位民间河长获评全国基层卫士；木兰溪通过全国首批示范河湖验收；3项创新举措入选全国河湖长制典型案例；12部短视频获得水利部"守护美丽河湖"全国短视频公益大赛奖励；深化河湖长制打造八闽幸福河、河长制福建模式在全国作典型经验交流。河湖生态持续向好。在江河径流量较上年减少35%的情况下，12条主要河流、小流域Ⅰ～Ⅲ类优质水比重分别为97.9%、95.4%，上升0.7%、2.7%；55个地表水国考断面Ⅰ～Ⅲ类水质比重94.5%，高出全国平均水平12.5%；市县集中式饮用水水源地水质达标率100%。打造一大批百姓获得感强、社会认可度高的河湖治理样板。

【水利管理】 2020年，福建省水利工程管理持续加强，3642座水库防汛"三个责任人"和"三个重点环节"及水闸、江（海）堤"三个责任人"全面落实到位；省、市、县、乡四级培训全覆盖，近万名小型水库防汛"三个责任人"参与培训。运管法规体系逐步形成，制定《全面推行小型水库社会化管护的指导意见》《福建省小型水库管护购买服务技术规程》《福建省水利工程维修养护定额标准》等制度，《福建省堤防工程巡查记录手册》《福建省水闸工程巡查记录手册》下发执行。除险加固持续推进，完成239座水库大坝安全鉴定，推进山仔大型、东方红中型和40座病险小型水库除险加固；新增水库6座，降等报废小型水库15座，2020年底全省存有各类水库3633座；投资1.13亿元，实施公益性水利工程维修养护；完成水利部2次暗访督查问题整改568个，整改率84.5%；摸清全省1572座水闸的基本信息，核实建立全省47段堤防险工险段和67座病险水闸名录。

【水资源管理】 2020年，福建省强化顶层设计。出台《福建省落实国家节水行动工作方案》，建立省级节约用水工作联席会议制度，形成"水利牵头、部门联动、沟通顺畅"的节水协作推动机制；出台《福建省节水型社会建设中长期规划》，明确节水投入机制。推进20条流域面积1000平方千米以上跨行政区河流水量分配，编发闽江、韩江、九龙江、敖江等4条跨地区河流水量分配方案以及11条流域面积1000平方千米以上河流生态流量保障实施方案，编制《福建省地下水管控指标确定方案》。落实最严格水资源管理制度获得财政部2500万元奖励，"三条红线"年度控制目标全面实现，主要流域生态基流全部达标，用水总量控制在183亿立方米以内，农田灌溉水有效利用系数提高到0.557，非常规水源利用量较上年增加0.2亿立方米，厦门、泉州等7个缺水城市平均再生水利用率达29.5%。严格取用水监督管理。开展取用水管理专项整治行动，核查取水口1.7万个；开发水资源动态监控平台，基本实现年取水量100万立方米以上的取水口在线监控；落实用水统计调查制度，建立取用水调查名录2531个；严格水资源费征收，全省共征收5.3亿元，其中省级2亿元。国家节水行动落地见效。实施用水强度控制，向6921个取水许可管理对象下达年度计划用水，对212个规划和建设项目开展节水评价工作，新建改造公共供水管网1321千米。开展节水型单位建设，全省水利行业45个具备独立物业管理条件的节水型机关、93家省级机关及事业单位节水型公共机构全面建成。实施节水载体建设，全省共建成节水型高校9所，其中福建工程学院合同节水项目入选"十三五践行水利改革发展总基调典型案例"并参选全国基层治水十大经验；县域节水型社会24个，其中8个通过水利部复核成为全国第三批节水型社会建设达标县；省级节水型企业196家，覆盖钢铁、造纸、石化等高耗水行业。漳州获评"国家节水型城市"。提升节水技术，全省参与的

"高校（小区）节水智能管控机制、技术与装备"获得2020年度大禹水利科学技术进步一等奖。

【依法治水】 2020年，福建省重点立法加快推进，《福建省闽江、九龙江流域保护管理条例（草案）》上报省政府审议，"十四五"期间水法规建设方案制定完成。完善规范性文件合法性审核制度，全年共审查规范性文件2件，审核经济合同法规40多件，废止规范性文件6件，办理行政复议案件3件、行政诉讼案件2件，指导解决招投标投诉2件，行政诉讼案件100%胜诉、复议案件100%维持。审批改革走向深入，全面执行水土保持、洪水影响评价、水资源论证区域评估和"多评合一"制度；提前执行水利工程质量检测单位乙级资质认定告知承诺制；细化梳理水利系统行政审批和改革服务事项，构建起要素统一的全省水利系统行政审批服务事项体系。

【科技兴水】 2020年，福建省启动生态河流评估技术标准等51项课题的攻关研究，健全水利科技创新储备项目库。水利科研成果丰硕，2项成果入选水利部《智慧水利先行先试成果目录（2020年）》、1项入选水利部《2020年度水利先进实用技术重点推广指导目录》；获得省科技进步二等奖1项、三等奖2项，获得部优秀咨询一、二等奖各1项，获评第二届中国水利水电勘测设计BIM应用大赛三等奖、中国水土保持学会科学技术三等奖；取得专利23项；评定水利科技奖24项，其中一等奖5项、二等奖7项、三等奖12项。完成省地方标准3项，分别为安全生态水系治理技术导则（DB35/T 1886—2020）、水闸工程施工现场管理规范（DB35/T 1925—2020）、水电站生态泄流设施改造技术导则（DB35/T 1915—2020）。发布推广先进适用（技术）产品29项，在防灾减灾、城乡供水等领域应用。

【改革活水】 2020年，福建省创新城乡供水融合发展模式。省委、省政府研究出台《巩固提升农村供水保障水平实施方案》，以市县为单元，打破城乡供水二元分割，突破一村一工程、"村建群管"的历史局限，由国有企业牵头组建集工程建设、投资融资、管护维养"三位一体"的城乡供水一体化实施主体。通过有效整合区域城乡水务资产、资源和资金，建立健全原水、引调水、制水、配水的供水全产业链，在全国率先构建"建管一体、全域覆盖，以城带乡、城乡融合"的城乡供水体制。全省有66个市县启动城乡供水一体化工作，54个明确实施主体；龙岩、莆田、南平、平潭整市（区）推进；27个项目县开工建设，建成规模化水厂36处，改造小型供水设施996处，覆盖1176个行政村。全国首创债贷融合资金保障机制。大胆突破农村供水公益事业融资难题，创新实行投资项目资本金制度，建立政府补助项目资本金30%、专项债券和银行贷款70%的融资机制，推动城乡供水一体化全面铺开，发行一般债、专项债29.49亿元，获得国开行、农发行等金融机构授信416.9亿元。创新开展合同节水，形成合同节水福建工程学院样本，入选"十三五践行水利改革发展总基调典型案例"。全国首推小型水库日常管护社会化。全省87%的县区实行公益性小型水库社会化管养，覆盖小型水库2018座。南安市、浦城县、同安区获得全国第一批47个管理体制改革样板县称号。修订完善防灾防损基金管理办法和堤防保险履约考核办法，全省继续投保3～5级堤防3968.3千米，并向小型坝闸延伸。持续推进综合治水试验，第二批4个试验县持续改革创新，探索总结出农村饮水工程维修养护、加强地方配套资金保障、农村供水工程技术导则制定、河道物业化管理等4项典型经验做法。印发《福建省农村供水工程水费收缴工作方案》，全面完成农村集中供水工程定价，千人以上供水工程水费收缴率97.8%，千人以下集中供水工程水费收缴率95.1%。创新推行区域评估和"多评合一"制度，采取电子接件、远程评审、告知承诺等措施，保障水利项目复工达产。（张智杰）

编辑：郑 莱

综　述

【概况】　2020年，福建省工业运行呈现稳定恢复、回升向好态势，全年全部工业增加值15745.55亿元，比上年增长1.7%。其中规模以上工业增加值从第一季度下降6.8%回升至上半年增长0.1%、前三季度增长1.8%、全年增长2%。

企业生产经营总体平稳，各类型企业增长不平衡。从经济类型看，2020年全省规模以上股份制企业增加值增长3.1%，高于全省平均1.1个百分点；外商及港澳台投资企业、国有企业分别下降0.4%、6.1%；集体企业、股份合作企业分别增长7.9%、13.6%。全省18600家规模以上工业企业中产值增长或持平的11358家，占比61.1%，其中增长10%以上的7762家，占41.7%。省级制造业“百千”增产增效企业销售产值增长5%。

多数行业继续增长，五成工业产品产量保持增长。2020年，全省轻工业增加值下降0.2%，重工业增长4.3%，重工业高于轻工业4.5个百分点。38个大类行业中有21个行业实现正增长，占比55%，有7个行业两位数增长，其中，医药增长29.7%，化纤增长23.7%，电气机械增长8.9%，化学原料制品增长7.4%，有色金属冶炼压延加工增长6.9%，计算机通信电子增长6.6%。全省规模以上高技术产业增加值增长8%，增速高于全省平均水平6个百分点。列入统计的441种产品中，有231种产量实现增长，占比52%，增速10%以上的有112种，占产品种数的25%。其中口罩、光纤、电力电缆、新能源汽车产量分别增长5.6倍、3.4倍、1.5倍、1.2倍，智能电视、集成电路、手机、化学药品原药、化纤长丝、锂离子电池分别增长70.2%、37.5%、32.2%、20.5%、18.4%、9.4%。

区域工业运行平稳，多数地区实现增长。2020年，全省九市一区中有7个设区市实现正增长，宁德、厦门、福州分别增长7.4%、6%、5.3%，居全省前三位；龙岩（5.1%）、三明（3.1%）、泉州（3%）、莆田（2.2%）分别高于全省平均3.1、1.1、1、0.2个百分点。漳州、南平分别下降13.5%、9.5%，平潭综合实验区下降23.8%。

产销衔接总体正常，工业出口下滑。2020年，全省规模以上工业销售产值下降0.9%；工业品产销率96.53%，低于上年0.62个百分点，较上半年改善0.72个百分点。企业应收账款和产成品库存合计6954.8亿元，增长13.5%，增速高于同期营业收入17个百分点，其中应收账款5065.9亿元，增长17.2%，产成品1888.9亿元，增长4.6%。2020年，全省规模以上工业出口交货值下降6.6%，32个出口行业中有7个行业实现正增长，其中专用设备增长55.2%、医药增长16.2%、电子增长5.5%。

效益指数继续提高，部分行业利润保持增长。2020年，全省规模以上工业经济效益综合指数347.6点，较上年提高9.4点，其中劳动生产率38.56万元/人，比上年增加2.92万元/人；实现营业收入55475.4亿元，下降3.5%；利润总额3470.1亿元，下降9.7%，降幅较上半年收窄2.4个百分点。38个工业大类行业中有11个行业利润保持增长，其中，烟草行业增长108.2%、专用设备行业增长53.4%、医药行业增长31.2%、电子行业增长21.9%、化纤行业增长16.8%。　（吕莎莎）

【工业投资】　2020年，福建省工业固定资产投资增长0.7%，高于全社会固定资产投资增速1.1个百分点，高于全国平均0.6个百分点；技术改造投资增长12.2%，较工业投资高11.5个百分点。从三大产业类型看，2020年制造业投资回落2.3%，采矿业投资增长32.1%，电力热力燃气及水的生产和供应业投资增长19.8%。

分地区看，龙岩（23.8%）、南平（19.1%）、三明（17.8%）、厦门（12.9%）、福州（9.9%）、莆田（8.1%）、宁德（1.1%）工业投资实现增长，漳州（－35.6%）、泉州（－2.9%）比上年回落；南平（43.3%）、三明（42.4%）、福州（34.1%）、宁德（31.7%）、莆田（24.4%）、厦门

(24.2%)、龙岩(15%)技改投资实现增长,漳州(-44.8%)、泉州(-2.2%)比上年回落。

制造业31个分行业中,有15个分行业投资实现增长,其中,烟草制品业(27.3%)、电气机械及器材制造业(20.1%)、医药制造业(17.6%)、文教体育用品制造业(15.7%)、计算机、通信和其他电子设备制造业(15.1%)、农副食品加工业(13.7%)、金属制品、机械和设备修理业(12.5%)等行业投资较快增长;汽车制造业(-36.3%)、铁路、船舶、航空航天等制造业(-34.6%)、纺织服装和服饰业(-31.8%)、印刷业和记录媒介的复制(-26.7%)、食品制造业(-24.7%)、金属制品业(-22.3%)、化学纤维制造业(-22.1%)、纺织业(-21.2%)等分行业投资回落明显。 (黄 宇)

石化工业

【概况】 2020年,受新冠肺炎疫情和化工产品价格下跌等不利因素影响,福建省932家规模以上石化企业累计实现营业收入4142.48亿元,比上年下降6.2%;销售产值下降7.4%;工业增长值(可比)增长8.5%;出口交货值下降30%;产销率93.01%,下降2.03%;利润总额151.04亿元,下降45.1%;亏损企业92家,亏损面9.9%,亏损企业亏损额30.8亿元,减亏3.6%。

【主要产品产量】 2020年,福建省重点产品累计产量增长的有:乙烯138.74万吨,增长14%;高密度聚乙烯树脂39.62万吨,增长34.9%;聚丙烯树脂173.93万吨,增长1.5%;磷肥(折五氧化二磷100%)30.10万吨,增长5.2%;盐酸(氯化氢,含量31%)19.5万吨,增长12.2%;磷酸(含量85%)28.89万吨,增长8.9%;浓硝酸(折100%)6.95万吨,增长9.1%。下降的有:原油加工量2223.6万吨,下降4.77%;硫酸(折100%)332.75万吨,下降3.4%;烧碱(折100%)35.90万吨,下降7.9%;纯碱25.49万吨,下降12.3%;对二甲苯(PX)76.64万吨,下降8.1%;低密度聚乙烯树脂5.67万吨,下降4%;线型低密度聚乙烯树脂60.52万吨,下降6.7%;合成纤维单体567.69万吨,下降16%,其中精对苯二甲酸(PTA)355.70万吨,下降30.4%,聚酯(PET)63.73万吨,增长0.1%,乙二醇34.88万吨,下降17.9%;橡胶轮胎外胎2925.78万条,下降5.9%,其中子午线轮胎外胎2153.73万条,下降5.6%。

【主要分行业情况】 2020年,福建省石化行业各主要分行业营业收入大多有所下跌。其中,精炼石油产品制造实现营业收入1310.32亿元,下降9.9%;基础化学原料制造实现营业收入593.68亿元,增长4.6%;肥料制造实现营业收入85.96亿元,下降22.9%;农药制造实现营业收入9.82亿元,下降22.1%;涂料、油墨、颜料及类似产品制造实现营业收入280.29亿元,下降4.6%;合成材料制造实现营业收入804.88亿元,下降6.3%;专用化学品制造实现营业收入463.21亿元,增长1.1%;橡胶制品业实现营业收入319.96亿元,下降7%。

【重点项目】 2020年3月,福建申马新材料一期20万吨/年环己酮项目顺利投入试生产;9月,中化泉州石化100万吨/年乙烯及炼油改扩建项目各套装置开始陆续投入试生产;年底,福建古雷石化有限公司古雷炼化一体化一期80万吨/年乙烯及配套项目聚丙烯装置,以及福建美得石化66万吨/年丙烷脱氢制丙烯、福建申远新材料二期20万吨/年己内酰胺等项目试产。

【万华福建产业园情况】 2020年3月,万华化学集团正式进驻福清江阴港城经济区,与福建石油化工集团合资成立万华化学(福建)有限公司(双方分别占股80%和20%),并收购石化集团所属福建省东南电化(剥离TDI装置和PVC资产及其配套)49%股份。万华化学(福建)有限公司持有万华化学(福建)异氰酸酯有限公司64%股份,收购福建省福化天辰气体有限公司100%股份。 (王龙平)

机械工业

【概况】 至2020年底,福建省规模以上机械工业(含汽车、船舶,下同)企业3716家,其中大中型企业472家;拥有总资产8038.5亿元,从业人员70.3万人。机械行业规模以上工业增加值增长1.1%;销售产值下降0.8%;出口交货值增长2.9%;产销率96.96%,减少0.45%;实现营业收入8724.3亿元,减少4%;实现利润总额637.3亿元,减少2.8%。

【技改投资】 2020年,福建省机械装备工业列入省重点技术改造项目共134项,总投资约395亿元。龙净环保水务治理暨新大陆环保生产中心建设项目,建成达产后可年产臭氧发生器、紫外C水消毒设备各100套,形成800万吨/天污水处理能力。福建龙溪轴承(集团)关节轴承绿色智能制造技术改造项目,预计建成后关节轴承年产能达2000万套,用于生产航空航天、工程机械、载重汽车、建筑路桥、新能源等新兴领域用高端关节轴承及其相关产品。力达(中国)机电厂房及配套项目,预计全部建成达产后可实现年产双螺杆机主机3万台、双螺杆系列变频空压机1万台,以及涡旋式、活塞式、直连式空压机、制冷压缩机、真空泵等系列产品4万台生产能力。福建龙净环保智慧环保产品生产项目,预计建成后年产钢结构件20万吨、电源产品8500台(套)。

【技术创新】 2020年,福建省新认定省首台(套)重大技术装备和智能装备74台(套),累计180台(套),涵盖数控机床、纺织机械、工程机械、高技术船舶、环保装备等领域。龙净环保、马尾造船公司等2家企业12个项目列入国家首台（套）重大技术装备保险补偿项目。

福建铁拓机械、晋江海纳机械、龙工（福建）桥箱、厦门扬森数控设备、福建龙净脱硫脱硝、海德馨汽车等15家机械装备企业被工信部认定为第二批专精特新“小巨人”企业。沙迪克（厦门）被省工信厅认定为福建省第四批制造业单项冠军企业。福建华威钜全精工高性能铝合金摇臂、福建礼恩科技高性能防火电缆、厦门日上集团钢制汽车轮毂等6家机械装备企业产品被省工信厅认定为福建省第四批制造业单项冠军产品。

福建成功机床VTL200A数控立式车床采用双刀架双通道自适应控制技术，实现在一台车床上同时完成工件镗孔、车外圆和车端面的批量化粗、精加工，具备直线插补、圆弧插补、刀具补偿、间隙补偿、自诊断、程序储存、图形轮廓编程和图形工艺等功能，在原理、结构和性能等方面都有较大技术创新突破。

福建龙净脱硫脱硝工程焦炉烟气SCR脱硝装置，开创“循环流化床脱硫除尘耦合焦炉烟气SCR脱硝”的技术路线，实现装置间的整体协同与联动控制；开发多维窄距回旋动态整流混合一体式喷氨格栅，结合回旋混合器的动态整流，实现氨气与烟气的快速均匀混合；自主研发高效高温烟气混合器，使高温烟气与焦炉烟气能够在多网孔区快速混合与均匀升温。

福建省正丰数控磁悬浮铣车复合式超级加工中心应用直线电机，轴向速度达60m/min，配合光栅闭环控制可达到μ级的定位精度；配合五轴数控系统，保证刀具精确走位，可实现一次装夹就能够完成全部或者大部分精密零部件的复杂曲面加工；配置磁悬浮加工中心配重系统，响应时间更短，反应更及时；具有无背隙、无磨损、高精度、高进给速率、高稳定等特性。

马尾造船“海电运维801”专业海上风电大部件更换运维平台各项性能指标均处在国内领先水平，桩腿长达95米，为国内最长；平台吊高位于甲板面以上120米，已达目前市场最高吊高；起重能力600吨/作业半径28米（500吨/作业半径32米）的全回转绕桩吊，均满足8MW极限工况工作，填补海上风电大部件更换运维高效装备的空白。

（郑燕娈）

汽车工业

【概况】 截至2020年底，福建省拥有规模以上汽车及汽车零部件生产企业386家，从业人员9.1万人。其中，汽车整车制造企业10家，专用车生产企业45家（已准入），整车生产能力约80万辆。

2020年，全省汽车制造业工业增加值增长－13.4%；销售产值增长－14.9%；出口交货值增长－6.9%；产销率95.89%；实现营业收入1092.9亿元，利润总额45.13亿元。全省生产汽车180410辆，增长11.4%，其中，轿车26422辆，增长238.2%；多功能乘用车（MPV）31738辆，增长7.8%；运动型多用途乘用车（SUV）34782辆，增长11.3%；客车43246辆，下降19.8%；载货汽车35977辆，下降6.8%，其中新能源汽车25456辆，增长123.4%。生产改装汽车10380辆，增长0.9%。

【重大项目】 2020年，国家电投集团计划总投资54亿元打造福州滨海新城“滨海氢谷”氢能产业基地，落地氢燃料电池电堆等核心装备制造产业，正推进公交、物流等领域示范运营。福建巨电单体大容量、固态聚合物动力锂离子电池生产规模化制造基地项目，将建设形成一个动力锂电池规模化制造基地，达产后年新增大容量、固态聚合物锂电池32亿Wh的生产能力。福建龙马环卫装备高端环卫装备和车辆智造项目，建成后年生产环卫装备和车辆7100台套。

【科技创新】 2020年，福建省金龙客车以520.36亿元品牌价值位列《中国500最具价值品牌》第115位，品牌价值再次实现较高增长。龙马环卫位列“2020中国环境企业50强”榜单第26位。金龙客车成功入选国务院国企“科改示范行动”，成为全国204户“科改示范企业”之一，是唯一一家入选的制造业企业；开发多款氢燃料动力电池客车产品，累计销售氢燃料客车超过300辆，国内市场占有率超过46%。金旅氢燃料电池系列客车采用国际顶尖氢燃料电堆技术，具有长寿命、高效率、高可靠性等优点，并且在实际运营中具有长里程（续驶里程超过500千米）、快充注（一次加氢10～15分钟）、零污染、零排放等诸多的优势；开发8～12米全系列氢燃料电池客车产品，在福州、大同等全国各地进行示范运行。2020年7月，金龙客车发布“自动驾驶1＋N系列产品”，“1”代表的就是金龙的AICO自动驾驶线控底盘，“N”是指在线控底盘基础上，结合不同的应用场景衍生开发的不同功能的产品，如自动驾驶天团中的MOSO自动驾驶售卖车、GOVO自动驾驶消毒清扫车及HAPO智慧校园巴士等。

【生产资质】 2020年，福建骏代专用汽车制造、龙合智能装备制造等通过工信部准入评审，取得专用车生产资质。

（郑燕娈）

船舶工业

【概况】 2020年，福建省规模以上造船企业完成工业总产值145.2亿元，比上年下降4.8%。出口产值36亿元，下降25.8%。全年实现主营业务收入122亿元，下降16.7%。利润总额亏损16.9亿元，比上年增亏8.4亿元。全年造船完工量78.2万载重吨，增长21%。

全年修船 1469 艘，下降 33.3%。承接新船订单 91.65 万载重吨，增长 84.8%。全年手持船舶订单 117.9 万载重吨，下降 27.4 %。

【产业布局】 2020 年，福建省船舶产业按地区主要布局在福州（马尾、连江）、厦门、宁德（福安）、漳州、泉州等地；按所有制分类包括由福建省船舶工业集团有限公司为代表的国有船企，以及民营和部队船企。2020 年，全省造修船产值分布为：福建省船舶工业集团有限公司完成 39.8 亿元，福州地区完成 24.4 亿元，宁德地区完成 75.7 亿元，漳州地区完成 27.2 亿元，部队企业完成 4.2 亿元，游艇行业完成 13 亿元。

【福建省船舶工业集团有限公司】 福建省船舶工业集团有限公司（简称福船集团）组建于 1982 年，是一家以船舶及海洋工程装备修造、木材加工及木竹制造、新能源装备制造及现代服务三大产业板块为主的省属国有企业，年造船能力 240 万载重吨。

福船集团拥有二级企业 6 家、三级企业 21 家，其中船舶板块骨干企业有：福建船政重工股份有限公司、福建省马尾造船股份有限公司、厦门船舶重工股份有限公司、福建东南造船有限公司、福建福宁船舶重工有限公司、船政海外发展有限公司、福船海洋工程技术研究院有限公司，以及福建省船舶工程技术学校等。核心产品包括：227 深海采矿船、双体半潜多用途居住平台、饱和潜水支持船、海上风电一体化作业平台、中小型电力推进海工辅助船、敷缆船、2800 客邮轮型客滚船、2100—8500CARS 汽车运输船、远洋渔船、军工船舶以及各系列集装箱船、散货船、油船等，出口到英国、西班牙、德国、荷兰、瑞典、丹麦、挪威、希腊、美国、澳大利亚、新加坡、马来西亚等 20 多个国家或地区。

【创新转型】 2020 年 3 月，福船集团权属厦门船舶重工股份有限公司建造的全球首艘 7500 车 LNG 汽车滚装船成功交付，10 月 22 日成功交付第二艘。该船作为全球最大 LNG 汽车滚装船，具有 LNG 清洁燃料较低的碳排放、NOx 排放以及无 SOx 和 PM 颗粒排放的特点，具备跨大西洋的超强续航能力，各项技术性能均处于世界领先水平。

7500 车 LNG 汽车滚装船总长 199.9 米，型宽 38 米，型深 14.8 米，设计吃水 8.65 米，航速 19 节，续航力 12000 海里，全船拥有 13 层汽车甲板，其中 9 层为固定式，4 层为活动式，可装载各类型车辆，最大装车量可达 7500 辆。

（林婷婷）

冶金工业

【概况】 截至 2020 年底，福建省拥有规模以上冶金工业企业 397 家，其中大中型企业 66 家，国有控股企业 39 家。2020 年，销售产值增长 8.2%，出口交货值下降 21.5%，工业增加值（估算）增长 6.3%。实现营业收入 5397.9 亿元，增长 6.6%，其中钢铁工业 2399.92 亿元，增长 0.96%；有色工业 2997.98 亿元，增长 11.53%。实现利税 274 亿元，下降 19.7%，其中钢铁工业 142.51 亿元，下降 28.1%；有色工业 131.5 亿元，下降 8.2%。实现利润 217.38 亿元，下降 20.8%，其中钢铁工业 114.62 亿元，下降 30.1%；有色工业 109.83 亿元，下降 6.9%。全年累计产销率 96.56%，下降 1.17 个百分点。

2020 年主要产品产量：钢 2466.5 万吨，增长 3.2%；钢材 3861.65 万吨，增长 3.5%；生铁 1106.21 万吨，下降 6.8%；铁矿石原矿 2080.08 万吨，增长 11.2%；铁合金 11.79 万吨，下 30.3%；电解铝 7.05 万吨，下降 15.1%；铝材 168.83 万吨，增长 4.1%；电解铜 66.78 万吨，增长 2.9%；钨及化合物 2.2 万吨，下降 30%；细钨丝 57.6 亿米，增长 9.3%；黄金 201.8 吨，增长 11.4%；稀土冶炼分离 3806 吨，增长 10.8%。

【优势产业】 2020 年，福建省冶金优势产品继续保持在国内的重要地位，不锈钢、钨及化合物、钨加工材、黄金等产品产量分别名列全国第一、第三、第一和第三位。锂电正极材料全国前三位。不锈钢产量约占到全国的 26%；灯用钨丝市场占有率 70%，位居全球第一。

紫金矿业是全国最大的矿山企业，位列 2020 年《福布斯》全球有色金属企业第 10 位、全球黄金企业第一位，2020 年度“中国制造业企业 500 强”第 58 位、“中国企业 500 强”第 87 位，黄金产量占全国 10%，获评“中国有色金属工业绿色发展领军企业”。三钢集团位列 2020 年度“中国制造业企业 500 强”第 155 位。厦门钨业是全国六大稀土集团之一，为全球最大的钨品生产企业，也是唯一拥有矿山开采、冶炼、加工、应用产品生产及研发完整钨产业链的企业，位列 2020 年度“中国制造业企业 500 强”第 383 位，钨品出口全国第一，三元正极材料产量全国第一。2020 年，冶金行业共有产值超千亿元企业 2 家，分别是青拓集团、紫金矿业，产值超 100 亿元企业 5 家，产值 10 亿元以上企业 34 家。

【技术进步】 2020 年，福建省紫金矿业被认定为“福建省 2020 年第一批高新技术企业”，龙岩市猛龙钨钢刀具、宁德卓高新材料科技、福建省长汀金龙稀土、福建祥鑫股份被认定为“福建省 2020 年第二批高新技术企业”。紫金佳博电子新材料科技有限公司的“IC 及 LED 封装通用键合金丝的研发”项目被列入科技部重点研发计划“科技助力经济 2020”重点专项并立项。三钢闽光的“35MnBH 合金结构钢热轧圆钢”“钢筋混凝土用热轧带肋钢筋（直条）”“低合金高强度结构钢”被中国钢铁工业协会评为 2020 年冶金产品实物质量品牌培育“金杯优质产品”；“GB/T3077—2015

《合金结构钢》国家标准及英文版推广应用”项目被中国钢铁工业协会、中国金属学会授予“2020年冶金科学技术奖”二等奖。紫金矿业的“岩心光谱扫描仪立体填图矿产勘查应用研究”项目获2020年中国黄金协会科学技术奖二等奖。

【重点工作】 2020年，福建省持续开展严防“地条钢”死灰复燃工作。制定印发《福建省工业行业化解过剩产能工作领导小组办公室关于持续严防“地条钢”死灰复燃的通知》，组织开展国家转来相关举报线索及省内相关举报线索核查处置工作。2020年，核查2起举报线索，均未发现“地条钢”违法生产行为。

实施产业链供应链固链行动。印发《全省冶金建材行业保产业链供应链稳定工作方案的通知》，跟踪服务重大项目，打通冶金产业链供应链堵点断点，稳定产业链发展，促进供应链畅通。

【行业规范】 2020年，福建省继续开展行业准入规范条件申报和动态调整，新增紫金铜业列入工信部符合《铜冶炼行业规范条件》企业名单；福建大东海实业列入工信部符合《钢铁行业规范条件》企业名单；福建金东矿业列入工信部符合《铅锌行业规范条件》企业名单。截至2020年底，全省冶金行业有37家企业获得工信部规范（准入）公告，其中，钢铁行业11家，铁合金企业15家，钨行业5家，焦化、稀土、铸造生铁、铝、铜冶炼、铅锌行业各1家。

（郑　虹）

建材工业

【概况】 2020年，福建省建材工业以建筑卫生陶瓷、建筑饰面石材、水泥、平板玻璃及深加工、新型墙体材料等为主，其中建筑卫生陶瓷、建筑饰面石材、水泥、平板玻璃行业居全省建材行业的主导地位。全省规模以上建材企业2013家，实现营业收入4874亿元，增长2%；实现利润380亿元，减少7.2%；全行业资产总额3108亿元，从业人员32.4万人。全省规模以上建材工业企业销售产值增长5.2%，工业增加值增长5.1%。主要产品产量：水泥9704万吨，增长2.7%；平板玻璃5361万重量箱，增长4.8%；陶瓷砖36.2亿平方米，增长4.7%；建筑石板材1.82亿平方米，增长7%。

【主要细分行业】 建筑卫生陶瓷。2020年，福建省规模以上建筑卫生陶瓷企业241家，实现营业收入1005亿元，增长5.5%；利润总额78.38亿元；陶瓷砖产量36.2亿平方米，增长4.7%；卫生陶瓷1556万件。集中分布在泉州晋江和南安、福州闽清及漳州长泰、平和、南靖和华安等地，其中泉州是福建省主产区，产业规模约占全省的75%，拥有九牧、铭盛、华泰、宝达、豪山、品质等一批龙头骨干企业，形成原料、生产、市场、物流、机械模具制造及维修、产品检测等较完整的产业链。

建筑饰面石材。福建省是全国石材生产和贸易大省，石材工业产值、产量、出口交货值均居全国首位。2020年，全省规模以上石材工业企业499家，实现营业收入1053亿元，增长4.6%；石板材产量1.82亿平方米，增长7%；全行业资产总额529亿元；实现利润总额80.33亿元。南安形成产业集聚程度高、产业链条完整、集群效应明显的石材产业集群，是中国规模最大、种类最齐全的石材生产、出口、原材料集散、物流基地。

水泥。2020年，全省规模以上水泥企业生产水泥9704万吨，增长2.7%；实现营业收入406亿元，增长0.4%；产销率96.59%，利润总额46.15亿元，下降5.5%。主要有福建水泥、华润水泥、金牛水泥、红狮水泥、福建龙麟、塔牌水泥等龙头企业。

平板玻璃。2020年，全省规模以上玻璃工业实现营业收入82亿元，增长0.8%；平板玻璃产量5361万重量箱，增长4.8%。福耀玻璃、漳州旗滨玻璃等龙头企业继续稳步发展，形成漳州光伏玻璃产业基地。

【产业布局】 2020年，福建省是全国四大建筑陶瓷产区之一，主要分布在泉州、漳州和闽清，形成泉州和闽清建筑陶瓷产业集群，陶瓷砖产量居全国第一位，建筑饰面石材工业产值、产量、出口量均居全国第一位。建筑饰面石材产业主要分布在泉州南安，形成规模大、专业化程度高、产业特色明显、在国内外市场有影响力的南安石材产业集群。水泥产业主要分布在龙岩、三明，形成龙岩、三明水泥熟料生产基地。平板玻璃产业主要分布在福州、漳州，形成漳州光伏玻璃产业基地，高档汽车安全玻璃产量居全国第一位，平板玻璃产量居全国第六位。

【技术创新】 2020年，福建省加快应用新技术、新工艺、新装备实施技术改造，推动转型升级。全面实施新型干法水泥工艺和技术，水泥行业装备、技术达到国内先进水平，新型干法水泥窑技术得到普遍应用，全省在全国率先全部淘汰落后的机立窑水泥生产线，新型干法水泥生产比例达到100%。建筑卫生陶瓷行业加快推广全流程数控化，推广计算机辅助设计（CAPP）、产品数据管理（PDM）等应用系统，开展创意设计和产品定制生产。鼓励机器人研发单位和建筑陶瓷企业共同合作，开发应用一批专用工业机器人。在陶瓷行业施釉等重复繁重劳动岗位推广普及机器人作业。应用宽体窑、激光3D喷墨印花等先进装备提升行业装备技术水平。促进企业综合利用边角料、石粉等废料研发生产人造大理石、石材马赛克、加气混凝土砌块、石粉砖、石粉脱硫剂、机制砂等产品，石材综合利用水平进一步提高。平板玻璃行业引进和消化具有国际先进水平的工艺和装备，生产的LOW—E玻璃、TCO薄膜太阳能玻璃、超白光伏玻璃基片、光伏玻璃、汽车玻璃等产品处于国内领先地位，有的达到国际先进水平。

【龙头企业】 2020年，福建省建材工业形成一批规模大、实力强、具有自主知识产权和核心竞争力的骨干企业，石材加工制造以溪石集团等为龙头，陶瓷水暖卫浴制造以九牧厨卫等为龙头，水泥制造以福建水泥、华润水泥福建大区、金牛水泥、红狮水泥、福建龙麟等为龙头，玻璃制造以福耀玻璃、漳州旗滨玻璃等为龙头。

【节能减排】 2020年，福建省新型干法水泥旋窑企业水泥单位产品可比综合电耗均达到《水泥单位产品能源消耗限额标准》（GB16780—2012），大部分达到国家标准先进值。企业余热发电、脱硫脱硝除尘技术得到广泛应用，全省42条新型干法水泥熟料生产线均利用生产过程排放的废气余热配套建设纯低温余热发电站，全部安装脱硝装置投入运行。水泥窑协同处置工业固废、危废、生活垃圾进一步推进，全省6家水泥企业水泥窑协同处置工业固废、危废等项目建成投产，利用水泥窑协同处理城市生活垃圾示范项目建成。推广应用建材窑炉烟气脱硫脱硝除尘、清洁能源以及建材智能制造、资源综合利用等共性技术，加快应用节能减排新技术对生产线进行技术改造，推广使用LNG替代煤气作为烧成燃料，促进建筑陶瓷产业节能减排和转型提升。泉州市、闽清县开展建筑陶瓷企业天然气替代改造工作，泉州市全面完成建筑陶瓷企业“煤改气”替代工程，闽清县建筑陶瓷企业的釉烧窑已改用天然气，其中部分企业全面完成天然气替代。 （林丽卿）

煤炭工业

【概况】 2020年底，福建省在籍煤矿41处，总产能870万吨/年。其中，生产煤矿和联合试运转煤矿35处，登记产能729万吨/年；基建或停产煤矿6处，登记产能141万吨/年。2020年，全省煤炭产量645万吨，下降22.38%；煤炭调运10864万吨，下降1.88%，其中自产645万吨、调入10852万吨、调出634万吨。调入10852万吨中，省外调入7610万吨，增长6.76%；国外进口3026万吨，下降24.21%。从运力看，以海运为主，占比87.67%；铁路占比6.68%；公路占比5.65%。全社会规模以上工业煤炭消费8741万吨，增长4.62%。其中，电力5868万吨、建材877万吨、化工608万吨、冶金507万吨、轻工278万吨、纺织162万吨、有色151万吨、其他290万吨。

【煤炭去产能】 2020年，福建省关闭退出煤矿8处、去产能135万吨/年，完成全部淘汰9万吨/年煤矿任务目标。省级财政给予每处退出煤矿300万元奖补，全省完成退出煤矿安置职工总计2734人。2016—2020年，全省共退出煤矿172处、去产能1363万吨/年，完成国家下达福建省“十三五”退出煤矿目标任务的221%、去产能目标任务的227%。全省煤矿平均单井能力从10.21万吨/年提升至21.22万吨/年；30万吨/年以下煤矿数比2015年底减少86%，提高煤炭行业生产力水平和产业集中度，产业结构逐渐优化。

【安全生产】 2020年，福建省深化煤矿安全风险隐患治理，扎实推进煤矿安全大排查大整治和煤矿安全专项整治“三年行动”，强化提升煤矿安全保障能力，防控煤矿生产安全事故。2020年，全省发生煤矿生产安全事故1起、死亡1人，煤矿安全生产形势持续保持平稳。 （范新对）

纺织工业

【概况】 2020年，福建是纺织服装产业大省，形成化纤、棉纺、织造、染整、服装、家纺、产业用纺织品等较为完整产业链。2020年全省规模以上纺织服装工业营业收入7350亿元，主要产品产量：化学纤维871万吨，居全国第三，纱548万吨、坯布78亿米，均居全国第一，化纤长丝机织物14亿米，印染布59亿米，绒线924吨，非织造布63万吨，帘子布8327吨，服装55亿件，纺织专用设备9585台，鞋服加工机械48426台。

【产业布局】 2020年，福建省纺织服装工业主要分布在泉州、福州、三明等地，形成长乐、晋江、石狮、永安、尤溪等各具特色的纺织产业集群。长乐是全国最大的锦纶民用丝、经编花边面料、化纤混纺纱生产基地，其产能分别约占全国的30%、60%、50%；晋江拥有化纤、织造、染整、成衣等较为完整产业链；石狮形成集纺织原料、纺纱织布、漂染整理、成衣加工、辅料生产、市场营销等为一体的产业体系；永安形成水溶性、高强高模维纶特色产品生产基地；尤溪革基布产量占全省的55%。

【产业优势】 2020年，福建省纺织鞋服产业形成较好的产业基础。产业链配套持续优化。产业呈现集约化、规模化、区域化发展，化纤、棉纺等产品市场占有率高，新型产业用纺织品成为新的增长点，纺织机械制造能力逐步提高，针织纬编机国内市场占比居全国第一位。产品结构调整优化。锦纶、涤纶、氨纶等新型、细旦、异形以及特殊功能的差别化纤维比例得到提高；棉纺纱线、染整面料、服装等产品档次得到提升，产品由单一纤维向多种纤维以及多种纤维混纺方向发展；产业用纺织品在医卫材料、工业过滤、运输建筑、农业、包装等领域得到拓展应用。行业用工效率逐步提高。通过大规模的行业技术改造、智能制造设备推广应用、信息化管理软件升级替代，企业内部管理得到优化，产品质量和劳动生产率不断提高。全省棉纺万锭平均用工降低到70人，先进企业降低到30人。

【技术创新】 2020年，福建省持续推进印染行业改造升级，推动长乐东龙、晋江向兴、石狮福田等3家印染企业获得工信部2020年印染企业规范公告，凤竹纺织、宏港纺织等企业进入2020年中国印染企业30强。同时，引导企业加强品牌建设，纳入工信部纺织服装行业自主品牌建设跟踪培育企业增加到8家。产业技术水平不断提升，全省化纤差别化率生产能力提升到70%左右；棉纺织产品“三无一精”比重不断提高，棉纺无卷化率达90%，纱线无接头率达100%，棉纺坯布、化纤织造的无梭率达到95%左右，精梳纱线开发能力不断提高；印染行业节能降耗、清洁生产水平不断提高，产品向环保、功能、休闲、时尚方向发展；服装设计理念不断提升，应用新型环保、功能性、时尚面料以及缝制加工工艺等达到新水平；水刺、针刺、纺粘、融喷等工艺以及多种交叉工艺的复合非织造布生产工艺技术不断发展。

【细分行业】 化纤新材料。2020年全省化纤行业营业收入1498亿元，增长5.8%。化纤企业主要分布在福州、泉州等地，主要产品有涤纶、锦纶、氨纶、粘胶、维纶、再生涤纶等，重点企业有金纶高纤、晋江百宏、恒申集团、锦江科技、中锦新材料、赛得利、永荣科技、鑫森合纤、丰帝锦纶等。棉纺织造。主要产品有棉混纺纱及其他非棉纱线，纱锭规模突破1300万锭，其中福州800多万锭、泉州100多万锭、三明200多万锭，龙岩、南平、漳州等地100多万锭，重点企业主要有长源、锦源、金源、经纬集团、新华源、象屿兴泓等。印染。主要分布在石狮、晋江、长乐、福清等地，印染布2020年产量59亿米，重点企业有凤竹、海天、向兴、宏兴、华宇、东龙、华峰、宏港、长福、羽邦等。服装服饰。2020年全省营业收入2538亿元，下降2.4%。主要分布在泉州、福州、厦门等地，重点企业有九牧王、七匹狼、柒牌、劲霸、欣贺、世纪宝姿、利郎、卡宾、七彩狐、才子、春晖、尚飞、淘帝、喜鹊、佳丽斯等。产业用纺织品。2020年非织造布企业150家左右，年产量63万吨，主要分布在晋江、石狮以及厦门、南平等地，重点企业有晋江大发、兴泰、石狮港益、厦门三维丝、福建南纺、天守超纤等。

（俞小春）

食品工业

【概况】 2020年，福建省规模以上食品工业企业2402家，实现营业收入6169.1亿元，其中农副食品加工业3193.3亿元，食品制造业1651亿元，酒、饮料和精制茶制造业1015.3亿元，烟草制品业309.5亿元。全省规模以上食品工业企业实现利润总额417.6亿元，其中农副食品加工业170.6亿元，食品制造业143.3亿元，酒、饮料和精制茶制造业83.1亿元，烟草制品业20.6亿元。精制食用植物油产量203万吨，冷冻水产品201万吨，鲜、冷藏肉140万吨，冷冻蔬菜73万吨，罐头282万吨，糖果93万吨，膨化食品39万吨，焙烤松脆食品26万吨，饮料834万吨，精制茶27万吨。

【运行特点】 2020年，受新冠肺炎疫情等影响，福建省食品工业企业营业收入、利润总额较上年有所下降，规模以上食品工业营业收入下降8.6%，其中农副食品加工业下降8.5%，食品制造业下降9.3%，酒、饮料和精制茶制造业下降11.1%；规模以上食品工业企业利润总额下降20.5%，其中农副食品加工业下降28.5%，食品制造业下降20.8%，酒、饮料和精制茶制造业下降13.1%。

【创新发展】 2020年，福建省举办第三届“中国中式菜肴产业发展高峰论坛”、“FBFI2020食品饮料配方创新论坛”、“第四届中国生态食品产业发展之路研讨会”、第二届“海峡两岸食品功能分子科学高峰论坛”、“首届中国红曲醋产业发展高峰论坛”等行业论坛。百威雪津啤酒应用绿色低碳生产方式打造世界级智慧低碳工厂，水重复利用率达92.2%，入选2020年国家重点用水企业水效领跑者名单。厦门燕之屋丝浓“即食燕窝系列产品的关键技术创新及其产业化”获2020“中国食品工业协会科学技术奖”特等奖，亚明食品“中式鱼糜菜肴加工关键技术的创新与应用”获一等奖，康之味食品“益生菌发酵复合果蔬汁关键技术研究与产业化”、佳客来食品“一种嫩化牛排的制备工艺”获二等奖。黄华山酿酒公司总工程师张守财、美一食品公司总经理陈云海、新味食品公司董事长黄细忠获“2020年全国食品工业科技创新杰出人才”，福建安井食品、新味食品、金钥匙机械获“2020年全国食品工业科技竞争力优势企业”。福州大学、长乐聚泉等“基于纳米材料形貌变化的可视化传感技术研究及应用”，福州大学、莆田海一百、圣农食品等“天然蛋白源抗冻多肽的高效制备关键技术及产业化应用”获2019年度福建省科学技术进步奖一等奖；福建农林大学、胜田（福清）食品、聚春园食品等“海参加工关键技术创新与产业化应用”获二等奖；百洋海味和省农业科学院“特色海产食品深加工关键技术创新及产业化”，集美大学、八马茶业、大闽食品“乌龙茶及速溶茶粉风味品质提升关键技术的开发与应用”获三等奖。省食品工业协会举办“立兴杯”第七届福建省大学生食品创新创意大赛，评选出一等奖19项、二等奖26项、三等奖32项、优秀奖96项。

【品牌建设】 2020年，福建省永春县被中国食品工业协会评为“中国红曲醋都”。达利食品、安井食品、银祥集团、盼盼食品、海欣食品、阿一波食品、厦门海嘉面粉等20家食品企业入选“2020中国农业企业500强”。福建双龙戏珠酒业的双龙戏珠窖酒（53%vol酱香型）、福建福矛酒业的福矛（53%vol酱香型）获“2020年度中国白酒中南核心产区标志产品奖”。省食品工业协会发布《预制调理肉制品》《冻干方便菜肴》《冻干方便米面制品》《冻干固体饮料》《冻干果蔬制品》《冻干速食汤料》等团体标准。贝登婴幼儿营养品、焙之道食品、永春老醋、小密酒业、元成豆业等一批企业通过食品工业企业诚信管理体系评价。

【市场开拓】 2020年，为应对新冠肺炎疫情影响，落实扩大内需战略，福建省强化省市县联动、政企协合力，促进多平台融通、内外销循环，先后举办首届福建省食品网交会、雪津荔枝啤酒旅游美食季、第四届海峡两岸食品交易会、“香约龙海”休闲食品直播、福鼎白茶文化周专场直播等线上线下促销活动，其中第四届海峡两岸食品交易会达成意向交易额138.6亿元，较上年增长28.6%。 （林 辉）

森林工业

【概况】 2020年，福建省扶持木材加工、竹产业、花卉苗木、森林旅游、林下经济5个千亿元产业发展，2020年，福建省林业产业总产值6660亿元、居全国前列，重点林区涉林收入成为当地农民脱贫致富的重要途径之一。

做好疫情防控和复工复产。落实扶持政策。整理印制800份《福建省林业企业疫情防控和复工复产政策汇编》，为林业企业复工复产提供政策支持和服务保障。解决实际困难。各级林业主管部门帮助协调解决林企复工复产招工用工难、原材料供应难、订单履约难、防疫物资筹集难“四难”问题。省林产品行业协会为林业企业出具不可抗力证明，避免因订单违约造成赔偿。加强项目扶持。下达2020年笋竹精深加工示范县、竹产业一二三产融合重点县等竹产业专项扶持资金1亿元，鼓励通过“以奖代补”等方式加快项目实施和资金拨付，扶持林业企业尽快恢复生产，助推地方经济社会发展。增加林产品有效供给。根据疫情防控物资供应需要，协调保障竹笋食品、木本油料、林下经济产品等企业加快复工复产，协调畅通林产品流通环节。引导企业发展电子商务交易、网上信息发布，做好产销对接，确保林产品产销畅通。组织林业企业拓展市场销售。组织企业参加中国森林食品交易博览会、海峡两岸（三明）林业博览会暨投资贸易洽谈会等展会，实现销售额120亿元。做好第十六届海峡两岸（三明）林业博览会暨投资贸易洽谈会、2020国际（永安）竹具博览会工作，为林业企业拓展市场搭建平台，两岸及国内外有558家企业参展，吸引3218位嘉宾客商参会。做好一二三产业“百千”增产增效行动林业专班工作。成立林业专班全力保障入围省委、省政府“百千”增产增效19家企业“一企一策”落实工作，派出50人次深入企业协调解决项目、销售等问题25个。

【林业产业】 2020年，福建省推进千亿竹产业项目建设。下达省级竹产业资金1亿元，建设14个笋竹精深加工示范县和3个竹产业一二三产业融合发展重点县。14个示范县实施项目65个，带动投资2.93亿元；3个重点县实施项目50个，带动投资超过1亿元。建设林下经济示范基地。下达省级林下经济发展资金7000万元，建设林下经济项目1122个，重点打造7个省级林下经济特色乡镇、1个种苗繁育基地和1个省级以上林下经济品牌，新增县级以上林下经济示范基地61个。林下经济利用面积211.8万公顷，产值706亿元。丰富森林旅游产品。新增星级森林人家示范点50处，建宁闽江源等3家森林小镇被授予全国首批森林小镇建设试点单位，福州植物园等3家单位被列入森林体验和森林养生国家重点建设基地名单，武夷山国家森林步道成为第一批发布的5条国家步道之一，森林旅游产值超千亿元。提升林业产业质量。推荐邵武经济技术开发区等4个林业产业园区申报国家林业产业示范园区，推荐永泰中国栖心谷等3个森林康养项目申报国家林业产业重点投融资项目。邵武笋竹等6个林产品特色优势区被认定为第二批“福建特色农产品优势区”。品匠茶居等8个林产品获福建名牌农产品；邵武竹业、南靖兰花等获评福建十大农产品区域公用品牌。强化闽台林业合作。新批三明保绿金农业有限公司等8家台资涉林企业，总投资0.62亿美元。新引进浪漫红颜葡萄、红颊草莓等台湾“五新”成果20项，推广面积124.53公顷。台商在福建投资创办林业企业超过590家，合同利用台资超过16.8亿美元。

【花卉苗木产业】 2020年，福建省全产业链总产值首次突破千亿元。全省花卉苗木全产业链总产值1062.5亿元，实现出口额1.6亿美元，比上年分别增长19.5%、9.9%。成为福建省林业继竹产业、森林旅游之后第3个千亿元产业。加强服务指导和政策保障。贯彻落

漳平永福台品樱花茶园。摄于2020年 （省林业厅供稿）

实《福建省人民政府关于全面推动农业复工复产扎实抓好春季农业生产二十条措施的通知》，对疫情期间鲜切花无法上市交易的花卉生产企业和花农给予适当补助，缓解花企花农恢复生产的实际困难。促进一二三产融合发展。根据花卉资源优势打造“一县一业、一镇一品”产业发展格局，形成漳州蝴蝶兰、南靖兰花、漳平杜鹃花、连城兰花、武平富贵籽、延平百合花等优势特色花卉产业集群。做大做强花卉第二、第三产业，加快发展花卉苗木精深加工业，瞄准健康养生、美容养颜等新兴潜力市场，开发以花卉苗木产品为原料的艺术、食用、化妆、医疗、保健等产品。涌现出永福台品茶山樱花园、漳州海峡花卉博览园、连城兰花博览园等著名赏花旅游景点，花卉休闲旅游成为“全福游·有全福”的重要组成。推进省级财政花卉产业发展项目实施。下达2020年省级财政花卉产业发展项目补助资金4100万元，54家单位全部完成建设任务，新建温室大棚16.86万平方米，各类大棚22.98公顷，苗木基地60.53公顷。加强花卉品种创新和种质资源保存。有7个属34个花卉品种新获植物新品种权，累计112个花卉品种获得国家植物新品种权，授权品种数位居全国前列；新增厦门市园林植物园国家三角梅种质资源库和漳州市水仙花研究所国家水仙花种质资源库，全省累计5个国家花卉种质资源库。（郭　洁）

福建新奥生物科技有限公司年宵蝴蝶兰生产基地。摄于2020年

（省林业厅供稿）

医药工业

【概况】　2020年，福建省医药产业产值比上年增长19.8%；出口交货值增长99.8%；营业收入587.9亿元，增长18.3%；利润总额113.7亿元，增长76.2%。

【行业龙头】　2020年，福建省化学原料药及中间体制造培育形成福抗药业、丽珠集团福兴医药、南方制药等行业龙头；化学药品制剂制造培育形成海王福药、闽东力捷迅药业、广生堂药业等行业龙头；生物技术药物制造培育形成厦门特宝生物、厦门万泰、未名生物医药等行业龙头；中药制造培育形成漳州片仔癀药业、厦门中药厂、厦门金日制药等行业龙头；医疗器械制造培育形成厦门艾德生物、厦门大博医疗、福州迈新生物等行业龙头。

【临床研究】　2020年，福建省进行临床前研究的创新药抗过敏化药1类新药卢帕替芬、抗耐药艰难梭菌化药1类新药Rakicidins、治疗类风湿性关节炎和神经病理性疼痛化药1类新药钩吻素子等获国家“十三五”重大新药创制立项资助。高端制剂化药2类新药癌症患者止吐药盐酸帕洛诺司琼口腔贴膜、化药2类新药降血脂药Omega—3脂肪酸乙酯肠溶软胶囊、托吡酯缓释胶囊、盐酸美金刚多奈派齐缓释胶囊、盐酸可乐定缓释片等6个制剂获国家“十三五”重大新药创制立项资助。（曾宪斌）

烟草工业

【概况】　截至2020年底，福建中烟工业有限责任公司总资产270.77亿元，其中固定资产34.71亿元、流动资产196.61亿元，资产负债率20.86%。从业人员4602人。

【卷烟生产经营】　2020年，福建中烟工业有限责任公司内销卷烟实现工业销量893.64亿支（178.73万箱），比上年下降1.3%。其中，一类烟142.03亿支（28.41万箱），增长4.97%；二类烟274.38亿支（54.88万箱），增长15.31%；三类烟445.69亿支（89.14万箱），下降4.37%；四类烟31.55亿支（6.31万箱），下降49.47%；五类烟0亿支（0万箱），下降100%。出口卷烟销售2.44亿支（0.49万箱），下降24.51%。

全年实现卷烟销售收入（不含合作生产）303.06亿元，比上年增长4.13%。实现税利231.09亿元，增长9.4%，其中利润25.91亿元，增长74.03%。

【主要产品】　2020年，福建中烟生产的卷烟品牌有“七匹狼”“金桥”“古田”“石狮”等，其中“七匹狼”被列为全国重点卷烟品牌。许可生产“万宝路”“长寿”品牌卷烟。2020年，“七匹狼”卷烟实现工业销量836.07亿支（167.21万箱），其中省内销量515.63亿支（103.13万箱）。

【品牌建设】　2020年，福建中烟工业有限责任公司继续推动品牌高质量发展。聚焦中细支卷烟，推出“七匹狼（鼓浪扬帆）”“七匹狼（观海中支）”

"七匹狼（古田金细支）"等新规格，做实做细"海丝扬帆、激扬青春、红色传承、家国情怀"品系构建。开展"七匹狼"创牌25周年系列活动。召开新品牌文化发布会，举办"七匹狼"品牌发展历程展，拍摄微电影《大国小店》，传递品牌价值。将"海纳百川，敢拼会赢"的品牌文化与闽西"三红精神"结合起来，打造"红土情、蓝海梦"特色体验式"工业旅游"平台。打造"海丝贝壳"商城和会员体系，打通与消费者的沟通渠道。

【境外市场拓展】 2020年，福建中烟工业有限责任公司积极应对新冠疫情影响，加强与境外市场线上沟通，深化二级销售网络建设。授权菲律宾普登斯发展管理公司在菲律宾合作生产新产品"金桥（台湾94）"。2020年福建中烟境外市场销量为2.62亿支（0.52万箱），全部为一般贸易方式出口。支持境外市场经销商，向菲律宾、柬埔寨卷烟零售户捐赠价值10万元防疫物资。

【技术创新】 2020年，福建中烟工业有限责任公司开展各类科技项目研究196项，取得科技成果96项。获省部级以上科技奖励3项，参与制修订行业标准12项。"特色食品制丝过程提质降耗关键技术创新与应用"科技项目获得全国商业科技进步三等奖，"工业生产传热传质工序减排降耗关键技术与装备"项目获福建省人民政府科技进步奖三等奖、厦门市人民政府科技进步奖二等奖。截至2020年底，拥有授权专利1231件，其中发明专利401件。2020年，公司卷烟焦油量加权平均值10.17毫克/支，一、二类卷烟焦油量加权平均值10.28毫克/支。

【生产运行】 2020年，福建中烟工业有限责任公司成立应对疫情防控工作领导小组，全面落实中央和地方新冠疫情防控各项决策部署，2月10日在烟草行业首批复工复产，主要经济指标实现平稳增长。推动加工原料双基地建设，强化核心原料布局，国家级基地单元采购量占比达72%。全年采购国内外烟叶152.92万担，其中国内130万担（含工业调剂），进口烟叶22.92万担。抓好全过程质量管控，持续深化四段式气调养护原料技术，完善数字化批次管控系统、建立动态质量风险评估系统。开展中细支卷烟制造关键技术攻关，自主进行设备改造。厦烟公司中支设备平均台班产量达到行业先进水平。推进卷烟智能工厂试点项目研究，配合完成行业CPS模型规范项目调研。龙烟公司被评为福建省工业信息化龙头企业。

【企业管理】 2020年，福建中烟工业有限责任公司优化企业制度体系，编制《企业制度体系图谱》和企业重大决策制度，提升治理能力。引入项目群管理机制，加强项目之间的协同和成果共享，实现"战略—目标—项目群—项目"纵向分解。开展节能技术研究，推动节能降耗，万支卷烟综合能耗比上年下降6.7%。全年实现降本增效1.04亿元。荣获烟草行业优秀QC成果一等奖1项、二等奖2项。两个优秀课题入选烟草行业提升核心竞争力典型案例。

（卢永梅）

电力工业

【概况】 截至2020年底，福建省电力装机容量6371.6万千瓦，比上年净增462.4万千瓦，增长7.8%。其中，水电装机1331.2万千瓦，占全省比重20.9%；火电装机3477.7万千瓦，占全省比重54.6%（其中LNG装机385.8万千瓦，占全省比重6.1%）；核电装机871.2万千瓦，占全省比重13.7%；其他能源发电装机691.5万千瓦，占全省比重10.8%（其中风电装机486.2万千瓦、光伏发电装机202.3万千瓦、储能装机3万千瓦）。

【发电情况】 2020年，福建省全年最高发电负荷为4426万千瓦（2020年7月24日），增长8.9%；最高用电负荷4223万千瓦（2020年7月24日），增长10%；最大日用电量为8.9亿千瓦时，增长10.7%；全年平均用电负荷率为85.9%，较上年降低0.3个百分点；日最大峰谷差率45%，较上年提高2.5个百分点；峰谷差率最大日的最大用电负荷为2102.7万千瓦。全年发电2636.5亿千瓦时，增长2.5%。其中，水电完成291.8亿千瓦时，下降34%；火电完成1550.5亿千瓦时，增长10.3%；核电完成652.5亿千瓦时，增长5%。发电设备平均利用小时为4254小时，比2019年减少62小时。

【用电情况】 2020年，福建省全社会用电2483亿千瓦时，增长3.4%，增速较上年下降0.4个百分点。其中，第一产业用电39.5亿千瓦时，增长10.5%，占全社会用电量的1.6%；第二产业用电1563亿千瓦时，增长1.6%，占全社会用电量的62.9%；第三产业用电377亿千瓦时，增长3.6%，占全社会用电量的15.2%；城乡居民生活用电503.5亿千瓦时，增长8.5%，占全社会用电量的20.3%。全年工业用电1527.9亿千瓦时，增长1.6%，占全社会用电比重61.5%。全年与外省交易送出电量155亿千瓦时，下降9.8%。

【电网情况】 截至2020年底，福建省电网拥有110千伏及以上线路41480千米、变电容量19579万千伏安，其中1000千伏线路342千米、变电容量600万千伏安，500千伏线路5671千米、变电容量4991万千伏安；±320千伏线路22千米、变电容量212万千伏安；220千伏线路14324千米、变电容量7206万千伏安。

（刘　航）

传统优势工业

【制鞋业】 2020年，福建省规模以上制鞋企业1051家，实现营业收入3262亿元，制鞋产量39亿双。制鞋产业主要分布在泉州、莆田。其中，泉州产业集聚区形成以晋江市和泉州开发区为主的旅游鞋、运动鞋生产基地；以石狮市为中心的真皮休闲鞋生产基地；以南安市为主的童鞋生产基地；以泉州台商投资区为主的鞋底、鞋材生产基地；以晋江市安海镇、安东开发区为主的真皮制造基地。莆田产业集聚区建成中国·莆田鞋业服装城，成为闽东南最大的鞋服专业市场，形成以涵江、荔城、城厢区为中心，辐射周边县区的区域性鞋业产业集群，建设有涵江高新经济技术开发区、华林工业园区、西天尾工业园区、黄石园工业区、枫亭工业园等5个制鞋工业园区。

福建运动鞋产量、销售和品牌在全国具有优势，运动鞋、旅游鞋产量占全国比重约为70%。龙头企业发展较快，安踏、特步、乔丹、361°、匹克等获评“中国名牌”“中国驰名商标”。安踏入围2020全球最有价值的50个服饰品牌排行榜。（俞小春）

【工艺美术业】 2020年，福建省工艺美术规模以上工业企业785家，实现主营业务收入1615.38亿元，其中雕塑工艺品772.25亿元、金属工艺品230.52亿元、漆器工艺品76.64亿元、花画工艺品15.67亿元、珠宝首饰及有关物品182.83亿元。举办“第三届福建省工艺美术创意设计大赛”，涵盖漆艺、雕塑工艺、工艺美术陶瓷、金属工艺、花画工艺、珠宝首饰等门类，共评出金奖40名、银奖60名、铜奖102名、优秀奖144名；举办第八届中国（仙游）红木家具精品博览会线上升级活动，共有1000家企业（机构）16870件展品参展，观看直播人数超9600万人次，线上线下总销售金额达8亿元。（刘慧川）

【造纸业】 2020年，福建规模以上造纸和纸制品企业466家，其中纸浆制造企业4家、造纸企业134家、纸制品企业328家。全省规模以上造纸和纸制品工业实现主营业务收入1246.32亿元，比上年下降2.8%；利润总额98.03亿元，下降1.1%。全省完成纸浆产量42.19万吨，下降4.2%；机制纸及纸板产量798.49万吨，下降0.82%，产量继续居全国第五位。全省拥有产能100万吨以上企业2家、50万吨以上企业3家、20万吨以上企业6家、10万吨以上造纸企业10家。造纸产量居全省前列的企业主要有联盛纸业（龙海）、玖龙纸业（泉州）、山鹰华南纸业、福建省青山纸业、恒安（中国）纸业等。2020年，联盛纸业（龙海）完成年产60万吨高档箱板纸工程技改项目，玖龙纸业（泉州）完成纸机车间、动力车间、污水厂技改工程项目，福建省青山纸业完成溶解浆生产线、热电厂超低排放、制浆和动力车间节能技改项目，恒安（中国）纸业完成燃气锅炉、光伏发电基建、造纸真空系统节能工程、纸机扫描架系统、复卷机传动系统技改等项目。福建恒安集团首席执行官许连捷、爹地宝贝股份有限公司董事长林斌获中央统战部、工业和信息化部、市场监督管理总局和全国工商联“全国抗击新冠肺炎疫情民营经济先进个人”表彰。

（陈德强）

【家具行业】 2020年，福建省家具行业企业约5300家，从业人员近40万人。其中，规模以上家具企业382家，比上年增长4.7%；亏损企业32家，比上年增加8家。2020年，全省规模以上家具企业实现营业收入636.83亿元，下降0.1%；利润总额32.97亿元，下降14.6%；产销率98.37%。全省形成福州、厦门以生产板式（办公、民用、校用）为主，莆田以生产中式古典工艺家具为主，漳州、泉州以生产出口美式实木家具、钢管家具、酒店家具、软体家具为主，闽侯、安溪等地以生产竹、藤、铁工艺家具为主，三明、南平、龙岩以生产竹木制品为主的产业格局。其中，作为闽侯县经济六大支持产业之一的家居装饰工艺品产业，2020年完成出口约8.4亿美元，增长5%；素有“中国藤铁工艺之乡”“中国家居工艺产业基地”之称的安溪县，2020年全县家居工艺产业链实现产值195亿元，增长11.4%；作为“中国竹笋之乡”“中国竹子之乡”的永安市，2020年竹业总产值91.1亿元，增长5.9%。作为后起之秀，漳州市2020年家具总产值137.8亿元，增长约5%。（谢　芳）

【日用陶瓷业】 2020年，福建省日用陶瓷制造业主要集中在德化县，以生产星级酒店用瓷、家居日用餐具、厨具、茶具为主。2020年德化陶瓷产值402.5亿元，增长10.89%。2020中国德化陶瓷博览会暨茶具文化节以“中国白·德化瓷”为主题，设立陶瓷博物馆、新秀园、金马车文创基地、顺美陶瓷文化生活馆、龙鹏集团、中国白博物馆、五洲陶瓷公司、如瓷生活馆、三德陶瓷城等九大分会场，展览规模达6万平方米，总展位743个，比上届增加126个，共吸引全国625家展商、6582名采购商进馆，采购商来自福建、浙江、广东、江西、山东、湖北、北京、湖南、河北、江西、四川、陕西等29个省（市、自治区），现场贸易成交额2186万元，意向成交额8682万元。德化县同步开启“云上”模式，通过“云展览”“云直播”“云采购”“云成果”等四大核心功能，加码打造“云展会”，实现线下+线上“互联互动”与“双线融合”。

（叶少芬）

编辑：郑　莱

民营经济

综　述

【概况】 2020年，福建省实有市场主体544.96万户，比上年增长22.94%。全省企业实有155.06万户，增长11.73%。全省个体工商户实有385.65万户，增长28.43%。全省新登记市场主体137.45万户，增长40.36%；新登记企业28.82万户，增长8.95%，主要集中在批发和零售业、租赁和商务服务业、科学研究和技术服务业、建筑业、制造业，分别为12.32万户、3.34万户、2.64万户、2.36万户和2.22万户。面对突如其来的新冠肺炎疫情，全省6000多家企业、商会纷纷慷慨解囊，捐款捐物达19亿元以上。2020年全省新增私营企业28万户、增长9.4%，截至2020年底，全省私营企业145.1万户、增长12.5%；对接签约民营企业产业合同项目2023项，总投资7550亿元。其中，制造业项目1543项，总投资5180亿元。市场活力进一步激发，市场主体数量稳步增长，为实现“十三五”圆满收官作出积极的贡献。

【民营经济效益】 2020年，新冠肺炎疫情持续肆虐全球，福建民营经济尤其是出口型为主的民营企业遭受到前所未有的压力。全省民营经济实现增加值3万亿元，比上年增长4.3%，占全省地区生产总值的比重为68.4%。一批主业精、规模大、实力强、创新快的民营企业为全省高质量发展超越提供重要支撑，时代新能源动力电池、宁德新能源消费电池全球领先；恒申集团的己内酰胺、福耀集团的汽车玻璃产量全球第一。2020年，福建省民营企业百强入围门槛近18亿元，比上年提高19.5%；营业收入超过100亿元的企业有31家，比上年增加4家，营业收入平均增长4.39%；有21家企业入围2020中国民营企业500强，新增的福建大东海实业集团强势入驻前150强；阳光龙净继续蝉联福建第一，以2480亿元领跑福建民营企业，这也是福建省唯一突破2000亿元的民营企业。

【民营经济发展特点】 2020年，福建省民营企业行业分布范围广，全面覆盖第一、二、三产业。民营工业涉及行业数量达38个。民营经济增加值占福建全省地区生产总值的60%以上，提供70%的税收、贡献70%的科技成果、吸纳80%的就业岗位，规模以上民营企业数占全省的90%以上。 （江建国）

管理与服务

【政策支持】 2020年，面对新冠肺炎疫情严重冲击，福建省政府在全国率先出台疫情防控物质扩产、转产、新建“三个一批”政策，推动保障疫情防控、

2020年12月31日，由福建省人民政府发展研究中心、福建省广播影视集团主办，福建省区域和企业评价中心、福建省广播影视集团电视综合频道中心承办的2020福建省县域经济高质量发展报告会在福建省广播影视集团演播剧场举办，会上发布2020年度福建省经济发展“十佳”县（市）、经济实力“十强”县（市）评价结果 （省发展研究中心供稿）

生产医用物资和产业链配套的民营企业全部复工。先后出台《关于促进工业企业复产达产若干措施的通知》，从5个方面提出13条举措，推动企业加快复产、释放产能、达产满产，促进工业经济稳定增长。省委、省政府制定《关于营造更好发展环境支持民营企业改革发展的若干措施》，主要是在市场准入方面一视同仁、实施公平公正监管、保障各类市场主体公平竞争、支持民营企业拓展发展空间、关心关爱民营企业家等21条措施，营造更好发展环境，支持民营企业改革发展。

【政企直通车平台建设】 2020年，福建省出台《关于进一步提升"政企直通车"服务效能若干措施的通知》，从拓展服务功能、健全服务体系、完善联动机制、严格办理时限等6个方面细化具体措施，促进高效率、高质量服务企业。安排专项资金支持市、县"政企直通车"平台建设，建成"1+10+30"的"政企直通车"服务网络平台。提升"政企直通车"服务效能。2020年省级平台累计收到企业信件8145件，办结率99.9%，推进企业全面复工复产、增产增效。

【企业精准帮扶】 2020年，福建省工业和信息化厅会同省金融工作办公室出台实施《福建省深化服务民营企业"三个一百"活动方案》，围绕"通渠道、促落地、解难题、助决策"，推动送政策、送资金、送服务，帮助民营企业解决资金、用地、用工、市场、政策落地等困难问题4700个。省委、省政府出台《实施一二三产业"百千"增产增效行动方案》，明确实施"百个以上农业特色产业和企业"增产增效行动、"千个以上制造业优势产业和企业以及建筑业企业"增产增效行动、"千个以上服务业重点产业和企业"增产增效行动的重点任务和工作措施，支持优势产业和企业发挥潜能，做大做强，力争把疫情造成的损失降到最低限度，为加快经济社会秩序全面恢复提供有力支撑。省工业和信息化厅组建工作专班，派出9个服务企业工作组下沉一线，走访企业1400多家，帮助协调解决困难问题700多个，打通增产增效操作链。

【中小企业支持】 2020年，福建省规范省"专精特新"中小企业的认定管理，引导中小企业走"专精特新"发展道路，推动形成省"专精特新"中小企业、专精特新"小巨人"、单项冠军、"瞪羚""独角兽"企业、上市企业梯次发展的良好格局，结合全省中小企业发展实际修订出台《福建省"专精特新"中小企业认定管理办法》，对认定为省"专精特新"的中小企业和国家专精特新"小巨人"企业分档给予奖励，引导企业专注主业、重视研发、提升质量。2020年培育认定89家省"专精特新"中小企业、107家国家专精特新"小巨人"企业，累计拥有省"专精特新"中小企业826家、国家专精特新"小巨人"企业117家。

【整治拖欠民营企业账款】 2020年，福建省出台《福建省清理拖欠民营企业中小企业账款投诉举报有关规定》，落实《保障中小企业款项支付条例》，维护中小企业合法权益，优化营商环境，畅通"福建省违约拖欠中小企业款项登记（投诉）平台"，建立健全本省投诉举报处理和防范拖欠的长效机制，全省无分歧欠款清偿率达100%，提前完成国家下达清欠目标任务。 （江建国）

重点民营企业

【阳光龙净集团有限公司】 公司创立于1995年，位列2020年《财富》世界500强第354位，是一家集环保、教育、地产、金融、物产、资本六大产业集团为一体的大型投资控股公司。

【永辉超市股份有限公司】 公司成立于2001年，2010年在A股上市，是国家级"流通"及"农业产业化"双龙头企业。永辉超市是中国大陆首批将生鲜农产品引进现代超市的流通企业之一，被国家7部委誉为中国"农改超"推广的典范。永辉超市在全国发展超千家连锁超市，业务覆盖29个省份572个城市，经营面积超过750万平方米。位居2019年中国超市百强第三强、2019年中国连锁百强第六强。

【福建福晟集团有限公司】 公司成立于1993年，是一家地产、建筑两翼协同，涉足金融贸易、物业管理等多元化领域的大型综合性企业集团。连续8年稳居中国房地产百强企业，蝉联中国房地产开发企业成长速度第二位。2019年跻身中国企业500强第194位、中国民营企业500强第56位。

【恒申控股集团有限公司】 公司成立于2009年，是一家集化工、化纤及新材料为一体的先进制造业企业集团。建立起以福建福州为中心，辐射江苏南京、荷兰马斯特里赫特的三大锦纶产业链生产基地。集团员工超8000人，业务遍及30多个国家和地区，与超过25家的世界500强企业建立合作关系。2020年位列中国民营企业500强第161位、福建民营企业100强第七位。

【三盛集团有限公司】 公司成立于1988年，是以地产为主业、地产和家庭产业深度布局的综合运营平台。聚焦长三角区域、海西区域、环北京区域、山东区域、川渝区域、大湾区区域等国家核心战略区域，于40个城市打造120余座精品项目，稳健实现有质量的发展。

【盛屯矿业集团股份有限公司】 公司成立于1992年，所在行业为有色金属行业，涵盖采、选、冶、贸易以及深加工，聚焦优质有色金属资源，重点在于锌、钴、铜、镍金属品种，主营业务为有色金属采选业务、钴材料业务、金属冶炼及综合回收、金属贸易和产业链服务。2020年公司营收排名中国财富500

强第264名、福建省民营企业百强第12名。

【厦门禹洲集团股份有限公司】 公司成立于1994年，发展成为集房地产开发、商业投资运营、酒店运营、物业管理、金融和通信科技等多元业务为一体，业务覆盖长三角、粤港澳大湾区、环渤海、海西、华中和西南六大城市群的大型综合性集团，总资产近2000亿元。

【厦门恒兴集团有限公司】 公司成立于1994年，产业涵盖股权投资、冶金矿产、商业贸易、商业综合体、文化旅游、民办教育、物业资产管理等领域。是一家资产总规模达175亿元，年营业额超120亿元的多元化经营的大型民营企业集团。

【厦门中骏集团有限公司】 公司成立于1987年，是一家专注于房地产开发及相关业态的综合性城市运营服务商，业务体系涵盖住宅开发、商业地产、长租公寓、文化旅游地产、产业地产、大型购物中心的营运管理、住宅与公共设施的物业管理、教育、健康管理等业务板块，以及基金管理及投资等金融服务。2020年，中骏集团销售规模超过1000亿元，荣获“2020中国房地产上市公司综合实力50强”第38位。

【厦门天马微电子有限公司】 公司成立于2011年，产品应用覆盖移动终端、车载显示、娱乐显示、工业仪表、办公显示等中小尺寸中高端显示屏市场。公司是厦门火炬高新区注册资金最大的企业，也是2011年、2012年、2013年连续3年福建省和厦门市重点项目之一。

【安踏体育用品集团有限公司】 公司创建于2007年，经营范围包括鞋、服装、针纺织品、编织品、皮箱、包袋等，在2020中国民营企业500强排名第271名。

【达利食品集团有限公司】 公司成立于1989年，专注食品行业，形成食品、饮料两大支柱齐头并进的产业结构。在全国18个省区建立21家子公司共36个食品、饮料生产基地，1个马铃薯全粉生产基地，1家包装彩印公司。集团构建享誉业界的黄金销售渠道，组成覆盖全国的营销网络。多产业多品牌的发展战略，使达利食品集团成为在食品和饮料行业都具有规模与实力的企业。

【福建恒安集团有限公司】 公司成立于1985年，是国内知名的生活用纸和妇幼卫生用品制造商。妇女卫生巾、婴儿纸尿裤、生活用纸三大主导产品市场占有率在国内市场名列前茅。有员工2.5万名，在全国设立35家生产公司和535个销售分支机构，在海外设有生产基地和销售机构，产品远销全球63个国家与地区。

【冠福控股股份有限公司】 公司成立于1999年12月，是一家医养品合成工艺创新与供应链电商运营双主业协同驱动的科技创新型企业。形成以致力于成为全球医药原料 、动物营养 、新材料产品研发、生产一流企业的能特科技有限公司和垂直电商平台的上海塑米信息科技有限公司为两大核心子公司，及以科技创业产业园区投资性房地产租赁和黄金采矿为辅助业务的运营模式。

【福建省闽南建筑工程有限公司】 公司成立于1957年，主要从事工业与民用建筑工程、市政公用工程、建筑装修装饰工程、古建筑工程、钢结构工程、地基基础、消防设施工程、机电安装、建筑幕墙、起重设备安装工程、防水防腐保温工程等专业承包。基本形成以深圳为中心的珠三角市场、以苏州为中心的长三角市场、以武汉为中心的华中市场、以烟台为中心的环渤海湾市场等四大市场板块，成为福建省独具优势和特色的外向型建筑企业。

【三宝集团股份有限公司】 公司成立于1999年，系符合国家钢铁行业准入的综合性钢铁企业，拥有国内外先进装备，形成以钢铁制造、销售为主，向高端精品钢、现代物流服务业、钢铁文化生态旅游等产业链延伸的综合性钢铁集团企业。2020年，集团年产值325亿元，被福建省发改委、福建省工信厅联合列入福建省千亿元产业集群的重点培育企业之一。

【福建傲农生物科技集团股份有限公司】 公司成立于2011年，是一家以标准化、规范化、集约化和产业化为导向的高科技农牧企业。公司主营业务包括饲料、养猪、食品、贸易等产业。

【漳州旗滨玻璃有限公司】 公司成立于2005年，是一家集浮法玻璃、节能建筑玻璃、低铁超白玻璃、光伏光电玻璃、电子玻璃、药用玻璃研发、生产、销售为一体的创新型国家高新技术企业。2020年总资产超过130亿元，员工7000余人，是高中低透三银Low—E产品全覆盖的创新型节能玻璃实力企业。

【福建龙马环卫装备股份有限公司】 公司是集城乡环境卫生系统规划设计、环卫装备研发制造销售、环卫运营、投资为一体的环境卫生整体解决方案提供商，拥有博士后科研工作站和省级环境工程研究中心，是国家火炬计划重点高新技术企业、中国城市环境卫生协会环卫运营管理专业委员会主任单位。

【龙洲集团股份有限公司】 公司成立于2003年，逐步发展成为集现代物流、汽车制造与销售服务、汽车客运与站务服务、成品油与天然气销售、商业保理及供应链管理等经营业务为一体的产业化集团。

【紫金矿业集团股份有限公司】 公司成立于1993年，是一家以金铜等金属矿产资源勘查和开发及工程技术应用研究为主的大型跨国矿业集团，建立完整的地采选冶环科技体系，形成全环节的自主技术和工程能力，打造中国矿业企业全球竞争力。

【福建金牛水泥有限公司】 公司成立于2005年，是一家以专业生产高标号水泥为主的大型建材集团企业，拥有6家水泥生产企业和5家混凝土公司及环保科技公司，水泥年产能1000万吨，是福建省百家重点工业企业和省级龙头企业。

【泰禾集团股份有限公司】 公司创始于1996年，坚持以房地产为核心，为全面提升城市生活品质和自身多元化发展而践行“泰禾+”战略，依托自身在住宅、商业等领域的优质资源，聚合控股股东泰禾投资集团在相关服务领域的资源，目标为一站式解决业主的购物、社交、医疗、文化、教育和养老等方面的生活需求，努力开创“中国式美好生活”。

【福建省三钢（集团）有限责任公司】 公司前身为福建省三明钢铁厂，建于1958年。公司创立于2000年，至2020年，形成年产钢500万吨以上规模和以钢铁业为主、集多元产业并举的跨行业、跨地区、跨所有制的大型企业集团，是福建省最大的钢铁生产基地和化肥生产基地。

【三棵树涂料股份有限公司】 公司创立于2003年，始终关注人类美好生活和家居健康，致力于打造内外墙涂料、防水、保温、地坪、辅材、施工“六位一体”的绿色建材一站式集成系统，打造高品质涂料为主和家居新材料为辅、基辅材全配套、健康、色彩、品位、服务一体的美好生活解决方案。2019年跻身世界涂料35强。

【福建巨岸建设工程有限公司】 公司创立于2012年，是一家集建筑施工、地产开发、建筑装修、物业管理、劳务输出、涂料装饰、贸易投资、酒店服务为一体的大型综合集团企业。集团以建筑施工总承包特级资质为龙头，以房地产开发为依托，形成多元化发展驱动，持续发力。

【中交建宏峰集团有限公司】 公司成立于2005年，是一家综合性国家特级建筑施工企业，具备建筑工程和市政工程施工特级及建筑行业、市政行业工程设计甲级资质，是福建省首家取得“双特双甲”建筑资质的企业、首家取得市政工程特级和市政行业设计甲级资质的企业。

【福建省涵城建设工程有限公司】 公司成立于1993年，是以建筑施工、房地产开发及商业运营为一体的综合性集团企业。其各项经济技术指标居同行业领先水平，年营业额50多亿元，拥有净资产约22亿元，集团下辖有福建省涵城建设工程有限公司、福建省涵城领域房地产开发有限公司、莆田市水韵城商业管理有限公司、莆田市德源商业运营管理有限公司等10多家公司。

【宁德时代新能源科技股份有限公司】 公司成立于2011年，是国内率先具备国际竞争力的动力电池制造商之一，专注于新能源汽车动力电池系统、储能系统的研发、生产和销售，致力于为全球新能源应用提供一流解决方案，核心技术包括在动力和储能电池领域，材料、电芯、电池系统、电池回收二次利用等全产业链研发及制造能力。2019年《财富》中国500强第290位，2019《财富》未来50强第四。

【青拓集团有限公司】 公司于2008年3月入驻福安湾坞半岛，成为中国乃至世界最大的不锈钢生产及深加工基地，携手青山企业印度尼西亚、印度、津巴布韦、美国等海外项目，践行“一带一路”建设，助推青山钢铁从温州走向全国，引领世界。

【福建鼎信科技有限公司】 公司创立于2011年，经营范围包括冶金工程技术研究服务、信息技术咨询服务、材料科学研究服务、土木建筑工程研究服务、工程项目管理服务、新材料技术推广服务、有色金属合金制造、钢压延加工、机械零部件加工、汽车及配件批发、五金产品批发、机械设备及电子产品批发、钢结构工程专业承包相应资质等级承包工程范围的工程施工、建筑工程施工总承包相应资质等级承包工程范围的工程施工、工程设计、合同能源管理。

【福建宁德核电有限公司】 公司创立于2006年，宁德核电项目于2008年2月18日正式开工，规划总容量为6台百万千瓦机组，其中一期工程建设4台机组，采用成熟的二代改进型压水堆核电技术，以岭澳核电站为参考电站，综合国产化率达80%以上。

【福建圣农控股集团有限公司】 公司创建于1983年，专注于白羽肉鸡生产30多年，是全球唯一的集种鸡养殖、种蛋孵化、饲料加工、肉鸡饲养、肉鸡加工、食品深加工、产品销售、快餐连锁于一体的全封闭白羽肉鸡全产业链企业。

【福建南平太阳电缆股份有限公司】 公司成立于1958年，是从事专业研发和生产电线电缆历史悠久的企业。公司建有超高压电缆生产基地、南平太阳电缆城、上杭太阳铜业公司、包头太阳满都拉电缆有限公司四大生产基地。

【福建南平南孚电池有限公司】 公司成立于1988年，是中国首屈一指的碱性电池制造与销售公司、中国高新技术企业、外经贸部重点扶持的出口企业。市场占有率连续10年名列前茅。是近几年全球便携式消费品电池增长最快的企业之一。

（江建国）

编辑：郑　菜

海洋经济

综　述

【概况】　2020年，福建省海洋生产总值11557.90亿元，比上年下降4.1%；渔业经济总产值3132.21亿元，下降3.18%；水产品总产量830.34万吨，增长1.94%；近海捕捞产量152.90万吨，下降5.13%；远洋捕捞产量58.15万吨，增长12.59%；海水养殖产量526.80万吨，增长3.15%；淡水产品产量92.49万吨，增长1.58%；水产品出口创汇59.69亿美元，增长5.81%；渔民人均纯收入24215元，增长5.27%。

【法规制定】　2020年，福建省制定《福建省实施〈中华人民共和国渔业法〉办法行政处罚自由裁量适用规则（试行）及其基准》，健全《福建省实施〈中华人民共和国渔业法〉办法》配套制度。出台《福建省渔港投资与建设管理办法》，作为省政府《关于进一步加快渔港建设的若干意见》配套文件下发实施，加快全省渔港建设，完善渔港投资机制。制定《关于全面禁止非法野生动物交易、革除滥食野生动物陋习、切实保障人民群众生命健康安全的通知》。出台《关于加强防台风期间渔船异地避风管理的十条措施》，加强防台风期间渔船避风安全管理，完善渔船异地避风管理机制。清理废止涉海涉渔省政府及省政府办公厅规范性文件3件。牵头编制《“十四五”海洋强省建设专项规划》《“十四五”渔业发展专项规划》《“十四五”海洋战略性新兴产业专项规划》以及《福建省海洋观测网规划（2021—2025）》，构建“一带两核六湾多岛”的总体布局，提出海洋产业体系、海洋科技创新、涉海基础设施建设、海洋生态文明建设、海洋开放合作、海洋综合治理体系6个领域重点任务。

【投资项目建设规划管理】　2020年，福建省实施2020年度海洋强省重大在建项目72个，年度完成投资304.69亿元。持续建设福州、厦门国家海洋经济创新发展示范城市，实施项目33个，完成投资16.63亿元。加快推进福州、厦门海洋经济发展示范区建设，2020年福州和厦门示范区项目库重点项目204个，全年完成投资413亿元。新增晋江、诏安、东山3个省级海洋产业发展示范县，第一批示范县连江、石狮、秀屿共谋划项目180个，总投资7.16亿元。推动5个省级智慧海洋项目建设，下达省级专项资金600万元。

【渔船安全项目建设】　2020年，福建省完成1.3万余艘海洋渔船固定式北斗示位仪安装工作，基本建成覆盖全省海洋渔船实时位置信息的北斗卫星网络。启动建设福建省渔船动态监控管理系统、为全省19个中心渔港和一级渔港建设视频监控系统。在全国率先开展船载宽带卫星通信试点，在20艘渔船上试点应用新一代高通量卫星互联网。在全国率先开展的海洋渔船“插卡式AIS”设备研发及应用，为5000多艘渔船安装“插卡式AIS”。农业农村部在全国推广该设备。海洋观测网建设进一步完善，新建3套小浮标、3个潮位站并投入运行，与国家海洋技术中心共建1套生态小浮标，填补平潭附近海域生态环境观测的空白。

【渔业捕捞许可制度】　2020年，福建检验渔业船舶18120艘。其中，初次（建造）检验317艘、审查渔业船舶设计图纸193套、检验船用产品16657台（件）。开展渔船标准船型评价工作，公布72种渔船船型作为2020年度福建省渔船标准船型推荐让广大渔民使用；强化渔船修造质量监督，完成28家渔业船舶建造企业技术条件评价工作，开展违法违规修造涉渔船舶专项整治行动，共检查船舶修造企业239家次，登临检查在建船舶338艘、在修船舶668艘，发现违规建造船舶9艘；推进渔业船舶检修检测机构监督核实工作，印发《中华人民共和国福建渔业船舶检验局关于明确渔业船舶检修检测质量监督有关事项的通知》，完成21家渔业船舶检修检测服务机构的技术条件监督核实，对102艘渔业船舶的检修检测活动开展现场质量抽查。疫情防控期间，实行“容缺受理”“延后验证”“当天处理”“双向快递服务”“同步电子证照”等便民利民措施，全年共办理省级审批权限的渔业捕捞许可证 992 件、渔业船网工具指标审批 736 件。完成全省 13057 艘入库海洋渔船实船核查任务。

【筑牢疫情海上输入防线】 2020 年疫情期间，福建省海洋渔业局先后抽调 4 批次 336 人次机关干部，进驻全省 18 个中心、一级渔港开展驻港监管，统筹调度全省百艘执法船艇，加大领海基线、领海线、重点敏感海域三道防线执法巡查，实现“不落一船、不漏一人”目标，全省未发现境外疫情通过渔船输入事件。 （林 武）

海洋捕捞

【海洋捕捞管理】 2020 年，福建省严格管控国内渔船，实施海洋渔业资源总量管理。执行 2020 年减船转产项目，完成渔船减船转产 15 艘、压减功率 1199.8 千瓦。开展整治涉渔“三无”船舶行动，组织 121 次“封港清查”，全年拆解涉渔“三无”船舶 860 艘，其中大中型 303 艘。开拓南极、塞内加尔、巴基斯坦等海域新渔场，推进福州（连江）国家远洋渔业基地建设，5 月 18 日启动远洋渔业母港一期项目基地核心区建设。平潭国际海洋产业物流园、马尾深海时代产业园、宏东海洋生物产业园等建成投产，协调口岸部门推动福州远洋渔业专用码头开放。与中国进出口银行福建省分行签订全面合作协议，9 家远洋渔业及关联企业获批贷款 32.04 亿元。全年更新改造远洋作业渔船 39 艘，完成远洋渔业捕捞产量 58.15 万吨、增长 12.59%，完成产值 48.49 亿元、增长 10.03%，运回渔获物 36.15 万吨、增长 24.80%。实施机动渔船油价补助政策，全年共补助国内渔船 16777 艘、补助资金 7.07 亿元。

【福建海洋“蓝剑”行动】 2020 年，福建省海洋渔业局开展福建海洋“蓝剑”行动 16 次，防范制止进入敏感海域作业船舶 1243 艘，查获涉嫌违法作业船舶 333 艘。全省全年办结各类渔业案件 1388 件，罚款 2025.06 万元；海洋行政违法案件 108 宗，收缴罚没款 2051 万元。联合海事、海警，开展防范商渔船碰撞百日攻坚专项行动，有效遏制商渔船碰撞事故发生。开展渔船安全隐患排查整治行动，发现一般隐患 2671 个，完成整改 2665 个，余下限期整改到位。

【海洋与渔业科技】 2020 年，福建省海洋与渔业科技创新平台建设更加完善，厦门南方海洋研究中心基地完成主体工程建设，集科技创新、中试试验、产业孵化、创业服务等功能为一体，打造海洋产业专业孵化基地。福建省海洋生物增养殖与高值化利用重点实验室新增厅级以上项目 32 项，横向协作项目 20 项，资助开放基金课题 11 项，全年共发表科技论文 39 篇。海洋生物种业技术国家地方联合工程研究中心加强海带、石斑鱼、河鲀、南美白对虾、牡蛎、海参等生物育种技术研究，建设省级水产良种场 4 个，编制地方标准 2 项。全省建立渔业科技试验示范基地 94 个，培育渔业科技示范主体 919 个，辐射带动养殖户约 1 万户，实现渔业技术成果组装集成、试验示范和推广应用的传承链接。推进科技成果产业化，通过福建省协同创新院海洋分院等线上平台，以及厦门国际海洋周等活动，征集海洋与渔业科技成果 154 项。在第三届中国国际进口博览会期间，举办“福建省海洋战略性新兴产业对接会”，开展海洋高新项目对接，签约总金额约 30 亿元，推进海洋新兴产业链延伸发展。强化集成示范，推进绿色生态养殖技术在产业中应用，示范关键技术 192 项，指导推广养殖面积 8.67 万公顷，受益渔民 2.3 万户。全省共组织培训水产技术人员 1983 人次，培训渔民 1.5 万人次，发放技术资料 25 万份。2020 年底，全省设置各级水产技术推广机构 734 个（省级站 1 个、市级站 9 个、县级站 71 个、区域站 2 个、乡镇站 651 个），在职人员 989 人。 （林 武）

水产品养殖加工

【水产品质量安全管理】 2020 年，福建省开展水产行业治理“餐桌污染”建设“食品放心工程”工作，建成水产品质量安全“一品一码”全程追溯系统，全省 4066 家工商登记注册的食用水产品生产企业、渔业专业合作社、家庭农场等生产主体纳入系统管理，录入三项记录 61.57 万条，水产品赋码销售数量为 11.37 万条。开展产地水产品质量安全监督抽查、水产品质量安全市场例行监测、贝类卫生监测、养殖河鲀毒素、织纹螺毒素等风险检测和水产品药残快速检测，全年省部级产地水产品质量安全监督抽查合格率 99.88%，没有发生大的水产品质量安全事故。全年累计开展执法行动 4315 次，检查养殖企业和个体经营者 6834 个，行政处罚案件 13 起，罚款 8.83 万元，销毁超标水产品 1250 千克，移送司法机关案件 2 起。药残超标案件查处率 100%。建成 1000 多平方米的省级水生动物疫病监控中心实验室并投入使用。推进水产苗种产地检疫工作，在清流县开具出全省第一单水产苗种产地检疫证明。在全省 51 个县建立 181 个病害测报点，定期开展水产养殖病情测报，全年发送病害预测及防控指导信息 4 万条次。开展水生动物疫病及重大疾病监测，对病毒性神经坏死病、白斑综合征等 14 种水生动物疫（疾）病进行抽样监测，全年监测样品 574 批次。在全省 3 个设区市 6 个县（区）9 个示范点对大黄鱼、鳗鲡、对虾等 3 个养殖品种开展主要病原菌耐药性普查。制作发放《水产品质量安全 100 问》《农业农村部禁用兽药及其化合物清单》《水产养殖用药明白纸》等宣传材料 2 万余份，开展基层水产品质检人员快速检测培训等水产品质量安全监管培训班 3 期，培训基层质量监管人员 1000 余人。全年 5 项地方渔业标准颁布实施，4 项地方标准通过专家评审。

【水产品养殖平台建设】 2020年，福建省推进设施渔业建设，全省累计升级改造海上环保养殖渔排数量56.5万口、塑胶筏式养殖面积2.33万公顷，建成深水抗风浪养殖网箱4000口，初步建成宁德三都湾、沙埕港海上绿色发展养殖示范区。鼓励引导沿海各地与装备制造企业合作，加强深远海养殖平台研发，新增4组深远海养殖平台项目，“底层抗风浪流养殖网箱”在莆田秀屿区南日岛海域下水，“泰渔1号”主体在连江苔菉顺利下水，“泰渔2号”和“泰渔3号”养殖平台完成主体分段建设工作。

【水产品网箱养殖】 2020年，福建省推动闽江水口库区养殖网箱综合整治，完成水口库区延平、闽清、古田段环保型养殖网箱改造试点，改造环保型养殖网箱3公顷。全面完成年度超规划养殖清退任务，全省累计清退不符合规划海水养殖面积近2.33万公顷，清退闽江水口库区超规划养殖面积26.67公顷。开展水产绿色健康养殖“五大行动”，集成创新和示范推广一系列先进技术模式，建立示范推广主体59个，主推一批高产、高效、优质、安全的水产新品种。印发《开展2020年养殖尾水治理模式推广行动方案》，安排设施渔业专项资金并开展技术攻关，基本形成可复制、可推广的养殖尾水处理模式，全省规模以上养殖尾水治理示范企业达210个，全面摸清排、核实全省水产养殖入海排放口累计3846个，养殖入海排放口家底基本摸清。

【水产品业创新】 2020年，福建省完成第三轮水产种业创新与产业化工程项目，选育海带新品系“连优1号”“海嘉1号”、凡纳滨对虾新品系“闽水科1号”、双斑东方鲀新品系“大鲀1号”、菊黄东方鲀新品系“厦鲀1号”5个水产新种质。新增（复评）省级水产原良种场10家，大黄鱼、海带、鲍鱼、紫菜、南美白对虾、菲律宾蛤仔、金鱼等20多种优势特色品种均完成省级以上原良种场建设，大黄鱼、鲍鱼、海带、紫菜等主要品种苗种产量位居全国首位。新上水产品加工生产线项目35条，建设水产品冷链物流项目5个。全面推广“福渔”品牌，打造全国水产品电商直播基地，通过主流电商平台销售水产品超过10亿元。

【2020海峡（福州）渔业周·中国（福州）国际渔业博览会】 博览会于2020年9月4—6日在福州海峡国际会展中心举办，由中国渔业协会和福建荟源展览有限公司共同主办。因市场环境变化影响，以及消费模式发展转变，展会首次推行“线上＋线下”双线会展新模式，吸引来自15个省份323家企业参展，签约海洋与渔业重点项目12个、金额超237亿元，现场零售额7000多万元，经贸配对额5.3亿元。（林　武）

海洋资源保护

【渔业资源保护管理】 2020年，福建省举办以“养护水生生物资源，促进生态文明建设”“江河湖海·年年有鱼”为主题的“6·6八闽放鱼日”活动，在13个重要海湾及闽江、九龙江、汀江等主要内陆水域干支流，放流大黄鱼、西施舌、黑脊倒刺鲃等水生生物48.02亿单位。增殖放流效果评估结果显示，大黄鱼、西施舌、日本对虾等主要放流物种资源恢复明显。加快建设以养护型人工鱼礁为主，增殖放流、贝藻类养殖为辅的海洋牧场，莆田市南日岛海洋牧场人工鱼礁建设项目投礁全面完工，福清市东瀚海域建成人工鱼礁750块2万空立方米，连江黄岐半岛人工鱼礁建设项目获批立项，东山县乌礁湾海域人工鱼礁建设项目实施方案通过农业农村部组织的专家评审。

【水生野生动物救助保护】 2020年，福建省救助海豚、海龟、江豚、大鲵、中国鲎等水生野生动物23起32只（头），2起违法破坏水生野生动物案件移送公安机关并追究刑事责任。

【实施禁渔期禁渔区制度】 2020年，海洋伏季休渔期间，福建省查办违法违规案件679件，涉案渔获物1101吨，行政处罚金额804万元，移送司法机关9起。闽江禁渔期间，全省查处非法捕捞案件49起，收缴电鱼工具11套，清理违规网具1295米、定置网15张、笼壶600余个、流刺网78张，查获非法捕捞船舶9艘。基层反映2020年伏季休渔力度最大，成效为历年最好。

【打击采砂专项行动】 2020年，福建省海洋与渔业执法总队与自然资源、海事、海警、公安等部门建立打击非法盗采海砂协作机制，开展打击采砂专项联合执法行动16次，全省全年办结采砂破坏海洋环境案件84宗，收缴罚没款842.9万元。

（林　武）

编辑：郑　莱

数字福建

综　　述

【概况】　2020年，福建省信息基础设施实现跨越式发展。光网和4G全面覆盖城乡，所有设区市和平潭综合实验区均达到光网城市标准。固定宽带家庭普及率居全国第二位，移动宽带用户普及率全国居第六位。全省5G基站建成2.2万个，福州、厦门、泉州入选国家首批5G商用示范城市。全省IPv6活跃用户数达4497万户。建成NB—IoT基站3.6万个，物联网连接数突破3900万户。福州国家级骨干直联点建设带宽位居10个新增直联点前列。福州工业互联网标识解析二级节点接入76家企业。省级和设区市区块链联盟链骨干节点全面开通。数字福建云计算中心（政务云）为269个部门接近2000个应用系统提供云服务。建成海丝卫星数据服务中心，开展环保、农业、林业、海洋、水利等多个领域卫星应用服务。

【数字政府服务能力建设】　2020年，福建省打造形成全省行政审批“一张网”，实现“一号通认”“一码通行”，入驻省、市、县、乡、村五级依申请事项22万多项，97%以上事项实现网上办理，累计办件突破2164万件。“闽政通”APP已覆盖医社保、公积金、机动车、个人档案、便民缴费等905项民生服务，实现“一号通认”“一码通行”，注册用户超过3600万人，占全省常住人口超过90%。福建从“一网通办”逐步进入“一网好办”的阶段。依托“闽政通”APP开发上线全国首个省级疫情防控码“八闽健康码”，采用后台大数据在线自动比对核验，个人无须申报任何资料，实现“实名认领、动态管理、跨域互认、全省通用”，在线制码超过3692万人，领码率超过92%，亮码超过4.95亿次。数字政府服务能力位居全国第二位。（王爱萍）

数字产业

【数字经济核心产业】　2020年，福建省数字经济核心产业不断壮大，重点扶持一批重大产业项目、示范应用工程、创新支撑平台建设，推动人工智能、物联网、平台经济、5G、数字丝路、卫星应用等新兴产业发展。推进实施年度省数字经济重点项目251个，完成年度投资1139亿元，超额完成年度计划5.1%。实施数字经济创新企业培育行动，加强要素保障和政策、资金、项目扶持，89家企业入选2020年福建省数字经济领域“独角兽”“未来独角兽”“瞪羚”创新企业。

【产业数字化】　2020年，福建省推进实施中小企业“上云用数赋智”行动，“两化融合”发展指数位居全国第七位。实施工业互联网创新发展工程，打造数字融通发展生态，全省列入工信部智能制造试点示范项目15个，工业互联网创新发展工程项目7个，省级智能制造样板工厂（车间）23家，省级工业互联网应用标杆企业34家。

【新业态新模式】　2020年，福建省发展“互联网＋社会服务”，培育一批行业服务平台，形成一批典型示范应用，加快教育、医疗健康、养老托育、家政、文化旅游、体育等社会服务领域在线对接、线上线下深度融合。征集遴选135项数字经济应用场景，举办800场“福建投资促进季”和“云推介”“云签约”等线上对接活动，举办“全闽乐购直播节”等大型直播带货、中国（泉州）线上商品展销会等系列活动。开展百家智慧景区试点，支持福州、厦门、龙岩、武夷山创建“国家智慧旅游试点城市”，打响“全福游·有全福”品牌。建设省金融服务云平台，有效缓解民营企业和中小微企业融资难、融资慢问题。（王爱萍）

公共信息资源管理

【数据资源管理】　2020年，《福建省大数据发展促进条例》按照立法程序有序推动。福建省政务数据汇聚共享平台汇聚75个省级单位4000多项超过145亿条数据记录（含文件），在线提供3200多项数据批量交换服务，日均交换2500

多万条，发布身份证、机动车、婚姻、学籍等250多个常用数据服务接口和50多个部门定制接口，提供日均在线查询/核验服务81万多次。生成汇聚991类1.6亿多本电子证照，建设“一人一档、一企一档”数据库，实现个人与法人信息随手可查。省公共信息资源统一开放平台开放23个领域、2188多个数据集，总开放数据量近7亿条，为数字政府应用、打造以数据为关键要素的数字经济奠定基础。

2020年10月12—14日，第三届数字中国建设峰会在福州召开。中国联通参与峰会多项活动，并以“数字联通 创新未来”为主题，展出智慧产业、智慧城市、智慧生活三大方面共计30个创新技术与实践应用

（中国联通福建省分公司供稿）

【信息资源应用】 2020年疫情期间，福建省在全国率先实现国家相关疫情数据库和全省基础数据库信息融合应用，上线惠企政策掌上知平台、省新冠肺炎疫情防控便民服务平台、复工复产与经济运行大数据监测分析平台等。推出“闽山闽水物华新”直播带货栏目，10个县（市、区）长带货推广当地产品，成交额突破1亿元。推动福州、莆田、泉州等地开展“云招商”、“云签约”、线上商品展销会。举办“中国福建·埃及数字经济产品云对接”活动。鼓励企业研发疫情防控新产品新服务，锐捷网络推出“发热门诊云办公”远程诊疗产品，美亚柏科推出“新型冠状病毒传播监测平台”。

【第三届数字中国建设峰会成功举办】 2020年10月12—14日，第三届数字中国建设峰会在福州市举办。峰会汇聚7个国家部委、19个省市、257家知名企业最新成果，新技术新产品首展率超过50%。构建数字中国建设政策指引和报告发布平台，工信部、生态环境部、农业农村部、国家卫健委等10多个部委在第三届峰会上发布各自领域政策报告。打造数字中国建设的产学研用合作平台，该届数字中国创新大赛吸引9000支队伍2.6万人参赛，多项赛事成果达到行业领先水平，部分项目在福州落地。促成一批数字经济重大项目落地福建，签约项目426个，总投资3316亿元，分别比上届增长38.3%、31.6%。

（王爱萍）

编辑：郑 菜

铁 路

【概况】 2020年，福建省境内铁路主要由合福高速线、南龙线、福平线、衢宁线、杭深线、向莆线、鹰厦线、赣龙线、峰福线、福马线、外南线、永嘉线、漳龙线、漳泉线、龙漳线、漳州支线、南平东支线、天湖山支线、龙岩东支线等组成，由中国铁路南昌局集团有限公司管理。年末，福建省境内铁路设有242个车站。其中，国家铁路营业里程1057.7千米、合资铁路营业里程2716.7千米。

2020年，福建境内铁路发送旅客7539.3万人次，比上年减少5201.8万人次，下降40.8%；发送货物3749.9万吨，减少335.6万吨，下降8.2%。

【福厦高铁安海湾特大桥主塔封顶】 2020年10月22日，全国首座高铁无砟轨道跨海斜拉桥——福厦高铁安海湾特大桥主塔封顶。安海湾特大桥是福厦高铁控制性工程，全长9.46千米，其中跨海区段长1.56千米；主桥为650米双塔双索面钢混结合梁半漂浮体系斜拉桥，跨越安海湾主航道。大桥主跨300米，主塔高126.9米，为"H"形曲线造型，外观像微张的扇贝，寓意开放与包容。福厦高铁是福建省首条时速350千米高铁，全长278千米，建成通车后，福州至厦门行程将缩至1小时内。

【福建首开至辽宁高铁列车】 2020年7月2日，首趟福建至辽宁高铁列车——福州至沈阳G1274/1次列车开行。G1274/1次列车7时25分从福州站始发，是日19时25分终到沈阳南站，全程12小时，运行时间比普速列车压缩26.5小时。该列车途经福建、江西、安徽、江苏、山东、天津、河北、辽宁等七省一市。

【衢宁铁路开通运营】 2020年9月27日，衢宁铁路（衢州至宁德）开通运营，福建松溪、政和、屏南、周宁等县市结束不通铁路历史。是日9时59分，首次开行的T8006次列车从宁德站驶出，于14时55分到达衢州站，全程约5个小时。衢宁铁路自浙江省衢州市起，终至福建省宁德市，全长379千米，设计时速为160千米。

【福平铁路开通运营】 2020年12月26日，福平铁路（福州至平潭）开通运营。9时43分，首趟平潭至九江的G5322次动车开行。中国首座公铁两用跨海大桥——平潭海峡公铁大桥同步投入使用，福州至平潭间最快35分钟可达。

福平铁路自福州站引出，向东南经福州市长乐区，以桥梁跨海至平潭，线路全长88千米，为国铁Ⅰ级双线客货运共线铁路。全线设福州、福州南、长乐、长乐东、长乐南、平潭等6座客运车站。福平铁路开通初期，铁路部门安排开行动车组9.5对，最高运营时速200千米。

【兴泉铁路戴云山一号隧道贯通】 2020年5月29日10时，兴泉铁路全线最长的戴云山一号隧道贯通。戴云山一号隧道位于福建省泉州市境内，全长13720米，最大埋深527米。隧道洞身穿越浅埋风化层，下穿乡村公路、水渠、河道及4条地质断层，存在瓦斯、岩爆等不良地质，是全线重难点工程。

兴泉铁路（宁泉段）正线全长298.87千米，设计时速160千米，为国家Ⅰ级铁路，于2017年4月1日开工建设，建设工期为4.5年。该线路由京九铁路兴国站引出，进入福建三明境内，途经宁化、清流、明溪、永安、大田、德化、永春等县市，终至泉州。全线设33个车站，其中新建车站29个。

（曾 进）

【铁路建设】 2020年，福建省铁路运营里程达3881千米，其中高、快速铁路2079千米。漳汕高铁完成可研审查，浦梅铁路建冠段、兴泉铁路、福厦客专、龙岩至龙川铁路龙岩至武平段等在建项目加快推进建设，"十四五"规划研究完成初步成果，全年累计完成投资225.87亿元，圆满完成国铁集团下达的221.87亿元年度投资计划。

【疫情下的复产复工】 2020年，新冠肺炎疫情期间，福建省铁路在基础设施建设的复产复工中，为尽快恢复产能，政府有关部门和铁路参建单位协调外来务工人员到岗复工、对接钢材水泥材料供应、对接口罩供应、组织应急专项融资上报。2020 年 3 月底，在建铁路项目 6 个项目 43 个标段 767 个工点全部恢复施工，基本实现全面复工复产，保障工程建设顺利开展及年度投资计划任务的完成。

原生态“最美马拉松赛道”——南靖土楼旅游公路县道 570 梅芦线。摄于 2020 年 （省交通厅供稿）

【在建项目推进】 2020 年，除开通的衢宁、福平铁路外，在建中的浦梅铁路建宁至冠豸山段、兴泉、福厦高铁、龙岩至龙川铁路龙岩至武平段等干线铁路也加快建设。其中，7 月 8 日，福厦高铁全线控制性工程木兰溪特大桥万吨主塔完成逆时针 90 度转体，该技术在国内铁路建设中是首次应用，为福厦高铁 2022 年竣工通车奠定坚实基础；9 月 16 日，兴泉铁路重点控制性工程永安沙溪特大桥 2＃、3＃连续梁顺时针转动 38.3 度，跨鹰厦线实现精准对接，在施工难度大、风险系数高的压力下，顺利完成转体任务。 （林任群）

公　路

【公路建设】 2020 年，福建省交通部门在做好新冠肺炎疫情防控的同时，全力推动交通建设项目提速增效。全年公路建设投资完成 643.91 亿元，比上年增长 0.1%，超额完成年度目标任务。其中，高速公路全年完成投资 261.62 亿元，建成世界最长跨海峡公铁两用大桥平潭海峡公铁两用大桥——平潭海峡公铁两用大桥、莆炎梧桐至尤溪中仙段、漳州云平、龙岩永杭、北城互通、福州长福、京台平潭段等 7 个项目（路段）468.47 千米。普通公路全年累计开工项目 25 个 196.5 千米，完工项目 42 个 364 千米，累计在建项目 148 个 1300 千米，建成通车 S207 线寿宁下党至尤溪段公路、G355（纵四线）芗城区石亭秋坑至天宝珠里公路等工程。截至 2020 年底，全省公路通车里程 110118 千米，其中，国道 10982 千米、省道 5722 千米、县道 14889 千米、乡道 41525 千米、专用公路 122 千米、村道 36878 千米；公路密度 90.71 千米/百平方千米，比上年末提高 0.28 千米/百平方千米。全省等级公路 95316 千米，占总里程的 86.4%，比上年末提高 1.2 个百分点；二级以上高等级公路里程 18575 千米，比上年增加 603.71 千米。水泥沥青路面里程 95194 千米，占总里程的 86.4%，比上年末提高 1.4 个百分点。

2020 年 12 月 26 日，由中铁大桥勘测设计院设计、中铁大桥局承建的世界最长跨海峡公铁两用大桥——平潭海峡公铁两用大桥全面通车 （省交通厅供稿）

【公路养护】 2020 年，福建省普通国省道顺利完成 9500 千米路况检测工作，完成路面改造 258 千米 334 万平方米、国省道安保工程 615 千米，建设改造服务设施 26 座。完成隧道提级改造 115 座，全面消灭国省道五类桥梁和四、五类隧道。完成国省道危桥改造 41 座，一、二类桥梁比例由 95.88% 上升至 97.92%。全省高速公路技术状况指数（MQI）达到 96.44，其中路面综合评价指标（PQI）平均为 95.03，路面优等率达 99.3%，无次差等级路；一、二类桥梁占比 99.1%，三类桥梁 18 座；一、二类隧道占比 99.6%，三类隧道 2 座。

【农村公路】 2020 年，福建省建成农村公路 1886 千米、新增“单改双”1280 千米，安保工程 5177 千米、完成危桥改造 221 座、撤渡建桥 4 座。新增“四好农村路”省级示范县 8 个，晋安区北峰环线全景公路鼓宦线被评为“全国十大最美农村路”。在农村客运出行条件不断改善的基础上，为确保农村客运“开得通、留得住”，不断强化农村客运运营安全，截至年末，全省4171辆农村客运车辆100%安装卫星定位装置、100%接入卫星定位监控平台；采取延伸已有班线、新购置5～7座小型客车等开行周末、墟日班车，推行城市公交延伸发展和农村客运公交化运营，推动市县给予配套补助等方式促进农村客运发展。

【乡镇便捷通高速】 2020年，福建省加快实施乡镇便捷通高速工程，通过现有高速公路就近增设出入口或者改造既有高速公路互通及连接线，推进全省陆域乡镇、省级以上产业园区、重要旅游景区、重要交通枢纽等节点便捷通高速公路。截至2020年末，全省新增33个、累计733个陆域乡镇实现30分钟内上高速，通达率80.3%；省级以上产业园区、重要交通枢纽全部实现30分钟上高速，为巩固脱贫攻坚成果、服务乡村振兴提供了有力的交通保障。

【运力结构】 至2020年底，福建省营运汽车23.15万辆，比上年增长10.3%。其中，载客汽车1.33万辆、40.32万客位，分别比上年减少9.0%和7.3%，平均座位30.33客位/辆，增长1.9%（汽车中班车客运车辆7801辆、18.49万客位，减少12.4%和13.5%；旅游客车5016辆、19.90万客位，分别减少3.8%和1.4%）。全省高、中级客车占总营运客车辆数的94.7%，比上年下降0.2个百分点。拥有载货汽车21.82万辆、341.22万吨位，分别增长11.8%和18.1%。其中，厢式载货汽车2.76万辆、29.52万吨位，分别增长2.2%和7.0%；集装箱车2.84万辆、89.77万吨位和4.57万TEU，分别增长8.5%、9.0%和8.1%。载货汽车中，柴油车14.44万辆，占货车和牵引车的99.4%，比上年提高0.5个百分点。至2020年底，全省拥有货物营运车辆（含载货汽车、其他载货机动车）21.83万辆、341.22万吨位，分别增长11.7%和18.1%。单车平均吨位15.63吨位，增长5.7%。

【公路客货运输】 2020年，福建省做好疫情防控，持续强化运输保障。在疫情初期，实行客流管控，开展“点对点”包车运输服务保障；在疫情中期，保障企业复产复工，按照分区分级、差异化防控策略，有序恢复道路客运；在疫情防控常态化阶段，严格做好客运站、班车和旅游包车途中防疫管控工作。推动道路客运转型升级。推进道路客运市场价格改革；探索运游融合发展，鼓励道路客运企业探索开发旅游客运专线、景区小交通等新型旅游客运产品，发挥福建省旅游集散中心联盟作用。全年完成公路客运量1.49亿人次、旅客周转量90.64亿人千米，比上年分别下降52.3%、52.3%。公路客运量占全省客运总发送量的58.4%，比上年下降4.8个百分点，但仍占主导地位。

货运方面。与互联网深度融合，打造网络货运产业集群。在全国率先出台网络货运税务征管优惠政策，全省网络货运企业由2018年的16家增至2020年的44家，全年实现总营收576亿元，比2018年增长800%，比2019年增长82%。培育省级试点示范6家，物泊、好运联联等入围全国首批5A级网络货运平台企业。

冷链物流发展。利用购置冷藏运输工具省级补助政策，鼓励企业新增或更新购置节能环保型冷藏运输车辆，提升冷藏运输装备的专业化、标准化水平。全省有4家企业上榜中物联冷链委发布的“2020中国冷链物流百强企业”。全年完成公路货运量9.11亿吨、货物周转量1021.69亿吨千米，比上年分别增长4.4%、6.2%。公路货运量占全省货运总发送量的65.1%，比上年下降0.2个百分点。

【驾驶员培训】 2020年，福建省驾驶员培训制度改革全面推进，受疫情影响，普通机动车驾驶员培训量出现小幅回落，但机动车驾驶培训价格较为平稳，培训能力配置充裕。截至年底，全省共有各类驾驶培训机构663家，教学车辆3.80万辆；拥有理论教练员3174人，实操教练员4.87万人。全年累计80.55万人通过普通机动车驾驶员培训，比上年下降21.5%。全年3.53万人参加道路运输驾驶员从业资格考试并取得从业资格证，比上年下降14.7%。

【城市公交运营】 2020年，福建省公共交通完成投资12.65亿元，比上年增长30.0%，新增、更新新能源公交车1150辆，新增公交线路145条，延长、优化公交线路240条，建设公交站场16个，基本实现设区市中心城区公交站点500米全覆盖。至2020年底，全省拥有公交车辆2.08万辆，增长1.2%，其中新能源和清洁能源公交车占比达89.0%，比上年提高1.5个百分点；全省拥有运营线路2255条，运营线路总长度40693.4千米，分别比上年末增加165条、3607.6千米；全省公交专用车道达269.3千米，增加13.1千米；但受疫情影响，公共出行客流量有所下降，全年完成公交车客运量14.31亿人次，下降33.9%。

【出租车运营】 2020年，福建省加快清理不合规车辆及驾驶员，加快推动网约车合规化进程。截至2020年底，全省规范合规网约车6.94万辆，合规网约车驾驶员19.20万人，比上年增长17.5%和23.5%。至2020年底，全省巡游出租车经营业户181家，减少4家；全省拥有巡游出租车2.18万辆，减少4.8%；全年巡游出租车完成客运量4.48亿人次，下降23.1%。

2020年福建省公路里程表

单位：千米

项目	总计	等级公路						等外公路
		合计	高速公路	一级	二级	三级	四级	
年底到达数	110118.205	95315.896	5634.516	1481.405	11459.023	9251.126	67489.826	14802.309
国道	10982.017	10982.017	3839.735	647.329	5343.049	792.913	358.991	
其中：国家高速公路	3833.454	3833.454	3833.454					
省道	5722.003	5722.003	1769.269	336.384	2065.208	919.759	631.383	
县道	14888.706	14248.506	25.512	355.647	2596.428	4800.049	6470.870	640.200
乡道	41524.939	37430.336		140.799	1150.322	2231.465	33907.750	4094.603
专用公路	122.353	116.462			11.037	5.227	100.198	5.891
村道	36878.187	26816.572		1.246	292.979	501.713	26020.634	10061.615

（林伟雯　王　烨　郑梅娟　林正航）

城市轨道交通

【福州市轨道交通】 2020年，福州地铁续建线路4条，建成线路1条，完成建设投资165.17亿元。其中，续建线路：6号线完成47.7亿元、5号线（一期）完成50.63亿元、4号线（一期）完成39.47元、福州至长乐机场城际铁路工程（F1线）完成22.22亿元。建成线路：1号线（二期）完成5.15亿元。1号线（二期）于2020年12月27日开通初期运营。

地铁运营。2020年，福州地铁开行列车17.6万列次，运营总里程2937.82万列千米，运行图兑现率99.99%，正点率99.97%，总客运量9475.38万人次，占全市公共交通客运量的14.71%。日均客运量25.89万人次，单日最高客运量突破新高，达到55.36万人次（12月31日）；各设备系统的运行可靠度均高于国家标准，未发生运营安全事故。

1号线运营。2020年12月17日，福州地铁1号线（二期）开通初期运营。2020年，1号线开行列车8.97万列次，运营总里程1392万列千米，运行图兑现率99.99%，正点率99.98%，总客运量5634.86万人次，日均客运量15.44万人次。

2号线运营。2020年，2号线共开行列车8.62万列次，运营总里程1545.82万列千米，运行图兑现率99.99%，正点率99.96%，总客运量3840.52万人次，日均客运量10.52万人次。

2020年福州地铁线路建设情况

序号	线路	建设进展
1	1号线（二期）	2020年12月27日开通初期运营
2	6号线	至2020年底，车站开工16座、结构封顶累计16座，盾构推进累计约29.064千米，矿山法累计开挖8.176千米，轨道铺设累计约59.95千米
3	5号线（一期）	至2020年底，车站开工19座、结构封顶累计19座，盾构推进累计约41.7千米，轨道铺设累计约17.2千米
4	4号线（一期）	至2020年底，累计完成车站开工23座，车站主体结构封顶16座，22个隧道区间中有8个区间双向贯通，1个区间单向贯通，累计区间主体结构完成21.3千米
5	滨海快线	至2020年底，车站开工12座，结构封顶累计2座

服务工作。在1号线“茉莉服务队”基础上，成立2号线“榕榕服务队”。站内设施、乘车环境持续完善，开展站内专项噪声整治，丰富站内音乐播放，推出“冷暖车厢”，实现“同车不同温”。实现微信、支付宝、人脸识别等多种购票、过闸方式，站内通行效率提升。每月定期组织开展现场服务质量抽检，邀请“神秘乘客”参与服务质量测评监督，立足“春运温暖回家路”“高考直通车”等核心企业品牌活动，挖掘“幸福回家　美好守护”福州地铁春运公益活动、“城市随读，一路书香”读书日等增值活动。多方联动打造文明地铁，260多家单位近4万人次志愿者进驻地铁站点开展志愿服务、致敬福建省援鄂英雄主题展示等正能量传播，助力文明城市创建。

资源开发。竞得1号线斗门站B出入口、上藤站附属用房等地块。立足打造地铁沿线商业综合体及“站城融合”开发思路，梳理地铁2号线祥坂站地下空间，滨海快线东升停车场、帝封江指挥控制中心、闽都站亿力公司宿舍等潜力项目，有序开展开发方案设计。

成立地铁物业公司，统筹承接地铁保安、保洁、食堂、物业管理等业务。持续推进广告、通信和地下商业等非票务资源业务，丰富地下商业业态，引进面包店等新业态。（杨銮丰）

【厦门市轨道交通】 2020年，厦门轨道集团完成固定资产投资141.58亿元。其中，地铁主线工程完成投资113.54

亿元、配套项目工程投资28.04亿元，项目建设投资规模位列全市第一。

疫情防控。面对突如其来的新冠肺炎疫情，轨道交通行业实现在建线路“不停工”、运营线路“不停运”、从业人员“零感染”；累计减免辖内商户租金近1500万元、节约企业社保等成本支出5775万元；轨道3、4号线重大工程节点按期兑现；线网客流企稳回升，单日最高客流55.99万人次。

前期规划工作。远景规划共10条线路，总长405千米，将形成以本岛为核“放射＋环湾”网络构架。第二期建设规划调整方案获国家发改委批复；第三轮建设规划研究稳步推进，重点关注厦港老城区、自贸片区、高崎机场片区、会展片区和五缘湾医疗片区等区域。

主线工程建设。两轮建设规划批复的5条线路全部开工建设，截至年末初步形成“中心放射、三向出岛”的线网格局。其中，1、2号线正式开通运营；3号线（火车站至翔安机场）长36.7千米，设站26座，年内火车站至蔡厝段21个车站主体结构全面完工；4号线（后溪至翔安机场）长44.8千米，设站12座，截至2020年末完成9个车站主体结构，区间掘进完成82%，实现厦门北至蔡厝段区间洞通；6号线（林埭西至华侨大学段）长18.8千米，设站13座，截至2020年末完成区间掘进任务的29.7%，首开段（马銮湾片区段）区间及车站建设全部完成。

运营情况和服务。2020年，地铁1、2号线运营总里程782万列千米、总计开行25.31万列次、正点率99.97%、列车服务可靠度938万车千米/件，全年累计安全承运旅客1.14亿乘次、线网日均客流31.14万乘次；BRT全年承运旅客6777.6万人次、日均客流18.5万人次。实现BRT与地铁之间的票务系统并轨，客流总量所占全市公交出行比率达28%，较上年增长近10个百分点，“地铁＋BRT”在公交系统中的骨干地位日益凸显。

综合开发。截至2020年末，地铁综合开发业务累计规划1、2、3、4、6号线综合开发用地315公顷、总建筑面积1203万平方米，形成商业住宅、办公、酒店、公寓等开发项目，并同步规划、建设保障性住房、学校等公益性配套项目。2020年，轨道1号线塘边站项目竣工落成，2号线五缘湾南、3号线华荣路项目开工建设；地铁1号线将军祠东、集杏海堤北、官任和乌石浦等4个项目率先落实协议出让手续，合作开发的董任北、集美中心等2宗地块通过公开出让成功摘牌，全年实现土地出让金47.11亿元；3个住宅项目年内全部启动预售，全年完成销售额59亿元；1号线火炬园站和BRT西柯枢纽站等项目成功招商；新签订5个通道接入协议，新开通3个地铁通道接口。1号线文灶安置房作为厦门市首个结合地铁综合开发同步规划的旧城改造项目于年内正式交房，交房率达97.5%。

建设用地保障。2020年，共完成土地征收27.53公顷、拆除房屋28.16万平方米。轨道1、2号线主线工程征收工作全部完成，轨道3、4号线及6号线首开段主体工程征收工作基本完成，3号线南延段征拆、房屋处置等创新机制研究工作全面启动，地铁沿线综合开发项目征收工作同步快速推进。

轨道建设资金。2020年，轨道集团共筹集项目建设资金185.25亿元，其中市财政资金2.95亿元，企业通过银团贷款、专项基金、发行企业债等渠道自筹资金182.3亿元。2020年4月发行的首期30亿元优质企业债创2017年以来福建省同期限债券利率最低纪录；通过招标确定银团牵头行，贷款利率创轨道集团银团贷款利率新低。

质量安全管控。全年排查治理各类风险隐患7588条，组织大型综合应急演练3次、专项演练百余场，保持各类事故、事件“零发生”的良好局面。轨道1号线荣获“2020—2021年度国家优质工程奖”，一项质量安全类科研课题荣获中安协“安全科技进步二等奖”。《厦门市轨道交通安全保护区管理办法》9月28日颁布施行，轨道集团在市行政服务中心正式设立审批服务窗口，首次面向社会履行行政审批职能。

4月28日，轨道4号线首开段厦门北站～1#竖井盾构区间顺利洞通，标志着4号线首开段（厦门北站—同安食品工业园）贯通。

5月13日，轨道6号线马銮湾跨海段隧道“洞通”。轨道6号线马銮湾跨海段隧道全长约7600米，该隧道采用土压平衡盾构施工，施工过程中存在下穿马銮湾海域、穿越砂层施工、浅覆土段施工、孤石段施工以及下穿综合管廊等构筑物及管线等众多施工难点，在历时530天的攻坚后，最终实现跨海段隧道全部顺利贯通。

7月20日，轨道3号线岛内段实现

2020年9月26日，厦门地铁3号线厦门火车站至蔡厝段全线贯通

（厦门轨道交通集团供稿）

“轨通”。历时8个月，面对工期紧、各专业交叉施工干扰大、轨行区管理协调难度高、施工转场频繁等诸多困难，轨道集团超前谋划、科学组织，联合各参建单位全力攻坚，高标准高质量完成铺设工作，这是继3号线岛内段“洞通”后迎来的又一重大节点，标志着结构性基础设施全部完成。

9月26日，轨道3号线全线贯通。3号线过海段海域区间长约4千米，存在着多个风化槽、风化囊、基岩突起等复杂地质现象，被前期参与地质勘测的专家们认为是国内地质情况最复杂的海底地铁隧道。历时4年9个月，轨道3号线过海段顺利实现贯通，标志着3号线（火车站到蔡厝站）全线实现贯通。

12月15日，轨道6号线“成功号”盾构机顺利始发。轨道6号线是闽西南协同发展区的重点协作项目，随着“成功号”盾构机在位于马銮湾新城西端的林埭西站始发，标志着6号线轨道交通工程正式进入区间隧道盾构施工阶段。

12月18日，轨道3号线（火车站至蔡厝站）全线实现“轨通”。3号线沿线共设铺轨基地6处，配置铺轨设备14台套，作业高峰期300多名工人驻守工地，最多10个作业面同时铺轨，比预计的铺轨工期缩短20%。

12月29日，厦门城际铁路投资有限公司正式揭牌成立。城际轨道项目是推动闽西南协同发展、打造区域现代化综合交通体系、实现全省高质量一体化发展的重要举措。厦门城际铁路投资有限公司正式挂牌成立，标志着轨道集团凭借在城市轨道交通业务中的长期积累，正式进军闽西南协同发展区骨干交通基础设施建设领域。　（潘金泉）

2020年，厦门航空开辟绿色通道，安排专人对接医疗包机，为境内外医护人员和医疗资源运输提供优先保障。2月13日，执行全国首个运送援鄂医疗队生活物资包机航班前往武汉　（厦门航空供稿）

民用航空

【概况】　2020年，民航福建监管局完成各类行政检查13455项，完成率100%，提出整改问题370项，实施处罚1起，罚款1万元，推动持续安全目标的实现。辖区安全运行总体形势平稳，没有发生运输飞行、航空地面、通用航空和空防安全事故，没有发生责任原因的事故征候，实现安全年的工作目标。

在确保航空运输安全的前提下，监管局强化疫情防控，推动企业复工复产，圆满完成全国两会福建代表团进京等重要运输保障任务，辖区1家单位、5名个人分别被福建省、交通运输部和民航局评为抗击新冠肺炎疫情先进集体和先进个人。

【航空客货运输】　2020年，民航福建辖区所辖5个运输机场保障起降13.85万架次，恢复至上年度同期的76%；完成旅客吞吐量1510.97万人次，恢复至上年度同期的62%；货邮吞吐19.89万吨，与2019年大体持平。

福州航空安全飞行3.48万小时，恢复至上年同期的70%；完成运输总周转量2.5362亿吨千米。厦航福州分公司安全飞行7.7万小时；完成运输总周转量6.2亿吨千米。

福建空管分局保障各类飞行13.85万架次，中航油福建分公司保障福州、武夷山、三明机场4.41万架次，加油量28.87万吨。通航企业在辖区作业飞行2.55万架次、7664小时。

【民航综合保障能力】　2020年，福建民航各运行保障单位结合工作实际，加大资金和设备投入，进一步提升安全保障能力，推动民航持续安全发展。

基础建设。福州机场二期扩建工程可研获国家发展改革委批复，工程完成初设评审。泉州晋江机场扩能改造工程完成初设及预审，安防提升改造工程完成竣工验收。航空保障楼建设进展顺利。三明机场完成机坪扩建工程并通过验收。冠豸山机场完善部分安防提升改造工程。龙岩新机场于上年1月组织选址现场踏勘并专家审查，机场选址同步报空军审查。福建空管分局支持局方加强对辖区中小机场的业务帮扶指导，推动提升空管保障能力。

系统建设。各机场推进新版《机场使用手册》修订工作，福州机场出台《深化安全管理体系（SMS）建设实施方案》；福州航空顺利通过EFB电子放行、运行监控、重量与平衡控制、121部—R6补充审定；海技福州基地完成“九证合一”现场验证；三明机场通过使用许可证的换证审查，各机场的《机场安保方案》动态修订如期完成。

安全专项整治。民航福建监管局成立安全专项整治“三年行动”工作组，对福州航空、福州机场、泉州晋江机场等单位的整顿工作开展督查。各单位深入开展安全从业人员作风建设、机坪防刮碰、危险品航空运输安全、货邮安检职业作风建设、机场飞行程序和最低标准管理等专项行动，推进危险品航空运输SMS建设和福州机场危险品货物航空运输信用管理体系建设试点，强化货运严治，规范机场飞行程序保护区域的净空管理，推动“三年专项整治”走向深入。

安全文化建设。监管局成立工匠精神文化工作室，编写《民航工匠品质班组建设导则》，开展以“文化扎根基层，匠心铸造班组”为主题的工匠精神文化建设暨岗位技能竞赛系列活动，强化班组的文化建设、组织建设、制度建设，将“三基”建设、作风建设融入班组建设。涌现出一批先进集体和个人，1人荣获省“五一劳动奖章”，5家单位荣获省“工人先锋号”称号，10人荣获省“金牌工人”称号。（江　辉）

2020年7月22日，厦航派出“联合梦想号”前往非洲马里，顺利接送联合国维和官兵。这是厦航首次执行接送联合国维和部队任务，也是继加纳、坦桑尼亚之后，厦航在非洲大陆解锁的又一新航点（厦门航空供稿）

【厦门航空】 2020年，厦门航空有限公司（简称厦航，含河北航、江西航，下同）安全飞行52.5万小时、起降23.1万架次，分别下降23.4%、20.7%；完成运输总周转量41.39亿吨千米、旅客运输量2690.94万人次、货邮运输量25.37万吨。厦航总部实现“达产保平”，保持连续34年盈利纪录。

疫情防控。2020年，疫情爆发之初，厦航率先取消武汉航班，迅速建立全流程疫情防控体系；疫情全球蔓延后，严格执行“五个一”，率先采取境外测温、中转限制、双检测、指定机构等创新措施。入境旅客防疫有效率达99.8%。执行65班医疗救援包机和28班海外撤侨包机，投入超过7100个航班运送近1.3万吨抗疫物资；向国际合作伙伴捐赠4.5万只口罩、200余件专用药品等医疗物资；承接复工复产包机近1100班；赠送“驰援卡”“尊医卡”超8.6万张。厦航党委荣获全国抗击新冠肺炎疫情先进集体和全国先进基层党组织两项最高集体荣誉。

安全运行。2020年，厦门航空公司未发生责任原因一般事故征候及以上等级事件；厦航总部累计安全飞行593万小时，获颁“飞行安全五星奖”。多措并举控风险，有效应对客舱载货、大兴转场、国产民机运营等突出风险；B737NG/787机队可靠性达99.95%、99.8%。疫情期间安全飞抵六大洲，新开辟18个国际航点，其中6个航点为中国民航首飞。

经营业绩。2020年，厦门航空完成运输总周转量41.39亿吨千米、旅客运输量2690.94万人次、货邮运输量25.37万吨；坚持保变多飞、适度容偏，精细核算保变点，建立每日航班快速恢复决策机制，无边航班亏损减少31.5%，境内航班执行率连续5个月位居行业第一；坚持洲际不停航，增飞国际奖励、包机航班，以10%境外运力投入产出44%边际贡献；推出“全福飞”等创新产品，发布“京闽空中快线”；国内首创短期机型配置时空网络模型，NDC获IATA最高级别认证；部署47+X项“战疫保平促发展”措施，成本费用总额下降31.3%，降幅优于行业1.6个百分点。

服务品牌。航班正常率为86.07%，比上年提升11.23个百分点。服务质量管理国标立项正式获批，制定服务质量全面评价结果评级实施办法。高质量完成全国两会、维和部队等重要航班保障；推进绿色客舱，升级“天际”产品。连续33季度荣膺内地服务“最佳

2020年12月9日，厦航获评APEX2021年最高评级——五星级国际航空公司，中国航空公司中仅有厦航和华航两家航空公司获评（厦门航空供稿）

航空公司”。与宁德市签署全面战略合作协议，派驻驻村干部开展帮扶，帮助宁德多个贫困村实现提前“摘帽”。“厦航农庄”寿宁高山茶文化中心正式启用，“厦航寿宁高山茶生态基地”进入运营阶段，“厦航农庄”寿宁高山茶系列“白鹭缘”正式推出。朱文霞荣获“全国劳动模范”称号。

改革发展。立足“双循环”新发展格局，明确“新三化”总体方针。一次性转场大兴；续租老旧飞机并延迟退出年限，制订A321neo重大构型方案，江西航成功运营ARJ21国产民机；新聘教员46名、机长49名、副驾驶193名；成立融资租赁公司，筹建航空货运物流公司，关停港澳台旅行社，优化国旅股权结构，推动酒店轻资产转型；成立新业态领导小组及新零售事业组，整合电商资源；整合京津冀资源设立北方总部；成立数字委，加快数字化转型。

获评APEX五星航空。2020年，厦航从600多家参评航司中脱颖而出，获评APEX（世界航空旅客体验协会）2021年最高评级——五星级国际航空公司，中国航空公司中仅有厦航和华航两家航空公司获评，是厦航首次获得这一极具分量的国际顶级认证。全球范围内仅有27家航空公司获评五星级国际航空公司，厦航凭借高旅客满意度以及在可持续发展目标方面的突出贡献，与阿联酋、达美、新加坡航空等世界知名航司同列五星级评定序列。

“全福游·有全福”文旅主题航班。2020年9月16日，由福建省文化和旅游厅联合厦门航空有限公司主办的“一封来自福建的邀请函”——福建文旅主题飞机启动仪式正式开幕。厦航首架“全福游·有全福”福建文旅主题飞机从福州长乐国际机场起飞。

京闽空中快线。厦航发布“京闽空中快线”品牌航线，成为连接八闽大地与京津冀城市群之间的空中快速通道。“京闽空中快线”除航线网络密度高、班次多、时刻优外，推出相应的票务、专属地面服务多项专属权益，以及套票、地面交通补贴、白鹭卡会员“四重

2020年9月28日，“飞跃茶海　航向小康”厦航农庄　寿宁高山茶文化中心启用仪式在寿宁县竹管垅乡举办　　（厦门航空供稿）

大礼”等系列服务产品，为旅客提供全流程、更贴心、更优惠的便捷服务体验。厦航在“京闽空中快线”上重点推出“天际”系列服务，塑造精品航线，实现诗意出行，不断服务京闽交流，助力福建经济社会建设。　（陈羽昕）

【福州航空】 2020年，福州航空运力规模达16架，安全飞行34840.44小时，执行航班1.77万架次，运输旅客187.91万人次。是福州航空成功完成安全飞行任务、实现安全运行的第六年。开航以来，福州航空始终坚持“安全第一”的运行方针，累计安全飞行222235小时，飞行班次108590班，运输旅客逾1415万人次。

2020年，福州航空航班正常率88.78%，比上年提升5.09个百分点，正常率连续第三年稳步提升；其中在福州本场出港航班正常率85.92%，高于机场均值2.24个百分点；放行正常率82.66%，高于机场均值0.2个百分点；正向拉动福州机场整体运行品质。

安全生产。福州航空强化安全核心风险管控能力，持续完善“公司—部门”二级安全核心风险监控体系，建立四维度安全绩效指标监控体系并开展阶段性分析和预警，为公司安全运行发展保驾护航。维修质控班组获得2020年度福建辖区工匠品质班组评审第2名、工程部王晓超“三个敬畏”征文获得民航局优秀奖表彰。

航线网络布局。2020年新增航线23条，其中夏秋航季初新增6条，冬春航季初新增10条，新增福州⇌长沙⇌延安、福州⇌兰州、福州⇌淮安⇌呼和浩特、福州⇌恩施⇌兰州、海口⇌三明⇌南京、厦门⇌潍坊⇌哈尔滨、厦门⇌天津⇌海拉尔等航线，通航53个城市，运营航线66条，形成以福州为核心，多基地共同发展的运营模式。

承担社会责任。9月10日，福州航空专辟福州⇌兰州直航，拉近福州、定西两地时空距离，助推两地交流、决战决胜脱贫攻坚。这条“扶贫直航”的开通是第二届福州·定西经贸文化旅游活动周的重要组成部分。

直播营销。6月18日，“全闽乐购直播”活动中，福州市市长尤猛军走进直播间，现场推出的福航套票优惠倍受好评；1500份“福多多”无限飞产品直播当日售罄，在线观看互动超百万人次；助力福州旅游市场恢复，推出“福航六周年暨一元机票游福州”直播活动在线观看人数逾124万。

“空中防疫通道”。在抗击新冠肺炎疫情中，福州航空积极搭建“空中防疫通道”，主动请缨执行重要航班，“逆行者”标杆形象载入《中国民航抗击新冠肺炎疫情大事记》：2月20日，福州航空派包机运送福建省第11批援鄂医疗队；3月29日，福州航空FU6779航班从宜昌飞往福州，该航班是湖北复航后的首架民航客机，也是湖北辖区机场复

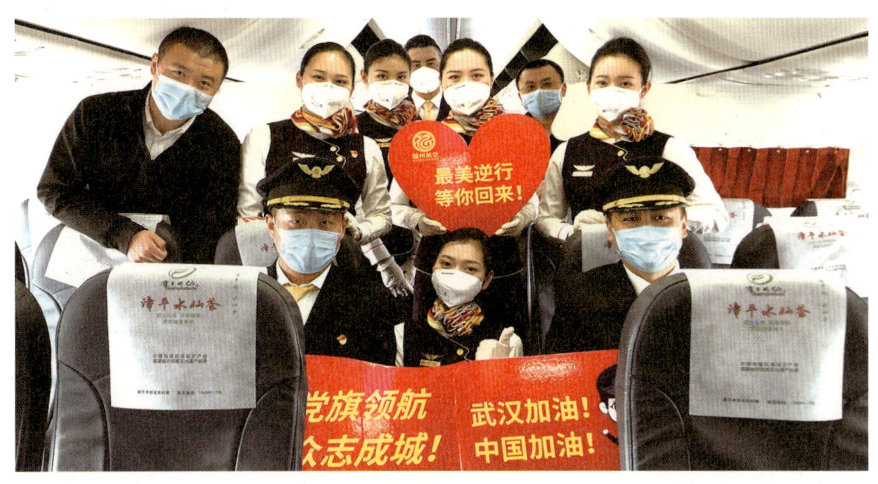

2020 年 2 月 20 日，福州航空运送福建省第 11 批援鄂医疗队飞赴武汉
（福州航空供稿）

航后首个商业客运航班。获得民航局“2020 年民航重大运输工作先进集体”通报表彰，福州航空乘务员陈镜宇荣获“2020 年民航重大运输工作先进个人”表彰，福州航空运行副总经理兼飞行员王科荣获“全国交通运输系统抗击新冠肺炎疫情先进”表彰。

社会责任。推进福州复工复产包机包座工作，执飞福州市首个复工复产包机航班——2 月 20 日 FU6510 及 FU6502 航班分别承载 181 名及 160 名复工旅客从昆明飞抵福州；成功保障贵阳、昆明、重庆、郑州等地务工人员返榕复工。
（王海权）

水　路

【运力结构】　至 2020 年底，全省拥有营运船舶 1778 艘、净载重量 1415.08 万吨位、载客量 3.20 万客位、集装箱位 30.44 万 TEU、功率 362.48 万千瓦，比上年增长 5.2%、22.6%、—2.5%、9.7%和 12.5%。

从船舶类型看：客船拥有 380 艘、3.02 万客位，分别比上年增长－1.8%、0.1%；客货船拥有 8 艘，与上年持平，净载重量 7543 吨位、载客量 1771 客位，分别比上年减少 10.0%和 32.2%；货船拥有 1388 艘、净载重量 1414.27 万吨位、集装箱位 30.41 万标准箱，分别增长 7.5%、22.6%和 9.8%；拖船拥有 1 艘、1.34 万千瓦，分别减少 50.0%和 3.2%；驳船拥有 1 艘、净载重量 52 吨位，分别减少 50.0%和 95.6%。

从航区来看：全省拥有海洋船舶 1336 艘、净载重量 1396.10 万吨位、集装箱位 30.44 万标准箱位、载客量 2.43 万客位，分别比上年增长 8.1%、22.6%、9.8%和—3.4%。全省拥有内河船舶 442 艘、净载重量 18.97 万吨位、载客量 7723 客位，分别增长－2.6%、20.0%和 0.3 %。

【运输生产】　至 2020 年底，福建省有航运企业 346 家，比上年增加 11 家；其中经营国内航线的有 338 家［有 20 家兼营国际航线（含港澳台）］，国内水路运输服务企业 398 家（国内船舶管理企业 102 家），无船承运人企业 1029 家，分别比上年增加 11 家、225 家。全年完成水路旅客运输量 741.55 万人次、7678.00 万人千米，分别比上年下降 59.3%、71.1%；水上货物运输量完成 4.50 亿吨、7811.73 亿吨千米，分别增长 6.5%和 9.5%。其中：完成海洋客运量 668.01 万人次、旅客周转量 6439 万人千米，分别下降 58.6%、72.2%；完成海洋货运量 4.30 亿吨、货物周转量 7798.75 亿吨千米，分别增长 8.3%和 9.5%。完成内河客运量 73.54 万人次、旅客周转量 1238.81 万人千米，分别下降 64.8%和 63.9%；完成内河货运量 2018.93 万吨、货物周转量 12.98 亿吨千米，分别下降 21.5%和 18.8%。

【闽江航运】　2020 年，闽江航运完成投资 5.2 亿元，新开工闽江沙溪口至三明台江航道整治工程，建成闽江水口坝下水位治理与通航改善工程主体工程、围堰外引航道工程及闽江水口至沙溪口航道整治工程、闽江干流马尾罗星塔至水口航道整治工程，改善航道里程 202 千米。2020 年，闽江流域旅客运输量完成 46.42 万人次、924.36 万人千米，比上年分别减少 58.4%、58.9%；货物运输量完成 2007.3 万吨、12.83 亿吨千米，分别减少 19.2%、14.4%。

2020 年 7 月 11 日，首艘 32 万吨超大型散货船马朱罗籍“SAO GRACE 优雅”轮顺利靠泊罗屿港口 9 号泊位，这是罗屿港口开港以来靠泊的最大船舶
（省交通厅供稿）

2020 年全省营运船舶运输量、运力表

	运输量				运力		运输量比上年增长（%）				运力比上年增长（%）	
	旅客		货物		载客量	净载重量	旅客		货物			
	万人	万人千米	万吨	万吨千米	客位	吨位	万人	万人千米	万吨	万吨千米	客位	吨位
总计	741.55	7678.00	45017.65	78117305.31	31984	14150785	－59.3	－71.1	6.5	9.5	－2.5	22.6
内河	73.54	1238.81	2018.93	129833.88	7723	189790	－64.8	－63.9	－21.5	－18.8	0.3	20.0
海洋	668.01	6439.19	42998.72	77987471.43	24261	13960995	－58.6	－72.2	8.3	9.5	－3.4	22.6

（林伟雯　于清波）

【对台航运】 2020 年，闽台海铁联运更加密切，海上航线与“丝路海运”、中欧班列实现对接。全年完成对台港口货物吞吐量 1707.69 万吨、集装箱吞吐量 66.28 万标箱，分别比上年增长 16.8%和 6.4%。2 月 10 日，台湾方面暂停两岸海上客运航线、航班，闽台海上旅客运输量大幅下跌，全年闽台海上客运共运营 1747 航次，运载旅客 13.04 万人次，分别下降 90.5%和 94.2%，其中“小三通”运营 1669 航次，运载旅客 11.84 万人次，分别下降 90.5%和 94.2%。“小三通”客运 2001 年 1 月开通至 2020 年底，累计运营 217208 航次，运载旅客 2208.12 万人次。福建沿海地区与台湾本岛地区海上客运直航 2020 年运营 78 航次、运送旅客 1.20 万人次，分别下降 90.7%和 94.6%。福建沿海地区与台湾本岛地区海上客运直航自 2009 年 9 月开通至 2020 年底，累计运营 5797 航次，运送 129.30 万人次。金门、马祖同福建沿海地区通桥、通气工作持续推进。

【船检服务】 2020 年，为统筹做好疫情防控和船检工作，福建船检部门推动开通咨询热线，实行全天候在线答疑，指导船厂、船东做好疫情防控和船舶自查；创新检验方式和检验手段，推动实施证书“网上办、邮寄办”，针对疫情期间无法办理现场检验的情况，对于“四类重点船舶”和疫情防控物资运输船舶推出“远程指导服务”，提供编制船舶自查报告的模板供服务对象参考。全年福建省船检完成海船检验 546 艘，223.61 万载货吨，比上年分别增长 7.9%和 20.2%，其中船舶建造检验完成 59 艘、26.24 万载货吨，分别增长 －16.9% 和 22.8%；船舶营运检验完成 487 艘、197.37 万载货吨，分别增长 12.0%和 19.8%。

港　口

【港口建设】 2020 年，福建省港航管理部门坚持疫情防控和项目建设“两手抓”，推进水运工程项目高质量复工，开展“满产超产”攻坚会战，全面完成全年各项目标任务。全年全省港航固定资产投资新开工福州港三都澳港区漳湾作业区 21 号泊位工程、湄洲湾港肖厝港区鲤鱼尾作业区 4 号泊位工程及仓储项目等 8 个项目，完工厦门港古雷南 8 号泊位工程、中化泉州乙烯及炼油改扩建项目配套码头工程等 10 个项目。完成投资 83.34 亿元，超年度目标 4.2 个百分点。其中：港口项目完成 66.75 亿元，公共航道及防波堤项目完成 16.59 亿元。重点港区港航固定资产投资完成 45.37 亿元，占全省港航固定资产投资的 54.4%，较上年提高 2.5 个百分点。至 2020 年底，全省沿海港口拥有生产用码头泊位 420 个，比上年末减少 61 个（新建投产等增加 8 个，变更、报废等核减 69 个），其中，全省万吨级泊位 184 个，比上年减少 1 个（泊位改扩建所致）。

【海岛交通建设】 2020 年，福建省继续以保障和改善民生为出发点和落脚点，全面解决海岛居民出行难问题，持

2020 年 12 月 25 日，厦门远海码头成功完成港口无人驾驶集装箱卡车（DCV）实船作业测试　（省交通厅供稿）

2020年8月1日，由福建省交通运输厅、省发改委、福州市人民政府主办，福建省交通运输集团承办的福州港“丝路海运”快捷航线首航仪式，在福州港江阴港区举行　　（省交通厅供稿）

续开展精准脱贫攻坚战，推进陆岛交通码头建设工作，全省海岛交通完成陆岛码头投资5468万元，超年度目标任务8.3个百分点。新开工建设陆岛交通码头5座、建成5座，至2020年底，全省拥有陆岛交通码头279座，基本实现有居民岛屿建成陆岛交通码头，500人以上岛屿开通班轮、建成码头管理房（候船室），提高陆岛、岛际渡运船舶适航率，全面提升海岛交通运输能力，极大改善沿海岛民交通出行条件。

【港口生产】 2020年，福建省沿海港口货物吞吐量完成6.21亿吨，比上年增长4.5%。其中外贸货物吞吐量完成2.35亿吨，比上年下降0.9%；内贸货物吞吐量完成1.09亿吨，增长9.6%。主要港口总体情况良好，其中福州港货物吞吐量完成2.49亿吨，增长17.1%；厦门港货物吞吐量完成2.07亿吨，下降2.8%。主要货种排名前四的仍然保持不变，但顺序有所调整。其中煤炭及制品吞吐量完成10637.09万吨，下降2.5%；矿建材料吞吐量完成8072.15万吨，增长31.4%；金属矿石吞吐量完成5933.04万吨，增长8.5%；石油、天然气及制品吞吐量完成5787.93万吨，下降0.6%。

【集装箱吞吐量】 至2020年底，福建省沿海港口正常运行航线292条，其中外贸线169条（国际航线139条、内支线30条）、内贸线123条。与上年同期相比，航线总数量增加7条，其中内支线增加1条、内贸线增加6条。全年全省集装箱吞吐量完成1720.19万标箱，比上年下降0.3%，其中内贸集装箱吞吐量完成783.01万TEU，下降1.5%；外贸集装箱吞吐量完成946.55万TEU，增长0.4%，外贸集装箱占全部集装箱吞吐量的比例为55.0%，较上年提高0.4个百分点。

【丝路海运】 2020年，福建省出台“丝路海运”服务标准体系首个标准《“丝路海运”港口服务规范》，新开行8条“丝路海运”命名航线，开通6条“丝路海运”快捷航线，“丝路海运”联盟成员增至212家，与“海丝”沿线国家18个港口建立友好港。截至2020年底，全国“丝路海运”命名航线总数达到70条，其中福建省66条（厦门港55条、福州港11条）。全年福建省60条“丝路海运”命名航线（2020年12月下旬新命名的6条丝路海运航线未纳入统计）共开行2409个航次，完成集装箱吞吐量233.43万标箱、增长2.5%。

【港口腹地拓展】 2020年，福建省加快推动江西吉安、赣州以及省内陆地港建设，为内陆企业提供快捷高效出海通道。推进港口铁路支线和港后铁路通道建设，完善港区铁路装卸场站及配套设施建设，打通铁路进港“最后一千米”，实施漳州港尾铁路支线、连接江阴港和可门港的福州港口货运铁路外绕线；加强与铁路部门沟通，推动港口部门与铁路部门信息互联互通，全省沿海港口完成海铁联运集装箱8.49万标箱，增长7.7%。

2020年福建省沿海港口货物吞吐量

指　标	2020年货物吞吐量（万吨）		比上年增长（%）	
	合计	外贸	合计	外贸
合　　计	62132.47	23549.62	4.5	−0.9
进　港	38938.71	17306.27	0.7	−0.6
出　港	23193.77	6243.36	11.3	−1.5
福州港	24896.84	6943.97	17.1	−3.0
进　港	14148.47	5588.95	5.9	−0.3

续表

指　标	2020年货物吞吐量（万吨）		比上年增长（%）	
	合计	外贸	合计	外贸
出　港	10748.37	1355.02	36.2	−12.9
厦门港	20749.54	10215.78	−2.8	4.2
进　港	13025.58	6355.97	0.3	9.1
出　港	7723.96	3859.81	−7.6	−3.0
泉州港	6679.98	449.33	−10.4	21.0
进　港	4466.95	299.89	−14.0	5.0
出　港	2213.03	149.44	−2.4	74.1
湄洲湾港	9806.11	5940.55	4.0	−7.4
进　港	7297.71	5061.46	2.6	−11.1
出　港	2508.40	879.09	8.5	22.3

备注：1. 福州港包括原福州港和宁德港；厦门港包括原厦门港和原漳州港。
2. 湄洲湾港包括原莆田港和湄洲湾南岸港区；泉州港含泉州湾、围头湾、深沪湾3个港区，不含湄洲湾南岸港区。

2020年福建省沿海港口集装箱吞吐量

指　标	2020年集装箱吞吐量（万TEU）		比上年增长（%）	
	合计	外贸	合计	外贸
合　计	1720.19	946.55	−0.3	0.4
进　港	857.67	469.49	−0.9	0.5
出　港	862.52	477.06	0.2	0.3
福州港	352.47	158.40	−0.4	−7.8
进　港	178.30	77.60	−1.0	−8.7
出　港	174.17	80.81	0.2	−6.8
厦门港	1140.53	778.98	2.5	2.5
进　港	566.64	387.29	2.3	2.8
出　港	573.89	391.69	2.8	2.1
泉州港	225.92	7.95	−12.4	−12.0
进　港	112.05	3.95	−14.1	−13.9
出　港	113.87	3.99	−10.7	−10.2
湄洲湾港	1.28	1.22	−33.1	−36.1
进　港	0.68	0.65	−35.0	−37.9
出　港	0.60	0.57	−30.8	−33.9

备注：1. 福州港包括原福州港和宁德港；厦门港包括原厦门港和原漳州港。
2. 湄洲湾港包括原莆田港和湄洲湾南岸港区；泉州港含泉州湾、围头湾、深沪湾3个港区，不含湄洲湾南岸港区。

（林伟雯　于清波）

邮政业

【概况】 2020年，全省邮政行业业务收入（不包括邮政储蓄银行直接营业收入）完成368.88亿元，居全国第九位，比上年增长13.99%；业务总量完成856.48亿元，居全国第五位，增长32.58%。其中，快递业务量完成34.32亿件，居全国第六位，增长31.01%；业务收入完成302.56亿元，居全国第八位，增长16.75%。行业运行实现逆势增长、稳中有升，支撑网络零售额4100亿元以上，泉州、厦门、福州3个城市快递业务量和业务收入持续保持在全国城市50强。

截至2020年底，全省共有邮政普遍服务网点1359个，快递服务许可企业437家、分支机构1125个、快递末端网点8224个，拥有泉州、福州、厦门、晋江4个“中国快递示范城市”。

【疫情防控】 2020年，全省邮政行业坚持疫情防控和有序抓好复工复产，发布、更新行业防疫指南，组织从业人员利用安易递“战疫速递”开展每日健康打卡，印发维护疫情期间福建省邮政业稳定工作方案，深入排查化解行业涉疫矛盾纠纷，全省邮政行业形势总体平稳。前期重点抓好寄递企业员工返岗率、复工复产率、产能恢复率，至3月中旬行业产能基本恢复常态。全力保障防疫物资及民生必需品寄递，仅第一季度，全行业揽收疫情防控物资包裹超290万件，通过寄递渠道接收海外侨胞援助福建省的口罩近1亿枚，邮政业务总量完成143.47亿元，增长14.17%。

【行业发展】　2020年，福建省统筹谋划邮政业基础设施布局，完成《福建省邮政业发展“十四五”规划（初稿）》《福建省邮政快递网布局研究（送审稿）》编制。推动邮政业发展融入地方经济发展相关规划，《泉州市快递集聚发展规划（2020—2025）》《福州市物流用地专项规划（2020—2025年）》获批发布，《漳州市快递物流园区发展规划（2019—2030）》正在编制。福州、泉州先后印发“中国快递示范城市”创建实施方案。

推进“两进一出”（快递进村、快递进厂、快递出海）工程。快递进村工程进展顺利。“快递进村”纳入福建省实施乡村振兴战略实绩考核事项和“四好农村路”高质量发展政策。全省建制村快递服务覆盖率达91.5%。快递进厂工程初见成效。联合省工信厅印发《关于促进福建省快递业与制造业深度融合发展的指导意见》，培育福州顺丰服务星网锐捷、厦门邮政服务戴尔公司等一批精品项目。2020年，全省纳入系统统计的服务制造业项目35个，服务制造业的快递业务收入4.08亿元。快递出海工程加快启动。立足厦门在全国率先实现“三关合一”，配合海关在福州、泉州推广“三关合一”。立足平潭对台海运优势，支持省内陆地港应用平潭等对台海运快件，形成稳定、可预期的国际物流新通道。立足中国（福建）自由贸易试验区，打造“快递出海”基地。北京燕文、递四方、云途等知名国际快递服务公司在福建新设或增设机构。至12月，全省国际业务量增长45.54%，增速为2019年同期的1.7倍。

行业绿色发展。融入“生态美”新福建建设大局，推动行业绿色发展纳入地方工作。福建省工信厅等10部门联合发文，明确到2022年全省中心城区新增和更新的邮政物流车全部采用新能源汽车。至2020年底，全省各寄递企业新能源汽车1523辆，纳入地方规范通行管理的电动三轮车达4674辆。出台《福建省邮政快递业塑料污染治理工作三年实施方案（2020—2022）》。推进行业绿色发展“9792”工程，全省瘦身胶带封装比例达96.11%，电商快件不再二次包装率达88.19%，循环中转袋使用率达88.15%，全省累计新增标准包装废弃物回收装置1809个。

【行业监管】　2020年，福建省推进立法与执法监督。《福建省邮政条例（修订）》进入省司法厅提起省政府审议阶段。《厦门经济特区邮政条例》正式出台。福建省地方标准《智能信包箱技术规范》于9月正式颁布，为全省推进智能信包箱公共服务设施建设提供依据。公示全省2019年度行政执法总体情况，开展2020年度行政执法评议考核。审慎推进快递市场监督管理委托行政执法。更新系统法律人才库，落实执法人员持证上岗和资格管理制度。开展民法典、宪法宣贯和“七五”普法工作。

普遍服务和特殊服务监管。开展乡镇邮政局所专项整治行动，推行邮政普遍服务质量KPI式监管，组织开展2020年省内邮件全程时限监测活动和邮路摸底台账建设工作，健全邮政服务质量监管情况通报制度和政企联席会议制度。全面消灭手工办理业务网点。巩固建制村通邮成果，建制村日均投递打卡率保持99.5%以上，排名全国前列。做好全省题材纪念邮票选题推荐工作，《厦门大学建校一百周年》《福建土楼》顺利纳入2021年纪念、特种邮票发行计划。

邮政市场监管。巩固完善“三项制度”，发挥寄递渠道联席会议作用，推动行业安全稳定发展。修订《福建省邮政业突发事件应急预案》。开展安全风险分级管控和隐患排查治理双重预防机制建设。开展安全生产专项整治三年行动、安全生产隐患大排查大整治。全年及时查堵各种非法物品近3600件，累计移送案源42起。全省共检查企业3918家次，立案查处173起违法行为。加强邮政用品用具监制管理。配合国家局推动实行行业严重失信行为“黑名单”管理。

监管能力建设。省政府正式印发《福建省交通运输领域省与市县财政事权和支出责任划分改革方案》，明确省级与市县级地方政府在邮政领域的财政事权与支出责任。至12月，省、市两级邮政业安全中心实现全覆盖，全省县级机构共计12个，基本实现市地、重点县、业务量较大县全覆盖。

【行业服务】　2020年，福建省完善邮政基础能力建设。在福州市试点开展邮政快递服务末端基础设施基本公共服务设施属性工作。推进园区建设，中通连江产业园、顺丰泉州创新基地等一批行业重点项目陆续建设，京东福州“亚洲一号”物流园等相继投产。顺丰航空新开通福州至泰州线路，翔安机场达成建设东南航空基地意向。云途物流开通福州至洛杉矶包机专线，厦门新增多条欧洲包机线路，中国邮政经台中转业务增势明显。

行业信息化建设。京东与厦门金龙达成共建无人车生产基地项目。新大陆成功入选国家邮政局行业技术研发中心。国家邮政局邮政业安全中心与福州市政府达成共建全国快递大数据东南研究院项目。“绿盾工程”涉省项目建设全面完成，全省共186家重点企业、重点场所、重点部位监控联入绿盾视频联网平台。持续推进安检机监控联网，全省348台安检机视频联网。

提升申诉处理水平。健全申诉受理工作体系，建立申诉互查和复核制度，完善与主要品牌寄递企业省区部客服中心对接机制。受理申诉6222件，比上年下降70.76%，有效申诉量为650件，下降58.33%。

快递员合法权益保障。联合共青团福建省委开展“小蜜蜂关爱行动”，开展“2020年快递从业青年服务月”以及系列慰问活动，全省共建立各类服务阵地1498个。林海原获评全国“最美快递员”，全省5人获全国交通运输系统或福建省抗疫先进个人、1个单位获福建省抗疫先进集体、6人获“省五一劳动奖章”、2家企业获评“全国青年安全生产示范岗”、5家快递企业获评“省工人先锋号”，新增省级青年文明号1家、市级青年文明号5家。（陈世如）

【中国邮政集团有限公司福建省分公司】 2020年，中国邮政集团有限公司福建省分公司全力服务国家防疫抗疫大局，紧急开行武汉专线邮路“绿色通道”，第一时间将捐赠防疫物资运抵武汉，1月23日至4月8日武汉正式解封，累计发出驰援武汉邮车130余趟次，运送各类防疫物资和邮件近1000吨；在疫情防控最紧要时期，每天对外营业网点近1000个、农村投递站点860个，1万余名投递员坚守岗位，满足全省各级党政军机关和人民群众的用邮需求；联合教育、税务、交管、农业等相关部门，开展无接触便民寄递服务，保障民众生产生活；承接省直机关106个厅局级单位防疫物资运送任务，无缝对接全省政务服务“马上就办网上办”工作，搭建“海陆空”出海通道，助力全面复工复产。“邮乐百村”扶贫工程与全省106个扶贫村有效对接，绿色邮政建设指标全面达标；发挥邮政网络、品牌及资金流、商流、物流“三流合一”独特优势，建设福建邮政农产品基地9个，建成全国邮政首个农品智慧展示中心并被纳入省政协委员联系点，形成省内省际双平台农产品产销对接体系，助农销售超过2亿元。提升邮政普遍服务和特殊服务水平，全省行政村直接通邮率、报刊征订服务覆盖率保持100%；机要通信保密安全连续15年无事故；完成中央、省委下达的2021年度重点党报党刊收订任务目标；保障《人民日报》《福建日报》等重点党报党刊县区及以上党政机关当日见报；开展《福建日报·农村版》《农民日报》进“农家书屋”工作；推进“快递进村”工程，有21个县（区）、47个乡镇、226个建制村参与邮快合作，参与合作快递品牌12个，累计代投快件100万件；对接政府“放管服”改革，与省经济信息中心续签3年合作协议，联合省高级人民法院推行司法集约送达服务。省邮政分公司获评“全国厂务公开民主管理示范单位”，3个单位获评“全国邮政行业先进集体”、2名员工获评“全国邮政行业劳动模范”、5名员工获评“福建省五一劳动奖章”、2个劳模创新工作室获评“中国邮政集团有限公司劳模创新工作室”，15个创新项目获福建省百万职工“五小”创新大赛优秀成果奖。

【福建邮政和福建省高级人民法院签订战略合作协议】 2020年1月20日，福建省高级人民法院与中国邮政集团公司福建省分公司签订战略合作协议，在全省17家法院试点开展送达社会化集约化服务，切实解决诉讼文书“送达难”问题，提升审判执行工作质效和司法为民服务水平。

【《众志成城 抗击疫情》邮折捐赠仪式在福州举行】 2020年7月17日，由省卫生健康委员会、省邮政管理局和福建邮政共同主办的《众志成城 抗击疫情》邮折捐赠仪式在福州举行。省卫健委副主任王喜瑛、省邮政管理局副局长王文胜、省分公司总经理裴英杰出席仪式并讲话。福建医科大学附属第一医院的11名援鄂抗疫医疗人员代表参加捐赠仪式。

【邮览中国图书邮册首发式】 2020年9月22日是中国第三个农民丰收节，由福建省政协农业和农村委员会、中国邮政集团有限公司福建省分公司主办，福建省农业农村厅、福建省供销合作社、福建省集邮协会协办，厦门大学出版社承办的《邮览中国：农耕文明与乡村振兴》图书邮册首发式暨《五谷丰登》明信片专用邮资图发行、“清新福建 美丽山乡”主题集邮展览、福建邮政“丰收欢乐购”暨“革命老区中央苏区脱贫奔小康”扶贫农品展销会启动仪式在福州举行。与会领导向福州一中、林则徐小学、省图书馆等18家单位代表赠送图书。福建邮政发行纪念封一枚、明信片2枚，启用纪念邮戳4枚，设立临时邮局，提供现场盖戳等服务。全省线上直播累计观看人数达到1.88万人次；线下展销会全省累计开展48场，参与活动近万人次。

【福建省政协委员联系点揭牌】 2020年9月28日，“福建省政协中国邮政集团有限公司福建省分公司委员联系点”揭牌仪式在福建邮政惠农智慧展示中心成功举办。省政协副主席许维泽、省邮政分公司总经理裴英杰为联系点揭牌。

【中国最早邮票展览地纪念碑落成】 2020年12月26日，中国最早邮票展览地纪念碑在福州东街口的省少儿图书馆和省级文物保护建筑单位“正谊书院”的中心花园落成。福建首次邮票展览于1914年7月在福州三牧坊第一中学校内举办，该展览会以展出福建土特产为主，展示中外邮票，其中中国邮票部分由福州邮商魏叔彝提供，世界各国邮票由美国人卜威利提供。中国最早邮票展览地纪念碑由福州集邮人设计，福建惠安石雕工匠精心制作。该纪念碑高2米、宽3米、厚1米，呈卧式的雕塑寓意福州三山鼎峙，母亲河闽江穿城而过，共同托起一枚象征集邮事业的邮票。正面碑名由福建省集邮协会名誉会长黄瑞霖题写，背面碑文引自《中国集邮史》中关于福州最早举办邮票展览的记载。底座的黑色花岗岩巨石上，有“三牧坊”“正谊书院”“福建省立福州中学”老校门等历史影像。碑座两侧和背面镌刻着自1878年中国首次发行的大清海关大龙邮票，至1914年初发行的帆船邮票共12套，每套各选一枚，以展示当年乡贤魏叔彝在福建展览上展出的中国邮票之概况。（杨文振）

编辑：郑 莱

信息业

电子信息制造业

【概况】 2020年，福建省电子信息制造业增加值增长8.4%，销售产值增长3.2%，出口交货值增长12.1%，产销率达95.66%。全省规模以上电子信息制造业营业收入6890亿元，规模居全国第六位。拥有厦门火炬园、融侨开发区、泉州丰泽区、福州经济技术开发区、云霄云陵开发区、莆田高新技术产业开发区等6个电子信息国家新型工业化产业示范基地。集成电路和光电产业、计算机和网络通信产业集群规模超2000亿元。厦门和福州是全省主要的电子信息制造业生产基地，是全国平板显示器、笔记本电脑和液晶电视等终端产品的主要生产基地之一。集成电路产业重点项目主要分布在泉州和厦门，并辐射到福州和莆田。闽南地区（厦门、漳州、泉州）是全国LED外延芯片实力最强、规模最大、品种最全的生产基地之一。宁德成为全球最大的锂离子电池生产基地之一。

【细分行业】 集成电路产业。主要分布在福州、厦门、泉州和莆田地区，获批的海峡两岸集成电路产业合作试验区采取“一区两园”方式，规划发展厦门产业园和泉州产业园，着力打造集成电路产业“双高地”。厦门产业园以火炬高新区、海沧台商投资区为载体，以先进工艺为重点发展方向，初步形成涵盖设计、制造、封测、材料与设备的全产业链，有集成电路设计企业近100家，形成4条各有特色的晶圆生产线和总投资130多亿元的封测重点项目等。泉州产业园以晋江、南安、安溪等3个分园区为载体，以打造“泉州芯谷”为目标，打造“设计—制造—封测—装备材料—终端应用”的全产业链，落地晋华存储器、渠梁电子、三安高端化合物半导体等龙头项目，以及三五微射频芯片、信同无线通信芯片、闽芯CMP研磨材料、富宸封测、安芯设备、晶安光电等上下游产业链项目，总投资规模超千亿元。福州有集成电路设计企业、制造、封测及材料设备应用企业共计40余家。莆田主要依托福联集成电路、安特微电子等企业重点发展化合物半导体等产业链项目。

新型显示产业。全省初步形成覆盖玻璃基板、面板、模组、整机等上下游全产业链布局，尤其中下游面板、模组、整机发展较为迅速。主要分布在福州、厦门、莆田，产业园区主要有福州马尾开发区、福清融侨开发区、厦门火炬高新区、莆田高新区等。福清融侨经济技术开发区聚集以福州京东方液晶面板为龙头的13家上游配套企业和以冠捷集团为龙头的显示器、电视、平板整机等53家上下游配套企业。厦门火炬高新技术产业开发区获评2020中国新型显示十大园区，排名全国第六位。宸美、宸鸿、友达、冠捷、捷联、京东方、天马微等7家企业收入超百亿元。引进的福州京东方8.5代面板项目、厦门天马微LTPS TFT—LCD 5.5代和6代线、莆田华佳彩IGZO TFT—LCD 6代线等新型显示重点项目陆续投产，实现全省高世代面板和新型显示技术突破。

锂电池产业。2020年，全省锂离子电池产量增长约10%。宁德成为全球最大的聚合物锂离子电池生产基地，初步形成锂电千亿元产业集群。宁德新能源继续保持消费类聚合物锂电池产量全球第一。飞毛腿电池是国内最大的专业手机电池生产厂商之一，是华为、小米等手机的一级供应商。配套方面，宁德厦钨新能源投产，福建杉杉、青美正极材料、国泰荣华等项目加快推进或产能爬坡中。

计算机和网络通信产业。全省计算机和网络通信产业主要集中在下游终端产品，中上游环节如核心芯片、嵌入式操作系统、主板、硬盘及网络关键功能模块等基本空白。戴尔公司是全球最大的计算机和笔记本电脑厂商之一，升腾资讯的瘦客户机产量连续7年排名亚太第一，新大陆的POS机出货量排名全球第二，爱普生的针式打印机、联迪商用的电子支付POS机和新大陆的二维码识读设备均多年位居国内市场前列。

LED产业。全省LED产业布局集中在闽南地区，主要分布在厦门、福州、泉州、漳州、龙岩等地，形成厦门国家半导体产业化基地、云霄光电产业园、漳州长泰光电产业园、安溪光电产业园、连城光电产业园等产业集聚区，产业链较为健全。在上游外延片、芯片领域，福建省是全国LED外延芯片实力最强、规模最大、品种最全的生产基地，三安光电市场占有率全球第一；中游封装企业开发晶、华联电子均是全球领先的LED封测企业；下游企业包括强力巨彩、立达信、通士达等，全省LED球泡灯和筒灯出口稳居全国第一。

（龚明明）

软件和信息技术服务业

【概况】 2020年，福建省软件和信息技术服务业继续保持平稳较快增长，产业模式加快从传统“以产品为中心”向“以服务为中心”转变，产业规模位居全国第八位，其中信息技术服务占全省软件业务收入超过一半。以部分游戏企业为代表的互联网软件应用领域异军突起，持续在海外市场拓展业务，营收逆势增长，IGG名列中国游戏厂商出海收入TOP10，全年动漫游戏业务收入增长超20%。中国软件特色名城建设成效凸显。福州、厦门两市充分发挥特色软件名城的示范、引领作用，依托移动互联网、物联网、大数据、VR/AR、人工智能等优势特色产业，通过“名企、名会、名品、名园、名展”建设，产业集聚发展水平进一步提升，福州、厦门两市软件业务收入占全省总量的98%以上。

产业载体建设。福州推进“一园多区”建设，将原有福州软件园拓展至高新区、仓山区、晋安区、闽侯县、连江县、永泰县等6个分园，全面建设后占地面积超过600公顷，建筑面积达1233万平方米。福州软件园成功入选第三批国家双创示范基地，荣获“中国最具活力软件园”称号，获评“2019全国影响力园区”。厦门软件园开展三期2020年新增交付研发楼面积52万平方米，交付研发楼及公寓楼面积242万平方米，在建196万平方米。厦门软件园入选首批12家国家数字服务出口基地，获评“2019全国影响力园区”。

【骨干企业】 2020年，星网锐捷、福大自动化、新大陆、美亚柏科等4家企业入选2020年软件业务收入百强；网龙、新大陆、厦门信息集团、吉比特、达华智能、厦门亿联网络等6家企业入选2020年全国软件与信息技术服务综合竞争力百强；四三九九、美图、网龙、点触、吉比特等5家企业入选2020年中国互联网百强；10家游戏企业入围2020年福建省互联网企业30强。全省近40家企业的产品或技术在行业细分领域位居全国前列。

【福建省计算机软件设计大赛】 受新冠肺炎疫情的影响，2020年福建省计算机软件设计大赛采取线上线下相结合的方式顺利举办。大赛围绕人工智能、工业软件、大数据、工业互联网等方向设置赛题，增加企业设题数量，注重加强省内外交流、产业链上下游合作，带动中小企业发展，共有140支队伍获奖，其中一等奖21支、二等奖41支、三等奖78支。

（瓮红利）

通信业

【概况】 2020年，福建省信息通信基础设施重点项目累计完成投资123.5亿元，超年度投资计划23.5%。电信业务总量3907.8亿元，比上年增长20.8%；电信业务收入449.9亿元，增长3.7%；全省电话用户数达5472.4万户，其中5G套餐用户933万户。移动互联网接入流量、手机上网流量分别459695万G、435485万G，增长29.1%、23.2%。全省增值电信企业4500家，规模以上互联网企业342家，实现互联网业务收入247.7亿元，互联网百强企业数量稳居全国第四，被工业和信息化部评为互联网行业发展典型省份。

【“数字福建”建设】 2020年，“数字福建”建设成效显著，光网和4G全面覆盖城乡，5G覆盖全省县级以上区域（含重点乡镇），所有设区市和平潭综合实验区均建成高水平光网城市；全省固定宽带家庭普及率、移动宽带用户普及率居全国第二位和第七位，比“十三五”目标值提升60.1%和40.7%；城市宽带接入能力达1000M，较“十三五”目标值提升10倍；贫困村宽带网络覆盖率达100%，宽带接入能力超100M，较“十三五”目标值提升3.3倍。

【疫情防控助力】 2020年，福建省建成通信大数据省级平台，创新设立信息通信业省、市、县三级疫情防控大数据分析与流调支撑专班队伍，每日持续输出境内疫情重点地区人员和境外人员入闽号码清单数据，为省、市、县、乡联防联控提供有力支撑。提供智能广播、和对讲、企业复工平台等免费应用服务，重点区域、重点单位的通信网络保持通畅。

【信息化基础设施建设】 2020年，福建省信息通信业夯实数字福建网络基础，推进新时代“数字福建·宽带工程”计划，持续拓展光网和4G覆盖的宽度和广度，全省移动通信基站总数达到32.3万个。在全国率先完成行政村宽带网络100%实时监测，实现全省所有行政村光纤通达、4G覆盖并基本实现城乡同网同速。

创新优化网络基础设施，全省共建成5G基站2.25万个，年度新增数居全国第8位，超额完成建站目标，实现县级以上区域（含重点乡镇）5G覆盖。光纤宽带网络覆盖范围进一步扩大，光端口占比超过九成，城镇以上区域基本具备千兆接入能力。互联网数据中心机架规模达4.2万个，在建规模10万个，建设规模适度超前；福州国家级互联网骨干直连点双向带宽扩容至800G，网间互联链路带宽500G，增长72.4%，省际出口带宽达33T。千兆光网加快建设，10G PON端口进入规模部署阶段，

2020 年 9 月 18 日，福建省通信管理局配合工信部在宁德市下党乡开展中央媒体行调研采访活动。福建省在全国率先完成行政村宽带网络 100％实时监测，基本实现城乡同网同速　　　　（省通信管理局供稿）

城镇以上区域基本具备千兆接入能力。全面完成 IPv6 网络侧改造，全省 IPv6 活跃用户达 4203 万户，占比 72.6％，居全国前列。全省 14501 个行政村（包括 23 个海岛行政村）、97 个省级以上工业园区、14 条高铁普铁、40 条国省级高速公路、321 个 3A 级以上景区和各教育基地均实现高速宽带覆盖。

实施“5G＋工业互联网”512 工程，实施园区标准化建设“新型基建专项行动”，工业互联网高质量外网覆盖全省所有地市，具备向重点产业园区快速延伸能力，全省 16 个试点园区基本实现千兆光纤、5G 网络和移动物联网覆盖；推动厦门、泉州等地市开展二级节点建设，拓展福州二级节点应用拓展，累计接入企业 80 家，标识注册量达 2150 万，打造汽车玻璃箱体上下游流转、纺织产品质量溯源、茶叶全生命周期管理等应用，培育 5G 智慧工厂、5G 智慧物流、5G 智慧港口等来 10 个 5G 典型应用案例。全国首批纳入工业互联网产业监测试点省份，9 个设区市共 257 家企业被纳入监测试点。

【网络与信息安全】 2020 年，福建省基础网络运行总体平稳，互联网骨干在网络各项监测指标正常，未发生较大级以上的网络安全事件。在全国率先建成福建省通信应急保障指挥调度系统，实现对全省基站的实时监测，圆满完成全国两会、疫情防控、数字中国峰会等应急通信保障工作。

全省接入备案网站数和网站备案率分别居全国第七位和第二位。建立政警企三方协同打击治理倒卖电话卡黑灰产业链机制，完善电信网诈骗电话防范拦截系统功能，建立不良信用通信用户名单库，累计纳入不良信用通信网用户名单库数量达 6.1 万个；建立企业侧大数据筛查研判处置机制，累计拦截诈骗呼叫 2.6 亿次，关停涉诈号码超过 62.6 万个，查处 GOIP 诈骗窝点 42 个，关停涉案手机卡 5.2 万张，及时劝阻受害人 7.9 万人，挽回直接经济损失 6.5 亿元。举办首个反诈大数据分析模型大比拼活动，在全国网安竞赛斩获唯一团队精英特等奖。全省 3 家运营商均未上榜全国运营商涉案电话卡开卡量较多的营业网点 TOP100 名单。

【行业管理】 2020 年，福建省通信管理局上线福建省通信用户信用综合管理平台，创新建立信息通信行业服务与市场例会制度和电信服务红黄牌警示督办机制，推进闽台“两岸一家亲”通信资费优惠工作。电信用户有效申诉率下降 21％，携号转网有效申诉率下降 84％。超额完成国务院降费指标，省内中小企业宽带资费下降 19.27％，企业专线下降 38.32％。其中，专项扶贫、助残降费行动分别惠及 5.6 万户建档立卡贫困用户和 4588 户残疾人用户。

数字经济加快发展，简化增值电信业务经营许可和码号许可审批，优化材料提交、审核、签批、领取流程，全省增值电信企业发展迅猛，增值电信企业达 4500 家，比上年增长 41％。建立基础电信和增值电信企业信息化应用推广信息报送机制，建成信息化示范村 265 个，推动远程医疗、远程教育、电子商务、农村党建等信息化应用下沉，有效助力乡村现代化发展。　　　　（吴锦芬）

【中国电信福建公司】 2020 年，中国电信福建公司实现主营业务收入 155.89 亿元，超额完成预算目标，收入增幅 5.39％。天翼用户 1290 万户，增长 2.7％；宽带用户 950 万户，增长

2020 年 8 月 19 日，福建省工业互联网产业监测试点工作启动会在福州召开，福建省成为首批工业互联网产业监测试点省份，全省 9 个设区市共 257 家企业被纳入首批产业监测试点，覆盖六大门类共 32 个重点行业

（省通信管理局供稿）

1.1%；物联网开卡用户2038万户，增长52.9%。

支撑疫情防控。开展“六项服务共抗疫情”“暖春行动”，利用5G、云网融合、大数据等技术，保障社会科技抗疫；通过自主研发的智能视频云平台，助力央视高清直播火神山、雷神山医院建设实况，超2亿人次在线观看；保障员工健康安全。

扶贫攻坚。开展“党建扶贫、网络扶贫、通信业务扶贫、信息应用与产业扶贫、公益扶贫”五大扶贫行动，挂钩帮扶的贫困县、贫困村、贫困户全部脱贫；为宁德下党乡开通全省首个乡村5G基站；网络扶贫成效受到16家中央及省级媒体的关注和传播。

维护网信安全。加大防范打击网络诈骗力度，不断优化大数据模型和防诈停复机规则，拦截网间不规范呼叫12.8万次，关停涉诈号码30.7万个。

推进省企合作。全面完成“智慧网络”“互联网＋民生”等六大工程目标任务。第三届数字中国建设峰会期间，推动中国电信集团有限公司与福建省政府签署《共同推动新型基础设施建设深化数字福建发展战略合作框架协议》，重点推进新能力、新要素、新服务、新应用等四大工程，助力深化数字福建发展。

建设数字新基建。加快5G建设发展，7月底完成5G网络建设，建成5G基站超过1万个，实现县级以上区域和重点乡镇5G网络全覆盖；9月30日对外宣布全省5G规模商用；5G工程建设获得中国电信“共建共享创新奖”。5G套餐用户达260万户，用户渗透率突破20%。在5G＋工业、医疗、媒体、教育等10个领域拓展5G创新场景应用，泉州九牧5G智慧园区等成为全国标杆。宽带网络提速升级，千兆光宽网络基本实现城区覆盖，全省电信宽带用户平均接入速率达177M，比上年提升49M。完善云数据中心能力布局，东南信息园云数据中心一期投产，全省电信拥有19座星级云数据中心。

数字经济融合发展。发挥云网融合优势，深化与教育、交通、能源、医疗等各领域应用创新合作。在智慧政务方面，承建全国首个省级信创云项目——福建省级自主可控云平台；为省公安厅建设专属机房，提供容灾备份警务云服务。在智慧城市方面，拓展应用场景、扩大覆盖范围，签约建设物联网智慧小区1146个、智慧乡村1549个，服务基层治理能力现代化。复制推广中央党校智慧后勤应用，与厦门市委党校、福州福清、漳州龙海、三明明溪等12所党校开展智慧党校建设。 （何其钦）

【中国移动福建公司】 2020年，中国移动通信集团福建有限公司（简称“福建移动”）通信客户总数达2791万户，其中5G客户突破500万户，宽带客户超740万户。全年累计上缴各项税收15.51亿元，税收贡献约占全省通信行业的70%，持续位居省内国有企业前列。

统筹疫情防控。推进网络保障、服务保障、防控保障“三个保障”落实落地，始终保持网络畅通、服务不停、支撑有力，为打赢疫情防控阻击战提供坚实基础。完成98家医院及防控安置点、8家“小汤山”模式临时医院保障，全力保障医院、防疫单位及政府机构等抗疫重点场景通信畅通。第一时间推出九大类18项服务举措，全力做好赴鄂医护人员话费减免、群发公益短信等通信服务保障，以及用户远程办公、线上学习等信息服务需求，“空中云课堂”播放时长突破30万小时，为240家集团提供5G热成像自动测温服务，开放云视讯、和对讲、安联保等平台12个，推动社会复工复产、停课不停学。大数据支撑政府及企业联防联控，研发“企业复工员工防疫系统”以及“统一行程码”接口服务，为政府部门及用工单位分析福建省工作人口、活跃情况、周末宅家状况等提供参考。“抗疫英雄”李跃龙获评福建省委和国资委中央企业抗疫工作先进个人、中央企业优秀共产党员等5项省部级荣誉。

经营发展。紧抓疫情带来的线上化、智能化、云化需求，全力推动基础设施数字化、社会治理数字化、生产方式数字化、工作方式数字化、生活方式数字化，推动信息通信服务融入百业、服务大众，公司发展取得新成效，

“数字福建”建设。2020年，福建移动深入推进信息技术与经济社会民生相融合，加速5G、大数据、区块链、云计算等新技术、新基建、新生态落地，为社会经济发展打造新动能。

5G等新基建。全年完成新建项目投资超60亿元，圆满完成5G建设任务，实现设区市主城区及发达县城5G SA网络连续覆盖，5G规模、质量行业领先。推动接入网攻坚和千兆网络升级，综合业务接入区达标率提升至85%。获“BSN联盟福建省区块链城市节点服务商”授牌，成为省区块链主干网上最大的城市节点服务商。加快南北数据中心投产，“2＋9＋X”布局初步形成。推动网络云化、智能化演进，超前布局边缘计算，实现NFV省内全面商用。安排“优享、专享、尊享”三种模式的5G专网建设，面向多种需求提供差异化5G服务。

打造行业应用标杆示范。壮大5G开放实验室“1＋3＋N”体系，成立泉州工业互联网实验室、国网电力双创实验室等省、市级机构，5G融创中心入选首批全国5G应用产业方阵创新中心，为福建唯一入选单位。协同行业头部企业打造远海码头、国网电力、厦门公交等5个集团5G垂直行业龙头示范项目，打造全国5G＋智慧港口标杆。构建首个“5G＋云VR”党建学习平台，推动5G＋VR/AR产品应用百花齐放，在2020年第三届“绽放杯”5G应用征集大赛中获得5G云XR专题赛一等奖。

网络建设。精准构建5G优质网络，全年新建5G站点超1.2万个，实现全省9个设区市主城区及全国百强县城关连续覆盖，实现省内机场高速、6条地铁线路覆盖，实现省市政府、交通枢纽、大型场馆、重要商圈、三级医院、高校迎新区域等重点覆盖。充分发挥4G/5G协同优势，全年新建4G站点

1.84万个，启动4G提质增效专项行动，实现全省8个设区市主城区FDD1800连续覆盖，解决网络结构复杂、局部高负荷问题；全省农村区域FDD900开启比例达90%以上，持续提升农村覆盖水平。全面打造“百兆能力、千兆示范”的有线宽带接入网络，百兆及以上网络覆盖用户超过1600万户，满足660万家宽用户和560万户互联网电视用户的业务需求，分别比上年末增长13%和10%。

服务提升。秉持“客户为根、服务为本”理念，持续推进“服务领先工程”，月均携号转网用户申诉率、影响用户感知服务问题申诉率等指标持续下降，用户满意度持续改善，强化服务质量攻坚。针对低收入及老年群体累计惠及用户超80万户，12月25日上线“银发服务计划”，65岁以上老人拨打10086热线时直接接进人工客服，为老年客户提供专属服务。

社会责任。2020年，公司提速降费和携号转网，流量单价较“十三五”初期下降超95%。电信普遍服务试点工作获工信部“电信普遍服务试点工作成绩突出集体奖”。加大防范打击电信网络诈骗力度，完成第三届数字中国建设峰会等重大活动保障工作。“新入网用户诈骗防控运营体系”项目获评2020年度“众智护网”防范治理电信网络诈骗优秀创新实践案例，为福建地区唯一入围案例；福建移动战狼团队在2020年电信与互联网行业网络安全管理职业技术竞赛中获安全团队特等奖。推进“网络+”扶贫，率先推出“互联网教育魔百和”，为农村、偏远山区学校提供云课堂教学；打造线上扶贫商城，推出2000款扶贫产品。 （李剑辉）

2020年10月12—14日，福建联通作为第三届数字中国建设峰会唯一指定通信运营商，圆满完成峰会各项通信保障工作 （中国联通福建省分公司供稿）

【中国联通福建省分公司】 截至2020年末，中国联通福建省分公司（简称福建联通）累计开通移动通信基站8.9万个，其中，5G基站1.05万个，实现市区、重点县城以及一般县城核心区域连片覆盖。全年完成收入64.8亿元，上市营业利润比上年增长55.3%，其中，实现创新业务收入12.67亿元，创新收入占比大幅提升。荣获2020年“全国厂务公开民主管理工作先进单位”称号。

2020年，面对新冠肺炎疫情，福建联通充分发挥联通技术和研发优势，助力地方政府疫情防控和复工复产，联通云视频平台累计为省委、省政府、省政协、省交通厅等1195个单位提供9215场云视频服务，服务时长7342小时。

2020年，福建联通投入扶贫资金223万元，完成消费扶贫181万元，资费扶贫惠及贫困户8834户，南平政和县宝岩村等挂钩帮扶贫困村均提前实现脱贫“摘帽”。落实网络强国、数字中国战略，福建联通抢抓数字经济和“新基建”风口，以5G+云网底座能力为依托，为省内客户数字化转型提供智慧乡村、智慧社区、慧合解等8项自主应用产品，助力福建全方位高质量发展超越。“5G+智慧教育项目”入选国家发展改革委新基建建设工程5G应用示范项目，获得专项资金补助。5G电视荣获2020年福建省数字经济发展专项资金；联通（福建）产业互联网公司荣获国家级“高新技术企业”称号，通过五项ISO体系认证。

服务能力。2020年全面实现客户满意度与客户口碑行业领先、综合服务评价在联通系统内排名全国第一，荣获中国联通集团公司“综合服务优秀奖”“客户体验运营优秀单位”双项荣誉；

“停课不停教、停课不停学”，福建联通积极响应教育系统相关需求，2020年3月2日，福建联通沃家电视（IPTV）上线“福州教育云课堂”，推出了33所名校近百名优秀教师录制课件，打造适合本地师生使用的在线教育平台 （中国联通福建分公司供稿）

通过工信部、中国质量协会“全国用户满意企业—市场质量信用等级AA企业”认证。（柯 研）

无线电管理

【概况】 2020年，福建省完成无线电行政审批530起，其中无线电频率审批96件、指配频率467个，设置、使用无线电台审批434件、颁发更新电台执照91071张。截至2020年底，全省纳入管理的无线电台（站）47.8万个（不含手机和公众移动通信终端），增长10.4%，平均每平方千米约3.9个，台站数量和分布密度居全国前列。全省建成固定监测站249个、可搬移站22个和移动站21个，无线电监测网覆盖全省所有县（市）区。

【无线电频率台站管理】 2020年，福建省及时协调处理5G基站建设过程中与C波段卫星地球站同频邻频相互干扰的问题，全省共协调卫星地球站479个，受影响卫星地球站协调率达100%。参与基站站址规划设计，协助运营商解决基站选址难等问题。开辟5G基站设置许可绿色通道，建立专人专事服务制度，许可5G基站15986个。

服务经济。围绕国家重大战略和全省经济发展中心工作，统筹频谱资源，保障用频需求。为地铁（轻轨）、机场、工矿企业等重大项目指配1.8GHz频段及800MHz集群频率用于运营调度及安全管控。为大唐移动许可5.9GHz车联网直连通信频率，推动全省车联网试验开展。开展频谱经济研究，挖掘频谱资源经济社会潜力，有效发挥无线电频谱及技术对经济高质量发展的贡献。

便民利企。实现无线电行政审批全省无差别受理、同标准办理。减少审批层级，取消设区市无线电管理局初审转报环节，做到“一审到底”。精简申请材料，精简比例达42%。合并审批流程，推行“一件事”集成套餐。增加即办事项，即办事项达到40%。业余无线电台操作能力验证考试实行“预约机考制”，实现随约随考。

台站与设备管理。全面实现台站属地化管理，383个GSM—R系统基站划属地市管理局管理。开展台站库数据质量抽查工作，分析核验纠正台站地理坐标、功率、天线高度等数据，有效提升台站数据质量。开展无线电发射设备销售备案工作，全省无线电设备销售备案主体总量新增928家，备案设备新增49657个。

【无线电监管能力建设】 2020年，福建省开展《福建省无线电管理“十四五”规划》编制工作。无线电技术设施建设取得积极进展。通过新建或升级改造，监测频段达6GHz及以上的固定监测站50个、可搬移站11个及移动监测站7个，其中5个固定监测站具备同频多信号的测向能力。加强专用监测设施建设，增设6个民航及铁路专用频率监测站，新建边海固定站4个，开展“重要考试数字无线电安全保障系统”项目建设。争取工信部无线电管理局支持福建省沿海无线电专项工程项目建设。规范资金使用管理。规范有序推进项目与资金使用进度，完成年度无线电专项资金的审计及绩效评估。做好军地无线电管理统筹协调，服务国防建设。完善军地电磁频谱协调机制，配合做好重大军事任务的频谱管控工作，加强预备役电磁频谱管理部队建设。开展边境地区地面无线电业务国际协调。完成5个日本地球站在福建省辖区内频率协调工作，保护全省台站合法权益。

【无线电监督检查】 2020年，福建省共查处无线电管理行政执法案件29起，罚款50000元，没收违法所得138万元，没收设备58台套；受理排查航空、GPS系统、卫星转发器等各类无线电干扰51起。启用“互联网+”伪基站实时跟踪和查找系统，提高对“伪基站”监测预警和精准定位能力，全年配合公安等部门查处“黑广播”14起。推进无线电管理领域“双随机、一公开”工作，全年共随机抽查设台单位30家，发现并责令整改违规行为1起。完成工信部无线电管理局无线电发射设备型号核准随机抽查工作，抽查福州、厦门、漳州、泉州等地50余家企业83款设备。巩固航空、铁路、水上专用频率保护工作机制，抓好可疑发射信号和干扰隐患的监测排查；组织对涉及重要民生领域、重大安全领域用频设台及无线电发射设备生产销售的专项检查。规范无线电干扰查处工作，完善重大无线电干扰排查快速响应机制，形成省市协同、统一指挥、联动查处的工作格局，提高应急处置能力。落实重大活动、重要考试的无线电安全保障工作，顺利完成春节、两会等敏感时期及第三届数字中国建设峰会、第三届中国国际进口博览会、第十二届海峡论坛等7项国家级和省级重大活动的无线电安全保障任务；组织完成各类国家和省重点考试无线电保障21场，压制疑似作弊信号2起。

【无线电普法宣传】 2020年，福建省加大宣传普法力度，开展法规网上调查。围绕《中华人民共和国无线电管理条例》《福建省无线电管理条例》中设置、使用无线电台（站），生产及销售无线电发射设备等相关规定，在省政府及厅门户网站开展为期一个月的网上调查，了解条例在不同群体中的普及程度，深化普法宣传。巩固主流宣传阵地。编制《天路纵横，我们守护——福建省无线电管理工作掠影》宣传图册。

（丁旭晨）

编辑：郑 莱

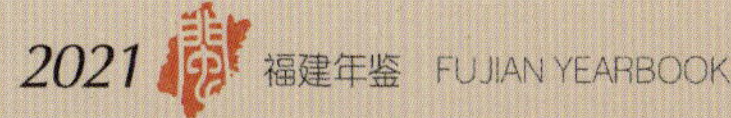

商贸流通服务业

综　述

【概况】　2020年，面对新冠肺炎疫情、世界经济严重衰退、中美经贸摩擦叠加冲击，福建商务系统统筹疫情防控和商务发展，落实"六稳""六保"任务，稳住外贸外资基本盘，促进消费回补回暖，推动商务发展回稳向好，好于预期。2020年全省实现社会消费品零售总额18626.5亿元，下降1.4%。

【疫情防控】　2020年，福建省商务厅确保主要副食品供应不波动，全力组织流通企业、电商企业、大型商超、副食品基地加大肉禽蛋菜投放，协调解决跨省调入不畅等问题。确保防疫物资不短缺，调拨资金迅速开展防疫物资境外采购，广泛发动海外捐赠，激励扩大进口，设立省防疫物资总仓库统一监管调拨，38天内到岸口罩近亿只。确保口岸防控不脱节，协同发起口岸安全风险联合防控机制，落实人、物、车、库同防，协调保障一线防疫物资，全力配合交通和外事防疫。确保市场防控不松懈，协同做好批发市场、农贸市场、商超场所、餐饮服务单位疫情防控。督促落实展会防控要求，全年实现安全办展、参展。

【复商复市】　2020年，福建省设立省商务发展服务小组，实行"五个一百"挂钩服务等制度，精准协调推进商务领域复工复产、复商复市、增产增效。政策扶持力度空前。及时出台"两稳一促"26+28条综合措施及外贸全链条、多元化招商、促进消费等10余项专门措施，合理统筹、科学调度资金，以超常规力度保市场主体、保产业链供应链稳定。云端服务全面展开。推广"不见面"工作新模式，推进云招商、云推介、云展会、云直播。成功举办第十届马中企业家云大会、中欧经贸与投资云峰会、亚马逊全球开店对接会、非洲市场推介会等云上对接会近30场。常态化对接融资超4000亿元，争取到四成省级纾困贷款，推出商贸贷、外贸贷。信贷、信保扩面提量降利。金融系统加大力度支持促消费，个人消费贷款余额增长12.8%。多方联动形成合力。部省、署省合作协议加快落实，财贸、关贸、税贸、银贸、险贸、工贸等密切配合，与媒体互动更加深入，"商务一键通"一体化数字商务服务平台全面推广。

【促进消费】　2020年，福建省推动出台全省促进消费行动方案，开展"全闽乐购"百千万亿行动（从2020年8月至2021年3月，举办500场线下促销、5000次线上直播，有10万家商户参与、各方让利100亿元、撬动1000亿元消费）。举办"跨年购"暨第二届商博会，各地结合实际全面开展促消费活动。全省财政累计发放消费券4亿多元，推动金融机构促消费减费让利超17亿元。"全闽乐购"参与商家超13万家，线下活动近500场，线上直播4600场，消费额超4100亿元。服务消费加快恢复。推出"宅家学闽菜"电视专区，全省广泛开展"八闽美食嘉年华"活动，推动餐饮消费持续健康发展，制止餐饮浪费。出台9条措施，借鉴长沙经验，繁荣夜间消费。出台12条措施，推动家政服务业稳步发展。

【新型销售】　2020年，福建省推动发展生鲜电商，推广无接触配送服务。省、市、县领导带头促销"五福"闽货，各级商务局局长直播带货。举办福建网红主播大赛，吸引近千人参赛。设立"全闽乐购"电视专区、阿里巴巴专区，常态化推广闽货。

【商圈建设】　2020年，福州三坊七巷、厦门中山路入选全国步行街改造提升试点，上下杭步行街正式开街。建设省级示范商圈4个、省级商务特色镇17个，推动商圈等主体享受优惠电价。新创建绿色商场12家。多部门联合推动便利店加快品牌化连锁化发展。

【稳住外贸】　2020年，福建聚焦产业链、需求链、供应链、资金链，帮助外贸企业稳市场、稳订单、稳信心。超常规手段提振出口。紧盯重点企业、项目、行业、国别、城市，点线面结合，加大正向激励力度，全力挖掘出口潜力，6月起连续实现单月正增长。新增长点加速释放。市场采购贸易实现石狮扩围、晋江扩点、全省扩容。新增3个跨境电商综试区，跨境电商进出口大幅增长。推动扩大防疫物资有序出口超百亿元。福州出口加工区等4个海关特殊监管区域获批整合优化为综合保税区。新增国家外贸转型升级基地2家、省级5家。获批原油非国有贸易进口资质企业3家。新增福州二手车出口试点。厦门市湖里区入选全国进口贸易促进创新示范区。莆田做强铁矿石转口贸易，带动全省进口较快增长。宁德试行跨境双向外贸综合服务模式成效良好。

【对外投资合作】 2020年，福建省推进境外项目疫情防控和生产建设。确保外经企业疫情防控不遗漏，建立全覆盖网络，严格实行疫情日报告制度，指导督促企业落实疫情防控措施，切实保障境外人员生命健康和安全。推动境外项目复工复产，帮助境外企业协调解决包机、紧急注射疫苗、争取金融支持等困难问题，生产建设情况好于预期。全省对外投资后劲十足，全年新备案项目投资额增长36.4%，实际投资额居全国第7位。"两国双园"及境外园区建设取得明显进展，中印尼"两国双园"三方合作备忘录在国务委员王毅见证下签署，中意"两国双园"建设规划编制完成，9个境外园区逆势新增实际投资近5000万美元。丝路投资、丝路贸易扎实推进，对"一带一路"中方协议投资额增长1.2倍，货物进出口增长7.2%。全省全年备案对外投资项目220个，中方实际投资额32.3亿美元，下降25.3%。

【口岸营商环境】 2020年，福建省口岸通道建设深入拓展，率先实现开放码头动态管理，协调保障增开客改货航班、境外货运定期航线、临时货运包机，畅通外贸货物运输。单证大幅精简，监管证件减少至44种，大部分实行联网核查、无纸化作业。通关流程更加优化，"提前申报""船边直提""抵港直装"等模式有效实施。2020年9月，进口、出口整体通关时间分别短于全国6.45、0.26小时，提前完成国家部署的压缩整体通关时间和压减集装箱进出口环节常规收费目标。国际贸易单一窗口升级为4.0版，应用大数据、人工智能、区块链等新一代技术，推进关港税贸金一体化，提升跨境贸易服务水平。

（向迎佳）

【社会消费品零售】 2020年，福建省社会消费品零售总额实现18626.5亿元，比上年下降1.4%，其中12月全省社会消费品零售总额1742.1亿元，增长0.2%，连续8个月实现正增长。按商品形态分，1—12月，全省商品零售额16886.9亿元，下降0.8%；餐饮收入额1739.6亿元，下降6.9%。

【追溯平台建设】 2020年，福建省重要产品追溯平台建设基本完成，进入试运行阶段，平台对追溯数据进行加工应用，增强数据结果的可视化、图像化，扩展新的数据应用，让追溯数据更好地服务政府部门、市场主体及广大消费者。全面完成"一品一码"全过程追溯体系农产品批发市场标准化改造建设工作。

【农产品批发市场改造】 2020年，福建省商务厅推动全省农产品批发市场改造工作，相继下发农产品批发市场改造建设及验收标准。2020年度完成4家农产品批发市场改造建设，实现以"一进口一出口"的闭环式管理模式。福建省26家"一品一码"农产品批发市场改造建设任务全部完成。

【市场应急调控保障】 2020年，福建省商务厅加强城市副食品调控基地建设。按照《福建省城市副食品调控基地管理办法》要求，调整优化基地，2020年审核通过325家基地，其中生猪、蛋禽、蔬菜基地分别为114家、65家、114家，其余32家为肉牛、肉羊、肉禽基地，部署安排基地做好生产供应，基地产品上市量达到城镇需求量的20%以上，保障城市副食品应急调控需求。

【生猪储备】 2020年，福建省商务厅落实省级生猪活体储备工作，全年安排落实3批次每批2万头省级生猪活体储备任务。为应对非洲猪瘟和新冠病毒肺炎疫情叠加影响，临时增加60千克以上省级生猪活体储备3万头，强化猪肉市场应急调控保障工作，提高省级生猪活体储备市场应急调控能力。

【市场运行监测分析】 2020年，福建省商务厅保障市场供应稳定。春节期间，从增加市场供应和调控市场供应两方面入手，有效保障节日期间全省肉、蛋、菜等主要副食品市场供应。疫情防控期间，压实"菜篮子"市长负责制，健全肉品、蔬菜等主要副食品供应等工作机制。第一时间启动生活必需品市场监测日报制度，密切关注肉、蛋、菜等生活必需品市场运行情况，应对市场需求，确保主要生活必需品市场平稳。7—8月，南平、漳州市分别受大雨和第6号台风"米克拉"影响，遭受严重经济损失，省商务厅综合南平、漳州市上报受灾情况和救灾补助资金规模，联合省财政厅对受灾损失较为严重的龙海市、武夷山市等市予以补助，帮助受灾商贸企业尽快恢复保供能力。

【闽货华夏行】 2020年，福建省商务厅组织全省325家企业参加4场闽货华夏行活动，现场意向订单金额2570万元以上。其中，优先扶持安排扶贫县企业62家（包括柘荣县企业12家），较上年增长82.35%；外贸企业69家，占企业总数的21.23%，外贸企业参展数量激增成为2020年闽货华夏行活动的一大亮点。

【闽货进加油站销售】 2020年，闽货累计向中石化、中石油系统全国加油站便利店终端销售闽货特色产品321.1万件，增长7.81%，全年销售额达3.85亿元。（周 全）

粮食市场

【概况】 2020年，福建省收购粮食34.5万吨，顺利完成省、市、县三级储备订单粮食收购28.1万吨，直接补贴农民近7000万元。优质粮食工程顺利完成。深入实施2018—2020年三年行动计划，完成37521万元投资。粮食产业经济加快发展。“河龙贡米”成功入选中欧地理标志协定保护名录，“浦城大米”被评为2020年度福建十大农产品区域公用品牌。

【储备监管】 2020年，福建省强化粮食储备管理。坚持制度管粮和技术管粮相结合，储粮水平大幅度提升。省级增加40万吨稻谷储备，转增应急大米储备1.7万吨，增加小包装食用油储备2000吨。严格物资储备管理。严格落实救灾物资储备管理办法，先后顺利完成8批次5.4万件物资调运工作。加强质量安全监管。全年累计开展抽查10954批次，合格率98.6%。

【粮油保供稳价】 2020年2月12日（正月初一）开始，福建省局部地区出现大米抢购现象，省粮食和物资储备局当晚紧急调运应急大米供应各超市和粮食供应点，13日（正月初二）成立粮油保供稳价领导小组，紧急制定9条措施，建立“一日一报”“一天一议”“处室地市对口联系”工作机制，立即组织粮油调度，于15日（正月初四）稳定大米市场供应。省粮食和物资储备局通过安排资金补助、帮助申报低息贷款等措施，推动省内152家加工企业和1476个供应网点3月初全部复工。增强市场保障。组织动员骨干粮企到省外采购粮食100多万吨，有效保障省内粮食供应。

【粮食产销合作】 2020年10月16日，福建省粮食和物资储备局在厦门大学举办2020年世界粮食日和全国粮食安全宣传周主会场活动，19—21日在福州海峡国际会展中心成功举办第三届中国粮食交易大会、第十六届福建粮洽会。来自联合国粮农组织、国家部委和各省党委政府15位省部级领导出席，全国31个省政府代表团和2600多家粮企1.5万人参会，展览面积7.5万平方米，参展企业超2600家，交易金额达360多亿元，参观超12万人次。福建省企业与10个产销协作省签订购销合同262项，数量449万吨。省政府与国家粮食和物资储备局签订战略合作协议。

2020年10月16日，2020年世界粮食日和全国粮食安全宣传周主会场活动在厦门大学成功举办。图为活动现场 （省粮食和物资储备局供稿）

【粮食安全责任考核】 2020年，福建省组织起草《关于进一步落实粮食安全省长责任制若干措施》。全省认真履行牵头部门职责。强化对上沟通、横向协调、对下指导，推动考核各项工作落到实处。圆满完成2019年度考核。经国务院审定，2019年度考核福建省名列全国前茅，连续4年获得通报表扬。经省政府审定，福州、厦门、三明、莆田、泉州等5个设区市达到“优秀”等级，其他设区市、平潭综合实验区均为良好等次。推进2020年度考核。在全面总结往年考核的基础上，提前开展预评预估，稳步落实2020年度国家考核各项指标任务。深入开展2016—2019年考核问题“回头看”专项行动，有效补齐短板。（陈昌炳）

供销合作商业

【概况】 2020年，福建省供销社实现销售总额2983亿元，比上年增长29%；实现利润总额12.8亿元，增长31%；全年供销社全资、控股企业实现主营业务收入231.7亿元，增长4.2%；利润总额7.1亿元，增长13.5%。在全国系统综合业绩考核中名列第4。4个单位、6人被全国总社授予抗疫先进集体和先进个人。全省9个设区市供销社、平潭综合实验区供销社以及68个县级供销社全部建立“三会”制度，覆盖面达100%。

【供给惠民生】 2020年，福建省供销社做好抗疫情、保供应、稳物价、畅物流、助“三农”、惠民生工作。全省系统冬储化肥106万吨，完成年度计划的176%，销售有机肥37.9万吨，增长5.1%。全年实现农产品购进额1110.6亿元，增长30.2%。为承租户减免租金5600多万元。在连江县联合举办2020

海上福建正宗原产地连江鲍鱼活动。举办“一县一周”名特优农产品展示展销会10场。

【助农项目建设】 2020年，福建省供销社系统落实新网工程项目32个，完成投资6599万元。落实“惠农工程”项目81个，完成投资1941万元。中国（政和）白茶城项目完成核心交易区建设。推动全省冷链物流产业体系规划建设，启动“中央厨房”项目建设，一期实现日均配餐6000份。福建供销商社资产运营公司策划生成康养项目。省供销社与福建建工集团、中国邮政集团福建分公司等签署战略合作框架协议。

【为农服务】 2020年，福建省供销社推进农业社会化服务，在建瓯、连城开展农业社会化服务体系建设试点县工作。全省系统新增农业社会化服务面积2.75万公顷。总结推广“长汀经验”，在45个县级社、340个基层社复制推广，全省65.1%的基层社实现与农民专业合作社融合发展。南平市成功承办全国供销合作社中国农民丰收节主题日活动。5个县级社被全国总社命名为“百强县级社”，22个基层社被全国总社命名为“标杆基层社”，55个星级农村综合服务社得到全国总社认定。申报国家农民合作社示范社9个，培育全国供销总社农民合作社示范社12个，省级农民合作社示范社26家，省社农民合作社示范社16家。组织各预算单位在“扶贫832平台”上购买贫困地区产品3078万元。

【安全生产】 2020年，福建省供销社系统落实属地领导责任、部门监管责任和企事业单位主体责任，深入开展安全生产专项整治三年行动。组织开展4次大排查大整治，遏制重特大事故发生，为供销社改革发展创造安全环境。

（崔绍华）

物流业

【概况】 2020年，福建省物流业完成业务收入4810亿元，比上年增长2.3%；实现增加值2355亿元，增长5%；完成货运量139952万吨，增长4.7%（其中，铁路货运完成3749.92万吨，下降8.2%；公路完成91136.61万吨，增长4.4%；水路完成45017.65万吨，增长6.5%；民航货运完成47.73万吨，下降11.5%）；全省沿海港口货物吞吐量6.21亿吨，增长4.5%，其中外贸货物吞吐量2.35亿吨，下降0.9%；通过水水中转、海铁联运方式经福建省港口进出的大宗货物3503.6万吨，增长0.7%；集装箱吞吐量1720万标箱，下降0.3%，完成集装箱海铁联运8.49万标箱，增长7.7%，国际中转集装箱完成110.99标箱，增长27.3%；航空货邮吞吐量47.68万吨，下降11.4%。全省物流业景气指数（LPI）平均值为50.4%，低于上年平均值（55.9%）5.5个百分点。全省物流企业中，413家获评国家A级物流企业，居全国第四位；好运联联获评福建省首家AAAAA级网络货运平台企业；有国家级示范物流园区2家、省级示范物流园区27家、全国物流50强企业3家、中国民营物流企业50强3家、国家供应链试点企业9家、全国冷链物流百强企业3家、国家级甩挂运输试点企业14家、星级冷链物流企业7家（全国87家）。

【物流基础设施建设】 至2020年底，福建省公路通车总里程超11万千米，公路密度超91千米/百平方千米，居全国前列；高速公路里程突破6000千米，形成“三纵八横”主骨架网，实现80%以上陆域乡镇30分钟便捷通高速；全省公路货运枢纽布局逐步完善，建成客货运枢纽56个（包含24个客运枢纽，32个货运场站枢纽）、乡镇综合运输服务站201个，三级物流服务网络基本形成，县级物流节点全覆盖，乡级覆盖率达91.3%；沿海港口生产性泊位共计421个，开通外贸航线135条，通达全球近60个国家140多个港口；铁路在建和运营里程突破5000千米，其中高、快速铁路运营里程2029千米（含支线），“三纵六横”铁路网格局加快形成，在全国范围内率先实现市市通高（快）铁目标；民航机场建成6个，形成以福州长乐国际机场、厦门高崎国际机场为双枢纽，泉州晋江国际机场、武夷山机场、三明沙县机场和连城冠豸山机场协同发展的良好态势。

2020年，全省物流园区提升工程包累计完成投资额42.6亿元，完成年度计划的202%。中欧（厦门）班列开通以来，累计开行910列、71518个标箱，累计货值27.81亿美元。福州保税港区升级为福州江阴港综合保税区，厦门象屿保税物流园升级为综合保税区。厦门港启动集装箱码头全智能化改造工程。厦门颁发全省首张“网络货运”运营牌照。全国首个省级港口危险货物安全监管综合服务平台（福建省级港口危险货物安全监管服务平台示范工程）通过竣工验收。福州江阴—湖北海铁联运新通道、安通控股“后渚—上海”直航航线、“石湖—上海”直航航线、“潮州—厦门”首条内贸集装箱班轮航线、福建沿海集装箱穿梭支线（宁德—福州—泉州—厦门）、“台湾—福州—北京”临时邮路分别开通。厦门湾“海上巴士”双向再增加20班次。福州港江阴港区新增东南亚航线、马来西亚、印度尼西亚直航海丝新航线。福州机场开通飞往洛杉矶的首条洲际大型全货机航线。马尾对台跨境电商货物海运直航专线首航，为两岸跨境电商企业提供福州马尾与台北、基隆、高雄等台湾地区主要港口双向直航的海运干线物流服务。福州港首批外贸铁路箱全程运输，实现“一箱到底”全程多式联运。厦门航空新开通赴欧洲空中货运航线。泉州港开通“CNP2泉州—马尼拉”国际航线。莆田首个山区线寄递物流转运中心投入使用。莆田建设陆地港项目，打造综合性多式联运现代物流基地。漳州、莆田、龙岩再获批设立跨境电子商务综合试验区。平潭口岸金井港区两个进境指定监管场地通过验收。全国首座跨海公铁两用桥——平潭海峡公铁两用大桥全面通车。衢宁铁路正式开通运营，结束福建省松溪、政和、屏南、周宁等4县不通铁路的历史。海铁联运开行以来，台湾、香港等地区和越南、韩国等东南亚国家搭载中欧班列货物累计1952个标箱、货值15163.45万美元。截至年底，丝路海运航线达70条，联盟成员达212家，与“海丝”沿线国家和地区18个港口建立友好港，集装箱吞吐量逾400万标箱。

【软环境建设】 2020年，福建省有关部门制定印发《关于印发现代物流业实施保产业链供应链稳定行动方案的通知》《福建省发布防控疫情和全面打通省内交通物流二十条措施》《关于促进福建省快递业与制造业深度融合发展的指导意见》《关于福建省跨省大件运输并联许可实施细则（试行）的通知》《福州临空示范区总体方案》等。厦门、漳州、泉州、莆田、南平、平潭综合实验区分别出台纾困解难促增产增效相关政策，福州、厦门、泉州、龙岩、宁德分别在支持货运航空、港口生产、邮政快递、城市配送、冷链物流等方面出台扶持政策，加快推进全省现代流通体系建设。2020年，福建省获得“全国物流行业先进集体”称号3个、“全国物流行业劳动模范”8名、“全国物流行业先进工作者”2名。省工信厅、统计局、物流协会联合向社会公布福建省2020年每季度物流业运行情况。

（谢秀芳　胡　超）

专营专卖

【烟草专卖】 2020年，福建省收购烟叶172.04万担，上等烟比例78.7%，比上年提高4个百分点。在全国率先规划、推动落实8.87万公顷永久烟田。持续推动烟田布局优化，打造千亩村88个、万担乡56个。推动“种采烤分一体化”生产组织方式，培育烟叶产业经理。突出福建烟叶清甜蜜甜香风格特色，开拓烟叶市场，全年调拨烟叶154万担，其中“翠碧一号”收购、调拨83万担。继续把烟叶产业作为助力烟农增收、脱贫攻坚、产业融合的重要载体。全省3.3万户烟农，实现烟叶税6亿元，户均收入9.34万元（含补贴），比上年增加2.2万元，增幅36.1%；烟农多元化增收3.59亿元。开拓国际市场，出口烟叶类产品1万吨，增幅26.8%。

全年销售卷烟166.97万箱，比上年增加4700箱，单箱销售额3.51万元/箱，增加800元/箱；卷烟零售总额586.56亿元，增长2.67%。支持湖北抗疫，销售湖北卷烟近3万箱，增加1500箱。增销低价位卷烟1万箱，总量达到10.71万箱。支持省产卷烟发展，“古田金中支”“扬帆”“纯境”等新品发展良好。发布“海丝新晟”流通品牌。全省20万零售客户，年均毛利4.32万元/户。

卷烟打假。全年查获大型烟机88台，假烟2.7万件，烟叶烟丝689吨；破获国际网络案件49起，逮捕犯罪嫌疑人330人，判刑535人。全年查处海上走私违法卷烟案件22起，查获违法卷烟1.44万件。

（傅积恩）

【食盐专卖】 2020年，福建省盐业集团有限责任公司（简称“福盐集团”）实现营业收入50748万元，实现利润总额4590万元。2020年，资产总额23.14亿元，净资产17.17亿元。

食盐销售。因地制宜地推动渠道结构调整，充分发挥小配送渠道的机动性优势，有效配送至薄弱区域和终端客户；梳理2批配送渠道，进行网格化管理并进一步掌控；拓展电商、连锁便利店等新零售终端渠道，提高闽盐产品的市场覆盖率。全省基本形成传统渠道60%、小配送渠道和新零售渠道各20%的较为稳固的销售渠道占比。

品种结构。全年实现省内小包装食盐销售9.05万吨，比上年提高3.55%；中高端食盐销量2.91万吨，占比32.19%，比上年提高2.09个百分点。

生态海盐建设。福盐集团2个定点厂荣获全国首张“生态海盐认证证书”，山腰盐场东海、西海工区和莆田盐场七、八工区盐田划定为生态海盐原料盐基地，

2020年9月16日，经中国盐业协会生态海盐评审管理技术委员会审定，福盐集团旗下的福建省莆田市晶秀轻化有限公司及福建省泉州晶海轻化有限公司生产的食盐产品被中国盐业协会授予全国首张生态海盐证书

（省盐业集团有限责任公司供稿）

全年可以生产生态海盐6.34万吨。将旗下10余款产品升级为生态海盐系列产品，进行产品品质提升和外包装更新；对基础盐系列进行外包装版面调整。

品质管控。做好权属食盐定点生产企业的质量、环境、食品安全管理体系建设，确保有效运行，严把质量关，切实做到一品一质，3家食盐定点生产企业获得食品生产许可证；落实食盐"一品一码"及"一包一码"要求，形成产品追溯体系；完成《食品加工用盐》《天然海晶盐》《福盐一品》企标的修订备案，权属晶秀、晶海公司通过罐装生产线的生产资质验收。

品牌宣传。举办生态海盐授牌仪式暨新品发布会，开展生态海盐重点宣传；拓展产品宣传渠道，举行各种规模宣传活动，投放专柜，全面更新升级户外广告，与今日头条、抖音等新兴移动媒体合作推广，提升"闽盐"品牌知名度。

食盐应急供应。1月25日，莆田（秀屿、仙游）、龙岩（长汀）、南平（政和）等地发生哄抢食盐苗头，地方商超、食杂店、偏远农村等出现断货现象。福盐集团迅速启动应急机制，统筹复工复产，加强销售企业与生产企业的对接，利用自建小配送、组织员工装卸服务队，对接大型商超、电商平台、销售渠道，确保零售终端食盐覆盖率。

盐政辅助。全省盐政管理人员市场检查共出动71348人次（16363次），检查餐饮店156068家次、批发零售店185897家次、加工用户2773家次、学校864所次。发现涉嫌违规线索13914起（3173.9吨），向当地监管部门提供违规线索5694条。（俞　魁）

电子商务

【概况】 2020年，福建省实现网络零售额6242.3亿元，比上年增长24.7%，高于全国增速15.8个百分点。实现实物商品网络零售额5473.3亿元，增长31.1%，高于全国增速17个百分点，在全省社会消费品零售总额中的占比不断提升，有效助力全省消费稳步回暖。"十三五"期间，福建网络零售额保持年均20%以上的增长速度，总体规模居全国第六位，农村电商规模居全国第三位，电子商务渗透指数和支撑指数分别居全国第三位、第五位。

【电商新模式】 2020年，福建省商务厅启动贯穿全年的"全闽乐购"线上线下促消费行动。福建电商开展一系列重要配套活动：在第二届全国"双品网购节""6·18"电商购物节均取得实物商品网络销售全国第五的成绩。顺应"直播带货""网红经济"电商新模式发展趋势，在全国较早研究出台《关于进一步促进网红经济发展九条措施》，通过"多平台直播、全品类带货、政银企协同、省市县联动"的方式，举办多场"全闽乐购"全省性直播活动，从省领导到基层干部、第一书记，省、市、县商务系统领导纷纷走进直播间，为福茶（茶叶）、福果（水果）、福渔（水产）、福装（箱包鞋服）、福汽（本土汽车）等"五福"优质闽货代言。与阿里巴巴合作搭建"汇聚福建 全闽乐购"常态化闽货推广专区。会同福建广电网络集团，利用广电网络覆盖不同年龄、不同层次人群的独特优势，设立"全闽乐购"云电视专区，实现云电视端的闽货推广与扫码直购。会同福建省委网信办、福建省广播影视集团联合举办"全闽乐购·福建网红主播大赛"，以"为福建代言，打造福建网红榜样"为目标，直播赋能福建优势产业，探索网红行业标准，推动网红经济健康发展。

【跨境电商】 2020年，在商务部及有关部委的支持下，福建聚合跨境电商领域多项政策红利：先后获批对台海运快件试点城市；海峡两岸电子商务经济合作实验区；跨境电商综合试验区（有福州、厦门、泉州、莆田、漳州、龙岩等6个）；福州海关、厦门海关纳入跨境电商企业对企业出口监管试点范围。全省跨境电商实现零售进出口（9610直邮、1210保税）、B2B直接出口（9710）、出口海外仓（9810）等有跨境电商业态全覆盖，实施"增值税、消费税'无票免税'和所得税核定征收"等优惠政策。探索出多项"福建特色"经验：国际贸易"单一窗口"迭代升级4.0版，跨境电商综合服务平台支撑福州、厦门关区开展跨境电商B2B出口业务，实现全业务模式覆盖。建立商品全球质量溯源体系，为进出口商品贴上"身份证"。在全国率先推出跨境电商出口信用保险创新型承保模式，支持中信保福建公司利用海外仓大数据支持外贸企业为电商提供代采出口服务。不断建设完善线下综合园区，全省建成跨境电商线下园区超过140个，跨境电子商务线下监管中心18个。2020年1—7月，全省跨境电商9610零售方式进出口业务增长近百倍，跨境电商进出口额达67.48亿元，增长6.11倍。

【农村电商】 2020年，福建省新创建周宁、霞浦、上杭、漳平、邵武、东山等6个国家级农村电商示范县，全省累计国家级示范县33个，实现全省贫困县农村电商示范工作全覆盖。2020年，全省实现农村网络零售额2698.2亿元，比上年增长28.6%，高于全国农村网络零售额增速20.8个百分点，排名全国第三位；实现农产品网络零售额345.7亿元，增长27.3%，增速高于全国农产品网络零售额增速8.6个百分点。阿里研究院公布2020年中国淘宝村、淘宝镇名单，福建省441个淘宝村上榜，较上年增加123个，数量排名全国第六位；淘宝镇153个，较上年增加47个，数量排名全国第五位。相关企业通过收购贫困户自产农特产品、发展“电商+基地+农户”模式或吸收用工等方式，带动贫困户1888人增收1634万元，人均增收8600元。（傅毅松）

餐　饮　业

【概况】　2020年，福建省商务厅加强商贸服务业疫情常态化防控工作。联合省卫健委、省市场监管局制定《关于餐饮服务新冠肺炎疫情常态化防控工作的实施意见》《关于做好2021年两节期间餐饮服务新冠肺炎疫情防控工作的通知》，督促各地商务部门做好岁末年初商贸服务业疫情防控、安全生产和制止餐饮浪费等工作。指导落实商贸流通企业主体防控责任，推广使用“八闽健康码”。大力推广餐饮“互联网+”模式，推出“移动食堂”“莆田餐吧”等线上线下融合发展模式，助力餐饮消费市场复苏。指导各地商务部门和餐饮行业协会制订行业自律公约、倡议书等，引导餐饮行业继续开展“光盘行动”。

【“八闽美食嘉年华”线上线下行活动】　2020年，福建省商务厅开设“防疫少出门、宅家学闽菜”主题电视专区，全省同步启动“八闽美食嘉年华线下行”活动，省领导和各地领导带头堂食消费，提振餐饮消费信心。组织开展全省烹饪行业职业技能竞赛，推动漳州、南平等地积极创建3个福建省美食街城（全省累计创建17个）。全省餐饮收入1739.56亿元，下降6.9%，好于全国水平9.7个百分点，降幅逐月收窄。

（彭涌泉）

家政会展业

【家政服务业推进】　2020年，福建省商务厅出台《关于进一步推动家政服务业稳步发展的若干措施》，指导家政服务业复工达产、支持岗前健康体检、发展员工制家政企业、建立信用信息体系、推进家政服务标准化和规范化、促进家政服务业与相关产业融合发展等。在全省范围内共组织开展10场以上“八闽家政嘉年华”，宣传推广家政服务业政策和家政信用体系建设情况。组织开展家政职业技能竞赛活动。不断建立完善家政服务信用体系，鼓励家政服务业诚信经营。

【会展业】　2020年，福建省商务厅指导规范全省党政机关举办展会活动。保留省政府作为主办单位继续举办的2项展会［21世纪海上丝绸之路博览会暨海峡两岸经贸交易会、海峡两岸（厦门）文化产业博览交易会］和3项省部级党政机关（非福建省政府主办的）在福建省举办的展会［中国国际投资贸易洽谈会、海峡两岸现代农业博览会·海峡两岸花卉博览会、泉州商品博览会暨中国（晋江）国际鞋业博览会］，其他8项原由省部级党政机关举办的展会转按市场化模式承接举办。全面清理整顿23项省级以下党政机关举办展会。（陈　峰）

编辑：郑　菉

2021 福建年鉴 FUJIAN YEARBOOK

对外及港澳台经济贸易

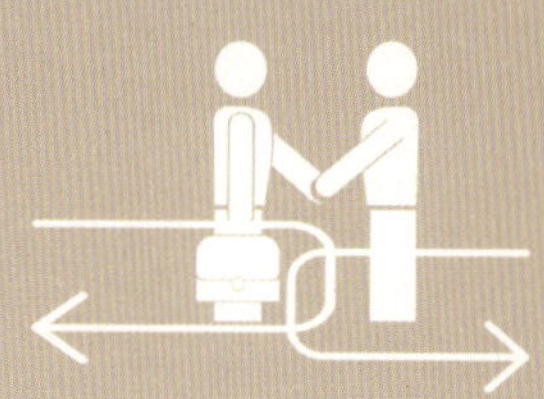

综　述

【概况】　2020年，福建省建立福建外贸云展示平台，组织参展网上广交会、华交会。联合香港贸发局开展福建品牌系列线上展览，70家企业"上线出海"。举办16场外贸云展会，超200万人次询盘对接。推进外贸企业出口转内销，举办全国首场台企拓内销线上对接会，意向签约近10亿元。全年闽台贸易增长10.9%，对台出口增长19.9%。持续开展"助力万企成长"培训，组建千名律师服务团，帮助企业开展经贸合作、应对贸易摩擦。漳州平和蜜柚首次出口美国。参加进博会实现采购招商高质量联动。签约重点项目85个，其中意向金额等采购指标均好于往届，投资项目总投资330.7亿元。服务贸易迈出新步伐。厦门纳入国家服贸创新发展试点，获批国家数字服务出口基地。厦门、福州服务外包综合评价位居全国前列。全省全年货物贸易进出口、出口、进口三项指标规模均创年度历史最高纪录，累计进出口14035.6亿元，增长5.5%，增速高于全国3.6个百分点。其中，出口8474.4亿元，增长2.3%；进口5561.2亿元，规模跃居全国第七位，增长10.6%，增速高于全国11.3个百分点。

【利用外资】　2020年，福建省外商投资法全面落实，取消外资审批备案，实施信息报告制度，完善投诉工作机制，清理废止46份规范性文件。落实"两清单一目录"，推出291个新开放领域及新增鼓励类招商项目。"不见面"招商常态化推进，开展投资促进季、招商引资专项行动，线上发布招商项目1086个，举办1018场线上对接活动，对接项目551个。省委、省政府主要领导以两岸视频连线方式见证重大台资项目签约，59个外资项目、47个自贸项目参与全省集中云签约。全年新设台资项目1233个；实际使用台资规模居大陆第三位。南平"回归经济"招商成效突出。外资企业供应链保持稳定，及时协调解决物流受阻、工人复工难、原材料进口不畅等问题，帮助企业用好纾困惠企政策，为超200家企业外籍商务人员入境提供便利。开展"送政策稳信心，促增资扩产能"专项行动，利润再投资占利用外资总额的17.6%。调查显示近九成重点外资企业无产能转移计划。"五个一批"项目推进机制有效落实，加强跟踪协调，一大批重点项目加快落地。投入专项资金鼓励加快到资。2020厦洽会成功举办，全省共签约合同项目282项、合同外资76.1亿美元，推出"云上投洽会"，打造永不落幕的投资促进平台。开发区加快创新发展，落实园区标准化建设机制创新专项行动，开展综合发展水平评价，推动生态环境保护，开发区发展质量进一步提升，载体作用更加凸显。全省全年新设外商投资企业2234家，实际使用外资347.9亿元，增长10.3%。　（崔　毅）

出口贸易及港澳台贸易

【概况】　2020年，福建省累计出口1224亿美元（折合人民币8474.4亿元），比上年增长1.8%，出口额在广东、江苏、浙江、上海和山东之后，居全国第六位。

【出口主体】　2020年，福建省民营企业出口量最大，全年合计出口764.7亿美元，比上年增长5.2%；占全省出口总值的62.5%。外商投资企业出口334.8亿美元，比上年下降6.4%，占全省出口总值的27.4%；国有企业出口122.6亿美元，增长4.7%，占全省出口总值的10.0%。

【出口贸易方式】　2020年，一般贸易为福建省外贸出口的最主要方式。全年一般贸易出口867.7亿美元，增长1.1%，占全省出口总值的70.9%。

【出口商品结构】　2020年，福建省机电产品出口462.2亿美元，比上年增长6.1%；高新技术产品出口147.1亿美元，增长3.5%；农产品出口93.0亿美元，增长1.7%。

【出口市场分布】 2020年，福建省对欧盟、美国、东盟、日本及中国香港地区等五大传统市场合计出口794.4亿美元，比上年增长1.6%，占全省出口额的64.9%。其中，东盟出口263.0亿美元，增长9.8%；美国225.7亿美元，增长3.1%；欧盟180.2亿美元，下降3.2%；中国香港地区63.1亿美元，下降13.5%；日本62.4亿美元，下降2.4%。

【出口地区分布】 2020年，厦门市出口515.8亿美元，比上年增长0.7%；福州市257.7亿美元，比上年下降1.9%；泉州市217.6亿美元，增长3.3%；漳州市77.9亿美元，增长14.3%；宁德市48.4亿美元，增长17.4%；莆田市33.1亿美元，下降1.0%；龙岩市33.1亿美元，增长27.2%；南平市16.6亿美元，增长0.4%；三明市15.3亿美元，下降40.3%；平潭综合实验区8.6亿美元，增长53.0%。 （崔　毅）

进口贸易

【概况】 2020年，福建省累计进口805.3亿美元（折合人民币5561.2亿元），比上年增长10.1%，进口规模在广东、上海、北京、江苏、山东、浙江省市之后，居全国第七位。

【进口主体】 2020年，福建省国有企业进口310.2亿美元，比上年增长25.0%，占全省进口总值的38.6%；民营企业进口259.3亿美元，增长18.6%，占全省进口总值的32.3%；外商投资企业进口230.6亿美元，下降12.2%；占全省进口总值的28.7%。

【进口贸易方式】 2020年，一般贸易进口是福建省进口的主要方式。全年进口649.6亿美元，增长19.0%，占全省进口总值的80.9%。

【进口商品结构】 2020年，福建省机电产品进口148.9亿美元，下降5.2%；农产品进口107.6亿美元，增长26.5%；高新技术产品进口107.1亿美元，下降3.3%。

【进口市场分布】 2020年，福建省对欧盟、美国、东盟、日本及中国香港地区等五大传统市场合计进口270.4亿美元，增长14.1%，占全省进口额的33.7%。其中，东盟进口146.1亿美元，增长20.5%；欧盟49.8亿美元，增长0.7%；美国37.5亿美元，增长9.2%；日本34.9亿美元，增长13.1%；中国香港地区2.1亿美元，增长93.8%。

【进口地区分布】 2020年，厦门市进口482.5亿美元，增长15.4%；福州市103.6亿美元，下降1.7%；泉州市67.3亿美元，下降29.6%；莆田市57.8亿美元，增长145.7%；漳州市38.8亿美元，增长4.4%；宁德市24.1亿美元，增长17.4%；龙岩市15.2亿美元，下降15.0%；平潭综合实验区10.5亿美元，增长16.9%；南平市1.5亿美元，增长30.4%；三明市1.3亿美元，增长14.0%。

2020年福建省出口主要商品情况

单位：万美元

序号	名　　称	出口额	序号	名　　称	出口额
1	机电产品	4622329.8	11	其中：水海产品	587862.4
2	其中：自动数据处理设备及其零部件	425494.5	12	服装及衣着附件	1245232.8
3	音视频设备及其零件	292429.0	13	鞋靴	911838.1
4	灯具、照明装置及其零件	201467.0	14	纺织纱线、织物及其制品	900399.1
5	通用机械设备	207310.4	15	家具及其零件	481463.5
6	汽车零配件	206499.3	16	塑料制品	483426.0
7	液晶显示板	135145.4	17	陶瓷产品	276470.3
8	家用电器	138274.4	18	钢材	170830.0
9	高新技术产品	1470786.1	19	箱包及类似容器	192004.4
10	农产品	929735.7	20	玩具	150976.5

2020年福建省主要出口国家与地区

单位：万美元

序号	国别/地区	出口额	序号	国别/地区	出口额
1	东盟（10国）	2630154.8	13	泰国	336090.0
2	美国	2256663.3	14	荷兰	301918.4
3	欧盟（27国，不含英国）	1802442.6	15	印度尼西亚	259115.2
4	菲律宾	898010.6	16	澳大利亚	241945.0
5	中国香港	630814.6	17	加拿大	238197.4
6	日本	623711.6	18	新加坡	203995.5
7	中国台湾	577189.9	19	俄罗斯联邦	174172.8
8	越南	432321.2	20	印度	156995.8
9	德国	424652.0	21	法国	146523.6
10	马来西亚	386369.3	22	意大利	143968.6
11	韩国	378142.8	23	巴西	111563.4
12	英国	374175.1			

2020年福建省进口主要商品情况

单位：万美元

序号	名称	进口额	序号	名称	进口额
1	机电产品	1489141.6	10	原油	447896.5
2	其中：集成电路	371561.5	11	铜矿砂及其精矿	424811.1
3	液晶显示板	165212.0	12	煤及褐煤	299235.0
4	自动数据处理设备及其零部件	154133.4	13	初级形状的塑料	300173.8
5	铁矿砂及其精矿	1264033.6	14	钢材	176647.7
6	农产品	1075803.8	15	纸浆	134713.1
7	其中：粮食	325293.4	16	未锻轧铜及铜材	112581.8
8	其中：大豆	183309.3	17	纺织纱线、织物及其制品	112496.5
9	高新技术产品	1070592.0	18	天然气	100167.2

2020年福建省主要进口国家与地区

单位：万美元

序号	国别/地区	进口额	序号	国别/地区	进口额
1	东盟（10国）	1460992.3	10	韩国	239399.3
2	澳大利亚	1052260.1	11	俄罗斯联邦	234665.9
3	中国台湾	621440.8	12	越南	226343.9
4	巴西	592782.8	13	加拿大	218252.0
5	印度尼西亚	591578.4	14	印度	204040.8
6	欧盟（27国，不含英国）	497964.4	15	德国	166482.6
7	美国	374524.2	16	泰国	164841.1
8	日本	349167.4	17	新西兰	131265.0
9	马来西亚	293043.0	18	南非	128890.4

（崔　毅）

利用外资和港澳台资

【概况】 2020年，福建省新设外商投资企业2234家，实际使用外资347.9亿元，增长10.3%，增幅创10年来历史新高。

【设区市实际使用外资】 2020年，厦门市实际使用外资166亿元，比上年增长23.8%；福州市70.1亿元，增长7.3%；泉州市46.4亿元，增长5.1%；漳州市41.1亿元，增长8%；莆田市9.6亿元，增长6.8%；三明市1.4亿元，增长7.3%；宁德市1.5亿元，增长5.1%；龙岩市2.7亿元，下降16.9%；平潭综合实验区6.5亿元，下降50.5%；南平市2.5亿元，下降54.9%。

【使用外资主要特点】 2020年，福建省累计到资亿元以上企业68家，合计金额291.9亿元，增长21.1%，拉动全省实际使用外资增长16.1个百分点。

服务业到资增长迅速。服务业实际使用外资202.9亿元，增长37.2%，占全省58.3%。其中，住宿和餐饮业（到资28.9亿元，增长141%）、租赁和商务服务业（到资61.7亿元，增长98.7%）、批发和零售业（到资29.4亿元，增长70.6%）等行业增长较快。高技术制造业到资35.3亿元，增长6.7%。第一产业实际使用外资1.2亿元，增长29.3%。

重点区域到资增长较快。欧洲到资27.3亿元，增长32.1%；中国香港到资246.4亿元，增长20.4%；中国澳门到资1.9亿元，增长79.3%；中国台湾到资11.7亿元，增长77.3%。其他国家和地区中，日本到资5849万元，增长24.9%。

【对外直接投资】 2020年，福建省对外投资设立企业和机构152家，比上年减少51家，实际对外投资额32.26亿美元，比上年下降25.3%。前三大投资目的地为：中国香港23.54亿美元，占比73.0%；印度尼西亚2.72亿美元，占比8.4%；德国1.09亿美元，占比3.4%。分行业看，投资额前三的行业为：租赁和商务服务业16.80亿美元，占比52.1%；批发和零售业6.30亿美元，占比19.5%；制造业5.89亿美元，占比18.2%。

【“一带一路”沿线国家投资情况】 2020年，福建省对“一带一路”沿线国家和地区投资项目86个，实际投资额5.3亿美元。分国别和地区看，前三大投资目的地为：印度尼西亚2.72亿美元，占比8.4%；越南0.97亿美元，占比3.0%；新加坡0.66亿美元，占比2.0%。 （杜 娟）

对外投资及经济技术合作

【对外承包工程】 2020年，福建省新签订对外承包工程合同47份，金额7.96亿美元，比上年下降54.1%。完成营业额12.89亿美元，增长26.6%。对外承包工程项下派出劳务人员1927人次，下降1.4%；年末在外劳务人员3021人，增长17.1%。

对外承包工程业务分布在40个国家和地区，其中：非洲地区完成营业额4.77亿美元，占37%；亚洲地区4.36亿美元，占33.8%；欧洲地区2.86亿美元，占22.2%；拉丁美洲地区0.69亿美元，占5.4；大洋洲地区0.21亿美元，占1.6%。完成营业额前三位的分别为肯尼亚1.81亿美元、中国香港1.58亿美元和乌克兰1.27亿美元。2020年全省有对外承包工程实绩的企业共15家，其中福州10家、厦门3家、龙岩1家、南平1家；15家企业中完成营业额超过1亿美元的4家，分别为中国武夷实业股份有限公司、中国水利水电第十六工程局有限公司、中国电建集团福建工程有限公司和中国电建集团航空港建设有限公司。从完成营业额和新签合同额看，中国武夷实业股份有限公司分别以3.55亿美元和4.93亿美元，在省内企业中均排名第一。

【对外劳务合作】 2020年，全省外派各类劳务人员40741人次（包括工程项下派出人数），比上年下降16.5%。年末在外各类劳务人员57033人，下降16.3%。外派劳务人员全年实际收入8.63亿美元，增长1.4%。新签劳务人员合同工资总额6.11亿美元，下降11.9%。全年共向56个国家和地区派出劳务人员，其中：亚洲地区36219人次，占88.9%；欧洲地区1511人次，占3.7%；非洲地区1348人次，占3.3%；拉丁美洲地区800人次，占2%；北美洲地区286人次，占0.7%；大洋洲地区264人次，占0.6%；其他国家地区313人次，占0.8%。从具体国别（地区）看，中国澳门依旧为福建外派劳务最大目的地，全省7家输澳劳务合作企业2020年输澳劳务总人数24862人次，占全省外派劳务总量的61%；年末在澳35996人，占全省在外劳务人员总数的63.1%；劳务人员实际收入总额4.8亿美元，占55.62%；新签劳务人员合同工资总额5.18亿美元，占84.78%。

【对外援助】 2020年，全省5家援外培训单位共获批承担20个援外培训项目，但年内均未实施。援外技术方面，福建农林大学执行援外技术项目3个，分别为援斐济菌草技术示范中心项目二期项目、援莱索托菌草技术合作项目和援巴布亚新几内亚菌草、旱稻技术援助项目，新获批承担援中非菌草技术项目1个。援外成套方面，中国水利水电第十六工程局有限公司执行援吉尔吉斯斯坦水利灌溉系统修复施工项目1个，金额1.1亿元。援外物资方面，全省5家援外物资单位均未承担相关项目。

（郭 华）

闽港澳台经贸合作

【闽港经贸合作】 2020年，福建省新

设港资企业数617家，比上年增长16.2%；合同港资502.1亿元，比上年下降35.8%；实际利用港资246.4亿元，增长20.4%，高于全省10.1个百分点。闽港进出口贸易额451亿元，下降11.7%。备案对香港投资的项目62个，增长3.3%，中方协议投资额5.2亿美元，增长1.1倍。

【闽澳经贸合作】 2020年，福建省新设澳资企业数83家，比上年增长93%；合同澳资13亿元，比上年增长1.6倍；实际利用澳资1.9亿元，增长79.3%。闽澳进出口贸易总额2.6亿元，下降33.3%。备案对澳门投资的项目1个，中方协议投资额6.3万美元。

【闽港澳经贸合作机制】 2020年9月，全国政协副主席何厚铧率领澳区全国政协委员考察团到闽参访考察，举办“深化闽澳合作，共同参与‘一带一路’建设”座谈会，共同推动闽澳高质量共建“一带一路”。10月，省长王宁在海南参加泛珠合作会议期间会见澳门特区政府行政长官贺一诚，就深化闽澳经贸合作、携手“一带一路”建设等进行深入交流，推动闽澳经贸合作上新台阶。12月，副省长郭宁宁率团访问澳门，与澳门特区政府经财司司长李伟农联合主持召开闽港合作第三次会议，省商务厅与澳门贸促局签署《关于深化闽澳会展产业合作的协议》，促进双方在经贸、会展等方面深化合作。

【闽港澳经贸合作领域】 创新会展合作。2020年4月，福建省商务厅依托香港国际线上展会平台，举办“福建品牌（香港）线上展览”活动，帮助福建外贸企业抢订单，拓市场。10月，省商务厅连续14年组织经贸代表团参加“澳门国际贸易投资展览会（MIF）”，设立“福建馆”，举办“福建—澳门—葡语国家经贸交流会”，全省与澳门及葡语国家的经贸交流合作。组织邀请港澳经贸代表团参加“9·8”厦洽会等全省重点展会，设立“香港馆”“澳门馆”，推广港澳优质品牌。

深化金融合作。联合香港贸发局在南平等地举办“福建企业赴港上市暨股权投融资交流活动”，邀请香港交易所、普华永道、渣打银行等香港金融服务业机构的专家，对企业赴港上市及股权投融资进行辅导，与福建企业就企业搭建上市架构、股权投资合作等问题进行精准对接洽谈，达成一批合作意向。

加强服务业对接。2020年“9·8”厦洽会期间，省商务厅联合香港贸发局举办“香港优势”线上线下系列研讨会，邀请香港现代服务业领域专家，就如何用好香港优势，帮助企业开拓海外市场、对接“一带一路”合作项目等课题进行分享，帮助企业寻找新商机，拓展新市场。

闽港澳招商合作。创新开展对港澳政协委员“云招商”“云推介”等活动，促进更多港澳企业到闽投资兴业。积极发挥“9·8”厦洽会、数字中国建设峰会等招商平台优势，加强与港澳企业的联络对接，闽澳多个合作项目成功签约。11月，在第三届进博会期间，省商务厅组织港澳招商小分队，与卓佳集团、金百加集团等港澳参展商开展对接洽谈，推动参展商变投资商。走访拜会宝龙集团、科泰电源等在沪港澳行业龙头企业，推进具体合作项目取得新进展。省商务厅还积极推动澳门华濠环保科技、汇力兴业集团、三源智联（澳门）投资有限公司等澳门企业与全省相关地市对接，推进产业对接和项目合作。

（肖嘉耀）

【闽台经贸合作】 2020年，福建省新设台资项目1233个，位居大陆各省、市首位；合同台资236亿元，比上年增长51.4%；实际利用台资35.2亿元，位居大陆各省、市第三。闽台贸易829.7亿元，增长10.9%，增速高于全省进出口5.4个百分点。其中，对台出口399.1亿元，增长20%，增速高于全省出口17.6个百分点；自台进口430.6亿元，增长3.4%。（邱小欢）

编辑：郑 莱

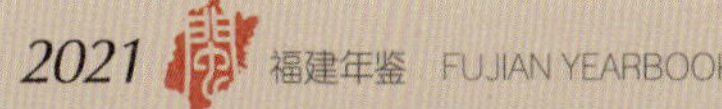

中国（福建）自由贸易试验区·福州新区

综　述

【概况】　2020年，福建省深入推进自贸试验区制度创新。新推出70项制度创新举措，其中全国首创39项、对台13项。新增6项在全国推广，居全国前列。第8批23项试点经验推向全省。提出扩区方案和平潭借鉴海南自贸港政策措施。

【对台先行先试】　2020年，福建省畅通对台经贸合作通道，两岸邮件处理中心等对台特色项目有序推进，“平潭—台湾—全球”海空联运新通道加快形成。对台金融开放深入实施，两岸首家合资全牌照证券公司落地，海峡股权交易中心和厦门两岸股权交易中心台资板块挂牌展示台企达1700多家。台胞台企创业就业更加便利，对台职业资格采信、台胞社区建设、征信信息共享、涉台审批服务等领域实现新突破。“海丝”核心区通道作用凸显。“丝路海运”航线增至62条，覆盖27个国家，全年共开行2455个航次，完成集装箱吞吐量237.5万标箱。

【中欧班列】　2020年，福建省扩线增量中欧班列并开展跨境海铁联运，班列全年累计发运271列、货值67.9亿元，分别增长15.8%、34.5%。流量规模持续做大。新设企业1.38万户，注册资本2724.6亿元。物联网产业、基金小镇、航空维修、进口燕窝、影视基地等平台经济蓬勃发展。　　　　（向迎佳）

中国（福建）自由贸易试验区福州片区

【经济运行情况】　2020年，中国（福建）自由贸易试验区福州片区新注册企业5267家（其中内资企业5230家、外资企业37家），新增注册资本1002.36亿元（其中内资企业注册资本983.71亿元、外资企业注册资本18.65亿元），区内企业实现税收77.04亿元。全区港口货物吞吐量5808.76万吨，比上年增长24.94%，集装箱吞吐量完成305万标箱，增长3.29%，进出口贸易总量（口岸口径）1346亿元。

【体制创新】　2020年，中国（福建）自由贸易试验区福州片区在投资、贸易、金融、税务、事中事后监管、对台交流等领域共推2批125项创新举措，其中32项经省自贸办评估认定，全国首创16项，分别新增2项、11项改革创新经验在全国、全省复制推广；在中山大学发布的43个自贸（片）区2019—2020年度中国自贸试验区制度创新指数排名中，福州片区排名第八。成功推动福州综合保税区、福州江阴港综合保税区、二手车出口试点业务、外资企业经营增值电信业务许可获批。

【重点产业建设】　2020年，中国（福建）自由贸易试验区福州片区区内跨境电商企业实现9610、1210、9810等多种业务模式。实现跨境电商进口票数678万票，比上年增长15.8%。对台海运快件完成110.35万件、货值6.13亿元，分别增长超过200%。

物联网产业。物联网开放实验室获批“福建省新型研发机构”“福建省智能网联商用车（信息科学）重点实验室”。2020年物联网相关产值达650亿元。先进制造业技术服务中心与美国倍科检测认证公司、德国德凯认证集团实现检测数据互认与渠道共享，提供检测认证服务超过2万次，为企业出口欧美澳等国家提供产品认证70多项。

特色金融平台。海峡基金业综合服务平台汇聚私募股权投资基金80余家，推动产融合作投资近30亿元。马尾基金小镇新增管理基金208亿元，新增实际到资54亿元，2020年6月被第十四届中国（深圳）私募基金高峰论坛评为“2019年度最具影响力基金小镇奖”。华闽融资租赁公司创新融资方式，办理全省首笔融资租赁项下国内信用证融资业务3600万元。跨境业务区块链服务平台实现福费廷、国内信用证、国际保理等产品的商业化应用，累计办理试点业务47笔，金额约3000万美元。

【对台合作交流】　2020年，中国（福建）自由贸易试验区福州片区深化对台交流合作。全国首创对台货运船舶“直通车”服务、对台小额商品交易市场交易信息实时比对模式，推出对台出口海运快件“1+3”同步验放新模式。打造台青“第一云家园”平台，设立台胞台商“一站式”投资服务窗口，将台湾导游执业许可推广至福州全市范围。促成群鹏船舶运输项目（台资）落户片区。

【“一带一路”贸易往来】 2020年，江阴港区获批建设进境肉类指定监管场地。“海丝国际陆海贸易新通道”铁海联运外贸业务首次实现铁路箱下海出境，开创福州港外贸铁路箱全程运输、货物“一箱到底”的全程多式联运新模式。福州片区企业共备案“一带一路”国家和地区境外投资项目9个，中方协议投资额1.8亿美元。

【事中事后监管】 2020年，中国（福建）自由贸易试验区福州片区先行先试企业信用信息报告和使用制度，根据企业守法守信评价等级进行差异化监管、动态监管和精准监管。建成福州片区企业综合信息应用服务平台投入使用，实现“一池汇数据、一屏知全局、一键研舆情、一网集合力”，构建基于大数据的高效精准监管和风险防控体系。片区市场监管部门共查处包括食品药品安全、违法广告、虚假宣传、不正当竞争等类型案件177起，罚没款57.4万元，查处知识产权专利违法案件56起。

（林仕锋）

中国（福建）自由贸易试验区厦门片区

【概况】 2020年，中国（福建）自由贸易试验区厦门片区实现地区生产总值724.6亿元，比上年增长7.8%；实现自贸片区征管税收30.9亿元，增长10.9%；实现进出口总额约2385亿元，占全市进出口比重34%，增长18.2%；实现批零贸易额5838亿元，占全市1/3，增长48.7%。

【体制机制创新】 2020年，中国（福建）自由贸易试验区厦门片区抓好2020年度重点改革试验任务落实工作。滚动推出2020年53项重点创新试验任务，实施51项，落实率达96.2%。新增18项全国首创举措，获批“互联网+公证”等8项先行先试政策，新增“航空维修产业职称评审”等3项在全国推广的厦门经验。推出448项创新举措，其中全国首创100项、占福建自贸试验区所有全国首创项目52%；国务院先后6批次向全国推广143项自贸试验区改革试点经验，其中厦门经验30项、占21%；国务院自由贸易试验区工作部际联席会议办公室先后3批发布43项“最佳实践案例”，其中厦门典型案例5项、占12%，自贸片区先行示范作用进一步凸显。

推进双自联动。为提升“双自联动”工作的实效，实现区区优势互补、叠加、升级，自贸委会同市科技局、火炬管委会联合制定《厦门市推进“双自联动”工作加快发展行动方案》。围绕“双自联动”和“平台+基地”工作设想，召开3次“双自联动”工作调度会和3场企业座谈会，从企业需求和问题导向出发，问计于企，梳理研发设备特殊监管区外保税、网络经营文化许可、营业性演出许可、货物先入区后报关模式、离岸业务结算、服务贸易收汇等28个问题，形成“双自联动”企业反映问题调度分工表，提出9个需向上争取和厦门市突破的工作事项，转发各职能部门推进落实。

推进综合保税区整合升级。做好海关特殊监管区域绩效考核工作。根据《综合保税区发展绩效评估办法（试行）》要求，及时报送厦门象屿保税区、象屿综合保税区及海沧保税港区绩效评估材料。推动海关特殊监管区域整合升级。象屿保税物流园、海沧保税港区先后获批升级为综合保税区。成立厦门象屿综合保税区、海沧港综合保税区工作推进小组，协同做好验收各项准备工作、产业发展规划研究课题以及重点项目招商等工作。推进新设综合保税区设立规划。

【口岸营商环境】 2020年，中国（福建）自由贸易试验区厦门片区实现厦门港口政府性“零收费”，免收集装箱货物的货物港务费和港口设施保安费，落实国家免征港口建设费。港航费用结算实现电子化全覆盖，全国首创“港口使费一站式结算平台”，推广码头费用“结算直通车”，实现货主和航商与码头、船代、引航、拖轮、理货、船供等协作单位费用结算无纸化。强化口岸收费目录清单管理，在国际贸易“单一窗口”主页面设立“收费公示”模块。厦门口岸集装箱进出口合规收费分别为218美元/标箱、197美元/标箱，非政

2020年12月18日，厦门首个综合保税区象屿综合保税区通过验收

（厦门自贸片区管委会供稿）

府性降费每年为企业减负超过20亿元。

进出口整体通关时间。2020年，中国（福建）自由贸易试验区厦门片区陆续实施超过20条举措，优化空运出口运抵监管场所服务模式，解决因人工查询造成的报关等待时间长问题；联合报关协会每月通报海、空运出口前十大“提前报关”单量报关企业等。全年厦门口岸进口整体通关时间由2019年43.56小时压缩至28.8小时，出口整体通关时间由2019年4.36小时压缩至1.72小时。2020年，由中国报关协会等第三方组织的“中国十大海运集装箱口岸营商环境评测”中，厦门口岸蝉联第一。

智慧港口建设。在全国率先建成航空电子货运平台，实现空运进出口单证无纸化、一单多报和货运安检验讫放行电子化等创新，大幅提高空运物流作业效率；全面实施集装箱货物提货单及设备交接单电子化操作业务，厦门港口作业单证全面进入无纸化时代；在全国率先上线厦门口岸物流公共服务平台，提供全流程综合物流信息服务；全国首个5G全场景应用码头落地厦门远海码头；厦门港集装箱全智能化改造工程开工建设，海润码头成为全国首个全智能化改造的传统码头。

数字自贸区研究。率先出台《厦门片区打造数字自贸区三年行动方案》，以厦门数字经济发展为基础，着力发挥改革先行先试、制度集成创新优势，培育数字化产业链条，强化数字产业与数字自贸区建设的发展互动，推进数字自贸区管理服务与提升厦门片区现代化治理水平融合，着力打造全国领先、具有厦门片区特色的智慧自贸园区。

【两岸融合发展】 2020年，中国（福建）自由贸易试验区厦门片区落实落细惠台政策举措，将两岸通关、物流、医药、法律、大嶝市场等方面政策举措列入2020年试验任务加以推动。2020年，厦门片区新增台资企业61户，注册资本23.73亿元。金门—刘五店—大嶝对台航线正式开航；在大嶝对台小额商品交易市场实行以“正面清单”管理方式，推动更多台湾原产地消费品进入大嶝市场销售；台湾商品经中欧班列开展过境运输业务常态化，完成72票176标箱来自台湾的过境运输业务，货重881吨，货值1617万美元；全年对台海运邮快件3182个标箱、增长3.61%。全国首家两岸合资证券公司“金圆统一证券”获证监会批准设立。大嶝市场进口免税台湾商品3.73亿元，增长58.33%。

【招商引资】 2020年，中国（福建）自由贸易试验区厦门片区入库招商项目1604个，投资总额5101.58亿元；落地注册项目768个，比上年增长12倍，注册资本661.62亿元，增长近5倍；抓好高能级项目招商，2020年新增落地高能级项目78个，增长4.6倍，注册资本481.17亿元，增长近5倍；全年新增落地项目税收贡献6.52亿元，占片区征管税收的21.1%。

创新加速外商投资加码。香港新创建集团设立区域性投资总部。台湾和鼎设立股权投资项目。远海码头增资外资1.66亿元建设海铁联运专线。贝莱胜电子、安保塑胶、安思尔防护用品等企业增资扩产，其中丹麦安保塑胶工业启动2250万元扩产改建项目，预计每年新增产值达1亿元；贝莱胜电子获批医疗器械生产许可证，拟投入2000万元扩建一条医疗器械生产线，年底投用；协助贝莱胜电子以市政府名义向商务部申请非自产旧医疗设备维修复出口业务，每年可新增产值3000万美元，新增地方级税收1000万元。全球第一大漫画公司美国黑马漫画（DARK HORSE）拟投资2.2亿美元打造黑马漫画IP文化港。

数字经济赋能产业发展。“独角兽”、全球最大人工智能物联网（AI+IoT）平台——杭州涂鸦智能设立涂鸦智能工业互联网平台，总投资2亿美元。京东数科设立供应链管理项目，推动供应链行业数字化。蚂蚁金服拟设立国内首个“蚂蚁开放联盟链（厦门）创新基地”。区块链独角兽布比区块链设立运营总部，打造厦门数字经济可信基础平台。广东卓志供应链服务集团拟设立全球优品分拨中心，打造数字服务贸易平台。银联全资子公司中金金融认证中心有限公司拟以厦门作为应用推广全球法人识别码（LEI）的试点城市，落地全球法人身份识别基础平台。

重点项目。签约9批次包括普洛斯建发基金、顺丰供应链、中金启润供应链产业基金、道商人工智能、台湾晶品汇等近百个重点项目，含世界500强、央企、跨国企业、“独角兽”、头部企业等，涵盖航空服务、跨境电商、国际贸

2020年4月21日，厦门自贸片区举行五周年招商项目云签约仪式，云签约11个项目，投资额达36.5亿元

（厦门自贸片区管委会供稿）

易、生物医药、金融服务、新基建、新经济等领域。

“三高（高技术、高成长、高附加值）企业”倍增行动计划。通过线上微信公众号、网站、直播，线下企业座谈会、“三高”企业政策宣讲会等多种形式，对惠企政策和“三高”企业入库条件进行广泛宣传，推送政策信息30多次，扩大惠企政策知晓度。推出自贸委“自家企业”专栏，对入库“三高”企业进行宣传和展示，提高企业获得感，调动未入库企业申报积极性。对照“三高”企业入库评定标准，对集成电路、跨境电商、软件开发与服务等数字领域具有“三高”发展潜质的企业进行重点服务和培育，在2020年首批新入库“三高”企业名单中，自贸片区企业53家，占比11.4%。联合湖里区发布《促进新一代信息产业发展专项资金》兑现申报指南，对企业上云、研发、人工智能投入等给予最高200万元补助。

【发展新业态】 2020年，中国（福建）自由贸易试验区厦门片区推进供应链试点工作，供应链科创中心入选商务部首批向全国复制推广的供应链创新与应用典型经验做法。完善供应链要素保障。出台全国首个自贸试验区促进供应链发展扶持政策；举办供应链创新人才发展论坛、供应链金融创新论坛等多种形式的活动。加快供应链科创中心建设。成立供应链创新人才服务中心，举办多期SCMP培训班；推动成立东南供应链仓配联盟；推进建设供应链创新实验室及行业综合服务平台；推动编制地方供应链发展指数。创新供应链金融。建发物流、象屿速传等多家企业入选全国数字化仓库企业试点；推动落地布比区块链壹诺供应链平台、云纺联、鲜知道等一批供应链金融、大宗商品、生鲜食材供应链综合平台。

推进保税船燃业务发展。2020年，厦门保税船燃供应量61.8万吨，增长63.9%；完善保税船燃推进机制，成立工作领导小组，出台保税船燃工作方案；推动设立厦门首个出口监管仓；向上申请保税船燃经营资质，向商务部提交中化能源（厦门）申请材料；加强业务规划，开展保税船燃行业发展规划、锚地加注作业污染事故应急能力建设等研究。

促进外贸新业态发展。联合市商务局、厦门海关等举办跨境电商B2B出口业务宣讲会和试点启动仪式，7月1日当日申报B2B业务81票，货值7.4万美元；加快推动亚联商贸、京东、顺丰、亚马逊前置仓等重点项目流量导入，2020年厦门跨境电商进出口额达27.83亿元；对接厦门海关，研究扩大拼箱仓库试点范围，支持港务物流等企业开展国际集拼业务，全年实现国际集拼箱量10.72万标箱，货值58.76亿美元，增长15.67%。

建设离岸贸易先行先试区。截至2020年底，累计办理离岸贸易收支结算业务126.69亿美元。

【重点平台建设】 2020年，中国（福建）自由贸易试验区厦门片区全面实施《厦门自贸片区重点平台三年行动方案》，构建“平台+产业”的发展模式，成为全国第二大进口酒口岸、全国最大的航空维修基地，航空维修业务稳居全国前列；成为全国第四大飞机租赁集聚区和第一大二手飞机融资租赁集聚区。

航空维修平台。受疫情影响，航空维修平台2020年发展受到重创，全年产值89.9亿元，比上年下降35.1%；营收63亿元，降下30.2%。但太古飞机、太古发动机、新科宇航、霍尼韦尔、豪富太古、太古起落架等企业全年仍实现盈利，太古飞机、美捷特、福莱帕特、中航秦岭等企业拓展产能或能力，产业基础进一步夯实。推动产业集聚发展。太古飞机成为华东地区首家取得中国民航局A320飞机拆解许可的维修单位；推进新科宇航短舱维修、ARJ飞机发动机维修等4个项目和太古发动机GE9X、GEnx发动机维修能力；推动中航秦岭拓展军民融合项目；支持美捷特在厦门设立全球航空密封件生产中心；福莱帕特拟新设子公司用于发展起落架维修及租赁等相关业务；支持新科宇航开展非包修项下发动机维修业务；霍尼韦尔采用区外保税维修试点方案拓展综保区内客户的维修业务。推进航材保障中心建设。航材库第一层移交硕达使用，开展航材仓储业务。硕达公司在厦门设立新公司，开展航材综合保障业务。

集成电路平台。加强产业发展规划。自贸办、自创办联合出台《厦门市集成电路“双创平台+基地”工作方案》，推进集成电路产业高质量发展。出台《促进集成电路双创平台发展的补充办法》，新增第三方IC设计平台使用补助、测试认证补助和首次晶圆量产补助。完成2019年度政策兑现工作，兑现金额414.01万元，惠及企业187家次。拓展保税研发试点范围。推动优迅单独设立保税研发手册。完成对外付汇1567.53万美元，其中，保税进口流片产品1216.44万美元。

黄金平台。推动古地石基金小镇项目尽快落地。联合市金融局、湖里区政府共建厦门市首个市级基金小镇“厦门市古地石基金小镇”项目。推动黄金平台尽快形成规模。研究“黄金平台+金融服务业”的“平台+产业”发展逻辑，提出《关于做大做强黄金平台促进我市金融服务业发展的工作思路》，积极推动实施。

融资租赁平台。支持厦航设立飞机专营租赁公司和SPV公司、通过象屿集团对厦门飞机租赁公司投资1亿元，培植本土飞机租赁公司的发展；开设自贸投资发展公司，下设融资租赁服务部，加大融资租赁企业招商和服务。截至2020年底，在自贸区注册的融资租赁企业446家，其中SPV公司124家，注册资本总额为485.92亿元，合同利用外资261.62亿元（折合人民币），累计投放额超过800亿元。

跨境电商平台。试点启动跨境电商B2B出口，当日申报首票B2B业务81票，货值7.4万美元；塞万提斯通过厦航MF8767客改货从厦门飞往西班牙第三大城市巴伦西亚，实现厦航直飞西班牙和中国民航直飞巴伦西亚航线“零”的突破。2020年厦门跨境电商进出口27.83亿元；厦门跨境电商B2C进出口25.56亿元，比上年增长4倍，其中9610业务22.99亿元、1210业务2.57亿元；厦门跨境电商B2B进出口2.26亿元，其中9710业务1.1亿元、9810业务1.16亿元。厦门口岸申报的跨境电商9610进出口729.77万件，增长147.8%，其中，9610出口720.91万件，增长146.61%；9610进口8.86万件，增长3倍；1210保税备货进口31.91万件，增长329.7倍。

中欧（厦门）班列平台。中欧（厦门）班列实现逆势增长，3条线路加密开行班次，截至2020年底，中欧班列（厦门）累计发运910列，折合35758个40尺大柜，累计货值191.72亿元，其中2020年发运271列，增长16%，货值67.85亿元，增长34%。

燕窝平台。协调推动省市场监督局实地调研燕窝平台，协调厦门海关推进毛燕初加工企业准入、越南毛燕输华突破和支持新增指定加工企业等事项。东南燕都产业园8月正式建成投用，至此燕窝平台打造的两大物理载体暨进口毛燕查验、暂存及指定加工一体化平台和东南燕都产业园全部建成。7月16日，1.11吨毛燕进入一体化平台，创下毛燕入华单次进口量最高纪录。2020年累计进口毛燕6.39吨、产值2.16亿元，厦门成为全国最大的毛燕进口口岸。

（郭立群）

中国（福建）自由贸易试验区平潭片区

【概况】 2020年，中国（福建）自贸试验区平潭片区围绕“一岛两窗三区”战略定位，制定出台自贸创新与深化改革工作要点、区块链实施方案、平潭自贸片区重点平台优化提升方案等政策文件，引领把握改革创新方向，统筹推进改革创新工作。以集成创新、联合创新、融合创新为重点，在投资、贸易、金融、监管等方面先行先试，推出27项创新举措。新建成直播经济产业园、新兴产业园等新经济新业态发展载体，将分散的24项产业扶持政策优化集成为10项，针对直播、区块链等新业态制定专门政策，提升产业政策支持精准性，包容审慎扶持新经济新业态发展。

【营商环境改善】 2020年，中国（福建）自贸试验区平潭片区在投资、贸易、金融、法治等多个领域积极探索，打造良好营商环境。

市场准入。在衔接全国“证照分离”改革全覆盖试点基础上，深化“一企一证”改革试点，实施“证照合办、集中审批、一次勘查”，创新台商开办企业云模式，实现工商登记、印章刻制、银行卡开户等多环节远程认证、信息一次采集、法人代表“一趟不用跑”。

项目落地。实施社会投资项目审批“快速通道”及重大社会项目“跟踪服务”，突破建设项目缺乏统筹协调问题。创新400万元以下小型项目“告知承诺制”改革，实行“先建后验”模式，11项不动产登记及交易业务在全省率先实现“全程网办”，其中5项业务实现“智能审批”。

贸易通关。在通关重点领域和关键环节持续深化改革，平潭口岸通关时效长期保持福州关区前列。金井港区获批新资质，成为福建省首个可同时开展四类动植物及其产品直接进口业务的口岸。中国（福建）国际贸易单一窗口4.0版率先在平潭上线试运行，通关准备时间由原来的24小时最短可缩短为5分钟。

金融服务。开展全国首个银行间新台币现钞调剂试点，首次实现银行间开立新台币现汇账户，突破传统银行间外币调剂方式，办理2笔21万新台币现钞调剂试点。建立全国首个银行直联的两岸电商跨境人民币服务平台“两岸e账通”，提升两岸跨境贸易金融结算效率。建设金融业态丰富、资本机构集聚、股权基金突显、区域特色突出的平潭金融港，入港企业达207家，资产管理规模达1700多亿元。

【岚台融合深化】 2020年，中国（福建）自贸试验区平潭片区发挥沿海近台优势，推进“两岸应通尽通、平潭先通”，加快打造台胞台企登陆第一家园桥头堡。

标准共通。在建筑、环保、教育3个领域实现采认台湾企业资质和行业标准应用实例突破。借鉴吸收台湾相关行业标准，制定台湾兽医师在岚设立动物诊疗所机构基本标准、台湾药师在岚开办药品零售企业管理办法，鼓励台胞台商到岚创业。

经贸互通。开辟“平潭—台湾—全球”海空联运新通道，在防疫关键时期发挥重要作用，中转来自10多个国家和地区防疫物资4万多批次，助力全国疫情防控和复工复产大局。两岸邮件处理中心、对台中药材贸易中心等一批对台标志性项目建设有序推进。

人才融通。创新开展对台职业资格采信“不见面换证”服务，转变原有“线下申请、现场领证”方式，实现“在线审核、线上核发”，颁发国家职业资格证书294本。探索对台职业技能等级社会化认定，通过“异地考试、线上监管”模式，开展全国首场对台职业技能等级社会化认定考试，发放台胞职业技能等级证书73本。

社会融合。开工建设全国首个由台湾设计院设计、台湾施工企业承建、适用台湾建设标准、面向台胞销售、采用台湾物业管理模式的台胞社区项目，率先在项目中试点应用区内台企参与编制《海峡两岸绿色建筑评价标准》。引进64名台籍社区营造师，两岸融合试点村（居）扩大至86个，形成上楼村、东门社区等8个各具特色的两岸基层融合示范村居治理品牌。

【新经济功能增强】 2020年，中国（福建）自贸试验区平潭片区相继建成启用新兴产业园、物流贸易产业园、直播经济产业园，与总部平台经济园形成四大新经济产业园，采用“政府搭台+

企业为主”运营管理模式，成为新经济新业态发展汇聚的重要载体，构建多园区多业态聚集发展新格局。

创新技术组装运用。以新基建为切入点，大力推进5G基站、区块链、人工智能、云计算、物联网等新技术的综合应用，突出科技创新催生新发展动能。以区块链应用为例，在全省率先创新“链融通”区块链金融服务平台，运用区块链整合资金流、信息流，实现企业信用、纳税、奖补等信息上链存证，打破部门间的信息壁垒，有效解决新经济轻资产企业筹融资问题。

创新政策体系。加强政策顶层设计，针对新经济产业链核心企业及上下游产业链特点，精准施策、分类施策。对新经济企业实行包容期、观察期、容错期管理，创新推出注册端口开发、税务核定征收等新举措，激发新经济市场活力。

【招商引资】 2020年，中国（福建）自贸试验区平潭片区聚焦产业平台定位，发挥多区叠加政策优势，以创新引项目、以项目促试验，强化项目与政策、创新、试验的联动集成。围绕自贸重点平台建设、负面清单扩大开放领域强化招商，实施以商招商、小分队招商、委托招商中介和异地商会招商、政策引领招商等方式，创新项目专员制，对接资源、用好政策、做好服务。全年新增企业2003家，增长4.4%；新增注册资本419.2亿元。持续深化对台产业开放，率先对台开放旅游、建筑、环保、医疗等多个领域，全年新增台资企业123家，新增注册资本26.7亿元。

【重点平台建设】 2020年，中国（福建）自贸试验区平潭片区依托跨境电商综合试验区政策和“平潭—台湾—全球”物流通道，提升通关效率、降低物流成本。全年保税进口入区货值15.74亿元，增长89.6%；出区997万票，出区货值10.31亿元；直购出口出区144.6万票，货值约11.4亿元。打造跨境商品区域或全国“单一品类”冠军，日用品、奶粉、保健品等逐步成为重点进出口商品品类。平潭跨境电商园开园并试点开展跨境电商B2B出口业务，实现9610/9710/9810业务全覆盖。

总部平台经济。打造细分领域平潭指数、平潭标准、平潭价格，2020年9月发布化纤产业交易景气（平潭）指数，为纺织化纤行业发展提供信息参考和趋势判断的风向标。支持注册型总部经济企业向平台化提升，集成监管部门、企业用户创新推出“慧监管”平台，探索解决传统再生资源交易真实性界定难、监管难等障碍。着眼中小平台企业融资难、融资贵，全省首创上线“链融通”区块链平台，授信近1500万元。

两岸“三创”基地。2020年，台湾创业园新增台企95家、新增台胞280名，累计入驻企业566个，其中台资企业242家。对台小额商品交易市场新增台企4家、新增台胞25名，进口额2.7亿元，销售额2.9亿元，签约入驻商铺178个。台湾文化广场进入二次装修、招商、签约阶段，综合体签约入驻80%，引入台企9家。“台陆通”APP线上为台胞提供政务、证照、交通、咨询和生活服务9500余人次，为台胞到大陆创业就业就学提供免费热线服务19000人次。

两岸影视产业发展合作基地。落地吸引270家影视企业，凤凰卫视、世纪长龙等一批有影响力机构入驻，拍摄出品《守岛人》《我为你牺牲》《检察风云》等10余部影片。推动建设“平潭竹屿湾影视基地”，台湾风情影视基地（包括台湾眷村、香港街、日本街等场景）、电影世界（规划占地面积53.3公顷）等三大平台，推动全域影视外景地建设。首届IM两岸青年影展在平潭举行，两岸276所高校、1195部作品参赛。

两岸农产品贸易。通过技术衔接与功能完善，率先实现报关、交易等数据与国际贸易单一窗口4.0版对接，通关准备时间由1天缩短至5～15分钟，委托保管费用由每单200元下降至100元。依托浦发银行“闽台e账通”上线交易支付功能，提供全国首创线上跨境人民币对台结算服务。结合疫情背景与数字贸易趋势，举办两岸（平潭）农渔产品交易会（线上），上架台湾特色水果、水产冻品等32个品项、意向订单68个、金额9600万余元。

集成电路。2020年集成电路企业产值约为6050万元，比上年增长51%。筹建集成电路产业与促进中心，打造国产化EDA设计测试基地、前期手续基本完善。国家级高新技术企业宗仁科技于平潭新兴产业园建设封装厂前端切割及挑粒生产线，集成电路产业链完善。

直播电商基地。形成“网红”业态规模集聚。推动平潭发展直播经济产业园、两岸产业直播基地开园。2020年，平潭发展直播经济产业园有直播间40间，签约入驻20家企业，其中供应链企业3家、服务商4家、直播平台4家、直播商家及合作机构9家、主播约30名；两岸产业直播基地有品类直播间8间、共享直播间8间。“超G热播”上线运营，平台用户总数累计1389.6万户、主播19.83万人，单场最高累计观看人数13.5万人次、单场最高带货金额260万元。 （熊柔娉）

福州新区

【概况】 2020年，福州新区完成地区生产总值2400.64亿元，比上年增长7.2%；规模以上工业增加值增长6.9%；固定资产投资增长20%；一般公共预算收入232.43亿元。

【体制创新】 2020年，福州新区管委会发挥机构职能优势和国家级新区平台优势，福州滨海新城开发建设指挥部发挥专业技术人员力量和“临时机构企业化运作”的灵活管理机制优势，福州新区长乐功能区管委会发挥属地就近管理的优势，统一对新区（新城）经济和开发建设实行领导和管理。

建设福州新区审批系统，实现审批

与监管即时衔接。全年共受理省级行政许可事项审批业务194件，市级行政许可事项审批业务1692件，涉及“证照分离”改革办件3306件。

【规划编制】 2020年，福州新区完成相关规划及研究成果86项。其中，批复实施规划58项，包括新区层面规划11项、滨海新城片区45项、琅岐岛片区1项、三江口片区1项。开展“十四五”福州新区经济社会发展规划编制。滨海新城聚焦智慧城市建设，推进福州新城区概念规划、福州滨海新城职业教育产业园城市设计、健康韧性城市专项规划、旅游总体规划等规划编制，《福州滨海新城核心区城市设计与控制性详细规划》等6个规划获得省级优秀城乡规划设计奖。

【基础设施建设】 2020年，福州新区基础设施项目完成投资802.27亿元。福平铁路、长福高速、东部快速通道、福马路提升改造工程等项目建成通车；地铁2号线马尾延伸段项目获国家发展改革委批复。年内福州新区新型基础设施建设重点项目113个，总投资额1819.52亿元，项目总数及总投资额在全市新型基础设施建设的占比分别为54.3%与76.8%。

【双创示范基地建设】 2020年，福州新区有12家国家级、58家省级、111家市级众创空间，众创空间面积超过20万平方米，入驻企业（团队）1232家，在孵企业和团队总数超过3500个。福州新区举办2020年全国双创活动周福建分会场活动，吸引线上参与总人数130余万人次，辐射与影响各领域创业者300余万人。

【产业升级】 2020年，福州新区重点推进255项重点技术改造建设，总投资1394亿元。滨海新城东南大数据产业园新引进220家企业注册入驻，合计注册资本108.32亿元，累计注册企业550家；福建博思智能产业园、海尔婴童等142项招商项目落地，总投资约460亿元；国内数字经济知名企业落地产业园，中国电子健康产业园、中国联通福建产业互联网科技园、福建游龙互联网产业园、上海均和产业园等陆续开工。马尾区落地均和云谷光电、新材料、新型建材三大产业园以及福莱德无人机、大唐车路协同等80个数字经济项目；物联网产业创新发展中心入驻企业55家，物联网产值超600亿元，马尾基金小镇聚集389家私募投资机构，基金管理规模超1600亿元。年内仓山功能区共落地82个招商项目，总投资额158.83亿元。福清功能区元洪国际食品产业园入驻食品产业链项目42个，总投资271亿元。江阴港片区成功招引万华化学集团福建产业园等22个总投资655.98亿元招商项目。

【项目建设】 2020年，福州市682个新区重点项目完成投资2396.55亿元，占年度投资计划的109.56%。滨海新城开展集中开工4次，推动联通互联网科技产业园、智慧滨海运营中心等69个重点项目开工建设，复旦大学附属华山医院福建医院一期建成，二期及福州市疾病预防控制中心启动建设。三江口片区建设道庆洲过江通道工程、福泉高速公路拓宽改造工程等86个项目，完成投资400余亿元。梁厝特色历史文化街区（一期）和船政特色历史文化街区开街运营。

【重点区域开发】 2020年，福州市以滨海新城开发为重点，推动三江口、江阴湾等重点组团和区域的规划建设。滨海新城核心区启动区17平方千米开发88.3%建设用地，临空经济区47平方千米开发60.7%建设用地。

仓山功能区完成25个项目征迁，交地282.67公顷，拆迁105万平方米，保障福乐新苑等项目建设，马航洲湿地保护修复工程等5个总投资77.13亿元的项目竣工。

马尾区开工建设福光超精密光学加工实验中心等项目。获批国家骨干冷链物流基地，建成华冷冷链物流一期等12个海洋经济示范区项目。引进和培育6个平台经济项目，纳统额超170亿元。

江阴港片区万华化学集团福建产业园等21个总投资713.12亿元项目开工，友谊新材料科技园二期等13个总投资46.41亿元项目竣工。

【合作交流】 2020年，福建省政府、福州市政府将中国—印度尼西亚“两国双园”项目列入海上丝绸之路核心区建设重点项目。7月，国务院正式批准福州保税港区整合优化为福州江阴港综合保税区。江阴港先后开通5条海铁联运班列并稳定运营，实现海铁联运吞吐量近12万标箱。11月，福州临空经济示范区获国家批复，规划面积145平方千米。

（万　粒）

编辑：郑　茱

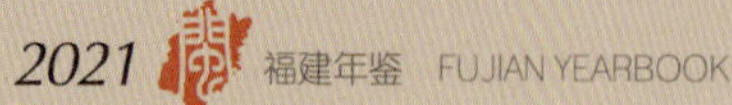

教育

综　述

【概况】　2020年，全省有各级各类学校（不含技工学校、职业技术培训机构、成人初等学校，下同）1.60万所，比上年增加66所；在校生875.83万人，增加35.73万人。全省各级各类学校教职工65.10万人，其中专任教师51.43万人。全日制学校（不含幼儿园）教职工46.97万人，其中专任教师41.46万人。学前三年入园率98.81%，增长0.26个百分点；九年义务教育巩固率99.36%，增长0.33个百分点；高中阶段毛入学率97.33%，增长0.15个百分点；高等教育毛入学率57.88%、增长1.21个百分点；主要劳动年龄人口受过高等教育的比例超过26.38%，增长0.12个百分点。

【新冠肺炎疫情防控】　2020年，福建省教育系统始终把守护900多万名师生的生命安全和身体健康放在第一位，建立并不断拓展校地联网、部门联防、上下联动、家校联手、师生联合"五联"机制，压实属地、部门、学校、师生"四方"责任，强化学校、院系、班级"三级"管理，构筑疫情防控"防火墙"。省级先后组织召开10次全省教育系统疫情防控工作部署会，研制不同阶段校园防控相关文件78份，组织指导服务组先后6轮对全省春季学期返校复学、秋季学期学校疫情防控工作进行督导、跟踪服务。全省各级各类学校坚决执行"人盯人"战术，落实日报告、零报告、晨午晚检等制度，"一人一档"掌握师生健康状况。制订疫情防控方案、应急处置预案等，组织开展全员全过程全要素演练，实行校园相对封闭管理，强化校园防控物资设施保障，全面开展爱国卫生运动。全省校园持续保持无疫情纪录。

省级制播基础教育课程288节课，高校线上开课3.27万门，职业院校开设在线课程3.44万门，实现"停课不停学、停课不停教"。成立福建省学校心理健康教育发展中心和学校心理健康教育指导委员会，编写《福建省心理健康教育指导手册》，开通疫情心理支持热线294条、网络服务平台270个，为师生及家长提供24小时不断线服务。按照"分类分批、错时错峰"原则，组织推动各级各类学校分六批次平稳安全有序返校复学。其中，高三年级4月7日全省同步先行复学，初三年级4月20日复学，中职学校、高职院校、本科高校、研究生毕业年级5月6日起复学，中学非毕业年级和小学高年级5月11日复学，高校、中职学校非毕业年级5月20日起复学，小学一、二年级和幼儿园6月2日起复学。春季学期，全省大中小学幼儿园复学652.81万人，其中中小学幼儿园607.5万人、中职学校24.96万人、高职院校8.37万人、本科高校11.98万人。全省教育招生考试项目40余项，考生366万人次，均实现"平安考试""健康考试"。

厦门大学、福州大学、福建师范大学、福建医科大学、福建中医药大学、闽南师范大学、三明学院等高校科研团队开展科研攻关，申报并获批实施科技部、国家自然基金委、教育部、省市科技部门等疫情防控相关科研项目。厦门大学夏宁邵团队研制的抗体检测试剂盒通过国家药监局应急审批上市并完成产业化，是国内外首个获批的双抗原夹心法总抗体检测试剂；福州大学林振宇团队研制的抗体检测试剂盒获欧盟CE准入并投产。在助力疫情防控、推进经济社会发展中，省教育厅1名干部获评"福建省抗击新冠肺炎疫情先进个人"、13名干部获评省直机关"最美守护者"、17名干部获评省直机关"最美奋斗者"。

【思想政治教育】　2020年，福建省委书记尹力、省长王宁等10多位省领导深入高校上思政课。全省通过宣讲对谈、课堂讲授、集中培训等方式深入学习贯彻习近平新时代中国特色社会主义思想，全面学习宣传贯彻党的十九届五中全会精神。以政治建设为统领推进教育系统党的建设，加强中小学幼儿园党建工作，从"双一流"高校选派8人任民办本科高校党委书记，高校教师党支部"双带头人"书记配备率超过95%，纵到底、横到边、全覆盖的党建工作格局基本成型。推进思想政治工作守正创新，深化"三全育人"综合改革，实施

“讲好中国故事·上好思政课程”创优攻坚集体行动，成立大中小学思政课建设联盟，出版《福建红色文化读本》，高校新增思政课专职教师712人、师生比居全国前列。加强爱国主义教育，深入开展“共抗疫情、爱国力行”主题宣传教育，组织师生学习“四史”“网上重走长征路”，师生增强“四个意识”、坚定“四个自信”、做到“两个维护”的自觉性主动性提高。

【体育美育和劳动教育】　2020年，福建省将学校开足开齐美育课程、专任教师队伍建设、专用教室配备等情况纳入“对县督导”“教育强县”评估指标，将“体育”“美育”专项指标纳入“对县督导”督导评估体系。研究出台《福建省初中毕业升学体育与健康考试实施方案（试行）》，明确2021年中考体育评分标准。打造校园体育特色，年内新增全国青少年校园篮球特色学校100所、全国排球特色校50所、足球特色学校126所、足球特色幼儿园86所、冰雪特色学校12所，三明市梅列区被评为全国校园足球试点县，南安市获评全国青少年校园篮球“满天星”夏令营城市。组织举办篮球、排球、足球、田径、游泳等项目省级学生联赛、锦标赛，省级示范性高中4项体育特色项目比赛等校园体育赛事活动17项，参赛学生近3万名。派出13支代表队250名校园足球运动员参加全国夏令营区选拔，有91名选手入选总营、10名选手入选全国最佳阵容。全年举办“戏曲进校园”等中华优秀传统文化进校园活动1000场，华侨大学南狮项目入选全国普通高校中华优秀传统文化传承基地项目。

组织开展劳动教育专项调研，研制《关于全面加强新时代大中小学劳动教育实施意见》，统筹综合实践活动、技术、实习实训、社会实践等相关课程，明确中小学每周不少于1课时、普通高校本科阶段不少于32学时、中职学校不少于16学时。省级安排500万元专项资金，遴选建设3个以县市为单位的劳动实验区、20个劳动教育实践基地、123个劳动教育实践特色项目，初步形成“实验区＋实践基地＋学校特色项目”的新时代劳动教育实施模式。

【高考高招】　2020年，福建省印发《福建省深化考试招生制度改革实施方案》《福建省深化高等学校考试招生综合改革实施方案》，推进高考加分改革。推进高职分类招考改革，完善“文化素质＋职业技能”评价方式，组织开展职业技能测试，初步构建高职院校分类考试、综合评价、多元录取的“职教高考”制度。全省普通高校招生共录取19.02万人，其中本科录取13.08万人，增加1600人，增长2.4个百分点；专科录取5.94万人。“强基计划”实现开门红，在闽录取120人，其中清华、北大两校录取56人。有10多所高水平大学增加在闽录取人数，清华、北大在闽录取215人，录取率继续保持全国前列；“985”高校录取6100人，增长近百人；“211”高校录取1.6万人，增加130人。文史、理工类本科一批、二批首次合并改革平稳顺利，常规志愿满足率97.91％。

【教师队伍建设】　2020年，福建省在全国率先开展高素质复合型硕士层次高中教师培养试点工作，指导莆田市、三明市、南平市实施本土化教师定向培养，省、市两级共招收公费师范生1312人，推动教师多样化培养。全省统一招聘中小学幼儿园教师1.3万多名，其中紧缺学科教师占40％，高校选拔录用教育科研类引进生99名，增长70％。全年共拨付教师培训专项经费1.6亿元，实施中小学名师名校长培养工程等20个省级师资培训培养项目，累计培训2.6万人次。启动实施中小学信息技术应用能力提升工程2.0，在全省遴选60名省级培训专家、376所试点学校，采取整校推进模式分批推进。研制出台《福建省中小学教师减负清单》，要求减轻中小学教师非教学任务负担。制订出台中小学（幼儿园）教研员专业标准，开展县级教师进修校学校标准化（示范性）评估，其中马尾区等8所县级教师进修校获评示范性教师进修校，永泰县等2所县级教师进修校获评标准化教师进修校。

【民办教育】　2020年，福建省研制《2019年度福建省民办高校年度检查指标体系（试行）》，首次开展民办高校年度检查工作，36所民办高校接受年度检查。对民办义务教育阶段学校首次开展审计抽查，省教育厅组织人员到各地市实施审计抽查。研制《福建省对校外培训机构利用不公平格式条款侵害消费者权益违法行为开展集中整治工作方案》，健全校外培训机构监管体系和工作机制，规范校外培训机构发展，推行黑白名单管理制度，治理成效受中央改革办督查组肯定。

【民族教育】　2020—2021学年，福建省各级各类在校生中有少数民族学生23.79万人，比上年增加1.44万人。通过对口帮扶、薄弱校“委托管理”、校际合作、教师支教等扶持民族中小学校提高办学质量和水平，推动实施民族教育提升工程。年内，省教育厅安排民族教育专项经费690万元，扶持21所民族中小学和内地西藏班、新疆班改善办学条件，建设少数民族学生辅导员工作室和学生读书社。全省中小学校开展“我和祖国共奋进　唱响新时代团结之歌”民族团结进步教育实践活动，组织开展“小我融入大我，青春献给祖国”等主题社会实践活动，增强中华民族共同体意识。

【精准助学】　2020年，福建省出台《福建省高等学校勤工助学管理办法（试行）》，提高勤工助学最低薪酬标准，发挥勤工助学资助育人功效。搭建“智慧资助”平台，完成学生资助队伍建设模块信息采集。年内，比对建档立卡等家庭经济困难学生15万余名。全省义务教育学校食堂基本实现自主经营，财政安排资助资金2.78亿元，80个县（市、区）1698所农村义务教育寄宿制学校实施学生营养改善计划，惠及学生27万名。全年各项学生资助资金累计拨付28.47亿元，惠及困难学生约100万人次，其中建档立卡、低保家庭、残疾学生等逾18万人，计发放资金3.12亿元。

【教育帮扶】 2020年，福建省21所优质中小学（幼儿园）与宁夏回族自治区19所学校开展结对共建帮扶工作，31所优质中小学（幼儿园）分别与西藏自治区昌都市、林芝市28所中小学（幼儿园）建立结对帮扶关系。年内，优选260名“组团式”教育人才赴新疆昌吉州和西藏昌都市支教，40名中小学中职教师赴宁夏支教，8名“国培计划”名师名校长领航班工作室成员赴四川凉山州、云南怒江州支教。依托国家语言文字推广基地和科研中心，开展“推普助力脱贫攻坚”行动和重点课题研究，分别为未摘帽贫困县宁夏西吉县、广西都安县开展国家通用语言文字能力培训，为每县培训中小学教师各100名。

省内帮扶。印发《关于做好2020年对口帮扶23个省级扶贫开发工作重点县基础教育对口帮扶有关工作的通知》，指导落实对口帮扶工作机制，安排专项资金1363万元支持18个老区县或23个省级扶贫开发工作重点县设立的461个巡回支教点。安排1亿元支持原中央苏区（老区）4所高校发展建设，每校增加1500万元；安排1.8亿元用于省级扶贫开发工作重点县乡村教师生活补助等教师补助；安排0.92亿元支持23个省级扶贫开发工作重点县教育综合补助。选派100名优秀教师赴重点县支教，委托福建教育学院等5所高校（单位）组建名师送培讲学团赴重点县开展名师“送培下乡”活动，参训教师6000人次。资助345名重点县教师校长赴省、市优质学校跟岗学习20天。

【教育交流合作】 2020年，福建省制定《台湾教师聘用和管理办法》，获教育部肯定；总结闽台职业教育合作贯彻实施情况，相关经验在全国港澳台教育工作会议上做交流发言；华侨大学《大学与青年发展》《当代世界与中国》等4门课程获评首批港澳台学生国情教育精品课程。研究加快全省教育对外开放的建议和举措，起草《关于加快和扩大新时代教育对外开放的实施意见》。推进高校中外合作办学布局，新增中外合作办学项目（机构）3项（个），梳理合作办学项目意向42个；福建农林大学《中国—南太平洋蓝色经济通道建设研究》等3个课题入选教育部高校国别和区域研究规划专项。至年底，全省高校与境外85个国家和地区、1564所高校建立教育交流与合作。福建师范大学“海丝”沿线国家本土化汉语师资培训入选教育部共建“一带一路”教育行动部省品牌培育项目，福建师范大学与印度尼西亚阿拉扎大学的印尼穆斯林青年使者文化实践项目、福建信息职业技术学院与泰国因他猜商业学院合作的“中泰国际学院”等入选教育部援外项目资助。

【教育督导】 2020年，福建省全覆盖开展“对市督导”和对县“两项督导”，制定县域学前教育普及普惠评估办法，创新开展义务教育质量监测，义务教育教师工资收入情况专项督导取得积极成效。运用督导评估结果，呈报《关于我省参加2019年国家义务教育质量监测有关情况的报告》；首次向全社会发布2019年福建省开展义务教育体育与健康、科学、道德与法治等3门学科质量监测结果报告，获省政府领导批示肯定。制定印发《福建教育督导智库项目建设（培育）实施方案（试行）》，确定闽南师范大学教育督导研究院、福建师范大学学生体质健康促进研究中心为首批福建教育督导智库项目建设单位。

【普法工作】 2020年，福建省开展第六届全省学生“学宪法讲宪法”活动。联合省检察院、司法厅联合开展“福建省法治教育示范校”创建活动，全省共选派700名检察干警兼任法治副校长、推选20所“福建省法治教育示范校”。开展“百名法学家 百场报告会”高校专场，健全学校、家庭、社会三位一体的法治教育网络。制发《全面推行行政执法公示制度执法全过程记录制度重大执法决定法制审核制度工作方案》《关于加强教育行政执法的分工方案》，推进教育行政执法工作。省教育厅在全国高校法治工作会议上做经验交流。

【学校安全工作】 2020年，福建省开展学校安全隐患大排查大整治和学校安全专项整治三年行动，全省教育系统共组织各类排查整治组47681个，出动175906人次，排查整治安全隐患28755处，发布整改通知2328份。实施集中用餐陪餐制度学校覆盖率达100%，“明厨亮灶”创建率100%，“互联网+明厨亮灶”创建率76.09%。制定出台《校园欺凌专项整治行动方案》《防校园性侵专项行动工作方案》等政策，建立中小学校“日排查、周巡查、月分析、季研判、年度总结”工作制度。落实《公共安全教育》（1—9年级）进课堂入课表，确保中小学安全教育每学年每生不少于12课时。各地各校开展“全国中小学生安全教育日”“福建省学校安全教育周”等主题宣传教育活动20余万场。督促指导各地各校健全完善应急预案，秋季开学至年底，全省中小学幼儿园共开展应急疏散演练16582场次。研判疫情时势，推进新一轮“平安校园”创建，年度创建率达75.8%。

【“放管服”改革】 2020年11月，福建省在全国教育领域“放管服”改革推进会上做经验介绍。深化“放管服”改革，细化梳理审批服务事项，形成“五级十五同”标准化事项体系；制定《福建省教育厅全面推行证明事项告知承诺制工作实施方案》，全面推行证明事项告知承诺制，持续“减证便民”；深入“互联网+监管”，推进“双随机、一公开”跨部门联合抽查的监管模式，强化事中事后监管；优化审批服务，教育行政事项100%实现“最多跑一趟”或

"一趟不用跑"。（龙超凡　郑　锦）

基础教育

【概况】2020年，福建省有幼儿园8756所，比上年增加92所；在园幼儿169.90万人，增加3104人；教职工18.08万人，其中专任教师9.95万人，增加1543人。全省共有小学5129所，减少31所；在校生343.61万人，增加9.22万人；专任教师18.26万人，增加4687人。全省共有普通初中1262所，增加13所；在校生145.25万人，增加8.80万人；专任教师10.79万人，增加3294人。全省共有普通高中550所，增加6所；在校生66.40万人，增加2.48万人；专任教师5.28万人，增加798人。全省共有特殊教育学校74所（不含幼儿园）；在校生2.81万人，增加1332人。全省226所公办园建设项目100%开工，城镇小区配套幼儿园100%完成整治，乡村小规模学校建设100%达到省定基本办学标准。新增义务教育学位15万个，92.8%的随迁子女在公办义务教育学校就读。公办园和普惠性民办幼儿园生均公用经费标准由450元提高至600元，普通高中生均公用经费由900元提高至1000元。

【学前教育】2020年，福建省启动省示范性幼儿园评估标准和幼儿园基本办园条件修订等工作，健全完善学前教育公共服务体系。印发《关于学前教育主要指标差距情况的通报》，督促各地加强普惠性学前教育资源建设。印发《关于切实落实无证幼儿园治理工作的通知》，部署推进无证园治理工作，至12月，全省实现无证园"动态清零"。印发《关于落实〈全国学前教育管理信息系统建设运行管理规范（修订）〉的通知》，开展市县系统管理员省级培训。印发《关于做好"福建省示范性幼儿园"省级评估工作的通知》，组织专家组对17所申报园开展评估验收工作，扩大优质学前教育资源。

【义务教育】2020年，福建省贯彻省政府《关于统筹县域内城乡义务教育一体化改革发展的实施意见》，全省各市、县（区）持续推进实施方案的落实。印发《关于做好2020年普通中小学招生入学工作的通知》，报名人数超过招生计划数的民办义务教育学校全部实行电脑派位录取，全面落实"公办学校同步招生"等招生改革要求。持续推进集团化办学、委托管理等管理改革，全省中小学校集团扩大至133个，覆盖学校380所；农村薄弱学校"委托管理"试点覆盖590所农村义务教育学校，受益学生20.85万人。启动全省乡村温馨校园建设，首批遴选14个省级典型案例，其中3个被列为全国典型案例。三明市"三聚三化"（聚人力，关爱服务专业化；聚财力，购买服务规范化；聚需求，关爱保护精准化）精准关爱呵护农村留守儿童健康成长，被评为第二批全国农村公共服务典型案例。年内，全省义务教育56～65人大班额数降至501个班，占比降至0.4%，比上年降低1.1个百分点。全省1195所学校被认定为义务教育管理标准化学校，累计占比57.5%。全省开展课后服务中小学校2126所，参与学生99.3万人，参与课后服务教师5.7万人。全省建档立卡贫困家庭适龄儿童辍学的2778人全部劝返复学，首次实现台账"动态清零"。

【普通高中教育】2020年，福建省加强新课程实施和高考改革的过渡衔接工作。通过达标晋级、示范引领、备考指导等促进高中内涵发展。推动示范建设高中培育建设，对44所示范建设高中开展中期评价，指导示范建设高中探索教学资源共享机制，辐射优势资源，对口帮扶149所薄弱中学。印发普通高中学生综合素质评价实施办法，对普通高中综合素质评价信息管理系统进行升级改造，并举办管理系统应用省级培训。年内，33所学校完成达标晋级，1所一级达标校通过复评，公办普通高中达标率达90.5%。

【特殊教育】2020年，福建省印发《关于做好全国适龄残疾儿童少年入学情况监测系统应用和管理工作的通知》，推进残疾儿童一人一案教育安置。推进特教学校标准化建设，东山县特殊教育学校等3所学校获评"福建省特殊教育标准化学校"。推进特殊教育向学前和高中阶段"两头延伸"和融合教育，拨付特殊教育中央专项补助资金1500万元，补助特殊教育学前教育项目9个、职教项目16个；全省93个特殊教育资源中心（教室）获补助建设。支持漳州市、福州市仓山区开展特殊教育实验区改革，泉州市特殊教育典型案例被教育部网站专题刊摘推广。年内，特殊教育生均公用经费达9500元，寄宿生生活补助3000元，寄午生生活补助1500元，残疾学生实现拎包入学。

【中小学德育质量提升行动】2020年，福建省遴选建设22个省级研学实践教育基地营地（基地20个、营地2个），市县开发研学课程120多门，全省近6000所学校300多万名学生参加各类社会实践活动。争取中央彩票资金近3278万元，36个校外教育活动获立项支持。全省开展"制止餐饮浪费　培养节约习惯"等10项专题教育，组织中等职业学校开展"文明风采"活动宣传展示、未成年人网络环境专项治理行动等。省级培训中小学德育骨干、班主任等8期2000人。结集出版"十佳百优"《福建省中小学德育建设示范项目》，10个工作案例入选教育部"一校一案"落实《中小学德育工作指南》典型案例，2次在全国会议上作经验交流。出台《关于进一步加强家庭教育工作的指导意见》，编写出版《家庭教育指导手册》，推出46期《家长课堂》，开展百场"家庭教育公益大讲堂"巡讲，培训家长近200万人次。

【儿童青少年近视防控】2020年，福建省教育厅牵头、联合省卫健委等11家单位建立全省综合防控儿童青少年近视工作联席会议制度，并召开第一次联席会议，开展相关工作评议考核自评工作。依托福建医科大学成立福建省儿童青少年近视防控研究中心，为开展儿童青少年近视监测、数据分析、工作评估、技术指导及提供政策建议。举办2020年全省中小学校儿童青少年近视防控工作培训班，在全省开展专家团巡回宣讲。结合第25个全国“爱眼日”，推出新版眼保健操解析和8集近视防控指南视频。2020年福建省儿童青少年总体近视率为52%，比2018年下降1.5个百分点。

【基础教育课改项目培育】 2020年，福建省教育厅落实省级基础教育课程教学改革项目校（园）省、市、县三级协同培育机制。福州市等23个省级基础教育改革发展实验区开展区域基础教育改革发展，第二批181所省级学前教育保教改革建设园、486所省级义务教育改示范性建设学校开展中期绩效评估。福州市鼓楼区、厦门市思明区入选教育部“基于教学改革、融合信息技术的新型教与学模式”实验区，鼓楼区和南安市入选国家基础教育优秀成果推广应用示范区。新增省级普通高中课程改革基地建设学校19所，累计99所。

【普通高中新课程新教材实施】 2020年，福建省教育厅对接高考综合改革，普通高中实施新课程新教材。成立省普通高中新课程实施工作领导小组、工作组成立，印发《福建省普通高中新课程实施方案》及课程设置与管理、学业水平考试、综合素质评价等配套文件，健全完善普通高中新课程制度体系。开展高中新课程系列培训，举办教育局长、中教科长、普通高中校长、教务主任等培训班，参训1200人。举办新课程新教材学科骨干教师省级培训，参训1400人。三明市及3所学校获评普通高中新课程新教材实施国家级示范区和示范校，其中三明市第九中学在全国示范区和示范校推进会中做典型发言；龙海市、南安市、建阳区、武平县、福安市等获评普通高中新课程新教材实施省级示范区。

（龙超凡 郑 锦）

高等教育

【概况】 2020年，福建省有普通本科院校39所，与上年持平。全省研究生在校生6.73万人，比上年增加8623人；招生2.50万人，增加4935人；毕业生1.55万人，增加2154人。普通本科生在校生53.72万人，增加1.91万人；招生14.64万人，增加6313人；毕业生12.44万人，增加2766人。普通高等教育教职工7.71万人，增加3199人，其中专任教师数5.20万人，增加2885人；普通本科院校教职工5.62万人，增加1158人，其中专任教师3.64万人，增加1041人。年内，省教育厅推动教育教学改革，立项省级教育教学改革研究项目370项；完成2020年高等教育省级教学成果奖申报评审工作，遴选特等奖22个、一等奖45个、二等奖60个；创新成果奖培育方式，首次设立特等奖培育项目10个。全省落实《深化新时代教育评价改革总体方案》，全面完成年初确定的16项重点工作任务，实现“十三五”各项目标。

【“双一流”大学建设】 2020年，厦门大学、福州大学等完成国家级“双一流”建设高校2016—2020年周期总结，省级“双一流”建设高校周期性总结和建设成效评价启动。福建省实施高水平学科创新平台建设计划，立项建设人工智能等6个高水平学科创新平台。全省有36个学科进入全球ESI排名前1%，增加7个。厦门大学17个学科进入ESI全球前1%，数量居大陆高校第十位；福州大学化学学科首次进入全球前100名。

【本科教育创新】 2020年10月，福建省本科教育工作视频会议召开，高教司司长吴岩做《新标准 新体系 新成效——关于支持福建高教创新发展的考虑》主题报告，全省3200人参会。全省落实立德树人根本任务，举办一流课程建设培训班暨“课程思政”工作坊，骨干教师800人参训。遴选8所“四新”（新工科、新医科、新农科、新文科）建设试点院校。年内，新增省级研究与改革实践新工科建设项目100项、新农科建设项目13项，新增国家级新工科建设项目11项、新农科建设项目9项。新增国家级一流专业104个、省级一流专业176个；新增省级一流课程667门、国家级一流课程191门。新增国家级基础学科拔尖学生培养计划2.0基地4个。

【研究生教育】 2020年，福建省召开全省研究生教育会议，全面部署研究生教育工作。通过学位授权审核，开展新增博士、硕士学位授予单位和授权点摸底调研，推荐新增博士、硕士学位授予单位6个、博士授权点36个、硕士授权点59个。印发《关于进一步加强研究生联合培养的通知》，规范联合培养工作。举办福建省研究生导师培训班，导师3000名参加培训。开展全省硕士论文抽检，评选研究生优秀论文274篇。

【招生计划】 2020年，教育部下达福建省研究生招生计划16155人，增幅28.36%，其中博士招生计划817人，增幅12.38%，增幅比上年提高5个百分点；硕士招生计划15338人，增幅29.34%，增幅比上年提高近22个百分点。本科招生计划安排向服务国家重大发展战略、服务重大民生和福建省产业急需紧缺专业倾斜。工科相关专业招生计划约4.95万人，增幅14.73%；医学类相关专业招生计划约6800人，增幅1.54%；师范类相关专业招生计划约1.34万人，增幅29.17%；急需紧缺临床医学专业招生计划1960人，增幅3.46%；集成电路专业招生计划约160人，增幅100%，新增人工智能专业招生计划320人。

2020年福建省学前教育基本情况

项目	单位	按城乡分				按办学部门分			
		合计	城区	镇区	乡村	合计	教育部门和集体办	其他部门办	民办
园数	所	8756	3354	3431	1971	8756	2763	191	5802
入园数	万人	67.39	30.70	25.54	11.15	67.39	34.04	4.27	29.08
在校生	万人	169.90	73.62	67.54	28.74	169.90	84.91	7.75	77.24
教职工数	人	180830	91553	67071	22206	180830	62530	8590	109710
专任教师	人	99453	49006	38200	12247	99453	37924	4574	56955

2020年福建小学教育基本情况

项目	单位	按城乡分				按办学部门分			
		合计	城区	镇区	乡村	合计	教育部门和集体办	其他部门办	民办
校数	所	5129	1126	1607	2396	5129	5037	3	89
毕业生数	万人	52.10	21.54	21.06	9.50	52.10	49.61	0.10	2.39
招生	万人	61.70	26.41	24.64	10.65	61.7	59.35	0.08	2.27
在校生	万人	343.61	145.46	137.85	60.3	343.61	329.64	0.44	13.53
教职工	人	177135	67473	71426	38236	177135	172051	176	4908
专任教师	人	182617	71245	71322	40050	—	—	—	—

2020年福建省初中教育基本情况

项目	单位	按城乡分				按办学部门分			
		合计	城区	镇区	乡村	合计	教育部门和集体办	其他部门办	民办
校数	所	1262	266	538	458	1262	1176	6	80
毕业生数	万人	42.70	17.83	19.18	5.69	42.70	37.36	0.11	5.23
招生	万人	51.72	22.47	22.80	6.45	51.72	45.33	0.16	6.23
在校生	万人	145.25	62.04	64.47	18.74	145.25	126.95	0.48	17.82
专任教师	人	107931	40374	50390	17167	107931	—	—	—

2020年福建省普通高中教育基本情况

项目	单位	按城乡分				按办学部门分			
		合计	城区	镇区	乡村	合计	教育部门和集体办	其他部门办	民办
校数	所	550	218	290	42	550	465	2	83
毕业生数	万人	19.59	9.59	9.34	0.66	19.59	17.34	0.10	2.15
招生	万人	23.29	11.25	11.08	0.96	23.29	19.92	0.10	3.27
在校生	万人	66.40	32.05	31.73	2.62	66.40	57.48	0.32	8.60
专任教师	人	52750	24720	25878	2152	—	—	—	—

2020年福建省研究生教育基本情况

单位：人

项目		毕业生数			招生数			在校生数		
		合计	硕士	博士	合计	硕士	博士	合计	硕士	博士
总计		15455	14379	1076	24985	23011	1974	67333	59052	8281
其中：女		8423	7950	473	13141	12308	833	35525	31943	3582
学术型学位	小计	7211	6146	1065	10339	8489	1850	30450	22475	7975
	哲学	74	61	13	105	78	27	329	208	121
	经济学	414	366	48	485	392	93	1593	1106	487
	法学	396	336	60	620	518	102	1856	1374	482
	教育学	240	218	22	275	242	33	829	670	159
	文学	416	356	60	484	430	54	1559	1202	357
	历史学	100	86	14	157	123	34	515	341	174
	理学	1814	1428	386	2798	2144	654	8288	5507	2781
	工学	1847	1634	213	2786	2326	460	7819	6050	1769
	农学	409	355	54	528	440	88	1708	1282	426
	医学	719	621	98	1078	913	165	2816	2348	468
	军事学	—	—	—	—	—	—	—	—	—
	管理学	637	551	86	793	673	120	2540	1879	661
	艺术学	145	134	11	230	210	20	598	508	90
专业学位	小计	8244	8233	11	14646	14522	124	36883	36577	306
	哲学	—	—	—	—	—	—	—	—	—
	经济学	372	372	—	696	696	—	1645	1645	—
	法学	514	514	—	820	820	—	2031	2031	—
	教育学	1219	1208	11	1554	1525	29	3212	3080	132
	文学	259	259	—	439	439	—	968	968	—
	历史学	15	15	—	20	20	—	50	50	—
	理学	—	—	—	—	—	—	—	—	—
	工学	2269	2269	—	5010	5010	—	11521	11521	—
	农学	364	364	—	886	886	—	2032	2032	—
	医学	1245	1245	—	1936	1841	95	4917	4743	174
	军事学	—	—	—	—	—	—	—	—	—
	管理学	1723	1723	—	2714	2714	—	9237	9237	—
	艺术学	264	264	—	571	571	—	1270	1270	—

【毕业生就业】　2020届，福建省高校毕业生22.8万人，全年举办线上线下各类招聘活动1000多场，提前1个月完成教育部下达的9月1日就业率达70%的目标要求，年度就业率达89.48%。加大就业困难群体帮扶力度，准确掌握建档立卡、湖北籍、残疾学生和52个未摘帽贫困县等毕业生情况，对困难家庭毕业生、残疾毕业生、建档立卡贫困家庭毕业生每人发放2000元就业补贴，对湖北籍毕业生按每人3000元标准发放一次性求职创业补贴，全年发放约1960万元补助资金；开展向家庭经济困难毕业生发放上网流量补助等活动，发放资金295万元，惠及学生2.1万名。设立省级专项资金2000万元，开展高校毕业生免费职业技能培训、应聘技术指导，举办第十三届福建省大学生职业规划大赛和第七届高校师范生教学技能大赛，增强大学生职业规划意识和就业竞争力。

【高校科研】　2020年，福建省高校5项成果获2019年度国家科学技术奖，其中厦门大学获得国家自然科学奖二等奖1项，福建农林大学、福建中医药大学获国家科学技术进步奖二等奖1项。全省高校106项成果获2019年度福建省科学技术奖，占全省总数的55.2%，其中自然科学一等奖2项（全省2项）、科技进步一等奖13项、技术发明一等奖1项。全省高校获2020年度国家自然科学基金项目828项，占全省获奖总数的88.3%。福建师范大学“同轴全息光存储技术产品研发与产业化”项目获资助经费2000万元。启动实施首轮福建省高校产学研联合创新项目，项目支持经费600万元。克服疫情影响，“6·18”高校成果创新云上展新模式，在线展示859件最新科技成果。推行法人科技特派员模式，福州大学等7个单位获得省级法人科技特派员称号。

【“三创”教育】　2020年，福建省推动“海峡两岸高等教育融合发展和青年大学生创新创业创造中心”建设，举办福建省第六届“互联网+”大学生创新创业大赛，组织项目15.9万个，参赛36.1万人次，评选金奖91项、银奖101项、铜奖189项。组织参加第六届中国国际“互联网+”大学生创新创业大赛，全省获金奖2项、银奖12项、铜奖38项，厦门大学的“西人马：中国MEMS芯片行业领军者”项目获亚军。省教育厅获主赛道、“青年红色筑梦之旅”赛道优秀组织奖，获评第12届全国大学生广告艺术大赛优秀指导单位、2020年“创客中国”中小企业创新创业大赛优秀组织单位。（龙超凡　郑　锦）

2020年福建省普通本科教育基本情况　　单位：人

项目	在校学生数	招生数	毕业生数
合计	537206	146421	124411
#女性	291742	77643	68269
哲学	164	25	41
经济学	41945	10346	9875
法学	15122	3576	3876
教育学	22053	6606	4611
文学	51229	14086	11487
#外语	24216	6492	5426
历史学	1523	365	354
理学	28839	7859	6720
工学	180387	49157	42389
农学	9609	2519	2451
医学	30501	7494	5608
管理学	105710	29394	26697
艺术学	46496	12891	10302
职业本科	3628	2103	—

职业教育

【概况】　2020年，福建省有高职院校50所，比上年减少1所；在校生41.0万人，比上年增加6.68万人；招生15.60万人，比上年减少5907人；毕业生8.33万人，增加4771人；教职工2.10万人，增加2041人，其中专任教师1.56万人，增加1844人。全省共有中等职业学校166所；在校生35.81万人，增加2.33万人；招生13.27万人，增加2600人；毕业生9.86万人，减少1.18万人；教职工2.0万人，增加166人，其中专任教师1.70万人，增加226人。全省有独立设置的成人高校3所；成人高等学历在校生12.21万人，增长3.03万人；招生5.57万人，增长2.10万人；毕业生2.47万人，减少5334人。推进中高职贯通培养，42所高职院校与77所中职学校联办五年制高等职业教育，新增招生专业206个。5月，福建省职业教育改革成效获国务院办公厅通报激励。

【职业教育品牌建设】　2020年，福建省开展“福建省示范性现代职业院校建设工程”终期验收，认定74所（高职19所、中职55所）为省级示范性现代职业院校。建立健全需求导向的专业动态调整机制，指导职业院校开展专业建设规划，优化专业结构和资源配置。成立中国职教学会职业教育知识技术技能建设研究院，研究构建适应区域产业发展需求的中高职及本科人才培养体系，开展中高职及本科衔接的课程体系和政策制度研究。年内，春季高职院校分类招生考试、秋季普通高考以及高职扩招、“二元制”专项等专科招生计划21.50万人，实际招生15.60万人（含五年制高职转入），超额完成教育部15万人的任务。

【职业教育产教融合】 2020年，福建省政府办公厅印发深化产教融合推动职业教育高质量发展若干措施。省教育厅印发《关于进一步深化高职教育“二元制”人才培养模式改革的通知》，提出“六项机制”，全省累计44所高职院校、312个专业、617家合作企业共同参与“二元制”人才培养模式改革。开展产教融合试点项目，遴选省级第二批高职院校产业学院试点项目22个、省级职业院校高水平专业化产教融合实训基地28个、省级示范性职业教育集团（联盟）10个，会同省发改委等部门遴选培育省级第二批产教融合型企业21家。推进“1+X”证书制度试点，累计参与试点院校165所，试点学生数61589人（增长210%），在闽试点培训评价组织70家，涉及试点证书85种，参训师资2475人次。

【职业培训】 2020年，福建省实施农民工“求学圆梦行动”，全省面向农民工开展高等学历继续教育1万余名、非学历继续教育20万人次。实施“新型职业农民素质提升工程”，面向新型职业农民开展高等学历继续教育1935人、职业培训15.58万人次，涉农职业院9所校获推荐参评“全国乡村振兴人才培养优质校”。职业院校69所、高等学历继续教育的本科院校21所承担退役军人职业技能培养培训任务。

【终身教育】 2020年，经福建省政府批准，福建省广播电视大学、厦门市广播电视大学分别更名为福建开放大学、厦门开放大学，省政府办公厅印发的《福建开放大学综合改革方案》成为全国首个省级开放大学综合改革方案。推动社区教育发展，全省90%乡镇（街道）建立社区学校、88%社区和39%村（居）建立社区学习中心（点），全国“终身学习品牌项目”4个、省级“社区教育特色品牌”30个、省级社区（老年）教育示范基地9个。加强老年大学建设，建立高水平示范性老年大学13所、达标老年大学82所，举办高校老年大学20所，设立老年开放（互联网）大学66所。省学分银行信息平台在库学习者档案增加18.2万个、学习成果数增加225.4万个，分别增长17.4%、11.9%。

2020年福建省高等职业教育基本情况

单位：人

项　目	在校学生数	招生数	毕业生数
合　计	409981	156034	83295
#女性	194818	74896	43701
农林牧渔大类	5103	2091	1258
资源环境与安全大类	3996	1439	716
能源动力与材料大类	4600	1861	830
土木建筑大类	38185	13719	8425
水利大类	2166	831	438
装备制造大类	33307	13319	5833
生物与化工大类	2217	781	455
轻工纺织大类	4238	1453	1082
食品药品与粮食大类	10686	4055	2391
交通运输大类	20116	7701	3622
电子信息大类	60077	22265	10873
医药卫生大类	48113	18222	10651
财经商贸大类	70517	25633	16115
旅游大类	11612	4049	2622
文化艺术大类	34332	14527	5577
新闻传播大类	4852	1665	1152
教育与体育大类	50900	20427	10422
公安与司法大类	8		19
公共管理与服务大类	4956	1996	814

2020 年福建省中等职业教育基本情况

单位：人

项　目	毕业生数	#获得职业资格证书	招生数	#招初中毕业生	在校生数
总　计	98585	79712	132726	125139	358090
#女性	43211	34492	59270	55695	158846
农林牧渔类	6066	4826	4509	3230	16841
资源环境类	20	20	149	149	304
能源与新能源类	185	185	128	127	347
土木水利类	5025	3251	7932	6757	20462
加工制造类	7404	6743	11518	10955	30604
石油化工类	210	162	417	369	1313
轻纺食品类	1094	834	1635	1630	4835
交通运输类	11195	9875	10755	10378	29512
信息技术类	16742	13374	27396	26411	69761
医药卫生类	6999	4993	8008	7605	23684
休闲保健类	1135	948	1869	1825	5190
财经商贸类	15154	12074	22608	21865	57711
旅游服务类	6221	5200	8798	8000	23273
文化艺术类	6222	4705	10171	9872	26443
体育与健身	819	467	1514	1504	4094
教育类	13511	11553	14158	13465	41061
司法服务类	—	—	—	—	—
公共管理与服务类	404	323	799	635	1610
其　他	179	179	362	362	1045

（龙超凡　郑　锦）

编辑：郑　莱

科学技术

综　述

【概况】　2020年，福建省科技系统全面贯彻落实省委、省政府决策部署，坚持新发展理念，深入实施创新驱动发展战略，统筹抓好疫情防控和科技创新发展工作，为全方位推动高质量发展超越提供有力支撑。根据《中国区域创新评价监测报告（2020）》研究显示，福建省综合科技创新水平指数居全国第13位，其中，环境改善指数居全国第2位、高新技术产业化效益指数居全国第4位、科技活动人力投入指数居全国第6位、科技人力资源指数居全国第7位、科技意识指数居全国第7位、科技创新环境指数居全国第9位。年内，全省共获得国家新立科技计划项目1016项、资助经费9.09亿元。5个项目成果荣获2020年度国家科学技术奖。

【科技抗疫】　2020年，新冠肺炎疫情发生后，福建省科技厅第一时间成立省科技攻关协调组，厅主要领导为组长，抽调业务骨干成立工作专班，负责全省疫情防控科研攻关统筹部署和组织协调工作。成立由15位专家组成的科研攻关专家咨询组，进行决策咨询和相关研究。建立省、市、县三级科技系统统筹协调和成果每日通报等制度。强化一线服务，科技厅党组成员分别带队，深入应急科研攻关一线现场办公，帮助科研单位协调解决实际困难。强化科普宣传，在官网、微信公众号设立“新型冠状病毒科普知识”专栏，及时宣传推送疫情科普知识。

省科技厅坚持“疫情急需、短期见效”“先研究，后立项”原则，在全国范围内较早发布疫情科研项目申报，开辟科研“绿色通道”，第一时间启动实施13项疫情防控技术与产品应急科研攻关项目，带动各设区市、高校启动应急攻关项目124项。立项支持厦门大学分子疫苗学和分子诊断学国家重点实验室“新型冠状病毒候选疫苗及质量控制方法研究”项目，其中，鼻喷减毒流感病毒载体新冠肺炎疫苗进入Ⅱ期临床试验，是国内外已开展临床试验的新冠疫苗中唯一采用鼻腔喷雾方式进行接种的疫苗。新型冠状病毒基因工程重组蛋白疫苗正在开展临床前研究和产业转化研究。同时，由该团队和厦门万泰凯瑞联合研发的新冠病毒抗体检测试剂盒获准上市，是全球首个获批的双抗原夹心法总抗体检测试剂。福州大学、中科院福建物构所、厦门艾德生物等多个高校和企业科研团队紧急研制新型冠状病毒检测试剂盒，先后获批上市。支持厦门大学公共卫生学院科研团队应用先进的数学建模方式，构建病毒传播计算与预测模型，开展全国、福建、厦门的疫情趋势研判，获得国务院分管领导的肯定。支持福建中医药大学、福建省疾控中心、福建省立医院和福州市肺科医院等医疗卫生单位开展病原学特征和临床治疗技术研究，创造中西医结合治疗海外“福建经验”。

科技企业复工复产。2020年，省科技厅制定出台《关于强化科技支撑，服务疫情防控与经济社会发展的若干措施》等政策措施，从加快组织疫情应急科研攻关、实施双创载体运营补贴、推动技术合同认定登记便捷化等方面，推进科研一线人员技术攻关和科技企业复产复工。按实际资助1∶1的比例奖励企业承担国家新冠肺炎应急科研攻关项目。为应对新型冠状病毒感染的肺炎疫情科技防控需求，解决口罩、防护服等疫情防控物资新型装备和新型原材料科研水平不足等技术问题，省科技厅安排300万元支持南纺、晟佳锦公司等10家企业启动“面向疫情防控急需的口罩、防护服及熔喷布原料等新型生产设备及新型原材料的研究和产品开发”专项，开展关键技术难题攻关，提高防控物资新型原材料和装备的品质和产量，有效提升福建省疫情科技防控供给能力。依托科技部“企业技术需求与科技人才信息交互服务平台”，聚焦疫情防控、复工复产和保障经济平稳运行的关键技术难题，开展疫情防控专题企业技术需求与科技人才信息交互服务，为企业技术需求提供解决方案。组织开展高新技术企业培育辅导网络培训，减免企业负担，引导企业享受财税政策补贴，降低创新成本，激励创新创业活力。

【科技精准脱贫攻坚】　2020年，福建

省科技厅持续帮扶民族乡经济社会发展，着力落实《第五轮挂钩帮扶福安市坂中畲族乡实施总体方案》，重点围绕畲乡文化传承保护、畲乡特色产业发展、畲民生产生活条件改善，组织实施科技扶贫项目《福安市坂中畲族特色美丽乡村建设及农业产业开发》。项目实施以来，资助经费500万元，带动总投入概算2710万元，确保项目精准实施。通过第五轮挂钩帮扶工作，坂中乡经济发展和社会各项事业建设迈上新的台阶，实现贫困人口全面脱贫、农民增收和社会持续发展，各项指标位列福安市前列。支持下派书记开展驻村工作，省科技厅领导和农村处工作人员多次到第五批驻村书记所在的平和县安厚镇顶楼村、平和县长乐乡南庭村、三元区岩前镇横坑村走访调研，与当地乡镇党委政府主要负责人、村两委委员、部分村民代表等座谈交流，指导驻村干部找准项目切入点，每年每村安排经费60万元，3年（2018—2020年）帮扶安排540万元经费全部到位，为3个村脱贫攻坚、乡村振兴提供支持，打下基础。经过3年的挂钩帮扶，3个重点村全部摘除了贫困村的帽子。持续组织实施省级扶贫开发工作重点县专项计划，落实《省级扶贫开发工作重点县人才支持计划科技人员专项计划实施方案》，每年为原23个省级扶贫开发工作重点县选派360名科技人员，培训本土创新创业人才50名。2020年，省科技厅委托福建农林大学围绕农产品电子商务与市场营销主题，对全省原23个省级扶贫开发工作重点县科技特派员、专业合作社成员和技术人员等50名本土科技人员进行为期30天的培训。　（周　琼）

【科技领域安全工作】　2020年，福建省科技厅围绕科技安全领域，依托省科技信息研究所成立专家团队，加强科技与生物安全分析调研，为防范化解科技与生物安全风险积极建言献策。年内，向省委国安委报送两篇科技安全信息研判调研材料，获得省委国安委的充分肯定。积极推进科技与生物安全协调机制，省委国安委科技与生物安全协调机制的组织架构初步建立，经整编上报中央国安办后，获得中央领导的批示。

（周　琼）

发展规划与政策法规

【概况】　2020年，福建省持续推动落实《关于营造有利于创新创业创造良好发展环境的实施意见》《中共中央、国务院关于新时代加快完善社会主义市场经济体制的意见》的各项工作部署和政策举措。对照《国家科学技术奖励条例》的立法精神和相关规定，强化科技成果转化激励导向，推动修订《福建省科学技术奖励办法》，增设成果转化奖项。2020年，福建省军民融合科技创新共获国家立项12个，资助经费达2300万元，立项数创新高，居全国试点省份前列，省级新型研发机构总数突破150家。

【研发费用加计扣除政策】　2020年，福建省科技厅采取视频挂网方式开展2020年度研发费用加计扣除政策培训，抓好企业研发费用税前加计扣除等惠企政策贯彻落实，办结2家企业研发费用税前加计扣除异议项目鉴定复核，当年（抵扣2019年度）共计7499户企业申报享受研发费用加计扣除政策，比上年增长37.26%；累计研发费用加计扣除额300.61亿元，增长27.98%。

【行政审批】　2020年，福建省科技厅按照省审改办和省数字办的部署，推进全省科技系统行政审批服务事项细化梳理工作。省科技系统共细化梳理主项74项、子项108项，18个子项减少申报材料、21个事项缩短办理时限、5个事项减少跑动次数。至2020年底，全省108个子项中，三星级及以上事项86项，占比为79.63%，其中全程网办事项40项，占比为37.04%；“一趟不用跑”事项63项，占比为58.33%；“最多跑一趟”事项45项，占比为41.67%，所有办事事项均不收取费用。全省科技系统实现同一审批服务事项无差别受理、同标准办理，行政审批服务事项申报材料更少、办理时限更短、审批服务更优，更好地方便企业群众办事，切实提升政务服务标准化水平。

【“十四五”科技规划编制】　2020年，福建省科技厅成立规划编制工作领导小组，编印《福建省中长期科学和技术发展规划纲要（2021—2035）》和《福建省“十四五”科技创新发展规划工作方案》。对标对表“十三五”规划目标，系统总结“十三五”规划落实情况。围绕科技创新总体战略、重点领域和政策环境等设置10个专题开展战略研究，分领域组织召开工业、社会发展、农业、科技战略领域等4场专家咨询会。发函征求38家省直部门及各设区市科技部门的意见建议，进一步修改完善。

【新型研发机构】　2020年，福建省新评估命名第五批省级新型研发机构54家，评估命名数量是上年的1.68倍，增长率达68.75%，省级新型研发机构总量达到156家。其中企业类142家，占到90%以上，充分体现鼓励社会资本参与建设和发展新型研发机构的政策导向。拨付1950万元立项支持39家省级新型研发机构开展后续研发活动。立项支持2020年度省级新型研发机构非财政资金购买研发仪器设备软件后补助项目29项，下达经费1887.4万元。当年启动第六批省级新型研发机构申报工作。

【军民融合】　2020年，省科技厅组织申报国家项目，推荐上报项目20项，其中有12项获国家立项。立项数创新高，居全国试点省份前列，资助金额达2300万元。组织召开军民融合科技创新统筹发展联席会议。支持中国兵器装备集团——福州大学先进技术创新研究院建设，2020年，省科技厅从科技专项经费中安排1623万元支持中国兵器装备集团—福州大学先进技术创新研究院研发大楼建设，筹划国家级军民融合协同创新平台的建设和申报工作。省科技厅委托福州大学先进技术创新研究院对福建科技创新支撑军民融合重点产业发展进行调研，并形成调研评估报告。

【创新战略研究】 2020年，福建省科技厅完成128项省创新战略研究项目指定项目、自主选题项目和定向项目立项评审工作，资助经费452万元。编制完成2021年省创新战略研究计划自主选题项目和定向项目指南。为整合科技资源，促进协同发展，首次开展创新战略研究联合项目，与省委党校、省委改革办（财经办）合作，分别完成第一批和第二批联合项目的立项工作。配合省科技发展研究中心，完成福建重点智库建设试点单位申报工作。

【院所自主权政策】 2020年，福建省科技厅加强省属公益类科研院所基本科研专项立项管理，完成2020年度省属公益类科研院所基本科研专项项目立项工作。当年专项立项280项自主选题项目，资助经费4000万元。组织编写省属公益类科研院所2018年、2019年度报告。持续推动落实《关于进一步促进高校和省属科研院所创新发展政策贯彻落实的七条措施》，组织赴省农科院果树所、省海洋所科研院所等省属公益类科研院所开展调研，重点了解自主权政策落实情况，指导督促省属科研院所健全完善内部科研管理制度，确保落实科研人员自主权。组织开展省属公益类科研院所成果转化政策学习交流，梳理政策执行过程中的难点堵点问题，商讨完善的思路与举措，推进科技创新政策真正落地。 （周　琼）

科技资源配置与管理

【科技计划项目与经费】 2020年，福建省累计下达科技计划项目年度经费49661.57万元，其中，财政年度预算经费39941.82万元（含科技厅年度部门预算35450.82万元、财政厅科技特派员经费2091万元、农业农村厅支持设区市农科院所专项500万元、教育厅联合资金1900万元）、科技业务费1012.76万元、高校和卫生联合资金8707万元。年度科技计划项目预算指标35450.82万元（含科技专项、中央引导地方专项资金、高水平科技研发创新平台建设专项）全部安排完毕。支持省级科技计划项目共2882项，含新上项目2825项，年度经费44637.57万元；结转项目57项，年度经费5024万元。

2020年，福建省科技计划项目和资金安排，紧扣新产业、新技术、新平台、新业态、新模式等“五新”任务，深入实施科技创新驱动发展战略。确保基础前沿研究，当年安排科技经费13773万元，支持省自然科学基金项目1812项。其中，联合省内高校和医院继续组织实施高校联合资金与卫生联合资金项目，推动全省高校、卫生机构等开展基础研究和科技人才培养。安排科技经费4000万元，支持省属公益类科研院所基本科研专项项目36项，稳定提升公益类科研院所基础研究和创新能力。实施科技创新链和产业链精准对接工程，年内面向疫情防控应急科研攻关、人工智能、新材料、高端装备制造、现代农业技术等战略性新兴产业领域，组织实施“新型冠状病毒候选疫苗及质量控制方法研究”“海上风电重型装备焊接自动化与控制技术”“同轴全息光存储技术产品研发与产业化”“建筑固废精细化分拣及原级资源化关键技术产业化研究”“水稻分子育种技术体系创新及应用”等22项科技重大专项专题项目，计划资助经费9900万元，加大对重点产业产学研协同创新，突破关键核心技术，力争取得一批重大共性技术成果，形成协同放大效应。突出企业创新主体地位，支持企业为主承担技术开发与应用项目、技术转移项目和平台建设项目等省级科研项目。不断激发和释放技术进步的内生动力，除基础研究、公益类科研院所专项外，年内支持企业为第一牵头单位，以及企业与高校、科研院所共同承担的科技项目共计545项，资助经费占年度新上项目总经费79.7%。聚焦产学研协同创新，年内组织实施区域发展项目、高校产学合作项目和科技合作产业化项目119项，计划经费8640万元。这些项目均鼓励产学研结合共同承担，凸显高校、院所承担项目有企业承接转化，企业承担项目有高校、院所提供技术支撑的协同创新政策导向。

至2020年底，省科技厅共验收项目1401项，申请专利1383件、专利授权1728件，软件著作权登记323件，新产品、新品种、新药认定274个，制定新标准（规范）192件，新增产值278.2亿元，新增利润25.8亿元。

【国家科技项目支持】 2020年，福建省推荐国家重点研发计划项目20项。此外，顺利完成国家重点研发计划10个重点专项课题的视频评审工作。国家重点研发计划“靶向肿瘤转移节点分子的多模块可编程纳米药物”等项目立项实施。至2020年底，全省（含厦门市）共获得新立项国家科技计划项目989项，资助经费91266万元，主要包括国家重点研发计划项目（课题）22293万元、国家自然科学基金58978万元、中央引导地方科技发展专项资金4900万元、中小企业发展专项资金5000万元、“科技助力经济2020”重点专项、其他项目（创新方法专项、国家科技重大专项课题）95万元。

2020年，根据科技部、财政部《中央引导地方科技发展专项资金管理办法》的精神和省科技厅上报科技部的《中央引导地方科技发展专项项目推荐实施方案文件》要求，组织实施中央引导地方科技发展专项。2月，省科技厅联合财政厅对外发布申报指南启动该资金项目申报工作，确定“疫苗研发关键技术平台建设”“福建省科技特派员服务云平台”等38个项目（含“百城百园”6个项目）作为2020年资助项目并上报科技部备案，共立项支持资金4900万元。

【省级重大专项项目】 2020年，省科技厅为健全省级科技重大专项“揭榜挂帅”攻关机制，以市场为导向，以应用为目的，做到谁能干就让谁干，在省级科技重大专项现有工作模式基础上，通过完善项目生成机制，针对福建省内龙头、骨干企业等单位提出自身力量难以解决的技术难题，试点省级科技重大专项揭榜制，实现“卡脖子”关键核心技术领域重大技术突破和自主可控发展，提升重点产业自主创新能力和核心竞争力。制定《省级科技重大专项“揭榜挂帅”攻关机制的试点方案》。从“新型显示”“高性能功能高分子材料”“湾外离岸智能规模养殖设施”“国家Ⅰ类重大创新药物研发”“固体废物综合处理与资源化利用”等5个需征求技术难题的行业领域，发布《关于征集“揭榜挂帅”重大技术需求（难题）的通知》，征集到全省有关企业提出的重大技术需求（难题）19项。

【省高校产学研联合创新项目】 2020年，福建省科技厅、省工信厅、省教育厅、省财政厅、省委人才办等部门联合印发《关于组织申报2020年高校产学研联合创新项目的通知》，突出企业需求导向，围绕重点产业布局，以“跨校组建、校企联合”方式组建产学研联合创新团队，共同为在闽企业提供技术服务和成果转移转化，促进高校之间资源共享、学科交叉、人员交流、优势互补与创新协同，有效对接行业企业关键、共性技术需求，开展科研项目攻关，实现一批高校高水平协同创新成果直接向企业转化。

【企业加大研发投入】 2020年，福建省科技厅贯彻落实《关于强化科技支撑，服务疫情防控与经济社会发展的若干措施》等文件要求，加大力度实施企业研发经费投入分段补助，企业研发经费投入分段补助政策执行期限延续3年。3月，省科技厅、省财政厅、省统计局联合印发《关于开展企业研发经费投入2019年度补助和2020年度预补助申报工作的通知》。5月，省科技厅、省财政厅联合修订并发布《福建省企业研发经费投入分段补助实施细则（2020—2022年）》，通过提高预补助申报门槛、明确补助依据、规范申报程序和改变省级财政补助预拨方式等举措，提高政策实施的针对性和可操作性。当年核定2019年2543家申报研发经费投入分段补助，补助金额11.55亿元，分别比上年增长57.2%和24.3%，其中省级财政承担3.51亿元。2020年共有31家企业申请预补助资金1.54亿元，省级清算资金和预补助资金下达。

为推动全省研究与试验发展（R&D）经费投入增长，省科技厅牵头编制《科技创新行动计划》关于“加大全社会研发投入”配套措施，建立工作推进和落实机制，“加快提升全社会研发投入水平”作为福建省突破“难、硬、重、新”工作行动重点工作，省科技厅与省财政厅、发改委等相关责任单位推进有关工作，召开促进全社会研发投入工作调研座谈会，工作进展情况及时报送工作专班。

【科技金融结合】 2020年，福建省科技厅为加强政策落地，落实企业需求，5月28日在福州举办“政企合作引金融活水　企业发力注创新活力”科技贷产品银企对接会，80家福州市科技型中小微企业负责人共计101人参加会议，现场预约对接尽调企业14家，融资需求7700万元。7月22日，省科技厅与建设银行福建省分行签署合作协议，共同实施“科技型中小微企业创新发展行动”，通过专项资金支持平台构建、投资联动机制等全景式、全链条服务，精准支持科技企业复工复产、转型升级。10月29日，省科技厅、省金融局、三明市政府共同举办以“推进科技贷，助力千万企”为主题的“科技贷”银企对接会，会上10家企业共获得银行意向授信额度1.12亿元。12月17日，省科技厅、省金融局、莆田市政府共同举办以“强化科技金融链接，助力创新驱动发展”为主题的科技金融对接会，莆田市科技局与2家银行签订战略合作协议、4家银行分别与多家企业签订“科技贷”项目协议。

省科技厅为更好推进“科技贷”工作的开展，出台《福建省科技型中小微企业贷款方案（试行）的补充通知》。为切实发挥财政资金杠杆作用，规范“科技贷”管理流程，省科技厅、省财政厅、省金融办、省工信厅对扩展服务范围、明确申请补偿流程、资金拨付流程等方面完善“科技贷”管理办法。省科技厅走访福建省人保公司等多家银行机构，就推广落实“科技贷”工作听取意见、建议。赴三明等设区市调研，结合当地产业特色，引进高科技企业，推动产业升级。通过科技厅门户网站上的在线访谈对“科技贷”政策进行解读、省工信厅的“惠企直通车”及全省产融合作政银企线上对接会进行宣传，利用“高企申报培训会”“中国创新创业大赛”赛前培训以及入企尽职调查的机会向参加培训（参赛）的科技型中小微企业推广“科技贷”政策。构建“福建省科技型中小微企业金融服务平台”，并建设“福建省科技型中小微企业数据库”，汇集7256家科技型企业的基础数据；实施“科技贷”补偿金管理统计分析工作；通过数据的端口链接，做到对企业的基础数据实时更新，保证数据的真实性；以数据为支撑，并初步建立平台的企业信用评价体系。至2020年底，与省科技厅、省金融局签约的金融机构有招商银行、建设银行等14家，累计发放2021笔“科技贷”，惠及1083户科技型企业，发放总金额85.5亿元。

省科技厅积极推进科技保险工作，通过设立高新技术企业产品研发责任保险、高新技术企业关键研发设备保险、高新技术企业产品质量保证保险、高新技术企业小额贷款保证保险（A类险种）、高新技术企业财产保险、高新技术企业雇主责任保险、高新技术企业高管人员和关键研发人员团体意外伤害保险（B类险种）、短期出口信用保险等8个科技保险险种，对投保科技保险的省内高新技术企业，按保费的10%～25%

给予补贴。2012—2020年，支出科技保险补贴3445.27万元，带动省内606家高新技术企业投保科技保险，为高新技术企业提供约590亿元风险保障。其中，2020年补助高新技术企业124家，补助金额共计734.56万元。

省科技厅持续推动科技创投工作，为更好地为科技型企业提供融资服务，推动成立福建省科技成果转化创投基金。2020年10月26日召开成立大会，第一期资金到位。该基金按《国家科技成果转化引导基金设立创业投资子基金管理暂行办法》规定操作，规模3.75亿元，省财政科技经费安排0.5亿元，募集社会资本2.5亿元，科技部成果转化引导基金出资0.75亿元支持，投资生物医药、信息技术、先进制造等国家重点支持的高新技术产业和战略新兴产业。基金成立至年底，接洽省内外项目93个，实地考察51个项目，立项尽调项目3个，预立项项目8个。

组织在福州市开展促进科技和金融结合试点工作，由省科技厅、福州市科技局、福州高新技术产业开发区管委会各出资1000万元，建立"高新贷"资金风险池，与福建海峡银行股份有限公司共同建立福州市科技型企业"高新贷"业务机制，重点扶持有技术、有市场的科技型企业。签订《"高新贷"业务补充协议》，将注册地位于《福州市人民政府关于报送福厦泉国家自主创新示范区福州片区布局规划及四至范围的函》所列园区范围内经科技部门备案或认定的科技型中小企业、科技"小巨人"领军企业、高新技术企业或创新型企业、"专精特新"中小企业，以及获得"科技进步奖"、专利权、省级科技计划项目的企业纳入"高新贷"服务范围。

【科技创新平台建设】 2020年，福建省科技厅贯彻落实《加快高水平科技研发创新平台建设发展六条措施》，2020年度安排高水平科技研发创新平台建设专项经费6117.43万元（其中平台运行补助经费4670万元、首席科学家工作经费750万元、合作开放资金配套经费697.43万元），对固体表面物理化学国家重点实验室、国家环境光催化工程技术研究中心、电化学储能技术国家工程研究中心等136家国家级、省级重点实验室、工程实验室、工程（技术）研究中心等高水平科技研发创新平台进行补助，着力推动高水平科技研发创新平台的建设与发展，促进科技研发创新平台在提升区域创新能力、吸引高水平科技人才、支撑区域经济发展、推进产业转型升级等方面发挥作用。围绕福建省主导产业、战略性新兴产业和区域特色产业发展，突出产业技术支撑和引领作用，从2014年起，经过多年培育建设，对15家验收通过且成效优秀的、具有持续创新能力和示范带动性强的产业技术创新重大平台，予以加挂"福建省产业技术创新研究院"牌匾。至2020年底，全省产业技术研究院总数超过30个。

【区域创新能力建设】 2020年，福建省科技厅继续安排结转经费2815万元，支持13个省级科技创新平台建设。安排结转经费1000万元，支持永安市永清石墨烯产业技术研究院建设，鼓励永安市永清石墨烯产业技术研究院与厦门大学石墨烯工程与产业研究院加强交流合作，强强联合，推进福建省石墨烯产业发展。安排结转经费500万元，支持福建中医药大学建设康复产业研究院。继续安排结转经费200万元，支持福建医科大学建设福建省新药研发中心。支持设区市单位牵头建设省级科技创新平台建设项目，支持泉州装备制造研究所建设福建省智能物流产业技术研究院，支持宁德时代新能源科技股份有限公司建设福建省电池管理系统创新产业技术研究院，支持三明学院建设三明市氟化工产业技术研究院，支持漳州职业技术学院建设漳州市食品产业技术研究院，推进设区市优势特色产业高质量发展。

（周　琼）

基础科技研究与管理

【省自然科学基金资助体系建设与管理】 2020年，福建省对自然科学基金工作力度不断加大。省科技厅修订《福建省自然科学基金计划项目管理实施细则》，在保留传统覆盖资助最广泛科研群体基础研究的面上项目基础上，取消杰出青年滚动资助项目类别，新增重点项目类别，形成包含面上、青年创新、杰出青年和重点等4个类别、成梯次、相对合理的省基金项目资助体系布局，以满足不同层次基础研究群体对政府资助资源配置的需求。并结合工作实际，规范省自然科学基金项目管理，修订删除省基金计划项目管理实施细则中要求杰出青年项目非企业申报者"已主持过国家级科技计划项目"的限制，并将杰出青年项目非企业申报者年龄限制从35周岁放宽至40周岁，以适应不同时期对基金计划的新需求和新要求。

【省自然科学基金计划项目管理】 2020年，福建省扩大自然科学基金联合资助，引导有关高校、医院加大投入，共同支持基础研究项目。2020年度省自然科学基金项目受理申报3584项、立项1812项、立项经费13773万元，分别比上年度增加63%、63%、74%。"十三五"期间累计立项6074项、经费4.16亿元，分别比"十二五"期间增长88%、167%。

2020年度省自然科学基金结题验收项目961项，形成5100多项研究成果；申请发明专利405件，其中授权发明专利293件、软件著作权67件；发表论文4058篇，被SCI或EI收录论文2525篇；获省级及以上奖项258项；新增国家及地方标准7项；促进新增产值4000多万元。其中省自然科学基金杰出青年项目验收结题30项取得明显成效，30位项目负责人在项目实施期间获国家自然科学基金杰出青年科学基金项目资助1人、优秀青年科学基金项目资助4人，入选教育部青年长江学者1人、省部级人才计划资助17人。项目实施累计发表成果论文343篇，被SCI收录一区论文114篇、二区论文52篇，占总论文数的48%；项目成果申请发明专利73件、获授权发明专利35件。项目负责人在项目实施期间共申请并获得国家级和省部级科研项目67项、经费6912.7万元，其中国家自然科学基金项目31项、经费3912.4万元；科技部重点研发计划2项、经费841.3万元。

【省自然科学基金联合资助工作】 自2014年开始实施至2020年，福建省科技厅从卫生联合资助拓展到高校联合资助，2020年设立实施农科联合资助。至2020年底，省自然科学基金联合资助涵盖省内22家医院、19所高校和省农科院等全省农科院所系统。在省自然科学基金面上项目联合资助基础上，联合单位启动实施联合资助青年创新项目18项、重点项目14项。省自然基金各类联合资助经费规模从上年度3250万元增加到8650万元，省教育厅配套联合经费从500万元追加到1000万元，缓解省自然科学基金经费投入与项目科研需求之间的矛盾。2020年，省科技厅各类联合资助项目立项数量和经费增加到1508项、11288万元（不含教育厅经费共同资助的非联合高校杰出青年项目），比上年增加102%、104%。

【促进海峡两岸科技合作联合基金】 2020年，福建省获促进海峡两岸科技合作联合基金立项资助项目16项，直接经费4317万元。其中，依托福建省单位获得立项14项，占87.5%，包括厦门大学6项、福建医科大学3项、福州大学2项、福建农林大学2项、中科院福建物构所1项。累计2012—2020年福建省获促进海峡两岸科技合作联合基金资助项目158项，经费超过4亿元。

福建省自然科学基金和海峡联合基金的实施，培养和锻炼科研人才队伍，增强福建省参与国家自然科学基金项目的竞争力。2020年，福建省高校院所等单位共申请国家自然科学基金各类项目5688项，获批准立项929项，资助经费5.88亿元，分别比上年增长5.2%、3.2%、7.6%。在国家自然科学基金总预算较上年略有减少的情况下，获批准经费实现逆势增长，为“十三五”画上圆满句号。其中，面上项目477项、重点项目20项，连续5年递增；国家杰出青年科学基金项目8项，国家优秀青年科学基金项目14项，创新研究群体科学基金项目3项，均创“十三五”新高；重点、重大研究计划、面上、杰出青年和优秀青年等项目立项数年均增长率分别为60%、25%、5%、33%、36%。“十三五”期间，福建省共获得国家自然科学基金批准立项4499项，批准经费超过25.8亿元，呈稳步上升趋势，分别比“十二五”增长23%、26%。

【福建省创新实验室建设】 2020年，福建省确定首批建设的4家省创新实验室，分别是福州市“中国福建光电信息科学与技术创新实验室”、厦门市“中国福建能源材料科学与技术创新实验室”（嘉庚创新实验室）、泉州市“中国福建化学工程科学与技术创新实验室”、宁德市“中国福建能源器件科学与技术创新实验室”。2020年，按照《关于贯彻落实“三四八”工作机制　推进福建省创新实验室建设的实施方案》，督促各实验室建设明确落实步骤、明确落实举措、明确落实环节，严格对标对表，实行工作进度报告制度，推动各创新实验室建设。根据省委关于编制全方位推动高质量发展超越科技创新行动计划配套措施的要求，研究制订推进实验室建设配套措施，为高标准建设实验室、激发实验室创新活力，在制订实施省创新实验室体制机制创新指导意见基础上，牵头研究制订关于推进省创新实验室建设的若干措施，为促进和加快实验室建设提供政策保障。同时协调落实省级建设经费保障，省科技厅、省财政厅联合安排下达2020年度4家省创新实验室建设补助经费总计4.8亿元，供实验室用于基础设施建设、科研仪器设备采购、人才团队引进等。

省科技厅为加强和各省创新实验室、省直有关单位的沟通联系，推动福建省创新实验室建设，先后于2020年9月27日、10月15日、11月19日召开清源创新实验室、嘉庚创新实验室、闽都创新实验室第一届理事会第一次会议。

至2020年底，4家创新实验室建设工作加紧推进，在完成注册登记、理事会等管理机构组建的基础上，加快基础设施建设、规章制度制订、人才团队引进工作，并按照边建设、边发展原则，开展科研项目攻关和成果转化应用，取得初步成效：嘉庚创新实验室能源材料大楼投入使用，落成国内第一座无噪声实验室；闽都创新实验室于年内新引进传感器芯片技术团队、激光微纳制造技术团队、5G通信光模块研发团队、数字光芯技术团队，新引进各类人员26人；清源创新实验室确定实验室首批支持重大、重点项目9项；2020年，宁德时代创新实验室先后与华南理工大学、上海交通大学、厦门大学、中科院物理所等一流高校和研究院所成立“联合研发中心”，并设立开放基金。

【重点实验室组织管理】 至2020年底，福建省拥有省级以上重点实验室245家，其中国家级10家、省级235家（学科类150家、企业类85家），完成“十三五”规划目标。实验室主要分布在化学与材料、资源与环境、农业与海洋、数理与工程、医学与生物等领域。2020年省科技厅组织专家对建设期满的39家学科类重点实验室进行验收，并对88家学科类重点实验室开展三年一次的考评工作，对考评结果优良的给予共计800万元运行费补助。在大气科学及工程领域新布局2家学科类重点实验室，新认定建设18家企业重点实验室。

【大型科研设施仪器开放共享】 2020年，省科技厅制定《福建省重大科研基础设施和大型科研仪器向社会开放服务绩效评价暂行办法》《企业重大科研基础设施和大型科研仪器向社会开放服务试点方案》，定期开展绩效评价工作，鼓励企业非财政性资金建设、购置的科研设施仪器向社会开放服务。至年底，福建省大型科研设施仪器管理服务平台收录30万元以上的仪器2915台套，原值约29亿元。省科技厅每年对重大科研基础设施和大型科研仪器向社会开放服务进行绩效评价和运行费奖励补助，当年共有7家仪器管理单位和70台仪器获得运行费奖励补助共计146万元。

2020年，省科技厅在三明、宁德两市开展企业非财政资金建设和购置的科研设施仪器开放服务补助试点，经审定，共有35家企业获得企业重大科研基础设施和大型科研仪器向社会开放服务补助经费共计390万元。

【实验动物管理】 至2020年底，福建省拥有实验动物许可证51份（生产许可证8份、使用许可证43份），主要分布在高校、科研院所、医疗卫生单位、出入境检验检疫技术中心、生物制品和制药企业等。全省生产使用实验动物达10多个品种品系，年动物的使用量约15万只，生产量约5万只。全年共发放10份实验室动物使用许可证、1份实验动物生产许可。

【基础研究和支撑类平台建设】 根据2020年12月28日发布的《科技部办公厅关于组织填报〈国家野外科学观测研究站建设运行实施方案〉的通知》，福建省向科技部推荐的依托厦门大学建设的台湾海峡海洋生态系统野外科学观测研究站、依托福建师范大学建设的福建三明森林生态系统与全球变化野外科学观测研究站被列入国家野外站择优建设名单。这是福建省野外观测站首次入选国家级行列。

根据《关于加强数学科学研究工作方案》精神，制定印发《福建省应用数学中心建设方案》，认定建设3家首批福建省应用数学中心，分别设在厦门大学、福州大学和福建师范大学。

（周　琼）

高新技术与工业科技

【概况】 2020年，福建省科技厅加强科学谋划布局，强化高新技术与工业科技政策研究、执行落实和改进优化，着力提高高新技术与工业科技管理服务水平。组织专家组系统梳理“十三五”高新技术与工业领域科技创新发展情况，围绕重点产业创新需求，厘清“十四五”产业关键技术要点、重点任务和发展举措；依托软科学、“鼓岭科学”会议等途径，加强区块链、人工智能、电子信息等重点领域的决策研究和智力服务。配合省委、省政府和省人大、政协做好产业基础高级化与产业链现代化、民营经济、集成电路、人工智能、数字经济和制造业高质量发展等专题调研和议政咨询等服务工作，配合做好省政府出台支持保产业链促供应链、电动福建、产业领军团队和数字经济发展实验区等政策规划起草和实施工作，为科学决策提供科技智力支撑。

【高新技术与工业项目立项】 2020年，福建省科技厅重点围绕新一代信息技术、人工智能、新材料、高端制造和新能源等领域，先后启动实施一批科技重大项目，加强产业关键共性技术攻关。2020年，高新技术与工业领域共立项117个项目（包括网络评审、实地调研、会议调研），总投资4.85亿元，计划经费1.17亿元。其中：引导性项目51项，计划经费1549万元；产学合作项目24项，计划经费960万元；区域发展项目33项，计划经费3300万元；重大专项专题项目9项，计划经费5900万元。按照省委巡视组提出的“结题率不足”问题，督促各承担单位抓紧项目验收，全年共组织验收各类科技项目（平台）117项，及时清理一批“呆账和坏账”项目，结题率提升至97%。推进“揭榜挂帅”实施，开展龙头企业创新需求征集与调研工作，至年底，初步确定3个方向选题与榜单。

【战略新兴产业建设】 新一代信息技术领域。2020年，省科技厅支持厦门大学、华侨大学、福州瑞芯微、长威信息科技和漳州科能电器有限公司承担实施“自主可控AI处理器研发及其在智能语音的应用”“多学科协同的EDA工具设计平台研究”“公共卫生一体化联防联控关键技术研发”“应用示范和基于物联网技术的能源采集及应用服务平台”等省级科技计划项目，加强高端芯片、核心工业软件、物联网传感器件等“卡脖子”关键核心技术攻关，为促进福建省电子信息产业强链补链提供科技支撑。安排2000万元支持福建师范大学谭小地科技领军团队承担实施省科技重大专项“同轴全息光存储技术产品研发与产业化”，聚焦大数据低成本和超长期安全存储等“卡脖子”关键技术，打通基础理论与关键技术各个关节，此技术可解决存储领域技术瓶颈，带来数据存储领域革命性、突变式技术进步，打破国外垄断，更加有效地保证国家信息安全。

数字经济领域。2020年，省科技厅加强人工智能、量子科技、区块链、5G、物联网、大数据和工业互联网等数字领域关键技术供给。支持厦门大学、福建农林大学和汇川物联网、漳州万利达等高校院所、企业承担实施“基于机器视觉的AI测量技术研发”“基于人工智能技术的大尺寸平板电脑关键技术开发及产业化”“基于双目机器视觉及AI智能的道路巡检系统关键技术及其产业化应用”等省级科技计划项目，加强机器视觉、智能控制、虚拟现实、群体智能等关键核心技术攻关，促进人工智能与制造、交通、医疗、建筑等领域融合应用。支持中电福富信息科技有限公司、漳州立达信和福建师范大学、福建警察学院等企业院校承担实施“基于人工智能＋大数据的智能视频云平台”“基于大数据智能分析的威胁情报平台研制及产业化”“基于物联网技术的视觉引导模块化机器人的研发及其在智能制造中的应用”“工业物联网实时隐性异常检测分析系统的关键技术研发及产业化”等省级科技计划项目，加强物联网感知传感、大数据采集处理和安全监管等领域关键技术研发。

高端制造领域。2020年，省科技厅围绕“中国制造2025”和实施“数控一代”，持续支持基础制造工艺技术与基础零部件、智能制造产品及系统、高档数控机床与机器人等关键共性技术研发、推广和产业化。支持机械科学研究总院海西（福建）分院设计研发的“8000KN智能挤压铸造生产专用设备”，填补国内空白；研制出的“大口径光学非球面超精密磨削机床等高端数控装备”，打破国外垄断封锁。支持福建福船一帆新能源装备制造有限公司承担省重大专项专题项目“海上风电重型装备焊接自动化与控制技术”，通过研发车间物联网，集成焊接设备、柔性工装夹具等，实现全车间设备层的互联互通；通过研究焊接工艺过程质量自适应控制和全过程动态监测跟踪技术，实现各个环节关键数据的实施循环和有效联动，为大数据分析提供数据来源。推进机械科学研究院海西（福建）分院、泉州装备制造所、福建（泉州）哈工大工程技术研究院等在绿色制造、智能装备等领域开展科技攻关和产业化，提升科技创新与产业化的融合发展，培育新产业动能。

新材料领域。2020年，省科技厅支持福州大学、厦门大学、中国科学院福建物质结构研究所承担实施“大面积钙钛矿纳米晶闪烁体薄膜材料与器件制备”“高强韧碳化硼增强铝复合材料研制及产业化与轻量化、高强度、高模量增韧聚丙烯共聚物的产业化研究”“超柔性碳纳米纤维膜的研发”等省级科技计划项目，加强前沿新材料、高分子材料和高性能纤维等关键技术攻关，为加快构筑特色新材料产业提供科技支持。

新能源领域。2020年，省科技厅支持福州大学、厦门大学和福州慧翰微电子、宁德卓高等高校院所和企业承担实施可再生能源与“氨氢能源”互补、高安全性涂覆隔膜、V2X车路协同控制系统和高镍正极材料等省级科技重大项目，加强能源新材料、智能系统、车身轻量化与结构设计等系列关键技术攻关，支持科技人才培育与成果转化，着力为新能源汽车产业创新发展提供科技支撑。推动传统优势产业迈向中高端。引导龙头企业联合高校、院所实施“智能一代”和“互联网+”等重大科技工程和项目，聚焦福建省传统优势产业和先进制造业领域的关键基础材料、核心基础零部件等核心技术需求，支持厦门大学、三祥新材、福建龙溪轴承和正兴车轮等企业和高校院所承担实施“锂离子动力电池高镍NCM正极材料关键技术及产业化开发”“高性能氧化锆研发”“耐高温长寿命自润滑关节轴承关键技术研发”“大型精密模具增材制造与再制造装备技术研究”等省级科技计划项目，加强产业关键核心技术攻关，支持科技成果转化与产业化，助力福建省产业高质量发展。着力突破编织鞋服、数控机床和增材制造等产业关键技术，鼓励跨界融合催生新业态，利用先进技术和商业模式推进福建的机械、鞋服等传统特色优势产业迈向中高端。

【创新主体培育】 2020年，福建省（含厦门）共有两批次3406家企业申报国家高新技术企业，新认定2000家。至年底，全省高新技术企业数突破6500家。全省高新技术企业数量始终平稳增长，由2015年的2035家增长至2019年的4811家，实现翻番，年均增幅超20%。全省高新技术企业工业总产值突破7000亿元，实现总收入5000多亿元，享受所得税减免105亿元。全省高新技术企业研发投入占全省企业研发投入的比例超60%，绝大多数知识产权产自高新技术企业。省科技厅不断完善省级高新技术企业培育库，发挥好省级财政1.35亿元专项培育资金引导激励作用，激励高新技术企业成长。2020年，福建省有入库备案省级高新技术企业2055家，发放出入库奖补资金合计7.9亿元。福建省加快推进省、市、县三级联动，引导各地区加强高新技术企业政策宣讲人才队伍建设，增强各级之间的信息互通和资源共享。同时，加强对高新技术企业服务机构的培训和监管，不断优化服务质量，提升认定和备案队伍的专业化水平。

【科研平台建设】 2020年，福建省科技厅按照中科院与省政府新一轮合作协议要求，支持中科院海西研究院加强项目攻关、平台建设和成果转化，重点推进三期项目加快基建建设。支持建设数字中国研究院（福建），安排500万元支持其建设发展，助力其提升科技创新能力。支持与北京市科委、三明市政府、北京石墨烯研究院共建北京石墨烯研究院福建产学研协同创新中心。支持厦门安胜网络公司建设海上指挥应用系统平台项目。支持厦门大学石墨烯工业技术研究院、泉州装备所和三明石墨与石墨烯产业园完善创新服务功能，加强产学研协同创新攻关。福建省VR产业技术研究院、电子商务平台等创新平台相继验收建成。 （周 琼）

农村农业科技

【概况】 2020年，福建省科技厅按照《福建省“十三五”科技发展和创新驱动专项规划》和省委、省政府的工作部署，结合福建省特色现代农业发展要求，积极围绕促进乡村振兴，在良种选育、高效种养殖、农产品精深加工、农业重大疫病防治等领域，组织实施一批科技重大专项（专题）项目、区域发展项目、高校产学研合作项目和引导性项目等119个科技计划项目，安排经费共5734.76万元。

【农村农业科技计划项目与经费】 科技重大专项（专题）。2020年，省科技厅整合科技资源，组织实施“水稻、玉米分子育种技术体系创新及应用”“水稻分子育种技术体系创新及应用”“大黄鱼和鲍鱼良种选育”“海藻多糖及副产物高值化产品开发及产业化应用”“海藻低粘度κ—卡拉胶制备及其在植物胶囊系列产品中的应用”“海藻多糖和膳食纤维一体化提取装备研发及应用”“水产品综合加工技术及装备的研究与应用”“抗冻抗菌协同增效的海鱼保鲜技术研发与产业化应用”等8个重大专项专题，资助经费2000万元。

区域发展、产学研合作、引导性项目。2020年，省科技厅组织实施“酶制剂在替抗中应用效果的综合研究及多功能复合型替抗酶制剂产品的开发”等17个区域发展项目，安排经费1700万元；“方斑东风螺‘海泰1号’种苗规模化培育技术及示范应用”等12个高校产学研合作项目，安排经费480万元；“褐藻寡糖在对虾保鲜中的应用技术开发”等37个引导性项目，安排经费554.76万元，支持农业科技领域关键共性技术攻关。

设区市农科院所建设项目。2020年，省科技厅积极支持设区市农科院所全面建设，与省农业农村厅组织实施支持设区市农科所（院）建设项目45个，安排经费1000万元，提升基层农科院所基础研究水平，支撑设区市农科院所科技创新、科技服务，建立农业科技专业化队伍，成为“十三五”福建省区域现代农业发展和脱贫攻坚的一支重要力量，是区域农业科技创新、农业科技服务的主力军。与省农业农村厅、财政厅联合向省政府申请“十四五”继续设立设区市农科院所建设专项资金，确保政策的连续性。

农业领域科技计划项目结题工作。按照《福建省科技计划项目验收管理办法》的要求，省科技厅开展农业领域科技计划项目结题工作，加强和规范项目的验收管理，客观评价项目的实施成效。2020年，全省共验收农业领导科技计划项目92项。在验收的项目中，申请专利183件、获授权97件，其中申请发明专利167件、获授权发明专利46件；获国审新品种22个、省审新品种13个；发表论文（论著）410篇，其中SCI（EI）收录124篇。

【科技特派员制度】 2020年，福建省科技厅牵头组织省科技特派员工作联席会议成员单位召开联络员会议和全省科技特派员工作现场会，贯彻落实全方面推动高质量发展超越目标精神，全面部署科技特派员工作年度目标和任务。2020年有10名优秀科技特派员荣获省委实施乡村振兴战略领导小组表彰。

根据双向选择、按需选认、精准对接的要求，创新“订单式”需求对接和“菜单式”服务供给模式，省科技厅选认省级个人科技特派员3367名、团队科技特派员686个、法人科技特派员51个到基层一线开展创业和技术服务，实现省级科技特派员创业和技术服务乡镇全覆盖。2020年，对团队科技特派员下达后补助项目37个、补助经费1661万元，星创天地后补助项目11个、补助经费430万元。

围绕创新供需对接模式、科技特派员服务云平台建设、科技特派员工作实绩评估等问题，省科技厅分类开展2020年度科技特派员工作线上调查问卷工作，共3713名调查对象参与调查问卷工作，其中，3044名省级科技特派员、277名服务对象、201个管理服务部门和191个派出单位参加调查问卷填报。对调查中发现的问题，及时研究对策，结合福建省在实施科技特派员制度中的实际情况，省科技厅出台《福建省科技特派员专项资金管理办法》，扩大全省科技特派员专项资金规模和使用范围，明确各级有关部门职责、资金下拨程序、拨付渠道、使用期限、使用范围，为科技特派员在基层更好地开展创业和技术服务提供政策保障。

省科技厅以科技特派员服务云平台为载体，开展防疫宣传、春耕服务、技术指导等工作。2020年，省级科技特派员通过科技特派员服务云平台发表33077条农时农事信息和54270篇科技服务工作日志，回答58139个问题。

【农业科技园区建设】 2020年，福建省各科技主管部门持续整合农业科技园区各类创新主体和各种要素，增强投入、搭建平台、拓展项目，提升发展层次。全省农业科技园区累计获政府投入34.73亿元，其中园区当年政府研发投入2.49亿元、带动园区当年社会资本投入145.61亿元、带动园区当年社会研发投入33.81亿元，创造社会总产值1254.61亿元；和园区有合作关系的科研单位176个，入驻园区科研单位56个、研发机构283个、研发人员5325名，建立院士专家工作站40个；园区累计转化科技成果603项，年内转化科技成果91个，园区累计获批专利16175件，其中发明专利1169件。各园区围绕优势主导产业，横向增强配套力，纵向延伸产业链，推动优质生产要素向园区企业聚集，加快优势主导产业发展。各园区优势主导产业均发展成为园区所在县（市）的优势特色农业产业，园区入驻企业1785家，其中高新技术企业107家、涉农高新技术企业37家、上市企业13家，涉农高新技术企业主营业务收入37.68亿元，园区全员劳动生产率平均为499.35万元/人。各园区坚持创新驱动，强化大众创业、万众创新，加快现代农业产业服务平台建设。通过创新创业平台的构建，由资金链引导创业创新链，创业创新链支持产业链，产业链带动就业链，实现创新支持创业，创业带动就业的可持续发展。各园区累计建成19个众创空间、33个国家级星创天地、69个科技企业孵化器，孵化器面积达155万平方米，吸引入驻科技特派员1677名；园区累计引进项目724个，其中年内引进120个；累计开发项目542个，其中年内引进开发项目87个；园区累计引进技术、品种和设施5444个，累计推广技术、品种和设施4659个。各园区采取政企联合、产业拉动、项目带动、技术推动等帮扶方式，组织开展科技指导、科技培训、科技服务，推进科技精准扶贫，促进农业增产农民增收。园区紧紧围绕特色产业，组织开展各类技术培训和讲座，全年技术培训15.9万人次，带动农户25.1万人次，园区就业人员共130.6万名，园区农民人均可支配收入21733元，所在地农民人均可支配收入19665元，园区农民可支配收入明显高于所在地农民。

（周　琼）

【福建省农业科学院】 2020年，福建省农业科学院新增省级及以上科研项目654项，经费1.4亿元。植物学与动物学学科进入ESI全球排名前1%。获得省科技进步奖11项，其中一等奖1项。获得授权专利251项，11个行业或地方标准获准发布，《生鲜银耳包装、贮存与冷链运输技术规范》是首个生鲜食用菌冷链物流领域获得立项的国家标准。

现代种业创新。完成第三次全国农作物种质资源普查与收集行动，新收集农作物种质资源1630份，山药品种“屏南棒桩薯”入选2019年全国种质资源普查与收集取得的十大重要成果。育成新品种64个，其中18个通过国家新品种审定（登记）、38个通过省级品种审（认）定。公布首个中国李基因组，为李遗传改良和新品种培育提供方向。

绿色生态技术创新。“番鸭细小病毒病、小鹅瘟二联活疫苗”填补国内外空白，是中华人民共和国成立至2020年福建省连续获得的第四个国家一类新兽药证书。冬马铃薯化学肥料与农药减施高效栽培技术成效明显，减施化学肥料25%～25.93%、化学农药30%～33%，实现产量增加。重大入侵害虫草地贪夜蛾监测与防控进展显著，研发出1套智能化自动监测装备和3项关键防控技术，综合防效93%以上，农药减量30%以上。

三产融合技术创新。完成“福建省科技特派员服务云平台”建设并投入运行，为全省科技特派员在线服务提供支撑。开展海鲜菇保质防腐、低油食用菌脆片、竹荪抱虾滑等农产品加工关键技术研发。完成7类农产品质量安全风险评估，覆盖全省55个县（市、区），应用于全省农产品质量安全监管决策。

对外科技合作。与中国农业科学院谋划实施农业高质量发展超越协同创新“5511”工程。与中国农科院植保所、哈兽所和江苏、新疆等兄弟省农科院签订科技合作协议。加入科技部“国际杰出青年计划”，入驻国际杰出青年招聘平台。新成立4个省产业技术创新专业联盟。

服务“三农”。坚持把十大千亿元产业作为服务“三农”重点，探索建立科技创新与技术服务、成果转化的联结机制，着力支撑产业振兴和脱贫攻坚。全力支撑特色产业发展。全年组织实施22个全产业链科技示范项目，重点服务30个农业重点县，对接服务585家企业、合作社和家庭农场等经营主体，推广新品种新技术500多项，培训2.8万人次，新增经济效益约11亿多元。服务全省脱贫攻坚。实施科技扶贫项目189个，建立示范基地（点、片）94个，推广新品种、新技术262项，带动农民增收1126万元。深化闽宁、闽疆、闽藏农业对口帮扶，扎实抓好科技助力固原“四个一”工程工作，对接服务企业、合作社、示范基地20家，输出品种技术73个。1个单位被省人社厅、扶贫办授予脱贫攻坚集体，3人被授予脱贫攻坚先进个人或嘉奖奖励。建设农业产业研究院。与农业龙头企业共建12家产业研究院，围绕产业重大共性技术瓶颈问题和企业技术需求，启动20个攻关项目。与设区市政府共建2家省农科院区域分院。深化科技特派员工作。选派科技特派员367人，组建16个法人科技特派员、87个团队科技特派员，服务59个县（市、区）。在宁夏设立4个科技特派员专家服务团队，获认定为福建省团队科技特派员。建立延平、光泽、明溪等3个科特派集团服务试验示范区，1人被省委农办授予“优秀科技特派员”称号。

平台申报。新增国家福建省作物有害生物绿色防控工程研究中心等3个省级以上平台。1个联合实验室入选省“一带一路”对外合作科技创新平台。畜禽疫病防控技术平台入选福建省产业技术创新重大研发平台。质标所获批国家农业标准化区域服务与推广平台等3个国家级检测服务资质，被认定为省级技术转移机构。数字所、果树所科普教育基地入选2020年福建省优秀科普教育基地。

平台运行。农业农村部华南杂交水稻种质创新与分子育种重点实验室在农业农村部2016—2020年综合评估中评为优秀。福建省作物有害生物监测与治理等2个省重点实验室被评为优秀。2个省重点实验室、2个农业基本建设项目、1个省级工程研究中心通过验收。省农科院大型科研仪器设备共享服务平台投入运行使用。生态所试验基地入选第一批国家30个草品种区域试验站。《福建农业学报》第四次入选“RCCSE中国核心学术期刊”。

基础条件改善。埔垱科研综合实验中心大楼和闽南分院科研综合楼建成并入驻，改善职工科研办公条件，建瓯基

2020年9月26日，三华田园综合体产业研究院在福清市挂牌成立

（省农科院供稿）

地（闽北分院）建设取得进展。

人才引进与培养。招聘入职博士 13 名，7 人被确定为省引进人才。柔性引进高层次人才 9 名。18 人入选省农科院第五批“青年科技英才百人计划”。4 人获得国家留学基金管理委员会项目资助，27 人赴国内外重点院校访学研修。年度新晋升职称 39 人。研究员魏辉入选国家“百千万人才工程”，陈勇、张玉树入选省“雏鹰计划”青年拔尖人才，郑少泉、苏海兰入选福建省“最美科技工作者”。

制度体系建设。制修订《横向科技项目管理办法》等 37 项制度。严格落实国家、省关于人才评价政策，修订涉及“唯论文”“唯 SCI”有关条款，注重对科研产出、实绩和贡献的评价。

建院 60 周年系列活动。11 月 9 日，举办庆祝大会暨“科技创新推动福建农业高质量发展超越”论坛，卢耀如院士、谢华安院士和梅旭荣研究员等作学术报告。建院 60 周年期间，评选表彰 60 位建院 60 周年“农业科技先进工作者”，改建院展览馆，完成宣传片拍摄和画册编印，开展 13 场学术活动和 15 场“科技开放日”活动。（张伟利）

科技创新工作

【福厦泉国家自主创新示范区建设】 2020 年，福建省科技厅持续注重发挥自创区先行效应，推进各领域的政策创新，推动构建创新发展新体制机制，集中出台一批激发企业主体作用、推进创新驱动发展和优化创新创业环境等方面的政策措施。向全省推广 3 批 46 项自创区创新举措和 12 项自创区与自贸试验区等联动举措。厦门“互联网＋技术转移”新模式、创新集成电路保税研发与检测模式和泉州银行“无间贷”等部分政策措施在全国推广。突出专业特点和上下游产业集聚，持续建设一批示范带动效应明显的特色园区和重大创新项目。福州片区中国东南大数据产业园加快建设，显示、光电芯片、物联网、大数据、软件信息等五大产业基地不断发展壮大，至年底，全省产业园注册企业 474 家，注册总资本达 438 亿元；福州软件园发挥龙头作用，整合区域资源，建设晋安、永泰等 6 个分园。厦门片区集成电路产业形成覆盖材料、设计、制造、封装和测试环节的完整产业链，两岸集成电路自贸试验区产业基地入驻科技型企业 228 家；做大做强厦门软件园，在完善软件园一、二期生活配套的同时，加快推进软件园三期建设，至年底，全园在册企业数超过 3000 家，入驻员工 3.43 万人，注册资金 265.4 亿元。泉州片区打造全国重要的半导体产业基地，引进重点项目超 50 个，总投资规模超千亿元；智能装备产业园认定智能装备企业 26 家，1—9 月产值 84.4 亿元。强化分类施策和靶向服务，完善高新技术企业培育长效机制，持续重点打造一批拥有核心技术和具有较强集成创新能力的创新型领军企业。福州片区实施高新技术企业倍增计划，制定高新技术企业培育工作的若干措施，建立挂点包片服务机制，加大创新主体的培育力度。厦门片区出台“‘三高’企业倍增 21 条”等系列重磅政策，设立“三高”企业综合服务平台，建立“每月可申报政策导航”制度，“三高”企业总数达到 2512 家。泉州片区实施创新高新技术企业梯度培育和奖补机制、实施“瞪羚企业”培育计划、鼓励企业建设各级各类研发中心等举措。2020 年，福州、厦门、泉州国家高新技术企业数量达到 4017 家，占全省的 83.5%；科技“小巨人”企业数量达到 2036 家，占全省的 72.3%；孵化器 103 家，占全省的 72%；众创空间 299 家，占全省的 81.3%。

2020 年，省科技厅持续推动在产业发展的关键节点上搭建创新平台，集聚创新要素，持续引进和搭建创新平台。启动建设福州光电信息、厦门能源材料、泉州化学工程省创新实验室。福州片区物联网开放实验室通过中国合格评定、检验检测机构资质认定，成为全国首批华为窄带物联网联合认证实验室。厦门片区与浙江大学、中科院苏州医工所、新松机器人等 16 家高校院所企业签订战略合作协议，其中苏州医工所厦门健康工程与创新研究院、微软人工智能及虚拟现实公共服务平台等 10 个平台落地。厦门产业技术研究院入选“国家技术转移人才培养基地”。泉州片区对接中国科学院国家授时中心落地建设福建省首个大科学装置和国内唯一的“海上丝绸之路时间中心”，引进天津大学、云箭集团共建集成电路及人工智能研究院、测控与感知技术创新研究院。以数字化、智能化、共享化为导向，以厦门高新区为起点，持续推动在试点园区产业发展的关键节点上研究打造科技孵化公共服务平台，研究制定《省工业（产业）园区标准化建设科技创新专项三年行动计划和 2020 年工作要点》，汇总梳理形成福州、厦门高新区等 16 个试点园区 53 项科技孵化公共服务平台建设项目库，在试点园区的 29 条产业链中布局建设 42 个科技创新平台，有效提升全省工业（产业）园区发展水平。省科技厅发挥福厦泉在闽东北和闽西南两大协同发展区中的引领作用，其他各市积极与福厦泉开展创新合作和资源对接，共享福厦泉自创区建设发展红利。设立总额 2000 万元的福厦泉自创区协同创新专项，支持自创区与省内其他高新区共建数字福建物联网通信和体系架构安全技术重点实验室等 9 个协同创新平台，推动福厦泉自创区与省内其他高新区开展协同创新。福州、厦门、泉州高新区在全国的排名分别为 32 名、17 名、67 名，均高于省内其他国家高新区，福州、厦门、泉州高新区创造全省国家高新区 64%的工业总产值。在福厦泉自创区建设的带动下，引导其他高新区加快发展，1—11 月全省 7 个国家高新区完成工业总产值 8170.99 亿元，增长 1.9%，在疫情及国际环境影响极为严重的情况下仍实现正增长。

按照省里工作部署，省科技厅带队对全省 7 个国家高新区、3 个省级高新区生态环境保护、安全生产等情况进行全覆盖调研。督促相关园区管委会在前期隐患排查整治的基础上，对园区内的生态环境保护、安全生产情况进行“回头看”，将相关问题杜绝在萌芽期。继续配合省生态厅、应急管理厅等牵头部门，结合工业（产业）园区标准化建设工作，推动园区管理方落实全方位安全监管、应急指挥等要求，认真做好相关工作的风险隐患排查，支持企业开展生态环境保护、安全生产技术研发，推动高新区提升污水治理、危化品、空气污染监控信息化、智能化、可视化技术水平，加快推进智慧化进程，运用现代化技术提高高新区防控和监管能力。

【双创工作】 2020年，福建省科技厅贯彻落实《国务院关于大力推进大众创业万众创新若干政策措施的意见》和省委、省政府工作部署，出台一系列政策举措，优化疫情防控期间对科技型初创企业的孵化服务，克服新冠肺炎疫情造成的不利影响，落实疫情期间稳就业、保就业、保主体工作措施，帮助企业渡难关、稳发展，推动科技型小微企业复工复产，实现大疫之年疫情防控与经济社会发展双胜利。

落实省委、省政府《福建省应对新型冠状病毒感染的肺炎疫情扎实做好“六稳”工作的若干措施》和省科技厅《关于疫情防控期间进一步做好科技创新工作的若干措施》等文件精神，对在疫情期间为承租的在孵企业减免租金的国家级、省级科技企业孵化器、众创空间，给予不低于3个月的运营补贴，补贴标准为减免租金总额的30%，最高50万元。对在疫情期间为承租的在孵企业减免租金的国家级、省级科技企业孵化器、众创空间，在孵化用房补助项目上予以优先支持；符合国家级科技企业孵化器、众创空间申报条件的予以优先推荐。

加大对科技创业孵化载体的支持力度，对符合条件的新建孵化器、众创空间用房按100元/平方米的标准给予一次性补助，最高补助100万元；改建、扩建的孵化器、众创空间用房按50元/平方米的标准给予一次性补助，最高补助50万元。对新通过国家级、省级认定的科技企业孵化器，分别一次性补助100万元、50万元。完成2020年新上省级“双创”科技项目征集申报、评审立项及计划经费拨款手续，疫情期间创新拨款方式，项目经费下拨直达县（区）科技局或项目承担单位。包括科技企业孵化器（众创空间）新增孵化用房补助项目22项，资助经费511.35万元；科技企业孵化器科技创新平台认定资助项目6项，资助金额400万元；科技企业孵化器（众创空间）减免租金运营补贴项目16项，资助经费181.76万元。

参加科技部火炬中心主持开展的各项“双创”管理工作。根据科技部火炬中心文件要求，组织申报第四批国家专业化众创空间备案示范和2020年度国家级科技企业孵化器认定；组织开展2020年科技企业孵化器、众创空间和国家大学科技园季度监测工作；完成2020年度国家备案众创空间半年报统计工作；完成2019年度国家级科技企业孵化器考核评价工作；组织开展2020年度全省科技企业孵化器和众创空间统计调查工作；与省教育厅联合组织福州大学国家大学科技园、厦门大学国家大学科技园向科技部和教育部申报2018年度国家大学科技园免税申请工作，获批准通过2018年享受税收优惠政策审核；完成科技部会同教育部组织开展的国家大学科技园绩效评价等工作。

【企业孵化器】 至2020年底，福建省科技企业孵化器备案总数达178家，纳入火炬统计孵化器143家，其中省级孵化器50家、国家级孵化器18家（含2家国家大学科技园）。孵化器总面积达350.04万平方米，在孵企业3501家，高新技术企业376家，累计孵化毕业企业3841家。获得风险投资8.75亿元，拥有有效知识产权1.27万个，吸纳就业人数4.77万人，其中吸纳应届毕业大学生就业人数4902人、创业导师1783人。

【众创空间】 2020年，福建省各类众创空间达500多家，纳入火炬统计的众创空间368家，其中认定为福建省众创空间277家，国家备案众创空间73家，国家专业化众创空间备案4家。众创空间总面积达111.39万平方米，常驻的创业团队及企业8898家，2019年获得投融资总额14.37亿元，拥有有效知识产权1.08万个，吸纳就业人数5.17万人，其中吸纳应届毕业大学生就业人数8853人、创业导师7797人。

全年新获批国家级众创空间23家、国家专业化众创空间1家；省科技厅高新技术与工业科技处、省科技厅创新办公室及省高新技术创业服务中心获科技部火炬中心2019年度火炬统计先进单位表扬；泉州晋江市、福建省海峡两岸青年就业创业基地、福州软件园等6个地区、企业、高校和科研院所被国务院纳入第三批双创示范基地名单。

（周　琼）

社会发展科技

【社会发展领域重大专项评审立项】 2020年，福建省科技厅围绕重大疾病防治技术、药物新产品开发、医疗器械、资源综合与循环利用技术和公共安全关键技术与装备等5个领域开展征集和调研，经专家评审，“第二代模块化全自动化学发光免疫检测仪器及高性能优生优育系列配套检测试剂的研发”“光声融合新技术在乳腺癌临床精准诊疗中的研究和应用”“海洋水体赤潮毒素富集监测及预警技术与设备研发”“建筑固废精细化分拣及原级资源化关键技术产业化研究”等4个重大专项专题项目获得立项支持，资助经费1750万元。

【社会发展领域省科技计划项目评审立项】 2020年，福建省科技厅组织开展省科技计划引导性项目、高校产学合作重大项目、区域重大项目和社会发展领域专项项目专家网络评审及管理评审。当年共受理社会发展领域省级科技计划项目 200 项，经形式审查进入评审程序的项目共 197 项，最终获得立项支持的共 106 项，其中区域重大项目 6 项，高校产学项目 15 项，引导性项目 80 项，可持续发展实验区专项 5 项，共计资助经费 2500 万元。

【福建省临床医学研究中心评审】 根据省委、省政府《关于强化科技支撑，服务疫情防控与经济社会发展的若干措施》的通知精神，启动福建省临床医学研究中心建设工作。2020 年 3 月，省科技厅发布《关于组织申报第一批福建省临床医学研究中心科技创新平台项目的通知》，受理 31 项，涉及 9 个疾病领域，其中 27 项完成专家会议评审。

【科技创新联合资金项目评审立项】 2020 年，福建省科技厅根据与福建医科大学及协和医院、附属第一医院签订的协议书有关规定，完成 2019 年度省科技创新联合资金项目的评审立项工作。“功能化纳米疫苗结合 CD47 免疫检查点用于脑胶质瘤的诊疗研究”等 136 个项目被列入 2019 年度福建省科技创新联合资金项目计划，下达资助经费 5200 万元助力全省医疗“创双高”建设。项目承担医疗机构涵盖福建医科大学直属和非直属医院、教学医院等以及其他各类医院 15 家。

【社会发展领域重大专项专题中期绩效评估】 2020 年，福建省科技厅根据《2020 年福建省科技重大专项中期绩效评估工作方案》的要求，对 2018 年立项的重大专项专题“急性 A 型主动脉夹层治疗技术研究”“粮食中重金属污染快速检测技术与仪器的研发”“燃煤锅炉低温烟气高级氧化多污染物协同脱除技术的研究”“燃煤烟气高温除尘脱硝超低排放一体化技术与装备的研发及应用”等 4 个项目进行中期绩效评估，全部通过评估。

【社会发展领域科技计划项目结题工作】 2020 年，福建省科技厅根据《福建省科技计划项目验收管理办法》的规定，开展社会发展领域科技计划项目结题工作，加强和规范项目的验收管理，客观评价项目的实施成效。全年共验收社会发展领域项目 100 项，其中重大专项专题项目 2 项、科技平台建设项目 3 项、区域发展项目 5 项、高校产学合作项目 7 项、引导性项目 61 项、科技创新联合资金项目 22 项。

由福建中医药大附属康复医院承担的省科技重大研发平台项目“福建省康复产业研究院技术创新平台”，开展康复共性关键技术研发、太极拳等 3 种传统功法推广应用；研发认知康复训练平台等康复设备 4 种；建立康复结局管理系统；研发的认知康复评估与训练一体机通过医疗器械安全检测，并在临床应用。发表 SCI 论文 10 篇，申请国家专利 22 件（其中发明专利 14 件），获得软件著作权 1 件、技术转让 3 项，与相关高校开展科研合作 43 项。

由漳州片仔癀药业股份有限公司承担的省科技厅重大专项专题项目“名优中成药片仔癀治疗肝癌二次开发研究”，完成片仔癀治疗肝癌探索性临床研究、药理药效临床前研究、片仔癀治疗肝癌作用机理研究及探索性临床配套临床药理研究；完成片仔癀增加治疗肝癌功能主治临床试验补充申请，取得国家药监局受理通知书（CYZB2000573 国）。

由福州大学环境与资源学院承担的省高校产学合作项目“垃圾渗滤液 MBR＋NF 浓缩液腐植酸资源利用与减量化技术与示范”，研发以“NF＋两级 UF”为主体的垃圾渗滤液 MBR＋NF 浓缩液腐植酸资源利用与减量化技术，集成成套处理设备，建立处理渗滤液 MBR＋NF 浓缩液 40 吨/日、回收腐植酸 1 吨/日的示范工程。实现垃圾渗滤液 MBR＋NF 浓缩液的资源利用与减量化，减量排放程度大于 75%。

由福州市勘测院牵头承担的省区域发展项目“基于大数据挖掘的智慧城市标准地址管理与应用关键技术研究及推广”，完成城市标准地址数据库设计及试验数据库建设、标准地址应用服务平台构建，实现地址数据库管理、标准在线查询服务、应用开发 API 接口、地址匹配服务等功能，系统支持的并发量超过 300 用户；发布标准地址管理办法，制定用于项目研发与推广应用的标准地址数据标准及标准地址应用服务接口规范。研究成果在福州市规划系统、福州城区水系科学调度系统、闽清地理信息公共平台、福州市房屋征迁安置补偿管理系统中得到应用。

【人类遗传资源管理工作线上培训】 2020 年 11 月 4—5 日，福建省科技厅组织各设区市科技局、高校、科研院所、医疗机构及相关生物医药企业代表 68 人，参加由科技部举办的人类遗传资源管理工作线上培训。

【可持续发展实验区建设】 2020 年，福建省科技厅继续以民生专项支持武夷山市、龙岩市、顺昌县等地开展可持续发展实验区示范项目建设，安排经费 100 万元。1 月 9—10 日，组织专家对尤溪县省级可持续发展实验区建设开展验收。该实验区经过 5 年建设，完成建设规划全部内容，顺利通过验收。福建省的国家和省级可持续发展实验区因地制宜，推进多模式协同发展，推动开展环境污染治理、节能减排、绿色与生态环保产业等方面的科技创新活动，充分发挥和有效夯实科技在全省生态文明示范区建设中的引领支撑作用，有的在全国形成示范和引领，南平市在全国率先提出“水美城市”建设、龙岩市“长汀经验”在全国推广、将乐县荣获“美丽中国·深呼吸第一城”称号、尤溪县进入“中国最美县城”榜单等。（周　琼）

科技合作交流

【概况】 2020 年，福建省科技厅围绕福建省产业优势和“一带一路”沿线国家和地区发展需求，主动服务和融入国家开放总体布局，布局设立省“一带一路”科技创新平台，整合国家重点研发计划（政府间、战略性）国际科技创新合作重点专项、省对外合作产业化项目和重点项目等资源，在持续深化京闽两地、粤港澳大湾区、泛珠三角等区域科技创新合作，推动闽台科技产业融合发展，拓展“一带一路”科技创新协作，加大对口帮扶工作等方面取得明显成效。

【海丝核心区创新驱动发展试验】 2020年，福建省科技厅布局设立省“一带一路”科技创新平台，打造福建科技创新合作品牌。加强与“海丝”沿线国家和地区共建科技创新平台，推动可持续的合作研发和人才培养，打造福建科技创新合作品牌。省科技厅鼓励支持福建省内有条件的高校、科研院所和企业，与“海丝”沿线国家和地区相关机构共建联合实验室。全年支持建设8家联合实验室，其中福州物联网开放实验室联合新加坡南洋理工大学等3家机构共建“丝路天地交通协同技术与系统”国际联合实验室，通过大数据、人工智能、物联网、机器人与智能控制系统等技术，针对地面交通和低空空域开展研究；福建工程学院联合马来西亚马来亚大学、泰国格乐大学共建“北斗开放实验室东南亚国际分实验室”。按照“产学研用关键在用，检验在用”的要求，建立以用为导向的产学研结合机制，通过技术转移合作，广泛汇聚创新资源，实现合作共赢。2020年，省科技厅依托福建中科城科技有限公司等2家单位建设“一带一路”国际创新合作服务平台，搭建技术转移信息平台，开展技术需求收集、技术对接、成果转化、技术标准合作、法律和知识产权等专业化服务。省科技厅发挥海外闽籍华商“一带一路”云端交流会平台作用，介绍福建科技创新及“一带一路”科技交流合作情况，与侨商侨领互动交流。

【国际科技合作项目申报】 2020年，福建省科技厅支持厦门大学、福州大学、中国科学院福建物质结构研究所、力达（中国）机电有限公司、福建省海安橡胶有限公司等单位与美国、德国、韩国、新加坡、挪威、保加利亚等国家开展电子信息、人工智能、新能源、医疗、自然资源、农业等领域的国际科技合作项目，资助经费630万元。强化省科技计划项目引领作用，推动国际科技创新合作。省科技厅开展国家重点研发计划国际科技创新合作重点专项的组织申报工作，福州大学与德国雅各布斯大学合作的“面向对地观测的Web格网服务、标准及其互操作应用展示”项目获得科技部立项支持，争取经费支持265万元。组织推荐福州大学、福建农林大学等省内高校申报科技部国家重点研发计划“政府间国际科技创新合作/港澳台科技创新合作”重点专项共16项；审核转报科技部中日青少年科技交流计划基层对口项目3项22人次；征集报送与塞尔维亚、斯洛文尼亚政府间科技合作委员会例会交流项目5项；发布科技部“台湾青年科学家交流计划”，审核报送福建医科大学1个岗位的申请。

【引进重大研发机构资助项目评审立项工作】 2020年，福建省科技厅根据《2020年福建省引进重大研发机构资助项目评审工作方案》程序，对当年申报的5个引进重大研发机构资助项目组织开展形式审查、战略评审、现场核实和专项审计工作。经评审，福州京东方光电科技有限公司技术中心立项2020年度省引进重大研发机构资助项目，并按照《福建省人民政府关于进一步推进创新驱动发展七条措施的通知》要求，给予资助经费2000万元。为了更好发挥引进重大研发机构资助项目成效，服务全省科技发展大局，树立重大研发机构引进导向，对引进重大研发机构资助项目开展调研和可行性研究，并形成《福建省引进重大研发机构资助项目专项资金设立可行性研究报告》。

【省对外合作计划项目评审立项】 2020年，按照《2020年度有关省科技计划项目评审与立项工作程序》等文件规定程序要求，省科技厅对90个申报的项目组织开展形式审查、技术评审和管理评审工作。经评审，52个项目获得立项（一般项目40项、产业化项目12项）。至年底，已在进行任务书签订手续。

【区域科技创新合作】 2020年8月27日，京闽（三明）科技合作“云签约”视频会议成功召开，推动“三明市人民政府与中关村发展集团战略合作协议”“三明中关村科技园（筹备期）项目合作协议”等19个项目对接签约，总投资100.7亿元。对接服务三明中关村科技园建设，联合省发改委、省财政厅、省工信厅等部门各下拨经费500万元（合计2000万元），专项支持三明中关村科技园和科技产业基地启动建设。12月6日，三明中关村科技园隆重开园。在省科技厅的对接推动下，北京市科委针对三明市提交的33家企业70多项技术需求，根据“双向选择、按需选认”原则，实行“订单式”需求对接和“菜单式”服务供给模式，从北京地区高校、院所、企事业单位选派20名科技特派员，作为京闽合作的首批科技特派员到三明市开展科技产业服务，推进全方位、多层次、全产业链科技合作，重点服务三明市装备制造、特色现代农业、新能源材料等主导产业。推动与泛珠区域科技创新合作。2020年，省科技厅立项支持福建师范大学与中南大学合作的“交通路网中面向位置服务的轨迹预测技术研究”、支持福建永强岩土股份有限公司与广东科诺勘测工程有限公司合作的“超长支腿自升式海洋勘察平台的研发与应用”等24项泛珠区域科技合作项目，资助经费730万元。依托每年举办的深圳“中国国际高新技术成果交易会”、香港“泛珠三角区域科技合作技术成果展示会”、广西“中国—东盟技术转移与创新合作大会”等科技活动大平台，组织当地科研机构、企业参加，加强与沿线国家知名科研机构和企业的合作，建立技术转移协作网络。组织省对外科技交流中心、福建工程学院相关科技从业管理人员赴广西参加

"2020年面向东盟的国际科技合作实务培训班"。

【东西部扶贫协作】 闽宁扶贫协作。2020年，福建省科技厅与宁夏科技厅重点围绕建立完善合作机制、推动产业科技扶贫、搭建科技创新平台、促进人才交流合作、支持科技成果推介和加强新冠肺炎防治科研合作等6个领域签署新一轮的《闽宁科技合作协议书》，推动闽宁科技合作再上新台阶。

与新疆、西藏开展科技合作与交流。以对口支援新疆昌吉回族自治州、西藏昌都市为基础，推进科技援疆、援藏工作向纵深发展。2020年，省科技厅选派青年骨干赴昌吉州科技局挂职，推动与新疆科技合作交流。6月18日，与新疆昌吉州科技局调研组开展科技援疆工作对接座谈，双方就《福建省科技厅与昌吉回族自治州人民政府"十四五"科技合作框架协议》草拟工作、策划科技援疆项目落地等推动闽疆两地科技创新工作提出具体要求。10月，省科技厅党组成员、副厅长游建胜带队赴新疆昌吉州考察调研科技合作与科技援疆工作。调研组赴昌吉国家农业科技园区，对拟立项实施的"棉秆拔切残膜回收联合作业机研发及残膜资源化利用"和"农科绿谷众创空间"两个福建省科技援疆项目进行现场调研指导，并深入木垒县、奇台县实地考察鹰嘴豆优质高效生产技术集成示范、中科院新疆天文台110米口径全向可动射电望远镜等。

【对口支援工作】 开展对口支援科技培训班。2020年11月，省科技厅与宁夏科技厅联合举办一期"宁夏科技特派员服务能力提升培训班"，培训班围绕全国科技特派员发展情况，结合各地的典型经验和做法，通过专题讲座、案例研讨、考察交流等形式，探讨推动科技特派员创新创业能力的工作思路和方法。通过培训为宁夏培育、打造一支带不走的技术带头人、科特派员队伍，探索新时代"造血式"扶贫的科技援宁新路子。组织开展"西藏昌都市基层农业科技人员赴闽交流学习"活动，学员们通过理论与实践、现场教学与方法指导等授课方式，赴福州、南平、厦门三地的农业科技园区、福州国家高新区、省科技特派员基地、厦门大学等开展交流学习活动。组织开展2020年福建省初级技术经纪人线上培训。来自福建省对口援助地区新疆昌吉州科技管理人员和技术转移从业人员参加培训，提升学员们的技术转移理论及实操技能水平。

实施对口支援科技项目。2020年，省科技厅支持福建农业科学研究院与固原市产业技术研究院合作开展"六盘山（固原自然保护区）野生食用菌资源考察及开发利用"、福建永顺机械有限公司与新疆天润丰农林科技发展有限公司合作开展的"棉秆拔切残膜回收联合作业机研发与应用"等5个对口帮扶科技专项项目，资助经费510万元。省科技厅向新疆科技厅推荐"高可用云计算数据""大型风电机组智能化状态监控与运维系统""果蔬发酵产品质量提升及智能化加工"等10项新疆维吾尔自治区区域协同创新专项（科技援疆计划）项目。

【闽台科技合作】 闽台科技合作项目。2020年，省科技厅围绕新一代信息技术、人工智能、新材料、新能源、农业、医疗、资源与环境等领域，支持省内企事业单位与台湾地区合作，加强重点关键技术攻关，联合申报省级科技计划项目。支持福建成发农业开发有限公司开展"杏鲍菇优良菌种衰退防控监测体系、栽培新模式的建立及推广应用"等5个对台科技合作项目，资助经费共225万元。

惠台科技政策引导。2020年，省科技厅梳理汇总惠企科技政策，编印《服务在闽台企惠企科技政策简介》，发放近2000册。该手册涵盖对外合作项目申报、引进重大研发机构资助项目申报等20项内容，明确优惠对象、受惠内容、办理条件、办理流程等内容，以更好地服务在闽台企享受科技政策。通过与省台港澳办、各设区市科技局沟通，解读宣导惠台科技政策，扩大台胞台企受益面和获得感，助推台胞台企科技创新发展。

两岸科技创新平台建设。发挥福建建设21世纪海上丝绸之路核心区优势，支持闽台企业携手参与"一带一路"沿线国家和地区科技产业创新项目合作，建设科技创新平台。2020年，省科技厅立项支持福建佳友茶叶机械智能科技股份有限公司与台湾崴棋茶叶机械公司合作设立福建省闽台茶叶机械工程技术研究开发中心，并授予"福建省'一带一路'联合实验室"牌匾。该中心通过闽台两地茶机技术交流与合作，帮助茶机企业的发展与转型升级，推动一批优质项目的落地及成果转化，促进全省茶叶机械研发能力的提升。

【营商环境优化】 2020年，福建省科技厅根据《福建省提升营商环境工作推进小组办公室关于进一步加强不符合〈优化营商环境条例〉现行规定清理工作的通知》要求，对制定的79件规范性文件进行清理。79件规范性文件均没有与营商环境条例的精神、原则和规定不一致的内容，予以继续有效实施。根据《2020年福建省深化"放管服"改革优化营商环境工作要点》《关于进一步优化营商环境更好服务市场主体的若干措施》等文件要求，做好赋予科研机构和人员更大自主权、推进科研项目管理改革、持续优化人才服务机制等相关工作，进一步激发科研机构和企业科技创新活力，并及时向省发改委报送优化营商环境工作进展情况。 （周 琼）

海外专家服务

【国家外国专家项目申报立项】 2020年，福建省科技厅围绕福建省科技创新、产业升级等领域，服务福厦泉国家自主创新示范区、中国福州海西引智试验区创新发展，组织申报和实施国家高层次外国专家项目、高端外国专家引进计划等国家级重点引才引智专项计划，积极引进新一代信息技术、人工智能、新材料、新能源和高端制造等领域“高精尖缺”国（境）外创新创业人才、优秀创新团队和青年人才，服务全省制造业高质量发展。全年共获科技部（国家外专局）批准立项的国家外国专家项目87项、补助资金3048万元，其中，中科院福建物质结构研究所新入选国家引才引智示范基地；福建农林大学闽台合作种质创制与绿色栽培学科创新引智基地新入选2020年度地方高校“高等学校学科创新引智计划”。

【省级引才引智计划】 2020年，福建省科技厅组织评选和实施福建省外国专家百人计划、高端外国专家团队引进计划、青年外国专家引进计划、乡村振兴及闽台合作引智专项计划等4类省级引才引智专项计划，支持科研机构、龙头企业、重点高校引进能够领衔重点科研任务、重点建设工程、核心技术攻关的国（境）外高层次人才，引入国外种植养殖技术、安全生产和检测技术，推动关键技术、生产工艺、产品设计的新发展，服务建设新福建。全年共评选和实施省级引才引智计划61项、经费784万元，引进国（境）外高层次或福建省急需紧缺人才112名。

【创新外国专家管理机制】 外国人来华工作许可制度。2020年，省科技厅继续贯彻落实国家全面实施外国人来华工作许可制度的意见，严格按照外国人来华工作许可办理服务指南办理许可审批业务，出台疫情防控期间外国人来华工作许可办理的相关政策举措，为外国高端人才提供绿色通道，为外国专业人才提供便利服务，对诚信典型和连续3年无不良信用记录的企事业单位允许部分申请材料容缺受理。全年共审批办理外国人来华工作许可业务4741件次。

外国人才签证制度。2020年，省科技厅全面实施外国人才签证制度，建立《外国高端人才确认函》机制，为外国高端人才到闽创新创业提供便捷服务，享有签证有效期可达10年、多次往返、配偶及未成年子女可获相同类型签证、免收签证费等优惠政策。全年共为福建省龙头企业、重点高校和研究机构等引进外国国家级院士等专家出具《外国高端人才确认函》27份。

奖励表彰活动。2020年，省科技厅组织开展第十一届福建省“友谊奖”申报推荐、评审以及相关配套工作，经各地各部门推荐申报、评审委员会评选，经省委、省政府研究决定，省政府授予福建农林大学教授Christopher G. T. Rensing（阮星）等10位外国专家和国际友人第十一届福建省“友谊奖”称号。组织全省企事业单位申报2020年度中国政府友谊奖，向科技部推荐福建华锦实业有限公司Kamran Daneshvar（卡梅伦）等4位外国专家作为2020年度中国政府友谊奖福建省候选人选。协调海外高层次人才引进活动，跟踪了解中国国际人才交流大会线上活动情况，并及时向全省相关单位分享信息，推动海外人才引进工作。组织外国专家参加“外国专家看中国”征文大赛、摄影展评等活动，增强外国专家归属感和融入感。

【人才队伍建设】 出国（境）培训管理。2020年，省科技厅专门下发文件，贯彻落实中央和省委、省政府有关加强因公出国（境）管理的新精神，压缩福建省党政类出国培训规模，优化培训结构，加强计划的立项申报工作。全年向科技部申报2020年福建省因公出国（境）培训计划15项，培训人数350人。做好在国外培训人员疫情防控的服务保障和应急管理工作，2月底指导在英国的中长期培训人员按期回国，3月制订《因公出国培训安全防范和应急预案》，健全应急处理机制，加强安全防范工作，加强因公出国培训团组管理，强化责任落实。

国家公派留学项目。2020年，省科技厅组织申报国家公派访问学者和国家公派留学项目，重点支持能源、信息技术、生命空间等关键领域的青年人才赴外交流学习。全年共获批国家公派留学项目14项。

第四届IET国际工程师资质认证。2020年，省科技厅探索创新人才评价机制，引入国际同行评价标准，邀请IET（英国工程技术学会）国际认证委员会主席以及认证评审面试官到闽进行培训和面试，为福建省企事业单位与个人走向国际市场、提升国际竞争力提供支撑和保障。

人才政策制定。2020年，省科技厅配合省委人才办开展《福建省高层次人才认定及支持办法（试行）》《福建省产业领军团队遴选和支持办法（试行）》等文件的研究和修改，召开专题座谈会，出台《省直（中直）高层次人才认定厅内审核流程》，严格程序，规范审核，配合开展优化省级人才计划、各设区市人才工作目标责任制考核、海外引才经验调研等。协助省委人才办做好人才中期评估考核、人才认定等工作。

（周　琼）

科学技术普及

【福建科普品牌打造】 2020年，省科技厅牵头组织福建省科技活动周，全省近千家单位参与活动，线下直接参加活动人数超过10万人次。组织福建省第四届科普讲解大赛，有62个单位92名选手参赛，评选出一等奖10名、二等奖15名、三等奖20名；推荐福建省代表参加2020全国科普讲解大赛，3名选手荣获大赛“优秀奖”，省科技厅获大赛“优秀组织奖”。邀请推荐中科院院士谢华安和省农科院研究员张艳璇参加“科学之路·科普课堂”活动，在人民网视频频道播放。

【疫情科普工作】 自2020年1月27日起，省科技厅启动新型冠状病毒感染肺炎疫情防控应急健康科普工作，通过微信群、QQ群、电话、短信等方式，主动联系中医药大学等健康科普资源集中的科普单位，创作、遴选和推荐各类准确、通俗、简练的科学防控疫情的科普作品，并通过三大电信运营商、闽政通等平台，每半天向全社会公众推送一条疫情防控科普知识，覆盖全省手机终端，传播疫情防控科学知识，提高公众疫情防控知识水平和防控能力。

【各类科普活动】 2020年，福建省科技厅组织20多名科技特派员和科技专家参加全省文化科技卫生“三下乡”启动仪式暨集中服务活动。评选推荐全国科普先进集体和先进工作者，有4个单位获评全国科普工作先进集体、7名人选获评全国科普工作先进工作者。指导科普统计工作，推荐气象、生态环境、交通、粮食安全等国家专项科普基地及优秀科普作品，参与开展全国科普日、全省青少年科创大赛、新时代文明实践试点工作、“最美科技工作者”遴选学习宣传以及气象科普、粮食安全、防震减灾、禁毒宣传、社区治理等各类科普活动。 （周 琼）

气 象

【概况】 2020年，福建省气象局持续健全气象服务保障机制，深化部门合作，与农业农村厅联合发文共同推进农业气象服务发展；与自然资源厅联合转发《关于进一步加强汛期地质灾害气象风险预警工作的通知》；与水利厅联合发文推进山洪灾害气象风险预警工作；与应急、地震部门联合创建51个全国综合减灾示范社区。基层气象防灾减灾标准化建设覆盖全省所有县（市、区）。突发事件预警信息合格率100%，得到国家预警中心通报表扬。打造全国首个企鹅号传播矩阵。

【气象防灾减灾与保障】 2020年，福建省气象局启动“福建气象为您办实事”项目，提高气象服务满意度。“清新福建·气候福地”建设纳入地方政府绩效考核，新认定28个气候福地。新增3个中国天然氧吧，武平综合效益全国第一。印发《福建省生态气象业务能力建设实施方案（2020—2022年）》。全面提升五大业务能力。卫星遥感空气清新度监测系统正式投入业务运行。开展1593次人工影响天气作业，作业量创历史新高。获评1家国家级特色农业气象服务中心。成立旅游、海洋、智慧城市3个专业气象服务联盟，专业气象服务收入增幅44%。上市交易10项天气指数保险产品，提供1亿元风险保障。2批14家茶企获气候品质“特优”贴标。“福建省农作物种植天气指数保险”等3个服务“三农”项目获省部级表彰。

【气象现代化建设】 2020年，福建省气象局成立“十四五”规划编制领导小组，谋划基础性、应用性、支撑性3个方面八大重点工程。加强与中国气象局和省发改、应急、海洋、农业、生态等11个部门对接，智慧气象工程、人工影响天气等相关内容纳入全省“十四五”规划纲要和相关专项规划。推进现代化提升工程15个项目建设。建成福建气象史志馆。“十三五”规划圆满收官，主要核心指标全部完成。

【省部气象合作】 2020年，福建省气象局推进全国试点示范武夷山国家气候观象台建设，召开首届“武夷论坛”。开展国内首部S波段相控阵双偏振天气雷达试验研究。建成6部区域监测预警X波段相控阵雷达。完成福州全自动探空系统国家试点建设。70个国家级台站地面观测自动化正式运行。开展LORA等新型设备海雾观测试验，福建省大气垂直廓线综合集成系统（IPC）完成研发并投入试运行。全国率先建成2套海上灯塔自动气象观测站，提高港口通航效率10%。省级“天擎”系统投入试运行，大数据云平台通过运行评估。发展快速更新的短临预报业务应用与检验评估，提高预警命中率和提前量，橙红色暴雨预警信号命中率61%，时间提前25分钟。加强“小短强”（小局地、短历时、强降雨）预报预警，1小时50mm强降水临近预报命中率提升至58%。气象观测质量管理体系运行绩效评价全国第二。气候预测综合成绩全国并列第一，预报成绩居全国前列。

【气象科研与人才】 2020年，福建省气象局成立省灾害天气重点实验室，厦门海峡气象开放实验室通过市重点实验室评估确认。构筑“1314”（1个创新基地、3个实验室、1个院士工作站、4个试验基地）科创平台集群。与福建师范大学、华侨大学共建旅游气象研究院。10支省局创新团队攻关核心关键技术。“四下功夫”（在技术、平台、机制和福建特色上下功夫）打造福建特色研究型业务，获评中国气象局创新工作。连续7年获得国家自然科学基金资助。连续5年每年获1～2项省科技进步奖。获评全国科普工作先进单位、18个全国气象科普基地。获第十五届全国气象行业职业技能竞赛获团体第八名。 （孙雁冰）

地 震

【概况】 2020年，福建及近海地区共发生ML2.0级以上地震33次，其中：2.0～2.9级29次，3.0～3.9级4次，最大地震为11月14日惠安海域ML3.5级地震。2020年福建及近海地区2级以上地震活动频次较2019年略有下降，强度水平大致相当。

2020年度台湾海峡地区共发生ML3.0级以上地震9次，其中3.0～3.9级地震8次，4.0～4.9级地震1次，最大地震为3月13日台湾海峡南部ML4.0级地震。2020年台湾海峡地区3级以上地震频次和强度水平较2019年显著下降。

2020年度台湾地区共发生MS5.0级以上地震7次（根据全国速报目录），其中5.0～5.9级7次，最大地震为12月10日台湾宜兰海域5.8级地震，地震活动频次和强度水平较2019年略有下降。

【防震减灾科技创新】 2020年，福建省地震局推动中国地震局与省人民政府签订《共同推进新时代福建防震减灾能力现代化建设协议》；召开福建省抗震救灾指挥部会议，增设省防震减灾联席会议，形成“防”与“抗”有机结合、减灾与救灾深度融合的工作体系；与省气象局联合推动全省预警信息发布“一张网”建设；协助省教育厅完善防灾减灾应急机制，形成“省、市、县、校”四级联动应急机制；协调省科技厅将地震灾害监测预报预警技术、建筑抗震技术研究、防灾减灾技术研究与产品开发、防震减灾预测与防御技术等列入省科技计划重点项目申报指南；推进《福建省防震减灾条例》修订工作，将地震安全风险隐患排查、地震灾害防治、重大工程地震安评、区域地震安评、城市活动断层探测等内容纳入条例修订；出台《福建省活动断层探测管理办法（试行）》等规范性文件。

开展福建及台湾海峡区域精细地壳结构成像研究，探测滨海断裂带构造特征；开展陆地水体气枪震源系统研发；组建构造地球化学攻关团队，推动地球化学重点实验室建设，开展温泉水化学预测预报地震科学攻关；开发地震台站监测管理服务平台，提升全省地球物理观测自动化水平；推进中国地震局厦门海洋地震研究所建设，海洋基地科学实验楼主体封顶；开展解剖海洋中强地震研究，启动台湾海峡西侧地震动参数区划图编制工作；积极推进海洋地震观测工作，开展全国海洋地震观测网和地震海啸预警规划编制，推进海底地震观测站示范建设及浮标式海底地震台研发；开展海洋地震科技交流与合作，拓展气枪震源平台对外合作，参与中国大洋59航次科考、“雪龙2号”海上测试和“科学号”震源平台备航等海洋科考工作；全年在研项目共计22项，合计资助金额约1300万元；《地震灾害搜索与营救训练要求》地方标准获得福建省标准贡献奖。

【地震应急与安全监管】 2020年，福建省地震局编制应对全省5.5级以上、台湾东部7级以上地震应急工作方案；妥善应对突发震情，9月29日台湾台东海域5.0级和12月10日台湾宜兰海域5.8级地震发生后，组织开展紧急会商并提出震后趋势判定意见等应急工作，及时向上级部门报送震情灾情信息，引导社会舆情，维护社会稳定。

开展全省建设工程地震安全监管检查，完成10786项建设工程检查工作，对发现的问题制定分类整改措施；制定全省地震灾害风险普查和地震易发区房屋设施加固实施方案，开展风险普查试点工作，以全省地震基本烈度Ⅷ度区为重点，推进房屋设施加固工程实施；完成厦门新机场等16项区域及重大工程地震安全性评价工作；开展地震风险基础探测工作，完成漳州地区100千米深地震反射勘探，开展1∶5万县域活动断层探查，为排查地震危险源提供依据。

【防震减灾公共服务】 2020年，福建省开拓地震预警信息社会化发布渠道，实现面向社会公众、全覆盖的地震预警信息服务；建立地震预警信息服务直通车机制，与省广播电视局、省气象局和中国移动等单位合作，通过广播电视、“知天气”APP、“闽政通”APP、抖音矩阵、今日头条等主流传播媒体多渠道向社会公众发布地震预警信息；加强学校、医院等人群密集场所专用地震预警信息接收终端布设工作；推动地震预警信息发布终端在地铁、消防、核电等行业的应用，截至2020年底，全省安装地震预警信息专用接收终端用户16049个。

加强新时代防震减灾科普工作，开展“5·12”防灾减灾日、“7·28”唐山地震纪念日等重点时段科普活动；完成2020年度全省防震减灾科普教育基地、科普示范学校评审认定工作；承办第四届全国防震减灾科普讲解大赛总决赛；配合省应急管理厅和省气象局在全省评选推荐43个社区参加国家防灾减灾示范社区评选；编创防震减灾科普作品，制作《地震安全韧性城市》《地震“没想到”》等科普短片和书画作品；举办“百名融媒体记者大走访”活动；开展地震台站科普研学基地和综合实践基地等科普展馆建设；创作的短视频《寻找“怪兽”的爸爸》被评为地震系统社会主义核心价值观优秀作品并在学习强国上线。（郑小菁　王　林）

编辑：郑　莱

社会科学规划

【国家社科基金项目管理】 2020年，福建省获得国家社科基金各类项目立项215项，资助经费5795万元。其中重大项目11项、特别委托项目1项、研究阐释党的十九届四中全会精神国家社科基金重大项目6项、“把社会主义核心价值观融入法治建设”重大研究专项1项、高校思政课研究专项6项、冷门绝学与国别史研究专项2项、国家应急管理体系建设研究专项2项、年度重点项目14项、一般项目93项、青年项目27项、西部项目15项、后期资助项目32项、中华学术外译项目5项。其中，厦门大学获得2020年国家社科基金各类项目达到81项，与北京大学并列全国高校第一。国家社科基金项目立项数连续创历史新高，促进全省哲学社会科学人才培养和人文社会科学学科建设。受理国家社科基金项目成果鉴定结项129项，上报全国社科工作办129项。全国社科工作办审批结项94项，其中鉴定等级优秀14项、良好27项、合格48项、免鉴定5项。组织对全省2018年度立项的129项在研的国家社科基金年度项目、青年项目、西部项目进行检查。

【省社科规划项目管理】 2020年，福建省社科规划项目立项242项，其中一般项目142项、青年项目75项、西部扶持项目15项、台胞专项扶持项目10项，资助研究经费1010万元。重点突出对党的十九届四中全会精神课题研究，紧紧围绕坚持和完善中国特色社会主义制度、推进国家治理体系和治理能力现代化这一主题，组织力量深入研究阐释十九届四中全会提出的新思想新观点新论断，特别是加强习近平总书记关于国家治理体系和治理能力现代化重要论述的研究阐释，推动实践基础上的理论创新，着力推出有理论说服力、有实践指导意义、有决策参考价值的重大成果，为宣传贯彻全会精神，推进国家制度建设和治理能力建设提供有力的理论支持和学理支撑。做好2020年度省社科研究基地重大项目评审立项工作，严格把好基地重大项目程序关、质量关，立项71项，投入基地建设经费320万元。修订出台《福建省社会科学规划项目鉴定结项实施细则》，2020年共办理项目结项325项，其中优秀11项、良好120项、合格79项、免于鉴定108项、暂缓结项7项。做好项目重要事项变更登记工作，办理《福建省社科规划项目重要事项变更审批表》登记103项。

【省社科研究基地建设】 2020年，福建省深入学习贯彻习近平总书记系列重要讲话精神和全国高校思想政治工作会议精神，贯彻落实中央《关于加快构建中国特色哲学社会科学的意见》，推进全省高校以马克思主义为指导的哲学社会科学学科基础理论建设，经省委宣传部、省委教育工委、省社科联共同研究，确定厦门大学国家治理能力建设研究中心等13家基地为首批以马克思主义为指导的哲学社会科学学科基础理论研究基地。组织开展2020年度福建省以马克思主义为指导的哲学社会科学学科基础理论研究基地重大项目申报、评审立项61项。 （童传轩）

政策咨询研究

【概况】 2020年，福建省政府发展研究中心围绕统筹推进疫情防控和经济社会发展，开展《关于推动全面超越的思路与建议》等24个课题研究。围绕新冠疫情影响、企业复工复产、高质量发展超越、中小微企业发展、区块链产业、中医药传承与创新、应对公共卫生事件、巩固脱贫攻坚成果、人力资源管理、闽台民间交流等方面，深入开展调查研究。全年完成各类研究成果和参阅材料63件，其中向省领导呈报《疫情下加快福建省小微企业发展的几点建议》《关于加快福建省网络安全产业链发展的建议》《进一步提高福建省人力资源服务业发展水平的建议》《关于在当前对台工作中创新推进闽台宗教交流合作的建议》《中化石油助力脱贫攻坚的“新农村综合服务站”模式值得关注》等19期《研究专报》和《福建经济形势季度报告：新冠疫情影响专刊》

《关于福建省推动全面超越的思路与建议》等5期《研究报告》，以及《兄弟省市推进中医药传承创新发展的相关做法》《兄弟省市加快实验室体系建设的相关做法》《部分省份实施产业链“链长制”的相关做法》《兄弟省份优化土地供给的相关做法》等39期《发展研究内参》。有20件研究成果获省领导42人次批示，其中省政府主要领导11人次批示12件，省政协主要领导批示1件。

【第六届省政府顾问团】 2020年，福建省第六届省政府顾问经省政府第75次常务会议研究批准成立，聘请省政府顾问97名。第六届省政府顾问团设置6个组，分别是经济社会发展顾问组（44人）、产业顾问组（16人）、信息化顾问组（5人）、法律顾问组（11人）、生态文明顾问组（13人）、国际顾问组（8人）。

【2020年度县域经济评价】 2020年，福建省政府发展研究中心围绕经济发展体量、质量和速度、效益、创新驱动、民生保障、生态保护等指标体系，对全省54个县（市）县域经济进行测算，评价出2020年度福建省县域经济实力“十强”县（市）和县域经济发展“十佳”县（市）及排名，并报省委、省政府同意予以发布。

2020年度福建省县域经济实力“十强”县（市）及其排名为：晋江市、石狮市、福清市、闽侯县、南安市、惠安县、上杭县、龙海市、连江县和长泰县。

2020年度福建省县域经济发展“十佳”县（市）及其排名为：永泰县、将乐县、清流县、武平县、闽清县、明溪县、连城县、建宁县、福安市和长汀县。

2020年度福建省县域经济发展主要特点：生态环境质量提升。随着污染防治攻坚战的深入推进，主要污染物排放量持续下降，所有县（市）地表水质量和空气质量综合指数均比上一年好，水和空气质量越来越好，“清新福建”建设取得新成效。山区县（市）后发优势显现。从“十强”县（市）排名看，山区县（市）占2席，为上杭县和长泰县，上杭县排名升至第7位；从“二十强”来看，山区县（市）占7席。从“十佳”县（市）排名看，山区县（市）占有9席；同时，16个山区县（市）进入“二十佳”。可见，随着两大协同发展区建设的有力推进，山区县（市）与沿海县（市）的差距将进一步缩小。县域城乡居民增收势头良好。县域居民人均可支配收入增速高于全省平均水平的有37个；县域城乡居民收入与全省平均水平差距进一步缩小。民生保障水平提升。得益于民生社会事业领域短板加快补齐，社会保障体系的全面覆盖，文化事业和文化产业繁荣发展，民生支出持续增长，人民在社会事业领域的获得感不断增强。

2020年12月31日，省政府发展研究中心联合省广播影视集团在福州举办以“新发展格局下县域经济高质量发展”为主题的2020福建省县域经济高质量发展报告会，发布2020年度福建省县域经济“十强”县（市）“十佳”县（市）评价结果。上杭县、长泰县等部分“十强”县（市）负责人在现场报告该县（市）经济社会发展亮点和经验，永泰、武平、建宁等部分“十佳”县（市）负责人在现场分享各县（市）发展县域经济的经验与做法，为推动县域全方位高质量发展建言献策。

2020年度福建省县域经济评价排名

县名	2020年度排名	得分	2019年度排名	得分	位次变化
晋江市	1	86.03	1	86.58	0
石狮市	2	65.92	2	69.85	0
福清市	3	64.74	3	67.04	0
闽侯县	4	62.60	4	63.50	0
南安市	5	61.30	5	61.33	0
惠安县	6	59.62	6	60.18	0
上杭县	7	51.52	8	51.56	1
龙海市	8	51.48	7	51.68	−1
连江县	9	51.44	11	50.78	2
长泰县	10	50.82	10	51.02	0
安溪县	11	50.77	13	49.38	2
德化县	12	49.66	12	50.50	0
福安市	13	49.52	14	48.79	1
永安市	14	48.79	9	51.29	−5
沙　县	15	47.94	19	47.72	4

续表

县名	2020 年度排名	得分	2019 年度排名	得分	位次变化
永春县	16	47.72	15	48.72	－1
闽清县	17	47.60	21	47.22	4
漳平市	18	47.45	17	47.87	－1
福鼎市	19	46.85	22	46.42	3
东山县	20	46.79	18	47.87	－2
将乐县	21	46.76	23	46.33	2
仙游县	22	46.50	30	44.37	8
漳浦县	23	46.47	27	45.26	4
武平县	24	46.40	25	45.49	1
罗源县	25	46.31	20	47.44	－5
永泰县	26	46.29	29	44.58	3
武夷山市	27	46.16	24	46.32	－3
邵武市	28	46.07	16	48.29	－12
南靖县	29	45.97	26	45.36	－3
连城县	30	45.40	28	44.88	－2
华安县	31	44.32	32	44.02	1
长汀县	32	43.96	34	43.22	2
明溪县	33	43.49	37	43.06	4
建瓯市	34	43.23	31	44.09	－3
清流县	35	43.15	38	42.63	3
建宁县	36	42.81	36	43.15	0
柘荣县	37	42.31	42	41.07	5
泰宁县	38	41.97	33	43.46	－5
大田县	39	41.97	35	43.18	－4
周宁县	40	41.82	46	40.56	6
尤溪县	41	41.74	39	42.61	－2
浦城县	42	41.39	41	41.99	－1
宁化县	43	41.02	47	40.41	4
屏南县	44	40.91	50	40.02	6
平和县	45	40.81	44	40.87	－1
云霄县	46	40.80	45	40.75	－1
光泽县	47	40.59	48	40.41	1
顺昌县	48	40.47	40	42.20	－8
古田县	49	40.14	43	41.03	－6
松溪县	50	40.10	52	39.91	2
霞浦县	51	39.96	49	40.22	－2
政和县	52	39.69	54	38.75	2
寿宁县	53	38.99	53	39.49	0
诏安县	54	38.68	51	39.95	－3

续表

县名	2020 年度排名	得分	2019 年度排名	得分	位次变化
永泰县	1	77.62	12	70.71	11
将乐县	2	75.83	16	69.51	14
清流县	3	75.21	2	74.61	−1
武平县	4	74.86	8	71.38	4
闽清县	5	74.38	1	78.33	−4
明溪县	6	73.95	20	68.64	14
连城县	7	73.93	5	72.38	−2
建宁县	8	73.75	7	71.84	−1
福安市	9	73.11	26	67.44	17
长汀县	10	73.01	4	72.92	−6
宁化县	11	72.92	10	70.89	−1
屏南县	12	72.72	53	59.16	41
南靖县	13	72.66	3	73.31	−10
安溪县	14	72.43	13	70.51	−1
福清市	15	71.67	9	70.96	−6
浦城县	16	71.58	37	65.15	21
仙游县	17	71.12	25	67.56	8
建瓯市	18	71.04	24	67.68	6
上杭县	19	70.77	34	66.20	15
漳浦县	20	70.60	35	65.63	15
惠安县	21	70.50	28	67.15	7
柘荣县	22	70.44	54	58.39	32
华安县	23	70.16	17	69.41	−6
闽侯县	24	70.10	19	68.79	−5
政和县	25	70.00	22	68.27	−3
连江县	26	69.85	33	66.67	7
南安市	27	69.77	30	67.08	3
周宁县	28	69.64	51	59.29	23
德化县	29	69.46	27	67.39	−2
松溪县	30	69.38	18	69.33	−12
漳平市	31	69.36	23	68.06	−8
武夷山市	32	68.82	38	65.11	6
顺昌县	33	68.39	15	69.56	−18
罗源县	34	67.34	29	67.11	−5
永春县	35	66.93	21	68.46	−14
沙　县	36	66.88	42	63.22	6
泰宁县	37	66.88	36	65.60	−1
龙海市	38	66.71	46	62.36	8
云霄县	39	66.70	6	71.97	−33

续表

县名	2020年度排名	得分	2019年度排名	得分	位次变化
邵武市	40	66.50	32	66.83	−8
寿宁县	41	66.48	52	59.19	11
尤溪县	42	66.35	47	61.04	5
古田县	43	66.08	48	60.68	5
光泽县	44	65.92	39	64.89	−5
霞浦县	45	65.64	49	60.65	4
长泰县	46	65.05	14	69.66	−32
大田县	47	64.98	45	62.40	−2
平和县	48	62.94	31	67.01	−17
石狮市	49	62.77	44	62.56	−5
永安市	50	62.64	43	62.93	−7
晋江市	51	62.58	41	63.33	−10
福鼎市	52	62.01	50	60.56	−2
诏安县	53	61.96	11	70.81	−42
东山县	54	61.77	40	64.80	−14

（江建国）

社会科学研究与成果

【概况】 2020年，福建社会科学院有在编人员152人，省委编办核定的内设机构17个，其中职能机构5个：办公室、人事处、科研组织处、对外合作处、机关党委；研究机构10个，包括经济研究所、亚太经济研究所、华侨华人研究所、现代台湾研究所、文学研究所、历史研究所、哲学研究所、社会学研究所、精神文明研究所、法学研究所；另有福建论坛杂志社、文献信息中心（福建省台湾文献信息中心人文社科馆）。下设2个直属事业单位：福建省海峡文化研究中心、福建社科院·中国社科院哲学研究所宋明理学研究中心。

2020年，福建社会科学院出版《福建论坛》（人文社会科学版）、《亚太经济》、《现代台湾研究》、《学术评论》4种刊物。其中，《福建论坛》（人文社会科学版）被国家新闻出版总署评为"国家期刊百种重点期刊"；《福建论坛》（人文社会科学版）、《亚太经济》入选"中国人文社会科学核心期刊""中文社会科学引文索引来源期刊"。编辑呈送省领导参阅的内部决策咨询专报件《福建社会科学院专报》，另编有《台情要报》。

【科研成果】 2020年，福建社会科学院组织研究课题150项，出版各类著作26部，发表论文、文章400篇。其中，权威期刊发表论文16篇，中央"三报一刊"发表文章10篇，核心期刊发表论文61篇，《福建日报》（理论周刊）发表文章26篇。有6份研究报告获中央领导批示，6份研究报告获省领导批示，有60余篇政策建议被中办、国办、中宣部专报件和省"两办"《福建信息》《政讯专报》等以不同形式采用。

【科研工作】 2020年，福建社会科学院开展习近平新时代中国特色社会主义思想研究宣传阐释工作。由院长和党组书记共同担任课题负责人，设立"习近平新时代中国特色社会主义思想和党的十九大精神研究阐释（2020）""党的十九届四中全会精神研究阐释""习近平总书记关于新冠肺炎疫情防控工作重要讲话重要指示批示精神、疫情防控与推进国家治理体系和治理能力现代化相关问题研究阐释""党的十九届五中全会精神研究阐释"等重大专项，以福建社科院中国特色社会主义理论体系研究中心为依托，设立"党建""经济建设""文化建设""社会建设"4个研究阐释专题组，开展常态化研究阐释工作。2020年，全院发表65篇阐释性理论文章，其中，在中央"三报一刊"发表10篇，在《福建日报》（理论周刊）《中国社会科学报》《海峡通讯》等发表55篇。结集出版《感受新思想的力量》第二辑。

【重点课题研究】 2020年，福建社会科学院围绕中央和省委决策部署，开展社科研究。4项课题获国家社科基金项目立项，其中"全方位推动福建高质量发展超越研究"获2020年度国家社会科学基金特别委托项目立项；7项课题获省社科规划项目立项，其中2项课题获重大项目立项；16项课题获福建省中国特色社会主义理论体系研究中心立项，59项课题获院年度课题立项。院长张帆参与主编的《八闽文库》第一辑《福建文献集成》初编200册出版发行。

1篇论文获第11届丁玲文学奖，1篇论文获第九届“唐弢青年文学研究奖”。

【智库综合功能】 2020年，福建社会科学院为省委、省政府决策提供智力支持。参与完成2020年度省重点调研课题“构建完善的宣传思想文化领域制度体系研究”“统筹推进疫情防控和经济社会发展措施研究”等调研工作。设立并开展“中国瓷都（德化）文化形象提升计划”重大交办课题调研。开展“‘十四五’时期福建经济社会发展若干重要问题研究”“全方位推动福建高质量发展超越”“福建探索海峡两岸融合发展新路研究”专项课题研究。完成《2020—2021年福建经济社会发展与预测蓝皮书》和《福建文化蓝皮书》编撰工作。研究报告《开发性金融支持福建省乡村振兴的政策建议》获“2019年省重点课题优秀调研成果特别奖”。

【服务地方经济】 2020年，福建社会科学院以编制“十四五”规划为契机，鼓励科研人员主动面向经济建设主战场开展研究。2020年，有《福建省涉台法治工作的实践探索与新形势下以法治高质量发展保障和促进闽台融合发展研究》《福建省“十四五”推动工业和信息化高质量发展研究》《加快推进“海上福州”建设课题研究》等37项横向课题获省、市、县各级党政机关立项资助。参与主办“2020福建企业100强研究发布大会暨福建企业家大讲坛”，编写《2020福建企业100强发展报告》，发布“2020福建企业100强”榜单。

（黄莹杰）

学术活动

【2020年全省社科界学术年会举办】 2020年，福建省社科联以“全面建成小康社会：新思想 新福建 新成就”为主题，设立了“全面建成小康社会与政府治理现代化”等25个分论坛、青年博士论坛和社科普及论坛，深入学习宣传贯彻习近平新时代中国特色社会主义思想，大力宣传福建全面建成小康社会取得的巨大成就。

（童传轩）

2020年11月18日，经中共中央台办、国务院台办批复、由省政府发展研究中心举办的闽台历史文化研究院挂牌成立（省发展研究中心供稿）

【闽台历史文化研究院成立】 2020年，经中央台办批复、由省政府发展研究中心举办的闽台历史文化研究院（简称“研究院”）于11月18日挂牌成立，并开展由闽台两地有关人士共同参与、共同策划的“两岸家书展”“闽台寿山石展”“闽台漆器技艺展”“同源一脉”闽台文艺节目展演等系列闽台文化交流活动。中央台办、国台办副主任龙明彪，省委常委周联清，省政府副省长崔永辉，原文化部副部长、中国艺术研究院院长王文章等领导为“研究院”成立揭牌。连战、王金平、洪秀柱、张亚中、冯明珠、苏进强、卢钟雄、卢嘉辰等台湾知名人士，以及台湾中华产业经济理事会、中华印石理事会等机构分别对“研究院”的成立或发来贺词，或寄来墨宝，表示祝贺。“研究院”还成立由两岸各界知名人士组成的理事会，首批聘请台湾方面特约研究员15人。

（江建国）

【省社科院学术交流】 2020年，福建社科院成功主办或联合主办“‘双循环’新发展格局下亚太经济与两岸关系”“海峡两岸出版交流季暨第三届两岸出版与人文智库论坛”“‘十四五’规划与侨务工作发展”“中国·霞浦海洋文化研讨会”等研讨会。全年派出1批1人次赴澳门开展学术交流，接待国（境）外来访团组4批11人次，组织召开对外学术交流合作研讨会4次。（黄莹杰）

【学术刊物】 2020年，《福建论坛》（人文社会科学版）全年出刊12期，“马克思主义理论与实践研究”专栏全年刊发文章28篇，“文化产业与文化研究”专栏获评2020年度华东地区期刊“优秀栏目”。全年被中国人民大学《复印报刊资料》全文转载22篇，《新华文摘》全文转载纸质版2篇、网络版6篇，《中国社会科学文摘》全文转载5篇。《亚太经济》全年出刊6期，“亚太金融”栏目获评2020年度华东地区期刊“优秀栏目”，全年被中国人民大学《复印报刊资料》全文转载15篇。《现代台湾研究》全年出刊6期，发表的2篇文章被中国人民大学复印报刊资料《台、港、澳研究》全文转载。《学术评论》全年出刊6期。（黄莹杰）

编辑：郑　莱

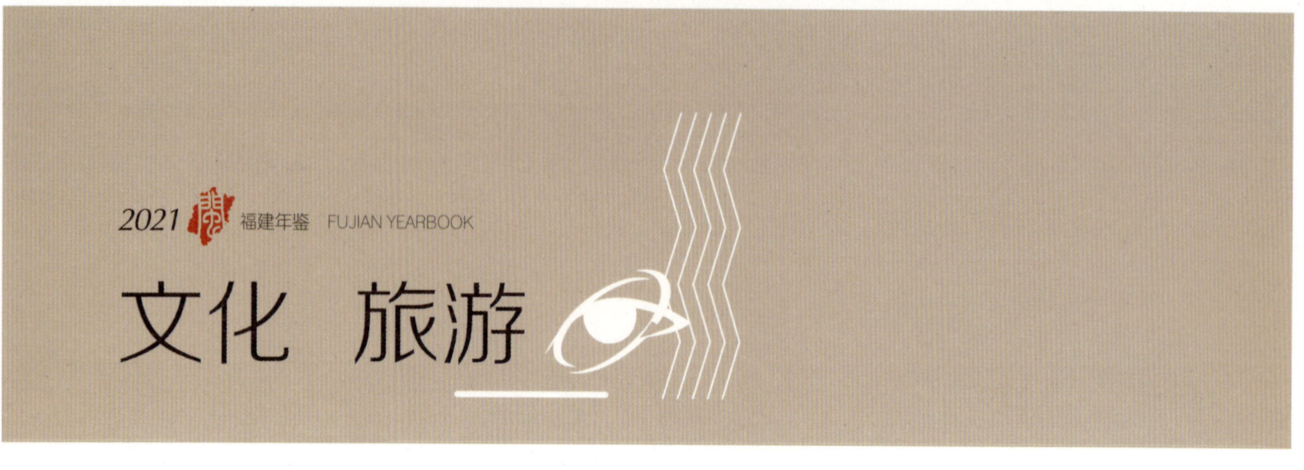

公共文化

【乡村文化振兴】 2020年，福建省级文旅部门在全省遴选25个乡村文化和旅游公共服务机构，指导支持开展文旅功能融合，其中国家级试点5个、省级试点20个。出版《乡士乡贤》《乡居乡聚》《乡土乡味》等3辑福建乡村文化记忆系列丛书，指导福州、泉州、漳州编辑出版《老福州的乡俗民事》《泉州乡村文化记忆》《漳州乡村文化丛书之乡土乡味》等。在今日头条开展留住乡愁记忆乡村文化故事征集大赛，阅读量超过3000万人次。发掘典型做法28个，形成《福建乡村文化振兴典型案例汇编》(第二辑)。

【公共文化服务体系建设】 2020年，福建省级文旅部门大力支持提升基层综合性文化服务中心功能整合水平，向80个乡村安排资金800万元，向402个乡村配送公共数字文化一点通设备，用于建设特色文化设施、开展特色文化活动；在全省推选33个基层综合性文化服务中心，安排资金900万元指导支持巩固提升服务效能。印发《关于进一步加强全省乡镇综合文化站管理工作的通知》，指导各地加强乡镇文化站日常管理，对接群众文化需求，提供高品质的文化供给。把乡镇综合文化站和村级综合文化服务中心纳入县级文化馆图书馆体系，实现统一管理、资源共享，全省所有县（市、区）基本建成文化馆图书馆总分馆制。印发《关于加强县级文化馆图书馆总分馆制运行管理的通知》，指导各地全面加强县级图书馆、文化馆总分馆体系运行管理。指导省图书馆稳步推进馆外服务网点建设，新增省高级人民法院分馆等5家流通点，金鸡山公园分馆（清新书苑）于9月28日开放，至年底接待读者3万余人次。

【公共数字文化】 2020年，福建省级文旅部门推进“福建省公共文化服务供需对接平台”建设，初步完成框架建设。统筹用好中央补助公共数字文化建设资金，指导省图书馆完成3家县级图书馆互联互通建设任务，有序推进12个地方文化资源建设项目；指导省艺术馆推进福建省数字文化馆（二期）建设，实现数字平台各项功能的迭代。创新开展公共数字文化服务，在疫情防控期间，各级公共文化服务单位坚持闭馆不关闭服务，广泛开展线上公共数字文化服务。省图书馆联合省内80家公共图书馆三级联动开展线上推送防疫知识和“手写加油助力”“为一线勇士祈福”等活动，线上资源访问量逾3871.34万人次；在2020年世界读书日期间开展9项云端悦读体验读书活动，4月23日新媒体端阅读数402.9万人次，当周居全国文化政务微博影响力周榜第11名（图书馆行业第三名）。省艺术馆面向全国征集战“疫”原创词曲作品，共收到词作325首、歌曲428首。

【文化惠民工程】 2020年，福建省级文旅部门印发《关于发展街头文化丰富文化供给工作的通知》，部署在全省的历史文化街区、城市广场、步行街和景区景点常态化开展街头文化艺术表演活动，打造街头特色人文艺术景观。组织30多场“百姓大舞台”文化惠民演出。创新开展福建“农民文化周”活动300场，举办第十四届福建音乐舞蹈节，1万余人报名参加比赛，最终评出节目奖、创作奖、相关单项奖共112个。举办“家国情怀赤子心”——第二届福建省“读中华经典 颂时代华章”诵读比赛。开展3场“春燕行动——福建乡村音乐会”，其中1场进乡村旅游景区、2场进乡村演出。与武警福建省总队联合开展18场以“军地巡演到基层鱼水情深暖兵心”为主题的“文艺轻骑队”下基层部队慰问演出活动。组织参加华东六省一市戏剧小品比赛，获得金奖1个、银奖2个。全年省图书馆、省文化馆、省少儿图书馆共组织54场文化志愿活动。3个文化志愿服务活动入选文旅部“春雨工程”项目。

【文艺创作】 2020年，福建省继续推行文艺精品创作“火花茶会”机制，创排打磨提升京剧《红土》、话剧《过海》

等重点剧目。实施2020年度福建省舞台艺术精品工程，下拨902.5万元扶持《与妻书》等18部舞台艺术精品。12部作品入选文旅部“庆祝中国共产党成立100周年舞台艺术精品创作工程”重点扶持作品名单，入选数位居全国各省（区、市）第一。莆仙戏《踏伞行》被列入“2020年度国家舞台艺术精品创作扶持工程重点扶持剧目”（全国共10部），实现4届蝉联。组织2场大戏和2场折子戏专场参加文旅部在昆山举行的百戏盛典，歌仔戏《侨批》得到广泛好评。举办第28届戏剧会演剧本征文活动，共征集剧本97部，评出获奖剧目30部。成功举办第十届福建省中青年演员比赛，集中展示近年来福建省精心培育中青年文艺人才的成果。

【文艺演出】 2020年，福建省举办“风雨坚守 中国必胜”福建省抗击疫情专场文艺演出，被列入文旅部“全国抗疫题材舞台作品”。组织省属文艺院团探索创新演出模式，推出“云中剧院”网上演出活动，福建省歌舞剧院开展“云中剧院”演出147场，省芳华越剧院、福建京剧院开展折子戏专场演出。

【加强文艺院团管理】 2020年，省级文旅部门联合省委宣传部、省财政厅、省人社厅制定《福建省国有文艺院团社会效益评价考核实施方案》和《福建省国有文艺院团社会效益评价考核细则（试行）》，加强福建省国有文艺院团社会效益评价考核，充分发挥国有文艺院团在繁荣发展社会主义文艺中的示范引领作用。经考核，省属6院团共有4个获得优秀、2个良好。各设区市也相继开展国有文艺院团社会效益评价考核。

【对外文化交流】 2020年，福建省因受新冠肺炎疫情影响而调整或取消的对外文化和旅游交流项目共14批、144人次。在《闽声》杂志、“华人头条”APP及委托新华网运营Facebook（脸书）、Twitter（推特）、Youtube（优兔）等三大国际社交媒体平台上开展福建文化和旅游宣传。转变思路，利用新媒体开展对外文化交流。全年在《闽声》杂志刊发主题文章62篇，发行至世界53个国家和地区共计18万册；在“华人头条”APP平台上推送中文稿件861条，累计点击量约5025万人次，共推送英文稿件104条，累计点击量约63万人次；在facebook、twitter、youtube三大平台上合计推送文章1150篇。举办线上新年音乐会，通过福建日报社东南网、“新福建”APP客户端资源，在5个福建文化海外驿站、7个福建旅游海外推广中心所在国家（地区）以及福建省国际友好城市播出。在福建—东盟友城大会上，与印度尼西亚中爪哇省青年、体育和旅游局签订合作意向书，4家福建文旅企业与15家东盟友城文旅企业签署战略合作协议。

【对台港澳文化交流】 2020年，福建省经审核批准的对澳文化和旅游交流团组2批次共12人。赴澳门开展两场“闽澳情 一家亲——闽澳迎新歌舞晚会”交流演出活动，深入澳门基层社区开展“清新福建”“全福游·有全福”澳门社区行活动。举办“2020家味·年味”台湾青少年文化旅游研习营、2020海峡两岸闽南文化研学体验营、2020年两岸青少年木偶研学营等各类研学活动，制作8条研学线宣传片。在第十六届海峡旅游博览会期间，举办“中华好导游·共话好未来”海峡两岸及港澳地区名导论剑活动。通过网络联动举办活动的形式，举办第十二届海峡论坛——第四届海峡两岸书院论坛、2020闽台宋江阵民俗文化活动等。

【艺术职业教育】 2020年，福建省艺术职业教育教师参与教育教学改革，获省级以上奖项23项，学生参加全国、省级职业技能竞赛，获国家级奖项5项、省部级奖项34项。学校高度重视教师队伍建设，1名教师获得“福建省优秀教师”称号，1人获省文化和旅游厅脱贫攻坚嘉奖；获批建设省级技能大师工作室1个；教师申报省社科、中国艺术职业教育学会、省高校哲学社会科学、省文化和旅游厅等各类科研课题，共计立项27项。

全年举办线上线下教学成果展演展示20余场次。举办福建曲艺培训班、福建古琴制作技艺培训班。深化闽宁协作，举办“闽宁协作谱新曲携手催开艺术花——宁夏艺术职业学院、福建艺术职业学院线上师生艺术作品展”。完成福建省春节联欢晚会、振兴乡村“嵩口镇镇政府2020国庆中秋暨第三届农民丰收节文艺晚会”等演出5场。《艺术战“疫”编导献力》入选全国高等艺术职业院校线上思政教育优秀教学案例；师生创作的《多想成为你的战友》MV在学习强国福建平台发布。

2020年，建设国家级表演艺术生产性实训基地和创意设计生产性实训基地并通过验收。坚持校企合作，与福建省歌舞剧院等30多家企事业单位签署协议，建立校外实训基地30余个；与尤溪县人民政府、莆田市文化广电新闻出版局、建瓯市龙村乡人民政府、罗源县飞竹镇人民政府签订战略合作协议。2020年学生就业率达99.38%。

（曹 琦）

文学艺术

【文艺创作】 2020年，福建省重点谋划世遗大会文艺创作。为第44届世界遗产大会在福州举办提供服务保障，全年创作充分反映生态之美、自然之源、人文之脉的高质量歌曲南音等作品近10件。

突出抓好重大题材文艺生产。围绕决胜全面小康、决战脱贫攻坚，完成展现晋江改革开放历程的大型连续剧《爱拼会赢》摄制；举办“新时代乡村抒写”福建文学系列活动、中国知名作家“闽东之光”采风行活动、“让小说走进人民”暨海丝文学创作交流活动、海洋文化主题采访采风活动、福建省“主播说脱贫”主题采访采风创作活动等，出版福建省“脱贫攻坚”专号，一批有成果、有影响的作品正在形成。

精心开展重点文艺培育活动。组织福建省原创校园歌曲大赛、第三届福建文学好书榜、福建省第33/34届优秀文学作品榜、福建省大学生戏剧剧本征集评选、第四届福建省曲艺“丹桂奖”少儿大赛、第五届福建省金钟花奖声乐比赛、第六届福建摄影金像奖、第六届福建省书坛新人新作展、2019年度福建省广播电视艺术奖和“福建省文艺界践行‘四力’讲好福建故事——百名曲艺家讲百个福建故事”主题创演、纪念冰心诞辰120周年系列活动等文艺活动60余场，延伸举办80多场文艺展演展示展览，有力助推全省文艺事业发展。

遴选打磨文艺精品力作。在“优中选优、优中培优”的基础上，组织采风创作、打磨作品参加全国各文艺赛事展演等活动。配合举办中国电影金鸡奖、中国电视金鹰奖等相关活动，做好重点文艺作品、文艺人才的推优扶持，夯实福建文艺事业基础。福建省文艺事业不断取得进步发展，南词说唱表演者肖向丽获评第十一届中国曲艺“牡丹奖表演奖”，福建曲艺实现该奖“六连冠”；南音表演艺术家、理论家苏统谋被授予“中国文联终身成就曲艺艺术家”荣誉称号，实现福建省该奖重大突破。歌曲《我的中国》入选2019年度全国“听见中国听见你”优秀推选歌曲并排名榜首，4个电视作品获得第30届中国电视金鹰奖提名奖，1名会员获得第十三届中国摄影金像奖，1名会员被评为2019年“大国工匠年度人物”，5名学生演员获得第24届中国少儿戏曲“小梅花奖”。

【文艺成果】 “我们的中国梦”文化进万家——福州火车站春运专场文艺惠民演出。2020年1月10日春运首日，福建省文联、省广播影视集团、省电视艺术家协会、省音乐家协会、中国铁路南昌局集团有限公司党委宣传部共同开展“我们的中国梦”文化进万家——福州火车站春运专场文艺惠民演出。本次惠民活动是福建省文联2020年开展围绕打赢脱贫攻坚战、全面建成小康社会、实现中华民族伟大复兴中国梦的数十场文化惠民活动之一。

“武夷山下风展红旗如画”——2020年南平书画笔会暨文艺志愿服务活动。7月8日，福建省文联、南平市人大常委会、福建省人大书画院联合主办的“武夷山下风展红旗如画”——2020年南平书画笔会暨文艺志愿服务活动在武夷新区举行。活动旨在通过书画笔会的方式，建设一个唱响南平好声音的创作舞台。

“小康在福建·主播说脱贫”大型采风采访活动。9月14日，“小康在福建·主播说脱贫”大型主题采风采访活动在漳州市电商直播产业园启动。该活动由省文联、漳州市委宣传部、漳州市扶贫协会指导，省电视艺术家协会联合漳州市文化和旅游局、漳州市文联、漳州电视台、第五批省派驻村党员干部工作队主办。活动期间，来自央广网、光明网、中新网、中国妇女网以及省内20多家媒体主播采访组分组深入漳州11个县（市、区），通过短视频和直播带货等形式，全面展现漳州市经济社会发展、扶贫攻坚、建设小康社会成果等。

“绘本草精华 扬中医国粹”——《清肺排毒汤组画》董希源创作展。9月21日，由国家中医药管理局、中共福建省委宣传部、中国美术家协会、福建省文联联合主办的“绘本草精华 扬中医国粹”——《清肺排毒汤组画》董希源创作展在中国政协文史馆开展，展示42幅由福建省知名画家董希源历时近5个月创作的《清肺排毒汤中草药图》国画作品，这是中医药与中国画两大国粹一次圆通融合的有益尝试，也是国内首次由中国美协画家将抗击新冠疫情中发挥重要作用的传统中药方剂搬上画卷。

“名家进校园——冯远走进福建师范大学”暨国家重大题材主题性美术创作成果展。11月1日，由《中国美术报》、福建省文联、福建师范大学主办，福建省美术家协会、福建省画院、福建师范大学美术学院承办的“名家进校园——冯远走进福建师范大学”暨国家重大题材主题性美术创作成果展在福建师范大学举办，来自福建省文艺界的代表和福建师范大学美术学院的师生数百人参加启动仪式。

【文艺交流活动】 “中华情·中国梦”中秋展演系列活动在厦门举办。9月24—26日，由中国文联、厦门市人民政府、福建省文联共同主办的2020年“中华情·中国梦”中秋展演系列活动在厦门市美术馆举办。活动以“生命至上”为主题，举办美术书法作品展、书画笔会和文艺演出活动，来自海峡两岸暨港澳地区的艺术家们以真情描绘、用书画言志，充分展示了中华民族优秀传统文化，表达了海峡两岸暨港澳地区人民一脉相承、血脉相牵的浓浓同胞情。

第五届海峡两岸中青年篆刻大赛暨名家印章艺术邀请展在闽举办。9月25日至10月25日，由中国艺术研究院篆刻院、福建省文联、福建博物院、中国寿山石文化发展研究中心等联合主办的“有福之州”——第五届海峡两岸中青年篆刻大赛暨名家印章艺术邀请展在福建博物院展出。展览以“有福之州”为主题，105件海峡两岸优秀篆刻作品入展。

第十届海峡两岸曲艺欢乐汇在闽举办。11月23—25日，国台办年度重点对台文艺交流项目——第十届海峡两岸曲艺欢乐汇在福建省永安市举办，本届海峡两岸曲艺欢乐汇由中国文学艺术界联合会、中国曲艺家协会、福建省文学艺术界联合会共同主办。活动期间，举办纪念展览、实地采风、交流展演、研讨学会、名家讲座，并举行“国色天香”——中国曲协送欢笑走进福建永安展演等活动，海峡两岸500余名曲艺工作者参与本次活动。因疫情影响，台湾艺术家、演员和专家学者们以视频的方式参与各项活动，体现“两岸一家亲、中华心连心”的理念，反映海峡两岸无法割舍的文化认同和精神需求。

第九届海峡两岸电视艺术节在闽举办。11月20—25日，由中国电视艺术家协会、台湾中华广播电视节目制作商业同业公会、福建省文学艺术界联合会、福建省广播影视集团、平潭综合实验区党工委管委会共同主办的第九届海峡两岸电视艺术节在福建平潭举办。本届艺术节内容丰富、形式多样、受众众多，包括“情深艺长”第六届海峡两岸艺术家书画作品展、海峡两岸电视论坛、声耀平潭·第十二届海峡两岸电视主持新人大赛等系列活动。海峡两岸百余名电视专家、艺术家、从业者及上万名高校学子参与活动。艺术节在多场活动中采用大陆与台湾“云连线”“云比赛”的形式，让因疫情阻隔无法到大陆的台湾电视专家、艺术家、从业者、高校学子与大陆共享此次盛事。

“让小说走进人民”暨海丝文学创作交流系列活动在闽举办。12月8—12日，由福建省文联牵头主办、中国作家协会《小说选刊》杂志社以及福建省省、市、县三级文联、作协协办的“新时代　新福建——‘让小说走进人民’暨海丝文学创作交流系列活动”在福建泉州举行。参与采风交流活动的作家阵容强大，包括5名鲁迅文学奖获得者在内的全国文学名家和福建省小说作家参与活动。

第八届海峡两岸青年舞蹈嘉年华系列活动——第五届海峡两岸青少年街舞大赛在榕举办。12月20日，第八届海峡两岸青年舞蹈嘉年华系列活动——第五届海峡两岸青少年街舞大赛在福州举行。活动由福建省舞蹈家协会主办，从海峡两岸上千名舞者和百余个节目中突围进入现场决赛的有49个节目近500名选手。因为新冠肺炎疫情所隔，台湾舞者通过录制视频“云”参赛。来自台湾的3个少儿节目和2个成人节目斩获奖项，包括金门流行舞蹈团、台湾文艺复兴热舞社摘得成人组铜奖，台湾TheMIXCIN舞团和MIXCINAcademy舞团、台湾板桥区海山小学热舞社分别获得少儿组金、银、铜奖。

【文艺队伍建设】　2020年，省文联多措并举促进人才成长。加强行风作风和道德建设。面对突发情况率先发声，及时发表文艺界防抗疫情、参与精神文明建设、制止餐饮浪费等倡议书，团结引导全省文艺家和文艺工作者崇德尚艺、向上向善，投身艺术创作、志愿服务、捐献爱心等社会活动，全省文艺界的道德建设稳步推进，行风作风明显改善，精神面貌焕然一新。

加强文艺骨干专业培训工作。举办中国音协全国优秀青年词曲作家高级研修班、福建诗歌创作高研班、中青年戏剧人才培训班、中青年电视创作人才培训班、全省中青年电影编剧培训班、福建省曲艺创作培训班、福建省中青年舞蹈人才高级研修班等，全省各艺术门类1800多名文艺骨干参加专业培训，进一步提升专业艺术素养。

加强优秀文艺人才“拔尖”引领。实施福建省青年舞蹈拔尖人才培养工程、福建省幸福百姓健康舞志愿者培训工程、福建魔术名师带徒工程、青年魔术师培训等工程，通过“以老带新、名师带名徒”的方式，大力强化全省中青年文艺创作人才培养，增加对新文艺组织和群体创作人才的团结引领和有效覆盖。

（方　毅）

文化产业

【概况】　2020年，福建省3442家规模以上文化企业实现营业收入5288.01亿元，比上年下降2.37%，但年内降幅逐季收窄趋稳，第四季度实现同比增长。全省规模以上文化制造业法人单位1464家，增长0.34%；营业收入3296.31亿元，下降6.38%；营业利润201.99亿元。限额以上文化批发和零售业法人单位559个，增长2.38%；营业收入1070.06亿元，增长2.0%；营业利润16.31亿元。规模以上文化服务业法人单位1419家，减少7.43%；营业收入921.64亿元，增长8.89%；营业利润89.10亿元。

2020年，全省重点推进在建文旅项目264个，年度投资290.39亿元，占年度计划109.38%。实施全域文化旅游基础设施和公共服务补短板工程包，计划投资30亿元，完成投资45.27亿元，占年度计划的150.9%。加强“五个一批”项目管理，全省文化旅游项目库项目达1737个，总投资额达1.35万亿元。出台进一步支持平潭文旅产业发展的8条措施，继续安排1000万元推进平潭国际旅游岛建设。

【文化企业复产增产】　2020年，福建省文旅系统面对文旅行业受新冠肺炎疫情严重冲击的形势，制定出台《省文旅厅关于激发消费潜力促进文化旅游业持续健康发展的若干措施》，组织全省文旅系统贯彻落实《实施“百千”增产增效行动方案》，对184家重点文旅企业开展挂钩服务活动，推动增产增效，帮助文旅企业复工复产。加大财政资金扶持力度，全年省级文化产业发展专项资金安排443.5万元，对金融机构向16家文化企业新发放贷款给予贴息。支持文化企业科技创新能力建设，安排1070万元资金对获得省级以上工业设计中心、国家级高新技术企业的32家文化企业给予资金奖励。开展新一批省文化产业重点园区评选，对新认定的12家省文化产业重点园区给予每家100万元公共服务平台建设资金支持。加大中小文化企业扶持力度，对评选认定的29家“福建省最具成长性文化企业”给予资金奖励、宣传服务、展示推介等方面扶持。省电影局调剂提前拨付中央电影专项资金1717万元补助全省电影院，延期征缴2020年电影专项资金。省文改办在各设区市举办“全闽乐购·文化旅游专场带货直播”全省电视联播活动，促进文化消费。省文旅厅联合省总工会鼓励开展职工“全福游·有全福”文旅消费活动。各地落实疫情租金减免政策，扶持文化企业有序复工增产。福州市推动文化企业获批流动性贷款1200万元，泉州市安排1700万元扶持33个文化产业重点项目，厦门市安排6000万元支持文化企业复工复产，协调文化产业园区运营商主动为入驻文化企业减租2000多万元。

【图书出版稳步增长】 2020年，全省图书出版业营业收入9.53亿元，比上年增长5.89%。重点打造内容精品，海峡出版发行集团近20部图书获省级以上奖项，近40个项目被列入省级以上重点项目或获得省级以上资助，近50种图书销量超两万册。《八闽文库》第一辑《福建文献集成》初编200册正式面世。重要图书发行卓有成效，《摆脱贫困》中文简体版累计发行190多万册，出版英文、法文、西班牙文、西里尔蒙古文4个语种版本。闽台出版交流平台成效显著，第十六届海峡两岸图书交流会图书交易额5860万元码洋，同比上一届交易额增长16%。

【报纸期刊业经营困难】 2020年，福建省出版报纸42种、期刊174种，较上年分别减少1种和2种。上半年因疫情影响，10家报纸短期休刊，晚报、都市报及其他生活服务类报纸均存在实际版数减少情况。构建全媒体传播体系，全省24种报纸办有新闻网站，28种出版报纸网络版，14种建有内容发布手机客户端，39种开设各类微信公众号，1种开展IPTV业务，4种建有户外视频播报系统。

【印刷发行业危中孕机】 2020年，福建省印刷企业数量2850家，同比减少2.9%；印刷工业总产值640亿元，同比下降4.9%。印刷复制业营业收入709.1亿元，出版物发行业营业收入86.9亿元。印刷包装骨干企业实力突出，16家印刷企业入选全国印刷包装企业百强榜，入选企业数位居全国第一。新兴产业加速布局，按需印刷、互联网＋印刷、智能印刷等新兴业态加快布局；实体书店经营困难，部分实体书店倒闭，传统纸质出版物发行市场进一步萎缩。电子出版物和数字阅读方式加快普及推广，网络发行、直播带货、无接触售书等新兴业态蓬勃发展。

【影视产业亮点频现】 2020年，福建省广播电视实际创收117.32亿元，比上年增长10.17%，实现逆势增长。《绝境铸剑》《谷文昌》《一诺无悔》《创业年代》等4部精品电视剧在央视一套黄金时段首播，数量居全国第一位。电视剧《绝境铸剑》《可爱的中国》获第32届中国电视剧飞天奖。全年全省电影票房收入6.19亿元（含服务费5802.79万元）、放映160.74万场次、观众1623.88万人次，较上年分别下降71.36%、56.42%、70.90%。京剧电影《大闹天宫》获得第33届东京国际电影节中国电影周“艺术贡献奖”，福建恒业影业出品的《误杀》全国电影票房收入达13.3亿元。影视基地格局不断夯实，平潭影视基地、厦门影视基地、泰宁影视基地格局带动作用明显，27个电影剧组入驻基地创作摄制，73家知名影视企业入驻基地。第33届中国电影金鸡奖颁奖盛典继续在厦门举办，开展系列活动81项，现场签约厦门影视产业项目32个，总额196亿元。网络视听产业逐步培育，中国（厦门）智能视听产业基地获批设立，系国家广电总局批准的7个国家级网络视听产业基地之一。

【文旅产业加快复苏】 2020年，全省接待国内旅游3.85亿人次，同比恢复73.1%，实现国内旅游收入5250亿元，同比恢复71%，两项指标好于全国平均水平。印发实施《福建省邮轮旅游产业发展规划》，编制《低空旅游产业发展专项规划》和《长征国家文化公园福建段建设保护规划》。文旅品牌项目创建成果丰硕，福州、厦门、三明市入选第一批国家文化和旅游消费试点城市名单；泰宁县、尤溪县、德化县、厦门市集美区入选第二批国家全域旅游示范区；晋江市围头村等26个村入选第二批全国乡村旅游重点村，数量位居全国第二；莆田湄洲岛妈祖文化旅游区获评国家AAAAA级旅游景区，福建省成为全国第二个实现市市有国家AAAAA级景区的省份。持续打响“全福旅、有全福”品牌，举办福建文旅主题飞机启动仪式，全网传播阅读量超1.5亿人次。在国内外全媒体平台播出2020福建旅游官方宣传片《有福相见》。持续举办重大文旅活动赛事，举办2020年中国旅游日福建分会场主题活动、“全福游·有全福，有口福”国宴闽菜大师手作美食分享会等活动。

【数字文化产业快速增长】 2020年，福建省继续推进国家文化大数据（福建）体系建设，有序推进古田会议纪念馆中华民族文化基因库（一期）红色基因库建设试点项目、福建博物院、中国闽台缘博物馆中国文化遗产标本库试点建设、福建广电网络集团国家文化专网（第一层次）项目建设。骨干数字文化企业实力提升，四三九九、美图、网龙、吉比特、点触科技入选2020年中国互联网百强企业。全年全省动漫游戏产业实现总收入447亿元，增长27.7%。全年共有15家动漫游戏企业入选2019—2020年度国家文化出口重点企业。加快拓展海外市场，网龙公司产品覆盖英、法、西班牙、阿拉伯等11种语言区域180多个国家的游戏市场；IGG公司在30余个国家和地区拥有研发团队及技术合作伙伴，服务全球200多个国家和地区的7.4亿玩家。平台活动日益丰富，举办第十三届厦门国际动漫节，开展“金海豚奖”赛事活动，“金海豚奖”作品大赛收到全球43个国家和地区的2916部参赛作品。

【创意设计业活力增强】 2020年，福建省委宣传部等8部门举办第七届(2020)福建文创奖，并分别举办世遗文创大赛和泰宁文创大赛两项主题赛事，配套举办2020福建文创晚会，对获奖作品向产品转化、生产、销售方面提供支持，推动文创产品设计开发。省文旅厅举办"全福游·有全福"最美福建·旅游产品创意设计大赛和"山海福厝·2020福建文创市集"等活动，福州、厦门、漳州等地分别开展本地文化元素作品设计创作赛事活动，推动文化创意走进家庭、走进生活。文创推动跨界融合，功夫动漫联手知名企业推出定制IP动画片；厦门翔通动漫打造IP形象亲子品牌，打造"文旅动漫"新业态。

【工艺美术业收入下降】 2020年，福建省工艺美术品制造营业收入1615.38亿元，比上年减少8.7%。第六届中国(惠安)国际雕刻艺术品博览会以"线下+线上"互联互动模式举办，参与互动企业700余家，入驻平台企业183家，参展及参赛作品共计1078件。举办第八届中国(仙游)红木家具精品博览会线上升级活动，1000家企业(机构)16870件展品参展，线上总成交额近3亿元，带动线下交易达8亿多元。

【广告会展行业喜忧各半】 2020年，福建省省、市两级报纸、广播、电视三大主要传统媒体主营广告业务收入下滑明显，最高降幅达40%以上。新媒体广告一枝独秀，字节跳动公司在福建广告收入233亿元，同比增长88.2%。文化会展业市场冲击影响较大，全省全年仅举办20多场次文化会展活动，参加3场省外文化会展活动，未参加任何境外文化会展活动。第十三届海峡两岸(厦门)文化产业博览交易会采用线上线下融合方式举办，近千家展商参展，线上900余家展商参与，现场参观人数近10万人次；93个重大文旅项目达成合作意向，项目总金额388.21亿元，现场交易额82.65亿元。第十六届深圳文博会采用"云上文博会"形式举办，组织44家企业、767个展品和项目参展。

【市场监管及查处】 2020年，福建省共许可一般旅行社117家，设立经营性互联网文化单位173家，办理艺术品进出口经营活动14批次，游戏游艺设备内容审核1批次，设立演出经纪机构11家，审批涉外演出35批次、70场、393人次，涉港澳台演出11批次、13场、96人次。

2020年，持续推进"扫黑除恶"专项斗争工作，全省文旅行业摸排涉黑涉恶线索4950家次，排查举报投诉件3490件，收集排查线索107条，发现并及时移送当地扫黑办问题线索15条。严厉打击非法有害出版物和侵权假冒违法行为，有力维护意识形态和文化安全。全年共出动检查人员197774人次，检查文旅经营单位66029家次，立案调查各类案件518件，办结行政处罚案件644件。 (郑燕松　曹　琦)

新闻出版

【概况】 2020年，福建新闻出版行业资产总额1085.58亿元，比上年下降4.16%；营业收入827.35亿元，下降5.54%；利润总额50.57亿元，下降23.79%。

图书电子音像出版。全省现有10家图书出版单位共出版图书4392种(含新书2113种、重印2279种)，实现营业收入9.53亿元，图书利润总额1.74亿元；5家电子音像出版单位共出版音像产品38种、电子产品39种，销售收入6280.77万元，利润总额446.96万元。

数字出版。全省共有21家数字出版单位，海峡国家数字出版产业基地以福州和厦门为中心，以平潭综合实验区为延伸，采用"园中园"模式，设立5个产业园区，重点发展数字图书、数字报刊、海峡数据库出版、网游动漫、手机出版、数字印刷、数字版权等七大业务板块。2020年，厦门一期、二期、三期软件园产业基地入驻企业总数共7578家，其中数字出版产业类企业占比10%。

报刊和内部资料。全省现有报纸45种、期刊174种、侨刊乡讯127种，连续性内部资料性出版物150种。2020年，报纸基本保持平衡发展态势，出版发行量和营业收入、利润等下降有所减缓。期刊出版业资产总额5亿元，营业收入2.97亿元，利润总额0.43亿元。

印刷发行。全省现有印刷企业2850家，印刷产业规模达640亿元，从业人员11万多人，占新闻出版产业比重超75%，规模位居全国第六位。现有出版物发行单位3860家，网上书店1100家，从业人员4万多人，实现出版物销售总额约85亿元，继续位居全国第16位。

版权保护。全省现有世界知识产权组织保护优秀案例示范点1个(德化陶瓷)、全国版权示范城市1个(厦门市)、中国版权金奖单位2个、全国版权示范单位4个。认定全省版权保护重点企业55家、省级版权示范单位66家、版权示范园区3家，逐步形成以福州纺织藤铁工艺产业、厦门动漫游戏软件产业、泉州树脂陶瓷产业、莆田木雕家具产业为主的特色版权产业基地。2020年，共办理版权登记163786件，比上年增长46.3%。

【主题出版主题宣传】 2020年，福建省新闻出版系统深入学习宣传贯彻习近平新时代中国特色社会主义思想，广泛开展学习宣传贯彻省委十届十次、十一次全会精神活动，抓好《习近平谈治国理政》(第三卷)、习近平总书记《论党的宣传思想工作》和《习近平在福建》等系列采访实录的学习宣传，组织学习贯彻习近平总书记给人民教育出版社老同志的回信和习近平总书记在中央政治局第二十五次集体学习时关于加强知识产权保护工作的讲话精神。省新闻出版局通过指导调控选题申报、每季度召开总编辑例会、推荐主题出版物等形式，推动新思想学习宣传贯彻走深走实。《福建日报》《海峡通讯》等报刊出版单位推出专题、专栏和系列文章、报道，海峡出版发行集团等出版单位出版《马克思主义中国化思想史》等图书、音像和电子出版物，加强党的创新理论解读、宣介。福建新华发行集团、中国邮政集团有限公司福建省邮政分公司、厦门外图集团等发行单位做好重点政治理论读物宣传发行工作，采取召开重点读物发行工作会议、设立重点读物福建分印点、设立重点读物展示销售专柜等措施，共发行重点主题出版物近 700 万册、近 5 亿元码洋，其中《习近平谈治国理政》（第三卷）发行 193 万册、发行量位居全国前列，《习近平在厦门》《习近平在宁德》《习近平在福州》3 本系列采访实录发行 434 万册、发行量占全国约 40%。

围绕决胜全面小康、决战脱贫攻坚等主题，报刊出版单位大力宣传习近平总书记关于脱贫攻坚的重要讲话重要指示批示精神，阐释脱贫攻坚的部署、要求和政策，深入挖掘和展示脱贫攻坚的先进典型和经验。海峡出版发行集团抓好《摆脱贫困》图书的宣传和出版工作，中文简体版累计发行 190 多万册，各语种版本发行至全球 100 多个国家，在多个国际书展上展示销售。出版《上岸》《历史的足迹——宁德三十年变迁》《党建引领脱贫攻坚案例精选》等脱贫攻坚相关图书。

【抗疫复产】　2020 年，福建省新闻出版系统全力做好统筹疫情防控和经济社会发展的宣传引导，加强和改进网上审批工作，做好新闻出版舆情监测和处置，深入开展“扫黄打非”斗争，为抗疫营造良好文化环境。报刊出版单位策划“抗疫斗争的福建实践”“做好‘六稳’、落实‘六保’”等专题。海峡出版发行集团等出版单位及时推出《感动：战“疫”中的那些福建故事》《预防新型冠状病毒肺炎科普系列挂图》等图书和宣传册，并向群众免费提供数字内容和在线教育课程。发行单位加大网络发行、邮寄发行并重，做好教材教辅和抗疫相关出版物发行，其中《习近平关于统筹疫情防控和经济社会发展重要论述选编》发行 100 万册、发行量位居全国第一。印刷企业做好疫情防控宣传品和卫生用品外包装印刷。

【精品创作】　2020 年，《八闽文库》第一辑《福建文献集成》初编 200 册首发，获得好评；《马列著作在中国出版史》入选 2020 年主题出版重点出版物选题；《海边春秋》《宛平城下》两书入选 2019 年度“中国好书”；10 本图书获评 2020 年“闽版好书”；入选 2020 年省重点出版项目 83 个，其中获得省优秀出版项目补助资金资助项目 41 个、290 万元；获得国家出版基金资助项目 11 个、873 万元。《倾听中国——八闽红色文化系列故事》《故事时光机——中国神话传说系列》入选 2020 年全国有声读物精品出版工程项目。《通信尖兵的武汉记忆》《我是人才》入选 2020 年“原动力”中国原创动漫出版扶持计划。《福建日报》“直通屏山”、《领导文萃》杂志“高端访谈”等 10 个栏目获评 2020 年全省十大名刊名社名栏目，共获得 190 万元资助。

【推动出版行业高质量发展】　2020 年，福建省新闻出版局科学研究规划全省新闻出版业改革发展路径，做好《福建新闻出版业“十四五”时期发展规划》和《福建省〈关于加强和改进出版工作的意见〉实施方案》的编制工作，为全方位推进福建新闻出版业高质量发展超越提供指引。扶持出版物发行业发展，将实体书店建设纳入全省文明城市、文明校园测评体系，高校校园书店建设得到推进，资助 30 家优秀实体书店共 90 万元。制定《福建省示范书店评选办法》并开展首次评选。福建新华发行集团积极应对疫情影响，实施无接触售书、网络直播带货、网上云书展等新方式，建成省内第一家无人书店“鳌峰·智慧阳光书房”。促进印刷业发展，第三季度印刷业实现主要经济指标止跌回涨，16 家印刷企业入选 2020 年全国印刷包装企业百强榜、入选企业数连续 2 年位居全国第一。组织 30 多家企业参加中国印刷业创新大会。第四届中国（厦门）国际印刷包装展览会及“数字印刷与按需出版”研讨会在厦门召开。福建新华联合印务集团初步整合组建完成。举办第七届全国印刷职业技能大赛福建赛区选拔赛。

【公共服务提升】　2020 年，福建新闻出版系统贯彻落实中宣部印发《关于促进全民阅读工作的意见》精神，推动各地广泛开展阅读活动。组织制定 2020 年福建省青少年分级阅读推荐书目，开展 2020 年度福建省全民阅读示范点评选工作。海峡出版发行集团举办“全闽乐购”——书香润八闽活动，联合开展“书香机关”“书香工会”“全民阅读·书香榕城”等活动。省全民阅读促进会完成换届选举工作。指导做好中小学教材教辅发行工作，2020 年秋季全省中小学教科书共发行 6534 万册、码洋 52028 万元。

【农家书屋改革创新】　2020 年，福建省制定《福建省示范农家书屋评选办法》，开展“新时代乡村阅读季”活动和“我的书屋·我的梦”农村少年儿童阅读实践活动，2 种图书入选 2020 农民喜爱的百种图书，1 人入选乡村阅读榜样，1 人入选全国荐书达人。福建新华发行集团已建或在建农村出版物发行网点 70 余家，建设农村“新华书屋”20 家。

【版权管理】　2020 年，福建省开展执法行动 3154 次，出动执法人员 8582 人次，查办各类侵权盗版案件 78 起，其中行政处罚 34 起，版权办案数量与质量在全国位居前列，31 个集体、39 人分别获得全国2019年度查处重大侵权盗版案件有功单位和有功个人。联合开展第16次打击网络侵权盗版“剑网2020”专项行动，查办网络侵权盗版案件52起。推进软件正版化工作，开展使用正版软件工作考核检查工作。在“4·26世界知识产权日”宣传周期间，刊播版权知识系列宣传片，报纸连续刊登版权公益广告，利用新媒体开展分众化精准宣传。

【“扫黄打非”】 2020年，福建省严厉打击各类涉黄涉非出版传播活动，查处各类案件350起，查缴非法出版物29万余件，约谈网站平台105家次，关闭违法网站1210家，排查下架违法违规APP 569款，封停账号2.6万余个，清理各类有害信息234万余条，有效净化文化市场，相关工作多次得到中央和省领导批示肯定，7个集体和6人被评为全国“扫黄打非”先进集体和先进个人。加强出版物鉴定工作组织领导，制定《福建省出版物鉴定规则（暂行）》。开展“扫黄打非”宣传工作，开通福建“扫黄打非”微信公众号，通过“绿书签”行动、文化“三下乡”等多种方式开展普法宣传。深入推进“扫黄打非”进基层，全省18198个街道、乡镇和居委会、村委会全面完成“扫黄打非”基层站（点）规范化标准化建设，被评为全国“扫黄打非”进基层示范点的有4个，龙岩市上杭县古田镇被评为全国“扫黄打非”进基层示范标兵。

【图书交流】 2020年，福建省组织参与“经典中国国际出版工程”“丝路书香”工程等“走出去”重点工程，图书《深蓝色的七千米》（乌尔都文版）入选“丝路书香”工程重点项目，“福建的世界遗产”丛书入选中宣部对外出版和展览重点项目，《古文字构形学》等3个项目入选2020年度国家社科基金中华学术外译项目推荐选题目录。福建科学技术出版社、海峡文艺出版社入选2020中国图书海外馆藏影响力出版100强。备案进口图书出版物40.67万种、479.34万册。

以“云参展”方式线上参展第二十七届北京国际图书博览会，福建省获“优秀组织奖”。在捷克、西班牙等多个国家和地区举办《习近平在福州》等系列采访实录巡回联展以及读书会、赠书等活动。指导举办第四届海峡两岸青年阅读季、第七届龙少年文学奖活动。第十六届海峡两岸图书交易博览会在厦门举办，达成两岸版权交易等方面项目412个。第四届“东南亚中国图书巡回展”在泰国、柬埔寨和马来西亚等地举办，采用“线上+线下”相结合的方式办展，举办线上版权洽谈会109场，达成初步合作意向637项。在新西兰举办第十七届新西兰华人美术作品联展暨第十八届中国（福建）图书展。（郑燕松）

【海峡出版发行集团】 2020年，海峡出版发行集团实现营业收入35.04亿元、利润3.77亿元，分别比上年增长8.71%、10.10%，连续9年被评为省文化企业十强。

主题出版和精品生产。持续抓好《摆脱贫困》宣传出版工作，该书中文简体版累计印数达196万册，发行190多万册。围绕决胜全面小康、决战脱贫攻坚、建党百年、世界遗产大会、厦门特区建设40周年等重大时间节点、重大事件，有序推进《诗在远方——“闽宁经验”纪事》《福建古厝》“福建古建筑”丛书、“厦门经济特区研究”丛书、第44届世界遗产大会宣传图书等多个出版项目工作。其中，《马列著作在中国出版史》入选2020年中宣部主题出版重点出版物。近20部图书获省级以上奖项，其中《海边春秋》《宛平城下》入选2019年度“中国好书”。《福建画报》特别策划了专栏“你好，福建·小康世代”“日子”“数说福建”等栏目，介绍福建“决胜全面小康，决战脱贫攻坚”发展成果。出版发行《党建引领脱贫攻坚案例精选》和“特色养殖新技术丛书”等系列脱贫攻坚、科技致富出版物，为决战决胜全面建成小康社会作贡献。政治理论读物发行创历史新高。开展重点政治读物品读会、读书分享会、宣传会等宣传活动314场，持续做好政治理论读物工作。发行重点政治读物665万册、码洋4.06亿元，创历史新高，多种图书的发行量位居全国前列，进入全国第一方阵。其中《习近平关于统筹疫情防控和经济社会发展重要论述选编》发行100万册，全国排名第一。优质高效完成“课前到书、人手一册”政治任务。印务资源整合取得实质性进展。完成将集团所属印刷物供企业整合组建福建新华联合印务集团，推进相关企业股权划转以及增资入股工作和重组后管理体系落地。选送印装产品在南方九省市印协首届“精密达杯”产品比赛中获得一金一银二铜的好成绩，为打造教材与政治读物印制基地奠定基础。

对台对外文化交流向深度和广度拓展。在台北举办多场“认识习近平”系列读书会，在台湾高校举行《习近平谈治国理政》（第三卷）和习近平总书记系列采访实录巡回联展以及读书会活动。在西班牙、捷克举办《习近平谈治国理政》（第三卷）和《习近平在福州》等系列采访实录读书分享会、读书沙龙。在新西兰举办第十八届中国（福建）图书展，实现版权输出17种。《深蓝色的七千米》（乌尔都文版）入选2020年“丝路书香”工程资助项目。“福建的世界遗产”丛书等一批图书入选亚洲经典著作互译计划基础书目、中宣部对外出版项目、国家社科基金中华学术外译项目推荐选题目录。组织参加线上线下相结合的北京国际图书博览会，在福建分会场设立六大重点专题展台。组织参加海峡两岸图书交易会、北京图书订货会、数字中国建设峰会、厦门文博会等展会。通过云端参展、邮寄图书等方式参加法兰克福书展、中国国际云书馆、东南亚中国图书巡回展等。

（林植群）

文化场馆

【图书馆】 2020年，福建省有县级以上公共图书馆94个，其中省级馆2个、副省级馆2个、市级馆11个、县级馆79个。全省公共图书馆智慧化服务不断加强，74家图书馆开通微信、5家图书馆开通抖音短视频、1家图书馆联合"喜玛拉雅"APP开展阅读服务，各图书馆也开始积极尝试利用支付宝等平台开展二维码电子借书证、网约书、线上直播、电子阅读、馆员在线等服务。全省公共图书馆服务均等化取得新进展，402个基层行政村和15个基层图书馆配置智能型"文化一点通"数字文化资源设备；3家县级图书馆实现与省图书馆、国家图书馆的互联互通；94家公共图书馆共享省图书馆二次文献《海丝资讯》《乡村振兴》，2家对口点乡村文化传习所帮扶建设常态化开展。

【文化馆】 2020年，福建省共有文化馆（艺术馆、群众艺术馆）94个，其中省级馆1个、设区市级馆（含平潭馆）10个、县区级馆83个。在第四次全国文化馆评估定级中，全省有79个文化馆被评上国家等级馆（达标馆），其中一级馆40个、二级馆29个、三级馆10个。全省文化馆总面积约36.37万平方米，新建的有平和县文化馆、连城县文化馆、大田县文化馆、洛江区文化馆、泉州非物质文化遗产馆。全省文化馆从业人员1004人。同年，全省文化馆组织各类线上线下培训活动3856期，培训人数41.82万人次；开展各类线上线下演出4224场次，观众达399万人次；开展各类线上线下展览1492场次，观众149万人次。推出福建省艺术扶贫工程·艺课堂34期，累计线上学习达1.38万人次。福建省所有文化馆的设施设备全面免费向群众开放，免费开放项目累计974个，免费开放经费年度累计金额约2598.43万元。全省文化馆免费开放时间超过8小时的有70个，免费开放时间在2～8小时的有24个。

【博物馆】 2020年，福建省共有备案博物馆143家，其中国有博物馆103家、非国有博物馆40家。全年新增备案博物馆5家，皆为非国有博物馆。福州市林则徐纪念馆、南平市博物馆、莆田市博物馆、将乐县博物馆、福建土楼博物馆、武平县博物馆等6家博物馆晋级国家二级博物馆，三明市万寿岩遗址博物馆、厦门奥林匹克博物馆、尤溪县博物馆等3家博物馆晋级国家三级博物馆。举办"5·18国际博物馆日"福建主会场系列活动、"文化和自然遗产日"福建主会场活动。举办全省国有博物馆社会教育工作培训班，取得良好成效。

（曹　琦）

广播影视

【概况】 2020年，福建省共有广播电台4个、电视台5个、广播电视台68个、教育电视台1个。播出公共广播节目93套，开办公共电视节目100套。东南卫视、海峡卫视、厦门卫视等3套节目上星。全年全省广播、电视人口综合覆盖率分别达99.82%、99.85%，分别居全国第六位、第五位。

全年制作广播节目时间25.198万小时，播出广播节目时间52.6175万小时；制作电视节目时间5.5417万小时，播出电视节目时间42.3489万小时。

全省有线广播电视覆盖1260.99万户，数字电视覆盖用户数1133.30万户。全省广播电视实际创收收入1642373.49万元，其中广告收入447850.72万元、有线电视网络收入399682.84万元、新媒体业务收入86546.67万元、广播电视节目销售收入51172.7万元、电视购物频道收入8124.76万元、节目制作相关服务收入35290.41万元。

1月18日，福建省广播电视工作会议在福州召开，提出要持续打造主流广电、精品广电、智慧广电、惠民广电、高效广电，全方位推动广播电视和网络视听高质量发展超越，为全面建成小康社会提供有力舆论支持和强大精神动力。

【主流广电】 2020年，福建省围绕学习宣传贯彻习近平新时代中国特色社会主义思想首要政治任务，深化拓展广播电视媒体"头条"建设和视听新媒体"首页首屏首条"建设，开设"认真学习贯彻党的十九届五中全会精神——新福建　新征程　新篇章""十九届五中全会精神在基层"等专题，推出《"十三五"成就巡礼》《全方位推动高质量发展超越》等专栏，办好《中国正在说》《思·享2021》等政论节目。在广电总局、中央广播电视总台举办的"歌唱祖国·一首歌一座城"总结表彰活动中，全省获6个奖项，省广电局获最佳组织奖。

在全省组织开展"众志成城　共同战疫"广播大联播活动，发挥各地3万多个有线广播"村村响"大喇叭在疫情防控宣传中的作用。协调捐赠电视剧《那片花那片海》在湖北省宜昌市电视台公益播出，向菲律宾新闻部捐赠10部英文译配电视剧、纪录片、动画片等。组织20家网络视听平台开设抗疫主题宣传专区，统筹安排36部广播电视精品、10部电影公益播出。组织开展征集"众志成城　共同战疫"短纪录片活动，2部纪录片、2部短视频、3部广播剧、2部公益广告入选广电总局公益展播节目。出台支持广播电视和网络视听行业复工复产稳定发展八项措施，组织制作《成长的力量——复学第一课》系列节目。省广电局宣传管理处获得"福建省抗击新冠肺炎疫情先进集体"称号。

开展"决胜全面小康、决战脱贫攻坚"重大主题宣传，组织开展全省"村村美·喜迎全面小康年""村村美·丰收的日子"广播大联播活动。开展"中

国梦 福建故事——圆梦小康”电视短纪录片征集展播、“共筑中国梦 小康新福建”主题广播电视公益广告征集评选展播、全省广电系统“共圆小康梦 我说新福建”短视频主题活动等。电视剧《山哈闹海》《我的金山银山》入选广电总局脱贫攻坚重点剧目，公益广告《路》《大地之子》入选全国优秀公益广告作品库。

做好中共十九届五中全会、全国两会、厦门经济特区建立40周年庆祝大会、第三届数字中国建设峰会、第12届海峡论坛等宣传报道。福建新闻广播和福建卫视新闻在泽传媒推出的全国两会全媒体移动传播指数——“2020全国两会数熙指数”排名分别居全国第二位、第三位。由广电总局、省政府共同主办的第十二届海峡论坛·海峡影视季采取线上方式举办晚会，全网相关视频播放量超1.1亿次。

【精品广电】 2020年，福建省推进重大现实、重大革命、重大历史题材电视剧创作生产，福建省立项及参与制作的《绝境铸剑》《一诺无悔》《谷文昌》《创业年代》等4部电视剧在央视一套黄金时段首播，电视剧《正是青春璀璨时》在央视八套播出，电视剧《彭德怀元帅》入选全国纪念抗战胜利75周年和志愿军抗美援朝出国作战70周年播出推荐剧目。5部电视剧入选广电总局百部重点电视剧选题片单，28部电视剧获批立项。电视剧《绝境铸剑》《可爱的中国》获第32届中国电视剧飞天奖。

推进“讴歌新时代 记录新福建”纪录片创作传播工程，《记住乡愁》《大儒朱熹》《福建历史文化名城》等9部纪录片在央视播出，《第一书记扶贫记》《琚宾·我想做有氛围的房子》入选广电总局中国梦主题短纪录片展播作品，纪录片《丝路百工》《丝海探源》《福建茶文化》等入选“视听中国”海外播映活动，《红色摇篮》等4部纪录片入选“十四五”纪录片重点选题规划。纪录片《最后的集体生活》获评广电总局优秀短片，海峡卫视获评广电总局优秀纪录片制作机构。

组织开展“弘扬社会主义核心价值观·共筑中国梦”网络视听节目作品征集推选展播等活动，网络影视剧获批规划备案、上线播出的作品数量分别比上年增长89%、600%，16部短视频作品入选广电总局网络视听宣传平台全国展播，9部作品获广电总局网络视听作品推优，《围头新娘》入选广电总局精品创作传播工程项目。

开展全省广播电视公益广告扶持项目征集评审工作，全省广播电视播出机构累计刊播公益广告120多万条次，播出时长150多万分钟。《点滴积累，守护“粮”心》等5部作品入选广电总局公益广告作品库，数量居全国第三位。动画片获批备案、获批发行作品数量分别增长33.3%、83.3%，《兔毫》等5部动画短片创意获广电总局“理想照耀中国——第四届社会主义核心价值观动画短片扶持创作活动”扶持。89部优秀微广播剧在学习强国福建学习平台、海博TV和省内各级广播电台同步推出。

【智慧广电】 2020年，福建出台《福建省网络视听与媒体融合建设扶持专项资金申请使用规程（试行）》，开展县级融媒体中心建设典型案例征集，对10家单位的媒体融合建设项目予以扶持。“广电钱包”电子支付平台等4个案例入选全国智慧广电示范案例。“国家广电总局智慧广电馆”亮相第三届数字中国建设峰会成果展，集中展示当前智慧广电建设成果。

加强广播电视台高清化建设，福建电视台所属10个电视频道和设区市、平潭广播电视台主频道均完成高清化改造，位居全国前列。进一步加强专业电视频道管理，省广播影视集团组建卫视中心、电视综合频道中心、广播全媒体中心。部署开展《信息网络传播视听节目许可证》核发工作。

参与全国有线电视网络整合和广电5G建设一体化发展，确定福建广电网络集团作为发起人，以福建东南广播电视网络有限公司为主体参与全国有线电视网络整合工作。推进地面数字电视700兆赫频段频率迁移，提前完成地面模拟电视节目信号关停及接收地面数字电视节目信号工作任务。省广电局分别与福建师范大学、厦门市共建网络视听创作与传播研究中心、网络视听应用创新重点实验室。广电总局批准设立福建省首个国家级网络视听产业基地——中国（厦门）智能视听产业基地，成为广电总局批准的7个国家级网络视听产业基地之一。厦门、平潭和泰宁影视拍摄基地投入使用。

【惠民广电】 2020年，印发《福建省广播电视公共服务行动计划（2020年—2025年）》，下达中央广播电视节目无线覆盖运行维护费3646万元，完成“十三五”15座广播电视无线发射台站基础设施建设任务。组织各级广电部门开展“村村响”使用情况排查，做好设备检修调试、维修服务和技术支持等工作，累计维修“村村响”设备3258台，设备完好率提升至80%。福建电视台乡村振兴·公共频道1月1日开播。

印发《关于组织实施“智慧广电乡村工程”试点建设工作的通知》，部署推动200个智慧广电乡村工程试点建设。省政府办公厅印发《关于推进全省应急广播体系建设工作的通知》，省级应急广播平台获省发改委立项，并获省发改委、财政厅资金支持。与省地震局共同开展地震预警信息播发（应急广播）试点。

出台《关于支持做好网络直播带货工作的通知》，支持开展“全闽乐购”促消费行动，宣传推介地方特色产品。组织“畅行中国·福建村村美——2020融媒助农行动”采访活动，组织主持人、记者深入各地采访宣传福建省扶贫成果，线上助力福建农特产品销售。

【高效广电】 2020年，福建省组织编制省级广播电视与视听新媒体监测监管平台建设规划，完成县级电视、广播监测系统建设。印发《互联网视听节目内容安全事件应急处置方案》等，分级分类完善内容安全责任制度和应急处置机制。制定《福建省重点网络影视剧备案审查制度（暂行）》，用好“重点网络影视剧信息备案系统”。

编发《福建省广播电视与网络视听节目监管简报》68期。实行广告每周巡查机制，对全省设区市级以上频道、频率广告播放情况巡查全覆盖。严格审查涉及民生的医疗养生类节目，备案6档。召开全省IPTV集成播控平台与传输系统规范对接推进会暨内容集成审核专题会，全面下架IPTV平台违规节目内容。采购第三方专业服务监测网络视听不良信息，查处违规网站和有害信息。

召开省广播电视安全播出指挥部季度工作例会，开展全省安全播出指挥调度演练，发送安全播出预警信息77818条次，妥善处理广播电视日常安全播出事故9起，顺利完成重点时段、重要活动安全播出重点保障任务。持续深入开展非法卫星电视接收设施专项整治、打击“黑广播”和防范化解5G信号干扰等，收缴非法卫星接收设施124套(件)，查处并拆除非法设置的卫星接收设施1234座。

印发实施年度法治工作要点，组织开展“宪法宣传周”“三电”设施安全保护宣传月等活动，举办全省广播电视依法行政专题培训班，完成“七五”普法总结验收。深化“放管服”改革，编制“五级十五同”行政审批服务事项通用目录。实行“一表两级”改革，优化广播电视节目制作经营单位设立、变更、注销审批服务。印发广播电视行政许可“即办件”事项、行政许可服务“一趟不用跑”“最多跑一趟”事项清单，推进“一事一次办”改革，落实“双随机、一公开”监管责任。全年办结行政审批事项574件，行政审批服务群众满意度达100%。

【视听福建】 2020年，福建省打造“视听福建”海外播映工程，开展优秀电视节目外文译配工作，建立广播电视节目对外交流作品库。在阿拉伯国家开办大型人文纪实类电视栏目《福建时间》等，推荐《福建茶文化》《丝路百工》等9部广播电视节目参加“中日视听传播周”等展播活动。“视听福建·福建时间”海外播映交流合作系列活动、泉州市与菲律宾菲中电视台中文电视频道平台共建项目入选广电总局“丝绸之路影视桥工程”。

【重要节展活动】 2020年，福建省举办第十二届海峡论坛·海峡影视季、第五届两岸青年网络视听作品展。举办首届电视制片大会暨第三届影视基地峰会，发布《拍在福建——福建省电视剧拍摄服务指南》，开通电视剧拍摄云勘景平台，开展全国电视剧名家福建故事采风行活动。举办2020短视频大会，发布《2020短视频行业发展分析报告》《厦门市智能视听产业发展若干政策》。在第十三届海峡两岸（厦门）文博会举办广播电视和网络视听展。指导举办“两岸小围炉”2020海峡两岸少儿春节联欢晚会、港台客家青少年“中华好家风土楼过大年”、“亲亲闽台缘”两岸非遗“云”交流、首届IM两岸青年影展等闽台广播电视交流活动。（池华全）

历史文化遗产

【考古发掘与科研】 2020年，福建省完成平潭综合实验区龟山遗址、德化尾林窑遗址等主动性考古发掘工作。完成福建海坛海峡水下文化遗产调查。完成泉南国家高速公路永春互通至汤城段枢纽及沙厦国家高速公路德化至汤城段改扩建工程项目等基本建设项目文物调查勘探并出具支持性意见。泉州城考古学术研讨会在泉州召开。出版考古报告《闽清义窑考古调查发掘报告》。福建省考古研究院组建成立。泉州市成立泉州市文物考古研究所。

【重要陈列展览】 2020年，福建省客家族谱博物馆的“祖宗的叮咛——客家祖训文化暨书画展”和厦门奥林匹克博物馆的“爱我中华——海峡两岸助力冬奥会民间体育艺术展”入选国家文物局向全国推介100项2020年度“弘扬优秀传统文化、培育社会主义核心价值观”主题展览。为落实援疆工作部署，增进闽新两省区文化交流和合作，福建省文物局重点打造的“交相辉映耀世千年——福建黑、白瓷器展”于10月在新疆昌吉州展出，取得良好效果。

【文物普查】 至2020年底，福建省拥有革命文物1665处（点），其中全国重点文物保护单位19处、省级文物保护单位228处、市县级文物保护单位778处、一般文物640处。主要革命旧址有古田会议旧址群、长汀革命旧址、厦门破狱斗争旧址、上杭临江楼、龙岩闽西工农银行旧址、建宁红一方面军领导机关旧址、漳州中国工农红军东路军领导机关旧址、上杭毛泽东才溪乡调查旧址群、长汀红九军团长征出发地等。全省可移动革命文物142581件（套）。全省共登记27家革命纪念专题博物馆（展陈馆）。2020年第二批革命文物保护利用片区分县名单中，龙岩市长汀县、三明市宁化县被列入长征片区（红一方面军）分县名单。

2020年，全省有历史文化名城8个（国家级4个、省级4个）；历史文化街区35个（国家级4个、省级31个）；历史文化名镇名村200个，其中国家级名镇名村76个（名镇19个、名村57个）、省级名镇名村124个（名镇35个、名村89个）；传统村落1037个（国家级494个、省级543个）；已公布历史建筑6440栋。

2020年，全省有石窟寺、摩崖造像及摩崖石刻总数656处，其中石窟寺27处、摩崖造像16处、摩崖石刻613处。福建省开展石窟寺专项调查工作。至年底，已调查 24 处石窟寺及摩崖造像、327 处摩崖石刻。

【全国重点文物保护单位保护】 2020 年，福建省争取到国家重点文物保护专项补助资金 4586 万元，用于 18 项全国重点文物保护单位保护项目的支出。开工实施安溪县李光地宅和祠的问房大厝、赵家堡（孝堂、史堂）、古田临水宫、洛阳桥、蔡襄祠、蓝廷珍府第等 14 项文物保护修缮工程。完成云峰寺大殿、四堡书坊建筑等 12 项文物保护修缮工程的竣工验收工作。国家文物局批复同意福州文庙等 6 个全国重点文物保护单位修缮项目计划。新增 45 个全国重点文物保护单位“三防”（消防、安防、防雷）工程立项，完成 41 个技术方案和 35 个项目预算控制数评审工作，申请到国家文物保护专项资金 6000 余万元，对 7 个“三防”工程工地检查并督促整改施工中存在的问题，完成 6 个“三防”工程竣工技术验收工作。在总结全省文物保护单位安全防护工程（技防消防防雷）实施经验、完善施工监管流程的基础上，完成《福建省文物保护单位安全防护工程管理规定》修订工作。

【非物质文化遗产】 2020 年，福建省文旅部门着力完善非遗保护体系。印发施行《福建省省级非物质文化遗产代表性传承人认定与管理办法》及《福建省曲艺传承发展实施方案》。“送王船”项目被列入人类非物质文化遗产代表作名录。15 个项目被列入第五批国家级非物质文化遗产代表性项目公示名单。启动评选第五批省级非遗代表性传承人。设立 4 个福建省曲艺书场，扶持 7 个国家级曲艺代表性项目。

着力提高传承能力。安排非遗专项经费 200 万元，实施传承人群研培计划，举办 5 期培训班，涉及古琴制作技艺、福州评话等多个国家级、省级非遗代表性项目，培训非遗传承人群 150 余人。4 名非遗传承人、工作者入选 2020 中国非遗年度人物 100 人候选名单。首次对全省 579 家省级非遗代表性项目保护单位的工作开展情况进行评价，通过考核的共 349 家，需要调整的共 227 家，取消保护单位资格的共 3 家。

着力传播阐释非遗内涵。筹备世遗大会“一城七线”非遗展览展示，确定 36 个展示展览展演点方案；发行《邮票上的中国世界非遗》图书。组织 2020 年“文化和自然遗产日”非遗宣传展示系列活动，全省三级联动，同步举办福建省首届非遗购物节等超过 200 场非遗展示展览展演活动。组织参加第六届中国非物质文化遗产博览会，漆线雕、影雕等项目参加“习近平的非遗情缘”板块展示。组织参加 2020 年全国非遗曲艺周，展示福建省评话、伬艺、南词、锦歌、歌册、答嘴鼓、讲古等 7 个国家级曲艺项目。

【海丝文化】 2020 年，福建省文旅部门继续推进“泉州：宋元中国的世界海洋商贸中心”申遗。继续实施海上丝绸之路文物保护工程，平和南胜窑址洞口陂沟窑址环境整治工程竣工并通过省文物局组织的技术验收，南靖东溪窑封门坑窑址保护棚完工，泉港土坑村建筑群修缮工程工作计划经国家文物局批复。

【数字文物】 受疫情影响，2020 年 1 月 24 日起，全省博物馆暂时闭馆。全省博物馆充分利用已有文博数字资源，推出网上数字展览，加强文物故事传播。疫情期间，在国家文物局推送的全国博物馆网上展览推介活动中，福建省中央苏区（闽西）历史博物馆的“红色闽西”，福州市博物馆的“闽都华章——福州历史文化陈列”，中国闽台缘博物馆的“闽台缘主题陈列”，厦门市博物馆的“馆藏文物精品陈列”“厦门历史陈列”，陈嘉庚纪念馆的“华侨旗帜 民族光辉”“陈嘉庚纪念馆数字展厅”等 7 个展览项目入选。同时，福建博物院和故宫鼓浪屿外国文物馆等 2 家博物馆入选全国“文物战疫 100 张海报”项目推介。（曹　琦）

档　案

【概况】 2020 年，福建省有档案主管部门（含挂牌单位）95 个，含省级 1 个、设区市 9 个、平潭综合实验区 1 个、县（市、区）84 个。全省各级各类档案馆 117 个，其中国家综合档案馆 95 个、国家专门档案馆 15 个、部门档案馆 1 个、企业档案馆 2 个、事业单位档案馆 4 个。至年底，全省各级各类档案馆馆藏档案 2065.1 万卷、1488.5 万件，资料 123.7 万册；开放档案 199 万卷、297.9 万件，开放案卷级档案目录 152.24 万条、文件级档案目录 1395.03 万条。省档案馆馆藏纸质档案 369 个全宗，765014 卷又 388424 件，照片档案 30793 张，数码相片 61187 张，录音、录像、电影胶片档案 2673 盘，缩微胶片 313.65 万幅，实物档案 1702 件。

【档案管理与服务】 2020 年，福建省各级档案部门做好档案管理与服务工作。档案机构改革工作。机构改革后，局馆分设运行高效顺畅，积极探索省委办、省档案局、省档案馆“办局一体、局馆联动”模式，构建起党管档案、衔接顺畅、上下贯通、执行有力的档案工作体制机制。省档案局与省委编办就机构改革后档案主管部门履行档案行政管理职能达成共识。各市、县（区）大力推广党委办、档案局、档案馆“办局一体、局馆联动”模式，平潭综合实验区档案部门在省档案局指导下实行“大数据＋档案”管理创新。

依法管档治档工作。省档案局联合省司法厅印发学习宣传贯彻《中华人民共和国档案法》通知，厦门、泉州等地党委办组织开展专题学习。推动将《福建省档案条例》（修改）和《福建省侨批档案保护与利用办法》，分别列入 2021 年地方性法规调研项目、省政府规章制定项目。举办档案执法人员资格考试辅导班，对29家综合档案馆及省直部门等开展档案执法检查。加快全省档案系统“互联网＋政务服务”体系建设，推进行政权力和公共服务事项标准化及网上运行。泉州市“放管服”改革档案样板案例获市机关体制机制创新优秀案例二等奖，龙岩市编写《政务服务行政审批电子文件归档一体化管理技术规范》。

疫情防控档案工作。省档案局从依法征收、自愿捐赠两个方面，推进新冠肺炎疫情防控档案工作。至年底，全省各级综合档案馆和疫情防控机构收集文书、照片、实物等各类防控档案17.51万件（张、卷）。省档案馆开展“为英雄建档、让英雄留名”活动，以“一人一库”“展存结合”模式建立抗疫专题档案库，联合高校、中小学举办“致敬最美逆行者”信件投递等“五项活动”，累计征集疫情防控档案1.77万件，收到847位福建援鄂医务工作者、福建省全国抗疫10个先进集体和25位先进个人捐赠的档案资料，采集20名抗疫英雄口述档案。省档案馆1人被评为全省抗击疫情先进个人。

脱贫攻坚档案工作。部署进一步做好脱贫攻坚档案管理，指导农村土地确权档案工作，助力乡村振兴战略。省档案局档案业务指导处被评为全省农村承包地确权登记颁证工作先进集体。“6·9国际档案日”期间，以“档案见证脱贫‘战疫’”双主题，联合福州、莆田、宁德等地开展“档案里的小康路”联动直播，联合全国6省市进行《档案记忆》特别直播，500多万网友在30多个平台共同参与。三明市深入推广“135”农村档案工作机制，龙岩市举办“档案见证小康路、聚焦扶贫决胜期”专题网上展览。

经济领域档案工作。各级档案部门组织开展重点项目档案专项验收，服务重点项目建设。省档案局印发《关于做好〈水利档案工作规定〉实施工作的通知》《劳动能力鉴定档案管理办法》，推动相关档案规范管理。省档案局联合省生态环境厅印发《福建省第二次全国污染源普查档案检查验收标准》，推动全省污染源普查档案规范管理，省档案局档案业务指导处被评为全国污染源普查表现突出单位。泉州市台商投资区实现土地、城建、社保、工伤认定等专业档案集中管理，洛江区规范物业档案工作。

社会民生档案工作。省档案馆研发人工智能辅助鉴定系统，加快推进馆藏档案开放鉴定工作。各级档案馆在疫情期间采取电话、信函、传真、网络和委托查档、寄件上门等方式提供服务利用，让群众“最多跑一趟”，甚至“一趟不用跑”，提高查档利用获得感和满意度。2020年，全省接待利用档案85.4万人次，提供利用档案134.2万卷（件）次。省档案馆累计向社会开放档案案卷级目录24.4万条、文件级目录66.85万条。福州与广州等21家档案馆、厦门与成都等4家档案馆签订跨馆利用协议，漳州、泉州等地实现省市县三级档案跨馆利用。2020年10月，《福建日报》、东南网分别以《档案不“沉睡”，便民更智慧》《福建省档案馆：便民服务暖人心　群众满意显初心》为题，报道省档案馆在疫情期间开展便民、利民、为民查档利用服务做法。

【档案信息资源开发利用】 2020年，福建省各级档案部门做好档案信息资源开发利用工作。

档案资政参考工作。省档案馆充分挖掘馆藏资源，累计编发《档案参考专报》19期，服务省委中心工作。其中，省档案馆第一时间组织编研福建省抗击非典疫情及复工复产复学等相关档案资料呈省领导，为全省常态化疫情防控和做好“六稳”工作、落实“六保”任务提供有益借鉴。编发《福建档案》内部资料性出版物6期，宣传档案工作方针政策、动态信息和学术研究成果。

侨批档案研究工作。全省各级档案馆多渠道、多形式，加大侨批档案资源征集力度。举办“记忆·遗韵——世界记忆在福建”主题展，出版《丝绸之路文献遗产保护和利用研究》，联合中国档案报社开设“百年跨国两地书·福建侨批”专栏，宣传推广福建省侨批档案抢救保护、开发研究成果。晋江市将侨批文化融入梧林传统古村落保护规划，建立侨批馆。

闽台档案交流工作。在福州台湾会馆举办“清宫珍档·情系闽台”档案图片展，展出百余份反映闽台关系发展脉络和特点的珍贵档案。在台湾高雄举办“文韵联芳——科举制度@台湾”闽台关系档案图片展，该展成为第十二届海峡论坛活动入岛展览项目。

档案文化宣传工作。通过“福建档案”微信公众号宣传福建省档案工作，全年共推送文章1126篇，总阅读量71.2万人次，点赞数2.3万人次。2020年，“福建档案”首次夺得省级档案微信公众号排行榜第一名。龙岩举办“推进档案事业发展60周年”，宁德市围绕撤地设市20周年举办档案图片巡回展。

【档案馆基础业务建设】 业务建设评价工作。完成县级综合档案馆业务建设评价。省档案馆按照计划分步推进业务建设整改，基本完成第一阶段（2019—2020年）整改任务。各级档案部门扎实推进业务建设整改“后半篇文章”，厦门市档案馆建设项目成为全国BIM技术（建筑信息化模型技术）应用试点之一，设计方案获福建省“第十四届优秀建筑创作奖”二等奖。南平市档案馆出台《档案馆精细化管理实施意见》，启动“进馆档案质量建设三年行动”，投入1570万元打造档案馆智能化中控中心。

档案信息化工作。以“创新驱动数字档案、科技引领智能发展”为主题，数字档案连续三次亮相数字中国建设峰会成果展。制定省地方标准《党政机关电子公文归档一体化管理技术规范》（DB35/T 1916—2020），为全省各单位电子公文归档一体化管理提供技术保障。结合重点工程推进“馆室一体化”数字档案馆接收平台建设，创新“文档一体化+馆室一体化”电子档案全流程管理机制。各地在信息化转型和数字化应用方面进行探索并取得实效，福州建设全市一体化电子档案管理中心，实现电子文件在线归档、电子档案在线接收以及档案数据跨部门、跨层级共享；厦门开发信息采集和数字档案移交接收平台，实现馆室档案采集、接收、检测一体化衔接；南平在全市OA系统中增加电子档案管理模块，加快“云+电子档案室”的馆室一体化平台建设。石狮市档案馆成功创建全省首家县级全国数字档案馆。

档案安全管理工作。省档案局将“档案安全工作”纳入省平安建设及综治工作考核，筹划将“档案馆安全管理”纳入各级政府安全生产和消防工作目标责任单列考核。2020年，完成对省委老干局、省农业农村厅等5家省直单位和连江、永泰等6家县（市、区）综合档案馆档案安全保密专项检查。省档案馆制定《关于新型冠状病毒感染肺炎疫情的防控方案（一至五）》，确保常态化疫情防控工作落实到位。对照《档案馆安全风险评估指标体系》，落实财政资金1089万元，实施安全提升工程。健全防台防汛应急抢险工作机制，修订《省档案馆值班及应急处置规程》，开展消防演练、风险排查、“消防安全宣传月”系列活动，定期对网站、微博、微信公众号等公布的档案信息进行安全排查，确保档案馆库、档案实体和档案信息安全。制定《省档案馆应对利用者投诉的处置方案》，严格控制敏感档案的开发利用。

【档案馆馆库建设】 2020年，福建省档案局审核下拨档案馆建设项目省级以奖代补资金1630万元，出版《市县级综合档案馆建设图集》，指导推动11个市县级档案馆、5个省直机关档案室建设。截至2020年底，纳入中央资金支持范围的51个县级综合档案馆建设项目，42个建成投用或在二次装修，9个在土建施工或规划设计。

【档案科研和学术研究】 2020年，福建省档案局《档案管理责任追溯体系建设研究》《档案网上监督指导平台的研发与应用研究》项目获2020年度国家档案局优秀科技成果三等奖，省档案馆和泉州、三明等地3个案例被评为国家档案局2020年科技档案工作创新案例。

【政府信息公开查阅利用工作】 2020年，福建省各级国家综合档案馆切实履行《政府信息公开条例》赋予的职责，为社会公众提供政府信息查阅利用服务，在服务领导决策，为群众落实政策、办理社保、确认工龄、解决纠纷等方面发挥积极作用。至年底，省档案馆接收整理省直单位和部分中央驻闽机构送交政府信息纸质文本120407份、电子文本117722份，政府信息查询管理平台点击率达60万余人次。（叶建强）

旅 游 业

【概况】 2020年，福建省累计接待国内外游客37210.75万人次，恢复到上年的69.4%，累计实现旅游总收入5070.41亿元，恢复62.6%；游客人均花费1363元，比上年下降9.8%。其中国内游客36981.07万人次，恢复70.2%，实现国内旅游收入4927.72亿元，恢复66.7%；入境游客229.67万人次，下降76.0%，实现旅游外汇收入20.69亿美元，下降79.8%。

【A级旅游景区建设】 2020年，福建省开展景区品牌创建工作，重点推进全省景区旅游公共服务体系完善和旅游服务质量提升。全省共新增A级旅游景区41家，其中AAAAA级1家（湄洲岛景区），AAAA级景区4家（三明万寿岩文旅小镇景区、永安安贞堡景区、龙岩武平千鹭湖景区、三明尤溪古溪星河景区），AAA级及以下景区36家。至年底，全省共有A级旅游景区401家，其中AAAAA级旅游景区10家11处、AAAA级旅游景区99家、AAA级及以下旅游景区292家，福建省成为全国第二个实现市市有AAAAA的省份。

【旅游公共服务建设】 至2020年底，福建省旅游厕所建设完成589座，完工率为计划任务数523座的112.62%。旅游厕所地理信息百度地图上线率100%，居全国第一。强化旅游厕所日常管理，对A级景区旅游厕所进行“体验式”暗访检查，在全国率先开展“一厕一码”试点工作，供游客扫码点评或投诉，编印《福建省旅游厕所日常管理与服务规范》。

全年补助旅游集散服务中心、自驾

2020年9月17日，福建文旅主题飞机启动仪式在福州长乐机场举行
（省文旅厅供稿）

车旅居车营地项目建设资金1550万元。建成7个旅游集散服务中心，实现全省县（市）旅游集散服务中心全覆盖。开展“十佳旅游集散服务中心示范点”遴选工作，永春县旅游集散服务中心等10家上榜。落实全省旅游交通标识标牌维护保养，推动标志牌智能化管理项目建设，初步完成管理平台设计和“新基建”物联网设备安装（不含厦门）。

【媒体宣传】 2020年，福建省拍摄2020旅游官方宣传片《有福相见》，旅游形象大使姚晨倾力加盟。连续7年投放央视《新闻联播》福建形象广告。联合厦门航空开展主题飞机冠名宣传，启用11架787厦航飞机常年对机舱内部进行氛围营造布置，并利用机载视频、杂志、电子屏等媒介宣传推介福建旅游。联合人民网、去哪儿网、喜马拉雅平台开展线上宣传，推出节假日“福小吉”抗疫宣传视频。编辑出版“福建的世遗”丛书，设计制作《全福二十四章》，宣传福建的世界遗产。利用《中国旅游报》、《福建日报》、《海峡都市报》、人民网、新华网、东南网、凤凰网、微信、微博、抖音、今日头条等各类平台开展“全福游·有全福”常态化宣传。

【推介活动】 2020年，福建先后举办2020年中国旅游日福建分会场主题活动、“全福游·有全福，有口福”国宴闽菜大师手作美食分享会、“一封来自福建的邀请函”福建文旅主题飞机启动仪式、“浪花慕雪白，昌都有福来”福建文旅图片展、山东文旅同业人员踩线活动、“八闽海丝缘，昌吉别有春”福建文旅图片展等推介活动。先后组织参加2020海南国际旅游美食博览会、2020第七届中国（深圳）国际旅游博览会、2020年（第八届）成都国际旅游展、2020中国—东盟博览会旅游展等4场国内旅游展会。联动全省开展“全福游”嘉年华系列活动，与福州海丝节开幕式联合启动。联合省广播影视集团推出“全福卡”。与设区市（区）联合主办2020年莆田市元宵文化旅游月活动、第十届宁德世界地质公园文化旅游节、2020中国世界遗产旅游推广联盟（泰宁）大会、“两岸间·大海边·游岛玩海平潭蓝”2020平潭旅游嘉年华等节庆活动，共同做热省内旅游营销。

【乡村旅游】 2020年，福建省26个村入围第二批全国乡村旅游重点村，数量位居全国第二。省级文旅部门开展福建“全域生态旅游小镇”和“金牌旅游村”遴选培育工作，培育48个福建“金牌旅游村”、15个福建“全域生态旅游小镇”；做好“百镇千村”收官工作，培育88个旅游村。

【红色旅游】 2020年，福建寿宁下党红色旅游景区、长汀县中央红军长征出发地景区、明溪滴水岩红色旅游景区、建阳区书坊红色小镇景区等4家红色旅游景区新晋为AAA级景区。举办2020年第三届福建红色故事讲解员大赛，选拔出专业组金牌讲解员1名、优秀讲解员2名，志愿组金牌讲解员1名、优秀讲解员2名。联合省体育局采取“红色教育＋乡村旅游＋健身跑步”融合的方式，举办6场红色旅游系列村跑。寿宁县下党乡、上杭县古田旅游区入选全国红色旅游发展典型案例。

【全域生态旅游】 2020年，福建泰宁、尤溪、德化、集美成功入选第二批国家全域旅游示范区。至年底，福建省成功创建7家国家全域旅游示范区。制订《2020年福建省全域生态旅游示范县（市、区）创建申报、验收认定和监督管理实施办法（试行）》。认定武夷山市、福州市鼓楼区等24家为首批福建省全域生态旅游示范县（市、区）。

【智慧旅游】 2020年，福建省着力提升智慧旅游服务水平。4月，“一部手机全福游”APP正式上线试运营，为广大市民和游客提供文旅信息查询、景点门票预订、酒店住宿预订、美食特产订购、导游服务等“一站式”全域旅游服务。此后，“全福游分时预约系统”“一部手机全福游”APP直播、福建省红色旅游电子地图等新功能陆续上线，让游客和民众实现“一机在手，畅游福建”。加快全省信息化工程建设，省地一体化视频监测与会商系统、政务协同平台、入闽旅游奖励系统等项目投入运行。积极推进旅游VR标准建设，《旅游虚拟现实资源采集、产品制作和网络共享服务技术规范》通过文化和旅游部立项并启动编制。（曹　琦）

编辑：林丹英

卫生 体育

卫生健康

【概况】 2020年，福建省孕产妇死亡率、婴儿死亡率、5岁以下儿童死亡率分别为10.35/10万、2.54‰、3.53‰，分别比上年下降2.08%、15.33%、18.48%。全省卫生机构总数28152所，比上年增加364所。其中：各级各类医院695所，增加17所；社区卫生服务机构706所（社区卫生服务中心231所、社区卫生服务站475所），增加43所（社区卫生服务中心增加3所、社区卫生服务站增加40所）；乡镇卫生院890所（中心卫生院224所、乡卫生院666所），增加8所；村卫生室17173所，减少423所；门诊部和诊所8180所，增加725所；疾病预防控制机构98所，增加2所；卫生监督机构88所，增加1所；专科疾病防治机构22所，减少2所；妇幼保健机构95所，增加4所；计划生育技术服务机构79所，减少23所。

2020年，全省医疗机构床位总数216753张，比上年增加14379张，增长7.11%；全省每千常住人口医疗机构床位数达5.22张，比上年增加0.13张。全省各级各类医疗卫生机构共有人员351189人，比上年增加16662人，增长4.98%；其中卫生技术人员278397人，比上年增加14970人，增长5.68%，占卫生人员总数的79.27%。卫生技术人员中，执业（助理）医师105546人（其中执业医师90384人），比上年增加6014人，增长6.04%，占卫技人员的37.91%；注册护士122476人，比上年增加6192人，增长5.32%，占卫技人员的43.99%；药剂、检验等其他卫技人员50375人，比上年增加2764人，增长5.49%，占卫技人员的18.1%。全省每千常住人口卫技人员6.70人、执业（助理）医师2.54人、注册护士2.95人，分别比上年增加0.07人、0.03人和0.02人。乡村医生和卫生员19442人。

持续抓好医改工作落实。进一步落实深化医改“1＋8”政策文件，“三医联动”向“全联”“深动”推进。公立医院综合改革效果评价连续5年居全国前列，公立医院综合改革真抓实干成效明显的三明市被国务院通报表扬。国务院医改领导小组在全国进一步推广福建省和三明市深化医改经验。大型医用设备集中采购成功“破题”。率先在全国启动省疾控中心综合改革试点。

增加医疗卫生资源供给。加快推进补短板项目建设，全省50个在建省重点项目按序时推进，累计完成投资95.6亿元。省儿童医院竣工投入使用，省妇产医院完成主体封顶，省疾控中心迁建项目、福建医科大学附属第一医院滨海院区基本建成。

提升医疗服务能力和水平。实施委省共建，推进医疗“创双高”和区域医疗中心建设，实现高位嫁接、技术平移。2家医院进入复旦版（2019年度）全国医院百强榜，全省13个专科进入全国十强提名。在2019年全国三级公立医院绩效考核中，福建总体成绩位列第六，较2018年度提升9个名次。复旦大学附属华山医院福建医院、复旦大学附属中山医院厦门医院成为全国首批区域医疗中心建设试点单位。省政府分别与上海交通大学医学院附属上海儿童医学中心、上海市第六人民医院签署合作协议，依托福建省儿童医院、晋江市医院，加快打造区域儿童医疗中心和创伤骨科医疗中心。

增强群众健康获得感。省政府办公厅印发《健康福建行动实施方案》《健康福建行动监测考核方案》，将主要健康指标纳入各级党委、政府绩效考核指标。全省居民健康素养水平为23.75%，比全国平均水平高0.6个百分点。持续落实健康扶贫政策措施，大病救治病种扩展到34种，报销比例提高到97.94%。开展3岁以下婴幼儿照护服务试点，全省建成20家普惠性婴幼儿照护服务机构。尘肺病攻坚行动6项指标均达95%以上。

【新冠肺炎疫情防控】 2020年，福建省卫生健康系统贯彻落实党中央国务院决策部署和省委省政府工作要求，坚持人民至上、生命至上，坚持依法防控、科学防控、精准防控，坚持“外防输入、内防反弹”防控策略，毫不放松抓紧抓实抓到位疫情防控工作。截至2020

2020 年 1 月 27 日，福建省首批援鄂抗疫医疗队从福州出发

（省卫健委供稿）

年 12 月 31 日，连续 309 天无本土新增确诊病例、疑似病例。

突出抓紧抓早，掌握疫情防控主动权。迅速构建疫情防控体系。省委、省政府坚决扛起主体责任，省委书记、省长任省应对疫情工作领导小组组长，下设 10 个专门工作组，由相关省领导担任组长；相继成立疫情防控、冷链物流、核酸检测力量调度、流调溯源、转运隔离、区域协查、疫苗接种等工作专班，建立完善联防联控、群防群控机制。1 月 15 日，省卫健委召开全省卫生健康系统新冠肺炎防控工作电视电话会议，专题部署疫情防控工作，1 月 23 日成立卫健委新冠肺炎防治工作领导小组，下设综合协调组、医疗救治组、疫情防控组、宣传信息组、监督检查组 5 个专业小组。各地各部门强化源头管控，把好入闽、社区和村居、单位、家庭和个人“四道关口”，守好入闽健康检测、居家或集中观察、上班初期健康跟踪管理“三道防线”。迅速支援抗疫前线。积极响应党中央号召，抽调精兵强将驰援湖北、香港，援助意大利、菲律宾等国家抗击疫情，累计派出援鄂医疗队 12 批次 1393 人，中国援外抗疫医疗专家组 2 支，内地核酸检测支援队（福建组）赴香港 185 人。开展国际远程抗疫交流合作，与马来西亚沙捞越州、罗马尼亚阿拉德省、波兰奥波莱省等国家和地区分享抗疫经验。迅速开展医疗救治。成立省级新冠肺炎救治专家组，整合省内优质医疗资源，建立全省统一的新冠肺炎防治远程会诊指导平台，建立中西医结合救治工作机制和中西医联合会诊制度，由省级专家分组分片对口定点医院，实现定点救治医院全覆盖，确保“应收尽收、应治尽治”。收治率达 100%，中医药参与率 100%，治愈率 99.74%，优于全国平均水平。2020 年 3 月 7 日，福建省成为全国第三个新冠肺炎住院患者清零的省份。

突出重点关键，筑牢疫情防控坚固防线。强化外防输入。坚持关口前移，发挥海外侨团作用，开通“闽侨健康热线”，建立“一对一”海外乡亲医疗咨询微信群，做好稳住人心、稳在当地工作。加强远端防控、国门检疫、集中隔离观察、社区防控、哨点监测，落实全程闭环管理。强化人物同防。加强重点人员排查和健康管理，落实交通场站、农贸市场、医疗机构、集中隔离点等重点场所、机构防控措施。福州、厦门等地建立冷链食品集中监管仓，落实进口冷链食品全批次核酸检测、全过程溯源监管、全过程闭环消毒。紧盯进口冷链食品、物资疫情传播风险，严格落实 8 类重点人群核酸检测“应检尽检”。截至 2020 年 12 月 31 日，全省累计核酸检测 1190.67 万余人份、环境样本 12.25 万份、食品 98611 万份。强化多病共防。加强流感、手足口病、人禽流感、诺如病毒感染性腹泻等传染病的防控，防止流感和新冠肺炎疫情双重叠加。开展爱国卫生运动，培养健康文明生活行为方式。

突出常态长效，巩固疫情防控成果。全面落实疫情防控准备。编制并修订《福建省应对新型冠状病毒肺炎疫情应急预案》（共 3 版）《福建省应对秋冬季新冠肺炎疫情应急预案和防控工作方案》《福建省应对五个以上城市同时发生新冠肺炎疫情的应急预案》等。落实防疫物资储备。开展应急演练和培训，组建疫情防控专家队等专业队伍。全省确定定点医院 91 家，设置后备定点医院，扩充准备床位数达 1.9 万张，落实方舱医院设置点选址。准备隔离场所 220 家，隔离房间 2.44 万间。以核酸检测为核心扩大预防。加快核酸检测提标扩能，建立健全核酸实验室检测网络，全省具备检测能力机构 295 家，满负荷日检测能力 84.2 万份。建成 12 个城市核酸检测基地和 4 个国家公共检测实验室。全省二级以上公立医院发热门诊全部配备核酸快速检测设备，报告时间由 4～6 小时缩短至 90 分钟。建立片区机动支援机制，确保 5～7 天内完成当地全员核酸检测。强化信息技术支撑。充分发挥“数字福建”建设优势，初步建成新冠疫情防控数据库，累计汇聚 25 个部门近 9.8 亿条数据记录，有力支撑疫情防控大数据分析应用。加强新冠肺炎核酸检测信息、疫苗接种信息、发热患者信息等汇聚共享，进一步提升“八闽健康码”防控能力，较好促进人群有序出行。搭建全省远程会诊指导平台，接入全省 91 家新冠肺炎防治定点医院、武汉、宜昌等援鄂医疗机构和马来西亚、加拿大等海外医疗机构，累计巡诊新冠肺炎病例 2200 余例次。八闽健康码助力全省“一码通行”，制码超过 4075 万余人次，亮码超过 7.79 亿次。强化疫苗接种。根据国家统一部署，按照“轻重缓急”原则，明确细化 10 类重点人群接种优先顺序，提升接种能力，依法稳妥推进重点人群接种工作。截至 2020 年 12 月 31 日，全省新冠病毒疫苗累计接种 12.15 万人次。

福建省卫健系统 14 人获得“全国

抗击新冠肺炎疫情先进个人”称号、5个集体获得“全国抗击新冠肺炎疫情先进集体”称号、2人获得“全国优秀共产党员”称号、1个基层党组织获得“全国先进基层党组织”称号。

【省政府与上海交通大学医学院附属上海市第六人民医院签署合作共建协议】 2020年9月22日，省委书记于伟国、省长王宁在福州与上海申康医院发展中心、上海交通大学医学院、上海第六人民医院负责人等一行就进一步深化合作、推动医疗资源共享深入座谈，并共同见证福建省与上海交通大学医学院附属上海市第六人民医院签署合作共建国家创伤区域医疗中心协议。根据协议，双方将在晋江市医院合作建设上海市第六人民医院福建医院，以此为载体，在5年内建成集临床诊疗、疑难重症诊断与治疗、教学培训、科技研发、疾病预防、健康管理于一体的创伤区域医疗中心，辐射福建及周边省份乃至“一带一路”沿线国家和地区。

【第三届数字中国建设峰会数字健康分论坛】 2020年10月13日，第三届数字中国建设峰会数字健康分论坛在福州海峡国际会展中心举行。福建省人民政府副省长李德金，中国工程院院士吴曼青，中国工程院院士董家鸿，中国科学院院士陆林，宁夏回族自治区政协副主席、宁夏卫生健康委主任马秀珍等来自政府、医疗机构、研究机构、相关企业的代表们出席论坛。与会代表聚焦数字抗疫、全民健康信息化建设、健康医疗大数据应用、互联网＋信息便民惠民等话题，探讨在“十四五”期间特别是后新冠肺炎疫情时期，深化政企产学研对话合作，激发行业创新创业活力，引领大健康产业蓬勃发展。论坛期间，国家卫生健康委通报表扬50家“互联网＋医疗健康”服务典型案例。福建省卫健委“基于电子健康卡的多码融合应用”、厦门市卫健委“搭建区域全民健康信息平台、支撑融合分类医疗服务资源”、福建省立医院“创新‘互联网＋’医疗服务提升患者就医获得感”等3个典型案例获通报表扬。

【国家区域医疗中心试点项目进展情况集中调研暨国家区域医疗中心授牌】 2020年10月22日，由国家发展改革委、国家卫健委联合主办的“国家区域医疗中心试点项目进展情况集中调研暨国家区域医疗中心授牌仪式”在厦门市举行。国务院医改小组、国家发展改革委、国家卫健委、首批10家国家区域医疗中心试点单位所属省市相关领导，输出医院及输入医院的单位负责人近百人参加授牌仪式与调研。仪式上，复旦大学附属中山医院厦门医院、复旦大学附属华山医院福建医院接受授牌。

2020年10月12日，“智慧医保”亮相第三届数字中国建设峰会

（省医保局供稿）

【福建省儿童医院正式开诊】 2020年12月25日，福建省儿童医院正式开诊，福建省儿童医院由福建省人民政府与上海交通大学医学院附属上海儿童医学中心合作共建，总投资约33亿元，按照国家儿童区域医疗中心的设置标准，下设27个临床科室、11个医技科室、9个研究部门，编制床位1000张。

【深化医药卫生体制改革】 2020年，福建省推进公共卫生领域改革。省委办公厅、省政府办公厅印发《关于深入学习贯彻习近平总书记重要讲话精神加强公共卫生体系建设的意见》。省疾控中心综合改革试点初步实现“三优化、三增强”，即优化管理运行机制，实行处（所）长负责制、中层干部任期制，改革完善绩效工资政策，增强内部活力；优化疾控科研环境，设立省预防医学研究院并实质运作，增强创新动力；优化机构职能设置，增设爱国卫生工作所，提高健康福建行动的技术指导和公共卫生危险因素的监测评价水平，增强主责意识。以三明市为试点推进医防融合制度创新，探索建立疾控机构“一类保障、二类管理”机制。

深化公立医院综合改革。落实党委领导下的院长负责制，全省98%的二级以上公立医院完成医院章程制定。推行党委书记、总会计师目标年薪制，实现薪酬制度改革全覆盖。省级组织开展MR、CT等部分乙类大型医用设备集中采购，2020年完成的2批次集中采购共节约资金约3.03亿元。

加快分级诊疗制度建设。紧密型医共体建设实现全省覆盖，4个城市稳步推进城市医联体建设，所有三级公立医院均牵头医联体建设。约93%的规划村卫生所完成标准化建设，并基本实现医保“村村通”或“就近通”。

协同推进“药价保”改革。实施未通过一致性评价药品、高值医用耗材省级集中带量采购试点，入选的13个药品平均降幅66.39%，中选耗材产品平均降幅52.86%。公立医院按病种收付费的病种数增至1000多个，其中县级医院出院病人覆盖率达到50%以上。全省各地开展新一轮价格调整，累计调整项目1824项，涉及金额2.8亿元。会同医保部门制定“互联网+”医保服务、新冠病毒检测等收费项目，落实慢病长处方医保报销政策。

【公共卫生】 2020年，福建省加强疾病预防控制。艾滋病疫情控制在低流行水平，建立艾滋病确证中心实验室1家，确证实验室12家，筛查实验室409家，检测点129个，艾滋病免费自愿咨询检测点238个。97家疾控机构、1424家医疗卫生机构均实现疫苗扫码出入库100%全覆盖。推进慢性病综合防控示范区建设，新建成5个国家级示范区和12个省级示范区。在省、市、县级水平上均持续保持消除碘缺乏病状态，人群碘营养总体保持适宜水平，36个病区县（市、区）达到饮水型氟中毒控制标准。完成“十三五”全国血吸虫病防治规划、重点寄生虫病防治规划（2016—2020年）、地方病防治专项三年攻坚行动、“十三五”结核病防治规划、艾滋病“十三五”行动计划终期评估等工作，各项专项指标均达到国家要求。至2020年底，全省基层医疗卫生机构建立居民健康档案3537万人，建档率89%。各基层医疗卫生机构按照《国家基本公共卫生服务项目规范》要求，为65岁以上老年人、孕产妇、0～6岁儿童、肺结核患者、高血压患者、糖尿病患者、严重精神障碍患者等重点人群提供健康管理服务，开展老年人中医体质辨识和儿童保健中医指导，原12类国家基本公共卫生服务项目各项指标均达到或超过国家绩效目标要求。

爱国卫生运动。推进卫生城镇创建工作，武夷山市通过国家卫生城市评审。对申报国家卫生乡镇的34个乡镇进行评估、公示。对申报省级卫生城镇的268个乡镇、3724个村及462个社区进行审核，公示无异议后报省爱国卫生运动委员会命名。推进2020年农村户厕无害化改造项目，完成户厕改造任务9.12万户，完成率121.67%。

妇幼健康工作。充实省级母婴安全多学科协作专家库，将内、外、妇、儿、急诊、麻醉、重症医学、输血等科室相关临床领域专家与妇儿保健、母婴安全管理专家纳入专家库。组建妇幼健康服务联合体、专科联盟，2020年7月，福建省妇幼保健院牵头组建福建省妇幼专科医疗联合体，与宁德市、武夷山市等9家妇幼保健机构签订协议。省级以上财政共投入4450万支持29家妇幼保健机构打造“云上妇幼”“特色妇幼”。遴选确定35个县（区）级妇幼保健机构儿童口腔保健、儿童眼保健、孕期营养保健等专科，开展门诊规范化建设。福建省妇幼保健院、厦门市妇幼保健院分别入选第一批国家新生儿保健特色专科建设单位、第二批国家更年期保健提升专科建设单位。健全出生缺陷防治三级防控网络，确认福州市第一医院、厦门市妇幼保健院等9家产前诊断机构为各设区市产前诊断分中心，424人通过产前诊断（筛查）母婴保健技术服务人员资格考试；福建省出生缺陷综合防治工作在2020年全国妇幼健康工作会议上作经验交流。扩大妇幼公共卫生项目服务受益人群，育龄妇女增补叶酸、妇女“两癌”（乳腺癌、宫颈癌）检查、免费产前筛查诊断等公共卫生服务项目服务对象由农村和城镇低保妇女扩大为享受城镇居民医保妇女。将新生儿先天性心脏病和4种代谢性疾病列为免费筛查项目。

卫生应急工作。开展“健康使命—2020”系列卫生应急演练活动，开展“泥石流灾害卫生应急救援”综合演练、批量伤员收治演练和“福建省疫苗安全突发事件应急演练”观摩活动等。组织开展航空口岸输入性疫情处置的多部门协作应急桌面演练。2020年9、10月，各地以党委政府或新冠肺炎疫情防控工作领导小组名义组织开展“健康使命—2020”秋冬季新冠肺炎疫情应急综合演练。开展突发事件紧急医学救援工作，组织国家级、省级专家开展泉州“3·7”欣佳酒店楼体坍塌事件等14次应急处置工作。抓好安全隐患大排查大整治，推动安全生产专项整治三年行动，2020年，全省卫生健康系统未发生安全生产事故。

综合监督工作。在厦门、漳州、龙岩等市试点创新卫生健康领域信用监管措施。完成“双随机”任务9534件，任务完结率100%，立案查处219件，罚款金额25万元。完成80家医疗机构的驻点监督。依法查处医疗机构违法违规行为，监督检查医疗卫生机构29598次，查处案件1383件，其中处罚医疗机构615件、处罚无证行医768件、吊销《医疗机构许可证》16件，罚没款2140.98万元。建成福建省卫生监督电子执法全过程记录系统，实现所有执法文书流程规范化、档案电子化。深化“放管服”改革，“一趟不用跑”事项提升至122项，占比达到100%。持续推进简政放权，重新梳理《福建省卫健部门行政审批服务事项清单》，形成“五级十五同”标准化目录，推动各级卫生健康行政审批服务事项全省范围规范统一，省级事项总法定时限承诺时限减少到519个工作日，压缩比达75.7%。再生育申请、生育情况证明、医师执业注册、变更注册等高频服务事项实现全省范围内通办。

食品安全工作。印发《关于深化改革加强食品安全工作的通知》，从健全食品安全标准体系、提升食品安全风险监测水平和食品安全风险评估能力、开展风险交流和科普宣传、加强科技创新能力建设等方面提出具体目标和措施。与省财政厅联合制定出台《福建省食品安全风险监测采样管理办法》，对采样流程等进行规范和优化。完成食品污染及有害因素监测样品1.1万份，向省政府办公厅报送并向相关部门通报风险监测结果4次。食源性疾病监测医院数量从2019年的744家增加到2020年的1137家，食源性疾病病例信息报告5.6万例，暴露食品信息6.1万条。在全省20家监测医院开展食源性疾病主动监测，采集和检验标本3018份。建成省级食源性疾病监测平台。发布福建省铁皮石斛花和铁皮石斛叶食品安全地方标准。联合省市场监管局推动对灵芝、铁皮石斛等食药两用物质开展生产经营管理试点工作。

【医政管理】　2020年，福建省开展公立医院绩效考核。启动二级公立医院绩效考核，制定《福建省二级公立医院绩效考核工作实施方案》。全省52所三级公立医院（西医类）和58所二级公立医院参与公立医院绩效考核。

开展县级医院综合能力提升建设。依托69个县级医院建设县域医疗服务技术平台建设，建成县域消毒供应中心、病理检查中心、医学影像超声中心、临床检验中心、心电诊断中心等共计401个，完成建设计划的96.86%。持续开展县级医院专科能力提升建设，在全省遴选59个县级医院省级临床重点专科建设单位和26个培育单位，分别予以每个项目95万元和50万元的省级财政补助资金。

加强医疗质量管理。依托45个省级医疗质控中心开展医疗质量控制管理。超声诊断、临床检验、神经系统疾病、整形美容等专业省级质控中心2020年受国家通报表扬。加强医疗技术管理，建成并启用福建省医疗技术临床应用管理信息系统，部署启动福建省人体器官临床应用专项整治工作，严格人体器官移植技术临床应用、人体器官获取与分配管理。

加强医疗机构药品使用监测。会同省发改委等11部门出台《福建省短缺药品保供稳价工作任务分工》《福建省短缺药品供应保障工作会商联动机制工作规则》，建立多部门药品保供管理机制，落实短缺药品保供稳价工作。将福建省第八批集中采购中标药品目录中的129个品规列为第一批重点跟踪监控品规（厂家）目录，福建省重点监控药品不合理用药控制在0.9%以内。

加强医疗机构医废管理。会同省生态环境厅等部门开展医疗废弃物专项整治和综合治理工作，实行“小箱进大箱”医疗机构20095个，实行医疗废物分类收集的医疗机构24681个，对全省91家定点医院、9家医废处置单位、195个发热门诊和229个集中隔离点进行涉疫医废全覆盖管控。

持续改善医疗服务。在全国“改善医疗服务行动医院擂台赛（城市类）”总决赛中，福建省获1个金奖、11个优秀案例、（县域类）7项优秀案例奖。2020年福建省二级以上公立医院出院患者满意度平均分为90.64分，比上年提高1.10分。

【重点项目建设】　2020年，福建省10个省级重点项目完成投资17.5亿元，占年度计划的117.3%。省儿童医院竣工投入使用，省疾控中心迁建项目启动搬迁，省妇产医院完成主体封顶。启动省立医院金山院区、福建医科大学附属协和医院西院、福州滨海新城医院等3个省重大疫情救治基地建设，加强传染病床位及心肺复苏、呼吸机、体外膜肺氧合（ECMO）等设备配置，按预留建设“三区两通道”的防护要求设置可转换病区等。加强县级医院传染病救治能力建设，启动福清市医院等53家县级医疗机构新建及改扩建独立的传染病区或传染病房，提高县级传染病检测和诊治能力。

【卫生健康信息化建设】　2020年，福建省完成世行贷款医改促进信息化建设（一期）初验。全省县域普遍可开展以远程影像和远程心电诊断为主的远程医疗服务，覆盖905家基层医疗卫生机构，覆盖率达到84.7%。完成省级卫健信息系统整合及应用拓展项目初验，省级自建系统从原有的37个精简至28个，并迁移至省级政务云平台统一部署。提升省属公立医院运营监管、科研项目管理、互联网医院监管等10余个平台应用能力。组织开展首届卫健系统网络安全攻防演练活动，全面检验省内卫健系统网络安全防护能力。推进互联网医院建设，30家医疗机构完成与监管平台对接上线。推进电子健康码“多码融合”应用，省属14家医疗机构全部上线使用，并实现异地医保在线结算功能。全省突发公共卫生应急指挥视频系统延伸至全省78个县（市、区）和1068家基层医疗卫生机构，实现全省远程医疗服务网全覆盖。组织开展2020年度医院信息平台互联互通成熟度测评工作，6家医院通过四甲测评。组织参加第三届数字中国建设峰会，完成数字健康分论坛、全国“数字抗疫”展、全国全民健康信息化和统计工作推进会等活动。推进政务信息共享便民，推送共享各类卫生健康政务信息14类2.19亿余条，为相关部门提供4.15亿余次信息调用共享。推进生育服务登记、出生医学证明、医师资格证等21类服务事项电子证照生成。

【中医药工作】　2020年8月，福建省委、省政府印发《福建省促进中医药传承创新发展若干措施》。11月，省政府召开全省中医药工作视频会议，部署全面推动福建省中医药工作传承创新发展。

推动鼓励中医药服务政策。配合有关推进42个按病种收付费改革工作，调整省属医院中医医疗服务价格64个项目，调剂使用59个中药院内制剂品种。推进公立中医医院改革发展，完成三级中医医院评价和公立中医医院绩效考核。支持实施中医药特色康复服务能力提升工程，建设康复专业区域中医诊疗中心、中药药事、中医病案质控中心。提升基层中医药服务能力，支持109个基层中医馆、19个精品中医馆建设，完成1384名中医医术确有专长人员医师资格考核审核工作。

培养优秀中医药传承创新人才。6个全国基层传承工作室、1个中药培训基地通过国家验收。9名全国中药传承人结业考核合格。组织开展4个国家培训项目年度、中期考核和工作室验收。做好中医规范化培训工作，招录学员321人，安排中医类别助理全科医生培训12人和全科医生转岗培训111人，新增入选5个国家级基地。推荐青年岐黄学者10人（入围3人）、国家中医药多学科交叉创新团队1个、传承创新团队1个。推荐申报55项国家级中医药继续教育新申报项目、4项备案项目、2项延期项目。确定名中医访问学者20人。

【人口监测与家庭发展】 2020年，福建省开展人口监测。推进福建省人口监测系统整合升级，开发人口监测评估子系统，增加人口监测调查模块。拓展监测网络，将全省行政区划的县（市、区）均列入省级监测点。完善统计报表制度，重点监测生育、死亡、迁移等人口变动和家庭规模、类型、结构、生育服务需求等情况。增加托育机构、母婴设施建设等内容。与厦门大学合作开展2016—2020年人口发展形势研究。配合做好福建省第七次全国人口普查。

落实奖励扶助政策措施。落实全省部分计生家庭奖励扶助45.67万人、计生特殊家庭特别扶助1.39万人，计生贡献奖励、二女节育奖励、独生子女父母领证奖励、农村计生家庭参加新农合个人缴费补助惠及200多万人。开展落实计划生育特殊家庭联系人等“三个全覆盖”专项行动。

推动婴幼儿照护服务发展。省委、省政府将3岁以下婴幼儿照护服务试点纳入2020年为民办实事项目，完成20家婴幼儿照护服务机构试点单位建设。制定《福建省托育机构管理规范实施办法（试行）》《福建省托育机构设置标准（试行）》，指导各地婴幼儿照护服务规范化、标准化建设。联合省总工会、妇联开展寻找“我最喜爱的妈妈小屋”活动，评选“我最喜爱的妈妈小屋”50个。

【健康扶贫】 2020年，福建省推动解决基本医疗有保障突出问题。推进乡村医疗卫生机构标准化建设，进一步改善贫困地区乡村医疗卫生机构设施条件，2201个贫困村规划公益性卫生所实现医保“村村通”或“就近通”。推进城乡医院对口支援工作，47所省、市三级医院选派539名医务人员到102所县级医院开展驻点支援工作，96所县、市级医院选派461名医务人员到辖区内乡镇卫生院开展驻点支援工作，受援医院覆盖所有扶贫开发重点县和无三级医院的老区苏区县。

扩大大病救治病种范围。2020年5月，省卫健委会同省扶贫办、省民政厅、省医保局、省残联下发《关于进一步扩大农村贫困人口大病专项救治病种范围的通知》，大病救治病种由原来的31种扩大到34种。

开展大病救治“户户清”行动。2020年4—7月，各设区市卫健部门牵头，组织相关部门、乡村干部、帮扶责任人和家庭签约医生，进村入户、逐村逐户，持续对全省健康扶贫对象救治情况实行网格化全面排查，确保贫困人口一个不漏、一个不少。落实建档立卡贫困人口家签工作，截至年底，签约建档立卡贫困人口60.1万人，基本实现应签尽签。对清查出的大病救治对象，规范化落实上门服务机制，深入开展分类救治。

【卫生科技教育】 2020年，福建省推进卫生健康科研项目实施和科研平台建设。推进国家卫生健康委非人灵长类生育调节技术评价重点实验室建设。加快科技管理信息化进程，省卫生健康科技计划项目管理网络系统建成并投入使用。组织开展2020年省卫生健康科技计划项目申报及评审工作，下达资助项目475项，省级财政经费2244万元。全省卫生系统共获得2019年度福建省科学技术奖26项，其中一等奖6项（较往年增加2项）、二等奖9项、三等奖11项。

加强实验室生物安全管理。完善实验室生物安全管理制度，规范新冠生物样本管理，指定省疾控中心和各设区市疾控中心作为“新冠生物样本”保存机构。依法依规办理新冠肺炎样本准运证书381件，备案生物安全实验室1551个。部署开展实验室生物安全检查工作，对581个生物安全实验室进行抽查并督促整改。开展各类实验室生物安全培训28次，培训2081人次。

推进医教协同。协调省教育厅扩大省内临床医学、预防医学招生规模，本科层次增加116人，研究生层次增加228人。根据各地市需求，安排本科、高职高专层次定向生招生计划300人、278人。支持省内院校申请“5＋3”一体化临床医学（精神医学方向）专业、儿科学、临床医学、护理学等专业设置。

做好毕业后医学教育和全科医生培养。10家医院获批第三批国家住院医师规范化培训基地。招收住培学员1634人、专培学员63人。2020年度首次住院医师规范化培训结业专业理论考试通过率居全国第4位。

加强继续医学教育管理。首次启动网络管理平台进行全省继续医学教育学分管理工作。调整优化继续医学教育方式，全年分别完成233项国家级、616项省级继续医学教育项目，培训人数约13万人次。印发《福建省卫生健康委员会关于做好新冠疫情防控期间继续医学教育学分认定工作的通知》，推进线上培训模式。

加强紧缺人才培训。首次开展临床药师培训，公布认定11家医院为临床药师培训基地。将急诊专业住院医师、模拟医学培训、技能和管理培训、院前急救培训、公益培训等各类培训整合成急诊医学人才培训项目，实行统筹管理。组织开展年度助理全科、全科转岗培训结业考核，494人取得培训合格证书。招录375名临床类别助理全科、348名全科医生转岗学员。完成全省2.37万名乡村医生年度轮训工作。

【职业健康】 2020年，福建省政府成立由省长为组长的尘肺病防治工作领导小组，加强职业病防治工作组织领导，统筹协调全省职业病防治工作。省卫健委按照尘肺病防治攻坚行动实施方案部署，深入开展矿山、冶金、化工等行业领域尘毒危害专项治理。全年开展劳动者重点职业病监测20多万名、放射监测285家、工作场所职业病危害因素监测1700家；摸清3.9万家工矿企业、

2266家放射工作单位职业病危害风险现状；摸清存活尘肺病患者10855例的健康和保障情况。争取国家和省级财政专项资金2700万元，在省职控中心、福能总医院、龙岩市、三明市建设4家具备尘肺病诊疗能力的康复治疗服务中心，建设康复站21个、康复点33个。截至2020年底，全省共有职业健康检查机构155家，其中2020年新增91家，形成每个设区市有若干家，每个县（市、区）至少有1家职业健康检查机构的服务体系。加强职业健康监管执法工作，2020年共对职业健康用人单位5933家开展监督执法，消除84个区县"零办案"。

【人事人才工作】 2020年3月，福建省委办公厅、省政府办公厅出台《关于保护关心爱护医务人员的十二条措施》，从薪酬待遇、保险保障、职称评聘、安全防护、休息修整、纾困解忧等方面，为一线医务人员全方位支持。落实一线医务人员薪酬待遇，累计向15815名一线医务人员发放临时性工作补助6069万元，同时将援鄂医疗队员临时性补助标准提高1倍、薪酬水平提高2倍。会同省人社厅、财政厅制定出台疫情期间一线医务人员有关待遇工作指南。为49名获得省部级表彰，199名援鄂和赴意大利、菲律宾抗疫医疗专家，以及其他省内疫情防控一线专业技术人员落实职称优先晋级、评审政策。为468名参加疫情防控一线的医务人员优先晋升专业技术岗位等级。协调国家卫健委为符合要求的疫情防控一线医务人员重新开放中初级报考端口。为431名表现突出的援鄂编外医务人员开辟人员招聘绿色通道，直接定向考核入编。开展抗击新冠肺炎疫情宣传表彰，2个援鄂医疗队、15名医务人员被评为全国卫生健康系统新冠肺炎疫情防控工作先进集体和先进个人；300名先进个人、111个先进集体、42名全省优秀共产党员和19个先进基层党组织获得省级表彰。推荐国务院政府特殊津贴专家人选，单列名额用于推荐抗疫一线医务人员。结合第109个国际护士节、2020年中国医师节，评选推荐30名"最美护士"、100名"最美医师"。

加强卫生健康人才队伍建设。将医疗卫生类高层次人才培养和引进，以及省外、国（境）外人才引进情况列为2020年度省委人才工作领导小组对各设区市人才工作目标责任制考核指标，考核结果纳入各地年度绩效考核，全年共引进省（国、境）外医学人才1292人。福建省卫生健康系统1名入选省特级后备人才，3名入选省"雏鹰计划"青年拔尖人才。开展2020届医疗卫生类引进生选拔工作，选拔50名医疗卫生类博士、硕士引进生。启动2021届医疗卫生类引进生选拔工作，新增华中科技大学公共卫生与预防医学专业为医疗卫生类引进生选拔范畴。组织开展2020年度全国卫生专业技术中初级考试和护士资格考试，全省共有54111人参加考试。组织开展2019年度卫生系列高级专业技术职务任职资格评审工作，全省4191人通过高级职称评审，其中381人通过"基层系列"高级职称评审。

（陈燊燊）

体　育

【疫情防控】 2020年，福建省体育系统坚决贯彻落实中央和省委疫情防控决策部署，以非常之举应对非常之疫。1月21日，省体育局党组召开党组（扩大）会，对疫情防控工作进行部署，果断提出停止与湖北有关交流合作项目的人员往来，同时要求全省体育部门取消或延期举办各类赛事、集训、体育冬令营等，暂停各类公共体育场馆对外开放。2月3日节后上班第一天，省体育局党组再次召开党组（扩大）会议，成立应对疫情防控工作领导小组，设立综合协调、训练备战、赛事活动3个工作组，研究制定全省体育系统疫情应对工作总体方案，明确疫情防控统一指挥、每日报告、督查督导等各项工作机制。疫情爆发以来，先后6次召开疫情防控工作领导小组会议，了解分析各方情况，通报重要工作进展，研究部署重大事项，确保全省体育工作大局稳定。疫情防控常态化后，省体育局班子成员分别带队赴全省九市一区开展统筹推进疫情防控和复工复产复学复训调研，主动帮助体校、体育企业等基层单位排忧解难。充分利用微信、短信、微视频等宣传平台，定期投放防病抗疫、居家健身锻炼方法以及"战疫情，运动健身不缺席"短信温馨提醒。研究出台运动员、教练员"八条禁令""双十规范"，坚持一手抓防控一手抓训练。福建体职院统筹推进疫情防控和职业教育改革以及运动队保障服务，创新线上教学模式，确保"停课不停教、停课不停学"。

【群众体育】 2020年，福建省继续将全民健身场地设施建设纳入省委、省政府为民办实事项目，安排资金9720万元，在全省新建18个智慧体育公园、3个全民健身中心、60个笼式足球场。制定出台《福建省委省政府为民办实事—全民健身场地设施运营和维护管理指引》，举办全民健身场地设施建设培训班暨现场推进会。以"运动健身进万家、居家锻炼抗疫情"为主题，组织开展居家健身"云"上运动会、"2020年福建省青少年国际象棋网络赛"等线上赛事活动25场，线上直播教学40余场，直接或间接服务群众达60多万人次。以"运动健身进万家"系列活动为抓手，累计开展全民健身活动3000余场，参与人数达150万人次。采取集中培训、选派社会体育指导员上门指导、举办"省直机关运动会"等方式，大力推广八段锦工间操。经省政府同意，与省民政厅联合出台《关于促进体育社会组织健康发展的若干措施》。探索体医融合促进健康发展模式，举办全省运动处方师培训，培训运动处方师100多名。

【竞技体育】 2020年，福建省按照"防疫情、保备战"要求，制定出台《陕西全运会项目攻关计划》《东京奥运会项目攻关计划》《应对2020年东京奥运会延期，进一步强化常态化疫情防控期间国家队闽籍人员训练保障工作的若干措施》，统筹推进疫情防控和训练、备战、参赛工作，把疫情对参赛备战工作的影响降到最低。全年福建省运动员共获得全国冠军42个、亚军44个、季军47个。充分调动各级政府部门和社会力量积极性，推进社会足球场地建设，福建省新建社会足球场地625片，完成率111%，超额完成国家下达福建省"十三五"期间社会足球场地的建设任务。

【青少年体育】 2020年，福建省青少年体育工作有力推进，体教融合实现新的突破。逐步放开青少年体育赛事参赛资格，突出以学籍为主要参赛条件，有序开展田径、游泳、排球、羽毛球、拳击、跆拳道等赛事。联合省教育厅，首次举办全省大学生足球联赛和中学生三人篮球联赛。全年共举办23项全省青少年体育赛事，参与人数突破8000人次。严密组织线上体育夏令营活动，促进青少年居家锻炼，吸引全省1.8万个家庭、3.5万多人参与。制定《第十七届省运会青少年部社会俱乐部组竞赛规程分则》，促进青少年社会体育俱乐部发展。与省教育厅联合开展"轮转冰"训练营，培训教练员150名。承办2020年第三期全国青少年户外营地管理人员线上培训班，参训人数超过500人，促进教练员水平的提升。

【体育产业】 2020年，福建省在全国率先出台由体育部门印发的招商引资行动方案，明确七大领域、24项招商重点方向。建立省、市、县、项目业主共同组成的项目动态管理网络，从项目策划、招商、签约、开工、投产全过程跟踪服务。全省累计推介体育企业800家次、项目250多个，总投资近900亿元；累计跟踪项目64项、总投资225亿元，落地项目27个。大力推进体育综合体建设，福州市天翔体育产业园、海峡奥体中心等项目成功入选体育总局公布的体育服务综合体典型案例。组织举办7期"助力体育产业复工复产网络直播"、6期"动起来！局长带你去打卡"线上直播活动，直播活动观看人数800多万人次，融媒体矩阵触达人数超2000万。在全省分两批发放1600万元体育消费券，带动福州、厦门、泉州等地区发放体育消费券800万元，累计撬动消费超过1.42亿元。福州、厦门、三明等3个城市成功入选"国家体育消费试点城市"（全国共40个），入选数量位居全国第一。全省体育彩票累计销售86.8亿元，筹集体彩公益金25.6亿元。

【体育文化交流】 2020年，福建省体育文化交流持续发展。采取"线上线下相结合"的办赛方式，确保体育对台港澳交流"不间断"。先后举办海峡两岸暨港澳地区榕网"恒申杯"网球赛、"芗城区乒协杯"乒乓球争霸赛等线下交流活动以及"同心力·云逐梦"2020闽台棒球交流、"佳佳乐杯"足球颠球大赛、"厦顺杯"闽台两岸网络桥牌联谊赛等线上交流比赛，创造性地实现闽台青年选手"云联手、云竞技"，累计观看量近30万人次，为探索体育交流新路径迈出新步伐。加大体育宣传力度，与省级合作媒体拍摄制作视频、音频、图文新闻1.1万余条，其中学习强国发表推送18条，手机客户端关注用户数达33万人，微信公众号粉丝超3万人。

2020年福建省运动员获得全国最高级别比赛冠军亚军季军名单

项目	姓名	比赛名称	比赛小项	名次	地点
蹦床	林倩麒	全国蹦床锦标赛	女子成年组蹦床个人	1	天津
冲浪	黄汪茏	全国冲浪锦标赛	公开组男子短板团体接力赛	1	海南万宁
冲浪	李智锋	全国冲浪锦标赛	公开组男子长板团体接力赛	1	海南万宁
冲浪	林珊珊	全国冲浪锦标赛	公开组女子短板团体赛	1	海南万宁
帆板	陈思蓉	全国帆板锦标赛（单项）	帆板 GAASTRAPRO 级场地赛	1	河北秦皇岛
帆板	叶　兵	全国帆板锦标赛（单项）	帆板 RS：X 级长距离赛	1	河北秦皇岛
帆板	陈静乐	全国风筝板锦标赛（单项）	（女子水翼风筝板）场地赛	1	广西北海
帆板	陈静乐	全国风筝板锦标赛（单项）	（女子水翼风筝板）长距离	1	广西北海
帆船	肖湘湘	全国帆船锦标赛（单项）	OP（女子甲组）场地赛	1	江苏吴中
帆船	肖湘湘 郑惠玲 高素莹 梁乐乐	全国帆船锦标赛（单项）	OP 女子团体赛	1	江苏吴中
帆船	邱钰龙	全国帆船锦标赛（单项）	帆船男子激光级场地赛	1	河北秦皇岛

续表

项目	姓名	比赛名称	比赛小项	名次	地点
击剑	陈伟全 黄梦恺 施嘉洛 张伟松	全国击剑锦标赛暨全国青年击剑锦标赛	男花团体	1	广东肇庆
击剑	李　冰 林宗毅 王　晓 张艺军	全国击剑锦标赛暨全国青年击剑锦标赛	男重团体	1	广东肇庆
激流	施宏隆 谢雪婷 舒　亮 黄燕芝	全国皮划艇激流回旋锦标赛	男女混合团体赛	1	四川米易
技巧	张　磊 刘军威	全国技巧锦标赛动力套	动力套	1	贵州安顺
技巧	张　磊 刘军威	全国技巧锦标赛平衡套	平衡套	1	贵州安顺
技巧	丁一鸣 谢喆轩	全国技巧锦标赛平衡套	平衡套	1	贵州安顺
技巧	丁一鸣 谢喆轩	全国技巧锦标赛全能套	全能套	1	贵州安顺
举重	李发彬	全国男子举重锦标赛暨东京奥运会模拟赛	61kg 级挺举	1	浙江开化
举重	李发彬	全国男子举重锦标赛暨东京奥运会模拟赛	61kg 级总成绩	1	浙江开化
举重	黄闽豪	全国男子举重锦标赛暨东京奥运会模拟赛	67kg 级抓举	1	浙江开化
举重	黄闽豪	全国男子举重锦标赛暨东京奥运会模拟赛	67kg 级总成绩	1	浙江开化
举重	赵永超	全国男子举重锦标赛暨东京奥运会模拟赛	96kg 级抓举	1	浙江开化
举重	李雯雯	全国女子举重锦标赛暨东京奥运会模拟赛	＋87kg 挺举	1	湖南邵阳
举重	李雯雯	全国女子举重锦标赛暨东京奥运会模拟赛	＋87kg 抓举	1	湖南邵阳
举重	李雯雯	全国女子举重锦标赛暨东京奥运会模拟赛	＋87kg 总成绩	1	湖南邵阳
举重	邓　薇	全国女子举重锦标赛暨东京奥运会模拟赛	64kg 级挺举	1	湖南邵阳
举重	邓　薇	全国女子举重锦标赛暨东京奥运会模拟赛	64kg 级抓举	1	湖南邵阳
举重	邓　薇	全国女子举重锦标赛暨东京奥运会模拟赛	64kg 级总成绩	1	湖南邵阳
举重	廖桂芳	全国女子举重锦标赛暨东京奥运会模拟赛	71kg 级挺举	1	湖南邵阳
举重	廖桂芳	全国女子举重锦标赛暨东京奥运会模拟赛	71kg 级总成绩	1	湖南邵阳
皮划艇	林文君	全国皮划艇静水锦标赛暨第 14 届全国运动会皮划艇静水资格赛	女子单人划艇 500 米	1	浙江丽水
皮划艇	林文君 张璐琦	全国皮划艇静水锦标赛暨第 14 届全国运动会皮划艇静水资格赛	女子双人划艇 200 米	1	浙江丽水
拳击	林鸿飞	全国男子拳击锦标赛	男子 49kg	1	河南洛阳
拳击	吴　愉	全国女子拳击冠军赛	女子 51kg	1	陕西榆林
赛艇	苏睿豪	全国赛艇锦标赛暨第 14 届全国运动会赛艇资格赛	男子 2000 米八人单桨有舵手	1	上海

续表

项目	姓名	比赛名称	比赛小项	名次	地点
沙滩排球	曾津津 李娇妹	全国沙滩排球锦标赛	女沙	1	海南海口
射击	郑文助	全国射击锦标赛	男子10米气步枪	1	浙江长兴
跆拳道	林文烨	全国跆拳道锦标系列赛总成绩	男子68kg	1	
田径	葛曼棋	全国田径锦标赛	女子100米	1	浙江绍兴
羽毛球	翁泓阳	全国羽毛球锦标赛	男单	1	陕西宝鸡
羽毛球	黄东萍 韩　悦 谭　宁 严晨雪 李羽璠 潘秋羽 陈　思 郭莉智 陈颖颖 何欣颖	全国羽毛球锦标赛	女团	1	陕西宝鸡
蹦床	林珺灵 苏明萍	全国蹦床锦标赛	女子成年组双蹦床团体	2	天津
冲浪	吴思彤	全国冲浪锦标赛	公开组女子长板接力赛	2	海南万宁
帆板	董一诺	全国帆板锦标赛（单项）	男子帆板T293级场地赛	2	河北秦皇岛
帆板	卢云秀	全国帆板锦标赛（单项）	女子帆板RS：X级场地赛	2	河北秦皇岛
帆板	黄先婷	全国帆板锦标赛（单项）	女子帆板RS：X级障碍赛	2	河北秦皇岛
帆船	刘嘉华 郭烨斌 潘博文 林嘉逸	全国帆船锦标赛（单项）	OP男子团体赛	2	江苏吴中
帆船	李买华	全国帆船锦标赛（单项）	帆船男子芬兰人级场地赛	2	河北秦皇岛
帆船	黄泽恩	全国帆船锦标赛（单项）	帆船男子激光4.7级场地赛	2	河北秦皇岛
帆船	黄淑娟	全国帆船锦标赛（单项）	帆船女子雷迪尔级长距离赛	2	河北秦皇岛
击剑	陈情缘	全国击剑锦标赛暨全国青年击剑锦标赛	女花个人	2	广东肇庆
击剑	陈情缘 傅依婷 黄佳新 乐慧林	全国击剑锦标赛暨全国青年击剑锦标赛	女花团体	2	广东肇庆
激流	全　鑫	全国皮划艇激流回旋锦标赛	甲组男子单人皮艇	2	四川米易
技巧	张　磊 刘军威	全国技巧锦标赛全能套	全能套	2	贵州安顺
举重	王　浩	全国男子举重锦标赛暨东京奥运会模拟赛	61kg级抓举	2	浙江开化
举重	袁程飞	全国男子举重锦标赛暨东京奥运会模拟赛	73kg级挺举	2	浙江开化
举重	袁程飞	全国男子举重锦标赛暨东京奥运会模拟赛	73kg级总成绩	2	浙江开化
举重	赵永超	全国男子举重锦标赛暨东京奥运会模拟赛	96kg级挺举	2	浙江开化
举重	赵永超	全国男子举重锦标赛暨东京奥运会模拟赛	96kg级总成绩	2	浙江开化

续表

项目	姓名	比赛名称	比赛小项	名次	地点
举重	高依眉	全国女子举重锦标赛暨东京奥运会模拟赛	45kg 级挺举	2	湖南邵阳
举重	廖桂芳	全国女子举重锦标赛暨东京奥运会模拟赛	71kg 级抓举	2	湖南邵阳
举重	王佳悦	全国女子举重锦标赛暨东京奥运会模拟赛	76kg 级抓举	2	湖南邵阳
皮划艇	闫　峰 闫　东	全国皮划艇静水锦标赛暨第 14 届全国运动会皮划艇静水资格赛	男子双人皮艇 500 米	2	浙江丽水
皮划艇	林文君 张璐琦	全国皮划艇静水锦标赛暨第 14 届全国运动会皮划艇静水资格赛	女子双人划艇 500 米	2	浙江丽水
拳击	吴　愉	全国女子拳击锦标赛	女子 61kg	2	河北迁安
赛艇	陈弦峰	全国赛艇锦标赛暨第 14 届全国运动会赛艇资格赛	男子 2000 米八人单桨有舵手	2	上海
赛艇	陈弦恒	全国赛艇锦标赛暨第 14 届全国运动会赛艇资格赛	男子 2000 米双人单桨	2	上海
射击	张秉琛 蔡晓雪	全国射击锦标赛	10 米气手枪混合团体	2	福建莆田
射击	朱晓忠 郑文助 林　峰	全国射击锦标赛	男子 10 米气步枪团体	2	浙江长兴
射击	张秉琛 游昌杰 张钰扬	全国射击锦标赛	男子 10 米气手枪团体	2	福建莆田
射击	吴亮亮 余岭峰 陈　鑫	全国射击锦标赛	男子双向团体	2	山西临汾
跆拳道	吴镱超	全国跆拳道锦标系列赛总成绩	男子 63kg	2	
跆拳道	刘杰鑫	全国跆拳道锦标系列赛总成绩	男子 68kg	2	
体操	林超攀 林子桓	全国体操锦标赛	男女混合全能	2	广东肇庆
体操	林超攀	全国体操锦标赛	男子单杠	2	广东肇庆
体操	程诗怡	全国体操锦标赛	女子高低杠	2	广东肇庆
体操	虞琳敏	全国体操锦标赛	女子跳马	2	广东肇庆
田径	曾建航	全国田径锦标赛	男子 110 米栏	2	浙江绍兴
田径	林雨薇	全国田径锦标赛	女子 100 米栏	2	浙江绍兴
田径	姜李韵喆 林雨薇 林心怡 葛曼棋	全国田径锦标赛	女子 4x100 米接力	2	浙江绍兴
田径	覃惠玲	全国田径锦标赛	女子跳远	2	浙江绍兴
小轮车	龚海龙 贯继硕 黄小炜 张祯乐	全国 BMX 自由式锦标赛	成年男子团体	2	湖北潜江

续表

项目	姓名	比赛名称	比赛小项	名次	地点
小轮车	梁晓兰 周靖语 范梓慧 江　微	全国BMX自由式锦标赛	成年女子团体	2	湖北潜江
羽毛球	欧烜屹 黄东萍	全国羽毛球锦标赛	混双	2	宝鸡
羽毛球	刘　成 黄凯祥	全国羽毛球锦标赛	男双	2	宝鸡
蹦床	杨蒙豪 何　彬 纪星宇	全国蹦床锦标赛	男子成年组双蹦床团体	3	天津
蹦床	刘灵玲	全国蹦床锦标赛	女子成年组蹦床个人	3	天津
蹦床	吴　荻 陈靖文	全国蹦床锦标赛	女子成年组单跳团体	3	天津
冲浪	李智锋	全国冲浪锦标赛	公开组男子长板团体赛	3	海南万宁
冲浪	管　丹	全国冲浪锦标赛	公开组女子短板团体赛	3	海南万宁
冲浪	吴思彤	全国冲浪锦标赛	公开组女子长板团体赛	3	海南万宁
帆板	刘春壮	全国帆板锦标赛（单项）	男子帆板GAASTRAPRO级场地赛	3	河北秦皇岛
帆板	叶　兵	全国帆板锦标赛（单项）	男子帆板RS：X级场地赛	3	河北秦皇岛
帆板	叶　兵	全国帆板锦标赛（单项）	男子帆板RS：X级全能赛	3	河北秦皇岛
帆板	陈思蓉	全国帆板锦标赛（单项）	女子帆板GAASTRAPRO级障碍赛	3	河北秦皇岛
帆板	黄先婷	全国帆板锦标赛（单项）	女子帆板RS：X级场地赛	3	河北秦皇岛
帆板	卢云秀	全国帆板锦标赛（单项）	女子帆板RS：X级长距离赛	3	河北秦皇岛
帆板	练艳婷	全国帆板锦标赛（单项）	女子帆板T293级障碍赛	3	河北秦皇岛
帆板	林寒山	全国风筝板锦标赛（单项）	（男子水翼风筝板）场地赛	3	广西北海
帆板	林寒山	全国风筝板锦标赛（单项）	（男子水翼风筝板）长距离	3	广西北海
帆船	余雪彬	全国帆船锦标赛（单项）	49erFX级长距离赛	3	广东汕尾
帆船	刘嘉华	全国帆船锦标赛（单项）	OP（男子甲组）场地赛	3	江苏吴中
帆船	李买华	全国帆船锦标赛（单项）	帆船男子芬兰人级长距离赛	3	河北秦皇岛
高尔夫球	肖琪锋	全国高尔夫球锦标赛	女子个人比杆赛	3	广东阳江
击剑	张艺军	全国击剑锦标赛暨全国青年击剑锦标赛	男重个人	3	广东肇庆
激流	陈清莹	全国皮划艇激流回旋锦标赛	甲组女子单人划艇	3	四川米易
激流	许燕茹	全国皮划艇激流回旋锦标赛	甲组女子单人皮艇	3	四川米易
举重	李发彬	全国男子举重锦标赛暨东京奥运会模拟赛	61kg级抓举	3	浙江开化
举重	王　浩	全国男子举重锦标赛暨东京奥运会模拟赛	61kg级总成绩	3	浙江开化
举重	黄闽豪	全国男子举重锦标赛暨东京奥运会模拟赛	67kg级挺举	3	浙江开化
举重	袁程飞	全国男子举重锦标赛暨东京奥运会模拟赛	73kg级抓举	3	浙江开化
举重	高依眉	全国女子举重锦标赛暨东京奥运会模拟赛	45kg级总成绩	3	湖南邵阳

续表

项目	姓名	比赛名称	比赛小项	名次	地点
举重	张　容	全国女子举重锦标赛暨东京奥运会模拟赛	49kg 级抓举	3	湖南邵阳
举重	王佳悦	全国女子举重锦标赛暨东京奥运会模拟赛	76kg 级挺举	3	湖南邵阳
举重	王佳悦	全国女子举重锦标赛暨东京奥运会模拟赛	76kg 级总成绩	3	湖南邵阳
拳击	陈宝盛	全国男子拳击锦标赛	男子 75kg	3	河南洛阳
射击	张靖婧	全国射击锦标赛	女子 10 米气手枪	3	福建莆田
射击	张靖婧	全国射击锦标赛	女子 25 米手枪	3	福建莆田
射击	张靖婧 蔡晓雪 林雪婷	全国射击锦标赛	女子 25 米手枪团体	3	福建莆田
射击	江伊婷	全国射击锦标赛	女子飞碟双向	3	山西临汾
射击	江伊婷 徐婷婷 刘幼萍	全国射击锦标赛	女子双向团体	3	山西临汾
射箭	吴仙望 王文选 戴小祥	全国射箭（室外）锦标赛	男子团体淘汰赛、决赛	3	四川成都
摔跤	耿兴城	全国国际式摔跤锦标赛暨奥运会资格选拔赛	男子 65kg	3	浙江温州
摔跤	方凯璇	全国国际式摔跤锦标赛暨奥运会资格选拔赛	女子 50kg	3	浙江温州
摔跤	周丽晴	全国国际式摔跤锦标赛暨奥运会资格选拔赛	女子 65kg	3	浙江温州
跆拳道	朱龙伟	全国跆拳道锦标系列赛总成绩	男子＋87kg	3	
跆拳道	黄　鑫	全国跆拳道锦标系列赛总成绩	男子 63kg	3	
跆拳道	王美纯	全国跆拳道锦标系列赛总成绩	女子 53kg	3	
田径	汤星强	全国田径锦标赛	男子 200 米	3	浙江绍兴
田径	沈沐含	全国田径锦标赛	女子七项全能	3	浙江绍兴
羽毛球	谭　宁 陈颖颖	全国羽毛球锦标赛	女双	3	陕西宝鸡
羽毛球	黄东萍 严晨雪	全国羽毛球锦标赛	女双	3	陕西宝鸡

（冯松鹏）

编辑：林丹英

居民生活

【城镇居民生活】 2020年，福建省城镇居民生活水平稳步提高。

收入水平。福建省城镇居民人均可支配收入47160元，比上年增长3.4%，扣除价格因素实际增长1.1%，增幅比上年回落4.5个百分点。工资性收入是拉动城镇居民收入增长的最主要动力。全省城镇居民人均工资性收入29119元，比上年增长4.0%，增幅比上年回落4.1个百分点，占城镇居民人均可支配收入的比重为61.7%，拉动城镇居民人均可支配收入增长2.5个百分点，贡献率为73.2%。全省城镇居民人均经营净收入5992元，比上年下降3.5%，增幅比上年回落14.9个百分点。财产净收入增长最快。居民理财意识增强、投资渠道增加、居民持有房产自然增值等因素共同推动城镇居民财产净收入快速增长。全省城镇居民人均财产净收入6219元，比上年增长12.8%，增幅比上年提高2.2个百分点。全省城镇居民人均转移净收入5830元，比上年下降1.3%，增幅比上年回落5.4个百分点。

消费水平。2020年，全省城镇居民人均消费支出30487元，比上年下降1.5%，扣除价格因素实际下降3.6%，增幅比上年回落10.7个百分点。全省城镇居民人均食品烟酒支出9673元，比上年增长1.4%，增幅比上年回落4.6个百分点，占人均生活消费支出比重为31.7%，居城镇居民消费八大类之首。全省城镇居民人均衣着消费支出1443元，比上年下降13.0%，增幅比上年回落19.8个百分点。全省城镇居民人均居住支出9356元，比上年增长4.5%，增幅比上年回落11.6个百分点，占人均生活消费支出比重为30.7%。全省城镇居民人均生活用品及服务支出为1519元，比上年下降2.4%，增幅比上年回落5.1个百分点。全省城镇居民人均交通通信支出3755元，比上年增长1.1%，增幅比上年回落1.2个百分点。全省城镇居民人均教育文化娱乐支出2301元，比上年下降25%，增幅比上年回落37.4个百分点。全省城镇居民人均医疗保健支出1774元，比上年增长4.9%，增幅比上年回落18.1个百分点。全省城镇居民人均其他用品和服务支出665元，比上年下降13%，增幅比上年回落35.4个百分点。

（张凤园）

【农村居民生活】 2020年，福建省农村居民生活水平显著提升。

收入水平。福建省农村居民人均可支配收入20880元，比上年增长6.7%，增幅比上年回落3.1个百分点，扣除价格因素实际增长4.5%，增幅比上年回落2.4个百分点。工资性收入是农村居民最主要的收入来源。全省农村居民人均工资性收入9411元，比上年增长5.2%，增速比上年回落3.7个百分点，占农村居民人均可支配收入比重为45.1%，拉动农村居民人均可支配收入增长2.4个百分点。全省农村居民人均经营净收入7510元，比上年增长4.6%，增幅比上年回落2.5个百分点，占农村居民人均可支配收入比重为36%，拉动农村居民人均可支配收入增长1.7个百分点。全省农村居民人均财产净收入393元，比上年增长14%，增幅比上年提高7.1个百分点。全省农村居民人均转移净收入3567元，比上年增长15.2%，增速居农村居民收入四大项之首，拉动农村居民可支配收入增长2.4个百分点，对可支配收入增长贡献最大。

消费水平。2020年，全省农村居民人均生活消费支出16339元，比上年增长0.4%，增幅比上年回落8.6个百分点，扣除价格因素实际下降1.7%，增幅比上年回落7.8个百分点。全省农村居民人均食品烟酒支出6274元，比上年增长8.5%，增幅比上年提高0.2个百分点，占人均生活消费支出比重为38.4%。全省农村居民人均衣着消费支出755元，比上年下降2.6%，增幅比上年回落17个百分点。全省农村居民人均居住支出3943元，比上年增长3.8%，增幅比上年回落0.3个百分点。全省农村居民人均生活用品及服务支出874元，比上年增长8%，增幅比上年提高2.2个百分点。全省农村居民人均交通通信支出1688元，比上年下降11.3%，增幅比上年回落16个百分点。

全省农村居民人均教育文化娱乐支出1232元，比上年下降23.7%，增幅比上年回落42.5个百分点。全省农村居民人均医疗保健支出1271元，比上年增长5%，增幅比上年回落14.2个百分点。全省农村居民人均其他用品和服务支出302元，比上年下降21.8%。

（张凤园）

就业管理

【概况】 2020年，福建省实现城镇新增就业54.62万人，完成任务的109.24%；失业人员再就业24万人，完成任务的240%；就业困难人员实现就业3.34万人，完成任务的139.17%；期末登记失业率3.82%，保持在5%目标以内。

【就业创业支持】 2020年，福建省聚焦稳就业、保居民就业目标，出台《进一步做好稳就业保就业工作若干措施》《关于支持企业疫情防控期间复工稳岗的通知》等，突出就业扶持、创业带动、失业预防，强化落实更加积极就业政策举措，就业局势保持总体稳定。统筹推进疫情防控稳就业，减负、稳岗、扩就业并举，开展共享用工调剂，加大企企、村企、校企等调剂力度，帮助企业解决用工难题，助力复工复产，有力地促进就业恢复和稳定。疫情期间，全省专列、专车、专线接回返闽返岗农民工7.84万人，包机数量居全国第一。加大创业支持力度，明确2021—2025年每年从省级就业补助资金中，统筹5000万元创业支持资金，用于扶持创业带动就业。强化创业担保贷款政策落实，优化服务机制，推动创业担保贷款增量扩面。2020年，全省新增发放创业担保贷款7.3亿元，比上年增长70%。出台《关于进一步推动返乡入乡创业工作实施意见》，完善返乡农民工创业服务，扩大返乡留乡农民工就地就近就业规模。支持企业以工代训，助力企业缓解用工矛盾，全省受理申请12.71万人，发放补贴2.45亿元。强化失业预防，制定防范应对规模裁员和失业风险预案，加强就业形势综合研判，开展失业动态监测、预警。

【高校毕业生就业创业】 2020年，福建加强全省工作统筹和政策创新，印发《关于做好2020年普通高等学校毕业生就业创业工作的通知》，实施“十个一批”扩岗行动，鼓励高校毕业生多渠道就业、创新创业。引导高校毕业生面向基层就业，招募635名省级“三支一扶”高校毕业生，其中派遣至省级扶贫开发重点县岗位330人；推动落实期满就业优惠政策，期满就业率达96.16%；市级“三支一扶”计划招募319人，欠发达地区和社区计划各招募300人。加强毕业生就业公共服务，资助2019—2020年公益性专场招聘会63场，提供需求岗位35.21万个，核发资助资金189.83万元；推进离校未就业毕业生实名制就业服务，登记2020届离校未就业高校毕业生67714人，登记就业率97.37%；开展就业“红娘”帮扶行动，帮助709名困难毕业生就业；发放毕业生求职创业补贴3617.4万元，惠及18087名2020届高校毕业生；帮扶湖北籍毕业生，为1866名2020届湖北籍生源发放求职创业补贴373.2万元。加强信息化建设，推行“互联网＋就业创业服务”，推广使用“云招聘”服务平台，实现线上招聘、视频面试、线上录用，全年共开展263场次线上招聘会，参与招聘企业10329家，发布需求岗位37.02万个；为高校毕业生提供方便快捷档案查询服务，全省64所高校共上传12.28万条应届毕业生档案转递信息。鼓励毕业生创新创业，扶持110个毕业生创业项目，资助总额500万元。

【职业技能培训】 2020年，福建省落实《福建省职业技能提升行动实施方案（2019—2021年）》，全年共开展各类补贴性培训77.89万人次，超额完成30万人次的年度任务目标数。2019年以来，完成培训108.85万人次，提前一年完成三年培训75万人次总目标。加强统筹协调，完善技能培训工作机制。省人社厅会同各行业主管部门组织实施毕业年度高校毕业生免费职业技能培训、农民工稳就业职业技能培训、百万青年技能培训行动以及各行业技能培训。开发补贴性职业培训管理平台，在全省试运行，实现培训项目全覆盖、培训参与全实名、培训补贴全流程、培训过程全监管和数据统计全支撑。

【就业扶贫】 至2020年12月底，福建省建档立卡贫困人口中，劳动年龄段内有劳动能力21.34万人。其中，有就业意向15.21万人，全部实现转移就业；有培训意愿6.62万人，全部接受

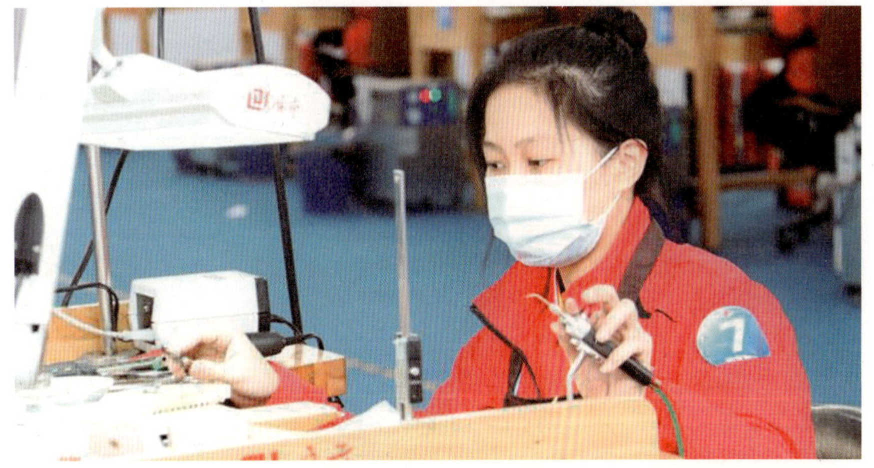

2020年12月13日，福建选手参加在广州举办的第一届全国技能大赛，取得2银1铜的好成绩。图为福建选手在比赛　（省人社厅供稿）

培训；公益性岗位安置建档立卡贫困人口1.33万人。实施“6+1”劳务协作行动，建立重点地区劳务输出调度保障机制，将湖北、福建省对口帮扶的“一区一市一州”（宁夏回族自治区、甘肃定西市、甘肃临夏州）、52个未摘帽贫困县等地列入重点就业帮扶地区，吸纳中西部贫困劳动力在闽就业68.15万人，其中转移1351名宁夏籍建档立卡贫困劳动力到闽就业。（郑婉菁）

劳动管理

【劳动关系】 2020年，福建省全面实行劳动合同制度，至年底，全省各类企业劳动合同签订率达97.54%，集体合同签订率达88.56%。省人社厅开展以“同舟共济、共克时艰、提质增效、和谐发展”为主题的集体协商“特别要约”行动，举办福建省首届集体协商竞赛活动；大力宣传《福建省女职工劳动保护条例》，印发《福建省女职工权益保护专项集体合同》参考文本，指导企业就女职工特殊劳动保护等事项进行集体协商；下发《福建省劳动关系“和谐同行”能力提升三年行动计划》，配套7个具体实施方案，扎实推进劳动关系治理体系和治理能力建设；指导福州市开展部级构建和谐劳动关系综合配套改革试点，推动厦门思明、湖里和泉州晋江、石狮等4个区（市）完成省级和谐劳动关系综合试验区建设任务；开展千企万人劳动关系专项监测，建立健全全省劳动关系异常情况报告制度，开展季度分析研判，加强矛盾风险预警处置；出台7份稳定劳动关系支持企业复工复产文件，发放《疫情期间用工政策指南》；开展省级劳动关系和谐工业园区、乡镇（街道）和企业评选认定活动。截至年底，共有全国劳动关系和谐工业园区6个、和谐企业40家，省级劳动关系和谐工业园区73个、和谐企业1430家、和谐乡镇32个、和谐街道23个。

【劳动人事争议调解仲裁】 2020年，福建省全面落实《关于预防和化解劳动人事争议的意见》，部分设区市探索与法律援助中心、律师事务所等机构建立调解协作机制，发挥协商、调解的基础性作用。省人社厅、省总工会、省企联、省工商联共同开展打造金牌劳动人事争议调解组织三年行动，加强劳动人事争议调解组织规范化建设，进一步完善专业性劳动人事争议调解机制。省人社厅出台《关于处理新冠肺炎疫情引发的劳动争议案件若干问题的指导意见》等政策文件，并会同省法院转发全国第一批劳动人事争议典型案例，全省推行使用“互联网+调解”服务平台，部分仲裁机构探索开展“云普法”“云调解”“云仲裁”，妥善化解涉及疫情争议案件；出台《关于进一步做好防范虚假劳动人事争议仲裁工作的通知》，强化对虚假仲裁的预防与应对处置；各级人社部门联合司法行政部门推进调解仲裁法律援助工作站建设，为农民工、工伤职工、“三期”女工等重点服务对象开辟“绿色通道”，提供便民法律援助。2020年，全省调解仲裁机构共处理争议案件4.67万件，涉及劳动者5.94万人，涉案金额12.71亿元；仲裁当期结案率93.10%，一裁终局率46.97%；调解组织调解成功率68.40%。

【劳动保障监察】 2020年，福建省全面组织实施《保障农民工工资支付条例》，以保障农民工工资支付工作考核为抓手，推动落实各项工资支付保障制度，开展讨薪纠纷警情联动处置，部署疫情期间助力复工复产清理整顿人力资源市场秩序专项执法行动，组织开展夏季高温天气劳动保护专项执法行动和根治欠薪冬季专项行动。健全完善劳动保障诚信体系，加强欠薪失信联合惩戒。2020年，全省各级劳动保障监察机构共检查用人单位18275户，督促补签劳动合同1.66万人，协调处理案件13491件，办结案件534件，为6243名劳动者追发工资等待遇6895.85万元。

【劳动能力鉴定】 2020年，福建省完成劳动能力鉴定20736人，其中因工伤残鉴定19604人、非因工因病鉴定1132人。贯彻落实“放管服”改革，在厦门、泉州开展省级“就近鉴定”便民服务6场次110人，开展“上门鉴定”便民服务3场次3人。省劳动能力鉴定委员会、省档案局印发《福建省劳动能力鉴定档案管理办法》，福建省成为劳动能力鉴定档案先行纳入档案行业管理的省份。

【劳动工资】 2020年，福建省落实《全方位推动高质量发展超越促进居民增收行动计划》要求，实施城镇职工、农民、困难群体、高端人才“四大群体增收计划”，拓宽居民工资性、经营性、财产性、转移性收入“四项增收渠道”。深化国有企业负责人薪酬制度改革，印发《国有企业负责人涉嫌违纪违法被调查期间薪酬支付问题有关意见的通知》等5份文件，严格规范组织任命的企业负责人薪酬分配。推进国有企业工资决定机制改革，会同省财政部门全面完成省直部门改革实施办法审核工作，涉及18个省直部门、76家省属企业；开展国有企业工资内外收入情况调研，进一步规范国有企业工资收入分配秩序。健全完善企业薪酬调查和信息发布制度，完成全省8000多家企业、91万名职工薪酬数据调查，获人社部关系司致信表扬和信息刊登推广，首次对外发布省级薪酬调查数据。持续推动部级企业人工成本监测试点，按季度完成数据审核上报工作。指导各地发布企业薪酬调查信息和国有企业工资增长指导线（其中省属国有企业工资指导线基准线为4%、下线为2.5%）。（郑婉菁）

人力资源管理

【人才引进与培养】 2020年，福建省继续推进高层次人才和青年优秀人才选拔。

高层次人才选拔与培养。全省74人入选享受国务院政府特殊津贴专家，其中专业技术人才64人、高技能人才10人；12人入选百千万人才工程国家级人选；选拔第一批“雏鹰计划”青年拔尖人才47人，下拨首期补助资金4700万元。开展新设立博士后科研工作站申报工作，全省25家博士后工作站获批建站。对227个博士后站点开展博士后综合评估，4个博士后科研流动站、5个博士后科研工作站被评为“优秀”。引进招收博士后321人，省级资助480万元，全省在站博士后1144人。实施“海峡博士后交流资助计划”，引进招收5人，资助经费308万元。

人才智力引进。省人社厅会同省委组织部实施《福建省高层次人才认定和支持办法（试行）》等引才政策，2020年全省新增省引进高层次人才（ABC类）944人，工科青年人才支持对象2037人。会同省委组织部举办“人才福建周”活动，接洽高校毕业生2760人次，达成初步意向550人次。开展“智惠八闽”专家服务乡村振兴专项行动，组织12批130多人次专家深入基层开展帮扶活动。开展“师带徒”医疗帮扶，组织25位北京名医与三明161名培养对象结对云帮扶；累计建立名医工作室82个，培养基层医疗骨干336人。持续开展“师带徒”引凤计划，吸引100多位高层次人才落地对接，带动意向投资6000万元。开展“海归英才八闽行”活动，对接帮扶基层，该活动入选“2020年海外赤子为国服务行动计划”。

人才服务。组织举办专家休假活动2期（其中1期为疫情防控医务专家休假）。发放高层次人才生活津贴5350人次5164.48万元，国务院政府特殊津贴1456人次519.42万元；发放高层次人才安家补助712人22093.75万元，工科类青年专业人才安家补助3841人19864.51万元；发放省引才奖励953人3304.52万元。完成2018—2019年度专家服务基地建设情况考核评估工作，评定优秀等次基地15家、良好等次基地21家，并给予优秀、良好等次基地分别资助5万元、3万元建设经费。遴选首批省级人才驿站示范站10个，并给予每个站点10万元建站补助。

【技能人才队伍建设】 2020年，福建省共组织19.48万人次参加职业技能鉴定及技能等级认定，获证人数15.50万人，其中国家职业资格三级（高级工）以上取证2.70万人（高级工22730人、技师3665人、高级技师604人）；全省共有10.24万人次参加专项职业能力考核，8.18万人取得专项职业能力考核证书。全省新增10家企业、31家职业院校（技工院校）、10家社会培训评价组织为职业技能等级认定试点单位。进一步推动直接采认台湾地区职业技能资格，共942名台湾同胞通过直接采认台湾地区职业技能资格取得相应国家职业技能资格。率先开展对台职业技能等级认定试点工作，先后向61名台湾同胞颁发职业技能等级认定证书。“直接采认台湾地区部分技能人员资格”被国务院列为在全国范围内复制推广的改革事项。

高技能人才队伍建设。实施高技能人才振兴计划。2020年，全省新增建设国家级高技能人才培训基地6个、国家级技能大师工作室7个、省级技能大师工作室100个。

职业技能竞赛。全省共组织举办省级竞赛25个场次（41个项目），组织参加11个场次（109个项目）的全国职业技能竞赛。在第一届全国技能大赛中，福建省共97名选手参加全部86个项目（世界性比赛选拔项目63个、国家级比赛精选项目23个），获得2个银牌、1个铜牌、30个优胜奖，16个项目入围全国集训队，被人社部授予“突出贡献奖”。

技工教育改革发展。2020年，全省技工院校招生48060人，完成全年计划的123.23%；开展学徒制培训9522人，完成全年计划的119.03%。全省18名技校教师参加全国技工院校教师职业能力大赛，获得二等奖4名、三等奖14名。全省技工院校73名学生获得国家奖学金、5名学生获得“技能雏鹰”奖学金。原省级审批登记的15所民办技工院校按照属地原则调整为地方管理。创新办学模式，在福建电子信息集团的科学工业园区开设福建技师学院——电子信息产业学院，首批招生近千人。

【专业技术人才队伍建设】 至2020年底，福建省专业技术人才达282万人，其中高级专业技术人才达28万人。做好民营企业职称评审。坚持一视同仁、分类评价、服务公益，至年底全省民营企业通过“补充渠道”评审取得职称人数90963人，其中高级4598人、中级37330人、初级49035人。推动职称评审工作创新。省人社厅会同省邮政管理局设置快递工程师专业并开展评审；在厦门市开展大数据和机电元器件等新专业职称评审试点工作，评审通过大数据专业职称337人；依托厦门市开展的“航空维修产业职称评审”被列为国务院第六批自由贸易试验区改革试点经验复制推广。推进直接采认台湾地区专业技术职业资格及自主聘任台湾地区人才工作，率先出台台湾地区医师、牙医师、导游、不动产估价师、不动产经纪人、土地登记代理人、会计师、记账士、机动车维修等职业资格直接采认专业技术职业资格办法，首次实现在闽台湾居民在线职称答辩，累计评聘和采认台湾教师、医师、工程、农业等专业技术资格792人。会同相关行业主管部门组织专业技术人员职业资格考试，报考人数近30万人。

专业技术人才培养。推动开展专业技术人才继续教育工作，举办专业技术人才知识更新工程国家级高级研修班4期，近300名高、中级专业技术人员参加；实施全省高级研修项目计划93个，其中示范班50个。厦门大学入选第十批国家级专业技术人员继续教育基地。

【事业单位人事制度改革】 2020年，福建省人社厅继续做好省直、中直事业单位招聘工作，全年共招聘1972人。会同省教育厅组织开展全省中小学幼儿园新任教师公开招聘工作，招聘教师

1.3万人。指导疫情防控相关医疗卫生机构等事业单位紧急补充医护人员等疫情防控工作人员290人。指导各地各单位疫情期间加大事业单位公开招聘高校毕业生力度。组织开展2020年福建省面向昌都籍高校毕业生公开招聘工作。严格审批程序，为福建省属事业单位调配人员约500人次。

事业单位人事管理。进一步完善事业单位岗位管理制度和人员聘用制度，认真贯彻执行事业单位工作人员奖励、处分、申诉、培训等各单项规定。落实《事业单位人事管理回避规定》，加强对任职岗位和履职情况的监督约束。落实出台疫情防控一线医务人员职称评聘政策，全省援鄂医务人员优先晋级岗位等级468人，记功奖励医务人员244人，获得省部级以上表彰奖励直接申报高一级职称评审49人，提前一年参加全国统一组织的卫生初中级考试180人。开展全省事业单位扶贫攻坚专项奖励工作，全省嘉奖人员1000名、集体100个，记功人员100名、集体20个，记大功人员15名、集体3个。贯彻落实《关于进一步支持和鼓励事业单位科研人员创新创业的指导意见》，全省登记备案离岗创业事业单位工作人员100余人。

职称制度改革。省人社厅会同财政、工信、农业、档案等系列主管部门推进会计、经济、工程技术等系列职称制度改革。出台深化农业技术人员职称制度改革的实施方案，发布正高级经济师及文物博物、档案专业技术职务任职资格评审工作的实施意见。

事业单位工资分配改革。贯彻落实疫情防控期间保护关心爱护一线医务人员相关政策措施。调整野外地质勘探队、测绘队工作人员基本工资标准。做好省属事业单位绩效工资总量、省属公立医院工资总额核定工作。完成省级国家综合性消防救援队伍消防员工资套改。配合省教育厅做好义务教育教师平均工资水平比较及待遇保障政策落实情况督导督查。

【人力资源市场建设】 2020年，福建省持续深化闽台人力资源服务交流合作，新设立2家台资独资人力资源机构（累计13家）。加强人力资源服务业人才队伍建设，举办第一届福建省人力资源服务大赛。支持人力资源服务产业园发展建设，新开园一家泉台人力资源服务产业园。加强流动人员人事档案信息化建设，依托互联网实施流动人员人事档案社会化服务。 （郑婉菁）

社会保障

【企业职工基本养老保险】 至2020年底，福建省企业职工基本养老保险参保1053.7万人，其中在职894.36万人、退休159.34万人。截至年底，福建省企业职工基本养老保险基金收入554.79亿元（含中央调剂金），其中基本养老保险费收入391.99亿元；福建省企业职工基本养老保险基金支出786.84亿元（含中央调剂金），其中基本养老金支出514.27亿元。连续22年为企业退休人员增加养老金，全省共有149.1万名企业退休人员受益。完善企业职工基本养老保险省级统筹制度，对接全国统筹，执行基金中央调剂制度。顶格落实阶段性减免企业社会保险费政策，减轻企业缴费负担。2—12月，全省减免企业养老保险费241.63亿元。

【机关事业单位养老保险】 至2020年底，福建省机关事业单位养老保险参保146.87万人，其中在职97.24万人，退休49.43万人。至年底，福建省机关事业单位养老保险基金收入321.43亿元，其中基本养老保险费收入189.22亿元；福建省机关事业单位养老保险基金支出355.43亿元，其中基本养老金支出312.55亿元；职业年金累计结余320.93亿元。连续5年与企业退休人员同步调整养老金，49.45万名机关事业单位退休人员受益。持续推进机关事业单位养老保险制度改革，“中人”待遇重算工作至年底基本实现能算尽算。稳步推进职业年金投资运营，2020年2月首批职业年金基金按规定投入市场化运营，截至年底累计投入市场化运营266.75亿元，累计投资收益23.08亿元。

【城乡居民基本养老保险】 至2020年底，福建省城乡居民基本养老保险参保1588.16万人，同比增加34.04万人，增长2.19%；参保率99.2%。全面实施全民参保计划，推进养老保险参保精准扩面。提高城乡居民基本养老保险养老金标准，省定基础养老金最低标准从每人每月123元调高至130元，比国家标准高37元。2020年度，全省城乡居民基本养老保险基金收入130.83亿元，其中财政补助资金收入96.71亿元；基金支出95.30亿元；基金当期结余35.53亿元；至年底，基金累计结余230.99亿元，其中个人账户基金结余227.50亿元；上解委托投资基金累计50亿元。

【基本养老保险扶贫】 至2020年6月底，福建省实现建档立卡贫困人口、低保对象、特困人员基本养老保险应保尽保、应发尽发、应代缴尽代缴目标。下半年按人社部部署转入贫困人员基本养老保险参保“动态清零”阶段。至12月底，全省贫困人员参加基本养老保险72.07万人，共完成贫困人员保费代缴40.86万人8152.26万元，贫困人员领取养老待遇25.01万人，完成基本养老保险扶贫“清零”任务。

【失业保险】 至2020年底，福建省失业保险参保664.41万人，同比增加53.79万人，比上年增长8.81%；领取失业保险金人数6.33万人，同比增加0.43万人，增长7.28%。调整失业保险金标准，全省月人均领取失业保险金标准上调至1328.31元。加大援企稳岗力度，全年共发放失业保险稳岗返还46.26亿元，惠及企业22.63万家。

【工伤保险】 至2020年底，福建省工伤保险参保 936.85 万人，同比增加 45.7 万人，增长 5.13%。巩固原有参保基础，拓展扩面新增长点。持续推进建筑业按项目参加工伤保险工作，巩固住房、市政工程和城市地铁等建设领域参保取得的成效，推动公路、水利、水运、电力和机场等建设工程领域参保扩面。切实提高工伤职工待遇保障水平。省人社厅、省财政厅共同印发《关于调整全省工伤职工住院伙食补助费和异地就医（配置辅助器具）交通食宿费标准的通知》和《关于调整全省工伤保险定期待遇的通知》，全省工伤职工住院伙食补助、异地就医交通食宿费标准，以及伤残津贴、生活护理费、供养亲属抚恤金三项定期待遇水平均有较大幅度提高。

【社会保险基金监督】 2020 年，福建省加强社会保险基金管理风险防控工作力度，成立福建省社保基金管理风险防控工作领导小组，落实主体责任。完善社会保险基金监督政策，出台《关于建立健全查处涉嫌欺诈骗取社会保险金违法行为常态化工作机制的通知》，为打击骗保工作提供政策依据。做好社会保险基金管理风险监督检查，开展企业职工基本养老保险提前退休问题专项核查、失业保险基金管理内部控制专项检查。省职业年金正式开展运营。在全国率先出台《关于加强职业年金基金监管的通知》，明确职业年金监管部门、代理人、受托人、托管人、投管人的职责分工，并建立代理人、各职业年金管理机构的信息报告制度。履行城乡居民保委托投资合同约定，完成第二批资金 17.3 亿元划转工作。（郑婉菁）

【医疗保障】 2020 年，福建省基本医保参保 3840.48 万人，参保率保持在 95%以上。其中，职工医保参保 893.13 万人，城乡居民医保参保 2947.35 万人。医保基金运行平稳，全省职工医保统筹基金、城乡居民医保基金分别结余 10.26 亿元、7.17 亿元。群众医疗保障水平稳步提升，国家新版医保药品目录于 2020 年 1 月 1 日起实施，其中新增 123 个国家谈判药品纳入医保目录。出台国家谈判药品单列门诊统筹支付政策，将 20 种药品纳入门诊报销范围。城乡居民高血压、糖尿病门诊用药政策落地落实。职工医保、城乡居民医保住院政策内报销比重分别为 85.97%、65.04%，分别比 2016 年提高 0.69 个百分点和 3.19 个百分点。

抗击新冠肺炎疫情。2020 年，面对新冠肺炎疫情的挑战和错综复杂的形势，福建省医疗保障部门主动作为，统筹推进疫情防控和医疗保障改革发展，精准实施医保扶贫政策，强化医保兜底保障责任，减轻人民群众就医负担。把疫情防控作为首要政治任务，以“七个确保”（确保动员部署到位、确保患者放心就医、确保医疗机构放心救治、确保药品供应保障、确保联防联控到位、确保各项服务不间断、确保工作平稳有序）为抓手，对标对表落实疫情防控医疗保障责任。第一时间响应落实国家医保局“两个确保”。采取医保和财政综合保障，确保患者放心就医，及时预付基金保障“先救治、后付费”，确保医疗机构放心救治。全省共预付基金 12.07 亿元，结算患者 798 人，医疗总费用 1316.43 万元。落深落细疫情保障措施，统筹做好药品耗材供应保障、优化疫情经办服务、强化联防联控等措施，开展检测试剂集中采购，促进核酸检测、抗体检测试剂分别降价 75.67%、43.57%。支持复工复产和复商复市，实行企业医保缴费减征缓征，2—6 月阶段性降低企业单位缴纳职工基本医疗保险费，共计减征医保缴费 30.66 亿元。对生产经营困难的中小企业叠加缓缴政策，2—10 月累计缓缴 4.78 亿元。

决战医保脱贫攻坚。深入实施医疗保障扶贫 3 年行动计划，对符合条件的贫困人员全额资助参保，实现应保尽保。按照“多重保障、梯次减负”的原则，完善精准扶贫医疗叠加保险政策，新增膀胱癌、卵巢癌、肾癌等 3 种大病纳入“第二道”补助，及时将因疫情新增困难人群纳入精准扶贫医疗补助范围。2020 年全省共有 9.48 万名建档立卡贫困人口享受补助政策，平均报销比重从 78.3%提高到 90.86%，其中 34 种大病最高报销比重可达 98.06%。打通农村医保服务“最后一公里”，全省 2201 个贫困村医保服务全覆盖。各地结合实际探索精准扶贫举措，泉州市建立医保脱贫攻坚“365”工作法，三明市探索实施医保扶贫机制等，助力全面完成医保脱贫攻坚任务。

加强医疗保障制度建设。加快构建多层次的医疗保障体系，不断织牢织密医保兜底网。整合完善医保基础制度，全面完成职工基本医保与生育保险合并实施，实现两险合并缴费、基金合并运行、业务统一办理，并延长生育津贴发放天数至不少于 128 天。2020 年 7 月起，率先实行职工基本医保个人账户家

2020 年 7 月 8 日，福建省医疗保障研究院揭牌　　（省医保局供稿）

庭共济，全省家庭共济账户已开通11.4万户，划入共济资金3.4亿元。稳步提升基金统筹层次，巩固深化职工医保基金省级统筹，继续开展职工医保基金省级统筹调剂，共有8个统筹区受益8.81亿元，调剂后各统筹区年人均拥有基金量差从1256元下降到758元。完善医疗救助制度。建立全额资助参保、特殊门诊救助、住院救助、一次性定额救助和特重大疾病补助等多层次救助体系，全省共救助各类医疗救助对象558.7万人，累计救助金额12.29亿元。

“三医联动”改革持续深化。贯彻落实福建省委、省政府《关于全面推广“三明经验”深化医药卫生体制改革的意见》，进一步发挥医保战略性购买作用，统筹推进药品耗材采购、医保支付制度、医疗服务价格改革。建立药品耗材集中带量采购常态化机制。在落实国家药品集中带量采购任务的基础上，分批分类探索开展药品和医用耗材省级集中带量采购，动态调整药品最高销售限价，完善以市场为主导的药品价格形成机制，一年可节约医药费用30.06亿元。其中，国家“4+7”集中采购节约费用12.29亿元，第二批国家集采节约费用9.01亿元，开展13种未通过一致性评价药品省级带量集中采购，平均降幅66.39%，节约费用约5.96亿元；4类医用耗材（包含高耗和普耗）省级集中带量采购，平均降幅52.86%，节约费用2.8亿元。完善药品耗材改革激励机制，在患者享受改革红利的基础上，对医疗机构采购中选药品结余资金按照不超过50%部分予以奖励。深化医保支付制度改革。全面推行按病种和按疾病诊断相关分组（DRG）收付费改革，省、市3所医院（省协和医院、福州市第一医院、厦门市第一医院）DRG收付费试点落地实施，并将试点范围扩大至省属、福州、厦门等5家三级医院。南平市成为国家首批DRG付费试点模拟运行城市，厦门、莆田、龙岩、宁德4市纳入国家区域点数法总额预算和按病种分值付费试点。全省按病种收付费病种1000多个，县级医院常见病种覆盖率60%。医保药品支付标准规则修订完善。41个县域医共体实行医保打包支付成效初显，县域内基层诊疗人次占比达60.6%。同时，结合福建省药品采购改革，探索建立药品支付标准形成机制，出台福建省医保药品支付标准制定规则，统一规范医保药品支付标准。完善医疗服务价格管理。稳妥有序调整医疗服务价格，改进完善新增医疗服务价格项目管理，进一步理顺比价关系。规范完善医疗服务收费项目，厘清价格项目内涵边界，对22项检验类项目和3项手术操作类除外收费内容进行梳理规范，调整部分中医医疗服务价格、放疗类项目计价单位和收费标准等。出台规范家庭病床服务收费政策，调整上门医疗服务项目价格2项。“十三五”期间，全省各地共调价30次，调整金额达45.5亿元。（林晓丹）

社会救助

【城乡低保】 2020年，福建省各级民政部门统筹疫情防控和经济社会发展，充分发挥低保制度在脱贫攻坚中兜底保障作用，扎实做好困难群众基本生活保障工作。保障范围持续扩大，进一步落实支出型贫困家庭低保政策，明确将低收入家庭中重残人员（含智力、精神三级）和重病患者等特殊困难人员单人纳入低保。保障水平持续提高，各地将城市低保标准占最低工资比重从36%～42%提高到42%～48%，并落实城乡低保标准一体化。至年底，全省共有城乡低保对象51.56万人，比上年增长10%；全省城乡低保平均标准8260元/年，比上年增长12%；全年累计支出城乡低保金（含补贴）30.05亿元，比上年增长31%；城乡低保月平均补差为520元、438元，分别比上年增长12%、14%；共有12.34万名建档立卡贫困人口纳入低保范围。持续深化“放管服”改革，全省68个县（市、区）开展低保审核确认权限下放乡镇（街道）试点，占全省县（市、区）总数的81%。开展农村低保专项治理，聚焦低保经办中“漏保”问题，各地组织工作力量，全面开展摸底排查并按规定落实救助帮扶政策，全年共摸排各类困难对象83.66万人，有效落实了“应保尽保”。（吴艺林）

【特困供养】 2020年，福建省各级民政部门围绕打赢脱贫攻坚战有关决策部署，抓好新冠疫情常态化防控，认真组织实施社会救助兜底脱贫行动，切实履行兜底保障责任。至年底，共将1.06万名建档立卡贫困人口纳入特困供养范围。通过及时发放价格临时补贴和防疫物资、发动党员干部开展结对帮扶、指定委托照料服务责任人、建立落实巡查探访制度等，保障疫情期间特困人员基本生活，未发生特困人员感染新冠肺炎疫情问题。进一步规范特困人员认定办事流程，加强特困供养政策宣传解读，持续提高特困供养标准，全面摸排并妥善解决特困人员集中供养需求，将生活不能自理特困人员集中供养率纳入省政府对设区市政府绩效考核指标体系，推动提高生活不能自理特困人员集中供养率。至年底，全省共有特困人员68364人，平均保障水平每人每年14853元，比上年提高2309元；生活不能自理特困人员集中供养率全年平均66.5%，超额完成《民政事业发展第十三个五年规划》关于“到2020年，生活不能自理特困人员的集中供养率达到50%”的目标要求；省级财政全年下达补助资金7.28亿元，比上年增长7.1%；各级财政全年支出特困供养金10.48亿元，比上年增长19%。（卢六周）

【临时救助】 2020年，福建省各级民政部门充分发挥临时救助在脱贫攻坚和疫情防控中的重要作用，适度扩大临时救助范围，及时启动乡镇（街道）临时备用金，开展“先行救助”，实现“应救尽救”。阶段性提高临时救助筹资标准，全省按各地财政状况以户籍人口每人每年7元、8元、10元的标准筹集临时救助资金，全省共筹资3.41亿元，其中省级财政下达年度补助资金2.25亿元。受新冠肺炎疫情影响，各地加大临时救助力度，全省共实施临时救助29.96万人次、发放临时救助金3.36亿元，分别比上年增长92.4%、36%，人次均救助水平1121元。（林　哲）

【救助管理】 2020年，福建省共救助流浪乞讨人员14337人次，其中未成年人536人次，智障和精神病人1079人次，护送返乡767人次。开展救助管理服务质量大提升专项行动，各地依托救助管理工作联席会议成立专项行动领导小组，并召开成员单位联席会议。各级民政部门均建立政府负责人牵头的救助管理工作领导协调机制、多部门联合开展的街面巡查机制、重大突发事件应急处置和信息报告机制等。各地开展“寒冬送温暖”“夏季送清凉”专项救助行动。6月，开展寻亲专项行动和救助机构“开放日”活动，集中发布寻亲公告，主动开放救助机构，接受社会监督。各级救助机构均建立专业寻亲队伍，全年共帮助641名无法查明身份信息的受助人员寻亲返乡。建立“厅领导挂设区市、干部包县（市、区）”的“挂包”机制加强督导，市、县两级民政部门参照省厅建立“挂点”机制，落实落细属地监管责任。各级民政部门和救助机构推进落户安置政策，对滞留3个月以上且无法查明身份信息的受助人员全部提出安置申请，全省落户858人。各级救助机构按照“严防输入、内防扩散”的原则，严格落实落细防控措施，全省救助和托养机构均未出现新冠肺炎确诊和疑似病例。

（曹　华　周希妍）

基层组织建设

【社区治理】 至2020年底，福建省共有城市社区2907个（新增128个），其中福州市521个（新增17个）、厦门市382个（新增4个）、漳州市502个（新增76个）、泉州市477个（新增5个）、三明市191个（新增3个）、莆田市167个（新增9个）、南平市281个（新增3个）、龙岩市159个（新增6个）、宁德市201个（新增4个）、平潭综合实验区26个（新增1个）。

全力织牢社区疫情防控网。根据社区疫情防控系列部署要求和防控形势变化，先后出台关于动员社区组织开展疫情防控、发动多方力量加强社区防控、做好社区防控督促检查等多份文件，指导各地跟进防控措施，落实社区防控责任。持续开展社区防控工作的督促检查，及时向省委、省政府报送社区防控情况。引导多方力量参与防控。充分发挥党建引领、多方参与的社区治理机制作用，持续引导各方力量下沉社区，筑牢联防联控防线。全省有5.2万个基层党组织、120万名党员、14.38万名机关干部、10.6万名社区工作者、65万名志愿者、7000多名专业社工等投身社区防控一线。推动省应对疫情领导小组出台全面落实疫情防控一线城乡社区工作者关心关爱具体措施。各地在落实保障政策基础上，给19.9万名城乡社区工作者和网格员、志愿者等发放临时性工作补助。全省15名社区工作者被民政部评为抗击新冠肺炎疫情优秀城乡社区工作者。

持续提升社区治理水平。开展社区综合服务能力建设行动，在社区治理机制、队伍建设等方面促创新、提质量、优服务，推动社区综合服务能力提档升级。全省城乡社区综合服务设施实现全覆盖。加强社区队伍建设。省民政厅等6部门印发《关于改进和规范基层群众性自治组织出具证明工作的实施意见》，开展为期3年的社区“万能章”专项治理。组织实施第12批高校毕业生服务社区计划，全省统一招募300名高校毕业生到城市社区工作。厦门、三明、莆田、宁德建立社区工作者“三岗十八级”职业体系，解决社区工作者身份定位、报酬待遇、发展出路等方面的问题。

深化闽台社区交流。在厦门举办以“爱心社区　共同抗疫”为主题的第七届海峡两岸社区治理论坛，两岸社区志愿者70多人和媒体记者参加。平潭深化台籍社区营造师参与社区治理工作，2020年有在职社区营造师57名（全职30名、兼职27名），充分借鉴学习台湾社区营造经验，开展两岸社区融合试点。福州市晋安区成立全国首家两岸社区交流中心，集两岸学术研讨、展示交流、社会服务等多功能于一体。

【村民自治】 至2020年底，福建省共有建制村14252个，其中福州市2196个、厦门市147个、漳州市1559个、泉州市2055个、三明市1738个、莆田市808个、南平市1636个、龙岩市1786个、宁德市2135个、平潭综合实验区192个。

深化基层民主协商。完善协商制度，落实民主恳谈、评议等5项基本规范和5项具体制度，100%村（社区）建立民主协商制度；建设协商平台，充分利用社区综合服务设施设立民主议事厅，覆盖率达81%；畅通协商渠道，利用社区网站、“两微一端”等媒体平台，建立“线上+线下”协商方式。形成福州市鼓楼区“参与式预算”微实事协商、宁德周宁县云门村“凤亭说事”、厦门市湖里区园山社区“书记下午茶”等协商经验模式。莆田市制定《莆田市城乡社区民主协商工作指南》。

强化乡镇政府服务功能。省委办公厅、省政府办公厅印发《关于深化乡镇（街道）机构改革的意见》，进一步明确构建“边界清晰、权责一致、联动顺畅”的县乡关系。推行和完善乡镇权责清单制度，结合乡镇机构改革，推进乡镇权责清单规范化标准化。2020年5月，省政府办公厅印发《福建省赋予经济发达镇部分县级经济社会管理权限的指导目录（一）》，明确可赋予经济发达镇77项县级经济社会管理权限。泉州市除鲤城、丰泽两个区建立“街道吹哨、部门报到”综合执法协调机制外，其余县（市、区）乡镇（街道）均设立专门综合执法队伍，依法履行县级赋予的执法权限。厦门市结合“美丽厦门共同缔造”社会治理创新实践，率先在思明区中华街道、海沧区新阳街道开展推进镇（街）管理体制试点改革。按照福建省乡镇国库集中支付制度改革实施方案，不断加大乡镇集中支付改革推进力度，全省（不含厦门）所有乡镇均实施乡镇国库集中支付改革，顺利完成改革目标。组织开展乡镇政府服务能力建设示范工作，确定福州市罗源县、福州市闽清县、漳州市东山县、泉州市石狮市、三明市将乐县、莆田市荔城区、南平市邵武市、龙岩市上杭县、龙岩市永定区、宁德市福鼎市等10个省级示范单位。（陈璐瑶）

社会福利和慈善事业

【养老服务】 2020年，福建省加快推进养老服务发展。养老床位供给有效增加。全省各类养老床位由上年度的23.2万张提高到24.75万张，每千名老年人拥有床位数由36.2张提高到37.1张。护理型养老床位占比提高至55%。社会化服务供给进一步扩大，民营床位占比提高到80%。社区养老服务设施建设取得较大发展。全省建成居家社区养老服务照料中心662所，实现街道和中心城区乡镇全覆盖；当年新建农村幸福院1643所、老年助餐点141个，全省累计建成标准农村幸福院1万多所，建制村养老服务设施覆盖率提高至72.1%。养老机构服务质量明显提升。优先推动78所乡敬老院改造提升成集机构、居家、社区养老服务功能为一体的农村区域性养老服务中心。全省1141家养老机构全面完成消防和建筑安全双达标。居家适老化改造有序推进。及时印发《福建省困难老年人家庭适老化改造实施方案》，明确实施对象、实施程序、改造内容和责任分工。全年共完成适老化改造11775户，占计划任务的117.8%。养老服务队伍加快发展。启动实施养老护理人员职业技能提升行动，用好培训补贴政策，不断健全养老护理人员培训体系，全省当年累计开展养老服务从业人员分级分类培训2.9万人次。（黄云龙）

【儿童福利】 2020年，福建省在疫情发生后，第一时间组织全省儿童福利系统落实疫情防控措施，及时纳入联防联控机制，严格封闭式管理，率先在全国开通99条覆盖所有县（市、区）的24小时“卫童抗疫服务热线”，做好常态化疫情防控工作，全省279名因疫致困儿童获得救助，150余家儿童福利机构和未成年人救助保护机构、3119名孤儿、809名工作人员及73488名农村留守儿童、困境（事实无人抚养）儿童实现零感染。

事实无人抚养儿童得到有效保障。2020年1月1日起实施事实无人抚养保障政策，着力解决政策执行、摸底排查、对象认定保障、工作落实等问题。至年底，全省有8940名事实无人抚养儿童纳入保障，占全省户籍人口的万分之二点二八，占全省儿童总数的万分之十一点四七。

孤儿基本生活保障补助提标扩面。从2020年12月1日起，将全省集中养育和散居孤儿基本生活保障补助标准分别由每人每月1500元、900元提高至每人每月1800元、1400元，事实无人抚养儿童基本生活保障补助按散居孤儿保障标准执行。同时，将省级财政对事实无人抚养儿童基本生活保障补助范围从建档立卡贫困户、城乡最低生活保障等生活困难家庭中的和纳入特困人员救助供养范围的事实无人抚养儿童调整为全部事实无人抚养儿童，进一步保障孤儿及事实无人抚养儿童的发展权益。

“福蕾行动计划”深入实施。组织关爱网络建设、假期关爱、结对帮扶等“十项工程”，省民政厅下达2000万元用于补助各地农村留守儿童和困境儿童关爱服务开展。全省有19个县（市、区）、47个乡镇（街道）先行试点，进一步提升基层关爱服务能力水平，打造具有福建省特色的儿童福利保障和关爱服务品牌。

开展儿童福利“政策宣讲进村（居）”活动。自2020年6月起，集中开展为期一年的农村留守儿童和困境儿童关爱保护“政策宣讲进村（居）”活动。省民政厅在福州市永泰县召开全省儿童福利业务培训暨儿童福利政策宣讲进村（居）活动现场推进会，下发《农村留守儿童和困境儿童关爱保护“政策宣讲进村（居）”活动实施方案》，编发《儿童福利法规政策100问100答手册》2万册、《儿童安全常识手册》2万册，发放《致儿童家长一封公开信》2万封。各地宣讲活动蓬勃开展，全省各级民政部门共开展5490场次宣讲活动。

儿童福利示范创新工作进一步推进。三明市“‘三聚三化’精准呵护农村留守儿童健康成长”作为福建省唯一案例，被农业农村部、国家发展改革委、新华社等评为第二批全国农村公共服务典型案例，继上年莆田市“网格+留守（困境儿童）”关爱模式，成为福建省儿童福利工作第二个此类典型。推进泉州、莆田和宁德三市服刑人员未成年子女关爱保护试点，总结形成福建省服刑人员未成年子女关爱保护模式，三市共有服刑人员未成年子女875人，其中561人通过专业社工接受结对帮扶、心理疏导、亲情陪护等关爱服务，23人被认定为事实无人抚养儿童并纳入保障。（连　峰）

【残疾人福利】 2020年，福建省共发放补助资金9.5亿元，惠及困难残疾人32.3万人、重度残疾人36.7万人。

加快发展精神障碍社区康复服务。2020年，各地开展精神障碍社区康复的县（市、区）达到40%以上，福州、漳州、泉州、三明、南平各新建3个，宁德、龙岩各新建2个，莆田新建1个。安排彩票公益金924万元，按照各地新建目标任务数进行分配，确保建设任务顺利完成。全省共有44个县（市、区）在推进建设，其中14个县（市、区）开展服务。

实施“福康工程”项目。下发《关于在脱贫攻坚中做好2020年度“福康工程”项目实施工作的通知》，决定从省级彩票公益金中安排300万元，在23个扶贫开发工作重点县实施“福康工程”项目，为165名肢体障碍残疾人配置智能多功能辅具车等康复辅具并提供康复训练。（张倪玲　高凤英）

【收养工作】　2020年，福建省国内收养登记354例，解除收养登记7例，撤销收养登记3例。推进莆田SOS儿童村改革，在全国率先制定SOS儿童村改革方案、启动改革，将莆田SOS村交由当地政府管理和提供经费保障，省财政予以相应补贴，推动将莆田SOS儿童村建设成为具有示范性的区域性综合儿童福利机构。进一步推进依法规范收养登记，保障当事人合法权益。（连　峰）

【慈善事业】　2020年，福建省加强慈善法治建设。开展立法调研，加快推动《福建省慈善事业促进办法》出台；配合省人大常委会开展《中华人民共和国慈善法》实施情况执法检查，进一步增强各级政府、慈善组织和全社会“依法治善”意识。通过发布倡议书、出台加强疫情防控慈善捐赠有关政策等，及时引导动员全省慈善力量依法有序支援疫情防控。全省慈善组织、红十字会累计接收疫情防控社会捐赠款物约9.43亿元。举办福建省第三届“善行八闽——公益慈善项目大赛”，展示福建省公益慈善活动成果。全省共236个项目参与，最终评选出特等奖和一、二、三等奖共36个。福建省“善才种子”项目在第八届中国公益慈善项目大赛中夺得金奖。慈善聚力精准扶贫。实施“慈善手拉手”专项行动，推动实施“八闽点睛行动”、关爱女性健康工程、贫困血友病患者援助等省级慈善项目等一批慈善活动或项目，全省年内慈善帮扶对象超15.8万人次。（王舒凌）

老区建设

【老区发展法规政策工作】　2020年，福建省落实完善促进老区苏区发展政策法规，推进老区苏区脱贫奔小康。推动省人大常委会修正《福建省促进革命老区发展条例》（简称《条例》）。2020年1月9日，省第十三届人民代表大会常务委员会第十四次会议通过该《条例》，将制定老区规划、产业发展、基础设施建设、生态环境保护、人居环境整治、教育、医疗、社会保障、文体设施建设等新要求、新做法写入《条例》中，为促进福建省革命老区发展提供法治保障。按照省委《关于做好革命老区中央苏区脱贫奔小康工作的实施意见》，继续落实好《福建省民政厅关于深入贯彻落实省委十届八次全会精神的实施意见》，从民生兜底保障、乡村振兴、养老补短板、社会力量参与扶贫等方面，加以推进和落实。出台《福建省民政领域2020年脱贫攻坚工作计划》，与省扶贫办共同印发《2020年社会救助兜底脱贫行动实施方案》，确保全面完成民政脱贫攻坚兜底保障各项任务。配合省发改委做好新时代支持原中央苏区振兴发展政策文件研究工作。

【老区扶建工作】　2020年，福建省加强扶持老区村建设。对114个省级扶贫开发重点老区村给予不少于10万元的项目扶持，实现第五轮292个省级扶贫开发重点老区村项目扶持全覆盖，全年共补助371个老区村生产生活项目。开展“阳光1＋1牵手计划”行动。采取“摸底子、搭台子、结对子、开方子、创牌子”五步工作法，有序推进老区村和社会组织结对共建工作。全年共有1093个社会组织与1263个老区村结对共建，生成帮扶项目1100多个，各级社会组织共投入资金近2亿元助力老区村精准脱贫和乡村振兴。加强革命遗址保护利用。建立革命遗址项目储备库，加强与文物部门的定期比对，将省级补助资金重点用于支持影响较大、亟须保护的非文物革命遗址保护利用项目，全年安排2000万元用于补助81个非文物革命遗址的维修保护。

【革命“五老”工作】　2020年，福建省继续开展革命“五老”及遗偶关心关爱工作。及时下达2020年革命“五老”人员生活定期补贴和医疗补助省级资金，并做好2020年度生活定期补贴的提标工作，从8月起，革命“五老”人员生活定期补贴提高至每人每月1520元。在元旦、春节期间开展革命“五老”人员、遗偶和老区困难群众慰问工作，省级资金慰问近3000人。

【老区宣传工作】　2020年，在各主流媒体、网站上刊登《条例》，组织开展《条例》解读工作，全面开展《条例》宣传工作。组织省内主要媒体及时向社会各界宣传“阳光1＋1牵手计划”进展、帮扶合作成效和典型经验案例，营造全社会踊跃参与老区村帮扶的良好氛围。编印《老区政策汇编》《福建老区发展手册》，为各级各部门学习宣传和贯彻落实老区相关政策法规提供帮助。

（陆泽姣）

婚姻家庭

【婚姻登记】　2020年，福建省共设108个婚姻登记机关，其中市级婚姻登记机关3个（福州、厦门、三明），区县级婚姻登记机关87个，乡镇婚姻登记机关18个。全年全省结婚登记242663对，离婚登记98514对。其中，国内居民结婚登记204635对，离婚登记93111对；涉台湾居民结婚登记215对，离婚登记73对；涉香港居民结婚登记144对，离婚登记41对；涉澳门居民结婚登记90对，离婚登记13对；涉华侨人员结婚登记91对，离婚登记39对；涉外结婚登记452对，离婚登记141对。

【婚姻登记管理信息化建设】　2020年，福建省部署升级全省婚姻登记管理信息系统，新增法院婚姻数据审查、指纹比对、人脸识别功能，可实现婚姻登记国内外合一业务办理。加大婚姻信息补录工作力度，基本完成中华人民共和国成立以来有档可查的婚姻登记历史数据补录工作，适时完成婚姻登记电子证照转化工作，推进婚姻信息归集与共享。

（陈 娴 高凤英）

【家庭家教家风与关爱助学】 2020年，推动参与《福建省家庭教育促进条例》的制定出台。联合省人大社会委等部门开展“条例”万场巡讲，打造“闽姐姐空中家长学校”，实施家庭教育进社区（村）项目，推出公益广告、动漫宣传，举办家庭教育宣讲员风采展示，推动构建“家庭尽责、学校指导、政府推动、社会协同”的工作机制。回应家庭关切。省妇联推出“困境儿童重大疾病救助”等十项关爱举措；深化“春蕾计划”助学行动，募集资金206万元，资助女大学生236名；开展寒暑期儿童关爱服务，组织巾帼志愿者结对帮扶留守、困境儿童3.4万人次。发挥品牌效应，助力学前教育发展，省金山麦浦幼儿园、省儿童保育院香缇幼儿园、省实验幼儿园泉州分园如期开园。探索做好3岁以下婴幼儿照护服务。倡导家风文明。号召广大妇女和家庭节约粮食、自觉践行“光盘行动”，参与爱国卫生运动；揭晓福建省最美家庭200户、表彰第十二届福建省五好家庭100户，配合做好推荐全国文明家庭工作；组织好家庭好家风分享会，发挥家庭家教家风在基层社会治理中的重要作用，弘扬新时代家庭文明新风尚。推出《悦读·家》第二季，激荡家国情怀，全网点击量达1.3亿次，得到全国妇联内刊推广、获评全国“走好网上群众路线典型案例征集展示活动”优秀创意案例。（谢德权）

老龄工作

【推进医养结合工作】 截至2020年底，福建省医养结合机构（两证齐全）123家，医养结合床位37002张，医疗机构与养老机构、日间照料中心等签订合作协议2242对。与上年相比，机构数量增长19.4%，床位总数增长21.7%，签约对数增长14.4%。在2016—2018年省级医养结合试点单位建设工作的基础上，培育龙岩市长汀县新桥中心卫生院等4家单位作为首批省级医养结合机构综合示范培训基地。确定大田县医养服务中心等4家机构为全国首批174家老龄健康医养结合远程协同服务试点机构，参与共同建设全国“老龄健康医养结合远程协同服务平台”。

【建立完善老年健康服务体系】 2020年7月，福建省卫健委联合省发改委等7个部门印发《福建省建立完善老年健康服务体系实施方案》，明确指导思想、总体目标和工作任务。各地开展以“提升健康素养，乐享银龄生活”为主题的老年健康宣传周活动，举办各类健康知识讲座及医疗义诊近1000场、发放各类宣传材料30万多份、免费医疗义诊9万多人次、老年人健康政策咨询7万多人次。全省首批18个老年人心理关爱项目试点社区组织多种形式心理健康促进和干预，截至年底，共为2750名65岁及以上老年人提供了较为专业的心理健康服务。（陈桑桑）

地名管理

【不规范地名清理整治】 2020年，福建省稳妥审慎开展新一轮不规范地名清理整治摸底排查工作，聚焦居民区、大型建筑物和道路街巷3种类型的“洋”地名，共摸排出77条不规范地名，经过专家论证、部门会商后，确定需清理整治的不规范地名1条，上报民政部。

【普查成果转化应用】 2020年，“区划地名界线数据库及管理系统”项目通过终验，投入使用。组织编纂《中华人民共和国标准地名志》释文，通过编辑部验收。组织编纂《中华人民共和国标准地名词典》2~8部分释文。第二次全国地名普查档案整理工作有序推进。（陈 荔）

殡葬管理

【公益性安葬设施建设】 2020年，福建省公益性安葬设施建设全面提速。公益性殡葬设施建设纳入文明县乡考评内容，列入乡村振兴综治考核指标，纳入年度民政重点工作评估范围。会同省自然资源厅印发《加强城乡公益性安葬设施规划管理的指导意见》，在加强规划引领、科学布局选址、落实配置要求等方面明确指导意见。批准建设6个城市公益性公墓。全省新建乡村公益性骨灰楼堂（公墓）715个，累计建有6724个，覆盖率由41%提高至53%。

【殡葬突出问题整治】 2020年，福建省开展大墓、“活人墓”等违建坟墓专项整治“回头看”，制定《深化违建坟墓专项整治行动计划》，指导各地进一步严控增量、消减存量，着力加强源头治理，建立监管长效机制。全省共摸排违建坟墓114375台，整治112185台，其中2020年新整治15148台。会同省发改委等10部门印发《开展安葬（放）设施违规建设经营专项摸排暨违建墓地专项整治成果巩固提升行动实施方案》，全省共完成摸排6300处安葬（放）设施。

【生态殡葬】 2020年，福建省总结推广晋江“规范丧事活动”、云霄“集中治丧”经验，推进丧葬礼俗改革。全省火化率保持在99.8%以上，节地生态安葬率提高至81%，均居全国前列。清明节期间，统筹考虑疫情防控和群众祭扫需求，倡导延后现场祭扫和网络祭扫，在“闽政通”上开设“清明云上祭”专题。全省12万名群众预约现场祭扫，51万名群众网络祭扫，完成委托代祭4万宗，举办集体代祭95场，未发生因祭扫引发的疫情、治安、火灾等事故。

（周 昊）

社会组织管理

【社会组织监管】 2020年，福建省出台《关于进一步促进省级社会组织健康有序发展若干措施》，着力解决社会组织登记管理工作中的痛点难点问题，提出加强社会组织党建、财务管理、审计和执法监督、自律建设等措施，规范退休或不担任现职党政领导干部到社会组织从事党建工作的必要工作经费，夯实社会组织高质量发展基础。会同省体育局出台《关于促进体育社会组织健康发展的若干措施》，明确加强党对体育社会组织工作的领导、发展壮大群众身边的基层体育社会组织、推进向体育社会组织购买公共体育服务等措施，经省政府常务会议审议后印发实施。

【行业协会商会治理】 2020年，完成全省2555家行业协会商会与行政机关脱钩工作。全省性行业协会商会分三批开展脱钩试点，2019年8月全面推开脱钩改革。行业协会商会涉企收费更加规范，先后印发《关于开展行业协会商会涉企收费专项治理的通知》《关于进一步清理规范行业协会商会涉企收费的通知》，召开行业协会商会座谈会进行工作部署；采取年报排查、实地督查、双随机抽查、公布举报投诉电话等措施加强监管，并将一批行业协会商会收费清单汇总推送至“信用中国”“政企直通车”平台以及福建社会组织网集中公开收费信息。

【社会组织事中事后监管】 2020年，首次联合省发改委、省财政厅、省市场监督管理局对存在问题的社会组织进行约谈，依法对18家省级社会组织进行约谈；将286家省级社会组织列入活动异常名录、13家省级社会组织列入严重违法失信名单；引导35家长期未开展活动的省级社会组织进行注销；依法对29家省级社会组织进行行政处罚，其中警告2家、限期停止活动1家、撤销登记26家；对25家省级社会组织进行专项审计，对65家省级社会组织进行“双随机”抽查。修订社会组织评估标准，并完成113家省级社会组织评估。

【参与脱贫攻坚成效显著】 2020年，引导社会组织参与脱贫攻坚不断深入，全省1601家社会组织在2163个扶贫项目上累计投入帮扶资金8.7亿元。“阳光1+1牵手计划”行动形成品牌效应，注重平台搭建、品牌打造、宣传引导，引导社会组织积极参与，全省1093家社会组织与1263个老区村结对帮扶，助力老区村发展特色产业、完善基础设施、培训致富带头人、搭建产销平台。福建省8个案例获评年度中国社会组织扶贫案例50佳。（李锋华）

【社会工作和志愿服务】 至2020年底，福建省共有社会工作专业人才4.7万人，其中持证社会工作者1.7万人，社会工作服务机构497家，在全国志愿服务信息系统中注册的志愿者597万人，注册志愿者占居民人口比重为15%，在各级民政部门登记注册的志愿服务组织517家。

社会工作专业人才队伍持续壮大。2020年，各地广泛动员社会工作从业人员参加职业水平考试，出台多项鼓励考试措施，落实各项保障措施，全省报考人数创新高，达到2.7万人，同比增长35.6%。开展全省社会工作专业人才统计工作，统计包括民政领域在内14个领域社工人才数量和基本情况，全省共有社会工作专业人才4.7万人，超额完成“十三五”既定目标，每万人社工数量居全国前列。

社会工作专业人才服务基层治理作用发挥更加显著。围绕服务特殊困难群体，创新城乡社会治理，持续推动各地建立以社会工作者为主导、社会组织为载体、城乡社区为平台的“三社联动”服务模式，省市县开展200余个试点，打造乡村振兴、困难群体帮扶、脱贫攻坚等多个领域社会工作服务品牌。继续实施闽宁协作“牵手计划”，选派优秀社工专业团队开展帮扶服务共计2812小时，为当地提供专业支撑和扶贫支持。实施残疾人社会工作和“三留守人员”关爱社会工作购买服务项目127个，直接受益对象达到11万人。引导慈善资金参与支持社会工作服务，吸引省内多家慈善组织资助近千万元用于社工服务项目。引导和动员社会工作和志愿服务力量参与疫情防控。疫情期间，全省共有200余家社会工作机构、2000余名专职社工、7000余名社会工作专业人才、65万名志愿者参与防控阻击战。

社工人才服务平台不断夯实。持续开展省级社会工作专业人才基地建设项目，遴选第二批5家基地，涵盖人才服务、人才培养、服务标准创制等支持性综合性平台。全面部署乡镇（街道）社会工作服务平台建设三年行动计划，按照“一年覆盖、两年规范、三年提升”的工作思路，推动基层社会工作人才队伍建设。推动民政事业单位设置社会工作岗位，全省共设置717个社工岗位，覆盖62.8%的民政事业单位。

志愿服务制度化常态化有效推进。推进志愿服务立法。培育和规范志愿服务组织，目前全省注册登记的志愿服务组织合计517家。推广应用全国志愿服务信息系统，全省在“全国志愿服务信息系统”中注册志愿者597万人，志愿服务团体5.9万个，记录项目数67.4万个，记录时长1.48亿小时。组织开展脱贫攻坚志愿服务宣传展示活动，会同省委文明办等部门举办“全省志愿服务项目大赛”“学雷锋志愿服务‘四个100’先进典型”评选等活动，评选展示一批群众认可、事迹突出的优秀志愿服务典型。（陈　炜）

少数民族事务

【少数民族乡村经济社会发展】 2020年，福建省巩固少数民族脱贫攻坚成果。开展“少数民族集体经济薄弱村现状”调研，省财政厅安排省级财政专项扶贫资金2220万元，支持经营性收入在10万元以下的111个少数民族村发展村级集体经济，每村补助20万元。下达整村推进专项资金200万元，扶持10个年平均收入4500元以下少数民族贫困村，每村补助20万元。加强易返贫致贫群体监测。对少数民族已脱贫不稳定户165户366人，因疫情影响存在致贫风险户118户274人，全部纳入监测对象单列管理，按照“一户一策、一户一方案”要求，推动各地分门别类重点扶持。助力少数民族乡村疫情防控能力。投入专项资金295万元，支持疫情影响较重的59个少数民族薄弱村开展疫情防控和发展生产。做好挂钩帮扶少数民族乡村工作。2020年，各挂钩帮扶单位共投入帮扶资金8431万元，拉动社会各类资金8161亿元，重点用于基础设施、民生保障等120个项目建设。持续开展少数民族特色村寨建设。部署第三批“中国少数民族特色村寨”命名挂牌工作。2020年共投入资金1915万元，用于各地开展特色村寨建设。加强对乡村振兴试点示范培育，打造特色少数民族乡村振兴样板。全省4个少数民族乡、50个少数民族特色村寨列为首批少数民族乡村振兴示范点培育名录。加强少数民族资金使用监管和绩效管理。下达2020年中央少数民族发展资金和省级少数民族补助款（扶贫部分）4909万元，支持少数民族村特色村寨建设、特色产业发展和基础设施建设。制定印发《福建省民族宗教厅涉及少数民族资金绩效管理措施（暂行）》，强化规范资金项目绩效管理监控和评估结果运用。举办全省少数民族资金使用管理暨绩效管理培训班，全省市县（区）民族宗教局、少数民族乡等共派员102人参加培训。开展少数民族资金使用管理和绩效评估情况工作检查，掌握少数民族资金的使用情况和使用效益。筹办少数民族地区脱贫攻坚经验交流现场会。11月2—4日，由国家民委主办，省民族宗教厅和宁德市政府承办的全国民委系统“民族地区决胜全面建成小康，决战脱贫攻坚经验交流现场会”在宁德举办，国家民委有关领导以及来自全国31个省、自治区、直辖市和新疆生产建设兵团民委系统的80多人参加会议。其间，配套举办“十三五”福建少数民族工作成果展览暨少数民族特色产品展示活动，共展出福建省少数民族工作成果图片120张、少数民族特色产品147种。继续扶持人口较少民族发展。全年共投入资金630万元。其中，中央少数民族发展资金150万元，主要用于扶持高山族优秀传统文化的保护发展和特色村寨建设；中央预算内投资补助资金480万元，集中用于华安县下林村、云山村、送坑村的基础设施和民生工程项目建设。　（赖龙娣）

【少数民族教育文体事业】　2020年12月10—11日，由福建省民族宗教厅与省教育厅主办、集美大学承办的全省高校民族预科班座谈交流活动在集美大学举办。来自省民族宗教厅、省教育厅及福建农林大学、集美大学、福建工程学院、闽江学院、宁德师范学院、福建卫生职业技术学院6所高校分管民族预科班、民族班工作的相关领导、教师、辅导员参加，活动总结交流各高校举办民族预科班、民族班的办学经验，分析存在的困难与问题，明确今后努力的方向。继续开展送教下乡活动。11月27—28日，省民族宗教厅、省教育厅联合组织宁德市民族中学5位优秀、骨干教师到霞浦县民族中学送教讲学，活动以学科讲座、学科研讨、经验介绍与交流等方式进行。

举办福建省少数民族“中国农民丰收节”。9月27日，福建省2020年“中国农民丰收节”暨福建省2020年少数民族“中国农民丰收节”在福州市罗源县松山镇八井村举办。活动以喜庆丰收、不忘初心、民族团结、幸福小康四个篇章，展现以罗源畲族为代表的福建省少数民族的民俗文化、农事特色，福州13个区县的农耕文化传承、欣欣向荣的乡村产业、多姿多彩的民俗风情、民族团结进步、农民脱贫致富奔小康的幸福生活和时代风采。活动还举行2020年福州市知名农业品牌、2020年福州市知名农产品区域公用品牌及十大知名农产品品牌发布及授牌仪式。举办中国·闽西（上杭）第四届世界客属龙舟文化旅游节。10月21—24日，由省体育局、省民族宗教厅、省客家研究联谊会、龙岩市政府主办的中国·闽西（上杭）第四届世界客属龙舟文化旅游节在上杭举办，全省有26支队伍参加。参加2020年民体杯全国陀螺比赛。11月28—30日，由国家民委文宣司、浙江省民宗委联合主办的“2020年民体杯全国陀螺比赛”在浙江省苍南县举行。福建省代表队选派霞浦县民族中学陀螺队参赛，获得女子团体二等奖、女子双打二等奖、女子单打二等奖、男子单打三等奖。举办“闽东之光”首届畲族文化主题研讨

2020年9月14日晚，由宁德市畲族歌舞艺术传承中心和福建省歌舞剧院联手创排的音乐剧《畲嫂》在福建大剧院首次上演　（省民族宗教厅供稿）

活动。12月3—4日，“闽东之光”首届畲族文化主题研讨活动在宁德举办，来自省内外的50多位专家学者围绕“畲族文化”主题进行研讨交流。新设立17个少数民族传统体育项目训练基地。省民族宗教厅、省体育局联合设立并命名福州市连江华侨中学等17个单位为省级少数民族传统体育项目训练基地（2021—2024年），开设蹴球、独竹漂、射弩、陀螺、高脚竞速、板鞋竞速、民族武术、龙舟、木球、珍珠球、毽球、民族健身操等12个竞赛项目以及表演项目，其中龙舟、木球、珍珠球、毽球、民族健身操为新增竞赛项目。

2个少数民族村入选第二批全国乡村旅游重点村。9月2日，文化和旅游部、国家发展改革委公布第二批全国乡村旅游重点村名单，福建省26个村上榜，其中漳州市华安县新圩镇官畲村、福州市罗源县霍口畲族乡福湖村等2个少数民族村入选。2020年少数民族实用技术培训班在漳平举办。9月16—18日，由省民族宗教厅指导、龙岩市民族宗教局主办、漳平市民族宗教局承办的2020年少数民族实用技术培训班在漳平举办，来自香寮村等10个少数民族村的少数民族群众和干部等100余人参加培训。培训班以“水仙茶加工与管理”为主题，开设水仙茶加工技术、水仙茶管理技术等相关课程。建立畲族田野调查基地。10月27日，厦门大学历史学系、福建师范大学历史学院、福州大学人文社会科学学院、福建省民族与宗教研究所、福建社科院历史研究所、福建省高校中华优秀传统文化传承基地等在霍口畲族乡福湖村分别与罗源县委统战部签订畲族田野调查基地的合作协议，闽江学院服装与艺术工程学院在罗源县设立畲族服饰文化采风基地。举办畲医畲药职业技能培训班。11月10—13日，福建省畲医畲药职业技能培训班在罗源县举办，省畲医畲药协会会员及相关从事畲医畲药工作人员50人参加培训。培训班为期4天，采取课堂讲授、实地教学和经验交流相结合等方式，省卫健委、福建中医药大学、福建省中医药科学院、福建中医药大学附属第二人民医院等专家教授和畲族医药行业知名人士进行授课，课程涉及畲药临床常用剂型的制备方法、常用畲药的临床应用、中医徒手急救方法及《中华人民共和国中医药法》若干配套政策解读等，并发放《实用畲药彩色图谱》《中华人民共和国中医药法》《中医诊所所备案管理暂行办法》《中医医术确有专长人员医师资格考核注册管理暂行办法》文件汇编。福建农林大学专家赴宁德市指导少数民族乡村振兴发展。12月24—25日，省民族宗教厅组织福建农林大学有关专家教授赴宁德市蕉城区七都镇北山村、福安市坂中畲族乡井口村、仙岩村等实地调研了解乡村规划、产业发展和文旅融合等情况，召开3场现场座谈会。12月25日，由省民族宗教厅主办、宁德市民族宗教局和福安市民族宗教局承办的“民族乡村发展规划”主题座谈讲座在福安市委党校举行。福建农林大学陈秋华教授等3位专家分别作《乡村振兴战略背景下乡村旅游发展理念与思路》《乡村振兴战略在福建的贯彻落实与生动实践》《故事挖掘与社区复兴——特色村寨的文旅产业协同发展策略》专题讲座，来自福安市第一至第四批少数民族特色村寨（含试点村）的村主干、所在乡镇分管领导和少数民族干事等50余人参加。 （叶　丽　央金拉姆）

【民族团结进步创建活动】 2020年，福建省制定出台《关于全面深入持久开展民族团结进步创建工作铸牢中华民族共同体意识的实施方案》。3月6日，省委统战工作领导小组印发《关于全面深入持久开展民族团结进步创建工作铸牢中华民族共同体意识的实施方案》。确定首批民族团结进步重点单位重点区。7月7日，省民族宗教厅印发《关于命名第一批全省民族团结进步重点区重点单位的通知》，命名福州市罗源县等35家单位为第一批“全省民族团结进步重点区重点单位”。此后，将从全省民族团结进步重点区重点单位中择优推荐全国民族团结进步示范区示范单位。9月，省委宣传部、省委统战部、省民族宗教厅联合以“同舟共济·守望相助·团结奋斗”为主题，在全省开展第13个民族团结进步宣传月活动，并于9月1日在宁德福鼎市赤溪村举办全省民族团结进步宣传月启动仪式。启动仪式采取“线下活动＋线上直播”的方式，结合线上直播带货、网络知识问答、民族文化展示等方式进行宣传。全省共举办文艺晚会、培训班、座谈会1119场，发放宣传资料71.66万多份，张贴宣传标语、海报、户外广告21978条，播放新闻宣传、电视广告、网络宣传951期，举办文艺演出、民族节庆活动、民族体育竞技活动313场次。10月21日，全国评比达标表彰工作协调小组复函，同意设立福建省民族团结进步模范集体和模范个人表彰项目。主办单位为福建省人民政府，周期为5年。表彰名额为模范集体不超过45个、模范个人不超过55名。对受表彰集体颁发奖牌、证书；对受表彰个人颁发奖章、证书和奖金5000元。 （郑桂贵）

宗教事务

【政策举措】 2020年，新冠肺炎疫情发生后，福建省宗教界第一时间暂停开放宗教活动场所，暂停组织集体宗教活动，全省宗教教职人员1.25万多人无发现确诊或疑似病例。疫情期间，通过开展“大手拉小手”等活动，鼓励引导全省宗教界为湖北武汉等地捐款捐物近1亿元。《福建省宗教事务条例》正式出台，结束福建省宗教工作领域没有地方性法规的历史。制定《关于进一步加强宗教领域“安全工程”建设的行动方案》。将宗教活动场所安全纳入全省排查整治，部署全省民族宗教领域开展三轮次安全隐患大排查大整治，全省排查宗教活动场所存在房屋安全隐患198处，发出处罚文书或整改通知书230份，完成144处隐患整治。

【宗教界活动】 2020年，福建省在宁

德开展“砥砺初心，爱我中华——坚持宗教中国化方向”系列活动。全省五大宗教团体和民间信仰活动场所的代表人士50多人参加，对习近平新时代中国特色社会主义思想进行现场学习，开展宗教中国化专题座谈。中央统战部在宁德市组织召开全国重点省区市天主教工作座谈会。与会代表参观考察天主教闽东教区及部分堂区建设情况。林家善就任福州教区主教，经福建省天主教教务委员会同意并报中国天主教主教团批准，6月9日上午在福州泛船浦天主堂举行就职仪式。举办“讴歌新时代，抒发家国情”宣讲交流会。为纪念中国基督教发起“三自”爱国运动70周年，由福建省基督教两会在福建神学院举办，全省各地基督教会的1000多名牧者通过现场和视频两种方式参与活动。省民族与宗教研究所举行宗教中国化协同创新论坛。来自全省各地的宗教工作干部、宗教团体和宗教活动场所负责人、宗教领域专家学者等110余名参会。省天主教两会在宁德举办“坚持天主教中国化方向神学思想研讨会”。省天主教4个教区的神职人员及各地爱国会负责人等共130多人参加。省基督教两会及全省各地教会举行“纪念中国人民抗日战争胜利暨世界反法西斯战争胜利75周年和平祈祷”活动。

【对外交流】 2020年，纪念隐元禅师东渡366周年暨长崎兴福寺建寺400周年梵钟捐赠启运仪式在福清举行，以佛教文化为媒介，开展对外交流交往。

（高　静）

库区移民

【概况】 2020年，福建省拟（在）建大中型水利水电项目共34个，其中在建项目31个，全年共完成搬迁安置1834人、生产安置726人，投入移民后期扶持资金140377万元，通过人口直补和项目扶持，进一步补齐库区民生短板，打造宜居宜业美丽移民乡村。

【移民搬迁安置】 2020年，福建省坚持生态优先、绿色发展理念，把充分听取移民群众意见作为水利水电工程项目规划编制的重要前提，指导地方完善设施配套和公共服务，高起点、高标准打造生态宜居安置点，因地制宜采取有土安置、置业安置、投资安置、自谋职业安置等多种安置方式，确保移民生活水平不降低，长远生计有保障。

实施管理持续优化。完成连城永丰水库工程建设征地移民安置规划评审、尤溪汶潭水库等4个工程下闸蓄水阶段移民安置验收及明溪黄沙坑水库等3个工程竣工移民安置验收。列入国家172项节水供水重大水利工程的泉州白濑水利枢纽工程征地移民安置工作取得突破性进展，在7个月内基本完成移民房屋征迁补偿安置协议签订，移民安置工作顺利开展。

指导监督更加有力。对长泰枋洋水库及宁德官昌水库移民安置补偿概算调整、漳浦朝阳水库移民安置规划修编等事项进行专题座谈，通过在线方式对罗源霍口水库、宁德上白石水利枢纽等项目移民安置工作进行指导。以在建大中型水利水电工程移民安置规划实施监管为重点，及时了解掌握进展情况、分析存在问题、明确改进措施，推动移民安置各项工作落到实处。

【移民后期扶持】 2020年，整合全省移民后期扶持资金在10个县（市、区）打造移民后期扶持项目示范区，因地制宜实施基础设施补短板、移民村人居环境整治、乡村休闲旅游、资产型生产开发等项目，全方位推进后期扶持政策实施提质增效。部分进度较快的示范区已竣工，涌现出一批田园风光型、文化特色型、产业发展型的特色水库移民美丽乡村。

民生福祉不断增进。全年投入93505万元移民资金，实施移民美丽家园建设、生产开发及配套、基础设施提档升级等项目364个，补齐移民村基础设施短板，推进库区社会事业发展，提高移民村公共服务供给能力和共享水平。通过整村推进等方式开展移民村环境综合整治，建设一批看得见山水、记得住乡愁的美丽移民乡村。因地制宜实施移民资产型生产开发项目，突出地域特点，发挥比较优势，不断培育新产业新业态，增强移民发展内生动力，促进移民持续增收致富。

规划编制扎实开展。成立工作专班，精心组织、统筹推进，在全面总结“十三五”工作成效的基础上，深入分析水库移民工作面临的新形势新任务，聚焦移民发展的突出问题和薄弱环节，理清思路、明确方向，扎实有序开展水库移民后期扶持“十四五”规划编制工作。

【资金项目监管】 2020年，福建省出台《福建省大中型水库移民后期扶持项目管理办法》，对移民项目实施管理进行流程再造，推动项目规范实施。出台《福建省水库移民后期扶持资金管理办法》，从制度层面提高后期扶持资金使用管理的规范化水平，强化资金监管力度。制定《福建省水库移民工作监督检查实施细则》，持续完善上下统一、各司其职、分级联动的监管体系，全面加强监管工作的针对性和实效性。

监管防线全面筑牢。对福州、漳州、泉州、龙岩、莆田、三明、南平、宁德等8个设区市本级2017—2019年度移民资金管理使用情况开展内部审计。省、市两级联动，组织对34个县（市、区）移民后期扶持扶助政策实施情况进行稽查，并对以往年度稽查发现问题整改情况进行“回头看”。完成2019年中央水库移民扶持资金、地方水库移民扶持资金和三峡工程后续资金绩效评价工作，实现移民资金绩效管理全覆盖。

监管成效持续提升。严格评审确保整改到位，针对稽查、审计、专项检查等发现的问题，列入台账管理，指定专人跟踪落实，逐一对照整改情况严格评审核实，确保整改到位。对监督检查发现的问题进行分类梳理，并在全省通报，推动规范管理，不断提升移民资金项目管理规范化制度化水平。（杨　彬）

编辑：林丹英

福州市

【概况】 福州市位于福建省东部。1949年设立地级市。2020年辖6区6县（1个县级市），土地面积11867.2平方千米（其中市区面积1701平方千米）。年末户籍人口715.4万人；常住人口832万人，其中城镇人口603万人。人口自然增长率7.26‰。耕地面积14.79万公顷，粮食播种面积8.63万公顷，粮食产量48.54万吨。林地面积74.9万公顷，森林覆盖率58.36%。重要矿产资源有石英砂、叶蜡石、高岭土、地热等。重要海洋资源有长乐漳港海蚌、连江官坞海带等。主要旅游资源有森林、海滩、温泉、园林等，景点有三坊七巷、鼓山、镇海楼、于山、西湖公园等。地方特色文化有船政文化、海丝文化、侨乡文化等，著名人物有严复、陈景润、林则徐、沈葆桢、林徽因、冰心、林觉民等。2020年获得中国领军智慧城市奖、全国农业承包地确权登记颁证典型地区等全国性荣誉称号，蝉联全国文明城市和全国双拥模范城荣誉。

2020年，全市地区生产总值10020.02亿元，比上年增长5.1%。其中，第一产业增加值560.70亿元，增长4.0%；第二产业增加值3840.77亿元，增长6.2%；第三产业增加值5618.55亿元，增长4.4%。人均地区生产总值121015元，增长4.2%。一般公共预算总收入1108.36亿元，增长1.2%，其中地方一般公共预算收入675.61亿元，增长1.1%。工业增加值2532.16亿元，增长5.1%，其中规模以上工业增加值增长5.3%。农林牧渔业总产值1000.78亿元，增长4.1%。固定资产投资（不含平潭）增长10.9%。社会消费品零售总额4225.61亿元，增长0.6%。外贸出口额1786.5亿元，下降1.1%；实际利用外资70.07亿元，增长7.3%。城镇居民人均可支配收入49300元，增长2.9%；农村居民人均可支配收入22669元，增长6.3%。

社会用电量489.68亿千瓦时。城镇登记失业率3.0%。参加城镇职工基本养老保险216.9万人，参加城镇职工基本医疗保险171.2万人，参加城乡居民基本医疗保险473.4万人，参保率99.9%；参加城乡居民社会养老保险229.5万人。城镇生活垃圾无害化处理率100%。

【第三届数字中国建设峰会概况】 2020年10月12—14日，第三届数字中国建设峰会在福州市举行。第三届峰会主题为“创新驱动数字化转型、智能引领高质量发展”，主要包括开幕式、主论坛、分论坛、成果展览、应用场景发布、创新大赛和闭幕式等7个环节。第三届峰会围绕“打造我国信息化发展政策发布、电子政务和数字经济发展成果展示、数字中国建设理论经验和实践交流、汇聚全球力量助推数字中国建设”四大平台，主论坛、12场分论坛及各类对话活动参加人数超过8000人次，227名嘉宾作精彩发言；成果展汇聚257家知名企业，共有80多项新技术、新产品、新服务亮相，首展率超过50%。由中央广播电视总台制作的“潮起东南——从数字福建到数字中国”专题片在开幕式上重磅首发，关于峰会的报道及信息共21万多条，其中抖音短视频播放量60.8亿次，微博话题阅读总量超3000万。

第三届峰会期间，全省共签约数字经济项目426个，总投资3316亿元。其中福州市共签约156个，总投资1162.6亿元，相比上届分别增长70.5%、38.7%，涵盖人工智能、5G、工业互联网、区块链等前沿领域，包括华为区域总部、腾讯区域数字应用产业总部、榕滴能源科技、国家电投清洁能源利用及区域总部等一批成长性好、带动性强的项目落地。在峰会期间，福州市与华为、腾讯、依图、中科曙光、奇安信等数字经济头部企业签订了15个战略合作协议，开展滨海新城专场签约、天津大学校企产学研合作。

【“数字福州”建设】 2020年，福州市围绕“打造数字中国建设示范城市和全国数字应用第一城”，推动“数字福州”建设。全年数字经济规模突破4500亿元，连续5年获评“中国领军智慧城市奖”。数字经济发展取得新跨越。全市共有46家企业入选省数字经济创新企业；49个项目获省级数字经济发展专项资金补助共计1.23亿元，项目数、金额分别占全省84%、84%。数据汇聚共享利用迈向新高度。政务数据共享开放利用水平全国领先，政府数据开放指数在全国排名第六，获得“数开丛生”奖。数字政府建设再上新台阶。数字政府发展指数在全国省会城市中位列第四；网上服务能力指数在全国32个重点城市中排名第九，政务公开排名全省第一，获省政府办公厅通报表扬。数字应用场景实现新拓展。打造完成18个“网证+”应用示范场景，初步建立全市统一的智慧停车系统，上线全国首个城市级人脸识别公共服务平台，实现地铁“刷脸乘车”。

【“海上福州”建设】 2020年，福州市坚持强化项目带动，完善配套服务，持续做大做强海洋经济，在更高起点上加快建设“海上福州”，打造“蓝色聚宝盆”。全年福州市海洋生产总值达2860亿元。福州港建成生产性泊位153个，其中万吨级以上深水泊位67个，国务院批准福州保税港区整合优化为福州江阴港综合保税区；全年累计入库项目304个，总投资4905亿元，完成投资947亿元，占全年计划107%；长恒水产品精深加工、申马扩建20万吨/年环己酮、基于通导卫星的“海联网”建设工程等一批项目开工建设，海兰寰宇近海雷达综合监控系统、海电运维600吨级自升式运维平台等一批项目竣工投产。

【“平台福州”建设】 2020年，福州围绕“引进、培育、壮大、构建生态”的工作目标，进一步完善工作机制体制，全面落实平台企业发展相关配套措施。2020年，全市申报平台经济（企业）项目290个，实现纳统额1659.27亿元，项目招引成效明显。吸引一批国内外平台经济巨头企业在福州市设立分支机构或区域总部，朴朴电商平台、永辉1233全球消费品供应链平台、元洪在线等一批本土平台企业不断发展壮大。平台产业加快集聚。鼓楼金牛山互联网产业园集聚票付通、米客互联、众事达等多家应用型、服务型平台。连江数字娱乐产业园初具规模，集聚慧连无车承运等一批平台企业。马尾基金小镇引入投资机构等389家，成为全省管理私募基金规模最大的区域。营商环境不断优化。运用信贷、风投、产业投资基金等金融工具，拓宽企业融资渠道。完善人才扶持政策与公共服务配套水平，支持平台型应用基础设施建设，为企业营造良好发展环境。

【“抓项目促跨越”专项行动】 2020年，福州市坚持疫情防控和项目建设“两手抓、两手硬”，深入开展“抓项目促跨越”行动。全市新开工总投资3000万元以上的项目2229个，建成1058个；带动“五个一批”考评连续4个季度位居全省第一，固定资产投资增速居全省第一。新开工产业项目1612个，其中战略性新兴产业项目529个，占总开工数的72.3%，同比提高6.2个百分点；建成投产（产业）项目649个，占总竣工数的61.3%，同比提高7.0个百分点。

（高进元）

【鼓楼区】 位于福州市西北部。2020年城区辖9个街道、1个镇。土地面积35.43平方千米。年末户籍人口59.58万人，常住人口67万人。人口自然增长率3.82‰。耕地面积14.56公顷，林地面积334公顷，森林覆盖率9.25%，活立木蓄积量3.0万立方米。重要矿产资源有地热（温泉）。主要旅游景点有三坊七巷、于山风景名胜公园、福道、源脉温泉、屏山公园（镇海楼）、福州温泉博物馆、福山郊野公园、西湖公园等。在2020年中国城区综合竞争力百强排名中位列第18，全国营商环境百强区排名第22；获评全国首批法治政府建设示范区、中国领军智慧城区、中国楼宇经济焕新发展城区；“空中课堂”入选教育部“线上教学优秀案例”并向全国推广。

2020年，全区地区生产总值2069.86亿元，比上年增长3.2%。规模以上工业增加值增长2.5%。固定资产投资增长8.0%。社会消费品零售总额1305.07亿元，增长1.9%。实际利用外资10亿元，完成序时进度70.9%。一般公共预算总收入51.56亿元，增长1.3%，其中地方一般公共预算收入30.84亿元，增长2.5%。城镇居民人均可支配收入58160元，增长3.0%。

鼓楼法治政府建设获得“国字招牌” 7月31日，第一批全国法治政府建设示范地区和项目命名正式公布，福州市鼓楼区入选首批全国法治政府建设示范市（县、区），成为福建省唯一获得示范命名的县级地区。

鼓楼建设5G应用示范区、云服务优势区。2020年，鼓楼区建成5G基站951个，在全省率先实现5G信号全覆盖。同时，积极建设跨界融合、开放共享的5G产业生态，搭建华为软件开发云、鲲鹏产业生态示范基地等一系列平台，助推5G生态企业落地，并着力打造5G应用示范场景，推动建设城市大脑示范项目、智慧街区、养老中心、垃圾分类监管平台等应用场景。

“鼓楼模式”亮相第七届中国教育创新年会。11月13日，鼓楼区承办的第七届中国教育创新年会区域论坛在榕开启，并向全国在线直播，分享“集群化办学鼓楼模式”，吸引各县（市、区）及对口帮扶校的教师和教研员代表参与，线上近50万人收看直播。

福州软件园入选国家第三批双创示范基地。12月24日，国务院办公厅印发《关于建设第三批大众创业万众创新示范基地的通知》，福州软件园入选第三批大众创业万众创新示范基地。入选精益创业方向的福州软件园是科技部批准的12个国家软件产业基地之一，是海峡西岸重要的信息产业集聚区。至年底，已汇聚800家企业，各类技术人才2.8万多名，瑞芯微、联迪、福昕等多家企业在全国行业细分领域名列前茅。

（徐 彬）

【台江区】 位于福州市中部，2020年辖10个街道、52个社区，土地面积约17.09平方千米。年末户籍人口31.77万人，流动人口11万人，人口自然增长率−0.41‰。土地面积共17.09平方千米，其中，商业服务用地2.00平方千米，工矿用地0.03平方千米，住宅用地6.18平方千米，公共管理与公共服务用地2.71平方千米，特殊用地0.3平方千米，交通运输用地3.26平方千米，水域及水利设施用地2.43平方千米，其他土地0.18平方千米。主要旅游景点有“闽江游”项目、滨江旅游街区、中亭街、闽江公园、茶亭公园、南公园、上下杭历史文化街区、柔远驿、古田会馆、陈文龙纪念馆、大庙山等。

2020年，全区地区生产总值达600.81亿元，比上年增长6.3%。其中第三产业增加值512.8亿元，增长5.3%。规模以上工业总产值11.93亿元，增长3.9%。固定资产投资177.7亿元，增长19.2%。社会消费品零售总额245.3亿元，增长3.5%。实际利用外资7.8亿元，下降7%。一般公共预算总收入24.99亿元，下降7.5%，其中地方一般公共预算收入16.19亿元，下降5.3%。城镇居民人均可支配收入5.39万元，增长2.9%。

疫情防控。疫情期间，台江区织密织牢疫情防控“五张网”，围绕“外防输入、内防反弹”，紧盯进口冷链食品管理、中高风险地区人员管控等关键环节，实施核酸检测4.7万人次，累计集中医学观察6171人、居家隔离2911人；在公共场所全面推行“亮码通行”，消杀农贸市场、超市等重点场所1395万平方米，始终保持“无疫情区”良好态势。

召开整理“城市客厅”专项行动动员部署会。9月23日，台江区召开整理“城市客厅”专项行动动员部署会，以迎接数字中国峰会为契机，专门制定实施方案，动员全区上下立即行动起来，集中100天时间，巩固提高全国文明城市创建成果，全面推进市容市貌、交通秩序、小区管理等10个方面城市顽疾整治，着力打造干净整洁、井然有序的“省会城市客厅”。

台江区国有资产投资集团有限公司、区城市建设开发投资集团有限公司正式揭牌成立。2020年，台江区全面推动国资国企改革向纵深发展，启动全区国有企业改制整合工作，15家区属国有企业全面改制整合。11月5日上午，台江区“国投”“城投”集团公司分别在鳌峰广场和海峡电子商务区产业基地揭牌。

“上下杭·金银里”商业步行街开街。12月30日晚，福州市市级夜色经济体验示范街区暨“上下杭·金银里”商业步行街开街仪式在上下杭历史文化街区举行。该步行街定位“历史中的老文化，文化里的新时尚”，按照“高品位、高定位、高站位”规划建设，对标上海新天地等国内先进商业步行街，力争打造“国际知名、国内领先、福建第一”的福州城市新名片，引进中国首店、福建首店10家。（张　宇）

【仓山区】 位于福州南大门，辖整个南台岛，区域面积146.24平方千米，2020年辖8个街道、5个镇，共92个社区、102个行政村。年末户籍人口63.87万人，常住人口115万人，人口自然增长率7.75‰。耕地面积0.048万公顷，林地面积0.12万公顷，森林覆盖率8.16%。森林活立木总蓄积量8.36万立方米。行政界内湿地总面积175.03公顷。全区有春伦茉莉花茶文化创意产业园、福建索佳艺陶瓷文化创意园等2家国家AAA级旅游景区；有烟台山历史风貌区、螺洲古镇、林浦古村、阳岐古村、梁厝特色历史文化街区、金山寺、飞凤山公园、花海公园、海峡文化艺术中心等重要旅游资源；有怀安窑址、严复文化、陈靖姑信俗文化等海丝文化资源。先后获得全国科技创新百强区、全国最具投资潜力中小城市百强区、全国绿色发展百强区、国家体育产业示范基地、全国基层中医药工作先进单位等称号。

2020年，全区地区生产总值902.27亿元，比上年增长5.8%。其中，第一产业增加值1.76亿元，增长0.7%；第二产业增加值344.79亿元，增长6.9%；第三产业增加值555.73亿元，增长5.0%。农林牧渔业总产值3.48亿元，增长1.5%。固定资产投资增长10.3%。社会消费品零售总额488.79亿元，与上年持平。实际利用外资13.38亿元。一般公共预算总收入41.03亿元，下降6.4%，其中地方一般公共预算收入27.16亿元，下降4.7%。城镇居民人均可支配收入45916元，增长3.2%。

疫情防控。新冠肺炎疫情发生以来，仓山区累计下达各级财政疫情防控资金5747万元，紧急配备大量检测设备和防护装备。春晖制衣成为全市首家转产医用防护服企业。围绕复工复产，创新企业“指导员”等做法，抽调140多名干部挂钩服务企业，发放失业保险稳岗返还资金1.43亿元，发放一次性稳就业补贴1861.47万元，提前兑现工业技改补助资金270万元。

新区建设。三江口片区完成梁福小区等21个项目95.2万平方米征迁。马航洲湿地保护修复工程等5个总投资77.13亿元的项目顺利竣工。清华附中福州学校初中部建成招生。（陈　暖）

【晋安区】 位于福州市东北部。2020年辖3个街道、4个镇、2个乡。土地面积552平方千米。常住人口79万人。耕地面积3226.7公顷，粮食播种面积585.3公顷，粮食产量4016吨。林地面积4.28万公顷，森林蓄积量338.37万立方米，森林覆盖率66.75%。重要矿产资源有叶蜡石（含工艺）、明矾石、高岭土、地热、矿泉水、建筑用砂石等。主要旅游景点有鼓岭国家级旅游度假区、福州国家森林公园、金鸡山公园、鹤林生态公园、中国寿山石馆、寿山乡九峰村等。2020年，晋安区获评国家森林康养基地、第三批全国老年远程教育示范区、全省全域生态旅游示范区、省级慢性病综合防控示范区。

2020年，全区地区生产总值959.05亿元，比上年增长5.7%。其中，第一产业增加值7.99亿元，增长3.8%；第二产业增加值253.98亿元，增长6.9%（其中工业增加值139.98亿元，增长5.1%）；第三产业增加值697.08亿元，增长5.2%。规模以上工业总产值639.9亿元，增长6.3%。农林牧渔总产值13.49亿元，增长4%。固定资产投资631.64亿元，增长10.1%。社会消费品零售总额906.51

亿元，增长1.3%。实际利用外资79649万元，增长73.2%。一般公共预算总收入33.58亿元，下降12.8%，其中地方一般公共预算收入22.88亿元，下降5.7%。城镇居民人均可支配收入49670元，增长2.8%；农村居民人均纯收入23184元，增长6.4%。

2020年6月16日，全国首家两岸社区交流中心正式揭牌运营，这是晋安区创建首批全国农村社区治理实验区的重要载体。

2020年10月20日，晋安区社会福利中心（福建省养老领域首个PPP项目）正式全面投入运营。

2020年11月27日，交通运输部2019年度“十大最美农村路”颁奖活动在福州市晋安区举办，晋安区北峰环线全景公路（鼓宦线）成为全省唯一入选线路。

2020年12月17日，全省首个宜家商场——宜家福州商场正式开业。

（周碧云）

【马尾区】 位于福州市东南部、闽江下游北岸。2020年下辖4个镇（街道）、4个功能园区。土地面积275.7平方千米。2020年末户籍人口18.6万人，常住人口29.2万人。耕地面积1819.13公顷，粮食播种面积273.33公顷，粮食产量1605吨。林地面积14966.12公顷，森林覆盖率47.14%，森林蓄积量80.82万立方米。矿产资源8种，其中，金属矿有钍矿、钍铌矿、铌钍矿、铁锰矿；非金属矿有高岭土矿、河砂矿、矿泉水、花岗岩石材矿。海域面积约44平方千米，海岸线58千米；海岛8个，其中居民海岛1个。主要旅游景点有罗星塔、船政博物馆、昭忠祠等。2020年获批国家骨干冷链物流基地、全省唯一专利与标准融合机制创新试点。马尾基金小镇先后被评选为“最具影响力基金小镇奖”“年度最具影响力基金小镇TOP5”。

2020年，全区地区生产总值604.96亿元，比上年增长5.7%。其中，第一产业增加值9.89亿元，增长12.8%；第二产业增加值354.87亿元，增长8.3%（其中工业增加值226.44亿元，增长6.2%）；第三产业增加值240.19亿元，增长1.3%。规模以上工业总产值830亿元，增长1.36%。农林牧渔业总产值17.46亿元，增长20.7%。固定资产投资201.30亿元，增长10.2%。社会消费品零售总额182.76亿元，下降3.4%。实际利用外资6.69亿元，下降40.9%。一般公共预算总收入31.57亿元，下降9.6%，其中地方一般公共预算收入21亿元，下降8.1%。城镇居民人均可支配收入54653元，增长2.9%；农村居民人均纯收入29323元，增长6.2%。

改革开放持续深化。全国首创出口干散货“船对船”装运模式，“电力工程审批绿色通道”在全国复制推广。实现跨境电商监管中心、9610出口监管中心和海快出口监管中心等“三中心合一”；开通马尾—台湾跨境电商货物海运直航专线。福州综合保税区获批并通过验收，进出口通关时间压缩至34.63小时、0.97小时，分别压缩69.02%、91.58%。在全省率先实现营业执照办理“即办制”。新设外商投资企业23家，其中台资企业11家。

城乡融合持续深化。实施东江滨公园改造提升、福马铁路沿线综合整治等项目122个，总投资14.77亿元。扎实推进13大类、203项“十位一体”项目建设，总投资4.03亿元。东部快速通道、福马路提升改造工程等6个项目竣工投用。统筹安排乡村振兴专项资金3400多万元，实施乡村振兴项目42个，建成市级美丽乡村精品示范村4个，亭江镇获评国家卫生镇，闽安村获评全国文明村，白眉村获评省级乡村旅游特色村。

（吴雪芝）

【长乐区】 位于福州市东部。2020年辖4个街道、12个镇、2个乡。土地面积729平方千米。年末户籍人口76.53万人，人口自然增长率0.57‰。耕地面积1.50万公顷，粮食播种面积1.15万公顷，粮食总产量6.95万吨（折原粮）。林业用地面积2.85万公顷，森林覆盖率27.07%，林木蓄积量129.95万立方米。重要矿产资源有金属矿产铁、锰、钨、钼，非金属矿产花岗石、石英砂、砖瓦用黏土、高岭土、叶蜡石、矿泉水等。重要海洋资源有带鱼、大黄鱼、小黄鱼、蓝园鲹、鲐鱼、马鲛鱼等700多种海洋鱼类，省级海蚌资源增殖保护区面积2.07万公顷。主要旅游景点有国家级文物保护单位漳港显应宫、圣寿宝塔、九头马古民居，国家级自然保护区、全国“魅力湿地”闽江河口国家湿地公园，中国历史文化名村琴江满族村，福建省级历史文化名村三溪村、二刘村，省革命基点村南阳村，省文学创作中心、对外文学交流中心与省爱国主义教育示范基地冰心文学馆，龙泉寺，晦翁岩，梅花古城，猴屿洞天生态旅游景区，下沙海滨度假村等。

2020年，全区地区生产总值1003.41亿元，比上年增长6.8%。其中，第一产业增加值57.76亿元，增长3.4%；第二产业增加值651.97亿元，增长8.0%（其中工业增加值607.46亿元，增长7.8%）；第三产业增加值293.69亿元，增长4.4%。人均地区生产总值127095元，增长5.9%。规模以上工业增加值增长8.3%。农林牧渔业总产值102.99亿元，增长3.5%。固定资产投资增长14.2%。社会消费品零售总额158.56亿元，下降0.9%。外贸进口额142.64亿元，增长53.6%；外贸出口额48.23亿元，下降11.8%；实际利用外资6.92亿元。一般公共预算总收入82.73亿元，增长5.2%，其中地方一般公共预算收入51.17亿元，增长3.5%。城镇居民人均可支配收入5.07万元，增长2.9%；农民人均可支配收入2.59万元，增长6.5%。

滨海新城建设。2020年，长乐区启动区国土空间规划、福州新城区概念规划等5项规划，完成12项滨海新城及临空经济区规划。承办第三届数字中国建设峰会长乐分会场活动，签约卫星互联网、天津大学产学研等49项战略性新兴产业项目，总投资499亿元；中国移动数据中心一期、电信东南信息园、省精准医学产业创新中心、贝瑞和康一期等11个产业项目竣工，滨海信息产业园一期、中电数据、均和云谷等69个项目集中开工；机场二期启动建设，福平铁路通车运营，地铁6号线长乐段进入调试，城际铁路F1全线开工，国道G316漳港至营前段加快建设，国道G228外文武围垦路堤结合、文松路提升改造等8个道路工程建成通车，三营澳路桥完成主体工程，复旦大学附属华山医院福建医院基本建成，海峡青少年活动中心、福州滨海实验幼儿园、长师附小滨海校区、东湖湿地公园一期等15个项目竣工投用，交通银行滨海支行、东湖万豪酒店开业。骏鹏智造、阿石创光电、网龙天集等39个产业项目竣工投产；鹏程路二期改造、文鹤路马山段等通车，空港医院建成。建立创新驱动工作指标体系，东湖“三创园”落地海尔海创汇、数字融合智慧谷等项目，入驻华为鲲鹏、博思软件等龙头企业，累计注册企业529家、注册总资本447.4亿元。“知创福建”省级知识产权公共服务平台工作站授牌成立，福州市智慧物联信息技术研究院、数据资产运营公司等注册落地。

*和平街特色历史文化街区建设。*2020年1月21日，长乐和平街正式开街。开放区域总长375米，面积近4公顷，约占首期修复工程范围的三分之一。至年底，18处古建筑修复竣工验收，4处古建筑完成主体修缮，主街两侧新建建筑及改造建筑完工。（胡方磊）

【福清市】 位于福州市南部。2020年辖7个街道、17个镇。陆域面积1519平方千米。年末户籍人口139.7万人。全市耕地面积3.48万公顷，粮食播种面积18960公顷，粮食产量10.7万吨。林地面积6.96万公顷，森林覆盖率42.11%，森林总蓄积量540.99万立方米。海岸线总长度408千米，海域面积911平方千米，水产品总产量55.53万吨。优势矿产以非金属矿产居多，以建筑用石料、饰面用石材、叶蜡石为主。主要旅游景点有石竹山风景区、黄檗山风景区、灵石山国家森林公园、后溪旅游区、瑞岩山景区、东关寨景区、永鸿文化城、罗汉里红色旅游景区等。2020年，福清市获得第六届“全国文明城市”和“全国双拥模范城”称号。天宝陂入选世界灌溉工程遗产名录。全省县域集成改革试点取得突破，进入全国营商环境百强县前20名。县域经济在全国百强县市中位列第15位。

2020年，全市地区生产总值1228.5亿元，比上年增长6.7%。其中，第一产业增加值110.0亿元，增长4.0%；第二产业增加值619.4亿元，增长8.3%（其中工业增加值486.5亿元，增长7.9%）；第三产业增加值499.1亿元，增长5.2%。规模以上工业总产值2112.1亿元，增长9.2%。农林牧渔业总产值202.6亿元，增长4.1%。固定资产投资增长13.2%。社会消费品零售总额318.1亿元，增长3.3%。实际利用外资85654万元，增长51.2%。一般公共预算总收入155.3亿元，增长11.5%，其中地方一般公共预算收入91.3亿元，增长7.3%。城镇居民人均可支配收入49967万元，增长2.9%；农村居民人均可支配收入26779万元，增长6.2%。一般公共预算总收入、地方一般公共预算收入总量和增速均位列福州市第一；规模以上工业增加值增速排名福州市第一；招商专项行动排名福州市第一。

*产业结构优化。*备案旭川化学、联东U谷等182个项目，总投资1555亿元。动建万华化学40万吨/年MDI、万达光电、元洪食品展示交易中心二期等237个项目，总投资1921亿元。投产友谊新材料科技园、元洪国际食品展示交易中心一期、鸿生再生资源回收利用等108个项目，总投资364.7亿元。开展“百项千亿”技改专项行动，完成技改投资210亿元。福清核电“华龙一号”全球首堆正式并网发电，三峡海上风电国际产业园首批机组出口“一带一路”国家。推进“服务业跨越发展”专项行动，动建喜盈门商业综合体等26个服务业重点项目。整合提升清昌、福和万达两大商圈，打造夜色经济体验示范街区。完成2333.33公顷高标准农田建设，整治抛荒撂荒耕地592.67公顷。光阳蛋业、星源农牧国家级畜禽数字农业试点项目完成建设，“一都枇杷”获国家地理标志登记证书。举办第三届福州（福清）枇杷节、东张煎茶节等系列农业节庆活动，推动特色农业与乡村旅游融合发展。

*天宝陂入选世界灌溉工程遗产名录。*天宝陂位于福清市龙江街道观音埔村，始建于唐天宝年间（742—756），是留存至今的福建省内最古老的水利工程，总长216米，高3.5米，至今仍发挥蓄水、引水和灌溉的功用。2003年被列为福建省级文物保护单位。2020年12月8日，福清天宝陂入选第七批世界灌溉工程遗产名录。

*龙江流域治理体系取得突破。*2020年，福清市启动实施龙江流域综合治理项目，将龙江打造成福清城市生态轴、景观轴、发展轴。实施六大类295个治理项目，完成年度任务204个，累计排查清淤排水管网604.2千米，修复管网病害2669处，整治50个入河排口，完成185.2公顷土地养殖退养，实施11个村、13家企业雨污分流试点。

（严　明）

【闽侯县】 位于福建省东部、福州市西南侧，2020年辖1个街道、8个镇、6个乡。土地面积2136平方千米。年末户籍人口71.23万人，常住人口99.30万人。人口自然增长率3.05‰。耕地面积3.23万公顷，粮食播种面积1.1万公顷，粮食产量5.8万吨。林地面积14.55万公顷，森林覆盖率60.29%，活立木蓄积量1166.8万立方米。主要旅游景点有五虎山国家森林公园、三叠井森林公园、十八重溪、闽都民俗园、雪峰崇圣禅寺等。同年，县域经济综合竞争力、县域经济实力分别再上全国百强榜、全省十强榜，县域投资潜力跻身全国第九名、位列全省第一名，入选全国县城新型城镇化建设示范县。

2020年，全县地区生产总值793.04亿元，比上年增长5%。其中，第一产业增加值48.52亿元，增长3.7%；第二产业增加值413.42亿元，增长5.1%（其中工业增加值327.32亿元，增长3.6%）；第三产业增加值

331.1亿元，增长4.9%。规模以上工业总产值1177.62亿元，增长0.2%。农林牧渔业总产值84.28亿元，增长3.9%。固定资产投资626.44亿元，增长11.4%。社会消费品零售总额297.2亿元，下降3.9%。出口总额106.5亿元，增长1.4%。实际利用外资2.41亿元，增长4.1%。一般公共预算总收入126.05亿元，增长8.4%，其中地方一般公共预算收入78.14亿元，增长6.7%。城镇居民人均可支配收入46538元，增长3%；农村居民人均可支配收入21693元，增长6.2%。

闽越水镇开业运营。闽越水镇以“海丝·闽越”为主题，总投资93亿元，占地74.46公顷，规划建设十大主题街区、二十大人文展馆、老福州的百业百态以及上千间的主题客栈，满足游客“吃住行游购娱”的一站式需求，是福州市首个丝路水乡旅游度假区。2020年5月1日，闽越水镇开放运营，举办五一节“春游水镇·福带回家”、年中古风夜市、国庆烟火嘉年华等系列大型活动。

昙石山特色历史文化街区开街。昙石山特色历史文化街区位于甘蔗街道，面积4.76公顷，建筑34座，街区展示闽侯独有的建筑特色与街巷传统肌理，重点打造特色传统工艺、传统文化展示体验业态。其中，主街凸显传承至今800多年的闽侯喜娘文化，致力打造“中国喜街”。2020年1月21日作为福州市开街仪式主会场开街亮相，吸引众多市民和游客，并登上央视新闻联播，开街期间举办非遗手作、文创手作、汉服体验等活动，展示根雕、青红酒传统酿造技艺等本土非遗项目，延续城市历史文脉，保护城市特色风貌。（游承峰）

【连江县】　位于福建省东部沿海。2020年辖19个镇、3个乡，县域总面积4280平方千米。年末户籍人口67.82万人，人口自然增长率4.30‰。耕地面积1.54万公顷，粮食播种面积0.72万公顷，粮食产量4.20万吨。林地面积7.14万公顷，森林覆盖率52.98%，活立木蓄积量337.1万立方米。境内有山、江、海、岛、温泉等自然资源和丰富的森林植被，是国家生态县。境内海岸线长238千米，有三湾（罗源湾、定海湾、黄岐湾）、三口（可门口、闽江口、敖江口），是“中国海带之乡”“中国鲍鱼之乡”。福州港罗源湾港区可门作业区是全省最大的干散货港口，建成6个5万吨级以上码头。可门港经济区化工新材料产业园是全省首批化工园区。温泉资源丰富，是“中国温泉之乡”“全国十大温泉休闲基地”，贵安新天地休闲旅游度假区、溪山休闲旅游度假村是国家AAAA级景区。相邻的马祖列岛与黄岐镇最近处仅距8千米，两岸开通黄岐至马祖客运航线。2020年获评“全国双拥模范县”“福建省全域生态旅游示范县”“福建省文明县城”，再次蝉联“中国鲍鱼之乡”。县域经济实力再次进入全省“十强县”行列。

2020年，全县地区生产总值594.85亿元，比上年增长0.2%。其中，第一产业增加值147.07亿元，增长4.5%；第二产业增加值221.80亿元，下降5.6%（其中工业增加值164.99亿元，下降9.2%）；第三产业增加值225.98亿元，增长4.3%。人均地区生产总值93091元。一般公共预算总收入56.87亿元，增长7.4%，其中地方一般公共预算收入34.76亿元，增长4.1%。规模以上工业增加值下降9.5%。农林牧渔总产值266.14亿元，增长4.5%。固定资产投资增长11.2%。社会消费品零售总额127.36亿元，下降1.8%。实际利用外资3.99亿元，下降56.2%。城镇居民人均可支配收入40563元，增长3.5%；农村居民人均可支配收入20779元，增长6.4%。

社会用电量31.65亿千瓦时。城镇登记失业率3.72%。参加城镇职工基本养老保险4.2万人，参加城乡居民基本医疗保险51.54万人，参加新型农村社会养老保险36万人。城镇生活污水集中处理率95%，城镇生活垃圾无害化处理率100%。

深远海区生态养殖模式列入国家发展改革委《国家生态文明试验区改革举措和经验做法推广清单》。11月25日，国家发展改革委印发《国家生态文明试验区改革举措和经验做法推广清单》的通知，推广国家生态文明试验区改革举措和经验做法共90项，连江县引进社会资本推行深远海区生态养殖模式成功入选。（庄　凯）

【闽清县】　位于福建省东部、福州市西北部。2020年辖11个镇、5个乡。全境面积1466平方千米。年末户籍人口32.4万人。粮食播种面积0.95万公顷，粮食总产量5.35万吨。

2020年，全县实现地区生产总值344.9亿元，增长6.2%。一般公共预算总收入29亿元，增长0.3%，其中地方一般公共预算收入16.01亿元，增长1.5%。固定资产投资122.07亿元，增长20.3%，其中工业固定投资49.28亿元，增长22.8%。出口总额21.5亿元，增长20.2%。建筑业总产值855.17亿元，增长12.6%。城镇居民人均可支配收入35151元，增长2.7%；农村居民人均可支配收入17204元，增长6.9%。

疫情防控。第一时间组建县疫情防控工作领导和指挥体系，成立重点乡镇、企业、教育等6个分指挥部，3天改建县总医院隔离院区，统筹隔离病房38间，7例确诊病例、8名疑似病例得到有效救治。摸排各类人员2499人，设立检查网点600余处，配置县乡隔离点19处，累计核酸检测超8万人次。县财政下拨抗疫专项经费3780万元，累计接收企业家、乡贤华侨、社会各界爱心人士捐款1005万元。

农业。全年农林牧渔总产值59.75亿元，增长4.7%。新建高标准农田1333.33公顷，稳定粮食播种面积9533.33公顷，粮食总产量5.3万吨。特色农业形成规模化发展态势，梅溪石湖、云龙官庄、塔庄茶口、桔林后洋入选全省“一村一品”示范村，新增省级农业龙头企业6家，海西汇农获评全国农民合作社示范社。建成鑫河江橄榄、东桥绿辉蔬菜等4家省级优质农产品标准化基地，277家生产主体纳入农产品质量安全追溯平台。

工业。全年新增规上工业 18 家，规模以上工业产值 246.6 亿元，规模以上工业增加值增长 5.3%。白金工业园投产迪士尼水晶鞋、佳尔特油画布等 5 个项目。中建绿色建筑产业园新落地晶尚格门窗、SPC 石塑地板等 6 个产业链项目。大莲电瓷、力鑫电器等 30 家企业投入 36.3 亿元实施技改扩产。新增国家级高新技术企业 9 家、省级科技小巨人领军企业 2 家、国家地理标志证明商标 3 件，专利授权 1071 件，增长 32.5%。全社会 R&D 经费投入 1.66 亿元，增长 78.4%。双棱竹业获评“福建省知识产权优势企业”。

第三产业。全年第三产业增加值 123.8 亿元，增长 4.9%；社会消费品零售总额 45.5 亿元，增长 3.6%。周末集市、直播带货、夜色街区等多形式、多渠道活跃市场，新增限上规模以上商贸服务业 23 家。建成东桥溪沙停车场及游客集散中心，瓷天下海丝精灵谷获评国家 AAA 级旅游景区，七叠温泉、黄楮林景区、留云心谷入选全国第六批森林康养基地试点单位，塔庄莲宅获评省级乡村旅游三星级旅游村，坪街村入选福州市第二批乡村旅游精品示范村。全年接待游客 190 万人次，旅游收入 11.3 亿元。（许昌民）

【罗源县】 位于福州市东北部。2020 年辖 6 个镇、5 个乡，有 13 个社区、189 个行政村。全境面积 1187.18 平方千米，其中陆地面积 1062.2 平方千米，海域、滩涂面积 124.98 平方千米。年末户籍人口 26.97 万人，人口自然增长率 2.93‰。粮食播种面积 0.62 万公顷，粮食产量 3.4 万吨。林地面积 77966 公顷，森林覆盖率 58.3%，活立木蓄积量 389 万立方米。重要矿产资源有花岗岩、凝灰岩、辉绿岩、叶蜡石、矿泉水。重要海洋资源有罗源湾天然深水港湾、滩涂、海洋生物资源（海带、紫菜以及石斑鱼、鲨鱼、鲻鱼、鳗鱼、日本鳗鱼、黄鱼、带鱼、目鱼、鲳鱼、马鲛鱼等鱼类资源）。主要旅游景点有罗源湾海洋世界、畲山水、陈太尉宫、碧岩寺、圣水寺。获“全国平安农机示范县”“全省民族团结重点区”称号，入选“全国民族团结进步示范区”“全国投资潜力百强县（市）”。

2020 年，全县地区生产总值 316.6 亿元，比上年增长 6.3%。其中，第一产业增加值 49 亿元，增长 4%；建筑业增加值 20.3 亿元，增长 9.4%；第三产业增加值 96 亿元，增长 4.8%。规模以上工业总产值 565.5 亿元，增长 9.6%；规模以上工业增加值增长 7.6%。农业总产值 88.6 亿元，增长 4.1%。固定资产投资 179.8 亿元，增长 18.2%；工业固定资产投资 111.9 亿元，增长 47.1%。社会消费品零售总额 51.3 亿元，增长 5.0%。进出口总额 35 亿元，增长 35.8%。实际利用外资 1.06 亿元。一般公共预算总收入 9.7 亿元，其中地方一般公共预算收入 11.28 亿元。城镇居民人均可支配收入 36790 元，增长 2.9%；农村居民人均可支配收入 17329 元，增长 5.4%。

畲族文化。1 月 1 日，罗源县畲族文化民俗小镇一期项目在松山镇八井村竣工，标志着罗源建成全省第一座县级畲族文化民俗馆。

乡村振兴。在福州市首创利用专项债券支持乡村振兴模式，成功争取全省首批乡村振兴专项债券资金 1.92 亿元；起步镇上长治村入选 2020 年全国乡村特色产业亿元村名单；中房镇首创全省联村振兴模式。

旅游事业。8 月 26 日，罗源霍口乡福湖村入选第二批全国乡村旅游重点村。

农业发展。9 月 27 日，2020 年福建省“中国农民丰收节”福州专场、福州市 2020 年“中国农民丰收节”主场暨福建省 2020 年少数民族“中国农民丰收节”在罗源举办。

农业产业。10 月 1 日，福建省秀珍菇产业研究院在罗源食用菌研发中心揭牌成立。

民族研究。10 月 27 日，罗源县与省内 7 所高校和研究机构在霍口畲族乡福湖村举行畲族田野调查基地签约揭牌仪式。

工业产业。12 月 14 日，罗源宝钢德盛 1780mm 热轧项目热负荷试车，标志着宝钢德盛精品不锈钢绿色产业基地首个项目投产。（刘宇亮　兰克辉）

【永泰县】 位于福建省中部、福州市西南部。2020 年辖 9 个镇、12 个乡。全境土地面积 2229.86 平方千米，年末户籍人口 38.5 万人，常住人口 28.2 万人。人口自然增长率 5.55‰。耕地面积 2.04 万公顷，粮食播种面积 1.73 万公顷，粮食产量 9.67 万吨。林地面积 18.41 万公顷，森林覆盖率 76.96%，活立木蓄积量 1209 万立方米。重要矿产资源有金、银、钼、锌、紫砂土、高岭土等，主要水资源有大樟溪、长庆溪、清凉溪等，还有丰富的地热温泉资源。主要旅游景点有云顶、欧乐堡极地海洋世界、嵩口特色历史文化名镇、天门山、青云山风景区以及大喜、月洲、春光、埕演等乡村旅游点。2020 年获“全省经济发展十佳县”称号，农村人居环境整治成效受国务院办公厅通报激励。永泰县扶贫办获得党中央、国务院颁发的“全国脱贫攻坚先进集体”荣誉称号。

2020 年，全县地区生产总值 300.31 亿元，比上年增长 6.2%。其中，第一产业增加值 56.47 亿元，增长 4.5；第二产业增加值 139.92 亿元，增长 8%；第三产业增加值 103.92 亿元，增长 4.9%。人均地区生产总值 106873 元，增长 1.7%。规模以上工业总产值 75.75 亿元，增长 9%。农林牧渔业总产值 93.56 亿元，增长 4.5%。固定资产投资 131.61 亿元。社会消费品零售总额 40.3 亿元，下降 5.7%。外贸出口额 12.5 亿元，增长 38%。实际利用外资 3192 万元。一般公共预算总收入 20.42 亿元，增长 0.4%，其中地方一般公共预算收入 12.46 亿元，增长 1.4%。城镇居民人均可支配收入 34285 元，增长 2.4%；农村居民人均纯收入 16808 元，增长 6%。

莆田至炎陵高速公路（福州段）顺利通车。6 月 30 日，G1517 莆炎高速福州段正式通车，从福州市区到永泰县嵩口古镇首次实现高速公路直达。莆炎高速福州段于 2017 年开工建设。项目全长42千米，起于永泰梧桐镇潼关村附近，路线经过永泰县梧桐镇、嵩口镇、长庆镇、盖洋乡4个乡镇，在珠峰2号隧道与莆炎高速三明段衔接，沿途设潼关枢纽互通、嵩口互通以及梧桐服务区。全线采用双向6车道高速公路标准建设，设计速度100千米/小时。

永泰县提前3年实现全部脱贫。作为福州市唯一的省级扶贫开发工作重点县，永泰县深入贯彻落实中央、省委、福州市委关于扶贫工作的决策部署，把脱贫攻坚作为头等大事，不断创新工作机制，加快培育致富产业，持续强化各项保障，凝心聚力打赢脱贫攻坚战。2017年，永泰县提前3年实现1271户4149人建档立卡贫困人口全部脱贫、56个建档立卡贫困村全部退出、省级扶贫开发工作重点县首批摘帽。贫困人口人均年纯收入从2015年底的3133元提高至2020年底的2万元以上。此外，永泰县连续4年代表福州市接受省对设区市扶贫开发成效考核，成绩均位列全省第一。（邱长辉）

厦门市

【概况】 厦门市位于福建省东南端，是中国东南沿海著名的港口风景旅游城市。1980年获批设立厦门经济特区，1988年中央批准实行计划单列市，升格为副省级城市，授予地方立法权。2020年辖思明、湖里、集美、海沧、同安、翔安6个行政区，土地面积1700.61平方千米（其中城市建成区面积397.84平方千米），海域面积390平方千米。年末常住人口518万人，常住人口城镇化率89.41%；户籍人口273.18万人，其中城镇人口237.65万人；人口自然增长率10.59‰。

全年农作物总播种面积2.25万公顷，其中粮食播种面积0.40万公顷，粮食总产量2.51万吨。森林覆盖率41.65%。重要矿产资源有钍、铁、锰、铜、钨、铅、钛、钼、锌等。海域范围内有各类海洋生物近2000种，文昌鱼和中华白海豚为国家一类保护动物，鲎为福建省重点保护的珍奇动物。主要旅游景点有鼓浪屿、中山路、厦门大学、万石植物园、胡里山炮台、南普陀寺、曾厝垵、环岛路等。

市树为凤凰木，市花为三角梅，市鸟为白鹭。南音、高甲戏、歌仔戏、答嘴鼓、漆线雕、讲古、中秋博饼等入选国家级非物质文化遗产。人口中以汉族居多，另有满族、壮族、畲族、苗族、高山族等20多个少数民族，是侨乡和台胞的主要祖籍地，通行闽南方言，形成以红砖古厝、嘉庚建筑、鼓浪屿万国建筑等特色历史建筑风格。最具代表性的“鼓浪屿历史国际社区”作为世界文化遗产，于2017年7月被联合国教科文组织列入世界文化遗产名录。历史上曾涌现出苏颂、郑成功、吴夲、林语堂、陈嘉庚等名人。

2020年，厦门获批建设金砖国家新工业革命伙伴关系创新基地，获批全国深化服务贸易创新发展试点，入选全国进口贸易促进创新示范区、首批国家数字服务出口基地，产融合作试点工作成效居全国第二；获得全国文明城市“六连冠”，蝉联全国双拥模范城；获评国家生态园林城市，空气质量在全国168个重点城市中排名第四，生活垃圾分类工作在全国考评中保持第一；获评全国营商环境标杆城市，成为首批全国法治政府建设示范市，公共服务质量满意度居全国第三，纳税服务指标居全国第一，政府透明度指数居全国第一。

2020年，全市地区生产总值6384.02亿元，比上年增长5.7%。其中，第一产业增加值28.89亿元，增长2.5%；第二产业增加值2519.83亿元，增长6.1%（其中工业增加值1892.18亿元，增长5.4%）；第三产业增加值3835.29亿元，增长5.5%。人均地区生产总值123962元，比上年增长3.5%。一般公共预算总收入1351.29亿元，增长1.7%，其中地方一般公共预算收入783.94亿元，增长2.0%。规模以上工业增加值增长6.0%。农林牧渔业总产值61.03亿元，增长2.3%。固定资产投资增长8.8%。社会消费品零售总额2293.87亿元，增长1.6%。外贸进出口总值6915.77亿元，增长7.8%，其中，出口3572.92亿元，增长1.2%；进口3342.85亿元，增长16.0%。实际使用外资166.05亿元，增长23.8%。城镇居民人均可支配收入6.13万元，增长3.9%；农村居民人均可支配收入2.66万元，增长7.3%。

全市用电总量291.23亿千瓦时。全市城镇新增就业35.65万人，城镇登记失业率3.8%。参加城镇职工基本养老保险344.95万人，增长7.7%；参加工伤保险259.33万人，增长7.2%；参加失业保险258.37万人，增长7.4%；参加城镇居民基本医疗保险445.21万人，增长5.5%；参加生育保险258.29万人，增长13.4%。城镇生活污水集中处理率100%，城镇生活垃圾无害化处理率100%。

【疫情防控】 2020年，厦门市坚定信心、同舟共济、科学防治、精准施策，本地确诊病例35例，42天实现“清零”，自2020年2月16日后再无新增，实现确诊患者“零死亡”、医务人员“零感染”、境外输入疫情“零扩散”。迅速建立疫情防控体系。第一时间成立疫情防控指挥部，率先要求必须在公共场所佩戴口罩，率先开发投用市民口罩预约摇号系统，确保口罩供应充足有序。落实居家隔离措施，确定集中隔离酒店，全力推进联防联控，疫情防控能力位居全国前列。严守全国第三大入境口岸，坚持“人物同防”，率先运用“大数据＋网格化”模式开展重点人群排查和疫情监测溯源，率先实行入厦人员网上预登记制度，率先实施核酸和血清抗体双检测等措施，严格全过程闭环管理。在全省率先实行进口冷链食品集中监管，落实批批检测、件件消毒、一码通行。快速组建定点救治医院，对确诊病患“一人一专班”进行治疗，成功救治8例重症病例。全市17家二级以上医院规范设立发热门诊，39家社区卫生机构全部开放发热哨点诊室。快速提升核酸检测能力，确保重点人群应检尽检。率先协调组织16家企业开足马力生产防疫物资，通过市属国企向境外紧急采购口罩、防护服。在防疫物资最紧张的阶段，为全国全省提供口罩1.2亿只、护目镜47万个、防护服28.4万套等，先后选派5批302名医务人员驰援湖北武汉。

【招商引资】 2020年，厦门新增落地项目8411个，总投资1.64万亿元，累计项目落地率从2019年底的18.4%提高至42.5%。投资规模持续扩大。成功举办厦洽会和电子信息、生物医药、总部经济、海洋经济等产业发展大会，新增招商项目17859个，计划总投资4.2万亿元，项目数量及金额均比上年实现大幅增长。项目质量不断提升。新增高能级项目2620个，计划总投资1.53万亿元，落地高能级项目482个，总投资6033.7亿元，高能级项目占比显著提高。其中，天马六代AMOLED、浪潮南方总部制造基地、海辰新能源等百亿级项目相继落地。招商方式不断创新。疫情以来，通过“屏对屏”开展“云招商”1053次，“云签约”项目624个，投资总额5436亿元。同时，积极把握疫情后产业发展机遇，陆续推动一批5G、大数据、人工智能、线上医疗等优质项目签约落地。

【跨岛发展】 2020年，厦门策划生成未来3年亿元以上项目1224个，计划总投资1.88万亿元，累计完成房屋征收1081万平方米，增长56.1%。岛外新城建设加快。岛外重大片区完成投资1620亿元，环东海域新城初步形成滨海高端酒店群，集美新城10年集聚成城，产城融合加速，特斯拉中心等一批项目落地；马銮湾新城环湾大道、南岸生态岛等基本建成；同翔高新城加快集聚新能源等优势产业；东部体育会展新城新体育中心、新会展中心开建。基础设施不断完善。新机场航站区综合交通枢纽等工程加快建设。地铁3号、4号线进展顺利，6号线林埭西至华侨大学段开工。福厦高铁关键节点取得突破，远海码头铁路专用线开建。海沧隧道基本贯通，翔安大桥等一批交通重点工程加快推进，“两环八射”快速路网基本形成。长泰枋洋水利枢纽工程具备应急供水能力，新建改造供水管网80.3千米。建成5个世界一流城市输电网综合示范区。新建改造燃气管道123.1千米。全国首个5G全场景应用智慧港口、公交综合智慧系统入选国家新基建示范工程项目。

【改革开放】 2020年，厦门持续深化改革扩大开放，公共服务质量满意度居全国第三，进出口总额6915.77亿元，占全省一半。重点领域改革持续深化。自贸试验区新推出18项全国首创举措。全面实施零基预算改革，在全国率先编制政府保障事项清单。组建国有资本投资运营公司，市属国企营收增长20.4%。口岸进出口通关时间较2017年分别压缩71%和93%，提前完成国务院下达任务。开放型经济水平不断提升。实际使用外资166.05亿元，增长23.8%，规模及增幅均居全省首位。象屿保税物流园区、海沧保税港区获批成为综合保税区。航空维修等14个重点平台带动效应增强，启动跨境电商B2B出口试点。获批全国深化服务贸易创新发展试点、全国进口贸易促进创新示范区、国家数字服务出口基地。中欧（厦门）班列发货量、货值分别增长33%和34%。“丝路海运”开行航次增长35.6%。对“一带一路”沿线国家和地区进出口增长12.1%。新增对外投资项目116个，实际投资10.6亿美元。两岸交流融合稳步推进。新批台资项目577个，合同使用台资增长88.1%。两岸首家全牌照合资证券公司金圆统一证券开业，建霖家居等台企在A股上市。进一步放宽台胞职业资格采认，台湾人才到厦就业1864人。成功举办海峡论坛、两岸企业家峰会年会、文博会等两岸交流活动。

【营商环境建设】 2020年，厦门推出4批238项营商环境改进任务清单，获评全国营商环境标杆城市。简化企业设立登记。“一网通平台”升级至3.0版，企业开办实现“一网、一日、一窗，零收费”，设立登记、发票申领、印章刻制等环节合而为一，时间压缩至1天、首套4枚印章免费刻制。再造审批流程。全面推行项目策划生成“双清单”、联合验收“多批合一”等改革举措，17种项目类型分类申报、4个审批阶段并联审批、4条工作主线并行推进，工程建设项目全流程审批时限压减70%以上。优化不动产登记。设立“企业服务专窗”，企业间转移登记实行一个环节，即来即办。实行“交地即交证”，免收企业转移非住宅登记费。不动产查封登记、二手房转移登记、商品房分户登记等全程网办。加快社会信用体系建设。城市信用监测居全国前五，《厦门经济特区社会信用条例》全面实施。归集69个部门公共信用信息近6.4亿条，“信用中国（福建厦门）”平台累计查询量突破2300万人次，信用大数据创新中心承接国家公共信用信息数据80亿条、融合共享市场信用数据超100亿条。提升跨境贸易便利化水平。实施港口政府性零收费，港口物流单证全面无纸化。创新集装箱货物“卸船直提”“抵港直装”作业模式。远海码头落地全国首个5G全场景应用项目。建成厦门国际贸易“单一窗口”3.0版。打造现代化司法服务体系。建成全国首个市级诉非联动中心，推动非诉解纷与诉讼有机衔接。成立全省首家破产法庭，全国首创特殊管理人，进一步提升“办理破产”便利度。设立全国首个知识产权司法协同中心，全面加强知识产权保护。提供一站式便民服务。全国首推支付宝新生儿医保参保报销“秒批”服务，在全国率先实现住房公积金业务“一网通办”。“不见面审批”办件量提升至58%，60个事项“秒批秒办”。“e政务”自助终端办理事项增加到13个部门121项，办件量突破300万件，获评国务院办公厅典型经验案例。（张添财）

【思明区】 位于厦门市南部（含鼓浪屿全岛），三面临海，与小金门诸岛和漳州大陆隔海相望，全区面积84.28平方千米。2020年，全区常住人口107.4万人，户籍人口86.68万人。下辖鼓浪屿、鹭江、中华、厦港、开元、筼筜、梧村、嘉莲、莲前、滨海等10个街道98个社区。

2020年，全区地区生产总值2053亿元，比上年增长4.5%。财政总收入390.7亿元，比上年增长12.5%，连续5年居全省县（市、区）首位，进入全省设区市前四位。区级收入63亿元，比上年增长7.5%。财政总支出109.8亿元。城镇居民人均可支配收入74012元，比上年增长4%。城镇居民人均消费性支出48885元，比上年下降0.9%。合同利用外资114.1亿元，比上年下降32%。实际利用外资30.1亿元，比上年增长44.9%。固定资产投资比上年增长11%，民间投资增长103.4%。规模以上工业完成产值371.1亿元，规模以上工业完成销售产值365.9亿元。工业实现增加值82.03亿元，比上年增长6.4%。共有资质以上建筑企业292家，完成建筑业总产值782.3亿元，比上年增长9.4%。全区社会消费品零售总额823.7亿元，比上年增长0.7%。电子商务持续增长，限额以上批发零售企业实现网络零售额165亿元，比上年增长29.1%。限额以上住宿餐饮企业实现营业额76.6亿元，比上年下降16.8%。2020年，思明区获评首批福建省全域生态旅游示范县（市、区）。

第三产业。2020年，思明区在全市率先配套出台区级总部经济发展等措施，吸引优必选、达尔威等区域总部落户。出台金融科技产业园专项政策，全市2家新增法人金融机构均落户辖区。安达仕、华尔道夫等高星级酒店开业，推进厦门、武汉、宜昌、襄阳四地开通“2小时航空旅游通道”。借助中国电影金鸡奖活动效应，引进融创文化、恒业影业等优质影视项目30个，投资规模109.8亿元。策划“GO思明FUN心玩”“来去思明—GO思明够厦门”消费节和直播带货等活动，发放1030万元消费券，撬动消费超2.5亿元。打造才子汇大健康产业楼宇，“中国互联网百强”企业数占全省近70%，“2020年福建互联网企业30强”企业数占全省50%。中国国际广告节永久落户辖区。推动“三高（高技术、高成长、高附加值）企业”倍增发展，培育数字经济领域省级“独角兽”企业1家、未来“独角兽”企业2家、“瞪羚”企业7家。拥有市级科技“小巨人”领军企业171家、“三高”企业665家、国家高新技术企业590家，均居全市第一。

（陈　际）

【湖里区】 位于厦门岛北部。2020年辖5个街道、54个社区。全区土地面积73.75平方千米。年末户籍人口37.75万人，常住人口103.9万人。人口年平均增长率1.08%。林地面积371.5公顷，森林覆盖率8.9%，活立木蓄积量2.2万立方米。重要矿产资源有地热资源。主要旅游景点有惠和石文化园（AAA级）、凌云玉石文化馆（AA级）、琦丽珊瑚文化馆（AA级）、五缘湾、仙岳山等。2020年入选全国进口贸易促进创新示范区。

2020年，全区地区生产总值1395.75亿元，比上年增长6.4%。其中，第二产业增加值545.65亿元，增长3.2%；第三产业增加值850.09亿元，增长8.7%。固定资产投资增长26.1%。批发零售业商品销售额增长26.0%。实际利用外资22.56亿元，增长15.6%。一般公共预算总收入259.34亿元，增长8.6%，其中地方一般公共预算收入51.05亿元，增长2.9%。城镇居民人均可支配收入增长3.9%。

新冠肺炎疫情防控。湖里区地处全市交通枢纽，面对2020年突如其来的新冠肺炎疫情，第一时间启动突发公共卫生事件一级响应，承担起“外防输入”最前沿、“内防扩散”最复杂的艰巨任务，主动在530个小区（自然村）设置970个卡口，对进出人员实行有效管理；组建23个工作专班到机场、酒店、长途客运站以及港口、冷链集中监管仓等一线驻点管理，分流登记管理境外航班1359架次、旅客15.5万人次，境内航班2583架次、旅客2.5万人次，客车6.6万辆次、旅客19.6万人次，核查进出港船舶2.4万艘次、人员3.9万人次。组织实施“点对点”转运3.3万人次，19家定点酒店接待隔离旅客7.32万人次。对11月20日后入仓的1323批28.2万件货物实行批批检测、件件消毒，实现“零差错、零感染、零事故”。

五缘湾片区生态修复与综合开发成为自然资源部推荐的生态产品价值实现典型案例。从2002年起，五缘湾片区土地储备、生态修复与综合开发工作启动。坚持将“生态优先”作为基本开发思路，强调自然生态系统的原真性、整体性和系统性，以保护修复为主，以重构为辅，经过近20年的不懈努力，五缘湾片区的生态产品供给能力大大增强，生态价值、社会价值、经济价值得到全面提升，依托良好生态产品实现高质量发展之路越走越宽。2020年，五缘湾片区生态修复与综合开发案例成为自然资源部印发的《生态产品价值实现典型案例》（第一批）之一，列11个典型案例之首。

（蓝芳婷）

【集美区】 位于厦门西北部。辖区总面积275.79平方千米（含农林场），海岸线长约60千米。2020年辖4个街道、2个镇，设有21个行政村、48个社区。全区总人口106.85万人，其中户籍人口40.26万人、流动人口64.79万人。

2020年，全区地区生产总值增长5.5%。固定资产投资增长16.8%。规模以上工业总产值1186亿元（含火炬企业），增长6.8%。财政总收入145亿元，增长8.5%，其中区级财政收入40.2亿元，增长6%。城乡居民人均可支配收入增幅高于经济增速。同年，集美区完成年度节能减排任务。上榜“中国工业百强区”，成为全市首个国家“全域旅游示范区”，全市唯一入选省级县域集成改革试点。

首届电视制片大会暨第三届影视基地峰会在厦开幕。2020年10月20—23日，由国家广电总局、福建省人民政府指导，中广联合会、中国电影制片人协会、福建省广播电视局、福建省电影局、厦门市委宣传部主办，中广联合会电视制片委员会、厦门市文化和旅游局、厦门市集美区人民政府、厦门广播电视集团承办，中共厦门市集美区委宣传部、漳州市文化和旅游局、泉州市文化广电和旅游局、泰宁县文体和旅游局协办的首届电视制片大会暨第三届影视基地峰会在厦门开幕。大会共邀请来自国家广电总局、中广联合会、中国电影制片人协会，23个省（市、自治区）广电局、广播电视台、国内知名电视制片人、导演、编剧，以及来自20个省（市、自治区）的50家影视基地等近400位嘉宾参加相关活动。峰会以“育新机开新局共谋影视发展”为主题，紧扣厦门市大力发展影视产业的指导思想，策划开幕式、主论坛、三个专题分论坛、集美之夜、厦门影视产业招商推介、全国影视基地推介、全国优质电视剧项目及全国电视剧名家福建故事采风行等活动。（林仙平）

【海沧区】 位于厦门市西南部。2020年辖4个街道、28个社区、15个建制村及3个农（林）场。全区土地总面积184.73平方千米。年末常住人口58.6万人，其中户籍人口26.27万人。户籍人口自然增长率13.08‰。全区耕地面积500多公顷，粮食播种面积74公顷，粮食产量401吨。林地面积5890多公顷，森林覆盖率39.72%，活立林蓄积量41.86万立方米。重要矿产资源有地热（温泉）、花岗岩、高岭土。重要海洋资源有石斑鱼、鲈鱼、鲢鱼、长毛对虾、斑节对虾、锯缘青蟹、牡蛎、花蛤等。主要旅游景点有日月谷温泉公园景区、天竺山景区、青礁慈济祖宫景区3处国家AAAA级景区。同年，海沧区获评全国基层中医药工作先进单位、福建省村庄清洁行动先进区。

2020年，全区地区生产总值815.75亿元，比上年增长4.5%。其中，第一产业增加值1.75亿元，增长10.5%；第二产业增加值458.59亿元，增长1.8%（其中工业增加值403.08亿元，增长6.9%）；第三产业增加值355.41亿元，增长8.9%。人均地区生产总值14.02万元，增长0.5%。规模以上工业总产值1402.06亿元，增长6.5%。农林牧渔业总产值4.35亿元，比上年增长8.2%。固定资产投资（不含农户）增长3.4%。社会消费品零售总额289.29亿元，下降1.6%。实际利用外资14.97亿元，增长44.6%。全区财政总收入188.85亿元，增长2.9%，其中区级财政收入33.98亿元，下降14.7%。城镇居民人均可支配收入5.6万元，增长3.8%；农村居民人均可支配收入3.28万元，增长7.3%。

半导体产业基地封顶。2020年12月28日，海沧半导体产业基地封顶。作为国内首个成规模的集成电路中试厂房，基地将引进系统级封装公共技术平台、先进封装测试、晶圆制造、装备及材料类等集成电路产业链各环节企业入驻。基地在建期间，就吸引一批优质的半导体企业意向入驻。至年底，首批入驻基地的有云天半导体、四合微电子、烨映电子科技等9个项目，总投资超30亿元，达产后年产值超50亿元。

士兰12英寸特色工艺晶圆制造项目投产。2020年12月21日，厦门士兰集科微电子有限公司12英寸生产线投产。项目主要采用T－FS IGBT、超级结MOSFETT－MOSFET、深槽及屏蔽栅MOSFET工艺等关键技术。项目基于士兰微在高压、高速、大功率IGBT集成芯片领域内的设计优势，利用和突破12英寸制造技术“瓶颈”，提升中国在高端电力电子器件的设计与制造水平和产业化能力，为中国微电子技术的产业结构调整做出开创性贡献。

厦门生物医药港综合竞争力位列全国生物医药产业园区第12位。2020年11月2日，经2020中国生物技术创新大会现场发布，厦门生物医药港综合竞争力位列全国生物医药产业园区第12位。至年底，海沧区生物医药产业聚集各类生物医药高层次人才265人，建有与生物医药产业相关的国家级重点实验室、工程技术研究中心、企业技术中心、科技企业孵化器、小型微型企业创新创业示范基地9个，拥有科技型中小企业43家、国家级高新技术企业56家，成功培育上市企业6家。涌现全球首支重组戊型肝炎疫苗、国内首支国产二价宫颈癌疫苗、国内第一个拥有自主知识产权的长效干扰素等一批国内及国际领先的创新产品。2020年，海沧区生物医药产业实现产值327.94亿元，比上年增长49.12%，万泰凯瑞、安邦生物的新冠病毒检测试剂盒获批上市，艾德、宝太等14家企业的新冠病毒检测试剂进入商务部出口白名单。（李彩兰）

【同安区】 位于厦门市北部、闽南金三角中心地带，东与翔安区毗邻，南与湖里区隔海相望，西南与集美区相连，北与泉州南安市、安溪县交界，西北与漳州长泰县接壤。全区土地面积657.59平方千米。2020年下辖2个街道、6个镇，设有81个行政村、60个社区。年末户籍人口41.8万人，常住人口85.9万人。耕地面积8430.31公顷，粮食播种面积2155.87公顷，粮食产量12826吨。森林覆盖率54.43%。海岸线长11千米。重要矿产资源有花岗岩、高岭土、钾长石等。有方特梦幻王国、北辰山2家AAAA级景区，金光湖、古龙酱文化园、同安影视城3家AAA级景区和五峰德安古堡、丽田园等十大旅游景点。

2020年，全区地区生产总值592.21亿元，比上年增长7.9%。其中，第一产业增加值11.42亿元，增长0.9%；第二产业增加值309.41亿元，增长8.9%；第三产业增加值270.38亿元，增长6.9%。规模以上工业增加值278.13亿元，增长8.5%。全区产值超亿元企业增至219家。固定资产投资下降24.7%。社会消费品零售总额394.64亿元，增长8.1%。实际利用外资18.90亿元，增长15.8%。一般公共预算总收入104.26亿元，增长3.3%，其中地方一般公共预算收入26.26亿元，增长2.3%。城镇居民人均可支配收入51775元，增长3.9%；农村居民人均可支配收入24619元，增长7.3%。

厦门顺丰创新产业园开工建设。5月18日，厦门顺丰创新产业园项目开工仪式在同安区洪塘镇举行。厦门顺丰创新产业园位于同安区高新技术产业基地，项目占地面积71063平方米，总投资6亿元，年度计划投资0.9亿元，规划建设“互联网+”产业服务、“快递+”现代物流以及智慧物流三大功能分区，预计2021年第四季度竣工。

高端家居欧丽洛雅（家居MALL）和爱琴海购物公园（购物公园商业MALL）落户银城智谷核心区。5月28日，银聚双星，智创未来——银城智谷双MALL商业综合体发布会在环东海域厦门特房波特曼七星湾酒店举行。发布会上宣布，红星美凯龙集团旗下高端家居欧丽洛雅（家居MALL）和爱琴海购物公园（购物公园商业MALL）正式落户银城智谷核心区。双MALL商业综合体总建筑面积23万平方米，于2020年5月22日动工建设，预计2023年建成开业。

纪念苏颂诞辰1000周年暨第九届厦门（同安）苏颂国际文化节。12月10日，以“千秋唯颂 五洲共光”为主题的“纪念苏颂诞辰1000周年暨第九届厦门（同安）苏颂国际文化节”在同安开幕，来自海内外的专家学者、乡贤和嘉宾共同纪念苏颂诞辰1000周年。“同安之子”苏颂是同安名人中的杰出代表，北宋著名的政治家、科学家。开幕式上，《苏颂全集》和《北宋科学巨匠苏颂》科教宣传片全球首发，一座1∶1复制还原的“假天仪”正式揭牌，苏颂书院也举行建设启动仪式，现场还集中展演歌仔戏《苏颂断案》等一批围绕苏颂文化创排的文艺节目。（蔡　杰）

【翔安区】 位于厦门市东北部。2020年辖1个街道、4个镇，设有30个行政村、90个社区。全区陆域总面积412.15平方千米（其中滩涂面积57.9平方千米）。大陆海岸线长56.71千米，占厦门市大陆海岸线总长的28.01%。年末户籍人口39.4万人，常住人口58.2万人，人口自然增长率4.2‰。耕地面积0.16万公顷，粮食播种面积0.16万公顷，粮食产量1.06万吨。林地面积1.07万公顷，森林覆盖率30.4%，活立木蓄积量54.8万立方米。主要旅游景点有大嶝小镇·台湾免税公园、英雄三岛战地观光园、香山省级风景名胜区。翔安区图书馆获评2019年全国全民阅读先进单位。

2020年，全区地区生产总值705.87亿元，比上年增长8.0%。其中，第一产业增加值9.66亿元，下降1.1%；第二产业增加值478.93亿元，增长8.0%（其中工业增加值403.28亿元，增长5.5%）；第三产业增加值217.27亿元，增长8.5%。规模以上工业增加值406.79亿元，增长6.9%。农林牧渔业总产值21.6亿元，下降4.2%。固定资产投资684.25亿元，增长20.8%。社会消费品零售总额120.49亿元，增长1.6%。实际利用外资22.58万美元，增长21.6%。一般公共预算总收入80.65亿元，增长12.9%，其中地方一般公共预算收入22.46亿元，增长7.5%。城镇居民人均可支配收入43816元，增长4.4%；农村居民人均纯收入24206元，增长7.7%。（许晨光）

漳州市

【概况】 漳州市位于福建省最南端。1985年设立地级市。2020年辖8县2区1市和4个国家级开发区，土地面积1.29万平方千米，海域面积1.86万平方千米。年末户籍人口523.95万人，常住人口506万人，其中城镇常住人口310.5万人。人口自然增长率7.25‰。森林覆盖率64.8%。耕地面积17.88万公顷。累计建成公路总里程1.29万千米。已建在建铁路里程428千米，包括快速铁路239千米。已建生产性泊位69个，其中万吨级以上泊位20个。漳州于唐垂拱二年（686年）设立州治。漳州土楼群是世界文化遗产，漳州月港是明朝中后期民间贸易的重要港口，中国海上丝绸之路漳州史迹被列入申报世界文化遗产预备名单。2020年漳州蝉联第六届全国文明城市，实现全国双拥模范城创建“七连冠”。谷文昌纪念馆举行“全国爱国主义教育示范基地”授牌仪式。

2020年，全市地区生产总值4545.61亿元。一般公共预算总收入350.65亿元，其中地方一般公共预算收入218.56亿元。规模工业增加值1526.66亿元。固定资产投资1882.46亿元。进出口总值810.3亿元，比上年增长11.3%。实际利用外资41.14亿元，增长8%。社会消费品零售总额1697.15亿元。城镇居民人均可支配收入40008元，增长2.7%；农村居民人均可支配收入21103元，增长6.1%。

【重点项目】 2020年，漳州市推进古雷炼化一体化二期等一批重大项目。漳州核电三期等752个、总投资超4800亿元的新项目顺利签约，总投资589亿元的97个重大项目集中开工。古雷开发区跻身“中国化工园区30强”。2020年中国化工园区与产业发展论坛在漳州召开，是中国化工业界层次最高、规模最大的年度盛会。中关村e谷（漳州）创新中心开园暨航空航天产业创新发展论坛在漳州开发区举行，近百位国内航空航天领域专家学者、企业代表共同探讨未来航空航天产业的发展和趋势。片仔癀药业股份有限公司和天福茶观光工厂上榜第一批省级工业旅游示范基地名单。青蛙王子入围全国轻工业200强。三宝集团跻身全国民营企业500强。

【农业农村】 2020年，漳州市现代农业发展大会召开，推动全市现代农业做强做优，表彰十强农业产业化龙头企业、十佳农业科技创新企业、十佳农民合作社、十佳家庭农场和十佳科技特派员。组建漳州农业发展集团、信息产业集团、人才发展集团，漳浦台湾农民创业园考核位居全国第一。平和蜜柚入选中国特色农产品优势区，成为全市首次获认定的优势区。龙海市东园镇、诏安县太平镇、南靖县书洋镇荣获国家级农业产业强镇。漳州发展“六条鱼”：石斑鱼、鲈鱼、罗非鱼、对虾、鲍鱼、河豚。“国际茶日·漳州茶品鉴会”在漳州市海峡两岸茶文化交流中心举行，举办“茶·林语堂与世界”主题讲座，全市推广平和白芽奇兰、诏安八仙茶、南靖丹桂、华安铁观音、云霄黄观音共“五泡茶”。

【商贸流通】 2020年，漳州加快打造区域性旅游目的地城市，推进文化旅游体育和会展夜间经济融合发展。开展“全闽乐购”“你消费、我买单，亿元奖励等你拿”等促进消费活动，创新“田野直播间”等模式。举办第十五届中国（福建）消费品全球采购交易会漳州食品专场线上对接会，达成意向签约总额1200万元。延安北夜市搬迁到漳州旧火车站站前广场，形成站前广场新夜市。翡丽印象2020漳州“汽车后备箱”夜市音乐节，在蓝田经济开发区企业服务中心举行。平和县举行第十六届平和蜜柚节暨庆丰收蜜柚开采活动。漳州台商投资区保税物流中心（B型）封关运营。

【生态环境】 2020年，漳州市启动东山八尺门综合治理生态修复工程，华安县入选国家生态综合补偿试点县，诏安县获2020年度“中国天然氧吧”。漳州19个村落入选福建省第三批省级传统村落名录，至此，漳州有52个村落入选省级传统村落名录。漳州市23个村上榜第二批“国家森林乡村”，至此，全市有46个村获“国家森林乡村”称号。

【民生】 漳州市健全联防联控机制，坚持新冠肺炎常态化防控和应急处置相结合。从2020年1月26日开始，全市先后选派4批共77名医护人员驰援武汉。漳州市职业教育园区、漳州一中新高中部建成投用，市医院新总部业务楼封顶，市医院朝阳分院负压病房完成改造，全市新增中小学学位1.3万个、公办幼儿园学位1.6万个、病床位2408张、卫技人员2906人、养老床位4137张。建成保障性安居工程7560套，新增公共停车位5151个，新增公园绿地面积145.34公顷，市殡仪馆改扩建一期工程完工，52个老旧小区完成改造。全国第12个“全民健身日”漳州分会场启动仪式暨漳州市全民健身运动会2020年乡村（社区）健身广场舞比赛在漳州市体育中心举行。

【电子商务】 2020年，漳州获批中国跨境电商综合试验区，这是继2016年入选构建开放型经济新体制综合试点试验地区后，获批的又一个国家级对外开放平台。“漳州市电商助力扶贫案例”和“云霄县打造电商助力精准扶贫生态圈”入选《中国样本》一书。东山县入选国家级农村电商示范县，至此，漳州市获评的国家级农村电商示范县数量达到5个。

【文化】 2020年，《漳州市新华东路（岳口段）历史文化街区保护规划（2019—2030）》出台，规划形成“两街七巷、一港三坊多点”的保护结构。龙海石码历史文化街区入选第四批省级历史文化街区。中华人民共和国成立后，在漳州拍摄的影视作品有187部。漳州市打造最佳影视外景地，整合全市各地的天然取景地资源，向全国乃至全世界展现漳州文化旅游资源，将东山岛作为“闽台影视创作中心”，打造“天然影棚”。漳州市历史文化名城管理委员会揭牌。漳州市城市展示馆开馆，为全省首个城市展示馆。漳州木偶艺术表演馆和展示馆在漳州古城开馆。

【公办民办中小学同步招生】 2020年，漳州把全市所有民办初中学校和民办小学，以及漳州一中芝山校区，漳州一中龙文校区等市直公办初中学校和市直公办小学都纳入统一管理平台，实行网上报名，教育行政主管部门负责组织电脑随机派位录取，民办学校不得自行组织报名和录取。同时首次将民办普通高中纳入全市招生管理系统，将招生计划分解到每个县（市、区）。

【融晴文化艺术展】 2020年7月27日，海峡两岸（福建·漳州）融晴文化艺术展在东山开幕。这是新冠肺炎疫情发生后闽台两岸共同主办的首个综合性文化交流活动。文化艺术展以“推动海峡两岸融合发展、建设闽台文化第一家园”为主题，举办第六期全国优秀中青年词曲作家高级研修班、首届水仙花微电影短视频展、第二届闽台电影展、“中国东山岛”全国摄影展和纪录电影《县委书记谷文昌》开机仪式。

（谢王辉）

【芗城区】 位于漳州市中部。2020年辖4个镇6个街道和1个管委会。土地面积264.59平方千米。年末户籍人口48.10万人，常住人口64万人。户籍人口自然增长率3.08‰。耕地面积0.23万公顷，粮食播种面积591公顷，粮食产量0.31万吨。林地面积10523公顷，森林覆盖率41.17%，活立木蓄积量28.47万立方米。重要矿产资源有地热、高岭土、建筑用花岗岩、建筑用砂岩等。主要旅游景点有漳州古城、林语堂文化园、漳州牛庄文创园、西院湖生态园、威镇阁等。

2020年，全区地区生产总值752.46亿元，比上年下降2.2%。农林牧渔业总产值21.18亿元，增长4.81%。规模工业总产值785.95亿元，下降11.9%；规模工业增加值193.08亿元、下降12.2%。固定资产投资248.92亿元，下降12.3%。一般公共预算总收入29.25亿元，下降4.43%，其中地方一般公共预算收入15.41亿元，下降4.08%。实际利用外资1.1亿元。外贸出口58.6亿元。社会消费品零售总额296.46亿元，下降5.3%。城镇居民人均可支配收入45163元，增长3.3%；农村居民人均可支配收入21087元，增长6.7%。

4月28日，芗城区举行2020年第二季度项目集中开竣工活动。此次集中开竣工活动共有项目8个，总投资27.38亿元，涉及工业产业、医疗卫生、现代服务、社会民生等多个领域，其中总投资亿元以上项目7个、10亿元以上项目1个。

7月1日，漳州信息产业集团在金峰众创园正式揭牌成立。漳州信息产业集团为市属重点国有企业，注册资本金10亿元，首期出资5亿元，由市属国企城投集团占股70%，芗城区属国企金峰投资集团占股30%；划入市城投集团、交通集团、旅投集团、漳龙集团、漳州发展等5家企业所属从事信息化的企业。

7月9日，由福建鑫展旺物流有限公司建设的全省第一家化工品公用型保税仓揭牌并投入运营。福建鑫展旺公用型保税仓设有甲、乙类化学品存储仓库2个，总面积约2700平方米。

8月28日，芗城区24个教育事业项目集中开竣工。此次芗城区集中开竣工项目24个，总投资14.55亿元，规划总建筑面积34.5万平方米，建成投用后共可新增学位19105个，其中开工项目可新增学位10020个、竣工项目可新增学位9085个。

10月10日，工业和信息化部节能与综合利用司发布第五批绿色制造名单，金峰经济开发区成为福建省唯一入选的绿色工业园区。（林良益　张振拓）

【龙文区】 位于漳州市中部，2020年辖5个街道、1个镇、1个省级开发区。全区总面积126平方千米。年末户籍人口18.47万人，常住人口30.5万人。粮食播种面积59.06公顷，粮食产量401吨。林地面积3026公顷，森林覆盖率21.77%，活立木蓄积量26.1万立方米。主要旅游景点有：素称“闽南第一碑林”的国家AAAA级景区云洞岩、环境清幽的石室岩、传说动人的承泽楼（小姐楼）、古老的扶摇关帝庙及碧湖生态公园、西溪亲水公园，闽南水乡、湘桥湖、上美湖等。

2020年，全区地区生产总值349.07亿元，比上年下降3.6%。其中，第一产业增加值5.95亿元，比上年增长3.6%；第二产业增加值116.42亿元，下降14.4%（其中工业增加值76.7亿元，下降21.6%）；第三产业增加值226.7亿元，增长3.8%。规模以上工业总产值252.6亿元，比上年下降23.5%。农林牧渔业总产值10.55亿元，增长3.7%。固定资产投资219.67亿元，下降23.9%。社会消费品零售总额221.13亿元，下降5.5%。实际利用外资15527万元，下降48.8%。一般公共预算总收入17.49亿元，比上年下降2.5%，其中，地方一般公共预算收入11.47亿元，下降0.4%。城镇居民人均可支配收入46019元，比上年增长3.6%；农村居民人均可支配收入22874元，增长7%。（陈华俐）

【龙海市】 位于漳州市东部。2020年辖13个乡（镇）场，土地面积979.04平方千米（不含台商投资区、漳州开发区、漳州高新区，下同）。年末户籍人口59.77万人，常住人口64.98万人。人口自然增长率2.68‰。耕地面积2.17万公顷，粮食播种面积9.62万公顷，粮食产量4.4万吨。林地面积6.14万公顷，森林覆盖率56.82%，活立木蓄积量400.8亿立方米。重要矿产资源有花岗岩、高岭土、温泉、矿泉水。海岸线长290多千米，海域面积1004平方千米。主要旅游景点有白塘湾旅游综合体、鹭凯生态庄园、西溪生态文化园、月港历史风貌区、埭美古村落群、田头闽南水乡等。2020年获中国工业百强县（市）称号。

2020年，全市生产总值588.01亿元，比上年增长3.8%。其中，第一产业增加值61.02亿元，比上年增长1.1%；第二产业增加值326.55亿元，增长5.0%（其中工业增加值214.41亿元，增长6.7%）；第三产业增加值200.44亿元，增长2.6%。规模以上工业总产值712.37亿元，比上年增长5.7%；规模以上工业增加值200.86亿元，增长5.4%。农林牧渔业总产值101.17亿元，比上年增长1.1%。固定资产投资144.98亿元，下降32.2%。社会消费品零售总额162.13亿元，增长1.0%。外贸出口额27亿元，增长6.5%。实际利用外资0.42亿元。一般公共预算总收入31.87亿元，比上年下降4.2%，其中地方一般公共预算收入19.70亿元，下降1.3%。城镇居民人均可支配收入41054元，比上年增长2.5%；农村居民人均纯收入22191元，增长6.0%。

3月27日，龙海市委召开第十三届十一次会议，审议通过关于龙海市撤市设区的决议。

1月16日和4月29日，漳州LNG接收站项目1号、2号储罐先后实现气升顶，标志着项目建设取得突破性进展。

9月29日，欧洲排名第一、全球排名第二的工业叉车制造商德国凯傲集团与龙海国家级高新技术企业海山重工合作建设的凯傲漳州工厂项目竣工投产。

（曾思强）

【漳浦县】 位于漳州市东南部沿海，2020年辖13个镇2个乡2个少数民族乡（不含古雷，下同）。土地面积1701.61平方千米。年末户籍人口94.65万人，人口自然增长率5.3‰。耕地面积2.95万公顷，粮食播种面积1.59万公顷，粮食产量11.17万吨。境内矿产资源有花岗岩、玄武岩、铝土矿、硅砂、稀土、高岭土等，其中花岗岩储量7.2亿立方米、硅砂储量2亿吨、高岭土储量500万吨、铝土矿储量77.64万吨。全县海域面积703.91平方千米，滩涂面积343公顷，水产品总量40.79万吨。旅游景点有国家AAAA级旅游景区滨海火山地质公园、翡翠湾、天福茶博物院、天福石雕园、东南花都，国家AAA级旅游景区龙美湾旅游区，国家级文物保护单位赵家堡、诒安堡、文庙大成殿、锦江楼、蓝庭珍府第、黄道周讲学处，以及省级文物保护单位15处。2020年获国家卫生县城称号。

2020年，全县生产总值495.61亿元，比上年下降5.1%。其中，第一产业增加值88.76亿元，比上年增长5.8%；第二产业增加值157.44亿元，下降16.7%（其中工业增加值121.66亿元，下降20.9%）；第三产业增加值249.41亿元，增长0.8%。规模以上工业总产值251.33亿元，比上年下降28.9%。农林牧渔业总产值121.67亿元，增长6.0%。固定资产投资107.66亿元，下降53.5%。社会消费品零售总额243.78亿元，下降2.1%。实际利用外资2.62亿元，增长2.0%。一般公共预算总收入23.92亿元，比上年增长12.2%，其中地方一般公共预算收入32.67亿元，下降10.1%。城镇居民人均可支配收入40788元，比上年增长3.4%；农村居民人均纯收入23111元，增长 6.5%。

联盛纸业林浆纸一体化项目在漳浦签约。3 月 30 日，联盛纸业林浆纸一体化项目在漳浦县赤湖镇签约。该项目用地面积 306.67 公顷，分两期建设，建设期限 5 年。

亚洲首台 10 兆瓦风塔设备在漳浦完工下线。4 月 28 日，亚洲首台 10 兆瓦风塔设备完工下线仪式在漳浦六鳌福船一帆重装码头举行。该设备由福船一帆自主生产制造，为风电机组核心部件之一，最大直径 8.24 米、高 100 米，单套总重 620 吨。

第二届宁夏中卫市海原县名特优新农产品推介会在漳浦举行。7 月 24 日，第二届宁夏中卫市海原县名特优新农产品推介会在漳浦举行，100 多家企业参加。宁夏老庄稼农业科技有限公司与漳州市毅闽实业有限公司、漳州市芗城区冠泓食品商行、漳浦县福宁贸易有限公司、漳州市恒晟贸易发展有限公司 4 家企业签订长期合作协议，签约总额 460 万元。

漳浦县城获评“国家卫生县城”。7 月 29 日，全国爱卫会公布《关于命名 2017—2019 周期国家卫生乡镇（县城）的决定》，漳浦县城被命名为国家卫生县城。2017—2020 年，漳浦县推进国家卫生县城创建工作，在加快环境卫生基础设施建设、加强社会卫生管理、改善环境卫生面貌、提高人民群众文明卫生素质和健康水平等方面取得显著成效，整体卫生水平达到《国家卫生乡镇（县城）标准》的要求，通过评估评审。

台风“米克拉”登陆漳浦。8 月 11 日，第 6 号台风“米克拉”正面登陆漳浦，造成漳浦县 16 个乡镇 6.7 万人受灾，房屋倒塌 37 间，农作物受灾 13460 公顷，水产养殖损失 4313.3 公顷 7.95 万吨；停产工矿企业 7 个，公路中断 30 条次，供电中断 55 条次，通信中断 4 条次，损坏堤防 4 处、护岸 110 处，冲毁塘坝 54 座，损坏灌溉设施 67 处、机电井 219 眼、机电泵站 15 座，直接经济损失 2.3 亿元。（林雪芬）

【云霄县】 位于漳州市南部。2020 年辖 6 个镇 3 个乡。土地面积 1166 平方千米。年末户籍人口 46.77 万人，人口自然增长率－0.59‰。重要矿产资源有地热水（海水温泉、淡水温泉）。重要海洋资源有浅海、滩涂。主要旅游景点有将军山旅游风景区、乌山旅游风景区、天地会遗址、漳江口红树林国家级自然保护区、南湖生态公园。2020 年获全国信访工作“三无”县称号。

2020 年，全县地区生产总值 231.65 亿元。农林牧渔业总产值 64.60 亿元。规模以上工业总产值 199.92 亿元，规模以上工业增加值 59.13 亿元。实际利用外资 3090 万元。固定资产投资（不含农户投资）120.19 亿元。一般公共预算总收入 104233 万元，其中地方一般公共预算收入 68800 万元。限额以上消费品零售额 34 亿元。城镇居民人均可支配收入 35484 元，农村居民人均可支配收入 19417 元。

商事制度改革获得国务院办公厅通报激励。5 月 8 日，国务院办公厅发布通报，对 2019 年落实有关重大政策措施真抓实干成效明显的地方予以督查激励并相应采取奖励支持措施，云霄成为“深化商事制度改革成效显著、落实事中事后监管等相关政策措施社会反映好的地方”板块中福建省唯一入选的县区。近年，云霄县强化市场监管职能，着力深化商事制度改革，启动特事特办、预约办理、容缺预审等制度，为企业登记注册提供便利化，服务大众创业、万众创新。特别是在新冠肺炎疫情防控期间，云霄组建 8 个服务专班，积极服务企业复工复产，生产转产医疗器械，助力生产企业跑出疫情防控加速度。2020 年，全县注册生产防护用品企业 15 家，申报防护服及医用口罩商标 7 枚，其中 3 家企业获得临时“医疗器械生产许可证”和“医疗器械注册证”，成为自疫情发生以来全市转产生产医用防护用品企业中首批通过验收获得生产许可的企业，缓解全市医用防护服紧缺的压力。

漳州核电 2 号机组核岛 FCD 顺利实现。2020 年 9 月 4 日，漳州核电 2 号机组核岛筏基第一罐混凝土开始浇筑（FCD），它标志着漳州核电 2 号机组进入全面工程实施阶段，为后续的反应堆厂房主体结构施工打下基础。漳州核电 2 号机组采用中国自主知识产权的三代百万千瓦级“华龙一号”核电技术，是中核集团建设的第六台“华龙一号”核电机组。“华龙一号”是在中国 30 余年核电科研、设计、制造、建设和运行经验的基础上自主研发的先进核电技术，满足全球最新核安全标准。（张　琳）

【诏安县】 位于漳州市南部。2020 年辖 10 个镇 5 个乡。县域面积 1566.40 平方千米，其中陆域面积 1293.88 平方千米，海域面积 272.52 平方千米。耕地面积 2.13 万公顷，粮食播种面积 1.04 万公顷，粮食产量 7.10 万吨。林地面积 8.54 万公顷，森林覆盖率 65.21%。境内河流以东溪为主，还有西溪、庵下溪、金溪、梅洲溪、湖内溪、赤水溪、公子店溪等。重要矿产资源金属类矿产主要有钛锆砂、铅、锌、钨，非金属类主要有花岗石、硅砂（标准砂）、建筑用河砂、高岭土。县境海岸线长 88 千米，拥有诏安湾、宫口湾和大埕湾 3 个主要海湾。主要旅游景区景点有乌山红色景区、梅岭滨海景区、九侯山朝圣景区、丹诏古城文化景区等。2020 年获“中国生态牡蛎之乡”“全国信访工作‘三无’县”“中国天然氧吧”称号。

2020 年，全县生产总值 287.63 亿元，比上年增长 1.0%。其中，第一产业增加值 56.28 亿元，比上年增长 5.2%；第二产业增加值 135.37 亿元，增长 0.7%；第三产业增加值 95.99 亿元。规模以上工业总产值 383.09 亿元，比上年增长 2.0%，其中规模以上工业增加值 114.49 亿元，增长 1.7%。农林牧渔业总产值 100.74 亿元，比上年增长 5.3%。固定资产投资 71.08 亿元，增长 2.8%。社会消费品零售总额 99.58 亿元。实际利用外资 0.4 亿元。一般公共预算总收入 10.94 亿元，比上年增长 6.1%，其中地方一般公共预算收入 6.92 亿元，增长 8.9%。城镇居民人均可支配收入 32992 元，比上年增长 2.7%；农村居民人均可支配收入 18798

元，增长6.0%。

获评“中国生态牡蛎之乡”。8月27日，中国水产流通与加工协会召开“中国生态牡蛎之乡”评审会。评审会上，专家组在听取诏安县牡蛎发展历程、养殖育苗、品牌创建、加工销售等情况汇报后，认为诏安县牡蛎养殖区位生态优势明显、产品品质优良、产业规模全国领先、综合利用示范性强、产业政策配套完善、科技支撑有力，符合中国水产流通与加工协会“中国特色水产品”之乡的评审条件和要求，同意授予诏安县“中国生态牡蛎之乡”称号。诏安县牡蛎年产量30万吨，加工企业118家，年产值9亿元，初步形成养殖、加工销售到牡蛎壳处理的产业链条，成为经济发展的支柱产业。

获评“中国天然氧吧”。11月24日，“中国天然氧吧文化旅游活动周”推介会举行，会上宣布2020年度“中国天然氧吧”评审结果，有79个地区获“中国天然氧吧”称号。经评选，福建省诏安县成为“中国天然氧吧”之一。诏安县是漳州第一个获得“中国天然氧吧”称号的县。诏安气候温和、雨量充沛，年平均气温21.7℃，年平均降水量1519.6毫米，人居环境气候舒适月份长达10个月，全年空气质量优良率99.2%，年均环境空气质量指数(AQI)为51。

获评“省级海洋产业发展示范县”。9月，经省财政厅、省海洋与渔业局两部门组织专家进行评审，诏安被评为“省级海洋产业发展示范县”。诏安县作为海洋经济大县，有大小渔港11座，其中拥有诏安赤石湾中心渔港和田厝一级渔港，设有5000吨泊位的码头2个，海道至厦门103海里。全县海洋经济打造出独具特色的海洋产业链，养殖牡蛎、贝类、白对虾、鲈鱼、龙须菜等，海洋资源优势显著。诏安水产专业加工区成为国家级海洋产业示范园区、省级现代海洋渔业示范区，累计落户企业14家，总投资27.8亿元，其中规模工业企业5家，省级重点龙头企业4家。

获评“省级食品安全社会共治示范县”。7月，经省食品安全委员会办公室组织专家进行评审验收，诏安县被评为“省级食品安全社会共治示范县”。诏安县现有食品生产企业97家，食品生产加工小作坊9家，食品经营单位2347家，餐饮服务单位800户，食盐定点批发企业1家；农业生产主体245家，果树和畜禽养殖标准化生产基地13个；食用水产品生产企业、合作社、家庭农场等生产主体30家。成立富硒农产品检测中心，为全县农副产品的检测提供保障。全县食品安全总体状况良好，创建5个优质农产品标准化示范基地，实现创建主体示范带动种植规模0.25万公顷、养殖规模1.7万羽，纳入省级农产品质量安全追溯监管信息平台管理，全部带追溯码上市销售，赋码率100%。

（郑继武）

【东山县】 位于福建省东南部、漳州市南部。2020年辖7个镇。土地面积248.9平方千米。年末户籍人口22.23万人，常住 人口22万人。人口自然增长率5.4‰。耕地面积0.5万公顷，粮食播种面积0.137万公顷，粮食产量0.88万吨。林地面积0.69公顷，森林覆盖率27.86% ，活立木蓄积量36.5万立方米。重要矿产资源有硅砂。重要海洋资源有渔场、浅海、滩涂、盐场港道、纳潮沟及围垦区，全县水产养殖面积0.75公顷。主要旅游景点有铜山古城、风动石景区、九仙山景区、马銮湾景区、东门屿景区、海湾公园、苏峰山景区、中驰山庄。2020年获评国家“绿水青山就是金山银山”创新实践基地、国家级“电子商务进农村综合示范县”、福建省“首批全域生态旅游示范县”。

2020年，全县地区生产总值198.25亿元，比上年增长－23.4%。其中，第一产业增加值38.03亿元，增长－1.3 %；第二产业增加值70.83亿元，增长－45.7%（其中工业增加值51.04亿元，增长－50.1%）；第三产业增加值89.39亿元，增长1.6%。人均地区生产总值89132元，增长－22%。规模以上工业总产值153.58亿元，增长－56.2%。农林牧渔业总产值82.82亿元，增长－0.2%。固定资产投资62.48亿元，增长－41.1%。社会消费品零售总额82.74亿元，增长－5.2 %。外贸出口额68.54亿元，增长11.12%；实际利用外资0.57亿元，增长－65.4%。一般公共预算总收入15.4亿元，增长－1.6%，其中地方一般公共预算收入10.47亿元，增长0.2%。城镇居民人均可支配收入39823元，增长2.3%；农村居民人均可支配收入24141元，增长7.6%。

（谢惠英）

【平和县】 位于漳州市西南部，2020年辖10个镇、5个乡、1个国营农场、1个国家级现代农业产业园、1个省级工业园区，土地面积2334平方千米。年末户籍人口61.88万人，常住人口52.4万人，人口自然增长率7.2‰。耕地面积2.62万公顷，粮食播种面积0.42万公顷，粮食产量2.47万吨。林地面积17.86万公顷，森林覆盖率73.32%，活立木蓄积量达到0.11亿立方米。有琯溪蜜柚、白芽奇兰茶等特色资源与优势绿色品牌，荣获“全国电商示范百佳县”“全国茶叶百强县”“国家农产品质量安全县”“中国特色农产品优势区”等称号。

2020年，全县地区生产总值254.57亿元。一般公共预算总收入8.92亿元，其中地方一般公共预算收入6.34亿元。社会消费品零售总额99.58亿元。城镇居民人均可支配收入34940元，增长1.5%；农村居民人均可支配收入20770元，增长7.7%。

工业转型升级。规模工业总产值完成154亿元。唐宗家具生产、众合木业等开工建设，嘉嘉之福阿胶明胶加工、泰香食品等持续推进，大芹陆宜威士忌酒业第三条生产线建成投产，规上工业增加值完成44.56亿元，工业投资完成37.16亿元，技改投资完成10.5亿元。工业用电5.68亿千瓦时，增长20.2%。

现代农业。农业总产值完成101.7亿元，比上年增长3.3%。平和国家现代农业产业园创建通过国家考核认定，琯溪蜜柚文化展示馆、高标准生态柚园、大数据平台等相继建成；合益食品、益果园食品等蜜柚深加工生产线投用；琯溪蜜柚首次出口美国。琯溪蜜柚、彭溪牌平和白芽奇兰茶获2020世界地理标志产业博览会金奖，白芽奇兰茶入选福建2020年地理标志农产品保护品种。温氏、海新等企业采取“公司+农户”的饲养模式，生猪存栏超20万头。

项目建设。39个省市重点项目完成投资53.87亿元，119个县重点项目完成投资73.57亿元，固定投资完成84亿元。新增“五个一批”项目134个，其中谋划21个、签约39个、开工41个、投产30个、增资3个。全县招商共对接项目55个、签约项目34个，大珩商超、俊鑫木业等项目落地，总投资91.4亿元。（刘小珠）

【南靖县】 位于漳州市西北部。2020年辖11个镇、1个国家级高新园区、1个土楼管委会，共有201个村（居）。土地面积1962平方千米。年末常住人口30.5万人，人口自然增长率1.83‰。耕地面积2.3万公顷，粮食播种面积5855公顷，粮食产量3.7万吨。林地面积14.7万公顷，森林覆盖率73.38%，活立木蓄积量803.8万立方米。重要矿产资源有地热、钼矿、水泥用灰岩、华安玉、饰面石材等。主要旅游景点有福建土楼（南靖）景区、科岭AAA级红色旅游景区、鹅仙洞、乐土亚热带雨林。

2020年，全县生产总值345.33亿元。其中，第一产业增加值75.29亿元；第二产业增加值154.65亿元（其中工业增加值131.57亿元）；第三产业增加值115.39亿元。规模以上工业总产值424.2亿元。农林牧渔业总产值131.5亿元，比上年增长4.4%。固定资产投资76.8亿元。社会消费品零售总额103.8亿元。实际利用外资8762万元。一般公共预算总收入12.5亿元，其中地方一般公共预算收入8.2亿元。城镇居民人均可支配收入35816元，比上年增长1.1%；农村居民人均可支配收入20009元，增长5.9%。

南靖法圆山与圣马力诺市提塔诺山缔结友好山峰线上论坛举行。12月8日，南靖县通过网上平台举行南靖法圆山与圣马力诺市提塔诺山缔结友好山峰线上论坛。会上，双方共同商讨《福建南靖与圣马力诺市友好合作备忘录》，迈开缔结友好城市的新步伐。（钟丽萍）

【长泰县】 位于漳州市西北部。2020年辖6个乡镇（场）、1个省级经济开发区、1个市级工业区和1个市级生态旅游区，共有58个建制村、26个居委会。土地面积912.67平方千米。年末户籍人口21.14万人，流动人口5.52万人。耕地面积1.36万公顷，粮食播种面积0.60万公顷，粮食产量3.8万吨。林地面积0.62万公顷，森林覆盖率67.19%，活立木蓄积量0.05亿立方米。县境内探明矿藏29种，探测矿藏62处。产地及著名的矿产有钟魏的铅锌矿，枋洋的锰矿、镜铁矿、磁铁矿，官山的水泥黏土，林墩的高岭土，科山的硅灰石，径仑的叶蜡石，吴田、新吴、十里、岭脚、牛舌石、白石等地的花岗岩以及龙津溪中下游的河砂卵石。已开发的有花岗岩、铅锌矿、银矿、钨矿、叶蜡石、硅石、温泉、河砂卵石、砖瓦黏土、九龙玉石等。2020年获得福建省县域经济实力“十强县”，蝉联全省县域经济实力“十强县”，入选全国县域经济综合竞争力四百强、全国县域投资潜力两百强。

2020年，全县地区生产总值344.5亿元，比上年下降3.6%。其中，第一产业增加值19.8亿元，比上年增长4.3%；第二产业增加值225.7亿元，下降6.7%（其中工业增加值185.1亿元，下降8.8%）；第三产业增加值99.1亿元，增长4.2%。规模以上工业总产值545.2亿元，比上年下降12.8%。农林牧渔业总产值34.6亿元，增长3.5%。社会消费品零售总额86.6亿元，下降3.2%。固定资产投资135亿元，下降35.3%。一般公共预算总收入18.32亿元，下降13.6%。出口总额71.2亿元，增长2%。实际利用外资4亿元，增长14.3%。城镇居民人均可支配收入41660元，增长3.5%；农村居民人均可支配收入22228元，增长6.1%。

工业经济。全年新开工项目27个、投产43个，实施省级重点技改项目20个，新增新上规模工业企业22家。宏发电声等107家规模工业产值实现逆境中平稳增长，工业用电量增长6.9%，居全市前列。立达信获评国家技术创新示范企业，3家企业获评国家级专精特新“小巨人”企业，23家企业获国家高新技术企业认定。

现代农业。创建优质农产品标准化示范基地4个，建设省级现代水果产业园项目9个，引进新品种55个，落实耕地地力保护补贴1158万元，完成高标准农田建设0.06万公顷、粮食种植面积0.6万公顷，新增无公害农产品认证2个，成为省级农产品质量安全县创建试点单位。

第三产业。旅游集散中心建成投用，十里蓝山等景区景点改造提升，哈啰广场等商贸综合体投入运营，新增服务业市场主体3120户，新增限上批零住餐企业4家。引导企业线上对接“进出口博览会”等重要展会，支持拓展跨境电商业务，带动开展直播带货等新型营销活动，实现电商销售额10.5亿元，第三产业增加值增速位居全市首位。

（林冠福）

【华安县】 位于漳州市北部。2020年辖6个镇、3个乡。土地面积1277平方千米。年末户籍人口16.51万人，常住人口13.4万人，人口自然增长率0.6‰。耕地面积1.28万公顷，粮食播种面积0.26万公顷，粮食产量1.77万吨。林地面积10.1万公顷，森林覆盖率72.74%，活立木蓄积量0.07亿立方米。主要旅游景点有福建土楼（华安旅游区）、华安玉石文化旅游区、官畲风景区、坪水乡村旅游村、贡鸭山景区。2020年华安县获批成为国家生态综合补偿试点县。

2020年，全县生产总值170.76亿元，比上年下降2.2%。其中，第一产业增加值35.73亿元，比上年增长4.0%；第二产业增加值87.87亿元，下降4.2%（其中工业增加值77.90亿元，下降 4.0%）；第三产业增加值 47.16 亿元，下降 2.5%。规模以上工业总产值 227.27 亿元，比上年下降 5.7%。农林牧渔业总产值 60.30 亿元，增长 4.1%。固定资产投资 79.21 亿元，下降 16.3%。社会消费品零售总额 41.18 亿元，下降 5.6%。实际利用外资 0.24 亿元，下降 75.9%。一般公共预算总收入 7.94 亿元，比上年增长 1.5%，其中地方一般公共预算收入 5.40 亿元，增长 9.6%。城镇居民人均可支配收入 37289 元，比上年增长 2.7%；农村居民人均可支配收入 20630 元，增长 5.2%。

8 月 23 日，第二届"中国舞蹈艺术大展"系列活动《56 个民族 56 个舞蹈》全国民族舞蹈文化视频直播走进仙都镇送坑村和华安二宜楼，以现场直播的形式向全国的观众推介送坑村高山族民族特色文化与华安土楼文化。

8 月 25 日，改建铁路鹰厦线华安城区段外移工程全线最长隧道——华新隧道进洞施工，标志着铁路外移工程主体构筑物全部正式进入施工阶段。改建铁路鹰厦线华安城区段外移工程属于基础设施类重大项目，总投资 8.7 亿元，工期 3 年。

9 月 25 日，福建省 2020 年中国农民丰收节系列活动华安分会场启动仪式在仙都镇大地土楼群二宜楼景区举行。作为漳州唯一的省级分会场，本次系列活动以"清爽华安 丰收家园"为主题，展示华安乡村的优美画卷和幸福节拍。此次丰收节活动还在官畲风景区、坪水畲族村开展相关活动。

12 月 3 日，2020 中国·华安全域生态旅游融合发展大会暨"全福游嘉年华——世遗大地土楼文化旅游周"系列活动在世界文化遗产二宜楼开幕。开幕式后，举行华安旅游重点项目签约仪式，现场签约 13 个项目，总投资 37.6 亿元。

（郑雪慧）

【漳州台商投资区】 位于漳州市东部，2012 年 1 月获国务院批准设立，是漳州中心城区和厦门市环岛"半小时经济圈"和海湾型城市建设重要组成部分。2020 辖区实行以区带镇管理模式，下辖角美镇及 46 个村（居、场）。区域总面积 163.7 平方千米。总人口约 30 万人，其中外来人口约 15 万人。有白礁慈济宫、江东古桥、林氏义庄、天一总局、番仔楼 5 个国家级重点文保单位，以及 16 处海上丝绸之路和对台遗址。主要旅游景点有龙佳生态温泉山庄、白礁慈济宫、林氏义庄、天一总局、江东桥、番仔楼等。角美镇连续六次荣获"全国文明乡镇"称号。

2020 年，全区地区生产总值 359.9 亿元，比上年增长 2.5%。第三产业占比 31.7%。规模工业总产值 783.46 亿元，增长 2.8%。一般公共预算总收入 30.36 亿元，其中地方一般公共预算收入 19.77 亿元。固定资产投资 177.4 亿元。进出口总额 135.08 亿元，增长 7.8%。实际利用外资 1.62 亿元。社会消费品零售总额 68.9 亿元。城镇居民人均可支配收入 41054 元，增长 2.5%；农村居民人均可支配收入 22191 元，增长 6%。

工业经济。全年新增规模以上工业企业 23 家，规模工业综合效益指数 482.73。全社会研究与试验发展经费支出 9.4 亿元，比上年增长 37.8%，新培育省级以上高新技术企业等 27 家、技术中心 12 家。全区首家科技企业孵化器项目落户海峡两岸工业设计中心，北邮—以晴人机协调与智能融合实验室、信息通信产学研联合研究生培养基地相继落地，紫光展锐 T107 芯片、"以晴 i100"多功能关爱手机新品在台商区全球首发。航天科工漳州基地计算机产品成功下线，实现全市国产计算机整机生产零的突破。

（李胜武）

泉州市

【概况】 泉州，古称刺桐城，地处福建东南沿海，北承福州、莆田，南接厦门，东望台湾，西毗漳州、龙岩、三明，是福建三大中心城市之一。1986 年设立地级市，2020 年辖鲤城、丰泽、洛江、泉港 4 个区，晋江、石狮、南安 3 个县级市，惠安、安溪、永春、德化、金门 5 个县和泉州经济技术开发区、泉州台商投资区。全市土地面积 11046.24 平方千米，其中市区面积 587.72 平方千米。常住人口 879 万人。

2020 年，全市粮食播种面积 8.69 万公顷，粮食产量 49.83 万吨。林地面积 68.3 万公顷，森林覆盖率 58.7%。全市发现各类矿产 46 种，已探明资源储量的矿种 29 种，其中，能源矿产 2 种、金属矿产 8 种、非金属矿产 18 种、水气矿产 1 种。重要矿产资源有煤、地热、铁、铅、锌、钼、金、普通萤石、叶蜡石、水泥用灰岩、高岭土、陶瓷土、建筑用花岗岩、建筑用凝灰岩等。海域面积 11360 平方千米，海岛 270 个（含金门县），大陆海岸线长 541 千米，适宜建港岸线长 113.7 千米，其中深水岸线 57.2 千米，可建各种泊位 197 个。泉州市海域是多种经济鱼类索饵、产卵、稚幼鱼生长的场所，主要经济鱼类近百种，盛产贝、藻类 200 多种。近海渔场面积 50.6 万公顷，养殖海域分布于湄洲湾、泉州湾、大港湾、深沪湾、围头湾等湾内浅海滩涂。泉州市沿海拥有大规模、高品质的滨海沙滩资源，可独立形成度假旅游小区、岸线超过 1 千米的沙滩有 14 个。

泉州是国务院首批公布的 24 个历史文化名城之一，有"海滨邹鲁""世界宗教博物馆"之称，历史文化积淀丰厚，名胜古迹星罗棋布，文物瑰宝举世瞩目。2020 年，全市有各级文物保护单位 945 处，一般不可移动文物 2840 处。其中，全国重点文物保护单位 44 处、省级文物保护单位 104 处、县（市、区）级文物保护单位 797 处。有革命文物 142 处（其中文保单位 91 处、一般不可移动文物 51 处）。有涉台文物 211 处（其中文保单位 139 处、一般不可移动文物 72 处）。悠久的历史和厚重的文化，为泉州孕育丰富多彩的旅游资源，全市共有 A 级旅游景区 52 家，其中，AAAAA 级 1 家、AAAA 级 12 家、AAA 级 26 家、AA 级 13 家。清源山（含老君岩、九日山、伊斯兰教圣墓）为 AAAAA 级景区；AAAA 级景区有开元寺、安溪清水岩旅游区、牛姆林生态旅游区、崇武古城风景区、德化石牛山景区、中国闽台缘博物馆、泉州市博物馆、德化九仙山、晋江五店市、源和1916创意产业园、泉州安平桥（五里桥）、永春北溪文苑生态旅游区等12家。

泉州市公共文化服务体系健全，市级拥有“一中心、一公园、四剧院、七展馆”（市公共文化中心，海丝艺术公园，泉州影剧院、木偶剧院、梨园古典剧院、南音艺苑，闽台缘博物馆、海交馆、市博物馆、图书馆、艺术馆、少儿图书馆、非遗馆）等一批重要文化设施，其中，作为市公共文化中心的“四个花瓣”总建筑面积32.68万平方米，总投资33亿多元。2018年获得第四批国家公共文化服务体系示范区创建资格，至2020年，通过实施公共服务设施提升、文化惠民服务、公共文化服务示范及制度保障“四大工程”，全面推进各项创建任务。建成洛江区文化馆、图书馆，丰泽区图书馆等一批公共文化场馆。“泉州文化云”平台运行；全市图书馆藏书量1091万册，人均占有公共图书馆藏书1.25册；建成“百姓书房”232家。开展文化和旅游公共服务机构功能融合试点，永春县旅游集散中心入选2020年县域文旅公共服务机构功能融合试点工作国家级试点单位，泉港区涂岭镇综合文化站、德化县国宝乡佛岭村综合文化服务中心入选省级试点单位。泉州市不断推动文化艺术精品创作创新，《大海承诺》《造桥记》等2件作品入选2020福建省舞台艺术重点剧目；提线木偶《火焰山》等3部剧目入选文旅部“庆祝中国共产党成立100周年舞台艺术精品创作工程”重点扶持作品名单；获评第十四届福建省戏剧水仙花奖一等奖5个、二等奖7个；获评第十届福建省中青年演员比赛5金、11银、21铜，居全省前列。全市13个文艺院团继续开展文化惠民演出，推出精品剧目，推进优秀传统文化进校园、进农村演出，常态化开展百姓大舞台活动和泉州木偶体验馆等公益性演出。受疫情影响，各文艺院团严格执行疫情防控措施，5月下旬有序恢复公益性惠民演出700余场，进一步宣传和弘扬泉州地方戏曲艺术精粹。非物质文化遗产是泉州优秀传统文化的重要组成部分。泉州市委、市政府十分重视非遗保护工作，坚持以闽南文化生态保护实验区建设为抓手，以建立和落实非遗名录体系为载体，加强非遗保护工作的组织协调，推动优秀非遗项目传承发展。非遗项目方面，泉州与厦门、漳州和马来西亚联合申报的“送王船——有关人与海洋可持续联系的仪式及相关实践”列入联合国教科文组织人类非物质文化遗产代表作名录；公布38个第六批泉州市级非物质文化遗产代表性项目、29个新增项目、9个第一批至第五批扩展项目。截至年底，全市建立完善非物质文化遗产四级名录体系，有县级非物质文化遗产名录项目505个，其中，世界级“非遗”名录项目5个（泉州南音、中国传统木结构营造技艺、水密隔舱福船制造技艺、福建木偶戏后继人才培养计划、送王船——有关人与海洋可持续联系的仪式及相关实践）、国家级代表性项目34个、省级代表性项目99个、市级代表性项目262个，泉州成为中国唯一囊括联合国教科文组织非物质文化遗产保护三大名录的城市。非遗传承人方面，泉州市先后有53人被认定为国家级非遗代表性传承人、169人被认定为省级非遗代表性传承人、603人被认定为市级非遗代表性传承人，形成家族传承、师徒传承、学校教育传承等传承模式。非遗基础建设方面，实施闽南文化生态保护区“十百千基础工程”，建立1个泉州闽南文化生态园中心馆、12个非物质文化遗产馆（其中1个市级馆、11个县市区馆）、100个非物质文化遗产传习所、1000个非物质文化遗产展示点，规模不一的民间非遗企业、协会的专题展示馆星罗棋布。特别是2019年11月新开馆的泉州非物质文化遗产馆，占地面积2745平方米，建筑面积8523平方米，展厅面积5685平方米（基本陈列厅4500平方米、临时展厅1185平方米），活态展演区630平方米，基础建设经费5053万元，是集非遗保护、传承、展示、传播、交流于一体的闽南文化生态保护区综合展示馆。

2020年，泉州市成为全国首批“双千兆城市”，获批市场采购贸易方式试点、跨境电商零售进口试点、“科创中国”试点城市、国家产融合作试点城市。

2020年，全市生产总值10158.66亿元，比上年增长2.9%。其中，第一产业增加值226.60亿元，比上年增长1.8%；第二产业增加值5808.15亿元，增长2.8%（其中工业增加值5120.69亿元，增长2.9%）；第三产业增加值4123.91亿元，增长3.2%。一般公共预算总收入813.32亿元，比上年下降3.1%，其中地方一般公共预算收入454.04亿元，下降0.8%。规模以上工业增加值比上年增长3.0%。农林牧渔业总产值411.42亿元，增长1.8%。固定资产投资（不含省反馈铁路）下降2.4%。城镇居民人均可支配收入50968元，增长2.8%；农村居民人均可支配收入23459元，增长5.9%。

全社会用电量534.68亿千瓦时。城镇新增就业10.1万人，城镇登记失业率2.07%。参加城镇职工基本养老保险157.72万人；参加城乡居民基本养老保险373.96万人，覆盖率99.19%；参加城镇职工基本医疗保险709.59万人；参加城镇居民基本医疗保险103.74万人；参加城乡居民基本医疗保险605.85万人，基本医保参保人数居全省第一。城镇生活污水集中处理率94.5%，城镇生活垃圾无害化处理率100%。（黄伟欣）

【“泉州：宋元中国的世界海洋商贸中心”申遗】 2020年1月28日，泉州市向联合国教科文组织世界遗产中心补报“泉州：宋元中国的世界海洋商贸中心”文本。泉州市细化任务清单，倒排时间表、路线图，做好第44届世界遗产大会现场准备工作，推进考古发掘、展馆建设、修缮保护、环境整治、宣传阐释等各项申遗前期工作。考古发掘方面，完成新增点南外宗正司遗址、市舶司遗址、德化窑址、安溪冶铁遗址的野外考古工作，并逐步做好现场维护、展示。考古取得丰硕成果，4个遗址最新考古报告已完成中英文稿，上报国家文物局，通报给国际相关专家。展馆建设方面，紧扣新主题，按时序提升申遗总馆和8个原有遗产点现场展示馆（已完成），3个新建展示馆中德化窑址竣工开馆，安溪冶铁遗址、南外宗正司遗址展览馆继续推进。保护方面，完成遗产点界碑界桩的更新安装；新增点均安装监控设备，接入监测系统；推进遗址考古公园建设，南外宗正司遗址形成方案按程序上报省文物局，德化保护展示方案按国家文物局批复要求推进落实，安溪保护展示方案经省局审核继续施工，编制顺济桥遗址保护方案；加强文物安全管理，实行24小时值守，半个月巡查和“零点行动”。环境整治方面，德化窑址环境整治基本完成、顺济桥遗址按省文物局批复继续进行环境整治，南外宗正司遗址、市舶司遗址继续结合古城29条街巷整治有序推进。宣传阐释方面，完成智慧讲解词录制，将结合标识系统在遗产点上线。泉州宣传片制作继续分镜头录制；向社会招募200名中英文讲解员，完成理论学习和实地训练。

【世界中学生运动会筹备】 2020年，晋江第18届世界中学生运动会开创县级城市承办大型国际综合赛事的先河。泉州市克服疫情对筹备工作造成的不利影响，按照“目标不变、任务不变、时间不变，标准不降、要求不降、效率不降”的要求，推进世界中学生运动会各项筹备工作。竞赛组织方面，世界中学生运动会18个比赛大项的竞赛委员会全部组建，30个体育场馆（包括新建、改造、提升项目）均建设完成。外事联络方面，建立国际中体联、中国中体协、世界中学生运动会执委办三方联络机制，2020年10月30日重新开放比赛注册，截至2020年底，巴西、格鲁吉亚、匈牙利、哈萨克斯坦、摩洛哥、波黑、新加坡、乌克兰、芬兰、塞拉利昂、中国香港等11个国际中体联成员单位意向报名总人数1094人。综合保障方面，细化赛事各类服务保障安排，系统推进16个城市专项计划，实施58个城市环境品质提升项目，筛选并预签约55家官方接待酒店和官方指定接待酒店，拟订223条场馆至酒店主要路线，计划增设12条世中运公交观赛专线。宣传推广方面，策划倒计时100天、火炬传递、文化日等活动方案，开展“当好文明人、办好世中运”系列活动，广泛发动市民学习外事礼仪、外语知识，来自全市各行各业超过7000名市民踊跃报名参加赛时城市志愿服务。安全保卫方面，确定各场馆、酒店安保工作指挥架构；完成30个场馆和25家酒店的安防配套设施建设，安装7653套“智慧消防”前端感知设备，建成3039个电动车集中智能充电桩。市场开发方面，优化调整市场开发总体方案，调整明确权益分成、考核标准等合作事项；推进徽章、文创产品、邮票等特许产品的创作发行工作。

【泉州与印度金奈缔结友好城市】 2020年，泉州市与印度金奈市建立友好城市关系事项已经外交部同意，并于2020年5月9日获全国友协批复同意。受疫情影响，很多交流合作项目无法正常开展，但仍通过印度泉州商会筹备处、南安石材协会印度分会筹备处等，通过线上沟通渠道持续商洽、推动与金奈开展医药合作和经贸文化等领域交流事宜。

【鲤城区】 位于泉州市中部，2020年辖8个街道和泉州高新技术产业园区（江南园），共82个社区。全区土地面积53.74平方千米。户籍人口27.66万人，常住人口42.8万人。

文化发展。推动文化遗产保护利用、公共文体服务和文旅产业发展。南外宗正司遗址、顺济桥遗址、市舶司遗址被增补为省级文物保护单位，闽台富美宫王爷信俗、送王船、虎标万应茶制作技艺、泉州卤料制作技艺等4个项目获评第六批市级非物质文化遗产代表性项目。木偶头雕刻、花灯制作技艺、佛像雕塑技艺、漆线雕、锡雕技艺等5个项目入选泉州市首批工艺美术振兴目录，木偶头雕刻和花灯制作技艺入选第一批国家传统工艺振兴目录。出台传统建筑构件回收利用条例，完成8处申遗点遗产标识、界桩界碑摸排、核实，成立“海丝史迹保护巡回法庭”，举办中山路百年倒计时线上发布会，全区44处砖木结构类文保单位实现智慧用电全覆盖。古城文化生态旅游度假区正式获批为省级旅游度假区。（林思克）

【丰泽区】 地处泉州市区中心区域。2020年辖8个街道，共82个社区。全区面积129.63平方千米，陆地面积105.84平方千米，城市建成区面积55.54平方千米，森林面积3170公顷，水域面积23.79平方千米，海岸线长16.6千米。户籍人口29.93万人，人口自然增长率10.5‰。耕地面积425.93公顷，粮食播种面积45.6公顷，粮食产量231吨，境内主要有清源山、大坪山、桃花山三山，已探明的矿产以非金属矿产资源（花岗岩、辉绿岩）为主。有国家级重点文物保护单位4处、省级文物保护单位6处、市级以上文物保护单位等44处，其中有老君岩、弥陀岩、三世佛、灵山圣墓、南少林寺、海印寺、真武庙、东湖公园、西湖公园、森林公园、刺桐公园、水上乐园、海外交通史博物馆、华侨历史博物馆、泉州博物馆、闽台缘博物馆、万维生邮票艺术馆、蟳埔民俗文化村、真武庙旅游美食城以及南戏、南音、南建筑、南少林武术等珍贵的文化遗产。

2020年，全区生产总值763.9亿元，比上年增长3.9%。其中，第一产业增加值1.7亿元，比上年增长8.6%；第二产业增加148.8亿元，下降0.5%（其中工业增加值83.6亿元，下降2.1%）；第三产业增加值613.5亿元，增长5.0%。城镇居民人均可支配收入60100元，比上年增长2.9%。

城区建设。2020年，丰泽区开展“基础设施建设提速”系列行动，21个城建项目完成投资16亿元。推动片区改造，西华洋片区完成签约99.5%，南滨江片区完成签约93.5%，后埔、南埔山等片区动迁工作全面提速，后渚、金风屿片区改造前期工作有序推进。加速老城区有机更新，获中央专项补助资金2.1亿元，完成40个老旧小区、9个城中村、23条背街小巷综合整治，培育“美丽社区”示范点4个；打通“断头路”3条，修复破损1622处，改造公厕18座、农贸市场4个，新设便民摊点18处，新增公共停车泊位800余个。完善创城创卫常态长效机制，通过创城总评和创卫省级复审。（卢承志）

【洛江区】 位于泉州市中心城区东北部。2020年辖2个街道、3个镇、1个乡。土地面积374.81平方千米。年末户籍人口20.8万人，常住人口24.8万人。人口自然增长率4.7‰。耕地面积0.36万公顷，粮食播种面积0.19万公顷，粮食产量1.17万吨。林地面积2.38万公顷，森林覆盖率64.37%，活立木蓄积量138.45万立方米，森林蓄积量133.61万立方米。矿产资源有高岭土、陶瓷土、耐火用黏土、砖瓦用黏土、建筑用花岗岩（凝灰岩）、饰面用及雕刻用辉长岩、冶金用石英岩、建筑用砂、矿泉水等。主要旅游景点有洛阳古桥、国家AAA级景区仙公山、蔡襄祠、俞大猷公园、施琅将军陵、仰恩湖、海丝野生动物园、罗溪省级森林公园、虹山瀑布、石龙谷生态旅游景区等。

2020年，洛江区地区生产总值284.94亿元、比上年增长2%。其中，第一产业增加值5.41亿元，比上年增长2.6%；第二产业增加值183.6亿元，增长3.2%（其中工业增加值155.12亿元，增长3.6%）；第三产业增加值95.94亿元，下降0.9%。人均地区生产总值115830元，比上年增长0.1%。规模以上工业总产值638.05亿元，增长4.1%。农林牧渔业总产值10.84亿元，增长3.6%。固定资产投资增长1.9%。社会消费品零售总额68.27亿元，增长3.7%。实际利用外资6.5亿元，增长37.6%。一般公共预算总收入21.5亿元，比上年增长1.2%，其中地方一般公共预算收入12.81亿元，增长6.9%。城镇居民人均可支配收入44706元，比上年增长3.3%；农村居民人均可支配收入19929元，增长6.1%。

*首届洛江夜间生活节举行。*2020年，疫情防控进入常态化后，洛江区于“中国四大古桥”之一——洛阳桥桥南古街启动首届“洛江夜间生活节”。该活动于8月8日到8月29日每周五、周六晚6点到9点举行，以本土、非遗、艺文手作为主题，融合千年古街石桥的夜间生活场景，打造“市集＋美食轻餐＋快闪演出”的夜间生活节活动。

*宁夏盐池农产品展销活动在洛江区举行。*5月8日，宁夏优质特色产品泉州展示展销中心开业暨盐池县消费扶贫农产品展销活动在洛江区举行。展销中心位于洛江区万荣街，设有展示展销区、养生休闲区及就餐体验区，是集产品销售、文化交流、旅游推广、品牌推介、城市宣传于一体的综合性销售体验中心。（赖云鹏）

【泉港区】 位于泉州市东北部，2020年辖6个镇、1个街道。土地面积341平方千米。户籍人口42.25万人，常住人口35.5万人。粮食播种面积1921.87公顷，全年粮食产量10990吨。林业用地面积12199.29公顷，森林覆盖率41.71%。水产品产量88298吨，主要有牡蛎、鲍鱼、鲈鱼、海带、紫菜等。主要旅游景点有中国历史文化名村后龙镇土坑村、涂岭镇樟脚村，全国文明村界山镇东张村，中国美丽休闲乡村南埔镇惠屿村，山腰盐场，峰尾古城等。2020年获评福建省慢性非传染性疾病综合防控示范区。

2020年，全区地区生产总值734.44亿元，比上年增长3.8%。其中，第一产业增加值10.85亿元，比上年增长0.6%；第二产业增加值587.19亿元，增长5.4%；第三产业增加值136.41亿元，下降3.0%。农林牧渔业总产值19.95亿元，比上年增长1.7%。工业增加值517.75亿元，增长5.2%。固定资产投资（不含省反馈铁路数据）下降16.6%。社会消费品零售总额133.87亿元，下降15.7%。实际利用外资（验资口径）5.26亿元，增长277.9%。一般公共预算收入25.58亿元，增长1.0%。城镇居民人均可支配收入39011元，增长2.8%；农村居民人均可支配收入22698元，增长5.7%。

*台湾国乔石化项目落户泉港石化工业园区。*3月2日，国乔泉港石化项目以福州、泉州、台湾高雄三地视频连线方式实现签约，总投资500亿元新台币、年产100万吨丙烷脱氢及90万吨聚丙烯项目落地泉港石化工业园区。

*石化安控区建设。*2020年，泉港区加快石化安控区建设，通过组建征迁攻坚突击队、出台专项绩效考评方案、一线管理考察干部等措施，建立起分级包干、人人担责的攻坚机制，累计完成房屋签约12369栋、签约率99.89%，腾空11871栋、腾空率95.87%，拆除11412栋、拆除率92.16%。出台《氯碱片区整体搬迁方案》，完成片区控规编制、土壤污染状况调查等前期工作。（陈小燕）

【石狮市】 位于福建省东南沿海突出部。2020年辖2个街道、7个镇。土地面积178.42平方千米。常住人口68.6万人，流动人口41.08万人，户籍总人口35.74万人。耕地面积0.23万公顷，粮食播种面积0.11万公顷，粮食产量0.50万吨。林地面积0.13万公顷，森林覆盖率10.8%。主要旅游资源有万寿塔、六胜塔、石湖码头、峡谷旅游路、红塔湾、古浮湾，景点有宝盖山风景区、永宁古卫城、黄金海岸、石狮服装城、茂险王主题乐园。2020年获全国文明城市、全国双拥模范城、中国网商创新示范基地、中国直播电商发展示范城市等称号。

2020年，全市生产总值937.16亿元，比上年增长2.9%。其中，第一产业增加值24.29亿元，比上年下降4.1%；第二产业增加值423.05亿元，增长2.6%（其中工业增加值374.97亿元，增长3.1%）；第三产业增加值489.82亿元，增长3.5%。规模以上工业总产值1255.6亿元，比上年下降2.7%。农林牧渔业总产值47亿元，比上年下降3.2%。固定资产投资482.5

亿元，比上年下降16.5%。社会消费品零售总额543.4亿元，比上年下降2.9%。外贸出口额418亿元，比上年增长25.2%。实际利用外资6.46亿元，增长3.6%。一般公共预算总收入56.70亿元，比上年下降3.6%，其中地方一般公共预算收入36.03亿元，下降2.0%。城镇居民人均可支配收入64830元，比上年下降3.1%；农村居民人均纯收入29023元，增长6.0%。

泉州石湖港保税物流中心获批设立。1月，泉州石湖港保税物流中心（B型）获得海关总署、财政部、国家税务总局和国家外汇管理局四部委联合批准设立，这是泉州地区首个保税物流中心。项目于2020年7月开工。

石狮蝉联"全国文明城市"称号。11月20日，全国精神文明建设表彰大会在京召开，表彰第六届全国文明城市。石狮市作为第五届全国文明城市通过复查确认，保留荣誉称号，蝉联"全国文明城市"称号。

石狮市场采购贸易方式实现全省通关一体化。石狮市场采购贸易方式实现全省通关一体化，完成市场采购贸易出口343.2亿元，增长98.2%。（江芳玲）

【晋江市】 位于福建省东南部。2020年辖13个镇、6个街道以及晋江经济开发区和泉州出口加工区。土地面积649平方千米。2020年末户籍人口121.24万人。耕地面积1.54万公顷，粮食播种面积3472公顷，粮食产量23407吨。林地面积8189.83公顷，森林覆盖率14.53%，活立木蓄积量353554立方米。优势矿产主要是饰面用花岗岩、建筑用石材、玻璃用砂和铸型用砂4种。水生生物资源丰富，种类繁多。主要旅游景点有五店市传统文化旅游区、安平桥（五里桥）景区、围头战地文化渔村、灵源山风景区、七匹狼中国男装博物馆、紫帽山旅游度假区、深沪湾海底古森林遗迹国家级自然保护区、施琅纪念馆、陈埭丁氏宗祠、安海龙山寺、草庵、南天寺、磁灶窑系金交椅山窑址、西资岩、梧林传统古村落、九十九溪流域田园风光等。2020年获评"全国双拥模范城"七连冠、全国公共资源交易百强县、福建省节水型城市、首批福建省全域生态旅游示范县（市、区）、全省村庄清洁行动先进县、省级海洋产业发展示范县。经济实力连续27年居福建省县域首位。

2020年，全市生产总值2616.11亿元，比上年增长4.2%。其中，第一产业增加值20.26亿元，比上年增长2.8%；第二产业增加值1577.32亿元，增长3.7%（其中工业增加值1510.84亿元，增长4.3%）；第三产业增加值1018.52亿元，增长4.9%。规模以上工业产值5906.93亿元，比上年增长5.8%。农林牧渔业总产值40.59亿元，增长3.8%。固定资产投资下降2.7%。社会消费品零售总额1513.54亿元，增长0.1%。实际利用外资15.74亿元，增长4.9%。一般公共预算总收入227.67亿元，比上年增长2.7%，其中地方一般公共预算收入139.28亿元，增长1.0%。城镇居民人均可支配收入54594元，比上年增长2.6%；农村居民人均可支配收入27344元，增长5.3%。

晋江第二体育中心建成投用。2020年，晋江市如期建成30个比赛场馆，组建运作18个竞赛委员会，竞赛组织、市场开发、外事外联、志愿服务等有序推进。10月1日，世界中学生运动会主场馆——晋江市第二体育中心对外试运营。晋江市第二体育中心，坐落于晋江市陈埭镇，毗邻晋江国际鞋纺城，是2020年第18届世界中学生运动会的主场馆，按照国际标准建设，总建筑面积19.28万平方米。

梧林传统村落开放迎客。2020年国庆，福建省重点项目——晋江梧林传统村落保护开发项目开放核心区部分线路，并结合"百年闽侨梧林轶事"主题活动，通过梧林古建筑基础上改造的27栋文化商业体，展现"一楼一故事"，把梧林历史文化、晋江非遗内容，融入活态化的体验空间，构建出主题性体验动线，并延伸出3个主题场景。以沉浸式体验方式，带领游客体验梧林"家国情、醉闽南、意南洋"的独特魅力，吸引超10万人前往观光。梧林传统村落形成于明洪武年间，面积近1平方千米，户籍人口1855人，旅居海外华侨1.8万余人，是"福建金牌旅游村""福建省美丽乡村创建示范村""闽南文化生态保护区晋江展示点"。现存明朝百福墙、清朝官式红砖大厝、近现代哥特式和罗马式洋楼、番仔楼等各式古建筑136幢，展现中西结合的建筑史、闽南华侨的文化史、福建人下南洋的创业史。2016年被住建部列入"第四批中国传统村落"名录，2017年梧林传统村落保护发展项目被定为福建省重点项目。

（林荣国）

【南安市】 位于泉州市西南部。2020年辖23个乡镇、3个街道、2个省级经济开发区。土地面积2036平方千米。年末户籍人口166.71万人，人口自然增长率1.2‰。耕地面积3万公顷，粮食播种面积2.6万公顷，粮食产量15.4万吨。林地面积10.93万公顷，森林覆盖率52.7%，活立木蓄积量538.95万立方米。海岸线长32.8千米。重要矿产资源有铁锰矿、钼矿、钨矿、泥炭、饰面用花岗岩、饰面用闪长岩、工艺用辉绿岩、建筑用花岗岩、建筑用凝灰岩、建筑用砂、陶瓷土、高岭土、绢云母、伊利石、叶蜡石等。主要旅游景点有九日山风景旅游区、郑成功文化旅游区、蔡氏古民居建筑群、五里桥、凤山寺风景区、灵应寺风景旅游区、天柱山休闲旅游区、雪峰寺、黄巢山自然风景区、山美湖风景区、光前学村等。2020年南安位居全国中小城市百强第17位、最具投资潜力百强第70位、综合经济竞争力百强第27位、工业百强第15位，上榜全面小康指数百强第54位。

2020年，全市生产总值1352.72亿元，比上年增长4.8%。其中，第一产业增加值36.49亿元，比上年增长3.6%；第二产业增加值791.40亿元，增长5.7%；第三产业增加值524.84亿元，增长3.3%。规模以上工业总产值2804.04亿元，比上年增长6.7%。农林牧渔业总产值64.12亿元，增长4.6%。固定资产投资增长13.1%。社会消费品零售总额738.4亿元，下降4.5%。外贸出口额238.34亿元，增长5.9%。实际利用外资4亿元，增长4.6%。一般公共预算总收入90.56亿元，比上年增长1.5%；其中地方一般公共预算收入53.05亿元，增长6%。城镇居民人均可支配收入50667元，比上年增长2.7%；农村居民人均可支配收入25094元，增长5.9%。

第16届中国（南安）国际水暖泵阀暨消防器材交易会。6月13—15日，第16届中国（南安）水暖泵阀暨消防器材交易会在成功国际会展中心举行，交易会以“新丝路新融合新商机”为主题，设线下展位1520个，展示面积3.5万平方米，线上云展会直播在线观看人数70.6万人次，累计签订意向合同金额52亿元。

第13届海峡两岸（泉州）农产品采购订货会。9月7—9日，第13届海峡两岸（泉州）农产品采购订货会在南安举行，展会延续“两岸携手、以农为媒、共享商机、互利共赢”主题，展厅面积2.5万平方米，设置703个国际标准展位和1063个线上展位，现场达成协议合作意向413笔、意向金额16.1亿元，现场销售额4770余万元；线上574款产品参与直播带货活动，150万人次的观看，成交订单3.2万单。其间还举办“海峡两岸农产品采购对接会”、组织评选“海峡两岸最受欢迎伴手礼奖”和“海峡两岸最受欢迎农产品服务商奖”等。

2020泉州智能装备博览会暨中国（泉州）铸造工业展览会。12月3—5日，2020泉州智能装备博览会暨中国（泉州）铸造工业展览会在南安成功国际会展中心举行。博览会以“智能制造、装备先行”为主题，面积2万平方米，设展位890个，332家企业参展、33个专业商协会团组参会，集中展示各类智能设备和先进技术、机器人、数控机床、建材机械和工程机械等，吸引1.8万人次参会，其中专业客商超7000人，现场交易额1.2亿元。其间，还举办国家智能铸造产业创新中心入园签约仪式、泉州智能铸造产业发展高峰论坛等。

第21届中国（南安）水头国际石材博览会。2月12—15日，第21届中国（南安）水头国际石材博览会在南安市石材产业展示中心举行。博览会以“创意·智造·共融”为主题，设9个展区，包括1个主展区以及8个常年展区，展示面积107.3万平方米，完成招商332家企业、2508个展位，展会同期举办泛家居项目对接会、泛家居年会、“设计唱响自然”高峰论坛、海西石材荒料文化节等配套活动。（林雪铌）

【惠安县】 位于福建省东南沿海突出部，介于泉州湾与湄洲湾之间。全县陆域面积（不含泉州台商投资区，下同）489.42平方千米，海域面积1725平方千米。2020年辖12个镇，共218个村（社区）。人口81.45万人。耕地面积23.04万公顷，粮食播种面积0.92万公顷，粮食产量4.73万吨。林业用地积1.57万公顷，森林蓄积量91.55万立方米，森林覆盖率29.61%。主要矿产资源为花岗石。海岸线长129千米，有10米等深线内海海域面积260平方千米，10～40米等深线海域面积1044平方千米，潮间带滩涂面积78.06平方千米。主要养殖品种有牡蛎、紫菜、海带、江蓠、花蛤、缢蛏、鲍鱼等。主要旅游景点有国家AAAA级景区1个、AAA级景区1个、省级观光工厂4个、省级旅游休闲集镇2个、省级旅游特色村7个、省级生态旅游示范区1个、省级旅游度假区1个、省级森林公园3个以及各类县级乡村旅游景点30多个。2020年获全国县域经济综合竞争力百强、中国工业百强、中国创新百强、县域网络零售全国百强、淘宝村全国百强县等称号。

2020年，全县实现生产总值（不含泉州台商投资区，下同）1010.2亿元，比上年增长3.3%。其中，第一产业增加值26.78亿元，比上年下降5.9%；第二产业增加值715.16亿元，增长3.6%；第三产业增加值268.26亿元，增长3.6%。规模以上工业总产值1921.95亿元，比上年增长0.1%。农林牧渔业总产值49亿元，下降4.7%。固定资产投资下降1%。社会消费品零售总额412.9亿元，下降1%。进出口总额60亿元，比上年增长3%。实际利用外资1.77亿元，增长195.5%。一般公共预算总收入76.18亿元，比上年下降3.6%，其中地方一般公共预算收入34.62亿元，下降8.7%。全体居民人均可支配收入37336元，比上年增长4.9%。

中化泉州石化乙烯项目开车成功、正式投产。9月20日，中化100万吨/年乙烯首批八套装置一次性开车成功、生产出合格产品，总投资325亿元的省级重点项目中化泉州石化乙烯项目正投入生产，标志着中化泉州石化实现炼化一体化、向着打造“油头化尾”全产业链条目标迈出决定性一步，对于优化沿海产业结构布局、提升石化产业基础能力和产业链现代化水平也具有重要意义。主要产品包括高密度聚乙烯（HDPE）、醋酸乙烯与乙烯共聚物（EVA）、环氧乙烷（EO）和乙二醇（EG）、聚丙烯（PP）、丁二烯、环氧丙烷（PO）和苯乙烯（SM）、对二甲苯等，预计新增产值200亿元。

农村危房改造工作。惠安围绕“贫困户住房安全有保障”的目标任务，推进农村危房改造。2016—2020年，农村危房改造排查整治累计完成1123户，发放各级财政补助资金约5915万元。被推荐参评全国农村危房改造激励县，并得到国务院办公厅关于2019年落实有关重大政策措施真抓实干成效明显的通报表彰。（杨开炜）

【安溪县】 位于福建省东南部。2020年辖15个镇、9个乡（城区辖3个乡、镇）。土地面积3057.28平方千米。年末户籍人口121.03万人，其中，城镇人口36.30万人，乡村人口84.73万人。耕地面积3.19万公顷，粮食播种面积1.79万公顷，粮食产量8.81万吨。林地面积21.9万公顷，森林覆盖率65.77%，活立木蓄积量905万立方米。主要旅游景点有清水岩风景区、凤山风景旅游区、洪恩岩风景区、志闽生态旅游区、国心绿谷生态茶庄园和花千谷景区等6家A级景区，还有李光地故居、云中山、白石岩、溪禾山铁观音文化园等旅游景点。2020年获评中国特色农产品优势区（第三批）、“互联网+”农产品出村进城工程试点县、第四批国家生态文明建设示范县、第一批全国农作物病虫害“绿色防控示范县”、2020全国县域数字农业农村发展先进县。

2020年，全县生产总值747.63亿元，比上年增长3.3%。其中，第一产业增加值56.24亿元，比上年增长3.0%；第二产业增加值379.50亿元，增长5.2%（其中工业增加值307.99亿元，增长4.2%）；第三产业增加值311.89亿元，增长0.8%。规模以上工业总产值981.07亿元，比上年增长4.3%。农林牧渔业总产值92.76亿元，增长4.0%。固定资产投资增长1.3%。社会消费品零售总额568.42亿元，增长0.9%。实际利用外资1.26亿元，增长3.5%。一般公共预算总收入43.82亿元，比上年下降14.5%，其中地方一般公共预算收入28.65亿元，下降7.6%。城镇居民人均可支配收入35548元，比上年增长2.8%；农村居民人均可支配收入19145元，增长6.2%。

安溪铁观音位列区域品牌（地理标志产品）第一。5月10日，中国品牌价值评价信息发布会上，安溪铁观音以1426.86亿元位列区域品牌（地理标志产品）第一，连续第五年名列全国茶叶类区域品牌价值第一。

安溪县综合立体大交通（大三环）开工建设。9月28日，省道S217（联四线）雅兴至东坑段公路工程和东三环罗内段工程开工仪式在蓬莱镇蓬溪村和参内镇罗内村举行。“大三环”及铁观音隧道工程规划建设基本里程64.30千米、总投资54.99亿元，项目总体采用一级公路兼城市主干道、双向六车道标准设计建设，分东三环、西三环、南三环、铁观音隧道及连接线、联四线5个路段推进。

白濑水库大坝动工建设。12月15日，泉州白濑水利枢纽工程C2标段开工，工程转入大坝建设阶段。该次开工的C2标段（大坝）坝址位于安溪县白濑乡长基村，主要建设碾压砼重力坝、引水系统、放水底孔、发电厂房及厂区工程、升压变电站工程、过鱼设施工程、库区防渗工程及左、右坝防汛道路等工程，施工总工期为54个月。

（蔡雅玲）

【德化县】 位于泉州市西北部。2020年辖12个镇、6个乡。土地面积2232.16平方千米。年末户籍人口35.43万人，常住人口33.3万人，人口自然增长率9‰。全县耕地面积16892.79公顷，粮食播种面积9248.47公顷，粮食产量6.05万吨。林地面积17.87万公顷，森林覆盖率78.4%，森林蓄积量1847万立方米。全县年均降雨量1800毫米，可供开发的水力资源31.2万千瓦，有水电装机容量28.7万千瓦，位居福建省前列，是中国首批100个农村电气化试点县之一。有德化黑鸡、德化黑兔、德化淮山、德化黄花菜、德化十八学士茶花、德化梨、德化黑羊、大铭生姜等8个国家农产品地理标志。重要矿产资源有高岭土、煤炭、石灰石、铁矿石、泥煤、叶蜡石、金、铅、锌、铜、钨、锰等矿藏40多种。其中铁矿石、高岭土、石灰石储量均在亿吨以上，已探明黄金储量20吨以上。主要旅游景点有戴云山国家级自然保护区、岱仙湖国家级水利风景区、龙门湖国家级水利风景区、石牛山国家AAAA级旅游景区、九仙山国家AAAA级旅游景区、云龙谷国家AAA级旅游景区、石牛山国家地质公园、石牛山国家森林公园等。2020年获评第六届全国文明城市、国家全域旅游示范区。

2020年，全县生产总值287.66亿元，比上年增长4.1%。其中，第一产业增加值12.75亿元，比上年增长4.3%；第二产业增加值170.08亿元，增长5.0%（其中工业增加值130.26亿元，增长4.0%）；第三产业增加值104.83亿元，增长2.3%。人均地区生产总值86775元，比上年增长3%。规模以上工业产值360.05亿元，增长5.4%。农林牧渔业总产值25.21亿元，增长5.3%。固定资产投资增长6.9%。社会消费品零售总额125.67亿元，下降1.8%。一般公共预算总收入19.37亿元，比上年增长2.9%，其中地方一般公共预算收入12.86亿元，增长7.4%。城镇居民人均可支配收入37702元，比上年增长3.0%；农村居民人均可支配收入18105元，增长6.6%。

8月8日，经过3年多的闭园建设，德化石牛山景区重新开园迎客。

12月15日，首届德化“中国白”中国传统陶瓷艺术双年展开幕式暨颁奖典礼在德化县陶瓷博物馆举行。该届双年展以“弘扬匠心，致敬传统”为主题，由中国陶瓷工业协会、清华大学美术学院、德化县陶瓷发展委员会联合主办，自2020年起，每两年举办一次。

（苏忠兴）

【永春县】 位于泉州市西北部。2020年辖18个镇、4个乡。土地面积1455平方千米。年末户籍人口60.16万人，常住人口42.2万人。人口自然增长率−3.5‰。耕地保有量1.74万公顷，基本农田保护面积1.66万公顷。耕地面积1.94万公顷，粮食播种面积1.43万公顷，粮食产量8.89万吨。林地面积10.56万公顷，森林覆盖率70.43%，活立木蓄积量693.49万立方米，是全省重点林区县之一。农产品主要有芦柑、荔枝、龙眼、茶叶、食用菌、毛麻竹等。水资源总量18.21亿立方米，其中可供开发量11.9万千瓦。流域面积1624.9平方千米，境内流域面积50平方千米以上的溪流有16条。全县发现各类矿产资源30种。拥有13个国家A级旅游景区，其中2个国家AAAA级旅游景区（永春牛姆林、北溪文苑生态旅游区），5个国家AAA级旅游景区（百丈岩、魁星岩、乌髻岩、仙洞普济寺、雪山旅游区），6个国家AA级旅游景区（老醋文创园、余光中文学馆、云河谷景区、中国香都文化旅游区、埔头农业公园、天湖岩生态旅游区）。7项国家地理标志产品（永春芦柑、永春佛手、永春篾香、永春老醋、永春漆篮、永春纸织画、岵山荔枝）。2020年获全国第四批“绿水青山就是金山银山”实践创新基地、全国县域数字农业农村发展先进县、全国农村承包地确权登记颁证工作典型地区、中国红曲醋都。

2020 年，全县生产总值 494.52 亿元，比上年增长 3.0%。其中，第一产业增加值 26.47 亿元，比上年增长 3.9%；第二产业增加值 306.77 亿元，增长 3.3%（其中工业增加值 270.14 亿元，增长 3.5%）；第三产业增加值 161.28 亿元，增长 2.0%。规模以上工业总产值 828.91 亿元，比上年增长 4.3%。农林牧渔业总产值 46.61 亿元，增长 4.9%。固定资产投资增长 0.7%。社会消费品零售总额 168.32 亿元，下降 3.0%。实际利用外资 0.57 亿元，增长 3.4%。一般公共预算总收入 18.52 亿元，比上年下降 4.5%，其中地方一般公共预算收入 11.82 亿元，下降 3.7%。城镇居民人均可支配收入 35077 元，比上年增长 1.8%；农村居民人均可支配收入 18163 元，增长 6.0%。

*新兴产业逐步向好。*九牧永春智慧制造产业园一期顺利投产，博纯材料完成股改并加快三期半导体材料生产线建设，美宏科技一期彩色碳粉试投产，冠中环保新材料落地开工。

*三产活力显现。*举办“县长带你买好货”“老醋品牌直播”等线上促销活动，建设“美丽永春”直播带货基地，推广乡镇一把手、驻村第一书记直播带货。开发“畅游永春”旅游 APP，获评首批省全域生态旅游示范县。

*乡村振兴加快步伐。*推进 2 个省级乡村振兴特色乡镇、20 个试点村建设，打造 3 条市级乡村振兴示范线路。成功承办全省“中国农民丰收节”省级主会场活动。举办秋季茶王赛、厨王争霸赛、永春芦柑文化旅游节。

（黄培坦　詹振尧）

【泉州台商投资区】 位于泉州市中心城区东部。2020 年辖 3 个镇、1 个乡。土地面积 219 平方千米。年末户籍人口 22.61 万人，常住人口 33.8 万人，人口自然增长率 5.91‰。耕地面积 0.43 万公顷，粮食播种面积 0.16 万公顷，粮食产量 0.79 万吨。林地面积 0.45 万公顷，森林覆盖率 20.8%，活立木蓄积量 19.5 万立方米。重要矿产资源有花岗岩等。海洋生物多达 627 种以上（不含浮游类）。主要旅游景点有洛阳桥、海丝艺术公园、海丝生态公园、八仙过海欢乐水世界、华光文博园、张坂上塘雕艺街、月亮湾等。2020 年获“2020 中国经济营商环境十大创新示范区”称号。

2020 年，全区生产总值 307.51 亿元，比上年下降 7.3%。其中，第一产业增加值 5.16 亿元，比上年增长 4.6%；第二产业增加值 221.25 亿元，下降 10.6%（其中工业增加值 185.40 亿元，下降 13.0%）；第三产业增加值 81.10 亿元，增长 4.4%。人均地区生产总值 123498 元，比上年下降 3.2%。规模以上工业总产值 683.70 亿元，下降 15.2%。农林牧渔业总产值 9.65 亿元，增长 5.6%。固定资产投资下降 3.3%。社会消费品零售总额 126.60 亿元，下降 9.3%。一般公共预算总收入 20.29 亿元，比上年增长 1.2%，其中地方一般公共预算收入 12.72 亿元，增长 9.2%。

6 月 29 日，全省首个以机关党建为主题的党建展馆——泉州市机关党建体验馆（泉州台商投资区）开馆。

8 月 18 日，泉州台商投资区承办泉州市首届“同心杯”留学人员创新创业大赛，完成大赛启动仪式、决赛、颁奖仪式以及高峰论坛、5 场线上线下主题沙龙等各项活动内容。

9 月 23 日，泉州市中级人民法院、惠安县人民法院泉州台商投资区办公区举行揭牌仪式。

7—11 月，泉州台商投资区举办“首届‘海丝杯’海峡两岸（泉州）工业设计大赛”。大赛以“设计赋能·新城创未来”为主题，面向两岸征集了创新设计作品 2870 件，其中“智造＋科技创新组”1852 件、“非遗＋文化创意组”1018 件。

11 月 11 日，泉州台商投资区启动首届海丝英才月，试运行泉台人力银行，推动台湾人才服务平台签订共建合作协议。

12 月 14 日，泉州台商投资区融媒体指挥中心揭牌投用，实现机构、人员、业务深度融合，打造形成微信、微博、抖音、快手、今日头条号、华人头条号、“无线泉州”APP 台商区频道新媒体传播矩阵。

12 月 19 日，泉州台商投资区首个商业综合体项目宝龙广场开业。

12 月 30 日，泉台人力资源服务产业园开园，招引人力资源服务机构 10 家、台资企业 6 家、台湾人才 10 名进驻，打造线上线下沟通交流平台、就业创业实践平台。

（曾宪镔）

【泉州经济技术开发区】 地处泉州南大门，于 1996 年 12 月开始开发建设，2010 年 6 月升格为国家级经济技术开发区。经国务院批准纳入国家级开发区范围的面积为 12.5 平方千米（含综合保税区 3 平方千米）；与晋江市合作开发的泉州特种汽车基地 4 平方千米；与南安市政府合作开发的官桥园区 15 平方千米。人口 37844 人（其中流动人口 31997 人、户籍人口 5847 人）。全区共有各类市场主体 13409 家，规上工业企业 116 家，限上商贸企业 118 家；拥有产值超亿元企业 58 家；税收超亿元企业 2 家，超千万元企业 11 家；上市企业 8 家，挂牌企业 11 家；拥有中国驰名商标 11 件，作为主要起草单位参与国家行业标准制定企业 17 家；国家级工程研究中心等“国字号”科技品牌 52 家（项），科技小巨人领军企业 28 家，国家高新技术企业 51 家，国家知识产权优势企业 5 家。形成纺织鞋服、电子信息、机械制造、医药食品等 4 个主导产业。每万人发明专利拥有量 71.67 件，高新技术产业产值占全区工业总产值的 33.9%。是全省首个被联合国工发组织授予的“绿色开发区”。在省级以上开发区综合发展水平评价中，泉州经济技术开发区综合实力位居全省第五位，管理服务质量位居全省第一。

2020 年，全区地区生产总值 183.77 亿元，比上年下降 17.2%。规模以上工业增加值下降 17.9%。第三产业增加值 38.22 亿元，下降 18%。一般公共预算总收入 13.23 亿元，下降 19.2%，其中地方一般公共预算收入

6.20亿元，下降23.3%。全社会固定资产投资下降49.6%。社会消费品零售额67.12亿元，下降13.7%。进出口商品总值下降3.6%。实际利用外资（验资口径）2.19亿元，增长76.2%，完成年度计划169.76%，超额完成年度任务。

4月3日，泉州经济技术开发区海峡股权泉州交易中心与福建省农村信用社联合社签署商业银行股权登记托管合作协议。

4月18日，国家新型工业化产业示范基地五星级名单出炉，泉州经济技术开发区纺织服装产业示范基地再度上榜，连续两年为五星级。

4月25日，立邦新型材料海峡西岸经济区生产基地项目正式落地泉州经济技术开发区官桥园区。

5月17日，泉州经济技术开发区管委会、福建省奥儿品牌管理公司就潮牌谷项目举行签约仪式，奥儿正式入驻泉州经济技术开发区2.5产业园，双方将共同打造国际潮牌谷及IP动漫产业，赋能泉州鞋服制造业。

10月27日，举行泉州开发区2020年第四季度重大项目集中签约暨开（竣）工活动仪式，泉州新型显示数字经济产业园正式开园。

12月29日，泉州开发区基层治理服务中心举行揭牌仪式。 （徐勤友）

三明市

【概况】 三明市位于福建省中西北部，1958年成立三明重工业建设委员会开始工业建设，1960年设立省辖三明市，1963年成立三明地区行署，1983年地市合并设立省辖三明市。2020年辖2区、9县、1市，土地面积2.29万平方千米（其中市区面积1151.42平方千米）。年末户籍人口287.84万人；常住人口249万人，其中城镇常住人口157.4万人。人口自然增长率3.68‰。

三明是福建省主要农作物产区，粮食、水果、笋竹、食用菌和苗木花卉等产量居全省前列，2020年耕地面积16.1万公倾，粮食播种面积16.1万公顷，粮食产量94.5万吨、增长1.5%。全市森林覆盖率达78.73%，森林面积180.8万公顷，约占福建省的1/4，森林蓄积量1.87亿立方米，约占全省的1/4，是中国最绿省份的最绿城市之一，被誉为“中国绿都”“绿色宝库”。拥有各类矿产79种，探明储量的有49种，其中煤储量占福建省的37.2%，钨、铁、铅、锌、石灰石、萤石、稀土等矿产储量在福建省占有重要位置。水资源总量142.17亿立方米，占全省的18.7%。旅游景点和景区密度居福建省首位，拥有泰宁世界自然遗产、世界地质公园和180个国家级旅游品牌。

三明建市时间不长，但历史悠久，是闽江之源，福建的母亲河发源于三明；是闽人之源，在万寿岩发现的古人类遗址，把福建人类活动的历史推向18万年前；是闽学之源，“闽学四贤”中的杨时、罗从彦、朱熹都出生在三明；是闽师之源，三明学院的前身是福建最早的师范学校——全闽师范学堂。同时，三明是客家祖地，宁化石壁是中国历史上客家人大迁徙的中转站，建有世界唯一的客家公祠，是世界客属寻根谒祖的朝圣中心。

三明全域是中央苏区县，自1927年开始，中国共产党就在宁化、清流、归化、建宁、泰宁、将乐、沙县、永安、尤溪、大田等县传播革命思想，进行革命活动。进入20世纪30年代前期，境域内普遍建立工农政权苏维埃政府。是中央红军长征的4个出发地之一。

2020年，三明市蝉联“全国文明城市”称号，获全国双拥模范城“八连冠”，被确定为全国首个林业改革发展综合试点市，成为全国文化旅游消费试点城市、全国体育消费试点城市，获评普通高中新课程新教材实施国家级示范区。

2020年，全市生产总值2702.19亿元，比上年增长4.1%。其中，第一产业增加值314.57亿元，增长3.9%；第二产业增加值1401.90亿元，增长4.2%（其中工业增加值1022.10亿元，增长3.0%）；第三产业增加值985.72亿元，增长4.1%。人均地区生产总值108304元，比上年增长4.5%。一般公共预算总收入170.15亿元，增长1.0%，其中地方一般公共预算收入111.16亿元，增长3.2%。规模以上工业增加值增长3.1%。农林牧渔业总产值534.49亿元，增长4.0%。固定资产投资增长7.1%。社会消费品零售总额781.71亿元，下降0.3%。外贸出口106.6亿元，下降39.7%。实际利用外资1.41亿元，增长7.3%。城镇居民人均可支配收入39259元，增长3.5%；农村居民人均可支配收入19533元，增长6.7%。全社会用电量167.35亿千瓦时。城镇登记失业率3.18%。参加城镇职工基本养老保险63.68万人；参加城镇职工基本医疗保险42.49万人；参加城乡居民基本医疗保险221.35万人；参加城乡居民基本养老保险133.67万人，参保率92.31%。城市生活污水集中处理率95.28%，城镇生活垃圾无害化处理率100%。

【疫情防控】 2020年，面对突如其来的新冠肺炎疫情，三明市第一时间启动重大突发公共卫生事件一级响应，筑牢“五道关口”“三道防线”，14个确诊患者均为输入型病例，全市疫情在1个月内得到有效遏制，实现零扩散、零感染、零死亡，自2月17日至年底无新增确诊病例、疑似病例和无症状感染者，国务院联防联控机制指导组肯定三明疫情防控工作“行动早、措施实、防控严、见成效”，“数字抗疫”经验被公安部肯定推广。

【“四篇文章”持续做实】 2020年，“红色三明”文章方面，开展红色故事宣讲79场，12个县（市、区）全部纳入长征国家文化公园福建重点建设区并启动建设，5个原中央苏区县纳入中央国家机关及有关单位对口支援范围，全市向上争取各类补助资金175亿元，比上年增长11.93%。“工业三明”文章方面，实施“百千”行动计划，新增签订“一企一策”56家，全市钢铁与装备制造产业实现产值1246.34亿元，新材料产业实现产值197.58亿元，新增国家级高新技术企业29家，高技术产业增加值比上年增长12.6%。“绿色三明”文章方面，建宁、宁化入选第四批国家生态文明建设示范县，泰宁、尤溪入选第二批国家全域旅游示范区，新增万寿岩文旅小镇等3个国家AAAA级旅游景区，全市文旅康养实现总收入642亿元，特色现代农业产值1620亿元。“文明三明”文章方面，出台《三明市公共文明行为促进条例》，推进全国精神文明建设展览馆（三明）等项目建设，文明积分管理平台、积分入学平台投入使用。

【攻坚克难取得实效】 2020年，三明市打好三大战役，精准脱贫任务全面完成，受疫情影响的208户753名建档立卡贫困户实现稳定脱贫，探索建立农村相对贫困家庭“239”精准帮扶工作机制，巩固脱贫攻坚成果；污染防治纵深推进，河（湖）长制工作受到国务院表扬激励，7个县获省环境质量提升奖励，全市生态环境质量指标实现“六个全省第一”。开展4个专项行动，开展“五个一批”项目攻坚专项行动，全市新增“五个一批”项目2406个，总投资4249.4亿元，新增开工、投产项目数居全省第一位，新增项目总数居全省第二位；深化重点产业招商引资专项行动，组建16个专班集中突破重大工业招商项目，抓好16条百亿元特色产业链，建立“链长制”工作机制，创新推出“招商地图工作法”，全年新签约亿元以上项目896个，总投资2295.2亿元；深化环保督察问题整改专项行动，第一轮、第二轮中央环保督察反馈涉及的整改任务全部按序时进度推进。全市新增停车泊位5813个、新（改）建标准公厕110座、整治农贸市场39个、治理背街小巷261条、治理和提升小区170个。

【区域协同深入推进】 2020年，三明市融入国内大循环格局，深化京闽（三明）科技合作。8月27日，京闽（三明）科技合作“云签约”视频会议召开，12月6日，三明中关村科技园开园，共有57个、总投资103.49亿元的项目签约入驻和“云开工”，31名北京科技特派员与三明市企业签订科技服务协议。深化闽西南协同发展区建设，泉三高端装备产业园累计入园企业26家，10家企业动工建设，2家已投产；厦明火炬新材料产业园新增签约项目15个，总投资65.4亿元。

【特色改革持续深化】 2020年，三明市深化重点领域改革。医改方面，推进“以人民健康为中心”的3.0版医改，探索构建新时代中国特色社会主义健康保障体系，三明医改再次获得国务院正向激励表扬，全市患者满意度位列全省第二名。林改方面，深化集体林权制度改革，累计发放“福林贷”等林业普惠性贷款140.7亿元，“林票”制度、“福林贷”、林业金融风险综合防控机制被列入《国家生态文明试验区改革举措和经验做法推广清单》，三明市成为全国首个林业改革发展综合试点市。绿色金融改革方面，探索绿色信贷、绿色债券、绿色基金、绿色租赁、绿色信托、绿色保险于一体的绿色金融改革，三明市成为全省绿色金融改革试验区，全年绿色贷款比上年增长21.2%。基础教育改革方面，深化“优质均衡发展、教师协同培养、1+4正向激励”三大机制创新，2020年三明市继续摘得高考理科、美术专业全省第一名，本科上线率保持全省前列，被教育部评为“普通高中新课程新教材实施国家级示范区”。农村改革方面，开展农村产权制度改革和农村新型住宅小区集中建设试点，建立“两统筹、两统管”农房规划建设管理机制，在全省率先开展林票、地票、房票“三票制”改革。“放管服”改革方面，开展营商环境对标活动，31个主要指标中有26个全省最优，38个市直部门各类审批服务事项承诺时限压缩率84.89%、保持全省最短，三明综合信用指数在全国地级市中排名由2018年的第246位跃升至第35位、全省第二位。

【宣传报道“三明实践”】 2020年11月23—27日，由中宣部新闻局领导带队，国家发展改革委振兴司领导参加，人民日报社、新华社、中央广播电视总台等19家中央和省内外媒体、180多名记者，深入三明开展采访报道。12月16—19日，各大媒体在主要栏目、重要版面连续聚焦报道“三明实践”，讲述三明干部群众牢记习近平总书记嘱托，坚持统筹协调发展，努力建设“机制活、产业优、百姓富、生态美”新三明故事，参访媒体自有传播平台阅读量近20亿人次。 （肖振统）

【三元区】 位于三明市区西南部，2020年辖2个镇、1个乡、4个街道。土地面积800.23平方千米。年末户籍人口13.67万人，常住人口18.8万人，人口自然增长率0.03‰。耕地面积0.51万公顷，粮食播种面积0.24万公顷，粮食产量1.55万吨。林地面积6.71万公顷，森林覆盖率79.23%，活立木蓄积量778.68万立方米。重要矿产资源有煤、水泥用石灰石、萤石等。主要旅游景点有岩前万寿岩旧石器时代文化遗址、格氏栲森林公园、忠山十八寨古民居等。2020年三元区莘口镇获评福建省抗击新冠疫情先进集体。

2020年，全区生产总值247.43亿元，比上年增长3.9%。其中，第一产业增加值13.15亿元，比上年增长4.0%；第二产业增加值147.55亿元，增长4.7%（其中工业增加值103.5亿元，增长3.2%）；第三产业增加值86.72亿元，增长2.5%。规模以上工业总产值540.84亿元，比上年增长7.7%。农林牧渔业总产值22.49亿元，增长4.0%。社会消费品零售总额76.51亿元，比上年下降5.3%。外贸出口额13.79亿元。实际利用外资2890万元。一般公共预算总收入7.48亿元，比上年增长6.1%，其中地方一般公共预算收入5.14亿元，增长11.9%。公共财政支出68374万元，比上年增长4.31%。城镇居民人均可支配收入42615元，比上年增长3.4%；农村居民人均纯收入22268元，增长6.0%。

5月12日，三元区兴泉铁路双坂隧道贯通。兴泉铁路是中国境内一条连接江西省赣州市兴国县与福建省泉州市的国铁Ⅰ级单线客货共线电气化铁路。双坂隧道位于三元区岩前镇眉山村，全长5051米，为单线铁路隧道。

6月25日，三元“西际蜜橘”入选“全国名特优新农产品”名录。这是三元区获得的首个全国名特优新农产品证书。三元区莘口镇西际村是远近闻名的柑橘专业村，有早熟蜜橘5300亩（353.33公顷）。经福建省农业科学院农业质量标准与检测技术研究所品质鉴定结果：果实外观好，果肉质地脆嫩、化渣而多汁，风味酸甜，香味浓郁。

6月，国家林业和草原局办公室、民政部办公厅、国家卫生健康委员会办公厅、国家中医药管理局办公室等四部委联合公布三元区格氏栲康养基地入选第一批国家森林康养基地。在推进生态产业化过程中，三元区立足国家森林公园生态资源，突出“森林、康养、教育、休闲”这一主题先行启动格氏栲森林康养基地建设。（凌汉荣）

【梅列区】 位于三明市西北部。2020年辖3个街道、2个镇、1个省级经济开发区。土地面积351.19平方千米。年末户籍人口15.78万人，常住人口22万人。粮食产量0.41万吨。林地面积35177公顷，森林覆盖率80.59%，活立木蓄积量379万立方米。主要矿产资源有铁矿、硫铁矿等及丰富的天然矿泉水资源。主要旅游景点有国家AAAA级旅游景区瑞云山风景区、国家AAA级旅游景区仙人谷国家森林公园、国家AAA级旅游景区清枫谷景区、国家AAA级景区三钢工业旅游区。2020年获全国信访工作“三无”区称号。

2020年，全区生产总值355.83亿元，比上年增长3.4%。其中，第一产业增加值5.51亿元，比上年增长3.2%；第二产业增加值163.04亿元，增长1.4%（其中工业增加值增长0.6%）；第三产业增加值187.27亿元，增长5.2%。规模以上工业总产值比上年下降9.5%。农林牧渔业总产值9.72亿元，增长3.0%。固定资产投资增长4.9%。社会消费品零售总额110.81亿元，下降0.6%。实际利用外资1452万元。一般公共预算总收入10.18亿元，比上年下降2.8%，其中地方一般公共预算收入7.73亿元，增长0.9%。城镇居民人均可支配收入45261元，比上年增长2.8%；农村居民人均可支配收入21197元，增长5.0%。

2020年，历时23年的徐碧“城中村”改造项目，52天实现全面签约。完成三明卫校周边地块、陈大片区集体土地等征迁项目17个。三纺厂异地搬迁、龙岗二期等一批历时多年的难点问题得到有效化解。

国家义务教育质量监测考评成绩居全省首位，教育教学质量稳步攀升。中考、高考成绩位列全市前茅。投入2.5亿元完成5个教育补短板应急项目，全年新增学位3420个，沪明小学用270天建成投入使用。（雷文春　王培敏）

【永安市】 位于福建省中西部。2020年辖8个镇、3个乡（城区辖4个街道）。土地面积2931平方千米。年末户籍人口32.79万人，常住人口34.5万人。人口自然增长率1.39‰。耕地面积179.82平方千米，粮食播种面积1.08万公顷，粮食产量6.52万吨。林业用地面积25.23公顷，森林覆盖率82.83%以上，森林蓄积量2608万立方米。重要矿产资源有石灰石、无烟煤、石墨资源、重晶石。主要旅游景点有国家AAAA级旅游景区桃源洞、安贞堡，天宝岩国家级自然保护区、九龙竹海国家森林公园、安砂龙头国家湿地公园，小陶甘乳岩·玉带龙泉、霞鹤生态农庄、青水畲寨、马洪中央红军标语博物馆、贡川古镇等5个AAA级旅游景区。2020年获评国家信访工作“三无”县、省全域生态旅游示范县、省乡村治理体系建设试点县、省第四轮第一批平安县（市、区），实现全国“双拥模范城”四连冠和省“双拥模范城”八连冠。

2020年，全市生产总值446.26亿元，比上年增长3.6%。其中，第一产业增加值37.49亿元，比上年增长3.7%；第二产业增加值262.53亿元，增长3.6%（其中工业增加值216.06亿元，增长3.0%）；第三产业增加值146.24亿元，增长3.6%，一般公共预算总收入31.03亿元，比上年增长14.8%，其中地方一般公共预算收入19亿元，增长4.1%。规模以上工业增加值比上年增长2.9%。农林牧渔业总产值63.51亿元，增长3.6%。固定资产投资增长6.2%。社会消费品零售总额128.12亿元，增长2%。外贸出口额15.09亿元，下降15.6%。实际利用外资900万元。城镇居民人均可支配收入40236元，比上年增长3.4%；农村居民人均可支配收入20784元，增长5.7%。

*2020中国福建（永安）石墨烯创新创业大赛暨项目成果对接会在永安举行。*10月31日，2020中国福建（永安）石墨烯创新创业大赛暨项目成果对接会在永安举行。大赛吸引来自境内外35个企业和团队的报名参赛，从中遴选15个项目入围决赛。永安市石墨和石墨烯产业园管委会与天津石墨烯工程创新中心签署合作框架协议，4个产业化项目在会上签约，并与1个入围参赛项目签署意向落地协议。

*翔丰华公司在深圳证券交易所创业板挂牌上市。*9月17日，翔丰华公司在深圳证券交易所创业板挂牌上市，募集资金扣除发行费用之后全部用于永安3万吨高端石墨负极材料生产基地建设项目。翔丰华公司是一家集研发、生产和销售高端锂离子二次电池负极材料的高新技术企业，系省重点项目、三明百亿元龙头企业培育计划、永安“4+4”高成长企业培育之一，占地面积30.34公顷，规划分三期建设，总投资超10亿元，该项目已投产。2020年石墨和石墨烯产业园完成固定资产投资13.05亿元，实现产值20亿元，比上年增长13.6%，实现利税1.83亿元。

*深瑞墨烯石墨烯导热膜项目首条生产线建成投产。*12月5日，深瑞墨烯石墨烯导热膜项目首条生产线建成投产，深瑞墨烯石墨烯导热膜项目于2020年7月签约落地，总投资约1亿元，建设一

条年产40万平方米石墨烯导热膜生产线和石墨烯项目研发实验室，项目投产后年产值1亿元。

*韵达（永安）电子商务产业园落户永安。*韵达（永安）电子商务产业园位于永安市石墨和石墨烯产业园福川片区（永安市贡川镇），项目总占地面积205.20公顷，总投资50.2亿元，由韵达集团分三期投资建设。该项目一期工程于11月18日开工建设，主要规划建设内容含智能化快递中心、智能化快运中心、供应链中心、结算中心等。

（杨宇凡）

【清流县】 位于三明市西部。2020年辖7个镇、6个乡。土地面积1806.32平方千米。年末户籍人口15.32万人，常住人口11.80万人。人口自然增长率2.0‰。耕地面积1.37万公顷，粮食播种面积1.49万公顷，粮食产量8.03万吨。林地面积15.4万公顷，森林覆盖率80.2%，活立木蓄积量0.16亿立方米。重要矿产资源有无烟煤、钨、铅、锌、萤石、石灰石、辉绿岩、稀土、地热、矿泉水等17种，其中煤、萤石、铅锌、石灰石、钨、稀土、地热等矿产储量居全市前列。主要旅游景点有1个AAAA级景区（天芳悦潭旅游区）、4个AAA级景区（中华桂花文化园、清流赖坊古镇、清流林畲红色小镇、李家冷泉小镇）。2020年获“全国村庄住宅清洁行动先进县”称号。

2020年，全县地区生产总值154.58亿元，比上年增长5.6%。其中，第一产业增加值24.33亿元，比上年增长4.6%；第二产业增加值82.80亿元，增长5.5%；第三产业增加值47.45亿元，增长6.3%。规模以上工业总产值165.98亿元，增长3.2%。农林牧渔业总产值41.45亿元，增长4.8%。固定资产投资增长5.2%。社会消费品零售总额48.82亿元，增长0.2%。实际利用外资2015万元。一般公共预算总收入6.84亿元，比上年下降6.7%，其中地方一般公共预算收入4.35亿元，增长5.5%。城镇居民人均可支配收入34586元，比上年增长4.0%；农村居民人均可支配收入18594元，增长6.7%。

*重点领域改革。*2020年，清流县全面完成农村集体产权制度改革，推进林业金融贷款及林权流转，新增林权抵押贷款2092万元，流转面积0.09万公顷。深化“总校制”改革，实施“总园制”办学，创新城乡教师交流轮岗机制，城关幼儿园、文华幼儿园通过“市级示范性幼儿园”评估验收。医改向“全联”“深动”深化，基本形成基层首诊、双向转诊、急慢分治、上下联动的分级诊疗模式，县总医院胸痛中心通过中国胸痛中心（基层版）认证，成为国家级胸痛中心。区域协同融合发展不断深化，集美（清流）共建产业园二期启动建设，新引进台资企业7家，清流台湾农民创业园被省级农订会组委会授予“最佳组织奖”。

（夏永麟）

【宁化县】 位于三明市西部。2020年辖11个镇、5个乡。土地面积2407.46平方千米。年末户籍人口37.2万人，常住人口26.2万人。人口自然增长率4.6‰。耕地面积2.82万公顷，粮食播种面积3.18万公顷，粮食产量17.74万吨。林地面积18.61万公顷，森林覆盖率74.97%，活立木蓄积量0.14亿立方米。重要矿产资源有钨、锡、锌、稀土、萤石、石灰岩等。主要旅游景点有天鹅洞群国家地质公园、牙梳山省级自然保护区、东华山省级森林公园、蛟湖、蛟湖小镇、客家祖地、北山革命纪念园、红军长征出发地纪念广场。2020年入选“国家第二批革命文物保护利用片区分县”，获“第四批国家生态文明建设示范县”称号。

2020年，全县地区生产总值201.97亿元，比上年增长3.7%。其中，第一产业增加值29.22亿元，比上年增长3.8%；第二产业增加值91亿元，增长5.7%（其中工业增加值48.33亿元，增长3.7%）；第三产业增加值81.75亿元，增长1.4%。人均地区生产总值76941元。规模以上工业增加值比上年增长3.8%。农林牧渔业总产值49.67亿元，增长3.8%。固定资产投资增长5.6%。社会消费品零售总额60.47亿元，下降1.2%。实际利用外资2767万元。一般公共预算总收入9.13亿元，比上年下降5.2%，其中地方一般公共预算收入6.73亿元，增长0.3%。城镇居民人均可支配收入31579元，比上年增长3.6%；农村居民人均可支配收入17904元，增长6.7%。

*情景音乐剧《风展红旗如画》上演。*8月28日，由三明市委宣传部、三明市文旅局、宁化县委共同推出的情景音乐剧《风展红旗如画》在三明影剧院上演，包括《序》《红旗！红旗!》《军号！军号!》《湘江！湘江!》《尾声》5个篇章，演出时长1个小时，是三明市继交响诗组歌《军号嘹亮》之后第二部红色题材的原创大型情景音乐剧。

*第26届世界客属石壁祖地祭祖大典。*10月16日，第26届世界客属石壁祖地祭祖大典在宁化石壁举行，该届祭祖大典由三明市客家联谊会、马来西亚居銮客家公会、宁化石壁客家宗亲联谊会等社团组织共同主办，共有3000余人齐聚祖地寻根谒祖，共话发展。该届祭祖大典采用“线上+线下”方式，现场同步播放海内外部分客属宗亲的祝福视频，并通过网络全程直播祭祀过程。祭祖大典活动期间，还举办“全闽乐购”——八闽美食嘉年华暨全省烹饪行业技能竞赛、第三届宁化台湾农特产品展、第七届宁化客家小吃节等活动。

（赖慧珍）

【建宁县】 位于三明市西北部。总面积1716.34平方千米。2020年辖4个镇、5个乡。年末户籍人口15.43万人，常住人口11.5万人。耕地面积1.98万公顷，粮食播种面积1.4万公顷，粮食产量8.94万吨。林地面积12.6万公顷，森林覆盖率77.4%，活立木蓄积量1130.50亿立方米。建宁县水资源丰富，境内河流属闽江流域。主要溪河13条，其中濉溪及其11条支流属闽江支流富屯溪的金溪水系，其源头为闽江的正源头。境内河流总长度1005.9千米，重要矿产资源有混合花岗岩带、普遍含独居石、磷钇矿及伴生的锆英石，地质储量4.89万吨，矿床有一定规模；石英、云母、高岭土、瓷土、硅石、花岗岩石等非金属矿在境内广泛分布。主要旅游景点有中央苏区反“围剿”纪念馆、客坊乡水尾村红军村红色教育基地、金铙山景区、上坪古村、建宁贡莲小镇、高峰农家乐等。2020年，建宁县获评全国第四批率先基本实现主要农作物生产全程机械化示范县、第四批国家生态文明建设示范县；建宁县现代农业产业园入围2020年国家现代农业产业园创建名单；建宁县入选首批国家农村产业融合发展示范园、全国农民合作社质量提升整县推进试点单位。

2020年，全县地区生产总值140.3亿元，比上年增长6%。农林牧渔业总产值34.1亿元，增长3.5%。规模以上工业增加值99.7亿元，增长3.5%。第三产业增加值42.15亿元，增长7.9%。一般公共预算收入4.8亿元，增长0.1%，其中地方一般公共预算收入3.4亿元，增长2.4%。固定资产投资增长5.8%。社会消费品零售总额36亿元，下降0.3%。限上批发销售额44.7亿元，增长19.7%。全体居民人均可支配收入23866.8元，增长6.1%。城镇居民人均可支配收入32614.7元，增长3.8%；农村居民人均可支配收入18321.3元，增长7.3%。全社会工业用电量2.3亿千瓦时，比上年增长6.9%。

袁隆平为建宁题词。建宁是国家级杂交水稻制种超级大县，2020年，全县杂交水稻制种规模达到1万公顷，可供应160余万公顷的杂交水稻种植。建宁现代种业产业园位于建宁县北部，规划面积0.62万公顷，杂交水稻制种面积0.61万公顷。2020年，园区实现总产值22.4亿元，成功入围2020年国家现代农业产业园创建名单，成为福建省首个以种业为主导产业创建的国家现代农业产业园。9月17日，“杂交水稻之父”、中国工程院院士袁隆平在国家杂交水稻工程技术研究中心暨湖南杂交水稻研究中心（长沙）为“福建省建宁县国家现代农业产业园”题名。

高峰村获“2020中国最美康养小镇”称号。11月26日，建宁县濉溪镇高峰村获“2020中国最美村镇最美康养小镇”称号。高峰村位于建宁县濉溪镇东部，距县城约10千米，是福建省纪委挂钩帮扶项目森林小镇和贡莲小镇的核心区域，是革命老区基点村，有民宿、农家乐14家。境内有“秀起东南第一巅”之称的海拔1858米的金铙山，植被良好，物种繁多，生态环境优越。

（艾玲朝）

【泰宁县】　位于福建省西北部。2020年辖3个镇、6个乡（城区辖1个镇）。土地面积1528.82平方千米。年末户籍人口13.7万人，常住人口10.4万人，人口自然增长率3.7‰。耕地面积1.13万公顷，粮食播种面积0.96万公顷，粮食产量5.7万吨。林地面积12.6万公顷，森林覆盖率近78.38%，活立木蓄积量0.12亿立方米。重要矿产资源有黄金、高岭土、硅石、花岗岩石材等28种。主要旅游景点有大金湖、上清溪、寨下大峡谷、九龙潭、状元岩、猫儿山、泰宁古城和地质博物苑等。2020年，泰宁县被列入国家生态综合补偿试点县和全国深化农村公路管理养护体制改革试点县，被授予全国信访工作“三无”县称号。

2020年，全县地区生产总值103.07亿元，比上年增长3.9%。其中，第一产业增加值14.9亿元，增长3.9%；第二产业增加值50.21亿元，增长4.7%（其中工业增加值增长2.8%）；第三产业增加值37.96亿元，增长2.8%。规模以上工业总产值130.2亿元，增长4.8%。农林牧渔业总产值26.3亿元，增长3.9%。固定资产投资增长4.8%。社会消费品零售总额30.24亿元，下降2.5%。一般公共预算总收入4.15亿元，增长9.3%，其中地方一般公共预算收入2.86亿元，增长5.7%。规模以上工业增长2.8%。城镇居民人均可支配收入35999元，增长3.5%；农村居民人均可支配收入18474元，增长6.7%。

“福建自媒体大V·网络扶贫公益行”暨“福建影响力”系列活动走进泰宁。2020年7月29—31日，“福建自媒体大V·网络扶贫公益行”暨“福建影响力”走进三明泰宁活动由省委网信办指导，三明市委网信办、中共泰宁县委、泰宁县人民政府主办。来自全省设区市网信办、福建自媒体联盟理事会成员、福建省电子商务协会、中央新闻网站、省重点新闻网站媒体记者50余人参加。此次活动相关信息在微博、微信、客户端及网站、短视频等平台上的浏览量超过千万次。

（吕谋文）

【明溪县】　位于三明市西北部。2020年辖4个镇、5个乡。土地面积1730平方千米。年末户籍人口11.68万人，常住人口9.9万人。人口自然增长率2.17‰。耕地面积1.31万公顷，粮食播种面积1.43万公顷，粮食产量8.08万吨。林地面积（林地保有量）14.75万公顷，森林覆盖率81.77%，活立木蓄积量1699万立方米。矿产资源有石灰石、萤石、石英、蓝宝石及稀土等各类矿产品26种，探明储量15种。主要旅游景点有君子峰国家级自然保护区、雪峰山省级森林公园、紫云省级森林公园、鸣溪省级湿地公园、入选“2017年中国六大考古发现”的南山古人类文化遗址、明溪火山口地质公园、闽学鼻祖杨时的诞生地——龙湖杨时故里、国家AAA级景区夏阳乡御帘古村、玉虚洞、明溪革命纪念园、归化之役遗址、肖家山历史文化名村、显应庙等。

2020年，全县地区生产总值111亿元，比上年增长4.0%。其中，第一产业增加值20.92亿元，比上年增长4.3%；第二产业增加值53.79亿元，增长4.3%（其中工业增加值35.12亿元，增长3.6%）；第三产业增加值36.29亿元，增长3.2%。人均地区生产总值111003元，比上年增长5%。规模以上工业总产值153.02亿元，增长6.5%。农林牧渔业总产值34.93亿元，增长4.4%。固定资产增长4.7%。社会消费品零售总额23.6亿元，下降1.6%。实际利用外资104万美元。一般公共预算总收入5.44亿元，比上年增长3.3%，其中地方一般公共预算收入 3.47 亿元，增长 5.9%。城镇居民人均可支配收入 33206 元，比上年增长 1.9%；农村居民人均纯收入 18212 元，增长 7.4%。

获 2020 年度福建省县域经济发展“十佳”县称号。12 月 31 日，福建省政府发展研究中心公布 2020 年度福建省县域经济发展“十佳”县名单，明溪县名列其中。2020 年，明溪县“三新”（新能源、新材料、新医药）产业税收占总税收 34.8%，兑现租金减免、用电奖补、设备补助等惠企资金 1550 万元，全年减税降费 5269 万元，新增市场主体 1069 家。全县规模以上工业企业研发经费投入比上年增长 30.77%，高技术产业增加值占规模以上工业增加值达 18.2%；新增国家级高新技术企业 2 家，新获国家授权专利 146 件。推进“项目攻坚年”活动，实施攻坚项目 244 个，78 个地区生产总值增长点项目新增产值 8.49 亿元；53 个投资增长点项目完成投资 22.34 亿元；22 个税收增长点项目新增税收 8326 万元；63 个招商攻坚项目开工 53 个，完成投资 100.63 亿元。新增“五个一批”实施类项目 73 个，其中 32 个项目开工建设、41 个项目建成投产；16 个市级以上重点项目开工建设 7 个、投产 4 个，累计完成投资 14.34 亿元。成立广东顺德招商服务站，与漳州金峰经济开发区建立协同招商关系，组织各类招商活动，签约项目 182 个，落地开工项目 135 个，完成投资 59.37 亿元。

明溪县“华山野茶”茶样获上海国际茶文化旅游博览会金奖。9 月 13 日，在第 27 届上海国际茶文化旅游博览会全国名优茶评选活动中，明溪县狮子峰茶叶专业合作社选送的华山野茶（红茶类）茶样获金奖。华山野茶又名华山贡茶，产于明溪县枫溪乡华山村海拔 1200 多米的狮子峰山脉。枫溪乡有生态基地茶面积 66 公顷，主要分布在海拔 600～900 米的狮子峰、鸡形寨、尖背山等高山周围，年产量 1000 千克。（邓静倩）

【将乐县】 位于三明市西北部。2020 年辖 8 个镇、5 个乡。土地面积 2246 平方千米。年末户籍人口 18.6 万人，常住人口 14.5 万人。人口自然增长率 3.29‰。耕地面积 1.4 万公顷，粮食播种面积 1.2 万公顷，粮食产量 7.68 万吨。林地面积 19.6 万公顷，森林覆盖率 81.17%，活立木蓄积量 2302 万立方米。重要矿产资源有石灰石、煤、铅锌矿、萤石矿、方解石等。主要旅游景点有国家 AAAA 级旅游景区玉华洞、天阶山、国家自然保护区龙栖山、文博小镇、高唐镇常青旅游区、常上湖森林康养基地等。获得的荣誉称号有：保持并创建全国信访工作“三无县”、中国天然氧吧、全国森林经营试点单位、全国乡镇政府服务能力建设先进、全省县域经济发展“十佳县”、全省农村生活污水治理试点县、全省农村公共基础设施管护体制改革试点县、省级文明城市等。

2020 年，全县地区生产总值 165.31 亿元，比上年增长 5%。其中，第一产业增加值 20.47 亿元，比上年增长 4.5%；第二产业增加值 81.66 亿元，增长 5.1%（其中工业增加值 58.76 亿元，增长 3.9%）；第三产业增加值 63.18 亿元，增长 4.9%。人均地区生产总值 113615 元，比上年增长 5.3%。规模以上工业增加值增长 3.9%。农林牧渔业总产值 34.08 亿元，增长 4.6%。固定资产投资增长 4.6%。社会消费品零售总额 52.82 亿元，增长 2.8%。实际利用外资 2712 万元。一般公共预算总收入 11.05 亿元，比上年增长 2.3%，其中地方一般公共预算收入 6.64 亿元，增长 2.7%。城镇居民人均可支配收入 37743 元，比上年增长 3.7%；农村居民人均可支配收入 19763 元，增长 7.4%。

重点改革迈向深入。巩固提升医疗、教育等领域改革成果，积极探索医防融合，促进医改向健康管理全过程迈进。推进“放管服”改革，全县所有办理事项法定时限压缩比例 88.7%，企业开办时间缩短到 1 个工作日内，在全省靠前。“林票”改革走在全市前列，有效克服林业生产周期长见效慢的矛盾，全年发放林票价值 2312.8 万元，面积 0.19 万公顷。致力高质量、高效率的竹林碳汇开发，承接全省 16 个碳汇项目，并在江西、湖南、安徽等地承接 6.8 万公顷碳汇项目，碳汇项目全省最多。万安镇建筑风貌管控工作接受省委、省政府工作检查，得到省、市肯定，并在全市推广。

生态文明建设有力。以深化河湖长制为抓手，实施农村污水治理 PPP 项目等，重拳攻克河道采砂、农村污水等难题，全年水源水质达标率和空气质量优良率均为 100%，农村污水处理率排在福建省前列。山水林田湖草生态保护修复工作连续两年在全省考评一档，获得各项奖补资金 5700 万元。打造“绿水青山”赢得“金山银山”经验做法获国务院通报表扬。

文旅康养产业提质。组建文旅康养集团，与福建省旅集团、北京林业大学合作，全域推进森林康养产业，省级森林康养基地龙栖山、文博小镇国庆投入运营。做好“体育＋”文章，连续 5 年举办皮划艇、越野挑战赛等精品赛事，持续打造“运动之城”“生态之城”品牌，国家蹼泳队常年在将乐集训，国家女子水球队在将乐备战奥运会，吸引山东等地的皮划艇队入驻集训。（林　燕）

【沙县】 位于三明市北部偏东，闽江支流沙溪下游。2020 年辖 6 个镇、4 个乡（城区辖 2 个街道）。土地面积 1798.83 平方千米。年末户籍人口 27.09 万人。人口自然增长率 2.4‰。粮食播种面积 1.17 万公顷，粮食产量 7.45 万吨。林地面积 14.68 万公顷，森林覆盖率 77.74%，活立木蓄积量 1518 万立方米。重要矿产资源有建筑用砂、石灰石、石英石、建筑石料、萤石等。主要旅游景点有七峰叠翠森林公园（AAA 级）、水美土堡（全国重点文物保护单位）、淘金山（省级风景名胜区）、沙县传统小吃技艺一条街——文昌街、铁路公园、沙县小吃文化城（AAAA 级）、生态新城湿地公园（AAA 级）、沙县富口镇荷山红军遗址（AAA 级）、大佑山—小佑山—七仙洞三明郊野国家地质公园等。2020 年，沙县再次获“全国文明城市”称号，被评为第三批节水型社会建设达标县。

2020年，全县地区生产总值323.87亿元，比上年增长3.5%。其中，第一产业增加值32.41亿元，比上年增长3.3%；第二产业增加值190.36亿元，增长3.9%（其中工业增加值136.59亿元，增长3.0%）；第三产业增加值101.09亿元，增长2.7%。全年游客接待总量403万人次，旅游总收入37.6亿元。规模以上工业总产值925.06亿元，比上年增长5.4%，硅及化工新材料产业、高端机械装备产业、生物医药及食品产业三大主导产业产值457.04亿元，占规模以上工业产值的49.4%。农林牧渔业总产值55.17亿元，比上年增长3.1%。固定资产投资增长5.4%。社会消费品零售总额95.18亿元，增长0.4%。公共财政总收入15.09亿元，比上年增长9.4%，其中地方公共财政收入10.46亿元，增长5.5%。城镇居民可支配收入39981元，增长3.3%；农村居民可支配收入21855元，增长6.5%。

*福建省首个电信5G云视频系统在沙县投入使用。*2月27日，福建省首个电信5G云视频系统投入使用。该系统是用5G或VPN专线为传输通道，构建“集约、开放、合作、智能”的5G+4K高清云视频会议平台，可应用于行政会议、政令上传下达、远程培训、智慧党建、应急指挥、精准扶贫、基层减负、产业合作等场景。

*福建省首个县级河长指挥调度中心在沙县成立。*5月15日，集调度指挥、展示成效、日常办公等多功能于一体的沙县河长指挥调度中心上线。中心共分为调度指挥区、制度管理区、成果展示区、资料互动区、重点监控区等六大区域，依托互联网技术，综合运用指挥系统、信息平台，强化即时互动功能，以完善部门联动、信息共享、河湖巡查等工作为重点，实现河湖管理保护规范化、数字化、智慧化，为河长治水提供“一站式”指挥调度智能化平台。

*三明市第一医院沙县医院挂牌。*5月18日，三明市第一医院沙县医院揭牌，标志着沙县总医院纳入市第一医院“总院制”运行管理机制。双方将打通市县医院远程会诊、医学影像、检验平台等通道，实现信息互通共享，并逐步推行检查检验结果互认，提高优质医疗资源利用率，将沙县总医院打造成为具有专科特色的分院。

*福建省首个乡镇农村产权服务中心揭牌。*8月9日，全省首个乡镇农村产权服务中心在沙县夏茂镇挂牌成立，沙县农村产权交易服务进一步向乡、村两级延伸。中心提供发布交易信息、受理交易咨询和申请、协助产权查询、组织交易等基本服务，以及资产评估、抵押融资、印发“房票”“地票”等配套服务，当地村民足不出镇即可进行闲置资源资产交易。（邓书榕）

【尤溪县】 位于三明市东部。2020年辖10个镇、5个乡。土地面积3420.37平方千米。年末户籍人口45.04万人。人口自然增长率7.22‰。粮食播种面积2.24万公顷，粮食产量13.50万吨。林地面积28.11万公顷，森林覆盖率78.09%，森林蓄积量2517万立方米。流域面积9440平方千米，可开发水力资源装机容量81.67万千瓦。重要矿产资源有黄金矿、铅锌矿、石灰岩、大理岩、白云岩等。主要旅游景点有全球重要农业文化遗产联合梯田，国家水利风景区闽湖，以及侠天下、朱子文化园、桂峰古村落、九阜山生态旅游区、古溪星河休闲旅游度假区5个国家AAAA级旅游景区，闽湖、高春生态旅游区、枕头山省级森林公园、半山三诚文化旅游区、尤溪古银杏林生态旅游区、洋中花天下、京口闽中红军旧址、尤溪口渔乐小镇、久泰小镇生态景区、尚农生态旅游区11个国家AAA级旅游景区。尤溪是国家全域旅游示范区、全国休闲农业和乡村旅游示范县、福建省全域旅游试点县。2020年被评为国家农村产业融合发展示范园、国家全域旅游示范区；获批福建省级森林养生城市，被认定为首批福建省全域生态旅游示范县。

2020年，全县地区生产总值223.87亿元，比上年增长4.1%。其中，第一产业增加值52.13亿元，比上年增长3.8%，第二产业增加值84.47亿元，增长4.6%；第三产业增加值87.27亿元，增长3.6%。农林牧渔业总产值86.96亿元，比上年增长3.8%。固定资产投资（不含农户）增长5.1%。社会消费品零售总额64.41亿元，下降1.7%。实际利用外资546万元。一般公共预算总收入11.72亿元，比上年下降3.1%，其中地方一般公共预算收入8.37亿元，增长3.1%。规模以上工业增加值比上年增长4.1%。城镇居民人均可支配收入37824元，比上年增长3.8%；农村居民人均可支配收入20054元，增长7.1%。

*巩固脱贫攻坚成果。*2020年，尤溪县聚焦“两不愁三保障一安全”突出问题，全盘巩固脱贫攻坚成果，全县建档立卡贫困户1857户5805人全部实现脱贫，36个贫困村、24个空壳村、2个市级扶贫开发重点乡全部实现摘帽。推进脱贫攻坚与实施乡村振兴战略有机衔接，打造3个扶贫工作和乡村振兴融合试点村。

*深化尤台交流融合。*2020年，尤溪县以朱子文化交流为纽带，以国家海峡两岸交流基地为平台，深化对台交流合作，建设尤台合作“共享空间”、尤台青年创业基地、闽台农业融合发展示范基地等载体，形成台资承接集聚区、转型转移示范基地，并将“朱子礼乐·儒风雅韵”大型歌舞情景剧打造成全国对台核心交流品牌。举办第十二届海峡论坛尤溪分会场、纪念朱子诞辰890周年等线上交流活动。（肖玉兰）

【大田县】 位于三明市东南部。2020年辖12个镇、6个乡，共266个行政村（城区辖8个居委会、1个镇）。土地面积2294平方千米。年末户籍人口41.48万人。人口自然增长率17.33‰。耕地面积2.02万公顷，粮食播种面积1.65万公顷，粮食产量8.86万吨。林地面积17.395万公顷，森林覆盖率73.07%，活立木蓄积量1309.5亿立方米。重要矿产资源有煤、铁、硫、铅、锌、石灰石、瓷土等。主要旅游景点有大仙峰·茶美人、灵动济阳、中国·桃源里、五龙山生态旅游区、桃源最氧睡眠小镇、武陵大石欢乐谷。2020年被授予全国信访工作“三无”县称号，获“美丽中国·魅力文旅目的地”“中国天然氧吧”称号。

2020年，全县地区生产总值228.72亿元，比上年增长5.1%。其中，第一产业增加值45.11亿元，比上年增长4.4%；第二产业增加值115.26亿元，增长4.5%（其中工业增加值增长4.0%）；第三产业增加值68.35亿元，增长6.9%。农林牧渔业总产值76.06亿元，比上年增长4.5%。固定资产投资增长6.0%。社会消费品零售总额54.57亿元，增长2.4%。实际利用外资1642万元。一般公共预算总收入11.47亿元，比上年增长3.8%，其中地方一般公共预算收入7.56亿元，增长4.8%。城镇居民人均可支配收入39325元，比上年增长4.4%；农村居民人均纯收入19682元，增长7.5%。

首个国际茶日三明“林深水美茶香”专场活动。5月19日，2020年首个国际茶日福建省系列活动启动仪式暨三明“林深水美茶香”专场活动在大田县大仙峰·茶美人景区开幕，采取融媒体（电视、网络）直播形式营造同庆茶日的氛围。现场举行茶艺、茶舞表演，启动三明市茶王赛、市十佳优质茶叶基地、市十佳制茶大师评选，茶企做直播带货，设抽奖环节为中奖者送出大田美人茶系列特色礼品。

大田“第二集美学村”旧址入选第三批国家级抗战纪念设施、遗址名录。9月1日，国务院公布第三批国家级抗战纪念设施、遗址名录，大田县均溪镇玉田村大田“第二集美学村”为福建省唯一入选项目。1939年1月至1946年春，爱国华侨领袖陈嘉庚在集美创办的集美高级商业职业学校、集美高级农林职业学校、集美高级水产航海职业学校合并组成“福建省私立集美联合职业学校”（简称集美职校），迁址大田县城，共有14个班级614名师生。玉田村保留有抗战时期集美学校内迁的校舍28座。

脱贫攻坚。2020年，大田县围绕脱贫攻坚任务，聚力推进产业扶贫，投入2230万元实施创辉农业、茶天下旅游等69个重点扶贫项目，惠及2542户，全县建档立卡贫困人口2780户8566人全部脱贫。至年底，全县收到中央财政专项扶贫资金2261万元、省级财政专项扶贫资金894万元、市级财政专项扶贫资金531.05万元、县本级投入财政专项扶贫资金2053.98万元，全部用于扶持贫困户发展产业补助、贫困村基础设施项目建设、创业农户培训和创业致富带头人培训等，精准帮扶工作机制得到有效落实。（林生钟）

莆田市

【概况】 莆田市位于福建省中部，是1983年设立的地级市。2020年辖4个区、1个县、1个国家旅游度假区、1个经济开发区。土地面积4131.67平方千米。年末户籍人口365.55万人，常住人口321万人，其中城镇人口201.3万人。人口自然增长率6.5‰。境内耕地面积7.33万公顷，粮食播种面积3.04万公顷，粮食产量18.53万吨。林地面积 23.395 万公顷，森林覆盖率60.17%。

境内矿产矿种少，以非金属矿建筑用石料和饰面用石材为主。建筑用石料资源丰富，能满足辖区内各项建设要求。饰面用石材储量较为丰富，主要品种有“华亭青”（石英闪长岩）、“莆禧白”（二长花岗岩）、“月塘黑”（辉长岩）、“平海锈石”（钾长花岗岩）和“大洋红”（凝灰岩）等。金属矿产少，仅铅、锌、银、钼等有一定的储量且较有远景。能源矿产有地下热水，储量丰富，有开发利用前景。境内海洋矿产资源主要有浅海砂矿资源以及相邻的台湾海峡海底油气资源。全市有浅海砂矿区3处，面积295.21公顷，乌蚯屿凹陷油气区位于乌蚯屿东南方约50千米处，初步勘探油气区面积约6000平方千米，生油地层平均厚度0.8～1千米，石油储量2.7亿吨。境内盐业资源丰富，拥有原盐生产面积1322万平方米，年产食盐13万吨，为福建省三大主要产盐区。

境内海域面积1.1万平方千米，海洋功能区划面积4098平方千米，从东至南有兴化湾、平海湾、湄洲湾三大海湾。海岸线总长443千米，其中大陆岸线336千米，海岛267个。湾内有南日岛、乌垳岛、湄洲岛等岛屿，海洋资源丰富。境内海湾一般水深港阔，不淤不冻，湾外岛屿拱卫，两侧有半岛或岬角环抱，形成“口小腹大”的地理形势，避风条件良好，位于台湾海峡中部的湄洲港是“中国少有，世界不多”的天然深水良港，北距福州港126海里，南距厦门港96海里，东距台中港仅72海里，是中国对外开放的重点地带和对台往来的交通中枢，湄洲湾水深港阔，10万吨级船舶可自由进出，水深10米以下的深水岸线长21.4千米。港湾较多，多处可供建1万至30万吨码头泊位，湾内水域广阔，泊稳条件较好，底质为黏土粉沙，抓锚力好，避风锚地众多，是建设大型港口的天然港湾。

境内滩涂面积281.18平方千米，而且地势平缓，淹没时间长，受风面小，有利于水产养殖和盐业生产。全市淤泥岸线长177.1千米，占大陆岸线总长的65.21%，拥有海泥土滩涂129.46平方千米和海泥沙土滩涂97.51平方千米，分别占全市滩涂面积的46.04%和34.68%。

境内沿海风能资源丰富，年有效风能338.2千瓦时/平方米，年有效风速2312小时。兴化湾和湄洲湾两大海湾潮汐能可开发的装机容量360万千瓦，占全省海洋潮能总容量的36%。

境内海洋生物资源丰富，其中脊椎动物323种、无脊椎动物有306种，其中可供养殖的具有很高经济价值的有虾、蟹、贝、螺、蛏、牡蛎、花蛤、泥蚶等38种。兴化湾有769种海洋生物，其中浮游生物225种、底栖生物（包括潮间带）544种、经济种200多种，可供养殖的有数十种。湄洲湾、平海湾、兴化湾渔业品种有350余种，其中主要分布优势鱼类100余种、甲壳动物30余种、藻类10多种。莆田市水产养殖业较为发达，而且品种繁多，贝类主要有海蛎、鲍鱼、缢蛏、花蛤等，海藻主要有海带、紫菜、龙须菜、红毛藻、麒麟菜等，以及石斑鱼、海蜇、海参、青蟹等。境内平海湾及南日岛海域是福建省主要水产养殖区和多种经济鱼虾类产卵，繁殖饵料的优良渔场。

境内有海上和平女神妈祖的故乡、国家旅游度假区、国家AAAA级旅游景区湄洲岛。有以湖、洞、瀑、石四奇著称，尤以飞瀑为最，素有“九鲤飞瀑天下奇”之美誉，被明代大旅行家徐霞客称为“福建三绝”之一的AAAA级旅游风景区九鲤湖。有始建于北宋治平元年（1064年）的世界灌溉工程遗产、著名的古代大型水利工程、全国五大古陂之一、至今仍保存完整并发挥其水利作用的全国重点文物保护单位木兰陂。有福建“四大禅林”之一的千年古刹广化寺。有石奇、洞幽、雾幻的麦斜岩，有山灵水秀、峭壁千仞的菜溪岩，有云际危楼、神奇险峻的天马山，有雄伟磅礴的壶公山，有山奇岩怪的九华山，有飞泉洒雪的九龙谷等，还有莆田工艺美术城、瑞云山等国家AAAA级旅游景区。

妈祖文化是莆田劳动人民千百年来尊崇、信仰妈祖过程中遗留和传承下来的物质及精神财富的总称，是中华民族重要文化瑰宝之一。作为中国海洋文化的代表，妈祖文化近千年来一直与中国诸多和平外交活动、海上交通贸易密切关联。2009年，“妈祖信俗”被联合国教科文组织列入《人类非物质文化遗产代表作名录》，妈祖文化成为全人类尤其是21世纪海上丝绸之路沿线国家共属的精神财富。全世界拥有妈祖宫庙1万多座，妈祖信众2亿多人。

莆仙戏是源于唐、成于宋、盛于明清、闪光于现代、现存的中国最古老而又独特的地方剧种之一，素有“宋元南戏活化石”“南戏遗响”之美誉。2006年被列入国务院公布的《第一批国家级非物质文化遗产名录》。莆仙戏有传统剧目5000多个、音乐曲牌1200多题、锣鼓经400多套。中华人民共和国成立后，莆仙戏涌现出《团圆之后》《春草闯堂》《状元与乞丐》《新亭泪》《秋风辞》《鸭子丑小传》《江上行》等经典剧目。全国600多个剧团移植上演莆仙戏《春草闯堂》，300多个剧团移植排演《状元与乞丐》。《团圆之后》《秋风辞》曾被列入中国当代十大悲剧，《春草闯堂》被列入中国当代十大喜剧。2018年，《海神妈祖》等多个剧目被列入文旅部、国家艺术基金、省级舞台艺术精品等省级以上艺术创作扶持项目，争取扶持资金854万元。

2020年，莆田市入选第二批国家产融合作试点城市，获批跨境电子商务综合试验区。

2020年，全市地区生产总值2643.97亿元，比上年增长3.3%。其中，第一产业增加值125.66亿元，比上年增长1.4%；第二产业增加值1362.33亿元，增长1.5%；第三产业增加值1155.98亿元，增长5.8%。一般公共预算总收入231.27亿元，比上年增长2.2%，其中地方一般公共预算收入147.10亿元，增长2.8%。规模以上工业增加值比上年增长2.2%。农林牧渔业总产值237.41亿元，增长1.7%。固定资产投资下降2.3%。社会消费品零售总额1612.26亿元，下降0.8%。外贸进出口额580.5亿元，增长43.4%。实际利用外资9.62亿元，增长6.8%。城镇居民人均可支配收入41007元，比上年增长2.4%；农村居民人均可支配收入20823元，增长5.8%。

【新冠肺炎疫情防控率先做到“三个严禁”】 2020年1月25日，莆田市召开会议研究部署落实好新型冠状病毒肺炎疫情联防联控工作，实行严禁聚餐、严禁聚会、严禁聚集“三个严禁”要求，并发出通告，要求从即日起，全市暂停公众聚餐、寿宴、婚宴等聚餐活动；暂停广场舞、社戏等群众聚集性文化活动；暂停各类元宵节活动、宫庙会等聚会活动，为内防扩散奠定基础。

【复工复产政策在全省率先出台】 2020年，莆田市在全省率先出台支持中小微企业共渡难关“10条”以及复工复产“20条”等一揽子政策，从信贷支持、费用减免、复产补助等方面加大对企业扶持力度。在全国率先创新设立投保专项资金，为纳税500万元以上的工业企业购买复工复产综合险；推动200多家鞋服企业转产口罩等防疫物资，帮助企业组织返岗工人6000多名，提前10多天实现复工。

【“三原三联”转产模式创新】 2020年新冠肺炎疫情防控期间，防疫防控物资极为紧俏。莆田创新“三原三联”转产模式，利用原设备、原车间、原工人等资源，开展联合开发、联合设计、联合生产，实现口罩生产奇迹。莆田实现从正月初三开始10天内实现口罩日产能从0到200万只的蝶变。

【莆田“餐巴”】 2020年春节元宵是莆田餐饮消费旺季，占全年三分之一，在疫情冲击下餐饮企业积压大量食材，租金和工资成本压力加大，面临生存危机，莆田及时推出线上下单、线下提餐的“莆田餐巴”平台，把餐车开进园区、社区、写字楼等，解决工人和居民的用餐问题，使得餐饮企业“动起来”，带动当地餐饮转型和消费升级。

【便民服务平台获全国政府服务热线“服务之星奖”“抗疫争先奖”】 2020年8月15日，莆田市“12345”便民服务平台获得全国政府服务热线“服务之星奖”“抗疫争先奖”。莆田市“12345”便民服务平台隶属市政府办公室，业务由市效能办管理，提供24小时人工服务，全年不休。自2012年9月运行以来，整合“12319”“12350”等15条热线，实现“一号对外”。2020年，受理诉求19万件，日均受理830件，群众满意率99.4%，部门按时办结率99.99%。

【北斗三号综合应用先行示范城市】 2020年9月18日，福建省北斗综合应用示范项目工程可行性研究报告评审会在福州召开。福建省北斗综合应用示范项目通过评审。福建省是北斗三号全球卫星导航系统全国第一个省级示范应

用。莆田市是北斗三号综合应用先行示范城市。 （刘剑星）

【仙游县】 位于莆田市西部。2020年辖1个街道、12个镇、5个乡。土地面积1851.5平方千米。年末户籍人口117.9万人。人口增长率1.9‰。耕地面积2.81万公顷，粮食播种面积1.36万公顷，粮食产量8.41万吨。林地面积13.32万公顷，森林覆盖率71.35%，活立木蓄积量875万立方米。重要矿产资源有饰面用石材、建筑用石料、建筑用砂、砖瓦用黏土、高岭土、叶蜡石、石英、钾长石、明矾石、地下热水、矿泉水、钼、金等，钾长石、高岭土2种被列入福建省矿产资源储量表。主要旅游景点有菜溪仙境、麦斜佛光、九鲤圆梦、天马云梯、艺都仙作等。2020年获全国农村承包地确权登记颁证工作典型地区、“福建省全域生态旅游示范县”称号；创成全国首家“大面积停电事件应急体系示范县”；列入全省首批农村生活污水治理试点县。台湾农民创业园获评国家级农村创新创业园区。

2020年，全县地区生产总值521.49亿元，比上年增长3.8%。其中，第一产业增加值22.29亿元，比上年增长3.1%；第二产业增加值257.08亿元，增长1%；第三产业增加值242.11亿元，增长7.5%。规模以上工业增加值比上年下降0.3%。农林牧渔业总产值42.08亿元，增长4.0%。固定资产投资下降26.7%。社会消费品零售总额348.92亿元，下降3.6%。实际利用外资15.47万美元。一般公共预算收入40.84亿元，增长1.7%。城镇居民人均可支配收入35338元，比上年增长2.4%；农村居民人均纯收入18792元，增长4.9%。

11月24日，仙游县度尾镇书潭珍藏名木艺品厂设计师徐元宝获“全国劳动模范”称号，并在人民大会堂接受表彰。

11月18—24日，2020年第八届中国（仙游）红木家具精品博览会暨首届油画博览会召开。以“线上+线下”展会的形式举办，实现仙游办展模式的创新和转型。1000家企业（机构）1.69万件展品参展，线上品销专场融入京东直播、红木馆和仙作文化等内容；联合京东以及抖音、快手等多渠道推广，辐射全网超6000万次曝光，触达目标人群300万人次。展会线上总成交额2.8亿元，并带动线下交易8亿元。

2020年，仙游县木兰溪治理规范管理，巡河管河专业化，探索河道专管员队伍工作管理机制改革，缩减河道专管员队伍，河道巡查由半天变为全天巡，配备12架无人机和9辆新能源汽车。联合护河，打好环境组合拳，县法院、检察院、公安局、司法局等多部门联动，成立法官工作室和检察官工作室，成立“生态环境巡回监察室”，发出4批次共12起监察建议书。措施精准，流域治理全覆盖，坚持系统治理、精准施策，推进城乡供水一体化，建设木兰溪防洪生态景观工程102.6千米，建设污水管网365.3千米，完成植树造林1533.13公顷，建设水质自动监测站2座，新建公厕26座，实现生活垃圾日产日清。整治河道“四乱”问题103个、整治畜禽“反弹复建”63家、入河排污口2432个。 （陈淑梅）

【荔城区】 位于福建东南沿海中部。2020年辖4个镇、2个街道。陆地面积269平方千米，海域面积55.89平方千米。年末户籍人口61.76万人。耕地面积9422公顷，粮食播种面积0.4万公顷，粮食产量2.397万吨。林地面积0.65万公顷，森林覆盖率24.26%，活立木蓄积量29万立方米。荔城北接涵江区，区内有壶山兰水、荔林水乡自然景观，三清殿、古谯楼等国家级、省级文物保护单位，以及南少林寺、梅妃故里、九华叠翠、紫霄怪石等著名景点。2020年，工艺美术城荣获“福建省文化产业重点园区”称号。

2020年，全区地区生产总值548.01亿元，比上年增长2.2%。一般公共预算总总收入46.24亿元，其中地方一般公共预算收入27.55亿元，总量均位列全市第一。社会消费品零售总额438.61亿元。居民人均可支配收入40076元，增长6.0%。实际利用外资2.64亿元。全社会固定资产投资增长2.9%。规上工业产值742.4亿元，增长3%。农林牧渔业总产值30.49亿元。

三大攻坚战。打赢脱贫攻坚战，强化精准帮扶措施，新增产业扶贫基地15个，累计打造30个产业扶贫基地。下达扶贫专项资金3496万元，提供公益性岗位85个，发放低保金、城乡特困金3897.7万元，全区贫困户家庭年人均纯收入达19830元，增长38.7%，4个贫困村全面脱帽，421户贫困户全面脱贫。开展对口帮扶工作，落实1200万元帮扶资金，帮助建瓯市迪口镇建成6个民生项目。打好防范化解重大风险攻坚战。帮助企业用好用活纾困专项贷款资金、政策融资担保等，化解企业融资难题。帮助企业完成75笔共3.53亿元融资担保，为10家企业办理过桥担保15笔共4.33亿元，全区不良率降至1.51%以内。完成城乡污水整治PPP项目建设，累计建设管网1059千米、三格式化粪池4.92万户、污水提升泵井220座、小型污水处理场（站）6座。加快建设南洋水系综合治理PPP等重大水利工程，完成河道整治78.43千米，小流域水质全面提升。完成智慧水利测站点建设，筑起智慧防线，让防汛“耳聪目明”。开展餐饮油烟、柴油货车排查整治，完成107家涉VOCs企业提升改造，天气优良天数达标率95.9%。

农业经济。建设利农现代农业基地、一鑫火龙果种植基地、高标准农田400公顷。新增无公害农产品认定6个、绿色食品认证1个、家庭农场22家。加快实施乡村振兴战略，9个省级乡村振兴村完成项目建设23个。

工业经济。实施开发区（园区）改革和创新发展三年行动计划，加快建设“四个优先”“两体两中心”项目，华峰三期、和顺鞋业等产业项目开工建设，建成园区公共服务中心2个、产业链服务中心3个、科技育成中心3个，完成机器换工1300台。支持企业做大做强，恒而达新材料获创业板上市委审议通过，国内首条制鞋业规模化、产业化定制生产线在双驰公司实现投产。启动

5G科创产业园建设，为园区转型升级探索发展路径。荔城经济开发区全省排名18名，再提升10个名次。（翁建伟）

【城厢区】 位于莆田市中部。2020年辖3个街道、4个镇，有19个社区和101个行政村。土地面积505平方千米。年末户籍人口44.18万人。人口自然增长率3.59‰。耕地面积5396.6公顷，粮食播种面积0.19万公顷，粮食产量1.22万吨。林地面积33300.42公顷，森林覆盖率71.33%，活立木蓄积量128.4万立方米。金属矿产有铁、铬、铜、铅、铅锌、多金属、镍、金等8种；非金属矿产有滑石、蛇纹石、高岭土、叶蜡石、水晶、黄铁矿、饰面石材、建筑石料、建筑用砂、砖瓦黏土等10种。重要海洋资源有海域面积约33平方千米，大陆海岸线全长24.03千米。海洋养殖面积16.67平方千米，全区海水养殖品种主要有牡蛎、花蛤、缢蛏、梭子蟹、青蟹、泥蚶、欧洲鳗、真鲷、大黄鱼、鮸鱼、鲈鱼、石斑鱼、海参、麒麟藻、龙须菜、硬壳蛤等，淡水鱼类共有81种。主要旅游景点有省级文物保护单位石室岩砖塔、延寿桥、林兆恩墓、李富墓、东汾五帝庙；有国家级森林公园九龙谷国家森林公园、省级森林公园天马山公园；有国家AAAA级风景区九龙谷景区、国家AAA级旅游风景区御庄园温泉度假村、省级风景名胜区凤凰山公园；还有55处市、区级文物保护单位。盛产荔枝、龙眼、枇杷、橄榄，常太镇被誉为“中国枇杷第一乡”。2020年被水利部评为“节水型社会建设达标县（区）”。

2020年，全区地区生产总值485.85亿元，比上年增长3.8%。其中，第一产业增加值11.16亿元，比上年增长2.1%；第二产业增加值170.70亿元，下降0.8%（其中工业增加值113.76亿元，增长4.2%）；第三产业增加值303.99亿元，增长6.7%。规模以上工业总产值395.36亿元，比上年增长4.5%。农林牧渔业总产值22.52亿元，比上年增长3.9%。固定资产投资比上年增长10.6%。社会消费品零售总额545.14亿元，比上年增长5.2%。实际利用外资467.6万美元，比上年下降74.2%。一般公共预算总收入34.25亿元，比上年下降2.0%，其中地方一般公共预算收入25.04亿元，增长2.8%。城镇居民人均可支配收入47081元，比上年增长2.7%；农村居民人均可支配收入23067元，增长6.3%。

电商企业。2020年4月，城厢区借力莆田市入选中国跨境电子商务综合试验区，推动莆田跨境电商“9610”通关平台建设，落地跨境电商B2B出口业务，日通关量超6万件，助力传统外贸企业进入跨境电商“航道”。该平台2020年发单114单，货物3134617个包裹，重量797.84吨，价值约2328万美元，折合人民币约1.55亿元。做强电子商务，成功承办第五届中国电商讲师大赛全国总决赛、跨境电商综试区建设发展高峰论坛，建成“海丝”跨域集采数字化展馆，联发电商城、跨境电商生态园、油画交易中心等电商园区企业入驻率近100%，电商年交易额突破200亿元。壮大平台经济，出台专项扶持政策，新落地众智汇、萝卜创客等平台项目6个，17家平台年交易额突破45亿元。发展直播经济，孵化百盛、0594、油画城等一批直播基地，打造专业化电商直播产业集群。扩大传统消费，开展“全闽乐购、富美城厢”系列促消费行动，汇聚3000家商户参与，带动消费3.1亿元，香格里拉酒店开业，社会消费品零售总额完成年计划的150%以上。

（方友新 郑美梅）

【涵江区】 位于莆田市的东北部，濒临兴化湾。2020年辖9个镇、1个乡（城区辖2个街道、3个镇）。土地面积804平方千米。年末户籍人口45.17万人。2020年获评全国健康促进区创建先进单位。涵江依山面海，土地肥沃，物产丰富，盛产枇杷、龙眼、荔枝、柿子等水果，蘑菇、香菇等食用菌，鳗鱼、牡蛎、海蛏、跳鱼、鲟蟹等水产品，“土笋冻”更是海珍品。海岸线长26千米，可供养殖的滩涂面积有133.33平方千米；森林覆盖率67.09%。矿产资源主要有金属类、非金属类和能源，开发利用的有铝锌矿、叶蜡石、高岭土、建筑石料、荒料石材、建筑用砂和地热水、矿泉水等。该区兼得山区、平原、沿海的风光美景，境内旅游资源丰富，有碧波荡漾的白塘湖、松涛阵阵的雁阵山、万木葱茏的瑞云山、峰峦起伏的夹漈山、怪石嶙峋的永兴岩，还有千年古刹囊山寺、国欢寺，省级森林公园大洋瑞云山森林公园、新县夹漈山森林公园等。

2020年，全区地区生产总值595.12亿元，比上年增长5.4%。规模以上工业企业产值1115亿元，增长3.2%。固定资产投资增长4%。一般公共预算总收入40亿元，其中地方一般公共预算收入23.1亿元。农林牧渔业总产值32.72亿元，增长6.5%。社会消费品零售总额163.02亿元，下降5.9%。外贸进出口总额58.1亿元，增长4.1%。实际利用外资5.5亿元，增长329.5%。全体居民人均可支配收入3.6万元，增长5.2%。

打好攻坚战。推进木兰溪全流域系统治理，清淤疏浚河道19千米，整治入河排污口2800多个，新建污水管网53.2千米，主要流域断面水质达到国省考核目标。脱贫攻坚工作通过省级督导评估，宁夏西吉县实现脱贫摘帽，“涵江村”获评闽宁协作示范村，闽宁协作直播带货入编国家脱贫攻坚大型画册——《庄严的承诺》。（范 将）

【秀屿区】 位于莆田市东南部。2020年辖7个镇。土地总面积528平方千米（含滩涂）。耕地面积1.70万公顷，粮食播种面积0.66万公顷，粮食产量3.89万吨。林地面积0.39万公顷，森林覆盖率17.68%，森林蓄积量45.10万立方米。重要矿产资源有铁矿、钨矿、铜矿、铅矿、钼矿等。秀屿区是福建省海洋大区，海域面积2800平方千米，海岸线总长243千米，湄洲湾、平海湾、兴化湾以及海上198个岛屿礁成为秀屿区海洋资源的天然宝库，重要海洋资源有海盐、浅海砂矿区、海洋捕捞、海港、海岛等。2020年，秀屿区渔业产量 58.6 万吨，比上年增长 3.5%；产值 67.5 亿元，增长 3.6%。主要旅游景点有平海天后宫、平海卫城遗址、青峰岩、大蚶山风景区、天马晴岚、九重山、皇帝山等景点。

2020 年，全区地区生产总值 381.78 亿元，比上年增长 1.3%。其中，第一产业增加值 41.08 亿元，比上年增长 0.2%；第二产业增加值 216.12 亿元，增长 0.7%（其中工业增加值 190.65 亿元，增长 1.9%）；第三产业增加值 124.58 亿元，增长 2.6%。规模以上工业总产值 693.69 亿元，比上年增长 2.3%。农业总产值 77.23 亿元，增长 0.2%。全社会固定资产投资 390.42 亿元，下降 2.9%。社会消费品零售总额 91.78 亿元，下降 5.4%。外贸出口总额 19.09 亿元，比上年下降 12%。实际利用外资 10500 万元。财政总收入 22.85 亿元，比上年增长 0.1%，其中地方财政收入 14.61 亿元，增长 5.9%。城镇居民人均可支配收入 34060 元，比上年增长 1.4%；农村居民人均可支配收入 21735 元，增长 5.7%。

复工复产。2 月 21 日，秀屿区石城海上风电项目 S9 号机位完成第一根大型海上风电机组基础管桩的沉桩施工，打响新年复工建设的第一锤。截至 3 月 2 日 17 时，全区连续生产企业 21 家，复工企业 156 家，合计开工企业 177 家，全区规模以上工业企业开复工率 100%，规模以上企业员工总数 21098 人，在岗员工 16255 人，在岗率 77%。截至 3 月 5 日，30 家失业动态监测企业全部复工，复工率 100%，在岗率 89.7%。

秀屿高铁新城项目征迁工作启动。9 月 16 日，秀屿高铁新城项目征迁工作启动。秀屿高铁新城项目丈量范围南至联十一线，西至岭美街，北至莆兴路，东至荔港大道及秀屿辖区边界，片区涉及拆迁面积约 220 公顷，总户数约 1500 户，丈量评估面积约 50 万平方米。

高铁新城启动区首批 18 个项目举行集中开工仪式。10 月 28 日，高铁新城启动区首批 18 个项目集中开工仪式在莆田市会展中心举行。此次集中开工的 18 个项目，其中秀屿区 14 个、市城投集团 3 个、市国投集团 1 个，包括秀屿区 7 条市政道路、4 个棚户区改造、2 个综合体、1 所学校，市城投集团的 3 个涉铁预埋工程，市国投集团的会展中心酒店，累计总投资 77 亿元。

（陈金呈）

【湄洲湾北岸经济开发区】 位于莆田市东南部。2020 年辖 3 个镇。土地面积 131.2 平方千米。年末户籍人口 18 万人，常住人口 6.2 万人，人口自然增长率 2.37‰。北岸经开区经开区面积 1250 平方千米，海岸线长约 75 千米，港口规划形成码头岸线总长约 11 千米，布置泊位 38 个，其中万吨级以上的深水泊位 37 个，形成年综合通过能力 1.1 亿吨。湄洲湾港“中国少有，世界不多”，东吴港区是湄洲湾港的主要深水港区，是大陆离台湾直线距离最短的港口。耕地面积 0.24 万公顷，粮食播种面积 463.34 公顷，产量 2624 吨。林地面积 0.08 万公顷，森林覆盖率 9.7%，活立木蓄积量 4.4 万立方米。重要矿产资源有饰面用花岗岩、矽线石。重要海洋资源中，养殖品种有鲍鱼、牡蛎、花蛤、对虾、海带、龙须菜、紫菜、红鱼、红斑、云龙斑、包公鱼等，捕捞品种有带鱼、鱿鱼、虾菇、黄鱼、海鳗、海虾等。浅海滩涂面积 50 平方千米，养殖区面积 11.23 平方千米。主要旅游景点有贤良港天后祖祠、妈祖阁、莆禧古城、紫霄洞、大屿岛、盘屿岛。

2020 年，全区地区生产总值 93.15 亿元，比上年增长 0.3%。其中，第一产业增加值 13.72 亿元，比上年增长 3.3%；第二产业增加值 37.54 亿元，下降 2.3%（其中工业增加值 20.88 亿元，下降 2.8%）；第三产业增加值 41.89 亿元，增长 1.7%。规模以上工业总产值 75.66 元，比上年下降 8.4%。农林牧渔业总产值 25.48 亿元，增长 3.5%。固定资产投资 218.06 亿元，增长 4.7%。社会消费品零售总额 21.18 亿元，下降 1.6%。一般公共预算总收入 16.52 亿元，比上年增长 83.3%，增幅全市第一，其中地方一般公共预算收入 8.94 亿元，增长 63.8%。城镇人均可支配收入 34060 元，比上年增长 1.4%；农村居民人均纯收入 21735 元，增长 5.7%。

省委书记尹力到北岸调研。12 月 25 日，省委书记尹力到北岸调研，车览罗屿港口 40 万吨级泊位，实地调研罗屿港口公司，听取罗屿港口公司和物泊科技有限公司相关情况汇报。（徐建成）

南平市

【概况】 南平市位于福建省北部。1995 年撤销南平地区设立南平市。2020 年辖 2 个区、5 个县、3 个县级市。土地面积 2.63 万平方千米。户籍人口 316.87 万人。

南平生态环境优美，是国家级生态示范区，全市森林面积 207.55 公顷，森林覆盖率 78.89%；空气质量全优，连续 6 年位列全省第一，平均达标天数比例 100%；境内主要河流Ⅰ～Ⅲ类水质比例 100%；土壤环境质量优良，生态环境位居全国全省前列。

南平文化积淀深厚，是闽越文化、朱子文化、茶文化发源地，全市 10 个县（市、区）建县都在千年以上。福建的“建”字来自建州。历史上出了 2000 多位进士和 19 位宰相，著名理学家朱熹在南平“琴书五十载”，还有宋慈、柳永等历史名人，素有“闽邦邹鲁”“道南理窟”之誉。

南平市粮食产量居福建第一，耕地、林地面积占福建 1/4，林木蓄积量占福建 1/3，毛竹林面积占全国 1/10，有“福建粮仓”“南方林海”“中国竹乡”之美称。已发现矿产 70 多种，探明储量的有 46 种，其中钽铌矿、萤石矿蕴藏量居全国前列。旅游资源得天独厚，武夷山为全国 4 个世界文化与自然双遗产地之一，被列为国家公园体制试点，还拥有顺昌宝山、政和佛子山、延平溪源峡谷、邵武天成奇峡等一批国家级旅游景区。

2020 年，全市地区生产总值 2007.40 亿元，比上年增长 0.3%。其中，第一产业增加值 329.76 亿元，比上年增长3.9%；第二产业增加值759.42亿元，下降3.5%；第三产业增加值918.22亿元，增长2.4%。全年一般公共预算总收入146.12亿元，比上年下降2.0%，其中地方一般公共预算收入98.18亿元，增长2.0%。一般公共预算支出333.56亿元，增长7.2%。全年农林牧渔业总产值587.14亿元，比上年增长4.0%。其中，农业产值213.76亿元，增长4.0%；林业产值105.62亿元，增长4.0%；牧业产值229.74亿元，增长4.1%；渔业产值17.50亿元，增长1.8%。固定资产投资比上年增长0.1%。实际利用外资2.48亿元。社会消费品零售总额702.4亿元，下降3.9%。居民消费价格总水平上涨1.4%。城镇居民人均可支配收入36492元，增长3.8%；农村居民人均可支配收入18557元，增长6.7%。

2020年，全市城镇新增就业1.93万人，有6082名城镇失业人员实现再就业。年末城镇登记失业率3.38%，比上年末提高1.07个百分点。全年城镇职工基本养老保险参保71.97万人，失业保险参保24.72万人，工伤保险参保62.97万人，生育保险参保21.11万人，城镇职工医疗保险参保42.60万人，城乡居民医疗保险参保244.72万人。全年全社会用电量比上年下降0.86%，其中工业用电量下降4.73%。

疫情防控和经济发展。2020年，南平市早动员早部署，落实“疫情防控目标责任一张图”，创新推行“机关联乡村、联社区”机制，实行“大数据+网格化”管理，筑牢“外防输入、内防反弹”严密防线。集中优势资源全力救治患者，20例确诊病例全部治愈出院，从首例确诊病例到实现本土患者清零仅41天，无本土新增确诊病例。先后派出6批次68名医护和疾控人员驰援武汉、宜昌、香港，抽调干部33批272人次派驻福州、厦门口岸及代表福建派驻成都、上海口岸。抢抓机遇、抓早抓实，创新“机关联企业”机制，开展“战疫情、抓复工、促发展”活动，选派360名干部网格化服务905家企业，有序推进复工复产、复商复市、复学复课；累计减免税费55.5亿元，下达各类扶企奖补资金3.02亿元，圣农、元力活性炭、闽铝轻量化、华宇等481家规模工业企业逆势上扬；牵头发起“清新闽东北健康武夷+”行动，举办“全闽乐购”南平促消费行动和全国郊野钓鱼大赛、中国龙舟公开赛等赛事，滚动投放5500万元消费券，带动民宿、餐饮等服务业发展；全市地区生产总值、固定资产投资、地方一般公共预算收入等主要经济指标在一季度大幅下滑基础上逐季回升，实现正增长。

三大攻坚。2020年，南平市全力打赢脱贫攻坚战，围绕“两不愁三保障”和饮水安全目标，突出产业扶贫、就业扶贫、政策扶贫，实施“五个一百”示范带动工程，深化挂钩帮扶机制，开展“民企带村”“百企帮百村”活动，提前实现新时代脱贫攻坚目标，建档立卡贫困户60158人全部脱贫，346个贫困村全面退出，5个省级扶贫开发重点县全部“摘帽”。聚力打好污染防治攻坚战，坚决打好蓝天、碧水、净土三大保卫战，空气平均达标天数比例100%、空气质量保持全省第一；3条主要河流优良水质比例和123个小流域断面Ⅰ～Ⅲ类水质比例均100%；污染地块安全利用率100%。着力打好防范重大风险攻坚战，积极化解金融、房地产等重点领域风险隐患，不良贷款率降至1.21%；加强地方政府债务管理，严格控制在省上核定限额之内。

绿色发展。2020年，南平市“三项创新”持续深化、逐步向系统集成推进。成功举办“两山”理论实践与创新高峰论坛，发布《南平市生态文明治理现代化探索研究报告》，“生态银行”入选中国改革2020年度十大案例，顺昌“森林生态银行”、光泽“水美经济”列为全国生态产品价值实现典型案例；“武夷山水”品牌持续位列中国区域农业品牌影响力排行榜前三；水利部水规总院以南平为样板的《水美城市建设规划编制导则》发布。“四大经济”全面推进，成效凸显。实体经济逐步做强，三爱富氟新材料、泰盛纸业等重大项目加快推进，南平工业园区、邵武金塘工业园区列入省级标准化示范园区建设试点，工业技改投资比上年增长43.3%、居全省第一，14家企业获评国家、省级专精特新“小巨人”企业、单项冠军等。数字经济迈出新步伐，围绕打造全省人工智能产业基地，建成“福建智能视觉AI开放平台”“区块链服务网络城市节点”等新型基础设施。回归经济持续壮大，开展“机关联商会、党建促回归”活动，实施“六个一”工程，引进喜马拉雅等回归项目574个、总投资559亿元。夜间经济进一步激活，加快实施146个、总投资109亿元的“六夜”工程项目，打造夜游延平湖、建瓯建发商贸综合体、武夷山印象建州文旅商业综合体等一批精品项目。七大绿色产业加快发展、稳步提质。推进生态产业化、产业生态化，绿色产业的规模以上工业增加值占全市比重86%，对规模以上工业增长贡献率达93.1%。成为全省唯一入选农业绿色发展全国先进行列地区，武夷岩茶列入国家级优势特色产业集群，新增市级农业龙头企业45家。累计接待旅游总人数、总收入增幅均高于全省平均水平，武夷山旅游股份公司重组上市步伐加快，9家企业获评省级最具成长性文化企业，获批创建省级绿色金融改革试验区试点。

城乡融合。2020年，南平市坚持把统筹推进城乡融合发展作为拓展发展空间的重要突破口，着力做美中心城市，推进乡村振兴。坚持把握统筹、通盘谋划，完成行政中心搬迁。开展“挖掘释放行政中心搬迁红利，统筹推进疫情防控和经济社会发展”务虚大讨论，南平中心城市发展重大项目1231个、总投资8096亿元，政务服务中心、水资源配置工程、核心区“三横”市政路网等项目建成投入使用，轨道交通1号线试运行，武夷教育产业园、商贸物流园、美食城等重大产业项目签约落地，体育中心、闽越大道、职业教育实训基地、仓储物流园等项目加快推进，福建船政学院职教园于秋季开学，闽浙赣区域新兴中心城市功能不断完善。同步推进延平中心城市建设，泰盛纸业、三元循环经济产业园等重大产业项目加快推进，三江六岸、老旧小区改造提升、污水管网改造等一批基础设施和民生社会事业项目加快建设，延平群众获得感、幸福感进一步增强。县域城市功能持续完善。19个城市棚户区、91个城镇老旧小区改造和一批城乡历史文化保护项目加快实施，新改建城市道路147千米、地下管网531千米，新增绿道132千米、绿地101公顷、公共停车泊位3061个、公厕76座，城乡基础设施和品质风貌有效提升。全面实施乡村振兴战略。推动脱贫攻坚与乡村振兴有效衔接，突出典型引领、示范带动，重点推进7个省级乡村振兴重点县、12个省级特色乡镇、110个省级试点村打造，加快126个市级乡村振兴“一带N点”示范村、36个高铁沿线环境综合整治村、111个民企带村共建村、4个“圆梦村”和22个乡村振兴“串点连线成片”示范带建设。结合国家农业可持续发展试验示范区建设，制定农药化肥科学减量增效八条措施，新增国家级农业产业强镇1个、省级特色农产品优势区3个。深化人居环境整治，健全发挥群众主体作用的常态长效机制，推进“全域无垃圾”，城乡面貌发生深刻变化。

民生福祉。2020年，南平市民生支出占一般公共预算支出达82%，27项为民办实事项目如期完成。社会事业持续协调发展。南平一中武夷新区高中部等项目加快建设，改扩建12所公办幼儿园，高考本科上线率62.32%，比上年上升3个百分点。提高全民健康水平，健共体互联网医院正式上线运营，策划医疗卫生补短板项目105个，1159个村卫生所完成一体化管理标准化建设。开展全民健身运动，提升竞技体育水平，成功举办第四届市运会。完善社会保障，新建11所农村区域性养老服务中心、14所居家社区养老服务中心、276个农村幸福院，全国居家和社区养老服务改革试点市通过验收。全面提高城乡低保标准，低保覆盖面居全省前列。城镇职工基本养老保险参保人71.97万人，退休人员基本养老金增长5%；城乡居民基本养老保险基础养老金最低标准提高至每人每月130元。城乡居民医保补助标准提高到每人每年550元以上。新分配公租房1536套、保障4366人。城镇新增就业1.92万人。

【南平市生态文明治理现代化探索研究报告发布】 2020年8月2日，在南平市举办的“两山”理论实践与创新高峰论坛上，《南平市生态文明治理现代化探索研究报告》发布。该研究报告是2017年9月由中国工程院“生态文明建设”国家战略重大咨询项目课题组选择南平市为重点开展调研。2020年7月，中国工程院组织专门团队深入南平开展调研，总结评估三年来实施绿色发展行动纲要和七大绿色产业发展规划情况的基础上形成的。研究报告分为南平生态治理现代化探索实践、主要成效、经验启示、理论贡献、对策建议等5个部分。报告提出，南平市生态文明建设进入快车道，在生态文明治理现代化的探索实践中，南平山水林田湖草得到系统治理，创新推出“武夷品牌”“生态银行”“水美经济”建设，打通自然资源资产变现通道，生态产品供给能力显著增强，绿色发展的增势赋能成效不断显现，生态红利通过多途径释放，走出一条人与自然和谐共生的产业发展新路子。

【洋口林场杉木育种科研团队被授予“八闽楷模”称号】 2020年8月20日，福建省洋口国有林场杉木育种科研团队被中共福建省委宣传部授予“八闽楷模”称号。洋口国有林场位于南平顺昌县和延平区境内，科研团队60多年来，扎根闽北深山，始终秉持科技兴林的理念，攻坚克难，持续开展杉木育种科研与推广应用，研发推出的“洋林”牌系列良种，生长快、材性优、抗病害、产量高、营林成本低，累计生产杉木良种4.9万千克，提供杉木建园穗条105万根，建成种子园生产的良种培育苗木60多亿株，累计推广杉木造林200多万公顷，由遗传增益产生的经济价值可达千亿元，使中国成为世界三个有能力进行林业苗木第四代遗传改良的国家之一。

【全国首例经济生态生产总值核算完成】 2020年9月4日，南平市《武夷山市经济生态生产总值（GEEP）核算》项目在北京通过专家组验收，是全国完成的首例经济生态生产总值（GEEP）核算。来自国家林业和草原局调查规划设计院、中科院地理科学与资源研究所、中国自然资源经济研究院、北京师范大学、中国环境科学研究院等单位的权威专家参与项目的评审验收。核算中，项目组结合武夷山市南方丘陵地带区域特色和生态系统特征，从生物多样性物种保育服务、文化服务、气候调节服务等7个方面，精选生物多样性、水资源等9个一级指标，生物栖息地与基因库保护、农林产品等18个二级指标，旅游人数、负氧离子数等三级指标，重点对森林、湿地和农田3类生态系统价值进行核算，打造生态系统价值核算的“山区样本”。项目核算出，武夷山市2015年和2018年的GEEP分别为2229.1亿元、2562亿元。专家们一致认为，武夷山市在全国率先完成经济生态生产总值（GEEP）核算，为探索山区生态环境资产管理模式、加速“两山”转化提供有益参考。

【中国资产管理武夷峰会在南平举行】 2020年9月26日，以“新资管·新征程·绿色发展”为主题的2020中国资产管理武夷峰会在南平市举行。该峰会由中国人民大学国家发展与战略研究院、中国证券投资基金业协会、福建省地方金融监督管理局和南平市人民政府联合主办，共同探讨新形势下中国资产管理行业的变革、开放与创新之路。峰会现场发布《2020创新资本形成与私募股权创投基金发展报告》《2020中国资产管理行业发展报告》《中国武夷资产管理行业发展指数》。同时，围绕“金融开放背景下的中国资产管理”和“绿色金融产品创新与地方绿色金融实践”行业话题举办圆桌论坛，并举行科技资本项目对接签约仪式。（王骥妍）

【延平区】 延平区位于南平市南部。2020年辖14个镇、2个乡（城区辖6个街道）。土地面积2652.84平方千米。

年末户籍人口49.42万人，常住人口45.4万人。耕地面积20.8万公顷，粮食播种面积0.98万公顷，粮食产量5.81万吨。林地面积19.57万公顷，森林覆盖率74.46%，活立木蓄积量0.21亿立方米。主要旅游景点有国家AAAA级景区——溪源峡谷，有被誉为“福建庐山”“避暑胜地”的省级风景区——茫荡山等。炉下镇斜溪社区村成为福建省唯一全国村级“乡风文明建设”优秀典型，市第一医院延平分院成为全国首家健共体互联网医院。

2020年，全区地区生产总值415.8亿元，比上年增长1.1%。其中，第一产业增加值40.65亿元，比上年增长4.3%；第二产业增加值164.92亿元，下降1.2%（其中工业增加值72.94亿元，下降5.2%）；第三产业增加值210.25亿元，增长2.4%。人均地区生产总值9万元，比上年增长3.0%。农林牧渔业总产值77.39亿元，比上年增长4.4%。固定资产投资比上年下降2.0%。社会消费品零售总额102.65亿元，比上年下降5.8%。外贸出口比上年增长12.1%。实际利用外资3114万元，增长55.4%。一般公共预算总收入11.5亿元，其中地方一般公共预算收入7.3亿元。城镇居民人均可支配收入37591元，比上年增长4%；农村居民人均可支配收入20386元，增长6.4%。

第三产业升级。2020年，延平区承办南平市第四届旅游产业发展大会，举办2020年中国延平乡村旅游艺术季、新长江论坛·全国夜间经济发展论坛、中国龙舟公开赛10周年（福建·南平）龙精英邀请赛、全国郊野钓鱼大赛等系列主题活动，《延平问海》、游延平湖等项目受到关注。举办“全闽乐购”启动仪式和八闽美食嘉年华活动，开发“云上延平”微信小程序，全年旅游接待总人数超1000万人次，旅游总收入50.4亿元，新增限额以上商贸企业、规模以上服务业企业16家，三产增加值比上年增长2.4%，拉动地区生产总值增加1.2个百分点。（叶 宇）

【建阳区】 位于南平市中部。2020年辖8个镇、3个乡、2个街道。土地面积3383平方千米。年末户籍人口36.1万人，常住人口34.1万人。人口自然增长率2.22‰。耕地面积3.18万公顷，粮食播种面积3.16万公顷，粮食产量20.85万吨。林地面积27.32万公顷，森林覆盖率78.23%，活立木蓄积量2846.88万立方米，为全国南方重点林区。重要的矿产资源有蛇纹岩、萤石、石墨、铅、锌和金矿。主要旅游景点有国家AAAA级景区建阳（卧龙湾）武夷花花世界景区，国家AAA级旅游景区麻沙楠木林景区、黄坑景区、生态溪源景区。麻沙镇入选省级商务特色小镇、福建全域生态旅游小镇名单，获评第六届全国文明村镇。潭城街道七贤社区获评“全国综合减灾示范社区”。回龙乡入选国家农业产业强镇建设名单。嘉禾美食街获评省级美食街。

2020年，全区地区生产总值261.94亿元，比上年增长4.6%。其中，第一产业增加值39.4亿元，比上年增长4.5%；第二产业增加值106.4亿元，增长4.0%（其中工业增加值80.2亿元）；第三产业增加值116.2亿元，增长5.3%。人均地区生产总值78426元，比上年增长1.8%。农林牧渔业总产值67.0亿元，比上年增长4.6%。固定资产投资比上年增长3.4%。社会消费品零售总额89.2亿元。外贸出口额17300万美元。实际利用外资2140万元。一般公共预算总收入18.7亿元，其中地方一般公共预算收入13.4亿元，比上年增长1.4%。城镇居民人均可支配收入37425元，比上年增长4.5%；农村居民人均纯收入18607元，增长7.3%。（范振福）

【邵武市】 位于南平市西部。2020年辖12个镇、3个乡、4个街道。土地总面积2860平方千米。年末户籍人口30.2万人，常住人口27.4万人。耕地面积27170.94公顷，粮食播种面积3.15万公顷，粮食产量18.08万吨。林地面积23.25万公顷，森林覆盖率78.83%，活立木蓄积量2328万立方米。重要矿产资源有金、铜、铅、锌、铁、钼、钨、铀等。主要旅游景点有和平古镇、金坑红色旅游、天成奇峡、武夷温泉度假区、云灵山峡谷漂流5个国家AAAA级景区及小隐竹源、卫闽迷宫小镇等4个国家AAA级景区。

2020年，全市地区生产总值241.66亿元，比上年下降0.6%。其中，第一产业增加值29.37亿元，比上年增长1.1%；第二产业增加值107.27亿元、下降3.8%（其中工业增加值83.13亿元、下降6.3%）；第三产业增加值105.03亿元，增长2.6%。人均地区生产总值87878元，比上年下降0.1%。规模以上工业增加值比上年下降7.4%。农林牧渔业总产值50.92亿元，比上年增长1.3%。固定资产投资比上年下降24.0%。社会消费品零售总额115.4亿元，比上年下降1.9%。外贸出口额27.7亿元，比上年增长13%。实际利用外资1.18亿元。一般公共预算总收入17.75亿元，比上年下降5.9%，其中地方一般公共预算收入13.21亿元，增长3.3%。城镇居民人均可支配收入38343元，比上年增长3.3%；农村居民人均可支配收入21200元，增长6.0%。

水美邵武建设。2020年，邵武市启动国土空间规划编制，完成城郊廖家排、原邵泰线三里亭段、金山溪片区控制性详细规划编制。向上争取老旧小区改造资金3.15亿元，实施老旧小区改造项目11个。新增公共停车位1686个，新改建市政管网27千米，新增城市绿地15.54万平方米。城市卫生保洁市场化服务面积增至379.3万平方米。新增全国“一村一品”示范村1个、省级“一村一品”示范村3个、省级传统村落3个，金坑乡金坑村入选国家级历史文化名村。（肖家荣）

【武夷山市】 位于南平市西北部，闽赣两省交界处。2020年辖3个街道、3个镇、4个乡。土地面积2813平方千米。年末户籍人口24.7万人，常住人口26.0万人。人口自然增长率3.84‰。耕地面积2.52万公顷，粮食播种面积1.5万公顷，粮食产量9.92万吨。林地面积23.7416万公顷，森林覆盖率80.52%，活立木蓄积量0.2亿立方米。重要矿产资源有石墨、钼矿、铅锌、银等。主要旅游景点有国家 AAAAA 级景区武夷山风景名胜区，以及国家 AAAA 级景区武夷山大安源旅游景区、大红袍体验中心、武夷山自遊小镇汽车主题乐园景区、武夷香江茗苑等。2020 年获评 2018—2020 周期国家卫生城市；获批国家生态综合补偿试点县；“生态银行”模式入选全国十个实践“绿水青山就是金山银山”典型案例；GEEP 经济生态生产总值通过专家验收，属全国首例；蝉联全国双拥模范城（县）“三连冠”；武夷山市社区疫情防控经验入选全国城乡社区疫情防控 100 个优秀案例。

2020 年，全市地区生产总值 208.05 亿元，比上年增长 0.1%。其中，第一产业增加值 28.51 亿元，比上年增长 4.6%；第二产业增加值 74.65 亿元，下降 4.1%（其中工业增加值 53.01 亿元，下降 11.9%）；第三产业增加值 104.89 亿元，增长 2.1%。人均地区生产总值 83722 元，比上年下降 4.6%。规模以上工业总产值比上年下降 18.1%。农林牧渔业总产值 47.7 亿元，比上年增长 4.7%。固定资产投资比上年增长 8.1%。社会消费品零售总额 65.71 亿元，下降 1.7%。外贸出口额 47700 万元，比上年下降 0.26%。实际利用外资 4131 万元，增长 126.4%。一般公共预算总收入 13.1 亿元，比上年增长 0.67%，其中地方一般公共预算收入 9.3 亿元，增长 3.39%。城镇居民人均可支配收入 37405 元，比上年增长 3.1%；农村居民人均可支配收入 19956 元，增长 6.2%。

完成武夷山国家公园体制试点评估验收。9 月，通过国家林草局组织的国家公园体制试点第三方评估验收实地核查，综合得分 95.5 分，在 10 个国家公园体制试点中排名第二。（阙涵宇）

【建瓯市】 位于南平市东南部，闽江上游，武夷山脉东南侧。2020 年辖 10 个镇、4 个乡、4 个街道。土地总面积 4233 平方千米。年末户籍人口 165472 户，54.6 万人，常住人口 43.4 万人。人口自然增长率 1.6‰。是福建省面积最大、闽北人口最多的县级市。是中国竹子之乡、中国锥栗之乡。林业用地面积 35.04 万公顷，森林覆盖率 79.85%，是全国重点林业县（市）。建瓯河流主要属闽江建溪流域，主要河流有建溪、南浦溪、崇阳溪、松溪、吉溪、武步溪等。发现的矿种有 30 种，探明有资源储量的矿产 16 种。主要旅游景点有归宗岩、万木林自然保护区、黄华山公园、坑里公园、云际山公园、省四星级乡村旅游村小松湖头、建宁府孔庙、东岳庙、光孝禅寺、鼓楼、通仙门、中共闽北临委旧址、北苑御茶园摩崖石刻等。

2020 年，全市地区生产总值 280.29 亿元，比上年下降 4.0%。其中，第一产业增加值 53.03 亿元，比上年增长 4.3%；第二产业增加值 99.42 亿元，下降 12.2%；第三产业增加值 127.84 亿元，增长 0.3%。三次产业占比为 18.9∶35.5∶45.6，第一产业和第三产业增加值比重分别比上年提升 1.2 个百分点和 2.7 个百分点。169 家规模以上工业完成产值 252.41 亿元，现价下降 24.0%。农林牧渔业总产值 90.88 亿元，比上年增长 4.4%。社会消费品零售总额 145.68 亿元，比上年下降 4.6%。一般公共预算总收入 147823 万元，比上年增长 0.6%，其中地方一般公共预算收入 105758 万元，增长 5.9%。城镇居民人均可支配收入 36683 元，比上年增长 4.4%；农村居民人均可支配收入 20134 元，增长 5.8%。

3 月 9 日，建瓯市唯一一家口罩生产企业——建瓯市靓宏服饰有限公司投产。一期上线一台全自动口罩生产设备，可日产民用口罩 10 万只。二期上线一台全自动口罩生产设备和一台防护服生产设备，可日产民用口罩 25 万只、防护服 500 套。

4 月 27 日至 5 月 9 日，《中国影像方志·福建卷·建瓯篇》摄制组在建瓯录制，分别撷取小桥镇阳泽村的登云桥和养蒙书院、通仙门太保楼、建宁府孔庙、东峰镇北苑御焙遗址等具有代表性的建瓯历史文化遗迹。

5 月 17 日，全国首个茶产业科技小院——建瓯市成龙茶厂金盘山茶叶基地举办茶会直播活动。活动全程在海博 TV、直播福建、快手客户端同步直播，点击量 102 万人次。

10 月 2 日，“建瓯市首届知青文化节”在小松镇穆墩村知青林场、知青博物馆（园）开幕。

12 月 2 日，南平市首家少年军校在建瓯市揭牌成立。（薛 颖 赖少波）

【顺昌县】 位于南平市西南部，闽江上游金溪、富屯溪交汇处。2020 年辖 1 个街道、8 个镇、3 个乡。土地面积 1980 平方千米。年末户籍人口 23.02 万人，常住人口 17.9 万人。人口自然增长率 6.0‰。土地总面积 19.8 万公顷，耕地面积 1.68 万公顷，林业用地面积 16.62 万公顷，有林地 15.90 万公顷。全县森林覆盖率 80.34%，森林总蓄积量 1808.69 万立方米，是全国首个“中国杉木之乡”、首批 10 个“中国竹子之乡”之一、“全国森林康养基地试点建设县”和“全国绿化模范单位”。境内 5 千米以上河长的河流有 61 条，富屯溪为主干流。可开发利用的水力资源蕴藏量 20.7 万千瓦，可开发量 13.7 万千瓦。已探明有色金属、非金属 25 个矿种，127 个矿点，主要有铁、铜、铅锌、钨、锰、石灰石、花岗石、高岭土、铅锌矿、蛇纹石、萤石、瓷土等。境内有宝山、华阳山、合掌岩、元坑古镇、狮峰山等风景名胜。2020 年获“国家生态文明建设示范县”称号。

2020 年，全县地区生产总值 128.33 亿元，比上年下降 4.3%。固定资产投资增长 5.7%。财政总收入 8.55 亿元，其中地方财政收入 5.57 亿元，分别增长 0.44% 和 1.43%。农林牧渔业总产值 38.41 亿元，增长 5.6%。规模以上工业增加值下降 21%。社会消费品零售总额 31.7 亿元，下降 3.37%。外贸出口 12.23 亿元，增长 18.78%。城镇居民人均可支配收入 33361 元，增长 4.1%；农村居民人均可支配收入 17725 元，增长 6.9%。

齐天大圣文化展。1 月 9 日，由中共顺昌县委、顺昌县人民政府主办的“顺昌齐天大圣文化展”在福州三坊七巷景区宫巷 11 号开展。此次展览共分为大圣历史文化展、大圣祭祀文化展、京剧电影《大闹天宫》艺术展、顺昌民俗文化展、文化创意产品展 5 个主题板块，以实物展示、图文解说、互动体验等方式，向游客们阐述顺昌齐天大圣信俗历史渊源、大圣信仰祭祀文化，大圣文化与国粹京剧《大闹天宫》的融合等大圣文化内容。集中推介顺昌合掌岩、宝山、华阳山等风景名胜，农特产品和民俗、非遗等具有顺昌特色的自然人文民俗文化。

“一元碳汇”平台上线。2月28日，顺昌“一元碳汇”平台上线试运行。“一元碳汇”项目是顺昌县在开发森林碳汇、竹林碳汇的基础上，探索市场化、多元化林业碳汇交易模式的又一创新。即通过将贫困村（户）所拥有的林木纳入项目碳汇林管理，测算产生的碳汇量，再在线上平台进行交易，让生态得绿、林农得利。

福建省县域优选产品线上经贸顺昌专场。5月13日，由福建省贸促会、中国国际商会福建商会、顺昌县人民政府共同主办，福建荟源国际展览有限公司承办的福建省县域优选产品线上经贸对接会——顺昌专场举行。顺昌专场是省贸促会与地方政府的首场线上经贸活动，通过开展网上推介、网上洽谈、网上交易，探索经贸活动线上对接的新路子。对接会上，10家顺昌优选企业在线上展示各自优质产品，顺昌的海鲜菇、山茶油、螺旋藻片等食品及电子光学玻璃、免洗手消毒液、竹筷、竹签等日用消费品。顺昌企业在推介后与45家采购商进行46场次一对一深入对接洽谈，寻求更多合作商机。

第六届海峡两岸齐天大圣文化交流活动 11月26日，第六届海峡两岸齐天大圣文化交流活动——《天下大圣》情景诵读会在顺昌县举行。该次活动由顺昌县委、县政府主办，海峡卫视承办，以“弘扬大圣文化，讲好顺昌故事”为主题，提升顺昌齐天大圣文化影响力，促进两岸民间交流，助力顺昌文化旅游产业发展。（吴建桥）

【浦城县】 位于南平市北部。2020年辖9个镇、8个乡、2个街道。土地面积3383平方千米。年末户籍人口42.24万人，常住人口29.8万人。人口自然增长率5.8‰。耕地面积3.58万公顷，山地面积29.16万公顷，林地27.12万公顷。森林覆盖率76.81%，活立木蓄积量0.16亿立方米。重要矿产资源有铀矿、硫铁矿、铅锌矿、萤石矿等大型石料矿床，探明矿产资源储量的矿区31个。主要旅游景点有匡山国家森林公园、省级风景名胜区浮盖山、省级历史文化名村观前村、九石渡，以及国家AAAA级景区中国包酒文化博览园等。2020年浦城县管厝乡党溪村、山下乡源头村、水北街镇际岭村获评“全国森林康养示范基地”。“浦城大米”获评国家地理标志证明商标、年度生态保护奖、2020国际大米品牌“十大潜力奖”。

2020年，全县地区生产总值175.54亿元，比上年增长4.2%。其中，第一产业增加值39.72亿元，比上年增长7%；第二产业增加值58.49亿元，增长2.8%；第三产业增加值77.32亿元，增长3.7%。农林牧渔业总产值74.4亿元，比上年增长7%。固定资产投资比上年增长7%。社会消费品零售总额41.6亿元，比上年下降3.5%。实际利用外资1015万元。一般公共预算总收入9.7亿元，比上年下降3.26%，其中地方一般公共预算收入6.8亿元，增长0.09%。城镇居民人均可支配收入34340元，比上年增长3.5%；农村居民人均纯收入17048元，增长7.2%。

品牌建设取得新进展。编制《品牌强县发展战略规划》，19家企业9类产品入选“武夷山水”品牌，“浦城薏米”精准扶贫广告在央视播出，“浦城大米”获评国家地理标志证明商标，成功举办闽产中药高质量发展高峰论坛暨国家重点研发项目推进会。（潘金志）

【光泽县】 位于南平市西北部。2020年辖3个镇、5个乡。土地面积2240.25平方千米。年末户籍人口16.16万人。光泽地处闽江源头、武夷腹地，千米以上高峰570多座，大小溪流300多条，生态环境十分优越，入选国家重点生态功能区、国家生态保护与建设示范区，是国家级生态县、全国唯一“无废城市”建设试点县，森林覆盖率81.77%，大气环境质量和水环境质量分别达到国家规定的一级和二级标准。光泽是中国生态食品名城，圣农食品、大米、蔬菜、水果、矿泉水、水产品、茶、酒、蜂蜜、油茶、中药材等品质优良。2020年，光泽县获全国唯一“中国山水休闲垂钓名城”称号，入选全国森林康养基地试点建设县。

2020年，全县地区生产总值117.29亿元，比上年增长1.9%。农林牧渔业总产值83.57亿元，增长1.4%。规模以上工业增加值37.57亿元，增长3%。固定资产投资54.4亿元，增长13.5%。社会消费品零售总额20.17亿元，下降7.2%。出口总额4.8亿元，下降21.3%。财政总收入7.06亿元，增长3.6%，其中地方级财政收入4.56亿元，增长0.6%。农村居民人均可支配收入16138元，增长6.7%；城镇居民人均可支配收入33093元，增长3.9%。全县社会用电量6.48亿千瓦时。城镇登记失业率控制在5.2%以内。城镇职工基本养老保险覆盖率91%。城乡居民医保参保率99.28%。

生态食品城建设。2020年，光泽县成功举办第四届中国（武夷）生态食品博览会，全县食品产业产值117.27亿元，规模以上食品企业占规上工业总产值的92.55%。圣农集团入选中国制造业民营企业500强，祖代鸡培育项目步入中试阶段，继续领跑全球白羽肉鸡行业。“承天黄精”入选中国黄精十大优质产品。圣维兽药4条疫苗生产线通过农业农村部兽药（生物制品）GMP动态验收。现代渔业产业园加快建设，武夷山水二期落地。喔喔喔电子、凯圣发电等5家企业申报国家高新技术企业。工业园区入驻食品企业19家，酒、茶、油、粮等精深加工产业深入推进。

无废城市创建。光泽是全国唯一“无废城市”建设试点县。2020年，光泽县重点以“无废农业”促进绿色生产、以“无废农村”促进绿色生活、以“无废企业”促进循环经济三个方面推进无废城市建设，全面完成35个重点工程项目和39项创建指标。

（光泽县党史方志室）

【松溪县】 位于南平市东北部。2020

年辖2个镇、6个乡、1个街道。土地面积1043平方千米。年末户籍人口16.7万人，常住人口13.1万人。人口自然增长率6.4‰。耕地面积1.11万公顷，粮食播种面积0.79万公顷，粮食产量5.14万吨。林地面积8.55万公顷，森林覆盖率75.56%，活立木蓄积量633万立方米。重要矿产资源有饰面用花岗岩矿，储量居全市前列。主要旅游景点有国家AAA级景区、梅口埠景区、福当山景区、文秀湖健身主题园景区、诰屏山景区、招沙甲景区、龙源茶庄景区，以及湛卢山、白马山、龙头山。2020年获评国家第三批“节水型社会建设达标县”；龙源绿茶景区获评省级避暑清凉福地；“松溪绿茶”入选2020中国农产品区域品牌价值榜。

2020年，全县地区生产总值80.16亿元，比上年下降1.5%。其中，第一产业增加值14.20亿元，比上年增长1.7%；第二产业增加值29.15亿元，下降7.0%（其中规模以上工业增加值下降18.1%）；第三产业增加值36.82亿元，增长2.2%。农林牧渔业总产值24.03亿元，比上年增长1.9%。固定资产投资比上年增长19.2%。社会消费品零售总额34.11亿元，比上年下降3.3%。一般公共预算总收入3.90亿元，比上年下降1.8%，其中地方一般公共预算收入2.75亿元，增长0.2%。城镇居民人均可支配收入32074元，比上年增长3.5%；农村居民人均可支配收入14449元，增长7.6%。

“一链一群”经济品质提升。新型轻纺产业链品质提升，康百赛自主研发的高端ES纤维技术位居国际前列，闽瑞新合纤荣获南平市制造业单项冠军，入选福建省重点上市后备企业名单，产业链全年完成产值6.4亿元。新引进4家精密铸造企业入驻旧县产业园，全部建成投产，全县集聚精密铸造企业21家。

挖掘“百年蔗”稀缺资源。举办第四届“千年松溪·百年蔗”文化旅游节，依托“百年蔗”稀缺原产地资源，召开第三届闽北特有稀缺资源开发学术会议。推动“百年蔗”产学研联动，中国农技协“福建松溪甘蔗科技小院”在郑墩镇万前村挂牌成立，成功研制雍百年酒等“百年蔗”系列衍生产品。

（兰　泓）

【政和县】 位于南平市东北部。2020年辖4个镇、5个乡、1个街道。土地面积1745平方千米。年末户籍人口23.7万人，常住人口17.9万人。人口自然增长率6.4‰。耕地面积1.23万公顷，粮食播种面积0.83万公顷，粮食产量4.94万吨；林地面积15.04万公顷，森林覆盖率79.5%，活立木蓄积量0.10亿立方米，有国家保护的珍稀树种59种，古树名木群732个群落，植物资源丰富。已探明的矿藏有金银矿、铅锌矿、硫铁矿、大理岩矿、珍珠岩矿、滑石矿、熔炼水晶矿、磁铁矿等26种。境内流域面积在45平方千米以上河流共12条，主要河流有松溪、七星溪等。境内旅游资源丰富，有国家级风景名胜区、国家级地质公园佛子山，省级风景名胜区洞宫山，环石圳湾景区，5个国家AAA级旅游景区，132座古廊桥、华东地区最大的千棵百亩楠木林，锦屏古银矿遗址，大岭银杏群，镇前、杨源鲤鱼溪，念山、稠岭梯田等名胜古迹。获“2020年度全国茶业百强县”“中国扶贫交流基地”称号，“政和白茶”获2020年中国区域农业品牌影响力指数（茶叶）第四、全国绿色农业十佳茶叶地标产品。

2020年，全县地区生产总值98.32亿元，比上年增长0.1%。其中，第一产业增加值18.65亿元，比上年增长4.9%；第二产业增加值36.49亿元，下降4.3%；第三产业增加值43.18亿元，增长2.2%。人均地区生产总值56668元，比上年下降3.1%。规模以上工业增加值比上年下降7.3%。农林牧渔业总产值32.77亿元，比上年增长5.0%。固定资产投资比上年增长14.4%。社会消费品零售总额56.12亿元，比上年下降2.7%。外贸出口额3.9亿元，比上年增长10.8%。实际利用外资20万美元，增长100%。一般公共预算总收入5.67亿元，比上年增长0.6%，其中地方一般公共预算收入3.88亿元，增长3.6%。城镇居民人均可支配收入32260元，比上年增长3.8%；农村居民人均纯收入14662元，增长6.1%。

开启“铁路时代”。9月27日，衢宁铁路全线开通。衢宁铁路从浙西南延伸至闽东北，线路全长379.2千米，其中政和段全长27.63千米，设计时速160千米。政和站位于政和县城以南的星溪乡林屯村，建筑面积2997平方米，距县城区约4千米。

（陈诗豪）

龙岩市

【概况】 龙岩市位于福建省西部。全市地处东经115°50′56″～117°44′15″，北纬24°22′31″～26°2′35″。1997年5月撤地设市。2020年辖新罗区、永定区、漳平市和上杭、武平、长汀、连城4县，总面积19028平方千米。年末全市户籍总人口317.60万人，户籍人口城镇化率46.5%，全年户籍出生人口3.75万人。人口自然增长率5.58‰。是全国文明城市、国家园林城市、国家森林城市、全国绿化模范城市、全国生态文明建设试点地区。2020年11月，龙岩市和武平县蝉联全国文明城市称号，上杭县成功创建全国文明城市，新罗区获评为第四批“全国健康促进县（区）”。

龙岩市地势由东北向西南倾斜，呈东高西低状，平均海拔460米，山地丘陵占全市总面积的94.83%。森林资源丰富，是福建省三大林区之一。属亚热带海洋性季风气候。年平均气温20.8℃，年日照时数1717.6小时，年均降雨量1864.4毫米，气候温和，四季分明，冬暖夏凉，空气质量优良。是福建三大江——闽江、九龙江、汀江的发源地，拥有3个国家级自然保护区和4个国家级森林公园，森林覆盖率79.39%，居福建第一、全国前茅。水资源丰富，全市集水面积大于50平方千米的河流129条，总长度4231.7千米，主要分属汀江和九龙江水系。年径流量188.55亿立方米，水力资源理论蕴藏量245.85万千瓦，可供开发的水能蕴藏量209.56万千瓦。龙岩是福建省重要矿区，已发现的矿物种类64种，已探明资源储量的33种（马坑铁矿是华东第一大铁矿，东宫下高岭土矿是中国最大的高岭土矿之一，紫金山是全国著名的铜金矿区）。已探明资源储量的矿产地539多处，有14种矿产探明资源储量占全省第一位。其中，煤炭资源储量8.70亿吨，占全省资源储量的57.92%；锰矿资源储量601.98万吨，占全省的63.9%；铁矿资源储量4.98亿吨，占全省的71.04%；铜矿（金属量）资源储量436.83万吨，占全省的94.55%；金矿（金属量）资源储量324.67吨，占全省的75.08%；高岭土原矿资源储量5999.86万吨，占全省的30.01%；膨润土资源储量1696.51万吨，为省内唯一产区。

全市拥有1个世界文化遗产地（福建土楼永定景区）、2个国家AAAAA级旅游景区（福建土楼永定景区、古田景区）、11个国家AAAA级旅游景区（连城冠豸山、新罗龙硿洞、长汀红色旧址群、漳平九鹏溪、连城天一温泉旅游区、连城培田古村落景区、梅花山华南虎园生态旅游景区、梁野山景区、才溪乡调查纪念馆、永定天子生态旅游区、武平狮岩景区）、36个国家AAA级旅游景区、1个国家级风景名胜区（冠豸山）、1个国家历史文化名城（长汀）、16处（124个点）国家重点文物保护单位等，形成红色圣地、客家祖地、养生福地、美食天地、创业宝地等五大旅游品牌。龙岩是闽粤赣边区域性交通枢纽，有7条高速公路、2条高铁、3条普铁、1个机场，县县通高速。龙岩是全国著名革命老区、原中央苏区核心区，是红军的故乡、红军长征的重要出发地之一。

2020年，全市地区生产总值2870.9亿元，比上年增长5.3%。一般公共预算总收入329.8亿元，增长1.5%，其中地方一般公共预算收入158.6亿元，增长1.9%。固定资产投资增长2.4%。出口增长22.7%。实际利用外资下降16.9%。社会消费品零售总额下降4.1%。城镇居民人均可支配收入40190元，增长3.5%；农村居民人均可支配收入20150元，增长6.8%。

【疫情防控】 2020年，新冠肺炎疫情发生后，龙岩市将疫情防控作为头等大事来抓，始终坚持人民至上、生命至上，坚决打赢疫情防控阻击战，成为全省确诊病例最少、全面清零最早的设区市。全市迅速构建防控体系，第一时间成立市疫情防控应急指挥部，派驻云南、福州、厦门重点口岸工作专班，落实好“四早”“四集中”要求，有效防止疫情扩散。全市建立提级管控、群防群治等制度，严格落实“四方”责任，织密织牢“五张网”，严把防控“四道关口”，坚决防止疫情反弹。规范预检分诊和发热门诊，强化重点人群健康管理，做好重点场所排查管控，开展聚集性疫情防控应急演练，毫不放松抓好疫情防控。全市各级财政投入5.5亿元用于疫情防控。建成康山医院，支持企业转产口罩和防护服，多方筹集防护、生活物资，保障疫情防控、复工复产。做好常态化疫情防控，实行“人”“物”同防，严格落实测温、验码、科学戴口罩等措施，强化外防输入、进口冷链食品全链条监管，日核酸检测能力提升至4万人次以上，有序组织疫苗接种。全市人民众志成城，共同构筑起疫情防控的坚固防线，为推动经济社会发展提供坚实保障。

【经济发展】 2020年，龙岩市坚持助企纾困和激发市场主体活力并重，及时推出复工复产21条、“六稳”“六保”45条等政策措施，实施一二三产业增产增效行动。全市经济较短时间内实现恢复性增长。有色金属、机械装备产业产值分别达1000亿元、590亿元，文旅康养产业总收入1010亿元，建筑业产值1350亿元，七大特色农业全产业链产值834亿元。实施百家成长型中小微工业企业培育计划，新增规上工业企业80家，规模工业增加值比上年增长4.3%、企业利润总额增长4%。开展“千名干部挂千企”帮扶、“手拉手”供需对接等活动，减轻企业税费负担25亿元，拖欠民营企业无分歧账款全部“清零”，新增市场主体14.2万户，比上年增长191%。出台支持汽车、家电消费6条措施，组织“全闽乐购·幸福龙岩”促消费系列活动，发放消费券2250万元。实施工业园区标准化建设三年行动，基础设施完成投资超70亿元，新建标准厂房91万平方米，新获批工业项目用地80.4公顷。

【项目攻坚】 2020年，龙岩市出台稳投资16条等措施，开展重大项目集中开竣工、招商项目集中云签约等活动，“五个一批”项目、重点项目、“重中之重”项目均超额完成年度投资任务。常青三元前驱体一期、鑫鹭钨业等75个重大项目竣工投产，龙净智慧环保、时代思康、新兴纺织等110个重大项目开工建设，龙岩新机场选址获民航局批复。创新实行产业链招商、项目审批代办服务等招商机制，成功举办“11·8”机博投洽会、文旅产业发展大会，全年新签约项目411个、总投资1137亿元，其中10亿元以上项目28个。开展征地拆迁“百日攻坚”大会战，攻克一大批征迁难题，149个重点项目净地交付。

【城乡建设】 2020年，龙岩市、武平县蝉联全国文明城市称号，上杭县成功创建第六届全国文明城市，1个镇和6个村被评为全国文明村镇。全市新改建道路120千米、供水污水管网229千米，新增公共停车位3433个，中心城区龙岩大桥、犀牛路一期、华莲西路一期等一批项目建成通车。中央苏区金融街建成开街，龙岩大道商圈成功创建省级示范商圈。全市完成106个老旧小区改造提升任务。中心城区369个小区生活垃圾分类全面铺开。开展“两治一拆”专项行动，完成农房整治2.8万栋、整治面积287万平方米。农村集中供水率94.7%。龙岩市获评“福建百香果”中国特色农产品优势区，新增国家级农业产业强镇3个，乡村治理经验做法获农业农村部和省里肯定推广。上杭县获评全国村庄清洁行动先进县、入选国家数字乡村试点地区。

【生态环境治理】 2020年，龙岩市加强中央、省生态环保督察反馈问题整改，突出抓好水环境治理保护，全市3

条主要河流均为Ⅰ～Ⅲ类水质，82条小流域中80条达Ⅰ～Ⅲ类水质标准。市、县两级集中式生活水源地水质100%达标。城市空气质量优良天数比例99.2%，保持全省前列。实施森林质量精准提升工程，造林绿化5.1万公顷，治理水土流失面积3.18万公顷。完成国土空间总规纲要、“三线一单”编制工作。矿区生态恢复治理等5项举措被列为国家生态文明试验区改革模式进行推广。武平县获评国家生态文明建设示范县。武平县、梅花山被评为首批国家森林康养基地。新罗区、漳平市入选全省首批农村生活污水治理试点地区。

【重点改革】 2020年，龙岩市及7个县（市、区）全部纳入中央国家机关及有关单位对口支援范围。全面完成乡镇（街道）机构改革。理顺厦龙合作区、龙雁组团开发建设机制。列入国家电子证照应用试点，入选全国社保卡“一卡通”创新运用综合示范地区。获批财政部支持深化民营和小微企业金融服务综合改革试点城市。在全省率先建立政务服务高频事项“跨省通办”合作机制。全面推行证明事项和涉企经营许可事项告知承诺制，“一窗受理”事项达86%，企业开办时间压缩至半天。出台市属国企参与政府性投资项目规范管理办法，推动企业做强主业，市属国企实现营收330亿元、比上年增长209%，新增主体信用AA级以上企业2家。龙高股份主板上市获中国证监会审核通过，连城赛特新材在科创板上市。列入全国医保DIP付费改革试点城市，15项医改重点指标中9项居全省前列。土地节约集约利用获国务院大督查通报表扬。市供销社获评“金扁担”改革贡献奖。永定区农村集体产权制度改革经验做法在全国推广。

【民生事业】 2020年，龙岩市民生支出占一般公共预算支出比重达78.8%。26项为民办实事项目基本完成。精准落实就业、医疗等帮扶措施，新出台支持贫困户发展生产11条政策，2037户脱贫不稳定户和边缘户全部消除贫困风险，易地扶贫搬迁办证率99%，得到自然资源部肯定。加大援企稳岗力度，创新“人力资源网上超市”就业服务，建立全省首个职业技能提升中心，城镇登记失业率3.92%，新增就业2.5万人。加大基本民生兜底保障，发放低保金2.4亿元，临时救助困难群众1.8万人次，建成保障性安居工程8078套。全市13所中小学校秋季建成招生，新增学位2.7万个，33所公办幼儿园开工建设。龙岩学院被列入国家中西部高等教育振兴计划，闽西职业技术学院通过省示范性现代职业院校建设工程评估验收。龙岩市选手在首届全国职业技能大赛上取得优异成绩。市第一医院分院、市中医院医技综合大楼建成投入使用，基层医疗服务水平进一步提升。完成第七次全国人口普查登记工作。获全国未成年人思想道德建设工作先进城市。市关工委被评为全国关心下一代工作先进集体。

【龙岩大桥实现全线通车】 2020年10月30日，福建龙岩大桥实现全线通车。龙岩大桥工程南起华莲路交叉口、北至爱亭路交叉口，工程全长3.4千米。大桥分为桥梁和地面道路两大部分，其中桥梁总长2330米，主桥全长340米。大桥定位为Ⅱ级城市交通主干道，采用双向六车道，主线设计行车速度60千米/小时。龙岩大桥由中国建筑第六工程局承建，主桥设计为不对称孔跨独塔双索面钢箱梁斜拉桥，主塔塔高121米，设计为“宝石”型、钢筋混凝土结构。4月10日，龙岩大桥通过钢箱梁斜拉桥二次转体施工（独塔单转和塔梁共转）技术，完成百米高万吨主塔逆时针69度旋转，开创世界先河。8月，项目再次完成逆时针21度角水平二次转体——塔梁共转。两次转体一举创下三项“全国之最”，向世界展示中国基础设施建设的超高水准。

【《龙岩市实施河长制条例》施行】 2020年5月1日，《龙岩市实施河长制条例》开始施行，这是全国首部专门系统规范实施河长制的市级地方性法规。

2017年2月16日，龙岩市率先在全省制定《龙岩市全面推进河长制实施方案》《龙岩市河长制工作办法（试行）》，把河长制工作作为推进生态文明建设的重要举措和抓手。2019年11月29日，龙岩市五届人大常委会第十八次会议表决通过《龙岩市实施河长制条例》。2020年3月20日福建省第十三届人民代表大会常务委员会第十七次会议通过。

【中央苏区金融街项目建成】 2020年五一期间，龙岩中央苏区金融街暨恋城1908文创街区开街并向市民开放。中央苏区金融街项目是龙岩中心城区红色旅游精品线路重要组成部分。项目位于街心花园边，占地面积11000平方米，总投资约1亿元。依托中心城区的闽西工农银行旧址、毛泽东旧居、隐泉书院、国共谈判点六角亭等红色旧址、纪念建筑、人文景观，加以布展提升、串点成线，并对具有龙岩传统建筑特色的南门头老街进行改造，重点打造以中央苏区第一个股份制银行、中央苏区第一个邮政总局、中央苏区第一个粮食调剂局等“共和国金融摇篮”系列展馆为核心的，集文化展示、建筑创新、文创聚集、夜间经济凸显的综合性特色街区。

【首届龙岩互联网大会举行】 2020年11月8日，由中共龙岩市委、龙岩市人民政府主办，龙岩市大数据局承办的首届龙岩互联网大会暨2020年龙岩市数字产业发展项目对接洽谈会在龙岩万达嘉华酒店举行。大会的主题为“数智赋能：融合创新发展”。共邀请嘉宾297位，为发挥顾问“智囊”和“引领”作用，助力龙岩数字产业化和产业数字化，龙岩市人民政府聘请首批17位数字经济发展顾问。新罗区、永定区负责人分别作数字产业招商推介。总投资32.9亿元的12个数字经济发展项目在会上集中签约。（游友荣）

【新罗区】 位于龙岩市中东部。2020年辖7个街道、13个镇。土地面积2678平方千米。年末户籍人口59.7万人，常住人口84.8万人，人口自然增长率5.4‰。耕地面积1.3万公顷，粮食播种面积7788.6公顷，粮食产量

4.98万吨。林地面积22.2万公顷，森林面积22.27公顷，森林覆盖率80%，活立木蓄积量0.22亿立方米。可开发水能蕴藏量33.3万千瓦，已探明矿藏60余种，高岭土、无烟煤、铁、石灰石的品位和储量均居福建领先地位。旅游资源有国家AAAA级旅游风景区“华东第一洞”——龙硿洞，国家AAA级旅游景区中央苏区（闽西）历史博物馆、东肖红色旧址群景区、竹贯古村落景区、培斜福海龙乡景区、七彩蓝田生态农业休闲观光园景区、福建紫金山旅游区等，1个全国金牌旅游特色村（培斜村），此外还有11个省级乡村旅游特色村，有闽西宗教旅游胜地、教禅宗“五家七宗”法眼宗祖庭——天宫山，有世界上独一无二的象形山江山“睡美人”，有国家非物质文化遗产——龙岩“采茶灯”。全区有毛泽东旧居、红四军司令部旧址、闽西工农银行旧址、后田暴动旧址星火祠堂、新四军二支队司令部旧址、邓子恢纪念馆、山塘红色兵工厂等众多革命遗址，累计6处省级革命文物保护单位。2020年获评中国城区高质量发展水平百强区、中国工业百强区，蝉联全国文明城市、省级文明城区称号，连续5年位列中国市辖区综合实力百强、最具投资潜力中小城市。

2020年，全区地区生产总值1018.81亿元，比上年增长5.5%。其中，第一产业增加值59.23亿元，比上年增长3.7%；第二产业增加值479.04亿元，增长5.1%（其中工业增加值366.29亿元，增长4.3%）；第三产业增加值480.55亿元，增长6.2%。人均地区生产总值121577元，比上年增长3.5%。规模以上工业总产值1110亿元，比上年增长3.9%。农林牧渔业总产值110.8亿元，增长3.8%。固定资产投资比上年下降10.3%。社会消费品零售总额462.95亿元，比上年下降7.2%。实际利用外资16597万元，比上年增长147%。一般公共预算总收入39.3亿元，比上年增长0.9%，其中地方一般公共预算收入实现24.29亿元，增长3.2%。城镇居民人均可支配收入44519元，比上年增长2.6%；农村居民人均可支配收入23925元，增长6.1%。

龙雁组团加快建设。在龙雁组团实施“多块牌子、一套人马”运作模式，推进北部未来城和东部银雁新城总投资213亿元的52个“产城人融合”重点项目建设，“产城人”深度融合的新兴智慧型产业承接平台加快打造；当年度，围绕国家电网连续10年对口支援利好形势，快速破题产业、政策、项目落地工作，新启动97.87公顷百亿能源互联网产业园建设，半年引入太阳电缆等重大项目15个，总投资69.1亿元，龙雁组团成为城市发展新增长极。

生态优势持续巩固。统筹推进生态环境和农村人居环境治理工作，70个乡村振兴试点村建设加快推进，成功打造3条乡村振兴精品线路；全年主要流域水质优良比例100%，25条小流域水质均稳定达到或优于Ⅳ类，4个国省控断面水质优良比例、6个集中式生活饮用水源地水质达标率均为100%；中心城区空气质量天数优良比例保持99%以上，综合排名常居全省第二；森林覆盖率稳定保持省、市前列。

脱贫攻坚。注重扶贫与乡村振兴工作相衔接，持续聚焦“两不愁三保障”，深化激励性扶贫举措，推广激励性扶贫模式，全区4个贫困镇和42个贫困村全部摘帽，建档立卡贫困人口4030户9356人实现稳定脱贫，开展脱贫攻坚“回头看”，对脱贫不稳定户、边缘易致贫户实施建档管理，脱贫攻坚工作连续3年获市级考评第一。（吕文靓）

【永定区】 位于龙岩市南部。2020年辖1个街道、14个镇、9个乡。土地面积2226.45平方千米。年末户籍人口48.12万人，常住人口32.50万人。人口自然增长率2.58‰。耕地面积2.50万公顷，粮食播种面积1.59万公顷，粮食产量9.99万吨。林地面积17.34万顷，森林覆盖率75.52%，活立木蓄积量1430万立方米。已探明矿物有13种，其中能源矿产2种（煤和地热）、金属矿产7种（铁、锰、铅、锌、钼、银、铜）、非金属矿产4种（水泥用灰岩、饰面用花岗岩、砂岩、耐火黏土）、水气矿产1种，重要矿产资源有煤炭、地热、水泥灰岩、饰面石材、铁、锰、铅、锌、钼、耐火黏土等10种。水力资源丰富，水力资源理论蕴藏量121.7万千瓦，可开发73.1万千瓦，已开发70.5万千瓦，境内装机容量60万千瓦的棉花滩水电厂为福建省第二大水电厂。主要旅游景点有福建土楼永定景区、永定天子生态旅游区、永定下洋中川景区、金砂红色小镇、岐岭牛牯扑红色旅游景区、龙湖风景区、客家博览园、王寿山、东华山、茫荡洋、南华山、西陂天后宫以及中央红色交通线旧址等。其中，福建土楼永定景区是世界文化遗产，是国家AAAAA级旅游景区；永定天子生态旅游区是国家AAAA级旅游景区；金砂红色小镇是国家AAA级旅游景区；西陂天后宫、中央红色交通线旧址是全国重点文物保护单位；福建土楼博物馆、胡文虎纪念馆是“中国华侨国际文化交流基地”。2020年获得“国家卫生县城”称号。

2020年，全区地区生产总值285.83亿元，比上年增长5.2%。其中，第一产业增加值39.69亿元，比上年增长3.2%；第二产业增加值112.64亿元，增长5.0%（其中工业增加值61.42亿元，增长2.8%）；第三产业增加值133.49亿元，增长6.0%。人均地区生产总值87276元，比上年增长6.4%。规模以上工业总产值比上年增长3.3%。农林牧渔业总产值70.7亿元，比上年增长3.3%。固定资产投资145.3亿元，比上年增长19.7%。社会消费品零售总额125.17亿元，比上年下降4.6%。外贸出口额90644万元，比上年增长8.0%。一般公共预算总收入16亿元，比上年下降1.6%，其中地方一般公共预算收入10.4亿元，下降4.7%。城镇居民人均可支配收入42535元，比上年增长4.2%；农村居民人均纯收入21062元，增长6.1%。

龙湖大桥建成通车。龙湖大桥是永梅出省公路的控制性工程，全长454米，宽23米，桥面双向四车道。桥型为矮塔斜拉刚构桥，为跨越大型棉花滩水库而建，单独设计为龙湖景观大桥，概算总投资1.26亿元。由葛洲坝集团第五工程有限公司（葛洲坝集团路桥工程有限公司）承建。该桥桩基最低标高

93米，承台标高156米，桥面标高190米，是国内内陆湖大桥桩基水位最深的工程，且湖底覆盖层浅及裸露花岗岩的地质结构，给钢栈桥和主墩桩基的施工造成极大的困难，施工难度国内罕见。项目于2017年6月动工建设，2020年6月桥面合龙，2020年10月1日建成通车。

（陈志霞）

【上杭县】 位于福建省西南部。2020年辖17个镇5个乡。土地面积2879平方千米。年末户籍人口52.01万人，常住人口37.60万人。人口自然增长率5.2‰。连续第五年被评为“福建省经济实力十强县”；首次获评全国文明城市，连续三届获评全国双拥模范县，获评“国家卫生县城”。

2020年，全县地区生产总值431.87亿元，比上年增长5.7%。其中，第一产业增加值60.46亿元，比上年增长3.5%；第二产业增加值179.38亿元，增长6.2%（其中工业增加值98.44亿元，增长5.6%）；第三产业增加值192.02亿元，增长5.9%。规模以上工业增加值比上年增长7.3%。财政总收入39.91亿元，增长1.69%，其中地方一般公共预算收入28.21亿元，增长3.05%。固定资产投资增长8.3%。社会消费品零售总额152.76亿元，下降5.7%。城镇居民人均可支配收入43768元，增长3.5%；农村居民人均可支配收入19699元，增长6.8%。

*文旅康养试验区建设。*2020年，古田山庄二期、全国中小学生研学实践教育营地一期等项目完成主体工程，古田会议旧址群修缮提升、景区综合提升、“一河两岸”改造提升等项目有序推进，池田快速通道、古步线建成通车。梅花山森林康养基地获评国家级森林康养基地。古田镇入选中国特色小城镇百强、省乡村振兴重点特色镇。

*上杭县发现恐龙足迹群。*11月7日，福建省文物局牵头，福建省英良石材自然历史博物馆与中国地质大学（北京）组成联合考察队，在上杭县临城镇龙翔村发现大规模距今8000万年晚白垩世恐龙足迹群。该化石产地面积约1600平方米，清理出240余枚恐龙足迹。经自然资源部国家古生物化石专家委员会相关专家实地考察认定，该大型恐爪龙类行迹为中国首次发现，是中国截至2020年保存最好、面积最大、多样性最高的晚白垩世恐龙足迹群，也是福建省在恐龙及其遗迹方面的首次发现。

*上杭县获评“福建经济实力十强县”。*12月31日，上杭县再次获“2020年度福建省经济实力十强县（市）”称号。这是上杭县连续第5年蝉联全省县域经济实力“十强县”，且排名从第八位晋升到第七位。（上杭县委党史方志办）

【武平县】 位于龙岩市西部。2020年辖1个街道、14个镇、2个乡。土地面积2635.13平方千米。年末户籍人口39.67万人。常住人口27.80万人。土地面积26.36万公顷，粮食播种面积2.40万公顷，粮食产量15.43万吨。森林覆盖率79.7%。共有河流234条，总长度2641千米，流域面积2573平方千米。有矿产37种，已探明或部分探明储量的有金、银、铜、稀土、石灰石、煤炭、白云岩、萤石、钼、高岭土、大理石、锰矿、膨润土等13种。重要矿产资源有煤炭、石灰岩、白云岩、膨润土、银铜多金属、高岭土。主要旅游景点有国家AAAA级景区梁野山国家级自然保护区、岩前狮岩景区和千鹭湖景区，国家AAA级景区文博园、平桥翠柳森林公园、刘亚楼将军故居，以及梁野山国家森林步道、中山国家历史文化名镇等。2020年蝉联全国文明城市称号，获评国家卫生县城、国家生态文明建设示范县，入选全国首批森林康养基地。连续五年荣膺福建省县域经济发展“十佳”县。

2020年，全县地区生产总值273.38亿元，比上年增长4.7%。其中，第一产业增加值41.01亿元，增长2.6%；第二产业增加值114.47亿元，增长5.0%（其中工业增加值72.67亿元，增长3.6%）；第三产业增加值117.89亿元，增长5.1%。人均地区生产总值98337元，比上年增长4.7%。规模以上工业总产值增长5.1%。农林牧渔业总产值74.61亿元，增长2.7%。固定资产投资增长0.2%。社会消费品零售总额139亿元，增长0.7%。实际利用外资1120万元，下降61.1%。一般公共预算总收入14.88亿元，比上年增长4.6%，其中地方一般公共预算收入10.14亿元，增长5.6%。城镇居民人均可支配收入37837元，比上年增长3.4%；农村居民人均可支配收入19244元，增长6.7%。

*林改“金字招牌”。*武平县打造林改“武平经验”升级版，推进乡村振兴新路径，2020年荣登“中国天然氧吧”综合效益指数评估全国榜首，成为福建唯一入选“中国天然氧吧”最佳打卡目的地，捷文村被确定为福建省践行习近平生态文明思想示范基地。

*获评“四好农村路”省级示范县。*11月，武平成功获评“四好农村路”省级示范县。“十三五”期间，武平县持续构建县、乡、村三级农村物流体系，全面完成农村客运公交化改造运营，武平“信息平台+统一配送”成为福建唯一入选全国首批农村物流的服务品牌，环梁野山五村互通公路入围2020年度全国“十大最美”农村路。

*武平群众安全感满意率全省第一。*2020年，武平在省委政法委组织的全省各县（市、区）平安“三率”测评中，群众安全感满意率99.58%，位居全省第一；执法工作满意率98.54%，居全市第一。12月，武平被评为全省第四轮首批平安县。（林志斌）

【长汀县】 位于龙岩市西北部。2020年辖13个镇、5个乡（城区辖2个镇）。土地面积3104.16平方千米。年末户籍人口54.76万人，常住人口39.80万人。人口自然增长率－2.75‰。耕地面积2.97万公顷，粮食播种面积2.54万公顷，粮食产量17.12万吨。林地面积25.95万公顷，森林覆盖率稳定在79.8%，活立木蓄积量0.2282亿立方米。主要矿产资源金属矿有稀土、钨、铁、锡、金、银等，其中稀土储备量居全省之首；非金属矿有黄铁矿、石灰石、白云石、花岗岩、石英砂、硅石等。境内地下水资源和地热资源丰富，河田温泉属国内罕见，温度高达80℃，日流量4000吨以上。长汀县是国家历史文化名城，全县有全国重点文保单位4处12个点、省级文保单位37处49个点、县级文保单位80处81个点，国家级传统村落12个、省级传统村落2个，国家级历史文化名村5个、省级历史文化名村2个，中国历史文化名街1条，国家工业遗产1处。主要旅游景点有长汀红色旧址群国家AAAA级旅游景区(包括中共福建省委旧址、福建省苏维埃政府旧址、福音医院旧址，红四军司令部、政治部旧址等全国重点文物保护单位和全国重点烈士纪念建筑物保护单位——瞿秋白烈士纪念园等著名红色景点)，长汀历史文化名城旅游区（包括汀州古城墙、四大历史街区、卧龙书院、汀州八喜馆、大夫第等)，汀江源国家自然保护区、汀江国家湿地公园、客家山寨丁屋岭等。2020年长汀县获国家新型城镇化补短板弱项试点示范县、国家“十三五”易地扶贫搬迁工作成效明显县、全国信访工作“三无”县、全国非遗与融合发展优秀县等称号。

2020年，全县地区生产总值309.77亿元，比上年增长4.9%。其中，第一产业增加值41.38亿元，比上年增长3.1%；第二产业增加值137.15亿元，增长5.5%（其中工业增加值增长4.7%)；第三产业增加值131.24亿元，增长4.9%。规模工业增加值比上年增长5.5%。农林牧渔业总产值73.70亿元，比上年增长3.1%。固定资产投资比上年增长8.3%。社会消费品零售总额154.1亿元，比上年下降1.7%。实际利用外资2487万元，比上年下降72%。一般公共预算总收入14.70亿元，比上年增长1.8%，其中地方一般公共预算收入9.80亿元，增长2.5%。城镇居民人均可支配收入28988元，比上年增长4.1%；农村居民人均纯收入18149元，增长7.5%。连续四年荣膺福建省“县域经济发展十佳县”称号。

长汀县举行汀州城墙二期修缮工程地块考古调查勘探开工仪式。3月24日，汀州古城墙二期修缮工程地块考古调查勘探开工。福建博物院副院长龚张念、考古研究所所长楼建龙等专家出席开工仪式。

福建省“决胜全面小康决战脱贫攻坚”主题记者见面会在长汀县召开。7月31日，福建省“决胜全面小康决战脱贫攻坚”主题记者见面会在“红军长征第一村”——长汀县南山镇中复村举行。通过人民网等200多家境内外媒体和新媒体渠道进行网络同步直播。

《龙岩市长汀水土流失区生态文明建设促进条例》《龙岩市长汀历史文化名城保护条例》分别于2020年10月1日、11月28日起施行。（陈李萍）

【连城县】 位于龙岩市西北部。2020年辖10个镇、7个乡（城区辖1个镇)。土地面积2597平方千米。年末户籍人口34.18万人，常住人口25.10万人。人口自然增长率6‰。耕地面积2.16万公顷，粮食播种面积2.03万公顷，粮食产量12.79万吨。林地面积21.99万公顷，森林覆盖率81.86%，活立木蓄积量0.198亿立方米。重要矿产资源有煤、锰、铁、铅、锌、铜、钼、钨等。主要旅游景点有冠豸山、九龙湖、赖源溶洞、梅花山、培田古村落、四堡雕版印刷旧址群。

2020年，全县地区生产总值276.55亿元，比上年增长5%。其中，第一产业增加值40.77亿元，比上年增长3.2%；第二产业增加值123.03亿元，增长5.9%（其中工业增加值85.67亿元，增长5.2%)；第三产业增加值112.74亿元，增长4.6%。人均地区生产总值110399元，比上年增长4.8%。规模以上工业总产值比上年增长6.6%。农林牧渔业总产值69.83亿元，比上年增长3.2%。固定资产投资比上年增长3.5%。社会消费品零售总额121.41亿元，比上年下降0.5%。外贸出口额9.21亿元，比上年下降1.1%；实际利用外资351万元，下降77%。一般公共预算总收入10.2亿元，比上年增长1.7%，其中地方一般公共预算收入7.02亿元，增长7.5%。城镇居民人均可支配收入34644元，比上年增长3.7%；农村居民人均纯收入18331元，增长7.0%。（陈炳旺）

【漳平市】 位于龙岩市东部。2020年辖11个镇、3个乡（城区辖2个街道)。土地面积2956.24平方千米。年末户籍人口29.15万人，常住人口25.40万人。人口自然增长率2.9‰。耕地面积10018.40公顷，粮食播种面积9337.4公顷，粮食产量60559吨。林地面积25.42万公顷，森林覆盖率80.35%，活立木蓄积量2178万立方米。水力资源理论蕴藏量40万千瓦，可供开发的水能蕴藏量36万千瓦。漳平市是福建省重点矿产市（县）之一，唯一的烟煤产地，境内已发现矿产资源26种，主要矿种有煤、铁、钼、锡、钨、铅、硫铁矿、石墨、石灰岩、高岭土及玉石等12种。主要旅游景区（点）有：国家AAAA级水上茶乡·九鹏溪景区、天台国家森林公园、王景弘故里·百家姓古村香寮、大陆阿里山·漳平永福高山休闲农业旅游区、象湖朱德率红四军出击闽中纪念馆、古人类活动遗址·象湖奇和洞、新桥仓坂龙津三清瀑布、双洋历史文化名镇、双洋东洋历史文化名村、赤水香寮特色景观旅游名村等。2020年，漳平成功创建国家级农村电商示范县、“中国最美樱花胜地”、中国农民漆画创研产业基地。

2020年，全市地区生产总值274.70亿元，比上年增长4.6%。其中：第一产业增加值37.18亿元，比上年增长3.6%；第二产业增加值117.65亿元，增长5.4%（其中工业增加值83.14亿元，增长4.7%)；第三产业增加值119.86亿元，增长4.1%。人均地区生产总值108362元，比上年增长4.0%。完成规模工业产值250.82亿元，比上年增长5.6%。农林牧渔业总产值62.45亿元，比上年增长3.7%。固定资产投资比上年增长12.2%。社会消费品零售总额103.82亿元，比上年下降0.2%。外贸出口额27.93亿元，比上年增长12.2%。实际利用外资6713万元，下降21%。一般公共预算总收入15.2亿元，比上年增长5.4%，其中地方一般公共预算收入9.7亿元，增长7.3%。规模以上工业增加值比上年增长6.1%。城镇居民人均可支配收入38053元，比上年增长3.0%；农村居民人均可支配收入20290元，增长 7.1%。

天守（福建）超纤科技股份有限公司获“国家企业技术中心”称号。1月，国家企业技术中心评价结果公布，天守（福建）超纤科技股份有限公司获得“国家企业技术中心”称号。截至2020年1月，漳平市有国家高新技术企业15家，省级科技小巨人领军企业12家、省级高成长型企业3家、科技型企业9家、省级技术中心5家、省“专精特新”中小企业8家，龙岩市级技术中心10家。

永福高山茶入围农产品地理标志登记保护。2月，农业农村部公示2020年第一批农产品地理标志登记产品，拟对各地申请的152个产品实施国家农产品地理标志登记保护，永福高山茶入选。永福高山茶，2005年被评为“福建名茶”；2011年被北京故宫博物院选定为“故宫贡茶”；2012年成为天津博物馆选定的“天津博物馆一品茶”，作为博物院赠送国际嘉宾与领导的外事礼品茶；2015—2018年连续四年获中国国际农产品交易会参展农产品金奖；2017年入选第九届金砖五国（厦门）峰会用茶、入选“砥砺奋进的五年”国家大型成就展。

漳平市8个乡村获“国家森林乡村”称号。3月，国家林业和草原局公布第一批和第二批“国家森林乡村”名单，和平镇东坑村、南洋镇梧溪村、新桥镇云墩村、官田乡梅营村、芦芝镇圆潭村、南洋镇北寮村、永福镇西山村、拱桥镇上界村8个行政村成为漳平市首批入选国家森林乡村行政村。

漳平国家生态樱花茶园产业融合标准化示范区项目列入第十批国家农业标准化示范区。4月，漳平市台企福建漳平台品茶业有限公司承担的国家生态樱花茶园产业融合标准化示范区项目列入第十批国家农业标准化示范区。福建漳平台品茶业有限公司将种植、加工、休闲、观光旅游融合于一体，采用等高梯田式及“太极八卦”圆满型茶园设计为主，引种万棵樱花树及各种灌木，形成“十里樱花、千亩茶园”浪漫、壮观的立体生态景象，被评为海峡两岸茶业合作重点示范基地、省级农业标准化示范基地、全国首批“全国绿色食品一二三产业融合发展示范园”；以台品樱花茶园为核心的“大陆阿里山”景区被评为AAA级景区。

漳平市总医院医养康复中心项目主体工程完工。6月，福建省重点项目——漳平市总医院医养康复中心主体工程完工。漳平市总医院医养康复中心项目，总投资3.1亿元，建设有养老公寓、医养结合病区、医疗培训中心及社区服务中心。项目规划用地面积44320平方米，总建筑面积78721平方米，设立医养床位1000张，其中自理型床位700张，护理型床位300张，是集康复医疗、养生养老为一体的康养综合体。

（陈龙林　陈波秀）

宁德市

【概况】　宁德俗称闽东，地处福建省东北部。2000年11月撤地设市，下辖一区、两市、六县和一个国家级经济技术开发区。土地面积1.34万平方千米。人口356万人。地处大陆黄金海岸线中段，北接温州、南连福州、西邻南平、东望台湾，具备“北承南联、西进东出”的区位优势。沈海高速公路、宁武高速公路、温福铁路临港临城穿越，合福铁路穿境而过，衢宁铁路始发通车，全市县县通高速，漳湾码头正在连片开发、对外开放。随着港口和交通基础设施的不断完善，宁德将形成“一核六放射”的综合交通运输布局，成为中国中部地区最便捷的出海口之一。境内海域面积4.45万平方千米，大陆海岸线1046千米，均约占全省1/3。坐拥“世界不多，中国仅有”的东方大港——三都澳，澳内海域714平方千米，10米以上的深水水域174平方千米，深水岸线88千米，主航道水深30～115米、无碍航暗礁，50万吨级巨轮可全天候自由作业，是建设大型物流港、储备港和中转港的理想港址。宁德是全球最大的聚合物锂离子电池生产基地和全球最大的不锈钢生产基地，不锈钢新材料产业突破千亿产值，锂电新能源产业2020年形成千亿元产值规模。宁德集山、海、川、岛、湖、林、洞于一体，有“海上仙都”太姥山、“亲水天堂”白水洋、“全国独有”鸳鸯溪、“名山奇峡”白云山、“海上天湖”三都澳、“华东第一瀑”九龙漈瀑布等一批国家级和省级风景名胜区，境内四季分明，气候宜人，生态环境和空气质量全优，是中国东南沿海休闲度假和生态旅游的胜地。

宁德红色文化、宗教文化、畲族文化、廊桥文化、海洋文化交相辉映，是中央红军长征前与中央革命根据地并存的全国八大老革命根据地之一，老一辈无产阶级革命家陶铸、邓子恢、叶飞、曾志等都在这片红色土地上领导过革命；是全国最大的畲族聚居地，畲族人口20万人，占全国的1/4、全省的1/2。

2020年，全市地区生产总值2619亿元，比上年增长6%。规模以上工业增加值增长7.4%。一般公共预算总收入233.55亿元，其中地方一般公共预算收入137.79亿元，分别增长5.3%、8.6%。城镇居民人均可支配收入37121元，增长3.4%；农村居民人均可支配收入19050元，增长7%。进出口增长17.9%，其中出口增长17.9%。实际利用外资增长5.1%。固定资产投资增长0.7%。金融机构本外币存款余额2392.18亿元、贷款余额2296.27亿元，分别增长21.4%、14.6%。年度节能减排任务全面完成。

【疫情防控】　2020年，新冠肺炎疫情发生后，宁德市第一时间动员全市上下进入应急防控状态，联防联控、群防群治，守住福建“北大门”。仅用25天时间遏制疫情蔓延，26例本地确诊病例和1例境外输入确诊病例、1例无症状感染者全部治愈出院。出台关心关爱一线医务人员措施办法，4批58名驰援湖北医护人员完成援助任务，为打赢湖北、武汉保卫战贡献宁德力量。64天当地口罩日产能从1.5万只迅速增加到200万只，市民和企业基本防疫需求得到保障。城市核酸检测基地建成投用，日检测量从1000份提高到4.9万份，具备5日内常住人口全员检测能力，8类重点人群“应检尽检”。出台支持中小微企业用工、融资、出口等一系列共渡难关政策措施，仅用2个月企业生产经营就恢复到上年同期水平。抓好“外防输入、内防反弹”各项措施落实，外籍轮船、修造船、渔船等三类船只严格管理，进口冷链食品、冷冻库规范管理，“人”“物”同防措施有效落实，“由物输入”风险有效控制，至2020年底无本土新增确诊病例。

【产业发展】 2020年，宁德市四大主导产业增加值比上年增长16.2%，对规模以上工业增加值增长贡献率达137.1%。锂电新能源产业实现产值734亿元，比上年增长17.8%。锂电池投产产能100GWh，综合市场占有率稳居全球第一。时代三期、新能源科技三期、时代一汽、国泰、阿李科技项目建成投产，时代四期车里湾扩能、新能源科技四期、时代科士达项目开工建设，时代五期（福鼎）项目对接落地。新能源汽车产业实现产值65亿元。上汽宁德基地入选中国标杆智能工厂，新车型实现量产，月产量2万辆，年产量6.6万辆。不锈钢新材料产业实现产值1217亿元，比上年增长7.7%。青拓不锈钢无缝钢管、奥展不锈钢一期和周宁不锈钢产业园一期项目建成投产，青拓棒线材、宏泰不锈钢产业科技园等项目加快建设。铜材料产业实现产值175亿元，比上年增长28.5%。中铜东南铜业阴极铜产量达35万吨以上。正威一期10万吨精密铜线项目实现当年开工、当年投产。福浦一期、正威三期项目开工建设，嘉元铜箔项目签约落地，铜精深加工产业链加速延伸。宁德时代21C创新实验室开工建设，新能源科技获批建设省重点实验室。宁德时代、新能源科技各一项关键技术获省科技进步一等奖。宁德时代储能微网入选国家首批科技创新（储能）试点示范项目。青拓集团笔尖钢实现量产，青拓特钢获批建设省高性能氮合金化不锈钢工程研究中心。第五届动力电池应用国际峰会暨首届中国新能源新材料（宁德）峰会、中国·宁德不锈钢新材料创新研讨会在宁德市召开，两大主导产业话语权持续增强。三祥液态金属、纳米氧化锆项目建成投产，镁铝合金项目开工建设。与省药监局签订闽东药城高质量发展合作备忘录，广生堂5个创新药进入临床审批阶段，一批仿制药通过一致性评价。华龙化油器信息化系统获评工信部企业上云典型案例。现代服务业实现增加值973.4亿元，比上年增长6.3%。总部经济、平台经济取得突破，正威总部、智享无限、宁德动游投入运营，国网时代储能、周宁大宗商品交易平台、福安益卓商贸签约落地。港口物流加快发展，货物吞吐量近5000万吨，比上年增长17.5%；集装箱吞吐量14.5万标箱，增长10.9%，增幅均居全省第一。安吉物流宁德基地一期、上汽铁路专用线建成运营，全年汽车整车公铁水联运7万多辆。文旅融合加速发展。“乡村+文创”“摄影+民宿”“白茶+文化”等模式有效推广。寿宁“下乡的味道”红色之旅、古田生态休闲旅游列入全国乡村旅游精品线路，新增省级以上旅游村镇25个。成功举办第十届宁德世界地质公园文化旅游节，全市接待游客2615.64万人次、旅游总收入291.47亿元。发放消费券、乐购券价值4166万元，拉动消费1.52亿元。电子商务网络零售额312.23亿元、增长30.5%。周宁、霞浦入选国家级电子商务进农村综合示范县。

【脱贫攻坚】 2020年，宁德市最后两个省级扶贫开发工作重点县周宁、柘荣实现摘帽。651户重点巩固对象和363户重点监测对象“零返贫”。在全省率先出台疫情期间强化帮扶“7条措施”、防止返贫精准救助方案，设立返贫救助保障金。市本级投入1.17亿元用于巩固脱贫。发放扶贫小额信贷资金10.6亿元。实施产业扶贫项目1.33万个，1000多家农业企业、合作社带动1.5万户贫困户发展。安排2393名贫困劳动力到公益性岗位就业。12258名不具备自主脱贫能力的贫困户实现农村低保“应保尽保”，建档立卡贫困人员医疗叠加保险报销比例达94.4%。完成造福工程搬迁522人，超额提前完成省里下达任务。79个建档立卡贫困村、7.3万人实现饮水安全有保障。29国驻华使节到宁德市考察并参加“摆脱贫困与政党的责任”国际理论研讨会“宁德扶贫故事”分享会。全市农林牧渔业总产值584.14亿元，比上年增长3.1%，八大特色农业占比94%以上。建成高标准农田0.88万公顷，粮食总产量47.24万吨。低产低质茶园改造提升0.13万公顷。水产品产量103.49万吨、比上年增长1.8%；渔业产值266.17亿元，增长1.7%。新建省级水果、蔬菜、食用菌等标准化生产基地16个，创建市级“菜篮子”示范基地20个。出台特色农业保险实施方案。“0593宁德号”区域公用品牌正式启用。新增“三品一标”认证产品133个。寿宁入选国家数字乡村试点县，古田、福安入选全国“互联网+”农产品出村进城工程试点县。探索具有闽东特色的乡村振兴之路，388名乡村振兴指导员、303名科技特派员和25名金融助理员驻乡联村服务。投入乡村振兴资金44.31亿元，110个省级乡村振兴试点村实施项目597个，306个市级产业薄弱村实施项目1139个，基本消除村级集体经济年收入10万元以下相对薄弱村。完成铁路沿线环境安全隐患整治，全面提升“两高一线”沿线362个乡村景观风貌。培育乡村文化振兴示范村38个、文化队伍653支、文化骨干4160名。

【营商环境】 2020年，宁德市获批建设中国（宁德）知识产权保护中心，成为全省第二家。新增国际专利申请4747件、比上年增长3.75倍，居全省第一。卓高入选国家级专精特新“小巨人”企业，思客琦等16家企业入选省科技小巨人领军企业。三祥新材、安波电机、三禾电器被认定为省“专精特新”中小企业，时代电机、广生堂入选省产业领军团队。新增国家级高新技术企业29家、省级47家。新认定省企业技术中心6家。新获批博士后科研工作站2个。东侨获批建设全国大众创业万众创新示范基地。“放管服”改革纵深推进，“不见面审批”“一事一次办”改革加快推广，跨省远程异地评标改革列入全省试点。“一趟不用跑”事项占比提升到72.8%。行政审批服务事项提前办结率96.7%。企业开办时间压缩至1个工作日内。“i宁德”汇聚150多项便民服务事项。政府投资项目和社会投资项目审批时间分别缩减至90个和70个工作日内。国企改革全面推进，“一企一策”经营业绩考核实现全覆盖。市直经营性事业单位完成转企改制。漳湾作业区获批延续临时开放，正式开放列入国家审理计划。农村集体产权制度改革扎实推进，全面完成登记赋码、股权证书发放。宁台交流合作深入推进，成功举办海峡两岸台胞青少年夏令营、第二十一届宁德投洽会，首次以线上方式举办第十一届海峡两岸电博会、陈靖姑文化节。千亿元招商任务超额完成，签约项目440个、总投资1141.39亿元，履约率85.2%、开工率68.9%。获批专项债券资金支持项目70个、88.54亿元。PPP项目年度入库数、签约落地数均居全省第一。新增“五个一批”项目1420个、总投资3966亿元。福安、霞浦、柘荣、周宁进入全省“五个一批”项目季度正向激励综合考评前十名。300个在建市重点项目完成投资677.14亿元，占年度计划102.4%。组织开展“双百项目”百日攻坚行动，破解494个前期报批、79个安征迁和225.39亿元融资等问题。新开工重点项目128个、竣工137个，超额完成年度开竣工任务。衢宁铁路开通运营，结束周宁、屏南不通铁路的历史。建成沙埕湾跨海通道工程，打通对接长三角出省新通道。漳湾作业区7号泊位建成投用。霞浦核电2号机组开工建设。新增减税降费超过22亿元，争取纾困资金15.75亿元。每季度召开一次政银企对接会，普惠小微贷款比上年增长38%，涉农贷款增长10.1%。企业贷款平均利率降低0.8个百分点，普惠小微贷款利率降低1.4个百分点。普惠金融服务中心、政府性融资担保机构实现市县全覆盖，全省首创“担保云”融资服务平台上线运行，“见贷即保”实现批量业务，融资担保倍数放大到2.81倍。两次下调用气最高指导价，降幅达10.8%。

【城乡建设】 2020年，宁德市获评全国文明城市。19个集体新获全国文明村镇、文明单位、文明家庭、文明校园称号。获评全国无障碍环境示范市，获全国无偿献血先进市称号。整治超标电动车4.63万辆。加强烟花爆竹销售和燃放管理。改造提升8个农贸市场。完成168个老旧小区环境治理。背街小巷一级环卫保洁、路面硬化、路灯建设实现全覆盖。“光盘行动”、礼让斑马线、志愿服务等文明行为蔚然成风，市民文明素质显著提高。中心城区实施城建项目217个，完成投资68.3亿元。四大馆、工人文化宫建成投用。时代广场、人民广场、镜台山公园一期完成改造提升。连城路及周边道路加快建设，三都澳新区路网基本形成，打通3条断头路，完成24个城市主干道交叉路口优化改造，“白改黑”28.8千米。建成公厕14座。新增公共停车位（含临时）1万多个、充电桩1300个。首批无人驾驶锂电新能源巴士在锂电新能源小镇上线运营。新增92辆纯电动公交车，公交路线增至30条，实现城区全覆盖。中央生态环保督察第一轮整改任务全面完成，第二轮整改任务加快落实。海上养殖综合整治取得决定性胜利，累计投入资金47.72亿元，清退和升级改造渔排142.7万口、贝藻类3.67万公顷，清海工作“宁德模式”成为全国生态环保督察整改典型经验、生态审计典型案例，海漂垃圾加快陆海统筹治理。中心城区重点流域黑臭水体基本消除，新建改造雨污管网280千米，新改扩建污水处理厂3个，污水日处理能力由5万吨提高到16.5万吨。全市109个大气治理项目、1647个入河排污口排查、14个农村“千吨万人”饮用水水源地环境整治全面完成。完成自然村户厕改造2622个。

【社会民生】 2020年，宁德市民生支出278.35亿元，占一般公共预算支出78%。完成33件为民办实事项目。发放就业补助资金1.41亿元，城镇新增就业3.65万人，城镇失业人员再就业1.1万人，城镇登记失业率3.9%。1101名事实无人抚养儿童纳入保障，市儿童福利院投用。新纳入低保、特困人员14572人，生活不能自理特困人员集中供养率提高到92.5%，在全省率先实行特困人员“先诊疗后付费”。每千名老年人拥有养老床位超过35张，养老机构公建民营比例达到84.7%。保障性安居工程开工800套、建成1419套。市县两级城市公益性公墓建设全面启动。全市竣工教育项目48个，新增学位2.36万个。新增公办幼儿园9所、普惠性民办幼儿园87所，公办幼儿园比例提高到50.3%，学前教育普惠率提高到92.4%。新增义务教育管理标准化学校56所、一级达标高中3所。宁德一中新校区建成。职业院校对接四大主导产业招生比例提高到50%。推进市职教园前期工作。宁德师范学院医学院加快建设。实施医疗卫生补短板项目122个，新增床位1710张。建成“双达标”基层医疗卫生机构101个。入选全国医保付费改革试点城市，医保刷卡结算实现“村村通”“就近通”。8件作品荣获第九届百花文艺奖。全国基层理论网宣基层经验交流会在宁德市举行。中央广播电视总台“心连心”慰问演出走进宁德，向全国人民展示闽东人民滴水穿石的奋斗精神和脱贫致富的时代风貌。扫黑除恶专项斗争取得压倒性胜利，各类违法犯罪活动有效打击，群众安全感率99.27%、位居全省第一。信访工作态势总体平稳向好。宗教事务管理依法加强。安全生产专项整治三年行动全面启动，安全事故起数和死亡人数实现“双下降”。沿海2.69万艘12米以下“非标”船舶全部纳入规范化管理。基层防灾减灾救灾能力不断提升。食品安全“一品一码”主体注册率100%。实现全国双拥模范城“五连冠”。

【衢宁铁路开通运营】 2020年9月27日，随着衢宁铁路首趟T8006次列车从宁德站驶出前往衢州方向，标志衢宁铁路开通运营，结束周宁、屏南不通铁路的历史。衢宁铁路于2015年9月开工建设，北起浙江衢州市，南至福建省宁德市，正线全长379千米，是国家客货共线Ⅰ级单线电气化铁路，设计时速160千米。其中，宁德段正线长100.52千米，设屏南、周宁、支提山、宁德等客货运车站。

【第五届动力电池应用国际峰会在宁德召开】 2020年10月16—17日，第五届动力电池应用国际峰会暨首届中国新能源新材料峰会在宁德举行，会议由中国化学与物理电源行业协会、宁德市人民政府等联合主办，围绕亚洲产业迭代与欧洲产业崛起、先进材料及新技术运用、握手动力电池新市场、车用动力电池的变革等开展主旨论坛，来自国内外相关行业的专家、学者、客商代表等300余人参会。

【中国·宁德不锈钢新材料创新研讨会召开】 2020年8月21日，由宁德市人民政府、福建省工业和信息化厅、中国钢铁工业协会联合主办的"中国·宁德不锈钢新材料研讨会"在宁德召开。该次研讨会以"创新驱动不锈钢产业高质量发展"为主题。会上，有8个项目签约，发布中国钢铁协会QN系列不锈钢团体标准、红土镍矿不锈钢单位产品能耗福建省地方标准，有关专家学者作专题报告和产品应用报告。 （龚美华）

【蕉城区】 地处福建东北的鹫峰山南麓、三都澳之滨。土地面积1665平方千米。海岸线总长211千米，海域总面积280平方千米。总人口约48万人。2020年辖11个镇、3个乡（含1个民族乡）、2个街道及1个省级开发区（三都澳经济开发区）。粮食播种面积0.53万公顷，粮食产量2.59万吨。林地面积10.77万公顷，森林覆盖率67.75%，活立木蓄积582万立方米。主要旅游景区（点）有霍童古镇、洋中古镇、三都澳斗帽岛、上金贝"中华畲家寨"景区等4个国家AAA级旅游景区，三都岛、霍童镇桃花溪等两个全国红色旅游经典景区，支提山国家森林公园。主要地方产品有天山绿茶、天山红茶、晚熟龙眼、晚熟荔枝、枇杷、草莓等茶果，官井洋大黄鱼、二都蚶、太平洋牡蛎等水产品。是"中国名茶之乡""中国晚熟龙眼之乡""中国大黄鱼之乡""全国重点产茶县""中国茶业百强县"，2020年获中国特色农产品优势区、国家农产品质量安全县等称号。

2020年，全区地区生产总值782.8亿元，比上年增长12.6%。三次产业结构调整为5.4∶63.2∶31.4。一般公共预算总收入41.95亿元，比上年增长4.1%，其中地方一般公共预算收入23.04亿元，增长3.9%。农林牧渔业总产值82.88亿元，增长0.4%。规模以上工业增加值增长21%。城镇居民人均可支配收入38788元，增长2.7%；农村居民人均可支配收入19271元，增长6.9%。

2020年，蕉城区海上养殖综合整治累计投入资金8亿多元、清退渔排22.7万口，三都澳重现"碧海蓝天、渔舟唱晚"盛景。衢宁铁路蕉城段通车，支提山站、站前广场和通站道路同步投用。宁德汽车城铁路专用线建成投用。蕉城区成功举办中国明史学会第十九届年会，建成宁德明史研究成果展示馆。蕉城区城隍庙街区认定为省级历史文化街区。 （杨 涛 陈洋洋）

【福安市】 位于宁德市东北部。2020年辖2个省级经济开发区、18个乡镇、4个街道。土地总面积1809.75平方千米。年末户籍人口67.62万人，常住人口约61万人。人口自然增长率7.5‰。全市耕地面积2.32万公顷，粮食播种面积1.59万公顷，粮食产量7.55万吨。林地面积12.86万公顷，森林覆盖率69.09%，活立木蓄积量875.95万立方米。重要矿产资源有银、金、钼、铜、铅、锌、饰面用石材、叶蜡石、高岭土、脉石英、建筑用砂石等。重要海洋资源有大黄鱼、梅童鱼、凤尾鱼、虾蟹类、贝类苗种等高经济价值水生生物305种，海砂储量4660万立方米，建有大黄鱼、红树林保护区和白海豚观测点等。主要旅游景点有世界地质公园，国家AAAA级旅游景区白云山，国家AAA级旅游景区、中国历史文化名村廉村，国家AAA级旅游景区、全国第一条葡萄溪溪塔，国家AAA级旅游景区、南国最美桃花源虎头、刺桫椤省级自然保护区瓜溪，国家AAA级旅游景区、"闽东延安"红色旅游基地柏柱洋，"坦洋工夫"历史文化名村坦洋等自然、人文景观。

2020年，福安市获评全国县域经济与县域基本竞争力百强县（市）、"中国茶业百强县"、"全国茶业生态建设十强县"、中国特色农产品（福安葡萄）优势区、全国互联网+农产品出村进城工程试点县、全国数字农业试点县。

2020年，全市地区生产总值600.16亿元，比上年增长6.7%。其中，第一产业增加值53.43亿元，比上年增长3.4%；第二产业增加值371.14亿元，增长6.4%；第三产业增加值175.59亿元，增长8.6%。人均地区生产总值98630元，比上年增长6.0%。规模以上工业总产值1419.44亿元，比上年增长2.2%；工业增加值323.40亿元，增长6.3%；规模以上工业增加值增长5.8%。农林牧渔业总产值92.3亿元，比上年增长3.4%。固定资产投资增长3.9%。社会消费品零售总额149.6亿元，增长2.4%。实际利用外资4349万元，下降5.4%。一般公共预算总收入51.2亿元，比上年增长2.7%，其中地方一般公共预算收入27.9亿元，增长4.4%。城镇居民人均可支配收入39660元，比上年增长3.8%；农村居民人均可支配收入19851元，增长7.2%。

*被国家发展改革委列入全国县级新型城镇化建设示范名单。*6月3日，国家发展改革委发布《关于加快开展县城城镇化补短板强弱项工作的通知》，发布包括24个省份120个县及县级市的县城新型城镇化示范名单，福安市入选全国县级新型城镇化建设示范名单。

*纪念撤县建市30周年。*12月9日，举行撤县建市30周年系列活动，30年来，福安市牢记习近平总书记嘱托，滴水穿石、久久为功，实现从"省定贫困县"到"全国百强县"的飞跃。

*正威福安电子信息新材料科技城项目一期建成投产。*正威福安电子信息新材料科技城项目位于福安市上塘产业园区，该项目由世界500强企业正威国际集团投资建设，规划用地面积约1000亩（66.67公顷），总投资60亿元，分三期建设，其中一期投资约5亿元，建设年产10万吨低氧光亮铜线、精密控制铜线等，年产值约50亿元。一期项目于2020年2月开工建设，12月建成投产，创下项目建设"当年开工、当年

投产”的“福安速度”。

（占福仔 敖荣增 谢再城）

【福鼎市】 位于宁德市东北部。2020年辖3个街道、10个镇、3个乡、1个开发区。年末户籍人口60.61万人。土地总面积15.42万公顷，其中农用地面积13.11万公顷，占土地总面积的85.04%；耕地面积24773.20公顷，粮食播种面积1.31万公顷，粮食产量6.35万吨。林地面积10.82万公顷，森林面积9.8万公顷，森林蓄积量328.42万立方米，森林覆盖率62.64%。福鼎市内溪流纵横密布，流域面积100平方千米以上的河流有5条。矿产资源有铜、铅锌、银、镉、铁、稀土、叶蜡石、玄武岩、花岗岩等30余种。探明储量的有铅锌、银、铜、镉、硫铁矿、叶蜡石、玄武岩、花岗岩等。主要旅游景点有世界地质公园、国家AAAAA级旅游景区太姥山，中国十大最美海岛嵛山岛，国家AAA级旅游景区牛郎岗，中国体育旅游精品景区九鲤溪，江南最大古民居翠郊古民居，中国扶贫第一村赤溪，福建十大最美海岛台山岛，省级水乡渔村沙埕小白鹭、硖门柏洋、嵛山月亮湾等。2020年获评“全国平安建设先进县”；福鼎白茶位列中国茶叶区域公用品牌价值四强、入选首届中欧地理标志协定保护名录；福鼎市被认定为福建省首批全域生态旅游示范县。

2020年，全市地区生产总值418.69亿元，比上年增长0.8%。其中，第一产业增加值60.70亿元，比上年增长3.4%；第二产业增加值219.04亿元，下降1.1%（其中工业增加值184.00亿元，下降1.7%）；第三产业增加值138.94亿元，增长3.3%。农林牧渔业总产值104.78亿元，比上年增长3.4%。规模以上工业增加值下降7.5%。固定资产投资比增0.6%。社会消费品零售总额196.96亿元，下降3.5%。批发和零售业销售额207.85亿元，下降0.8%。住宿和餐饮业营业额24.26亿元，下降3.0%。利用外资1800万元，增长38.5%。财政收入28.45亿元，下降4.6%，其中地方一般公共预算收入18.15亿元，下降2.4%。年末本外币贷款余额518.55亿元，增长11.6%。城镇居民人均可支配收入39610元，增长3.4%；农民人均可支配收入19288元，增长7.6%。

沈海高速公路复线福鼎贯岭至柘荣段全线建成通车。1月1日零时，沈海高速公路复线福鼎贯岭至柘荣段全线建成，通车运行。沈海复线福鼎贯岭至柘荣段路线起点位于福鼎市贯岭镇邦福村，终点位于管阳镇园潭村（福鼎市与柘荣县交界处），全长32.32千米，路基宽度24.5米，双向四车道，设计速度80千米/小时，概算总投资25.71亿元，实际投资29.01亿元。项目于2014年12月动工，2019年12月24日通过交工验收。

首届“六妙杯”中国白茶茶王赛新闻发布会。8月12日，首届“六妙杯”中国白茶茶王赛新闻发布会在福鼎举行。该次比赛作为中国茶产业发展史上首次全国范围内的白茶比拼大赛，极具权威性。参赛范围覆盖全国13个省份及福建省13个产茶区，茶王赛参赛茶样分别为2020年春茶白毫银针、2020年春茶白牡丹两个品类，比赛评选每个品类茶王各1个、金奖6个、银奖10个、铜奖16个。颁奖典礼在北京人民大会堂举行，获奖茶样赠送给中国茶叶博览馆，作为馆藏茶样。

福建省民营企业建造的最大钢质散货船顺利吉水。2020年12月19日，由福建省立新船舶工程有限公司为福建永航海运有限公司建造的22500DWT散货船（永航富盛号）完成下排大节点，顺利吉水。“永航富盛”散货船自2019年12月按照中国造船质量标准开工建造，船长154.89米，型宽23米，型深12.6米，主机功率5300马力，载重量为22500吨，是立新船舶在建厂40周年之际里程碑式的造船成果，也是福建省民营企业建造的最大钢质散货船。

（董其勇 张媛钰）

【霞浦县】 位于宁德市东北部。2020年辖12个乡镇、3个街道。土地面积1524.7平方千米。年末户籍人口55.06万人，常住人口47.6万人。常住人口自然增长率2.7‰。耕地面积1.46万公顷，粮食播种面积0.83万公顷，粮食产量4.18万吨。林地面积10.47万公顷，森林覆盖率66.11%，活立木蓄积量554.5071万立方米。海域面积2.89万平方千米、海岸线505千米、浅海滩涂6.93万公顷、岛屿411个，均居福建省沿海县份首位。海洋鱼类700多种，滩涂生物200余种，盛产大黄鱼、海带、紫菜、刺参、鲍鱼等，年水产品总量在40万吨以上，位居全省前列，享有“中国海带之乡”“中国紫菜之乡”“中国南方海参之乡”的美誉。境内有杨家溪、罗汉溪、玉潭樱花谷、葛红农庄等风景名胜区和自然宗教人文景观，拥有大京、高罗等10多个沙滩，存有大京、传胪、外浒等27座古城堡，是“梦幻海岸、休闲天堂”。尤其是海滩摄影独具特色，获“全国摄影创作基地”称号。2020年获“全国青少年校园足球优秀试点县”称号；获评“2020中国最值得投资民宿区域”和“2020中国秋季休闲百佳县”。

2020年，全县地区生产总值264.48亿元，比上年增长1.5%。其中，第一产业增加值69.35亿元，比上年增长1.6%。第二产业增加值65.36亿元，下降5.0%（其中工业增加值48.00亿元，下降6.9%）；第三产业增加值129.77亿元，增长5.9%。人均地区生产总值55621元，比上年增长1.3%。规模以上工业总产值下降16.0%。农林牧渔业总产值129.39亿元，增长1.6%；固定资产投资增长20.3%。社会消费品零售总额98.0亿元，下降1.3%。外贸出口额4.089亿美元。一般公共预算总收入14.88亿元，增长15.4%，其中地方一般公共预算收入10.77亿元，增长23.3%。城镇居民人均可支配收入37118元，增长4.3%；农村居民人均可支配收入19286元，增长6.8%。

霞浦入选新型城镇化建设示范县城名单。6月3日，国家发展改革委发布《关于加快开展县城城镇化补短板强弱项工作的通知》，发布包括24个省份120个县及县级市的县城新型城镇化建设示范名单，其中霞浦县入选新型城镇化建设示范县城。

霞浦县入选2020年第一批国家级电子商务进农村综合示范县。7月10日，经过财政部、商务部、国务院扶贫办的联合审核，霞浦县入选2020年第一批国家级电子商务进农村综合示范县。

第36届青春诗会在霞浦县大京沙滩举行。10月22日，由中国作家协会诗刊社、福建省作家协会、宁德市委宣传部、宁德市文联、霞浦县委、县政府共同举办的“诗歌海岸·青春霞浦”诗刊社第36届青春诗会启动仪式，在“诗歌海岸”霞浦大京沙滩举行。诗会为期5天，全国优秀诗人和诗歌评论家们，在大京、长沙、半月里、东壁、下尾岛、七星渔排等地开展采风活动，参观长沙书苑、乡愁馆、诗歌馆、文艺名家工作室版画基地，诗写“闽东之光”。

（王培全）

【寿宁县】 位于宁德市西北部，2020年辖8个镇、6个乡。土地面积1433平方千米。户籍人口26.32万人。耕地面积1.74万公顷，粮食播种面积1.02万公顷，粮食产量5.28万吨。林地面积11.32万公顷，森林覆盖率71.97%，活立木蓄积量638.04万立方米，拥有3.88万公顷的富硒和4.59万公顷富锌土壤资源。大小径流1700余条，年平均流量22亿立方米，水能蕴藏量50万千瓦，年发电量16亿千瓦时。主要旅游景点有难忘下党红色旅游区、西浦国家AAA级旅游景区、杨梅洲峡谷国家森林公园、官台山古银硐国家地质公园、梦龙天池、三峰公园、省级地质公园南山风景区、水洋万亩樱花园等。重要矿产资源有叶蜡石、饰面石材、建筑用石料、白云岩、脉石英、明矾石、硫铁矿、矿泉水等。2020入选国家农村产业融合发展示范园、全国农村创新创业典型县、国家数字乡村试点县、国家生态综合补偿试点县。被确定为全国首批脱贫攻坚交流基地，获评全国“十三五”搬迁工作成效明显县、全国第三批节水型社会建设达标县。下党乡被确定为全国脱贫攻坚考察点，“红色旅游新地标”案例入选世界旅游联盟旅游减贫案例，“下乡的味道”红色之旅入选全国乡村旅游精品线路。

2020年，全县地区生产总值104.68亿元，比上年增长3.7%。其中，第一产业增加值17.39亿元，比上年增长4.4%；第二产业增加值38.11亿元，下降0.1%（其中工业增加值23.48亿元，增长1.4%）；第三产业增加值49.18亿元，增长7.0%。规模以上工业增加值下降2.9%。农林牧渔业总产值29.49亿元，增长4.4%。固定资产投资增长17.6%。社会消费品零售总额32.02亿元，增长2.1%。实际利用外资1008万元，增长45%。一般公共预算总收入5.19亿元，增长1.0%，其中地方一般公共预算收入3.36亿元，增长8.1%。城镇居民人均可支配收入28941元，增长3.3%；农民人均可支配收入16536元，增长7.7%。

寿宁东部新城建设全面启动。12月7日，寿宁县东部新城寿宁大道、新城大桥、翠微坝等项目集中开工。东部新城建设项目东起南阳镇上房村、西至鳌阳镇后壁洋，南起南阳镇龟岭岔村、北至鳌阳镇禾洋路，项目规划控制区面积11.88平方千米，总投资约100亿元。

寿宁县东区中学一期项目建成投用。9月1日，中国光彩基金会·万科集团寿宁县扶贫成果交付活动在寿宁县东区中学举行，标志着由万科集团捐赠1.2亿元建设的寿宁县东区中学一期项目交付使用。寿宁县东区中学是截至2020年全省单体最大的社会力量捐资援建扶贫慈善公益事业项目，是寿宁县教育补短板重点项目，也是寿宁县东部新城开发的第一个项目。该项目自2018年11月动工建设，总占地面积13.8公顷，总建筑面积8.23万平方米，概算投资2.85亿元，设置教学班60个，可容纳学生3000人。项目分两期建设，一期占地5.74公顷，建筑面积2.85万平方米，由光彩基金会万科专项援建综合楼、教学楼、实验科技楼和300米田径场及绿化景观等附属工程。

省道S207线寿宁下党至尤溪段公路通车。9月29日，寿宁县举行省道S207线寿宁下党至尤溪段公路通车活动。省道S207线寿宁下党至尤溪段公路总投资2.8亿元，双向双车道设计，路线起点下党乡鸾峰桥，沿原有的下党进乡公路进行提级改造，途经溪后村、大丘下村、下屏峰村，穿下屏峰隧道，经溪源村、溪源新村到达项目终点。

官台山古银硐国家地质公园通过评审认定。12月11日，寿宁官台山古银硐遗址被国家林业和草原局确认为国家地质公园，成为福建省唯一的古银硐国家级地质公园。寿宁官台山古银硐国家地质公园位于寿宁县大安乡、坑底乡和犀溪镇交界，是一座以展示宋、明时期遗留的银矿开采遗迹景观为主体，以石灰岩采矿遗迹治理、地面塌陷遗迹治理等环境更新、生态恢复手段展示为核心，峡谷地貌和水体景观为辅，融合官台山矿工起事、太监府遗址等人文景观于一体的综合性公园。该公园分为官台山、太监府两个区块，规划面积25.87平方千米，共有地质遗迹点27处，其中国家级4处、省级15处、省级以下8处。

（周道文）

【周宁县】 位于宁德市西北部。2020年辖6个镇、3个乡，共147个行政村（社区）。土地面积1035平方千米。年末户籍人口21.18万人，常住人口15万人。人口自然增长率11.6‰。全县平均海拔800米，夏无酷暑，冬无严寒，环境宜人，是国家重点生态功能区。耕地面积1.05万公顷，粮食播种面积0.47万公顷，粮食产量2.68万吨。林地面积8.42万公顷，森林覆盖率72.96%，活立木蓄积量436万立方米。重要矿产资源有铅、锌、铁、高岭土、珍珠岩等。主要旅游景点有九龙漈、鲤鱼溪、陈峭、仙凤山、苏家山、蝙蝠洞等。2020年获评全国信访工作“三无”县、“中国鲤鱼文化之乡”称号。

2020年，全县地区生产总值76.16亿元，比上年增长3.3%。其中，第一产业增加值8.41亿元，比上年增长5.0%；第二产业增加值23.53亿元，下降6.2%（其中工业增加值13.32亿元，下降1.5%）；第三产业增加值44.22亿元，增长9.9%。人均地区生产总值51284元，增长1.3%。农林牧渔业总产值15.31亿元，增长5.0%。固定资产投资增长16.4%。社会消费品零售总额27.71亿元，增长0.1%。实际利用外资331万元，下降73.2%。一般公共预算总收入5.40亿元，比上年下降2.6%，其中地方一般性公共预算收入3.91亿元，增长5.6%。城镇居民人均可支配收入31917元，比上年增长3.6%；农村居民人均可支配收入17705元，增长7.0%。

脱贫攻坚。2020年，周宁县全面落实“两不愁三保障”，有劳力贫困户充分就业，完全无劳力家庭应兜尽兜，九年义务教育巩固率115.7%，城乡居民医保、养老保险覆盖面分别达99.2%、98.6%，医保叠加报销比例95%以上，村级卫生所纳入医保定点达86.4%，住房、饮水安全等保障有力，全力帮扶贫困人口和边缘群体，支持返岗复工或就近就地就业，全县没有一户因疫情致贫返贫，2020年4月，省委、省政府公告周宁县脱贫摘帽。

衢宁铁路（周宁段）建成通车。9月27日，衢宁铁路（周宁段）通车，结束周宁不通铁路的历史。衢宁铁路（周宁段）总里程20.157千米，包括“一站八桥九隧道”，周宁站最大人流量500人/日、最大货运量50万吨/年。

（张常文）

【柘荣县】 位于宁德市东北部。2020年辖2个镇、7个乡。土地面积538平方千米。年末户籍人口11.05万人，常住人口9.3万人。户籍人口自然增长率9.22‰。耕地面积5600.73公顷，粮食播种面积4416公顷，粮食产量2.43万吨。林地面积4.48万公顷，森林覆盖率71.17%，活立木蓄积量175.58万立方米。重要矿产资源有银、铅、锌和凝灰岩、花岗岩。主要旅游景点有鸳鸯草场、东狮山、九龙井风景区。

2020年，全县地区生产总值75.23亿元，比上年增长5.0%。其中，第一产业增加值8.91亿元，比上年增长4.4%；第二产业增加值32.15亿元，增长3.3%（其中工业增加值22.06亿元，增长0.9%）；第三产业增加值34.17亿元，增长7.2%。人均地区生产总值81327元，比上年增长4.5%。规模以上工业增加值下降7.0%。农林牧渔业总产值15.99亿元，增长4.4%。固定资产投资增长1.6%。社会消费品零售总额34.37亿元，增长1.2%。实际利用外资303万元，增长51.5%。一般公共预算总收入4.48亿元，比上年增长2.8%，其中地方一般公共预算收入2.72亿元，增长5.2%。城镇居民人均可支配收入30150元，比上年增长3.1%；农村居民人均可支配收入16797元，增长6.4%。

福建省首个县域名称集体商标“柘荣剪刀”获批。“柘荣剪刀”集体商标通过国家知识产权局商标局审批，成为福建省唯一以县域名称做标识的工业集体商标。同年，《剪刀通用技术条件》福建省地方标准通过福建省市场监督管理局发布实施。柘荣县是“中国刀剪之乡”，2020年全县刀剪企业183家，产品涉及各类专业剪15个系列120多个品种，注册品牌150多件，年产刀剪3亿多把，年产值17.8亿元，其中碳钢工业用剪占国内市场份额80%。

柘荣县综合档案馆建成投用。柘荣县综合档案馆用地面积2624.93平方米，总建筑面积4302.08平方米，总投资1800万元，馆藏档案规模20万卷。该项目被列入“国家支持中西部县级综合档案馆建设项目”，于2018年开工建设，2020年8月12日完成验收，10月27日举行落成仪式并投入使用。

柘荣高山白茶北京站活动开幕。11月7日，“闽茶中国行”柘荣高山白茶北京站活动在国家会议中心开幕。此次活动以“‘柘’有好茶，‘荣’耀京城”为主题，借2020年北京国际茶产业博览会契机，推介柘荣高山白茶。启动仪式上，“闽茶中国行”北京站组委会向柘荣县恒馨老茶农业发展有限公司、福建桂岭茶业有限公司等8家茶企颁发“柘荣高山白茶产业示范带动奖”。活动期间，北京茗昌源商贸中心、北京满堂香茶业有限公司同柘荣县政府签署战略合作协议。

福建省对台交流基地“中华游氏文化园”举行揭牌仪式。12月2日，宁（德）台（湾）游氏文化交流活动暨福建省对台交流基地——中华游氏文化园举行揭牌仪式。中华游氏文化园建设工程以现存的古廊桥、游朴读书洞、游朴德政坊、游仙姑宫等自然文化资源为基础，打造形成以“植物科普园、传统文化园、名人励志园”为主要内容的“三园一体”格局。中华游氏文化园所在的黄柏乡是中华游氏仙姑香脉传承圣地、历史名人游朴故里。近年，柘荣县利用游氏仙姑信俗文化和历史名人游朴文化资源，通过举办三届“游氏仙姑祈福文化节”系列活动，推动两岸民间文化交流和人员往来。

柘泰线金钟大桥合龙。12月22日，S201（联七线）柘荣城关至柘泰交界段（柘泰线）项目的金钟大桥桥梁中跨合龙。金钟大桥位于柘荣县与浙江泰顺县交界处，桥长213.5米，桥宽11米，是柘泰线关键性节点。

（吴开钏）

【古田县】 位于宁德市西南部。2020年辖8个镇、4个乡、2个街道。土地面积2372.83平方千米。年末户籍人口42.49万人，常住人口32.4万人。人口自然增长率3.1‰。耕地面积2.78万公顷，粮食播种面积1.99万公顷，粮食产量11.55万吨。林地面积17.79万公顷，森林覆盖率72.14%，活立木蓄积量1093.70万立方米。重要矿产资源有金、银、铜、铅、锌、钼、钨、铋、铁、锰、叶蜡石、高岭土、花岗岩、辉绿岩、闪长岩、建筑用凝灰岩、泥炭土、砖瓦黏土、紫砂黏土、萤石、地热、矿泉水。主要旅游景点有蘑菇部落（AAA级）、金翼之家（AAA级）、翠屏湖景区、临水宫景区、白溪草场、杉洋“文武古镇”、钱厝钱来山风景区、高岗草场、白岩洞、圆瑛故里、前洋古村、双坑油画。“古田银耳”获评国家农产品地理标志，古田县获评“福建森林县城”称号。

2020年，全县地区生产总值204.97亿元、比上年增长3.5%。其中，第一产业增加值49.03亿元，比上年增长5.2%；第二产业增加值52.12亿元，增长4.6%（其中工业增加值38.33亿元、增长5.4%）；第三产业增加值103.82亿元，增长1.9%。规模以上工业总产值增长3.5%。农林牧渔业总产值85.24亿元，增长5.2%。固定资产投资增长6.5%。社会消费品零售总额88.08亿元。实际利用外资2290万元，增长30.9%。一般公共预算总收入10.80亿元，其中地方公共预算收入7.48亿元。城镇居民人均可支配收入35018元，增长3.8%；农村居民人均可支配收入20262元，增长7.2%。

国家现代农业（食用菌）产业园通过国家认定。2019年6月获批创建，以食用菌为主导产业建设国家产业园，园区总体布局为“一心两园三区”，规划面积2.87万公顷，涉及6个乡镇（街道）67个村，占全县总行政村数的23.6%，园区农户5.1万户，占全县总农户数的48.1%，食用菌产量占全县70%以上，2020年度园区总产值170亿元，其中食用菌产业总产值120亿元。12月22日，农业农村部、财政部认定古田县国家现代农业（食用菌）产业园为第三批国家现代农业产业园。

古田食用菌产业园（北区）标准化厂房建设项目全面竣工。12月9日举办竣工仪式。该项目是政府投资性建设项目，系“五个一批”省攻坚计划重大项目之一。总投资1.39亿元，用地总面积2.52公顷，建筑总面积51700平方米，由4栋标准化丙类工业厂房和1栋生产服务用房组成。主要功能定位在食品制造业，采取公建出租模式引进企业，至年底入驻11家食品生产加工企业。

古田县翠屏湖环湖生态运动休闲旅游公路天宫岭至凤埔、平湖公路全线通车。该项目总投资9.5亿元，主路和支线均按二级路标准建设，设计速度采用40千米/小时，路基宽度为10米，路面结构采用沥青混凝土路面；配套建设雨水、管综、照明、绿化、景观等工程和驿站6个、游客中心1座。12月10日全线通车。

古田县印石山公园观景栈道及天桥投入使用。该工程建设观景栈道长1811米、宽2.4米，修建跨路天桥2座、跨河天桥1座，同时建设绿化、水电、石质阶梯、景观灯等配套附属设施，工程设计限额5600万元。该栈道参照福州的“福道”样式设计建造，是一条高架的山水生态休闲健身走廊，形成一个开放式的大循环，市民步行从主城区到滨河公园仅15～20分钟，是一项重点民生工程。于2018年4月动工建设，于2020年6月全面完工并投入使用。

古田县城乡生活垃圾治理一体化项目建成试运行。该项目总投资2.76亿元，新建垃圾焚烧发电厂1座，建设1条生活垃圾处理规模为1×400吨/日、发电装机容量为9兆瓦的生产线，设计年发电量6528万千瓦时。该项目于2019年11月2日建筑工程开工，2020年12月15日垃圾进场，12月26日并网成功，投入试运行。

古田县城西幼儿园投入使用。该项目位于城西街道凤凰城北面，总投资3954万元，建设规划用地面积9359平方米，总建筑面积10165.4平方米，规模24班，新增学位720个。建有1栋4层钢混结构围合型教学综合楼及其配套的室外活动场地、道路、绿化、围墙大门等。于2018年9月开工，2020年7月竣工，9月投入使用。

2020年陈靖姑文化节网络直播活动举行。6月13日举行。此次文化旅游节以“千年临水情、健康古田行”为主题，台湾地区100多位宫庙代表参加，线上点播量200多万人次。举办顺天圣母祭祀典礼、台湾顺天圣母协会祈福活动、两岸信众云祈福、临水夫人瓷首发仪式、《小文创 大作为》文创精品发布会、网红星主播带您买买买活动。

“河（湖）长＋检察长”府检协作模式开启。7月1日，古田县人民政府与县人民检察院一起为“古田县人民检察院派驻河长办检察联络室翠屏湖联络点”揭牌，开启“河（湖）长＋检察长”守护翠屏湖新模式。通过联合执法、专题研讨、联席会议、提前介入方式，严厉打击非法采砂等违法犯罪活动，保护翠屏湖水域生态环境。

农村“互助孝老食堂”首创开启。5月2日，古田县首个农村“互助孝老食堂”在城东街道利洋村开启运营。至12月底，全县“互助孝老食堂”开启运营18个、在建22个，重点照护贫困、留守、孤寡、残疾等特殊困难群体。农村“互助孝老食堂”主要是瞄准山区农村困难群众和留守老人一日三餐“吃好饭”的“愁盼”，采取“政府搭台、村居承办、居民互助、个人自愿、梯度收费、社会参与”的运作模式，探索山区农村养老之路。（陈 菁）

【屏南县】 位于宁德市西部。县域面积1487平方千米。2020年辖5个镇、6个乡，共152个行政村、8个社区。总人口20.53万人。屏南县平均海拔830米，森林覆盖率76.2%，绿化率92.2%；年平均气温17℃，被列入国家重点生态功能区、省级生态县、省十佳林业县。主要旅游景点有世界地质公园，国家AAAAA级景区白水洋·鸳鸯溪，国家AAA级景区漈头古村落旅游景区、北墘黄酒文化旅游景区、双溪旅游景区，国家森林公园天星山等。屏南是中国木拱廊桥文化之乡、中国民间文化艺术之乡、中国民间武术文化之乡、中国红粬黄酒文化之乡。境内现存古代廊桥56座，万安桥是截至2020年全国现存最长的古代木拱廊桥，木拱桥传统营造技艺被列入世界急需保护的非物质文化遗产名录；万安桥、千乘桥、百祥桥、漈下建筑群入选全国重点文物保护单位。

2020年，全县地区生产总值91.84亿元。社会消费品零售总额38.86亿元。实际利用外资0.30亿元。一般公共预算总收入6.07亿元，比上年下降8.7%，其中地方一般公共预算收入3.94亿元，下降8.9%。城镇居民人均可支配收入30976元，农村居民人均可支配收入17201元。

工业经济。全年完成工业投资11亿元，比上年增长50.5%，技改投资4.2亿元，增长41%，投资体量、质量为近年最高。基本建成甘棠板式家具产业园，时代新材料一期、瑞幸咖啡、德茂无纺布、东峰尖和灵峰风电，以及谊邦等3家板式家具建成投产，全年新增规模以上工业企业5家。全年签约产业项目16个、总投资37.3亿元，12个项目实现“当年签约、当年建设”，签约项目落地率85.7%。（林承龙）

平潭综合实验区

【概况】 平潭综合实验区位于福建省东部。2009年9月，成立福州（平潭）综合实验区。2010年2月，福州（平潭）综合实验区更名为福建省平潭综合实验区，行政级别升格为正厅级。2020年耕地面积0.66万公顷，粮食播种面积0.37万公顷，粮食产量1.89万吨。林地面积1.05万公顷，森林覆盖率38.85%，活立木蓄积量61.51万立方米。重要矿产资源有石英砂、花岗岩，其中石英砂储量16亿吨、花岗岩储量7.7亿立方米。平潭四面环海，海洋、海岛资源和旅游景观极具代表性，是国家重点风景名胜区，被列入国家自然遗产名录以及世界自然遗产预备名单。有海坛湾、坛南湾和石牌洋三大滨海旅游休闲娱乐区，以及山岐澳海滨度假区、海岛国家森林公园等，海蚀地貌景观遍及全区，拥有世界级的水下文物资源。景点有半洋石帆、海坛天神、将军山、东海仙境等。

平潭历史上是东南沿海对台贸易和海上通商中转站，是改革开放以来全国最早设立台轮停泊点和开展对台小额贸易的地区之一。平潭与台湾隔海相望，是祖国大陆距离台湾本岛最近的地方，最近距离68海里。平潭主岛海坛岛也是福建省第一大岛、中国第五大岛，是福建的“马尔代夫”，同时也是著名的渔业基地。2020年获评“中国最美海岛生态旅游度假目的地”、“中国体育旅游十佳目的地”、2020博鳌国际旅游奖“年度精品目的地大奖”。

2020年，全区地区生产总值301.43亿元，比上年增长5.4%。其中，第一产业增加值36.03亿元，比上年增长2.0%；第二产业增加值84.44亿元，增长1.8%（其中工业增加值6.56亿元，下降11.2%）；第三产业增加值180.96亿元，增长7.7%。一般公共预算总收入90.80亿元，比上年增长28.2%，其中地方一般公共预算收入54.60亿元，增长20.0%。规模以上工业增加值比上年下降23.8%。农林牧渔业总产值68.44亿元，增长2.1%。固定资产投资下降9.6%。社会消费品零售总额58.82亿元，下降10.8%。出口总额59.20亿元，增长52.4%。实际利用外资65422万元，下降50.5%。城镇居民人均可支配收入43278元，比上年增长3.9%；农村居民人均可支配收入18742元，增长6.6%。全社会用电量10.72亿千瓦时。参加城镇职工基本养老保险3.72万人，参加新型农村社会养老保险20.15万人。参加基本医疗保险40.12万人，参保率91.59%，其中参加城镇职工基本医疗保险4.62万人、参加城乡居民基本医疗保险35.50万人。城镇生活污水集中处理率98%，城镇生活垃圾无害化处理率100%。

【企业复工复产】 2020年，平潭综合实验区做好“六稳”“六保”工作，统筹疫情防控和经济社会发展工作，经受住压力测试。2020年，平潭生产总值增速在全省九市一区位居第三，其中第三产业增速和占比均位居全省第一。

产业培育。启用跨境电商、新兴产业、直播经济三大产业园，金融港入港企业229家，基金管理规模1800亿元，基金公司备案率在全国基金小镇中排名第三，总部平台经济营收突破450亿元，跨境电商园获评省级示范物流园区。

传统产业回归。岚商签约项目落地转化率68%。“大招商”成效明显，引进投资额3000万元以上项目532个。

重点项目建设。新开工世茂海峡恋岛、长江澳海上风电场等项目61个，建成高铁中心站及周边路网工程等项目60个。

纾困政策落实。筹融资到位近百亿元，国有资产盘活、区属国企融资创新高；为中小微企业减免税费4.6亿元，兑现产业奖补资金21.6亿元。开展“全闽乐购”、发放消费券等系列促消费活动，撬动平潭内需增长。

【平潭海峡公铁大桥通车】 2020年12月26日，福平铁路开通运营，结束平潭不通铁路的历史；12月30日，平潭海峡公铁大桥公路桥通车运营，世界最长、中国首座公铁两用跨海大桥全面投用。大桥位于海坛海峡北口，是福平铁路、长乐—平潭高速公路的关键性控制工程，是合福铁路的延伸、京福通道的重要组成部分，也是连接长乐和平潭的快速通道。大桥于2013年11月13日动工建设，于2019年9月25日完成全部桥梁合龙工程全线贯通。平潭海峡公铁大桥线路北起松下收费站，上跨元洪航道、鼓屿门水道、大小练岛水道，南至苏澳收费站；大桥线路全长16.323千米，跨海段长11.15千米，其中上层为双向六车道高速公路，下层为双线铁路。该工程入选“2020年度央企十大超级工程”。

【岚台融合深化】 经贸合作。2020年，经平潭的台湾农渔产品贸易和保税进口货值分别比上年增长48.2%、89.6%，构建“全球—台湾—平潭”海空联运通道，中转运输防疫物资超4万批次。

行业标准共通。平潭率先构建覆盖职业资格、企业资质、商品检验的全链条采信体系。宗仁科技成为平潭首家在海峡股权交易中心挂牌的台资企业。台企参与制定的《海峡两岸绿色建筑评价标准》，成为福建省工程建设地方标准。海峡两岸交流培训中心开工建设，台胞社区加快建设。

民间交流。平潭成功举办第九届共同家园论坛、第三届两岸国学论坛、第十二届海峡两岸电视主持新人大赛等35场对台交流活动。

基层治理创新。全国首创“一网三联”涉台司法服务模式和台湾法律专才实习实训试点，培育两岸基层融合试点村86个，形成8个各具特色的基层融合示范村居。

【平潭国际旅游岛建设】 2020年，竹屿湾欢乐南岛项目签约落地平潭综合实验区，“6·8小镇”（一期）、海上环岛游投入运营。生态建设力度加大，全省率先实现36个历史废弃矿山“青山挂白”治理，完成“绿岛花城”建设面积0.11万公顷，综合治理水土流失近1000公顷。建成6个智慧景区示范点，“智慧文旅”项目获评亚洲旅游“红珊瑚”奖。建成生态旅游廊道45千米，进入全国“十大最美农村路”推选名单。影视+旅游、影视+文创、影视+数字等产业多元发展，竹屿湾影视基地和台湾风情影视基地双双发力，《守岛人》等17部影视作品在岚拍摄，落地影视企业260家。举办首届IM两岸青年影展、全国沙滩排球精英赛、国际风筝冲浪邀请赛等赛事。　（蔡　茵）

编辑：林丹英

人物

【2020年全国劳动模范】

林玉登　福建上润精密仪器有限公司工模中心副主任，高级技师

罗祥英　福建东飞环境集团有限公司河道保洁管理员

赖友华　中建海峡建设发展有限公司副总经理，高级工程师

赵武丽　福州高意通讯有限公司研发技术经理

黄水儿　福建奔驰汽车有限公司生产管理部总监，高级工程师

卓明华　福州大饭店有限公司餐饮技术总监，高级技师

刘用辉　盛辉物流集团有限公司董事局主席兼总裁，高级经济师

叶杉民　厦门惠尔康食品有限公司行政部经理

朱文霞　厦门航空有限公司客舱经理

陈国信　国网福建省电力有限公司厦门供电公司不停电作业高级师兼带电班副班长，工程师、高级技师

张水利　厦门象屿集团有限公司党委书记、董事长

林智勇　国网福建省电力有限公司漳浦县供电公司古雷镇供电所所长，工程师

吴长锡　三宝集团股份有限公司生产部经理

顾克宏　华阳电业有限公司检修部副主任，工程师

刘火城　福建哈龙峰茶业有限公司董事长，高级技师

黄景图　漳州招商局码头有限公司主修工，助理工程师、高级技师

许福忠　国网福建省电力有限公司泉州供电公司泉州亿兴电力工程建设有限公司带电作业中心副主任，工程师、高级技师

吴阿宁　福建万龙金刚石工具有限公司生产总监，经济师、技师

林丽娜　石狮市湖滨街道玉湖社区居民委员会副主任

侯国建　福建柒牌时装科技股份有限公司车间主任，高级技师

吴金笔　福建省南安市省新镇省身村党委书记

刘志军　德化黑鸡产业合作社社员

林孝发　九牧集团有限公司党委书记、董事长，工程师、经济师

苏天恭　永春县蓬壶镇仙岭村党支部书记

张运文　三明市海斯福化工有限责任公司技术总监，工程师

赖志永　中国重汽集团福建海西汽车有限公司质量部部长，工程师

兰爱珍　清流县嵩溪爱珍豆腐皮专业合作社技术员

黄盛腾　福建泰宁旅游有限公司排工

魏德英　莆田市第一医院南日分院（秀屿区南日镇卫生院）妇产科护士长，初级护理学士

徐元宝　仙游县度尾镇书潭珍藏坊名木艺品厂总设计师，高级工艺美术师、高级技师

何建平　百威雪津啤酒有限公司总裁，高级工程师

连　俊　福建八方港口发展有限公司技术设备部副经理，工程师

陈熙徽　福建南平南孚电池有限公司生产和物控部经理，助理经济师

范德发　福建南平太阳电缆股份有限公司技术中心主任，高级工程师

黄荣富　南平市建阳区莒口为民农机专业合作社理事长

郑东文　龙岩烟草工业有限责任公司卷包车间包装机组维修轮保组组长，高级技师

郑国强　福建龙净环保股份有限公司电

控事业部副部长，高级工程师

华锦先　龙岩市新罗区培斜生态乡村旅游专业合作社理事长

周小明　福建青拓特钢技术研究有限公司首席工程师，助理工程师、技师

于　健　中铜东南铜业有限公司党委书记、董事长、总经理，高级工程师

缪文钦　寿宁县祥瑞葡萄种植专业合作社理事长

王　威　中国铁路南昌局集团有限公司福州车务段党委书记、副段长，技师

余　虹　福建华电永安发电有限公司燃运主管，助理工程师、技师

陈　萍　福建省汽车运输有限公司福州站务分公司客北站“陈萍”服务组组长

詹高澍　福建兵工装备有限公司总工程师，高级工程师

【2020 年全国先进工作者】

陈晓红　福建省福州肺科医院结核科主任，主任医师

王豪杰　中共福清市委教育工委书记，福清市教育局党组书记、局长

陈明月　福州市公安局鼓楼分局刑事侦查大队副大队长、二级警长

陈良万　福建医科大学附属协和医院党委书记、心血管外科主任，主任医师

席雅君　厦门大学附属第一医院护士长，副主任护师

王可怡　福建省厦门第一中学教务处主任，中学高级教师

叶高发　长泰县岩溪镇人民政府经济发展办主任

林丽琴　漳州市妇幼保健院院长，副主任医师

陈剑洪　泉州市农业科学研究所油料研究开发中心主任，研究员

庄耀东　晋江市中医院院长，副主任医师

曾旭晴　泉州市实验小学校长、书记，正高级教师

黄　跃　三明市第一医院党委书记，主任医师

黄秀泉　沙县农业科学研究所副所长，高级农艺师

吕兴旺　福建省南平第一中学副校长，中学高级教师

徐荣华　建瓯市公安局刑事侦查大队大队长、四级高级警长

陈伟光　武平县城厢中心学校科学教师，中学高级教师

李斌生　龙岩人民医院院长、党委副书记，主任医师

张徐生　周宁县第一中学校长，正高级教师

杨　峰　平潭综合实验区公安局交通警察支队秩序管理大队副大队长、二级警长

李　红　福建省立医院党委副书记、福建省立金山医院党委书记，主任护师

陈文荣　福建省公安厅刑事侦查总队总队长、一级高级警长

周　琳　福建日报社屏山记者站副站长，记者

叶智勇　福建省消防救援总队灭火救援指挥部副部长

【2020 年福建省五一劳动奖章获得者】

侯艳梅　陈敏霞　何超金　刘小扬
周　华　黄智勇　徐　勇　林　铸
林性春　陈坚英　陈子厚　吴泽平
唐耀辉　陈依珠　李成虎　陈　忠
施　璇　林良伟　赖万丰　林　思
张华宗　陈敏红　王　成　吴碧香
吴文飞　王文勇　叶贻端　陈　燕
刘平生　董丽须　沈　翎　彭俊杰
林子茂　骆志煌　陈宏景　陈　祥
林志雄　林环环　王书标　陈　婷
吴　锋　郭仲伟　王清旺　杨　超
孙素环　李智坤　吴　彬　王碧云
王春南　王　显　吕　伟　陈庆良
陈亚忠　潘桂红　陈志坚　林桂全
彭志团　吴秀菊　汤姿平　黄仕诚
符坤龙　郑连花　张鹭媛　石武团
沈端珠　郭旭斌　柯毅群　吴永文
韩金鹏　黄丽玲　邹少强　郭碧珠
方　宇　俞立雄　沈　峰　肖宝扬
刘文山　杨文火　周文强　潘四梅
兰祖容　马维谦　陈鋆涯　杜兰香
吴良江　郭焕钢　蔡晓芹　林文华
林磊鑫　谢萍萍　宋庆明　庄飞虎
张佳雄　张琼瑜　江大钻　柯珍珍
吴丽川　陈拥军　何松文　郑翔鹏
王小冬　罗学飞　林坤明　蔡国辉
朱东梅　王建兴　林心如　郑雄文
林卫星　刘　伟　陈振裕　吴永志
黄华泽　王丹丹　黄婉婷　李锋平
陈晓阳　林志雄　黄文忠　许锡平
邹伟星　李丹威　郑成钟　邱璜其
张祥远　张金珠　李建华　朱　凯
张章秀　吴丽玲　吴满玲　吴景栋
黄林新　李晓华　李开明　任　晖
戴继成　陈秀娟　林金斌　林智辉
林荔琴　黄晚霞　朱清强　郭素云
林小花　陈玉雨　邱荣仙　吴方开

刘积峰 黄云鹏 陈少平 刘雪梅
伊志钢 卢湘蓉 刘玉树 韩国安
武晓旭 官兰兰 范良福 陈进添
张益金 林忠贤 杜锦祥 陈国兴
叶思东 许志平 李基乐 陈志信
范建明 杨庭珠 兰长杰 陈祖亮
邱碧荣 卢琴英 卢耿明 蓝建闽
华建彬 林睿冉 李富生 邱道良
廖振星 邹建华 黄建思 黄思源
俞 智 黄耿佳 罗如生 张元豪
章高岚 陈容斌 肖勇杰 周建新
包晓刚 叶宗贤 陈小琼 夏振华
蒋玉美 王功亮 吴伟清 张明凤
毕亚敏 谢世勇 余海燕 许燕燕
牛守兴 林彩英 陈子建 倪适雨
叶文煌 黄 伟 黄 曦 连而铸
储白珊 陈 青 洪幼萍 高 莹
吴泽华 林月美 王春娥 王艺磊
许水电 陈晓君 冯增芳 骆少鸣
郑军锋 王宗仁 陈勤耕 王跃东
林金峰 姚道义

【2020年福建省五一劳动奖章获得者(抗疫专项100名)】

康德智 赵淑好 张 尉 黄峥慧
黄碧霞 罗建雄 林 榕 王新航
钟志强 陈 平 王成东 林家新
许浩彬 郭 强 林 健 林颜挺
陈 丽 马 蕾 尤 颢 曹 健
郭文兴 丁丽君 欧春梅 许 中
周丙东 黄秀芳 卢 杨 郑 竞
杨坤宇 叶超翼 刘俊智 张妮妮
林晓青 陈玉凤 康 德 蔡铭智
翁文孝 郑林泉 梁力权 谢姊潼
庄锡彬 黄惠昌 肖建佳 黄超超
周碧锦 王荣雄 黄清景 伍伯稳
王思虹 宋惠雯 邓 祥 郑 艳
陈素清 陈 红 陈学华 郑晶晶
蔡建荣 黄萍萍 陈黄冰 徐清锋
翁清发 林志伟 林震勇 曾爱萍
陈尚建 陈 华 陈方美 吴爱民
吴灿明 阮春梅 李跃龙 何春荣
傅金泉 方桂桔 缪 颖 兰 静
胡冰冰 陈小平 吴绍建 刘德峰
王小芳 陈 锋 郭延松 谢宝松
赖善榕 陈 武 王永园 郑榕英
陈 军 游文杰 卓鸿杰 汤柳芳
刘新月 安瑞英 严 思 周 旋
江 川 林建清 李 希 林玉华

【第十八届“福建青年五四奖章标兵”获奖者】

王 微 池发鸿 陈晓冬 林冬梅
林华忠 柯宇志 郭梅峰 梁晓蕾
童 同 曾西明

【第十八届“福建青年五四奖章”获奖者】

王秀珍 张燕玲 游学章 王素云
毕健强 朱剑钦 刘木溶 孙 莉
杨欣颖 吴长翔 吴志祥 邹道清
张建燕 陈松阳 蒋荣龙 阙庆文
潘 波 丁彬彬 马莉婷 许书烟
吴德烽 余高锋 陈 陈 陈军浩
陈明仙 林 耿 林立雄 林添良
郑丽娜 韩坤煌 王传超 苏明泉
苏燕伟 张玉林 张晓飞 陈巧东
陈志杰 陈菁菁 周谷青 郑 璐
黄乐增 黄松青 曾星燚 刘建剑
严浪基 杨伟智 杨冠楠 吴小梅
吴鹏飞 邱骏华 张邵杰 陈 飞
林惠斌 柳飞杨 郭玮韡 黄志荣
王统麒 吕学棱 李姿莹 张钊瑞
陈汎汝 陈柏叡 南静恩 曾冠颖
赖恩毅 刘晓宇 余 鹏 李 丞
杨 丹 林 颖 许 宁 李晓帆
吴丹红 郑圆圆 赖清云 伍 琳
池世伟 李 焜 邱鹭鹭 张 宸
张文成 陈 鋆 陈国金 钟国清
饶永毅 郭子溢

【2020年度“福建省十佳共青团员”】

王懿鹏 李龙郝 李钰芳 张 崟
张德钗 林晓云 林婉萍 钟潘禾煦
涂晶招 魏 蕾

【2020年度“福建省十佳共青团干部”】

刘三连 刘文丽 杜成煜 巫哲瑾
李 婷 张琼如 陈源春 金秀娜
赵泉龙 施宇亮

【2020年全国三八红旗手获得者】

方晓敏 何 滢 陈仙黔 周冬梅
何 媚 杨丽丽 侯艳梅 包芳芳
潘云苓

编辑：林丹英

国民经济和社会发展结构指标

单位：%

项目	1978	1990	2000	2010	2019	2020
（一）性别结构						
男	51.7	51.4	51.5	51.4	50.9	51.7
女	48.3	48.6	48.5	48.6	49.1	48.3
（二）城乡结构						
城镇			42.0	57.1	67.9	68.8
乡村			58.0	42.9	32.1	31.2
二、就业产业结构						
第一产业	75.1	58.4	46.8	28.4	16.7	14.6
第二产业	13.4	20.5	24.5	36.6	33.7	32.6
第三产业	11.4	21.1	28.7	35.0	49.6	52.8
三、国民经济核算						
地区生产总值产业结构						
第一产业	36.0	28.1	16.4	8.5	6.1	6.2
第二产业	42.5	33.4	43.1	51.4	47.4	46.3
第三产业	21.5	38.4	40.5	40.2	46.5	47.5
四、固定资产投资						
（一）产业结构						
第一产业				1.6	1.8	1.7
第二产业				35.8	30.5	30.8
第三产业				62.6	67.7	67.5
（二）登记注册类型结构						
国有企业				32.9	13.2	7.2
集体企业				2.8	1.0	0.6
私营企业				24.5	32.3	41.8
外商及港澳台投资企业				13.3	6.0	6.8
五、能源						
能源消费结构						
煤炭	63.7	67.0	54.4	55.4	47.3	48.3
石油	12.9	12.1	23.3	24.8	23.0	23.6
天然气				4.2	4.8	4.7
水电	23.4	20.9	22.3	15.2	9.6	6.2
核电					13.5	13.9
六、农业						
（一）农林牧渔业产值结构						
农业	77.7	52.1	40.6	40.4	38.3	37.1
林业	6.4	9.5	7.9	8.5	9.0	8.0
牧业	10.5	22.9	20.1	18.6	19.7	23.3
渔业	5.5	15.6	31.4	28.8	29.4	28.0
农林牧渔服务业				3.7	3.6	3.6
（二）农作物播种面积						
粮食作物	81.9	75.8	65.5	55.3	49.9	49.6
非粮作物	19.1	24.2	34.5	44.7	50.1	50.4

续表

项目	1978	1990	2000	2010	2019	2020
七、工业						
规模以上工业企业资产结构						
大型企业			22.0	23.7	38.5	38.5
中型企业			13.5	40.9	27.9	27.0
小微企业			64.5	35.4	33.6	34.6
八、建筑业						
建筑业总产值结构						
国有企业	56.8	41.1	48.6	14.6	5.6	5.7
集体企业	39.9	34.7	33.0	2.0	1.3	1.3
港澳台商投资企业				1.1	0.2	0.8
外商投资企业				0.08	0.01	0.20
其他				82.2	92.8	92.0
九、交通运输业						
(一)货运量结构						
铁路	25.9	9.4	8.4	5.7	3.1	2.7
公路	54.8	82.2	77.8	68.9	65.3	65.1
水运	19.1	8.4	13.8	25.4	31.6	32.2
民航			0.020	0.024	0.021	0.016
(二)客运量结构						
铁路	9.1	3.1	3.2	4.7	25.8	29.6
公路	79.3	92.8	94.3	91.7	63.2	58.4
水运	11.7	4.0	1.6	1.9	3.7	2.9
民航	0.0	0.1	0.8	1.8	7.3	9.1
十、国内贸易						
社会消费品零售总额结构						
按销售单位所在地分组						
城镇				86.8	86.6	86.9
乡村				13.2	13.4	13.1
按商品形态分						
餐饮收入额					11.0	9.3
商品零售额					89.0	90.7
十一、海关货物进出口						
(一)进口货物总额						
初级产品			12.3	27.5	56.1	58.0
工业制成品			87.7	72.5	43.9	42.0
(二)出口货物总额						
初级产品			10.6	7.4	8.3	8.2
工业制成品			89.4	92.6	91.7	91.8
十二、国际旅游						
来华旅游人数结构						
外国人		14.9	30.8	31.3	38.9	40.9
台湾同胞		51.3	29.6	42.6	40.5	36.1
港澳同胞		33.9	39.5	26.1	20.6	23.0
十三、科技						
(一)研究与试验发展经费来源						
#政府资金			14.6	10.3	11.1	
企业资金			74.5	86.9	86.9	
国外资金			1.7	0.8		
(二)研究与试验发展经费支出						
基础研究			3.1	2.5	4.8	
应用研究			6.7	5.6	6.7	
试验发展			86.4	92.0	88.5	
十四、居民消费						
(一)城镇居民消费结构						
食品烟酒			44.7	39.3	30.8	31.7
衣着			8.7	8.7	5.4	4.7
居住			9.4	10.9	28.9	30.7
生活用品及服务			8.6	6.6	5.0	5.0
交通通信			8.6	14.9	12.0	12.3
教育文化娱乐服务			10.4	12.1	9.9	7.5
医疗保健			4.7	4.2	5.5	5.8
其他用品及服务			4.9	3.4	2.5	2.2
(二)农村居民消费结构						
食品烟酒			48.7	46.1	35.5	38.4
衣着			4.9	5.6	4.8	4.6
居住			14.6	15.7	23.3	24.1
生活用品及服务			4.6	5.3	5.0	5.3
交通通信			8.6	11.6	11.7	10.3
教育文化娱乐服务			10.6	8.4	9.9	7.5
医疗保健			3.6	4.6	7.4	7.8
其他用品及服务			4.6	2.6	2.4	1.8

国民经济和社会发展总量及速度指标

项　目	总量指标						平均增长速度(%)				2019年比上年增长(%)
	1978	1990	2000	2010	2019	2020	1979—2020	1991—2020	2001—2020	2011—2020	
人口与就业											
年末总人口(万人)	2446	3037	3410	3693	4137	4161	1.27	1.06	1.00	1.20	0.58
城镇人口		642	1432	2109	2808	2861		5.11	3.52	3.10	1.89
年末从业人员(万人)	924	1496	1794	2114	2210	2206	2.09	1.30	1.04	0.43	−0.18
城镇登记失业人员(万人)	20.82	9.00	9.10	14.49	16.81	35.74	1.29	4.70	7.08	9.45	112.61
城镇单位在岗职工平均工资(元)	567	2162	10584	32647	84374	91072	12.9	13.3	11.4	10.8	7.9
国民经济核算											
地区生产总值(亿元)	66.37	522.28	3764.54	15002.51	42326.58	43903.89	11.8	12.0	10.6	8.9	3.3
第一产业	23.93	147.01	616.37	1269.87	2595.53	2732.32	5.3	4.8	3.2	3.3	3.1
第二产业	28.19	174.47	1622.33	7705.25	20065.48	20328.80	14.2	14.6	12.2	9.5	2.5
第三产业	14.25	200.80	1525.83	6027.39	19665.57	20842.78	12.3	11.4	10.3	9.0	4.1
主要行业											
工业	23.85	150.55	1422.34	6532.27	15654.00	15745.55	14.6	14.9	12.2	9.5	1.7
建筑业	4.34	23.92	206.11	1201.07	4482.03	4654.13	8.5	12.6	11.8	9.6	5.8
人均地区生产总值(元)	273	1763	11194	40773	102722	105818	10.5	10.8	9.4	7.6	2.5
固定资产投资											
固定资产投资(亿元)	9.45	90.51	995.38	8067.33			21.2	21.5	18.7	14.3	−0.4
项目投资		77.04	788.01	6248.48				21.2	18.7	14.6	−3.4
房地产投资		13.47	207.37	1818.86	5673.13	6026.80		22.6	18.3	12.7	6.2
能源生产与消费											
一次能源生产总量(万吨标准煤)	461.00	966.52	1654.17	3260.42	4353.87	3997.99	5.3	4.8	4.5	2.1	−8.2
能源消费总量(万吨标准煤)	688.00	1458.30	2942.60	9189.42	13718.31	13905.19	7.4	7.8	8.1	4.2	1.4
财政											
一般公共预算总收入(亿元)	15.13	57.06	369.67	2056.01	5147.25	5158.43	14.9	16.2	14.1	9.6	0.2
地方一般公共预算收入(亿元)			234.11	1151.49	3052.93	3079.04			13.7	10.3	0.9
一般公共预算支出(亿元)	15.14	68.45	324.18	1695.09	5077.93	5216.10	14.9	15.5	14.9	11.9	2.7
金融											
金融机构人民币各项存款余额(亿元)	25.95	359.45	3114.32	18309.45	48754.92	55160.49	20.0	18.3	15.5	11.7	13.1
财政存款			39.59	678.08	1017.18	1053.15			17.8	4.5	3.5
金融机构人民币各项贷款余额(亿元)	31.43	381.93	2438.82	15231.36	51396.64	58589.49	19.6	18.3	17.2	14.4	14.0
短期贷款			1728.01	6594.50	16552.98	17843.60			12.4	10.5	7.8
中长期贷款			510.32	8372.64	32205.10	37789.19			24.0	16.3	17.3
保险公司赔款及给付金额(亿元)			17.76	102.90	364.19	393.23			16.8	14.3	8.0
价格指数(上年=100)											
居民消费价格指数	100.2	99.3	102.1	103.2	102.6	102.2	4.7	3.7	2.0	2.3	2.2
工业生产者出厂价格指数			100.5	103.2	100.6	98.4			0.1	0.1	−1.6
工业生产者购进价格指数			112.4	107.7	99.0	98.6			2.0	0.2	−1.4
农业											
农林牧渔业总产值(亿元)	36.33	227.12	1037.27	2226.41	4636.56	4901.07	5.7	5.3	3.4	3.5	3.3
主要农产品产量(万吨)											
粮食	744.90	879.64	854.68	584.65	493.90	502.32	−0.9	−1.9	−2.6	−1.5	1.7
油料	13.80	17.66	25.79	22.08	22.03	22.73	1.2	0.8	−0.6	0.3	3.2
甘蔗	288.03	344.28	82.71	55.69	26.25	26.98	−5.5	−8.1	−5.4	−7.0	2.8
烤烟	1.23	4.26	9.14	11.52	9.40	10.03	5.1	2.9	0.5	−1.4	6.7
茶叶	2.03	5.82	12.60	25.83	43.99	46.14	7.7	7.1	6.7	6.0	4.9
园林水果	10.10	75.78	356.44	495.03	681.61	717.05	10.7	7.8	3.6	3.8	5.2

续表

项目	总量指标						平均增长速度(%)				2019年比上年增长(%)
	1978	1990	2000	2010	2019	2020	1979—2020	1991—2020	2001—2020	2011—2020	
肉类	24.27	71.83	145.92	192.61	255.15	259.39	5.8	4.4	2.9	3.0	1.7
禽蛋		12.94	40.69	30.54	48.58	53.66		4.9	1.4	5.8	10.5
奶类	0.93	4.87	9.91	13.24	14.99	17.48	7.2	4.4	2.9	2.8	16.6
水产品	54.44	145.59	527.89	587.42	814.58	830.34	6.7	6.0	2.3	3.5	1.9
食用菌		18.24	46.25	76.27	133.36	137.88		7.0	5.6	6.1	3.4
造林面积(万亩)	292.07	455.87	36.75	44.81	14.97	7.34	−8.4	−12.9	−7.7	−16.6	−51.0
工业											
工业总产值(亿元)	63.14	531.49	3994.86	23805.32	63172.56	63476.68	17.2	17.5	14.2	10.4	2.0
规模以上工业主要产品产量											
原煤(万吨)	423.05	925.37	375.03	2442.73	831.72	645.85	1.0	−1.2	2.8	−12.5	−22.3
原盐(万吨)	94.67	67.21	28.37	33.39	21.83	26.54	−3.0	−3.0	−0.3	−2.3	21.6
罐头(万吨)	4.10	14.41	26.78	203.21	297.96	281.80	10.6	10.4	12.5	3.3	−5.4
布(亿米)	1.12	2.26	5.59	31.20	102.75	74.49	10.5	12.4	13.8	9.1	−27.5
纱(万吨)	1.84	5.48	14.36	184.74	580.91	543.45	14.5	16.6	19.9	11.4	−6.4
机制纸及纸板(万吨)	20.08	52.09	85.07	432.06	805.13	798.49	9.2	9.5	11.8	6.3	−0.8
农用化肥(万吨)	16.40	43.64	61.38	57.87	90.27	86.25	4.0	2.3	1.7	4.1	−4.5
烧碱(万吨)	4.32	8.70	15.64	20.11	38.98	35.90	5.2	4.8	4.2	6.0	−7.9
水泥(万吨)	120.45	540.04	1513.64	5921.20	9443.13	9686.90	11.0	10.1	9.7	5.0	2.6
平板玻璃(万重量箱)	43.59	66.06	479.87	2765.35	5113.94	5361.63	12.1	15.8	12.8	6.8	4.8
生铁(万吨)	26.57	62.60	149.37	558.81	1038.08	1106.21	9.3	10.0	10.5	7.1	6.6
钢材(万吨)	13.82	56.28	283.79	1340.56	3737.66	3861.65	14.4	15.1	13.9	11.2	3.3
彩色电视机(万台)		123.14	204.19	903.10	790.85	1330.02		8.3	9.8	3.9	68.2
微型电子计算机(万台)			88.77	738.27	2192.40	1493.63			15.2	7.3	−31.9
汽车(万辆)	0.09	0.07	2.96	19.50	16.95	18.04	13.5	20.3	9.5	−0.8	6.4
发电量(亿千瓦小时)	40.69	136.65	403.73	1356.32	2406.44	2537.12	10.3	10.2	9.6	6.5	5.4
规模以上工业企业主要经济指标(亿元)											
资产总计			3368.64	16058.70	39551.81	41995.99			13.4	10.1	6.2
主营业务收入		352.56	2468.69	21479.37	56787.62	53220.66		18.2	16.6	9.5	−6.3
利润总额	6.75	16.09	110.80	1754.18	4326.54	3949.87	16.4	20.1	19.6	8.5	−8.7
建筑业											
建筑业企业从业人员(万人)	4.54	30.98	41.37	229.57	457.00	483.79	11.8	9.6	13.1	7.7	5.9
建筑业总产值(亿元)	3.31	32.54	271.15	3062.17	13164.44	14117.80	22.0	22.4	21.9	16.5	7.2
房屋施工面积(万平方米)	416.57	969.35	4085.40	28406.86	76606.34	82671.20	13.4	16.0	16.2	11.3	7.9
房屋竣工面积(万平方米)	183.40	499.30	1729.00	9095.78	17810.53	18231.74	11.6	12.7	12.5	7.2	2.4
交通运输邮电											
铁路营业里程(千米)	1009	1021	1454	2110	3509	3774	3.2	4.5	4.9	6.0	7.6
公路通车里程(千米)	29109	41011	53506	91015	109785	110118	3.2	3.3	3.7	1.9	0.3
高速公路			351	2351	5347	5635			14.9	9.1	5.4
内河通航里程(千米)	3629	3888	3701	3245	3245	3245	−0.3	−0.6	−0.7	0.0	0.0
客运量(万人)	7928	39495	44203	77153	49379	25490	2.8	−1.4	−2.7	−10.5	−48.4
铁路	718	1234	1428	3640	12741	7539	5.8	6.2	8.7	7.6	−40.8
公路	6285	36639	41696	70714	31199	14882	2.1	−3.0	−5.0	−14.4	−52.3
水运	924	1567	726	1444	1821	742	−0.5	−2.5	0.1	−6.4	−59.3
民航	1	55	353	1356	3618	2327	19.9	13.3	9.9	5.5	−35.7
货运量(万吨)	4871	20321	29483	66159	133693	139927	8.3	6.6	8.1	7.8	4.7
铁路	1261	1902	2475	3765	4086	3750	2.6	2.3	2.1	0.0	−8.2
公路	2671	16710	22924	45575	87317	91137	8.8	5.8	7.1	7.2	4.4
水运	929	1708	4078	16803	42263	45018	9.7	11.5	12.8	10.4	6.5
民航	0.02	0.83	5.84	15.81	27.71	22.80	18.2	11.7	7.0	3.7	−17.7

续表

项　目	总量指标						平均增长速度(%)				2019年比上年增长(%)
	1978	1990	2000	2010	2019	2020	1979—2020	1991—2020	2001—2020	2011—2020	
沿海主要港口货物吞吐量(万吨)	408.13	1496.50	6944.17	32687.01	59483.99	62132.47	12.7	13.2	11.6	6.6	4.5
邮电业务											
函件(万件)	8790	16228	24163	25198	4755	3268	−2.3	−5.2	−9.5	−18.5	−31.3
移动电话年末用户(万户)			441.00	3022.00	4720.32	4739.28			12.6	4.6	0.4
固定电话年末用户(万户)	5.88	22.82	562.70	1046.00	763.71	733.07	12.2	12.3	1.3	−3.5	−4.0
国内贸易											
社会消费品零售总额(亿元)	30.56	207.74	1393.93	6015.22	18896.83	18626.45	16.5	16.2	13.8	12.0	−1.4
进出口											
海关进出口总额(亿美元)	2.03	43.39	212.23	1087.80	1930.86	2033.17	17.9	13.7	12.0	6.5	5.3
出口总额	1.90	24.49	129.08	714.93	1201.83	1223.87	16.6	13.9	11.9	5.5	1.8
进口总额	0.13	18.90	83.15	372.87	729.03	809.30	23.1	13.3	12.1	8.1	11.0
旅游											
接待入境游客人数(万人次)		70.79	161.33	368.14	958.28	229.67		4.0	1.8	−4.6	−76.0
外国人		10.54	49.75	115.27	373.23	93.92		7.6	3.2	−2.0	−74.8
台湾同胞		36.28	47.79	156.92	387.64	83.02		2.8	2.8	−6.2	−78.6
港澳同胞		23.97	63.80	95.94	197.40	52.73		2.7	−0.9	−5.8	−73.3
国际旅游外汇收入(亿美元)			8.94	29.78	102.43	20.69			4.3	−3.6	−79.8
教育											
在校学生数(万人)											
普通高等学校	2.05	5.56	13.14	64.78	86.12	94.72	9.6	9.9	10.4	3.9	10.0
普通中等学校	119.98	120.69	269.46	260.22	242.69	257.68	1.8	2.6	−0.2	−0.1	6.2
普通小学	370.23	337.08	369.10	238.89	334.40	343.61	−0.2	0.1	−0.4	3.7	2.8
科技											
研究与试验发展经费内部支出(亿元)			21.19	170.90	753.75						
技术市场成交额(亿元)		0.44	17.26	38.12	145.94	183.86		22.3	12.6	17.0	26.0
专利情况(项)											
申请量		540	4211	21994	153279	180399		21.4	20.7	23.4	17.7
授权量		276	3003	18063	98955	145929		23.2	21.4	23.2	47.5
发明专利拥有量				3295	43791	50756				31.5	15.9
文化											
图书出版总印数(万份)	6818	16312	20298	7749	14385	13620	1.7	−0.6	−2.0	5.8	−5.3
期刊出版总印数(万份)	388	3157	4463	2940	2158	2017	4.0	−1.5	−3.9	−3.7	−6.5
报纸出版总印数(万份)	14784	41455	68897	99982	73810	69515	3.8	1.7	0.0	−3.6	−5.8
电视节目制作时间(小时)			16519	55424	70246	55417			6.2	0.0	−21.1
公共图书馆(座)	23	74	81	86	93	97	3.5	0.9	0.9	1.2	4.3
博物馆(个)	13	58	81	94	130	132	5.7	2.8	2.5	3.5	1.5
居民生活											
城镇居民人均可支配收入(元)	371	1749	7432	21781	45620	47160	12.2	11.6	9.7	8.0	3.4
城镇居民人均消费支出(元)	285	1431	5639	14750	30946	30487	11.8	10.7	8.8	7.5	−1.5
城镇居民人均住房建筑面积(平方米)		18.1	28.0	38.5	43.5	43.8		3.0	2.3	1.3	0.7
农村居民人均可支配(纯)收入(元)	138	764	3230	7427	19568	20880	12.7	11.7	9.8	10.9	6.7
农村居民人均生活消费支出(元)	113	708	2410	5498	16281	16339	12.6	11.0	10.0	11.5	0.4
卫生											
卫生机构数(个)	3809	4885	9807	6999	10192	10979	2.6	2.7	0.6	4.6	7.7
医院、卫生院	1111	1198	1323	1325	1560	1585	0.8	0.9	0.9	1.8	1.6
卫生技人员数(人)	54855	86772	97569	140133	263427	278397	3.9	4.0	5.4	7.1	5.7
医生	22097	35696	41461	55402	99532	105546	3.8	3.7	4.8	6.7	6.0
卫生机构床位数(张)	51505	68073	90091	112334	202374	216753	3.5	3.9	4.5	6.8	7.1
医院、卫生院	45331	60664	82389	103933	188416	202189	3.6	4.1	4.6	6.9	7.3

主要年份地区生产总值

单位:亿元

年 份	地区生产总值	第一产业	第二产业	第三产业	工 业	建筑业	人均地区生产总值（元）
1952	12.73	8.39	2.42	1.92	2.17	0.25	102
1957	22.03	12.31	5.20	4.52	4.23	0.97	154
1962	22.12	10.26	5.12	6.74	4.00	1.12	137
1965	28.81	13.48	8.31	7.02	6.55	1.76	166
1970	34.70	15.34	10.64	8.72	8.56	2.08	173
1975	46.48	19.43	17.81	9.24	14.29	3.52	203
1978	66.37	23.93	28.19	14.25	23.85	4.34	273
1979	74.11	27.97	31.37	14.77	26.20	5.17	300
1980	87.06	31.95	35.68	19.43	29.55	6.13	348
1981	105.62	39.30	39.75	26.57	33.16	6.59	416
1982	117.81	44.24	42.92	30.65	35.25	7.67	457
1983	127.76	47.27	46.05	34.44	37.76	8.29	487
1984	157.06	55.72	56.39	44.95	44.47	11.92	591
1985	200.48	68.13	72.56	59.79	62.09	10.47	737
1986	222.54	72.24	82.19	68.11	67.06	15.13	809
1987	279.24	89.24	101.28	88.72	82.69	18.59	999
1988	383.21	118.16	141.82	123.23	120.45	21.37	1349
1989	458.40	135.77	163.82	158.81	142.45	21.37	1589
1990	522.28	147.01	174.47	200.80	150.55	23.92	1763
1991	619.87	168.64	217.74	233.49	188.29	29.45	2041
1992	784.68	188.70	290.56	305.42	241.78	49.82	2533
1993	1114.20	246.25	454.15	413.80	381.95	73.84	3556
1994	1644.39	351.24	718.31	574.84	618.06	102.91	5193
1995	2094.90	449.77	879.12	766.01	748.92	133.42	6536
1996	2484.25	519.84	1022.88	941.53	875.50	151.14	7658
1997	2870.90	556.45	1210.34	1104.11	1039.62	175.19	8775
1998	3159.91	586.99	1330.18	1242.75	1132.79	202.26	9603
1999	3414.19	607.07	1429.01	1378.11	1230.22	204.08	10323
2000	3764.54	616.37	1622.33	1525.83	1422.34	206.11	11194
2001	4072.85	624.15	1796.68	1652.02	1586.48	217.02	11883
2002	4467.55	659.51	2029.19	1778.85	1808.95	228.02	12910
2003	4999.59	682.06	2329.67	1987.86	2059.30	279.24	14330
2004	5712.08	762.85	2738.71	2210.52	2422.22	326.91	16248
2005	6415.47	792.53	3095.92	2527.02	2744.68	363.03	18107
2006	7468.57	828.83	3629.68	3010.06	3189.45	453.94	20915
2007	9325.62	951.21	4521.78	3852.63	3956.44	582.36	25915
2008	10931.80	1096.10	5386.98	4448.72	4676.93	730.16	30153
2009	12418.09	1108.80	6129.07	5180.22	5218.63	932.88	33999
2010	15002.51	1269.87	7705.25	6027.39	6532.27	1201.07	40773
2011	17917.70	1492.21	9316.55	7108.94	7823.21	1526.98	47928
2012	20190.73	1628.94	10527.00	8034.79	8711.23	1853.23	52959
2013	22503.84	1745.18	11805.50	8953.16	9650.19	2196.81	58255
2014	24942.07	1855.85	13165.07	9921.15	10682.19	2528.81	63709
2015	26819.46	1932.84	13735.68	11150.94	11008.70	2774.37	67649
2016	29609.43	2145.10	14683.72	12780.61	11711.98	3022.46	74024
2017	33842.44	2215.12	16290.02	15337.30	12864.85	3481.15	83758
2018	38687.77	2379.02	18847.75	17461.00	14781.03	4131.38	94719
2019	42326.58	2595.53	20065.48	19665.57	15654.00	4482.03	102722
2020	43903.89	2732.32	20328.80	20842.78	15745.55	4654.13	105818

主要年份地区生产总值指数

单位:以 1952 年为 100

年 份	地区生产总 值	第一产业	第二产业	第三产业	工 业	建筑业	人均地区生产总值
1952	100.0	100.0	100.0	100.0	100.0	100.0	100.0
1957	172.0	137.1	226.0	233.3	200.7	452.0	150.0
1962	159.8	86.4	259.5	317.5	193.1	885.4	122.3
1965	215.1	132.1	363.8	348.9	319.7	759.5	153.2
1970	255.9	146.5	480.3	400.0	425.5	969.2	157.4
1975	331.5	171.0	810.3	423.9	723.4	1495.8	179.7
1978	451.2	188.5	1207.1	698.2	1197.8	1095.1	229.5
1979	476.1	197.7	1324.7	690.9	1282.1	1505.1	238.3
1980	563.9	225.3	1564.4	868.4	1455.1	2334.6	279.3
1981	651.1	244.4	1725.4	1183.8	1655.8	2124.0	318.2
1982	711.6	261.1	1866.4	1351.6	1731.0	2865.6	342.1
1983	755.3	273.2	2002.4	1439.1	1858.8	3057.8	357.2
1984	890.7	300.8	2408.9	1788.3	2321.9	2865.6	415.3
1985	1047.5	316.7	2968.2	2207.8	2884.7	3318.8	477.4
1986	1107.3	323.4	3354.0	2194.6	3033.9	5873.0	498.8
1987	1257.9	357.5	3689.9	2674.7	3554.0	4426.5	557.7
1988	1437.6	366.7	4616.0	2933.4	4716.4	2993.7	627.7
1989	1549.3	402.3	4842.1	3246.6	5118.2	1533.5	665.9
1990	1665.8	409.0	5233.3	3615.6	5595.3	975.0	696.9
1991	1902.8	446.1	6384.1	4030.9	6919.7	1084.3	776.4
1992	2288.8	492.8	8205.4	4835.4	8776.3	1524.9	924.1
1993	2806.1	539.1	11118.3	5710.6	12207.8	1720.1	1120.0
1994	3375.7	589.3	14720.7	6453.0	16334.1	2098.5	1332.8
1995	3868.6	645.2	17237.9	7362.9	18980.2	2627.3	1508.7
1996	4383.1	702.0	19685.7	8430.5	21827.2	2827.0	1688.3
1997	4996.7	758.2	22835.4	9644.5	25385.1	3205.8	1907.8
1998	5536.3	809.0	25644.1	10676.4	28532.8	3577.7	2102.4
1999	6084.4	855.1	28541.9	11722.7	32070.9	3645.7	2297.9
2000	6650.3	877.3	31681.5	12883.3	35951.5	3660.3	2470.2
2001	7228.9	908.0	34913.0	14081.4	39834.2	3865.2	2635.7
2002	7966.2	932.6	39731.0	15362.8	45849.2	4027.6	2875.6
2003	8882.3	963.3	45929.1	16868.4	52910.0	4740.5	3180.4
2004	9894.9	1005.7	53139.9	18335.9	61534.3	5280.9	3517.5
2005	11042.7	1032.9	59676.1	20829.6	69164.5	5893.4	3893.9
2006	12688.1	1041.1	69701.7	24349.8	80300.0	7160.5	4439.0
2007	14604.0	1071.3	82387.4	27880.5	95075.2	8334.9	5069.3
2008	16487.9	1115.2	94910.3	31281.9	109431.6	9635.1	5682.7
2009	18515.9	1152.0	108102.9	35129.6	123876.6	11446.5	6336.2
2010	21089.6	1187.8	127777.6	38853.3	146174.4	13655.7	7166.3
2011	23683.7	1224.6	148605.3	42427.9	170877.8	15471.9	7925.9
2012	26407.3	1271.1	170004.5	46331.3	194629.8	18148.5	8670.9
2013	29312.1	1310.5	192445.1	50640.1	219542.4	20888.9	9494.6
2014	32214.0	1357.7	215346.1	54741.9	246107.0	23186.7	10301.6
2015	35081.0	1401.1	234081.2	60270.8	267026.1	25505.4	11074.2
2016	38027.8	1443.1	250935.0	66900.6	286252.0	27290.8	11904.8
2017	41108.1	1496.5	269002.3	73590.7	309152.2	28409.7	12750.0
2018	44520.1	1547.4	292674.5	79919.5	337594.2	30370.0	13668.0
2019	47859.1	1601.6	308478.9	88231.1	355149.1	32313.7	14556.4
2020	49438.5	1651.2	316190.9	91848.6	361186.6	34187.9	14920.3

农林牧渔业总产值和指数

年 份	农林牧渔业总产值(亿元)					农林牧渔业总产值指数(1952 年=100)				
	总产值	农 业	林 业	牧 业	渔 业	总指数	农 业	林 业	牧 业	渔 业
1952	11.07	8.44	0.65	1.42	0.56	100.0	100.0	100.0	100.0	100.0
1957	17.05	11.32	2.16	2.35	1.22	143.8	126.6	283.6	165.0	189.6
1962	14.81	11.23	0.63	1.75	1.20	93.6	94.5	91.7	69.8	142.2
1965	18.80	13.50	1.23	2.84	1.23	140.4	130.7	188.5	162.6	175.8
1970	21.12	15.49	1.49	2.66	1.48	153.6	147.4	186.8	152.3	213.3
1975	27.06	20.45	1.86	3.24	1.51	181.6	166.0	249.8	209.6	237.0
1978	36.33	28.22	2.31	3.82	1.98	217.3	204.2	280.3	216.8	282.8
1979	43.11	29.29	3.27	7.00	3.55	232.0	214.5	301.1	257.0	304.1
1980	45.49	31.13	3.41	7.38	3.57	244.0	227.8	313.6	260.3	305.7
1981	56.11	37.93	4.62	8.75	4.81	258.2	239.4	366.3	276.5	312.2
1982	63.73	42.74	4.90	10.38	5.71	277.8	257.5	382.4	300.2	343.6
1983	68.08	44.11	5.57	11.48	6.92	292.0	259.8	447.7	339.8	403.8
1984	80.66	50.81	7.07	14.39	8.39	332.6	286.6	593.6	410.9	447.4
1985	99.05	59.34	9.13	19.62	10.96	360.6	302.9	644.5	478.7	515.5
1986	107.07	60.76	10.29	22.02	14.00	368.7	300.3	642.8	529.3	581.8
1987	132.97	72.08	13.57	27.75	19.57	402.1	324.6	703.0	553.0	722.2
1988	182.00	94.08	17.50	39.65	30.77	433.1	341.2	789.5	609.7	826.0
1989	209.92	108.10	18.41	51.95	31.46	461.4	360.9	834.4	646.9	926.3
1990	227.12	118.31	21.54	51.93	35.34	478.9	368.4	911.6	675.4	991.7
1991	253.51	133.34	25.40	54.36	40.40	517.7	398.6	974.0	722.0	1089.9
1992	295.24	150.64	29.21	61.75	53.63	560.7	424.1	1076.1	784.1	1212.8
1993	386.34	190.28	36.39	74.86	84.82	621.8	453.6	1220.0	838.2	1482.3
1994	574.05	260.69	46.95	113.35	153.06	710.1	493.1	1370.9	950.5	1882.9
1995	738.63	340.48	59.24	144.45	194.47	806.7	547.3	1510.7	1062.7	2288.2
1996	850.67	383.18	66.94	165.50	235.05	893.0	599.8	1654.2	1122.2	2613.1
1997	925.56	391.30	75.80	193.66	264.80	1002.8	645.4	1819.6	1268.1	3138.3
1998	973.37	410.96	78.35	200.18	283.78	1064.0	667.3	1874.2	1373.4	3439.6
1999	1010.82	425.19	80.16	201.99	303.48	1132.1	726.7	1932.3	1421.5	3642.5
2000	1037.27	420.98	82.29	208.18	325.82	1167.6	714.3	2046.2	1499.1	3907.6
2001	1061.61	433.25	82.34	215.50	330.52	1213.7	752.0	2021.9	1556.7	4073.3
2002	1125.29	450.75	78.49	213.08	332.92	1256.2	775.3	2064.4	1623.6	4236.2
2003	1170.54	461.72	79.25	234.54	341.40	1284.4	786.8	2095.5	1691.1	4307.6
2004	1315.10	514.53	86.18	284.86	374.26	1326.3	807.9	2217.0	1773.1	4438.7
2005	1373.01	552.74	96.92	266.81	396.78	1368.8	820.7	2383.3	1874.9	4539.3
2006	1449.78	602.00	105.78	266.75	410.75	1389.6	833.0	2500.1	1891.7	4554.2
2007	1672.67	670.95	120.81	342.47	468.06	1435.6	860.9	2696.7	1878.0	4754.9
2008	1931.36	731.60	150.00	439.87	534.94	1496.3	883.7	2927.6	1990.4	4965.7
2009	1957.62	776.16	162.59	398.00	543.86	1556.9	907.6	3127.5	2098.4	5159.9
2010	2226.41	899.39	190.13	414.49	640.19	1603.7	914.5	3350.6	2210.6	5325.6
2011	2614.57	1025.03	239.00	527.12	733.83	1653.8	938.9	3589.4	2290.9	5443.2
2012	2843.47	1119.42	258.06	533.56	836.57	1713.8	960.0	3703.6	2442.9	5630.8
2013	3057.36	1196.59	296.02	558.67	902.18	1777.1	982.5	3911.8	2573.9	5832.3
2014	3247.11	1307.63	326.31	574.60	926.08	1843.4	1017.5	4136.9	2636.9	6054.3
2015	3399.30	1358.58	317.70	633.83	967.02	1905.9	1051.9	4315.3	2649.0	6324.7
2016	3784.24	1474.49	318.28	768.11	1091.29	1965.6	1068.5	4484.7	2782.5	6540.0
2017	3947.16	1527.00	327.73	750.49	1202.05	2039.3	1110.3	4667.9	2841.9	6827.0
2018	4229.52	1653.45	389.00	718.42	1318.20	2110.9	1162.7	4860.7	2781.0	7173.8
2019	4636.56	1774.77	417.33	914.39	1361.68	2187.1	1209.1	5062.1	2796.3	7485.6
2020	4901.07	1818.18	390.57	1141.12	1373.12	2260.4	1258.0	5226.3	2906.7	7631.1

注:1. 2003 年起采用国民经济行业分类 GB/T 4754—2002,其他年份均采用 GB/T 4754—94。

2. 2007—2017 年数据根据 2016 年农普结果进行了调整。

房地产开发企业（单位）投资和销售情况

年　份	本年完成投资（亿元）	#住　宅	商品房销售额（亿元）	#住　宅	商品房销售面积（万平方米）	#住　宅
1986	3.57				73.14	
1987	3.25				51.33	
1988	7.13				92.88	
1989	11.01				102.55	
1990	13.47				107.79	
1991	21.07		9.16		111.44	
1992	41.03		16.77		134.99	
1993	60.93		26.61		248.91	
1994	101.98	69.96	39.37	26.03	241.31	188.96
1995	151.37	88.51	66.16	46.14	368.65	309.44
1996	151.69	75.29	48.59	37.61	273.51	234.28
1997	148.33	72.49	83.50	62.04	426.88	346.14
1998	165.63	85.44	105.10	78.71	515.20	441.67
1999	178.62	105.08	123.75	92.54	599.68	511.64
2000	207.37	125.07	168.96	119.39	810.65	675.73
2001	225.49	145.22	199.08	150.75	987.81	843.00
2002	248.99	160.78	225.28	153.95	1047.05	882.92
2003	362.07	237.67	287.16	222.46	1250.10	1083.79
2004	477.79	308.45	354.47	281.26	1384.83	1224.61
2005	540.39	363.72	605.09	481.90	1913.84	1720.56
2006	787.36	511.68	807.46	637.34	2021.69	1743.39
2007	1132.49	778.39	1134.53	938.33	2421.97	2096.39
2008	1129.09	735.93	712.61	562.26	1625.67	1250.00
2009	1136.35	743.27	1477.83	1299.09	2723.23	2420.83
2010	1818.86	975.13	1611.32	1300.13	2575.62	2139.26
2011	2402.61	1591.56	2101.58	1649.34	2706.72	2213.30
2012	2824.12	1751.98	2817.70	2293.90	3258.94	2741.96
2013	3702.97	2402.08	4232.08	3410.57	4676.16	3957.46
2014	4567.40	2917.17	3763.52	2939.58	4119.48	3324.10
2015	4469.61	2864.95	3585.81	2839.76	4037.76	3315.69
2016	4588.83	2999.29	4530.79	3793.41	4915.35	4134.46
2017	4794.23	3236.51	5705.19	4202.00	5854.05	4526.13
2018	4940.34	3456.86	6579.49	5074.52	6213.40	4781.58
2019	5673.13	4076.31	6938.79	5685.25	6456.13	5073.73
2020	6026.80	4372.10	7497.75	6343.34	6607.18	5210.03

房地产开发投资完成情况

年 份	企业个数（个）	本年完成投资（亿元）	施工面积（万平方米）	竣工面积（万平方米）	商品房销售面积（万平方米）	商品房销售额（亿元）
1986	102	3.57	220.84	133.25	73.14	
1987	118	3.25	216.38	98.74	51.33	
1988	174	7.13	368.04	154.12	92.88	
1989	168	11.01	413.56	183.73	102.55	
1990	190	13.47	427.57	193.92	107.79	
1991	241	21.07	561.56	215.98	111.44	9.16
1992	391	41.03	842.30	258.48	134.99	16.77
1993	856	60.93	1258.69	307.55	248.91	26.61
1994	1279	101.98	1889.94	470.78	241.31	39.37
1995	1256	151.37	2506.77	732.63	368.65	66.16
1996	1407	151.69	2283.80	526.28	273.51	48.59
1997	1465	148.33	2401.24	662.77	426.88	83.50
1998	1783	165.63	2748.79	578.74	515.20	105.10
1999	1909	178.62	3166.96	788.82	599.68	123.75
2000	1922	207.37	3422.88	1009.36	810.65	168.96
2001	1941	225.49	3717.31	1280.79	987.81	199.08
2002	1869	248.99	4114.64	1323.49	1047.05	225.28
2003	1900	362.07	4891.04	1362.95	1250.10	287.16
2004	2433	477.79	5795.69	1523.91	1384.83	354.47
2005	2596	540.39	6107.75	1576.16	1913.84	605.09
2006	2755	787.36	6992.74	1408.32	2021.69	807.46
2007	2693	1132.49	9651.58	1711.33	2421.97	1134.53
2008	3268	1129.09	11459.72	1906.15	1625.67	712.61
2009	3316	1136.35	11668.17	2240.26	2723.23	1477.83
2010	3634	1818.86	14189.73	2242.47	2575.62	1611.32
2011	3576	2402.61	18937.98	2651.71	2706.72	2101.58
2012	3140	2824.12	21121.50	2232.78	3258.94	2817.70
2013	3187	3702.97	26287.28	3369.76	4676.16	4232.08
2014	3280	4567.40	30051.77	3583.57	4119.48	3763.52
2015	3151	4469.61	30891.14	3436.56	4037.76	3585.81
2016	3177	4588.83	31064.14	3665.25	4915.35	4530.79
2017	3240	4794.23	31939.55	4266.69	5854.05	5705.19
2018	3351	4940.34	32825.97	3739.02	6213.40	6579.49
2019	3519	5673.13	34140.18	2882.29	6456.13	6938.79
2020	3608	6026.80	34556.77	3804.07	6607.18	7497.75

城镇居民家庭基本情况

年份	平均每户家庭人口(人)	平均每户就业人数(人)	平均每户就业面(%)	平均每一就业者负担人数(人)	平均每人全年可支配收入(元)	平均每人消费性支出(元)	平均每人住房建筑面积(平方米)
1952					106	96	
1957					165	131	
1959	4.72	1.40	29.7	3.37	206	190	
1962	5.46	1.72	31.5	3.17	203	186	
1963	5.40	1.50	27.8	3.60	207	189	
1964	5.33	1.53	28.8	3.48	211	194	
1965	5.13	1.65	32.2	3.12	217	201	
1966	5.00	1.40	28.0	3.40	223	186	
1975	4.97	2.05	41.3	2.42	333	297	
1978	3.87	2.40	62.0	1.61	371	285	
1980	4.53	2.32	51.2	1.95	450	392	11.3
1981	4.51	2.40	53.2	1.88	452	405	11.7
1982	4.44	2.48	55.9	1.79	520	466	12.1
1983	4.36	2.41	55.3	1.80	573	504	13.2
1984	4.27	2.37	55.5	1.80	582	494	14.3
1985	4.06	2.25	55.4	1.81	733	675	15.3
1986	4.00	2.23	55.8	1.79	929	790	15.7
1987	3.97	2.25	56.6	1.77	1021	893	16.5
1988	3.77	2.10	55.7	1.79	1236	1077	17.2
1989	3.70	2.09	56.5	1.77	1555	1340	17.6
1990	3.64	2.09	57.4	1.74	1749	1431	18.1
1991	3.43	2.00	58.3	1.72	1953	1659	19.5
1992	3.39	2.03	59.9	1.67	2351	1942	20.9
1993	3.35	2.01	60.0	1.67	2923	2418	21.5
1994	3.29	1.92	58.4	1.71	3935	3351	24.1
1995	3.27	1.93	59.0	1.69	4853	4132	24.3
1996	3.25	1.94	59.7	1.68	5574	4568	24.5
1997	3.28	1.96	59.8	1.67	6144	4936	25.6
1998	3.23	1.90	58.8	1.70	6486	5181	26.8
1999	3.22	1.90	59.0	1.69	6860	5267	27.2
2000	3.23	1.80	55.7	1.79	7432	5639	28.0
2001	3.20	1.80	55.3	1.78	8313	6015	28.2
2002	3.13	1.73	55.3	1.81	9189	6632	28.4
2003	3.08	1.72	55.8	1.79	10000	7356	29.8
2004	3.05	1.58	51.8	1.93	11175	8161	31.1
2005	3.04	1.60	52.6	1.90	12321	8794	31.4
2006	3.04	1.64	53.9	1.86	13753	9808	32.1
2007	3.01	1.60	53.2	1.90	15505	11055	33.5
2008	3.14	1.69	53.8	1.86	17961	12501	37.5
2009	3.12	1.72	55.1	1.81	19577	13451	37.5
2010	3.08	1.71	55.5	1.80	21781	14750	38.5
2011	3.12	1.68	53.8	1.86	24907	16661	37.9
2012	3.10	1.68	54.2	1.85	28055	18593	38.2
2013	2.97	1.58	53.2	1.88	28174	20565	38.7
2014	2.99	1.61	53.8	1.86	30722	22204	40.7
2015	3.08	1.59	51.7	1.93	33275	23520	42.5
2016	3.13	1.62	51.8	1.93	36014	25006	42.7
2017	3.14	1.62	51.6	1.94	39001	25980	43.4
2018	2.93	1.53	52.2	1.92	42121	28145	43.1
2019	3.08	1.56	50.6	1.97	45620	30946	43.5
2020	3.04	1.54	50.7	1.97	47160	30487	43.8

注:2012 年及以前为老口径数据。

农村居民家庭基本情况

年 份	调查户数（户）	平均每户常住人口（人）	平均每户整半劳动力（人）	平均每个劳动力负担人口（人）	农村居民人均住房使用面积（平方米）	农村居民人均住房建筑面积（平方米）	农村居民人均可支配（纯）收入（元）	农村居民人均生活消费支出（元）
1952				2.20			70	68
1957				2.39			112	102
1962				2.38			155	131
1965				2.87			129	114
1970				2.71			121	108
1978		6.50	2.22	2.92			138	113
1979		6.38	2.16	2.88			142	133
1980		6.25	2.06	3.03			172	158
1981		6.23	2.10	2.97	8.30		232	199
1982		6.27	2.27	2.76	7.67		268	231
1983		6.29	2.60	2.42	10.44		302	262
1984	1820	6.19	2.66	2.32	11.73		345	288
1985	1820	5.74	2.95	1.94	14.47		396	351
1986	1820	5.69	2.99	1.90	15.10		419	394
1987	1820	5.51	3.08	1.82	15.86		485	443
1988	1820	5.56	3.09	1.80	16.18		613	571
1989	1820	5.54	3.09	1.79	16.65		697	653
1990	1820	5.50	3.03	1.81	18.47		764	708
1991	1820	5.37	3.03	1.77	19.14		850	747
1992	1820	5.31	3.05	1.74	19.64		984	821
1993	1820	5.24	3.10	1.69	22.38		1211	1070
1994	1820	5.17	3.13	1.65	24.62		1578	1440
1995	1820	4.91	3.02	1.62	22.88		2049	1794
1996	1820	4.87	2.98	1.63	23.37		2492	2034
1997	1820	4.77	2.96	1.61	23.74		2786	2120
1998	1820	4.70	3.00	1.57	24.87		2946	2192
1999	1820	4.62	2.95	1.56	26.40		3091	2252
2000	1820	4.24	2.70	1.57	32.14		3230	2410
2001	1820	4.17	2.68	1.56	33.82		3381	2503
2002	1820	4.07	2.57	1.58	35.68		3539	2583
2003	1820	4.08	2.83	1.44	35.96		3734	2718
2004	1820	4.02	2.71	1.48	38.18		4089	3015
2005	1820	4.05	2.77	1.47	40.15		4450	3293
2006	1820	4.03	2.77	1.45	42.35		4835	3591
2007	1820	4.00	2.77	1.44	44.50		5467	4053
2008	1820	3.98	2.78	1.43	46.13		6196	4662
2009	1820	3.98	2.78	1.43	46.76		6680	5016
2010	1820	3.94	2.77	1.43	47.54		7427	5498
2011	1820	3.84	2.73	1.40	49.82		8779	6541
2012	1820	3.84	2.71	1.41	50.80		9967	7402
2013	1859	3.29	2.22	1.48		63.71	11405	9986
2014	1848	3.25	2.21	1.47		60.83	12650	11056
2015	1883	3.20	2.20	1.45		63.48	13793	11961
2016	1917	3.21	2.24	1.43		66.47	14999	12911
2017	1940	3.17	2.21	1.43		68.00	16335	14003
2018	1690	3.03	2.09	1.45		78.90	17821	14943
2019	1690	3.24	2.17	1.49		76.34	19568	16281
2020	1690	3.04	2.14	1.42		80.70	20880	16339

注：2012年及以前为老口径数据。

2020年居民消费价格指数

单位：以2019年为100

项目	全省	城市	农村
居民消费价格指数	**102.2**	**102.2**	**102.1**
一、按商品和非商品分			
消费品价格指数	103.2	103.2	103.3
服务项目价格指数	100.3	100.4	100.0
二、按类别分			
食品烟酒	107.0	107.0	107.2
衣着	99.9	99.7	100.4
居住	100.0	100.3	99.0
生活用品及服务	100.6	100.8	99.8
交通和通信	97.0	96.9	97.2
教育文化和娱乐	101.2	101.2	101.1
医疗保健	100.2	100.0	100.7
其他用品和服务	103.7	103.7	103.9

主要年份地方一般公共预算收入

单位：万元

项目	2000	2005	2010	2019	2020
收入合计	**2341061**	**4326003**	**11514923**	**30529297**	**30790374**
1. 增值税	353461	731267	1411033	8500081	8393601
2. 营业税	582053	1246076	3197000		
3. 企业所得税	321959	542646	1569118	3990164	3684936
4. 个人所得税	247517	274137	563374	1689055	1928130
5. 资源税	7007	21436	64550	91738	72577
6. 城市维护建设税	97646	185544	431149	1239005	1223138
7. 房产税	95496	169576	317362	874682	817361
8. 印花税	18309	55267	171193	395737	428873
9. 城镇土地使用税	15746	29400	263343	348741	315993
10. 土地增值税	4326	40785	628057	2545301	2296652
11. 车船税	6055	12662	59863	243521	263037
12. 烟叶税			32896	51936	63595
13. 耕地占用税	13474	32003	181050	150255	124226
14. 契税	55799	209093	770908	1933138	2197180
15. 国有资本经营收入			219530	255253	365457
16. 国有资源(资产)有偿使用收入			414662	3179030	3012239
17. 行政性收费收入	74946	290876	481761	800676	827631
18. 罚没收入	101764	213993	292226	1017392	906911
19. 专项收入	64036	120693	352274	2672608	3273577

一般公共预算支出

单位:万元

项目	2010	2015	2018	2019	2020
支出合计	**16950906**	**40015778**	**48326930**	**50779329**	**52160979**
1. 一般公共服务	2119124	3080207	4294732	4587841	4675189
2. 外交		10646		1127	
3. 国防	32680	68544	50731	60947	56193
4. 公共安全	1206017	2252409	3388110	3328555	3435465
5. 教育	3277681	7575096	9250606	9685449	10315731
6. 科学技术	323057	766007	1152537	1334065	1494377
7. 文化体育与传媒	271014	848159	847306	1040040	1128752
8. 社会保障和就业	1482366	3417705	4681506	5078865	5723365
9. 医疗卫生	1175835	3511905	4416958	4677641	5219588
10. 环境保护	397865	955694	1240388	1795465	1564246
11. 城乡社区事务	1076788	3786992	6235168	5588739	4224147
12. 农林水事务	1603355	4418607	4315149	4420628	4500504
13. 交通运输	1252071	3461952	2689926	2550023	2340639
14. 工业商业金融等事务	1044916	4080809	5125957	628542	104777

进出口总额

年 份	进出口总额（万美元）	出 口	进 口	进出口总额（万元）	出 口	进 口
1981	6.08	4.01	2.07	10.83	7.14	3.68
1982	5.51	3.70	1.80	10.63	7.15	3.48
1983	5.64	3.70	1.94	11.05	7.25	3.80
1984	6.65	3.92	2.73	18.55	10.93	7.62
1985	9.01	5.57	3.44	26.39	16.33	10.07
1986	13.48	6.86	6.61	50.13	25.54	24.60
1987	18.45	9.04	9.41	68.63	33.63	35.01
1988	28.43	14.16	14.27	105.76	52.68	53.08
1989	34.22	18.28	15.94	161.18	86.10	75.08
1990	43.39	24.49	18.90	226.50	127.84	98.66
1991	57.48	31.47	26.00	311.53	170.91	140.62
1992	80.59	43.87	36.72	463.38	252.23	211.14
1993	100.42	51.59	48.83	581.42	298.69	282.73
1994	121.90	64.30	57.59	1039.77	548.50	491.27
1995	144.46	79.08	65.38	1210.55	662.70	547.85
1996	155.20	83.82	71.37	1288.14	695.74	592.40
1997	179.53	102.56	76.97	1486.13	848.96	637.17
1998	171.61	99.64	71.97	1420.56	824.81	595.75
1999	176.20	103.52	72.68	1458.55	856.93	601.61
2000	212.23	129.08	83.15	1756.87	1068.55	688.32
2001	226.26	139.22	87.04	1872.98	1152.49	720.49
2002	283.99	173.71	110.28	2350.85	1437.96	912.89
2003	353.26	211.32	141.94	2924.25	1749.28	1174.96
2004	475.27	293.95	181.32	3933.81	2433.00	1500.81
2005	544.11	348.42	195.69	4457.21	2854.15	1603.06
2006	626.59	412.62	213.97	4937.55	3251.43	1686.12
2007	744.51	499.40	245.10	5661.24	3797.47	1863.77
2008	848.21	569.92	278.29	5890.90	3958.14	1932.76
2009	796.49	533.19	263.30	5440.85	3642.22	1798.63
2010	1087.80	714.93	372.87	7363.88	4839.73	2524.15
2011	1435.22	928.38	506.85	9269.83	5996.21	3273.62
2012	1559.38	978.33	581.05	9843.58	6175.68	3667.90
2013	1693.22	1064.74	628.47	10486.43	6594.17	3892.26
2014	1774.08	1134.52	639.56	10897.33	6968.92	3928.41
2015	1688.46	1126.80	561.66	10478.39	6991.76	3486.62
2016	1568.19	1036.72	531.47	10344.96	6833.66	3511.30
2017	1710.35	1049.32	661.03	11590.98	7113.92	4477.06
2018	1875.76	1156.85	718.90	12357.29	7624.07	4733.21
2019	1930.86	1201.83	729.03	13307.35	8281.55	5025.81
2020	2033.17	1223.87	809.30	14080.59	8473.17	5607.43

实际利用外商直接投资金额

单元：万美元

年 份	合 计	年 份	合 计
1979	83	2005	622984
1980	363	2006	718489
1981	150	2007	813093
1982	121	2008	1002556
1983	1438	2009	1006481
1984	4828	2010	1031552
1985	11782	2011	1104447
1986	6149	2012	1218541
1987	5139	全口径	
1988	13017	2004	222120
1989	32880	2005	260775
1990	29002	2006	322047
1991	64449	2007	406058
1992	141633	2008	567171
1993	286745	2009	573747
1994	371200	2010	580279
1995	403881	2011	620111
1996	407876	2012	633774
1997	419666	2013	667896
1998	421211	2014	711499
1999	402403	2015	768339
2000	380386	2016	819465
2001	391804	2017	857672
历史可比口径		2018	445477
2002	424995	2019	460953
2003	499329	2020	502347
2004	531802		

主要年份各类运输总量

年　份	客运量(万人)	旅客周转量(亿人千米)	货运量(万吨)	货物周转量(亿吨千米)
1952	251	1.72	156	1.44
1957	1966	8.81	1553	10.07
1962	2634	16.97	1845	21.65
1965	3226	16.22	2948	39.47
1970	3324	17.59	2862	40.92
1975	5887	28.36	3747	53.73
1978	7928	35.73	4871	74.03
1979	9996	43.71	5149	80.63
1980	16676	62.37	7979	100.34
1981	20013	73.45	8302	103.34
1982	22570	82.01	9077	120.39
1983	24620	91.50	10175	131.78
1984	29155	109.50	11479	151.61
1985	33984	130.33	13317	161.97
1986	34426	137.09	16931	195.48
1987	35693	159.38	18231	225.02
1988	37216	175.91	20131	242.02
1989	39622	173.66	19859	270.06
1990	39495	175.40	20321	272.71
1991	34038	186.70	12124	267.26
1992	36283	205.17	19836	347.28
1993	40465	232.27	25824	434.02
1994	36416	240.56	28447	577.73
1995	40080	247.65	28922	608.61
1996	42956	267.20	30593	590.58
1997	43658	253.15	30496	605.78
1998	42047	279.76	30010	661.61
1999	41413	301.58	28637	746.71
2000	44203	333.97	29483	687.65
2001	47393	372.72	30547	779.92
2002	49134	392.00	31837	827.44
2003	48097	386.19	33422	1223.82
2004	53950	441.40	37279	1401.26
2005	55615	477.82	40400	1576.12
2006	59369	524.99	44304	1904.36
2007	64244	587.90	50500	2083.72
2008	72742	561.77	57254	2401.41
2009	76121	597.75	58231	2477.46
2010	77153	648.76	66159	2983.52
2011	81082	723.83	75272	3404.11
2012	83725	771.93	84417	3877.73
2013	56965	785.01	96718	3943.77
2014	60765	902.36	111779	4783.48
2015	54031	915.21	111063	5450.96
2016	54237	987.52	120379	6074.83
2017	54118	1086.22	132252	6785.16
2018	51435	1153.28	136974	7652.89
2019	49379	1190.02	133693	8296.62
2020	25490	661.97	139927	9020.34

注:2013 年客运量数据因交通运输业统计范围变化有调整。

金融机构人民币各项存款和贷款余额

单位：亿元

年份	各项存款	#城乡居民储蓄存款	财政存款	各项贷款	#短期贷款	中长期贷款
1990	359.45			381.93		
1991	477.45			453.10		
1992	667.01			589.74		
1993	824.37			774.65	554.06	153.33
1994	1101.81			954.73	698.86	180.89
1995	1451.68			1176.63	860.09	221.09
1996	1901.71			1467.79	1060.12	294.42
1997	2192.74		15.40	1750.38	1279.40	329.60
1998	2557.30		28.11	1942.78	1423.39	368.87
1999	2924.61		41.24	2255.50	1612.59	476.85
2000	3114.32		39.59	2438.82	1728.01	510.32
2001	3614.26		45.94	2864.76	1656.70	902.35
2002	4253.07		55.21	3110.05	1809.88	1065.11
2003	5178.29		51.74	3837.51	2039.25	1422.42
2004	5984.32		92.63	4367.05	2213.05	1799.83
2005	7248.40		128.33	5068.68	2366.93	2350.80
2006	8836.26		219.38	6447.72	2956.98	3203.04
2007	10040.15		328.32	8065.67	3555.92	4318.81
2008	11804.40		457.26	9585.92	3895.16	5146.37
2009	14702.34		549.46	12360.32	5215.58	6625.53
2010	18309.45		678.08	15231.36	6594.50	8372.64
2011	21055.49		834.38	18165.19	7836.03	9906.51
2012	24283.68		741.75	21209.82	9451.96	11133.74
2013	28043.82		905.62	24487.53	10752.70	13137.82
2014	30747.61		1450.40	28417.70	11785.72	15861.63
2015	35576.06	13931.21	1169.62	32132.96	12209.64	18530.82
2016	39275.82	15122.76	1230.32	36356.06	12620.98	21631.79
2017	42794.79	16583.08	1361.81	40484.93	14040.45	25317.11
2018	44677.70	18278.38	1305.78	45173.87	14726.54	28439.09
2019	48754.92	20954.92	1017.18	51396.64	16552.98	32205.10
2020	55160.49	24052.60	1053.15	58589.49	17843.60	37789.19

注：2004年起含外资银行。

主要年份年末常住人口及人口变动

年份	常住总人口（万人）	按性别分类		按城乡分		人口出生率（‰）	人口死亡率（‰）	人口自然增长率（‰）	人口密度（人/平方千米）
		男	女	城镇	农村				
1952	1270					37.92	13.32	24.60	102
1957	1461					37.56	9.80	27.76	118
1962	1602					41.14	11.65	29.49	129
1965	1759					41.19	7.92	33.27	142
1970	2020					34.23	6.98	27.25	163
1975	2297					29.19	6.58	22.61	185
1978	2446					25.35	6.31	19.04	197
1979	2487					22.91	6.28	16.63	201
1980	2519					18.68	6.27	12.41	203
1981	2563					23.40	6.25	17.15	207
1982	2620					27.91	6.35	21.56	211
1983	2668					24.53	6.31	18.22	215
1984	2720					25.68	6.25	19.43	219
1985	2769					23.88	6.18	17.70	223
1986	2820					24.02	5.85	18.17	227
1987	2875					24.91	5.79	19.21	232
1988	2929					24.34	5.81	18.53	236
1989	2984					24.67	6.10	18.57	241
1990	3037					24.44	6.71	17.73	245
1991	3079					20.03	6.26	13.77	248
1992	3116					18.18	6.02	12.16	251
1993	3150					16.72	5.62	11.10	254
1994	3183					16.24	5.95	10.29	257
1995	3227					15.20	5.90	9.30	261
1996	3261					13.22	5.94	7.28	263
1997	3282					12.41	6.09	6.32	265
1998	3299					11.53	6.20	5.33	266
1999	3316					11.06	5.85	5.21	267
2000	3410	1757	1653	1432	1978	11.60	5.85	5.75	275
2001	3445	1775	1670	1473	1972	11.56	5.52	6.04	278
2002	3476	1790	1686	1587	1889	11.35	5.57	5.78	280
2003	3502	1805	1697	1624	1878	11.43	5.58	5.85	282
2004	3529	1818	1711	1681	1848	11.58	5.62	5.96	285
2005	3557	1793	1764	1758	1799	11.60	5.62	5.98	287
2006	3585	1810	1775	1807	1778	12.00	5.75	6.25	289
2007	3612	1824	1788	1856	1756	12.00	5.90	6.10	291
2008	3639	1830	1809	1929	1710	12.20	5.90	6.30	293
2009	3666	1848	1818	2019	1647	12.20	6.00	6.20	296
2010	3693	1900	1793	2109	1584	11.27	5.16	6.11	298
2011	3784	1945	1839	2199	1585	11.41	5.20	6.21	305
2012	3841	1975	1866	2278	1563	12.74	5.73	7.01	310
2013	3885	1995	1890	2362	1523	12.20	6.01	6.19	313
2014	3945	2007	1938	2446	1499	13.70	6.20	7.50	318
2015	3984	2023	1961	2519	1465	13.90	6.10	7.80	321
2016	4016	2042	1974	2586	1430	14.50	6.20	8.30	324
2017	4065	2076	1989	2674	1391	15.00	6.20	8.80	328
2018	4104	2099	2005	2749	1355	13.20	6.20	7.00	331
2019	4137	2014	2033	2808	1329	12.90	6.10	6.80	334
2020	4161	2151	2010	2861	1300	9.21	5.13	4.08	336

注：根据第七次全国人口普查数据，对2011—2019年常住人口数据进行调整。

地区生产总值(2020年)

单位:亿元

地区	地区生产总值	第一产业	第二产业	第三产业	工业	建筑业	人均地区生产总值(元)
全省	**43903.89**	**2732.32**	**20328.80**	**20842.78**	**15745.55**	**4654.13**	**105818**
福州市	**10020.02**	**560.70**	**3840.77**	**5618.55**	**2532.16**	**1328.23**	**121015**
福州市辖区							
鼓楼区	2069.86		311.62	1758.24	42.13	269.57	307557
台江区	600.81		88.03	512.78	3.56	84.63	144773
仓山区	902.27	1.76	344.79	555.73	278.83	67.69	79741
马尾区	604.96	9.89	354.87	240.19	226.44	128.92	208966
晋安区	959.05	7.99	253.98	697.08	139.98	114.28	121016
长乐区	1003.41	57.76	651.97	293.69	607.46	44.72	127095
福清市	1228.54	110.00	619.40	499.15	486.48	133.23	88352
闽侯县	793.04	48.52	413.42	331.10	327.32	86.41	81171
连江县	594.85	147.07	221.80	225.98	164.99	69.80	93091
罗源县	316.61	49.02	171.63	95.96	151.58	20.33	124407
闽清县	344.88	36.19	184.90	123.79	74.53	112.92	134195
永泰县	300.31	56.47	139.92	103.92	22.30	117.70	106873
平潭县	301.43	36.03	84.44	180.96	6.56	78.04	77289
厦门市	**6384.02**	**28.89**	**2519.83**	**3835.29**	**1892.18**	**655.90**	**123962**
厦门市辖区							
思明区	2053.04	2.99	327.15	1722.90	82.03	245.36	191963
海沧区	815.75	1.75	458.59	355.41	403.08	55.83	140163
湖里区	1395.75		545.65	850.09	398.96	173.23	134855
集美区	822.41	3.08	400.10	419.23	321.81	78.96	79768
同安区	591.21	11.42	309.41	270.38	283.01	26.66	69107
翔安区	705.87	9.66	478.93	217.27	403.28	75.87	122334
莆田市	**2643.97**	**125.66**	**1362.33**	**1155.98**	**1094.00**	**270.96**	**82753**
莆田市辖区							
城厢区	485.85	11.16	170.70	303.99	113.76	57.22	89723
涵江区	595.12	17.22	391.51	186.39	328.73	63.58	123854
荔城区	548.01	16.52	285.92	245.57	224.18	62.28	82223
秀屿区	493.50	58.47	257.11	177.91	212.08	45.54	81705
仙游县	521.49	22.29	257.08	242.11	215.26	42.34	57782
三明市	2702.19	314.57	1401.90	985.72	1022.10	383.88	108304
三明市辖区							
梅列区	355.83	5.51	163.04	187.27	139.31	23.79	162850
三元区	247.43	13.15	147.56	86.72	103.47	44.37	130917
永安市	446.26	37.49	262.53	146.24	216.06	46.97	129351
明溪县	111.00	20.92	53.79	36.29	35.12	18.76	111003
清流县	154.58	24.33	82.80	47.45	42.06	40.96	128280
宁化县	201.97	29.22	91.00	81.75	48.33	43.16	76941
大田县	228.72	45.11	115.26	68.35	102.41	13.23	76112
尤溪县	223.87	52.13	84.47	87.27	70.50	14.27	65362
沙县	323.87	32.41	190.36	101.09	136.59	54.87	129289
将乐县	165.31	20.47	81.66	63.18	58.76	23.18	113615
泰宁县	103.07	14.90	50.21	37.96	29.71	20.62	97692
建宁县	140.29	18.92	79.22	42.15	39.77	39.70	121992
泉州市	**10158.66**	**226.60**	**5808.14**	**4123.91**	**5120.69**	**695.86**	**115768**
泉州市辖区							
鲤城区	621.85	0.21	304.07	317.57	277.61	26.56	145293
丰泽区	763.92	1.69	148.76	613.47	83.65	65.24	109837

续表

地区	地区生产总值	第一产业	第二产业	第三产业	工业	建筑业	人均地区生产总值（元）
洛江区	284.94	5.41	183.60	95.94	155.12	28.48	115830
泉港区	734.44	10.85	587.19	136.41	517.75	69.58	208057
石狮市	937.16	24.29	423.05	489.82	374.97	48.23	136911
晋江市	2616.11	20.26	1577.32	1018.52	1510.84	73.16	126872
南安市	1352.72	36.49	791.40	524.84	730.38	61.65	89171
惠安县	1317.71	31.95	936.41	349.36	761.98	174.73	128058
安溪县	747.63	56.24	379.50	311.89	307.99	71.68	74391
永春县	494.52	26.47	306.77	161.28	270.14	36.72	116769
德化县	287.66	12.75	170.08	104.83	130.26	39.83	86775
漳州市	**4545.61**	**498.71**	**2056.79**	**1990.11**	**1606.63**	**453.63**	**89834**
漳州市辖区							
芗城区	752.46	11.82	307.54	433.10	214.38	93.29	118312
龙文区	349.07	5.95	116.42	226.70	76.73	40.01	117729
龙海市	1115.75	79.99	634.95	400.81	486.54	151.01	117139
云霄县	231.65	38.60	98.91	94.14	86.25	12.71	56295
漳浦县	495.61	88.76	157.44	249.41	121.66	35.89	58410
诏安县	287.63	56.28	135.37	95.99	121.28	14.09	50909
长泰县	344.54	19.76	225.65	99.13	185.08	40.71	150453
东山县	198.25	38.03	70.83	89.39	51.04	19.86	90318
南靖县	345.33	75.29	154.65	115.39	131.57	23.13	112120
平和县	254.57	48.50	67.17	138.90	54.20	12.97	55582
华安县	170.76	35.73	87.87	47.16	77.90	9.97	126021
南平市	**2007.40**	**329.76**	**759.42**	**918.22**	**526.97**	**232.76**	**74903**
南平市辖区							
延平区	415.82	40.65	164.92	210.25	72.94	92.06	90102
建阳区	261.94	39.38	106.37	116.20	80.15	26.27	78426
邵武市	241.66	29.37	107.27	105.03	83.13	24.19	87878
武夷山市	208.05	28.51	74.65	104.89	53.01	21.65	83722
建瓯市	280.29	53.03	99.42	127.84	76.36	23.10	63200
顺昌县	128.33	22.21	45.24	60.88	36.87	8.39	69367
浦城县	175.54	39.72	58.49	77.32	44.28	14.23	58807
光泽县	117.29	44.04	37.43	35.81	31.60	5.83	87854
松溪县	80.16	14.20	29.15	36.82	18.49	10.67	63121
政和县	98.32	18.65	36.49	43.18	30.13	6.36	56668
龙岩市	**2870.90**	**319.73**	**1263.37**	**1287.80**	**861.51**	**401.86**	**105548**
龙岩市辖区							
新罗区	1018.81	59.23	479.04	480.55	366.29	112.75	121577
永定区	285.83	39.69	112.64	133.49	61.42	51.22	87276
漳平市	274.70	37.18	117.65	119.86	83.14	34.51	108362
长汀县	309.77	41.38	137.15	131.24	93.88	43.27	77929
上杭县	431.87	60.46	179.38	192.02	98.44	80.94	115164
武平县	273.38	41.01	114.47	117.89	72.67	41.80	98337
连城县	276.55	40.77	123.03	112.74	85.67	37.36	110399
宁德市	**2619.00**	**325.92**	**1319.69**	**973.40**	**1089.10**	**232.16**	**83541**
宁德市辖区							
蕉城区	782.81	42.32	494.64	245.84	421.02	74.01	127182
福安市	600.16	53.43	371.14	175.59	323.40	48.18	98630
福鼎市	418.69	60.70	219.04	138.94	184.00	35.44	75849
霞浦县	264.48	69.35	65.36	129.77	48.00	17.62	55621
古田县	204.97	49.03	52.12	103.82	38.33	13.81	63166
屏南县	91.84	16.37	23.60	51.87	15.48	8.14	65598
寿宁县	104.68	17.39	38.11	49.18	23.48	14.64	58807
周宁县	76.16	8.41	23.53	44.22	13.32	10.21	51284
柘荣县	75.23	8.91	32.15	34.17	22.06	10.11	81327

注：本表为2020年快报数。

地区生产总值指数(2020 年)

单位：以 2019 年为 100

地　区	地区生产总　值	第一产业	第二产业	第三产业	工　业	建筑业	人均 GDP（元）
全　省	**103.3**	**103.1**	**102.5**	**104.1**	**101.7**	**105.8**	**102.5**
福州市	**105.1**	**104.0**	**106.2**	**104.4**	**105.1**	**108.8**	**104.2**
福州市辖区							
鼓楼区	103.2	100.0	102.4	103.4	102.4	102.3	104.2
台江区	106.3	100.0	112.7	105.3	103.7	113.0	108.0
仓山区	105.8	100.7	106.9	105.0	105.2	115.1	102.4
马尾区	105.7	112.8	108.3	101.3	106.2	113.1	103.8
晋安区	105.7	103.8	106.9	105.2	105.1	109.4	106.1
长乐区	106.8	103.4	108.0	104.4	107.8	111.7	105.9
福清市	106.7	104.0	108.3	105.2	107.9	109.8	105.8
闽侯县	105.0	103.7	105.1	104.9	103.6	113.1	101.5
连江县	100.2	104.5	94.4	104.3	90.8	107.6	99.5
罗源县	106.3	104.0	107.6	104.8	107.4	109.4	104.8
闽清县	106.2	104.6	107.4	104.9	105.1	109.5	106.0
永泰县	106.2	104.5	108.0	104.9	102.6	109.4	101.7
平潭县	105.4	102.0	101.8	107.7	88.8	103.4	106.8
厦门市	**105.7**	**102.5**	**106.1**	**105.5**	**105.4**	**108.6**	**103.5**
厦门市辖区							
思明区	104.5	113.4	108.3	103.7	106.4	109.2	103.7
海沧区	104.5	110.5	101.8	108.9	106.9	71.2	100.5
湖里区	106.4		103.2	108.7	101.2	109.8	106.0
集美区	105.5	102.4	109.2	101.5	106.6	124.3	101.8
同安区	107.9	100.9	108.9	106.9	107.6	132.0	105.2
翔安区	108.0	98.9	108.0	108.5	105.5	128.2	104.4
莆田市	**103.3**	**101.4**	**101.5**	**105.8**	**101.9**	**99.7**	**102.0**
莆田市辖区							
城厢区	103.8	102.1	99.2	106.7	103.5	90.3	101.3
涵江区	105.4	105.4	103.6	109.4	102.7	108.9	105.3
荔城区	102.2	97.6	101.8	103.0	102.7	97.8	99.5
秀屿区	101.2	100.7	100.4	102.5	101.3	95.8	100.8
仙游县	103.8	103.1	101.0	107.5	99.9	109.2	103.0
三明市	104.1	103.9	104.2	104.1	103.0	107.6	104.5
三明市辖区							
梅列区	103.4	103.2	101.4	105.2	100.6	106.7	101.8
三元区	103.9	104.0	104.7	102.5	103.2	109.0	104.8
永安市	103.6	103.7	103.6	103.6	103.0	106.7	103.8
明溪县	104.0	104.3	104.3	103.2	103.6	105.9	105.0
清流县	105.6	104.6	105.5	106.3	103.3	108.0	109.1
宁化县	103.7	103.8	105.7	101.4	103.7	108.1	104.5
大田县	105.1	104.4	104.5	106.9	104.0	108.5	106.0
尤溪县	104.1	103.8	104.6	103.6	103.9	108.6	104.7
沙　县	103.5	103.3	103.9	102.7	103.0	106.1	103.0
将乐县	105.0	104.5	105.1	104.9	103.9	108.8	105.3
泰宁县	103.9	103.9	104.7	102.8	102.8	107.6	104.4
建宁县	106.0	103.5	105.7	107.9	103.5	108.2	106.0
泉州市	**102.9**	**101.8**	**102.8**	**103.2**	**102.9**	**101.6**	**102.6**
泉州市辖区							
鲤城区	96.6	109.0	92.7	101.0	92.2	99.5	96.5
丰泽区	103.9	108.6	99.5	105.0	97.9	102.1	101.8
洛江区	102.0	102.6	103.2	99.1	103.6	100.9	100.1
泉港区	103.8	100.6	105.4	97.0	105.2	107.1	102.9

续表

地　区	地区生产总　值	第一产业	第二产业	第三产业	工　业	建筑业	人均GDP（元）
石狮市	102.9	95.9	102.6	103.5	103.1	97.5	102.4
晋江市	104.2	102.8	103.7	104.9	104.3	90.7	104.1
南安市	104.8	103.6	105.7	103.3	105.7	105.2	104.6
惠安县	100.7	95.7	99.9	103.7	99.9	99.8	100.2
安溪县	103.3	103.0	105.2	100.8	104.2	110.5	103.5
永春县	103.0	103.9	103.3	102.0	103.5	102.3	104.2
德化县	104.1	104.3	105.0	102.3	104.0	109.2	103.0
漳州市	**96.1**	**103.1**	**90.9**	**101.1**	**88.8**	**100.9**	**96.2**
漳州市辖区							
芗城区	97.8	104.7	93.4	101.4	88.3	111.2	96.8
龙文区	96.4	103.6	85.6	103.8	78.4	108.4	92.5
龙海市	102.3	101.2	102.1	102.8	102.9	98.8	102.1
云霄县	88.9	101.5	81.7	94.4	81.1	87.4	89.1
漳浦县	94.9	105.8	83.3	100.8	79.1	106.3	94.8
诏安县	101.0	105.2	100.7	99.2	101.0	97.8	102.7
长泰县	96.4	104.3	93.3	104.2	91.2	106.2	96.4
东山县	76.6	98.7	54.3	101.6	49.9	74.5	76.4
南靖县	92.6	104.0	85.5	96.8	83.6	101.6	94.1
平和县	93.7	101.8	77.0	101.9	75.6	85.2	95.3
华安县	97.8	104.0	95.8	97.5	96.0	94.6	100.3
南平市	**100.3**	**103.9**	**96.5**	**102.4**	**92.8**	**107.5**	**100.3**
南平市辖区							
延平区	101.1	104.3	98.8	102.4	94.8	102.7	103.0
建阳区	104.6	104.5	104.0	105.3	99.8	121.6	101.8
邵武市	99.4	101.1	96.2	102.6	93.7	107.7	99.9
武夷山市	100.1	104.6	95.9	102.1	88.1	127.5	95.4
建瓯市	96.0	104.3	87.8	100.3	84.8	101.1	98.2
顺昌县	95.7	105.6	85.8	101.5	83.1	103.1	98.8
浦城县	104.2	107.0	102.8	103.7	99.9	115.0	104.3
光泽县	101.9	101.3	103.4	101.0	103.5	102.6	104.2
松溪县	98.5	101.7	93.0	102.2	89.8	100.2	95.4
政和县	100.1	104.9	95.7	102.2	94.5	102.5	96.9
龙岩市	**105.3**	**103.3**	**105.3**	**105.7**	**104.4**	**107.6**	**104.7**
龙岩市辖区							
新罗区	105.5	103.7	105.1	106.2	104.3	107.8	103.5
永定区	105.2	103.2	105.0	106.0	102.8	108.1	106.4
漳平市	104.6	103.6	105.4	104.1	104.7	107.6	104.0
长汀县	104.9	103.1	105.5	104.9	104.7	107.4	104.8
上杭县	105.7	103.5	106.2	105.9	105.6	106.9	105.7
武平县	104.7	102.6	105.0	105.1	103.6	107.7	104.7
连城县	105.0	103.2	105.9	104.6	105.2	107.7	104.8
宁德市	**106.0**	**103.1**	**106.6**	**106.3**	**107.0**	**104.7**	**105.0**
宁德市辖区							
蕉城区	112.6	100.3	115.5	109.2	116.6	109.0	108.8
福安市	106.7	103.4	106.4	108.6	106.3	107.7	106.0
福鼎市	100.8	103.4	98.9	103.3	98.3	102.5	100.4
霞浦县	101.5	101.6	95.0	105.9	93.1	101.6	101.3
古田县	103.5	105.2	104.6	101.9	105.4	101.9	103.8
屏南县	100.5	106.4	99.2	99.5	95.8	108.1	100.5
寿宁县	103.7	104.4	99.9	107.0	101.4	97.0	103.7
周宁县	103.3	105.0	93.8	109.9	98.5	87.0	101.3
柘荣县	105.0	104.4	103.3	107.2	100.9	110.4	104.5

注：本表为2020年快报数。

年末户籍统计人口数(2020年)

单位:万人

地　区	年末户籍统计总人口	按性别分	
		男	女
全　省	**3921.61**	**2014.89**	**1906.72**
福州市	**715.41**	**364.04**	**351.37**
福州市辖区			
鼓楼区	59.58	29.23	30.34
台江区	31.77	15.59	16.17
仓山区	63.87	31.17	32.70
马尾区	18.59	9.22	9.37
晋安区	43.23	21.09	22.15
长乐区	76.53	40.00	36.53
福清市	139.67	71.92	67.75
闽侯县	71.23	36.17	35.06
连江县	67.83	35.16	32.66
罗源县	26.97	14.07	12.90
闽清县	32.40	17.06	15.35
永泰县	38.50	20.45	18.05
平潭县	45.25	22.92	22.32
厦门市	**272.11**	**133.34**	**138.77**
厦门市辖区			
思明区	86.68	42.06	44.62
海沧区	26.27	12.62	13.64
湖里区	37.75	18.72	19.03
集美区	40.26	19.53	20.73
同安区	41.80	20.82	20.98
翔安区	39.35	19.59	19.77
莆田市	**365.55**	**186.75**	**178.80**
莆田市辖区			
城厢区	44.18	22.11	22.07
涵江区	45.17	22.42	22.75
荔城区	61.60	30.76	30.85
秀屿区	96.70	50.51	46.19
仙游县	117.90	60.96	56.94
三明市	287.84	150.57	137.27
三明市辖区			
梅列区	15.78	7.69	8.09
三元区	13.67	6.83	6.84
永安市	32.79	16.83	15.96
明溪县	11.68	6.08	5.61
清流县	15.32	8.04	7.27
宁化县	37.20	19.55	17.64
大田县	41.48	22.61	18.87
尤溪县	45.04	24.29	20.75
沙县	27.09	13.91	13.17
将乐县	18.63	9.68	8.95
泰宁县	13.74	7.11	6.63
建宁县	15.43	7.94	7.49
泉州市	**766.14**	**396.60**	**369.54**
泉州市辖区			
鲤城区	27.66	13.44	14.21
丰泽区	29.93	14.35	15.58
洛江区	20.85	10.80	10.04
泉港区	42.25	21.76	20.48

续表

地区	年末户籍统计总人口	按性别分	
		男	女
石狮市	35.74	18.07	17.66
晋江市	121.24	61.82	59.42
南安市	166.71	87.95	78.76
惠安县	105.11	53.21	51.90
安溪县	121.03	64.44	56.59
永春县	60.20	31.93	28.27
德化县	35.43	18.81	16.61
漳州市	**523.95**	**268.62**	**255.34**
漳州市辖区			
芗城区	48.10	23.47	24.63
龙文区	18.47	8.95	9.52
龙海市	90.46	45.41	45.05
云霄县	46.77	24.66	22.11
漳浦县	94.65	48.71	45.95
诏安县	68.63	35.85	32.78
长泰县	21.14	10.75	10.39
东山县	22.23	11.18	11.05
南靖县	35.73	18.31	17.41
平和县	61.26	32.74	28.53
华安县	16.51	8.59	7.92
南平市	**316.87**	**163.51**	**153.36**
南平市辖区			
延平区	49.42	25.29	24.14
建阳区	36.10	18.44	17.65
邵武市	30.22	15.45	14.77
武夷山市	24.70	12.52	12.19
建瓯市	54.60	28.23	26.37
顺昌县	23.02	11.88	11.14
浦城县	42.24	21.80	20.44
光泽县	16.16	8.43	7.73
松溪县	16.69	8.72	7.96
政和县	23.72	12.74	10.98
龙岩市	**317.60**	**165.01**	**152.59**
龙岩市辖区			
新罗区	59.72	29.49	30.22
永定区	48.12	25.34	22.78
漳平市	29.15	15.35	13.80
长汀县	54.76	29.06	25.70
上杭县	52.01	26.90	25.11
武平县	39.67	20.66	19.00
连城县	34.18	18.21	15.97
宁德市	**356.14**	**186.45**	**169.69**
宁德市辖区			
蕉城区	52.86	26.66	26.19
福安市	67.62	35.58	32.04
福鼎市	60.61	31.39	29.22
霞浦县	55.06	28.94	26.12
古田县	42.49	22.47	20.02
屏南县	18.96	10.13	8.82
寿宁县	26.32	14.11	12.21
周宁县	21.18	11.40	9.78
柘荣县	11.05	5.76	5.29

注:泉州市辖区户籍人口数包括台商投资区,漳州市辖区户籍人口数包括漳州市台商投资区和漳州开发区。

年末常住人口数(2020年)

单位：万人

地 区	常住人口数	城镇人口	乡村人口	城镇化水平(%)
全 省	**4161.00**	**2860.69**	**1300.31**	**68.8**
福州市	**832.00**	**603.04**	**228.96**	**72.5**
福州市辖区				
鼓楼区	67.00	67.00		100.0
台江区	41.20	41.20		100.0
仓山区	115.00	115.00		100.0
马尾区	29.20	25.67	3.53	87.9
晋安区	79.00	77.01	1.99	97.5
长乐区	79.30	47.59	31.71	60.0
福清市	139.40	74.66	64.74	53.6
闽侯县	99.30	59.69	39.61	60.1
连江县	64.10	32.47	31.63	50.7
罗源县	25.60	18.32	7.28	71.6
闽清县	25.70	11.26	14.44	43.8
永泰县	28.20	12.21	15.99	43.3
平潭县	39.00	20.96	18.04	53.7
厦门市	**518.00**	**463.14**	**54.86**	**89.4**
厦门市辖区				
思明区	107.40	107.40		100.0
海沧区	58.60	57.25	1.35	97.7
湖里区	103.90	103.90		100.0
集美区	104.00	93.95	10.05	90.3
同安区	85.90	64.52	21.38	75.1
翔安区	58.20	36.04	22.16	61.9
莆田市	**321.00**	**201.27**	**119.73**	**62.7**
莆田市辖区				
城厢区	54.70	39.35	15.35	71.9
涵江区	48.00	38.09	9.91	79.4
荔城区	67.40	49.98	17.42	74.2
秀屿区	60.40	26.50	33.90	43.9
仙游县	90.50	47.39	43.11	52.4
三明市	249.00	157.37	91.63	63.2
三明市辖区				
梅列区	22.00	21.45	0.55	97.5
三元区	18.80	16.45	2.35	87.5
永安市	34.50	24.84	9.66	72.0
明溪县	9.90	5.18	4.72	52.4
清流县	11.80	5.99	5.81	50.8
宁化县	26.20	12.62	13.58	48.2
大田县	30.00	16.21	13.79	54.0
尤溪县	34.20	16.69	17.51	48.8
沙县	25.10	17.62	7.48	70.2
将乐县	14.50	8.51	5.99	58.7
泰宁县	10.50	6.10	4.40	58.1
建宁县	11.50	5.70	5.80	49.6
泉州市	**879.00**	**601.76**	**277.24**	**68.5**
泉州市辖区				
鲤城区	42.80	42.80		100.0
丰泽区	70.10	70.10		100.0
洛江区	24.80	14.55	10.25	58.7
泉港区	35.50	19.76	15.74	55.7

续表

地　区	常住人口数	城镇人口	乡村人口	城镇化水平(%)
石　狮　市	68.60	59.00	9.60	86.0
晋　江　市	206.20	141.64	64.56	68.7
南　安　市	151.90	93.78	58.12	61.7
惠　安　县	103.20	72.95	30.25	70.7
安　溪　县	100.40	49.83	50.57	49.6
永　春　县	42.20	25.86	16.34	61.3
德　化　县	33.30	26.02	7.28	78.1
漳州市	**506.00**	**310.48**	**195.52**	**61.4**
漳州市辖区				
芗城区	64.00	57.22	6.78	89.4
龙文区	30.50	27.73	2.77	90.9
龙　海　市	95.30	58.37	36.93	61.3
云　霄　县	41.10	22.44	18.66	54.6
漳　浦　县	84.90	46.52	38.38	54.8
诏　安　县	56.00	25.65	30.35	45.8
长　泰　县	22.90	13.61	9.29	59.4
东　山　县	22.00	14.12	7.88	64.2
南　靖　县	30.50	16.13	14.37	52.9
平　和　县	45.40	21.55	23.85	47.5
华　安　县	13.40	7.14	6.26	53.3
南平市	**268.00**	**159.86**	**108.14**	**59.7**
南平市辖区				
延平区	45.40	32.72	12.68	72.1
建阳区	34.10	21.00	13.10	61.6
邵　武　市	27.40	21.80	5.60	79.6
武夷山市	26.00	15.95	10.05	61.4
建　瓯　市	43.40	22.59	20.81	52.0
顺　昌　县	17.90	9.20	8.70	51.4
浦　城　县	29.80	14.34	15.46	48.1
光　泽　县	13.00	6.55	6.45	50.4
松　溪　县	13.10	6.45	6.65	49.2
政　和　县	17.90	9.28	8.62	51.9
龙岩市	**273.00**	**171.66**	**101.34**	**62.9**
龙岩市辖区				
新罗区	84.80	72.77	12.03	85.8
永定区	32.50	16.35	16.15	50.3
漳　平　市	25.40	14.78	10.62	58.2
长　汀　县	39.80	21.29	18.51	53.5
上　杭　县	37.60	19.35	18.25	51.5
武　平　县	27.80	14.79	13.01	53.2
连　城　县	25.10	12.48	12.62	49.7
宁德市	**315.00**	**192.12**	**122.88**	**61.0**
宁德市辖区				
蕉城区	62.60	42.70	19.90	68.2
福　安　市	61.00	39.72	21.28	65.1
福　鼎　市	55.30	35.13	20.17	63.5
霞　浦　县	47.60	28.96	18.64	60.9
古　田　县	32.40	16.06	16.34	49.6
屏　南　县	14.00	6.91	7.09	49.3
寿　宁　县	17.80	8.86	8.94	49.8
周　宁　县	15.00	7.92	7.08	52.8
柘　荣　县	9.30	5.86	3.44	63.0

城镇非私营单位在岗职工(含劳务派遣人员)平均工资(2020年)

单位:元

地　区	在岗职工平均工资	在岗职工平均工资比上年增长(%)
全　省	**91072**	**7.9**
福州市	**96478**	**8.5**
福州市辖区		
鼓楼区	105980	9.1
台江区	100592	6.9
仓山区	91477	8.8
马尾区	98996	6.6
晋安区	100671	7.3
长乐区	85091	11.2
福清市	83487	9.7
闽侯县	113445	10.9
连江县	90557	9.5
罗源县	75295	4.4
闽清县	83834	6.9
永泰县	77711	9.1
平潭县	95400	6.4
厦门市	**108554**	**11.0**
厦门市辖区		
思明区	120880	12.9
海沧区	93981	10.5
湖里区	123640	10.7
集美区	95800	6.7
同安区	88484	5.6
翔安区	92540	12.9
莆田市	**75316**	**7.3**
莆田市辖区		
城厢区	73064	−14.2
涵江区	72055	16.3
荔城区	69633	6.8
秀屿区	73557	−0.6
仙游县	69368	8.8
三明市	90508	4.6
三明市辖区		
梅列区	107772	3.3
三元区	85961	5.0
永安市	88950	8.3
明溪县	88334	4.6
清流县	85355	4.3
宁化县	97254	−3.4
大田县	77356	4.6
尤溪县	86543	5.1
沙县	81031	7.4
将乐县	83221	6.5
泰宁县	95382	0.8
建宁县	77421	2.7
泉州市	**76330**	**5.5**
泉州市辖区		
鲤城区	82371	10.0
丰泽区	103260	6.8
洛江区	65626	5.3

续表

地　区	在岗职工平均工资	在岗职工平均工资比上年增长(%)
泉港区	81487	6.1
石　狮　市	75198	4.9
晋　江　市	78327	6.5
南　安　市	75377	9.4
惠　安　县	65324	2.6
安　溪　县	74985	6.4
永　春　县	65790	10.4
德　化　县	67267	8.5
漳州市	**89060**	**6.8**
漳州市辖区		
芗城区	101323	13.9
龙文区	86192	5.7
龙　海　市	88067	−0.8
云　霄　县	91135	23.0
漳　浦　县	71888	−7.8
诏　安　县	72242	4.5
长　泰　县	78168	5.1
东　山　县	92319	3.6
南　靖　县	87119	3.7
平　和　县	85780	3.4
华　安　县	84488	3.5
南平市	**82487**	**8.2**
南平市辖区		
延平区	86429	8.9
建阳区	88565	12.7
邵　武　市	77955	7.0
武夷山市	81954	8.3
建　瓯　市	78552	3.4
顺　昌　县	83676	9.4
浦　城　县	79473	6.2
光　泽　县	85916	3.2
松　溪　县	75057	10.1
政　和　县	70381	7.7
龙岩市	**82970**	**5.2**
龙岩市辖区		
新罗区	95524	4.7
永定区	82156	5.4
漳　平　市	64776	5.3
长　汀　县	72796	6.5
上　杭　县	85690	3.7
武　平　县	76471	5.8
连　城　县	75169	4.7
宁德市	**92223**	**11.1**
宁德市辖区		
蕉城区	103715	10.7
福　安　市	93082	10.4
福　鼎　市	81626	10.6
霞　浦　县	81364	9.7
古　田　县	77628	10.7
屏　南　县	91405	8.6
寿　宁　县	77600	9.8
周　宁　县	81241	8.9
柘　荣　县	80993	10.6

城乡居民人均可支配收入(2020年)

单位:元

地区	城镇居民人均可支配收入		农村居民人均可支配收入	
	数值	比上年增长(%)	数值	比上年增长(%)
全省	**47160**	**3.4**	**20880**	**6.7**
福州市	**49300**	**2.9**	**22669**	**6.3**
福州市辖区				
鼓楼区	58160	3.0		
台江区	53912	2.9		
仓山区	45916	3.2		
马尾区	54653	2.9	29323	6.2
晋安区	49670	2.8	23184	6.4
长乐区	50670	2.9	25888	6.5
福清市	49967	2.9	26779	6.2
闽侯县	46538	3.0	21693	6.2
连江县	40563	3.5	20779	6.4
罗源县	36790	2.9	17329	5.4
闽清县	35151	2.7	17204	6.9
永泰县	34285	2.4	16808	6.0
平潭县	43278	3.9	18742	6.6
厦门市	**61331**	**3.9**	**26612**	**7.3**
厦门市辖区				
思明区	74012	4.0		
海沧区	55989	3.8	32781	7.3
湖里区	60263	3.9		
集美区	54960	3.7	32056	7.0
同安区	51775	3.9	24619	7.3
翔安区	43816	4.4	24206	7.7
莆田市	**41007**	**2.4**	**20823**	**5.8**
莆田市辖区				
城厢区	47081	2.7	23067	6.3
涵江区	39059	2.6	20055	5.7
荔城区	46074	2.9	23567	6.4
秀屿区	34060	1.4	21735	5.7
仙游县	35338	2.4	18792	4.9
三明市	39259	3.5	19533	6.7
三明市辖区				
梅列区	45261	2.8	21197	5.0
三元区	42615	3.4	22268	6.0
永安市	40236	3.4	20784	5.7
明溪县	33206	1.9	18212	7.4
清流县	34586	4.0	18594	6.7
宁化县	31579	3.6	17904	6.7
大田县	39325	4.4	19682	7.5
尤溪县	37824	3.8	20054	7.1
沙县	39981	3.3	21855	6.5
将乐县	37743	3.7	19763	7.4
泰宁县	35999	3.5	18474	6.7
建宁县	32615	3.8	18321	7.3
泉州市	**50968**	**2.8**	**23459**	**5.9**
泉州市辖区				
鲤城区	49217	3.1		
丰泽区	60100	2.9		
洛江区	44706	3.3	19929	6.1
泉港区	39011	2.8	22698	5.7

续表

地　区	城镇居民人均可支配收入		农村居民人均可支配收入	
	数　值	比上年增长(%)	数　值	比上年增长(%)
石　狮　市	64830	3.1	29023	6.0
晋　江　市	54594	2.6	27344	5.3
南　安　市	50667	2.7	25094	5.9
惠　安　县	48007	2.7	24258	6.8
安　溪　县	35548	2.8	19145	6.2
永　春　县	35077	1.8	18163	6.0
德　化　县	37702	3.0	18105	6.6
漳州市	**40008**	**2.7**	**21103**	**6.1**
漳州市辖区				
芗城区	45163	3.3	21087	6.7
龙文区	46019	3.6	22874	7.0
龙　海　市	41054	2.5	22191	6.0
云　霄　县	35484	2.3	19417	5.6
漳　浦　县	40788	3.4	23111	6.5
诏　安　县	32992	2.7	18798	6.0
长　泰　县	41660	3.5	22228	6.1
东　山　县	39823	2.3	24141	7.6
南　靖　县	35816	1.1	20009	5.9
平　和　县	34940	1.5	20770	7.7
华　安　县	37289	2.7	20630	5.2
南平市	**36492**	**3.8**	**18557**	**6.7**
南平市辖区				
延平区	37591	4.0	20386	6.4
建阳区	37425	4.5	18607	7.3
邵　武　市	38343	3.3	21200	6.0
武夷山市	37405	3.1	19956	6.2
建　瓯　市	36683	4.4	20134	5.8
顺　昌　县	33361	4.1	17725	6.9
浦　城　县	34340	3.5	17048	7.2
光　泽　县	33093	3.9	16138	6.7
松　溪　县	32074	3.5	14449	7.6
政　和　县	32260	3.8	14662	6.1
龙岩市	**40190**	**3.5**	**20150**	**6.8**
龙岩市辖区				
新罗区	44519	2.6	23925	6.1
永定区	42535	4.2	21062	6.1
漳　平　市	38053	3.0	20290	7.1
长　汀　县	28988	4.1	18149	7.5
上　杭　县	43768	3.5	19699	6.8
武　平　县	37837	3.4	19244	6.7
连　城　县	34644	3.7	18331	7.0
宁德市	**37121**	**3.4**	**19050**	**7.0**
宁德市辖区				
蕉城区	38788	2.7	19271	6.9
福　安　市	39660	3.8	19851	7.2
福　鼎　市	39610	3.4	19288	7.6
霞　浦　县	37118	4.3	19286	6.8
古　田　县	35018	3.8	20262	7.2
屏　南　县	30976	3.2	17201	6.4
寿　宁　县	28941	3.3	16536	7.7
周　宁　县	31917	3.6	17705	7.0
柘　荣　县	30150	3.1	16797	6.4

地方一般公共预算收入(2020年)

单位:万元

地　区	地方一般公共预算收入	#增值税	#企业所得税	#个人所得税
全　省	**30790374**	**8393601**	**3684936**	**1928130**
福州市	**6756083**	**1873846**	**801768**	**566043**
福州市辖区	4661600	1404587	552499	376611
鼓楼区	308384	90274	77973	
台江区	161929	44443	29005	
仓山区	271630	86350	34905	
马尾区	209996	57735	30359	1555
晋安区	228809	69052	25308	
长乐区	511680	175792	45054	44882
福清市	912635	252898	93666	149648
闽侯县	781411	236258	76294	27534
连江县	347596	112871	31783	37287
罗源县	96769	23743	17514	3968
闽清县	160106	93413	14051	9492
永泰县	124619	45253	19463	2605
平潭县	546036	116505	57124	99640
厦门市	**7839392**	**1945430**	**980104**	**857647**
厦门市辖区	2369218	591707	323852	395255
思明区	630119	154722	102555	147391
海沧区	339814	89287	49484	13092
湖里区	510503	138851	72859	143288
集美区	401568	79993	41989	27930
同安区	262568	78243	30325	34243
翔安区	224646	50611	26640	29311
莆田市	**1471007**	**425631**	**148094**	**43838**
莆田市辖区	1279692	403917	133695	38580
城厢区	250154	57406	18777	4497
涵江区	236016	80700	32598	4331
荔城区	275534	94412	27880	5664
秀屿区	245568	99350	36996	2534
仙游县	272420	72049	17444	21554
三明市	1111556	317289	85193	55833
三明市辖区	857134	229801	70422	50640
梅列区	77312	16159	3579	1927
三元区	51374	16150	3880	961
永安市	189995	49845	18723	26186
明溪县	34713	11683	3340	1517
清流县	43495	13227	6241	991
宁化县	67315	15107	3789	1029
大田县	75617	23885	7974	1259
尤溪县	83698	20465	5163	1976
沙县	104640	28394	6689	3942
将乐县	66380	17396	6569	9687
泰宁县	28596	8240	2050	555
建宁县	33999	9250	2425	610
泉州市	**4540421**	**1436218**	**512683**	**252639**
泉州市辖区	3830602	1254494	431086	229909
鲤城区	122752	41314	11976	3616
丰泽区	160809	45183	21661	7115
洛江区	128161	48996	13022	2557

续表

地区	地方一般公共预算收入	#增值税	#企业所得税	#个人所得税
泉港区	255767	120493	21557	3920
石狮市	360278	103244	46172	13911
晋江市	1392800	420630	167075	107686
南安市	530451	174381	51484	53708
惠安县	346232	157270	47606	10090
安溪县	286542	70407	31975	13354
永春县	118184	31173	9160	10469
德化县	128626	41403	9398	3483
漳州市	**2185588**	**642504**	**231784**	**44814**
漳州市辖区	1397995	409280	150768	29553
芗城区	154088	57037	17570	5785
龙文区	114745	34581	11796	2759
龙海市	248331	76322	43110	3893
云霄县	68800	18935	7713	2200
漳浦县	326714	57049	26216	4271
诏安县	69212	22098	9431	1547
长泰县	112015	49474	10581	2973
东山县	104685	31239	9205	1945
南靖县	82004	28055	6602	2520
平和县	63393	16530	4484	1088
华安县	54008	17960	4060	572
南平市	**981767**	**246044**	**77727**	**30573**
南平市辖区	773046	186456	53748	23880
延平区	72557	21601	8615	1852
建阳区	133646	30225	8289	3185
邵武市	132057	26482	7947	2534
武夷山市	93467	22528	3959	3836
建瓯市	105758	21617	5862	3502
顺昌县	55718	19269	3170	2880
浦城县	67973	17539	4911	985
光泽县	45564	9636	5833	3760
松溪县	27494	6832	2035	710
政和县	38812	10727	3127	636
龙岩市	**1586125**	**435509**	**154818**	**39913**
龙岩市辖区	995509	243406	109724	28705
新罗区	242907	61284	24764	5639
永定区	103541	28924	13319	3746
漳平市	97393	33811	10388	2305
长汀县	97997	25016	11838	2667
上杭县	282121	55483	30097	8886
武平县	101397	22161	13367	2062
连城县	70153	16727	5951	3400
宁德市	**1377924**	**468283**	**228027**	**36822**
宁德市辖区	1012521	359265	166318	25361
蕉城区	230416	74224	58098	10332
福安市	278833	131993	61450	3809
福鼎市	181507	54392	24605	4724
霞浦县	107673	27383	6310	1774
古田县	74769	21936	5330	1732
屏南县	39436	14256	3123	1044
寿宁县	33617	11021	3381	1069
周宁县	39119	10079	2369	439
柘荣县	27151	13981	1652	438

一般公共预算支出(2020年)

单位:万元

地区	地方一般公共预算支出	一般公共服务支出	教育支出	科学技术支出	农林水事务支出
全省	**52160979**	**4675189**	**10315731**	**1494377**	**4500504**
福州市	**9514035**	**841006**	**1851895**	**432935**	**618302**
福州市辖区	7374219	678213	1453796	364105	565987
鼓楼区	354892	45834	101475	14278	6475
台江区	224692	32542	63206	5773	5600
仓山区	361315	53462	100875	10162	11497
马尾区	401156	48490	73797	17105	13774
晋安区	346721	32925	71193	8881	22278
长乐区	783332	60932	148427	24794	64100
福清市	1190642	81266	269253	19001	87086
闽侯县	987956	79434	194008	37742	69182
连江县	787115	57956	164616	7446	92069
罗源县	281661	31969	51017	2196	57038
闽清县	351683	28100	65668	1208	45203
永泰县	342520	36663	60680	1273	59391
平潭县	960534	88640	89581	214246	32294
厦门市	**9769054**	**881063**	**1599003**	**412243**	**251237**
厦门市辖区	4710353	390472	1136690	152380	147658
思明区	1097800	82492	256170	39035	1103
海沧区	722945	73498	175625	21120	21722
湖里区	891574	70971	146787	4388	5551
集美区	782300	55530	213221	27547	53317
同安区	717475	46759	201438	55112	40273
翔安区	498259	61222	143449	5178	25692
莆田市	**2562741**	**301977**	**613030**	**31322**	**216853**
莆田市辖区	1922065	230303	516911	22230	194166
城厢区	287440	25649	84470	4702	22730
涵江区	315526	43182	80507	6884	29542
荔城区	341611	32543	94429	4724	27044
秀屿区	400895	90442	110160	2771	41242
仙游县	576593	38487	147345	3149	73608
三明市	3344425	278115	695659	24511	505873
三明市辖区	2772164	232876	600342	17508	477265
梅列区	131080	11625	25308	419	14193
三元区	115672	11490	34043	608	11892
永安市	337787	39465	72550	3313	48766
明溪县	174410	14829	33456	1354	37160
清流县	203249	16320	40848	1036	43917
宁化县	318960	26146	68255	4136	62707
大田县	300492	24544	84916	604	35576
尤溪县	320830	20802	76362	830	62510
沙县	279755	19498	61223	929	45672
将乐县	226844	18974	42871	2607	36948
泰宁县	176438	15736	28458	915	35350
建宁县	186647	13447	32052	757	42574
泉州市	**7151369**	**553998**	**1624948**	**179534**	**670427**
泉州市辖区	5887260	444204	1411979	149567	586381
鲤城区	146419	15520	49564	3551	2636
丰泽区	270333	23872	62763	10969	5864
洛江区	169800	22418	43900	4777	14171

续表

地　区	地方一般公共预算支出	一般公共服务支出	教育支出	科学技术支出	农林水事务支出
泉港区	359112	28072	86352	21854	34338
石狮市	615289	41087	96868	11766	53280
晋江市	1509088	83028	342263	51604	141282
南安市	895042	66106	221647	19721	93636
惠安县	555520	41906	136117	10960	60544
安溪县	685881	64463	209419	5655	75695
永春县	371395	30518	90657	3543	54270
德化县	309381	27214	72429	5167	50665
漳州市	**4451211**	**443577**	**912685**	**36902**	**431694**
漳州市辖区	3340300	318588	711636	23598	395581
芗城区	270931	24453	52467	4659	11069
龙文区	158341	20130	44514	5072	9288
龙海市	437226	36735	95031	2579	45127
云霄县	284228	21497	71129	1775	44939
漳浦县	636329	56215	139582	2441	64573
诏安县	328351	31838	66808	974	58343
长泰县	237296	20956	52672	2822	23976
东山县	217493	34321	43536	646	24917
南靖县	287982	32130	60174	1307	36866
平和县	335089	23796	61956	839	55031
华安县	147034	16517	23767	484	21452
南平市	**3335636**	**262931**	**576477**	**34304**	**525774**
南平市辖区	2708445	201645	507224	27921	509859
延平区	271744	19901	55302	3072	55545
建阳区	318329	26849	64880	4352	55616
邵武市	310303	18373	60323	1766	46513
武夷山市	295957	22024	46163	3262	65783
建瓯市	357177	25460	85265	4112	61934
顺昌县	249849	20208	39512	2166	38089
浦城县	336923	22238	61524	3133	67749
光泽县	193527	16251	33790	1484	42989
松溪县	170885	15378	29213	2363	28607
政和县	203751	14963	31252	2211	47034
龙岩市	**3332925**	**316088**	**733223**	**103218**	**476936**
龙岩市辖区	2604061	230191	624104	95903	456222
新罗区	488687	51318	133816	12810	70282
永定区	302563	25496	88455	2653	48169
漳平市	260477	24606	61645	6555	49141
长汀县	391409	25979	89727	17270	80219
上杭县	513188	45537	105964	41067	70593
武平县	339690	29270	75886	6308	71015
连城县	308047	27985	68611	9240	66803
宁德市	**3570698**	**366198**	**668582**	**117909**	**476829**
宁德市辖区	2811889	282558	578574	76138	453576
蕉城区	433970	57398	98924	40541	59053
福安市	460951	61740	100777	22290	57251
福鼎市	419015	30263	89071	1140	84845
霞浦县	410244	42157	87024	775	73160
古田县	303618	24035	58689	973	48079
屏南县	200959	17594	44239	371	31995
寿宁县	216448	16010	41215	666	37958
周宁县	217283	17994	32428	3248	35040
柘荣县	149401	15367	26207	6134	26195

普通教育专任教师及在校学生数(2020年)

单位:人

地区	专任教师数			在校生数		
	普通高中	普通初中	小学	普通高中	普通初中	小学
全省	**52750**	**107931**	**182617**	**664046**	**1452519**	**3436133**
福州市	**8868**	**18627**	**32771**	**117772**	**270955**	**628043**
福州市辖区	4162	7738	14757	58190	126843	299847
鼓楼区	1372	1827	3022	19132	30942	60476
台江区	442	716	1281	6804	11472	26994
仓山区	836	1938	4634	12328	32663	86894
马尾区	365	650	963	4546	7578	17623
晋安区	406	975	1935	5380	19449	50991
长乐区	741	1632	2922	10000	24739	56869
福清市	1688	3749	6371	22893	55393	122623
闽侯县	694	1732	2925	9157	25233	63864
连江县	757	1818	3031	9326	22557	50942
罗源县	243	665	1273	2893	7543	20217
闽清县	378	938	1417	4061	9363	19480
永泰县	346	851	1197	4374	9800	20238
平潭县	600	1136	1800	6878	14223	30832
厦门市	**4316**	**9521**	**18997**	**56363**	**136780**	**365089**
厦门市辖区	4316	9521	18997	56363	136780	365089
思明区	1867	2635	4450	24224	38143	81213
海沧区	291	1055	2222	3964	13981	41594
湖里区	122	1395	3292	1616	21251	60778
集美区	891	1749	3391	10317	25441	68876
同安区	771	1847	3791	10506	25967	70952
翔安区	374	840	1851	5736	11997	41676
莆田市	**5136**	**9070**	**15943**	**71550**	**127914**	**285040**
莆田市辖区	3598	6153	11468	49591	91383	206456
城厢区	908	1571	2470	11159	21684	44590
涵江区	698	1175	2145	10079	14572	35083
荔城区	1180	1646	3262	15770	27941	66102
秀屿区	812	1761	3591	12583	27186	60681
仙游县	1538	2917	4475	21959	36531	78584
三明市	3930	7774	12869	46797	90237	220658
三明市辖区	605	1023	1645	8457	13064	30796
梅列区	251	569	906	3970	7465	17581
三元区	354	454	739	4487	5599	13215
永安市	511	1011	1628	5613	11795	27853
明溪县	141	271	497	1320	2427	6022
清流县	194	340	684	2112	4512	10566
宁化县	478	821	1358	5457	10273	23862
大田县	427	1021	1957	4885	12171	36433
尤溪县	542	1158	1642	6047	10101	28949
沙县	481	945	1379	6508	12094	24631
将乐县	241	498	795	2743	5890	13305
泰宁县	152	320	638	1807	3753	9041
建宁县	158	366	646	1848	4157	9200
泉州市	**11092**	**22694**	**37132**	**141189**	**334330**	**818225**
泉州市辖区	2836	4919	8140	34042	69807	154046
鲤城区	1328	1941	2920	15937	29450	52952
丰泽区	582	1217	2371	7443	18995	45181
洛江区	391	629	1185	5145	8609	21079

续表

地区	专任教师数			在校生数		
	普通高中	普通初中	小学	普通高中	普通初中	小学
泉港区	535	1132	1664	5517	12753	34834
石狮市	782	1240	2225	11894	25999	67056
晋江市	1966	3997	6857	29033	69950	189050
南安市	1827	3940	5897	21849	51796	139887
惠安县	1318	2869	4103	15097	32327	91274
安溪县	1266	3384	6149	16046	56871	108818
永春县	667	1462	2261	7682	16192	38760
德化县	430	883	1500	5546	11388	29334
漳州市	**7192**	**14504**	**22325**	**84666**	**182166**	**398238**
漳州市辖区	1615	2524	4007	20533	39710	75256
芗城区	1334	1951	2599	17219	31167	49466
龙文区	281	573	1408	3314	8543	25790
龙海市	1458	2576	4217	16200	31969	74976
云霄县	595	1329	2105	7434	16276	31638
漳浦县	993	2571	3295	12802	31056	69614
诏安县	625	1519	2415	7418	20099	47681
长泰县	249	602	884	2396	5957	17735
东山县	305	538	929	2782	6163	16541
南靖县	428	848	1315	4464	9029	20240
平和县	660	1588	2409	7937	16285	34671
华安县	264	409	749	2700	5622	9886
南平市	**3727**	**8229**	**13104**	**45527**	**104512**	**199612**
南平市辖区	1045	2310	3887	12592	30441	58313
延平区	616	1393	2204	7163	17022	32445
建阳区	429	917	1683	5429	13419	25868
邵武市	337	860	1201	3887	9168	19086
武夷山市	269	701	1148	3502	8786	18551
建瓯市	549	1316	2108	7250	18985	34587
顺昌县	438	707	848	5493	5689	10931
浦城县	441	1044	1523	5847	13708	20864
光泽县	222	410	807	2560	5343	9230
松溪县	188	369	632	1931	5093	11449
政和县	238	512	950	2465	7299	16601
龙岩市	**4292**	**8624**	**14533**	**47116**	**92028**	**247191**
龙岩市辖区	1626	3316	6243	18996	38439	103541
新罗区	1008	1993	4139	12505	25830	71136
永定区	618	1323	2104	6491	12609	32405
漳平市	324	833	1380	4365	8386	23170
长汀县	714	1299	2410	8356	15947	42018
上杭县	721	1259	1755	6566	12324	33512
武平县	453	957	1482	4685	8991	23332
连城县	454	960	1263	4148	7941	21618
宁德市	**4197**	**8888**	**14943**	**53066**	**113597**	**274037**
宁德市辖区	777	1536	3025	9275	21300	56443
蕉城区	777	1536	3025	9275	21300	56443
福安市	948	1755	2866	12353	26353	55743
福鼎市	636	1401	2248	8895	18677	48403
霞浦县	531	1224	2135	7354	16610	45594
古田县	401	1066	1505	4906	9575	22881
屏南县	214	491	802	2245	4540	11202
寿宁县	293	662	960	3676	7368	12695
周宁县	253	495	834	2730	5497	12198
柘荣县	144	258	568	1632	3677	8878

规模以上工业企业主要财务指标(2020年)

单位:亿元

地区	固定资产合计	流动资产合计	主营业务收入	利润总额	利税总额
全省	**11263.71**	**21136.44**	**55280.85**	**3949.87**	**5137.88**
福州市	**3312.75**	**3676.80**	**11073.15**	**526.79**	**692.89**
福州市辖区	1748.83	1862.05	6535.28	264.21	347.52
鼓楼区	1056.72	192.08	1250.23	16.30	37.41
台江区	1.71	6.21	5.18	−0.08	0.10
仓山区	57.86	326.88	992.45	36.44	53.94
马尾区	115.01	420.17	793.15	37.04	48.03
晋安区	42.20	144.27	596.10	15.28	25.27
长乐区	475.32	772.44	2898.17	159.23	182.76
福清市	940.71	910.40	1987.30	104.57	134.17
闽侯县	155.22	403.49	1143.42	58.03	89.46
连江县	206.80	205.74	575.31	66.26	75.15
罗源县	150.09	176.40	497.58	10.24	14.83
闽清县	67.66	65.22	242.42	22.55	29.00
永泰县	27.13	33.98	72.11	1.38	2.50
平潭县	16.31	19.51	19.73	−0.45	0.25
厦门市	**1297.53**	**4394.74**	**6164.88**	**464.95**	**658.60**
厦门市辖区	1297.53	4394.74	6164.88	464.95	658.60
思明区	83.23	284.11	279.43	27.51	33.91
海沧区	275.07	1064.91	1455.11	159.28	269.46
湖里区	140.51	822.87	1359.87	79.02	93.49
集美区	172.95	780.43	929.62	76.28	94.57
同安区	204.56	665.94	972.50	64.84	85.22
翔安区	421.22	776.49	1168.35	58.02	81.95
莆田市	**683.20**	**1051.30**	**3665.26**	**304.76**	**343.45**
莆田市辖区	548.29	845.56	2991.86	253.34	284.02
城厢区	24.80	90.86	399.67	28.00	32.40
涵江区	177.70	224.98	1101.83	112.36	122.20
荔城区	44.13	219.97	733.98	30.65	40.18
秀屿区	301.66	309.75	756.37	82.34	89.25
仙游县	134.91	205.74	673.40	51.42	59.43
三明市	607.04	773.84	4835.45	156.91	204.04
三明市辖区	234.98	211.78	1055.29	56.14	73.47
梅列区	99.98	142.47	557.59	22.18	32.18
三元区	134.99	69.31	497.70	33.96	41.28
永安市	107.39	169.18	997.99	23.03	31.27
明溪县	16.47	19.11	144.87	7.25	9.00
清流县	17.77	21.25	152.51	14.86	16.92
宁化县	23.63	18.23	163.18	5.10	6.86
大田县	53.55	59.91	519.18	6.49	11.47
尤溪县	28.77	68.46	364.17	4.71	6.52
沙县	49.58	123.24	891.55	24.04	28.94
将乐县	40.62	46.67	224.53	4.86	7.44
泰宁县	17.00	15.99	120.66	2.85	3.70
建宁县	17.28	20.01	201.51	7.57	8.45
泉州市	**2538.98**	**5184.55**	**16235.01**	**1373.33**	**1762.82**
泉州市辖区	414.11	917.67	2947.27	257.30	368.61
鲤城区	71.01	389.42	567.06	60.57	72.84
丰泽区	21.83	85.13	156.02	23.25	26.62
洛江区	64.85	117.80	627.00	68.19	72.98

续表

地　区	固定资产合计	流动资产合计	主营业务收入	利润总额	利税总额
泉港区	256.42	325.32	1597.19	105.29	196.18
石　狮　市	201.40	386.79	1102.70	75.99	90.82
晋　江　市	479.49	2051.85	5199.73	338.36	429.93
南　安　市	256.55	848.90	2706.28	247.96	293.90
惠　安　县	854.76	612.57	2231.25	236.96	328.00
安　溪　县	251.37	192.66	915.57	113.99	132.50
永　春　县	44.63	115.77	827.90	89.62	98.15
德　化　县	36.68	58.33	304.31	13.16	20.92
漳州市	**922.60**	**2145.55**	**5269.86**	**478.07**	**579.66**
漳州市辖区	112.39	422.29	940.37	109.89	130.86
芗城区	74.67	315.40	710.29	92.30	107.70
龙文区	37.71	106.89	230.09	17.58	23.16
龙　海　市	306.86	622.84	1700.86	163.06	193.03
云　霄　县	21.34	73.25	250.15	16.93	20.38
漳　浦　县	207.71	329.95	453.87	2.43	16.89
诏　安　县	39.48	97.47	381.64	42.41	46.78
长　泰　县	92.82	194.73	542.36	52.53	65.80
东　山　县	31.97	95.40	144.06	9.07	13.72
南　靖　县	49.26	195.39	471.39	42.43	47.96
平　和　县	19.89	35.81	156.53	12.77	14.92
华　安　县	40.88	78.42	228.63	26.56	29.32
南平市	**383.69**	**507.06**	**1464.84**	**94.54**	**121.39**
南平市辖区	103.30	199.88	486.45	29.03	40.02
延平区	73.41	121.72	268.64	16.89	23.49
建阳区	29.89	78.16	217.81	12.14	16.53
邵　武　市	78.82	80.30	211.10	13.12	17.35
武夷山市	17.53	22.67	99.37	3.96	4.93
建　瓯　市	21.36	45.40	178.18	9.58	12.97
顺　昌　县	16.87	24.26	82.11	2.15	3.15
浦　城　县	50.24	41.38	133.71	11.17	13.72
光　泽　县	59.08	49.90	137.74	14.68	15.29
松　溪　县	8.23	19.07	66.75	5.51	7.25
政　和　县	28.26	24.19	69.43	5.35	6.69
龙岩市	**456.44**	**1152.54**	**3160.06**	**183.94**	**351.43**
龙岩市辖区	215.99	623.39	1222.86	77.33	220.84
新罗区	165.44	552.90	1067.39	65.67	204.22
永定区	50.55	70.50	155.47	11.66	16.62
漳　平　市	59.82	77.45	234.64	19.19	24.61
长　汀　县	32.05	63.75	255.65	25.47	27.84
上　杭　县	92.15	287.17	1009.02	27.60	36.99
武　平　县	33.64	54.83	192.38	18.32	23.37
连　城　县	22.80	45.95	245.52	16.03	17.78
宁德市	**1061.47**	**2250.05**	**3412.34**	**366.58**	**423.60**
宁德市辖区	355.97	1381.85	1266.55	169.15	186.41
蕉城区	355.97	1381.85	1266.55	169.15	186.41
福　安　市	167.60	525.71	1390.85	136.37	153.37
福　鼎　市	456.96	207.17	488.83	47.46	65.08
霞　浦　县	31.37	56.13	86.41	4.23	5.88
古　田　县	13.79	25.39	57.36	2.32	3.26
屏　南　县	11.29	15.94	9.03	−1.01	−0.60
寿　宁　县	11.79	16.64	44.18	2.29	3.14
周　宁　县	3.85	6.61	15.26	0.55	0.92
柘　荣　县	8.85	14.61	53.87	5.24	6.12

社会保险和低保情况(2020 年)

单位:万人

地区	期末参加基本养老保险职工人数	期末参加城乡居民社会养老保险人数	期末参加基本医疗保险人数	城镇居民最低生活保障人数	农村居民最低生活保障人数
全　省	**991.60**	**1588.16**	**3840.48**	**6.24**	**45.24**
福州市	**172.65**	**249.47**	**684.86**	**0.81**	**5.52**
福州市辖区	127.41	55.47	297.18	0.49	0.98
鼓楼区		1.29	63.52	0.04	
台江区		1.26	36.53	0.14	
仓山区		6.02	62.97	0.14	0.14
马尾区	9.90	5.17	21.23	0.06	0.12
晋安区		4.72	41.94	0.07	0.08
长乐区	7.54	37.00	70.99	0.04	0.65
福　清　市	15.47	69.38	130.02	0.03	0.81
闽　侯　县	9.92	30.48	73.98	0.03	0.78
连　江　县	5.25	30.83	57.38	0.03	0.52
罗　源　县	3.05	11.25	24.28	0.03	0.45
闽　清　县	3.87	14.79	28.75	0.06	0.57
永　泰　县	3.16	17.46	33.15	0.04	0.58
平　潭　县	4.51	19.82	40.12	0.09	0.85
厦门市	**281.41**	**26.87**	**445.21**	**0.76**	**0.40**
厦门市辖区	281.41	26.87	445.21	0.76	0.40
思明区	81.11	1.42		0.20	
海沧区	68.55	0.85		0.05	0.03
湖里区	28.03	2.51		0.09	
集美区	19.95	12.09		0.06	0.03
同安区	38.07	1.53		0.13	0.26
翔安区	31.46	8.46		0.24	0.07
莆田市	**39.87**	**170.88**	**323.29**	**0.18**	**4.71**
莆田市辖区	32.07	113.95	221.06	0.16	2.82
城厢区	0.75	18.84	36.49	0.03	0.40
涵江区	7.78	22.23	41.32	0.07	0.50
荔城区	0.85	22.44	52.23	0.05	0.52
秀屿区	3.75	50.44	84.10		1.39
仙　游　县	7.80	56.93	102.23	0.03	1.89
三明市	44.59	125.35	263.83	0.47	3.67
三明市辖区	13.05	5.00	30.66	0.09	0.08
梅列区	3.65	1.39		0.03	0.02
三元区	2.67	3.61		0.06	0.06
永　安　市	7.42	12.07	30.85	0.03	0.19
明　溪　县	1.61	5.91	10.92	0.02	0.26
清　流　县	1.89	6.98	13.67	0.04	0.56
宁　化　县	2.70	17.09	31.80	0.02	0.61
大　田　县	4.05	19.00	35.87	0.03	0.68
尤　溪　县	3.48	22.86	40.18	0.06	0.29
沙　　县	4.84	12.17	25.84	0.03	0.24
将　乐　县	2.37	9.42	17.08	0.03	0.21
泰　宁　县	1.69	7.01	12.98	0.03	0.33
建　宁　县	1.50	7.84	13.99	0.08	0.24
泉州市	**160.58**	**373.96**	**709.59**	**0.86**	**6.78**
泉州市辖区	57.33	41.50	125.08	0.29	0.88
鲤城区	11.02	4.37	19.27	0.08	
丰泽区	17.11	6.11	29.26	0.09	
洛江区	4.96	9.23	20.34	0.02	0.18
泉港区	4.40	21.80	36.54	0.10	0.70
石　狮　市	11.54	19.04	35.40	0.06	0.99

续表

地区	期末参加基本养老保险职工人数	期末参加城乡居民社会养老保险人数	期末参加基本医疗保险人数	城镇居民最低生活保障人数	农村居民最低生活保障人数
晋江市	41.07	60.77	117.82	0.04	1.43
南安市	17.13	86.97	146.88	0.03	0.71
惠安县	13.56	57.60	97.92	0.02	0.42
安溪县	8.56	61.70	100.95	0.17	
永春县	6.18	30.34	52.73	0.23	0.70
德化县	5.23	16.05	32.81	0.04	1.65
漳州市	**90.06**	**224.90**	**482.61**	**1.30**	**7.68**
漳州市辖区	34.82	18.51	68.22	0.39	0.27
芗城区	11.15	10.87	24.94	0.24	0.22
龙文区	0.30	7.64	12.52	0.14	0.05
龙海市	12.26	43.92	80.53	0.11	0.89
云霄县	5.27	20.09	42.23	0.14	1.35
漳浦县	10.35	42.08	86.23	0.13	1.41
诏安县	4.27	27.03	61.40	0.03	0.36
长泰县	5.86	8.59	21.05	0.10	0.24
东山县	4.44	9.51	20.41	0.05	0.53
南靖县	5.12	17.58	32.59	0.08	1.10
平和县	5.44	28.70	54.30	0.02	0.26
华安县	2.23	8.88	15.67	0.27	1.26
南平市	**50.06**	**137.46**	**287.32**	**0.80**	**4.90**
南平市辖区	21.66	33.64	79.04	0.24	1.01
延平区	7.49	17.15	37.48	0.18	0.58
建阳区	5.87	16.50	33.05	0.06	0.43
邵武市	5.57	12.70	28.08	0.08	0.36
武夷山市	3.86	10.64	22.72	0.06	0.71
建瓯市	4.71	24.04	49.04	0.06	0.30
顺昌县	3.63	10.36	20.38	0.03	0.34
浦城县	4.32	19.91	38.45	0.06	0.53
光泽县	2.72	7.46	14.74	0.11	0.46
松溪县	1.73	7.96	14.46	0.05	0.31
政和县	1.87	10.76	20.42	0.11	0.87
龙岩市	**50.02**	**140.33**	**281.41**	**0.32**	**5.14**
龙岩市辖区	27.32	41.38	100.47	0.09	1.26
新罗区	14.09	17.94	48.07	0.07	0.33
永定区	5.03	23.44	40.33	0.01	0.93
漳平市	3.57	14.63	26.27	0.10	0.85
长汀县	4.87	24.51	46.50	0.04	1.02
上杭县	6.58	24.89	45.62	0.02	0.82
武平县	4.25	19.76	33.98	0.02	0.64
连城县	3.43	15.15	28.56	0.05	0.56
宁德市	**64.82**	**138.95**	**324.26**	**0.74**	**6.43**
宁德市辖区	27.31	16.65	54.67	0.10	0.56
蕉城区	11.32	16.65	47.28	0.10	0.56
福安市	12.32	27.25	59.25	0.13	0.90
福鼎市	9.42	24.80	57.30	0.07	0.58
霞浦县	4.67	21.64	48.35	0.02	0.50
古田县	3.79	17.06	36.90	0.07	0.76
屏南县	1.62	8.55	16.78	0.03	0.58
寿宁县	2.54	9.81	22.85	0.09	0.38
周宁县	1.51	8.83	17.95	0.14	1.29
柘荣县	1.65	4.36	10.22	0.09	0.89

注：1. 期末参加基本养老保险职工人数及期末参加基本医疗保险人数中，全省总数含省本级，市辖区总数含市本级；

2. 期末参加基本养老保险职工人数不含离退休。

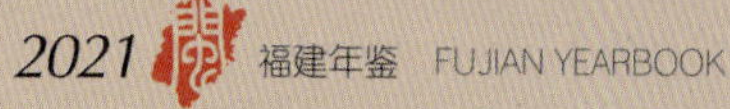

附录

领导机构党派团体及领导名录

【中共福建省委书记、副书记、常委、正副秘书长名单】

书　　记：尹　力
副 书 记：王　宁　胡昌升
常　　委：罗东川　周联清
　　　　　赵　龙　李仰哲
　　　　　邢善萍*　杨贤金
　　　　　郑新聪　庄稼汉
　　　　　吴喜铧　林宝金
秘 书 长：郑新聪
副秘书长：林钟乐　吴子东
　　　　　肖友梅　周宽奋

【中共福建省委所属机构负责人名单】

省委办公厅
主　　任：林钟乐
厅务会议成员：吴子东　肖友梅
　　　　　卓兆水　周宽奋
　　　　　陈巧玲*　陈　琪
　　　　　张源生　施宇辉
　　　　　胡为兴　陈燕喜
　　　　　严　诚　朱百里
　　　　　魏　畅*
副 主 任：张源生　施宇辉
　　　　　严　诚　朱百里
　　　　　魏　畅*
纪检监察组长：陈　琪

省委组织部（省公务员局）
部　　长：杨贤金
常务副部长：杨国豪
副 部 长：林承通　何国辉
　　　　　林晓英*　张晓华
　　　　　陈炎标　陈学平
局　　长：张晓华
纪检监察组长：杜金瀛
部务会议成员：孙智英*　唐俊杰
　　　　　高宝顺

省委宣传部（省新闻出版局）
部　　长：邢善萍*
常务副部长：许守尧
副 部 长：张宗云　张　远
　　　　　肖贵新　叶雄彪
　　　　　叶　燊　陈添贵
　　　　　陈辉宗
局　　长：肖贵新
纪检监察组长：郑　翔

省委统一战线工作部
部　　长：庄稼汉
常务副部长：黄进发
副 部 长：冀萌新　李家荣
　　　　　翁雄宇　李文慎
纪检监察组长：陈永文
部务会议成员：章正梓　郑惠文
　　　　　黄　玲*

省委政法委员会
书　　记：罗东川
常务副书记：王敏夫
副 书 记：马必钢
纪检监察组长：张佩煌
委务会议成员：邓佳文　郑　辉
　　　　　江敏琛

省委政策研究室
主　　任：吴子东
副 主 任：卢沛伦　谭亚川
　　　　　苏文光

省委全面深化改革委员会办公室
主　　任：
常务副主任：吴亮碧
副 主 任：方寿中　林向东
　　　　　林朝阳

省委国家安全委员会办公室（略）

省委网络安全和信息化委员会办公室
主　　任：张　远
副 主 任：陈　涛　叶得盛
　　　　　黄逸群　许明峰

省委机构编制委员会办公室
主　　任：林晓英*
副 主 任：江忠欣　陈松声
　　　　　赵志强　罗　岩*

省委军民融合发展委员会办公室
主　　任：
常务副主任：林　杰
副 主 任：李　鸣　陈煊云
　　　　　黄建清　胡世才

省委（省政府）台港澳工作办公室
主　　任：王　玲*
副 主 任：刘良辉　郑一贤
　　　　　吴一明　钟志刚

省委省直机关工作委员会
书　　记：郑新聪
常务副书记：
副 书 记：林江铃*　刘用通
　　　　　沈燕雄
委　　员：方月兴　王　旋*

张文胜

省直机关纪检监察工委书记：

叶贻民

省委巡视工作领导小组办公室

主　　任：游美萍*

副 主 任：杨义猛　陈晓光

蔡亚东

省委老干部局

局　　长：何国辉

副 局 长：沈再生　张国茂

陈爱平*　沈瑞武

省委非公企业和社会组织工委

书　　记：林承通

专职副书记：孙智英*

省委党校（福建行政学院）

校长（院长）：杨贤金

常务副校长（常务副院长）：

胡忠昭

副校长（副院长）：刘大可

魏良文　杜丕谦

温敬元　林　红*

省委党史研究和地方志编纂办公室

主　　任：黄　誌

副 主 任：林　浩　王盛泽

省档案馆

馆　　长：卓兆水

副 馆 长：黄建峰　马俊凡*

游富明

福建日报社

社　　长：张宗云

总　　编：王金福

副 总 编：饶新冬　潘贤强

陈建荣　任君翔*

副 社 长：吴孝武

省社会主义学院

院　　长：庄稼汉

党组书记：章正样

副 院 长：章正样　马建荣

王　岩

省委机要局（省密码管理局）★

局　　长：陈巧玲*

省委保密委员会办公室（省国家保密局）★

主任（局长）：胡为兴

省专用通信局★

局　　长：陈燕喜

省委精神文明建设办公室★

主　　任：陈添贵

省委讲师团★

团　　长：

【中共福建省各设区市委领导名单】

中共福州市委

书　　记：林宝金

副 书 记：尤猛军　林　飞

常　　委：陈　晔*　蔡战胜

吴深生　张　忠

阮孝应　刘卓群

陈云水　周强国

杨新坚

中共厦门市委

书　　记：胡昌升

副 书 记：陈秋雄

常　　委：蔡建新　林文生

黄　强　李伟华

倪　超*　黄文辉

陈沈阳　张毅恭

李辉跃　齐凤瑞

中共漳州市委

书　　记：邵玉龙

副 书 记：刘　远　阮开森

常　　委：李东河　沈金水

张琳光　吴文团

黄水木　刘伟泽

张慧德　张世永

沈志平

中共泉州市委

书　　记：康　涛

副 书 记：王永礼　张永宁

常　　委：孔繁军　游宇飞

林万明　林锦明

刘建军　刘文儒

季翔峰　洪自强

中共三明市委

书　　记：林兴禄

副 书 记：余红胜　王进足

常　　委：祝荣亮　肖明光

宋志强　严　峻

徐林森　黄冠华

刘宝怀

翟　超（挂职）

中共莆田市委

书　　记：刘建洋

副 书 记：李建辉　朱子君

常　　委：李飞亭　吴桂芳

傅冬阳　卓晓銮*

吴立新　沈伯麟

陈　超　陈志强

中共南平市委

书　　记：袁　毅

副 书 记：袁超洪

常　　委：张培栋　陈善平

丘　毅　林旭阳

陈荣海　李　腾

钟文龙

中共龙岩市委

书　　记：李建成

副 书 记：张国旺　王　龙

常　　委：魏　东　詹昌建

毛高良　邓菊芳*

李桂义　余学斌

黄立峰　陈厦生

袁平华

牟科发（挂职）

中共宁德市委

书　　记：郭锡文

副 书 记：梁伟新　曾智勇

常　　委：陈力达　陈其春

王世雄　谢再春

郭学斌　缪绍炜

杨　方*

中共平潭综合实验区工委

书　　记：陈善光

副 书 记：黄建波

委　　员：许永西　欧阳晓波

吴礼源　许标旗

邓伟斌

【中共福建省各县（市、区）委正职名单】

中共鼓楼区委

书　　记：朱训志

中共台江区委

书　　记：张　帆

中共仓山区委

书　　记：蔡战胜

中共晋安区委

书　　记：张定锋

中共马尾区委

书　　记：游通铃

中共长乐区委
书　记：何杰民
中共福清市委
书　记：刘卓群
中共闽侯县委
书　记：叶仁佑
中共连江县委
书　记：周应忠
中共闽清县委
书　记：陈忠霖
中共罗源县委
书　记：刘晓强
中共永泰县委
书　记：雷连鸣
中共思明区委
书　记：廖华生
中共湖里区委
书　记：龚建阳
中共集美区委
书　记：何东宁
中共海沧区委
书　记：林文生
中共同安区委
书　记：王雪敏*
中共翔安区委
书　记：胡　盛
中共芗城区委
书　记：胡栋良
中共龙文区委
书　记：朱　真*
中共龙海市委
书　记：郑隆松
中共漳浦县委
书　记：戴平忠
中共东山县委
书　记：洪泰伟
中共长泰县委
书　记：潘全胜
中共华安县委
书　记：
中共平和县委
书　记：郭德志
中共南靖县委
书　记：黄劲武
中共诏安县委
书　记：陈文聪

中共云霄县委
书　记：王金狮
中共鲤城区委
书　记：刘林霜
中共丰泽区委
书　记：徐情根
中共洛江区委
书　记：洪飞跃
中共泉港区委
书　记：黄文胜
中共石狮市委
书　记：蔡萌芽*
中共晋江市委
书　记：刘文儒
中共南安市委
书　记：林荣忠
中共惠安县委
书　记：赖清正
中共永春县委
书　记：庄永智
中共安溪县委
书　记：高向荣
中共德化县委
书　记：梁玉华*
中共梅列区委
书　记：杨　胜
中共三元区委
书　记：杨国昕
中共永安市委
书　记：蒋先东
中共将乐县委
书　记：刘润宇
中共沙县县委
书　记：杨兴忠
中共尤溪县委
书　记：杨永生
中共大田县委
书　记：陈文华
中共明溪县委
书　记：钟　科
中共宁化县委
书　记：汪志红*
中共建宁县委
书　记：廖金辉
中共泰宁县委
书　记：张春华

中共清流县委
书　记：池芝发
中共荔城区委
书　记：杨朝东
中共城厢区委
书　记：王文才
中共涵江区委
书　记：陈万东
中共秀屿区委
书　记：郑加清
中共仙游县委
书　记：郑亚木
中共延平区委
书　记：赵明正
中共建阳区委
书　记：杨新强
中共邵武市委
书　记：吴国顺
中共武夷山市委
书　记：江建华
中共建瓯市委
书　记：陈建新
中共顺昌县委
书　记：邱建彬
中共光泽县委
书　记：余向红*
中共浦城县委
书　记：
中共政和县委
书　记：黄爱华*
中共松溪县委
书　记：黄美萍*
中共新罗区委
书　记：陈金龙
中共永定区委
书　记：陈荣水
中共漳平市委
书　记：马　勇
中共武平县委
书　记：廖卓文
中共上杭县委
书　记：王　波
中共长汀县委
书　记：廖深洪
中共连城县委
书　记：詹崇仁

中共蕉城区委

书　记：

中共福安市委

书　记：叶其发

中共福鼎市委

书　记：包江苏

中共霞浦县委

书　记：郭文胜

中共寿宁县委

书　记：汤孔忠

中共周宁县委

书　记：袁华军

中共柘荣县委

书　记：郭宋玉*

中共古田县委

书　记：钟昌华

中共屏南县委

书　记：党　帅

中共平潭县委

书　记：陈善光

【福建省人大常委会正副主任、正副秘书长】

主　任：于伟国

副主任：张广敏　雷春美*　梁建勇　黄琪玉　邓力平　潘　征　吴洪芹*　檀云坤

秘书长：刘道崎

副秘书长：廖世铢　郑国华

【福建省人大法制委员会、财政经济委员会、社会建设委员会、监察和司法委员会】

法制委员会

主任委员：杨益民

副主任委员：李明蓉*　张天明

财政经济委员会

主任委员：陈青文*

副主任委员：梁晋阳　林少雄

社会建设委员会

主任委员：张立先

副主任委员：叶辉玲*　张炯佳

监察和司法委员会

主任委员：卢厚实

副主任委员：朱淑芳*　陈永正

【福建省人大常委会各委、办、室、局】

办公厅

主　任：廖世铢

副主任：翁祖根　苏永革　张定洲

研究室

主　任：冯潮华

副主任：陈书侨

人事代表工作室

主　任：陈元邦

副主任：（空缺）

法制工作委员会

主　任：李明蓉*

副主任：王少伟　徐　华*

监察和司法工作委员会

主　任：朱淑芳*

副主任：黄发模　林端宇

农业与农村工作委员会

主　任：陈则生

副主任：谢小平　陈论生

财政经济工作委员会

主　任：梁晋阳

副主任：刘尚逊　曹世民

教育科学文化卫生工作委员会

主　任：林　辉

副主任：胡志世

华侨工作委员会（台胞工作委员会）

主　任：陈　雄

副主任：王维川　叶勇鹏

环境与城乡建设工作委员会

主　任：朱　华*

副主任：王　芳*

信访局

局　长：

【福建省纪委、监委派驻省人大常委会机关纪检监察组】

组　长：皮华林

【各设区市人大常委会正副职、县（市、区）人大常委会正职名单】

福州市人大常委会

主　任：陈为民

副主任：鄢　萍*　陈春光　关瑞祺　肖　华　陈永祥　李　凡

鼓楼区人大常委会

主　任：胡道坦

台江区人大常委会

主　任：何长嘉

仓山区人大常委会

主　任：阮　锋

晋安区人大常委会

主　任：赵　坚

马尾区人大常委会

主　任：郑是平

长乐区人大常委会

主　任：林建国

福清市人大常委会

主　任：林　中

闽侯县人大常委会

主　任：黄诗杨

连江县人大常委会

主　任：张金潮

闽清县人大常委会

主　任：刘久兴

罗源县人大常委会

主　任：肖永建

永泰县人大常委会

主　任：王德冠

厦门市人大常委会

主　任：陈家东

副主任：叶重耕　刘育生　陈紫萱*　陈　琛*　刘绍清*　郑岳林　黄延强

思明区人大常委会

主　任：吕永辉

湖里区人大常委会

主　任：黄　炜

集美区人大常委会

主　任：陈建荣

海沧区人大常委会

主　任：江根云

同安区人大常委会

主　任：王秀珠*

翔安区人大常委会

主　任：林进胜

漳州市人大常委会

主　任：陈汉夫

副主任：吴达金　李珊珊*　方木荣　余　溪

欧龙光

芗城区人大常委会

主　　任：严国梁

龙文区人大常委会

主　　任：戴志嵩

龙海市人大常委会

主　　任：郑明福

漳浦县人大常委会

主　　任：刘达文

云霄县人大常委会

主　　任：施仲达

诏安县人大常委会

主　　任：沈义和

东山县人大常委会

主　　任：柳亚殊

平和县人大常委会

主　　任：曾　民

南靖县人大常委会

主　　任：曾连端

长泰县人大常委会

主　　任：叶亚强

华安县人大常委会

主　　任：曾果生

泉州市人大常委会

主　　任：陈灿辉

副 主 任：张建生　许文贵　吴友才　蔡思红*　吴汉宗　黄阳春*

鲤城区人大常委会

主　　任：林清泉

丰泽区人大常委会

主　　任：林建扬

洛江区人大常委会

主　　任：蔡永生

泉港区人大常委会

主　　任：陈守川

晋江市人大常委会

主　　任：林仁达

南安市人大常委会

主　　任：洪顺昌

石狮市人大常委会

主　　任：上官跃进

惠安县人大常委会

主　　任：张培坤

安溪县人大常委会

主　　任：廖皆明

德化县人大常委会

主　　任：王传敬

永春县人大常委会

主　　任：康思坚

三明市人大常委会

主　　任：詹积富

副 主 任：廖小华*　肖长根　张知通　刘万年　余建地　王立文

三元区人大常委会

主　　任：邓秀忠

梅列区人大常委会

主　　任：张淑华*

永安市人大常委会

主　　任：曾　胜

清流县人大常委会

主　　任：张仕权

宁化县人大常委会

主　　任：廖祥初

建宁县人大常委会

主　　任：吴国根

泰宁县人大常委会

主　　任：黄志远

明溪县人大常委会

主　　任：廖善朋

将乐县人大常委会

主　　任：刘润宇

沙县人大常委会

主　　任：杨兴忠

尤溪县人大常委会

主　　任：柯德忠

大田县人大常委会

主　　任：陈汉良

莆田市人大常委会

主　　任：阮　军

副 主 任：郑祖杰　林金波　何金清　宋建新　沈萌芽*

仙游县人大常委会

主　　任：黄一敏

荔城区人大常委会

主　　任：谢珍裕

城厢区人大常委会

主　　任：王国太

涵江区人大常委会

主　　任：黄茂森

秀屿区人大常委会

主　　任：杨玉华

南平市人大常委会

主　　任：罗志坚

副 主 任：符水俊　翁明亮　潘剑才　何光松　潘敏芳*

延平区人大常委会

主　　任：王周同

建阳区人大常委会

主　　任：胡宗礼

邵武市人大常委会

主　　任：熊贻荣

武夷山市人大常委会

主　　任：陈先珍

建瓯市人大常委会

主　　任：陈祥平

顺昌县人大常委会

主　　任：李嘉兴

浦城县人大常委会

主　　任：吴　斌

光泽县人大常委会

主　　任：刘　雄

松溪县人大常委会

主　　任：

政和县人大常委会

主　　任：郑满生

龙岩市人大常委会

主　　任：

副 主 任：廖德槐　张琼珊*　邓振春　冯添桂　阙朝阳　苏立波

新罗区人大常委会

主　　任：郭益健

永定县人大常委会

主　　任：苏贤添

上杭县人大常委会

主　　任：梁八生

武平县人大常委会

主　　任：王民发

长汀县人大常委会

主　　任：蔡金旺

连城县人大常委会

主　　任：江维民

漳平市人大常委会

主　　任：陈金文

宁德市人大常委会

主　　　任：金　敏

副　主　任：许青云　雷维善　刘信华　冯桂华　陈　梅*　章允斌

蕉城区人大常委会

主　　　任：何邦恒

福安市人大常委会

主　　　任：郑战雄

福鼎市人大常委会

主　　　任：蔡梅生

霞浦县人大常委会

主　　　任：陈　健

寿宁县人大常委会

主　　　任：郭海鸣

周宁县人大常委会

主　　　任：叶健松

柘荣县人大常委会

主　　　任：朱建波

古田县人大常委会

主　　　任：陈绍莲*

屏南县人大常委会

主　　　任：周少川

平潭综合实验区人大工委

主　　　任：陈善光

副　主　任：成苏明　赖德芳　游小峰　陈时雄　陈国华

平潭县人大常委会

主　　　任：成苏明

【福建省人民政府省长、副省长、正副秘书长名单】

省　　　长：王　宁

副　省　长：赵　龙　李德金　田湘利　郑建闽　郭宁宁*　崔永辉

秘　书　长：黄新銮

副 秘 书 长：蒋少云　曹建平　李　斌　赖碧涛　詹志洁　谌庆福　尤思德

【福建省人民政府所属机构、企事业单位负责人名单】

省政府办公厅

党 组 书 记：黄新銮

主　　　任：曹建平

党 组 成 员：李　斌　赖碧涛　詹志洁　谌庆福　尤思德　陈起东

副　主　任：林依钦　李志忠　张　鸿　戴清泉

纪检监察组长：陈章栋

省发展和改革委员会

主　　　任：张灿民

副　主　任：张福寿　许碧瑞　潘乙凡　詹晨辉　叶飞文　张文洋

党 组 成 员：陈荣辉　魏明镇　孙建平

总 规 划 师：江智光

省教育厅（省委教育工作委员会）

厅　　　长：林和平

副　厅　长：刘　健　李　迅　吴伟平　王　飚

纪检监察工委书记、纪检监察组长：陈　仁

党 组 成 员：王建南

省科学技术厅

厅　　　长：陈秋立

副　厅　长：周世举　游建胜

纪检监察组长：赖土发

省工业和信息化厅

主　　　任：翁玉耀

副　主　任：吴添富　郭学军　厉　云　兰　文　陈传芳

纪检监察组长：陈善举

省民族与宗教事务厅

厅　　　长：冀萌新

副　厅　长：兰秀珍*　宋　哩*　张东晖

省公安厅

厅　　　长：田湘利

副　厅　长：杜清森　许耀鹏　郑雷声　黄华安　张　斌

党 委 委 员：王亚龙　潘东升

省民政厅

厅　　　长：池秋娜*

副　厅　长：程　强　赵荣生　陈丽华*　林　弘

纪检监察组长：陈兆文

省司法厅

厅　　　长：邬勇雷

副　厅　长：黄岩生　李杰鹏　庄天从　林德明　李妙君*

纪检监察组长：张宝华

政治部主任：林安泰

党 委 委 员：柯南木

省财政厅

厅　　　长：余　军

副　厅　长：杨　隽*　韩　健　林贻武　陈　强　黄剑青

纪检监察组长：许发荣

总 会 计 师：谢隆进

省人力资源和社会保障厅

厅　　　长：林卫宠

副　厅　长：吴小颖　高　榕*　温惠榕　洪长春　童长峰

纪检监察组长：张永生

省自然资源厅

党组书记、副厅长：林文斌

厅　　　长：叶　敏

副　厅　长：周锦来　王建生　翁惠明

纪检监察组长：江显木

总 规 划 师：洪　榕*

省生态环境厅

厅　　　长：付朝阳

副　厅　长：洪　平　黄书林　徐　威　郑志忠　陈明义

纪检监察组长：郑培华

总 工 程 师：郑　彧

核安全总工程师：张玉梅*

监 察 专 员：吴成球　郭海阳　秦　明

省住房和城乡建设厅

厅　　　长：林瑞良

副　厅　长：王　海　蒋金明　王明炫　高　宇

纪检监察组长：邱文高

总 工 程 师：陈义雄

总 经 济 师：苏友佺

省交通运输厅

厅　　长：黄祥谈
副 厅 长：王增贤　雷文忠　李　擎
纪检监察组长：陈善凤

省水利厅

厅　　长：赖　军
副 厅 长：丘汀萌　陈水树　梅长河　黄明聪
纪检监察组长：林国闪
总 工 程 师：林　捷

省农业农村厅（省委农办、扶贫办、乡村振兴办）

厅　　长：黄华康
副 厅 长：姜绍丰　王智桢　陈东荣　陈明旺　黄书荣
纪检监察组长：严志铭
总畜牧兽医师：梁全顺

省商务厅

厅　　长：吴南翔
副 厅 长：陈安生　黄德智　黄娜恩*　钟木达　刘德培　陈　靖
纪检监察组长：王庆亮

省文化和旅游厅

党组书记、副厅长：石建平
厅　　长：吴贤德
副 厅 长：林守钦　黄苇洲　苏庆赐　肖长培
纪检监察组长：郑祥煌
党 组 成 员：傅柒生

省卫生健康委员会

党组书记、副主任：黄如欣
主　　任：柳　红*
副 主 任：陈　辉　王喜瑛*　张永裕　杨闽红　张国安
纪检监察组长：黄来渊
党 组 成 员：方少雄

省退役军人事务厅

党 组 书 记：伍　斌
副 厅 长：辛志华　郑　敏*　罗庆春

省应急管理厅

党组书记、副厅长：郑李亭
厅　　长：刘　琳
副 厅 长：欧阳德　姚朝钟　邓　冈
纪检监察组长：郑子龙
党 委 委 员：杨庆福

省审计厅

厅　　长：杨　红*
副 厅 长：王成章　吴克昌　许克付　廖德铨
纪检监察组长：张利生
总 审 计 师：林建苍
审计办主任：陈敬辉
副厅级稽查专员：林志坤　陈躬仙

省政府外事办公室

主　　任：王天明
副 主 任：林学锋　黎　林　陈出新　黄劭蓉*
党 组 成 员：罗冠升

省国有资产监督管理委员会

党委书记、主任：黄　莼
党委副书记：修兴高
副 主 任：左　宇　刘宝和　周金昭
纪检监察组长：陈柏生

省林业局

局　　长：陈照瑜
副 局 长：刘亚圣　王宜美　林雅秋　林旭东　郑　健
纪检监察组长：郭　延*

省海洋与渔业局

局　　长：林锡能
副 局 长：林月玲*　邱章泉　翁新平
纪检监察组长：罗长祥

省市场监督管理局

党组书记、副局长：严效东
局　　长：黄培惠
副 局 长：俞开海　黄　玲*　刘先义
纪检监察组长：刘小宁
食品安全总监：张剑平
总 工 程 师：张元榕
党 组 成 员：颜志煌

省广播电视局

局　　长：李　强
副 局 长：张丽娟*　毛文航*　张明生
纪检监察组长：林亚贵

省体育局

局　　长：林作明
副 局 长：唐佑明　黄海峡*
纪检监察组长：李振标

省统计局

局　　长：
副 局 长：林英厦　杨洪春
总 统 计 师：翁福官

省人民防空办公室

主　　任：林凤祥
副 主 任：张祖明　王雷火　蔡福勇　张春秋

省医疗保障局

局　　长：赖诗卿
副 局 长：梁步腾　刘家城　付　周

省地方金融监督管理局

局　　长：薛鹤峰
副 局 长：温正斌　谢建潮
纪检监察组长：朱则辉

省委省政府信访局

局　　长：李　斌
副 局 长：范志平　张　辉

省政府驻北京办事处

主　　任：林　光
副 主 任：潘弘图　黄少斌

省计划生育协会

常务专职副会长：陈　星
专职副会长：陈友茂　刘腾发

省地质矿产勘查开发局

局　　长：林文芳
副 局 长：倪　超　郑荣富　韩康平
纪 检 组 长：吴晓明
总 工 程 师：周珍琦

中国海峡人才市场

总 经 理：
副 总 经 理：游诚志　叶金山　刘燕贞*

省供销合作社联合社

主　　任：张作兴
副 主 任：占飞豹　邱志向　林　勤*

纪检组长：郑恢先

省政府发展研究中心

主任：陈秋平

副主任：胡建荣　廖荣天　林坚强

省政府投资项目评审中心（省工程咨询中心）

主任：张福寿

副主任：柳树青　陈时儆

省农业科学院

党委书记：陈永共

院长：翁启勇

副院长：余文权　汤　浩　黄勤楼

纪委书记：陈世奎

福建社会科学院

院长：张　帆

党组书记、副院长：陈祥健

副院长：李鸿阶　刘小新　游炎灿

省广播影视集团

董事长：曾祥辉

总经理：庄志松

副董事长：刘宜民　刘　毅　杨国和　陈加伟

省政府驻上海办事处★

主任：陈福民

省政府驻广州办事处★

主任：王建富

省政府驻深圳办事处★

主任：翁坤明

省机关事务管理局★

局长：陈起东

省数字福建建设领导小组办公室（省大数据管理局）★

主任：陈荣辉

省粮食和物资储备局★

局长：孙建平

省监狱管理局★

第一政委：邬勇雷

局长：柯南木

政委：陈由顺

省文物局★

局长：傅柒生

省药品监督管理局★

局长：俞开海

省海洋渔业执法总队★

总队长：

政委：

省水利水电工程移民发展中心★

主任：卞宏达

省测绘地理信息发展中心★

主任：林孝文

省知识产权发展保护中心★

主任：颜志煌

省水利水电勘测设计院★

党委书记：余德贵

院长：何文兴

省疾病预防控制中心★

党委书记：赖以刚

主任：郑奎城

省教育考试院★

院长：陈明庆

省节能监察（监测）中心★

主任：曾　斌

省经济信息中心★

主任：蔡荣富

中国闽台缘博物馆★

党委书记：王辰虎

馆长：陈伟平

省铁路建设发展中心★

主任：史原增

省公共资源交易中心★

主任：邱元霖

省煤田地质局★

党委书记、副局长：林　杰

局长：黄玉荣

省投资开发集团有限责任公司

董事长：严　正

总经理：万崇伟

党委副书记：陈国发

副总经理：林　崇　刘珠雄

总会计师：陈　杰

纪委书记：郑清华

省冶金（控股）有限责任公司

董事长：郑　震

总经理：张　玲

副总经理：赖兆奕　许继松　侯孝亮　周　闽　范建敏

纪委书记：林　坚

省能源集团有限责任公司

董事长：

总经理：谢荣兴

副总经理：黄友星

总会计师：卢范经

纪委书记：李寿发

省港口集团有限责任公司、省交通运输集团有限责任公司

董事长：李兴湖

总经理：陈志平

副总经理：黄循铀　肖祖建　陈乐章　杨锦昌　吴厚生

纪委书记：李建谋

省高速公路集团有限公司

董事长：

总经理：陈岳峰

党委副书记：吴毅荣

副总经理：张　明　潘向阳　邱　淮　蒋建新

总会计师：黄　晞

纪委书记：沈觉新

中国（福建）对外贸易中心集团有限责任公司

总经理：游向阳

副总经理：宋福鋆　方炬洋　王向东

总会计师：许文章

纪委书记：吴祥明

厦门航空有限公司

董事长：赵　东

总经理：王志学

副总经理：黄火灶　林朝阳　黄国辉　汤建其　倪良胜

纪委书记：蔡顺驰

党委委员：周卫东

省船舶工业集团公司

董事长：赵金杰

党委副书记：陈　晞

副总经理：陈光灿　李振均

总会计师：李永忠

纪委书记：陈　幸

福建炼油化工有限公司

董事长：顾越峰

总经理：刘向东

副总经理：张西国　胡红页　陈飞山　赵天星

林 栩

总会计师：赖水明

省轻纺（控股）有限责任公司

总经理：黄文定

副总经理：陈国樑 郑书雄 黄金镖

总会计师：林兵霞*

纪检组长：潘士颖

省旅游发展集团有限责任公司

董事长：陈扬标

总经理：刘革生

党委副书记：游克安

副总经理：丁炳华 刘学忠 林女超*

纪委书记：陈占隆

总会计师：余运庄

福建建工集团有限责任公司

董事长：林增忠

总经理：刘晓群

党委副书记：徐 凯

副总经理：丘亮新

总工程师：阮锦发

总会计师：张 琪*

纪委书记：伊向荣

省电子信息（集团）有限责任公司

董事长：宿利南

总经理：钟 军

副总经理：黄 舒 卢文胜 卞志航

总会计师：黄旭晖*

纪委书记：刘松明

省汽车工业集团有限公司

董事长：

总经理：陈建业

副总经理：李岩峰 陈文豪 陈 锋 谢思瑜

纪检组长：杨本南

省石油化工集团有限责任公司

董事长：

总经理：徐建平

党委副书记：吴 宏

副总经理：刘 强 朱玉武 黄仔清

纪委书记：柯南进

省机电（控股）有限责任公司

董事长：王会锦

总经理：董飞龙

副总经理：陈伯炜 吴大文

纪委书记：林心銮

省招标采购集团有限公司

董事长：陈 武

副总经理：丁宗庭 程立平 张亲议

纪委书记：赵 斌

总会计师：周辉芳

兴业银行

董事长：

行长：陶以平

监事长：

副行长：陈锦光 陈信健 孙雄鹏

纪检监察组长：张国明

党委委员：黄金琳

省农村信用社联合社

理事长：李卫民

主任：王 非

副主任：林章毅 张永良 刘爱晖* 陈金德

纪检监察组长：詹生根

海峡出版发行集团公司

董事长：林义良

总经理：

副总经理：林 彬* 何 强

总会计师：陈逢淮

纪委书记：孙 强

福建广电网络集团公司

董事长：

总经理：蔡 琳

总会计师：周 萍*

副总经理：梁章林 林剑生

纪委书记：黄善贺

总工程师：刘敏文

【福建省各设区市人民政府领导名单】

福州市政府

市长：尤猛军

副市长：蔡战胜 杨新坚 严可仕 潘东升 杭 东 李 春* 林中麟

厦门市政府

市长：

副市长：孟 芊 黄燕添 黄晓舟 林 建

副市长人选：黄文辉 张志红* 陈育煌

漳州市政府

市长：刘 远

副市长：张慧德 张翼腾 兰万安 吴卫红* 侯为东 林晓东 李 勇（挂职）

副市长人选：崔为磊（挂职）

泉州市政府

市长：王永礼

副市长：洪自强 周真平* 李伙金 吕 刚 肖汉辉 朱启平

三明市政府

市长：余红胜

副市长：张元明 张文珍* 程鹏鹰 王锡章 郑剑波 翟 超（挂职） 吕国健

莆田市政府

市长：李建辉

副市长：傅冬阳 吴健明 陈惠黔* 郑瑞锦 胡国防 陈 枫 陈文荣

南平市政府

市长：袁超洪

副市长：罗恩平 梁廉荣 黄苏福 何明星

龙岩市政府

市长：张国旺

副市长：陈厦生 郭丽珍* 黄庆辉 谢海波 张朝阳 牟科发（挂职） 傅藏荣 肖进才

宁德市政府

市长：梁伟新

副市长：缪绍炜 黄建龙 黄国璋 胡 楠 吴允明 毛祚松

副市长人选：叶其发

平潭综合实验区管委会
主　　任：
副 主 任：许永西　欧阳晓波　吴礼源　郑晓东

【福建省各县（市、区）人民政府正职名单】

鼓楼区政府
区　　长：黄建新
台江区政府
区　　长：陈　杰
仓山区政府
区　　长：梁　栋
晋安区政府
区　　长：林　涛
马尾区政府
区　　长：许用贵
长乐区政府
区　　长：蔡劲松
福清市政府
市　　长：张新怿
闽侯县政府
县　　长：王建生
连江县政府
县　　长：郑立敏
闽清县政府
县　　长：郑子记
罗源县政府
县　　长：孙　利
永泰县政府
县长候选人：陈金友
思明区政府
区　　长：夏长文
湖里区政府
区　　长：林重阳
集美区政府
区　　长：胡旭彬
海沧区政府
区　　长：游文昌
同安区政府
区　　长：陈高润
翔安区政府
区　　长：连坤明
芗城区政府
区　　长：石振棋
龙文区政府
区　　长：林晓强
龙海市政府
市　　长：何才成
漳浦县政府
县　　长：黄庆华
东山县政府
县　　长：黄键鹏
长泰县政府
县　　长：蔡绿璇*
华安县政府
县　　长：简洪坤
平和县政府
县　　长：吴丁顺
南靖县政府
县长候选人：李志勇
诏安县政府
县　　长：李亚容
云霄县政府
县　　长：张明东
鲤城区政府
区　　长：黄辉灿
丰泽区政府
区　　长：高金全
洛江区政府
区　　长：颜丽明*
泉港区政府
区　　长：颜朝晖
石狮市政府
市　　长：黄春辉
晋江市政府
市　　长：张文贤
南安市政府
市　　长：张桂森
惠安县政府
县长候选人：王春雷
永春县政府
县　　长：吕建成
安溪县政府
县　　长：吴毓舟
德化县政府
县　　长：黄文捷
梅列区政府
区　　长：张昌平
三元区政府
区　　长：廖卫国
永安市政府
市　　长：温欣传
将乐县政府
县　　长：温　毅
沙县县政府
县长候选人：陈晓翔
尤溪县政府
县　　长：周庆裕
大田县政府
县　　长：林金龙
明溪县政府
县　　长：苏迎平
宁化县政府
县　　长：姚文辉
建宁县政府
县　　长：陈显卿
泰宁县政府
县　　长：王胜文
清流县政府
县长候选人：吴钟民
荔城区政府
区　　长：柯金国
城厢区政府
区　　长：吴文恩
涵江区政府
区　　长：连向红*
秀屿区政府
区　　长：张伯松
仙游县政府
县长候选人：吴海端
延平区政府
区　　长：叶文平
建阳区政府
区　　长：魏敦盛
邵武市政府
市　　长：丁贵生
武夷山市政府
市　　长：谢启龙
建瓯市政府
市　　长：周安有
顺昌县政府
县长候选人：谷国海
光泽县政府
县　　长：赵大建
浦城县政府
县　　长：沈晓文
政和县政府
县　　长：张行书

松溪县政府

县长：苏建旗

新罗区政府

区长：张　锋

永定区政府

区长：李　强

漳平市政府

市长：胡　滨

武平县政府

县长：张丽华*

上杭县政府

县长候选人：罗　剑

长汀县政府

县长：马水清

连城县政府

县长：蔡东阳

蕉城区政府

区长：何必良

福安市政府

市长：钟宜国

福鼎市政府

市长：周春海

霞浦县政府

县长：陈贵裕

寿宁县政府

县长：张成慧

周宁县政府

县长：黄桂诚

柘荣县政府

县长：雷祖铃

古田县政府

县长：黄其山

屏南县政府

县长：柳　岳

平潭县政府

县长：

【中央有关部委驻闽直属机构负责人名单】

省国家安全厅（略）

新华社福建分社

社长：邹声文

副社长：梅永存　顾钱江

纪检组长：黎　勇

党组成员：项开来

中科院福建物质结构研究所

所长：曹　荣

党委书记：黄艺东

党委副书记、纪委书记：方荣良

副所长：陈少华　林文雄　卢灿忠　张　健　郑煜铭

中科院城市环境研究所

所长：曹　荣

党委书记、副所长：陈少华

党委副书记：白国华　兰国政

纪委书记：兰国政

副所长：林文雄　卢灿忠　张　健　郑煜铭

国家林业和草原局驻福州森林资源监督专员办事处

专员：王剑波

党组成员：李彦华

副专员：吴满元　宋师兰*

财政部驻福建监管局

局长：梁　勇

副局长、纪检组长：陈雪敏

党组成员：高举亮

国家统计局福建调查总队

总队长：郭国云

副总队长：朱国勇

纪检组长：张爱光*

国家税务总局福建省税务局

党委书记、副局长：林京华

局长：赵　静*

副局长：陈慕斌　郑孝真　林茂椿　周德同　王江明

总会计师：曾钟滔

总经济师：郑元芳

总审计师：陈　艳*　李建功

省气象局

局长：潘敖大

副局长：邓　志　冯　玲*　张长安

纪检组长：周述学

党组成员：葛小清

省地震局

局长：刘建达

副局长：朱海燕　林　树　鲍　挺　谢志招

纪检组长：龙清风

福建海事局

局长：徐增福

副局长：黄丹华*　宋剑华　王华明

纪检组长：徐庆伟

厦门出入境边防检查总站

总站长：毛　旭

福建煤矿安全监察局

局长：郑李亭

副局长：戴文鹏　朱石福

纪检组长：林常青

福州海关

关长：宇方成

政治部主任：戴志成

纪检组长：张政武

副关长：许鑫　林跃飞　王进喜

党委委员：林光龙　郁俊江　刘文敏

厦门海关

关长：郑巨刚

副关长：叶超俊　陈　宇　张冬冬　娄传永

政治部主任：张毅东

纪检组长：周　力

党委委员：崔庆超　叶　云*

国网福建省电力有限公司

董事长：谭永香

总经理：蔡鸿贤

副总经理：李学军*　李功新　黄惠英*　周　刚

纪委书记：郝　睿

总工程师：陈玉树

总会计师：林世友

国家能源集团福建能源有限责任公司

董事长：张长岩

总经理：

副总经理：涂朝阳　董飞　高武军

总会计师：宋　磊

纪委书记：梁庆廉

中国华电集团公司福建分公司

党委书记、执行董事：杜将武

总经理：邓平强

副总经理：陈瑞兴　曾庆华　杨为城　黄彪斌　李小温

总会计师：

纪 委 书 记：牛拥军

党 委 委 员：陈文新

中国华能集团公司福建分公司

党委书记、执行董事：蔡永强

总　　经　　理：王绍民

副 总 经 理：郭国明　陈　辉
　　　　　　朱金美　赵德远

总 会 计 师：邹治泉

纪 委 书 记：邓　海

福建福清核电有限公司

党 委 书 记：徐利根

总　　经　　理：赵　皓

副　　书　　记：朱鸿伟

副 总 经 理：林传清　侯英东
　　　　　　陈宇肇　宋　林

纪 委 书 记：杨景龙

总 会 计 师：谢永辉

中国核工业集团福建联络部

主　　　　任：何　辉

副　　主　　任：王秋洪

中核华辰建设有限公司

董　　事　　长：董德建

总　　经　　理：张国华

副 总 经 理：王国庆　杜国伟
　　　　　　王　军

总 会 计 师：邓小康

纪 委 书 记：刘　洪

工 会 主 席：邓燕宁

中国水利水电第十六工程局有限公司

董　　事　　长：林文进

党委副书记、总经理：金建国

党委副书记、纪委书记：徐炳春

副 总 经 理：杨伟明　吴广忠
　　　　　　王文飞　蓝荣和
　　　　　　谢亚章　潘金仁
　　　　　　吴秀荣　陈祖荣
　　　　　　黄国超

总 会 计 师：曾继亮

省邮政管理局★

局　　　　长：

副　　局　　长：王文胜　孙　超

纪 检 组 长：陈　华

省通信管理局

局　　　　长：程建军

副　　局　　长：何　强

纪检组组长、副局长：白学任

党 组 成 员：洪晓旻

中国邮政集团公司福建省分公司

总　　经　　理：裴英杰

副 总 经 理：黄志斌　王全江
　　　　　　叶　军

纪 委 书 记：杨泉鸣

中国电信福建分公司

总　　经　　理：高金兴

党委副书记、副总经理：王志芳

副 总 经 理：叶　凯　宋友重
　　　　　　林晓武

纪 委 书 记：蒋保灿

中国移动福建分公司

董事长、总经理：栾晓维

副 总 经 理：邱宝华　尹壮志
　　　　　　黄小田

纪 委 书 记：苟光学

中国联通福建分公司

总　　经　　理：欧阳恩山

副 总 经 理：王为民　杨　暐
　　　　　　张　毅

纪 委 书 记：张　鹏

中国铁通福建分公司

总　　经　　理：赵余平

副 总 经 理：卢　军　王恒祥
　　　　　　许加煊

总 会 计 师：叶志刚

民航福建安全监督管理局★

局　　　　长：潘　军

党委副书记、纪委书记：叶嘉斌

副　　局　　长：邓　歼　夏国明
　　　　　　张雄光

中国石化福建石油分公司

党 委 书 记：丁春生

总　　经　　理：刘春波

党委副书记、纪委书记：陈必文

副 总 经 理：王　琴*　戴尽良

副总经理、总会计师：程宝林

中国石油福建销售分公司★

党委书记、执行董事：王明富

总　　经　　理：高贤才

副 总 经 理：陈　勇　袁　铨

总 会 计 师：齐　峰

纪 委 书 记：王洪利

中化泉州石化有限公司

党 委 副 书 记：仲伟华

纪 委 书 记：王学利

财 务 总 监：宋吉峰

副 总 经 理：胡福磊　李　波

中国航空技术进出口福建公司（中航国际贸易〈福建〉有限公司）

执行董事、总经理：江　捷*

省烟草专卖局（公司）

局长、总经理：李民灯

副　　局　　长：黄星光

副 总 经 理：尤清河　林师训
　　　　　　周志攀

纪 检 组 长：纪任德

福建中烟工业有限责任公司

总　　经　　理：王志江

副 总 经 理：王道宽　邱全胜
　　　　　　伍达明　林荣欣
　　　　　　廖材河　吴志文

纪 检 组 长：林建红*

中储粮福建分公司

党委书记、副总经理：王　涛

副 总 经 理：卓国锋　张　杰

纪 检 组 长：罗　明

中国冶金地质勘查工程总局二局★

局　　　　长：孙修文

纪 委 书 记：张韶华

副　　局　　长：黄树峰　张庆鹏

总 会 计 师：刘　伟

中国长江三峡集团福建分公司

总　　经　　理：

副 总 经 理：雷增卷

国家电力投资集团福建分公司★

总　　经　　理：鲁　珏

副 总 经 理：吴国光　丁鸣东
　　　　　　常　鸿

中核国电漳州能源有限公司

董　　事　　长：陈国才

总　　经　　理：宋丰伟

副 总 经 理：蒋祖跃　钟健康
　　　　　　高顺龙　黄传文

纪 委 书 记：初海华

总 会 计 师：陈文木

华能霞浦核电有限公司

总　　经　　理：万　骥

副 总 经 理：林　卫　王　煊
　　　　　　苏松龄

中核霞浦核电有限公司

董　　事　　长：郑砚国

党委副书记、总经理：孙云根
副 总 经 理：李鹏辉 都继超 乐庆明 王海平
总 会 计 师：杨明栋
纪 委 书 记：刘弼华

福建省电力建设有限公司★
总 经 理：林炳润
党委书记、副总经理：林德斌
副 总 经 理：陈金辉 陈开荣 苏永强
总 会 计 师：陈建来
总 工 程 师：蒋文建
纪 委 书 记：林存镇

大唐集团福建分公司
总 经 理：杨升军
党 委 书 记：孙广春
纪 检 书 记：谭元章
副 总 经 理：马占兵 曾 卫 吴伟华
党 委 委 员：万长明

福建宁德核电有限公司★
总 经 理：田辉宇
党委副书记、副总经理：张和林
副 总 经 理：李树荣 孟晓雄 吴江涛
纪 委 书 记：杨 军
总 会 计 师：王楚亮
总 审 计 师：李 涌

中交海西投资有限公司
执行董事、总经理：齐文忠
党委书记、副总经理：杨慧杰
党委副书记、副总经理：刘永贤
副 总 经 理：洪清填
总 会 计 师：叶朝阳

中铝瑞闽股份有限公司
董 事 长：蔡 峰
党委副书记、总经理：张荣旺
党 委 副 书 记：李 铁
副 总 经 理：黄旭东 夏 超
纪 委 书 记：刘晓辉

中铝东南铜业有限公司
董 事 长：史谊峰
党 委 副 书 记：叶小林
副 总 经 理：郭汉刚 杨美彦 高立东 李锦华
财 务 总 监：张 东
纪 委 书 记：李 伟

银保监会福建监管局
局 长：丛 林*
副 局 长：徐金玲* 柯甫榕 陈树福 王建魁
纪 委 书 记：

证监会福建监管局
局 长：林 林
副 局 长：翁国斌 张 庆
纪 委 书 记：屈 伟

省消防救援总队
总 队 长：王文生
政 治 委 员：赖世雄

省森林消防总队
总队长、党委副书记：杨庆福
政治委员、党委书记：刘永刚
副 总 队 长：滕伟毅 石晓光
副政治委员兼纪委书记：胡开锋

省公安厅特勤局
局 长：王亚龙

中国人民银行福州中心支行
行 长：单 强
副 行 长：时 东
党 委 委 员：周惠钦*

中国工商银行福建省分行
行 长：俞 龙
副 行 长：李良茂 王升烽 陈建兴 杨海涛
纪 委 书 记：林建忠

中国农业银行福建省分行
行 长：黄 海
副 行 长：潘佐标 陈展红 黄秋华* 傅金荣 吴 刚

中国建设银行福建省分行
行 长：黄惠玲*
副 行 长：王东标 黄 汾 林 平 黄建锋
纪 委 书 记：郑碧玲*

中国银行福建省分行
行 长：黄新斌
副 行 长：林炳政 陈 敏* 黄德根
纪 委 书 记：吕立中

中国农业发展银行福建省分行
行 长：王京春
副 行 长：黄本文 杜洪星

国家开发银行福建省分行
行 长：张雪峰
副 行 长：刘喜荣 郑书月
副行长、纪委书记：邓 勇

中国进出口银行福建省分行
行 长：吴皖中
副 行 长：张永祥

中信银行福州分行
行 长：姜雨林
副 行 长：林大业 章英芬*
副行长、纪委书记：沈明忠
党 委 委 员：陈 曦 林海峰*

交通银行福建省分行
行 长：刘 阳
副 行 长：官惠宣*
党 委 委 员：黎建华

长城资产管理公司福州办事处
党委书记、总经理：赖 杰
副 总 经 理：陈昌龙
纪 委 书 记：魏铁军

中国信达资产管理公司福建分公司
总 经 理：周理焱*
副 总 经 理：王晓洁*
副总经理、纪委书记：林 锋

华融资产管理公司福建分公司
总 经 理：姜传波
党委副书记、副总经理：陈 虎
党 委 委 员：刘秋勇 林湲沧

东方资产管理公司福州办事处
总 经 理：黎蜀宁

中国人民财产保险公司福建分公司
总 经 理：骆少鸣
副 总 经 理：黄忠新
副总经理、总会计师：陈 珍*
党 委 委 员：叶远航

中国人寿保险公司福建分公司
总 经 理：
副 总 经 理：阮 健* 林向阳 蒋利成 汤小雄

中国人民人寿保险公司福建分公司
总 经 理：刘 庆
副总经理、纪委书记：侯景辉
党 委 委 员：张震宇

中国人寿财产保险公司福建分公司
总 经 理：陈少榜

副总经理、纪委书记：郭艺荣
副　总　经　理：陈　峰
党　委　委　员：苏新华

中国出口信用保险公司福建分公司
总　　经　　理：

中国人民健康保险公司福建分公司
总　　经　　理：黄伟纲
副　总　经　理：张　力　李自力

【福建省政协主席、副主席、正副秘书长名单】

主　　　　席：崔玉英*
副　　主　　席：张兆民　杜源生
洪捷序　薛卫民
王光远　阮诗玮
刘献祥
许维泽（1月任）
林钟乐（1月任）
王惠敏（1月免）
魏克良（1月免）
秘　　书　　长：陆开锦
副　秘　书　长：黄树清　廖小军
曾少鸿
翁雄宇（兼）
董良瀚（兼）
刘　泓（兼）
王宁新（兼）
林全金（兼）
杨　琳（兼）
吴棉国（兼）
陈美琼*（兼）
柯连妹*（兼）
陈建强（兼）

【福建省政协办公厅、专委会领导名单】

办公厅
主　　　　任：黄树清
副　　主　　任：董　奕
陈善平（10月免）
庄　莉*（10月任）
高文翠*（7月任）

纪检监察组
组　　　　长：李占新（4月任）

研究室
主　　　　任：陈熙满

委员工作室
主　　　　任：林彩英*

省政协提案委员会
主　　　　任：董建洲（1月任）
专职副主任：张贵明

省政协经济委员会
主　　　　任：姜榕兴（12月免）
专职副主任：邹国辉

省政协农业和农村委员会
主　　　　任：刘宏伟
专职副主任：涂书宝

省政协人口资源环境委员会
主　　　　任：王　玲（12月任）
叶木凯（8月免）
专职副主任：高扬增

省政协教科卫体委员会
主　　　　任：黄红武
专职副主任：江登峰

省政协社会和法制委员会
主　　　　任：吴晓丁
专职副主任：张长松

省政协民族和宗教委员会
主　　　　任：杨江帆
专职副主任：阙永善（12月免）

省政协港澳台侨和外事委员会
主　　　　任：吴国盛
专职副主任：卢德昌

省政协文化文史和学习委员会
主　　　　任：何国辉（12月任）
陈必滔（12月免）
专职副主任：李榕光

【福建省文史馆领导名单】

副　　馆　　长：曹宛红*

【福建各设区市政协领导，各县（市、区）政协正职名单】

福州市政协主席：何静彦*
副　　主　　席：雷成财
林绍彬（4月免）
林治良　林恒增
郑云春*　王绍知
林　锋　罗蜀榕
郑章干（1月任）
林　澄（1月任）
鼓楼区政协主席：李瑞琨
台江区政协主席：邓万铣
晋安区政协主席：魏晓辉*
仓山区政协主席：陈　峰
马尾区政协主席：张　林*
长乐区政协主席：陈增国
福清市政协主席：翁芳明
闽侯县政协主席：林建善
连江县政协主席：林承祥
闽清县政协主席：毛行青
罗源县政协主席：董志干
永泰县政协主席：陈家恬
厦门市政协主席：魏克良（1月任）
张　健（1月免）
副　　主　　席：陈永裕　黄国彬
江曙霞*　陈昌生
黄世忠　黄培强
王　焱
黄奋强（1月任）
李钦辉（1月任）
高玉顺（1月免）
黄学惠*（1月免）
思明区政协主席：陈炳良
湖里区政协主席：林　凡
集美区政协主席：胡亚才
海沧区政协主席：曹　放
同安区政协主席：黄小林
翔安区政协主席：周鲁闽
漳州市政协主席：张祯锦
副　　主　　席：杨胜华*　黄井南
周小华　吴芳华*
陈跃鸿　何伟燕*
戴鹏飞　卢　力
芗城区政协主席：曾勇平（12月任）
沈龙顺（12月免）
龙文区政协主席：陈禹生（4月免）
李华胜（6月任）
龙海市政协主席：蔡国荣
漳浦县政协主席：林培兴（7月免）
林兆波（12月任）
云霄县政协主席：林达祥
诏安县政协主席：陈一森
东山县政协主席：朱展发
平和县政协主席：张茂杞
南靖县政协主席：李涌华
长泰县政协主席：曾剑平
华安县政协主席：曾贵森
泉州市政协主席：李转生
副　　主　　席：骆沙鸣　王祖耀

陈　益*　洪川夫
林志建　刘志平
王春金
王瑞强（9月免）
陈铭福（9月免）
鲤城区政协主席：郭成宗（7月免）
陈燕飞（8月任）
丰泽区政协主席：上官蓝波
洛江区政协主席：王伊景
泉港区政协主席：陈龙津
石狮市政协主席：林自育
晋江市政协主席：许宏程
南安市政协主席：黄华强
惠安县政协主席：蒋向群
安溪县政协主席：梁金良
永春县政协主席：林海鸥
德化县政协主席：温文英*
三明市政协主席：黄鹤麟（1月任）
朱昌贤（1月免）
副　主　席：包　萍*　李茂胜
许清华　曾明生
朱一勤　陈　欣
蒋先东
谢家芹（1月任）
伍成康（1月免）
蔡光信（1月免）
梅列区政协主席：方剑峰（4月免）
三元区政协主席：李世福
永安市政协主席：范纯文
明溪县政协主席：吴焰生
清流县政协主席：邓炳辉
宁化县政协主席：李平生
建宁县政协主席：余传贵（12月任）
陈海涛（12月免）
泰宁县政协主席：高惠斌（11月免）
江求荣（12月任）
沙县政协主席：王盛雄
将乐县政协主席：吴国宝
尤溪县政协主席：林思文
大田县政协主席：余真华
莆田市政协主席：周青松（1月任）
林庆生（1月免）
副　主　席：彭丽靖*（6月免）
黄　华　李力利
林惠中　王少华
赵爱红*

张亦兵（9月免）
林玉瑞　林素琼*
仙游县政协主席：林志良
荔城区政协主席：郑占林
城厢区政协主席：肖志雄（12月任）
黄志强（12月免）
涵江区政协主席：邹荔平
秀屿区政协主席：郑永祥（7月免）
陆建琪（12月任）
南平市政协主席：黄健平
副　主　席：卓立筑　张　皓*
潘丽贞*　余建坤
黄亚惠*　严　明
黄艳珠*　江建华
陈培仁
延平区政协主席：刘启财
建阳区政协主席：吴少华
邵武市政协主席：蔡忠明
武夷山市政协主席：杨永华
建瓯市政协主席：叶国壮
顺昌县政协主席：易才卿
浦城县政协主席：张建斌
光泽县政协主席：王寅生
松溪县政协主席：吴海舰
政和县政协主席：倪顺才
龙岩市政协主席：黄福清
副　主　席：赖招源　李新春
郑玉琳*　张子平
陈晓东　刘友洪
赖双奇　张　凌
钟勇强
新罗区政协主席：张志佳
永定区政协主席：廖方顺
上杭县政协主席：林英峰*
武平县政协主席：王云川
长汀县政协主席：丘发添
连城县政协主席：赖小香*
漳平市政协主席：于新远
宁德市政协主席：兰斯琦
副　主　席：林　寿　王代忠
章瑞进　刘登健
黄家盛　刘水金
程树平　刘国平
陈美莺*
蕉城区政协主席：蓝晓平*
古田县政协主席：刘振茂

屏南县政协主席：陆泽干
周宁县政协主席：周建斌
寿宁县政协主席：陈信文
福安市政协主席：陈昌东
福鼎市政协主席：李绍美
柘荣县政协主席：吴秀兰*
霞浦县政协主席：韦大兴

平潭综合实验区政协工委

主　　任：
副　主　任：刘建宁　陈亨雄
李　华　俞兆强
周训岚　卢斌*
平潭县政协主席：刘建宁

【福建省高级人民法院】

院　　长：吴偕林
副　院　长：欧岩峰　罗志沙
吴钟夏　林玫瑰*
纪检监察组长：陈灿寿
审判委员会专职委员：段思明
政治部主任：王汉宏

【福建省人民检察院】

检　察　长：霍　敏
常务副检察长：欧秀珠*
副检察长：洪　清　叶燕培
罗　辉　高扬捷
纪检监察组长：王文德
政治部主任：王金文

【中共福建省纪委书记、副书记、常委、秘书长名单】

书　　记：李仰哲
副　书　记：洪仕建　薛云官
常　　委：李仰哲　洪仕建
薛云官　游美萍*
张淑萍*　方齐苗
王　强
秘　书　长：陈志斌

【福建省监委主任、副主任、委员名单】

主　　任：李仰哲
副　主　任：黄汉升　洪仕建
薛云官
委　　员：张淑萍*　邱天华
方齐苗　肖仁辉

陈志斌

【福建省各设区市纪委监委正副职及各县、市（区）纪委监委正职名单】

福州市纪委书记（监委代主任）：
陈云水
副书记（监委副主任）：
肖敦颖　叶　谊
张永森
鼓楼区纪委书记（监委主任）：
（暂缺配）
台江区纪委书记（监委主任）：
陈自勇
仓山区纪委书记（监委主任）：
李　雄
晋安区纪委书记（监委主任）：
林隆佈
马尾区纪委书记（监委主任）：
苏　建
长乐区纪委书记（监委主任）：
林　盛
福清市纪委书记（监委主任）：
罗明炜
闽侯县纪委书记（监委主任）：
郭建刚
连江县纪委书记（监委主任）：
程　靖
闽清县纪委书记（监委主任）：
赵　勇
罗源县纪委书记（监委主任）：
杨大兴
永泰县纪委书记（监委主任）：
郑建双
厦门市纪委书记（监委主任候选人）：
齐凤瑞
副书记（监委副主任）：
黄聪敏　周　进
柯　军
思明区纪委书记（监委主任）：
苏德本
湖里区纪委书记（监委主任）：
黄绿青*
集美区纪委书记（监委主任）：
刘琦龙
海沧区纪委书记（监委主任）：
黄炳文
同安区纪委书记（监委主任）：
许永良
翔安区纪委书记（监委主任）：
施耿瑶*
漳州市纪委书记（监委代主任）：
李东河
副书记（监委副主任）：
李铁军　林文井
蔡总平
芗城区纪委书记（监委主任）：
沈洪坤
龙文区纪委书记（监委主任）：
赖晓勤*
龙海市纪委书记（监委主任）：
陈群伟
漳浦县纪委书记（监委主任）：
林志辉
云霄县纪委书记（监委代主任）：
郭明星
诏安县纪委书记（监委主任）：
罗云生
东山县纪委书记（监委主任）：
方艺荣
平和县纪委书记（监委代主任）：
林炳仁
南靖县纪委书记（监委代主任）：
胡继城
长泰县纪委书记（监委主任）：
杨尚庞
华安县纪委书记（监委主任）：
陈　志
泉州市纪委书记（监委主任）：
游宇飞
副书记（监委副主任）：
邓安娜*　许锦聪
苏双喜
鲤城区纪委书记（监委主任）：
洪金城
丰泽区纪委书记（监委主任）：
林添盛
洛江区纪委书记（监委主任）：
郑进锡
泉港区纪委书记（监委主任人选）：
王洪龙
石狮市纪委书记（监委主任）：
林振海
晋江市纪委书记（监委主任）：
许仰东
南安市纪委书记（监委主任）：
李岩华
惠安县纪委书记（监委主任）：
林育伟
安溪县纪委书记（监委主任）：
曾惠彬
永春县纪委书记（监委主任）：
陈守林
德化县纪委书记（监委主任）：
黄俊荣
三明市纪委书记（监委主任）：
祝荣亮
副书记（监委副主任）：
黄金伙　黄惠元
梅列区纪委书记（监委主任）：
杨通盛
三元区纪委书记（监委主任）：
戴陈凌
永安市纪委书记（监委主任）：
徐　文
明溪县纪委书记（监委主任）：
谭细华
清流县纪委书记（监委主任）：
苏　洁*
宁化县纪委书记（监委主任）：
胡为民
建宁县纪委书记（监委主任）：
江瑜平
泰宁县纪委书记（监委主任）：
乐仁昌
将乐县纪委书记（监委主任）：
江太生
沙县县纪委书记（监委主任）：
吴江潮
尤溪县纪委书记（监委主任）：
杨金笔
大田县纪委书记（监委主任）：
黄家发
莆田市纪委书记（监委主任）：
吴立新
副书记（监委副主任）：
林清忠　潘冬英*
许振枝
仙游县纪委书记（监委代主任）：

吴智群
荔城区纪委书记（监委主任）：
沈堂明
城厢区纪委书记（监委主任）：
余丽红*
涵江区纪委书记（监委主任）：
胡志坚
秀屿区纪委书记（监委主任）：
陈四海
南平市纪委书记（监委主任）：
李　腾
副书记（监委副主任）：
胡锡安　余文新
陈清才
延平区纪委书记（监委主任）：
林华生
建阳区纪委书记（监委主任）：
连大松
邵武市纪委书记（监委主任）：
谢　琦
武夷山市纪委书记（监委主任）：
叶　强
建瓯市纪委书记（监委主任）：
朱忽翀
顺昌县纪委书记（监委主任）：
谢舜宏
浦城县纪委书记（监委主任）：
郑　辉
光泽县纪委书记（监委主任）：
黄　河
松溪县纪委书记（监委主任）：
虞朝兵
政和县纪委书记（监委主任）：
陆学锋
龙岩市纪委书记（监委主任）：
余学斌
副书记（监委副主任）：
张金滨
新罗区纪委书记（监委主任）：
杨　丹*
永定区纪委书记（监委主任）：
谢洪才
上杭县纪委书记（监委主任）：
林文奇
武平县纪委书记（监委主任）：
陈俊雄
长汀县纪委书记（监委主任）：
熊瑞春
连城县纪委书记（监委主任）：
邱　阳
漳平市纪委书记（监委主任）：
黄佐清
宁德市纪委书记（监委主任）：
陈力达
副书记（监委副主任）：
林　海　李　琳*
蕉城区纪委书记（监委主任）：
刘东忠
古田县纪委书记（监委主任）：
谢红都
屏南县纪委书记（监委主任）：
陈剑峰
周宁县纪委书记（监委主任）：
陈为忠
寿宁县纪委书记（监委主任）：
孙绍洪
福安市纪委书记（监委主任）：
阮志勇
柘荣县纪委书记（监委主任）：
缪生惺
福鼎市纪委书记（监委主任）：
林　东
霞浦县纪委书记（监委主任）：
叶　毅
平潭综合实验区纪工委书记（监察工委主任）：
邓伟斌
副书记（监察工委副主任）：
陈昌慧（挂职）
平潭县纪委书记（监委主任）：
邓伟斌

【各民主党派福建省委和福建省工商联负责人名单】

民革福建省委

主　　委：邓力平
副 主 委：柳　红*　余文森
樊美清　董良瀚
吴少华　叶少珍*
林　锋　林惠中
秘 书 长：敖　钧*

民盟福建省委

主　　委：阮诗玮
副 主 委：陈昌生　焦念志
刘　泓　陈礼辉
谢良地　赵爱红*
洪南福　杨永平
姚立纲
秘 书 长：刘丹艳*

民建福建省委

主　　委：吴志明
副 主 委：黄世忠　郭学军
王宗华　戴仲川
王宁新（专职）
吕培榕　黄卫东
罗蜀榕

民进福建省委

主　　委：严可仕
副 主 委：郑家建　翁国星
张　兰　刘　健
林全金　吴丽冰
马建荣　温　青
秘 书 长：林龙金

农工党福建省委

主　　委：刘献祥
副 主 委：赖应辉　王　焱
李笃妙
杨　琳（专职）
侯建明　郭丽珍*
曹　荣　吴健明
郑伟达

致公党福建省委

主　　委：薛卫民
副 主 委：刘　珂*　徐平东
兰万安　叶　敏
吴棉国　罗恩平
秘 书 长：王惠忠

九三学社福建省委

主任委员：洪捷序
副主任委员：吴小颖　赵　静*
陈美琼*　马祥庆
王长平　蔡　锋
刘明华

台盟福建省委

主　　委：郑建闽
副 主 委：江尔雄*　廖明宏
陈　椿　李珊珊*
柯连妹*　苏耿聪
秘 书 长：叶　鸣

福建省工商业联合会（总商会）

主席（会长）：王光远

党组书记、常务副主席（副会长）：

李家荣

副　会　长：李建南

党组成员、副主席（副会长）：

陈建强

党组成员、副主席（副会长）兼秘书长：陈　飚

党组成员、副主席（副会长）：

刘　军

兰思仁　陈晓春

李清彪　曹　荣

翁启勇　朱鹏立

汪世华（挂职）

【福建省各群众团体省级机构负责人名单】

福建省总工会

主　　　席：黄琪玉

党组书记、副主席：丁文清

共青团福建省委

书　　　记：肖华鑫

副书记、省青联主席：陈　涛

副　书　记：杨　溢　陈志勇

李文捷　连占记

刘安娟*

福建省妇联

党组书记、主席：徐姗娜*

党组成员、副主席：

包　方*　陆　菁*

陈铁晗*　袁素玲*

张　莉*（挂职）

福建省科协

主　　　席：郑兰荪

党 组 书 记：曾能建

党 组 成 员：林学理　史　斌

鲁伟群*

副　主　席：曾能建　林学理

史　斌　鲁伟群*

田中群　焦念志

付贤智　徐西鹏

陈立典　杨江帆

江云宝　王长平

福建省社科联

主　　　席：梁建勇（兼）

党组书记、副主席：

林蔚芬*　王秀丽*

陈文章

党组成员、秘书长：

陈　飞

福建省文联

党组书记、书记处书记：

党组成员、书记处书记：

林瑞发　陈毅达

王来文

党组成员、秘书长：

邱守杰

主　　　席：张　帆

副　主　席：林瑞发　陈毅达

王来文　杨少衡

陈秋平　范碧云*

罗训诵　柯云瀚

唐晓燕*　舒　婷*

曾静萍*

福建省侨联

党组书记、主席：陈式海

党组成员、副主席：

翁小杰　林俊德

张　瑶*

党组成员、办公室主任：

朱根娣*

秘　书　长：吴武煌

福建省台联

党 组 书 记：江荣全

会　　　长：江尔雄

福建省金联

会　　　长：陈笃彬

副　会　长：林　荣　陈　呈

黄万益　谢国勇

李亚容

秘　书　长：方　冷

福建省残联

党组书记、理事长：邵　旭

福建省贸促会

会长、党组书记：陈　震

副会长、党组成员：

傅　健　谢续华

陈　扬

秘　书　长：杨立云

福建省中华职教社

主　　　任：吴志明

党组书记、副主任：王秋梅*

福建省红十字会

党组书记、常务副会长：林圣魁

党组成员、专职副会长：毛文航

党组成员、秘书长：张建林

福建省留学生同学会（福建留学人员联谊会）

会　　　长：郑传芳

副　会　长：王　非　王　健

王长平　李珊珊*

杨　辉　吴季怀

陆开锦　陈忠苏

陈昌生　林建华

郑　健　黄炎和

曾祥辉　游建胜

詹心丽*

秘　书　长：陈　安

注：标*为女同志，★为二级单位。

（名单以2020年12月底在职者为准，相同职务人员做适当归类，不作为排序依据，由省委组织部、省人大、省政协、省纪委、各民主党派福建省委、省工商联、各群众团体省级机构提供）

编辑：林忠玉

政府工作报告

——2021年1月24日在福建省第十三届人民代表大会第五次会议上

福建省人民政府省长 王 宁

各位代表：

现在，我代表福建省人民政府，向大会报告政府工作，请予审议，并请省政协各位委员和其他列席人员提出意见。

一、2020年和“十三五”时期工作回顾

2020年是极不平凡的一年，是众志成城、共克时艰的一年。新冠肺炎疫情突如其来，经济发展备受冲击，外部环境严峻复杂，我们在以习近平同志为核心的党中央坚强领导下，坚持以习近平新时代中国特色社会主义思想为指导，全面贯彻党的十九大和十九届二中、三中、四中、五中全会精神，认真落实党中央、国务院决策部署和省委工作要求，增强“四个意识”、坚定“四个自信”、做到“两个维护”，奋力战疫情、保民生、稳经济、促发展，夺取了疫情防控和经济社会发展“双胜利”。

这一年，习近平总书记亲自作出系列重要指示批示，赋予福建全方位推动高质量发展超越的重大使命，亲自向第三届数字中国建设峰会等致贺信，亲自宣布建立厦门金砖国家新工业革命伙伴关系创新基地，给予福建极大关怀，为我们进一步指明了前进方向，增添了巨大动力。

这一年，我们坚持把人民群众生命安全和身体健康放在第一位，在省委领导下，打赢了新冠肺炎疫情防控的人民战争、总体战、阻击战。从公布首例确诊病例到住院患者清零只用了46天。先后派出12批1393名医护人员，圆满完成驰援湖北武汉、宜昌任务，组建2支医疗专家组赴意大利、菲律宾协助抗疫，组建1支核酸检测队赴香港协助新冠病毒核酸检测工作，为抗疫大局作出积极贡献。

这一年，我们取得了决战脱贫攻坚的决定性胜利。现行标准下45.2万农村建档立卡贫困人口全部脱贫，2201个建档立卡贫困村全部退出，23个省级扶贫开发工作重点县全部摘帽。闽宁对口扶贫协作援宁群体被中宣部授予“时代楷模”称号，福州·定西东西部扶贫协作入选“联合国全球减贫案例”。

这一年，我们扎实做好“六稳”工作、全面落实“六保”任务，深入实施“八项行动”，保持了经济社会持续健康发展。初步统计，全省生产总值43903.9亿元，增长3.3%；一般公共预算总收入5158.4亿元，增长0.2%；地方一般公共预算收入3079亿元，增长0.9%；居民消费价格总水平上涨2.2%；城镇登记失业率3.8%；城镇居民人均可支配收入47160元，增长3.4%；农村居民人均可支配收入20880元，增长6.7%；节能减排任务全面完成。

一年来的主要工作和成效是：

（一）坚持创新发展，内生动力持续增强

创新支撑更加有力。4家省创新实验室和10家制造业创新中心加快建设，新增国家高新技术企业1400家、企业技术中心7家、工程研究中心9家，新增省级新型研发机构54家。省创新研究院正式启动运转。发明专利授权量增长14.4%，厦门大学研发的新冠肺炎疫苗获批开展临床试验。新增省级以上技术转移机构26家，技术合同成交额增长25.9%。省级科技特派员创业和技术服务实现乡镇全覆盖。

产业发展提质增效。新型显示、集成电路、半导体照明等全产业链加快发展，新增省级以上制造业单项冠军企业47家，工业战略性新兴产业增加值占规上工业增加值的25.6%。加快数字产业化、产业数字化，数字经济增加值增长15%。推进特色现代农业高质量发展“968”工程，十大乡村特色产业全产业链总产值突破2万亿元。新增国家全域旅游示范区4家，湄洲岛成功创建国家AAAAA级旅游景区，实现“市市有AAAAA景区”，平潭国际旅游岛影响力持续增强，“全福游、有全福”品牌效应进一步扩大。

内需潜力有效释放。深化“五个一批”，突出“两新一重”，推动设立500亿元稳投资补短板应急专项融资资金，发行1353亿元地方政府专项债，集中开工建设997个重大项目、总投资7640亿元。新增高速公路里程468千米、铁路运营里程264千米，新建改造城市道路和各类市政管网7300千米。5G基站实现县级以上城区全覆盖，“海丝一号”遥感卫星成功发射升空，实现了福建卫星零的突破。福清核电“华龙一号”全球首堆并网成功，白濑水利枢纽工程大坝开建。开展“全闽乐购”等系列活动，发放消费券3.4亿元、撬动千亿元消费，大力培育夜间经济，发展直播经济、网红经济，网络零售额增长24.7%。

营商环境不断优化。全省依申请审批服务事项网上可办率超过97%，“一趟不用跑”“最多跑一趟”占比达到98%，企业开办实现“一网通办”，工程建设项目审批制度改革评估

获得全国第一名。“政企直通车”企业来件办结率达100%。着力帮扶企业，设立200亿元中小微企业纾困专项资金和600亿元稳外贸专项贷款，普惠型小微企业贷款余额增长31.9%。新增减税降费超过600亿元，累计减轻企业负担超过1300亿元，新登记市场主体增长40.3%。

（二）坚持协调发展，城乡区域统筹更加均衡

闽东北、闽西南协同发展区加快建设。加强基础设施互联互通，衢宁铁路、福平铁路开通运营，平潭海峡公铁大桥建成通车，漳汕高铁、温武吉铁路、福莆宁城际铁路、厦漳泉城际铁路等重大项目前期工作扎实推进。福州新区、厦门环东海域新城建设全面提速，南平行政中心搬迁平稳顺利。闽江流域山水林田湖草生态保护修复工作深入推进，九龙江流域启动试点，全流域协同治理水平不断提高。

城乡融合持续深化。加快完善城乡路网体系，建成普通国省干线公路364千米，新建、改造农村公路1886千米，80%以上陆域乡镇实现30分钟内上高速。加快以县城为载体的新型城镇化，10个县（市）列入国家县城新型城镇化建设示范点。城乡供水一体化全面展开，农村基层政务、商务信息化应用加快普及。推动乡村振兴“百镇千村”试点示范建设，农村人居环境整治三年行动全面收官。

老区苏区加快发展。精准落实帮扶措施，建立“一键报贫”等监测和帮扶机制，有效防止返贫，加快老区苏区、少数民族地区脱贫奔小康。12个原中央苏区县纳入中央国家机关及有关单位对口支援范围。武夷山机场迁建、龙岩新机场等重大项目加快推进，老区苏区所有县城15分钟内上高速。

双拥共建开创新局。成功举办2020年“中国航天日”主场活动和中国航天大会，我省成为北斗三号全球卫星导航系统全国首批落地省份。海防建设管理和国防动员成效明显。军人军属、退役军人和其他优抚对象优待工作进一步深化，国防教育全面加强，连续五届实现全国双拥模范城“满堂红”。

（三）坚持绿色发展，经济生态实现良性互动

国家生态文明试验区建设迈出新步伐。39项改革经验推广全国，数量居全国首位。武夷山国家公园体制改革试点任务全面完成。创新推出“三明林票”“南平生态银行”等改革试点。生态环境损害赔偿制度体系基本健全。排污权、碳排放权、用能权交易总额持续扩大。“三线一单”正式编制实施，生态保护红线评估调整工作基本完成。

污染防治攻坚战成效显著。臭氧污染有效遏制，$PM_{2.5}$浓度同比下降16.7%。主要流域优良水质比例同比提高1.4个百分点，小流域优良水质比例同比提高4.1个百分点，设区城市建成区基本消除黑臭水体。实施饮用水安全“六个100%”工程，县级以上集中式生活饮用水水源地100%达标。土壤环境风险防控试点扎实推进。近岸海域优良水质比例82.9%，三都澳海上养殖综合整治成为养殖产业绿色转型的样板。

绿色生产生活方式加快形成。严格能耗总量和强度“双控”。坚持节约集约用地，超额完成国家下达的批而未供、闲置土地处置任务，连续21年实现耕地占补平衡。推进农业绿色发展，畜禽粪污综合利用率达90%。扎实开展绿色生活创建行动，城市公交车中新能源汽车占80%，城镇新增建筑中绿色建筑面积占比达77%，设区城市建成区生活垃圾分类全面铺开。

（四）坚持开放发展，以开放促改革促发展

开放水平不断提升。与共建“一带一路”国家和地区贸易额增长7.2%，东盟成为第一大贸易伙伴，丝路海运航线达70条，中欧（厦门）班列发运271列。自贸试验区新增6项成果在全国复制推广，上线国际贸易单一窗口4.0版。成功举办厦洽会、海交会，全省服务业实际使用外资增长37.2%。积极参加第三届进博会，采购商规模和采购金额双增长。闽港闽澳合作持续深化，闽籍侨亲、侨商作用进一步发挥。深化泛珠三角区域合作，闽粤电力联网工程获批建设。加强粮食产销合作，成功举办第三届中国粮食交易大会。援疆援藏援宁援甘工作成效显著。

闽台融合发展取得新进展。闽台贸易额增长10.9%，实际使用台资增长77.3%。首家两岸合资全牌照证券公司揭牌开业。向金门日均供水超万吨，向金马供气福建侧已基本具备条件。平潭率先构建覆盖职业资格、企业资质、商品检验的全链条采信体系，我省直接采认台湾地区部分技能人员职业资格改革事项在全国推广。厦门、泉州、莆田等地设立台胞医保服务中心。实施亲情乡情延续工程，海峡论坛、海峡青年节、两岸企业家峰会等重大活动成功举办。

重点领域改革扎实推进。公立医院运行机制改革等多项经验在全国推广，4个设区市纳入国家城市医联体建设试点，26个县（市、区）纳入国家紧密型县域医共体试点，率先开展省疾控中心综合改革。统筹推进宁德、龙岩国家级普惠金融改革试验区和三明、南平绿色金融改革试验区建设。政府债务余额控制在限额以内，隐性债务存量有效化解，网贷机构全部退出市场。省属企业整合重组全面铺开，省港口集团顺利组建。农村集体产权制度改革整省试点任务全面完成。全域土地综合整治试点深入开展。三明获批建设全国首个林业改革发展综合试点市。审计常态化“经济体检”作用有效发挥。

（五）坚持共享发展，人民群众获得感不断提升

民生福祉日益增进。28件省委省政府为民办实事全面完成。坚持减负稳岗扩就业保就业并举，实施“1234”稳就业工作法，城镇新增就业54.6万人，失业人员再就业24万人。开工棚户区改造4万套、公租房2.4万套、老旧小区改造24万户。城乡居民基础养老金省定最低标准提高到130元、高出国家标准37元，城镇职工退休人员基本养老金增长5%。省级稻谷储备增加40万吨，主要农产品量足质优价稳。

公共服务不断完善。新开工建设226所公办幼儿园，学前三年入园率达 98.8%，随迁子女公办学校就读率保持在 90%以上。高考综合改革稳步推进，职业教育产教融合、校企合作不断深化，高等教育内涵式发展迈出新步伐。省儿童医院建成投用，省疾控中心、福州新区滨海新城综合医院基本建成，全省 11752 个村卫生所开通医保服务。居家社区养老服务照料中心实现街道和中心城区全覆盖，农村养老设施覆盖率达 72%。公共法律服务三大平台实现城乡全覆盖。文化和自然遗产保护利用、城乡面貌品质“两个新提升”成效明显。“送王船”项目列入联合国非物质文化遗产代表作名录。成功举办第 33 届中国电影金鸡奖颁奖活动。全民健身活动大力开展，竞技体育竞争力不断提升，体育产业逆势增长。社会福利和慈善事业持续提升。妇女儿童、老龄、残疾人等事业不断推进，民族团结宗教和睦。

社会大局保持稳定。平安建设向更高水平迈进，群众安全感率达 99%。扫黑除恶专项斗争持续深化，信访制度改革深入推进。深刻汲取泉州欣佳酒店“3·7”坍塌事故教训，扎实开展安全生产专项整治三年行动和各领域安全隐患大排查大整治，各类事故起数和死亡人数持续下降。严格食品药品安全监管，食品评价性抽检、药品抽检合格率分别为 99.4%、99.8%。全面完成第七次全国人口普查现场登记工作。扎实做好防汛防台风抗旱工作，综合防灾减灾能力进一步提高，人民群众生命财产安全得到有效保障。

过去一年，我们巩固深化“不忘初心、牢记使命”主题教育成果，严格落实中央八项规定及其实施细则精神和我省实施办法，政府系统全面从严治党向纵深推进，风清气正、干事创业、担当作为的氛围更加浓厚。我们加快法治政府建设，提请审议地方性法规 22 件，制定修改废止政府规章 9 件，办理人大代表建议 822 件、政协提案 848 件，办结率均为 100%。我们持续深化机关效能建设，统筹督查增效和基层减负，力戒形式主义、官僚主义，政府行政效能和服务水平进一步提升。

2020 年是“十三五”规划收官之年，也是具有里程碑意义的一年。“十三五”时期，全省生产总值接连跃上 3 万亿元、4 万亿元台阶，人均生产总值接近 11 万元，新时代新福建建设迈出了新步伐。

五年来，我们围绕“机制活”，坚持深化改革扩大开放，发展活力潜力充分激发。自贸试验区累计推出 196 项全国首创举措，各方面建设取得积极成效，获得习近平总书记批示肯定。圆满完成金砖国家领导人厦门会晤筹备和服务保障任务，海丝核心区建设走深走实，进口规模提升到全国第 7 位，出口规模保持全国第 6 位，实际使用外资、对外投资年均增长 5.9%和 7.4%，国际友城达 115 对。台胞台企登陆的第一家园加快建设，台湾百大企业超过一半在闽落户，农业利用台资项目数和实际到资规模保持大陆首位，台胞入闽超过 1400 万人次。省域治理体系和治理能力现代化“四梁八柱”基本确立，营商环境明显改善。医改、林改、农村承包地确权登记颁证、河湖长制、农村公路路长制等工作走在全国前列。

五年来，我们围绕“产业优”，坚持优化结构转型升级，现代产业体系加快构建。国家创新型省份、福厦泉国家自主创新示范区获批建设，国家高新技术企业突破 6200 家，是 2015 年的 3 倍多。特色现代农业产业体系更加完善，农产品质量安全合格率稳定在 98%以上。工业增加值跃升至全国第 6 位，三大主导产业增加值年均增长 8.4%，实现“机器换工”约 7 万台（套）。厦航荣获第二届中国质量奖，实现全省零的突破。数字经济增加值突破 2 万亿元、占地区生产总值比重 45%左右。海洋生产总值年均增长 10%左右。第三产业高质量发展，占地区生产总值比重从 41.6%提高到 47.5%。

五年来，我们围绕“百姓富”，坚持改善民生补齐短板，人民生活水平明显提高。城镇累计新增就业 299.94 万人，居民人均可支配收入从 2015 年的 25404 元增加到 37202 元，最低工资标准平均水平从 2015 年的 1123 元提高到 1628 元。医疗机构床位总数增加 4.1 万张，常住人口人均预期寿命达 78.4 岁、比全国水平高 0.8 岁，居民主要健康指标稳居全国前列。所有县成为“全国义务教育发展基本均衡县”，基本消除大班额。厦门大学、福州大学入选国家“双一流”建设高校。建成“两纵三横”综合交通运输大通道，福州、厦门迈入“地铁新时代”，所有建制村通客车。新建改造城市道路、绿道及各类市政管网 4 万多千米，70 万户居民搬出棚户区（旧屋区）住进新房，27.9 万户居民住进公租房。

五年来，我们围绕“生态美”，坚持人与自然和谐共生，生态环境质量保持全国领先。获批建设首个国家生态文明试验区，生态文明体制机制创新走在全国前列。设区城市空气优良天数比例 98.8%、高于全国平均水平 11.8 个百分点，主要流域优良水质比例 97.9%、高于全国平均水平 14.5 个百分点，水质综合合格率 99.9%，市县生活垃圾无害化处理率 100%、污水处理率 94.9%。森林覆盖率 66.8%、继续保持全国首位，九市一区全部晋级国家森林城市。

各位代表！“十三五”改革发展成就来之不易，这是习近平同志作为党中央的核心、全党的核心领航掌舵的结果，是习近平新时代中国特色社会主义思想科学指引的结果，是全省人民攻坚克难、团结奋斗和各方面大力支持的结果。我代表省人民政府，向全省人民，向人大代表、政协委员、各民主党派、工商联、人民团体和社会各界人士，向中央驻闽单位、驻闽人民解放军、武警部队官兵、公安干警和消防救援队伍，向所有关心支持福建发展的台港澳同胞、海外乡亲和国际友人，表示衷心感谢！

我们也清醒地认识到，我省经济社会发展中仍然存在不少困难和问题，主要是：创新能力不适应高质量发展要求，全社会研发投入水平偏低，产业结构不优，产业链发展水平不高，重大项目接续不足，重点领域关键环节改革仍需突破，城乡区域发展不够平衡，居民收入水平有待提升，基本公共服务供给任务较重，生态环境保护和社会治理亟待进一步加强，少数干部不担当、不作为的现象仍然存在。我们必须坚持问题导向，发扬斗争精神，切实加以解决，努力把工作做得更好。

二、实施"十四五"规划，奋力谱写全面建设社会主义现代化国家的福建篇章

各位代表，"十四五"时期是开启全面建设社会主义现代化国家新征程的第一个五年，也是我省全方位推动高质量发展超越、加快新时代新福建建设的关键五年。

根据省委十届十次、十一次全会的部署，到二〇三五年我国基本实现社会主义现代化之时，我省基本实现全方位高质量发展超越，"机制活、产业优、百姓富、生态美"的新福建展现更加崭新的面貌。这就是，全省经济实力大幅跃升，经济总量和城乡居民人均收入再迈上新的大台阶，基本实现新型工业化、信息化、城镇化、农业现代化；科技创新能力大幅提高，全面建成创新型省份；产业结构全面优化，建成现代产业体系；基本实现省域治理体系和治理能力现代化，人民平等参与、平等发展权利得到充分保障，建成法治福建、法治政府、法治社会；建成文化强省、教育强省、人才强省、体育强省、健康福建，国民素质和社会文明程度达到新高度，文化软实力显著增强；广泛形成绿色生产生活方式，美丽福建基本建成；形成对外开放新格局，在构建更高水平开放型经济新体制上走在全国前列；人民生活更加美好，人均地区生产总值率先达到中等发达国家水平，城乡区域发展差距和居民生活水平差距明显缩小，基本公共服务实现均等化，平安福建建设达到更高水平，人的全面发展、全体人民共同富裕取得更为明显的实质性进展。

锚定二〇三五年远景目标，我们要立足新发展阶段、贯彻新发展理念、积极服务并深度融入新发展格局，努力在全方位推动高质量发展超越上迈出重要步伐。今后五年我省经济和社会发展的指导思想是：高举习近平新时代中国特色社会主义思想伟大旗帜，深入贯彻党的十九大和十九届二中、三中、四中、五中全会精神，全面贯彻党的基本理论、基本路线、基本方略，紧紧围绕统筹推进"五位一体"总体布局和协调推进"四个全面"战略布局，增强"四个意识"、坚定"四个自信"、做到"两个维护"，坚持党的全面领导，坚持以人民为中心，坚持新发展理念，坚持深化改革开放，坚持系统观念，坚持稳中求进工作总基调，以全方位推动高质量发展超越为主题，以深化供给侧结构性改革为主线，以改革创新为根本动力，以满足人民日益增长的美好生活需要为根本目的，统筹发展和安全，努力在建设现代化经济体系上有新的更大进展，在服务全国构建新发展格局上展现更大作为，在积极探索海峡两岸融合发展新路上迈出更大步伐，在推进省域治理体系和治理能力现代化上取得更大突破，实现经济行稳致远、社会安定和谐，不断增强人民群众获得感、幸福感、安全感，奋力谱写全面建设社会主义现代化国家的福建篇章。

我们要奋力实现更高质量的发展。加快转变经济发展方式，加快新旧动能转换，进一步扩大总量超越优势，推动经济实力更强。强化科技自立自强，深入实施科教兴省、人才强省、创新驱动发展战略，加强知识产权保护，实施一批科技创新重大工程，全面建设创新型省份。深入推进先进制造业强省、质量强省、海洋强省、数字福建建设，做大做强主导产业，提档升级优势产业，培育壮大新兴产业，加快发展现代服务业，打造数字中国样板区和数字经济发展高地，提升产业基础高级化、产业链现代化水平，推动现代化经济体系建设取得重大进展。

我们要奋力实现更有效率的发展。聚焦重点领域和关键环节改革，立足更深层次、更宽领域、更大范围的对外开放，推动改革开放更深入。坚持有效市场和有为政府有机结合，深化"马上就办"，持续优化营商环境。创新发展"晋江经验"，充分激发民营经济活力。发挥区位枢纽优势，全面建设交通强国先行区，科学谋划构建大通道，发展大流通，开拓大市场，依靠拓展内需积极融入国内大循环。发挥多区叠加优势，主动融入共建"一带一路"，充分利用国内国际两个市场两种资源，发挥闽籍侨胞重要力量，促进内需与外需、出口与进口、引进外资与对外投资协调发展。积极探索海峡两岸融合发展新路，为促进两岸关系和平发展、促进祖国统一发挥更大作用。

我们要奋力实现更加公平的发展。坚持以人民为中心，加强普惠性、基础性、兜底性民生建设，推动共同富裕，努力让人民生活更幸福。强化就业优先政策，实现更加充分、更高质量的就业，促进居民收入与经济增长基本同步。构建高质量教育体系，实施健康福建战略，健全多层次社会保障体系，改革完善社会救助制度，努力提高基本公共服务均等化水平。加快建设法治福建，推进科学立法、严格执法、公正司法、全民守法，让人民群众切身感受到公平正义。

我们要奋力实现更可持续的发展。深入贯彻习近平生态文明思想，持续实施生态省战略，围绕碳达峰、碳中和目标，全面树立绿色发展导向，构建现代环境治理体系，努力实现生态环境更优美。落实主体功能区战略，健全省域国土空间治理体系。实施区域协调发展战略，做深做实新时代山海协作，倾情倾力推进老区苏区全面振兴。全面实施乡村振兴战略，做好巩固拓展脱贫攻坚成果同乡村振兴有效衔接，稳步提高土地出让收益用于农业农村的比例，促进农业高质高效、乡村宜居宜业、农民富裕富足。深化闽东北、闽西南协同发展区建设，加快福州都市圈建设和厦漳泉都市圈一体化，促进大中小城市和小城镇协调发展，推进宜居韧性有温度的新型城镇化。坚持以社会主义核心价值观引领文化建设，提升公共文化服务水平，健全现代文化产业体系，延续八闽文脉，推动社会文明程度更高。

我们要奋力实现更为安全的发展。坚持总体国家安全观，统筹发展和安全，建设更高水平的平安福建，筑牢国家安全东南屏障，推动治理体系更完善。完善和落实安全生产责任制，有效遏制重特大生产安全事故。加强生物安全监管和风险防控。持续深化“餐桌污染”治理、建设食品放心工程，提高食品药品安全保障水平。完善应急管理体系，提高防灾、减灾、抗灾、救灾能力。实施粮食安全战略，加强种子库建设，稳定粮食综合生产能力，确保粮食播种面积和产量只增不减，自给率稳步提高。实施能源安全战略，提升能源储备能力和应急保障能力。维护区域金融稳定，守住不发生系统性金融风险的底线。确保生态安全，保障核与辐射安全，维护网络空间安全。完善社会治安防控体系，健全矛盾纠纷多元化解、源头稳控机制，推动扫黑除恶专项斗争长效常治，切实维护社会稳定安全。积极服务国防和军队现代化建设，加强军队后续改革服务保障，完善国防动员体系，持续加强双拥共建工作，巩固军政军民团结。

三、凝心聚力、开拓进取，全力做好2021年工作

2021年是我国现代化建设进程中具有特殊重要性的一年，做好今年工作意义重大。我们要以习近平新时代中国特色社会主义思想为指导，全面贯彻党的十九大和十九届二中、三中、四中、五中全会精神，坚持稳中求进工作总基调，立足新发展阶段，贯彻新发展理念，积极服务并深度融入新发展格局，以全方位推动高质量发展超越为主题，以深化供给侧结构性改革为主线，以改革创新为根本动力，以满足人民日益增长的美好生活需要为根本目的，坚持系统观念，巩固拓展疫情防控和经济社会发展成果，更好统筹发展和安全，扎实做好“六稳”工作、全面落实“六保”任务，科学精准施策，努力保持经济运行在合理区间，坚持扩大内需战略，强化科技战略支撑，扩大高水平对外开放，以新时代新福建建设的优异成绩庆祝建党100周年。

今年经济社会发展的主要预期目标是：全省生产总值增长7.5%左右；居民消费价格总水平涨幅3%左右；城镇登记失业率控制在5%以内；城镇居民、农村居民人均可支配收入分别增长7%和8%；单位GDP能耗控制在国家下达的目标内；粮食总产量稳定在500万吨。

实现以上目标，必须深入学习贯彻习近平总书记关于统筹疫情防控和经济社会发展重要论述，弘扬伟大抗疫精神，坚持人民至上、生命至上，坚持联防联控、群防群控、人防技防相结合，毫不松懈抓好各项防控工作，积极构建疫情防控和经济社会发展工作中长期协调机制。坚持严字当头、周密部署，科学防控、精准施策，压实“四方责任”，严格落实“四早”要求，守住城市社区防线，突出抓好农村管理和防控，严防出现聚集性疫情，严防散发病例传播扩散。抓紧抓实“外防输入、内防反弹”工作，强化“人”“物”同防，严格实施国内中高风险地区和境外入闽人员闭环管理，加强对进口冷链食品等检测和消毒，落实重点涉疫场所防控措施。严格疫苗全流程管理，有序组织疫苗接种，尽快建立人群免疫屏障。强化监测预警报告，提升核酸检测能力，做好应急物资和人员准备，一旦出现疫情，迅速依法依规、科学精准处置，确保人民生命安全和身体健康，为经济社会发展奠定基础。

今年重点抓好以下九项工作：

（一）大力推进科技创新，加快建设创新型省份

做强高能级创新平台。加快福厦泉国家自创区建设，深化“双自联动”，推动福州建设福建科学城、厦门建设未来科技城、泉州建设时空科创基地。创建更多国家创新型县市，力争实现省级以上高新区设区市全覆盖。进一步对接高端创新资源，争创国家实验室。高标准建设省创新实验室、省创新研究院，新布局建设省生物医药领域创新实验室、10家以上省级临床医学研究中心，打造一批工程研究中心、制造业创新中心、企业技术中心，新增省级新型研发机构30家以上。深化京闽科技合作，支持三明中关村科技园建设。实施国防科技工业创新工程，推动国家高新技术产业创新示范基地建设。

提升企业技术创新能力。完善高技术企业成长加速机制，大力吸引和培育独角兽企业，力争省级以上高新技术企业突破1万家。完善企业研发投入激励机制，提高规模以上工业企业研发活动和研发机构的比例，力争全社会研发投入增长20%以上。建立健全产业重点攻关技术目录（库），支持领军企业牵头组建创新联合体，实施10个以上省科技重大专项。探索科技型企业金融服务新模式，加大种子企业储备和上市扶持力度。推动大众创业万众创新向纵深发展，新增省级众创空间20家以上。

激发人才创新活力和潜力。深入实施引才“百人计划”和“八闽英才”培育工程，实施青年拔尖人才“雏鹰计划”，深化校地人才交流合作，加强基础研究人才培养，以产引才、以才促产。持续提高技能人才待遇，加强技能人才队伍建设。加快实施产业自主知识产权竞争力提升领航计划，用好“知创中国”知识产权公共服务平台，探索建设省市县三级知识产权协同保护体系，推广建设知识产权司法协同中心。大力弘扬科学精神和工匠精神，营造尊重劳动、尊重知识、尊重人才、尊重创造的社会氛围。

完善科技创新体制机制。落实“军令状”“揭榜挂帅”等机制，推广省卫生行业联合基金等资助模式，大力支持基础前沿研究，推进前沿技术和军民两用技术转化，努力突破“卡脖子”技术难题。充分发挥科技奖励政策激励作用，健全科技人才评价体系和服务体系，完善科研人员职务发明成果权益分享机制，让有作为的科技人员“名利双收”。深入实施新时代科技特派员制度，推动科技特派员创业和技术服务行政村全覆盖。

（二）持续优化产业结构，加快发展现代产业体系

大力发展数字经济。深化数字福建建设，加快建设国家

数字经济创新发展试验区，办好第四届数字中国建设峰会，推动更多行业领域数字化应用，打造“数字应用第一省”，力争数字经济增加值达2.3万亿元。推动省超算中心二期、省区块链主干网、数字福建产业园、福州区块链经济综合试验区、泉州芯谷、厦门国家数字服务出口基地建设。新开通5G基站3万个。深入实施“上云用数赋智”行动，推动5000家企业上云上平台，培育壮大一批工业互联网示范平台和应用标杆企业。加快发展卫星应用、北斗导航产业，积极布局量子信息等未来产业。

做大做强海洋经济。深耕海上福建，抓好六大湾区建设，促进港湾、产业、城市联动发展。加快发展福州、厦门国家海洋经济发展示范区，培育壮大深海养殖、临海工业、海洋生物医药、海水综合利用等产业。积极建设厦门国际航运中心、福州国际深水大港，整体连片开发东吴、江阴、古雷、泉州湾等重点港区。提升自然资源部海岛研究中心、第三海洋研究所等国家级平台功能，建设一批海洋协同创新平台，打造“蓝色硅谷”。

培育壮大绿色经济。创新碳交易市场机制，大力发展碳汇金融。开发绿色能源，完善绿色制造体系，加快建设绿色产业示范基地，实施绿色建筑创建行动。加快漳州、南平国家农业可持续发展试验示范区建设，推进农药化肥减量增效、农业生产废弃物减排降污。大力发展绿色信贷、绿色债券、绿色保险、绿色投资。

加快建设先进制造业强省。实施产业链提升工程，增强集成电路、新能源汽车、储能等重点产业链韧性和竞争力。实施产业基础再造工程，打牢基础零部件、基础工艺、关键基础材料等产业基础。实施战略性新兴产业发展工程，推进新能源产业创新示范区发展，加快建设国家级战略性新兴产业集群。实施龙头企业培优扶强工程，力争规模超百亿元企业达50家。实施技术改造升级工程，完成500项以上省重点技改项目。实施园区标准化建设工程，抓好16个试点园区建设。

发展壮大现代服务业。大力布局建设智慧物流园，加快打造国家物流枢纽承载城市、国家骨干冷链物流基地和东南沿海航空货运枢纽。深化“清新福建”“全福游·有全福”品牌建设，着力打造武夷山世界级旅游景区、厦门旅游休闲城市、平潭国际旅游岛，提升福州三坊七巷等一批文化旅游休闲街区，激发县域旅游潜力。坚持金融服务实体经济导向，有效保障重点领域、重大项目资金需求。营造良好金融生态，加快发展普惠金融、绿色金融、供应链金融，支持金融机构在闽发展壮大。积极推动住宿餐饮、交通运输等行业加快恢复增长。

加快建设特色现代农业。强化“米袋子”“菜篮子”保障，制止耕地“非农化”、防止耕地“非粮化”，建设高标准农田135万亩，确保粮食播种面积稳定在1250万亩以上。落实415万吨粮食储备，保持生猪存栏900万头以上，稳定蔬菜等副食品生产。全面推进30个重点现代农业产业园、20个重点优势特色产业集群、100个农业产业强镇和2000个“一村一品”示范村创建，培育更多“福”字号优质绿色农产品。推进新一轮种业创新和产业化工程，支持三明打造“中国稻种基地”，争取突破一批具有自主知识产权的优新品种。大力发展设施农业，实施主要农作物全程机械化行动。培育现代职业农民。

（三）坚持扩大内需战略基点，不断激发经济内生动力

打造国内大循环的重要节点。建设“211”省内交通网，完善铁路网、轨道交通网、公路网，加快推进福州机场二期、厦门新机场、福厦客专、温福高铁、龙龙铁路、昌福（厦）高铁等重大项目，拓宽“陆海空”大通道。加大港口整合力度，大力发展海铁联运、内河航运、港区物流，推广多式联运“一单制”，促进大流通。积极对接京津冀、长三角、泛珠三角、粤港澳大湾区，用好省际合作平台，提高闽货市场占有率，开拓大市场。

积极扩大有效投资。加快“两新一重”建设，深入实施新基建三年行动计划，统筹推进福州和厦门地铁、漳州核电等重大基础设施建设。加快宁德时代锂离子动力电池生产基地、古雷炼化一体化一期、福州申远聚酰胺一体化、永荣石化己内酰胺、厦门天马第6代柔性面板生产线等一批重大产业项目建设。创新多元化投融资机制，用好地方政府专项债，加大用地、用林、用海保障力度，激发社会投资活力。

推动消费扩容提质。持续推进“全闽乐购”促消费行动，做优做活商圈经济、夜间经济，建设一批省级步行街、省级示范商圈，抓好国家文化和旅游消费试点城市建设。支持网红经济、社区电商、农村电商发展。稳定和扩大大宗消费、重点消费，推进家电、电子产品等更新消费，支持新能源汽车消费。落实带薪休假制度，扩大节假日消费。提升乡村商贸水平，扩大乡村消费。强化市场监管，营造放心消费环境。

（四）全面深化改革扩大开放，更好吸引优质生产要素集中集聚

以深化改革激发新发展活力。落实国企改革三年行动实施方案，推动省属企业集团新一轮战略性重组整合，做强做优做大国有资本和国有企业。加强预算收支平衡和绩效管理，扩大零基预算改革实施范围。把推进改革同防范化解重大风险结合起来，多措并举防范化解政府隐性债务、房地产金融、企业债务违约等风险，严厉打击非法金融活动。坚持“三医联动”，深化公立医院综合改革，健全分级诊疗服务体系，推进支付方式和药品、高值医用耗材集中带量采购改革。深化供销合作社综合改革。

着力打造一流营商环境。深入推进“放管服”改革，持续开展“减证便民”，打破政务数据共享壁垒，推动更多高频政务服务“省内通办”“跨省通办”，实施统一的市场准入负面清单制度，完善要素交易规则和服务体系，让创新创业创造在福建更快捷、更方便、更易成功。全面推行“双随机一公开”监管，更多采用信用监管、大数据监管，完善包容审慎监管，加强公平竞争审查，强化反垄断和防止资本无序扩张。健全企业家恳谈会、服务民营企业“四访四通”等机制，办好企业家活动日，依法平等保护民营企业产权和企业家权益。完善减税降费落实工作机制，推行惠企政策“免申即享”。优化提升“金服云”平台功能。

构建国内国际双循环的重要通道。深入实施“丝路海运”“丝路飞翔”等标志性工程，主动对接中欧投资协定和RCEP协定成果，持续扩大“朋友圈”。高标准推进厦门金砖国家新工业革命伙伴关系创新基地建设，打造一批标志性平台和旗舰型项目。积极争取自贸试验区扩区。培育跨境电商、市场采购贸易，壮大服务外包产业聚集区。坚持引资引技引智紧密结合，办好厦洽会、海交会。拓展升级国际贸易“单一窗口”，提升外贸综合服务数字化水平。密切闽港闽澳合作。实施侨资侨智侨力引进工程，鼓励引导侨胞回乡投资兴业，支持新生代侨胞参与共建“一带一路”。

积极探索海峡两岸融合发展新路。加快建设海峡两岸集成电路产业合作试验区、生技和医疗健康产业合作区，推进台湾农民创业园升级发展和闽台农业融合发展产业园建设。促进两岸行业标准共通。支持台资企业在大陆上市，推进海峡股权交易中心“台资板”创新试点。推进“小四通”项目建设，促进厦金、福马率先融合发展。加大平潭对台先行先试力度。落实惠台利民政策措施，扩大台湾地区职业资格采认，在更大范围、更宽领域为台胞台企提供同等待遇。加强民间基层交流交往，支持台湾青年参与闽台乡建乡创、工业设计研发，持续办好海峡论坛、海峡青年节等品牌活动，促进两岸同胞心灵契合。

（五）着力补齐不平衡不充分短板，更大力度推进城乡区域协调发展

念好新时代“山海经”。稳步实施闽东北、闽西南两个协同发展区发展规划，推动重大项目共建、公共资源共享、产业配套协作、生态保护协同、社会治理联动。突出绿色、红色、特色导向，完善促进老区苏区振兴发展机制，加强基础设施建设，支持发展特色农林业、红色旅游、文旅康养，促进群众整体增收，推动社会事业提质升级。扶持少数民族地区、库区发展。深化东西部协作机制，做好援疆援藏援宁工作，提高协作层次和水平。

大力提升城市功能品质。实施城市更新行动，新改造完工城镇老旧小区15万户，新建改造各类市政管网3000千米，新改扩建城市道路500千米，新增公共停车泊位2万个，新建提升福道1000千米、公园绿地900公顷。全面开展城市设计工作，保护好城市山水格局。加快建设改造无障碍设施，确保今年有明显成效。加快福州都市圈建设，推进厦漳泉都市圈一体化，提升综合承载能力和核心竞争力。高标准推进福州新区等新区新城建设，着力打造15分钟宜居生活圈。

全面推进乡村振兴。坚决守住脱贫攻坚成果，落实五年过渡期要求，保持现有帮扶政策总体稳定，健全防止返贫动态监测和帮扶机制，加强低收入人口常态化帮扶，接续推进脱贫地区乡村振兴。实施乡村振兴战略“十大行动”，建设5000个以上“百镇千村”试点示范项目，打造100条乡村振兴示范线。实施乡村建设行动，规范村民住宅建设管理，高质量建设“四好农村路”，强化县乡村公共服务、基础设施一体化。开展农村人居环境整治提升五年行动，重点抓好改厕和污水垃圾处理。深化农村基本经营制度、集体产权、林权制度改革，稳妥开展二轮土地承包到期后再延长30年试点，稳慎推进农村宅基地制度改革试点。

（六）持之以恒推进生态省建设，积极为建设美丽中国多做贡献

深化国家生态文明试验区建设。完善国土空间规划和用途管控制度，实施“三线一单”分区管控，健全生态补偿机制。推动生态产品市场化改革，建设全省统一的资源环境权益交易市场。全面推行林长制，开展“三个百千”绿化美化行动。持续深化武夷山国家公园体制改革。推进自然资源资产产权制度改革，开展全民所有自然资源资产所有权委托代理机制试点。加快生态云平台3.0建设。探索新污染物治理机制。

深入打好污染防治攻坚战。持续推进中央生态环境保护督察整改，继续做好第二轮省级例行督察。深入实施“蓝天工程”，强化区域联防联控，提升臭氧和颗粒物协同治理水平。深入实施“碧水工程”，深化河湖长制，推进闽江、九龙江流域山水林田湖草系统治理，开展“美丽河湖”试点建设，基本完成千人以上农村集中供水饮用水水源地生态环境整治。深入实施“净土工程”，加强土壤污染防治，提升垃圾终端处理水平和医疗废物处置能力。深入实施“碧海工程”，加强海漂垃圾综合治理，建设美丽海湾。

促进绿色低碳发展。制定实施二氧化碳排放达峰行动方案，支持厦门、南平等地率先达峰，推进低碳城市、低碳园区、低碳社区试点。强化区域流域水资源“双控”。加大批而未供和闲置土地处置力度，推进城镇低效用地再开发。深化“电动福建”建设。实施工程建设项目“绿色施工”行动，坚决打击盗采河砂、海砂行为。大力倡导光盘行动，革除滥食野生动物等陋习，有序推进县城生活垃圾分类，推广使用降解塑料包装。积极创建节约型机关、绿色家庭、绿色学校。

（七）切实保障和改善民生，不断拓展社会发展新局面

着力提高居民收入。实施“四大群体”增收计划，增加工资性、经营性、财产性、转移性收入。大力发展企业年金、职业年金、个人储蓄性养老保险和商业养老保险，增加退休人员收入来源。落实公务员分类改革工资政策，加大对基层干部关心关爱力度。拓宽低收入群体增收渠道，发展慈善等社会公益事业。

强化就业优先。实施高校毕业生就业创业促进计划和基层成长计划，扎实做好重点群体就业。扶持创业带动就业，鼓励灵活就业，支持发展新就业形态，帮扶残疾人和零就业家庭成员就业，全省城镇新增就业50万人，城镇失业人员再就业10万人。实施“技能福建”行动，全年培训技能人才30万人次。

扎实推进健康福建建设。实施公共卫生应急管理体系建设行动，完善重大疫情防控机制，持续提升卫生应急处置能力，完成省疾控中心搬迁，加快建设3个重大疫情救治基地，深入开展爱国卫生运动。健全重特大疾病医疗保险和救助制度，继续推动医疗“创双高”，加快国家区域医疗中心建设，深化“互联网＋医疗健康”示范省建设，加快省妇产医院、省立医院金山院区二期等项目建设，强化中医药服务体系内涵和能力建设，加大全科医生培养力度。

推动教育公平发展和质量提升。扩大普惠性学前教育资源，新增公办幼儿园学位4万个。继续实施高中阶段教育质量提升计划，推动义务教育均衡发展和城乡一体化，提高进城务工人员随迁子女在公办学校就读比例。持续实施“双一流”建设计划，加快福州大学城、福州新区职教城建设，支持华侨大学高水平发展。继续推进高职扩招，加快发展现代职业教育。支持民办教育健康发展。办好特殊教育、继续教育、老年教育。

加大基本民生保障力度。规范完善企业职工基本养老保险省级统筹制度，推进社会保险参保扩面。发展居家社区养老托育服务，推动医养结合，新增养老床位1万张以上。提供更多智能化适老产品和服务，认真解决老年人运用智能技术的困难。健全社会救助体系，关心关爱空巢老人、残疾人等特殊群体。坚持“房住不炒”，全面落实城市主体责任，精准调控，因城施策，培育发展住房租赁市场，提高商品住房全装修成品交房比例。

（八）加快建设文化强省，广泛凝聚人民精神力量

践行社会主义核心价值观。坚持马克思主义在意识形态领域的指导地位，深入开展习近平新时代中国特色社会主义思想学习教育。推进理想信念教育常态化制度化，加强党史、新中国史、改革开放史、社会主义发展史教育，加强爱国主义、集体主义、社会主义和全民国防教育。加强新时代公民道德建设。广泛开展群众性精神文明创建活动，推进新时代文明实践中心和县级融媒体中心建设。健全志愿服务体系。

保护传承历史文化。高水平办好第44届世界遗产大会，推动“泉州：宋元中国的世界海洋商贸中心”申遗。加强文物建筑、历史建筑和传统风貌建筑保护。开展史前遗址、南岛语族文化遗址、水下文化遗址等重大考古项目研究。高起点高标准规划建设长征国家文化公园福建段，提升万寿岩国家考古遗址公园。加大非遗资源普查力度，实施一批非遗保护传承示范项目，大力打造建盏、白瓷、漆器等艺术品牌。

加快发展文化事业和文化产业。繁荣文化艺术产品创作生产，推出一批精品力作。加快发展新闻出版和广播影视事业，打响“视听福建”海外播映品牌。办好第八届丝绸之路国际电影节、第五届海上丝绸之路国际艺术节、第34届中国电影金鸡奖颁奖活动和首届中国电视剧大会，加快打造一批特色影视基地，建设影视强省。加快建设省美术馆、艺术馆、仓储式图书馆、地方戏曲博物馆，支持非国有博物馆发展。加强和改进新时代学校体育工作，精心筹办第18届世界中学生运动会、第十七届省运动会，激发全民健身新热潮。加强哲学社会科学、档案、地方志等工作，做强做优新型智库。

（九）加强和创新社会治理，加快建设更高水平平安福建

推进法治社会建设。健全公共法律服务体系，完善人民调解、行政调解、司法调解联动工作体系，构建大调解工作格局。完善守法诚信褒奖机制和违法失信惩戒机制，建设诚信社会。充分发挥村规民约等作用，推进法治乡村建设。积极探索建设中央法务区，打造有影响力的法治平台。依法治理网络空间，发展积极健康的网络文化。加强社区矫正工作，完善法律援助和司法救助。实施“八五”普法规划，推进民法典实施，增强全社会法治观念。

完善社会治理体系。坚持发展新时代“枫桥经验”，大力推行“四门四访”和信访评理机制，强化信访积案化解。学习推广新时代“漳州110”精神，完善社会治安防控体系，建立扫黑除恶专项斗争常态化长效机制。严密防范和坚决打击各种渗透颠覆破坏及暴恐犯罪活动。提升劳动关系治理能力。加强城乡社区网格化服务管理标准化建设。编制新一轮妇女、儿童发展纲要，深入实施福建省中长期青年发展规划，推动老龄、残疾人事业健康发展，支持工青妇等群团组织更好发挥作用。推进民族团结进步事业发展，引导各宗教坚持中国化方向。

持续深化双拥共建。积极支持配合军队政策制度改革，巩固深化双拥模范城创建成果，全面落实各项拥军优属政策措施，积极为驻闽部队排忧解难，不断拓展军政军民团结良好局面。深化国防动员体制改革，推动构建一体化国家战略体系和能力。

切实维护公共安全。持续开展安全生产专项整治三年行动，坚决遏制重特大事故发生。严密防范应对各类自然灾害，抓好森林防灭火、防病虫害工作，健全防汛防台风工作机制。落实“四个最严”要求，深入开展食品生产质量安全提升行动，完善“一品一码”追溯体系，持续治理“餐桌污染”，坚决守住食品药品安全底线。

四、切实加强政府自身建设，以更加奋发有为的精神状态抓好各项工作

全省各级政府和政府工作人员要全面贯彻习近平法治思想，始终牢记政府前面的“人民”二字，不断提高政治判断力、政治领悟力、政治执行力，加快建设法治政府，推动各项工作在法治轨道上落地落实，以实际成效做到“两个维护”。

敢于担当作为。知责于心、担责于身、履责于行，不折

不扣落实习近平总书记重要讲话重要指示批示精神和党中央、国务院决策部署。再学习、再调研、再落实，发扬“滴水穿石”精神，攻坚克难，啃下“硬骨头”，创出新业绩。完善容错纠错、正向激励机制，旗帜鲜明地为担当者担当，让履职者尽责。

勤于为民服务。坚持一心为百姓、全力惠民生，确保完成29件为民办实事项目。大力弘扬“四下基层”等优良作风，深入一线、深入群众，了解群众所思所盼，千方百计解决好群众的“急难愁盼”。持续深化机关效能建设，强化督查督办，优化提升“12345热线”功能，让老百姓感受到政府就在身边、服务就在身边。

勇于改革创新。解放思想、与时俱进，自觉运用系统观念、改革思维、创新办法来解决问题、推动发展。善于借鉴他山之石，大力推动政府治理理念创新、行政方式创新、体制机制创新。尊重基层首创精神，鼓励八仙过海、各显其能，进一步营造比学赶超、勇当先进的浓厚氛围。

善于真抓实干。牢固树立正确政绩观，力戒形式主义、官僚主义，坚持马上就办，出实招、办实事、重实效，以干事创业、发展实绩论英雄。坚持任务项目化、项目清单化、清单具体化，定人定岗定责定时，确保事事有人抓、件件都落实。持续深化拓展基层减负工作，让干部集中精力抓落实。

严于清正廉洁。落实全面从严治党要求，把党的政治建设摆在首位，严格执行中央八项规定及其实施细则精神和我省实施办法。自觉接受人大监督、民主监督、监察监督，高度重视行政监督、司法监督、群众监督、舆论监督，充分发挥审计监督、统计监督作用。艰苦奋斗、勤俭节约，用人民政府的“紧日子”换来人民群众的“好日子”。

各位代表！今年是我们进入新发展阶段的第一年，任务艰巨，责任重大，使命光荣。让我们更加紧密地团结在以习近平同志为核心的党中央周围，高举中国特色社会主义伟大旗帜，在省委的领导下，同心同德、顽强奋斗，全方位推动高质量发展超越，加快新时代新福建建设，为促进祖国统一、实现中华民族伟大复兴的中国梦作出新的更大贡献！

关于福建省2020年国民经济和社会发展计划执行情况及2021年国民经济和社会发展计划草案的报告

——2021年1月24日在福建省第十三届人民代表大会第五次会议上

福建省发展和改革委员会

各位代表：

受福建省人民政府委托，现将福建省2020年国民经济和社会发展计划执行情况及2021年国民经济和社会发展计划草案提请省十三届人大五次会议审议，并请省政协各位委员和其他列席人员提出意见。

一、2020年国民经济和社会发展计划执行情况

2020年，面对严峻复杂的国际形势、艰巨繁重的改革发展稳定任务，特别是新冠肺炎疫情的严重冲击，全省各级各部门坚持以习近平新时代中国特色社会主义思想为指导，全面贯彻党的十九大和十九届二中、三中、四中、五中全会精神，深入贯彻落实习近平总书记重要讲话重要指示批示精神，按照党中央、国务院决策部署，落实省委工作要求，增强“四个意识”、坚定“四个自信”、做到“两个维护”，统筹疫情防控和经济社会发展，认真执行省十三届人大三次会议审议批准的《政府工作报告》和2020年国民经济和社会发展计划，落实省人大财政经济委员会的审查意见，扎实做好“六稳”工作、全面落实“六保”任务，“十三五”规划主要目标全面完成，疫情防控有力有效，经济社会发展呈现持续向上向好态势。

初步统计，全省生产总值43903亿元，增长3.3%，其中一、二、三产业增加值分别增长3.1%、2.5%、4.1%；一般公共预算总收入增长0.2%，地方一般公共预算收入增长0.9%；固定资产投资下降0.4%；进出口增长5.5%；实际使用外资增长10.3%；社会消费品零售总额下降1.4%；居民消费价格总水平上涨2.2%；城镇登记失业率3.8%；城镇居民人均可支配收入增长3.4%，农村居民人均可支配收入增长6.7%；节能减排降碳年度目标可以实现。

一年来国民经济和社会发展成效主要体现在六个方面：

（一）积极抗疫情，全力以赴打好疫情防控阻击战

疫情防控取得重大战略成果。坚持把人民群众生命安全和身体健康放在第一位，早部署、早落实，坚持依法科学精准防控，迅速建立统一高效的指挥体系，及时科学制定防控政策举措，完善社区防控措施，严守“四道关口”，筑牢“三道防线”，织密“五张网”，3月7日，我省成为全国第三个新冠肺炎住院患者清零的省份，截至2021年1月22日，全省已累计331天无新增本土确诊病例。开发上线全国首个省级健康码“八闽健康码”，在线制码超过3600万人，亮码超过

4.6亿次，入选全国十大优秀创新案例。用好“新冠肺炎疫情防控便民服务平台”等数字防疫手段，推动全省285家机构具备核酸检测能力，医用口罩、防护服等重要防疫物资供应有效保障，口罩产能从疫情前的最高日产量不足30万个在2个月内提高到3000万个以上，国家下达的调拨任务全部完成。完成8批次5.4万件抗疫应急物资调运。累计派出12批1393名医护人员支援湖北、对口支援宜昌抗击疫情，累计治愈出院2013人，实现出院患者“零回头”、病区“零投诉”、医务人员“零感染”、安全管理“零事故”；按照国家部署，先后选派2支医疗专家组赴意大利、菲律宾协助抗疫，以实际行动传递了同舟共济、守望相助的中国情怀。

复工复产推动实体经济恢复发展。扎实推进重大项目重点产业复工复产、满产达产，相继作出全力打通“五难”操作链、深入实施“八项行动”等工作部署，及时出台复工稳岗、稳外贸稳外资促消费等扶持政策，上半年基本实现重大项目和主要行业企业复工复产，社会经济秩序基本恢复正常。通过包飞机包动车包客车等“点对点”一站式服务，畅通省外务工人员复工返岗路径；设立200亿元省中小微企业纾困专项资金，保障企业资金需求；落实“一难一策、一事一策、一业一策、一企一策”，全力稳定供应链产业链。认真落实减税降费和惠企纾困政策，不完全统计，全省累计减轻企业负担超过1300亿元，其中新增减税降费超过600亿元（含阶段性减免社会保险费261.15亿元）。

（二）强化创新支撑，产业链供应链保持稳定

创新能力不断增强。实施科技创新行动计划，加快福厦泉国家自主创新示范区建设，持续推进高水平科技创新平台建设，光电信息、能源材料、化学工程、能源器件4家省创新实验室全面启动建设，争创先进光伏国家工程研究中心、精准靶向药物国家工程研究中心等创新平台。国家发展改革委批复我省创建新能源产业创新示范区。宁德时代储能微网、福建晋江100MWh级储能电站列入国家首批科技创新（储能）试点示范。启动实施省级战略性新兴产业集群发展工程，推动福州新型功能材料、厦门新型功能材料、厦门生物医药及莆田新型功能材料等四个集群纳入国家战略性新兴产业集群发展工程。获批7家国家企业技术中心，数量居全国第二。全省高新技术企业突破6000家，技术合同成交金额突破183亿元。推进福州、厦门国家级海洋经济发展示范区建设，强化海洋科技创新对区域经济发展带动作用。泉州晋江、福州软件园、东侨经开区等6家双创主体列入第三批国家级双创示范基地。发挥“知创中国”“知创福建”知识产权公共服务平台综合效应，加快实施产业自主知识产权竞争力提升领航计划，在全国率先探索建设覆盖省市县三级知识产权协同保护体系。

制造业高质量发展取得新进展。实施优化产业结构行动和企业技术改造行动，以智能制造为主攻方向，做大做强主导产业，改造提升传统产业。实施一二三产业“百千”增产增效行动，加快畅通产业循环，打通产业链供应链堵点断点。全省规上工业增加值增长2.0%，38个工业大类行业中有21个实现正增长。实施制造业优势龙头企业和小巨人企业高质量发展三年行动计划，产业转型升级取得新进展，钧石能源“二代异质结太阳能电池生产装备”、通尼斯新能源“V型10MW级垂直轴海上风力发电机组”纳入国家能源领域首台（套）重大技术装备项目清单。电子信息、机械装备、石油化工和高技术产业增加值分别增长6.6%、1.1%、10.6%、8.0%，产值超千亿元产业集群达20个，规模超百亿元企业达47家。

数字经济持续发展壮大。成功举办第三届数字中国建设峰会，签约数字经济重点项目426个，总投资3316亿元。深入实施新型基础设施建设三年行动计划，制定出台促进5G产业、线上经济、平台经济、区块链、信息消费等一系列政策措施，京东数字经济产业园、百度人工智能、比特大陆区域总部等一批重大项目加快建设，美图、网龙等6家企业上榜2020年全国互联网百强名单，6家企业入围2020年度中国软件企业竞争力百强，全省数字经济增加值突破2万亿元。推动5G网络建设和应用创新，建成5G基站2.2万个、NB-IoT基站3.6万个，基本实现县级以上城区全覆盖。

服务业转型升级有序推进。制定实施服务业重点领域高质量发展行动方案，深入推进千家服务业企业增产增效，服务业增加值增长4.1%。现代商贸流通体系加快建设，福州市列入国家首批骨干冷链物流基地，国家A级物流企业达413家，居全国第四位。金融业增加值增长6.4%，本外币各项存贷款余额分别增长13.1%、13.7%。全省新增32家境内外上市企业（含过会），其中台资企业5家，创历史新高，全省境内上市公司达151家，居全国第七位。“清新福建”“全福游·有全福”品牌持续打响，福州、厦门、三明入选第一批国家文化和旅游消费试点城市名单，新增湄洲岛妈祖文化旅游区为国家AAAAA级旅游景区，实现“市市有AAAAA景区”，三明市泰宁县、三明市尤溪县、泉州市德化县和厦门市集美区等4地入选第二批国家全域旅游示范区，13个文旅融合示范项目列入国家文旅部典型案例，晋江市围头村等26个村入选第二批全国乡村旅游重点村。

特色现代农业加快发展。深入实施特色现代农业高质量发展“968”工程和农业“百千”增产增效行动，建成一批现代农业产业园、优势特色农业产业集群和农业产业强镇强村，十大乡村特色产业全产业链总产值突破2万亿元。农产品精深加工加快推进，新建改造农产品产地初加工和商品化处理中心370个，农产品加工转化率提高到72%。创建优质农产品标准化示范基地301个，累计认证“三品一标”农产品5016个，评选年度十大福建农产品区域公用品牌和30个福建名牌农产品。全面推进闽台农业融合发展，6个国家级台创园连续3年包揽国家年度综合考评前六名，首批9个闽台农业融合发展产业园建设加速推进，农业利用台资数量和规模保持全国第一。

粮食能源安全保障有力。农产品有效供给，粮食播种面积1251.65万亩、总产量502.32万吨，生猪存栏910.90万头，完成国家下达目标；蔬菜产量1492万吨，家禽出栏10.31亿只、增长3.7%，主要禽蛋产量53.66万吨、增长10.5%，水产品产量830.34万吨、增长1.9%。压实粮食安全主体责任，连续四年在全国粮食安全省长责任制考核中获得优秀等级。粮食和救灾物资保障基础进一步夯实，新增省级稻谷储备40万吨、应急大米储备1.7万吨、食用油储备2000吨。石油、天然气、电力、煤炭等能源基础设施项目加快推进，互联互通福州联络线、海西管网二期福州—福鼎段、华龙一号全球首堆福清核电5号机组等项目建成投产，电力新增装机578万千瓦，能源保障能力进一步增强。

（三）稳投资促消费，内需市场稳步复苏

投资结构调整优化。出台实施稳投资政策措施，发行地方政府专项债1353亿元，占全国的3.6%；争取中央专项再贷款73.31亿元，775家企业被纳入全国名单，居全国第二位。加大基础设施等领域补短板投资力度，设立500亿元稳投资补短板应急专项融资资金，投放额达550亿元。工业投资增长0.7%，其中改建和技改投资增长4.1%，高技术制造业投资增长16.2%。民间投资增长1.0%。社会领域投资增势较好，教育、卫生、文化体育娱乐业投资分别增长2.1%、8.0%、4.1%。

项目支撑作用增强。深化“五个一批”项目推进机制，加强重大项目攻坚，1257个在建重点项目完成投资5494亿元，超额完成年度计划489亿元。分4批次集中开工重大项目997个，总投资7640亿元。积极筹划新基建项目，省级数字经济项目库已入库1725个，总投资1.35万亿元。重大招商项目“云签约”391个，总投资7836亿元。中化泉州乙烯及炼油改扩建、泉州百宏PTA、金龙汽车龙海迁建、晋南热电联等项目基本建成。福厦客专、福州和厦门地铁、厦门钨业稀土永磁电机、三安半导体研发生产、省妇产医院、省疾控中心等一批项目顺利推进。一批重大项目前期工作取得新突破，福州机场二期可研获批，福州、厦门地铁第二期建设规划调整方案获批。

消费增长点不断拓展。落实促进消费相关政策举措，持续开展“全闽乐购”“闽山闽水物华新”“八闽美食嘉年华”等促消费活动，福州、厦门等多地推出消费券，社会消费品零售总额18626.45亿元。线上线下融合的消费新模式新业态不断呈现，网络零售额增长24.7%，体育娱乐用品类商品零售额增长6.3%。

（四）纵深推进改革开放，发展活力不断增强

营商环境持续优化。持续减环节减时限减负担，企业开办时间压缩至3个工作日内；不动产一般登记时限压缩至5个工作日，抵押登记办理时限压缩至3个工作日；贸易通关时间压缩2/3以上。市场主体活力加速释放，新登记市场主体137.45万户，增长40%。“信易贷”平台帮助全省1.9万余家中小微企业获得3.7万笔、919亿元贷款。全面实施市场准入负面清单制度，推动“非禁即入”普遍落实。厦门、福州在国家发展改革委2019年全国营商环境评价中，分别有12个和4个指标被列为标杆指标，经验在全国复制推广。实现“双随机、一公开”跨部门联合抽查常态化，以信用为基础的新型监管机制逐步建立。全面建成省、市两级政务数据汇聚共享平台。数字政府建设总指数位居全国前列，政府网站名列省级政府第二名，数字政府服务能力位居全国优秀档次。依托全省行政审批“一张网”实现97%以上行政审批和服务事项可网上办理，“一趟不用跑”“最多跑一趟”占比达到98%。“闽政通”APP基本实现高频便民事项“马上办、掌上办”。建立政务服务“好差评”制度，推行“政府做得好不好群众来打分”，推动实现行政审批服务事项“五级十五同”。

重点领域改革扎实推进。深入推进财税体制改革，扎实推进交通运输、教育、生态环境、科技等领域省与市县财政事权和支出责任划分改革。上线运行省“金服云”平台，实施普惠金融“百千万”工程，助力中小微企业融资纾困。推进公共资源交易“应进必进”，提高资源市场化配置效率。推动国资国企改革，推动全省港口资源一体化整合重组，剥离企业办社会职能等历史遗留问题等基本解决。出台支持民营企业改革发展的政策措施，完善“政企直通车”平台，实现省市县三级促进中小企业发展工作协调机制全覆盖。稳步推进电力体制改革，目前全省共有17个试点项目。持续推进价格改革，完成第二监管周期电网输配电价核定和电价调整。完成整省推进农村集体产权制度改革试点任务，比全国提前一年。

重点领域风险防控有力。加强对企业信贷、上市公司股票质押、债券违约、房地产债务风险等重点企业流动性风险关注，对相关风险点做到早发现、早识别、早预警、早处置。不良贷款率1.09%，下降0.05个百分点。高风险农合机构化险处置取得阶段性成果，有序推动网贷风险出清，非法集资陈案积案化解提前超额完成三年攻坚总目标。深入实施房地产精准调控，房地产市场总体平稳。

国家生态文明试验区建设取得阶段性成效。中央部署的38项改革成果全面完成，部分成果处于全国首创或领先水平。加强凝练福建经验，39项改革举措和经验做法入选国家发展改革委推广清单，居四个试验区推广总数首位。新增同安区、武夷山市等6个生态产品市场化改革试点，引导探索多元化生态产品价值实现路径。全面完成污染防治攻坚战阶段性目标，生态环境质量保持全优、领先全国，中央生态环境保护督察问题整改取得显著成效。加强能耗“双控”工作，国家下达我省“十三五”能耗“双控”目标预计可以全面完成。积极推进绿色生活创建，进一步加强塑料污染治理，禁止、限制部分塑料制品的生产、销售和使用。污水垃圾处理能力提质增效，医疗废物收集处置设施短板加快补齐。宁德三都澳海上养殖综合整治取得良好成效。

稳住外贸外资基本盘。落实落细稳外贸稳外资各项政策措施，建立我省外贸外资协调机制，支持外贸企业线上线下结合抢订单，进出口14035.7亿元、增长5.5%，其中出口8474.4亿元、增长2.3%，进口5561.2亿元、增长10.6%。培育壮大外贸主体，深化工贸对接，加快市场采购全省推广扩容，晋江国际鞋纺城获批新试点。创新招商引资方式，强化“不见面”招商，开展“福建投资促进季”等活动，稳定外资企业供应链，推动现有外资企业增资扩产，一批外资龙头企业陆续增资、到资，实际使用外资347.9亿元、增长10.3%。稳步推进重大外资项目，推动厦门电气硝子玻璃基板三期项目列入国家重大外资项目专班。2020厦洽会共签约合同项目282项，总投资152.4亿美元。有序推进采矿业、制造业等领域国际产能合作，对外投资项目220个，中方协议投资额52.3亿美元，增长36.4%。

海丝核心区建设走深走实。积极融入共建“一带一路”，深入实施“丝路海运”“丝路飞翔”“数字丝路”等标志性工程，成功举办2020“丝路海运”国际合作论坛，“丝路海运”命名航线达70条，开行超过2400航次，联盟成员超过200家。成功举办21世纪海上丝绸之路博览会。中欧（厦门）班列扩线增量，累计发运271列、货值67.9亿元。福州至洛杉矶跨境电商包机航班开通。与共建“一带一路”国家和地区进出口增长7.2%。积极推动“两国双园”建设。

福建自贸区建设加快推进。成功举办福建自贸试验区高端论坛等系列活动。福州出口加工区、福州保税港区、厦门象屿保税物流园区、厦门海沧保税港区等4个海关特殊监管区获国务院批准整合优化为综合保税区；深化方案136项重点试验任务已实施126项；新推出70项制度创新举措，其中全国首创39项、对台13项。滨海新城累计启动270余项重点项目建设，完成投资超1700亿元。厦门片区率先实施跨境电商B2B出口监管试点业务。平潭国际旅游岛建设加快推进，累计接待游客459万人次。闽港、闽澳交流合作持续深化，闽澳合作第三次会议举行。

深化闽台各领域融合。健全完善各项惠台政策措施，加快建设台胞台企登陆的第一家园。两岸应通尽通步伐加快，向金门日均供水超万吨，向金马供气福建侧已基本具备条件，通电、通桥有序推进。两岸标准共通实现突破，由两岸共同研制的台式乌龙茶4项国家标准和地方标准获批发布。首家两岸合资全牌照证券公司挂牌经营，在全国首创银行直联两岸电商平台跨境人民币服务，扩大台商台胞金融信用证书颁发试点。举办海峡论坛、两岸企业家峰会、海峡影视季等300多场“线上+线下”活动，累计参与台胞超过500万人次。

（五）优化区域布局，城乡区域发展更加均衡

闽东北、闽西南协同发展区建设取得重要进展。发展规划实施稳步推进，重点领域协作持续深化，区域联动发展成效显现。一批重大协作项目取得重要进展，闽东北区域京台高速公路长乐至平潭段建成通车，衢宁铁路、福平铁路开通运营，平潭海峡公铁大桥建成通车；福州至长乐机场城际铁路F1线、厦门轨道交通6号线角美延伸段工程等项目开工建设。闽西南区域厦漳泉城市联盟路全线贯通，福莆宁城际铁路F2线、F3线和厦漳泉城际铁路R1线前期工作扎实推进。

决战脱贫攻坚取得决定性胜利。建立完善“一键报贫”等防止返贫监测帮扶机制，全省现行标准下农村建档立卡贫困人口全部脱贫，2201个建档立卡贫困村全部退出，23个省级扶贫开发工作重点县全部摘帽。扎实做好易地扶贫搬迁，全省20666户65138人国定贫困人口易地扶贫搬迁任务全面完成。积极克服疫情影响，多渠道帮助贫困人口发展生产稳岗就业，强化城乡居民基本医疗保险、大病保险、医疗救助、精准扶贫医疗叠加保险等健康扶贫政策落实。着力实施农村饮水安全巩固提升工程，“两不愁”质量水平持续提升，“三保障”和饮水安全总体保障到位。中宣部授予闽宁对口扶贫协作援宁群体“时代楷模”称号，对口支援新疆西藏工作在国家绩效综合考核中被评为优秀等次。

推动老区苏区振兴发展。龙岩、三明12个原中央苏区县纳入中央国家机关及有关单位对口支援范围。基础设施持续改善，漳汕高铁、温武吉铁路、温福高铁、武夷山机场迁建、龙岩新机场等项目前期工作持续推进。加快泉州白濑、连城福地、罗源昌西等大中型水库工程建设。积极发展金铜、稀土、石墨烯新材料等精深加工，发展新能源汽车、环保装备、林产加工、生物医药等产业，打造特色优势产业集群。实施教育现代化推进工程、全民健康保障工程，加快补齐公共卫生服务、应急物资保障领域短板，民生福祉持续提升。

深入实施乡村振兴战略。编制完成省市县三级实施乡村振兴战略规划。深入实施“一革命四行动”，农村公厕建制村全覆盖，户用厕所无害化普及率98.6%；完成79个乡镇生活垃圾转运系统提升，乡镇生活垃圾转运系统全面建成；实现乡镇生活污水处理设施全覆盖，农村生活污水治理率72.1%；建设改造农村公路1886千米，村容村貌明显改善，农村人居环境整治三年目标任务全面完成。渔港建设加快推进，推动在建渔港项目28个，新开工建设渔港57个。

加快推进新型城镇化建设。国家发展改革委将福州都市圈列入国家年度新型城镇化建设重点工作，批复《福州临空经济示范区总体方案》。推进城乡融合发展试验区建设，晋江、闽侯等10个县（市）列入国家发展改革委县城新型城镇化建设示范名单。持续推进特色小镇高质量发展，长乐东湖数字小镇促进产城人文融合等经验入围国家发展改革委“第二轮全国特色小镇典型经验”。

（六）民生保障有力有效，人民群众获得感幸福感持续提升

增进民生福祉。28件省委省政府为民办实事项目全面完成。民生相关支出占一般公共预算支出比重为75.2%。全省13.39万名建档立卡贫困人口纳入兜底保障范围。将城乡低保标准由每人每年平均7350元提高到8260元；城乡居民基础养老金省定最低标准提高到130元、高于国家标准；城乡居民医保财政补助标准提高到每人每年不低于550元。持续实施保障性安居工程建设，完成棚户区改造4.01万套。

就业总体保持稳定。实施援企稳岗行动，惠及企业23.58万家、职工410.21万人。组织实施“十个一批”扩岗行动，千方百计拓宽高校毕业生就业渠道，推动农民工转移就业，抓好退役军人扶持安置，实施就业扶贫“挂图作战”，强化失业风险防控，落实就业困难人员兜底安置。城镇登记失业率3.8%，稳定在预期目标以内；全省城镇新增就业54.6万人。重点群体就业保持稳定，失业人员再就业24万人，就业困难人员实现就业3.34万人；高校毕业生就业率达88.86%。

教育事业稳步发展。组织实施学前教育推进、义务教育提升、职业院校基础能力建设等工程。加大普惠性民办幼儿园支持补助力度，城镇小区配套幼儿园整治完成率达100%。持续推进义务教育学校管理标准化建设，统筹做好城镇中小学扩容建设、消除大班额和随迁子女入学，全省乡村小规模学校全部达到省定基本办学标准。启动实施普通高中新课程，加快职业教育与区域发展、行业企业深度融合，做好泉州市国家产教融合型城市试点建设。推进高等教育内涵发展，加快厦门大学、福州大学“双一流”高校建设。推动教育部支持闽南师范大学申报博士学位授予点，支持龙岩学院等申报硕士学位授予点。加快新工科、新医科、新农科、新文科试点建设，推进人工智能、生物医药等高水平学科创新平台建设。

医疗健康服务更加完善。持续深化医药卫生体制改革，深化公立医院综合改革，推进“三医联动”向“全联、深动”迈进。加快补齐公共卫生短板，稳步推进省疾控中心综合改革试点，加强公共卫生防控救治能力建设。第一批区域医疗中心试点福州滨海新城综合医院、复旦大学附属中山医院厦门医院项目建设方案获批实施，继续推动医疗“创双高”，持续提升县域医疗服务能力。省儿童医院建成投入使用，推进重大疫情救治基地、国家重点中医医院、县级中医医院建设，持续推进“互联网＋医疗健康”示范省建设。加快国家临床医学研究中心分中心和省级中心建设，在心血管系统疾病、神经系统疾病、恶性肿瘤等领域布局建设一批临床研究中心，推动重大传染病临床救治技术研究。

养老、文化、旅游、体育等社会事业加快发展。扎实推进养老服务高质量发展，支持养老、社会福利等领域81个基础设施项目建设，养老机构和设施总数达1.4万个，各类养老床位总数达24.75万张，养老服务设施基本覆盖城市社区和72.1%建制村，每千名老年人拥有养老床位数达37.1张。支持普惠托育服务机构项目24个，推进婴幼儿照护试点建设。加快文化强省和全域生态旅游省建设，世遗大会筹备工作稳步推进，成功举办福建—东盟友城大会文化旅游交流合作分论坛、第六届海上丝绸之路（福州）国际旅游节、第十六届海峡旅游博览会等大型活动。省图书馆升级改造工程有效推进，新建18个智慧体育公园、3个全民健身中心，漳州、南安、霞浦列入全国社会足球场地设施建设专项行动重点推进城市。实施公共体育普及工程，新增社会足球场地276片，全省人均体育场地面积达2.28平方米。

保供稳价工作取得实效。持续启动平价商店销售机制，累计销售粮油肉蛋菜等平价商品3万多吨，有效减轻人民群众“米袋子”“菜篮子”负担。实施“优质粮食工程”，承办第三届中国粮食交易大会，进一步巩固拓展引粮入闽渠道。落实社会救助和保障标准与物价上涨挂钩联动机制，价格临时补贴阶段性提标扩围，累计发放4.86亿元，惠及737万余人次。全省居民消费价格总水平上涨2.2%，控制在3.5%左右的目标内。

总的看，2020年全省经济运行保持基本稳定，主要指标回升情况好于全国，就业、物价、节能减排等主要预期指标进展顺利，“十三五”规划实施取得丰硕成果。但同时我们也要清醒地认识到，新冠肺炎疫情对我省经济社会发展带来明显影响，地区生产总值、固定资产投资、社会消费品零售总额等主要指标与省十三届人大三次会议审议通过的国民经济和社会发展计划目标任务还有较大差距，经济社会发展还面临不少困难和问题。一是创新能力不足，产业发展水平有待提高。研发经费投入强度低于全国平均水平；受传统工业产业占比较大且恢复较慢等因素影响，工业下行压力仍然较大，娱乐、旅游、餐饮、住宿等行业增长仍较缓慢。二是重大项目储备接续不足。受要素保障制约等因素影响，部分项目推进难度较大，投资增长仍存压力。三是外贸出口受疫情影响较大。受产业结构影响，出口恢复慢于全国，鞋服箱包等我省优势商品出口仍低于去年同期。四是财政收支平衡压力较大。财政收入持续回升的基础还不够稳固。“六稳”“六保”等重点支出保障压力大，特别是基层财政收支矛盾仍然突出。同时，民生社会事业领域仍存在不少短板等等。面对这些困难和问题，我们要高度重视，采取有力措施积极应对。

二、2021年国民经济和社会发展主要预期目标和任务

2021年经济社会发展的主要预期目标是：

一是经济保持稳定增长。预期全省生产总值增长7.5%左右；固定资产投资增长8%左右；社会消费品零售总额增长8%左右；出口增长7.5%左右，实际使用外资增长6%。主要考虑：2021年是“十四五”开局年，是进入新发展阶段的第一年，也是建党一百周年的重要年份，我省面临全方位推动高质量发展超越带来的历史机遇，主要预期目标与省委十届十一次全会精神和“十四五”规划目标相衔接，经济运行仍将保持在合理区间。

二是现代产业体系加快构建。供给侧结构性改革进一步深化，结构升级继续提速，创新驱动、产业转型升级步伐加快，新经济新动能加快培育，日益成为经济发展的重要支撑

力，预期R&D经费支出占地区生产总值比重达到2.09%。

三是民生福祉持续增加。始终坚持以人民为中心的发展思想，促进全体人民共同富裕的相关政策举措得到较好贯彻落实，居民收入稳定增长的基础较稳固，预期城镇居民人均可支配收入增长7%，农村居民人均可支配收入增长8%；公共服务供给能力进一步提升，预期一般公共预算总收入增长4.5%左右，地方一般公共预算收入增长4.5%左右；城镇登记失业率控制在5%以内；居民消费价格总水平涨幅3%左右；每千人口拥有执业（助理）医师数达到2.67人，每千人口医疗机构床位数达到5.41张；每十万人口高等教育在校生数达到2959人；保持生态环境质量优良，完成节能减排降碳任务。

为实现上述目标，我们要以习近平新时代中国特色社会主义思想为指导，全面贯彻党的十九大和十九届二中、三中、四中、五中全会精神，深入贯彻落实习近平总书记对福建工作的重要讲话重要指示批示精神，坚持稳中求进工作总基调，立足新发展阶段，贯彻新发展理念，积极服务并深度融入新发展格局，以全方位推动高质量发展超越为主题，以深化供给侧结构性改革为主线，以改革创新为根本动力，以满足人民日益增长的美好生活需要为根本目的，坚持系统观念，巩固拓展疫情防控和经济社会发展成果，更好统筹发展和安全，扎实做好“六稳”工作、全面落实“六保”任务，确保“十四五”开好局、起好步，以优异成绩庆祝建党100周年。重点要组织实施好七个方面工作：

（一）深入实施创新驱动发展战略，加快构建现代产业体系

大力提升科技创新能力。发挥福厦泉国家自主创新示范区先行优势，推动福州建设福建科学城、厦门建设未来科技城、泉州建设时空科创基地。加快省创新研究院建设，推动4家省创新实验室发展壮大，在能源材料等领域争创国家实验室。建立健全产业重点攻关技术目录（库），围绕人工智能、集成电路、生物医药等领域，实施10个以上省科技重大专项，开展核心技术产学研联合攻坚。实施高新技术企业“双倍增”专项行动，加强以企业为主体的创新能力建设，健全高新技术企业培育库，完善科技型中小企业备案和服务机制，大力吸引和培育独角兽企业，扶持一批有潜力的科技型企业加速成长为国家高新技术企业、科技小巨人企业，紧盯有基础、有潜力、有条件的优质企业精准施策、精准服务，力争国家高新技术企业突破6500家。支持领军企业组建创新联合体，带动中小企业创新活动。深入实施高端人才聚集计划、“八闽英才”培育工程，健全科技人才评价体系和服务体系。开展科技成果转化应用行动，完善激励机制和科技评价机制，探索实施与科技成果应用挂钩的分配制度，落实好攻关任务“揭榜挂帅”等机制，扩大科研机构和人员自主权。办好第19届创新项目成果交易会。推动海峡两岸共建一批高水平科技成果产业化基地和产学研合作示范基地，支持两岸信息技术、农业技术、新材料技术等领域重大科技成果转移转化。

大力发展数字经济。加快国家数字经济创新发展试验区建设，进一步推动数字经济和实体经济深度融合，精心筹办好第四届数字中国建设峰会，全力打造“数字应用第一省”，力争数字经济增加值达2.3万亿元。抓紧成立省大数据公司，承担全省公共数据资源一级开发和授权开放任务。加快5G、工业互联网等建设，培育扶持优质企业做大做强，形成一批未来领军型创新企业。加快数字产业化和产业数字化，发展网络视听和超高清视频等产业，深入推进“上云用数赋智”行动，建设一批中小企业数字化转型促进中心，推动传统产业高端化、智能化、绿色化。实施数字经济园区提升行动计划，重点推进福建省区块链主干网、工业互联网标识解析二级节点、城市大脑、智能视觉AI开放平台、海洋大数据中心（一期）等项目建设。

培育“三新”经济增强新动能。积极发展以新产业、新业态、新商业模式为主体的“三新”经济。推动一批创新型产业“落地生根”，大力推动平台经济、共享经济、楼宇经济、街区经济、总部经济等发展。发挥福州、厦门等主要城市的总部经济效应，集聚大型企业和高端人才等要素，辐射带动区域经济发展。有序推广“社区电商”“社区生活管家”等新模式，支持发展网红经济、在线教育培训等新业态。

增强产业链供应链自主可控能力。强化“六四五”产业体系建设，做大做强电子信息和数字产业、先进装备制造、石油化工、现代纺织服装等主导产业，提挡升级特色现代农业与食品加工、冶金、建材等优势产业。实施龙头企业“培优扶强”工程，力争规模超百亿元企业达50家。统筹推进补短板，加强制造业创新中心和企业技术中心建设，发挥行业技术开发基地作用，实施一批产业重大技术攻关课题，突破一些产业发展技术瓶颈，推动重点产业龙头企业原材料、设备国产化。完成500项以上省重点技改项目，推动传统产业向数字化、智能化升级。加快培育和发展新兴产业，加快建设新能源产业创新示范区，加快建设新型功能材料、生物医药产业等4个国家级战略性新兴产业发展集群，支持生物医药、医疗器械、精密仪器设备研究制造，布局人工智能、前沿材料、量子科技、智能机器人、生物创新药、空天科技等未来产业。实施军民融合工程，大力发展国防科技工业，服务国防和军队现代化建设。加快发展海洋经济，做大做强海上福建，持续推动福州、厦门国家海洋经济发展示范区建设，加快“海上牧场”、海上风电场、海上生态智慧养殖等项目建设。

深入挖掘服务业发展新增长点。实施现代服务业提升工程，持续推进千家服务业企业增产增效，做大做强现代物流、旅游等主导产业，加快发展文创服务、商贸服务、健康养老等产业。加快交通与物流融合发展，培育全产业链供应服务平台企业，提升港口物流和冷链物流基础设施，推进国家物流枢纽承载城市和国家冷链物流基地建设。加快发展普惠金融，持续实施“引金入闽”工程，做大做强地方法人金融机构。深化“清新福建”“全福游·有全福”品牌建设，组织实施数字文化产业加速行动、文化科技创新行动、文化和旅游深度融合行动等六个重点专项行动，高标准、高起点推进建设长征国家文化公园，建设提升一批高品质旅游景区和度假区。

实施农业质量效益和竞争力提升工程。全力保障重要农产品有效供给，粮食播种面积稳定在1250万亩以上、总产量稳定在500万吨，生猪存栏保持900万头以上，水产品总产量保持800万吨以上。实施新一轮种业创新工程，加快培育一批具有自主知识产权的优新品种，高水平建设“中国稻种基地”。实施特色现代农业高质量发展“3212”工程，做强做优做大十大乡村特色产业。促进农产品一二三产业融合发展，大力发展农村电商、冷链物流，实施“互联网+”农产品出村进城工程，积极培育休闲农业等新产业新业态。推进农业品牌建设，创建优质农产品标准化示范基地250个，培育“三品一标”农产品240个以上，创建一批农产品区域公用品牌和福建名牌农产品。

（二）注重需求侧管理，促进形成强大内需市场

培育和扩大消费需求。坚持扩大内需这个战略基点，打通堵点，补齐短板，继续开展“全闽乐购”促消费行动，激发居民消费潜力。加快冷链物流、港口物流、快递物流建设，推动供应链应用与创新试点。支持生活性服务类商贸流通设施改造升级、提挡发展，推进数字化、智能化改造和跨界融合。培育服务消费热点，促进线上会诊、线上课堂、远程办公等消费新业态加快发展。稳定和扩大大宗消费，扩大乡村消费。支持龙头企业在知名第三方电商平台建设传统优势产品网店。促进旅游消费加快恢复，推进全域生态旅游省建设，大力发展夜间经济，打造一批文化旅游演艺项目，建设一批高端民宿和精品主题酒店，更好地满足多样化、多层次的旅游消费需求。

推动“五个一批”项目良性接续。用好“五个一批”工作机制，发挥中央预算内投资在外溢性强、社会效益高领域的引导和撬动作用，在新基建与数字经济发展、新型城镇化建设、传统基础设施提升、战略性新兴产业集群发展、生态文明建设、民生保障等“八大工程”领域，谋划一批大项目好项目，加快推动实施。加强与央企、民企、外企对接，实施招商引资专项行动，对接招引一批产业链缺失项目、升级项目。扩大制造业设备更新和技术改造投资。建立健全重大项目前期工作推进机制，努力实现早开工多开工。及时帮助解决项目推进中存在的梗阻问题，全力加快在建重大重点项目进度，多形成实物投资量。

强化重点项目支撑。初步安排省重点项目1557个、年度投资5239亿元。推进兴泉铁路、浦梅铁路（建宁至冠豸山段）、莆炎高速公路、古雷炼化一体化一期、省委党校、省妇产医院等重大项目建成投用，加快建设福厦客专、漳州核电、福州和厦门地铁、江阴万华MDI、厦门天马第6代柔性面板生产线等在建重点项目，积极争取厦门新机场、福州机场二期、漳汕高铁、中沙古雷150万吨乙烯、闽粤电力联网工程、长汀金龙高性能稀土永磁材料扩建等重大项目开工建设，加快温福高铁、中石油福建LNG接收站、宁德核电5、6号机组等项目前期工作，争取昌福（厦）高铁纳入国家“十四五”规划。

补好投资短板。聚焦交通、能源、市政、水利、环保等关键领域和薄弱环节，加大基础设施领域补短板力度，深入实施新基建三年行动计划，加快基础设施投资企稳回升。实施城市更新行动，新改造完工15万户城镇老旧小区。综合考虑行政区划、人口分布、现有设施情况等因素，加强公共服务领域设施建设。聚焦县城补短板强弱项四大方面17个公共领域，针对医疗、教育、养老等领域民生短板，加快建设一批社会事业重大项目，推动民生改善与扩大内需有机衔接。

（三）建设开放新高地，推进更高水平对外开放

高质量建设“海丝”核心区。深入实施“丝路海运”“丝路飞翔”“数字丝路”“生态海丝”等重大工程，构建国内国际双循环的重要节点、重要通道。高标准高水平规划建设厦门金砖国家新工业革命伙伴关系创新基地，深化金砖国家在工业化、数字化、创新、包容增长、投资领域合作。加快建设“两国双园”和境外经贸合作区，深化国际产能合作。提升空港口岸竞争力，推进通关便利化，完善单一窗口4.0版功能，推动中欧班列提质增效。

深化自贸试验区建设。积极争取扩区，进一步推进投资、贸易、金融、运输、人员往来的便利化自由化。积极推动规则标准等制度型开放，争取电信、医疗、金融等服务业领域率先扩大开放，把自贸试验区打造成吸引外资新高地。坚持制度创新与功能培育相结合，推动物联网、航空维修、集成电路设计研发、进口商品等重点平台建设，打造具有国际竞争力的产业高地。

增强外贸综合竞争力。优化市场布局，深化工贸、科贸、产贸合作，支持企业出口转内销，加快市场采购贸易方式全省复制推广。推进跨境电商综合试验区建设，鼓励建设高水平海外仓。推动重点企业开展海空快运业务，壮大货运航线、对台专线、跨境电商物流业务。深入对接中欧投资协定和《区域全面经济伙伴关系协定》（RCEP），帮助企业用好降低关税、开放市场、区域累积原产地规则等政策，鼓励纺织服装等传统产业转型升级。推进全面深化服务贸易创新发展试点，推动福州、厦门、平潭国家级服务外包示范城市加快培育产业聚集区。推进跨境贸易提效降费减时。

提高利用外资水平。强化服务业、制造业等重点领域招商，推动“五个一批”、重点外资、“云签约”、厦洽会签约项目落地见效，推动网上招商常态化。落实鼓励类外商投资项目相关优惠政策，引导外资投向先进制造业、新兴产业、高新技术产业等领域。积极吸引知名跨国企业来闽设立总部，鼓励外商来闽投资设立研发中心。

积极探索海峡两岸融合发展新路。推进闽台产业、科技、教育、医疗等领域深度融合，努力打造两岸共同市场。推动落实同等待遇，提升经贸合作畅通、行业标准共通，提升科技创新合作水平，联手打造高水平创新平台。推动基础设施互联互通，探索建设两岸融合发展的台海通道工程，打造两岸往来综合枢纽。持续推进金门、马祖同福建沿海地区通水、通电、通气、通桥。加大平潭对台先行先试力度。完善保障台湾同胞福祉和享受同等待遇的政策和制度，持续实施亲情乡情延续工程，增进台湾同胞对民族、对国家的认知和感情，吸引台湾青年来闽发展。围绕半导体、现代服务业等产业，加大对台湾百大企业、龙头企业招商力度，加强与台湾“专精特新”中小企业对接合作。加快海峡两岸集成电路产业合作试验区、生技与医疗健康产业合作区、台湾农民创业园、闽台农业融合发展产业园等平台建设。

持续深化闽港澳侨合作交流。密切闽港闽澳合作，聚焦新开放领域及生物和新医药、环保等新兴产业，加大招商力度，提升利用港澳资水平。充分发挥香港和澳门作为国际经贸合作桥梁纽带作用，推进闽港澳“并船出海”。发挥侨胞桥梁纽带作用，用好闽商大会、世界福建同乡恳亲大会等交流合作平台，推动闽商闽企走出去，实施侨资侨智侨力引进工程，鼓励侨资侨胞回闽创新创业发展，把侨的传统优势转化为新福建建设的重要力量。

（四）全面深化改革，进一步激发市场主体活力

持续深化“放管服”改革。全面推行行政审批服务标准化规范化，实现全省同一事项无差别受理、同标准办理，“一趟不用跑”事项比例提高到70%以上。实现工程建设项目全流程在线审批。全省各地企业开办时间压缩至1个工作日内。编制公布省级行政许可事项清单，全面推行证明事项和涉企经营许可告知承诺制，推行证照分离改革全省全覆盖。完善“双随机、一公开”监管、“互联网＋监管”和以信用为基础的新型监管机制，对重点领域实行重点监管。推出更多“一事一次办”改革服务事项。打响数字福建“一网好办”数字政府服务品牌，加快推进企业生产经营和个人服务高频事项“跨省通办”，在厦漳泉都市圈开展一批高频事项“省内通办”试点。

深入推进重点领域改革。在省级预算编制中全面实施零基预算改革，切实提高财政资金配置效率和使用效益。持续推进公共资源交易平台建设，完善各类公共资源交易监管规则。落实国企改革三年行动实施方案，推动集团层面新一轮战略性重组整合，积极培育上市后备企业，加快推进员工持股试点、科技型企业股权和分红激励。努力促进第三支柱养老保险健康发展，加快发展专业化经营市场主体，加大养老保险产品创新。推进价格机制改革，落实2021—2022年输配电价和销售电价调整方案，完善气价疏导方案，扎实推进农业水价综合改革。持续稳妥推进电力体制改革。

加快营造良好营商环境。加快推进我省营商环境立法，强化营商环境评估与督导，加大典型经验和创新做法的总结、宣传和复制推广力度。精准落实惠企政策，推行惠企政策“免申即享”，确保政策资金兑现到位，让创新创业创造在福建更快捷、更方便、更易成功。助力实体经济特别是制造业发展，加快完善“金服云”平台功能，加大对中小企业的上市孵化培育力度。稳步推进区域金融改革创新，完善金融风险监测、评估和处置机制。强化反垄断和防止资本无序扩张，加快社会信用体系建设，出台省社会信用条例，拓展信用信息在政务服务等方面的运用，加快培育第三方信用服务机构。继续打好防范化解重大金融风险攻坚战，维护我省经济金融稳定。

促进民营经济健康发展。传承创新“晋江经验”，鼓励引导民营企业做实业，推动新一轮创新创业大潮。落实支持民营企业改革发展的措施，继续加大金融、财政等支持力度，切实清理与企业性质挂钩的歧视性规定和做法，健全企业家恳谈会等机制，把亲清政商关系体现在具体服务中，优化民营经济发展环境。健全公平竞争规则，让更多的民营企业健康成长。

（五）突出城乡融合，优化城乡区域发展格局

做深做实新时代山海协作。以福州都市圈、厦漳泉都市圈为引擎，持续推进两大协同发展区重点领域深度协作，进一步促进基础设施联通、产业配套协作、公共资源共享和生态保护协同。加快福州至长乐机场城际铁路F1线、厦门轨道交通6号线角美延伸段工程等项目建设，加快推进厦漳泉城际铁路R1线、福莆宁城际铁路F2线、F3线等项目前期工作，打造设区市中心城区至县城1小时交通圈。强化区域产业上下游联动和产品购销合作，精准策划一批产业链缺失项目、延伸项目和升级项目。加快建立公共资源服务共享平台，促进中心城市优质资源向周边地区辐射延伸。建立健全跨区域环境治理跟踪机制、协商机制和仲裁机制，形成一体化的科学考核体系和生态环境监督体系。

全面实施乡村振兴战略。实施乡村建设行动，加快基础设施提挡升级、公共服务扩面提标，谋划开展农村人居环境整治提升五年行动，改善农村生产生活条件。实施乡风文明提升工程，推动乡村治理体系和治理能力现代化。支持老区苏区加快推进产业、基础设施和公共服务设施建设。推动巩固拓展脱贫攻坚成果同乡村振兴有效衔接，严格落实五年过渡期要求，保持帮扶政策总体稳定，对脱贫地区和脱贫人口继续在产业、就业、金融、教育等方面予以扶持，增强可持续发展能力。

推进宜居宜业的新型城镇化。编制实施福建省新型城镇化规划（2021—2035年）。推进城乡融合发展试验区建设，加快形成工农互促、城乡互补、全面融合、共同繁荣的新型工农城乡关系，为东部沿海地区乃至全国城乡融合发展提供可复制可推广典型经验。促进特色小镇规范健康发展，做精做强主导产业，完善产业配套设施，打造宜居宜业宜游的新型空间。

（六）坚持绿色发展，深入推进生态文明试验区建设

促进生态文明试验区建设成果新突破。继续推广39项国家生态文明试验区典型经验和做法，学习借鉴其他试验区实践成果，研究出台“十四五”深化国家生态文明试验区建设实施方案，扎实推动试验区建设往广度深度拓展。推广连江、顺昌等试点市场运作模式，引导沿海和山区根据不同资源禀赋培育发展生态资源运营平台，建立特色化发展模式和收益分配机制。健全多元化生态补偿机制，对森林、湿地、耕地、海洋等自然生态系统和重点生态功能区予以保护补偿。健全生态司法保护机制，总结推广共建共治的“生态司法＋”工作机制，探索建立生态环境损害赔偿制度与环境公益诉讼有效衔接机制。

培育壮大绿色经济。实施绿色产业指导目录，推进市场导向的绿色技术创新。建设绿色产业示范基地，持续推动生态产品市场化改革试点。推进绿色制造体系建设，培育壮大节能环保、清洁生产、清洁能源等产业。建设农业绿色发展先行区，组织实施化肥农药减量增效等专项行动，推进水产养殖业绿色发展，开展海上养殖综合整治。开展绿色建筑创建行动。制定实施二氧化碳排放达峰行动方案，支持厦门、南平等地率先达峰，推动碳排放权、排污权、用能权交易，加强能源消费双控工作。完善绿色金融支持保障机制，推进三明、南平省级绿色金融改革试验区建设。加快推行生活垃圾分类，完善绿色产品消费激励措施，推行绿色产品政府采购制度。

巩固提升环境治理。完善国土空间规划和用途统筹协调管控制度，建立以“三线一单”为核心的生态环境分区管控体系。实施生态环境监管能力提升行动。深入打好污染防治攻坚战，持续实施“蓝天、碧水、碧海、净土”四大工程。推广木兰溪治理和长汀水土流失治理经验，推进闽江、九龙江等主要流域大保护和可持续发展。加强城市建成区黑臭水体治理，推进农村生活垃圾处理和污水治理。严守农用地和建设用地土壤环境安全，进一步优化危废医废集中处置能力。探索建立“湾（滩）长制”，推进美丽海湾、美丽海岸带建设。实施重要湿地生态系统保护修复工程，推进武夷山国家公园体制改革试点建设和管理机制创新，建立以国家公园为主体的自然保护地体系。

（七）强化民生兜底，持续提升群众获得感幸福感安全感

努力增加居民收入。增加低收入群体收入、增大中等收入群体。实施城镇职工、农民、困难群体、高端人才等四大群体增收计划，增加工资性、经营性、财产性、转移性收入，扎实推进共同富裕，争创国家共同富裕示范区。

强化就业优先政策。落实“十个一批”扩岗行动，切实做好高校毕业生、退役军人和农民工等群体就业工作，紧紧兜住就业困难群体，确保就业局势总体稳定。加强人力资源培训，提高劳动者技能水平，推动更高质量就业。全年城镇新增就业50万人，城镇失业人员再就业10万人，城镇登记失业率控制在5%以内。

补好民生社会事业短板。继续推进医疗卫生补短板强弱项，推进构建强大的公共卫生体系和优质高效的医疗服务体系。加强国家区域医疗中心项目建设，积极争取省儿童医院、晋江市医院、四川大学华西厦门医院等列为国家第二批区域医疗中心建设试点，推进省属优质医疗资源扩容提升，加强基层医疗服务体系建设。完善居家社区养老服务网络，改造提升养老机构护理能力，鼓励社会资本投资兴办养老机构。实施普惠养老城企联动专项行动，推出更多适老化数字产品和服务，认真解决老年人运用智能技术的困难。实施普惠托育服务专项行动，发展3岁以下婴幼儿照护服务。持续治理“餐桌污染”，建设食品放心工程。完善普惠性学前教育和特殊教育保障机制，新增4万个公办幼儿园学位。推进义务教育城乡一体化、提高均衡发展水平，提高义务教育服务能力，鼓励普通高中特色多样发展。深化产教融合、校企合作，实施高水平职业院校和专业建设计划，提升职业院校服务产业发展能力。加快“双一流”建设，支持天津大学—新加坡国立大学福州联合学院建设，引进国内国外知名高校开展合作办学。实施全民健身设施补短板工程，完善全民健身设施网络。实施社会服务设施兜底线工程，推动区域性儿童福利设施、未成年人保护设施、流浪乞讨人员救助（管理）站、殡葬服务设施、精神卫生福利设施、残疾人无障碍通道等社会福利服务体系建设。

促进房地产市场平稳健康发展。坚持房子是用来住的、不是用来炒的定位，精准调控、因城施策。加快保障性租赁住房建设，完善长租房政策，逐步使租购住房在享受公共服务上具有同等权利。培育发展长租房市场，新增各类租赁住房2万套。降低租赁住房税费负担，整顿租赁市场秩序，规范市场行为。

全力做好粮食安全保障和保供稳价工作。落实藏粮于地，藏粮于技战略，加强种质资源保护和利用，有序推进生物育种产业化应用。坚决遏制耕地“非农化”、防止耕地“非粮化”，规范耕地占补平衡，加强高标准农田建设，加强农田水利建设。提高粮食和重要农副产品供给保障能力，落实粮食安全省长责任制，实施引粮入闽奖励政策，办好第十七届粮食产销协作福建洽谈会，确保省内粮油市场供应充足；强化价格监测预警，持续做好重要民生商品价格调控工作，保持价格总水平基本稳定。

各位代表，做好2021年经济社会发展工作意义重大、任务艰巨、使命光荣。我们要更加紧密地团结在以习近平同志为核心的党中央周围，以习近平新时代中国特色社会主义思想为指导，不折不扣贯彻落实党中央、国务院决策部署，认真落实省委工作要求，落实省十三届人大五次会议决议，自觉接受省人大的监督，认真听取省政协的意见和建议，强化机遇意识、风险意识，改革创新、锐意进取，为全面建设社会主义现代化国家、全方位推动高质量发展超越、加快推进新时代新福建建设而努力奋斗！

关于福建省2020年预算执行情况及2021年预算草案的报告

——2021年1月24日在福建省第十三届人民代表大会第五次会议上

福建省财政厅

各位代表：

受福建省人民政府委托，现将福建省2020年预算执行情况及2021年预算草案提请省十三届人大五次会议审议，并请省政协各位委员和其他列席人员提出意见。

一、2020年预算执行情况

2020年是极不平凡的一年。面对国内外形势的深刻复杂变化特别是突如其来的新冠肺炎疫情，全省各级各部门坚持以习近平新时代中国特色社会主义思想为指导，认真学习贯彻党的十九大和十九届二中、三中、四中、五中全会精神，深入贯彻党中央、国务院决策部署，全面落实省委和省政府工作要求，严格执行省十三届人大三次会议关于预算的决议，紧紧围绕统筹推进“五位一体”总体布局和协调推进“四个全面”战略布局，坚持稳中求进工作总基调，坚持新发展理念，坚持以改革开放为动力，全方位推动高质量发展超越，统筹推进疫情防控和经济社会发展，扎实做好“六稳”工作，全面落实“六保”任务，加大财政政策应对力度，积极发挥逆周期调节作用，为经济持续健康发展和社会大局稳定提供坚实的财力保障。

这一年，我省财政工作面临的困难之多、挑战之大，是多年来未有的。面对突如其来的新冠肺炎疫情，全省各级财政部门全力以赴应对疫情防控，坚持把人民群众生命安全和身体健康放在第一位，闻令而动、听令即行，将疫情防控作为最重要、最紧迫的工作来抓，第一时间启动公共卫生突发事件应急处理财政保障机制，坚持特事特办、急事急办，围绕保障疫情防控物资供应、减轻患者救治费用负担、提高疫情防治人员待遇等出台一系列财税支持政策，疫情防控资金和政策得到有效保障。全力以赴推动复工复产，及时出台规模性助企纾困政策，以合理适度的政策力度对冲疫情影响；强化减税降费阶段性政策，重点减轻中小微企业、个体工商户和困难行业企业税费负担；落实“一竿子插到底”的财政资金直达机制，既当好“过路财神”又不做“甩手掌柜”，推动资金快速精准投放到终端，为基层保就业、保民生、保市场主体提供有力支撑。全力以赴抓好财政收支，针对疫情冲击造成全省财政收支增幅一度降至负两位数的严峻形势，各级财税部门在坚决落实减税降费政策的基础上，坚定信心、主动作为、攻坚克难，依法依规组织税收收入，挖潜增收非税收入，加大国有资源资产盘活力度，精打细算过紧日子，大力压减一般性支出，全力保障重点领域支出，实现全省一般公共预算总收入、地方一般公共预算收入和全省一般公共预算支出“三个正增长”。

（一）2020年预算收支情况

1. 一般公共预算

2020年，省人大通过的全省代编预算收入预期目标为：一般公共预算总收入5275.72亿元、增长2.5%左右；地方一般公共预算收入3113.77亿元、增长2%左右。年度预算执行中，中央新出台阶段性减税政策及增值税留抵退税规模超预期，全年一般公共预算总收入减收185亿元，其中地方一般公共预算收入减收103亿元。按同口径匡算，全省收入预算目标相应为：一般公共预算总收入5091亿元、下降1.1%左右；地方一般公共预算收入3011亿元、下降1.4%左右。

据快报数统计，全省一般公共预算总收入5158.35亿元，增长0.2%，其中，地方一般公共预算收入3078.96亿元，增长0.9%，均超过上述按同口径匡算的收入预期目标。全省一般公共预算支出5214.61亿元（含中央补助收入、上年结转和一般债券安排的支出），增长2.7%。

省本级地方一般公共预算收入293.99亿元，同口径增长7%。省本级一般公共预算支出514.51亿元（含中央补助收入、上年结转和一般债券安排的支出），同口径增长0.9%。中央税收返还和转移支付1562.95亿元，增长6.8%，其中，中央转移支付1253.81亿元，增长8.6%。省对市县的税收返还和转移支付1467.2亿元，增长11.3%。

2. 政府性基金预算

全省政府性基金预算收入3429.71亿元，增长33.5%，主要是国有土地使用权出让收入增收；支出4291.94亿元（含中央补助收入、上年结转和专项债券安排的支出），增长34.6%，主要是专项债券安排的支出增加。

省本级政府性基金预算收入21.03亿元，下降14.9%，主要是受政策性减免以及疫情影响导致港口建设费和地方重大水利工程建设资金减收；支出57.71亿元（含中央补助收入、上年结转和专项债券安排的支出），增长76.2%，主要是专项债券安排的支出增加。

3. 国有资本经营预算

全省国有资本经营预算收入 149.72 亿元，增长 26.4%，主要是省级纳入国有资本经营预算企业可分配利润上缴比例从 24.5%提高到 30%，以及 2019 年部分国有企业经营好于预期，相应增加 2020 年上缴国有资本经营预算收入规模。扣除按规定调入一般公共预算 32.90 亿元以及年终结余 46.54 亿元，全省国有资本经营预算支出 70.28 亿元，增长 33.1%，主要是国有企业产业项目资本金增加。

省本级国有资本经营预算收入 53.29 亿元，增长 6.2%；支出 14.68 亿元，下降 20.1%，主要是 2020 年起，将省国资委监管企业国有资本经营预算收入调入一般公共预算的比例从 19%提高到 30%，相应减少国有资本经营预算支出。

4. 社会保险基金预算

全省社会保险基金预算收入 1870.02 亿元，增长 4.1%；支出 1861.91 亿元，增长 12.3%。滚存结余 1904.88 亿元。

省级社会保险基金预算收入 875.55 亿元，增长 8.3%，主要是在职参保人数增加和缴费基数随社会平均工资增长；支出 869.82 亿元，增长 13.8%，主要是参保退休人数增加以及养老金等社保待遇提高。滚存结余 619.87 亿元。

财政部核定我省地方政府债务限额为 9639.2 亿元，其中，2020 年新增政府债务限额 1644 亿元，增长 62.9%，主要是中央实施积极财政政策，扩大政府债务规模，我省新增债务限额相应大幅增加。全省地方政府债务余额预计执行数 8338.67 亿元，其中：一般债务 3211.31 亿元、专项债务 5127.36 亿元，严格控制在核定的限额内。

以上快报数在决算编制中可能还会有所变动，决算编成后再按规定报省人大常委会审批。

（二）主要财税政策落实和重点财政工作情况

按照预算法及其实施条例、人大预算审查监督重点向支出预算和政策拓展的有关规定，以及省人大预算决议和省人大常委会有关审议意见的要求，加强预算执行管理，加快推进财税体制改革，以更大的政策力度对冲疫情影响，加大对“六稳”“六保”等重点领域的支持，充分发挥稳定经济的关键作用，有力维护了全省经济发展和社会稳定大局。

1. 支持疫情防控有力有效

一是疫情防控资金和政策保障有力。全省各级财政累计下达资金 91.15 亿元，其中，省级财政资金 37.27 亿元，占比 41%，确保城乡居民不因担心费用问题而不敢就诊，确保医疗机构不因支付政策而影响救治，确保基层组织不因资金问题而影响疫情防控。同时，采取疫情防控资金国库集中支付“绿色通道”等便利化措施，确保资金及时拨付到位。制定疫情防控专项资金管理办法，对一线医务人员临时性工作补助等 6 项政策资金开展重点检查，确保发挥防疫资金使用效益。支持湖北武汉、宜昌抗疫，并安排专项资金用于购置援赠意大利、菲律宾等国家防护物资和医疗设备。

二是疫情防控应急物资保障到位。支持扩大疫情防控重要医用物资和生活必需品供应，我省 260 家全国性疫情防控重点保障企业 62.95 亿元贷款共获得中央和省级贴息 1.16 亿元。快速拨付省级商务发展资金，保障疫情防控最紧张期间的防疫物资进口、收储、发放。对疫情期间口罩、防护服等生产企业生产运营成本进行补助，推进疫情防控物资扩产、转产、新建“三个一批”工作。及时拨付疫情防控物资收储流动资金，并对所辖企业被省级以上收储的产品数量、收储进度及快速增产增效等成效较好的设区市给予分档奖励。开辟政府采购“绿色通道”，明确采购单位可直接组织实施采购，保障以最快速度直接采购到疫情防控急需物资。

三是公共卫生体系进一步健全。加大财政投入力度，做好疫苗接种资金保障，健全完善公共卫生体系，支持抓好常态化疫情防控。及时下达 19.6 亿元补助资金，统筹用于原 12 大类基本公共卫生服务项目以及妇幼健康、地方病防治、卫生应急等方面，支持人均基本公共卫生服务经费补助标准从 69 元提高到 74 元，新增部分全部用于基层医疗卫生机构开展疫情防控。迅速下达公共卫生和重大疫情防控救治体系建设补助资金 2.96 亿元，中央财政应急物资保障体系建设补助资金 7.18 亿元全部落实到项目执行单位。

2. 支持三大攻坚战取得丰硕成果

一是支持脱贫攻坚目标任务全面完成。多渠道筹集省级以上财政综合扶贫资金 90 亿元，比上年增长 10.3%，主要用于支持产业、就业、医疗、教育、易地扶贫搬迁、饮水安全和贫困村集体经济等扶贫政策措施落实，我省现行扶贫标准下 45.2 万农村建档立卡贫困人口全部脱贫，2201 个建档立卡贫困村全部退出，23 个省级扶贫开发工作重点县全部摘帽。支持援疆援藏援宁援甘工作成效明显。积极应对新冠肺炎疫情对脱贫攻坚工作的影响，统筹中央和省级扶贫资金，重点帮扶脱贫不稳定户，防止因疫致贫返贫，着力巩固提升脱贫攻坚成果。完善扶贫（惠民）资金在线监管系统，全流程监管的专项资金 37 项，累计资金超 230 亿元，惠及户（人）数 753 万。

二是支持生态环境质量保持领先。在全国率先出台财政支持打好污染防治攻坚战实施方案，建立常态化、稳定的生态环保资金投入机制。闽江流域山水林田湖草生态保护修复工程试点加快推进验收，九龙江流域 7 个试点项目启动实施。建立武夷山国家公园生态补偿机制，支持国家公园体制试点高质量通过评估验收。国家生态文明试验区建设获中央补助 6 亿元，建立我省配套资金筹措机制。全流域生态补偿、综合性生态补偿、汀江—韩江流域生态补偿机制被中央作为典型经验向全国推广，汀江—韩江流域生态补偿获财政部新一轮奖补政策支持。莆田、晋江蓝色海湾综合整治项目和福州滨海新城海岸带保护修复工程获中央补助 4.03 亿元。福州市、漳州市、莆田市等 3 个黑臭水体治理示范城市获得的 15 亿元中央补助资金全部下达到位。

三是政府债务风险总体可控。主动把握中央扩大政府债务规模的政策契机，积极争取支持，我省政府债务限额大幅增长，有效发挥投资拉动作用。全面梳理到期地方政府债券情况，督促各地做实做细偿债计划，落实偿债资金安排，全年地方政府债券本息全部按期足额偿还。强化政府债务限额管理，严格将政府债务收支纳入预算管理。加强全口径债务统计监测，强化债务风险分析、研判和预警，督促各地依法合规化解隐性债务存量，坚决遏制隐性债务增量。将政府债务风险防控情况纳入政府绩效考核范围，压实债务管理主体责任。

3. 支持“六保”任务全面落实

一是支持居民就业保持良好态势。省级财政安排就业补助资金7.77亿元，支持实施“十个一批”扩岗行动等工作，拓宽高校毕业生、农民工、退役军人和困难群众等重点群体就业渠道。支持湖北籍劳动者就业创业，对生源地为湖北的2020届高校毕业生按每人2000元标准发放一次性求职创业补贴。用好职业技能提升行动专账资金，支持开展高校毕业生免费职业技能培训，实施“互联网＋职业技能培训”，全年累计培训55.56万人次。强化援企稳岗，在2019年对不裁员或少裁员参保中小微企业给予失业保险费50％返还的基础上，2020年将返还标准提高到100％，鼓励各地灵活制定本地化举措，全年共发放稳岗返还资金46.31亿元，惠及企业23.58万家、职工410.21万人。

二是支持基本民生持续改善。一般公共预算民生支出3919.38亿元，占比75.2％，持续保持在七成以上。省级财政下达28件省委省政府为民办实事项目资金172.89亿元，完成年初计划的117.7％。支持统筹做好疫情防控和教育事业发展，下达教育专项资金92.57亿元，重点做好疫情期间困难学生资助工作，惠及困难学生超百万人。加大医疗卫生投入，支持省妇产医院、省儿童医院、省疾控中心、附一医院奥体院区等项目建设，扩大医疗资源供给。稳步提高养老保障水平，下达城乡居民基本养老保险省级补助资金57.16亿元。落实居民医保及大病保险待遇保障政策，下达城乡居民基本医疗保险省级补助资金98.49亿元。城乡低保平均标准达8260元，比2019年底提高910元。提高残疾人生活、护理补贴标准并建立动态调整机制。阶段性提高临时救助筹资标准，对受疫情影响和因突发性、紧迫性问题导致基本生活陷入困境的困难群众，直接给予临时救助，做到应救尽救。完善住房保障体系，下达39.51亿元，用于老旧小区改造、公租房保障和棚户区改造、发展住房租赁市场等。

三是支持市场主体加速恢复发展。在2019年更大规模减税降费的基础上，不折不扣落实中央2020年新增出台减税降费政策，在权限范围内制定免征疫情防控车辆车船税、免征困难行业江海堤防工程维护管理费等政策，及时做好增值税留抵退税工作，在中央授权范围内顶格实施社保减免政策，预计全年累计新增减税降费610亿元，并减免承租国有资产类经营性房产的中小企业和个体工商户租金7.97亿元，有效减轻市场主体负担。安排2亿元贴息资金支持中小微企业融资纾困，推动200亿元中小微企业纾困专项资金贷款全部投放，惠及企业4600多家，贷款年化利率不超过3.35％。整合设立10亿元省级政策性优惠贷款风险分担资金池，完善科技贷、外贸贷、商贸贷等“快服贷”产品。

四是支持粮食能源安全落实到位。贯彻落实“藏粮于地、藏粮于技”，支持农田水利工程、高标准农田建设，落实和完善农业支持保护补贴制度，省级财政下达75.43亿元，支持提高粮食综合生产能力，并向疫情防控任务和“菜篮子”等农产品保供任务较重的地区倾斜。稳定实施粮食最低收购价政策，落实储备订单粮食补贴资金保障，提高农业保险覆盖面，保护农民种粮积极性。支持“引粮入闽”工作，保障我省粮食市场供应。支持建立健全多元主体、多类品种、多种形式互为补充、协同联动的能源安全储备制度，提升煤炭储备规模。

五是支持产业链供应链保持稳定。深入实施创新驱动发展战略，省级财政投入15.49亿元，增长39.3％，支持企业研发投入分段补助、高新技术企业培育、科技型中小微企业信贷风险补偿等政策落地。落实“电动福建”建设三年行动计划，完善充电基础设施，推动新能源汽车生产企业做大做强。落实工业（产业）园区标准化建设三年行动计划，支持园区配套设施建设和企业设备更新、产品升级换代。创新实施小微出口企业“单一窗口＋出口信保”保费全额补助、外汇避险产品奖励等财政金融政策，提高外资到资奖励标准，支持拓展“云推介”“云签约”等线上招商引资渠道等，全力稳住外贸外资基本盘。落实财政正向激励资金保障，支持各地发放电子消费券，开展线上线下促消费等“全闽乐购”活动。

六是支持基层运转平稳有序。加大财力下沉力度，省级财政安排的县级基本财力保障补助资金增长19.5％、均衡性转移支付增长13.1％。对基层“三保”压力特别大的老区苏区县（市、区）给予一次性省级财力补助。对所有县区实行库款和保工资监测，将中央阶段性提高地方财政资金留用比例增加的现金流全额调度给县级财政。第一时间争取、分配、下达中央抗疫特别国债和特殊转移支付等直达资金，用于“六稳”“六保”等重点领域支出，有效缓解基层财政运行困难；同时，贯彻执行中央特殊转移支付机制，对资金分配下达、资金支付、惠企利民补助发放情况进行全覆盖、全链条监控，确保资金直达市县基层、直接惠企利民。按照财政部的要求，先行选择27个县纳入“三保”预算编制事前审核范围，加强县市财政“三保”预算执行监控，完善应急处置预案，做到风险早发现、早报告、早介入、早处置。

4. 财政资源配置更加优化

一是政府过紧日子要求有效落实。严格执行省人大批准的预算，科学有序安排支出，优先保障“六稳”“六保”等重点任务，其余非刚性非急需支出一律暂缓安排。按照省委和省政府要求，坚持勤俭节约、精打细算，各级各部门因公出国（境）经费和差旅费支出比上年压减50%以上，公务接待和会议培训相关支出比上年压减60%以上，坚持“非危不修”原则，一律暂缓批复办公业务用房大中型维修改造项目。

二是存量资金资产盘活力度加大。加大存量资金统筹，对省直部门2019年及以前年度各类专项资金结转结余，除已开工在建的重点项目资金外，全部予以清理收回，统筹用于疫情防控和“六稳”“六保”项目支出。建立资产盘活长效机制，通过存量控制增量、提高使用效率、分类规范处置等措施，积极盘活行政事业单位资产，全年省级行政事业单位共批复处置土地492亩、房产3.9万平方米，处置收入6.4亿元。

三是预算绩效管理水平持续提升。坚持“花钱必问效、无效要问责、低效多压减、有效多安排”，加快推进全面实施预算绩效管理，省级层面基本建成全方位、全过程、全覆盖的预算绩效管理体系。着力构建全方位格局，探索构建政府收支预算绩效指标体系，逐步推进部门整体支出绩效管理，对所有项目支出实施绩效目标、绩效运行监控和绩效自评。着力构建全过程链条，省级所有申请新增设立的专项资金全面开展事前绩效评估，对现有的189个专项资金执行情况开展绩效评价，21个重大政策和项目事后财政评价全部完成。着力构建全覆盖体系，将一般公共预算、政府性基金预算、国有资本经营预算和社保基金预算全面纳入绩效管理。积极引进第三方参与，省级设立预算绩效管理专家库，联合厦门大学、福州大学等5所高校分别创建绩效研究智库平台。根据财政部考核结果，我省预算绩效管理工作被财政部评为优秀等次，居全国第3位。

5. 重点领域改革稳步推进

一是财税改革持续深化。出台国家安全、交通运输、生态环境等领域省与市县财政事权和支出责任划分改革方案，扎实推进医疗卫生、应急救援、教育、科技、自然资源等领域改革。省级在2020年预算编制中积极运用零基预算理念，厦门市率先全面实施零基预算改革。持续推进专项资金清理整合，省级专项资金从2019年的204项减少至189项。制定财政预决算领域基层政务公开标准目录，指导各级各部门进一步提升预决算公开标准化规范化水平。资源税我省适用税率、计征方式以及减免税具体办法经省人大常委会审议通过后，于2020年9月1日起正式实施。

二是国资国企改革加快推动。制定《福建省划转部分国有资本充实社保基金实施方案》，基本完成我省划转工作。国有金融资本出资人职责有效落实，引导金融机构全面落实服务实体经济、防控金融风险和深化金融改革任务。研究出台《省级行政事业单位经营性国有资产集中统一监管实施方案》，国有资产配置和存量资产使用效率进一步提升。加强省级文化企业重大事项管理，文化企业改革深入开展。

三是财政领域“放管服”改革深入推进。全面梳理13类74项财政惠企政策并编印成册，深入基层开展财政政策宣传解读，帮助市场主体用足用好政策。统筹规范财政监督检查，改进方式和方法，开展惠民惠农、疫情防控、直达资金等专项资金重点检查，推动财政政策不折不扣落实到位，财政监督评价工作获财政部通报表扬。加快推进政府采购制度改革，持续优化政府采购营商环境，我省政府采购透明度评估总得分居全国第1位。财政电子票据改革加快推进，在全国率先实施跨省交罚电子票据改革、率先实现医保报销全程网办、率先接入全国财政电子票据查验平台。

2020年是“十三五”规划收官之年。回顾过去的五年，在经济下行压力加大、财政收入增幅回落、收支平衡难度较大的情况下，财政运行基本平稳，各项财税政策有效落实，为完成全省“十三五”规划目标任务提供了坚实的财力保障，在服务新时代新福建建设进程中发挥了积极的推动作用。

五年来，财政实力不断壮大，服务新时代新福建建设能力显著提高。在全力支持实体经济发展，连续落实大规模减税降费政策，五年累计新增减税降费规模超过2100亿元的情况下，财政实力不断壮大，收入规模迈上新台阶，全省一般公共预算总收入总量达到2.42万亿元，比上一个五年增长42.6%；地方一般公共预算收入总量达到1.46万亿元，比上一个五年增长41.7%。财政支出规模逐年加大，保持较高支出强度，全省一般公共预算支出总量达到2.4万亿元，比上一个五年增长58.6%，重点领域支出得到有效保障。

五年来，财政政策积极有效，促进经济发展质量有效提升。坚持供给侧结构性改革主线不动摇，优化财政支出结构，集中财力支持经济社会发展的关键环节和重点领域，减税降费、融资纾困、地方政府债券等调控手段对推动高质量发展发挥了重要作用。全省科学技术累计支出566亿元，年均增长16.6%，多元化科技投入体系逐步建立。省级以上财政累计安排预算内投资资金472亿元，全省共发行4317亿元新增地方政府债券，落地PPP项目313个、引入社会资本投资3155亿元，支持交通、市政与产业园区、民生服务、农林水利、生态环保、保障性安居工程等一批重点项目建设。

五年来，民生保障更加健全，人民群众获得感不断增强。坚持尽力而为、量力而行，突出保基本、兜底线，建立健全民生投入长效机制，民生支出持续保持在全省一般公共预算支出的七成以上。省级财政累计投入1157亿元，支持实施129件省委省政府为民办实事项目；投入扶贫资金超过400亿元，助力脱贫攻坚取得全面胜利。社会保障和就业支出年均增长达到两位数，城乡统一的居民基本医疗保险制度全面建立，省定农村低保最低标准从每人每年2650元提高到4050元。教育支出占一般公共预算支出比重持续上升，始终保持在全国前列，学生资助政策体系实现学前教育到研究生教育阶段全覆盖。

五年来，财税改革深入推进，现代财政制度框架基本确立。预算管理制度更加完善，形成“四位一体”政府预算体系，建立跨年度预算平衡机制，实行中期财政规划管理，政府财务报告编制实现全省全覆盖，全面实施预算绩效管理，财政资源配置效率和资金使用效益明显提高。税收制度改革取得重大进展，“营改增”全面推开，增值税、资源税、个人所得税、环境保护税等税制改革落地见效，税制结构持续优化、依法治税水平明显提高。财政体制进一步健全，省与市县财政事权和支出责任划分改革稳步推进，正向激励机制作用显现，财政转移支付体系更加科学。政府举债融资机制不断完善，政府债务管理更加规范。

五年来，财政法治建设持续加强，依法理财水平稳步提升。预算法及其实施条例等法律法规有效落实，财政法治意识明显增强。推进财政重大决策科学化、民主化、法治化，强化财政规范性文件及政策措施合法性审核，财政依法决策水平和制度建设质量进一步提高。深入开展财政收支、专项资金、政府债务检查，推动市县财政管理水平提升。自觉接受人大、政协监督，全面完成覆盖所有财政业务流程的三级内控制度体系建设，预决算公开工作位居全国前列。

“十三五”期间财政改革发展工作取得的成绩，是省委和省政府正确领导、科学决策的结果，是省人大、省政协以及代表委员们加强监督、有力指导的结果，是各级各部门以及全省人民上下同心、艰苦奋斗的结果。同时，我省预算执行和财政工作中仍然存在着一些困难和问题，主要是：各级财政收支仍处于紧平衡状态，部分基层财政运行比较困难，“三保”压力仍然较大；有的地方和部门预算执行基础工作不够扎实，支出进度较慢，财政资金使用效益还需进一步提升；有的地方政府债务负担较重，偿债压力较大。我们高度重视这些问题，将采取有力措施加以解决。

二、2021 年预算草案

2021 年是我国现代化建设进程中具有特殊重要性的一年，是“十四五”开局之年。做好预算编制和财政工作要以习近平新时代中国特色社会主义思想为指导，全面贯彻党的十九大和十九届二中、三中、四中、五中全会精神，认真落实省委和省政府部署要求，坚持稳中求进工作总基调，立足新发展阶段，贯彻新发展理念，积极服务并深度融入新发展格局，以全方位推动高质量发展超越为主题，以深化供给侧结构性改革为主线，以改革创新为根本动力，以满足人民日益增长的美好生活需要为根本目的，坚持系统观念，巩固拓展疫情防控和经济社会发展成果，更好统筹发展和安全，扎实做好“六稳”工作、全面落实“六保”任务，推动积极的财政政策提质增效、更可持续，落实落细“保运转、保民生、促发展”的要求，保持适度支出强度，增强重大战略任务财力保障，坚持扩大内需战略，强化科技战略支撑，支持扩大高水平对外开放，为加快新时代新福建建设提供有力支撑，以优异成绩庆祝中国共产党成立 100 周年。

预算编制主要遵循以下原则：

一是实事求是、科学预测。坚持收入预算与经济社会发展水平相适应、与积极财政政策相衔接，综合考虑我省“十四五”发展目标和全方位推动高质量发展超越各项任务，实事求是、积极稳妥编制收入预算。

二是打破固化、提质增效。坚持党政机关过紧日子，严控一般性支出，优化支出结构，优先保障重点支出。省级和厦门市全面实施零基预算改革，抓好改革试点，打破基数概念和支出固化格局。突出绩效导向，强化绩效评价结果应用，大力削减或取消低效无效支出。

三是加强统筹、形成合力。加强财政资源统筹，将政府性基金预算、国有资本经营预算、社会保险基金预算与一般公共预算统筹衔接，把包含中央转移支付在内的各类预算资金及国有资源（资产）等收入，纳入支出预算统筹安排，增强重大战略任务财力保障。

四是尽力而为、量力而行。根据经济发展和财力可能，注重加强普惠性、基础性、兜底性民生保障，合理确定民生支出标准，加强重大建设项目财政承受能力评估，严禁将超财力的新增提标扩围事项纳入预算，增强财政可持续性。

五是强化管理、防范风险。坚持预算法定，规范编列部门预算和转移支付预算，增强市县预算完整性。强化政府债务限额管理和预算管理，用好地方政府债券资金，切实发挥对投资的拉动作用。抓实化解隐性债务风险工作，防控地方政府债务风险。

（一）2021 年全省代编和省级一般公共预算

1. 全省代编一般公共预算

全省代编一般公共预算总收入预计增长 4.5%左右，按 4.5%编制，全省一般公共预算总收入为 5390.48 亿元；地方一般公共预算收入预计增长 4.5%左右，按 4.5%编制，地方一般公共预算收入为 3217.51 亿元。收入预算与经济发展指标保持大体协调。

地方一般公共预算收入加上中央体制净补助 1237 亿元、动用预算稳定调节基金 255 亿元、调入资金 339 亿元，全省收入合计 5048.51 亿元。按照收支平衡原则，相应安排全省一般公共预算支出 5048.51 亿元，增长 5%。

2. 省级一般公共预算

省本级一般公共预算收入按 304.3 亿元编制，增长 3.5%；加上中央税收返还和转移支付 1183.09 亿元、市县财政上解收入 302.17 亿元、动用省级预算稳定调节基金 150 亿元和调入资金 12.23 亿元，省级收入 1951.79 亿元。按照收支平衡原则，相应安排省级支出 1951.79 亿元，增长 5.3%，扣除应上解中央支出以及对市县的税收返还和补助支出 1391.98 亿元、一般债务还本支出 16.15 亿元，省本级支出 543.66 亿元，同口径增长 3.6%。

（二）政府性基金预算

全省政府性基金预算收入按 3648.47 亿元编制，增长 6.4%，按照以收定支原则，相应安排支出 3648.47 亿元。

省本级政府性基金预算收入按 22.61 亿元编制，下降 10.3%。加上中央补助收入 9.82 亿元、调入专项债务付息资金 2.49 亿元，省级收入 34.92 亿元。按照以收定支原则，相应安排省级政府性基金预算支出 34.92 亿元，其中：省本级支出 15.02 亿元、补助市县支出 19.9 亿元。

（三）国有资本经营预算

全省国有资本经营预算收入按 101.5 亿元编制，下降 32.2%，扣除按规定调入一般公共预算 20 亿元，安排支出 81.5 亿元。

省本级国有资本经营预算收入按 48.76 亿元编制，下降 8.5%。其中：省国资委监管企业国有资本经营预算收入 15.74 亿元、省级金融企业国有资本经营预算收入 32.51 亿元、省属文化企业国有资本经营预算收入 0.51 亿元。加上中央财政国有资本经营预算补助收入 0.1 亿元，省级收入 48.86 亿元。按照收支平衡原则，扣除省国资委监管企业国有资本经营预算按 30%比例调入一般公共预算 5.45 亿元、金融企业国有资本经营预算调入一般公共预算用于还本付息 0.53 亿元，省级国有资本经营预算支出按 42.88 亿元编制，其中：省本级支出 42.78 亿元、补助市县支出 0.1 亿元。

（四）社会保险基金预算

全省社会保险基金预算收入按 2090.35 亿元编制，增长 11.8%；支出按 1970.94 亿元编制，增长 5.9%。

省级社会保险基金预算收入按 974.77 亿元编制，增长 11.3%；支出按 962.47 亿元编制，增长 10.7%。

（五）2021 年省级四本预算支出安排

省级四本预算统筹安排支出 2992.06 亿元，其中：一般公共预算支出 1951.79 亿元、政府性基金预算支出 34.92 亿元、国有资本经营预算支出 42.88 亿元、社会保险基金预算支出 962.47 亿元。除保运转支出外，全力支持省委十届十一次全会和省委经济工作会议提出的各项工作任务，在毫不放松继续保障疫情防控工作的前提下，对照省政府工作报告部署内容，相应做好以下九个方面的重点支出保障：

1. 支持加快建设创新型省份。深入实施创新驱动发展战略，优化科技投入结构和支持方向，整合设立科技创新专项，提高科技投入产出效率，加快建立以企业为主体的技术创新体系。充分发挥福厦泉国家自主创新示范区专项资金激励作用，建设一批重大平台、特色园区、重大项目。高标准建设省创新实验室、省创新研究院，新布局建设一批研发平台。加快实施国防科技工业军民融合创新工程。实施高新技术企业“双倍增”专项行动，完善高新技术企业成长加速机制。健全企业研发投入激励机制，鼓励引导企业承担重大科研项目，落实企业研发费用加计扣除政策，提升企业技术创新能力。探索科技型企业金融服务新模式，加大种子企业储备和上市扶持力度。加大省级人才专项资金投入，加强人才引进与培育，激发人才创新活力和潜力。充分发挥科技奖励政策激励作用，健全科技人才评价体系和收益分配机制，落实“军令状”“揭榜挂帅”等制度。做好科技特派员制度经费保障，推动科技特派员创业和技术服务行政村全覆盖。

2. 支持加快发展现代产业体系。发挥财政资金引领带动作用，促进产业基础高级化、产业链现代化。用好数字福建、数字经济等专项资金，加快建设国家数字经济创新发展试验区，支持筹办第四届数字中国建设峰会。用好海洋经济发展专项等资金，推进六大湾区和重点港区建设，发展壮大海洋产业，做大做强海洋经济。引导更多社会资本进入绿色领域，培育壮大绿色经济。落实工业企业技改完工投产奖励、企业技改设备补助、“专精特新”培育扶持、技改中长期项目融资贴息等惠企稳企政策，推动制造业提升和工业园区标准化建设，加快建设先进制造业强省。优化服务业发展等资金投向，发展壮大物流、文旅、金融等现代服务业，推动住宿餐饮、交通运输等行业加快恢复增长。用好财政支农资金，完善农业信贷担保体系，健全农业支持保护制度，加快建设特色现代农业。

3. 支持扩大内需战略基点。强化财税政策支持和引导，服务构建大通道、发展大流通、开拓大市场，推动生产、分配、流通、消费良性循环，打造国内大循环的重要节点。发挥中央和省级预算内投资、地方政府专项债等资金撬动引领作用，加快“两新一重”建设，深入实施新基建三年行动计划，统筹推进重大基础设施建设，加快重大产业项目建设。健全完善投资促进机制，创新多元化投融资机制，通过奖励激励、经费补助、贷款贴息等方式，激发社会投资活力。合理增加公共消费，提高教育、医疗、养老、育幼等公共服务支出效率。持续推进“全闽乐购”促消费行动，支持网红经济、社区电商、农村电商发展，稳定和扩大大宗消费，提升乡村商贸水平，推动消费扩容提质。

4. 支持全面深化改革扩大开放。落实国企改革三年行动实施方案，做强做优做大国有资本和国有企业。深化医药卫生体制改革，完善改革经费保障。深入推进“放管服”改革，打造一流营商环境。进一步发挥多区叠加优势，深入实施“丝路海运”“丝路飞翔”等标志性工程。落实稳外贸稳外资措施，实施金融机构支持外贸企业融资奖励等激励政策，推进外贸创新发展和利用外资提质增效。拓展升级国际贸易“单一窗口”，推进跨境贸易提效降费减时。深化闽港闽澳合作。实施侨资侨智侨力引进工程。加快推进闽台产业合作，提升基础设施联通，落实惠台利民政策措施，加强民间基层交流交往。

5. 支持更大力度推进城乡区域协调发展。加大财力下沉力度，完善新时代山海协作激励机制。深化闽东北、闽西南协同发展区建设，推动公共资源共享、产业配套协作、生态协同保护、社会治理联动。完善促进老区苏区振兴发展机制，扶持少数民族地区、库区发展，加大对财力薄弱地区的支持力度。深化东西部协作机制，做好援疆援藏援宁工作。加大城乡人居环境建设专项等资金投入，实施城市更新行动和乡村建设行动。巩固脱贫攻坚成果，落实五年过渡期要求，保持现有帮扶政策总体稳定。全面推进乡村振兴，构建巩固拓展脱贫攻坚成果同乡村振兴有效衔接的财政政策体系和体制机制，实施乡村振兴战略“十大行动”，加快“百镇千村”试点示范项目建设。

6. 支持推进生态省建设。深入践行绿水青山就是金山银山的理念，健全生态补偿机制，加快构建有利于环境保护和资源节约的财政政策体系。深化国家生态文明试验区建设，建设全省统一的资源环境权益交易市场，推进自然资源资产产权制度改革，全面推行林长制，持续深化武夷山国家公园体制改革，加快生态云平台3.0建设。统筹国家生态文明试验区资金和省级配套资金，实施一批生态文明重大项目。落实污染防治攻坚战经费保障，推进闽江、九龙江流域山水林田湖草系统治理，深入实施“蓝天”“碧水”“净土”“碧海”工程。发挥节能、技改财政奖励等政策带动和“电动福建”三年行动计划专项资金引导作用，完善绿色金融支持保障机制，支持碳排放达峰行动，促进绿色低碳发展。加大正向激励考核力度，推行生活垃圾分类，推广使用降解塑料包装。

7. 支持保障和改善民生。落实省委省政府为民办实事项目资金筹措工作，加强普惠性、基础性、兜底性民生建设，健全基本公共服务保障标准，增强民生政策的可持续性。健全以税收、社保、转移支付等为手段的再分配机制，实施“四大群体”增收计划，促进提高居民收入。统筹用好就业补助资金和失业保险基金，保障重点群体就业，扶持创业带动就业，实施职业技能培训。建立稳定的公共卫生事业投入机制，完善公共卫生应急管理体系建设，支持中医药事业传承创新发展，推进健康福建建设。优化教育经费结构，建设高质量教育体系。健全多层次社会保障体系，对接企业职工基本养老保险全国统筹，进一步规范省级统筹制度。促进养老托育服务健康发展，推动医养康养相结合。发挥保障性安居工程建设专项补助资金引导作用，培育发展住房租赁市场。

8. 支持加快建设文化强省。广泛开展群众性精神文明创建活动，推进新时代文明实践中心和县市级融媒体中心建设。支持筹办第44届世界遗产大会。加强文物建筑、历史建筑和传统风貌建筑保护。高起点高标准规划建设长征国家文化公园福建段，进一步保护开发万寿岩遗址。统筹文化、影视等专项资金，加快发展新闻出版和广播影视事业，加快建设公共文化场馆，提升文化事业和文化产业。落实体育场馆免费、低收费开放，促进全民健身事业发展，支持筹办第18届世界中学生运动会、第17届省运会。支持加强哲学社会科学、档案、地方志等工作，做强做优新型智库。

9. 支持加快建设更高水平平安福建。做好法治社会建设经费保障，健全公共法律服务体系，完善守法诚信褒奖机制和违法失信惩戒机制。完善社会治安防控体系建设，加强扫黑除恶专项斗争常态化长效机制资金保障。推动妇女、儿童、老龄、残疾人事业健康发展，支持工青妇等群团组织更好发挥作用。全面落实各项拥军优属政策措施，积极为驻闽部队排忧解难，完善退役军人服务保障体系。多渠道筹集资金，持续开展安全生产专项整治三年行动。推进应急管理体系和能力现代化建设，严密防范应对各类自然灾害。开展食品生产质量安全提升行动，完善“一品一码”追溯体系，持续治理“餐桌污染”。

三、扎实做好2021年财政改革发展工作

（一）认真贯彻实施预算法及其实施条例

一是自觉接受人大监督。深入贯彻落实人大预算审查监督重点向支出预算和政策拓展的有关规定及省人大有关要求，自觉接受预算决算审查监督。认真落实省人大及其常委会有关预算决议和决算决议。做好年中预算执行情况报告、地方政府债务管理情况报告、国有资产管理情况综合报告和相关专项报告工作。二是完善财政配套制度。按照“谁执法谁普法”“谁制定谁清理”的要求，将新修订的预算法实施条例作为财政法治宣传培训的重要内容。按照实施条例的具体规定和要求，对有关制度文件进行全面清理。研究制定预算法及其实施条例的相关配套制度，细化为具体的操作办法，确保条例各项规定落到实处。三是深化落实审计整改工作。压紧压实审计整改责任，健全完善挂销号制度，限时按项逐条推进整改。健全审计整改长效机制，坚持整改具体问题与完善管理体系相结合、完善规章制度与健全落实机制相结合、强化监督指导与实施有效约束相结合，举一反三，标本兼治，不断提高财政预算管理科学化水平。

（二）强化预算执行管理

一是抓好收入组织工作。坚持依法征收、应收尽收，严禁收取过头税费和虚收空转。健全重点税源企业联系监测制度，加强动态跟踪，持续优化服务，做好政策指导。完善减税降费落实工作机制，加大各类违规涉企收费整治力度，坚决防止弱化减税降费政策红利。二是强化财政支出管理。坚持预算法定，严格执行省人大批准的预算，严禁无预算超预算支出。落实党政机关坚持过紧日子的要求，严控一般性支出。加大存量资金盘活力度，加强暂付款项管理，确保预算收支平衡。强化预算执行动态监控，加快财政支出进度，提高资金使用效益。三是加强财政信息化建设。加快推进预算管理一体化系统建设，形成全省统一的预算管理规范和技术标准体系，以信息化推进预算管理现代化。完善直达资金管理机制，优化分配流程，加大监督力度，强化数据共享，进一步提高直达资金管理水平，增强直达机制的政策效果。

（三）加快建立现代财税体制

一是深化财政体制改革。扎实推进省与市县财政事权和支出责任划分改革，合理确定财政事权范围，适度加强省级财政事权和支出责任。完善省对下转移支付制度，增强基层财政公共服务保障能力。二是推进预算管理制度改革。认真落实中央关于进一步深化预算管理制度改革的部署。省级全

面实施零基预算改革，同时选择 3 个设区市本级、8 个县（市、区）开展改革试点。推进财政支出标准化，更好发挥标准在预算管理中的基础性作用。加强项目支出管理，逐步建立健全项目入库评审机制和项目滚动管理机制。加快推进政府采购制度改革。加强和规范政府购买服务。三是落实税收制度改革。用好用足中央赋予的税收管理权限，研究推进地方税体系建设，确定契税、城市维护建设税我省具体实施方案，承接好中央下划地方收入的消费税税目征管工作，培育壮大地方税源。

（四）加强地方政府债务管理

一是强化限额管理和预算管理。依法构建管理规范、责任清晰、公开透明、风险可控的地方政府举债融资机制，督促各地严格落实地方政府债务管理相关规定，强化“借、用、管、还”的全链条、全方位管理。统筹做好新增债务限额安排，强化预算约束。二是提高专项债券资金使用绩效。健全专项债券项目库建设，加强项目储备、评估与遴选，将债券资金投向中央及省委和省政府确定的重点领域项目，优先支持在建项目后续融资。研究开展专项债券资金绩效评价，提高专项债券使用效益。三是防范化解政府债务风险。完善常态化监测和风险评估预警机制，加强风险评估预警结果应用。推进地方政府债务信息公开透明，以公开促规范、防风险。督促各地严格落实到期政府债务偿债责任，坚决防范债券违约风险。抓实化解隐性债务风险工作，坚决遏制隐性债务增量，牢牢守住不发生系统性风险的底线。

（五）推动预算绩效管理提质增效

一是推动绩效和预算管理深度融合。将绩效理念和方法融入预算编制、执行和监督全过程，推进预算和绩效管理一体化。加强绩效评价结果应用，将评价结果与完善政策、调整预算安排有机衔接，削减或取消低效无效资金。加大绩效信息公开力度，推动绩效目标、绩效评价结果向社会公开。二是推动政策和项目评价高效联动。将绩效关口前移，加强绩效指标审核，全面开展新出台重大政策和项目事前绩效评估，将审核和评估结果作为预算安排的重要参考依据，从源头上提高预算编制的科学性和精准性。对实施期超过一年的重大政策和项目实行全周期跟踪问效，政策到期、绩效低下的政策和项目及时清理退出。三是推动市县财政管理绩效水平持续提升。完善预算绩效管理考核，层层传导压实绩效责任，大力推进示范点建设，争取县级财政管理绩效考核取得新突破，确保市级层面在 2021 年底基本建成全方位、全过程、全覆盖的预算绩效管理体系，进一步提升市、县预算绩效管理水平。

各位代表，新的一年，我们要更加紧密地团结在以习近平同志为核心的党中央周围，坚持以习近平新时代中国特色社会主义思想为指导，在省委和省政府的领导下，自觉接受省人大的监督，认真听取省政协的意见和建议，攻坚克难、奋发有为，与时俱进、振兴财政，扎实做好财政各项工作，全力护航全方位推动高质量发展超越，奋力谱写全面建设社会主义现代化国家的福建篇章。

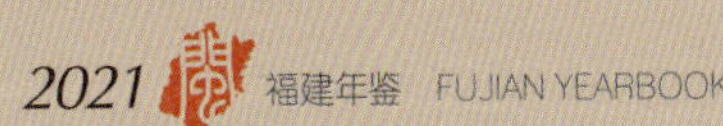

索引

说　明

一、本索引为内容分析索引。

二、本索引按汉语拼音字母（同音字按声调）顺序排列。

三、每一词条后的数字表示该词条所在页码；页数后字母 A、B、C 分别表示所在页码的左、中、右栏。

四、本卷中“特载”“八闽关注”“大事记”“统计资料”“附录”，不列入本索引检索范围。

1～9

A

B

C

D

E

F

G

H

R

S

Z